Täterschaft und Tatherrschaft

von
Claus Roxin

Achte Auflage

De Gruyter Recht · Berlin

Dr. Dr. h. c. mult. Claus Roxin
em. o. Professor und Direktor des Instituts
für die gesamten Strafrechtswissenschaften
an der Universität München

1. Auflage: 1963*
2. Auflage: 1967
3. Auflage: 1975
4. Auflage: 1984
5. Auflage: 1989
6. Auflage: 1994
7. Auflage: 1999

(* erschienen als Band 50 der „Hamburger Rechtsstudien")

⊗ Gedruckt auf säurefreiem Papier, das die US-ANSI-Norm über Haltbarkeit erfüllt.

ISBN-13: 978-3-89949-194-4
ISBN-10: 3-89949-194-7

Bibliografische Information Der Deutschen Bibliothek

Die Deutsche Bibliothek verzeichnet diese Publikation in der Deutschen National-
bibliografie; detaillierte bibliografische Daten sind im Internet über
http://dnb.ddb.de abrufbar.

Printed in Germany

Satz: WERKSATZ Schmidt & Schulz GmbH, 06773 Gräfenhainichen
Druck und Bindung: Hubert & Co., Göttingen

Für
MEINE FRAU
und für
LUCIO und OLGA MONACO

Vorwort zur achten Auflage

Die vorliegende achte Auflage enthält neben dem wie immer unveränderten Text der Erstausgabe einen Schlußteil 2006 (S. 546–762), der sehr gründlich bearbeitet und erweitert worden ist und selbst schon den Umfang einer Monographie erreicht hat. Ich habe die seit der Vorauflage ergangene Rechtsprechung ebenso wie die seither erschienene umfangreiche Literatur (Kommentare, Lehrbücher, Monographien und Aufsätze) dokumentiert und kritisch gewürdigt. Dabei habe ich mich bemüht, alle neuen Ansätze und auch alle Kritiken meiner Konzeption zum Gegenstand der Auseinandersetzung zu machen und auf diese Weise zur weiteren Entwicklung der Täterlehre beizutragen. Das Buch enthält also nicht nur meine ursprünglichen Thesen, sondern gibt auch den aktuellen Stand der Täterlehre sowie meiner eigenen, manchmal auch geänderten oder modifizierten Auffassungen wieder.

Die sechste Auflage dieses Buches ist Ende 1998 unter dem Titel „Autoría y dominio del hecho en derecho penal" in der Übersetzung von Joaquín Cuello Contreras und José Luis Serrano González de Murillo in spanischer Sprache erschienen (im Verlag Marcial Pons, Madrid und Barcelona). Dieselben Übersetzer und derselbe Verlag haben im Jahre 2000 auch die siebente Auflage in spanischer Sprache veröffentlicht. Die dadurch ermöglichte Verbreitung des Werkes in den Spanisch sprechenden Ländern hat zur internationalen Resonanz des Buches wesentlich beigetragen. Ich danke meinen Übersetzern und dem Verlag für diese Unterstützung sehr herzlich.

Ebenso herzlich danke ich den deutschen Förderern dieser Neuauflage, die mir in unterschiedlicher, aber wirkungsvoller und nachhaltiger Weise geholfen haben. Meine Frau hat nicht nur, wie schon bei der Erstauflage (vor 43 Jahren!), die Korrekturen mitgelesen, sondern mir auch das Entscheidungsmaterial aufbereitet. Meine Sekretariatsmitarbeiterin Frau Marlies Kotting hat aus zahllosen handschriftlichen Zetteln einen lesbaren und druckreifen Gesamttext hergestellt und mich auch bei den Registern, bei der Ordnung der Literaturbelege, der Vereinheitlichung der Zitierformen und den Querverweisen unterstützt. Und der Verlag de Gruyter (vertreten durch Herrn Dr. Michael Schremmer und Frau Karin Hergl) hat mich nicht nur in motivierender Weise zur baldigen Lieferung der Neuauflage ermuntert, sondern auch die Herstellung des Buches mit bewährter Zuverlässigkeit betreut.

München, Weihnachten 2005   Claus Roxin

Aus dem Vorwort zur vierten Auflage

Am 1. Januar 1975 ist ein neuer Allgemeiner Teil unseres Strafgesetzbuches in Kraft getreten. Die einzige Vorschrift, die sich mit den Erscheinungsformen der Täterschaft befaßt, der neue § 25 StGB, hat jedoch das vorliegende Buch inhaltlich nicht veralten lassen. Im Gegenteil: Nachdem der Gesetzgeber die unmittelbare Täterschaft, die mittelbare Täterschaft und die Mittäterschaft umrißhaft in der Form kodifiziert hat, die schon den früheren Entwürfen seit 1959 zugrundelag und die auch in dieser Monografie von Anfang an befürwortet worden war, hat das Bemühen um die inhaltliche Ausformung und Konkretisierung dieser drei Rechtsfiguren und ihre Abschichtung von der Teilnahme seine ungeschmälerte Bedeutung behalten. Die vorliegende Darstellung hat sogar an Aktualität gewonnen, weil die neue Bestimmung, wie es schon in der Begründung des insoweit gleichlautenden E 1962 hieß, „dem Gedanken der Tatherrschaft Raum" gibt und damit auf längere Sicht möglicherweise einer Ablösung der subjektiven „Animustheorie" zugunsten des hier für weithin maßgebend erklärten Tatherrschaftsprinzips auch in der Rechtsprechung Bahn brechen wird.

München, im November 1983

Claus Roxin

Vorwort zur ersten Auflage

Die Arbeit hat in ihren wesentlichen Teilen im Frühjahr 1962 abgeschlossen vorgelegen. Doch war es möglich, für den Druck Schrifttum und Rechtsprechung noch bis zum 1. Januar 1963 (in Einzelfällen auch darüber hinaus) zu verwerten.

Mein herzlicher Dank gilt allen, die mich in meinen Bemühungen unterstützt haben; in erster Linie meinem verehrten Lehrer Heinrich Henkel, der meinen wissenschaftlichen Werdegang mit immerwährender fürsorglicher Güte und Teilnahme geleitet hat; sodann der Deutschen Forschungsgemeinschaft, durch deren großzügige Beihilfe der Druck und das schnelle Erscheinen des Buches ermöglicht worden sind. Von denen, die mir bei der Arbeit selbst zur Seite gestanden haben, will ich nur zwei mit Namen nennen: Herrn Gerichtsassessor Dr. Rudolphi, der die wesentliche Arbeit an den Registern geleistet hat; und meine Frau, die mir in sachlicher Hinsicht viele wertvolle Ratschläge gegeben und die Last der Korrekturen fast allein getragen hat.

Göttingen, im Juni 1963

Claus Roxin

Inhaltsverzeichnis

Drittes Kapitel:
Entwicklung und Stand der Tatherrschaftstheorie

Viertes Kapitel:
Die strukturellen Grundlagen des allgemeinen Täterbegriffs

Fünftes Kapitel: Die Handlungsherrschaft

Sechstes Kapitel: Die Willensherrschaft

Siebentes Kapitel: Die funktionelle Tatherrschaft

Achtes Kapitel: Tatherrschaft und gegenwärtiger Meinungsstand

Neuntes Kapitel:
Der Täterbegriff der vorsätzlichen Begehungsdelikte

Zehntes Kapitel:
Täterschaft und Teilnahme bei Unterlassungen

Elftes Kapitel:
Problem, System und Kodifikation in der Täterlehre

XX

Zwölftes Kapitel:

Schlußteil 2006
Zum neuesten Stand der Lehre von Täterschaft und Teilnahme

§ 1. Einleitung

Unser geltendes Strafgesetzbuch unterscheidet unter mehreren an einer Straftat Beteiligten zwischen Tätern, Anstiftern und Gehilfen (§§ 47 ff StGB), und auch im kommenden Strafrecht soll diese Dreiteilung aufrechterhalten werden (vgl. §§ 29 ff Entwurf 1962). Trotz einer umfangreichen Judikatur und einer bis weit in das verflossene Jahrhundert zurückgehenden unübersehbaren Literatur, trotz reichen praktischen Anschauungsmaterials und zahlreicher scharfsinniger Theorien ist es jedoch bis heute nicht gelungen, diese Beteiligungsformen in befriedigender Weise voneinander abzugrenzen. „Die Teilnahmelehre[1] ist das dunkelste und verworrenste Kapitel der deutschen Strafrechtswissenschaft", klagte Kantorowicz[2] schon im Jahre 1910, Binding[3] nahm dieses Wort bald danach auf, und noch in der Sitzung der Großen Strafrechtskommission vom 3. Februar 1955 berief sich Richard Lange[4] auf den Ausspruch, um die in der Debatte zutagegetretenen durchaus widerstreitenden Ansichten zu erklären.

Unversöhnt standen sich lange Jahrzehnte die Meinungen gegenüber. Das Reichsgericht hielt an der von ihm schon in den ersten Entscheidungen entwickelten sog. subjektiven Teilnahmetheorie[5] bis zuletzt unbeirrt fest und forderte damit das Schrifttum zu ungewohnt heftiger Kritik heraus. Obwohl beispielsweise Max Ernst Mayer[6] diese Lehre „eine nicht zu überbietende sophistische Verdrehung des Gesetzes" nannte und Beling[7] sie als „ein das Gesetz ausschaltendes und im Ergebnis oft kraß vergewaltigendes reines Phantasieprodukt" bezeichnete, obwohl Rosenfeld[8] sie im Jahre 1930 für der Widerlegung gar nicht mehr bedürftig hielt, nahm die Rechtsprechung von den vielfältigen Argumenten ihrer Gegner nicht einmal Notiz. Andererseits konnte sich aber auch in der Wissenschaft keine der zahlreichen unterschiedlichen Ansichten auf die Dauer durchsetzen[9].

---

[1] im weiteren, die Täterschaft einschließenden Sinne, wie er durch die Überschrift des 3. Abschnitts unseres StGB gekennzeichnet wird.
[2] Aschaffenburgs Monatsschrift (= Monatsschrift für Kriminologie und Strafrechtsreform), 7. Jahrg., 1910, S. 306
[3] Abhandlungen, S. 253
[4] vgl. Niederschriften, 2. Band, S. 96
[5] Grundlegend sind die Urteile RGSt 2, 160–164; 3, 181–183
[6] Lehrbuch, S. 402
[7] Gerichtssaal, Bd. 101, 1932, S. 10
[8] Frank-Festgabe II, S. 169
[9] vgl. dazu im einzelnen unten S. 35–59

In die beinahe erstarrten Fronten ist erst in den letzten 25 Jahren wieder lebendige Bewegung gekommen. Die von Lange[10] vorbereitete, bald darauf von Welzel in seinen „Studien zum System des Strafrechts"[11] zum erstenmal umfassend entwickelte und später besonders von Gallas[12] ausgebaute Theorie der „finalen Tatherrschaft" steht seither im Mittelpunkt der Diskussion. Sie hat in der Wissenschaft bald zahlreiche Anhänger gefunden und kann heute beinahe schon als herrschend bezeichnet werden[13]. Auch der Bundesgerichtshof hat den terminus „Tatherrschaft" in mehreren Entscheidungen übernommen[14] und sogar schon der Erwägung Raum gegeben, ob nicht diese Lehre gegenüber der die Rechtsprechung seit eh und je beherrschenden subjektiven Theorie vorzuziehen sei[15]. Selbst die Begründungen der neuesten Strafgesetzentwürfe arbeiten mit dem Kriterium der Tatherrschaft[16], ohne freilich diese Lehre gesetzlich festlegen zu wollen.

Es fehlt aber auch nicht an skeptischen Stimmen. So meint etwa Engisch[17], der Begriff der Tatherrschaft führe nicht wesentlich über ältere, verwandte Vorstellungen hinaus; Baumann[18] sagt, „daß in der Tatherrschaft ein neuartiges und selbständiges Kriterium ... nicht gefunden" sei; Hardwig[19] ist der Auffassung, der Begriff der Tatherrschaft sei nicht der „Endpunkt der theoretischen Durchdringung", und Schwalm[20] hält die Ersetzung des „Täterwillens" durch die „Tatherrschaft" für eine bloße Vertauschung gleich inhaltloser Begriffe. Gerade bei den jüngsten Beratungen der Strafrechtskommission hat die resignierende Meinung, daß eine brauchbare Abgrenzung der Teilnahmeformen niemals gefunden werden könne, wieder zur Forderung nach dem Einheitstäterbegriff geführt[21].

Dieser Stand der Dinge rechtfertigt es, den ganzen Problembereich noch einmal aufzugreifen und unter Einbeziehung der in den letzten Jahrzehnten gewonnenen Erkenntnisse neu zu durchdenken. Es entspricht der Bedeutung, zu der die Tatherrschaftslehre gelangt ist und dem Umstand, daß sie noch niemals eine eingehende monographische Würdigung erfahren hat, daß diese Theorie – ihre Stellung in der Entwicklung der Täterlehre und die Tragweite ihrer Ansätze – dabei den größten Raum einnehmen muß. Allerdings kann sich die Arbeit keineswegs auf sie beschränken. Denn da es uns um die Begriffe von Täterschaft und Teilnahme schlechthin geht, verdienen auch alle anderen Lehren Berücksichtigung, soweit sie heute noch von Belang sind.

---

[10] „Der moderne Täterbegriff", 1935
[11] ZStW, Bd. 58, 1939, S. 537 ff.
[12] Gutachten, 1954, S. 121 ff; Sonderheft Athen, 1957, S. 3 ff.
[13] Darüber im einzelnen unten S. 68–89
[14] Dazu die Zusammenstellung unter S. 90–106
[15] vgl. BGHSt 8, 395
[16] vgl. Entwurf 1958; S. 36; Entwurf 1960, S. 139; Entwurf 1962, S. 147/48
[17] ZStW, Bd. 66, 1954, S. 383
[18] JZ 1958, S. 232
[19] GA 1954, S. 353
[20] Niederschriften, 2. Bd., S. 89
[21] Schwalm a. a. O. S. 90; Krille, Niederschriften, a. a. O. S. 99

Daraus entsteht für die Darstellung eine Schwierigkeit. Denn da das einschlägige Schrifttum seit Beginn des 19. Jahrhunderts fast unübersehbar groß ist, ist es weder möglich noch sinnvoll, alles, was zu diesem Thema je gesagt worden ist, in gleicher Breite zu referieren und einer so ermüdend umfangreichen und verschlungenen Dogmengeschichte erst nachträglich die eigene Meinung anzuhängen. Vollständigkeit der Belege ist nur bei Behandlung der Tatherrschaft erstrebt worden. Im übrigen muß das gesamte historische Material von vornherein durchgefiltert werden im Hinblick darauf, was für die Täterlehre heute noch verwertbare Ansätze bietet und zum Verständnis ihrer Entwicklung wesentlich ist. Es ist daher erforderlich, schon zu Beginn der Abhandlung einige methodische Gesichtspunkte herauszuarbeiten, die für die Bestimmung des Täterbegriffs leitend sein und einen Maßstab für die Ordnung und kritische Sichtung der verwirrend vielfältigen Auffassungen bieten können. Auf diese Weise sind in der gesamten Arbeit die dogmengeschichtliche Darstellung, die Kritik anhand übergeordneter Maßstäbe und die daraus abgeleitete Entwicklung eines sachgerechten Täterbegriffes nicht getrennt, sondern ineinander verwoben worden, so daß jeder Abschnitt allen drei Zwecken zugleich dient und die vorgeschlagene Lösung sich im Laufe der Darstellung im Fortschreiten des Gedankenganges schrittweise enthüllt. Ob ein solches Verfahren fruchtbar ist, möge die folgende Abhandlung zeigen.

Zwei sachliche Hinweise seien noch vorangestellt: Die Behandlung des kriminologischen Täterbegriffes gehört nicht zum Thema dieser Arbeit. – Und auf selbständige rechtsvergleichende Untersuchungen ist verzichtet worden, weil auf diesem Gebiet aus jüngerer Zeit mehrere sorgfältige Darstellungen vorliegen[22].

---

[22] Dietz, Täterschaft und Teilnahme im ausländischen Strafrecht, 1957
Straub, Täterschaft und Teilnahme im englischen Strafrecht, 1952
Benakis, Täterschaft und Teilnahme im deutschen und griechischen Strafrecht, 1961

Erstes Kapitel

Methodische Ansatzpunkte

Wenn man den Begriff der Täterschaft bestimmen und von den übrigen gesetzlichen Beteiligungsformen abgrenzen will, so kann man dabei verschiedene Denkwege einschlagen, die das Ergebnis in einem gewissen, noch näher zu bestimmenden Grade beeinflussen. Man tut also, um nicht unkritischer Einseitigkeit zu verfallen und einzelne Lösungen von vornherein auszuschließen, gut, sich zunächst auf die Methode seines Vorgehens zu besinnen.

Das Problem der Täterschaft hat nie im Mittelpunkt der strafrechtsmethodologischen Erörterungen gestanden. Doch lassen sich die Wandlungen, denen das strafrechtliche Denken unter dem Einfluß geistesgeschichtlicher Strömungen in den letzten hundert Jahren unterworfen gewesen ist, auch auf diesem Teilgebiet der Dogmatik deutlich verfolgen.

§2. Kausale Täterlehren

Die ersten Jahrzehnte der Geltung unseres Strafgesetzbuches standen im Banne des naturalistischen Positivismus, der die Geisteswissenschaften dem naturwissenschaftlichen Denken unterwerfen und auch die rechtlichen Phänomene auf bloße Kausalabläufe und verschieden geartete Kausalverknüpfungen reduzieren wollte[1]. Auf die Lehre von Täterschaft und Teilnahme übertragen, bedeutet das: Die verschiedenen an einem Delikt beteiligten Personen beschäftigen das Strafrecht in erster Linie unter dem Gesichtspunkt ihrer kausalen Mitwirkung bei der Erfolgsherbeiführung.

Über diesen Punkt bestand bei aller Unterschiedlichkeit der Ergebnisse weithin Einigkeit. v. Bar formulierte nur die damalige Grundanschauung, wenn er schrieb[2]: „Die Lehre von der Teilnahme ... kann als besondere Anwendung der Lehre von der Kausalität betrachtet werden." Die Hauptvertreter der einander heftig bekämpfenden subjektiven und objektiven Theorie, v. Buri und Birkmeyer, waren sich einig darüber, daß allein der

---

[1] vgl. zu den allgemeinen geistesgeschichtlichen Grundlagen Welzel, Naturalismus und Wertphilosophie, S. 1–40
[2] Die Lehre vom Kausalzusammenhange, 1871, S. VII

Kausalbegriff zur Lösung der Problematik von Täterschaft und Teilnahme führen könne. „Die Lehre von der Kausalität ist für die Teilnahme von der entschiedensten Bedeutung" schrieb v. Buri[3], und Birkmeyer ging in seiner umfangreichen Monographie[4] ohne weiteres davon aus, daß „die Lehre von der Teilnahme die Lehre von der Kausalität zu ihrer wissenschaftlichen Basis hat."

Freilich läßt dieser methodische Ansatzpunkt für recht unterschiedliche Lösungen Raum. Man kann die von ihm aus vertretbaren Auffassungen in zwei große Gruppen teilen, die sich danach unterscheiden, ob man alle logischen Bedingungen eines Erfolges für gleichartig hält oder ob man glaubt, die einzelnen Beteiligungsformen auf eine verschiedene Art der Verursachung zurückführen zu können.

Für die erste Auffassung von der Gleichartigkeit aller Bedingungen liegt es nahe, den Unterschied zwischen Tätern, Gehilfen und Anstiftern überhaupt zu leugnen und vom Begriff des Einheitstäters auszugehen. So lesen wir z. B. bei v. Liszt noch in der letzten von ihm selbst besorgten Auflage[5]: „Aus dem Begriff der Ursache folgt, daß jeder, der durch Setzen einer Bedingung zu dem eingetretenen Erfolge an dessen Herbeiführung sich beteiligt, den Erfolg verursacht hat; daß, da alle Bedingungen des Erfolges gleichwertig sind, zwischen den einzelnen an der Herbeiführung des Erfolges Beteiligten ein begrifflicher Unterschied nicht besteht ..." Die danach allein folgerichtige Lösung, nämlich der Verzicht auf verschiedene Beteiligungsformen, war aber durch die vom Gesetz vorgenommene Differenzierung ausgeschlossen. Der Einheitstäterbegriff konnte daher nur als Forderung de lege ferenda vertreten werden. Kennzeichnend dafür ist etwa Heimberger[6], der unabhängig von den kriminalpolitischen Forderungen der Liszt-Schule das Verlangen nach dem Einheitstäter allein aus der Kausallehre ableitete und aus ihr folgerte: Er (scil. der Gesetzgeber) „soll mich nicht zwingen, zu unterscheiden, wo mir das Unterscheidungsvermögen fehlt".

Auf der Grundlage des geltenden Rechts blieb, wenn man dem kausalen Ansatzpunkt treu bleiben wollte, konsequenterweise nur die Möglichkeit, die Unterschiede zwischen den Beteiligungsformen auf die subjektive Tatseite zu verlegen[7]; denn wenn man – unter dem Zwang des Gesetzes, nach dem man angetreten – nur den Kausalablauf berücksichtigte und alle Bedingungen als äquivalent betrachtete, bot die objektive Tatseite schlechterdings keine Möglichkeit einer Unterscheidung zwischen verschiedenen Beteiligten.

Daher mußte die kausale Methode vom Boden der Äquivalenztheorie aus mit einer gewissen Zwangsläufigkeit zur subjektiven Teilnahmelehre

---

[3] Über Kausalität und deren Verantwortung, 1873, S. 102
[4] Die Lehre von der Teilnahme und die Rechtsprechung des Deutschen Reichsgerichts, 1890, S. 5
[5] Lehrbuch, 21./22. Aufl., 1919, S. 204
[6] Mitteilungen, S. 534–540 (538)
[7] v. Liszt selbst ist diesen Weg bekanntlich nicht gegangen.

führen, wie sie bekanntlich von Buri mit so großem Erfolge entwickelt hat[8]. Wenn er sagt, eine relevante Verschiedenheit der Wirksamkeit (des Urhebers[9] und des Gehilfen) für den Erfolg erkenne die subjektive Theorie so wenig an, „daß ihre ganze Existenz durch die Gleichartigkeit der Wirksamkeit des Urhebers und des Gehilfen bedingt ist"[10], so zeigt das sehr deutlich, daß seine Teilnahmelehre für ihn ihre Daseinsberechtigung allein seiner Kausaltheorie verdankt.

Diese Ableitung der subjektiven Theorie aus der kausalen Methode findet sich auch in der Rechtsprechung. Eine für die spätere Judikatur grundlegende Entscheidung aus dem Jahre 1881[11] meint, es könne zwischen Gehilfen und Mittätern eine Verschiedenheit nicht bestehen und der Gehilfe müsse stets Mittäter sein, „wenn diese Verschiedenheit aus der objektiven Beschaffenheit der gemeinschaftlich geäußerten Tätigkeit hergeleitet werden müßte. Darum kann die Verschiedenheit zwischen Hülfeleistung und Mittäterschaft nur eine subjektive, durch die Verschiedenheit des Willens des Gehülfen und des Mittäters begründete sein". Eine von diesem Ausgangspunkt abweichende Begründung hat die subjektive Teilnahmetheorie in der Rechtsprechung nie erfahren. Es ist also immerhin bemerkenswert, daß eine Lehre, die – wenigstens der Form nach – noch heute vom Bundesgerichtshof festgehalten wird, methodisch auf einem Wege gewonnen worden ist, über dessen Ungangbarkeit heute kein Zweifel mehr bestehen kann.

Aber auch die materiell-objektiven Theorien sind zunächst auf dem Boden einer reinen Kausalbetrachtung entstanden, obwohl sie sachlich durchaus im Gegensatz zum Äquivalenzgedanken stehen. Denn wenn man glaubte, unter den Bedingungen des Erfolges kausale Unterschiede herausfinden und etwa zwischen Ursache und Bedingung unterscheiden zu können, so mußte man von dem einmal gegebenen methodischen Ausgangspunkt her diese Unterschiede zur Grundlage der Abgrenzung von Täterschaft und Teilnahme machen. Auf diese Weise sind die überaus zahlreichen, nach Arten und Graden der Kausalität differenzierenden objektiven Theorien entstanden, deren Darstellung im einzelnen hier nicht erforderlich ist[12].

Ob man nun vom kausalen Ansatzpunkt her die Täterschaft von der Teilnahme nach subjektiven oder nach objektiven Gesichtspunkten abgrenzte oder ob man die ganze Unterscheidung überhaupt verwarf: Heute ist die Zeit einer solchen kausalen Methode endgültig vorbei. Es bedarf keiner Diskussion mehr darüber, daß die Kategorie der Kausalität, so sehr

---

[8] Zuerst in: „Zur Lehre von der Teilnahme an dem Verbrechen und der Begünstigung", 1860

[9] des Täters nach heutigem Sprachgebrauch.

[10] GA, Bd. 17, 1869, S. 234

[11] RGSt 3, 181 ff. (182)

[12] Die beste Übersicht über die verschiedenen Auffassungen gibt Perten, S. 11–34; vgl. im übrigen die Auseinandersetzung mit den materiell-objektiven Theorien unten S. 38–51

die Erscheinungen der Außenwelt ihr unterworfen sind, zur Erfassung rechtlicher Sinn- und Bedeutungszusammenhänge nichts beitragen kann. Ob jemand Täter oder Teilnehmer ist, kann ich nur sagen, wenn ich den Sinn der Bestimmungen erfasse, die von dieser Unterscheidung ausgehen. Eine kausale Betrachtungsweise kann mir zwar die Verknüpfung äußerer Geschehensabläufe verständlich machen, über ihre rechtliche Bedeutung aber kann sie nichts aussagen. Sie ist sinn- und wertblind.

Dennoch hat dieser Rückblick auf die ersten Jahrzehnte der Teilnahmelehre mehr als nur historisches Interesse. Er zeigt, daß ein methodisches Prinzip nicht nur *eine* Problemlösung ermöglicht, sondern zu sehr unterschiedlichen Ergebnissen führen kann. Er lehrt aber andererseits, daß die Methode auch nicht gleichgültig ist, so daß man sie unbeachtet lassen dürfte. Denn sie schneidet den Weg zur Entdeckung zahlreicher anderer Lösungsmöglichkeiten von vornherein ab. So ist es z. B. vom kausalen Ansatzpunkt her nicht denkbar, den Täterbegriff etwa nach Kriterien wie denen der Strafwürdigkeit, der Intensität der verbrecherischen Energie, der zwecktätigen Beherrschung des Geschehensablaufes oder des sozialen Bedeutungsgehaltes der Tat zu bestimmen. Derartige mögliche Denkwege kommen gar nicht erst in den Blick.

Aber noch ein weiteres zeigt diese kurze Darstellung: So wenig eine Methode nur *eine* Lösung zuläßt, so wenig ist ein Ergebnis schon deshalb unrichtig, weil es auf methodisch fehlerhaftem Wege gewonnen worden ist. Man macht es sich zu leicht, wenn man, wie es oft geschehen ist, die subjektive Theorie schon deshalb für widerlegt hält, weil sie ihren Siegeszug unter dem Banner des Kausaldogmas angetreten hat. Sie kann ja auch von anderen Ausgangspunkten her eine richtige Lösung darstellen. Ebenso ist es möglich, daß von den kausalen Verschiedenheiten, die zu den zahlreichen objektiven Theorien geführt haben, einzelne sich auch vom Gesichtspunkt einer rechtlich wertenden oder sinnerforschenden Betrachtungsweise aus als bedeutsam erweisen könnten. Im Hinblick darauf werden diese kausalen Differenzierungen später noch zu untersuchen sein[13].

§ 3. Teleologische Täterlehren

Seit den zwanziger Jahren dieses Jahrhunderts war die naturalistisch-kausale Denkweise in der Rechtswissenschaft endgültig überwunden. Man besann sich auf die Eigenständigkeit der Kulturwissenschaften gegenüber den Naturwissenschaften und entwickelte spezifisch geisteswissenschaftliche Methoden zur Bewältigung des Rechtsstoffes. Im Bereiche des Strafrechts gewann dabei die neukantianische Schule in ihrer Ausprägung durch die sog. südwestdeutsche Wertphilosophie entscheidenden Einfluß[1]. Sie

---

[13] Siehe unten S. 38 ff.
[1] Maßgebend wurden insbesondere die methodologischen Arbeiten von Rickert und die „Rechtsphilosophie" von Lask.

unterschied zwischen dem Reich des (empirisch und wertfrei aufgefaßten) Seins und dem Reich der menschlicher Setzung entspringenden Werte und faßte die Kulturerscheinungen als das Produkt einer Umformung der wertfreien Wirklichkeit durch den sinn- und zwecksetzenden menschlichen Geist auf. Rechtliche Ordnungsprinzipien und Bedeutungsinhalte sind danach nicht aus der Wirklichkeit herauszulesen, sondern werden durch die vom Zweckgedanken beherrschte Begriffsbildung erst in sie hineingetragen. So wird „die Gesamtheit der dem Recht zugänglichen Gegenstände gleichsam mit einem teleologischen Gespinst überzogen"[2], und die rechtlichen Phänomene erscheinen als „Produkte der kulturwissenschaftlichen Begriffsbildung"[3]. „Wertfreie Begriffe ... büßen ihren naturalistischen Charakter ein und erfahren eine teleologische, spezifisch juristische Umformung zu werterfüllten Begriffen"[4]. Die teleologisch – normative Methode trat ihren Siegeszug an.[5]

Die Untauglichkeit der kausalen Betrachtungsweise für die Bestimmung der Begriffe von Täterschaft und Teilnahme wurde nun alsbald erkannt. Max Ernst Mayer erklärte schon im Jahre 1915[6], sie stehe „in Widerspruch ... mit allen guten Geistern methodischen Denkens ...; was für die kausale Betrachtung gleich ist, kann für die teleologische verschieden sein, was naturwissenschaftlich eindeutig ist, kann kulturwissenschaftlich mehrere Deutungen vertragen". Wenige Jahre später wies auch Mezger[7] bei Behandlung der Teilnahmefragen darauf hin, daß man nicht aus der „erkenntnistheoretisch-logischen Gleichwertigkeit aller Glieder einer psychophysischen Kausalreihe" auf ihre „juristische Wertgleichheit" schließen dürfe, und daß die subjektive Teilnahmetheorie „fälschlich aus der kausalen auf die teleologische Gleichheit der Bedingungen" schließe. Die Unterscheidung zwischen den verschiedenen Formen der Täterschaft und Teilnahme sei nur zu gewinnen auf dem Wege einer juristisch-normativen Bewertung des einzelnen Tatbeitrags[8].

Die veränderte methodische Grundhaltung setzte sich nun in der Behandlung der Teilnahmelehre rasch durch. Paul Merkel[9] betonte: „Die Kausalität ... spielt für den Unterschied zwischen Mittäterschaft und Bei-

---

[2] Lask, S. 316

[3] a. a. O. S. 308

[4] Mittasch, Die Auswirkungen des wertbeziehenden Denkens, S. 31

[5] Einfluß auf ihre Entwicklung hatten außerdem Heinrich Maiers „Psychologie des emotionalen Denkens" und die im Bereich des Zivilrechts entwickelte Interessenjurisprudenz. Es ist hier nicht der Ort, die Entstehung der teleologischen Methode im einzelnen zu schildern. Vgl. dazu Schwinge, Teleologische Begriffsbildung im Strafrecht, 1930; Welzel, Naturalismus und Wertphilosophie im Strafrecht, 1935; Mittasch, Die Auswirkungen des wertbeziehenden Denkens in der Strafrechtssystematik, 1939

[6] Lehrbuch, 1915, S. 390

[7] Deutsche Strafrechts-Zeitung, 1921, S. 206; vgl. auch später Lehrbuch, 2. Aufl. 1933, S. 443, 444

[8] So später im Lehrbuch, 2. Aufl., S. 444

[9] Zur Abgrenzung von Täterschaft und Beihilfe, 1925, S. 16; vgl. auch Grundriß, 1927, S. 173

hülfe überhaupt keine Rolle"; Wegner[10] wandte sich gegen „das einseitige Abstellen auf die Verursachungsfrage"; und um das Jahr 1930 bekannten sich alle großen Lehrbücher zu einer teleologischen Lösung der Teilnahmeproblematik[11].

Den Täterbegriff auf der Basis einer solchen normativ – teleologischen Methode zu entwickeln, hat dann in umfassender Weise zuerst Eberhard Schmidt in seiner grundlegenden Abhandlung über „Die mittelbare Täterschaft"[12] unternommen. Da es sich hier um die repräsentative Arbeit dieser methodischen Richtung handelt, die in der Folgezeit die Diskussion weitgehend bestimmt hat, müssen ihre Grundgedanken wenigstens angedeutet werden.

Schmidt geht davon aus, daß strafrechtliche Erkenntnisse durch „normative Betrachtungsweisen" zu gewinnen seien und arbeitet klar den methodischen Gegensatz seiner Lehre zu der „kognitiv-naturalistischen Denkrichtung" der früher herrschenden Meinung heraus[13]. „In kognitiver Seinsbetrachtung verharrt, wer bei der … begrifflichen Bestimmung der Täterschaft auf ein bestimmt geartetes So – Sein des Verhaltens mehr oder weniger ausschließlich den Ton legt. Das ist aber vornehmlich bei denen der Fall, die den Täterschaftsbegriff mit Hilfe der Kausalität bestimmen und mittels kausaler Betrachtung Täterschaft und Teilnahme unterscheiden."[14] Er legt nun im Anschluß an frühere Autoren die Untauglichkeit der kausalen Betrachtungsweise dar und stellt dann die entscheidende Frage: „Welche normativen Gesichtspunkte haben den Ausgang für eine an Wertgedanken orientierte juristische Täterschafts- und Teilnahmelehre zu bilden?"[15]

Zur Lösung dieses Problems kommt er durch die Erwägung, daß der Gesetzgeber die Tatbestände formuliere, „um Werturteile über Rechtsgüterverletzungen kundzugeben." Was unter Wertgesichtspunkten einer Verhaltensweise das entscheidende Gepräge gebe, sei die durch sie bewirkte „Interessenverletzung".[16] Daraus folgert Schmidt, daß, wenn das positive Recht sich überhaupt nicht über das Problem „Täterschaft und Teilnahme" äußern würde, „jeder, der eine Tatbestandsverwirklichung, und damit (materiell gesprochen) eine Rechtsgutsverletzung rechtswidrig und schuldhaft bewirkt, als Täter … angesprochen werden müßte[17]". Ob er dabei selbst eine der Deliktsbeschreibung entsprechende Handlung vornehme oder nur andere dazu veranlasse, sei belanglos, da in beiden Fällen gleichermaßen eine Rechtsgutsverletzung bewirkt werde.

---

[10] Teilnahme, in: Reform des Strafrechts, 1926, S. 105
[11] vgl. Mezger, a. a. O.; v. Liszt/Schmidt, 26. Aufl., 1932, S. 335, Anm. 16; Finger, Strafrecht, 1932, S. 544; Rob. v. Hippel, Deutsches Strafrecht, Zweiter Band, 1930, S. 455/56
[12] Frank-Festgabe, Bd. II, 1930, S. 106–133
[13] a. a. O. S. 106
[14] a. a. O. S. 108
[15] a. a. O. S. 114
[16] a. a. O. S. 117
[17] a. a. O. S. 117

Damit ist ein sogenannter „extensiver Täterbegriff"[18] gewonnen, dem, wie Schmidt meint, „selbstverständlich" auch der „Anstifter" und „Gehilfe" des heute geltenden Rechts untergeordnet werden müßten. Da aber das Gesetz Anstifter und Gehilfen vom Täter unterscheide, müsse der „allgemeine Täterbegriff" mit dem positiven Recht in Einklang gebracht werden. Während die Sonderbehandlung des Gehilfen wegen der geringeren Gefährlichkeit seines Verhaltens gegenüber dem verletzten Rechtsgut einen sachlichen Grund habe, sei die Unterscheidung von Anstiftung und Täterschaft durchaus doktrinär[19], müsse aber im Hinblick auf den Gesetzeswortlaut ebenfalls durchgeführt werden, und zwar nach objektiven Kriterien.

Schmidt kommt also zu dem Ergebnis, daß jeder, der eine tatbestandliche Rechtsgüterverletzung verursache, wenn er nicht Anstifter oder Gehilfe sei, als Täter angesprochen werden müsse. Die unmittelbare Täterschaft unterscheide sich von der mittelbaren nur in äußerlichen, juristisch belanglosen Beziehungen. Daher erkennt er eigenhändige Delikte nicht an und meint, daß alle Tatbestände in mittelbarer Täterschaft begangen werden könnten[20]. Wenn A den geisteskranken B bestimme, mit seiner, des B, Schwester den Beischlaf auszuüben, so sei A mittelbarer Täter des Delikts der Blutschande[21]. Auch die Eltern des Mörders haben durch seine Erzeugung nach Meinung Schmidts den objektiven Tatbestand des § 211 StGB erfüllt, da sie ja eine Rechtsgutsverletzung bewirkt haben[22]; und wer einen anderen zum Selbstmorde anstiftet, begeht einen Totschlag in mittelbarer Täterschaft[23], da er den Tod eines Menschen bewirkt hat und wegen der Straflosigkeit des Selbstmordes als Anstifter nicht erfaßt werden kann.

Auf den sachlichen Gehalt dieser Lehren soll an dieser Stelle nicht eingegangen werden. Unter methodischen Gesichtspunkten ist daran besonders bemerkenswert, daß der durch eine wertende Betrachtungsweise unter ausdrücklicher Abkehr von der naturalistisch-kognitiven Denkrichtung gewonnene extensive Täterbegriff sich von dem Einheitstäterbegriff der kausalen Methode kaum unterscheidet. Daran zeigt sich wieder deutlich, daß eine unrichtige Methode nicht notwendig zu einem fehlerhaften Ergebnis führen muß. Andererseits wird aber auch erkennbar, daß eine Methode wie die teleologische – wenn man ihre Richtigkeit einmal unterstellt – nicht unbedingt ein zutreffendes Ergebnis verbürgt. Denn obwohl Mezger den extensiven Täterbegriff in seinem Lehrbuch sogleich übernahm und eine „volle methodische Übereinstimmung" mit Eberhard Schmidt fest-

---

[18] Der Ausdruck ist von Zimmerl, ZStW, Bd. 49, 1929, S. 40, geprägt worden.

[19] a. a. O. S. 118

[20] mit der positivrechtlichen Ausnahme des § 160 StGB, vgl. im einzelnen a. a. O. S. 128 ff.

[21] a. a. O. S. 130

[22] a. a. O. S. 119, Anm. 1; von dieser sehr weitgehenden Konsequenz ist Schmidt bald darauf wieder abgerückt, vgl. Militärstrafrecht 1936, S. 41. Er verneint jetzt die Tatbestandserfüllung, da es sich nicht um eine adäquate Bedingung des Todes handele.

[23] a. a. O. S. 125

stellte[24], sind doch andere Anhänger einer normativen Betrachtungsweise zu völlig anderen Ergebnissen gekommen.

So hat sich z. B. Beling, der Hauptvertreter der formal-objektiven Theorie, in eingehenden methodologischen Erörterungen im Anschluß an Heinrich Maier und Lask zu einer ausschließlich teleologischen Begriffsbildung bekannt[25]. Trotzdem war er der Meinung, daß Täter nur sei, wer die Tatbestandshandlung in einer dem Lebenssprachgebrauch entsprechenden Weise selbst ausgeführt habe. Er kam zu diesem Ergebnis, indem er sich – methodisch ganz folgerichtig – fragte, was der Gesetzgeber wohl meinen könne, wenn er etwa von der „Tötung eines Menschen" spreche[26]; er legte dann die nach seiner Meinung unerträglichen Konsequenzen dar, zu denen es führen würde, wenn man darunter jede Todesverursachung verstehe, und folgerte, daß der Gesetzgeber dazu „unzweifelhaft" sagen werde: „das habe ich durchaus nicht gewollt". Er werde vielmehr „mit voller Sicherheit sagen, daß er ein viel konzentrierteres Vorstellungsbild vor Augen gehabt habe, – eben dasjenige, das der Lebenssprachgebrauch ... meint, wenn vom ‚Töten eines Menschen', vom ‚Gehen über eine Brücke', vom ‚Meineid' usw. die Rede ist"[27].

Auch Grünhut, dessen methodologische Arbeiten zum Eindringen der normativen Betrachtungsweise in das Strafrecht wesentlich beigetragen haben[28], hielt in Auseinandersetzung mit Schmidt für die vorsätzlichen Delikte am restriktiven Täterbegriff fest[29]; Hegler[29a] kombinierte im Wege eines teleologischen Verfahrens die formal-objektive Lehre mit seiner der Erklärung der mittelbaren Täterschaft dienenden „Übergewichtstheorie"; Goetzeler[30] dagegen kam von denselben methodischen Grundlagen aus wieder zu einem extensiven Täterbegriff, verband ihn aber, anders als Eberhard Schmidt, mit einer subjektiven Teilnahmetheorie.

Diese völlig heterogenen Ergebnisse enthüllen aber gleichzeitig einen Mangel der Methode selbst. Die Erkenntnis, daß man den Täterbegriff mit Hilfe einer wertenden Betrachtungsweise bestimmen müsse, gibt noch keinen Aufschluß darüber, nach welchen Kriterien diese Wertung durchzuführen sei. Diese Schwäche tritt im herkömmlichen Anwendungsbereich der teleologischen Methode, bei der Tatbestandsauslegung, nicht so deutlich hervor; denn für das in einer Strafbestimmung geschützte Rechtsgut finden sich im Gesetz meist hinreichende Anhaltspunkte, und eine am Rechtsgut ausgerichtete Interpretation wird hier in der Regel zu befriedigen-

---

[24] vgl. Lehrbuch, 2. Aufl., S. 426, Anm. 3

[25] vgl. Beling, Methodik der Gesetzgebung, 1922, S. 2 ff., 14 ff., bes. S. 16

[26] vgl. a. a. O. S. 95 ff.

[27] a. a. O. S. 96

[28] „Begriffsbildung und Rechtsanwendung im Strafrecht", 1926, „Methodische Grundlagen der heutigen Strafrechtswissenschaft", Festgabe für Frank, Bd. I, S. 1–32

[29] JW 1932, S. 366 f.

[29a] Festgabe für Richard Schmidt, 1932, Anm. 35, S. 73–75

[30] „Der Ideengehalt des extensiven (intellektuellen) Täterbegriffs und seine Auswirkungen", SJZ 1949, Spalte 837–846

den Ergebnissen führen. Bei der Unterscheidung zwischen Täterschaft, Anstiftung und Beihilfe dagegen liegen die gesetzgeberischen Wertungsgesichtspunkte keineswegs klar zutage. Es besteht dabei die Gefahr, daß jeder unbesehen seine eigene Meinung in das Gesetz hineininterpretiert. Wenn die teleologische Betrachtungsweise auf diese Art zu ganz beliebigen Ergebnissen führt, ist sie als Methode unbrauchbar. Denn der Wert einer Methode besteht eben darin, daß sie den Weg zu bestimmten konkreten Lösungen bahnt und nicht jede nur denkbare Möglichkeit offenläßt. Eine normative Denkweise kann also in diesem Bereich nur dann weiterhelfen, wenn man gleichzeitig einen Weg zeigt, auf dem die richtigen Wertungskriterien aufzufinden sind.

Diese Aufgabe aber ist von denen, die die Täterlehre unter teleologischen Gesichtspunkten bearbeitet haben, durchaus vernachlässigt worden. So ist es z. B. recht verwunderlich, daß Eberhard Schmidt meint, dem Problem gerade mit Hilfe des Rechtsgutsbegriffs beikommen zu können. Es ist zwar durchaus richtig, daß die Tatbestände – unter anderem – dem Rechtsgüterschutz dienen, aber es bleibt ganz unklar, warum dieser Begriff den Schlüssel zur Lösung der Täterschafts- und Teilnahmeprobleme liefern soll. Es zeigt sich denn auch, daß es Schmidt mit Hilfe dieses Kriteriums nicht gelingt, in der Unterscheidung von Täterschaft und Anstiftung irgendeinen Sinn zu entdecken. Trotzdem liegt es noch ganz außerhalb seines Gedankenkreises, diesen für ihn leitenden Wertungsgesichtspunkt selbst einer kritischen Prüfung zu unterziehen. Die fraglose Verwendung des Rechtsgutsbegriffes ist sachlich-historisch wohl daraus zu erklären, daß die teleologische Methode immer in enger Verschwisterung mit dem Begriff des Rechtsgutes als Auslegungsrichtlinie aufgetreten war[31]. Ob man diesen bei der Tatbestandsauslegung erarbeiteten Gesichtspunkt ohne weiteres als Wertungsmaßstab auf die Täterschaftsproblematik übertragen darf, hätte aber zuvor untersucht werden müssen.

Diese unkritische Verwendung eines kaum begründeten Wertungsgesichtspunktes findet sich aber ebenso bei Beling, der zum entgegengesetzten Ergebnis kommt. Er bemüht sich zwar, den extensiven Täterbegriff von seinen Konsequenzen her zu widerlegen, kommt dann aber ganz unvermittelt zu dem Schluß, der Gesetzgeber wolle seine Unterscheidung „unzweifelhaft" und „mit voller Sicherheit" auf den Lebenssprachgebrauch abstellen. Hier wird die Begründung durch eine volltönende Redeweise ersetzt. Es wird außer acht gelassen, daß dem Gesetzgeber noch viele andere Wertungsmöglichkeiten offenstehen. Beling läßt auch nicht recht deutlich werden, welche inhaltlichen Wertungsgesichtspunkte eigentlich durch das Abstellen auf den Sprachgebrauch zum Ausdruck kommen. Auch bei ihm steht also die Überprüfung der Wertungsgesichtspunkte selbst noch jenseits der methodischen Besinnung.

---

[31] vgl. dazu nur die zusammenfassende Arbeit von Schwinge über „Teleologische Begriffsbildung im Strafrecht", 1930

Das führt zu folgendem Ergebnis: Auch wenn man eine am Gesetzeszweck orientierte Denkart grundsätzlich als die der Rechtswissenschaft angemessene Methode betrachtet, so bedarf sie doch, um zu brauchbaren Ergebnissen zu führen, jedenfalls der Ergänzung durch eine auf Gewinnung der Wertmaßstäbe gerichtete Arbeitsweise, deren Entwicklung bisher weitgehend vernachlässigt worden ist. Ob und inwieweit freilich das normative Denken, selbst wenn man es in der angedeuteten Weise anwendbar macht, überhaupt den Weg zu einer wesensgerechten Erfassung des Rechtsstoffes bahnt – dieser Frage kann erst in der Auseinandersetzung mit der nun folgenden methodologischen Strömung näher nachgegangen werden.

§ 4. Ontologische Täterlehren

In den Dreißigerjahren dieses Jahrhunderts trat mit der Überwindung der neukantianischen Lehren in der Philosophie auch im Bereiche der Rechtswissenschaft eine neue Betrachtungsweise in den Vordergrund, die es ablehnte, den Rechtsstoff als bloßes Ergebnis der Umformung eines gestaltlosen Materials durch werthaltige rechtliche Begriffe anzusehen und die demgegenüber glaubte, in den vom Recht geregelten Sachbereichen selbst schon Ordnungsprinzipien entdecken zu können, die es aus dem Rechtsstoff nur herauszulesen gelte.

Im einzelnen waren das recht unterschiedliche, wenn auch nicht ganz ohne Zusammenhang nebeneinander stehende Strömungen:

Die Vertreter der sogenannten „Kieler Schule"[1] glaubten, den Verbrechensbegriff und die rechtlichen Erscheinungen im Wege einer „intuitiven Wesensschau" und durch eine „ganzheitliche und konkrete Betrachtungsweise" erfassen zu können; Dahm[2] meinte, die Begriffe der Rechtswissenschaft seien „zugleich Nachbildungen einer sinnerfüllten Wirklichkeit ..., die nicht nur das Rohmaterial für die rechtliche Begriffsbildung darstellt, sondern ihr den einzuschlagenden Weg in gewissen Grenzen schon vorschreibt".

Carl Schmitt entwickelte unter dem Einfluß der Institutionentheorie von Maurice Hauriou seine Lehre vom „konkreten Ordnungsdenken"[3]. Danach wird die rechtliche Ordnung nicht – wie es die normativistische Lehre annahm – durch eine Summe von Regeln geschaffen, sondern die Regel ist umgekehrt nur Bestandteil einer schon vorgegebenen, im Volke lebenden Ordnung[4].

---

[1] Vgl. nur Dahm und Schaffstein, Methode und System des neuen Strafrechts, 1938 (= ZStW, Bd. 57, S. 225 ff.). Zur Kritik, auch im folgenden: Schwinge/Zimmerl, Wesensschau und konkretes Ordnungsdenken im Strafrecht, 1937; Schwinge, Irrationalismus und Ganzheitsbetrachtung in der deutschen Rechtswissenschaft, 1938

[2] a. a. O. S. 13

[3] Vgl. seine Schrift: Über die drei Arten des rechtswissenschaftlichen Denkens, 1934

[4] a. a. O. S. 13

Welzel[5] wandte sich in Anlehnung an die ontologischen Forschungen Nicolai Hartmanns gegen die von der südwestdeutschen Schule vorgenommene „Trennung der abstrakten juristischen Begriffswelt von der Lebensrealität"[6]. Für ihn sind die rechtlichen Begriffe „keine methodologischen Umformungen eines amorphen Materials, sondern Deskriptionen eines gestalteten ontischen Seins"[7]. „Das Sein hat vom Ursprung an Ordnung und Gestalt in sich und bekommt diese nicht erst von irrealen Formen geborgt; und ebenso steht das Gemeinschaftsdaseins des Menschen in ursprünglichen Ordnungen ..., die nicht erst durch umformende theoretische Begriffsbildungsakte an ein ungestaltetes Dasein herangetragen werden".

Für die hier interessierende Problematik mußten diese Lehren zu dem Versuche führen, den Täterbegriff nicht durch eine Besinnung auf den Gesetzeszweck, sondern durch einen Rückgriff auf die der Rechtsordnung vorgelagerten ontologischen Strukturen oder sozialen Sinngebilde zu bestimmen. Eine solche Betrachtungsweise war schon von Beling ins Auge gefaßt und vom Boden seiner teleologischen Denkrichtung aus als „verkehrte Methode der Begriffsbestimmung" verurteilt worden. „Man wähnt" – heißt es bei ihm – „die Begriffe ‚Täter, mittelbarer Täter, Anstifter, Gehilfe' seien schon da, es gelte nur, sie richtig zu erkennen"[8]. Ganz deutlich wird der Unterschied der beiden Denkrichtungen, wenn er fortfährt, demgegenüber sei „die richtige Methode die, daß man die Begriffe als Funktionsbegriffe im Sinne des gesetzgeberischen Zwecks faßt. Ohne dies würde sich die zerfließende Unanschaulichkeit der behaupteten Begriffsinhalte und der über ihnen schwebende Nebel niemals bannen lassen ... Für den Gesetzgeber wird es hoffentlich nicht besonderer Aufmunterung dazu bedürfen, sich keine Phantasiegebilde von ‚Täter, Anstifter, Gehilfen' als angeblich schon daseiende aufnötigen zu lassen, die dann Herr über seine Anordnungen sein sollen, sondern erst zu fixieren, was er sachlich will und danach zwecklogisch die Begriffe so auszuprägen, daß sie ihre Würde von ihm zu Lehen tragen"[9].

Gerade diese von Beling vorausschauend abgelehnten Auffassungen lagen aber auf der Linie der neuen Methode. Freilich gingen nicht alle ihre Vertreter diesen Weg. So verwarf z.B. Carl Schmitt die Differenzierung zwischen den Beteiligungsformen überhaupt[10] und meinte: „Die Absonderung ‚allgemeiner Begriffe', wie ... Beihilfe, von dem konkreten Verbrechen ... erscheint uns heute nicht mehr als begriffliche Klärung ..., sondern eher als eine künstliche und sinnwidrige, die natürlichen und wirklich gegebenen Lebenszusammenhänge auseinanderreißende Abstraktion"[11] –

---

[5] Naturalismus und Wertphilosophie im Strafrecht 1935; zu den philosophischen Ursprüngen seiner Auffassung vgl. im übrigen jetzt Welzels eigene Ausführungen, in: Das neue Bild, 4. Aufl., 1961, S. IXff.

[6] a. a. O. S. 62

[7] hier und das folgende Zitat: a. a. O. S. 74

[8] Methodik, S. 107

[9] a. a. O. S. 107/08

[10] für die Anstiftung hat er das allerdings nicht ausdrücklich hervorgehoben.

[11] a. a. O. S. 60

ein aufschlußreicher Beleg dafür, daß man von einer kausalen, einer teleologischen und einer auf die konkreten Ordnungen abstellenden Betrachtungsweise aus mit ganz verschiedenen methodischen Mitteln zum selben Ergebnis, dem Einheitstäterbegriff, gelangen kann.

Auch Dahm beschäftigte sich zunächst weniger mit einer Abgrenzung der verschiedenen Beteiligungsformen als mit einer davon unabhängigen Tätertypologie. Danach entspricht dem gesetzlichen Tatbestand ein „bestimmter Typus des Täters, der in seinem Wesen erfaßt werden muß, eben darum aber durch rationale Zweckmäßigkeitserwägungen allein nicht erfaßt werden kann"[12]. Dieb ist nur, „wer seinem Wesen nach Dieb ist. Das Wesen des Diebstahls erschöpft sich nicht in der Summe seiner Merkmale"[13]. Diesen Versuchen, die für die Unterscheidung von Täterschaft und Teilnahme nichts hergeben, kann hier nicht näher nachgegangen werden.

Erste Ansätze zu einer sich auf vorgegebene Sachzusammenhänge stützenden Lehre über die Abgrenzung der verschiedenen Beteiligungsformen finden sich dann in der für die folgende Entwicklung sehr bedeutsamen Schrift von Lange über den modernen Täterbegriff[14]. Sachlich kommt Lange zu dem Ergebnis, daß zur Ermittlung des Täters „bei ursächlicher Beteiligung mehrerer an einer Straftat zu fragen ist: Wessen Werk ist das Verbrechen?"[15] – eine Lösung, die der späteren Tatherrschaftslehre nahesteht und sie beeinflußt hat[16].

Methodisch steht die Arbeit zwischen der teleologischen und einer mehr ontologischen Betrachtungsweise. Lange stützt sich in seiner „methodologischen Grundlegung"[17] in ausdrücklicher Wendung gegen das naturalistisch-kognitive Denken auf die von Grünhut, Mezger und Erik Wolf herausgearbeiteten normativen Lehren und spricht von seiner „uneingeschränkten Zustimmung zu der von Schmidt angewandten Methode"[18]; er liefert dann aber doch eine grundlegende Kritik des von Eb. Schmidt entwickelten extensiven Täterbegriffs und kommt zu der Auffassung, daß „der Täterbegriff unabhängig von positivrechtlichen Teilnahmevorschriften zu bilden" sei, daß der von ihm gefundene Täterbegriff „auch für jedes andere System gültig" sei, das mit Tatbeständen arbeite[19], und daß durch den von ihm kritisierten Strafgesetzentwurf „Formen echter Täterschaft in innerlich unbegründeter Weise zu unselbständigen Teilnahmeformen herabgedrückt" würden[20], eine Ansicht, die nur dann verständlich ist, wenn man in den Begriffen „Täter" und „Teilnehmer" einen von den gesetzgeberischen Zweckvorstellungen unabhängigen Sinn erkennt.

---

[12] Dahm in: Dahm und Schaffstein, Grundfragen der neuen Rechtswissenschaft, 1935, S. 104
[13] Grundfragen, S. 102; später ausgebaut in: Der Tätertyp im Strafrecht, 1940
[14] Der moderne Täterbegriff und der deutsche Strafgesetzentwurf, 1935
[15] a. a. O. S. 36 und passim
[16] vgl. darüber noch unten S. 66
[17] a. a. O. S. 7 ff.
[18] a. a. O. S. 21
[19] a. a. O. S. 67
[20] a. a. O. S. 75

Einen – wenn man so sagen darf – „ontologischen" Täterbegriff hat dann zuerst Welzel in reiner Form durchzuführen versucht. Er hatte schon in einer seiner frühesten Arbeiten[21] gegen die Auffassung, der „Begriff ‚Täter' sei ein Wertbegriff", „erhebliche Bedenken"[22] geltend gemacht und darauf hingewiesen, daß die für die Abgrenzung von Täterschaft und Teilnahme maßgebenden Unterschiede „in der ontologisch verschieden gearteten Handlung und deren kategorialen Verschiedenheiten"[23] lägen, so daß es auch auf dem Gebiet der Teilnahmelehre nicht möglich sei, „an den ontologischen ... Fragestellungen vorbeizukommen". Zu welchen sachlichen Ergebnissen eine derartige Betrachtungsweise führen würde, läßt sich dieser Arbeit noch nicht entnehmen.

Auch aus der zwei Jahre später erschienenen, für seinen philosophischen und methodischen Standort grundlegenden Abhandlung über „Naturalismus und Wertphilosophie" lassen sich darüber keine Anhaltspunkte gewinnen. Sie geht nur auf Fragen der Handlungs- und Tatbestandslehre ein. Aber auch dort[24] bemerkt Welzel unter Hinweis auf die von Eb. Schmidt vertretene Ansicht ausdrücklich, daß er den Unterschied seiner Denkrichtung gegenüber der geistigen Haltung der Wertphilosophie ebensogut anhand der Täterschafts- und Teilnahmeprobleme hätte darlegen können.

Erst im Jahre 1939 hat Welzel dann auf der Grundlage seiner Handlungslehre und in Anknüpfung an die von Richard Lange erzielten Ergebnisse die heute so einflußreiche „Lehre von der finalen Tatherrschaft" zum ersten Male in seinen „Studien zum System des Strafrechts"[25] in umfassender Weise entwickelt. Er geht bekanntlich davon aus, daß das ontologisch vorgegebene, durch gesetzgeberische Zweckvorstellungen nicht zu verändernde Wesen der „Handlung" in der Lenkung des Kausalverlaufs durch den zwecktätigen menschlichen Willen bestehe. Dementsprechend ist für ihn Täterschaft „die umfassendste Form finaler Tatherrschaft. Der finale Täter ist Herr über seinen Entschluß und dessen Durchführung und damit Herr über ‚seine' Tat, die er in seinem Dasein und Sosein zweckbewußt gestaltet. Anstifter und Gehilfe haben zwar auch eine gewisse ‚Tat'herrschaft, aber nur eine solche über ihre Beteiligung. Die Tat selbst untersteht allein der finalen Herrschaft des Täters. Ihre Teilnahme ist daher nur Beteiligung an *fremder* Tat. Der Anstifter regt zwar die fremde Tat an und der Gehilfe unterstützt sie, aber die finale Herrschaft über sie, die Herrschaft über den Entschluß und seine reale Durchführung hat allein der Täter"[26]. Welzels methodische Grundhaltung tritt klar zutage, wenn er fortfährt: „Nicht in irgendwelchen positiv-gesetzlichen Bestimmungen, sondern in diesen wesensmäßigen Erscheinungsformen finalen Handelns innerhalb der sozialen Welt liegt der strukturelle Unterschied zwischen Täterschaft und Teil-

[21] Über Wertungen im Strafrecht, in: GS, Bd. 103, 1933, S. 340–347
[22] a. a. O. S. 341
[23] Hier und im folgenden a. a. O. S. 345
[24] a. a. O. S. 88
[25] ZStW, Bd. 58, 1939, S. 494, 500/501, 537 ff.
[26] a. a. O. S. 539

nahme"; und weiter: „Auch das positive Gesetz kann diese Grundunter-
schiede nicht aufheben, weil sie nicht Produkte eines Gesetzgebers, sondern
reale Erscheinungsformen des vorgegebenen Gemeinschaftsdaseins sind."[27]
Die Einzelheiten dieser Lehre sollen uns jetzt noch nicht beschäftigen. Hier
genügt der Aufweis ihrer methodologischen Voraussetzungen.

In Anlehnung an Lange und Welzel versuchte bald darauf auch Dahm[28],
seine Lehre vom Tätertyp für die Abgrenzung der Beteiligungsformen
fruchtbar zu machen. Er meint, die Unterscheidung zwischen Täterschaft,
Anstiftung und Beihilfe könne „durch die Erwägung erleichtert werden,
inwieweit die Beteiligten den Typus des Täters zum Ausdruck bringen"[29].
Diesem volkstümlichen Täterbilde entspreche aber in der Regel derjenige
am meisten, „als dessen Werk das Verbrechen erscheint, der die Tatherrschaft
hat."

Während Welzel seinen Täterbegriff an der ontologisch vorgegebenen und
insoweit unverrückbaren Struktur der Handlung orientiert, will Hardwig[30] den Täter nach dem „rechtlich-sozialen Bedeutungs- und Zurechnungsgehalt" der Tat bestimmen; Obwohl er sich methodisch auf derselben
Linie bewegt wie Welzel, geht er nicht von festliegenden Sachstrukturen,
sondern stattdessen vom vorgegebenen sozialen Wertgehalt der Mitwirkungsformen aus. Nach seiner Lehre ist die Tat „hineinzustellen in einen
sozialen konkreten Raum mit den ihn erfüllenden normativen Linien"[31].
Zur Ermittlung dieses sozialen Wertgehaltes der Tat bedient er sich weitgehend des Sprachgebrauches, von dem er meint, ihm müßten, „mag er
noch so unsicher sein, doch Prinzipien zugrundeliegen, die es zu erfassen
gilt"[32]. Dabei entwickelt er seine Auffassung – und das ist methodisch sehr
kennzeichnend, weil es das Fehlen spezifisch rechtlicher Wertungsgesichtspunkte deutlich werden läßt – an unjuristischen Fällen. Ein Beispiel, in dem
ein Mann und eine Frau in einem Garten arbeiten, interpretiert Hardwig[33]
so: „Dient der Garten der gemeinsamen Freude und Erholung, dann arbeiten
beide Eheleute gemeinsam ", sie sind also gewissermaßen Mittäter. „Ist der
Mann begeisterter Gartenliebhaber, während seine Frau sich im allgemeinen
weniger um den Garten kümmert, dann kann die Frau dem Mann helfen";
der Mann ist also Täter, die Frau Gehilfin. „Ist der Mann Bauer und ist es
Sache der Frau, den Gemüsegarten zu bearbeiten, dann kann der Mann
der Frau bei ihrer Arbeit helfen"; hier ist somit die Frau „Täter" und der
Mann „Gehilfe". Hardwig hat keine Bedenken, eine solche Betrachtungsweise ebenso auf die rechtliche Problematik anzuwenden, denn „auch das
Recht ist ein soziales Phänomen"[34]. So kommt er bei der Abgrenzung von

---

[27] a. a. O. S. 539/40
[28] Der Tätertyp im Strafrecht, 1940, S. 54–57
[29] a. a. O. S. 54
[30] GA 1954, S. 353–358
[31] a. a. O. S. 356
[32] a. a. O. S. 354
[33] a. a. O. S. 355
[34] a. a. O. S. 356

Beihilfe und Mittäterschaft zu dem Satz: „Wollten wir eine nähere Aufklärung über die Bedeutung des Begriffes Hilfeleistung im Sinne von § 49 StGB geben, so könnten wir mit gutem Grunde sagen, daß der Gesetzgeber darunter nichts anderes verstanden hat und verstanden wissen wollte als das, was man gemeinhin sinnvollerweise unter ‚helfen' versteht."[35]

Weitere Versuche, den Täterbegriff aus der Erfassung rechtlich vorgegebener Phänomene zu erklären, liegen nicht vor. In der Tat stellen wohl auch die Lehren Welzels und Hardwigs die Pole dar, zwischen denen sich eine solche Betrachtungsweise nur bewegen kann. Die mit der Natur des Menschen gegebene und für alle Zeiten gültige, unlöslich an sie geknüpfte Finalstruktur einerseits und die schwankenden, dem Wechsel unterworfenen Werthaltungen der Gemeinschaft andererseits stellen beide reale Vorgegebenheiten des Rechts dar, zeigen aber gleichzeitig die ganze Spannweite dieses methodischen Ansatzpunktes.

Kritisch ist, wenn man das methodische Prinzip zunächst einmal ungeprüft zugrundelegt, bei diesen Versuchen etwas ähnliches festzustellen wie bei denen der Vertreter einer rein teleologischen Betrachtungsweise: Es fehlt bei der Mannigfaltigkeit der rechtlichen Vorgegebenheiten die Besinnung darauf und die durchschlagende Begründung dafür, warum gerade diese und nicht eine andere Seinsgegebenheit den Schlüssel zur Lösung der Teilnahmeprobleme bieten soll.

So ist es z. B. keineswegs so selbstverständlich wie es in der Darstellung Welzels erscheint, daß sich aus der Handlungslehre irgendwelche Schlüsse für die Abgrenzung der Beteiligungsformen ziehen lassen. Auch wenn man davon ausgeht, daß die ontologische Struktur der Handlung in der finalen Überdetermination des Kausalverlaufes besteht und wenn man weiter – was keineswegs unbestritten ist – zugibt, daß der Gesetzgeber wenigstens bei den vorsätzlichen Begehungsdelikten nur finale vorsätzliche Tatbestandsverwirklichungen dem Rechtswidrigkeitsurteil zugrundelegen darf, so bleibt es doch unklar, wie sich anhand dieses Kriteriums eine Abgrenzung der Teilnahmeformen ergeben soll. Denn da für Welzel die Finalität mit dem Vorsatz identisch ist und da natürlich auch Anstifter und Gehilfen im Hinblick auf den tatbestandsmäßigen Erfolg vorsätzlich handeln müssen, ergibt sich zwischen den Mitwirkenden gerade kein Unterschied in der Finalität. Schon Jescheck hat darauf hingewiesen, „daß die Finalität hier nicht einfach dem Vorsatz gleichgesetzt werden kann, denn diesen hat ja auch der bloße Gehilfe"[36]. Wie aber der Begriff der Finalität hier etwa modifiziert werden könnte, und durch welche sachlogischen Strukturen solche Differenzierungen vorgezeichnet sind, das alles wird bei Welzel nicht weiter geklärt. Wenn man andererseits das finale Moment beiseiteläßt und allein auf den Begriff der Tatherrschaft abstellt, so fehlt, wenn die Handlungslehre als Grundlage entfällt, die Erklärung dafür, warum der Gesetzgeber notwendig

---

[35] a. a. O. S. 358
[36] SchwZStr. 1956, S. 234

an dieses Merkmal gebunden sein sollte. Diese Fragen bedürften also noch weiterer Klärung.

Ähnlichen Bedenken ist auch der Versuch von Hardwig ausgesetzt. Wenn er etwa annimmt, daß der Gesetzgeber alles als Beihilfe ansehen wolle, „was man gemeinhin sinnvollerweise unter Helfen versteht", so fällt dabei auf, daß er den Blick einseitig auf die Beziehung unter den Beteiligten und nicht auf die nach dem Gesetzeswortlaut im Vordergrund stehende Tatbestandsverwirklichung lenkt. So bildet er etwa das Beispiel, daß ein Mörder A, um die Untersuchung gegen sich im Keime zu ersticken, die von der Polizei sichergestellte Leiche gemeinsam mit einem von der Mordtat unterrichteten Freunde B aus dem Obduktionsraum entwendet[37]: Hardwig meint nun, wenn der Sinngehalt des § 168 StGB in der verbotenen Wegnahme einer Leiche liege, so „stünde nichts im Wege, davon zu sprechen, daß B dem A beim Fortschaffen der Leiche geholfen habe". Er will also den B nicht als Mittäter, sondern als Gehilfen ansehen, obwohl er den ganzen Tatbestand erfüllt hat. Nun ist es aber doch recht fraglich, ob der Gesetzgeber, wenn er sich schon auf eine Unterscheidung nach dem vorgegebenen Sprachgebrauch einlassen wollte, nicht vielmehr als Täter denjenigen angesehen hat, der bei verständiger Auslegung nach dem Lebenssprachgebrauch „eine Leiche aus dem Gewahrsam der dazu berechtigten Person wegnimmt", der also dem Wortlaut des § 168 StGB gemäß handelt und damit der auf den Täter gemünzten Strafdrohung unmittelbar unterfällt. Sollte eine in dieser Weise aus dem Lebenssprachgebrauch gewonnene Unterscheidung nicht dem volkstümlichen Täterbilde besser gerecht werden, wie es von ähnlicher methodischer Grundlage aus etwa Dahm[38] ausdrücklich angenommen hat, und wie es im Ergebnis bekanntlich auch der formalobjektiven Theorie entspricht? Wie dem auch sei: Jedenfalls fehlt bei Hardwig eine Begründung dafür, warum der rechtlich-soziale Zurechnungsgehalt der Tat gerade an die volkstümliche Auslegung des Begriffs der Hilfeleistung und nicht an irgendein anderes Kriterium gebunden sein sollte. Gerade davon aber hängt die Überzeugungskraft dieser Lehre ab.

Über den sachlichen Gehalt der skizzierten Auffassungen und über die Brauchbarkeit des methodischen Ansatzpunktes überhaupt ist mit diesen Bemerkungen freilich noch nichts gesagt. Diesem Problem haben wir uns nunmehr zuzuwenden.

§ 5. Der Täterbegriff als Synthese sinnerfassender und zwecksetzender Betrachtungsweise

Die grundsätzliche Frage, ob bei der Abgrenzung von Täterschaft und Teilnahme von einer wertenden oder von einer sinn- und strukturerfassenden Methode auszugehen sei, ist, wie mir scheint, nicht einseitig im Sinne

---

[37] GA 1954, S. 356/57
[38] Der Tätertyp im Strafrecht, S. 55

der einen oder der anderen Denkrichtung zu entscheiden. Denn so sehr die Betrachtung des Rechtsstoffes als ein durch den Begriff und die Zweckbeziehung erst zu formendes gestaltloses Material oder im Gegensatz dazu als vorgegebener, schon in sich selbst sinnvoll gegliederter Bedeutungszusammenhang in der polemischen Zuspitzung antithetisch gegeneinander stehen mögen, so sehr bedarf die Rechtswissenschaft einer Synthese beider Methoden. Keine von ihnen läßt sich allein in rigoroser Reinkeit durchführen. Das gilt ganz allgemein, ebenso wie für das hier zu behandelnde Thema im besonderen. Es zeigt sich dabei, daß die gegensätzlichen Auffassungen in dreifacher Weise Recht und Unrecht zugleich haben.

I. Die Materien rechtlicher Regelung empfangen ihren Sinngehalt nicht vom Gesetzgeber, Richter oder Forscher. Er ist vielmehr durch ontologische, ethische und im weitesten Sinne soziale Gesetzlichkeiten und Entwicklungsstrukturen vorgegeben. Darin liegt das Recht einer seins- und sinnerfassenden Methode und das Unrecht des reinen Zweckdenkens.

Aber es hängt vom Ermessen des Gesetzgebers und von seinen Wertvorstellungen ab, welche der zahlreichen vorgegebenen Differenzierungen er zur Grundlage seiner Regelung machen will. Darin liegt das Recht des teleologischen Verfahrens und das Unrecht einer Betrachtungsweise, die den Gesetzgeber an bestimmte Vorgegebenheiten binden will.

Dieser Sachverhalt ist auch von den Vertretern der unterschiedlichen methodischen Richtungen nie ganz übersehen, wenngleich oft als Problem empfunden worden.

1. So hat schon Lask, der die südwestdeutsche Wertphilosophie als erster in umfassender Weise für die rechtswissenschaftliche Methodologie fruchtbar gemacht hat, darauf hingewiesen, wie schwer es sei, „den kopernikanischen Grundgedanken" – d. h. den Gedanken, daß die Bedeutungen nicht in den Dingen liegen, sondern ihnen erst durch den Menschen aufgeprägt werden – überall streng festzuhalten.[1] Er räumt sogar ein, auch der Methodologe werde nicht umhin können, „in der von ihm bereits vorgefundenen primitiven Disziplinierung des Stoffes gleichsam Vorarbeiten der wissenschaftlichen Tätigkeit anzuerkennen"[2] und zieht daraus den Schluß: „Die Tatsache der vorwissenschaftlichen Bearbeitung verbietet es, als das Material der Kulturwissenschaften ohne weiteres die unmittelbar gegebene Wirklichkeit zu betrachten. Zwischen diese und das von der Wissenschaft erstrebte Endziel schiebt sich vielmehr in den meisten Fällen, einem Halbfabrikate vergleichbar, eine schon auf Kulturbedeutungen bezogene Welt, und diese komplexe Kulturrealität, nicht die ursprüngliche, von jeder Art der Wertbeziehung freie Wirklichkeit wird zum Material der Kulturwissenschaften."[2] Lask hat auch erkannt, daß die von ihm sogenannte vorwissenschaftliche Begriffsbildung „nirgends eine so große Rolle spielt wie auf juristischem Gebiet"[3]; er spricht in diesem Zusammenhang geradezu von einer

---

[1] Rechtsphilosophie, S. 309
[2] a. a. O. S. 309
[3] a. a. O. S. 315

„Anschmiegung des Rechts an sein Substrat", bei der es von Wichtigkeit sei, „daß die Lebensverhältnisse bereits einen typisch gestalteten, für die rechtliche Regelung also präparierten Stoff darbieten"[4].

Auch der zweite führende Vertreter dieser Denkrichtung, Gustav Radbruch, hat zeitlebens mit dem Problem gerungen, ob der von ihm als Ausgangspunkt streng festgehaltene sog. „Methodendualismus", der Satz also, daß aus Seinsgegebenheiten niemals Sollenssätze abgeleitet werden können, streng durchzuführen sei. Schon in seiner Abhandlung über „Rechtsidee und Rechtsstoff"[5] kommt er zu dem Ergebnis, der Stoff des Rechtes sei die „mittels sozialer Begriffe vorgeformte Gegebenheit"[6]. Er fährt dann fort: „Diese sozialen Begriffe sind vorrechtlicher Art, aber sie entsprechen rechtlichen Begriffen, besser: ihnen entsprechen rechtliche Begriffe, gewissermaßen begriffliche Greifzangen der Rechtsordnung, der Gestalt der sozialen Sachverhalte nach Kräften angepaßt, um diese packen und rechtlicher Behandlung zuführen zu können." Auch in seiner „Rechtsphilosophie" kommt er auf die „Stoffbestimmtheit der Idee" zu sprechen[7] und meint: „... in der Tat besteht die psychologische Möglichkeit, in und aus dem Stoffe die Idee zu erschauen ... Dasselbe bedeutet es, wenn der Jurist nach der ‚Natur der Sache' entscheidet".[8] Radbruch fährt dann zwar einschränkend fort: „Aber solche Schau der Idee in dem Stoffe, den sie zu formen bestimmt ist, ist ein Glücksfall der Intuition, nicht eine Methode der Erkenntnis", doch ändert das nichts daran, daß die vorgeformten Gegebenheiten Berücksichtigung verlangen und, wie er an anderer Stelle[9] sagt, das methodendualistische Dogma „mildern"[10].

2. Andererseits können auch die Vertreter einer Auffassung, nach der die rechtliche Begriffsbildung sinnvoll gegliederte Seinsgegebenheiten nur nachzuzeichnen habe, den Einfluß einer davon unabhängigen gesetzgeberischen Wertung nicht leugnen. So hat sich z. B. bei Welzel und seinen Schülern heute die Erkenntnis durchgesetzt, daß die sogenannten „sachlogischen Strukturen" zwar ontologische, für den Gesetzgeber unveränderliche Vorgegebenheiten darstellen, daß es aber weitgehend eine Sache gesetzgeberischer Wertung ist, an welche dieser Strukturen er mit seiner Regelung anknüpfen will. Daher heißt es auch bei Welzel[11]: „Diese ewigen Wahrheiten der sachlogischen Sphäre können den Gesetzgeber nur ‚relativ' binden, nämlich bedingt dadurch, welche er von ihnen als Grundsatz wählt ...", und Stratenwerth[12] kommt zu dem Ergebnis, sachlogische

---

[4] S. 324
[5] Archiv für Rechts- und Wirtschaftsphilosophie, Bd. 17, 1923/24, S. 343–350
[6] a. a. O. S. 349
[7] 5. Aufl., 1956, S. 98
[8] a. a. O. S. 98/99
[9] Arch. f. Rechts- und Wirtsch. phil., a. a. O. S. 344
[10] in einer seiner letzten Abhandlungen über „Die Natur der Sache", Laun-Festschrift, S. 162, hat er diese Einschränkung sogar widerrufen.
[11] Naturrecht und materiale Gerechtigkeit, 2. Aufl., S. 198
[12] Das rechtstheoretische Problem der „Natur der Sache", S. 17f.

Strukturen seien „ontische Gegebenheiten, die sich unter einem bestimmten Gesichtspunkt als wesentlich herausheben"; die Wahl dieses Gesichtspunktes aber sei weitgehend eine Sache gesetzgeberischer Wertentscheidung. Etwas weiter geht nur Armin Kaufmann, wenn er meint, ein ontischer Sachverhalt sei im Sinne einer sachlogischen Struktur „vorgegeben", wenn er eine Wertung notwendig – also ohne die Möglichkeit gesetzgeberischer Wahl – herausfordere,[13] doch sieht Kaufmann anscheinend solche Strukturen nur in der Handlungs- und Unrechtslehre, so daß sich für die hier zu erörternde Problematik kein Unterschied zu den vorgenannten Auffassungen ergibt.

Nicht anders ist es auch, wenn man die Vorgegebenheiten nicht so sehr in unveränderlichen Seinsstrukturen als vielmehr in einer Vorgeformtheit des Rechtsstoffes durch soziale Bedeutungsgehalte erblickt. Denn es läßt sich nicht leugnen, daß es soziale Sinnzusammenhänge vielfältig verschiedener Art gibt, und daß es weitgehend von den gesetzgeberischen Wertvorstellungen abhangt, welche von ihnen er als rechtlich entscheidend ansehen will.

3. Demnach liegt auch in der Täterlehre der richtige Weg darin, die maßgebenden Wertungskriterien oder – von der anderen Seite her gesehen – die für die rechtliche Regelung leitenden vorgegebenen Differenzierungen herauszuarbeiten. Es wurde schon oben darauf hingewiesen, daß dieser Notwendigkeit im allgemeinen zu wenig Beachtung geschenkt worden ist[14]. Das zeigt nicht nur die jahrzehntelang geübte, methodisch so verfehlte Heranziehung des Kausalbegriffs. Auch die einseitige und unkritische Verwendung so heterogener Kriterien wie derjenigen der Rechtsgutsverletzung, des Lebenssprachgebrauchs, der Strafwürdigkeit, der Gefährlichkeit, der Finalstruktur usw.[15] – um nur einige von ihnen wahllos herauszugreifen – bleibt so lange unverbindlich und willkürlich, als nicht aufgewiesen wird, warum und inwieweit sie der rechtlichen Regelung zugrundeliegen. Dabei sind die Maßstäbe dem Gesetz zu entnehmen, und zwar den Vorschriften des Allgemeinen Teils über Täterschaft und Teilnahme ebenso wie den Tatbeständen des Besonderen Teils. Es empfiehlt sich dabei nicht, deduktiv vorzugehen, d. h. einen irgendwie gewonnenen Täterbegriff allen Erscheinungsformen des Verbrechens wie vorsätzlichen und fahrlässigen Taten, Begehungs- und Unterlassungsdelikten und den zum Teil ganz verschieden gearteten Einzeltatbeständen gleichermaßen aufzuzwingen. Bei einem solchen Vorgehen besteht die große Gefahr, daß die Phänomene vergewaltigt und Einzelaspekte in unzulässiger Weise verabsolutiert werden – ein Fehler, der vielfach begangen worden ist, wie sich noch im einzelnen zeigen wird[16]. Vielmehr werden alle diese Erscheinungen unter

---

[13] Die Dogmatik der Unterlassungsdelikte, S. 17
[14] Vgl. aber die beiläufigen und treffenden Bemerkungen von Schaffstein, ZStW, Bd. 56, 1937, S. 149
[15] Vgl. darüber im einzelnen gleich unten S. 28–32
[16] Vgl. S. 34ff.

Berücksichtigung der Eigenart der verschiedenen Regelungsmaterien gesondert, wenn auch nach einheitlichen methodischen Gesichtspunkten, zu untersuchen sein[17].

II. Auch in einer zweiten Hinsicht zeigt sich, daß die beiden Auffassungen einander notwendig ergänzen und daß die Vernachlässigung eines der beiden Aspekte eine sinnvolle Regelung verhindert.

1. So wenig nämlich der vom Gesetzgeber zu regelnde soziale Raum sich als strukturlose tabula rasa darstellt, so wenig ist es tunlich, einer auf die „konkreten Ordnungen" abstellenden Betrachtungsweise dadurch den Vorrang zu verschaffen, daß man dem Gesetzgeber ansinnt, die vorgefundene „natürliche" Ordnung ohne weitere begriffliche Durchformung einfach zu übernehmen. Dafür sind alle vorrechtlich-sozialen Gebilde bei weitem zu unklar konturiert.

Um es gleich am Beispiel der Täterlehre zu demonstrieren: Man könnte der Meinung sein (die ja auch oft vertreten worden ist), daß der Gesetzgeber zwar die Teilnahmeformen nach seinen Wertvorstellungen abgrenzen könne, daß es aber angebracht sei, dabei ohne weiteres auf soziale Vorgegebenheiten – wie die volkstümlich-bildhaften Vorstellungen des Täters, Anstifters, Gehilfen, oder den viel berufenen Lebenssprachgebrauch – zurückzugreifen. Im Ergebnis würde das weitgehend auf eine, wenn man so sagen darf, ontisch-soziale Täterlehre hinauslaufen.

Es ist aber leicht einzusehen, daß das zu einseitig wäre und dem Rechtsuchenden bei allen schwierigen Fällen nicht weiterhelfen würde[18]. So wird sich, um ein beliebiges Beispiel herauszugreifen, die einfache Frage, ob derjenige, der einen Bravo zu einem Morde dingt, mittelbarer Täter Mittäter oder Anstifter sei, durch die Berufung auf sprachliche Kriterien oder soziale Bedeutungsgehalte niemals klären lassen.

Vielmehr können solche Abgrenzungsfragen nur dadurch gelöst werden, daß der Gesetzgeber oder – bei seinem Schweigen – der Richter und Wissenschaftler anhand der Zweck- und Wertvorstellungen, die im Gesetz ihren Ausdruck gefunden haben, den Begriff präzisieren und weiter durchbilden. Das ist nicht nur hier so, sondern bei allen Rechtsbegriffen, die für die Anwendung brauchbar sein sollen: An den „Rändern" handelt es sich um gesetzliche, richterliche oder wissenschaftliche Begriffs„bildungen", die sich nie als bloße Abbilder außerrechtlicher Vorformungen, sondern stets als Produkt des wissenschaftlich gestaltenden Geistes darstellen und keine unmittelbare Entsprechung im Raum der vorgegebenen sozialen Strukturen aufweisen.

In den Grenzbereichen der Rechtsbegriffe bleibt also ein freies Feld für die selbständig-schöpferische begriffliche Formung eines insoweit gestaltlosen Materials. In diesem eingeschränkten Sinne hat daher die südwestdeutsche Lehre gegenüber ihren Kritikern recht.

---

[17] Vgl. die Durchführung unten S. 107 ff.
[18] Die Frage wird im Hinblick auf die speziellen Probleme des Taterrschaftsbegriffs unten noch wieder aufzugreifen und im einzelnen zu behandeln sein, vgl. S. 116/117

2. Andererseits behauptet aber auch die dem Recht vorgelagerte sinnhafte Ordnung des Seins ihren Platz gegenüber einer einseitig wertenden
Betrachtungsweise. Denn so sehr die Randbezirke rechtlicher Gebilde sich
als spezifisch juristische Begriffsschöpfungen darstellen, so verfehlt ist es,
den Begriffskern unter Verzicht auf die stabilisierende Kraft vorgegebener
Gliederungen einer rein „normativen" Behandlung zu unterwerfen. Ein
solches Verfahren führt zwangsläufig in die Irre.

Um auch das gleich am Beispiel der Täterlehre zu demonstrieren: Vom
Standpunkt einer einseitig ausgerichteten teleologischen Methode liegt es
nahe, von dem vorgeblich naturalistischen So-Sein der in der Außenwelt sich
abspielenden Vorgänge ganz abzusehen und die Erscheinung des Täters
mit Hilfe eines ausgesprochenen Wertbegriffes wie der „Strafwürdigkeit"
zu bestimmen. Ein derartiges Kriterium ist in der Tat von allen vorrechtlichen Gliederungsformen weitgehend unabhängig, denn man kann schwerlich mit absoluter Gültigkeit ermitteln, daß ein bestimmtes äußeres Verhalten
stets strafwürdiger sei als ein anderes.

Einen solchen Weg hat in jüngerer Zeit wieder Roeder[19] in engem Anschluß an die methodischen Bestrebungen Eb. Schmidts und Mezgers
beschritten. Wie es nicht anders zu erwarten war, kommt er zu dem Ergebnis, daß sich eine generell geringere Strafwürdigkeit eines wie auch immer
bestimmten „Gehilfen" oder „Anstifters" nicht feststellen lasse. Wer sich
überhaupt nicht an der Ausführung beteilige, wie etwa der Verfertiger einer
komplizierten Höllenmaschine, könne doch mehr tun und strafwürdiger
sein als derjenige, der durch Betätigung des Hebels die Ausführungshandlung vornehme[20]. Er gelangt daher zu der Forderung nach einem alle Beteiligungsformen umfassenden, Anstiftung und Beihilfe ausschließenden, von
ihm sogenannten „exklusiven" Täterbegriff.

Hier ist nicht die Folgerung, sondern der Ausgangspunkt fehlerhaft.
Rechtsbegriffe, die in ihrem Kern nicht auf anschaulich-seinshaften Strukturelementen ruhen, ermöglichen keine klaren Abgrenzungen und verschwimmen im Undeutlichen. Das macht sie aber für die hier gestellte Aufgabe von
vornherein unverwendbar: Denn wenn man die Beteiligungsformen voneinander abgrenzen will, so darf man dazu kein Kriterium wählen, das diese
Aufgabe seinem Wesen nach nicht erfüllen kann. Die auch bei einer einseitig
durchgeführten gegenteiligen Betrachtungsweise aufgezeigte Gefahr der Unbestimmtheit droht hier von der anderen Seite.

Daran wird deutlich, worin die selbständige Funktion einer sinnerfassenden Methode besteht: Sie verleiht den rechtlichen Gebilden ein unverrück-
bares Zentrum, bietet der begrifflichen Ausformung klare Anhaltspunkte
und verhindert ein unanschauliches Zerfließen der Begriffsinhalte, das sich
bei einer nicht an vorgegebene Strukturen gebundenen und daher mehr oder
weniger willkürlichen, nie einheitlich durchzuführenden Bewertung zwangsläufig einstellt. Insofern haben die Vertreter der ontologisch-sozialen Täter-

---

[19] ZStW, Bd. 69, 1957, S. 223 ff., 229
[20] a. a. O. S. 234

lehren gegenüber den Befürwortern eines ausschließlich wertenden Verfahrens recht.

III. Noch in einer dritten Weise müssen schließlich, wenn man die rechtlichen Erscheinungen ganz verstehen will, eine sinnschaffende und eine sinnerfassende Methode sich untrennbar miteinander verbinden.

Denn es wäre unrichtig zu meinen, daß die vorgegebenen sozialen Bedeutungsgehalte gerade im Bereiche des Rechts dem Gesetzgeber und der Wissenschaft schon als fertige und unveränderliche Ergebnisse entgegenträten. Vielmehr werden die sozialen Formungen ihrerseits durch gesetzgeberische Zwecke und wissenschaftliche Erkenntnisse tiefgehend beeinflußt. So sehr etwa die volkstümlichen Anschauungen vom „Täter", „Anstifter", „Gehilfen" sich auf die gesetzgeberischen Wertvorstellungen auswirken, so sehr werden diese Anschauungen ihrerseits mitgeprägt durch die Bedeutungsgehalte, die der Gesetzgeber kraft seiner Intentionen mit ihnen verbinden will. Auch insoweit stellen daher die rechtlichen Begriffe eine unauflösbare Synthese zugleich sinnerfassender wie sinngebender Betätigung dar.

Es liegt hier also nicht, wie viele Vertreter der südwestdeutschen Wertphilosophie meinten, eine Strukturverschlingung von Sein und Sollen in dem Sinne vor, daß ein wertfreies Sein und die Zweckvorstellungen empirischer Subjekte die Verbindung miteinander eingingen; aber es ist auch nicht so, daß ein werthaltiges vorrechtliches Sein allein der Rechtsordnung ihre Gehalte vorzeichnete; vielmehr durchdringen vorgegebene Bedeutungsgehalte und sinnstiftende Wertsetzungen einander derart, daß eine ständige Wechselwirkung zwischen ihnen stattfindet und das Ergebnis sich nicht als ein erstarrtes Gefüge, sondern als die Resultante eines immer weiterlaufenden Prozesses gegenseitiger Beeinflussung darstellt. Das im einzelnen auszuführen und zu einer Analyse des „objektiven Geistes" im Bereiche der Rechtswissenschaft weiterzubilden, ist hier nicht der Ort.

§ 6. Der Täter als Zentralgestalt des handlungsmäßigen Geschehens

I. Wenn wir nach den vorangegangenen Erörterungen ein Leitprinzip für die Bestimmung des Täterbegriffs formulieren wollen, so können wir sagen: Der Täter ist die Zentralgestalt des handlungsmäßigen Geschehens.

Selbstverständlich handelt es sich hier nicht um eine inhaltliche Umschreibung der Täterschaft, sondern um ein formales Kriterium, einen methodischen Ansatzpunkt, der die oben entwickelte mehrschichtige Synthese aus ontologischer und teleologischer Betrachtungsweise in eine konkretisierbare Formel bannen soll.

Die gewählte schlagwortartige Prägung muß also auf diesem Hintergrund gesehen werden. Dann ergibt sich folgendes: Der Begriff der „Zentralgestalt" soll einerseits den für die Abgrenzung maßgebenden gesetzlichen Wertungsgesichtspunkt, andererseits aber auch einen deutlich erfaßbaren vorrechtlichen Differenzierungsmaßstab bezeichnen.

Es scheint mir kaum bestreitbar zu sein, daß der Gesetzgeber so wertet: Er umschreibt den Täter durch den Begriff des „Ausführens" (§ 47 StGB), den Anstifter durch das „Bestimmen zur Tat" (§ 48 StGB) und die Beihilfe durch das „Hilfeleisten" (§ 49 StGB). Alle drei Verhaltensweisen beziehen sich nach dem Gesetzeswortlaut auf eine konkrete Tat. Wenn man sich ein solches Handlungsgeschehen vor Augen ruft, so kann man die §§ 47–49 StGB nur in dem Sinne verstehen, daß der Gesetzgeber sich den Ausführenden als Mittelpunkt und Schlüsselfigur des Deliktsvorganges, den Bestimmenden und den Hilfeleistenden aber außerhalb des Zentrums um ihn herumgruppiert denkt.

Von der anderen, auf die vorrechtlichen Sinnzusammenhänge abstellenden Betrachtungsweise her bedeutet der Begriff der „Zentralgestalt" den Rückgriff auf eine auch im Gemeinbewußtsein lebende plastische Vorstellung: Täter, Mittäter oder mittelbarer Täter ist die Hauptfigur des Geschehens, der Anstifter und Gehilfe stehen am Rande. Es handelt sich also bei verschiedener Blickrichtung um ein- und dieselbe Sache. Soweit man überhaupt von einem vorgegebenen „Wesen" der Teilnahme sprechen kann, besteht es in dieser Anlehnung des Teilnehmers an die Zentralgestalt des Täters, wie sie auch in der „sachlogisch" vorgezeichneten Akzessorietät ihren positivrechtlichen Ausdruck findet.

Damit ist – um es noch einmal hervorzuheben – natürlich nicht gesagt, durch welche inhaltlichen Kriterien der Begriff der Zentralgestalt auszufüllen ist. Das kann nach den Wertvorstellungen des Gesetzgebers, nach der Struktur des zugrundeliegenden Verhaltens und der besonderen Tatbestände verschieden sein und wird im einzelnen noch der späteren Analyse bedürfen. Erst dann wird es auch möglich sein, den Begriff zu entfalten, ihn bis in seine Verästelungen hinein festzulegen, den vorrechtlichen Bedeutungszusammenhängen in ihrer konkreten Ausgestaltung nachzugehen und die Tragweite des Prinzips am praktischen Beispiel zu erproben. Solange das nicht geschehen ist, muß der formale Leitgedanke notwendig unanschaulich bleiben; denn er kann nur bei der Ausfüllung des Begriffes durch sachliche Kriterien Richtschnur sein, diese Elemente aber nicht durch begriffliche Ableitungen aus sich hervorbringen.

Allerdings darf man die Bedeutung eines solchen Denkansatzes nicht unterschätzen: Er wird schon gleich bei Erörterung der verschiedenen Täterbegriffe und Teilnahmetheorien eine lebhaft aussondernde Wirksamkeit entfalten. Im Anschluß daran wird den breitesten Raum die Untersuchung einnehmen, inwieweit ein anhand der hier zugrundegelegten Kriterien bis ins einzelne durchgeformter Tatherrschaftsbegriff die Täterfrage lösen kann.

II. Vor der kritischen Sichtung der verschiedenen Teilnahmetheorien können einige dogmengeschichtlich bedeutsame Täterlehren von vornherein ausgeschaltet werden, weil sie nach dem bisherigen Ergebnis unserer Untersuchung schon im Ansatz verfehlt sind:

1. Der „sekundäre" Täterbegriff ist abzulehnen. Es handelt sich bei ihm um den Versuch, im Falle des Zusammenwirkens mehrerer den Täter durch

ein „subtrahierendes" Verfahren zu gewinnen: „Täter ist, wer nicht Teilnehmer ist"[1].

Demgegenüber zwingt der hier eingeschlagene Denkweg zu einer „primären" Täterfeststellung. Die Zentralgestalt des handlungsmäßigen Geschehens ist eine unmittelbarer Anschauung zugängliche Erscheinung, deren inhaltliche Elemente positiv zu bestimmen sind. Der Umweg über die Verneinung der Teilnahme ist ein Irrweg: Denn es ist keineswegs gesagt, daß jemand, wenn die Voraussetzungen der Anstiftung und Beihilfe nicht vorliegen, deshalb notwendig Täter sein müßte. Man denke nur an die Veranlassung unvorsätzlich eigenhändiger Delikte! Eine konsequent durchgeführte sekundäre Begriffsbestimmung würde den Täter zu einem Lückenbüßer[2] degradieren. Aus der Schlüsselfigur des Deliktsvorganges, die für uns den methodischen Ansatzpunkt bildet, würde ein durch eine bloße Negation zusammengehaltener, durch kein leitendes inhaltliches Kriterium konstituierter Auffangbegriff für anderweit nicht einzuordnende Mitwirkungsformen.

Die Notwendigkeit eines primären Täterbegriffs ist zuerst von Lange[3] hervorgehoben worden und entspricht heute der herrschenden Meinung[4]. Die Gegenauffassung wird aber jetzt noch von Bockelmann vertreten[5]. Er macht sein Bekenntnis zum sekundären Täterbegriff allerdings gleich wieder halb rückgängig, indem er betont, seine Meinung sei nicht so zu verstehen, als ob „da, wo keine Teilnahme vorliegt, automatisch Täterschaft gegeben sein müßte"[6]. Er wolle nur auf die methodische Notwendigkeit hinweisen, die Tatherrschaft eines Handelnden – die er als Kriterium der Täterschaft ansieht – „nicht eher zu bejahen, als bis sichergestellt ist, daß sie nicht etwa bei einem anderen (jedenfalls nicht allein bei einem anderen) liegt"[7]. Herrschaft sei zunächst Freiheit von Fremdherrschaft.

Doch selbst in dieser eingeschränkten Form ist dem nicht zuzustimmen, und zwar weder methodisch noch sachlich. Denn die Meinung Bockelmanns, es sei nicht möglich, die Täterschaft eines Beteiligten primär und positiv zu bestimmen, steht im Widerspruch zu seiner eigenen Annahme, die etwaige Alleintäterschaft eines anderen unmittelbar feststellen zu können! Richtig ist zwar, daß jemand nur Täter sein kann, wenn nicht ein anderer Alleintäter ist. Aber das hat nichts mit einer sekundären Täterbestimmung zu tun, sondern es handelt sich dabei lediglich um eine Anwendung des Satzes vom Widerspruch. Und im Ergebnis hat Bockelmann gleichfalls unrecht, wie sich hier allerdings nur vorgreifend behaupten läßt[8]: Auch

---

[1] So die Formulierung von Bockelmann, Untersuchungen, S. 76, Anm. 106
[2] so schon Lange, Mod. Täterbegriff, S. 6
[3] Mod. Täterbegriff, S. 5/6; ZStW 63, S. 504; Kohlr/Lange, 42. Aufl., vor § 47, I, S. 158
[4] Schönke/Schröder, 10. Aufl., III, 1, vor § 47, S. 233; Sax, MDR 54, S. 69, Anm. 31; vgl. auch Entwurf 1962, S. 149
[5] Untersuchungen, S. 76, Anm. 106; S. 102, Anm. 57
[6] a. a. O. S. 77, Anm. 106 von S. 76; S. 102, Anm. 57 am Ende.
[7] a. a. O. S. 102, Anm. 57
[8] Ausführlich darüber unten S. 131 ff.

wer unter der Herrschaft eines anderen eine Tat ausführt, handelt als – wenngleich möglicherweise entschuldigter – Täter.

Es bleibt also dabei: Der Täterbegriff ist primär zu bestimmen!

2. Der extensive Täterbegriff ist abzulehnen.

Die historisch wichtigste Form des extensiven Täterbegriffes ist oben schon geschildert worden[9] Der Streit um ihn, der Anfang der Dreißigerjahre die Diskussion über die Teilnahmelehre weitgehend beherrschte, ist heute abgeklungen, ohne daß sich eine der beiden Meinungen eindeutig durchgesetzt hätte. Die Vertreter der Tatherrschaftslehre stehen ihm ablehnend gegenüber; diejenigen, die im Prinzip an der subjektiven Theorie festhalten, sind bald für[10], bald gegen[11] ihn. Der Bundesgerichtshof hat ihn gelegentlich ausdrücklich verwendet, wenn er etwa feststellt: „Wer den Erfolg des gesetzlichen Straftatbestandes verursacht, ist Täter, soweit nicht besondere Vorschriften … entgegenstehen"[12].

Es ist nicht erforderlich, alle Argumente zu wiederholen, die für und gegen den extensiven Täterbegriff vorgebracht worden sind[13]. Unabhängig von den sachlichen Bedenken, die sich aus der Vernachlässigung aller personalen Elemente des Täterverhaltens ergeben, genügt hier der kurze Nachweis, daß diese Lehre schon von den oben entwickelten methodischen Ansatzpunkten her der Ablehnung verfallen muß, und zwar aus mehreren Gründen:

a) Die These, daß nach den Vorstellungen des Gesetzgebers grundsätzlich jeder Täter sei, der einen tatbestandsmäßigen Erfolg verursache, verfehlt den für die gesetzliche Wertung entscheidenden Gesichtspunkt eindeutig. Denn wenn das positive Recht zwischen Tätern, Anstiftern und Gehilfen unterscheidet, so kann man den Sinn dieser Differenzierung und damit das dem Täterbegriff Eigentümliche unmöglich in dem einzigen Merkmal suchen, das alle Beteiligten *gleichermaßen* auszeichnet: der Ursächlichkeit für den Erfolg. Es ist vielmehr evident, daß der Gesetzgeber bei seiner Abgrenzung gerade auf die Verschiedenartigkeit der Mitwirkung bei einem solchen Geschehen abstellen wollte.

Daher müssen die ungleichartigen Teilnahmeformen, die der Täterbegriff klären soll, für die extensive Lehre im Grunde undeutbar bleiben; weshalb denn auch die subjektiven oder objektiven Theorien, mit denen sie, um dem Gesetz Genüge zu tun, verkoppelt werden muß, zusammenhanglos

---

[9] Vgl. S. 8–10

[10] So etwa Metzger, StuB., A.T., 9. Aufl., § 86 II, S. 229f.; LK, 8. Aufl., Bem. 3 vor § 47

[11] So Schröder, Schönke/Schröder, 10. Aufl., III, 2, vor § 47, S. 233

[12] BGHSt 3, 4–7 (5)

[13] Vgl. dazu nur: Zimmerl, ZStW, Bd. 49, 1929, S. 39–54; Bruns, Kritik der Lehre vom Tatbestand, 1932; Grünhut, JW 1932 S. 366f.; Bähr, Restriktiver und extensiver Täterbegriff, 1934; Lony, Extensiver oder restriktiver Täterbegriff? 1934; Lange, Moderner Täterbegriff, 1935; Goetzeler, SJZ 1949, Sp. 837–846; Gallas, Gutachten, S. 122ff.; Roeder, ZStW, Bd. 69, 1957, S. 223–268; ferner die oben zitierte Abhandlung von Eb. Schmidt und die großen Lehrbücher und Kommentare.

neben ihr stehen und selbständiger, vom Leitprinzip abweichender Begründung bedürfen. Vom Grundgedanken der extensiven Theorie her bleibt es durchaus unklar, warum Anstiftung und Beihilfe als Strafeinschränkungsgründe nötig sind, wenn sich bei teleologischer Betrachtung jeder Akt der Erfolgsherbeiführung als gleichwertig herausstellt.

Schon die Besinnung auf die gesetzgeberischen Zweckvorstellungen widerlegt also diesen Täterbegriff.

b) Aber auch die vorgegebenen Bedeutungsdifferenzierungen nivelliert die extensive Lehre zugunsten eines abstrakt-logischen Bedingungszusammenhanges. Aus dem Täter als der plastisch umrissenen Zentralgestalt des handlungsmäßigen Geschehens wird ein bloßer Verursacher tatbestandlicher Rechtsgüterverletzungen. Das führt, wenn man dem extensiven Ansatz treu bleibt, zu einem die natürlichen Anschauungen gewaltsam verzerrenden Täterbilde: Wer beim Selbstmord eines verantwortlich handelnden Menschen mitwirkt, erscheint ohne Ausnahme als Täter eines Totschlages[14]; der Wärter (und wenn man ganz folgerichtig ist: sogar die Wärterin), der zwei Geisteskranken zur gleichgeschlechtlichen Unzucht behilflich ist, wird zum Täter des § 175 StGB[15]; die Eltern des Mörders sind ihrerseits tatbestandsmäßige Täter des Mordes[16]; der Extraneus, der einen Beamten zu einem unvorsätzlichen Amtsdelikt verleitet, ist selbst Täter des Amtsverbrechens[17].

Es zeigt sich hier, daß eine einseitig abstrakt-normative Betrachtungsweise, die von den vermeintlich „naturalistischen" (in Wirklichkeit: schon im vorrechtlichen Raum sinnvoll strukturierten) äußeren Vorgängen bewußt absieht, mit ihren nur gedachten Bezügen bei der Abgrenzung der Beteiligungsformen keine verständliche Ordnung mehr erkennen läßt.

c) Schließlich ist der extensive Täterbegriff auch deshalb abzulehnen, weil er sich bei der praktischen Anwendung nur in einer „sekundären" Form der Täterbestimmung auswirken kann, deren methodische Unzulänglichkeit schon oben hervorgetreten ist.

Zwar bescheinigt ihm Lange[18] gerade die Richtigkeit seines leitenden Gesichtspunktes, insofern als der Täterbegriff hier selbständig und nicht durch „Gegenschlüsse aus den Teilnahmevorschriften" gewonnen wird. Das trifft aber nur in der Theorie zu; denn da die extensive Theorie sich de lege lata mit einer aus anderen Gesichtspunkten hergeleiteten Abgrenzung der Beteiligungsformen abfinden muß, bleiben für die Täterschaft nur die Fälle übrig, in denen die „Strafeinschränkungsgründe" der Anstiftung und Beihilfe nicht eingreifen. Sehr deutlich zeigt das der oben erwähnte BGH-Fall, bei dem es um eine Freiheitsberaubung mit Hilfe einer bewußt unwahren Anzeige ging[19]. Nachdem der Bundesgerichtshof dort den

---

[14] Eb. Schmidt, Frank-Festgabe II, 124 f.; vgl. schon oben S. 10
[15] Vgl. Schmidt a. a. O. S. 124 in Verb. mit S. 119
[16] Schmidt a. a. O. S. 119, Anm. 1; siehe aber oben S. 10, Anm. 22
[17] Vgl. darüber zutreffend Lange, Mod. Täterbegriff, S. 29 f.
[18] Mod. Täterbegriff, S. 15
[19] BGHSt 3, 5

extensiven Täterbegriff zugrundegelegt hat, prüft er, ob Anstiftung oder Beihilfe vorliegen und fährt dann fort: „Diese Möglichkeiten scheiden hier aus. *Deshalb* ist die Angeklagte mittelbare Täterin der Freiheitsberaubung". Es ist dies dasselbe Verfahren, das zur Strafbarkeit jeder Beteiligung am Selbstmord führt: Der Mitwirkende ist allein deshalb Täter eines Totschlages, weil sich sein kausaler Beitrag nicht als Anstiftung oder Beihilfe fassen läßt.

Es bedarf keiner Begründung mehr, daß dadurch der methodische Ausgangspunkt, wonach der Täter die Zentralgestalt des handlungsmäßigen Geschehens bildet, auf den Kopf gestellt wird.

3. Alle Theorien, die den Täterbegriff nach der „Strafwürdigkeit", der Intensität der verbrecherischen Energie und ähnlichen Kriterien bestimmen wollen, sind abzulehnen. Derartige Gesichtspunkte, die zuletzt bei Roeder wieder hervorgetreten sind[20], haben auch sonst in der Geschichte der Teilnahmelehren häufig zur Unterscheidung der Teilnahmeformen gedient.

Ihre Verfehltheit ergibt sich nicht allein aus dem oben[21] schon dargelegten Umstand, daß ein solcher rein normativer Ausgangspunkt alle Abgrenzungen im Unbestimmten verschwimmen läßt und am Ende unmöglich macht. Er geht auch an den gesetzlichen Wertvorstellungen offenkundig vorbei; denn wenn das positive Recht den Anstifter und den Täter in der Bestrafung gleichstellt und sogar für den Gehilfen dieselbe Höchststrafe bereit hält, kann der Sinn der Differenzierung nicht in der Annahme liegen, daß der Teilnehmer generell weniger strafwürdig sei als der Täter.

Aus diesem Grunde ist es auch unrichtig, wenn immer wieder versucht wird, in die Teilnahmelehre Strafzumessungserwägungen hineinzuinterpretieren[22]. Ein Beteiligter, der sich bei der Tat völlig im Hintergrund gehalten hat und unter keinen Umständen als Zentralgestalt des konkreten Handlungsvorganges angesehen werden kann, mag dennoch die höchste Strafe verdienen: Wenn man ihn aber deshalb als Täter ansehen wollte, käme man zu einer „Kriminologisierung" der Teilnahmeformen, die dem Wesen der Strafrechtsdogmatik und dem Sinn der hier zur Erörterung stehenden Abgrenzung nicht gerecht wird.

Wie mit der Bildung der Tatbestände verfolgt der Gesetzgeber auch bei der Unterscheidung der Beteiligungsformen das Ziel einer rechtsstaatlichen Begrenzung der Strafgewalt: Die Verursachung eines tatbestandsmäßigen Erfolges soll nicht schlechthin, sondern nur dann bestraft werden, wenn sie in der Form der Täterschaft, der Anstiftung und der Beihilfe erfolgt[23].

---

[20] ZStW, Bd. 69, 1957, S. 226ff.; auch die neuerdings von Piotet, ZStW, Bd. 69, 1957, S. 23, 42 aufgestellte These, Täter sei, „wer für die Verwirklichung der sachlichen Verbrechensmerkmale die gesamte oder hauptsächliche Verantwortung trägt", läßt sich in diesen Zusammenhang einreihen.

[21] Vgl. S. 24/25

[22] Selbst Gallas, Niederschriften, S. 69, bringt Teilnahme- und Strafzumessungslehre miteinander in Zusammenhang.

[23] In diesem Sinne auch sehr eindeutig die Amtliche Begründung zum Entwurf 1962, S. 147

Dem aus derselben Wurzel stammenden Gedanken einer Vorbeugung gegen willensstrafrechtliche Tendenzen entspringt auch die Abstufung der Strafbarkeit bei der versuchten Täterschaft, Anstiftung und Beihilfe. Das aber sind Erwägungen, die mit dem Strafmaß des Einzelfalles nicht das geringste zu tun haben. Selbst wenn im künftigen Recht für die Beihilfe eine obligatorische Strafminderung eingeführt werden sollte (vgl. §§ 31 Abs. 2, Satz 2, 64 Abs. 1 Ziff. 2 Entw. 1962), ist das nur so zu verstehen, daß aus dem peripheren Charakter der Mitwirkung der Schluß auf eine generell geminderte Strafwürdigkeit gezogen wird, nicht aber umgekehrt so, als ob der Gesetzgeber den, der im Einzelfall geringere Schuld auf sich geladen hat, deshalb als Gehilfen ansehen wollte[24]. Das ist schon deshalb unmöglich, weil auch bei einer um ein Viertel herabgesetzten Strafandrohung (vgl. § 64 Abs. 1 Ziff. 2 Entw. 1962) ein Gehilfe in concreto schärfer bestraft werden kann als der Täter.

Außerdem würde man, wenn man konkrete Strafwürdigkeitserwägungen für die Abgrenzung leitend sein ließe, selbst den Sinn einer obligatorischen Strafrahmenreduktion, wie sie das künftige Recht für die Beihilfe vorsieht, verfehlen. Denn die „entferntere Mitwirkung des Gehilfen", von der die Entwurfsbegründung durchaus zutreffend spricht, ist ein objektiver, tatbezogener Strafmilderungsgrund, der von den sonstigen, wesentlich subjektiven und täterbezogenen Strafzumessungsregeln völlig unabhängig ist. Wollte man die Teilnahmelehre ungeachtet dessen so aufbauen, daß die Täterschaft sich auf die durch die verschiedensten Umstände bestimmte allgemeine Strafwürdigkeit gründete, so würde die ratio dieses Strafmilderungsgrundes verdeckt und durch die nichtssagende Formel ersetzt werden, daß weniger strafwürdige Taten milder zu bestrafen seien – eine Erkenntnis, die sich von selbst versteht und zu deren Durchsetzung es der Teilnahmelehre nicht bedürfte.

So eindeutig das alles erscheint: Hier liegt eine schwer zu verstopfende Quelle grundsätzlicher Fehler in der Behandlung der Teilnahmeproblematik, die wesentlich zur Verwirrung der Materie beigetragen hat. Im folgenden wird noch mehrfach darauf zurückzukommen sein.

4. Die „Gefährlichkeitstheorien" sind abzulehnen.

Der Gedanke, daß der Täter sich vom Teilnehmer durch die größere Gefährlichkeit seines Verhaltens unterscheide, hat in der Täterlehre seit eh und je eine gewichtige Rolle gespielt. Das gilt nicht nur für die zahlreichen ausdrücklich so genannten „Gefährlichkeitstheorien"[25] und ihre umfassendste, ganz auf dieser Grundlage ruhende Ausführung in der Lehre von Perten[26]; auch etwa die Auffassung Kohlers[27], der nach der Intensität der Mitwirkung differenziert, oder die bekannte Theorie von Birkmeyer[28],

---

[24] Vgl. die Amtl. Begründung des Entw. 1960, S. 142; Entw. 1962, S. 151
[25] Vgl. die Übersicht bei Perten, Die Beihilfe zum Verbrechen, S. 34–40
[26] a. a. O. S. 62 ff.
[27] Studien, Bd. 1, S. 92 ff.
[28] Ursachenbegriff und Kausalzusammenhang; Die Lehre von der Teilnahme.

wonach Täter derjenige ist, der die „wirksamste" Bedingung setzt, finden ihren normativen Gehalt in diesem Grundgedanken. Darüber hinaus hat man aber auch nahezu alle anderen Theorien durch das Gefährlichkeitsprinzip zu rechtfertigen versucht[29]. Es ist nicht möglich, den verschiedenen Lehren hier im einzelnen nachzugehen.

Das ist aber auch unnötig; denn einerseits werden sie, soweit sie die Gefährlichkeit durch fest umrissene Kriterien zu umschreiben versuchen, im folgenden mitbehandelt; zum anderen aber offenbart sich in dieser unübersehbaren Aufsplitterung die methodische Unbrauchbarkeit dieses Gesichtspunktes.

Sie zeigt sich in zwiefacher Hinsicht: Wenn man einer Auffassung, die den Unterschied zwischen Täterschaft und Teilnahme von bestimmten objektiven oder subjektiven Umständen abhängig macht, durch das Prinzip der Gefährlichkeit eine normative Grundlage zu geben versucht, so verfehlt man gerade den wesentlichen Gehalt einer solchen Differenzierung. Denn es ist leicht zu zeigen und oft nachgewiesen worden, daß es kein exakt erfaßbares Merkmal gibt, dessen Erfüllung notwendig eine größere Gefährlichkeit gegenüber den Tatbeiträgen anderer verbürgte. Der Hintermann, die für den äußeren Handlungsvorgang unscheinbarste Randgestalt, kann dennoch unter allen Beteiligten der gefährlichste sein. Daher sind alle derartigen Versuche gescheitert und haben lediglich zu der resignierten Forderung nach dem Einheitstäterbegriff geführt.

Wenn man andererseits auf eine Festlegung genereller Merkmale ganz verzichtet und als Täter denjenigen ansieht, der im konkreten Fall durch die Gefährlichkeit seines Beitrages sich von anderen Beteiligten abhebt, so gelangt man zu einem rein normativen Begriff, der mit demjenigen der „Strafwürdigkeit" auf einer Stufe steht und den nach den obigen Darlegungen in diesem Bereich an die Begriffsbildung zu stellenden Anforderungen nicht genügt. Durch ein solches Verfahren werden nicht nur die vorgegebenen bedeutungshaltigen Gliederungen verwischt; auch die gesetzgeberische und richterliche Wertung wird ihrer objektiven Anhaltspunkte beraubt und unüberprüfbarer Beliebigkeit überantwortet. Außerdem geht eine derartige Unterscheidung auch an den gesetzlichen Wertvorstellungen vorbei; das ergibt sich aus dem, was oben zum Strafmaß und zur Verfehltheit eines kriminologisierenden Täterbegriffs ausgeführt wurde.

Die Gefährlichkeitstheorien bieten somit schon von ihren methodischen Grundlagen her keine verwertbaren Ansätze zur Lösung der Täterschaftsproblematik.

---

[29] Vgl. etwa die zu entgegengesetzten Ergebnissen führende Kontroverse zwischen Hegler, Festgabe für R. Schmidt, S. 74, und Eb. Schmidt, Frank-Festgabe II, S. 118

Zweites Kapitel

Die Täterlehren vor der Tatherrschaftstheorie

Die literarischen Äußerungen zur Abgrenzung von Täterschaft und Teilnahme sind unüberblickbar zahlreich. Sie vollständig aufzureihen, würde allein den Umfang eines dickleibigen Kompendiums erfordern. Abgesehen von dieser technischen Schwierigkeit wäre ein solches Unternehmen aber auch wenig lohnend, weil viele dieser Beiträge nur noch rein historisches Interesse haben oder bekannte Gedanken lediglich terminologisch neu einkleiden. Wir werden uns daher auf die Meinungen beschränken, die größeren Einfluß gewonnen haben und heute noch brauchbare Ansatzpunkte zur Lösung unseres Problems bieten. Dabei werden hauptsächlich die für eine Meinung repräsentativen Autoren berücksichtigt. Die Literatur des vergangenen Jahrhunderts und Hinweise auf fremde Rechtsordnungen sind nur zu Beispielszwecken herangezogen worden.

Die um der Übersichtlichkeit willen erforderliche Theoriengruppierung muß immer bis zu einem gewissen Grade willkürlich und an historische Zufälligkeiten gebunden bleiben, da es einen alle relevanten Unterscheidungen erfassenden Gliederungsmaßstab nicht gibt. Eine Einteilung nach methodischen Gesichtspunkten empfiehlt sich nicht, weil, wie sich gezeigt hat, derselbe methodische Ausgangspunkt oft zu entgegengesetzten Ergebnissen führt oder eine in der praktischen Auswirkung gleiche Lösung von ganz verschiedenen Grundlagen her gewonnen werden kann. Es erscheint daher für das Verständnis am förderlichsten, auf neuartige und ungewohnte Gruppierungen zu verzichten und die im Laufe der Jahrzehnte nach sehr unterschiedlichen Kriterien gebildeten Theorien unter ihren vertrauten Bezeichnungen nebeneinanderzustellen.

Bei alledem liegt der leitende Gesichtspunkt nicht darin, eine dogmengeschichtliche Darstellung um ihrer selbst willen zu liefern oder die altbekannten Argumente gegen die einzelnen Lehren noch einmal zusammenzutragen; es kommt vielmehr entscheidend darauf an, die verschiedenen Auffassungen zum heutigen Stand der Täterlehre in Beziehung zu setzen, ihre in der Gegenwart fortwirkenden Gehalte herauszuarbeiten und ihre zutreffenden Einsichten für eine selbständige Lösung fruchtbar zu machen.

§7. Die formal-objektive Theorie

Diese Auffassung sieht – wenn man sie auf ihren Kern zurückführt und alle
Varianten beiseiteläßt – denjenigen als Täter an, der die in den Tatbeständen
des Besonderen Teils beschriebenen Handlungen ganz oder teilweise selbst
ausführt; alle anderen sind nur Anstifter oder Gehilfen.

Sie hat ihren Namen von Birkmeyer[1], ist der Sache nach aber wesentlich
älter. Schon im 19. Jahrhundert hatte sie zahlreiche Anhänger[2]; sie gewann
dann immer mehr an Boden, bis sie etwa zwischen 1915 und 1933 zur herrschenden Meinung wurde. Die großen Dogmatiker Beling[3], Max Ernst
Mayer[4] und Liszt[5] brachten sie zu Ansehen; auch der „Amtliche Entwurf"
1925 ging entgegen der damals herrschenden Rechtsprechung von der formal-objektiven Theorie aus[6]. Um das Jahr 1930 folgten ihr die damals
bedeutendsten Lehrbücher von Eb. Schmidt[7], Mezger[8], Robert v. Hippel[9],
Finger[10] und Allfeld[11], die Grundrisse von Paul Merkel[12] und van Calker[13],
und auch sonst bekannten sich zahlreiche Strafrechtler wie Wegner[14],
Zimmerl[15], Hegler[16], Rosenfeld[17], Grünhut[18] und Graf zu Dohna[19] ausdrücklich zur formal-objektiven Theorie. Damit aber hatte sie ihren
Höhepunkt überschritten. Während sie in Österreich[20], Frankreich[21] und
wohl auch im anglo-amerikanischen Rechtskreis[22] noch heute im wesentlichen vorherrscht, hat sie in Deutschland seither keine bedeutenden
Anhänger mehr gewonnen. Ausdrücklich wird sie nur noch im Lehrbuch

---

[1] Teilnahme, Vergleichende Darstellung, S. 21, 1908
[2] Vgl. die detaillierten Angaben bei Birkmeyer, Teilnahme, 1890, S. 97, Note 144
[3] Die Lehre vom Verbrechen, 1906, S. 408 ff.; Grundzüge des Strafrechts, 10. Aufl., 1928,
S. 29–31
[4] Allgemeiner Teil, 2. Aufl., 1923, S. 380 ff.
[5] Lehrbuch, 22. Aufl., 1919, S. 211
[6] Das ergibt sich aus S. 25–27 der Begründung; im Entwurf 1927 ist diese klare Stellungnahme schon wieder abgemildert, vgl. die dortige Begründung, S. 29
[7] v. Liszt/Schmidt, Lehrbuch, Erster Band, 1932, S. 334/35
[8] Strafrecht, 2. Aufl., 1933, S. 444
[9] Deutsches Strafrecht, 2. Bd., 1930, S. 453 ff.; Lehrbuch des Strafrechts, 1932, S. 163
[10] Strafrecht, 1932, S. 543, 545 ff.; mit einigen Einschränkungen, S. 546/47
[11] Meyer/Allfeld, Allgemeiner Teil, 9. Aufl., 1934, S. 219/220
[12] Allgemeiner Teil, 1927, S. 172–174; auch hier kleine Einschränkungen, S. 174 a. a. O.; vgl.
auch Merkels Abhandlung „Zur Abgrenzung von Täterschaft und Beihilfe", 1925, und
Frank-Festgabe II, 1930, S. 134 ff.
[13] Strafrecht, 4. Aufl., 1933, S. 76–80
[14] Teilnahme, in: Aschrott/Kohlrausch, Reform des Strafrechts, 1926, S. 102–119
[15] ZStW, Bd. 49, 1929, S. 39–54
[16] RGR-Praxis, 1929, S. 307; Festgabe für Richard Schmidt, 1932, S. 74
[17] Frank-Festgabe II, 1930, S. 161–187
[18] JW 1932, S. 366 f.
[19] Der Aufbau der Verbrechenslehre, 4. Aufl., 1950, S. 59/60
[20] Vgl. Dietz S. 67/68 mit einzelnen Angaben.
[21] Vgl. Dietz S. 19 ff., 28 ff. mit Nachweisen.
[22] Straub, S. 66, und Dietz, S. 89/90, 94, vertreten übereinstimmend die Ansicht, daß nur
der sog. „principal in the first degree", der selbst Ausführungshandlungen vorgenommen hat, dem Täterbegriff des englischen Rechts unterfalle.

von Wegner[23] vertreten, der aber damit nur an seiner schon früher entwickelten Lehre festhält.

Trotz dieses mit dem Aufkommen der Tatherrschaftslehre zusammenhängenden Nieberganges hat die formal-objektive Theorie auch für den heutigen
Betrachter sehr erhebliche Vorzüge. Sie vermeidet nicht nur die Mängel des
kausalen Ansatzes, sondern hält auch glücklich die Mitte zwischen einer ausschließlich wertenden oder einer nur sinnerfassenden Betrachtungsweise.
Der Mörder, der dem Opfer das Messer in die Brust stößt; der Dieb, der die
Schmuckstücke aus der erbrochenen Kassette zusammenrafft und davoneilt;
der Zeuge, der mit erhobener Hand falsch schwört – das sind plastische, im
Mittelpunkt des Geschehensvorganges stehende Gestalten, deren Handlungsweise sich von der anderer Beteiligter für den unbefangenen Betrachter
sinnfällig abhebt.

Zugleich gibt es gute Gründe dafür, daß diese Lehre auch einen vom
Gesetzgeber selbst für maßgeblich erachteten Bedeutungsunterschied heraushebt; denn daß die Tatbestandsbeschreibungen in erster Linie *den*
erfassen und mit dem Wertprädikat „Täter" versehen wollen, der die dort
geschilderten Handlungen selbst ausführt, ist ein Gedanke von beinahe
zwingender Evidenz, dem alle heute noch vertretenen Theorien Rechnung
tragen. Während er aber etwa in der subjektiven Täterlehre einen Fremdkörper bildet, steht er hier mit Recht im Zentrum der Abgrenzung.

Es kommt hinzu, daß diese Auffassung, was freilich eigenartigerweise
nie recht erkannt worden ist, ihren Namen als „objektive" Theorie in Wahrheit zu Unrecht trägt; gerade sie berücksichtigt nämlich das später so betonte
subjektiv-finale Element in weitgehendem Maße! Der Sittlichkeitsver-
brecher des § 176, der Brandstifter des § 306, der Giftmischer nach § 229
StGB – sie stehen als final handelnde, den Tatverlauf eigenhändig steuernde
Personen vor unseren Augen. Auch zu einer Zeit, da noch niemand daran
dachte, den Vorsatz als Bestandteil des Tatbestandes anzusehen, haben doch
die Vertreter der formal-objektiven Theorie, wenn sie etwa den Mittäter
vom Gehilfen trennen wollten, im Bereiche der Vorsatzdelikte nur einen die
Tatbestandshandlung final verwirklichenden Täter vor sich gesehen. Darüber
hinaus kann diese Lehre sogar die besonderen Gesinnungen, Absichten
und Tendenzen des Täters berücksichtigen, soweit sie vom Gesetzgeber
durch die Aufnahme in die Deliktsschilderung für relevant erklärt worden
sind. Indem es ihr so gelingt, statt blasser Abstraktionen lebensvolle Handlungen mit ihren sozialen Sinnbezügen zu erfassen, erweist sie sich als
unmittelbarer Vorläufer der Tatherrschaftstheorie.

Danach ist der Vorwurf, den Lange[24] vom Standpunkt der teleologischen
Methode aus gegen Beling als den Hauptvertreter der formal-objektiven
Theorie erhebt, daß er das Urteil über die Täterschaft abhängig mache
„von einer Besonderheit der Kausalreihe, von der äußeren Beschaffenheit
der Handlung, ...", also von Unterscheidungen, die, juristisch betrachtet,

---

[23] S. 249–255
[24] Der moderne Täterbegriff, S. 16

zufällig sind", nicht ganz gerechtfertigt. Und wenn Gallas[25] als Vertreter der Tatherrschaftslehre meint, die formal-objektive Theorie vermöge, „solange sie in den Handlungsbeschreibungen der Tatbestände Beschreibungen kausaler Vorgänge sieht, nicht zu erklären, wieso in diesen Beschreibungen ein gegenüber der Ursächlichkeit der Tat selbständiger Wertmaßstab enthalten ist", so trifft er damit zwar die kausale Handlungslehre, aber nicht eigentlich die formal-objektive Theorie, von der wir gerade gesehen haben, daß sie von vornherein zu einer Überwindung des kausalen Ansatzpunktes tendiert. In Wirklichkeit paßt sie viel besser zu einer finalen Tatbestandslehre, und wenn die früher herrschende Meinung vom überkommenen Handlungsbegriff her zu ihr gelangt ist, so liegt darin eine gewisse Widersprüchlichkeit; der Fehler steckte aber in der Handlungs- und nicht in der Täterlehre.

Freilich zeigt die formal-objektive Theorie auch Schwächen, die ihre unveränderte Übernahme heute unmöglich machen. Der eindeutigste Mangel liegt in ihrer Unfähigkeit, die Erscheinung der mittelbaren Täterschaft zu erklären. Viele ihrer Anhähger haben versucht, ohne diese Rechtsfigur auszukommen und die dadurch entstehende „peinliche Lücke strafwürdiger … Fälle"[26] de lege ferenda durch eine Limitierung der Akzessorietät zu lösen. Aber dieser Weg ist für den Hauptanwendungsfall, das Handeln durch ein vorsatzloses Werkzeug, nicht nur dadurch verbaut, daß die Rechtsprechung heute für die Teilnahme eine vorsätzliche Haupttat verlangt; es würde dadurch vor allem eine Erscheinungsform echter Täterschaft in eine Teilnahme umgefälscht; daß der vielzitierte Arzt, der durch die ahnungslose Krankenschwester eine tödliche Injektion vornehmen läßt, wirklicher Täter ist, entspricht heute einhelliger Meinung und bedarf daher an dieser Stelle keiner weiteren Begründung[27].

Auch Beling als führender Vertreter der formal-objektiven Theorie bekämpft die Gleichsetzung von Anstiftung und mittelbarer Täterschaft[28]; wenn er aber meint, daß die mittelbare Täterschaft „überhaupt kein Problem"[29] sei, weil „der natürliche Sprachgebrauch" keinen Anstand nehme, von demjenigen, der sich eines anderen als Werkzeug bedient habe, zu sagen, er habe „getötet", „weggenommen" usw.[30] – so opfert er das Grundprinzip der formal-objektiven Theorie, die persönliche Vornahme der Ausführungshandlung, zugunsten einer Ausnahme auf, die zwar ein richtiges Ergebnis verbürgt, vom Boden dieser Lehre aus aber nicht recht zu begründen ist; denn der Sprachgebrauch erlaubt es, auch denjenigen als Mörder zu bezeichnen, der seinen Feind durch einen gekauften Banditen

---

[25] Niederschriften der Strafrechtskommission, S. 125/26; ähnlich ZStW, 1957, Sonderheft Athen, S. 9
[26] Grünhut, JW 32, 366
[27] Kennzeichnend ist auch, daß etwa van Calker, S. 83, und andere hier nur von einer „fingierten" Täterschaft sprechen.
[28] Methodik, S. 99–102
[29] Methodik, S. 102
[30] Grundzüge, S. 30, § 18 V

umbringen läßt, obwohl hier und in vielen anderen vergleichbaren Fällen die formal-objektive Theorie eine Täterschaft ablehnt.

Aber auch der Mittäterschaft kann die formal-objektive Theorie nicht ganz gerecht werden. Wegner[31] bildet den Fall, daß A und B beschlossen haben, den C zu vergiften, und daß A das Gift in die Suppe streut, während die B alle Reize ihrer Plauderkunst entfaltet, um C's Aufmerksamkeit von dem merkwürdigen Geschmack des Giftgebräus abzulenken. Nach seiner Meinung ist A Täter und die B Gehilfin. Auch Beling[32] hat keine Bedenken, in dem Beispiel, daß A dem B ein Messer reicht und B es dem von C festgehaltenen X ins Herz stößt, A und C lediglich als Teilnehmer anzusehen. Diese Lösungen überzeugen jedoch nicht. Wenn in dem Giftfall A und B gleichgeordnet zusammenwirken und ihre Tatbeiträge sich derart ergänzen, daß sie nur zusammen den Erfolg herbeiführen können, so bildet ihr Verhalten im Hinblick auf das angestrebte Ziel eine Sinneinheit, die sich nicht ohne Willkür in verschiedene rechtliche Typen aufspalten läßt. Gerade der von den Anhängern der formal-objektiven Theorie so hervorgehobene Sprachgebrauch würde nicht zögern zu sagen, daß A und B den C gemeinsam ermordet haben. Das gilt ebenso für das Beispiel Belings.

Es ist auch nicht anzunehmen, daß der Gesetzgeber einen solchen bei sinnerfassender Betrachtung einheitlichen Vorgang rechtlich verschieden werten wollte. Wenn § 47 StGB für die Mittäterschaft verlangt, daß „mehrere eine strafbare Handlung gemeinschaftlich ausführen", so kann damit jedenfalls nicht gemeint sein, daß jeder den Tatbestand ganz erfüllen müsse, denn in diesem Falle wäre er nach der formal-objektiven Theorie ohnehin Täter, und eine besondere Vorschrift über die Mittäterschaft wäre überflüssig. Es gibt aber auch kein einleuchtendes Argument dafür, warum eine „gemeinsame Ausführung" nur dann vorliegen soll, wenn jeder der Beteiligten ein Tatbestandsmerkmal verwirklicht hat. Wenn zwei Diebe in eine unverschlossene Wohnung eindringen und einer die Kassette wegnimmt, während der andere die Ausgänge deckt, so ist dieser zweite nur Gehilfe; wenn aber beide bei sonst gleichem Sachverhalt durchs Fenster gestiegen sind, so sind sie Mittäter, weil jetzt der zweite ein Tatbestandsmerkmal (Einsteigen) verwirklicht hat. Das sind ungereimte, zufällige, hier wirklich „formale" und durch inhaltliche Kriterien nicht begründbare Ergebnisse. So kann der Gesetzgeber nicht gewertet haben. Es liegt vielmehr nahe, daß er gerade das Gegenteil dessen wollte, was die formal-objektive Theorie tut: daß er nämlich nicht die Tatbeiträge der einzelnen Beteiligten isoliert betrachtet, sondern sie als Einheit sieht und jeden der Mitwirkenden als (Mit-)Täter des Ganzen erkennt. Das wird später noch näher auszuführen sein[33].

Zusammenfassend ist zu sagen: Die Stärke der formal-objektiven Theorie besteht darin, daß sie die Einzeltat in ihrer Ganzheit als sozial sinnhafte Handlung erfaßt und denjenigen, der die Tatbestandshandlung selbst aus-

---

[31] Strafrecht, S. 252
[32] Grundzüge, S. 29/30
[33] Vgl. unten S. 274 ff.

führt, als Täter ins Zentrum ihrer Betrachtung rückt. Ihre Mängel liegen darin, daß sich die mittelbare Täterschaft von ihrem Ausgangspunkt her nicht erfassen läßt und daß sie bei Behandlung der Mittäterschaft zu einer sinnwidrigen, auch vom Ergebnis her unbefriedigenden Auffasserung eines einheitlichen Vorganges in beziehungslose Einzelakte gelangt.

§ 8. Die materiell-objektiven Theorien

Unter dieser Bezeichnung sollen nicht nur, wie es im Anschluß an Birkmeyer[1] vielfach geschehen ist, die auf Kausalitätsunterschieden aufbauenden Lehren, sondern auch alle anderen inhaltlich an überwiegend objektiven Kriterien orientierten Theorien zusammengefaßt werden.

I. Die Lehre von der Notwendigkeit des kausalen Beitrages „Notwendigkeitstheorie"

Es ist ein sehr alter, nie ganz vergessener und bis heute in mannigfachen Variationen immer wieder auftauchender Gedanke, daß man dem die Tat mit eigener Hand Ausführenden denjenigen als Täter gleichstellen müsse, der einen unentbehrlichen Tatbeitrag leiste, ohne den die Tat also nicht hätte ausgeführt werden können. Schon Feuerbach[2] unterschied zwischen Urhebern[3] und Gehilfen danach, ob sie eine Haupt- oder Nebenursache setzen. Dabei unterstellte er dem Begriff des Urhebers auch den sogenannten „Hauptgehülfen", der an der Tat mitwirkt durch Hinwegräumung von Hindernissen, ohne die dem andern die Verübung des Verbrechens unmöglich gewesen wäre[4].

Diese Differenzierung war damals recht geläufig und drang in zahlreiche in- und ausländische Kodifikationen ein[5]. Sie behauptete auch lange Zeit ihren Platz namentlich in den aus der Mitte des vergangenen Jahrhunderts herstammenden Lehrbüchern. So heißt es noch im Jahre 1895 bei Berner[6]: „Als Hauptgehülfen bezeichnet die Doktrin denjenigen Gehülfen, der eine Hülfe leistet, ohne welche, ihm bewußt, die Mißtat nicht ausgeführt werden kann; er darf als Mittäter behandelt werden."

Seither hat die Lehre vom Hauptgehilfen keine wesentliche Rolle gespielt; nur von Bar hat sie im Jahre 1907 noch einmal aufgenommen und in den Mittelpunkt seiner Abgrenzung gestellt[7]. Ihr Grundgedanke ist aber

---

[1] Vergleichende Darstellung, S. 21
[2] Lehrbuch, 14. Aufl., §§ 44, 45, S. 80 ff.
[3] worunter nach heutigem Sprachgebrauch Täter und Anstifter zu verstehen wären.
[4] a. a. O. S. 80; vgl. über die Bedeutung dieser Unterscheidung im älteren Recht im übrigen Mittermaier bei Feuerbach, Note IV, a. a. O. S. 82, 83
[5] Vgl. die zahlreichen Angaben bei Perten, S. 14, Note 26
[6] Lehrbuch, 17. Aufl., S. 165
[7] Gesetz und Schuld, Bd. II, 1907, S. 603

nie ganz in Vergessenheit geraten. Ohne daß einer der folgenden Autoren je wieder ausdrücklich an sie angeknüpft hätte, hat sie doch gleichsam unterirdisch weitergewirkt und ist von Zeit zu Zeit in verschiedenartigen Variationen wieder aufgetaucht.

So sah z. B. Liepmann[8] denjenigen als Täter an, der die „entscheidenden Bedingungen" setzt. Über den Gehilfen meint er: „sein Verhalten ist nicht für den Erfolg entscheidend, so daß mit der Eliminierung seiner Tätigkeit zugleich irgendein Merkmal des Deliktstatbestandes zum Wegfall kommt, sondern lediglich förderlich in dem Sinne, daß dadurch die Möglichkeit zur Begehung durch einen anderen gesteigert wird."

Auch Baumgarten hat unabhängig von seinen Vorgängern diese Abgrenzung zum Dreh- und Angelpunkt seiner Lehre gemacht[9]. Täter ist nach seiner Theorie „derjenige, dessen Handlung nicht hinweggedacht werden kann, ohne daß die Begehung des Verbrechens auf den Nimmermehrstag verschoben wird, Gehilfe derjenige, der durch Unterlassung seiner Handlung nur erreicht hätte, daß das Verbrechen nicht nach Zeitpunkt und näheren Umständen so begangen worden wäre, wie es begangen worden ist "[10].

Später tritt der Gedanke wieder bei Kohlrausch[11] hervor. Wenn er die Auffassung entwickelt, daß jemand Täter sei, sofern sein Tun innerlich auf den Erfolg gerichtet „und mit dem Bewußtsein von der Unentbehrlichkeit für ihn verbunden war", so dringt hier in subjektivem Gewande unverkennbar die Notwendigkeitstheorie durch.

Selbst der Bundesgerichtshof hat ihr seinen Tribut gezollt; denn in der bedeutendsten seiner Teilnahmeentscheidungen[12] stützte er die Täterschaft dessen, der eigenhändig mit „Gehilfenwillen" die Tat verwirklicht hatte, unter anderem auf die Erwägung, daß der Handelnde auf sie „einen entscheidenden Einfluß ... hatte: Ohne ihn konnte sie nicht in der vorgesehenen Art geschehen".

Auch in ausländischen Kodifikationen spielt die Notwendigkeitstheorie noch heute eine Rolle. So sind z. B. nach Art. 14 des spanischen Código penal vom 23. 12. 1944[13] Täter auch „diejenigen, die sich an der Ausführung der Tat mit einer Handlung beteiligen, ohne welche diese nicht hätte verwirklicht werden können"; sehr ähnlich bezeichnet Art. 61 des uruguayischen Strafgesetzbuches vom 4. 12. 1932 als Mittäter neben anderen „diejenigen, die bei der Verwirklichung mitwirken, sei es bei einer Vorbereitungshandlung, sei es bei einer Ausführungshandlung, durch eine Tat, ohne die das Delikt nicht hätte begangen werden können"[14].

---

[8] Einleitung in das Strafrecht, 1900, S. 70
[9] ZStW, Bd. 37, 1916, S. 526 ff.
[10] a. a. O. S. 529
[11] ZStW, Bd. 55, 1936, S. 394
[12] BGHSt 8, 393–399 (398); ebenso später BGHSt 14, 128/29
[13] zitiert nach dem Gesetzesanhang bei Dietz, S. 133
[14] zitiert nach Dietz a. a. O. S. 136

Tatsächlich haben diese Gedanken auch für den modernen Betrachter eine nicht zu unterschätzende Bedeutung. Denn wenn jemand eine Bedingung setzt, ohne die das Verbrechen ganz unterbleiben müßte, so liegt – ex ante betrachtet – die Entscheidung über das „Ob" der Tat bei ihm; er hat es in der Hand, ob sie zur Ausführung kommt oder nicht. Gerade dieses Moment aber rückt nicht nur den Handelnden in der Regel für die natürliche Betrachtung in das Zentrum des Geschehens. Es entspricht auch weitgehend den von den Vertretern der heute herrschenden Tatherrschaftslehre in den Vordergrund gestellten Kriterien. Wenn hier etwa der Täter durch das „In-den-Händen-Halten des tatbestandsmäßigen Geschehensablaufes"[15] oder dadurch gekennzeichnet wird, daß ihm sein Programm den Erfolg „in die Hand gibt"[16], wenn der BGH sagt, „daß Hergang und Erfolg der Tat maßgeblich auch von seinem Willen abhängen"[17], so könnte dem allen ein Vertreter der Notwendigkeitstheorie ebenfalls zustimmen.

Der auf diese Weise gewonnene Ansatzpunkt wird auch für unsere Auffassung wesentlich bleiben. Denn während, wie wir gesehen haben, die formal-objektive Theorie bei der Mittäterschaft versagt, weil sie die gemeinsam ausgeführte Tat in beziehungslose Einzelakte zersplittert, geht diese Lehre gerade von dem notwendigen Aufeinanderbezogensein der Mitwirkungshandlungen aus. Sie wird damit dem, was sich auf Grund seines vorgegebenen Bedeutungsgehaltes als „gemeinsame Ausführung" darstellt, nämlich dem final gesteuerten, sinnvollen Ineinandergreifen der verschiedenen zum gemeinsamen Ziel führenden Tatbeiträge weit mehr gerecht als die formal-objektive Theorie.

Als allgemeines Abgrenzungskriterium ist die Notwendigkeitstheorie gleichwohl unbrauchbar. Schuld daran ist der methodisch verfehlte kausale Ausgangspunkt. Denn es müßte ein reiner Zufall sein, wenn das Vorhandensein oder Fehlen der im Sinne dieser Lehre „notwendigen" Kausalität in allen Fällen mit den keineswegs an die Kategorie der Kausalität gebundenen maßgebenden rechtlichen Bedeutungsunterschieden zusammenfallen sollte. Tatsächlich ist das auch nicht der Fall. Weder muß der Mittäter unbedingt einen „notwendigen" kausalen Beitrag geleistet haben, noch ist der, der ihn erbracht hat, in jedem Falle Mittäter. Das läßt sich leicht zeigen.

Wenn zwei Personen gemeinsam eine Sache wegnehmen, so kann man die Mittäterschaft unmöglich mit der Begründung ablehnen, daß beim Fehlen des einen der andere die Sache allein genommen hätte. Gilt das für beide, so wäre nie zu entscheiden, wer von ihnen Täter und wer Ghilfe wäre; ganz abgesehen davon, daß es keinen sinnvollen Grund dafür gibt, warum sie nicht beide Mittäter sein sollen.

---

[15] Maurach, A.T., 2. Aufl., S. 492, 517
[16] Gallas, Gutachten, S. 128
[17] JR 1955, S. 305; von Welzel, Lehrbuch, 7. Aufl., S. 98, 99, beifällig zitiert; ähnlich BGH, MDR 1954, S. 529 (Bericht von Herlan); BGHSt 8, 393–399 (396). Vgl. im einzelnen die Übersicht unten S. 90–106

Und andererseits: Wenn etwa ein Apotheker sich darauf beschränkt hat, das zur Tat notwendige Abtreibungsmittel zu liefern, so ist es wenig einleuchtend, daß er allein deswegen Mittäter sein soll, auch wenn feststeht, daß ohne ihn die Tat nicht hätte ausgeführt werden können; denn die Initiative und die letzte und maßgebende Entscheidung über die Begehung des Delikts liegt beim Käufer. Außerdem wird man von der „gemeinsamen Ausführung", die das Gesetz verlangt, kaum reden können, wenn jemand nur im Vorbereitungsstadium tätig wird.

Vor allem aber wäre dieses Kriterium höchst unpraktikabel. Denn auch wenn man von den Vorstellungen der Beteiligten ausgeht, können diese oft nicht wissen, ob ein Beitrag „notwendig" ist oder nicht. In unserem Beispielsfall etwa werden die Mitwirkenden wahrscheinlich nie erfahren, ob das Abtreibungsmittel auch anderweit erhältlich gewesen wäre, und selbst das Gericht wird es vielleicht nie feststellen können, so daß solche Fälle für diese Lehre unlösbar bleiben.

Es ist zudem keineswegs überzeugend, daß die Entscheidung über die Beteiligungsart des Apothekers davon abhängen soll, ob – was der Verkäufer nicht wissen kann – auch noch ein anderer Apotheker zur Lieferung des Mittels bereit gewesen wäre. Es handelt sich hier nicht um eine aus der Sache selbst gewonnene Lösung, sondern lediglich um eine Konsequenz aus dem methodisch verfehlten Ansatz.

Endlich ist auch der Anwendungsbereich dieser Lehre auf die Unterscheidung von Mittäterschaft und Beihilfe beschränkt. Für die Abgrenzung von Täterschaft, mittelbarer Täterschaft und Anstiftung leistet sie nichts. Wenn z. B. jemand einem anderen eine Straftat anrät, auf die der Täter von sich aus nicht gekommen wäre, so muß er, obwohl er eine „notwendige" Bedingung gesetzt hat, doch Anstifter bleiben. Darüber besteht heute Einigkeit.

So stellt sich die Tragweite dieser Theorie schließlich doch als beschränkt heraus. Die Entwicklung ihrer fruchtbaren Ansätze muß der eigenen Lösung vorbehalten bleiben.

II. Die Lehre von der Mitwirkung vor und während der Tat („Gleichzeitigkeitstheorie")

Die Unterscheidung zwischen concursus antecedens, concomitans und subsequens, also zwischen vorhergehender, gleichzeitiger und nachfolgender Teilnahme, ist schon von den italienischen Juristen des Mittelalters im einzelnen herausgearbeitet und im Gemeinen Recht neben anderen Differenzierungen vielfach verwendet worden. Die nachfolgende Teilnahme, die wir heute nicht mehr kennen, scheidet dabei für unsere Betrachtung aus. Wichtig bleibt, daß man die Mitwirkung während der Tat als besondere, der heutigen Mittäterschaft vergleichbare Beteiligungsform ansah, während die Mitwirkung vor der Ausführung etwa dem modernen Begriff der Beihilfe entsprach.

Derartige Unterscheidungen finden sich bis in die erste Hälfte des 19. Jahrhunderts sehr häufig[18]; sie haben auch auf mehrere landesrechtliche Kodifikationen eingewirkt[19]. Unter der Herrschaft des neuen Strafgesetzbuches wurden sie zunächst nur vereinzelt zur Abgrenzung von Mittäterschaft und Beihilfe herangezogen[20]; am eindringlichsten von Fuchs[21], der jeden als Mittäter ansieht, der „bei der Ausführung selbst sich in irgend einer, wenn auch noch so untergeordneter Weise verbrecherisch beteiligt"[22]; die Gehilfenschaft ist nach seiner Lehre auf die Unterstützung vor der Tat beschränkt.

Diese „Gleichzeitigkeitstheorie" fand in der Folgezeit kaum noch Anhänger, bis sie im Jahre 1908 von Birkmeyer[23] auf Grund seiner rechtsvergleichenden Studien zur Vorbereitung der geplanten Strafrechtsreform wieder aufgegriffen und in seinen Gesetzgebungsvorschlag aufgenommen wurde[24]. Der Anregung Birkmeyers folgte dann der von Kahl, Lilienthal, Liszt und Goldschmidt ausgearbeitete sog. Gegenentwurf von 1911, dessen § 31 bestimmte: „Als Täter wird auch derjenige bestraft, der bei Ausführung der ihm zurechenbaren strafbaren Handlung mitwirkt oder ihre Ausführung durch einen anderen bewirkt …". Auch in der frühen Rechtsprechung des Reichsgerichts klang die hier formulierte Unterscheidung gelegentlich an[25].

Herrschend ist sie noch heute im anglo-amerikanischen Recht, wo die von der mittelalterlichen italienischen Jurisprudenz her überlieferte Einteilung in Beihilfe vor, während und nach der Tat bis jetzt fortlebt. Man kennt dort neben dem „principal in the first degree", der die Tatbestandshandlung selbst ausführt und etwa dem Täter der formal-objektiven Theorie entspricht, den sogenannten „principal in the second degree" und den „accessory before the fact". Unter einem principal in the second degree versteht man „a person, who does not commit a crime himself but is present at the time when a crime is committed and assists the principal in the first degree", während der accessory before the fact eine Person ist, „who is absent at the time when a crime is committed, but procures, counsels, commands or abets another to commit it"[26]. Der principal in the second degree entspricht also durchaus dem Mittäter der hier behandelten deutschen Lehre[27], und der accessory before the fact umfaßt etwa den Anstifter und Gehilfen.

---

[18] Vgl. die genauen Nachweise bei Birkmeyer, vergl. Darstellung, S. 19, Anm. 1
[19] Näher Birkmeyer a. a. O. S. 20, bei Anm. 2; S. 30, bei Anm. 1
[20] Darüber Birkmeyer a. a. O. S. 20, Anm. 4
[21] GA, Bd. 29, 1881, S. 170–178
[22] a. a. O. S. 175
[23] Vergl. Darstellung, S. 19/20, 59/60, 150–152
[24] a. a. O. S. 150
[25] Vgl. die bei Birkmeyer, Teilnahme, S. 199–201, zusammengestellten Urteile.
[26] Cross-Jones, An Introduction to Criminal Law, 2nd ed., 1949, S. 63, 65, zitiert nach Straub, Täterschaft und Teilnahme im englischen Strafrecht, 1952, S. 15
[27] Ob er auch unter den Täterbegriff des englischen Rechts fällt, ist strittig, in diesem Zusammenhang aber unerheblich, vgl. Birkmeyer, vergl. Darst., S. 91 ff., Dietz, S. 94/95; Straub, S. 63–67

Auch in einigen anderen ausländischen Kodifikationen wird die Mitwirkung im Ausführungsstadium der Täterschaft gleichgestellt. So bezeichnet etwa Art. 61 Ziff. 3 des uruguayischen Strafgesetzbuches vom 4.12.1932 als Mittäter u.a. „diejenigen, die zur Zeit der Vollendung unmittelbar mitwirken"[28]; und Art. 46 Abs. 1b des griechischen Strafgesetzbuches vom 17.8.1950 belegt jeden mit der Täterstrafe, der „vorsätzlich dem Täter während der Ausführung der Haupttat unmittelbar Hilfe geleistet hat"[29].

Diese „Gleichzeitigkeitstheorie" hat auch für das heutige deutsche Recht noch ihre Bedeutung. Zwar ist es nicht so, daß der vor der Tatausführung Tätige notwendig weniger strafwürdig oder gefährlich sein müßte, aber auf die Unbrauchbarkeit solcher Kriterien ist oben schon hingewiesen worden. Der große Wert dieser Lehre liegt vielmehr darin, daß sie die fruchtbaren Ansätze der formal-objektiven und der Notwendigkeitstheorie aufnehmen kann, ohne ihren Einseitigkeiten zu verfallen.

Sie stimmt mit der formal-objektiven Theorie darin überein, daß sie den bei der Tatausführung selbst Beteiligten in den Mittelpunkt der Abgrenzung rückt. Dabei haftet sie aber nicht an dem rein formalen Kriterium der Erfüllung eines Tatbestandsmerkmals, sondern erfaßt den Begriff der „gemeinsamen Ausführung" in einer seinem Bedeutungsgehalt weit besser gerecht werdenden Weise als gleichzeitiges und einverständliches Zusammenwirken bei der Tatbegehung. Es macht ihr – um auf unsere Beispielsfälle zurückzukommen – keine Schwierigkeit, die Frau, die das Opfer durch ihr Plaudern vom Giftgeschmack des Kaffees ablenkt und den Mann, der den zu Ermordenden für den tödlichen Messerstich festhält, als Mittäter zu erkennen.

Aber auch dem zutreffenden Kern der Notwendigkeitstheorie wird diese Lehre gerecht. Das hat schon Fuchs gesehen, wenn er über die von ihm befürwortete zeitliche Abgrenzung schreibt[30]: „Die Ausführung ist ... von dem Willen des Gehilfen völlig unabhängig; trotz seiner umfassendsten Tätigkeit *vor* der Tat: durch Ausspüren der Gelegenheit, durch Herbeischaffung der Werkzeuge, durch Bereitung des Giftes, durch Anfertigung der Zündmasse, durch Verlockung des Opfers an einen einsamen Ort, liegt es schließlich doch allein in dem Willen des Täters, ob das Verbrechen begangen, ob eine Rechtsverletzung überhaupt eintreten soll oder nicht." Hier wird ganz richtig erkannt, daß in der Regel nur der bei der Ausführung selbst Beteiligte das Geschehen „in der Hand hält". Dem entspricht es, wenn heute Gallas[31] vom Standpunkt der Tatherrschaftslehre aus schreibt: „Es genügt ... nicht eine Beteiligung an der Planung oder Vorbereitung der Tat. Der Mittäter muß vielmehr auch an der *Ausübung* der Tatherrschaft teilhaben"[32]. Der lediglich das Abtreibungsmittel liefernde Apotheker unseres Beispielsfalles ist danach ohne weiteres Gehilfe.

---

[28] zitiert nach dem Gesetzesanhang bei Dietz S. 136
[29] zitiert nach dem Gesetzesanhang bei Dietz S. 134
[30] GA, Bd. 29, 1881, S. 177
[31] Gutachten S. 137
[32] Die Frage ist allerdings unter den Vertretern der Tatherrschaftslehre sehr umstritten und wird unten noch eingehend behandelt werden, vgl. S. 292ff.

Damit werden die doktrinären Konsequenzen der Notwendigkeitstheorie vermieden, ohne daß ihr für die heutige Betrachtung wesentlichstes Element, die Auffassung des Täters als der für die Tat entscheidenden oder mitentscheidenden Zentralfigur, aufgegeben wird. Außerdem ergibt sich, daß auch diese Lehre schon bedeutsame Bestandteile der jetzt herrschenden und später noch im einzelnen zu analysierenden Tatherrschaftstheorie enthält.

Andererseits ist aber auch die Gleichzeitigkeitstheorie zu schematisch. Sie zieht ihre Überzeugungskraft nur daraus, daß dem bei der Tatausführung aktiv Mitwirkenden in der Regel jene Mittelpunktstellung zufällt, die die Tat als gemeinsames Werk erscheinen läßt. Wo das einmal nicht der Fall ist, wird sie sinnlos. Wenn etwa – um ein Beispiel Baumgartens[33] aufzunehmen – jemand dem Urkundenfälscher während des Fälschungsaktes seinen Federhalter oder das Tintenfaß herüberreicht, so läßt sich weder ein normatives Kriterium noch eine vorrechtliche Differenzierung entdecken, die es rechtfertigen könnte, ihn nur deshalb als Mittäter anzusehen, weil er seinen gänzlich untergeordneten Tatbeitrag im Zeitpunkt der Ausführung geleistet hat. Hier führen die formal-objektive und die Notwendigkeitstheorie zu sinnvolleren Ergebnissen.

Es ist nicht einmal recht einzusehen, warum der vielberufene wachestehende Diebsgenosse notwendig in jedem Falle Mittäter sein soll, wie das Fuchs[34] und die Verfasser des Gegenentwurfs[35] ohne Bedenken annehmen, während derjenige, der das Opfer mit viel List und Tücke an den einsamen Mordplatz gelockt hat, nicht mehr Mittäter sein kann[36], weil seine Aktivität unmittelbar vor dem von seinem Komplizen geführten tödlichen Hieb ihr Ende gefunden hat. Eine solche rein zeitliche Abgrenzung bleibt eben doch zu sehr im Äußerlichen stecken und dringt nicht zu den materialen Kriterien der Täterschaft vor. Das zeigt sich auch daran, daß von diesem Ansatz her die Figur der mittelbaren Täterschaft nicht zu bewältigen ist; denn gerade bei Benutzung eines gutgläubigen Werkzeuges wird der mittelbare Täter in der Regel bei der Tatausführung selbst nicht mehr beteiligt sein.

Auch der Wert der Gleichzeitigkeitstheorie beschränkt sich also darauf, daß sie in den typischen Fällen einen entwicklungsfähigen Ansatz bietet. Als generelles Abgrenzungskriterium ist sie ungeeignet.

III. Physisch und psychisch vermittelte Kausalität

Eine in der Geschichte der Teilnahmetheorien in mannigfachen Variationen immer wieder auftauchende Lehre unterscheidet zwischen Tätern und Teilnehmern danach, ob die von jemandem in Gang gesetzte Kausalreihe unmittelbar oder nur auf dem Wege über die selbständige Handlung eines

---

[33] ZSW, Bd. 37, 1916, S. 529
[34] a. a. O. S. 176
[35] a. a. O. S. 51
[36] Vgl. dazu Fuchs in dem oben angeführten Zitat a. a. O. S. 151

anderen den Erfolg herbeigeführt hat. Im ersten Fall liegt Täterschaft, im zweiten Teilnahme vor.

Eine derartige Abgrenzung findet sich schon beim frühen Feuerbach[37]. Er differenziert zwischen direkter und indirekter Wirksamkeit einer Handlung und meint: „Sie (scil. die Handlung) wirkt directe, wenn die Rechtsverletzung das unmittelbare Objekt ihrer Wirksamkeit ist, wenn es unmittelbar die Rechtsverletzung selbst ist, … auf welche alle ihre Äußerungen gerichtet sind. Sie wirkt indirecte, wenn nicht unmittelbar die Rechtsverletzung selbst, sondern wenn die Beförderung der direkten Wirksamkeit eines anderen zu der Rechtsverletzung, das unmittelbare Objekt ihrer Tätigkeit ist. Das Subjekt von jener Handlung heißt Urheber des Verbrechens …, das Subjekt von dieser heißt Gehülfe …". Derartige Differenzierungen zwischen direkter und indirekter Kausalität treten auch sonst in der Strafrechtswissenschaft des 19. Jahrhunderts nicht selten auf.

In etwas abgewandelter, für die Folgezeit einflußreicher Form findet sich die Unterscheidung später wieder bei Loening[38]. Nach seiner Lehre kennzeichnet es den Mittäter im Gegensatz zum Gehilfen, daß er „eine selbständige, nicht erst durch die Tätigkeit der anderen hindurchgehende, sondern dieser gleichgeordnete Kausalreihe nach dem Erfolge zu eröffnet" habe; dem folgen Wuttig[39] und Goetz[40].

Eine sehr bemerkenswerte und selbständige Variante dieser Theorie vertritt Arnold Horn in seiner heute ganz vergessenen Abhandlung über den „Kausalitäts- und Wirkensbegriff"[41]. Auch er geht zunächst von einem sogenannten „naturalen" Ursachenbegriff aus. Verursacher und damit Täter ist, wer eine unmittelbar den Erfolg herbeiführende, nicht durch einen anderen erst hindurchlaufende Bedingung setzt; die Tätigkeit des Gehilfen dagegen ist eine derartige, „daß sie vor der Entschließung des Täters, ob er sich ihrer bedienen soll, causaliter Halt macht, nicht über dessen Willen hinwegspringt"[42].

Insoweit stimmt seine Lehre mit den vorhergenannten überein. Anders als diese spricht er dann aber von einer „Erweiterung" des naturalen Ursachenbegriffs durch das Wirken des Willens[43]. Er lehrt, daß sich das „kausale Bild durch das disponierende Eingreifen der Psyche" verändere, indem hierdurch das Setzen einer bloßen Bedingung zum dominium causae, zur Herrschaft über den Ursachenverlauf, werde[44]. Die Naturkausalität sei dann die „Dienerin des Willens; sie muß diesem, dem dominus causae,

[37] Revision, Zweiter Teil, 1806, S. 244; er verkoppelt dieses Kriterium allerdings mit dem des eigenen Interesses (vgl. S. 245), auf das bei Erörterung der subjektiven Theorie noch zurückzukommen ist.
[38] Grundriß, 1885, S. 94
[39] Fahrlässige Teilnahme, S. 97 ff., 1902
[40] Grenzziehung zwischen Mittäterschaft und Beihilfe, 1910, bes. S. 45 ff.
[41] Gerichtssaal, Bd. 54, 1897, S. 321–385
[42] a. a. O. S. 373
[43] a. a. O. S. 347
[44] a. a. O. S. 351

gehorchend an vorgeschriebener Stelle und in angeordneter Zeit ihre Wirkung vollziehen".[45]

Horn sieht nun als Täter nicht nur den naturalen Verursacher, sondern auch den dominus causae an und spricht eine solche Herrschaft über den Ursachenverlauf auch demjenigen zu, der sich eines anderen willensunfrei handelnden oder irrenden Menschen zur Ausführung seiner Tat bedient[46]. Dagegen lehnt er ein dominium causae und damit eine Täterschaft ausdrücklich ab, wenn der freie Wille eines Dritten dazwischen tritt. „Wir sind uns bewußt, daß wir über die Spontaneität des Willens nicht disponieren, daß wir seine künftigen Entschlüsse nicht wie das Wirken einer Naturkraft in Rechnung ziehen können ..."[47].

Der Gehilfe andererseits handelt mit dem Bewußtsein, „weder direct causa (naturale) zu setzen noch dominus causae zu sein, sondern die kausale Verknüpfung und das dominium causae einem anderen anheimzustellen. Er stellt die Entscheidung, ob ein Erfolg eintreten soll, in das Ermessen eines anderen. Dieser sein Willensinhalt ist aber kein willkürlich gemachter, sondern ergibt sich aus der objektiven Sachlage, und so kann ein Teilnehmer, der objektiv nach Sachlage nur Beihilfetätigkeit leistet, ebensowenig bloß durch subjektive Erwägungen, Interessen und Motive zum Mittäter werden, wie eine Person ... durch irgendwelche subjektive Färbung ihres dolus allein aus der Rolle eines Mittäters zu der eines Gehülfen herabsinken kann[48]."

Das alles ist so ausführlich zitiert worden, um zu zeigen, daß hier – in kausalem Gewande und verbrämt durch allerlei verwirrendes, von mir fortgelassenes Beiwerk – die spätere Tatherrschaftstheorie in den wesentlichen Grundzügen mitsamt ihrer Kritik an der subjektiven Teilnahmelehre vorweggenommen worden ist. Auch das finale Moment kommt in der Betonung des „disponierenden Eingreifens der Psyche" deutlich zum Ausdruck, und selbst der Begriff der „Tatherrschaft" findet sich in dem terminus „dominium causae" wörtlich vorgebildet. Die Lehre ist damals – in der Blütezeit der kausalen Methode, der auch Horn selbst noch verhaftet ist – unbeachtet und ohne Einfluß geblieben. Wie wenig ihr eigentlicher Gehalt damals erfaßt wurde, zeigt die verständnislose Kritik bei Hergt[49] und Perten[50].

Perten seinerseits bringt eine selbständige Abwandlung der ursprünglichen Unterscheidung zwischen direkter und indirekter Kausalität. Zur Täterschaft gehören für ihn grundsätzlich alle „Handlungen, welche generell geeignet sind, den Erfolg ohne Hinzutreten einer späteren fremden vorsätzlichen Handlung herbeizuführen"[51]; darüber hinaus will er ohne Rück-

---

[46] a. a. O. S. 352
[47] a. a. O. S. 365
[47] a. a. O. S. 368
[48] a. a. O. S. 375
[49] Die Lehre von der Teilnahme, 1909, S. 108–110
[50] S. 23–26
[51] a a. O. S. 95

sicht auf dieses Kriterium „mehrere gleichzeitige vorsätzliche Mitwirksamkeiten von unmittelbarer Gefährlichkeit"[52] dem Begriff der Mittäterschaft unterstellen; auch die mittelbare Täterschaft durch einen unzurechnungsfähigen Tatmittler erkennt er an, während er das „dolose Werkzeug"[53] ablehnt.

Am bekanntesten geworden ist die ebenfalls in den Umkreis dieser Lehren gehörende Theorie von Frank, der zwischen physisch und psychisch vermittelter Kausalität unterscheidet. Für die sogenannten „Tätigkeitsdelikte", die eine ganz bestimmte Tathandlung beschreiben, folgt Frank allerdings der formal-objektiven Theorie. Nur bei den Erfolgsdelikten wie etwa § 212 StGB, die den Strafausspruch allein an den Erfolg knüpfen, einerlei, wie er herbeigeführt wird, meint Frank: „Der Täterschaft gehört das Gebiet der physisch vermittelten, der Teilnahme das der psychisch vermittelten Kausalität an"[54]. Den Schwierigkeiten, die sich daraus für das Verständnis der mittelbaren Täterschaft ergeben, entzieht sich Frank, indem er sagt[55]: „Ist ein vermittelnder Wille vorhanden, aber nicht frei oder sich der Kausalität des Tuns nicht bewußt, so ist nach der hier befolgten Terminologie die Kausalität keine psychisch vermittelte und daher auch Täterschaft möglich." Dem Begriff des dolosen Werkzeugs versagt er dagegen die Anerkennung.

Es bedarf keiner Ausführung, daß die früher weit verbreitete Lehre von der „Unterbrechung des Kausalzusammenhanges" in all diese Versuche hineinspielt. Daraus erklärt es sich, daß mit der allgemeinen Durchsetzung der Äquivalenztheorie zu Anfang der Dreißigerjahre auch in der Teilnahmelehre die Unterscheidung zwischen direkter und indirekter, psychisch und physisch vermittelter Kausalität keine Anhänger mehr fand.

Ihre letzte und konzentrierteste Zusammenfassung bei Gerland[56] tritt denn auch schon unter dem anspruchsvollen Namen einer „phänomenologischen Theorie"[57] auf. Er knüpft an die Lehre Loenings[58] an und unterscheidet zwischen „Kollateral- und Deszendenzmitwirksamkeiten, je nachdem zwei Bedingungsreihen selbständig voneinander in einem Erfolg zusammentreffen, oder aber eine Bedingung durch eine andere Bedingung hindurch auf den Erfolg einwirkt[59]". Mittäterschaft sei „stets Kollateral-, Beihilfe stets besonders beinhaltete Deszendenzmitwirksamkeit".

Auf die Unterschiede, die sich zwischen diesen Lehren im einzelnen ergeben, soll hier nicht näher eingegangen werden. Gemeinsam ist ihnen jedenfalls, daß sie einen wesentlichen Gesichtspunkt für die Abgrenzung von Täterschaft und Teilnahme darin erblicken, ob zwischen der Handlung

---

[52] a. a. O. S. 106
[53] a. a. O. S. 141
[54] Kommentar, vor § 47, II
[55] a. a. O.
[56] In seinem Lehrbuch, 2. Aufl. 1932
[57] a. a. O. S. 192
[58] Vgl. S. 191 Anm. 1
[59] a. a. O. S. 190/191

und dem Erfolge noch der Wille eines anderen steht oder nicht. In der Tat ist hier ein auch für den heutigen Stand der Täterlehre außerordentlich bedeutsames Kriterium erfaßt. Denn – wie Horn ganz richtig sagt – über den Willen eines frei handelnden Menschen kann man nicht hinwegspringen. Der andere entscheidet, ob die Tat zum Erfolge führt, er nimmt die zentrale Stellung ein und drängt die anderen, die nur über ihn auf den Erfolg hinwirken können, an die Peripherie.

Es ist leicht zu sehen, daß dieser Gesichtspunkt auch für die Tatherrschaftslehre eine maßgebliche Rolle spielt. Das wird zum Teil ausdrücklich hervorgehoben; so sagt etwa Gallas[60], die Tatherrschaft sei „zu verneinen, wo der unmittelbar Handelnde vollverantwortlicher Täter ist ... So gesehen ... muß Tatherrschaft durch Benutzung eines anderen als Werkzeug dort ihre Grenze finden, wo das Recht das Tun des unmittelbar Handelnden als ein freies ... wertet." Ähnlich heißt es bei Welzel[61]: „Wer einen Täter zur Tat bestimmt, ist stets nur Anstifter, und kein Täterwille kann ihn zum Täter machen." Die hier bestehende Verwandtschaft macht es verständlich, daß Horn gerade vom Ausgangspunkt einer in dieser Weise getroffenen kausalen Unterscheidung her zu einer Theorie kommen konnte, die den Tatherrschaftsgedanken weitgehend vorwegnimmt.

Andererseits hat diese Differenzierung auch unverkennbare Schwächen, in denen sich die „Wertfremdheit" des kausalen Ansatzes auswirkt. So haben denn auch die oben genannten Autoren meist selbst schon diese Unterscheidung durch andere Gesichtspunkte ergänzt. Es ist klar, daß man der Figur der mittelbaren Täterschaft durch Unterscheidungen zwischen direkter und indirekter, physisch oder psychisch vermittelter Kausalität nicht gerecht werden kann. So beachtlich etwa Horns Erwägungen über „das disponierende Eingreifen der Psyche" sind, mit dem Kausalitätsbegriff – wie er meinte – haben sie schlechterdings nichts zu tun. Insofern hat Perten ganz recht, wenn er einwendet: „Wie in aller Welt ... kann die kausale Bedeutung einer Bedingung für einen Erfolg durch die Verschuldung ihres Urhebers[62] ... gesteigert werden?" Ähnlichen Bedenken ist auch Franks Versuch ausgesetzt, die mittelbare Täterschaft der physisch vermittelten Kausalität zuzuordnen. Hier wird überall sehr deutlich, daß der Wesensunterschied von mittelbarer Täterschaft und Teilnahme nicht auf kausalem Gebiet liegt.

Aber auch bei Bestimmung der Mittäterschaft versagt die Unterscheidung in vielen Fällen. So sind z. B. selbst die Anhänger einer Differenzierung zwischen direkter und indirekter Kausalität nie recht zur Klarheit darüber gekommen, ob in dem einfachen Fall, daß jemand das Mordopfer festhält, Beihilfe oder Mittäterschaft anzunehmen sei[63]. Ebenso unklar bleibt die Lösung, wenn man noch einmal an den schon mehrfach erwähnten Fall der

---

[60] Materialien S. 134
[61] SJZ 1947, Spalte 650
[62] Perten zählt alle subjektiven Momente zur Schuld.
[63] Vgl. Wuttig, S. 101; Goetz, S. 49; Perten, S. 30

plaudernden Giftmischerin denkt. Liegt hier direkte oder indirekte, physisch oder psychisch vermittelte Kausalität vor? Die zweite Annahme und damit die Ablehnung der Mittäterschaft liegt näher. Das Ergebnis ist unbefriedigend; und vor allem ist nicht einzusehen, warum die Lösung von einer hier rein formal wirkenden Unterscheidung abhängig gemacht werden soll. In Fällen einer bloßen Arbeitsteilung bei gemeinsamer Tatausführung wirkt eine derartige Abgrenzung willkürlich, weil ihr materieller Gehalt – die Abhängigkeit von der freien Entschließung eines anderen, der die Entscheidung über das Ob der Tat in der Hand behält – von vornherein fehlt. Sie ist aber hier auch schon im Ansatz bedenklich. Denn anstatt das Ineinandergreifen der Tatanteile plausibel zu machen, beschränkt sie die Mittäterschaft auf voneinander unabhängige Kausalverläufe – ein Verfahren, das zu ähnlicher Isolierung der Einzelakte führt wie die formal-objektive Theorie[64].

Dieser Einwand gilt auch für Fälle, die nach dieser Lehre eindeutig dem Bereich der Beihilfe zuzuweisen sind. Wenn zwei Leute ein Gebäude in der Weise anzünden, daß der eine dem anderen brennende Scheite hinreicht, die dieser in das Haus wirft, so ist es wenig sinnvoll, die Entscheidung über das Vorliegen von Mittäterschaft oder Beihilfe davon abhängig zu machen, ob derjenige, der die Brandfackeln angezündet und hingereicht hat, auch selbst – und sei es nur ein einziges Mal – ein Holzstück direkt in das Haus geschleudert hat.

Auch diese Lehre teilt also die Mängel der vorher erörterten Theorien: Ein brauchbarer Ansatz wird in unkritischer Weise verabsolutiert, weil man es unterläßt, eine formale Unterscheidung auf ihren für die Täterlehre maßgebenden Sinngehalt zurückzuführen und dadurch die Grenzen ihrer Anwendungsmöglichkeit zu klären.

IV. Die Lehre von der Überordnung des Täters (Überordnungstheorie)

Unabhängig voneinander, aber inhaltlich im wesentlichen gleichartig haben Dahm[65] und Richard Schmidt[66] die Auffassung entwickelt, daß Mittäterschaft und Beihilfe nicht nach bestimmten, generell festlegbaren Merkmalen, sondern danach zu unterscheiden seien, ob bei Berücksichtigung der Umstände des konkreten Falles eine Beziehung der Gleichwertigkeit oder ein Über- und Unterordnungsverhältnis vorliege.

Dahm definiert[67]: „Wer sich mit einem anderen zusammen an einer Rechtsverletzung beteiligt, ist Mittäter, wenn sich sein Verhalten nach der gesamten, unter Verwertung aller Umstände des einzelnen Falles festzu-

---

[64] Vgl. S. 37/38 oben.
[65] Täterschaft und Teilnahme, 1926
[66] Grundriß, 2. Aufl., 1931
[67] a. a. O. S. 43

stellenden objektiven Situation als dem übrigen Verhalten im Hinblick auf die Rechtsverletzung gleichwertig (koordiniert)[67a], Gehilfe, wenn sein Verhalten nach denselben Umständen als das untergeordnete (subordiniert) erscheint"; und bei Richard Schmidt heißt es[68]: „Mittäterschaft liegt ... vor, wenn nach den Umständen des Falles sowohl in der Art des Mitwirkens nach der Anschauung des draußenstehenden Beobachters (objektiv) wie auch nach der Art der Entschlußbildung von der Auffassung der Teilnehmer selbst aus betrachtet (subjektiv) die Tatanteile einander gleichwertig sind. Beihilfe liegt vor, wenn nach den Umständen für den objektiven Betrachter wie für den Teilnehmer selbst der Tatanteil des einen als ein begrenzter und untergeordneter sich darstellt."

Diese von Dahms[69] sogenannte „populär-objektive" Theorie bietet gegenüber den bisher besprochenen Lehren unverkennbare Vorteile. Sie vermeidet die Mängel einer formalen, generalisierenden und dadurch immer in irgendeiner Richtung einseitig bleibenden Auffassung. Der Gesichtspunkt der Über- und Unterordnung liefert einen sehr elastischen, der Individualisierung weiten Raum gebenden Maßstab. Andererseits verfällt er aber auch nicht der Gefahr völliger Konturlosigkeit, die einen rein normativen Begriff wie den der Gefährlichkeit zur Abgrenzung untauglich macht. Ob ein Verhältnis der Gleichordnung oder der Subordination vorliegt, ist keine Frage beliebiger subjektiver Beurteilung, sondern erscheint einer Konkretisierung mit Hilfe objektiver Gesichtspunkte als zugänglich.

Die Lehre hat in der hier gegebenen Formulierung keine Nachfolger gefunden. Sachlich aber stellt sie sich als unmittelbare Vorläuferin der Tatherrschaftstheorie dar. Ob man – um mit Dahm[70] zu sprechen – das Verhalten des Täters als „das dominierende in der Gesamtsituation" bezeichnet oder ob man es durch den Begriff der „Tatherrschaft" umschreibt, bedeutet keinen erkennbaren Unterschied. Auch mit der Formulierung, daß zwischen mehreren Mittätern ein „Koordinationsverhältnis" bestehe, wird sachlich nichts anderes gesagt, als wenn man ihnen einen gleichen Anteil an der Tatherrschaft zuspricht. Infolge dieser engen Verwandtschaft zwischen Überordnungs- und Tatherrschaftstheorie kann eine ins einzelne gehende kritische Erörterung der Lehren von Dahm und Richard Schmidt gemeinsam mit der unten zu gebenden Analyse des Tatherrschaftsbegriffs vorgenommen werden.

Eines aber läßt sich hier schon sagen: Die Begriffe der Koordination und Subordination ergeben zwar einen brauchbaren Richtpunkt für die Abgrenzung von Täterschaft und Teilnahme, aber mehr leisten sie auch nicht. Denn begreiflicherweise gibt es zahlreiche kritische Fälle, bei denen gerade fraglich ist, ob ein Verhältnis der Überordnung oder der Subordination vorliegt. Eine auf dieser Differenzierung beruhende Lehre müßte also,

---

[67a] Hier fehlt im Text offenbar das Wort „darstellt".
[68] a. a. O. S. 161
[69] a. a. O. S. 43
[70] a. a. O. S. 42

wenn sie praktikabel sein sollte, zumindest die leitenden Maßstäbe heraus-
arbeiten, auf Grund deren die Abgrenzung im Einzelfall vollzogen werden
könnte.

Das ist ihr jedoch nicht gelungen. „Es gibt kein abstraktes Merkmal, das
ein Verhalten in jedem Falle oder auch nur typischerweise als das dominierende in der Gesamtsituation kennzeichnet", stellt Dahm[70] fest, und auch
Richard Schmidt[71] meint: „Ein bestimmtes sichtbares Kennzeichen läßt sich
… nicht erbringen." Es liegt auf der Hand, daß eine derartige Auffassung
den Richter bei allen problematischen Fällen im Stiche läßt. Dahm selbst
räumt ein, daß seine populär-objektive Betrachtungsweise „unpraktikabel"
sei und „dem richterlichen Ermessen weiten Raum" lasse. Er fährt sogar fort:
„Wer mangelnde Praktikabilität als einen hinreichenden Grund betrachtet,
eine juristische Begriffsbildung zu verwerfen, wird diese Unterscheidung
ablehnen[72]."

In Wirklichkeit offenbart sich hier aber außerdem ein methodischer Mangel. Denn auch wenn man zugibt, daß für die Abgrenzung von Täterschaft;
und Teilnahme alle Umstände des konkreten Falles relevant werden können,
so muß doch der Maßstab, an dem diese Umstände auf ihre Bedeutsamkeit
hin gemessen werden, notwendig ein allgemeinerer sein. Darum kommt auch
diese Lehre nicht herum. Im Gegenteil ist ja gerade der Gesichtspunkt der
Über- und Unterordnung, von dem sie ausgeht, viel zu allgemein. Wenn man
auf eine weitere Konkretisierung dieses Maßstabes von vornherein verzichtet, so kapituliert man vor der eigentlichen Aufgabe, die der rechtswissenschaftlichen Begriffsbildung gestellt ist.

So kommt auch diese Lehre über einen verwertbaren Ansatz nicht hinaus.

§ 9. Die subjektiven Theorien

Den subjektiven Theorien ist gemeinsam, daß sie bei der Abgrenzung von
Täterschaft und Teilnahme nicht nach objektiven, in der Außenwelt vorfindbaren, sondern allein nach innerpsychischen Kriterien wie dem Willen, der
Absicht, den Motiven und Gesinnungen der Beteiligten unterscheiden. Es
lassen sich hier eine ganze Reihe von Differenzierungsgesichtspunkten auffinden. Wir wollen der herkömmlichen Einteilung in die beiden großen
Gruppen der Dolus- und Interessentheorien folgen. Die ersten finden das
Unterscheidungskriterium in der besonderen Art des Willens; die zweiten
differenzieren danach, ob die Tat im eigenen oder im fremden Interesse
begangen wurde.

---

[70] a. a. O. S. 42
[71] a. a. O. S. 161
[72] a. a. O. S. 43

I. Die Dolustheorien

Wie die objektiven Auffassungen gehen auch diese Lehren bis auf den Beginn des 19. Jahrhunderts zurück[1]. Sie alle unterscheiden zwischen einem Täterwillen und einem anders gearteten Willen des Gehilfen. Allerdings verzichten sie meist darauf, diese Verschiedenheit des Willens näher zu kennzeichnen, so daß man im unklaren darüber bleibt, zu welchen praktischen Ergebnissen die Abgrenzung führt. Als einigermaßen profiliert heben sich nur die Lehren heraus, die – in mannigfachen Variationen – dem Teilnehmer im Gegensatz zum Täter einen unselbständigen, untergeordneten Willen zusprechen; sie gehen davon aus, daß der Teilnehmer sich vom Täter abhängig mache, daß er ihm die Ausführung der Tat anheimstelle.

In diesem Sinne differenzierte schon Wächter[2] nach der „Verschiedenheit der Absicht des Handelnden: das Verbrechen selbst unmittelbar zu wollen, im Gegensatz zu dem Falle, daß jemand bloß ein fremdes Verbrechen unterstützen will, wobei es ihm also wenigstens gleichgültig ist, ob es vom Urheber ausgeführt wird, oder nicht." In ähnlicher Weise nimmt Halschner[3] an, der Gehilfe beabsichtige „seine helfende Tätigkeit nur … unter der Voraussetzung, daß der Täter das Verbrechen aus eigener, freier Entschließung verüben werde."

Auch in späterer Zeit fanden diese Lehren immer wieder Vertreter. So sagt etwa Janka[4]: „Der Täter stellt den Eintritt des Verbrechenserfolges … auf die eigene Entschließung …; der Gehilfe … setzt sich die Vollbringungshandlung nicht vor, er stellt dieselbe auf einen fremden Entschluß (auf denjenigen des Täters) …". Bei Schwartz[5] findet sich die Formulierung, daß der Gehilfe dem Täter anheimstelle, ob die Tat zur Vollendung kommen soll oder nicht. Auch Binding[6] vertrat eine im wesentlichen subjektive Theorie, und sein Schüler Nagler[7] erklärt, der Gehilfe wolle „nur tätig werden, wenn und soweit der Täter sein rechtswidriges Vorhaben verwirklicht". Oft findet man den Gedanken auch dahin formuliert, daß Täter sei, wer erforderlichenfalls selbst die Tatbestandshandlung vornehmen würde[8].

Der einflußreichste Vertreter einer solchen Dolustheorie war v. Buri, der in zahlreichen Abhandlungen lehrte[9]: „Die Verschiedenheit des Urhebers von dem Gehilfen kann nur in der Selbständigkeit des urheberischen und der Unselbständigkeit des beihelfenden Willens gefunden werden. Der

---

[1] Vgl. Birkmeyer, Vergl. Darst., S. 24 mit Nachweisen; Perten, S. 41–50
[2] Lehrbuch I, 1825, S. 147
[3] Gem. Deutsches Strafrecht I, S. 376
[4] Österreich. Strafrecht, 2. Aufl., 1890, S. 148
[5] Kommentar, 1914, § 47 n. 5, § 49 n. 2a und n. 5
[6] Vgl. nur die ausführlichste Darstellung über „Die drei Grundformen des verbrecherischen Subjekts" in den Abhandlungen, Band I, S. 251–401 und die kurze Zusammenfassung im Grundriß, 8. Aufl., 1913, S.149f., 159, 162f.
[7] Die Teilnahme am Sonderverbrechen, 1903, S. 125
[8] Vgl. etwa Tjaben, GA 42, S. 228; v. Bar, Gesetz und Schuld, Bd. II, S. 606/07
[9] Vgl. nur: Die Kausalität und ihre strafrechtlichen Beziehungen (1885), S. 41; sehr ähnlich: Abhandlungen, 1862, S. 117

Gehilfe will den Erfolg nur für den Fall ihn der Urheber will, und für den Fall ihn der Urheber nicht will, will auch er ihn nicht. Die Entscheidung, ob der Erfolg eintreten solle oder nicht, muß er darum dem Urheber anheimstellen."

In der durch v. Buri geprägten Form hat die Dolustheorie einen maßgebenden Einfluß auf die Rechtsprechung des Reichsgerichts ausgeübt. Sie findet sich in klassischer Formulierung in der grundlegenden Entscheidung RGSt 3, 181 ff., wo es heißt[10]: „Will ... der Mittäter seine eigene Tat zur Vollendung bringen, der Gehilfe aber nur eine fremde Tat, diejenige des Täters, unterstützen, so kann hierin nur die Bedeutung gefunden werden daß der Gehilfe nur einen von demjenigen des Täters abhängigen Willen haben darf, er also seinen Willen demjenigen des Täters dergestalt unterwirft, daß er es ihm anheimstellt, ob die Tat zur Vollendung kommen solle oder nicht. Im Gegensatz zu diesem abhängigen Willen des Gehilfen erkennt hingegen der Mittäter einen den seinigen beherrschenden Willen nicht an. Sein Wille ist vielmehr von der gleichen Beschaffenheit wie derjenige aller übrigen Mittäter, und es soll daher nach seiner Auffassung das Verbrechen zwar unter deren Mitwirksamkeit zur Existenz gebracht werden, ohne daß er jedoch den Willen derselben als maßgebend für den seinigen betrachtet."

In dieser Gestalt ist die Dolustheorie bis heute lebendig geblieben. Bockelmann[11], ihr bedeutendster Vertreter in der Gegenwart, erklärt, das maßgebende Kriterium für die Abgrenzung bestehe „in einem ganz konkreten, psychischen Sachverhalt, nämlich in der Unterordnung des Vorsatzes, den der Gehilfe faßt, unter den des Haupttäters"; er bezieht sich zur Kennzeichnung dieser Unterordnung ausdrücklich auf die Formulierungen der oben genannten Entscheidung. Es ist auch unverkennbar, daß diese Theorie große Ähnlichkeit mit der Tatherrschaftslehre aufweist. Bockelmann[12] hält beide sogar für identisch, wenn er schreibt: „Was die Tatherrschaft des Täters von der des Teilnehmers unterscheidet, ist eben jene den letzteren kennzeichnende psychische Besonderheit, die in der Unterordnung seines Vorsatzes unter einen fremden Tatentschluß besteht." Dagegen wendet sich zwar ausdrücklich Gallas[13] – zu Recht, wie wir noch sehen werden –; aber der Umstand, ob jemand dem anderen die Tatausführung „anheimgestellt" hat oder ob er „einen den seinigen beherrschenden Willen nicht" anerkennt, ist unbestritten ein wesentlicher Anhaltspunkt für die Feststellung der Tatherrschaft[14].

Wirklich liefert die Dolustheorie einen außerordentlich wesentlichen Beitrag zur Lösung der Täterschaftsproblematik. Den schlechten wissenschaftlichen Ruf, den sie wie alle subjektiven Theorien immer genossen hat; trägt sie durchaus zu Unrecht. Es gelingt ihr nämlich, verschiedene be-

---

[10] a. a. O. S. 182/183
[11] Strafrechtliche Untersuchungen, S. 76
[12] a. a. O. S. 77, Anm. 106
[13] Materialien, S. 131 f.; Sonderheft Athen, S. 26/27
[14] Im einzelnen vgl. unten S. 83 ff., S. 90 ff. und passim.

deutsame und entwicklungsfähige Ansatzpunkte der objektiven Theorien durch die ins Subjektive gewendete Formel des „Anheimstellens" zu umfassen, ohne die Greifbarkeit und Praktikabilität der Lösungen zu gefährden. Was denjenigen, der die Tatbestandshandlung selbst ausführt (formal-objektive Theorie), der einen unentbehrlichen Tatbeitrag leistet (Notwendigkeitstheorie), der beim Ausführungsakt mitwirkt (Gleichzeitigkeitstheorie) oder eine unmittelbar auf den Erfolg hinzielende Bedingung setzt (Lehre von der physischen Kausalität) – was sie alle auszeichnet und hinter formalen und kausalen Verkleidungen den materiellen Grundgehalt dieser Lehren bildet, das ist, aufs Ganze gesehen, nichts anderes, als was die Dolustheorie in einer knappen Formel zusammenfaßt, wenn sie lehrt, daß der Täter „einen den seinigen beherrschenden Willen nicht anerkennt", während der Gehilfe dem Täter „anheimstellt, ob die Tat zur Vollendung kommen soll oder nicht". Die beherrschende Gestalt des Täters und die von ihm abhängige Erscheinung des Teilnehmers finden hier ihren prägnanten Ausdruck.

Es ist bekannt, daß sich das Reichsgericht in seiner späteren Rechtsprechung kaum je an die Grundsätze der zitierten Entscheidung gehalten hat. Durch die meist schematisch und ohne Begründung verwendete Formel, der Täter habe die Tat „als eigene gewollt" – eine Redensart, die selbst das RG einmal [15] „ein bloßes Wort ohne faßbaren Sinn" nennt – ist die Rechtsprechung mit Recht in Mißkredit geraten. Max Ernst Mayer [16] nannte sie „eine nicht zu überbietende sophistische Verdrehung des Gesetzes" und „die schlimmste Verirrung der herrschenden Judikatur", während Beling [17] sie als „ein das Gesetz ... ausschaltendes und im Ergebnis oft kraß vergewaltigendes reines Phantasieprodukt" bezeichnet. Diese harten Worte, die unsere bedeutendsten Dogmatiker der subjektiven Theorie gewidmet haben, treffen gewiß weit mehr die orientierungslos willkürliche Anwendung der sinnentleerten animus-Formel als eine im oben bezeichneten Sinne interpretierte Dolustheorie. Diese bietet vielmehr, wenn man auf der Linie bleibt, die über v. Buri und RGSt 3, 181 ff. bis zu Bockelmann führt, eine Lösung, die einen wichtigen Schritt über die Einseitigkeiten der objektiven Theorien hinausführt.

Freilich ist auch die Dolustheorie noch manchen Bedenken ausgesetzt. Ihre größte Schwäche liegt in der ausschließlich subjektiven Grenzziehung, die historisch – zumindest seit v. Buri – aus dem verfehlten kausalen Ansatz zu erklären ist. Die subjektiven Unterscheidungen leuchten so lange ein, wie das in der Außenwelt sich abspielende Geschehen mit dem Wollen der Beteiligten übereinstimmt; nur fragt man sich, warum diese Theorie in solchen Fällen etwas subjektiv formuliert, was auch objektiv unterscheidbar ist. Sobald aber die äußeren Vorgänge und die innere Willensrichtung der Beteiligten nicht auf einen Nenner zu bringen sind, führt eine rein subjektive Beurteilung zu höchst sonderbaren Lösungen. So müßten etwa, wenn

---

[15] RGSt 15, 295–303 (303)
[16] Lehrbuch S. 402
[17] GS, Bd. 101, 1932, S. 10

zwei Personen gemeinsam eine Tat vollbringen und dabei jeder die Ausführung innerlich dem anderen anheimstellt, beide nur Gehilfen sein, und ein Täter würde überhaupt fehlen. Dieses groteske, aber bei rein subjektivem Ansatz kaum vermeidbare Ergebnis hat noch jüngst Bockelmann[18] zu einer Modifizierung der Dolustheorie genötigt. Er lehrt jetzt, die subjektive Abgrenzung dürfe „jedenfalls nicht in Widerspruch treten zu der Beurteilung, welche die objektiv gegebene Sachlage aufdrängt". Damit ist aber in Wahrheit die subjektive Theorie preisgegeben; denn wenn die Vorstellungen der Beteiligten nur noch insoweit berücksichtigt werden, als sie der objektiven Sachlage nicht widersprechen, liegt das entscheidende Abgrenzungskriterium im objektiven Bereich.

Ähnliches gilt für eine weitere Konsequenz der Dolustheorie: Sie ist genötigt, denjenigen, der eine Tatbestandshandlung allein ausführt, sich dabei aber innerlich einem anderen unterordnet, nur als Gehilfen anzusehen. Diese Lösung, die das Reichsgericht – z. B. in dem berühmten Badewannenfall[19] – nicht gescheut hat, ignoriert völlig das Gewicht des äußeren Tatanteils und wird mit Recht heute einhellig – auch vom BGH[19a] – abgelehnt. Schon im 19. Jahrhundert hat man diese „Achillesferse der subjektiven Teilnahmetheode"[20] erkannt, und auch in der Folgezeit haben die Gegner der Dolustheorie sich immer wieder auf dieses Argument gestützt. „Die subjektive Theorie scheitert rettungslos daran, daß sie den, der mit sich unterordnendem Willen die Haupthandlung (etwa die Tötung) begeht, als Gehilfen betrachten muß", lesen wir etwa bei v. Lisz[21], Frank[22] führt denselben Beweisgrund ins Feld, und auch Bockelmann[23] räumt jetzt ein: „Wer mit eigenen Händen Blut vergießt, der kann sich die Hände nicht in Unschuld waschen." Damit wird aber der subjektive Ausgangspunkt wieder verlassen.

Auch die Dolustheorie bietet also keine endgültige Lösung der Täterproblematik.

II. Die Interessentheorie

Eine Unterscheidung zwischen Tätern und Teilnehmern nach dem Maßstab des Interesses am Erfolge hat neben den Dolustheorien und in mancherlei Verquickung mit ihnen schon früh eine Rolle gespielt. Der Gesichtspunkt

---

[18] Strafrechtliche Untersuchungen, S. 120
[19] RGSt 74, 85
[19a] Das gilt wenigstens für die Grundsatzentscheidung BGHSt 8, 393–399; vgl. unten S. 96 ff., Nr. X; in dem bei Abschluß des Manuskripts noch unveröffentlichten Urteil gegen den Sowjetagenten Staschynski scheint sich eine Rückkehr zur extremen Dolus-Theorie anzubahnen; vgl. zum ganzen ausführlich unten Seite 127 ff.
[20] Vgl. darüber Birkmeyer, Lehre von der Teilnahme, 1890, S. 40–44
[21] 22. Aufl., Lehrbuch S. 211, Anm. 10
[22] Kommentar, vor § 47, II
[23] Untersuchungen, S. 120/21

taucht schon beim frühen Feuerbach[24] auf, er findet sich später wieder bei Henke[25], Köstlin[26] und Geib[27], und auch v. Buri[28] hat gelegentlich – zum Teil in Verbindung mit der Dolustheorie – darauf abgestellt, „daß der Gehülfe kein selbständiges Interesse an der Verursachung des Verbrechens haben dürfe"[29].

Später fand sie keine Anhänger mehr, so daß Birkmeyer sie im Jahre 1907[30] als „wissenschaftlich überwunden" bezeichnen konnte. Erst sehr viel später erlebte sie eine Auferstehung in der Rechtsprechung des Reichsgerichts, das in dem schon erwähnten „Badewannenfall"[31] erklärte: „Ob jemand die Tat als eigene will, richtet sich vornehmlich, wenn auch nicht ausschließlich, nach dem Grade seines Interesses am Erfolg." Auch der Bundesgerichtshof hat wiederholt die Interessenformel verwendet, am deutlichsten in einer Entscheidung des 2. Strafsenats vom 25.6.1954, wo es heißt[32]: „Es ist möglich, das Interesse des Täters an der Tat als Anzeichen dafür zu werten, ob er die Tat als eigene oder nur eine fremde Tat fördern wollte." Allerdings finden sich auch Entscheidungen, die bei Berücksichtigung des Interesses sehr viel zurückhaltender sind[33].

Tatsächlich reicht die Interessenformel in ihrer Bedeutung nicht über die Dolustheorie hinaus. Ihr Wert liegt darin, daß sie ein greifbares Indiz für die von der Doluslehre geforderte „Unterordnung des Willens" liefert und einem Abgleiten in rein formelhafte Wendungen vorbeugt. Wenn jemand an der Ausführung einer Tat keinerlei eigenes Interesse hat, dann kann man bis auf weiteres annehmen, daß er ihre Vollziehung dem anderen als dem eigentlich Interessierten anheimstellt. In dieser engen Beziehung liegt der Grund dafür, warum die Interessentheorie in ihrer Entwicklung oft in beinahe unlöslicher Verquickung mit der Doluslehre aufgetreten ist.

Darin liegt aber auch ihre Grenze. Wenn man den Interessenstandpunkt verselbständigt und trotz fehlender Unterordnung jemandem nur deshalb die Täterqualität absprechen will, weil er zum Nutzen eines anderen handelt, so wird die Abgrenzung schlechtweg unrichtig; einmal deshalb, weil der Gesetzgeber unmöglich gewollt haben kann, daß ein Alleintäter nur deshalb straffrei ausgeht, weil er im Interesse eines anderen tätig geworden ist (das zeigen schon Vorschriften wie die §§ 216, 263, bei denen das Handeln für einen anderen in die Tatbeschreibung aufgenommen worden ist). Zum anderen, weil das Gewicht des Tatbeitrages und die Stellung des Täters bei Ausführung der konkreten Tat durch seine Motive nicht beein-

---

[24] Neue Revision II, S. 245
[25] Handbuch I, S. 288
[26] Neue Revision, § 130, S. 448 ff.; § 135, S. 465 ff.
[27] Lehrbuch II, S. 318
[28] Vgl. etwa: Die Kausalität und ihre strafrechtlichen Beziehungen, 1885, S. 64
[29] Vgl. zum ganzen Birkmeyer, Teilnahme, 1890, S. 35–40, wo die angezogenen Zitate abgedruckt sind.
[30] Vgl. Darstellung, S. 28
[31] RGSt 74, 85
[32] BGHSt 6, 226–229 (229)
[33] Vgl. etwa BGHSt 8, 393–399 (396)

flußt werden; wenn jemand beispielsweise eine Abtreibung vorgenommen hat, so ist es für die Strafzumessung sicher sehr wichtig, ob er das im eigenen oder fremden Interesse, aus Profitgier oder aus Mitleid, getan hat; für die Tatbestandserfüllung und die Beurteilung der Täterschaft ist es unerheblich. Wollte man den gedungenen Mörder, der seine Bezahlung schon erhalten hat und daher bei der Ausführung der Tat nur noch im Interesse des Auftraggebers tätig wird, deshalb nur als Gehilfen ansehen, so würde sich die Interessentheorie wirklich – um mit einem sarkastischen Wort von Dahm [34] zu reden – als „Heilslehre für den Bravo" auswirken.

Nur im Gefolge der Dolustheorie ist also die Interessenlehre verwendbar. Berücksichtigt man diese Einschränkung des Anwendungsbereiches, so teilt sie die Vorzüge der Dolustheorie und erleichtert ihre praktische Anwendung. Den Einwendungen gegen sie bleibt sie aber auch in dieser Gestalt gleichermaßen ausgesetzt.

§ 10. Gemischte Theorien

Es ist klar, daß die zahlreichen Kriterien für die Ermittlung der Täterschaft, die dieser Überblick erbracht hat, nicht immer rein auftreten, sondern seit eh und je in Schrifttum und Rechtsprechung in mannigfachen Mischungen vorfindbar sind. Die Kombinationsmöglichkeiten sind nahezu unbegrenzt. Man kann die formal-objektive Lehre mit der Dolustheorie oder mit materiell-objektiven Kriterien verbinden, man kann die materiell-objektiven Kriterien untereinander mischen oder mit der subjektiven Theorie verkoppeln und dadurch zu neuen, kunstvoll komplizierten Konstruktionen kommen. Es ist nicht möglich, im Rahmen eines Überblicks allen geschichtlich aufgetretenen Variationen nachzugehen. Schon bei der oben vorgenommenen Durchmusterung der einzelnen Abgrenzungsgesichtspunkte ist gelegentlich auf die Verknüpfung unterschiedlicher Differenzierungen hingewiesen worden. Wenn hier noch einige dieser Lehren kurz erwähnt werden, so dient das mehr der Illustrierung als der Vollständigkeit.

Eine vielfältig gemischte Theorie stellt z. B. schon die aus dem Anfang des 19. Jahrhunderts stammende Lehre Stübels [1] dar. Er geht aus von der eigenhändigen Erfüllung eines Tatbestandsmerkmals [2] – formal-objektive Theorie [3] –, nimmt dann aber auch alle anderen „bei und während" der Ausführung geleisteten Tatbeiträge hinzu [4] – Gleichzeitigkeitstheorie – und faßt diese beiden Fälle unter dem Begriff der „nahen Teilnahme" oder

---

[34] Täterschaft und Teilnahme, S. 34
[1] In seinem Buch „Über den Tatbestand der Verbrechen …", 1805; in seinem späteren Werk „Über die Teilnahme mehrerer Personen an einem Verbrechen", 1828, neigt er der Einheitstäterlehre zu.
[2] a. a. O. S. 34
[3] Die hier und im folgenden zwischen den Gedankenstrichen vorgenommenen Kennzeichnungen sind von mir zur Erläuterung eingefügt.
[4] a. a. O. S. 36

der „physischen Urheberschaft"[5] – Lehre von der physisch und psychisch vermittelten Kausalität – zusammen. Aber auch von den Fällen der entfernten Teilnahme, in denen nur eine Mitwirkung bei der Vorbereitung gegeben ist, will Stübel diejenigen, bei denen sich die Handlung als notwendige Ursache des Erfolges darstellt – Notwendigkeitstheorie – dem Bereich der Urheberschaft zuschlagen.

Während hier mehrere objektive Theorien miteinander verbunden werden, finden sich sonst außerordentlich zahlreiche subjektiv-objektive Mischtheorien. So will etwa Tjaben[6] der Täterstrafe unterstellen denjenigen, der eine Tatbestandshandlung ausführt (formal-objektive Theorie) und außerdem alle anderen Mitwirkenden, die den animus auctoris haben, weil sie, wenn es darauf ankäme, nicht zögern würden, an der Tatbestandshandlung selbst teilzunehmen (Dolustheorie) – eine Kombination, die auch heute noch in Schrifttum und Rechtsprechung vielfach verwendet wird, wenn man an der subjektiven Theorie zwar grundsätzlich festhält, bei Ausführung einer Tatbestandshandlung aber ohne Rücksicht auf die Willensbeschaffenheit Täterschaft annimmt. In etwas anderer Weise will Haupt[7] den, der die Tatbestandshandlung vornimmt, stets als Täter, und den nur bei der Vorbereitung Mitwirkenden stets als Gehilfen ansehen, im verbleibenden Zwischenbereich aber die Dolustheorie anwenden[8]. Eine weitere Variante bringt v. Bar[9]: Danach soll stets Täter sein, wer die Haupthandlung vornimmt (formal-objektive Theorie), ferner aber auch, „wer mit dem Vorsatze, eintretendenfalls diejenige Tätigkeit selbst vorzunehmen, welche die strafbare Handlung zur Vollendung bringt, an der Ausführung der strafbaren Handlung sich beteiligt" (Dolustheorie und Gleichzeitigkeitstheorie); schließlich noch derjenige, welcher in der Absicht, dem Täter Beistand zu leisten, eine Tätigkeit vornimmt, ohne deren Mitwirkung die strafbare Handlung voraussichtlich nicht begangen sein würde (Notwendigkeitstheorie[10].

Endlich ist auch die von der Rechtsprechung vertretene subjektive Lehre oft als „gemischte" Theorie bezeichnet worden, weil das Reichsgericht für die Täterschaft neben dem rein subjektiv zu bestimmenden Täterwillen immerhin objektiv irgendeine Art der äußeren Mitwirkung, sei es auch nur bei der Vorbereitung und in der geringsten Form, verlangte[11].

Es ist nicht erforderlich, auf jede dieser Theorien im einzelnen einzugehen; denn die Elemente, aus denen sie sich zusammensetzen, sind bekannt

---

[5] a. a. O. S. 31/32, 34, 37

[6] GA Bd. 42, 1894, S. 218–229

[7] ZStW 15, S. 202–214, 569–597; sehr ähnlich heute wieder Hellmuth Mayer, Lehrb., S. 299 ff., vgl. im einzelnen unten S. 88/89

[8] Vgl. a. a. O. S. 596

[9] Gesetz und Schuld, Bd. II, S. 602 ff; vgl. auch den zusammenfassenden Gesetzesvorschlag S. 610

[10] a. a. O. S. 610

[11] vgl. etwa RGSt 3, 181–183; 268–269; 4, 177–179; 9, 3–10; 75–78; 14, 28–32; 15, 295–303; 26, 351–353; 28, 304–307; 35, 13–17

und haben schon oben ihre Würdigung erfahren. Alle Mischtheorien haben den großen Vorzug, daß sie durch die Kombination verschiedener Gesichtspunkte manche Überspitzungen eines konsequent durchgeführten einheitlichen Ansatzes vermeiden. Allerdings bestehen auch manche praktischen und methodischen Bedenken gegen sie.

Die praktische Schwierigkeit solcher Theorien liegt noch nicht einmal darin, daß sie zu kompliziert und unhandlich wirken – das müßte man in Kauf nehmen; aber sie verbürgen auch nicht notwendig richtige Ergebnisse. Denn wenn man den Anwendungsbereich eines Kriteriums auf bestimmte Bereiche beschränkt, ist eine solche Lehre auf dem ihr verbleibenden Felde in der Regel den gleichen Einwendungen ausgesetzt wie vorher; während der zusätzlich herangezogene Differenzierungsgesichtspunkt die Lösungen außerdem noch mit den ihm anhaftenden Schwächen belastet.

Diese Erwägung führt auf die methodische Problematik eines derart kombinierenden Vorgehens. Sie liegt, wie man aus den oben gegebenen Beispielen deutlich ersehen kann, in einer gewissen eklektischen Beliebigkeit des jeweils erzielten Ergebnisses. Man kann die Bestandteile der zahlreichen vorher erörterten Theorien in ganz verschiedener Weise miteinander mischen. Es wäre ohne Mühe möglich, in dieser Art noch eine ganze Reihe „neuer" denkbarer Theorien zu entwickeln. Wenn man das Kaleidoskop der Gesichtspunkte in etwas anderer Weise schüttelt, ergeben sich stets weitere abweichende Konstellationen. Die so erzielten Theorien behalten aber etwas Zufälliges und Willkürliches. Der Grund dafür – und damit der entscheidende methodische Mangel eines solchen Verfahrens – liegt darin, daß diesen Kombinationen die aus einer einheitlichen Konzeption sich ergebende Notwendigkeit fehlt. Es leuchtet nie recht ein, warum eine Lösung so sein muß und nicht auch anders lauten könnte. Wenn man verschiedene Denkansätze so unverbunden nebeneinander stellt, behält dieses Vorgehen immer den Charakter eines unsicheren Herumprobierens. Das richtige Verfahren liegt demgegenüber darin, aus der Fülle des Rechtsstoffes und der Problemkonstellationen die einheitlichen Leitgesichtspunkte herauszufinden, die in ihrer Entfaltung sicherlich differenzierenden Lösungen Raum gewähren, deren Mannigfaltigkeit sich aber zu einer logisch und dogmatisch folgerichtigen Einheit zusammenschließt.

Drittes Kapitel

Entwicklung und Stand der Tatherrschaftslehre

§ 11. Die Entstehung der Tatherrschaftslehre

I. Die Entwicklung des Begriffes „Tatherrschaft"

Der erste, der im Bereiche des Strafrechts den Ausdruck „Tatherrschaft" verwendet hat, ist Hegler. In seiner 1915 erschienenen Abhandlung über „Die Merkmale des Verbrechens"[1] wird der terminus der „Tatherrschaft" oder der „Herrschaft über die Tat" an zahlreichen Stellen[2] als dogmatischer Grundbegriff in die Strafrechtssystematik eingeführt. Hegler verbindet aber mit diesem Wort noch nicht den Inhalt, den es heute hat. Er sieht zwar die Tatherrschaft schon als Merkmal der Täterpersönlichkeit oder genauer: des Verbrechenssubjektes, an, versteht darunter aber nur die sachlichen Voraussetzungen der Strafrechtsschuld, also die Zurechnungsfähigkeit, Vorsatz und Fahrlässigkeit sowie das Fehlen von Entschuldigungsgründen. Schuldhaft handelt nach Hegler[3] nur, wer in diesem Sinne „die volle Tatherrschaft" hat, wer also als zurechnungsfähiger und ungenötigter Täter „Herr der Tat in ihrer Sobeschaffenheit"[4] gewesen ist. Auch dem fahrlässigen Täter spricht er eine solche Tatherrschaft zu. Sie soll liegen in dem „Fehlen des Willens, die Tat als sobeschaffene zu vermeiden, obwohl man solchen Gegenschluß erwarten konnte"[5] – ein Gedanke, auf den unten noch näher einzugehen sein wird.

Zur Abgrenzung von Täterschaft, Anstiftung und Beihilfe verwendet aber Hegler das Kriterium der Tatherrschaft an keiner Stelle. Gleichwohl bestehen zwischen seiner und der heutigen Verwendung des Begriffes gewisse Beziehungen, und zwar in zwiefacher Hinsicht.

Zunächst sind mit seinen „Schuldvoraussetzungen" nach einer auch heute noch verbreiteten Auffassung wesentliche Elemente der Tatherrschaft um-

---

[1] ZStW, Bd. 36, 1915, S. 19–44, 184–232
[2] a. a. O. S. 184–223 insgesamt mehr als 30 mal.
[3] Vgl. a. a. O. S. 184, 186, 190
[4] a. a. O. S. 207
[5] a. a. O. S. 210

schrieben. Welzel etwa spricht die „volle Tatherrschaft"[6] nur demjenigen zu, der weder irrt noch unter dem Druck einer Nötigung steht[7].

Vor allem aber paßt die Begriffsbildung Heglers auch für die moderne Tatherrschaftslehre recht gut zur Begründung der mittelbaren Täterschaft. Denn diese liegt gerade in den Fällen vor, da der Tatmittler als Unzurechnungsfähiger, Irrender oder Genötigter handelt, ihm also nach Heglers Terminologie die „Tatherrschaft" fehlt, während der Hintermann diese Voraussetzung erfüllt und somit als „Herr über die Tat" erscheint. Hegler hat diese Konsequenz nicht in der erwähnten Arbeit, wohl aber 15 Jahre später in seiner Abhandlung „Zum Wesen der mittelbaren Täterschaft"[8] ausdrücklich gezogen. Er entwickelt dort seine bekannte Lehre, nach der das Wesen der mittelbaren Täterschaft in einem „Übergewicht" des Hintermannes liegt und sagt in diesem Zusammenhang, daß, wenn der Ausführende schuldlos oder nur fahrlässig handele, der Veranlassende Täter sei, weil er entweder „voller Herr der Tat" sei oder – bei Fahrlässigkeit des Ausführenden – die „stärkere Tatherrschaft" habe[9].

Mit dieser Erklärung der mittelbaren Täterschaft durch den Tatherrschaftsgedanken wird nicht nur terminologisch, sondern auch sachlich eine der wichtigsten Errungenschaften der späteren Tatherrschaftslehre Welzels vorweggenommen. Zum Teil wird sogar noch heute ihr Anwendungsbereich auf die mittelbare Täterschaft beschränkt. So meint etwa Engisch[10], es handele sich bei der Tatherrschaftslehre mehr um eine plastische Umschreibung „der typischen Fälle vorsätzlicher mittelbarer Täterschaft", die aber nicht wesentlich über ältere, verwandte Vorstellungen hinausführe; er verweist dabei ausdrücklich auf Heglers Übergewichtstheorie.

Im Anschluß an Hegler taucht der Begriff der Tatherrschaft auch bei Frankl[11] und Goldschmidt[12] auf. Beide nehmen aber die hier für die Täterlehre sich bietenden Ansätze nicht auf, sondern befassen sich mit der Tatherrschaft nur im Rahmen des Schuldbegriffs[13].

Für die Abgrenzung von Täterschaft und Teilnahme ist der Tatherrschaftsbegriff bald darauf zum ersten Male von Hermann Bruns[14] fruchtbar gemacht worden. Auch er kommt freilich von einem anderen Ausgangspunkt her. Sein Grundgedanke ist der, daß die Täterschaft – sei es bei vorsätzlicher, sei es bei fahrlässiger Tat – zumindest die Möglichkeit der Tatherrschaft[15] voraussetzt. Eine solche Tatherrschaft liegt nach seiner Meinung

---

[6] Vgl. Lehrbuch, 7. Aufl., S. 90
[7] Zur Auseinandersetzung damit vgl. unten S. 131 ff.
[8] RGR-Praxis, Bd. 5, S. 305–321, 1929
[9] a. a. O. S. 308
[10] ZStW, Bd. 66, 1954, S. 383
[11] Kommentar, 18. Aufl., 1931, vor § 51, II, S. 136
[12] „Normativer Schuldbegriff", Frank-Festgabe 1, S. 429, 431, 442
[13] In diesem Sinne findet sich der Begriff auch später noch gelegentlich, etwa bei Bockelmann, Studien, I. Teil, 1939, S. 42
[14] „Kritik der Lehre vom Tatbestand", 1932. Die Arbeit ist offenbar von Hegler unbeeinflußt, erwähnt ihn jedenfalls in diesem Zusammenhang nicht.
[15] a. a. O. S. 72/73

nur dann vor, wenn eine Handlung generell geeignet ist, „Erfolge der eingetretenen Art herbeizuführen"[16]. So kann er zusammenfassend sagen: „Die
Täterschaft beruht auf der Möglichkeit der Tatherrschaft, die dem Verhalten
von vornherein innewohnen muß"[17]. Mit Hilfe dieses Kriteriums kann er
die bekannten Schulfälle, in denen jemand einen Wanderer ins Gewitter hin-
ausweist, damit er vom Blitz erschlagen werde, von vornherein aus dem
Bereich der Täterschaft ausschließen. Hier wird der Tatherrschaftsgedanke
also zur Einführung der Adäquanztheorie in das Strafrecht benutzt,[18]. Inwieweit dieser Ansatz richtig und entwicklungsfähig ist, wird später zu
prüfen sein; für die Unterscheidung der Beteiligungsformen gibt er jedenfalls
unmittelbar nichts her.

Bruns wendet denn auch seinen Gedanken zunächst nur für die Abgrenzung von Vorsatz und bewußter Fahrlässigkeit an, wenn er ausführt[19]: „Das
Maß der tatsächlich ausgeübten Tatherrschaft gib … das Unterscheidungskriterium für Vorsatz und bewußte Fahrlässigkeit ab" – auch diesem, nicht
näher erläuterten Gesichtspunkt wird noch nachzugehen sein. Nachdem er
dann die Bestrafung der Unterlassungstat von der Möglichkeit der Tatherrschaft abhängig gemacht hat, geht er unvermittelt auf die verschiedenen
Beteiligungsformen über und sagt[20]: „Die Möglichkeit der Tatherrschaft
in der tatbestandlich vorgeschriebenen Form umschreibt den objektiven
Zurechnungsmaßstab für Täterhandlungen. Bei Veranlassung und Unterstützung fehlt in Ansehung des Enderfolges die Tatherrschaft. Deshalb sind
diese Formen menschlichen Verhaltens zu Teilnahmetatbeständen vertypt.
Sie enthalten im Vergleich zur unmittelbaren Täterschaft einen minderen
Unrechtsgehalt und sind Strafausdehnungsgründe. Geteilte Tatherrschaft
begründet Mittäterschaft."

Diesen Ausführungen würden auch die heutigen Vertreter der Tatherrschaftslehre zustimmen. Sie geben den Grundgedanken der Abgrenzung
von Täterschaft, Anstiftung und Beihilfe nach dieser Theorie zutreffend
wieder und verwenden den Begriff der Tatherrschaft in einem heute noch
gültigen Sinne. Trotzdem kann man Bruns nicht als Begründer der Tatherrschaftslehre ansprechen. Dazu sind seine Bemerkungen zu beiläufig und
zu wenig entfaltet. An keiner Stelle wird definiert oder in anderer Weise
umschrieben, was man sich unter der „Tatherrschaft" vorzustellen habe.
Denn der von Bruns entwickelte Begriff der „möglichen Tatherrschaft"
(= Adäquanz) ist ein anderer und läßt sich für die Abgrenzung der Beteiligungsformen nicht verwenden, da Anstifter und Gehilfe im Hinblick auf
den Erfolg sicherlich ebenfalls adäquate Bedingungen setzen. Auch die
praktischen Auswirkungen seiner Auffassung erläutert Bruns nirgends.
Immerhin bedeuten seine Ausführungen einen bemerkenswerten und bis

[16] a. a. O. S. 73
[17] a. a. O. S. 72
[18] Vgl. Bruns selbst a. a. O. S. 73: „Hier setzt der Adäquanzgedanke ein."
[19] a. a. O. S. 71
[20] a. a. O. S. 75

heute nicht voll ausgeschöpften Beitrag in der Geschichte des Tatherrschaftsgedankens.

Drei Jahre nach Bruns verwendet als erster wieder Hellmuth v. Weber[21] den Begriff der Tatherrschaft, um Licht in das „hoffnungsloseste Kapitel"[22] der Strafrechtsdogmatik, die Teilnahmelehre, zu bringen. Bei ihm wird nun im Gegensatz zu allen anderen, die vor ihm diesen Ausdruck gebraucht haben, der Tatherrschaftsgedanke zur Rechtfertigung der subjektiven Theorie benutzt. Er transponiert die bisher stets objektiv – wenn auch in verschiedenem Sinne – verstandene Formel in den subjektiven Bereich und lehrt[23]: „Täter ist, wer die Tat mit dem Willen eigener Tatherrschaft ausführt." Mittelbarer Täter ist dementsprechend, wer sich „einer anderen Person, die ihrerseits ohne den Willen der Tatherrschaft handelt, bedient." Mit dieser Wendung ins Subjektive ist ein Weg eingeschlagen, auf dem sich noch heute, wie später näher darzulegen sein wird, die Rechtsprechung des Bundesgerichtshofs bewegt. Eine Erklärung oder Erläuterung des von ihm verwendeten Tatherrschaftsbegriffs gibt allerdings auch v. Weber nicht.

Wenig später versucht Eb. Schmidt in einer kleinen Abhandlung über die Täterschaft bei Militärstraftaten[24] seinen extensiven Täterbegriff durch den Tatherrschaftsgedanken weiterzubilden. Er unternimmt es, den extensiven Ausgangspunkt mit der subjektiven Theorie und dem in diesem Bereich besonders wichtigen Pflichtprinzip zu verbinden. Daher heißt es bei ihm[25]: „Nur da ist täterschaftliches Verhalten gegeben, wo die intentionale Einstellung des Handelnden ihn als Herren der Tat zeigt ...", und[26]: „... sicher ist, daß jene die Tatherrschaft bedeutende intentionale Einstellung ... das spezifisch militärische Verpflichtetsein voraussetzt"[27].

Auch in etwas veränderter, latinisierter Formung ist der Begriff schon vor Entstehung der eigentlichen Tatherrschaftslehre mehrfach nachweisbar. Es genügt, an die schon oben[28] erörterten Begriffe des dominus bzw. dominium causae bei Arnold Horn und an das Kriterium des „dominierenden" Verhaltens in der Gesamtsituation bei Dahm zu erinnern. Die bei weitem wesentlichste, auch in ihrer inhaltlichen Ausgestaltung mit der heute herrschenden Tatherrschaftslehre fast ganz übereinstimmende Formulierung des Gedankens findet sich bei Lobe[29], der in seiner Kritik der reichsgerichtlichen Rechtsprechung meint, anstelle des animus auctoris müsse „der animus domini erfordert werden in Verbindung mit dem entsprechenden wirklichen dominare bei der Tatausführung"[30]. Auf den sachlichen Gehalt dieser Lehre wird unten zurückzukommen sein.

---

[21] in seiner Schrift: Zum Aufbau des Strafrechtssystems, 1935
[22] a. a. O. S. 24
[23] a. a. O. S. 26
[24] Die militärische Straftat und ihr Täter, 1936
[25] a. a. O. S. 10
[26] a. a. O. S. 11
[27] Zum sachlichen Gehalt der hier entwickelten Gedanken eingehend unten S. 380 ff.
[28] S. 45/46; 50/51
[29] Einführung in den allgemeinen Teil des Strafgesetzbuches, 1933
[30] a. a. O. S. 123

Im Jahre 1939 endlich tritt der Begriff der Tatherrschaft bei Welzel[31] auf. Er bringt als erster den Tatherrschaftsgedanken mit der Handlungslehre in Verbindung und leitet aus ihr eine „finale Täterschaft" ab, deren Kriterium er in der Tatherrschaft findet. „Finale Täterschaft ist die umfassendste Form finaler Tatherrschaft", heißt es bei ihm[32].

Von nun an zählt der Tatherrschaftsbegriff zum festen Bestand der strafrechtlichen Dogmatik, und zwar im wesentlichen mit dem Inhalt und in der Ausgestaltung, die Welzel ihm verliehen hat. Sein seitheriges Schicksal gehört nicht mehr der Geschichte an, sondern bildet den gegenwärtigen Entwicklungszustand.

Auffallend ist, daß von allen in dieser Übersicht genannten Autoren kein einziger sich auf den anderen bezieht, daß also alle ganz selbständig zu dieser Begriffsbildung gekommen sind. Bemerkenswert ist auch, daß die dogmatischen Ausgangspunkte, die zur Entwicklung des Tatherrschaftsbegriffs geführt haben, durchaus verschieden sind: die Schuldlehre bei Hegler, die Adäquanztheorie bei Bruns, die Rechtfertigung der subjektiven Teilnahmetheorie bei von Weber, die Kritik an ihr bei Lobe, der Pflichtgedanke bei Eb. Schmidt, der Kausalbegriff bei Horn und endlich die Handlungslehre bei Welzel. Der Umstand, daß alle diese voneinander völlig unabhängigen Lehren im Tatherrschaftsbegriff konvergieren und zu ähnlichen Folgerungen für die Teilnahmeproblematik nötigen, läßt deutlich werden, daß dieser Gedanke nicht die Erfindung eines einzelnen ist, sondern gleichsam „in der Luft" lag und nur der umfassenden systematischen Verarbeitung und Entfaltung harrte.

II. Die dogmatischen und inhaltlichen Entstehungegrundlagen der Tatherrschaftstheorie

1) Die vorangegangenen Ausführungen haben gezeigt, daß es schwierig ist, eine eigentliche Dogmengeschichte der Tatherrschaftslehre zu geben. Ihr Vordringen zu einer jetzt beinahe schon herrschenden Auffassung geht ohne Zweifel auf Welzel zurück; die Begriffsprägung stammt aber von Hegler, und der sachliche Gehalt dieser Lehre läßt sich bis in die Anfänge der Teilnahmetheorien zurückverfolgen. Es ist schon oben immer wieder darauf hingewiesen worden, daß und inwieweit alle im historischen Überblick behandelten Lehren – von der formal-objektiven Auffassung über die verschiedenen materiell-objektiven Kriterien bis zur subjektiven Theorie – bestimmte, jeweils andere Elemente des Tatherrschaftsgedankens in sich bergen, wenn auch oft nur in verhüllter Form. Sie alle bilden den dogmatischen Unterbau der Tatherrschaftslehre, die sich, so gesehen, als eine glückliche Synthese der bisher unverbunden nebeneinander stehenden verschiedenen Ansätze und als Krönung einer langen dogmatischen Entwicklung

---

[31] in seinen „Studien zum System des Strafrechts", ZStW Bd. 58, 1939, S. 491–566
[32] a. a. O. S. 539

darstellt. Das wird bei Behandlung der heutigen Vertreter dieser Theorie und bei der im folgenden zu gebenden Kritik der Tatherrschaftslehre noch deutlicher werden[33]; aber mir scheint, daß auch die vorangegangenen methodischen und historischen Darlegungen ein solches Urteil schon verständlich werden lassen.

2) Freilich enthalten die meisten der behandelten Theorien in ihrer Vereinzelung jeweils nur Spuren der späteren Tatherrschaftslehre und können nicht im ganzen als ihre Vorläufer angesehen werden. Ähnlichkeiten in der Gesamtkonzeption finden sich, wie oben gezeigt wurde, nur bei Arnold Horn, in der Überordnungstheorie von Dahm und Richard Schmidt und schließlich in der Dolustheorie, wie sie bei v. Buri, in RGSt 3, 181 ff und in der Gegenwart wieder von Bockelmann vertreten wird.

Dabei ist allerdings eine Lehre noch nicht berücksichtigt worden; die Auffassung von Lobe, dessen Theorie sich nicht als Vorläufer, sondern als erste vollgültig ausgeprägte Formulierung des Tatherrschaftsgedankens darstellt.

Lobe[34] geht aus von einer Kritik an der reichsgerichtlichen Lehre vom animus auctoris und knüpft daran die Erwägung[35]: „Das Wesentliche für die Täterschaft ist ... nicht nur das Vorliegen eines *Willens des Inhaltes,* die Tat als eigene zu begehen, sondern die Verwirklichung dieses Willens muß weiter auch dadurch erfolgen, daß er *ausgeführt wird unter seiner Herrschaft,* daß der Wille auch die seiner Verwirklichung dienende *Ausführung beherrscht* und *lenkt* ... Wer Täter ist, bestimmt sich hiernach nach diesen *beiden subjektiv-objektiven* Merkmalen ... Damit wird auch eine hinreichende Abgrenzung der Teilnahme von der Täterschaft ermöglicht. Bei der *Teilnahme fehlt die Beherrschung* der die Herbeiführung des Erfolges bezweckenden Ausführungshandlung, diese wird vielmehr durch den Willen eines *anderen* ausgelöst und beherrscht ..."[36]. In diesem Zusammenhang spricht Lobe von dem „animus domini in Verbindung mit dem entsprechenden wirklichen dominare bei der Ausführung" als dem Kriterium der Täterschaft[37].

Hier sind die heute noch gültigen Grundgedanken der Tatherrschaftslehre knapp und präzise dargelegt. Sie werden dann auch im einzelnen, wenngleich oft noch in Anlehnung an die subjektive Theorie, für die Lösung der Teilnahmefragen fruchtbar gemacht. Dennoch wird als Begründer der Tatherrschaftstheorie ganz allgemein nicht Lobe, sondern Welzel angesehen. Das geschieht historisch gewiß zu recht: Denn erst Welzel hat dieser Lehre Wirksamkeit verliehen und ihr schließlich zur Durchsetzung verholfen, während Lobes Beitrag seinerzeit ganz ohne Einfluß geblieben ist. Daß aber Lobe heute nirgends[38] auch nur erwähnt wird, ist sicherlich unberechtigt.

---

[33] Vgl. auch die Zusammenfassung unten S. 322 ff.
[34] Einführung in den Allgemeinen Teil des Strafgesetzbuches, 1933
[36] Die Sperrung stammt von Lobe.
[37] a. a. O. S. 123
[38] eine Ausnahme macht nur der Leipziger Kommentar, 8. Aufl. Vorbem. 4a vor § 47, S. 244 (Mezger)

3) Welzel selbst hat nicht an Lobe angeknüpft, der ihm vielleicht nicht einmal bekannt war. Er bezieht sich auch nicht auf einen anderen der Autoren, die vor ihm den Tatherrschaftsbegriff in der Teilnahmelehre verwendet haben. Auch die zu seiner Zeit bestehenden verschiedenartigen objektiven und subjektiven Teilnahmetheorien werden von ihm nicht als Bausteine seiner Theorie verwendet.

Sein methodischer Ausgangspunkt ist schon gekennzeichnet worden[39]: Er liegt in der Abkehr vom neukantianischen Normativismus mit seiner Trennung von Sein und Wert und der Hinwendung zum Ontologischen, der Erfassung von Täterschaft und Teilnahme als der „wesensmäßigen Erscheinungsformen finalen Handelns innerhalb der sozialen Welt"[40]. Den sachlichen Inhalt seiner Differenzierung gewinnt er dabei einerseits aus dem von ihm entwickelten finalen Handlungsbegriff, andererseits aus den Ansätzen der schon oben[41] erwähnten Abhandlung von Richard Lange über den „Modernen Täterbegriff ".

Im einzelnen ergibt sich bei Welzel in der ersten Ausformung seiner Tatherrschaftslehre kurz zusammengefaßt folgendes Bild:

So wie man in der Handlungslehre zwischen den finalen Verwirklichungsformen der vorsätzlichen Delikte und den im Hinblick auf den Erfolg blindkausalen Verursachungen der Fahrlässigkeitstatbestände unterscheiden muß, muß man vorsätzliche und fahrlässige Täterschaft streng voneinander trennen. Einen gemeinsamen Täterbegriff gibt es nicht. Der fahrlässige Täter ist „lediglich Miturursache für den eingetretenen Erfolg[42]". Da alle Ursachen gleichwertig sind, ist auch eine Differenzierung zwischen Täterschaft und Teilnahme bei den fahrlässigen Delikten nicht möglich[43]. Für sie ist also der extensive Täterbegriff, das Prinzip der Einheitstäterschaft, maßgebend.

Dagegen gilt im Bereich des finalen Handelns, also der vorsätzlichen Delikte, ein finaler Täterbegriff. Täter ist nur, wer die finale Tatherrschaft hat[44]. Welzel umschreibt nun diesen grundlegenden Begriff seiner Täterlehre nur in recht allgemeinen Wendungen. Herr über die Tat und damit Täter sei, wer sie in ihrem Dasein und Sosein zweckbewußt gestalte; Anstifter und Gehilfen hätten nur die Herrschaft über ihre Beteiligung, nicht über die Tat selbst[45]. An anderer Stelle[46] heißt es, es handele sich bei der Tatherrschaft um „die einfache Tatsache, ... daß der Mensch nach einem sich gesetzten Ziel die Gestaltung der Zukunft (des Kausalwerdens) zweckvoll ins Werk setzen kann ... Nicht ein vager Täterwille, sondern die wirkliche finale Tatherrschaft ist das wesentliche Kriterium der Tatherrschaft. Dabei steht Tatherrschaft demjenigen zu, der seinen Willensentschluß

---

[39] Vgl. oben S. 16/17
[40] ZStW, Bd. 58, 1939, S. 539
[41] Vgl. S. 15
[42] a. a. O. S. 538
[43] a. a. O. S. 539/540
[44] a. a. O. S. 539
[45] a. a. O. S. 539
[46] a. a. O. S. 542/43

zweckhaft zur Durchführung bringt." Mittäterschaft ist nach Welzel[47] „die auf mehrere Personen verteilte Durchführung zweckhaft ineinander greifender Teilakte eines von allen getragenen gemeinschaftlichen Handlungsentschlusses. Die Tatherrschaft steht hierbei allen gemeinsam zu …". Mittäter kann also nur sein, wer „Mitträger des Tatentschlusses[48]" ist. Ist das der Fall, so genügt zur Begründung der Mittäterschaft auch eine bloße Unterstützungshandlung bei der Deliktsverwirklichung, sofern „die Vornahme der Ausführungshandlungen für die Ausführenden zugleich die Mitverwirklichung des vom Unterstützenden mitgefaßten Tatentschlusses ist"[49]. Zur Verdeutlichung verweist Welzel auf das Bild der Rollenverteilung: „Wie der Entschluß und die Durchführung der Tat von allen getragen wird, so ist die Zuteilung der Tatbeiträge an die einzelnen Tatentschlossenen eine reine Zweckmäßigkeitsfrage; die Tat als ganze ist die Tat aller zusammen"[50].

Die so gekennzeichnete „finale Tatherrschaft" hält nun Wetzel durchaus nicht für das notwendig einzige Kriterium der Täterschaft. Vielmehr sei die Täterschaft „in ihrem ganzen sozialbedeutsamen Gehalt" oft noch von weiteren „persönlichen Momenten des Täters", nämlich den objektiven Tätervoraussetzungen (Beamter, Kaufmann, Soldat usw.) und den subjektiven täterschaftlichen Momenten wie der Zueignungsabsicht oder einer unzüchtigen Tendenz abhängig[51]. Erst wenn auch diese Voraussetzungen vorlägen, habe der Täter „die umfassende (nicht bloß finale, sondern auch) soziale Tatherrschaft". Wenn der Tatbestand derartige objektive oder subjektive Tätervoraussetzungen enthalte, sei „erst beim Zusammentreffen aller drei Tätervoraussetzungen Täterschaft gegeben. Wem eine von ihnen fehlt, der scheidet notwendig als Täter dieser Tat aus …"[52].

Nachdem Welzel so von der finalen zur sozialen Tatherrschaft fortgeschritten ist, verlangt er bei einer Reihe von Delikten zur Täterschaft „außer den oben genannten drei Voraussetzungen noch die ‚eigenhändige' Begehung"[53]. Dieses vierte täterschaftliche Element steht aber unverbunden neben den drei anderen und wird nicht zum Begriff der Tatherrschaft in Beziehung gesetzt.

Auf diese erste grundlegende Ausformung der Tatherrschaftslehre geht die folgende Entwicklung zurück. Wir wenden uns nun der Darstellung ihres heutigen Standes zu.

---

[47] a. a. O. S. 549
[48] a. a. O. S. 551
[49] a. a. O. S. 551/52
[50] a. a. O. S. 552
[51] a. a. O. S. 543
[52] a. a..O. S. 543
[53] a. a. O. S. 548

§ 12. Die heutigen Vertreter der Tatherrschaftslehre

I. Welzel

Welzel[1] vertritt seine Tatherrschaftslehre in ihrer ursprünglichen Form noch jetzt ohne wesentliche Veränderungen. Er hat den Begriff der „sozialen" Tatherrschaft fallen lassen, nennt aber nach wie vor als die drei Voraussetzungen der Täterschaft die finale Tatherrschaft sowie die subjektiven und objektiven Tätervoraussetzungen nebeneinander[2]. Auch in der Umschreibung des Begriffes der Tatherrschaft finden sich keine nennenswerten Abweichungen.

Nur bei Kennzeichnung der Mittäterschaft wird der Akzent jetzt noch etwas mehr als früher von der Ausführungshandlung auf die Gemeinsamkeit des Tatentschlusses verlagert. Es wird nun ausdrücklich gesagt, daß „auch der objektiv bloß Vorbereitende oder Helfende" Mittäter sei, wenn man ihn als „Mitträger des gemeinsamen Tatentschlusses"[3] ansehen könne, d. h. wenn er mit den übrigen zusammen den unbedingten Verwirklichungswillen habe[3].

Welzel stimmt also mit der Rechtsprechung des Reichsgerichts insofern überein, als er unter Umständen auch eine nur ganz geringfügige Beteiligung bei der Deliktsausführung für die Annahme der Tatherrschaft und damit der Täterschaft genügen lassen will. Der Unterschied liegt nur darin, daß er das vage Kriterium des Täterwillens durch das Erfordernis ersetzt, der Täter müsse „Mitträger des Tatentschlusses" sein. „Das Minus in der objektiven Mitbeteiligung muß durch das Plus des besonderen Nachweises der Mitbeteiligung am Verbrechensentschluß wettgemacht werden"[4].

Es ist unverkennbar, daß Welzel dadurch mit seiner Tatherrschaftslehre in die unmittelbare Nachbarschaft der Dolustheorie gerät. Denn seine Forderung, daß der Täter den „unbedingten Verwirklichungswillen" haben müsse, ist sachlich etwa gleichbedeutend mit den Formulierungen, die sich bei den Anhängern der Dolustheorie finden, daß der Täter „einen den seinen beherrschenden Willen nicht anerkenne" oder daß er „erforderlichenfalls die Tatbestandshandlung selbst vornehmen würde"[5]. Auch die von der Dolustheorie für den Teilnehmer gefundene Kennzeichnung, daß er „die Ausführung der Tat dem Täter anheimstelle", besagt nichts anderes, als daß dem Teilnehmer der „unbedingte Verwirklichungswille" fehlt.

Ihrem materiellen Gehalt nach stellt sich die Tatherrschaftslehre Welzels demnach als eine Weiterentwicklung der Dolustheorie dar. Das hat auch Welzel selbst anerkannt, wenn er früher seine Auffassung als eine „erwei-

---

[1] Lehrbuch, 7. Aufl., S. 89–99
[2] a. a. O. S. 90
[3] a. a. O. S. 98
[4] a. a. O. S. 98
[5] Vgl. dazu oben S. 52/53

terte subjektive Theorie"[6] bezeichnete und über sie sagte: „Wenn der Sinn der subjektiven Theorie in solchem sachlichen Gehalt verstanden werden sollte, mag der Widerspruch gegen sie verstummen"[7]. Daraus erklärt es sich auch, daß Bockelmann die von ihm vertretene Dolustheorie für mit der Tatherrschaftslehre identisch hält[8]. Nicht richtig erscheint es mir deshalb, wenn Baumann[9], der zutreffend auf die Beziehungen zwischen Tatherrschaftslehre und Dolustheorie hinweist, gerade Welzel als Vertreter einer rein objektiven Abgrenzung anführt.

Deutlicher als im Falle der Abschichtung von Mittäterschaft und Beihilfe tritt die Selbständigkeit der Tatherrschaftslehre bei Welzel im Verhältnis von Anstiftung und Täterschaft hervor. Hier bezieht er insofern einen objektiveren Standpunkt, als er die Möglichkeit der Existenz eines „Täters hinter dem Täter" grundsätzlich ablehnt: „Mittelbare Täterschaft durch einen unmittelbar Handelnden, der selbst Täter ist, ist ein Unbegriff. Wer einen Täter zur Tat bestimmt, ist stets nur Anstifter, und kein Täterwille kann ihn zum Täter machen"[10]. Dem entspricht es, daß er eine mittelbare Täterschaft in dem unter den Anhängern der Tatherrschaftslehre sehr umstrittenen Fall, daß jemand den Verbotsirrtum eines anderen ausnutzt, in der Regel nicht anerkennt[11]. Eine von seinem Ansatz her nicht zu begründende Ausnahme soll hier nur gelten, wenn der Hintermann den Verbotsirrtum absichtlich herbeiführt, um das Delikt begehen zu lassen.

II. Maurach

Auch Maurach errichtet seine Tatherrschaftstheorie auf der Grundlage der finalen Handlungslehre. Wie Welzel verwendet er den Tatherrschaftsgedanken nur bei vorsätzlichen Delikten als Kriterium der Täterschaft.

Tatherrschaft ist für ihn „das vom Vorsatz umfaßte In-den-Händen-Halten des tatbestandsmäßigen Geschehensablaufes. Tatherrschaft hat jeder Mitwirkende, der die Verwirklichung des Gesamterfolges je nach seinem Willen hemmen oder ablaufen lassen kann"; sie ist „willensgetragene Tatgestaltung"[12]

Anders als Welzel, der diese Fälle aus dem Bereich der Täterschaft ausscheiden will, hält Maurach eine „Tatherrschaft" und damit mittelbare Täterschaft des Hintermannes auch dann für möglich, wenn der Tatmittler vorsätzlich schuldhaft handelt, z. B. in dem Fall, daß jemand eine ihm sexuell hörige Person zu Straftaten veranlaßt, ohne daß beim „Werkzeug" die Vor-

---

[6] SJZ 1947 Spalte 648
[7] a. a. O. Spalte 650
[8] Vgl. dazu oben S. 53
[9] JZ 1958, S. 231 bei Anm. 12; Lehrbuch, 2. Aufl., S. 444
[10] SJZ 1947 Spalte 650
[11] Um die finale Handlungslehre, S. 30, Anm. 34
[12] Lehrbuch, Allg. Teil (A.T.), 2. Aufl., S. 517; fast wörtlich gleichlautend a. a. O. S. 492.

aussetzungen der §§ 51, 52 StGB vorliegen[13]. Hier wird also der „Täter hinter dem Täter" anerkannt.

Wenn jemand eine Tat zwar vorsätzlich, aber ohne Unrechtsbewußtsein begeht, will Maurach – wieder im Gegensatz zu Welzel – den Veranlassenden, der die Rechtslage übersieht, gleichfalls als mittelbaren Täter ansehen, und zwar nicht nur bei unvermeidbarem Irrtum, sondern auch bei vermeidbarer Verbotsunkenntnis[14].

Bei Bestimmung der Mittäterschaft legt Maurach auf die von Welzel so sehr in den Vordergrund geschobene Gemeinsamkeit des Tatentschlusses, auf den „unbedingten Verwirklichungswillen", kein Gewicht. Sein allgemeines Kriterium für die Tatherrschaft, das „In-den-Händen-Halten des tatbestandsmäßigen Geschehensablaufes", dient ihm auch hier als Kennzeichen der Mittäterschaft[15]. Dabei ist nach seiner Lehre – wohl im Gegensatz zu Welzel – irgendeine Mitwirkung bei der Tatausführung selbst, sei es auch im Vorbereitungsstadium oder in geringfügiger Weise, nicht notwendig erforderlich. Maurach erkennt eine „intellektuelle" Mittäterschaft ausdrücklich an und sagt[16]: „Mittäter ist hiernach, wer ohne selbst mit Hand anzulegen, regelnd und beherrschend den Tatablauf überwacht; Anstifter, wessen Tatbeitrag mit dem Geneigtmachen des noch nicht Entschlossenen, Gehilfe, wessen Mitwirkung mit der Bestärkung des Tatentschlossenen ihr Ende findet und mit diesem Erfolg ‚aus der Hand gegeben' wird." Daher ist für ihn auch der Bandenchef, der den Einsatz seiner Leute aus der Ferne lenkt, Mittäter.

Die von Welzel neben der Tatherrschaft genannten beiden zusätzlichen Kriterien der Täterschaft – die objektiven und subjektiven Tätermerkmale – werden bei Maurach nicht als selbständige Elemente des Täterbegriffs aufgeführt. Nur ganz beiläufig erwähnt er, daß bei den Sonderverbrechen und den eigenhändigen Delikten der Kreis der tauglichen Täter in bestimmter Weise eingeschränkt sei[17].

Aufs ganze gesehen läßt sich feststellen, daß Maurach den Tatherrschaftsgedanken noch reiner und umfassender durchführt als Welzel. Insbesondere erscheint seine Lehre als gegenüber der Dolustheorie durchaus selbständig. Zur Mittäterschaft genügt nicht der unbedingte Verwirklichungswille im Augenblick des gemeinsamen Tatentschlusses – ein rein subjektives Kriterium –, sondern es ist die regelnde Lenkung des Tatverlaufs, also ein objektiv faßbarer tatgestaltender Faktor, erforderlich. Andererseits kann Maurach auf jede äußere Unterstützungshandlung als Voraussetzung der Mittäterschaft verzichten, während dieses Erfordernis bei Welzel als Relikt der früheren reichsgerichtlichen Rechtsprechung[18] ohne klare Verbindung mit dem Tatherrschaftsgedanken stehen geblieben ist.

---

[13] a. a. O. S. 495
[14] a. a. O. S. 503
[15] a. a. O. S. 517
[16] a. a. O. S. 517
[17] a. a. O. S. 493, 516, 197–199
[18] die bekanntlich eine irgendwie geartete Mitwirkung bei der Tatausführung verlangte, vgl. oben S. 58 bei und in Anm. 11

Auch bei Bestimmung der mittelbaren Täterschaft ist auffallend, daß Maurach sich von allen starr fixierten Kriterien – wie etwa dem Satz, daß mittelbare Täterschaft durch ein volldeliktisch handelndes Werkzeug ausgeschlossen sei – zugunsten einer elastischeren Auffassung löst, die nicht auf die rechtliche Beurteilung des Tatmittlers, sondern auf die faktischen Machtverhältnisse abstellt. Allerdings bleibt Maurach eine Erklärung dafür schuldig, wie es rechtlich denkbar sein soll, daß bei volldeliktisch handelndem Werkzeug Tatmittler und Hintermann gleichzeitig den Geschehensablauf „in den Händen halten".

Ungeachtet dieser Fragen, denen später nachzugehen sein wird, bleibt festzuhalten, daß die Teilnahmelehre Maurachs, obwohl auch sie auf der Grundlage des finalen Handlungsbegriffes ruht, eine ganz eigenständige, auch in den Ergebnissen von Welzel vielfach abweichende Entfaltung des Tatherrschaftsgedankens darstellt.

III. Gallas

Ihre dritte bedeutsame Ausprägung hat die Tatherrschaftslehre in den Arbeiten von Gallas[19] gefunden. Anders als bei Welzel und Maurach bildet für Gallas die formal-objektive Theorie (1) den Ausgangspunkt seiner Überlegungen. Er verbindet sie mit der finalen Handlungslehre (2), dem Adäquanzgedanken (3) und einem – wie ich sagen möchte – „normativen" Herrschaftsbegriff (4) zu einer Synthese, die eine durchaus originale Tatherrschaftslehre darstellt.

1. Kern und Keimzelle seiner Lösung ist für Gallas der restriktive Täterbegriff. „Die formal-objektive Theorie hat ... im Ergebnis recht, wenn sie die Täterschaft als Vornahme der tatbestandsmäßigen Handlung bestimmt und in der Tatbestandsmäßigkeit zugleich das die Täterhandlung von der Teilnahmehandlung unterscheidende Merkmal sieht"[20], lesen wir bei ihm.

2. Diese formal-objektive Lehre verbindet nun Gallas mit dem finalen Handlungsbegriff. Was etwa eine Wegnahmehandlung sei, meint er, lasse sich nicht bestimmen, wenn man ihr Wesen auf die bloße Verursachung einer Gewahrsamsverschiebung reduziere. Unter diesem Blickwinkel sei auch die bloße Bestimmung zur Wegnahme oder die Hilfeleistung dabei eine Wegnahmehandlung. Betrachte man dagegen die Wegnahmehandlung als final gesteuertes Verhalten, so habe diese Tätigkeit eine „unverwechselbare Individualität, die es grundsätzlich möglich macht, sie von einer bloßen Förderung der Tatbegehung zu unterscheiden. Selbst wegnehmen hat einen anderen Sinn als dem Wegnehmenden bei der Wegnahme behilflich sein ...". So

---

[19] hauptsächlich: „Täterschaft und Teilnahme", Materialien zur Strafrechtsreform, 1. Band, Gutachten der Strafrechtslehrer, 1954, S. 121 ff.; „Die moderne Entwicklung der Begriffe Täterschaft und Teilnahme", Sonderheft der ZStW, 1957, S. 3 ff.

[20] Sonderheft, S. 10

kommt er zu dem Ergebnis: „Im Bereich der Tätigkeitsdelikte lassen sich Täterschaft und Teilnahme zwar nicht als kausale Erfolgsbeiträge, wohl aber als Handlungen verschiedenen Sinngehalts unterscheiden"[21]. Aus dieser Verwendung des Finalitätsbegriffes erklärt es sich auch, daß Gallas wie alle anderen Vertreter der Tatherrschaftslehre nur bei vorsätzlichen Delikten zwischen Täterschaft und Teilnahme unterscheidet[22].

3. Weiter verknüpft Gallas diese von ihm sogenannte „final-objektive Theorie"[23] mit dem Adäquanzgedanken, wie es von ähnlichen Grundlagen her schon Bruns[24] und Richard Lange[25] getan hatten. So scheidet er die Fälle der erheblichen Abweichung vom vorgestellten Kausalverlauf und des in der Hoffnung auf einen Absturz zu einer Flugreise veranlaßten Erbonkels aus dem Bereich der Täterschaft aus, weil man hier von einer finalen Beherrschung des Geschehensablaufes durch den Handelnden nicht mehr sprechen könne[26].

4. Hat Gallas sich bisher im Umkreis einer modifizierten formal-objektiven Theorie bewegt, so benutzt er nun den Tatherrschaftsgedanken zu einer Auflockerung und inhaltlichen Erweiterung des bisher gefundenen Täterbegriffs. So will er bei den Erfolgsdelikten wie etwa § 212 StGB – anders als bei den Tätigkeitsdelikten – die Tatbestandshandlung nicht schon durch die finale Erfolgsherbeiführung gekennzeichnet sehen – auch Anstifter und Gehilfen handeln final –; vielmehr begeht für ihn eine „Tötungshandlung" im Sinne des § 212 StGB nur, „wer dabei nach einem Programm verfährt, dessen Verwirklichung ihm den Todeserfolg ‚in die Hand gibt'"[27], wer also die Tatherrschaft hat. Dieses bei den Erfolgsdelikten gewonnene Kriterium überträgt Gallas nun nachträglich auch auf die Tätigkeitsdelikte wie etwa § 242 StGB. Obwohl hier schon die nur finale Wegnahmehandlung sich von anderen Beteiligungsformen in ihrem sozialen Sinngehalt unterscheidet, will Gallas in erweiternder Auslegung des Tatbestandes auch die Bewirkung einer nicht eigenhändigen Gewahrsamsverschiebung als „Wegnahmehandlung" ansehen, wenn der Bewirkende die Tatherrschaft hat. So sagt er über den Bandenchef, der sich darauf beschränkt, am Tatort den Einsatz zu leiten: „Er legt zwar selbst nicht mit Hand an; aber seine Anwesenheit und Führungsfunktion sind mit dem Tun der Tatgenossen so eng verbunden und dafür so ausschlaggebend, daß auch er die Tat mitbeherrscht und daher als mit *ausführend* bei der Wegnahmehandlung erscheint"[28]. In gleicher Weise erklärt Gallas die mittelbare Täterschaft. Der mittelbare Täter beherrscht den Tatmittler derart, daß er als der die Tatbestandshandlung Ausführende angesehen werden muß. Diese den Bereich der formal-objektiven Theorie über-

---

[21] Gutachten, S. 126
[22] Vgl. Sonderheft S. 18f., Gutachten S. 125–130
[23] Sonderheft, S. 13
[24] Vgl. dazu oben S. 61/62
[25] Moderner Täterbegriff, S. 42ff., 46ff.
[26] Sonderheft, S. 16/17
[27] Gutachten S. 128; vgl. auch Sonderheft S. 11–13
[28] Sonderheft, S. 14

schreitenden Fälle nicht eigenhändiger Tatbeherrschung seien vom Gesetzgeber „stillschweigend mitgemeint"[29].

Bemerkenswert ist, daß der Tatherrschaftsbegriff, den Gallas als „Maßstab für eine ‚auflockernde' Interpretation des tatbestandsmäßigen Verhaltens"[30] verwendet, bei ihm einen ausgesprochen wertbezogenen Charakter
erhält. Er betont ausdrücklich, es dürfe „das Wertmoment im Begriff der
Tatherrschaft nicht übersehen werden"[31]. Daraus zieht er mehrere praktisch
wichtige Konsequenzen:

Bei den eigenhändigen Delikten und den Tatbeständen mit objektiven und
subjektiven Tätermerkmalen kann ein Außenstehender, auch wenn er entscheidenden Einfluß auf das Geschehen hat, schon deshalb nicht die Tather-
schaft besitzen, weil ihm der „spezifische Deliktsgehalt der Tat" nicht
zugänglich ist[32]. Wer die Tatherrschaft hat, entscheidet sich also nicht notwendig nach dem Maße der Beherrschung des Kausalgeschehens, sondern
auch nach dem rechtlichen Sinngehalt der einzelnen Tatbestände. Damit
bezieht Gallas Elemente in den Tatherrschaftsbegriff ein, die Welzel gerade
ausgeschlossen und neben ihn gestellt und die auch Maurach unberücksichtigt gelassen hatte.

Aus dieser Wertbezogenheit des Tatherrschaftsbegriffs folgert Gallas
weiter in unmittelbarem sachlichen Gegensatz zu Maurach, daß eine mittelbare Täterschaft durch einen schuldhaft handelnden, als Täter strafbaren
Tatmittler nicht möglich sei. Dabei leugnet Gallas nicht, daß in solchen
Fällen – man denke an starke soziale Abhängigkeitsverhältnisse oder an die
von Maurach erwähnte sexuelle Hörigkeit – eine „tatsächliche" Beherrschung durch den Hintermann vorliegen könne. So räumt er ein, es ließen
sich „Situationen denken, in denen der Hintermann kraft seiner persönlichen
oder sozialen Überlegenheit auf den unmittelbar Handelnden einen so
starken Druck ausübt, daß dieser rein faktisch-psychologisch betrachtet,
von ihm ‚beherrscht' erscheint"[33]. Trotzdem liege darin keine „Tatherrschaft im Rechtssinn." Das ergebe sich daraus, daß unsere Rechtsordnung
„an den Begriffen Freiheit und Verantwortung und damit sozialethisch
orientiert"[33] sei. Denn so gesehen, müsse „Tatherrschaft durch Benutzung
eines anderen als Werkzeug dort ihre Grenzen finden, wo das Recht das Tun
des unmittelbar Handelnden als ein freies und damit persönliche Verantwortung begründendes wertet. Denn am Maßstab derselben Wertordnung
gemessen, kann ein Verhalten nicht zugleich als frei und als von einem
anderen beherrscht, d. h. aber als unfrei, erscheinen"[34]. Hier wird sehr deutlich, wie Gallas den Tatherrschaftsbegriff von der ontischen in die normative
Sphäre hebt.

---

[29] Gutachten, S. 133; Sonderheft, S. 15
[30] Sonderheft, S. 14
[31] Sonderheft, S. 13
[32] Gutachten, S. 133; Sonderheft, S. 13/14
[33] Sonderheft, S. 16; fast gleichlautend Gutachten, S. 134
[34] Gutachten, S. 134

Diese Normativierung seines Täterkriteriums dient aber bei Gallas nicht nur zur Ablehnung „rechtlicher" Tatherrschaft trotz faktisch-psychologischer Beherrschung durch den Hintermann, sondern er kommt mit ihrer Hilfe auch umgekehrt zu einer Bejahung der Tatherrschaft, wo eine tatsächliche Beherrschung fehlt. Es ist dies namentlich der Fall des sog. qualifikationslosen dolosen Werkzeugs. Während Welzel und Maurach dem Problem keine Beachtung schenken und – um den praktisch wichtigsten Fall herauszugreifen – den Beamten, der einen Extraneus zum echten Amtsdelikt anstiftet, ohne weiteres wegen mittelbarer Täterschaft bestrafen, erkennt Gallas, „daß der Hintermann den unmittelbar Handelnden hier nicht ‚beherrscht', ihn nicht als ‚Werkzeug' benutzt"[35]. Trotzdem nimmt auch Gallas mittelbare Täterschaft und Tatherrschaft des Hintermannes an, mit der Begründung, daß der rechtliche Charakter der Tat als Delikt hier allein von der Qualifikation des Hintermannes abhänge. Dadurch werde der Anstiftungsakt zur Ausübung von Tatherrschaft. Gallas erkennt selbst, daß er damit die Grenzen des Tatherrschaftsbegriffs sehr weit spannt, wenn er sagt: „Es handelt sich dabei freilich um eine Begehungsform eigener Art, die der Mittäterschaft näher steht als der mittelbaren Täterschaft, jedenfalls in deren herkömmlicher, auf die Beherrschung des Tatmittlers abstellenden Bedeutung"[36].

Hat insoweit die Wertbezogenheit zu einer Modifizierung des Tatherrschaftsbegriffs geführt, so tritt bei der Abgrenzung von Mittäterschaft und Beihilfe für Gallas daneben wieder mehr der formal-objektive Ausgangspunkt seiner Lehre hervor. So reicht für ihn im Gegensatz zu Welzel auch bei einer Gemeinsamkeit des Tatentschlusses nicht schon jede äußere Mitwirkung zur Begründung der Tatherrschaft aus. Es kommen vielmehr nur solche Handlungen in Frage, die der eigenhändigen Begehung gleichwertig sind und daher bei aufgelockerter Interpretation noch als Tatbestandshandlungen im Rechtssinne angesehen werden können. Eine Beteiligung im Vorbereitungsstadium gehört dazu nach Gallas nicht, so daß es bei ihm heißt: „Wer sich darauf beschränkt, die Gelegenheit zur Tat auszukundschaften oder die dazu benötigten Werkzeuge zu besorgen, handelt nicht als Mitherr der Tat, sondern nur als Gehilfe, auch wenn er an der Tatverabredung beteiligt war"[37].

Diese Übersicht mußte etwas ausführlicher gehalten werden, um die Variabilität des Tatherrschaftsgedankens und die methodischen und sachlichen Unterschiede der von Gallas entwickelten Lehre gegenüber den Theorien Welzels und Maurachs deutlich hervortreten zu lassen. Methodisch ist die Auffassung von Gallas besonders bemerkenswert, weil er als erster den Versuch unternimmt, den seinerzeit von Welzel in ausgesprochenem Gegensatz zur „normativen" Täterlehre entwickelten ontologischen

---

[35] Gutachten, S. 135
[36] Gutachten, S. 136
[37] Gutachten, S. 137

Tatherrschaftsbegriff wieder zu einer teleologisch orientierten Verbrechens-systematik in Beziehung zu setzen. In weiterem Rahmen betrachtet, bilden die Abhandlungen zur Teilnahmelehre für Gallas nur einen Bestandteil seiner auf die gesamte Verbrechenslehre sich erstreckenden Bemühungen, „eine Synthese zu finden zwischen den neuen Impulsen, die wir dem Fina-lismus verdanken, und gewissen unverzichtbaren Ergebnissen der voraus-gehenden, vom Wert- und Zweckgedanken bestimmten Entwicklungsstufe unserer Wissenschaft" – ein Unternehmen, das er ohne äußeren Zusam-menhang mit der Täterlehre in sachlich auch für sie gültiger Weise als „eigentliches Anliegen der gegenwärtigen dogmatischen Situation" bezeich-net hat[38].

Auffallend ist auch, daß Gallas anders als Welzel, der sich eher der Dolus-theorie annähert, seine Tatherrschaftslehre als „Auflockerung" einer mit der finalen Handlungslehre gekoppelten formal-objektiven Theorie darstellt[39]. Aus dieser weitgehend objektiven Auffassung erklärt es sich auch, daß er ausdrücklich gegen die von Bockelmann vertretene Dolustheorie Stellung nimmt[40], obwohl dieser selbst keine wesentlichen Unterschiede zwischen seiner Lehre und der Tatherrschaftstheorie entdecken kann[41]. Solche Diver-genzen ergeben sich aus der Variationsbreite des Tatherrschaftsbegriffs, der sich in seinen verschiedenen Ausprägungen bald mehr an objektiven, bald mehr an subjektiven Kriterien orientiert.

IV. Richard Lange

In seiner schon mehrfach erwähnten Abhandlung über den „Modernen Täterbegriff" hatte Lange eine modifizierte subjektive Theorie vertreten, der Welzel bei der späteren Entwicklung seiner Tatherrschaftslehre wesentliche Anregungen entnommen hat[42]. Heute zählt Lange sich selbst zu den Anhän-gern dieser Theorie, wenn er sagt: „Bei der Frage nach der Täterschaft ist ... stets ... zu prüfen, ob der Handelnde die Tatherrschaft gehabt und ausgeübt hat".[43]

Lange bezeichnet seine Lehre im Anschluß an Maurach als „materiell objektiv" und beruft sich auf weitgehende Übereinstimmung mit Gallas, dessen Kriterien der Finalität, der Adäquanz und der Tatherrschaft auch bei ihm auftreten. Das darf aber nicht darüber hinwegtäuschen, daß Lange trotz dieser terminologischen Umstellung auf die Tatherrschaftstheorie inhaltlich weitgehend an seiner ursprünglichen Lehre festgehalten hat, so daß

---

[38] Zum gegenwärtigen Stand der Lehre vom Verbrechen, S. 47
[39] Es ist daher sicher nicht zutreffend, wenn Baumann, Lehrb. 2. Aufl. S. 444, JZ 58, S. 231, bei Anm. 11, meint, Gallas bleibe „im Bereich der animus-, zumindest im Bereich der Doluslehre".
[40] Gutachten, S. 131
[41] Vgl. Strafrechtliche Untersuchungen, S. 77, 101, 118–122
[42] Vgl. dazu schon oben S. 16, 66 und ZStW, Bd. 58, 1939, S. 494, 500
[43] Kohlrausch/Lange, 42./43. Aufl., vor § 47 I, 4, S. 160

es bei ihm zu einer extrem subjektiven Ausprägung des Tatherrschaftsgedankens kommt.

Bei Bestimmung der Mittäterschaft geht Lange von der subjektiven Theorie aus, meint aber, entscheidend sei nicht schon die Frage, ob der Täter die Tat als eigene gewollt habe, sondern erst die, ob sie ihm auf Grund des von seinem Willen getragenen Tatbeitrages zugerechnet werden könne. Eine solche Zurechnung sei nicht möglich, wenn dieser Wille nur eine „leere Anmaßung oder eine Fiktion" sei, sondern er müsse durch die Tatherrschaft zum Ausdruck kommen[44]. Dabei läßt er aber als Ausführungshandlung – entsprechend der Judikatur des Reichsgerichts – schon die geringste äußere Betätigung (z. B. Stärkung des Täterwillens durch Ratschläge) und ein Verhalten, das, für sich genommen, nur eine straflose Vorbereitungshandlung sein würde, genügen[45]. Diese Auffassung steht in ausgesprochenem Gegensatz zur Lehre von Gallas. Inwieweit sie sich in den Ergebnissen von der früheren Rechtsprechung des Reichsgerichts unterscheidet, wird nicht ganz deutlich.

Bei der Abgrenzung von mittelbarer Täterschaft und Anstiftung geht Lange ohne Zweifel in der Subjektivierung weiter als alle anderen Vertreter der Tatherrschaftstheorie. So erklärt er über das Wesen der mittelbaren Täterschaft, es seien „für jeden Veranlasser, der in eigener Sache handelt, die von ihm Benutzten seine Werkzeuge, ob sie ihrerseits als Täter verantwortlich sind oder nicht"[46]. Diese Konsequenz hatten Welzel und Gallas ausdrücklich abgelehnt; Maurach hatte sie auf die Fälle starker sozialer und persönlicher Abhängigkeit beschränkt, während Lange schon jedem die Tatherrschaft zusprechen will, der einen voll verantwortlichen Täter zu einem Delikt bestimmt, wenn es sich nur um eine „eigene Sache" des Veranlassenden handelt. Auf dieser Grundlage kommt Lange nicht nur in den Fällen des absichtslosen dolosen Werkzeugs ohne Bedenken zur Annahme mittelbarer Täterschaft, er erkennt sogar die Figur des von der reichsgerichtlichen Rechtsprechung herausgearbeiteten dolosen Gehilfenwerkzeugs an. So will er in dem berühmten „Badewannenfall"[47] zwar die Schwester, die das Kind eigenhändig ertränkt hatte, als Täterin strafen, gleichzeitig aber die Kindesmutter, deren Beitrag sich in der Aufforderung zur Tat erschöpft hatte, als mittelbare Täterin ansehen. Wenn er diese Lösung mit den Worten erklärt: „Die Tatherrschaft des Bestimmenden hängt hier von seiner Willensrichtung ab", so zeigt sich deutlich, daß die Tatherrschaft als rein subjektives, innerpsychisches Kriterium verwandt wird, das sich vom Täterwillen der früheren Rechtsprechung – obwohl Lange sich von ihr distanziert – kaum unterscheidet. Von daher wird es auch verständlich, daß Welzel heute Lange den Vertretern der von ihm abgelehnten subjektiven Teilnahmetheorie zurechne[48], während Lange diese Charakterisierung

---

[44] 42./43. Aufl., § 47 I, S. 173
[45] 42./43. Aufl., § 47, I, II
[46] 42./43. Aufl., vor § 47 I 5, B 1, S. 161
[47] RGSt 74, 84
[48] Lehrbuch, 7. Aufl., S. 94

„irrig" und „unverständlich" findet[49]. Solche Mißverständnisse erklären sich aus den verschiedenen Inhalten, die die einzelnen Autoren mit dem Tatherrschaftsbegriff verbinden und die die ganze Lehre bei scheinbarer Einigkeit allmählich in eine schillernde Undeutlichkeit gerückt haben.

Neben dieser fundamentalen Differenz ist es für die Täterlehre Langes weiterhin kennzeichnend, daß er in Übereinstimmung mit Gallas gegen Welzel die Eigenhändigkeit bestimmter Delikte sowie die subjektiven und objektiven Tätermerkmale in den Begriff der Tatherrschaft einbezieht. „Bei Täterqualifikationen gehören auch diese zur Tatherrschaft", sagt er[50], und begründet das damit, daß nur der Innenseiter bei eigenhändigen Delikten tatbestandsmäßig handeln und bei den Beamtendelikten den Amtsbetrieb beherrschen könne.

Zusammenfassend läßt sich feststellen, daß Langes Tatherrschaftslehre gegenüber den Auffassungen von Welzel, Maurach und Gallas erhebliche Unterschiede aufweist und – obwohl Lange sie materiell-objektiv nennt – einer abgemilderten subjektiven Theorie sehr nahe kommt.

V. Weitere Vertreter der Tatherrschaftslehre

1. Niese

Niese hat sich in einer kleinen Arbeit über die praktische Bedeutung der finalen Handlungslehre[51] zur Tatherrschaftstheorie bekannt und ihr dabei eine Wendung gegeben, die neuartig ist und sonst nirgends vertreten wird.

Er geht davon aus, daß an die Stelle der subjektiven Interessenrichtung die „finale Tatherrschaft" treten müsse, die er als „objektives Kriterium" bezeichnet[52]. Diese Tatherrschaft setzt nach seiner Lehre nicht nur voraus, daß der Wille subjektiv auf die Erfolgsherbeiführung gerichtet ist, „sondern auch, daß der Handelnde der Erfolgsverwirklichung durch den zweckbewußten Einsatz der ausgewählten Mittel, d. h. der finalen Steuerung der Kausalität in der Außenwelt, *mächtig*, ist". Die so umschriebene Tatmacht, die nach Niese das Wesen der Tatherrschaft ausmacht, liegt immer vor, wenn jemand mit eigener Hand einen Tatbestand verwirklicht, im übrigen aber nur dann, wenn der Mitwirkende, obwohl er es in concreto nicht tut, doch physisch in der Lage wäre, den Tatbestand eigenhändig zu verwirklichen, wenn er es nur wollte. So will Niese in dem schon mehrfach erwähnten „Badewannenfall" die Mutter des ertränkten Kindes nur als Anstifterin strafen; sie habe das Kind nicht selbst in der Badewanne ertränken können, weil ihr „infolge der eben überstandenen Geburt" die Macht dazu gefehlt habe. Deshalb habe sie es dem Willen der Schwester anheimstellen müssen,

---

[49] a. a. O. I, 1 vor § 47, S. 159
[50] a. a. O. I, 4 vor § 47, S. 160
[51] DRiZ 1952, S. 21–24
[52] hier und im folgenden a. a. O. S. 23

ob diese die Tat ausführe. Dieses Anheimstellen, die Unterwerfung des Willens unter den des Täters charakterisiere auf objektive Weise das Verhältnis des Teilnehmers zum Täter.

Noch an einem zweiten Beispiel verdeutlicht Niese seine Auffassung. Er sagt: „Wer … seinem Nachbarn die Fenster einwerfen will und einen anderen bittet, dies zu tun, weil er selbst vom Zaun aus nicht bis an das Haus trifft, kann immer nur Anstifter zur Sachbeschädigung des anderen sein, weil nur dieser die finale Tatherrschaft hat, auch wenn er die Fenster für den Anstifter einwirft."

Es ist auf den ersten Blick verwirrend, daß Niese mit Nachdruck von einer „objektiven" Abgrenzung spricht, obwohl die von ihm verwendeten Begriffe des „Anheimstellens" und der „Unterwerfung unter fremden Täterwillen" der subjektiven Dolustheorie entlehnt sind. Auch seine Forderung, daß der Mitwirkende, um Täter sein zu können, in der Lage sein müsse, die Tatbestandshandlung in eigener Person auszuführen, erinnert zunächst an Formulierungen, wie sie sich auch bei Vertretern einer subjektiven Abgrenzung finden; etwa bei v. Bar, wenn er den Mittäter durch den Vorsatz gekennzeichnet findet, „eintretendenfalls diejenige Tätigkeit selbst vorzunehmen, welche die strafbare Handlung zur Vollendung bringt[53]".

Die entscheidende Abweichung Nieses von diesen subjektiven Lehren liegt darin, daß er anders als sie die Unterwerfung unter die fremde Entscheidung und den Verzicht auf die eigene Tatausführung nicht von einem Willensentschluß des Betroffenen, sondern von seinen physischen Möglichkeiten abhängig macht, einem allerdings rein objektiven Kriterium. Freilich wird nicht völlig klar, ob Niese seine Unterscheidung allein auf diesen Gesichtspunkt abstellen will, ob also für ihn die Kindesmutter und der mißgünstige Nachbar seiner Beispielsfälle schon dann Täter sind, wenn sie ceteris paribus genügend Körperkräfte hätten, um die Tat notfalls auch selbst auszuführen. Sollte das der Fall sein, so könnte man seine Theorie im Ergebnis kaum „objektiv" nennen, denn die Kindesmutter und der Werfer würden in diesen Fällen durch ihren bloßen Verwirklichungswillen zu Tätern, obwohl sie bei der Ausführung der Tat gar nicht mitgewirkt haben. Wenn Niese aber das Vorliegen der Tatherrschaft noch von weiteren Voraussetzungen abhängig machen will, so hat er diese jedenfalls nicht genannt. Es muß daher offen bleiben, ob es sich bei ihm wirklich um eine „objektive" Abgrenzung handelt, wie er meint.

Wie dem auch sei: Der Gedanke, den Gesichtspunkt der „Tatmacht" in dem hier gekennzeichneten Sinne als Kriterium der Tatherrschaft zu verwerten, ist durchaus neuartig und wird sorgfältiger Prüfung bedürfen.

---

[53] Gesetz und Schuld, Bd. II, S. 610; vgl. dazu schon oben S. 52

2. Sax

Für Sax[54] bildet den Ausgangspunkt seiner Überlegungen die formal-objektive Theorie[55]. Täter ist für ihn in erster Linie, wer den Tatbestand unmittelbar erscheinungsbildlich verwirklicht. Ob er den „Täterwillen" oder die „bewußte Tatherrschaft" hat, ist dabei unerheblich. Erst für die Tatbeteiligten, „die das straftatbestandliche Verhalten erscheinungsbildlich nicht vollziehen"[56], etwa nur Schmierestehen, ersetzt die Tatherrschaft die fehlende Eigenhändigkeit. „Zur Begründung ihrer Täterhaftung ist der Rückgriff auf ihre subjektiv-objektive Beziehung zu der Aktivität des Ausführenden erforderlich, um das Manko an erscheinungsbildlicher Straftatbestandserfüllung auszugleichen"[56]. Wenn Sax dazu noch ausführt, „daß diese inhaltlichen Kriterien gar nicht zur Bildung des allgemeinen Täterbegriffs, sondern nur dazu dienen können, erscheinungsbildlich mehrdeutige Tatbeteiligungsformen auf Täterschaft hin zu spezifizieren"[57], so wird deutlich, daß sich für ihn die Tatherrschaftslehre nur als Ergänzung der formal-objektiven Theorie darstellt.

In den praktischen Ergebnissen ist Sax allerdings nicht ganz so objektiv orientiert. Er nennt die Mittäterschaft eine wechselseitige mittelbare Täterschaft und nimmt ihr Vorliegen an, wenn mehrere ihre Straftat in arbeitsteiligem Zusammenwirken ausüben und jeder das Handeln des anderen bewußt mitbeherrscht[58]. Eine solche Beherrschung kann für ihn aber auch schon bei rein geistiger Unterstützung gegeben sein[59]. Unter welchen Voraussetzungen das der Fall ist, geht aus den Äußerungen Sax' nicht hervor.

Bei Umgrenzung des Bereiches der mittelbaren Täterschaft erkennt Sax das qualifikationslose und das absichtslos dolose Werkzeug[60] ohne weiteres an[61]. Darüber hinaus will er auch bei einem als Täter strafbaren Werkzeug anders als Welzel und Gallas und in Übereinstimmung mit Maurach Tatherrschaft des Veranlassenden annehmen, „falls es der Hintermann ist, der allein die Fäden des Geschehens in der Hand hat und sie zur mittelbaren Ausführung seiner eigenen Straftat bewußt ausspinnt"[61].

Insgesamt gesehen stellt sich die Lehre von Sax als eine etwa zwischen den Auffassungen von Gallas und Maurach anzusiedelnde Variante der Tatherrschaftstheorie dar.

---

[54] ZStW, Bd. 69, 1957, S. 430 ff.
[55] obwohl er diesen Ausdruck nicht verwendet.
[56] a. a. O. S. 433
[57] a. a. O. S. 432/33
[58] a. a. O. S. 436
[59] a .a. O. S. 434
[60] Sax führt neben dem „absichtslos dolosen" noch ein nur „absichtsloses" Werkzeug an – eine Unterscheidung, die mir nicht verständlich ist; ein vorsatzloser Tatmittler kann damit nicht gemeint sein; da Sax das gutgläubige Werkzeug selbständig erwähnt; auch der Entwurf, auf den er sich bezieht, bietet keine Anhaltspunkte für diese Differenzierung.
[61] a. a. O. S. 434

3. Busch

Busch[62] vertritt eine weitgehend subjektiv orientierte Tatherrschaftslehre, die für ihn nur eine „Vergenauerung"[63] der aus der Rechtsprechung bekannten animus-Formel darstellt. Die schlagwortartige Unbestimmtheit des Begriffes „Täterwille" wird bei ihm durch den Tatherrschaftsgedanken ausgefüllt und präzisiert. Er sagt deshalb: „Die Tat will als eigene nur der, der sie auf Grund eigenen Entschlusses, sei es selbst, sei es durch einen seinem Willen sich Unterordnenden durchführt. Die Tatherrschaft scheidet die Täterschaft von der bloßen Teilnahme. Der Teilnehmer überläßt die Ausführung der Tat der Entscheidung eines anderen." Diese Lehre sei, von einigen übersubjektiven Entgleisungen abgesehen[64], mit der vom Reichsgericht in ständiger Rechtsprechung vertretenen Auffassung identisch. Sie finde in der finalen Handlungslehre ihre dogmatische Rechtfertigung.

Es ist deutlich, daß die Tatherrschaftslehre Buschs sachlich mit der Dolustheorie übereinstimmt, wie sie in der Entscheidung RGSt 3, 181ff. ihren prägnantesten Ausdruck gefunden hat und heute etwa von Bockelmann vertreten wird. Es handelt sich also um eine eingeschränkt subjektive Theorie.

4. von Weber

Noch weiter in der Subjektivierung geht von Weber. Er hatte schon vor Welzel den Begriff des „Tatherrschaftswillens" zur Interpretation der von ihm vertretenen subjektiven Theorie verwendet[65]. In seinem „Grundriß des Deutschen Strafrechts"[66] entwickelt er diese Lehre weiter. Er sagt[67]: „Täterschaft ist ... Tatherrschaft. Sie liegt im Vorsatz, im Entschluß des Täters. Der Täter denkt und betätigt sich als Ausführender, er bestimmt das ob und wie der Begehung."

Diese Sätze enthalten zwar noch gewisse objektive Elemente; denn wenn jemand sich als Ausführender betätigt und das Ob der Begehung bestimmt, so ist das etwas, was sich unabhängig von seinen Vorstellungen ermitteln läßt. Aber von Weber will das nicht recht gelten lassen. Wenn er erklärt, die Tatherrschaft liege im Vorsatz, der Täter „denke" sich als Ausführenden, und wenn er schließlich die Täterschaft unter der Überschrift „Der subjektive Tatbestand" behandelt, so zeigt sich, daß ihm grundsätzlich eine rein subjektive Täterlehre vorschwebt, innerhalb deren einzelne objektive Tönungen einen nicht ganz verarbeiteten Fremdkörper darstellen.

Bei Darstellung der praktischen Konsequenzen seiner Lehre ergibt sich dasselbe Bild. Von Weber ist unter allen Vertretern der Tatherrschaftstheorie

---

[62] Moderne Wandlungen der Verbrechenslehre, 1949
[63] hier und im folgenden a. a. O. S. 18
[64] er führt die Entscheidungen RGSt 71, 364 und 74, 85 (Badewannenfall) an.
[65] Vgl. dazu oben, S. 63
[66] 2. Aufl., 1948
[67] a. a. O. S. 65

der einzige, der die Entscheidung des Reichsgerichts im „Badewannenfall" billigt[68], der also auch bei eigenhändiger, freier und vorsätzlicher Tatausführung eine Täterschaft ablehnen will, wenn dem Handelnden der „Tatherrschaftswille" fehlt, weil er sich dem Veranlassenden innerlich völlig untergeordnet hat. Dem entspricht es, daß von Weber umgekehrt mittelbare Täterschaft für gegeben hält, wenn jemand zur Ausführung der Tat Hilfskräfte heranzieht, „die sich ohne Täterwillen beteiligen"[69]. Er fügt zwar hinzu, bei der Annahme bloßer Gehilfenschaft trotz eigenhändiger Tatausführung sei Vorsicht geboten[70] – eine Bemerkung, die darauf hindeutet, daß das objektive Gewicht des Tatbeitrages für ihn doch nicht ganz belanglos ist; aber auch hier handelt es sich nur um eine beiläufige Nuancierung und nicht um eine prinzipielle Einschränkung des subjektiven Ansatzes.

Damit stellt sich die Teilnahmelehre von Webers als eine extrem subjektive Abwandlung der Tatherrschaftstheorie dar.

5. Less

Less[71] geht von einem Sonderfall aus, dem Problem der mittelbaren Täterschaft durch ein rechtmäßig handelndes Werkzeug. Er versucht, es durch das Kriterium der Tatherrschaft zu lösen[72] und kommt dabei auch zu einigen allgemeinen Erkenntnissen über den Täterbegriff. Besonders bemerkenswert ist, daß er im Gegensatz zu den zahlreichen Subjektivisten unter den Vertretern dieser Lehre die Tatherrschaft einen „äußeren Umstand"[73] nennt und meint, dieses Merkmal werde, wenn man es zum Aufbau des Täterbegriffs verwende, „eine Strukturveränderung des Verbrechensbegriffs zur Folge haben"[74]. Er will die Tatherrschaft „als äußeres Tatbestandsmerkmal" zu den Voraussetzungen der Tatbestandsmäßigkeit zählen und es neben die Kausalität treten lassen. „Nur diejenige, einen Erfolg bedingende Willensbetätigung könnte dann Tatbestandsmäßigkeit ergeben, die ihn nicht nur ein Kausalergebnis, sondern in Wahrheit einen Erfolg des Handelnden sein läßt, die ihn seiner Herrschaft unterwirft, die ihn zur Frucht seiner Beeinflussung des Kausalverlaufes macht."

Mit einem so gebildeten Tatbestandsbegriff will Less dann in ähnlicher Weise, wie es schon vor ihm Hermann Bruns, Lange und Gallas getan hatten, das Problem des inadäquaten Kausalverlaufes lösen. Wer einen anderen ins Gewitter hinausschickt, der dann wunschgemäß vom Blitz er-

---

[68] a .a. O. S. 67
[69] a. a. O. S. 65
[70] a. a. O. S. 67
[71] JZ 1951, S. 550–552
[72] Dieser Spezialfrage wird später noch im einzelnen nachzugehen sein.
[73] a. a. O. S. 551
[74] hier und im folgenden a. a. O. S. 552

schlagen wird, erfüllt für ihn schon den objektiven Tatbestand des Totschlages nicht, weil die neben der Kausalität erforderliche Tatherrschaft
fehlt.

Wie sich ein solcher objektiver Tatherrschaftsbegriff im übrigen praktisch
auswirken würde, ist den mehr andeutenden Hinweisen von Less nicht zu
entnehmen.

6. Jescheck

Jescheck[75] vertritt eine Tatherrschaftslehre, die weder ausgesprochen objektiv noch subjektiv orientiert ist, sondern eine Synthese aus Elementen der
formal-objektiven, der materiell-objektiven und der subjektiven Theorie
darstellt. Er sagt: „Die Lehre von der finalen Tatherrschaft scheint mir
zwischen diesen verschiedenen Gesichtspunkten, von denen jeder an sich
richtig, jeder aber auch in seiner Isolierung einseitig ist, eine glückliche Verknüpfung vorzunehmen"[76]. Leider führt Jescheck nicht näher aus, wie
man sich diese Verknüpfung im einzelnen zu denken habe, sondern begnügt sich mit den von Welzel, Maurach und Gallas herausgearbeiteten
Kennzeichnungen.

Jescheck unterscheidet sich aber von den anderen Vertretern der Tatherrschaftslehre dadurch, daß er diesem Merkmal einen neuartigen Finalitätsbegriff zugrundelegt. Er meint, die Finalität dürfe hier „nicht einfach
dem Vorsatz gleichgesetzt werden …, denn diesen hat ja auch der bloße
Gehilfe"[77]. Vielmehr fordert er im Anschluß an Nowakowski[78], daß der
Beteiligte, um die finale Tatherrschaft zu haben, sich als „Subjekt des Verbrechens" erleben müsse. Dabei handelt es sich um „ein besonderes Gefühls-
moment" oder, wie Jescheck mit Engisch[79] sagt, um ein „Element der Men-
talität", das dem Schuldbereich angehört, so daß sich für ihn Täter und
Teilnehmer nicht nur im Unrechtsgehalt, sondern auch im Schuldgrad unterscheiden[80].

Diesen von Jescheck nur angedeuteten Gedanken, die den Tatherrschaftsbegriff um ein neues subjektives Element bereichern und mit der Schuldlehre
in Verbindung bringen, wird später noch nachzugehen sein.

---

[75] SchZStr., 71 Jahrg., 1956, S. 225–243
[76] a. a. O. S. 234
[77] a. a. O. S. 234
[78] vgl. über diesen unten S. 84–86
[79] ZStW, Bd. 66, 1954, S. 385
[80] Vgl. dazu a. a. O. S. 235, 236, 234

§ 13. Verwandte Lehren und Gesichtspunkte

I. Bockelmann

Auf Bockelmanns Teilnahmelehre ist in anderem Zusammenhang schon wiederholt hingewiesen worden[1], so daß es hier bei einer kurzen Zusammenfassung bewenden kann.

Bockelmann ging unter Ablehnung der finalen Handlungslehre von einer in Anknüpfung an die Entscheidung RGSt 3, 181 ff. neubelebten Dolustheorie aus[2]. Sie sieht den Unterschied zwischen Täter und Teilnehmer darin, daß der Teilnehmer dem Haupttäter die Tat „anheimstellt", daß er seinen eigenen Vorsatz dem fremden Entschluß „unterwirft"[3]. Wer das nicht tut, wessen Entschluß also nicht in dieser Form von dem eines anderen abhängt, ist Täter; damit kommt Bockelmann zu einem „sekundären" Täterbegriff. Während sonst heute einhellig gelehrt wird, daß der Täterbegriff selbständig und von Anstiftung und Beihilfe unabhängig sei, bestimmt Bockelmann ihn nur negativ: „Täter ist, wer nicht Teilnehmer ist"[4].

Trotz ihrer andersartigen Grundlagen stimmte die Dolustheorie Bockelmanns schon in ihrer ursprünglichen Form mit der Tatherrschaftslehre Welzels in den Ergebnissen weitgehend überein und war von ihr stark beeinflußt[5]. Diese enge Verwandtschaft wurde dadurch ermöglicht, daß Welzel selbst eine der subjektiven Theorie verhältnismäßig weit entgegenkommende Form der Tatherrschaftslehre vertrat.

Später[6] hat Bockelmann den Tatherrschaftsbegriff übernommen. Er meint jetzt[7], eine Abgrenzung zwischen Täterschaft und Teilnahme sei nur so möglich, „daß man Täterschaft demjenigen zuspricht, der die ‚Tatherrschaft' hat, der also das Tun ... beherrscht"; sachlich bleibt er bei einer subjektiven Abgrenzung, die dem Gewicht des äußeren Tatbeitrages keine entscheidende Bedeutung beimißt. So will er, in Übereinstimmung mit Welzel, aber gegen Gallas, wenn ein gemeinsamer Tatentschluß vorliegt, auch die Mitwirkung bei Vorbereitungshandlungen zur Begründung der Mittäterschaft ausreichen lassen. „Der Bankangestellte, der mit einem Berufsdieb die Beraubung des Tresors so verabredet, daß *er* auskundschaften soll, wann der Tresor reichhaltig belegt und zwischen welchen Zeitpunkten mit dem Auftauchen des Wächters nicht zu rechnen ist, während der andere einbrechen soll, begeht doch nicht nur Anstiftung und Beihilfe zum Diebstahl, sondern ist Mittäter", heißt es bei ihm[8].

---

[1] Vgl. oben S. 27/28
[2] In seinem Buch „Über das Verhältnis von Täterschaft und Teilnahme", 1949; jetzt in: Strafrechtliche Untersuchungen, S. 31–87
[3] Strafrechtliche Untersuchungen, S. 76
[4] a. a. O. S. 76, Anm. 106. Dazu kritisch oben S. 26–28
[5] Vgl. a. a. O. S. 76 Anm. 106
[6] Nochmals über das Verhältnis von Täterschaft und Teilnahme, GA 1954, S. 193 ff.; jetzt: Strafrechtl. Untersuch., S. 88–108
[7] Strafrechtl. Untersuchungen, S. 101
[8] a. a. O. S. 101 Anm. 54

In seiner letzten Abhandlung zur Täterlehre[9] hat Bockelmann sogar die bisher von ihm festgehaltene streng subjektive Grenzziehung preisgegeben. Er erkennt nun an, „daß eine ausschließlich die geistig-seelischen Abläufe berücksichtigende Betrachtung auch nicht immer zu einer überzeugenden Abgrenzung … führt"[10] und lehrt, „daß die Besonderheiten, durch die sich Täterschaft und Teilnahme unterscheiden, weder ausschließlich auf der äußeren noch allein auf der inneren Tatseite gesucht werden dürfen. Sie ergeben sich erst aus dem Ineinandergreifen objektiver und subjektiver Faktoren"[11]. Praktisch wirkt sich diese Wendung so aus, daß Bockelmann nunmehr den, der den Tatbestand eigenhändig verwirklicht, in jedem Falle als Täter ansehen will, „auch wenn er unter fremdem Einfluß steht, vielleicht in dem Maße, daß er nur den Entschluß des andern auszuführen vermeint"[12], und daß er umgekehrt den bei Durchführung der Tat nicht Beteiligten auch dann als Teilnehmer bestraft, wenn er die Ausführung der Tat dem anderen nicht anheimgestellt hat[13].

Bockelmann sagt selbst, daß diese Auffassung sich mit der Tatherrschaftslehre „weithin" decke[14]. Das ist richtig. Angesichts der vielfältig verschiedenen Ausprägungen dieser Theorie besteht kein Bedenken dagegen, die von ihm entwickelte Abgrenzung als selbständige Form der Tatherrschaftslehre anzuerkennen.

II. Nowakowski

Auch Nowakowski[15] vertritt eine der Tatherrschaftstheorie sehr nahestehende Auffassung. Er unterscheidet sich von den meisten ihrer Vertreter dadurch, daß er die finale Handlungslehre ablehnt und im objektiven Geschehensablauf liegende Abgrenzungskriterien nicht für auffindbar hält. Er meint[16]: „Die Unentbehrlichkeit des Tatbeitrages, der gestaltende Einfluß auf den Ablauf der Tat entscheiden nichts" und lehrt, daß sich auch sonst „eine bestimmte äußere Wirksamkeit … als der zentrale, wesentliche Unwertträger[17] nicht nachweisen" lasse.

Daraus folgert er: „Verneint man diese Möglichkeit, so muß es bei einer rein subjektiven Theorie bleiben"[18]. In diese subjektive Theorie baut Nowakowski nun den Tatherrschaftsgedanken ein, und zwar in einer Form,

---

[9] ZStW, Bd. 69, Sonderheft Athen, S. 167 ff.; jetzt: Strafrechtl. Untersuchungen, S. 109–125
[10] Strafrechtl. Untersuchungen, S. 120
[11] a. a. O. S. 122
[12] a. a. O. S. 120
[13] a. a. O. S. 121
[14] a. a. O. S. 122
[15] Ausführlich: „Tatherrschaft und Täterwille", JZ 1956, S. 545–550; knapp und präzise in: „Das österreichische Strafrecht in seinen Grundzügen" S. 95
[16] JZ 1956, S. 548
[17] a. a. O. S. 546
[18] a. a. O. S. 546

die der Dolustheorie ähnelt, sie aber durch die Berücksichtigung „gefühls-
mäßiger" Elemente in eigenartiger Weise umgestaltet. Täter ist, „wer sich an
der Tat im Bewußtsein seiner eigenen Tatherrschaft ... beteiligt, Teilnehmer,
wer dies im Bewußtsein fremder Tatherrschaft tut[19], sagt er und erläutert das
so: „Wenn mehrere an einer Tat zusammenwirken, fühlen sie sich oft nicht in
gleichem Maße verantwortlich. Sie betrachten einen von ihnen als den
eigentlich Maßgebenden, den Herrn der Tat, sie als sein Werk. Ihm schieben
sie die Hauptverantwortlichkeit zu und finden sich selbst nur in abgeschwächter, sekundärer Weise mitverantwortlich ... Das ist der animus
socii. Wer sich dagegen als den Maßgebenden, den Herrn der Tat, die Tat als
sein eigenes Werk erlebt, handelt mit animus auctoris. Der Unterschied liegt
im „Urhebergefühl". Über dieses „Urhebergefühl" meint Nowakowski[20], es
sei „als psychische Realität unbestreitbar, auch wenn es in der Wertigkeit der
objektiven Sachverhalte keine rational erhärtbare Grundlage haben sollte".
Es handele sich dabei um einen „Erlebnisakzent, ein Gesinnungselement,
eine psychische Eindrücklichkeit".

Obwohl Nowakowski wiederholt betont, daß seine Abgrenzung
„rein subjektiv" sei, kommt er unversehens auf einem Umwege doch wieder
zu einer objektiven Einschränkung. Er will nämlich bei Ermittlung des
von ihm für die Täterschaft verlangten „Urhebergefühls " nicht darauf
abstellen, „ob der Handelnde die Tat wirklich als seine eigene erlebe,
sondern darauf, ob das auf Grund seiner Vorstellungen von ihm nach
einem objektiven Maß erwartet und verlangt werde"[21]. Rechtserheblich sei
nicht, ob der Täter die Tat als eigene gewollt habe, sondern „ob er die Tat
unter Vorstellungen gewollt hat, wonach er sie als eine eigene zu empfinden
hatte."

Durch diese Wendung ins Normative, die von Nowakowski lediglich als
objektiver Bewertungsmaßstab für rein innerpsychische Differenzierungen
gedacht ist, wird in Wahrheit auch das Bewertungssubstrat selbst ins Objektive verschoben; denn wenn in Wirklichkeit das „Urhebergefühl" nicht vorhanden ist, kann das an seine Stelle tretende Urteil, daß es hätte vorhanden
sein müssen, nicht auf einen – hier ja fehlenden – psychischen Befund, sondern nur auf das objektive Gewicht des Tatbeitrages gegründet werden.
Zwar versucht Nowakowski dieser Konsequenz zu entgehen, indem er sagt,
man müsse in solchen Fällen „auf allgemeine psychologische Erfahrungssätze" zurückgreifen[22]. Doch hilft das nicht weiter; denn wenn es sich bei
Anwendung der Täterstrafe trotz fehlenden „Urhebergefühls" nicht nur
um eine bloße Schuldvermutung handeln soll, kann es nicht darauf ankommen, ob dieses Gefühl bei anderen meist vorhanden ist, sondern nur darauf,
daß es wegen der objektiv beherrschenden Stellung des Handelnden unerheblich ist.

---

[19] Grundzüge, S. 95
[20] JZ 56, S. 546
[21] JZ 56, S. 547
[22] Grundzüge, S. 95

Die dogmatische Neuartigkeit der Lehre Nowakowskis liegt darin, daß er die Täterfrage aus der Tatbestands- und Unrechtsebene heraushebt und als reines Schuldproblem behandelt. Der durch das Urhebergefühl gekennzeichnete Tatherrschaftswille ist für ihn „ein normatives Schuldmerkmal" [23] Da er in diesem „Gefühlsakzent" auch ein „Gesinnungselement" erblickt, steht die hier angeschlagene Thematik – ohne daß Nowakowski diese Parallele ausdrücklich zöge – in unmittelbarer Beziehung zum Problem der sog. „Gesinnungsmerkmale", die in den letzten Jahren im Mittelpunkt des dogmatischen Interesses gestanden haben und deren Bedeutung noch nicht als endgültig geklärt angesehen werden kann. Darauf wird unten noch zurückzukommen sein. Auch in der Entwicklung einer betont normativen Täterlehre, wie sie sich schon bei Gallas angedeutet findet, liegt ein wichtiges und weiterer Erörterung bedürftiges sachliches und methodisches Problem.

In den praktischen Ergebnissen unterscheidet sich Nowakowskis subjektiv-normative Lehre vom Täterwillen nicht wesentlich von denen der Tatherrschaftslehre. Nowakowski meint selbst, die Merkmale der Täterschaft und Teilnahme seien „hier und dort dieselben, nur kommen sie das eine Mal objektiv, das andere Mal bloß als Vorstellungsinhalt in Betracht" [24]; so groß der Gegensatz theoretisch sein möge, für die Praxis werde er kaum eine Rolle spielen. Da freilich die Vertreter der Tatherrschaftslehre selbst zu recht unterschiedlichen Lösungen kommen, ist hervorzuheben, daß die Übereinstimmung nur mit den mehr subjektiv orientierten Anhängern dieser Lehre besteht. So will er denjenigen, der einen Bravo dingt, als Mittäter ansehen, auch wenn er bei der Ausführung der Tat nicht im geringsten mitwirkt [25] – ein Ergebnis, dem in diesem Fall weder Gallas noch Maurach, weder Welzel noch Bockelmann zustimmen würden.

Eine Auseinandersetzung mit der Tatherrschaftstheorie wird jedenfalls an der selbständigen und anregenden Lehre Nowakowskis nicht vorübergehen können.

III. Weitere Autoren

1. Zu einer im Ergebnis der Tatherrschaftslehre nahestehenden Lösung kommt auch Baumann [26]. Er lehnt zwar diese Theorie ab, weil er meint, daß mit dem Begriff der „Tatherrschaft" ein „selbständiges Kriterium, das weder bei der formal-objektiven noch bei der subjektiven Theorie Anlehnungen sucht, nicht gefunden" [27] sei. Sachlich unterscheidet er sich aber kaum von den subjektiv orientierten Anhängern der Tatherrschaftslehre. Denn er sucht seine Lösung „in Richtung einer Neuerfüllung der animus-

---

[23] Grundzüge, S. 95
[24] JZ 56, S. 549
[25] JZ 56, S. 549
[26] JZ 58, S. 230 ff.; Lehrb., 2. Aufl., S. 436 ff., 444 ff.
[27] JZ 58, S. 232, ebenso die folgenden Zitate. Ähnlich auch Lehrb., 2. Aufl., S. 445, wo die subjektivierte Tatherrschaftslehre allerdings noch zusätzlich mit der Interessentheorie verbunden wird.

Formel und damit in einer Neugestaltung der dolus-Theorie" und will als materialen Maßstab den animus auctoris, „den Willen zur eigenen Tatherrschaft", verwenden. „Entscheidend wäre demnach, bei Irrelevanz der Art des Tatbeitrages, ob der Handelnde die Tat in ihrer Ausführung beherrschen wollte oder nicht. Der Wille zur Tatherrschaft (und nicht die objektive Tatherrschaft als solche) würde den Täterwillen, der Wille, bei fremdbeherrschter Straftat mitzutun oder sie hervorzurufen, den Teilnehmerwillen indizieren."

Es handelt sich hier um eine Form der Dolustheorie, deren enge Verwandtschaft mit der Tatherrschaftslehre im Laufe unserer Darstellung wiederholt hervorgetreten ist; schon die Auffassungen Richard Langes, von Webers, Buschs, Bockelmanns und Nowakowskis liegen auf dieser Linie. Baumann ist nur insofern in seiner Subjektivität radikaler als etwa Bockelmann und Nowakowski mit ihren objektiven oder normativen Einschränkungen, als er die Art des Tatbeitrages schlechthin für „irrelevant" erklärt. Dann aber müßte er sich auch der Frage stellen, die sich schon seit Jahrzehnten gegen eine uneingeschränkte Dolustheorie erhoben und die noch jüngst Bockelmann zu einer gewissen Umkehr veranlaßt hat[28], der Frage nämlich, wie zu entscheiden sei, wenn keiner der Beteiligten den Tatherrschaftswillen hat. Wenn man einen solchen Fall nicht für möglich hält und etwa dem unmittelbar Ausführenden stets diesen Willen zuspricht[29], erhält auf einem Umweg das Gewicht des objektiven Tatbeitrages doch wieder die ihm prinzipiell abgesprochene Relevanz[30].

2. Sauer[31] vermeidet zwar bei Bestimmung des Täterbegriffs das Wort „Tatherrschaft" und setzt sich auch mit dieser Lehre nicht auseinander, kommt aber doch zu einer ähnlichen Auffassung, wenn er definiert[32]: „Täter ist, wer bei objektiver Beurteilung (nicht nach seinem Tatbild und Willen) als Schöpfer gilt, als auctor und dominus". Die Begriffe „Schöpfer", „auctor", „dominus" dürften sich von dem des „Tatherren" nicht wesentlich unterscheiden. In den praktischen Auswirkungen seiner Lehre zeigen sich allerdings bei Sauer insofern Besonderheiten, als er je nach der Art des Delikts unterschiedliche Anforderungen an die Tätereigenschaft stellt. So will er die Grenzziehung zwischen Täterschaft und Teilnahme bei den Nutzdelikten mehr nach subjektiven, bei den Trieb- und Angriffsdelikten mehr nach objektiven Gesichtspunkten vornehmen[33]. Den Begriff der mittelbaren Täterschaft lehnt er überhaupt ab.[34]

---

[28] Vgl. oben S. 84
[29] wie es offenbar auch Baumann, Lehrb., 2. Aufl., S. 445, tut.
[30] Übrigens ist der Auffassung Baumanns zu widersprechen, daß die Lehre Gallas' sich „noch im Rahmen der subjektiven Abgrenzung" halte, während Welzel „rein objektive Wege" gehe (a. a. O. S. 231). Die oben gegebene Übersicht zeigt, daß die Tatherrschaftslehre Gallas' objektiver ist als diejenige Welzels.
[31] Allgemeine Strafrechtslehre, S. 205 ff.
[32] a. a. O. S. 209
[33] a. a. O. S. 210
[34] a. a. O. S. 213

3. Mezger[35] geht grundsätzlich von der Dolustheorie aus, schränkt sie aber durch die Bemerkung ein, nicht die Vorstellung des Ausführenden entscheide über den Täterwillen, sondern es komme auf den „objektiven Sinn" dessen an, was er willentlich vollführe[36]. Die Kriterien, nach denen sich der für die Täterschaft maßgebende „objektive Sinn" einer Handlung bestimmen läßt, werden von Mezger aber nicht angegeben. Er begnügt sich mit dem Hinweis, daß der die Tat mit eigener Hand Ausführende immer Täter sei. „Maßgebend ist ... nicht, wofür der Handelnde sein Tun hält, sondern was sein Tun ist." In eigenartigem Widerspruch dazu erkennt Mezger aber die Konstruktion der mittelbaren Täterschaft durch ein doloses Gehilfenwerkzeug an[37]. Hier wird vorausgesetzt, was vorher gerade abgelehnt wurde, daß nämlich ein die Tat mit eigener Hand Vollziehender wegen fehlenden Täterwillens nur Gehilfe sein könne.

Obwohl somit die Art, in der Mezger die Dolustheorie durch objektive Gesichtspunkte modifizieren will, nicht recht deutlich wird, und obwohl er zur Tatherrschaftslehre nirgends ausdrücklich Stellung nimmt, wird man nicht fehlgehen in der Annahme, daß seine Auffassung im wesentlichen der Ansicht derjenigen gleichkommt, die eine zur subjektiven Theorie hinneigende Tatherrschaftslehre vertreten. Dafür spricht auch der Umstand, daß er seine Meinung als „gemischt subjektiv-objektive Teilnahmelehre" kennzeichnet und sich auf seine Übereinstimmung mit Richard Lange beruft[38].

4. Hellmuth Mayer[39] ist unter den gegenwärtigen Autoren der einzige, der eine ausgesprochene Mischtheorie vertritt. Die Abgrenzung von Täterschaft und Teilnahme ergibt sich für ihn aus einer Kombination der formalobjektiven Auffassung, der Gleichzeitigkeitstheorie und der subjektiven Lehre. Täter ist danach nur, wer bei der Ausführung selbst beteiligt ist; eine Mitwirkung im Vorbereitungsstadium kann immer nur zur Teilnahmebestrafung führen. Unter den bei der Ausführung Mitwirkenden ist wieder zu differenzieren: Täter ist, wer den animus auctoris hat; die anderen sind Teilnehmer, außer wenn sie die Tatbestandshandlung selbst vornehmen; in diesem Fall sind sie ohne Rücksicht auf ihre Willensrichtung Täter[40].

Die Lehre Hellmuth Mayers zeigt in den Ergebnissen manche Übereinstimmung mit einer mehr objektiv orientierten Tatherrschaftstheorie. Wenn er die Vorbereitungshandlungen aus dem Bereich der Täterschaft ganz ausschaltet, so trifft er sich darin mit Gallas (anders freilich die meisten übrigen Vertreter des Tatherrschaftsgedankens); in der unbedingten Bejahung der Täterschaft bei eigenhändiger Tatbegehung stimmt er mit der Tatherrschaftslehre überein; vor allem aber kommt er ihr bei Bestimmung des Täterwillens nahe, wenn er sagt, der Gehilfe stehe „unter der Willensführung des Täters" und sei „von einem anderen überwiegend abhängig",

---

[35] KLB, 9. Aufl., S. 222 ff.
[36] a. a. O. S. 231; ebenso LK, § 47, 2b
[37] a. a. O. S. 233; LK, § 47, 9b, bb
[38] LK vor § 47, 4
[39] Lehrbuch, S. 299 ff.
[40] a. a. O. S. 314

während der Mittäter sich durch „einen annähernd gleichen Willensanteil" auszeichne[41]. Mayer betont auch bei Erörterung der Tatherrschaftslehre, es sei zutreffend, „daß der Teilnehmer keine Herrschaft über den Willen des Täters hat und insofern ... der eigenen Herrschaft über die Tat entbehrt"[42].

5. Schröder[43] schließlich steht der Tatherrschaftslehre nicht so fern, wie man das bei seiner grundsätzlichen Ablehnung dieser Theorie annehmen sollte. Er meint, mit dem Begriff der Tatherrschaft sei „eine befriedigende Grenzziehung nicht möglich"; er sei „einseitig an der mittelbaren Täterschaft orientiert", könne aber auch hier der Erscheinung des dolosen Werkzeugs nicht gerecht werden und versage vollends bei der Mittäterschaft, weil hier jeder nur über seinen Tatanteil die Herrschaft habe[44].

Die subjektive Theorie, zu der er sich bekennt, ist aber der so nachdrücklich abgelehnten Tatherrschaftslehre durchaus verwandt; nicht nur, weil Schröder unter ausdrücklicher Berufung auf Bockelmann von der Dolustheorie ausgeht und die Beihilfe durch die „Unterordnung des eigenen Tatbeitrages unter den fremden Tatplan" kennzeichnet[45], sondern auch, weil diese sich ohnehin schon mit dem Tatherrschaftsgedanken berührende Lehre in vielfältiger Weise mit objektiven Elementen durchsetzt. So führt er aus, es müsse trotz vorhandenen Teilnehmerwillens Täterschaft angenommen werden, „wo das Gewicht bestimmter Handlungen durch den bloßen Teilnehmerwillen nicht wesentlich gemindert wird, so z.B. bei der Erfüllung sämtlicher Tatbestandsmerkmale, oder bei Tatbeständen, die, wie Betrug und Erpressung, auch bei altruistischem Handeln als voll tatbestandsmäßig bezeichnet werden." Umgekehrt könne trotz Täterwillens schwerlich von „Täterschaft" die Rede sein, wenn der Einfluß eines Beteiligten darauf, ob, wann und wie die Tat ausgeführt werde, derart gering sei, daß der Geschehensablauf von ihm nicht abhänge.

Wenn hier Schröder unabhängig vom Täterwillen auf das objektive Gewicht der Handlung abstellt und den wirklichen Einfluß auf den Geschehensablauf entscheiden läßt, ist ein praktischer Unterschied seiner Auffassung gegenüber der Tatherrschaftslehre nicht mehr ersichtlich. Die Bedenken, die Schröder gegen die theoretische Begründung der mittelbaren Täterschaft beim dolosen Werkzeug und der Mittäterschaft vorbringt, sind allerdings sehr beachtlich und werden noch eingehend zu erörtern sein[46].

---

[41] a. a. O. S. 314
[42] a. a. O. S. 305
[43] Schönke/Schröder, 10. Aufl., vor und bei § 47
[44] VIII, 5b, vor § 47
[45] hier und im folgenden: VIII, 5c, vor § 47
[46] Vgl. unten S. 252ff. und S. 275ff.

§ 14. Der Tatherrschaftsgedanke in der Rechtsprechung des Bundesgerichtshofs

Die Rechtsprechung des Bundesgerichtshofs zur Abgrenzung von Täterschaft und Teilnahme bietet ein wenig einheitliches Bild. Während der BGH namentlich in den ersten Jahren seines Bestehens noch vielfach von einer rein subjektiven Theorie ausging und die Täterschaft im Anschluß an das Reichsgericht durch Verwendung einer inhaltsleeren animus-Formel oder den Rückgriff auf die Interessentheorie[1] bestimmte, ist daneben seit dem Jahre 1950 in immer zunehmendem Maße der Tatherrschaftsbegriff in die Judikatur eingedrungen. Er tritt in vielfältig verschiedenen Bedeutungszusammenhängen auf. Während er zum Teil in rein subjektiver Wendung als „Tatherrschaftswille" zur inhaltlichen Ausfüllung der animus-Formel dient, wird er in anderen Entscheidungen zur Einschränkung und Ergänzung der subjektiven Lehre durch objektive Abgrenzungskriterien benutzt. Im einzelnen zeigt sich folgender Entwicklungsablauf:

I. Die erste Entscheidung, die sich auf die Tatherrschaftslehre beruft, ist ein Urteil des 3. Senats vom 21. 11. 1950[2]. Der BGH streift hier die Frage, ob es möglich sei, jemanden, der den vollen inneren und äußeren Tatbestand einer strafbaren Handlung durch sein Verhalten verwirklicht habe, nur als Gehilfen anzusehen und meint dazu: „Auch wenn man diese Möglichkeit nicht aus Rechtsgründen grundsätzlich verneint, würde sie doch voraussetzen, daß der Handelnde seinen Willen dem eines anderen vollständig unterordnet und zu diesem in einem Verhältnis steht, das diesem anderen trotz der vollständigen Verwirklichung aller Tatbestandsmerkmale durch das eigene Verhalten die volle Tatherrschaft überläßt."

Hier wird der Tatherrschaftsbegriff zwar insofern subjektiv verstanden, als er zur Wiederbelebung des alten Unterordnungskriteriums der Dolustheorie dient. Gleichzeitig bringt das Urteil aber gegenüber der bisherigen Lehre eine gewisse Objektivierung; denn das zögernde und eingeschränkte Zugeständnis möglicher Gehilfenschaft trotz eigenhändiger Tatbegehung ist wohl nur so zu deuten, daß der BGH jedenfalls den vom unkontrollierbaren subjektiven Belieben abhängigen Willen, die Tat „nicht als eigene" zu begehen, zur Verneinung der Täterschaft nicht genügen lassen will, sondern stattdessen einen exakt feststellbaren Akt psychischer Unterwerfung verlangt.

Besonders auffallend ist dabei, daß hier der Tatherrschaftsbegriff zur Rechtfertigung einer Ansicht verwendet wird, die sonst von fast allen Anhängern dieser Lehre und später auch vom BGH selbst unter Berufung auf sie gerade ausdrücklich abgelehnt wird: daß nämlich jemandem, der den ganzen Tatbestand schuldhaft eigenhändig erfüllt, trotzdem die Täterqualität fehlen könne.

---

[1] Vgl. dazu schon oben S. 56; eine vollständige Zusammenstellung der BGH-Rechtsprechung bis zum 8. Bande gibt Kalthoener, NJW 1956, S. 1662–1665; darauf sei hier verwiesen.

[2] NJW 1951, S. 120–121 (120)

II. Eine bald darauf ergangene Entscheidung des 4. Senats vom 13.2.1951[3] liegt inhaltlich auf derselben Linie, vermeidet aber den Ausdruck „Tatherrschaft" und hält sich der Formulierung nach im Rahmen der Dolustheorie. Der geistesschwache Angeklagte dieses Falles scheine, so meint hier der BGH, „nicht aus einem eigenen Willen zur Tat gehandelt, sondern seinen Willen dem seiner am Tatort anwesenden Vorgesetzten so vollständig untergeordnet zu haben, daß selbst die gänzliche Verwirklichung[4] des äußeren Tatbestandes durch ihn – ein Umstand, der in der Regel für Mittäterschaft spricht – die Beurteilung der Tat als Beihilfe nahelegt."

III. In grundsätzlicher Weise wird der Gedanke der Tatherrschaft zur Korrektur subjektiver Überspitzungen erstmals in der bekannten Entscheidung des 1. Senats vom 12.2.1952[5] verwendet. Es ging hier um die Frage, ob eine Ehefrau, die den Selbstmord ihres Mannes nicht verhinderte, wegen eines Totschlages durch Unterlassen bestraft werden könne. „Regelmäßig hat der Hilfspflichtige die volle oder doch einen großen Teil der Herrschaft über die Sachlage und kann ihr durch sein Eingreifen die entscheidende Wendung geben"[6], sagt der BGH und fährt fort: „Unterläßt er dies pflichtwidrig, so ist gegenüber diesem Unterlassen ein innerer Vorbehalt unbeachtlich, den Tod nicht als die Folge eigener Verursachung zu wollen." Hier wird also das Fehlen des animus auctoris gegenüber der objektiven Tatherrschaft für unerheblich erklärt.

Der folgende Satz unterstreicht das noch. Es heißt dort: „Dieser Vorbehalt kann keinen ‚Gehilfenvorsatz' begründen, weil dessen rechtliche Voraussetzung, die Unterordnung unter fremden Täterwillen, nach der besonderen Pflichtenlage und angesichts der Sachherrschaft des Verpflichteten unbeachtlich ist." Damit wird nicht nur, wie in den ersten beiden Sätzen, das vage Merkmal des „Täterwillens" zugunsten des Kriteriums der Tatherrschaft beiseitegeschoben, sondern es wird sogar die Unterwerfung unter den fremden Willensentschluß, die für die Dolustheorie entscheidende Bedeutung hat, „angesichts der Sachherrschaft des Verpflichteten" für „unbeachtlich" erklärt – eine ausgesprochen objektiv orientierte Interpretation des Tatherrschaftsgedankens.

Die beiden folgenden Sätze verwischen das freilich wieder. Wenn der BGH sagt: „Es kommt nicht darauf an, welchen beliebigen Sinn der Verpflichtete seinem Untätigbleiben innerlich beilegt, sondern welchen Sinn es für den Ablauf der Dinge wirklich hat. Deshalb ist in einem solchen Falle Tätervorsatz gegeben", so entspricht das einer gemäßigt subjektiven Theorie, wie sie etwa Mezger vertritt, wenn er lehrt, entscheidend sei das Gewollte, aber in seiner objektiven Bedeutung. Der BGH verkennt hier, daß die „Unterordnung unter fremden Täterwillen" ein psychisches Faktum darstellt, das nichts damit zu tun hat, welchen „Sinn der Verpflichtete

---

[3] NJW 1951, S. 323
[4] Im Text steht „Verwirkung", was wohl auf einem Druckfehler beruht.
[5] BGHSt 2, 150–157
[6] a. a. O. S. 156; ebenso im folgenden.

seinem Untätigbleiben ... beilegt". Trotz der vorsichtigen Rückwendung zur subjektiven Theorie mit ihrem „Tätervorsatz" scheint aber auch der BGH der Meinung zu sein, eine gegenüber der bisherigen Lehre neuartige Auffassung vertreten zu haben, denn er schließt mit der Bemerkung: „Ob hierin ein allgemeiner, für die Abgrenzung von Täterschaft und Beihilfe auch sonst beachtlicher Rechtsgedanke liegt, kann dahinstehen."

Bei aller tastenden Unsicherheit bleibt dieses Urteil in zweierlei Hinsicht höchst bemerkenswert. Erstens wird hier der Tatherrschaftsgedanke im Bereich der Unterlassungsdelikte und in zurückhaltender Beschränkung auf ihn verwertet; das ist deshalb bedeutsam, weil Armin Kaufmann, ein entschiedener Vertreter der finalen Handlungslehre, jüngsthin[7] gerade für die Unterlassungstaten eine Anwendung der Tatherrschaftstheorie und damit eine Unterscheidung zwischen Täterschaft und Teilnahme überhaupt für unmöglich erklärt hat. Diese Frage wird daher noch eingehender Erörterung bedürfen. Zweitens ist festzuhalten, daß der BGH – zumindest in dem einen, besonders hervorgehobenen Satz – den Tatherrschaftsgedanken benutzt, um die Unterordnung unter fremden Täterwillen für unbeachtlich zu erklären, während er in dem erstgenannten Urteil und auch in späteren Entscheidungen gerade zur Rechtfertigung eben dieses, der Dolustheorie entstammenden Kriteriums dient.

IV. Eine Entscheidung desselben Senats, die ein Jahr später ergangen ist[8], kehrt zur subjektiven Theorie zurück, verzichtet ganz auf den Begriff der Tatherrschaft und hat zu dieser Lehre nur noch insofern eine Beziehung, als sie den „Täterwillen" unter ausdrücklicher Berufung auf RGSt 3, 181 ff. im Sinne der Dolustheorie interpretiert, mit der auch die Vertreter einer subjektiven Tatherrschaftslehre weitgehend übereinstimmen. Es heißt dort: „Gehilfe ... ist der, dessen Wille von dem des anderen ... abhängt, der also seinen Willen dem Willen des anderen Beteiligten in der Weise unterwirft, daß er ihm anheimstellt, ob es zu der Anstiftung[9] kommen soll oder nicht." Wenn der BGH ausdrücklich bemerkt, die Beurteilung im einzelnen Falle hänge „von der Beschaffenheit des Willens der Beteiligten ab", so zeigt das deutlich, wie sehr sich der 1. Senat im Gegensatz zum vorhergehenden Urteil BGHSt 2, 150 ff. hier wieder um den Anschluß an die überlieferte Tradition der Rechtsprechung bemüht.

V. Eine bemerkenswerte Synthese zwischen der Dolustheorie und einer objektiv orientierten Tatherrschaftslehre erstrebt eine Entscheidung des 5. Senats vom 15. 6. 1954[10], die einen erheblichen Einfluß auf die folgende Entwicklung ausgeübt hat. In diesem Fall hatte ein Arbeiter gemeinsam mit seinem Arbeitgeber wegen einer von diesem versprochenen Gewinnbeteiligung Vieh gestohlen und in das Schlachthaus seines Arbeitgebers gebracht. Für die Entscheidung der Frage, ob der Arbeiter Mittäter oder Gehilfe sei,

---

[7] in seinem Buch: Die Dogmatik der Unterlassungsdelikte, 1959
[8] 1. Senat vom 16. 4. 53, MDR 51, S. 400/401 (mitgeteilt von Dallinger).
[9] Es handelte sich um die Abgrenzung von Mittäterschaft und Beihilfe bei der Anstiftung.
[10] mitgeteilt von Herlan in MDR 1954, S. 529/30

seien „formelhafte Wendungen, wie ‚der Angeklagte habe die Tat als eigene gewollt und nicht nur einen Gehilfenwillen gehabt‘ ... unzureichend", bemerkt der BGH.

Damit soll aber nicht die subjektive Theorie, sondern nur die Verschwommenheit der reichsgerichtlichen Rechtsprechung kritisiert werden, denn der BGH fährt im Stile eines strengen Subjektivismus fort: „Für die Unterscheidung zwischen Mittäterschaft und Beihilfe kommt es nicht auf die Art des äußeren Tatbeitrags, sondern auf die innere Willensrichtung an".

Bei Kennzeichnung dieser „inneren Willensrichtung" gerät freilich der BGH unversehens auf die Bahnen einer eher objektiven Abgrenzung, wenn er sagt: „Mittäter ist nur, wer eine so starke innere Beziehung zum Hergang und Erfolg der Tat hat, daß beide maßgeblich mit von seinem Willen abhängen. Eine solche Mitherrschaft über die Tat ist Voraussetzung für die Mittäterschaft." Dem rein subjektiven Ausgangspunkt getreu, spricht hier der BGH zwar nur von der starken „inneren" Beziehung zum Hergang und Erfolg der Tat; aber es bleibt unklar, wie sich die Herrschaft über den Geschehensablauf aus einer bloß „inneren" Beziehung ergeben soll, wenn ihr die „äußere" Beziehung zum Hergang und Erfolg der Tat nicht entspricht.

Der BGH kehrt dann allerdings zu dem alten Kriterium der Dolustheorie, dem Merkmal der Willensunterordnung, zurück, macht sein Vorliegen aber von dem objektiven Umstande abhängig, „ob die soziale Überlegenheit, das höhere Alter und die kriminelle Verfehlung des Arbeitgebers eine maßgebende Bedeutung hatten".

Schließlich wird noch die Interessentheorie deutlich abgelehnt, wenn der BGH die Gewinnbeteiligung des Arbeiters mit der Begründung für unerheblich erklärt, daß auch Beihilfe gegen Entgelt geleistet werden könne. Umso eigenartiger ist es, daß der BGH kurz darauf zu dem eben verlassenen Gesichtspunkt zurückkehrt und die Stellung des Arbeitgebers durch die Wendung umschreibt, daß er „das Hauptinteresse an der Tat gehabt" habe.

Bei allem unklaren Schwanken zwischen den verschiedenen Gesichtspunkten läßt sich doch als Leitgedanke des Urteils die Bemühung herausschälen, einerseits an der subjektiven Abgrenzung festzuhalten, andererseits den Täterwillen aber anhand bestimmter objektiver Kriterien (wie der sozialen Überlegenheit, des Alters, der kriminellen Erfahrung, der Entscheidungsgewalt über den Tathergang usw.) zu bestimmen. Ob ein derartiges Verfahren wirklich so subjektiv ist, wie es sich gibt, läßt sich freilich bezweifeln; denn wenn man über den Täter- oder Gehilfenwillen nach objektiven Merkmalen unterscheidet, könnte man ebensogut diese objektiven Gesichtspunkte selbst ohne den Umweg über den Täterwillen als Differenzierungsmaßstäbe benutzen.

VI. Ein Jahr später – am 17.5.1955 – hat der fünfte Senat die hier angebahnten Gedankengänge in einer weiteren Entscheidung vertieft und abgewandelt[11]. Der BGH sagt hier: „Entscheidend ist ... die innere Willens-

---

[11] JR 1955, S. 304–305

richtung der Beteiligten ... Die gebräuchliche Wendung, Mittäter sei, wer die Tat ‚als eigene' wolle, ist mißverständlich. Diese Willensrichtung ist keine innere Tatsache, die der Tatrichter bindend feststellen kann. Es handelt sich vielmehr um eine wertende Beurteilung. Für sie ist ein wesentlicher Anhaltspunkt, wieweit der Beteiligte den Geschehensablauf mitbeherrscht, so daß Hergang und Erfolg der Tat maßgeblich auch von seinem Willen abhängen."

Dieses Urteil unterscheidet sich von dem vorgenannten, an das es äußerlich anknüpft, in zweifacher Weise. Erstens wird der Zwiespalt zwischen dem rein subjektiven Ausgangspunkt und der Orientierung an objektiven Unterscheidungsmerkmalen auf die Spitze getrieben. Es klingt fast paradox, wenn der BGH zu Anfang feststellt, es sei „die innere Willensrichtung" entscheidend, dann aber bemerkt, es sei dies „keine innere Tatsache". Man fragt sich vergeblich, was man sich unter einer „inneren Willensrichtung" vorstellen soll, die keine „innere Tatsache" ist.

Zweitens findet sich in diesem Urteil zum ersten Male die Wendung ins Normative. Wenn der BGH ausführt, es handele sich bei der Abgrenzung von Täterschaft und Teilnahme um eine „wertende Beurteilung", bei der die Beherrschung des Geschehensablaufes einen wesentlichen Anhaltspunkt darstelle, so ist damit die noch wenige Sätze vorher proklamierte subjektive Unterscheidung praktisch völlig preisgegeben zugunsten einer normativ-objektiven Tatherrschaftslehre, wie sie etwa Gallas vertritt. Daß damit der ursprünglich bei Welzel aus dem Widerspruch zum Normativismus erwachsene ontologische Tatherrschaftsbegriff in den Bereich der teleologischen Methodik zurückgewendet wird, ist oben schon bemerkt worden.

VII. Unberührt von diesen objektivierenden Tendenzen verwendet der 2. Senat in einer wenig später ergangenen Entscheidung[12] den Tatherrschaftsgedanken wieder zur Rechtfertigung einer extrem subjektiven Dolustheorie. Es heißt dort zu einem Fall gemeinsamen Bandenschmuggels[13]: „Die Täterschaft unterscheidet sich von der Beihilfe nicht nach dem äußeren Tatbeitrag, sondern nur nach der Willensrichtung der Beteiligten. Insbesondere kann auch Gehilfe sein, wer den vollen Tatbestand selbst verwirklicht. Allerdings ist die eigene Verwirklichung des vollen Tatbestandes ... regelmäßig ein erhebliches Beweisanzeichen für den eigenen Tatherrschaftswillen und somit für eine Täterschaft. Es sind aber Fälle denkbar, in denen ein Beteiligter trotz Verbindung und Zusammenwirkens mit weiteren Schmugglern ... keinen eigenen Tatherrschaftswillen hat, sich vollständig dem Willen eines anderen unterordnet und nur widerstrebend fremden Schmuggel durch nebensächliche Hilfe fördern will. Ein Schmuggler mit einer derartigen Willensrichtung ist nur Gehilfe des Haupttäters, auch wenn er seinen Tatbeitrag bandenmäßig leistet."

Bemerkenswert ist, daß auch dieses Urteil, obwohl es den „äußeren Tatbeitrag" für unerheblich erklärt und ausdrücklich *nur* nach der Willensrich-

---

[12] am 21.6.1955, in: BGHSt 8, 70–75
[13] a. a. O. S. 73

tung" unterscheiden will, schließlich doch zu objektiven Anhaltspunkten zurückkehrt. Denn warum erwähnt der BGH, daß der Teilnehmer nur „nebensächliche Hilfe" leisten wolle, wenn es auf den „äußeren Tatbeitrag" überhaupt nicht ankommen soll? Müßte nicht, wenn er den hauptsächlichen Tatbeitrag leistet und sich dabei fremdem Entschluß unterwirft, die Entscheidung vom Ausgangspunkt dieses Urteils her die gleiche sein?

Auch hier zeigt sich wieder, daß man, wenn man eine subjektiv gedachte Willensrichtung aus objektiven Faktoren ableiten will, die äußere Gestaltung des Geschehensablaufes nicht für unerheblich erklären kann, ohne in Widersprüche zu geraten. Berücksichtigt man aber das äußere Gewicht des Tatbeitrages, so kann man eine subjektive Abgrenzung nicht in solcher Reinheit festhalten, wie es der BGH gern möchte. Unklar bleibt auch, wie es möglich ist, daß die eigenhändige Verwirklichung des vollen Tatbestandes, von der die Entscheidung ausgeht, sich gleichzeitig als „nebensächliche Hilfe" darstellen soll. Was kann man eigentlich mehr tun, als den vollen Tatbestand selbst verwirklichen?

Auch diese Entscheidung verleugnet also nicht die Krise, in die die subjektive Teilnahmelehre durch die Einführung des Tatherrschaftsbegriffs geraten ist.

VIII. Eine eigenartige Theorienmischung findet sich in einem Urteil des 1. Senats vom 24. 6. 1955 [14]. Der Sachverhalt lag so, daß der Angeklagte einen Abtreibungsversuch unternommen hatte, auf Grund dessen ein lebendes Kind zur Welt gekommen war. Der Säugling wurde daraufhin von der Mutter des Kindesvaters ertränkt, wobei der Angeklagte tatenlos zusah.

Das Gericht nahm an, den Angeklagten habe eine Erfolgsabwendungspflicht aus vorangegangenem Tun getroffen. Zweifelhaft war, ob er als Täter oder als Gehilfe der Tat heranzuziehen sei. Dazu meint der BGH: „Die Frage, ob Täterschaft oder nur Beihilfe vorliegt, beantwortet sich nach der inneren Haltung des Angeklagten zur Tat und zum Erfolg. Dabei sind Willensrichtung, Tatherrschaft und Interesse am Taterfolg unter Berücksichtigung des Umfangs der eigenen Tatbestandsverwirklichung ins Auge zu fassen. An der Beseitigung des Kindes war ... in besonderem Maße der ... K. (der Mutter des Kindesvaters) gelegen. Bei dem Beschwerdeführer (dem Angeklagten) könnte allerdings insoweit von Bedeutung sein, daß für ihn immerhin zu befürchten war, die Leiche könne zur Entdeckung des abtreiberischen Eingriffs führen."

Hier werden also zwei subjektive und zwei objektive Abgrenzungskriterien nebeneinandergestellt; auf der einen Seite die „Willensrichtung" (die wohl im Sinne der Dolustheorie zu verstehen ist) und das Interesse; auf der anderen Seite die Tatherrschaft und der Umfang der Tatbestandsverwirklichung. Dem Umstand, daß diese vier Merkmale nur für die „innere Haltung" des Angeklagten Bedeutung haben sollen, läßt sich entnehmen, daß der BGH sich auch mit dieser Entscheidung im Rahmen der subjektiven Theorie zu halten glaubt.

---

[14] LM Nr. 10 vor § 47

In Wirklichkeit kann hier, wie bei den vorangehenden Urteilen, von einer subjektiven Teilnahmelehre im herkömmlichen Sinn nicht mehr die Rede sein. Es handelt sich vielmehr um eine Kombination ganz verschiedenartiger subjektiver und objektiver Gesichtspunkte. Dabei ist die vorliegende Entscheidung insofern besonders unklar, als sie keinerlei Hinweise dafür gibt, welche Rangordnung diesen heterogenen Merkmalen bei Ermittlung der Täterschaft zukommt. Wie ist es, wenn jemand zwar die Tatherrschaft, aber kein Tatinteresse besitzt, wenn er die für die Täterschaft erforderliche Willensrichtung hat, aber an der Tatbestandsausführung nicht beteiligt ist, wenn er mit Tatinteresse, aber ohne Tatherrschaft handelt? Das Urteil läßt einen vor diesen Fragen ratlos. Im konkreten Fall scheint der BGH vornehmlich auf das Interesse abstellen zu wollen; die Notwendigkeit dazu wird aber aus der Entscheidung selbst nicht deutlich.

Was den Begriff der Tatherrschaft anlangt, so ist besonders bemerkenswert, daß er hier nicht – und sei es auch in subjektiver Form als Tatherrschaftswille – als alleiniges Merkmal der Täterschaft, sondern als einzelnes Kriterium neben anderen, anscheinend als gleichgeordnet gedachten Täterschaftselementen erscheint.

IX. In einem Urteil vom 10.1.1956 hat der 5. Senat[15] seine früheren Entscheidungen[16] noch einmal bekräftigt. Er führt hier zusammenfassend aus[17]: „Mittäterschaft und Beihilfe unterscheiden sich dadurch, daß der Mittäter die Tat als eigene, der Gehilfe als fremde will. Wie der Senat wiederholt ausgesprochen hat, kann die innere Einstellung jedes Beteiligten zur Tat nur auf Grund der gesamten Umstände ermittelt werden."

Die Entscheidung bleibt also bei dem schon vorher entwickelten Grundgedanken, wonach der Täterwille aus den objektiven Umständen der Tat zu entnehmen ist.

X. Vom gleichen Tage[18] stammt noch ein zweites Urteil des 5. Senats, das für die Entwicklung der Täterlehre wesentliche Bedeutung hat, weil es sich ausdrücklich gegen die Entscheidung des Reichsgerichts in dem berühmten „Badewannenfall" wendet. Der Leitsatz des Urteils lautet[19]: „Wer mit eigener Hand einen Menschen tötet, ist grundsätzlich auch dann Täter, wenn er es unter dem Einfluß und in Gegenwart eines anderen nur in dessen Interesse tut (gegen RGSt 74, 84)."

Der BGH versucht seine Ausführungen – wie schon früher, so auch hier – mit der von ihm grundsätzlich festgehaltenen subjektiven Theorie in Einklang zu bringen; er erwähnt die von ihm als „final objektiv" oder „materiell-objektiv" bezeichnete Tatherrschaftslehre unter Hinweis auf Welzel, Gallas und Maurach, lehnt sie nicht ausdrücklich ab, umgeht aber die Auseinandersetzung mit ihr durch die Erwägung, daß auch die subjektive Theorie, wenn man sie richtig verstehe, hier zum selben Ergebnis führe.

---

[15] BGHSt 8, 390–392
[16] MDR 54, 529; JR 55, 304; s. o. Nr. V und VI
[17] a. a. O. S. 391
[18] 10.1.1956; BGHSt 8, 393–399
[19] a. a. O. S. 393

Der Fall lag so, daß der Angeklagte, der einen schwach entwickelten Willen und geringe Durchsetzungskraft besaß, sich im Leben meist „als Werkzeug gefühlt" hatte und außerdem einer Frau hörig war, im Auftrage dieser Frau und in ihrer Gegenwart deren Mann allein in ihrem Interesse erschlagen hatte.

Zur Begründung seiner Auffassung, daß der Angeklagte Täter des Mordes und nicht nur Gehilfe sei, entwickelt der BGH zunächst keine wesentlich neuen Gesichtspunkte, sondern greift weitgehend auf seine Entscheidung vom 17. 5. 1955[20] zurück, deren Gedanken er nahezu wörtlich wiederholt. Auch hier heißt es, daß der Täterwille keine einfache innere Tatsache sei, sondern wertend ermittelt werden müsse, und daß dabei ein wesentlicher Anhaltspunkt sei, wieweit der Beteiligte den Geschehensablauf mitbeherrsche. Dabei wird dem Umstand, in wessen Interesse die Tat erfolgt sei, keine wesentliche Bedeutung beigelegt.

In zwei sehr wichtigen Punkten weicht aber der 5. Senat in der Begründung von seinen früheren Urteilen ab, ohne freilich diesen Unterschied kenntlich zu machen. Während die Entscheidung vom 15. 6. 1954[21] noch darauf abstellte, ob der an der Tatbestandsausführung beteiligte Angeklagte „sich dem Willen seines Arbeitgebers völlig untergeordnet und diesem ganz die Entscheidung überlassen hatte, ob, wann und wo die Taten ausgeführt werden sollten", erwähnt der BGH jetzt diesen Gesichtspunkt nicht mehr – begreiflicherweise, denn eine solche völlige Unterordnung unter fremden Täterwillen lag hier vor und hätte zur Annahme bloßer Gehilfenschaft führen müssen. Da aber mit den Begriffen der Willensunterordnung und des „Anheimstellens" – dessen Vorliegen in unserem Fall auch zu bejahen wäre – die entscheidenden Kriterien der Dolustheorie umschrieben sind, bedeutet der Verzicht auf sie praktisch die Aufgabe der subjektiven Lehre. Jedenfalls ist nicht recht ersichtlich, was an einer solchen Auffassung noch subjektiv ist, wenn man von dem einzigen innerpsychischen Differenzierungsmerkmal, das heute noch Bedeutung hat, absieht. Dadurch allein, daß man eine aus objektiven Umständen gewonnene Täterschaft durch den subjektiven Begriff des „Täterwillens" kennzeichnet, kann man nicht zu einer subjektiven Teilnahmelehre kommen.

Ebenso bemerkenswert und kennzeichnend ist die Entwicklung, die die Würdigung des äußeren Tatbeitrages in den Urteilen des 5. Senats erfahren hat. In der ersten Entscheidung vom 15. 6. 1954 (oben Nr. V) heißt es noch kategorisch, es komme „nicht auf die Art des äußeren Tatbeitrags" an. In schon etwas abgeschwächter Form wiederholt der Senat am 17. 5. 1955 (oben Nr. VI), es komme „allerdings nicht wesentlich auf die Art des äußeren Tatanteils als solchen" an. Jetzt aber sagt der Bundesgerichtshof, um die Täterschaft des Angeklagten zu begründen, in unverkennbarem Gegensatz dazu, sein „Täterwille" folge „aus den von seiner Vorstellung erfaßten Umständen. Er übernahm es, das Opfer eigenhändig zu erschlagen

---

[20] JR 55, S. 304–305 (oben Nr. VI)
[21] MDR 54, 529 (s. o. Nr. V)

und führte diesen besonders wichtigen Tatbeitrag durch"[22]. Hier wird also die Täterschaft aus der besonderen Wichtigkeit des Tatbeitrages gefolgert, der vorher gerade für unerheblich gegolten hatte. Damit läßt der fünfte Senat nach dem Kriterium der Willensunterordnung einen zweiten wesentlichen Leitgedanken der subjektiven Theorie fallen.

Auch ein weiterer Umstand, den der BGH für die Täterschaft des Angeklagten vorbringt, ist objektiver Natur. Sie soll nämlich daraus folgen, daß ohne ihn die Tat „nicht in der vorgesehenen Art geschehen" konnte[23]. Damit wird eine deutliche Anleihe bei der Notwendigkeitstheorie vollzogen[24].

Die grundlegende Bedeutung dieses Urteils liegt in seiner Abkehr von der subjektiven Teilnahmelehre. Daß es sich hier um eine Wende in der Rechtsprechung handelt, scheint allerdings auch dem BGH nicht recht klar geworden zu sein. Er bezeichnet seine Lehre weiterhin als subjektiv und vermeidet jeden Hinweis darauf, daß das Urteil etwas Neues in der Rechtsprechung des Bundesgerichtshofs darstellt. Er schließt sich vielmehr in der Formulierung eng an frühere Entscheidungen an. Die beiden wesentlichen Abweichungen von der bisherigen Judikatur – Verzicht auf das Kriterium der Willensunterordnung; stattdessen verstärkte Berücksichtigung des äußeren Tatbeitrages – werden nirgends hervorgehoben. Darüber hinaus bestreitet der BGH sogar für die praktische Lösung des Falles jeden Unterschied gegenüber früheren Urteilen, obwohl es drei Entscheidungen gibt, die gerade auf Grund des Tatherrschaftsgedankens die Möglichkeit bloßer Gehilfenschaft trotz voller Tatbestandserfüllung bejahen[25]. Zu den beiden ersten Urteilen meint der BGH, es habe sich um militärische Befehlsverhältnisse gehandelt, bei denen es anders liegen möge; die dritte Entscheidung übergeht er mit Stillschweigen, ohne zu beachten, daß der 2. Senat hier ohne Einschränkung erklärt hatte: „Insbesondere kann auch Gehilfe sein, wer den vollen Tatbestand selbst verwirklicht"[26].

Der Zwiespalt, der sich so zwischen dem sachlichen Gehalt und der theoretischen Rechtfertigung der Entscheidung zeigt, macht es schwer, die Wirkung abzuschätzen, die das Urteil auf die Entwicklung der Rechtsprechung in Zukunft noch haben kann.

XI. In sehr beiläufiger Weise hat bald darauf der 2. Senat den Begriff der Tatherrschaft verwendet[27]. Im Leitsatz dieser Entscheidung hatte der BGH ausgesprochen, daß der Gehilfe bei einer Gefangenenmeuterei nur dann nach § 122 Abs. 3 StGB mit Zuchthaus zu bestrafen sei, wenn er die Gewalttätigkeiten, die den Qualifizierungsgrund bilden, eigenhändig verübe. Zur Begründung führt der Senat aus, daß sonst der Gehilfe schlechter gestellt wäre als der (keine Gewalttätigkeit anwendende) Mittäter der Meu-

---

[22] a. a. O. S. 398
[23] a. a. O. S. 398
[24] Vgl. dazu oben S. 39
[25] NJW 51, 120/21; NJW 51, 323; BGHSt 8, 70–75 (oben Nr. I, II, VII)
[26] BGHSt 8, 73
[27] Urteil v. 13. 4. 1956, BGHSt 9, 119–121

terei, „obwohl sein Beitrag, da ihm die Tatherrschaft fehlt, minder schwer ist"[28].

Die Bemerkung versteht den Tatherrschaftsbegriff in objektivem Sinne. Im übrigen ist die Erwähnung zu flüchtig, als daß sich aus ihr weitergehende Schlüsse ziehen ließen.

XII. Aufschlußreicher ist die Entscheidung desselben Senats vom 6.7.1956[29]. Es handelt sich hier um das bekannte Urteil, in dem sich der BGH entgegen seiner früheren Rechtsprechung zu der Auffassung bekannte, daß Anstiftung und Beihilfe eine vorsätzliche Haupttat voraussetzen. Zur Begründung dieser Lehre greift der BGH auf die Notwendigkeit einer sicheren Abgrenzung von Täterschaft und Teilnahme zurück. Er führt dazu aus[30]: „Es ist zwar richtig, daß es grundsätzlich auf die Willensrichtung des Beteiligten ankommt. Für ihre Beurteilung ist aber wesentlicher Gesichtspunkt, inwieweit er den Geschehensablauf mitbeherrscht, ob Hergang und Erfolg der Tat maßgeblich von seinem Willen abhängen. Ein Täterwille als Wille zur Beherrschung des Geschehensablaufs ist aber ohne Vorsatz nicht denkbar. Der Veranlasser kann die Tat demnach nur ‚als fremde wollen' wenn der Veranlaßte diesen Täterwillen hat. Sich einem fremden Täterwillen unterzuordnen, ist nicht möglich, wenn ein solcher überhaupt nicht vorhanden ist. Dasselbe gilt für das Verhältnis zwischen mittelbarer Täterschaft und Beihilfe."

Hier wird der Tatherrschaftsgedanke wieder ganz im Sinne der Dolustheorie verstanden: Wer sich einem fremden Willen innerlich unterordnet, beherrscht den Geschehensablauf nicht und ist deshalb nur Teilnehmer. Bemerkenswert ist dabei, daß die auf die Akzessorietätsproblematik zugeschnittene Argumentationsweise zu einem sekundären Täterbegriff führt. Nicht weil das Wesen der Täterschaft es erfordert, muß jemand, um Täter zu sein, den Geschehensablauf final beherrschen; sondern weil die Teilnahme durch die Unterordnung unter fremden Willen gekennzeichnet wird, muß für die Täterschaft sekundär der Vorsatz und das Fehlen der inneren Unterwerfung verlangt werden.

Diese Lösung stimmt in vollem Umfang mit der Dolustheorie Bockelmanns überein. Zu den objektivierenden Tendenzen der neueren Rechtsprechung nimmt das Urteil keine Stellung. Allerdings bestand dazu im Rahmen dieses Falles auch keine besondere Veranlassung, weil das erstrebte Ergebnis – daß eine Teilnahme nur bei vorsätzlicher Haupttat möglich ist – sich schon vom Boden der Dolustheorie aus einleuchtend begründen läßt.

XIII. Durchaus im Widerspruch zu den bisher erkennbaren Entwicklungstendenzen der Rechtsprechung steht ein Urteil des 5. Senats vom 10.1.1958[31] Denn während der BGH sonst – und mehrfach ausdrücklich – einer inhaltlosen Animus Formel entgegentritt, gebraucht er hier sogar den

---

[28] a. a. O. S. 121
[29] 2. Senat, BGHSt 9, 370–385
[30] a. a. O. S. 380
[31] MDR 1958, S. 139; mitgeteilt von Dallinger.

Terminus des „Tatherrschaftswillens" in diesem Sinne. Es ging in dieser Entscheidung um einen Halbstarkenkrawall, bei dem mehrere Jugendliche an einer am Boden liegenden Frau gewaltsam unzüchtige Handlungen vorgenommen hatten. Der Angeklagte A hatte sich zu demselben Zweck nach vorn gedrängelt und sich über die Frau gebeugt, als er durch einen Dritten von der Unzuchtstat abgehalten wurde. Obwohl seine eigene Handlung im Versuch steckengeblieben war, bestrafte ihn der BGH als Mittäter eines vollendeten Delikts gemäß § 176 Abs. 1 Nr. 1 StGB. Er folgte in der Begründung der unteren Instanz, die zu dem Ergebnis gekommen war „daß A die Tätigkeit der Mitangeklagten als eigene gewollt" habe. Der Wille des A, selbst unzüchtige Handlungen an der Frau vorzunehmen, schließe nicht aus, daß A die unzüchtigen Handlungen der Mitangeklagten wie eigene gewollt, d. h. insoweit mit dem Willen zur Tatmitherrschaft gehandelt habe.

Es ist leicht zu sehen, wie hier der „Tatherrschaftswille" zur bloßen Formel erstarrt. Denn nach dem Sachverhalt konnte keine Rede davon sein, daß „Hergang und Erfolg" der vorher verübten Unzuchtstaten in irgendeiner Weise vom Willen oder vom äußeren Verhalten des A abhingen. Er war bislang daran in keiner Form beteiligt gewesen. Es ist nicht einmal ersichtlich, worin sein eigenes Interesse an den Erfolgen der anderen bestanden haben sollte. Seine Mittäterschaft, bei der zudem schon das Vorliegen eines gemeinsamen Willensentschlusses überaus zweifelhaft ist[32], läßt sich also höchstens auf eine sehr vage „innere Billigung" des Geschehens stützen, die bei Anstiftern und Gehilfen ebenfalls zu finden ist und deshalb kein inhaltliches Unterscheidungskriterium liefern kann. Das Urteil nimmt damit Tendenzen der reichsgerichtlichen Rechtsprechung wieder auf, um deren Überwindung sich der Bundesgerichtshof in den meisten seiner Entscheidungen mit Nachdruck bemüht hat.

XIV. Eine sehr eigenartige Sachverhaltsgestaltung behandelt das Urteil des 4. Senats vom 23. 1. 1958[33]. Drei mit Pistolen bewaffnete Einbrecher hatten versucht, bei Nacht in ein Lebensmittelgeschäft einzudringen. Sie wurden aber entdeckt und mußten fliehen. Sie hatten verabredet, daß sie von der Schußwaffe Gebrauch machen wollten, wenn die Gefahr der Festnahme eines der Teilnehmer drohe. Als nun einer der Fliehenden – der M – hinter sich Schritte hörte, glaubte er, es handele sich um einen Verfolger und schoß mit Tötungsvorsatz auf die hinter ihm laufende Gestalt. In Wirklichkeit war es sein gleichfalls in der Flucht begriffener Komplice P, in dessen aufgekrempeltem Hemdsärmel sich die Kugel verfing.

Für den BGH stand die Frage zur Entscheidung, ob der beinahe erschossene P als Täter eines Mordversuches an seiner eigenen Person zur Verantwortung gezogen werden könne. Der Senat bejahte das. Er stützt diese Auffassung zunächst auf eine rein subjektive Lehre im Sinne der überkommenen Animus-Formel des Reichsgerichts. Der P habe „den ganzen Erfolg

---

[32] Über die Frage, wie die Mittäterschaft hier von einem richtig verstandenen Tatherrschaftsbegriff aus zu beurteilen ist, vgl. unten S. 277 ff.

[33] BGHSt 11, 268–272

der Straftat als eigenen mitverursachen ... wollen"[34]. Das sei „mit der Feststellung des ein für allemal verabredeten Waffengebrauchs zur Verhinderung drohender Festnahme und der auf dieser Abrede beruhenden Gefahrengemeinschaft aller drei Mittäter, die M gewissermaßen zum Schießen ‚verpflichtete‘, hinreichend begründet".

Neben diese Erwägung setzt nun der BGH eine zweite, ganz selbständige Begründung, die mit dem Tatherrschaftsgedanken arbeitet. Er sagt: „P war auch im fraglichen Zeitraum an der Tatherrschaft beteiligt. Er hätte bei der räumlichen Nähe seiner beiden Tatgenossen deren Tun jederzeit steuern und sie auffordern können, dieses Mal entgegen der Abrede nicht auf Verfolger zu schießen. Daß er dies bis zur Abgabe des Schusses nicht getan hat, begründet seine Mitverantwortung auch für den auf ihn abgegebenen Schuß."

Das Urteil bringt gegenüber der bisherigen Rechtsprechung zwei bemerkenswerte neue Gesichtspunkte:

Erstens wird hier der Tatherrschaftsgedanke nicht zur Rechtfertigung der subjektiven Lehre und in enger Verbindung mit der Dolustheorie verwendet, sondern unverbunden neben die subjektive Auffassung gestellt. Damit wird die Tatherrschaftslehre als objektive, eigenständige Theorie verstanden, und die Frage, ob sie oder die subjektive Ansicht vorzuziehen sei, bleibt offen.

Zweitens wird in dieser Entscheidung die Tatherrschaftstheorie zum ersten und bisher einzigen Mal in der Ausprägung verwertet, die sie in der Teilnahmelehre Maurachs erfahren hat. Der für den BGH entscheidende Gedanke, daß der P das Tun seiner Genossen jederzeit „hätte steuern und sie auffordern können ... nicht ... zu schießen", geht auf die These Maurachs zurück, daß die Tatherrschaft durch das In-den-Händen-Halten des Geschehensablaufes gekennzeichnet sei und daß sie bei jedem Mitwirkenden liege, der „die Tatbestandsverwirklichung je nach seinem Verhalten ablaufen lassen, hemmen oder abbrechen" könne[35].

Ob freilich die Begründung des Urteils sich wirklich auf ein brauchbares Kriterium stützt und den Grundgedanken Maurachs zutreffend anwendet, ist eine andere Frage, auf die später noch zurückzukommen sein wird[36]. Aber wie dem auch sei: Jedenfalls zeigt das Urteil den BGH auf dem Wege zur Anerkennung einer objektiv orientierten Tatherrschaftslehre.

XV. Allerdings ist derselbe Senat in seiner nächsten Entscheidung zur Täterlehre[37] zu einem durchaus subjektiv verstandenen Tatherrschaftsbegriff zurückgekehrt. Es ging hier wie in BGHSt 2, 150 ff. (oben Nr. III) um den Fall der unterlassenen Hinderung eines Selbstmordes. Der Angeklagte hatte ruhig zugesehen und nicht eingegriffen, als sich seine Schwiegermutter in einem Teich ertränkte.

---

[34] Hier und im folgenden: a. a. O. S. 272
[35] A.T., 1. Aufl., S. 504; auf diese Stelle bezieht sich der BGH ausdrücklich (jetzt A.T., 2. Aufl., S. 492).
[36] Hierzu und zum ganzen Urteil vgl. unten S. 286 ff., 311 ff.
[37] 4. Senat vom 15. 5. 1959, in: BGHSt 13, 162–169

Die Begründung, mit der das Gericht eine Täterschaft des Angeklagten ablehnt, steht in auffallendem Gegensatz zur Argumentation des 1. Senats in der früheren Entscheidung BGHSt 2, 150ff. Dort hatte der BGH die Tatherrschaft des Unterlassenden ganz objektiv auf die Erwägung gestützt, daß er „die volle oder doch einen großen Teil der Herrschaft über die Sachlage" habe und ihr „durch sein Eingreifen die entscheidende Wendung geben" könne. Dabei wurde ausdrücklich hinzugefügt, daß die „Unterordnung unter fremden Täterwillen … angesichts der Sachherrschaft des Verpflichteten unbeachtlich" sei. Gerade auf diesen Gesichtspunkt gründet aber der BGH seine neue Entscheidung, wenn er ausführt: „Die Feststellungen … sprechen … dafür, daß er das zum Tode seiner Schwiegermutter führende, von ihr selbständig herbeigeführte Geschehen … nicht beherrschen wollte, daß ihm also der ‚Täterwille' gefehlt hat. Dieser Wille ist auch bei Begehen einer verlangten Tötung durch Unterlassen erforderlich"[38]. Der 4. Senat distanziert sich auch deutlich von dem früheren Urteil, wenn er meint, es könne „die Gefahr herbeiführen, daß der Mangel einer eigenen Strafdrohung des bisherigen deutschen Strafrechts gegen die Teilnahme an fremder Selbsttötung durch eine ausdehnende Anwendung des Täterbegriffs auch auf solche Beteiligte am Selbstmord ausgeglichen würde, denen der Wille zur Tatbeherrschung fehlt"[39]. Aus den weiteren Darlegungen läßt sich entnehmen, daß der BGH den fehlenden Willen zur Tatbeherrschung im Sinne der Dolustheorie als „Unterordnung unter fremden Täterwillen" versteht.

So eigenartig es erscheint, daß derselbe Senat innerhalb eines so kurzen Zeitraums die Tatherrschaftslehre einmal als Bestandteil der subjektiven Auffassung und zum anderen als ihr gegenüber selbständige objektive Theorie versteht – es bleibt doch zu bedenken, ob dieser Unterschied nicht in der Natur des im zweiten Fall zur Entscheidung stehenden Gegenstandes, der Unterlassungsstraftat, eine Erklärung findet. Zwar hat der 1. Senat gerade in einem parallel liegenden Unterlassungsfall (oben Nr. III) einen objektiven Tatherrschaftsbegriff entwickelt; aber es ist doch die Frage, ob die dort herangezogene Möglichkeit, „dem Geschehen … die entscheidende Wendung" zu geben, ein verwertbares objektives Herrschaftskriterium abgibt; denn die Möglichkeit der Erfolgsabwendung – und um mehr handelt es sich nicht – müssen auch Anstifter und Gehilfe haben; ein derartiger Tatherrschaftsbegriff würde also keine Abgrenzung gegenüber der Teilnahme liefern. Wenn man nicht – wie es im Ergebnis und mit anderer Begründung jetzt Armin Kaufmann vertritt – über eine derartige Auffassung von der Tatherrschaft bei den Unterlassungsdelikten zu einem extensiven Täterbegriff kommen will, liegt es jedenfalls nahe, im Bereich der Unterlassungstaten um einer Restriktion des Täterkreises willen zur Dolustheorie zurückzukehren, wie es der 4. Senat hier getan hat[40].

---

[38] a. a. O. S. 166
[39] a. a. O. S. 167
[40] Vgl. zu dieser Frage eingehend unten S. 489ff.; speziell zu diesem Urteil S. 491ff.

XVI. Im Gegensatz dazu stützt sich der 4. Senat in der nächsten einschlägigen Entscheidung[41] weitgehend auf die Ansätze des Urteils BGHSt 8, 393 ff., die eine Entwicklung zu einer von der Dolustheorie gelösten, objektiven Tatherrschaftslehre ermöglichen. Es handelte sich um einen Fall, bei dem zwei Bundesbahnbeamte als Mittäter einer schweren Bestechung angeklagt waren, weil sie mehreren Kandidaten unzulässige Hilfe bei Laufbahnprüfungen gewährt hatten.

Der BGH zitiert wörtlich die leitenden Sätze des angeführten früheren Urteils und stellt fest, daß das Vorhandensein oder Fehlen des eigenen Interesses keine unbedingt entscheidende Rolle spiele[42]. Bei Begründung der Mittäterschaft im konkreten Fall löst er sich dann ganz von der Bindung an die „innere Willensrichtung" und beruft sich auf den „Grundsatz der Arbeitsteilung": „Nach den Feststellungen bestand zwischen G. und H. ein enger Zusammenhalt; sie arbeiteten Hand in Hand. G. stellte in mehreren Fällen überhaupt erst die Verbindung der Prüflinge mit H. her. Das Maß seiner Beteiligung … war beträchtlich; ohne ihn hätten die Taten nicht in der vorgesehenen Art geschehen können."

Der Gedanke der Rollenverteilung, die Betonung, die auf den äußeren Tatbeitrag gelegt wird, und der Rückgriff auf die Notwendigkeitstheorie enthalten Elemente eines Mittäterschaftsbegriffes, der zu einer im wesentlichen entsubjektivierten Lösung führen könnte. Doch hat der BGH bislang diese Möglichkeit nicht ergriffen[43].

XVII. Das folgende Urteil des 5. Senats[44] behandelt wieder einen Fall der unterlassenen Selbstmordhinderung. Die Angeklagte hatte ruhig zugesehen, wie ihr Verlobter sich auf Grund einer Auseinandersetzung am Fensterflügel aufgehängt hatte. Auch als er schon bewußtlos in der Schlinge hing, hatte sie nicht eingegriffen, obwohl eine Rettung zu diesem Zeitpunkt noch möglich war.

Der Fall gleicht im wesentlichen der Konstellation, die der Entscheidung BGHSt 2, 150 ff[45] zugrundelag. Auch die Lösung des Bundesgerichtshofs, der eine Täterschaft durch Unterlassen annimmt, stützt sich auf dieselben Erwägungen, also auf eine aus der Rettungsmöglichkeit hergeleitete objektive Tatherrschaft. Nur äußerlich stellt das Urteil auf den „Täterwillen" ab; denn dieses Kriterium wird im Anschluß an frühere Entscheidungen (vgl. oben Nr. VI, X) auf Grund der Tatsache, daß die Angeklagte „die volle und alleinige Tatherrschaft" innehatte, ohne weiteres „wertend ermittelt".

Damit wird die vom 4. Senat im zweiten Selbstmordfall (oben Nr. XV) zur Haftungseinschränkung verwendete Dolustheorie wieder fallengelassen. Denn da der Angeklagten der Tod des Mannes „gleichgültig" gewesen war, hätte sie sonst, da sie sich seinem Willen untergeordnet hatte, freigesprochen werden müssen. Wenn der BGH diesen Widerspruch durch die

---

[41] BGHSt 14, 123–132 (128/29) vom 3. 2. 1960
[42] Fünf Zeilen später beruft sich das Urteil allerdings schon wieder darauf, daß das Interesse des Angeklagten am Taterfolg „beträchtlich" gewesen sei.
[43] Vgl. zu diesem Urteil noch unten S. 294
[44] vom 5. 7. 1960, MDR 1960, S. 939/40
[45] oben Nr. III, S. 91

Erwägung verdecken will, daß eine Willensunterordnung nur vorliege, wenn man den Freitod aus Achtung vor dem Selbstmordwillen eines anderen geschehen lasse, nicht aber, wenn man nur aus Gleichgültigkeit untätig bleibe, so ist das nicht haltbar. Gerade die völlige Gleichgültigkeit gegenüber dem Tun eines anderen ist das sicherste Indiz dafür, daß man es ihm im Sinne der Dolustheorie „anheimgestellt" hat, ob die Tat geschehen soll oder nicht.

Überblickt man die Begründungen der drei angeführten Selbstmordentscheidungen noch einmal im Zusammenhang, so kann man sich des Eindrucks nicht erwehren, daß der BGH sich bei der Lösung des jeweiligen Falles ohne klare dogmatische Konzeption von Strafwürdigkeitserwägungen hat bestimmen lassen; die in wechselnder Bedeutung herangezogenen Täterkriterien scheinen hier mehr zur nachträglichen Rechtfertigung einer aus anderen Quellen stammenden Entscheidung zu dienen[46].

XVIII. Das bisher letzte Urteil des Bundesgerichtshofs zur Täterlehre[47] versucht zum erstenmal den sonst unverkennbaren Einfluß des Tatherrschaftsprinzips auf die Rechtsprechung zurückzudrängen. Der Sachverhalt lag so, daß drei Angeklagte, K., St. und S., eine größere Autofahrt gemeinsam machen und sich dazu eines gestohlenen Wagens bedienen wollten. Da K. und St. „zu wenig Erfahrung hatten und außerdem nicht fahren konnten", beauftragten sie den S. mit dem Diebstahl des Fahrzeuges, den dieser dann auch allein durchführte.

Der BGH vertritt die Ansicht, K. und St., die an der Ausführung selbst nicht im geringsten beteiligt waren, seien Mittäter des Diebstahls. Dabei sieht er, daß sie eine Mitherrschaft über das Geschehen nicht ausübten: „Nachdem S. sie verlassen hatte, konnten sie sein Tun nicht mehr lenken"[48]. Doch sei das rechtlich bedeutungslos, weil die Tatherrschaft nur ein Anhaltspunkt für die Mittäterschaft sei, die auch durch andere Umstände begründet werden könne.

Sieht man sich nach den sachlichen Kriterien um, auf die der BGH die Mittäterschaft stützt, so ist unverkennbar, daß die sonst von ihm selbst verurteilte reichsgerichtliche Rechtsprechung in der Mischung einer formelhaften Animus-Theorie mit Interessengesichtspunkten ihre Auferstehung feiert. Zwar lehnt sich das Urteil insoweit an frühere BGH-Entscheidungen an, als es sich darauf beruft, daß der Täterwille „auf Grund aller Umstände wertend zu ermitteln" sei[49].

Doch werden von allen Umständen hier nur zwei für maßgeblich erklärt. Zunächst genüge, meint der BGH, für die Mittäterschaft „eine geistige Mitwirkung ... in der Weise, daß der Mittäter dem ausführenden Tatgenossen durch einen vor der Ausführung gegebenen Rat zur Seite steht oder ... dessen Willen zur Entwendung stärkt, wenn er nur ... den ganzen Erfolg

---

[46] Vgl. zur ganzen Problematik eingehend unten S. 489 ff.
[47] BGHSt 16, 12–15, Urt. des 4. Senats v. 10.3.1961
[48] a. a. O. S. 15
[49] a. a. O. S. 13

der Straftat als eigenen mitverursachen will"[50]. Das kann nur heißen: Was die Mittäterschaft von der psychischen Beihilfe unterscheidet – um mehr handelt es sich ja bei der „Bestärkung des Entwendungswillens" nicht – ist der „Wille zur eigenen Mitverursachung", ein Merkmal, das keinerlei inhaltliche Ausfüllung erfährt. Daher ist es nicht verwunderlich, daß der BGH als zweiten Gesichtspunkt anführt, der Tatbeitrag der Angeklagten genüge „angesichts des festgestellten eigenen Interesses beider seiner Art nach für die Annahme von Mittäterschaft"[51]. Das bestätigt die alte Erfahrung: Je inhaltloser der Täterwille bleibt, desto mehr schiebt sich das Kriterium des Eigeninteresses in den Vordergrund.

Das Urteil zeigt mit seinem noch hinter die Dolustheorie zurückgehenden extremen Subjektivismus, daß von einer allgemeinen Anerkennung des Tatherrschaftsgedankens in der Rechtsprechung noch nicht die Rede sein kann. Ob es vereinzelt bleiben wird oder ob es als Indiz dafür zu werten ist, daß der Einfluß der Tatherrschaftslehre in der Praxis schon wieder zurückgeht, bleibt abzuwarten[52].

Wollte man abschließend versuchen, die Rechtsprechung des Bundesgerichtshofs zur Tatherrschaftslehre auf eine eindeutig umrissene Position festzulegen oder auch nur eine folgerichtige Entwicklungslinie aufzuzeigen, so stünde man vor einer unlösbaren Aufgabe. Denn zwei für die Rechtspraxis entscheidende Fragen haben bisher keine Antwort gefunden: Erstens ist unklar geblieben, ob und in welchem Ausmaß der Tatherrschaftsgedanke überhaupt bei der Täterbestimmung heranzuziehen ist; gerade die jüngsten Entscheidungen des Bundesgerichtshofs halten eine Täterschaft auch ohne Tatherrschaft wieder für möglich. Und zweitens läßt sich der Rechtsprechung, dort wo sie den Begriff der Tatherrschaft verwendet, nicht deutlich entnehmen, durch welche inhaltlichen Kriterien er auszufüllen ist. Subjektive und objektive Elemente stehen wechselnd und unverbunden nebeneinander.

---

[50] a. a. O. S. 14

[51] a. a. O. S. 14

[52] Das inzwischen (Oktober 1962) ergangene Urteil des 3. Senats gegen den Agenten Staschynski scheint in der Tat eine Rückkehr zum extremen Subjektivismus des „Badewannenfalles" (RGSt 74, 84) zu vollziehen. Die Entscheidung ist bei Abschluß des Manuskripts (Anfang November 1962) noch nicht veröffentlicht. Doch läßt sich aus den Pressemeldungen entnehmen, daß der Angeklagte nach den Feststellungen des Bundesgerichtshofs im Auftrage einer ausländischen Macht zwei Exilpolitiker ohne fremde Hilfe eigenhändig mit einer Giftpistole heimtückisch ermordet hatte. Obwohl die Voraussetzungen des strafrechtlichen Notstandes ausdrücklich verneint wurden und der Angeklagte durchaus die Möglichkeit hatte, sich vor der Tat den deutschen Behörden zu stellen, verurteilte ihn der Bundesgerichtshof nur als Gehilfen der Morde, als deren Täter die im einzelnen unbekannten ausländischen Auftraggeber angesehen wurden.
Dieses Urteil, bei dem vorerst sogar noch zweifelhaft ist, ob auch nur die Teilnahmevoraussetzungen einer einseitig subjektiven Theorie – das Fehlen des „Täterwillens" und des eigenen Interesses am Erfolg – vorlagen, scheint die frühere reichsgerichtliche Rechtsprechung erneuern zu wollen. Es ist also denkbar, daß das Eindringen eines objektiveren Tatherrschaftsgedankens in die Judikatur nur eine Episode bleiben wird.

Im ganzen gesehen ist die Judikatur zur Täterlehre, die schon seit Jahrzehnten Gegenstand heftiger Kritik gewesen ist, in den Nachkriegsjahren eher noch unsicherer geworden als sie es vorher war. Das ist gewiß ein Zustand, dessen Überwindung auch nach der Strafrechtsreform noch eine der wichtigsten dogmatischen Aufgaben für Wissenschaft und Praxis sein wird. Doch verdient die Rechtsprechung wegen ihres Schwankens keinen Tadel; sie spiegelt nur die ungeklärte wissenschaftliche Situation wider und beweist, daß die Entwicklung im Flusse ist. Wenn eines Tages eine Klärung erreicht sein wird, so wird dem Bundesgerichtshof, der in ständig erneuertem Bemühen wertvolle Ansätze für einen sachgerechten Täterbegriff gefunden hat, ein wesentlicher Anteil daran zufallen. Die zahlreichen von ihm zur Lösung der Problematik herangezogenen Gesichtspunkte werden später noch im einzelnen kritischer Würdigung bedürfen.

Viertes Kapitel

Die strukturellen Grundlagen des allgemeinen Täterbegriffs

Vorbemerkung

Die Analyse des gegenwärtigen Standes der Tatherrschaftslehre, der das dritte Kapitel gewidmet war, hat ein verwirrendes Bild ergeben. Es ist dieser Lehre unbestreitbar gelungen, die zahlreichen anderen Teilnahmetheorien ganz in den Hintergrund zu drängen; es gibt heute fast keinen Theoretiker mehr, der nicht in der einen oder anderen Form mit dem Tatherrschafts-gedanken arbeitet. Andererseits ist aber durchaus keine Klarheit darüber erzielt worden, was man unter der „Tatherrschaft" im einzelnen zu verstehen habe; vielmehr ist – von den rechtstheoretischen und dogmatischen Grund-fragen bis zu den praktischen Ergebnissen – auch unter den Anhängern dieser Lehre nahezu alles umstritten. Es ist deshalb nicht möglich, hier gleich eine kritische Stellungnahme zur Tatherrschaftstheorie anzuschließen: Dafür liegt der Gegenstand, mit dem sich eine solche Auseinandersetzung beschäf-tigen müßte, zu wenig fest.

Aber noch ein zweiter Grund hindert uns an voreiliger Kritik. Eine wer-tende Würdigung setzt, wenn sie sich nicht in unzusammenhängende Einzel-heiten verlieren soll, eine hinreichend gesicherte eigene Konzeption voraus, die es ermöglicht, die verschiedenen Auffassungen von Täterschaft und Tatherrschaft auf ihre Richtigkeit hin zu prüfen. Ein über methodische Leit-linien hinausgehender fester Beurteilungsstandpunkt fehlt uns aber noch.

Diese beiden Schwierigkeiten stellen uns eine doppelte Aufgabe: Es muß erstens aus den vielen verschiedenen Meinungen über Form und Inhalt der Tatherrschaft eine Auffassung herausdestilliert werden, von der wir sagen können, sie bestimme diesen Begriff so, wie er richtigerweise verstanden werden muß. Denn nur wenn wir genau wissen, welcher Inhalt dem Tat-herrschaftsbegriff rechtens zukommt, können wir den Erkenntniswert und die Grenzen dieser Lehre zutreffend beurteilen. Und zweitens müssen wir einen allgemeinen Täterbegriff entwickeln, der es uns gestattet, zu den divergierenden Ansichten, die auch unter den Anhängern der Tatherr-schaftslehre über den Inhalt dieses Begriffs und über die meisten Einzelfra-gen bestehen, auf der Grundlage einer selbständig erarbeiteten Lehre Stel-lung zu nehmen.

Die folgende Darstellung beruht auf dem Gedanken, daß die beiden vor-stehend geschilderten Aufgaben in Wahrheit identisch sind. Denn ein „richtiger" Tatherrschaftsbegriff ist nur dann gefunden, wenn er als allgemeiner Täterbegriff brauchbar ist. Einen anderen Prüfstein für seine Sachgerechtigkeit gibt es nicht. Bei der Suche nach dem Inhalt der Tatherrschaft ist deshalb der richtige Täterbegriff immer schon mitgefragt. Was also in diesem Kapitel über die strukturellen Grundlagen eines von uns erst herauszubildenden Tatherrschaftsbegriffs gesagt wird, hat für die Täterlehre generelle Gültigkeit. Dabei wird unsere Lösung in ständiger Auseinandersetzung mit Schrifttum und Rechtsprechung entwickelt werden müssen.

Dies alles bedeutet freilich nicht, daß ein sachgerechter Tatherrschaftsbegriff schon sämtliche Probleme der Täterlehre klären müßte und seinerseits keiner Kritik mehr bedürfte. Eine solche Annahme, von der die meisten gegenwärtigen Vertreter dieser Lehre ausgehen, verkennt den Umstand, daß die Vielgestaltigkeit des Rechtsstoffes möglicherweise auch die Heranziehung anderer noch aufzufindender Gesichtspunkte erfordern kann. Das wird im Anschluß an die Behandlung der Tatherrschaftslehre noch eingehender Erörterung bedürfen.

Bei Entwicklung der Grundlagen des allgemeinen Täterbegriffs, an die wir zunächst herangehen müssen, können wir an das Ergebnis anknüpfen, das die methodischen Erwägungen am Beginn unserer Arbeit erbracht haben: Danach ist der Täter die Zentralgestalt, die Schlüsselfigur des handlungsmäßigen Geschehens. Für die „Tatherrschaft" kommt also von vornherein nur eine Begriffsbestimmung in Frage, die diesen Voraussetzungen genügt: Als „Tatherr" kann nur die Zentralgestalt des konkreten Handlungsvorganges angesehen werden.

Damit ist freilich nicht mehr als ein Richtpunkt gewonnen. Denn welche Umstände es sind, die jemanden zum Herrn der Tat, zur Schlüsselfigur des Geschehensablaufes machen, und wie diese Merkmale im Einzelfall zu bestimmen sind, das ist die Frage, die über den dogmatischen Wert und die praktische Brauchbarkeit des Begriffes entscheidet.

§ 15. Die Tatherrschaft als unbestimmter Begriff

Als erste Möglichkeit einer Verwendung des Tatherrschaftsbegriffs bietet sich der Gedanke an, auf fixierbare Elemente überhaupt zu verzichten und die Frage, wer die Tatherrschaft habe, im Einzelfall jeweils durch eine Gesamtschau aller Umstände des konkreten Sachverhaltes zu entscheiden.

Ein derartiges Verfahren ist keineswegs unüblich und läßt sich in Wissenschaft und Praxis als eine – offen oder versteckt praktizierte – sehr beliebte Methode der Begriffshandhabung nachweisen.

I. Die Wissenschaft

Schon Dahm und Richard Schmidt gehen in dieser Weise vor, wenn sie zur Erläuterung ihres dem Tatherrschaftsgedanken sehr nahestehenden Überordnungskriteriums ausführen: „Es gibt kein abstraktes Merkmal, das ein

Verhalten in jedem Falle oder auch nur typischerweise als das dominierende in der Gesamtsituation kennzeichnet"[1], und: „Ein bestimmtes sichtbares Kennzeichen läßt sich ... nicht erbringen"[2]. In ähnlicher Weise will Hardwig[3] seine Entscheidung „auf eine Ganzheitsbetrachtung der Tat" gründen und meint: „‚Interesse', ‚wessen Sache (Aufgabe) etwas ist', ‚animus auctoris und socii', ‚Tatherrschaft' und ähnliche Formeln können nur aus der konkreten Situation mit Leben erfüllt werden."

Aber auch bei zahlreichen Vertretern der Tatherrschaftslehre fällt auf, daß sie, obwohl sie den Tatherrschaftsbegriff ständig verwenden, über seinen Inhalt nicht viel sagen. Dem liegt anscheinend die Vorstellung zugrunde, daß sich genauere abstrakte und generell gültige Angaben nicht machen ließen und daß die Bildkraft der Formel selbst einen hinreichenden Anhalt für die richterliche Würdigung biete.

Selbst bei Welzel und Gallas, die zu den wissenschaftlichen Begründern der Tatherrschaftstheorie gehören, läßt sich eine seltsame Vagheit und Ungreifbarkeit ihrer Angaben über den Inhalt dieses Begriffs feststellen. So führt etwa Welzel in seiner ersten Arbeit zur Täterlehre den Begriff ganz unvermittelt und ohne Erläuterung ein, wie wenn sich seine Bedeutung von selbst verstünde[4]. Später sagt er, die Tatherrschaft stehe demjenigen zu, „der *seinen* Willensentschluß zweckbewußt zur Durchführung" bringe[5] – eine Erklärung, mit der nicht viel anzufangen ist, weil sie meist ebensogut auf den Anstifter paßt und in den zweifelhaften Fällen überhaupt keine Lösung bringt.

Auch Gallas äußert sich nur in recht dunkler Weise, wenn er sagt[6]: „Die vom Täter eingesetzten Mittel müssen ... geeignet sein, die Herbeiführung des tatbestandsmäßigen Erfolges als sein Werk und ihn insoweit als ‚Herr der Tat' erscheinen zu lassen ... Der dabei angewandte Maßstab läßt sich schlagwortartig mit dem Begriff der ‚Tatherrschaft' bezeichnen, sofern man sich bewußt bleibt, daß sich in diesem Begriff objektive und subjektive Momente miteinander verbinden, daß er das Ergebnis einer zugleich finalen und wertenden Betrachtungsweise ist." Auch hier wird die Tatherrschaft mehr durch sich selbst erklärt als in ihren Begriffselementen umschrieben.

Das einzige Beispiel, das Gallas zur Erläuterung gibt, macht seine Auffassung nicht klarer. Er sagt: „Eine Tötungshandlung begeht nicht schon, wer vorsätzlich irgendwelche Bedingungen zum Todeserfolg setzt, vielmehr erst, wer dabei nach einem Programm verfährt, dessen Verwirklichung ihm den Todeserfolg ‚in die Hand gibt'." Bei näherem Hinsehen stellt auch diese Wendung nur eine Wiederholung des Herrschaftsgedankens mit an-

---

[1] Dahm a. a. O. S. 42
[2] R. Schmidt a. a. O. S. 161; vgl. zum ganzen oben S. 49–51
[3] GA 1954, S. 358 und 355/56
[4] Vgl. ZStW Bd. 58, 1939, S. 491–566 (539)
[5] ZStW a. a. O. S. 543; SJZ 1947, Sp. 650
[6] Gutachten, S. 128

deren Worten dar. Die Frage ist doch gerade, wann man sagen kann, daß jemandem ein Erfolg „in die Hand gegeben" sei, daß er also die Tatherrschaft habe. Dafür aber finden sich bei Gallas keine definitorisch umschriebenen Merkmale.

Freilich machen Welzel und Gallas bei Behandlung zahlreicher Einzelprobleme durchaus konkrete Angaben darüber, ob Täterschaft vorliegt oder nicht; aber es bleibt offen, auf welche Weise diese Ergebnisse aus dem Tatherrschaftsbegriff gewonnen sind. Auch hier läßt sich häufig der Eindruck nicht ganz abweisen, als seien die – zum Teil voneinander abweichenden – Lösungen mit Hilfe des Leitbildes „Tatherrschaft" und eines allgemeinen Billigkeitsgefühls in rational nicht nachprüfbarer Weise erzielt worden. Wenn neuerdings Class[7] über die Tatherrschaftstheorie das Pauschalurteil abgibt, daß diese „Bemühungen zur Abgrenzung von Täterschaft und Teilnahme schlagwortartige Generalklauseln sind, die inhaltlich noch weniger aussagen dürften als die Formeln vom animus auctoris und animus socii", so wird das zwar den Möglichkeiten dieser Lehre nicht gerecht. Die geschilderten Tendenzen, die dazu führen könnten, aus der Tatherrschaft einen unbestimmten Begriff zu entwickeln, werden hier aber richtig erfaßt.

II. Die Praxis

Auch die Rechtsprechung des Bundesgerichtshofs trägt deutliche Züge einer unfestgelegten Täterlehre. Das zeigt nicht nur die wechselnde und vielfach wahllos anmutende Verwendung heterogener Kriterien. Es ergibt sich besonders aus der immer wieder auftauchenden Formel, daß die Täterschaft „auf Grund aller Umstände ... wertend zu ermitteln"[8] sei. Denn welche von den unzähligen Umständen des individuellen Falles in Betracht zu ziehen und nach welchen Maßstäben sie zu „bewerten" sind, wird hier weitgehend dem Richter überlassen. Folgerichtig werden Kriterien wie die der „Herrschaft", des „Interesses", der „inneren Unterordnung", des „äußeren Tatbeitrages" immer nur als „Anhaltspunkte" bezeichnet, von denen offen bleibt, welchem im konkreten Fall der Vorzug gebührt und ob nicht auch noch andere Gesichtspunkte maßgeblich sein können. Es liegt nahe, daß der Richter bei einer solchen Rechtsprechung die Täterschaft gefühlsmäßig bestimmen und nachträglich durch irgendeines der zahlreichen ihm zur Auswahl stehenden Kriterien rechtfertigen wird. Selbst bei einigen Entscheidungen des Bundesgerichtshofs ist die Vermutung, daß sie auf diese Weise zustandegekommen sein könnten, nicht ganz von der Hand zu weisen.

Über die Art, in der die unteren Gerichte den Tatherrschaftsbegriff handhaben, liegt noch kein ausreichendes Erfahrungsmaterial vor. Immer-

---

[7] Generalklauseln im Strafrecht, in: Festschrift für Eb. Schmidt, 1961, S. 126, Anm. 20
[8] Vgl. nur BGHSt 8, S. 396 (oben Nr. X, S. 96 ff.)

hin sind die Bemerkungen, die bei den Beratungen der Großen Strafrechtskommission von Praktikern zu der bei den Gerichten üblichen Methode der Täterfeststellung gemacht worden sind, aufschlußreich genug. So hat z. B. Schwalm[9] ausgeführt, nach der Rechtsprechung werde ungeachtet aller Theorien als Täter betrachtet, „wer nach der Gesamtheit der äußeren und inneren Umstände der Tat für diese als maßgeblich, als Teilnehmer, wer als untergeordnet bewertet wird. Dem Täter wird, nachdem ihn eine Ganzheitsbetrachtung als solchen erwiesen hat, der Täterwille, dem Teilnehmer der Teilnehmerwille unterstellt. Die animus-Formel ist also eine Tarnung für die richterliche Wertung auf Grund einer Ganzheitsbetrachtung ... Wenn der Bundesgerichtshof heute gelegentlich mit dem Begriff der Tatherrschaft arbeitet, so erscheint uns das bisher auch nicht als ein Fortschritt, sondern nur als eine Vertauschung der Begriffe. Anstelle der animus-Formel wird die Tatherrschaftsformel verwendet." Hier wird sehr deutlich, daß auf einen faßbaren Begriffsinhalt zugunsten eines rational nicht auflösbaren Wertungsaktes verzichtet wird.

Die Neigung der Rechtsprechung zu einer derartigen „Ganzheitsbetrachtung" ist von anderen Praktikern bestätigt worden. Im Anschluß an Schwalm hat Krille[10] erklärt, „daß wir in der Praxis ... ungeachtet der in der Rechtsprechung theoretisch herausgearbeiteten Formeln in Wahrheit von der Ganzheitsbetrachtung ausgehen ...", und auch von Stackelberg[11] hat sich der Erkenntnis gebeugt, „daß heute in der Praxis häufig eine ganzheitliche Betrachtung der Tat im Vordergrund steht, aus der erst nachträglich Differenzierungen gewonnen werden".

Es ist klar, daß der Tatherrschaftsbegriff einer derartigen Neigung der Praxis noch weiter entgegenkommt als eine subjektive Theorie; denn während diese – sei es auch in noch so formalisierter Weise – immerhin an psychische Realitäten anknüpft, läßt sich die „Tatherrschaft" leicht als reiner, jeder Nachprüfung unzugänglicher Würdigungsbegriff auffassen.

III. Die Ursachen dieser Entwicklung

Bevor man sich darüber schlüssig wird, ob ein so verstandener Tatherrschaftsgedanke eine brauchbare Grundlage der Täterlehre bilden kann, empfiehlt es sich, diese Entwicklung in einem etwas weiteren Rahmen zu betrachten, in dem ihre Tragweite und Bedeutung klarer hervortritt.

Schon im Jahre 1938 hat Schwinge ein Buch über „Irrationalismus und Ganzheitsbetrachtung in der deutschen Rechtswissenschaft" geschrieben, in dem er die Versuche, an die Stelle der exakten logischen Subsumtion eine gefühlsmäßig-irrationale „Ganzheitsbetrachtung" treten zu lassen, auf die damaligen philosophischen Modeströmungen zurückführt und ihr Eindringen in die Strafrechtswissenschaft bekämpft. Auf die Täterlehre nimmt

---

[9] Niederschriften, S. 89
[10] Niederschriften, S. 99
[11] Niederschriften, S. 100

er nirgends Bezug. Aber die in der Rechtsprechung immer schon vorherrschende, mittlerweile auch im Schrifttum weitgehend vollzogene Abwendung von eindeutig fixierten Täterkriterien und besonders die von namhaften Sachkennern geschilderte gegenwärtige Praxis einer freien richterlichen „Ganzheitsbetrachtung", die sich der Theorie nur noch als des Deckmantels für einen in Wirklichkeit irrationalen Wertungsakt bedient, stimmen mit der dort geschilderten Tendenz zum Teil bis in die Formulierung überein. Problematisch bleibt allerdings ihre Verknüpfung mit bestimmten philosophischen Richtungen. Sie hat sich schon für die von Schwinge seinerzeit behandelten Fälle nicht deutlich nachweisen lassen; und in der Täterlehre gibt es jedenfalls keine Anhaltspunkte für eine unmittelbare Beeinflussung durch philosophische Auffassungen.

Richtiger dürfte es sein, die hier bei Bestimmung des Täterbegriffs auftretende Erscheinung in dem größeren Zusammenhang zu sehen, den in neuerer Zeit namentlich Henkel[12] als einen über alle Rechtsbereiche sich erstreckenden Prozeß der „Individualisierung" des Rechts beschrieben und nachgewiesen hat. Damit ist das überall sich zeigende Bestreben gemeint, der Gerechtigkeit des individuellen Falles den Vorzug zu verschaffen vor einer Regelung durch genaue begriffliche Umschreibungen, die zwar der Rechtssicherheit dienen, im atypischen Einzelfall aber zu starren und deshalb unbilligen Ergebnissen führen können.

Henkel, der diese Entwicklung mit einer Fülle von Beispielen illustriert, erwähnt die Täterproblematik nicht. Gleichwohl zeigt unser historischer Überblick über die bis zur Tatherrschaftslehre vertretenen Teilnahmetheorien, daß gerade die Einseitigkeit aller logisch exakt erfaßbaren Kriterien und ihre Unfähigkeit, den mannigfaltigen Erscheinungsformen des Lebens in ihren individuellen Ausprägungen gerecht zu werden, die allgemeine Anerkennung dieser Lehren verhindert hat[13]. Es entspricht daher dem begreiflichen Bemühen, für jeden denkbaren Einzelfall eine billige Lösung zu ermöglichen, wenn man sich auch in der Täterlehre mit einem abstrakten Allgemeinbegriff wie dem der „Tatherrschaft" begnügt und von einer weitergehenden Festlegung des Begriffsinhalts zugunsten der individuellen richterlichen Würdigung absieht. „Die Chance der Wirkkraft des Individuellen auf die konkrete Entscheidung des Lebensfalles ist ... um so größer je abstrakter der Gesetzesbegriff ist", sagt Henkel[14], und er zieht daraus den Schluß: „Indem der Gesetzgeber solche ‚ausfüllungsbedürftigen' Begriffe verwendet, gibt er dem Rechtsanwender die Anweisung oder die Ermächtigung, bei der Rechtsverwirklichung auf diejenigen dem Einzelfall eigentümlichen Merkmale Bedacht zu nehmen, die sich der generalisierenden Vorwegbeurteilung des Gesetzgebers entziehen"[15]. Diese allgemeine Aussage trifft auch auf einen in dem hier gekennzeichneten Sinne verstandenen Tatherrschaftsbegriff in vollem Umfange zu.

---

[12] Recht und Individualität, 1958
[13] Vgl. oben S. 34 ff., bes. S. 35/38, 40/41, 43/44, 48/49, 54/55
[14] a. a. O. S. 27
[15] a. a. O. S. 28/29

Die Akzentverlagerung vom Gesetzesrecht zum Richterrecht, von der allgemeingültigen Norm zur Einzelfallentscheidung charakterisiert also einen für die gesamte Entwicklung der modernen Rechtsfindungslehre feststellbaren Umschichtungsprozeß[16]. Wenn man die Dinge so sieht, kann es nicht mehr wundernehmen, daß diese Tendenzen auch in die Täterlehre eingedrungen sind. Obwohl das nirgends ausdrücklich hervorgehoben wird, läßt sich sogar die Behauptung wagen, der Erfolg der Tatherrschaftslehre sei zum Teil darauf zurückzuführen, daß dieser Begriff dem Zug zur Individualisierung (ganz anders als etwa die noch vor 30 Jahren herrschende formal-objektive Theorie) keinen Widerstand entgegensetzt und – wenn man ihn nicht durch die Reduzierung auf feste Begriffselemente einengt der richterlichen Entscheidung im Einzelfall weiten Spielraum läßt.

IV. Stellungnahme

Ob die hier nur angedeutete Gesamtentwicklung billigenswert sei oder nicht, ist bekanntlich überaus umstritten[17]. Es handelt sich dabei letzten Endes um den in der Rechtsidee selbst liegenden Widerspruch zwischen den Forderungen der Rechtssicherheit und der Einzelfallgerechtigkeit, der nie vollkommen aufzulösen sein wird. Das Problem umfassend zu behandeln, ist hier nicht der Ort; es ist dies auch umso weniger nötig, als sich eine für alle Fälle gleichermaßen gültige Lösung wahrscheinlich nicht geben läßt[18]. Hier muß es genügen, der in diesem Bereich noch nie grundsätzlich gestellten Frage allein für den Täterbegriff nachzugehen. Dann ergibt sich dieses Bild:

Ein Tatherrschaftsbegriff, der – orientiert an der Leitlinie des Täters als der Zentralgestalt – ohne Festlegung weiterer Begriffselemente nur aus der Anschauung des jeweiligen konkreten Sachverhaltes mit Inhalt gefüllt würde, hätte den Vorteil, eine der Individualität des Einzelfalls angepaßte, gerechte Entscheidung zu ermöglichen; er hätte den Nachteil, daß (wie es nach den oben zitierten Angaben schon heute in der Praxis zum Teil der Fall ist) die Teilnahmelehre weitgehend eine Domäne des Richterrechts würde und daß bei der Unklarheit über die anzuwendenden Maßstäbe die Rechtssicherheit eine empfindliche Einbuße erlitte.

Die kritische Besinnung lehrt, daß in diesem Falle die Nachteile größer sein würden als der praktische Gewinn. Um das zu begründen, bedarf es einer über die Interpretation des Tatherrschaftsbegriffs etwas hinausgrei-

---

[16] Für den Bereich des Strafrechts vgl. auch Dahm, Die Zunahme der Richtermacht im modernen Strafrecht, 1931
[17] Man vergleiche nur etwa die Bestrebungen der Freirechtsschule und Isay's Abhandlung über „Rechtsnorm und Entscheidung", 1929, einerseits, mit Drost, Das Problem einer Individualisierung im Strafrecht, 1930, Hedemann, „Die Flucht in die Generalklauseln", 1933, Schwinges oben genanntem Werk und neuerdings Class, „Generalklauseln im Strafrecht", Festschr. für Eb. Schmidt, 1961, S. 122 ff., andererseits; vermittelnd Henkel a. a. O.
[18] Vgl. Henkel a. a. O. S. 23

fenden, wenn auch notwendig knapp gehaltenen und die allgemeine Problematik unvermeidlich vereinfachenden Überlegung. Sie zeigt folgendes:

Es werden zwar in allen Bereichen des Rechts unbestimmte Begriffe in großer Zahl verwendet; aber zu Recht geschieht das – soweit ich sehe – nur bei drei Gruppen: den Begriffen mit fließendem Inhalt (1), den vorrechtlich geformten Begriffen (2) und den regulativen Prinzipien (3).

1. Ich spreche von „Begriffen mit fließendem Inhalt", wenn der Gesetzgeber seine Regelung auf die ständig sich wandelnde Volksüberzeugung bezieht und sie zur Richtschnur seines Eingreifens macht. Beispiele dafür sind etwa die polizeiliche Generalklausel (§ 14 PrPVG) und der Begriff der Beleidigung (§ 185 StGB). Hier *muß* der Gesetzgeber zu unbestimmten Begriffen greifen: die in der Bevölkerung herrschenden Vorstellungen über das, was unerläßliche Voraussetzung gedeihlichen mitmenschlichen Zusammenlebens ist – und damit die öffentliche Ordnung ausmacht – oder die Auffassung darüber, welche Verhaltensweisen den sozialen Achtungsanspruch des einzelnen antasten – also beleidigend sind – verändern sich fortlaufend und weisen auch vielfältige örtliche Verschiedenheiten auf. Man denke an die Wandlungen der Kleider- und Badesitten in den letzten 50 Jahren oder die sozial und örtlich durchaus verschiedene Bewertung des Götz-Zitats! Da der Gesetzgeber sich hier dem Flusse der Allgemeinauffassung anpassen will, wäre ein inhaltlich festgelegter, statischer Begriff unbrauchbar; der unbestimmte Begriff bildet die einzige Möglichkeit, der Dynamik der sozialen Wertungen gerecht zu werden.

2. Vorrechtlich geformt ist ein Begriff, wenn er seinen Inhalt außerrechtlichen Lebens- und Seinsbereichen entnimmt und vom Gesetzgeber in seine Regelung übernommen wird[19]. Soweit dabei unbestimmte Rechtsbegriffe verwendet werden, geschieht das namentlich in zwei Bereichen: bei den zu „Kulturnormen" verfestigten Sozialauffassungen und im Gebiete der Ethik. Die Fälle der ersten Art gehören zum Teil gleichzeitig zu den eben behandelten „Begriffen mit fließendem Inhalt"; aber nur zum Teil: Es gibt Kulturnormen von beträchtlicher Beharrungskraft. Die ethischen Werte dagegen wandeln sich nicht. Die Sittenordnung ist – wenigstens in ihren leitenden Prinzipien – unveränderlich[20]. Beispiele bilden etwa Begriffe wie die „Würde des Menschen" im öffentlichen Recht (Art. 1 GG), die „guten Sitten" im Zivilrecht (§§ 242, 826 BGB) oder die „Verwerflichkeit" und die „Gewissenlosigkeit" im Strafrecht (§§ 240, 170c StGB).

---

[19] Die viel behandelte Frage, ob und inwieweit die Begriffe durch die Aufnahme in das Gesetz mit einem an den spezifischen Zwecken des Rechts ausgerichteten „normativen Gespinst" überzogen werden, spielt in diesem Zusammenhang keine Rolle.

[20] Vgl, etwa BGHSt 6, 46–59 (51/52); ob sich freilich der dort behandelte Fall zur Demonstration dieses Grundsatzes eignete, ist überaus fraglich. Natürlich kann hier nicht zu der Frage Stellung genommen werden, ob die ethischen Werte absolute, apriorische, aus sich selbst heraus geltende Wesenheiten sind, ob sich ihr Sein und ihre Verbindlichkeit auf die göttliche Schöpfungsordnung gründet, oder ob es sich nur um gegenüber der wechselnden Sitte relativ stabile Kulturüberzeugungen des abendländischen Rechtskreises (und damit in weiterem Sinne doch wieder um Kulturnormen) handelt.

Mögen schon hier die unbestimmten Begriffe oft zu einer gewissen Rechtsunsicherheit führen: Ihre Verwendung erscheint dennoch als zulässig, weil der Rückgriff auf verfestigte Allgemeinüberzeugungen und sittliche Prinzipien der Rechtsprechung Maßstäbe bietet, die objektiv überprüfbar sind, einer orientierungslosen Willkür vorbeugen und außerdem bei der sozialethischen Fundierung des Rechts nicht entbehrt werden können.

3. Die regulativen Begriffe, deren Besonderheit erstmals von Henkel[21] deutlich herausgearbeitet worden ist, zeichnen sich dadurch aus, daß sie – anders als die beiden vorher behandelten Gruppen – weder rechtliche noch außerrechtliche Maßstäbe der inhaltlichen Ausfüllung bieten. Das beste Beispiel bietet der in der gesamten Rechtsordnung an zahlreichen Stellen auftretende Begriff der „Zumutbarkeit"; er ist „völlig wertfrei"[22], formal und inhaltlos. „Verwertet der Gesetzgeber eine regulative Klausel, so bedeutet das nicht Normgebung, sondern im Gegenteil Normverzicht, Negierung der Gesetzesnorm unter der Anweisung, aus dem Einzelfall die Richternorm zu entwickeln."

Es ist klar, daß man mit Hilfe derartiger Regulative keine Rechtsbegriffe bilden kann. Ihr Anwendungsbereich ist daher auch ein wesentlich engerer; er beschränkt sich darauf, in den unkodifizierbaren Randbezirken sonst fest umrissener Begriffe eine gerechte Entscheidung des Einzelfalles zu ermöglichen. So sind etwa die Voraussetzungen der Erfolgsabwendungspflicht bei den unechten Unterlassungsdelikten von der Wissenschaft verhältnismäßig deutlich herausgearbeitet worden; und wo das noch nicht gelungen ist, wird es in der Zukunft geschehen müssen. Aber es wird immer ein begrifflich nicht einzufangender Grenzbereich bestehen bleiben, in dem die Entscheidung mit Hilfe des regulativen Prinzips der Zumutbarkeit den Gegebenheiten des konkreten Falles angepaßt werden kann und muß[23]. Genau so verhält es sich mit der Sorgfaltspflicht bei den fahrlässigen Delikten und der Gewissensanspannung beim Verbotsirrtum: Hier und in zahlreichen anderen Fällen wird durch die Einschaltung des Zumutbarkeitsbegriffes eine schmale Zone der richterlichen Beurteilung des Einzelfalles überlassen.

Dagegen wäre es sachlich und methodisch durchaus fehlerhaft, den Kernbereich eines Begriffes mit Hilfe eines regulativen Prinzips bestimmen zu wollen und etwa – wie es bekanntlich vielfach geschehen ist – die Unzumutbarkeit als selbständigen Schuldausschließungsgrund anzusehen. Es würden dadurch die einzelnen kodifizierten und von der Wissenschaft herausgearbeiteten Gründe der Schuldbefreiung eingeebnet werden, und die gesamte Schuldlehre geriete in den gesetzesfreien Raum. Entsprechendes gilt für alle anderen dogmatischen Begriffe.

---

[21] „Zumutbarkeit und Unzumutbarkeit als regulatives Rechtsprinzip", in: Mezger-Festschrift, 1954, S. 249–309

[22] Hier und im folgenden Zitat: Henkel a. a. O. S. 303

[23] Vgl. dazu Henkel, „Das Methodenproblem bei den unechten Unterlassungsdelikten", in: Festschrift für Tesar, MSchr Krim 1961, S. 178 ff., der hier aber noch weitergehend mit Regulativen arbeitet.

Wenn wir versuchen, aus diesen Erkenntnissen die Folgerungen für die Bestimmung des Täterbegriffs zu ziehen, so ergibt sich, daß er sich in keine der drei oben behandelten Gruppen einordnen läßt.

1. Die Tatherrschaft ist kein Begriff mit fließendem Inhalt; wer von mehreren an einer Straftat Beteiligten Täter, wer Anstifter und Gehilfe ist, das läßt sich für Vergangenheit, Gegenwart und Zukunft nach gleichen Prinzipien beurteilen. Es besteht daher insofern keine Veranlassung, einen unbestimmten, der Anpassung an laufende Veränderungen fähigen Tatherrschaftsbegriff zu bilden.

2. Der Begriff des Täters ist auch nicht in hinreichendem Maße vorrechtlich geformt. Er knüpft zwar an gewisse soziale Vorgegebenheiten an; doch kommt man auf diesem Wege nur bis zu dem Punkt, bei dem wir anfangs mit unseren methodologischen Erwägungen stehenblieben: dem Begriff des Täters als der Zentralfigur des handlungsmäßigen Geschehens, einer Auffassung, in der ontische und teleologische Betrachtungsweise zusammentreffen. Bis hierher haben alle diejenigen Recht, die meinen, man könne aus der „natürlichen Auffassung des Volkes" Anhaltspunkte für die Bestimmung des Täterbegriffs gewinnen[24]. Durchaus zutreffend sagt daher etwa Wegner[25], um den extensiven Täterbegriff schon im Hinblick auf die soziale Tätervorstellung abzulehnen: „Lachen würde … die Einbrecherbande, wenn die blinde Großmutter des Kaschemmenwirtes prahlen wollte, sie hätte doch neulich den großen Einbruch mit der berühmt gewordenen Fassadenkletterei ‚mitgemacht', bloß weil sie vorher die Strickleitern geknüpft hatte!" Das alles ist oben schon näher ausgeführt worden und bedarf keiner Wiederholung[26].

Weiter aber reicht die Möglichkeit, auf einen in der Allgemeinüberzeugung vorgeformten Täterbegriff zurückzugreifen, nicht. Man braucht sich nur einige bekannte, immer wieder auftauchende Fragen zu stellen, etwa: ob jemand, der einen Mordgesellen dingt, Anstifter, Mittäter oder mittelbarer Täter sei; ob einer, der nur im Vorbereitungsstadium mitwirkt, trotzdem Mittäter sein könne; ob die Veranlassung einer vorsätzlich und schuldhaft handelnden, aber abhängigen Person der Täterschaft oder der Anstiftung zuzuordnen sei – Fragen, die alle auch unter den Anhängern der Tatherrschaftslehre strittig sind – um zu sehen, daß man durch eine Betrachtung der „Volksanschauung" der Lösung um keinen Schritt näher kommt.

Schon in der Vergangenheit sind zahlreiche Versuche dieser Art, die namentlich durch die Orientierung am Sprachgebrauch zu einem „sozialen" Täterbegriff kommen wollten, immer wieder gescheitert. Als letzter hat es Hardwig[27] unternommen, eine solche Methode wiederzubeleben[28]. Seine eigenen Beispiele zeigen jedoch die Problematik dieses Unterneh-

---

[24] Vgl. dazu etwa Schwinge, Militärstrafgesetzbuch, 1944, S. 89
[25] Allgemeiner Teil, S. 249
[26] Vgl. oben S. 28 ff.
[27] GA 1954, S. 353 ff.
[28] Vgl. dazu in etwas anderem Zusammenhang mit weiteren Beispielen schon oben S. 17–19

mens. So sagt er etwa: „Die soziale Zuordnung ist ... der Gesichtspunkt, der die Prinzipien für die Beurteilung in sich trägt ... Ein Beispiel vermag dies trefflich zu beleuchten. Ein Großgrundbesitzer entschließt sich, wegen Arbeitermangels ... selbst auf dem Felde mitzuarbeiten." Hardwig erscheint es nun „nicht sinnwidrig zu sagen, der Besitzer habe seinen Arbeitern auf dem Felde bei der Arbeit geholfen". Ganz gewiß kann man das sagen: Aber gesetzt, die Arbeit erfüllte einen Straftatbestand. Dann wäre es doch wohl nicht gut möglich, den Großgrundbesitzer, der den Tatbestand eigenhändig verwirklicht und außerdem seinen Arbeitern in jeder Beziehung übergeordnet ist, nur als Gehilfen anzusehen. Das würde nicht nur allen sonst vertretenen Auffassungen und unserer Lehre von der „Zentralgestalt" widersprechen, sondern nicht einmal einen volkstümlichen Täterbegriff ergeben[29].

Es ist auch nicht schwer zu erkennen, warum eine hinreichende soziale Vorgeformtheit des Täterbegriffs notwendig fehlen muß. Sie besteht nur dort, wo die Rechtsordnung sich auf das Sittengesetz und auf institutionalisierte soziale Verhaltensweisen bezieht. Was gegen die guten Sitten und gegen die Menschenwürde verstößt, sagen Rechtsgefühl und Gewissen; die sozialen Spielregeln werden dem einzelnen durch ständige Einübung geläufig. Auf die Frage aber, ob jemand Mittäter oder Gehilfe, mittelbarer Täter oder Anstifter sei, finden Rechtsgefühl und Gewissen keine Antwort, da es sich hier nicht um ein Problem größerer oder geringerer Strafwürdigkeit oder Verwerflichkeit handelt[30]. Und der Kodex der Sozialbeurteilungen schweigt ebenso; denn es geht um eine Begriffsabgrenzung, für die sich in der Allgemeinauffassung nur dann Muster finden, wenn sie an konventionelle Verhaltensnormen anknüpfen, die in diesem Bereich begreiflicherweise nicht bestehen.

Es ergibt sich also, daß die mangelnde soziale Vorgeformtheit des Täterbegriffs nicht zufällig ist, sondern in der Natur der Sache liegt.

Wenn man daher die „Tatherrschaft" als unbestimmten Begriff verstehen und nicht auf weitere festgelegte Merkmale zurückführen wollte, müßte es zwangsläufig bei der oben herausgearbeiteten Leitlinie für die richterliche Würdigung bleiben. Das aber wäre zu wenig. Ein methodischer Ansatzpunkt bietet zwar die Möglichkeit zur Erarbeitung eines dogmatisch brauchbaren Begriffes, aber er kann diesen Begriff nicht ersetzen.

Daraus folgt: Ein unbestimmter Tatherrschaftsbegriff würde sich nicht durch die soziale Vorgeformtheit des Begriffsinhalts rechtfertigen lassen.

3. Auch als notwendig inhaltloses, regulatives Prinzip – wie es hier in der Leerform der Zentralgestalt als Richtlinie auftreten könnte – ist der Begriff der Tatherrschaft nicht sinnvoll. Das ergibt sich zwangsläufig aus der oben geschilderten beschränkten Funktion der Regulative: Sie sollen an den kodifikatorisch nicht mehr erfaßbaren Grenzen sonst fest umrissener Be-

---

[29] Inwieweit in der Ansicht Hardwigs ein richtiger Gesichtspunkt liegt, wird unten noch zu erörtern sein, vgl. S. 384
[30] Vgl. dazu oben S. 30/31 ff.

griffe eine gerechte Einzelfallentscheidung ermöglichen. Der Tatherrschaftsbegriff dagegen soll im Zentrum der Täterlehre stehen.

Auch von diesem Gesichtspunkt her ist es somit nicht angemessen, einen unbestimmten Tatherrschaftsbegriff zu bilden. Eine andere Frage ist es, ob es rätlich erscheint, neben einem exakt erfaßbaren Begriffskern schmale Randzonen zur Ausfüllung durch einen nicht weiter reduzierbaren, unbestimmten Tatherrschaftsbegriff offen zu halten. Darauf wird noch zurückzukommen sein.

Damit ist nachgewiesen, daß die Auffassung der „Tatherrschaft" als eines unbestimmten Begriffes keine vertretbare Lösung bringt. Es mag zwar sein, daß unbestimmte Begriffe auch sonst außerhalb der genannten Fälle in der Rechtsordnung vorkommen; dem kann hier nicht nachgegangen werden. Aber sie dürfen dann nicht als Vorbilder wissenschaftlicher Begriffsformung dienen. Vielmehr handelt es sich dabei meist um die wirklich bedenklichen Fälle der von Hedemann mit einem vielleicht etwas zu undifferenzierten Pauschalurteil verworfenen „Flucht in die Generalklauseln", um eine Ermüdungserscheinung, die zur „Verweichlichung" des Rechts, zu „Unsicherheit" und „Willkür" führen kann[31]. Es ist immerhin kennzeichnend, daß von den Praktikern, die über die Neigung der Rechtsprechung zu einer von allen festen Begriffen gelösten, extrem individualisierenden Ganzheitsbetrachtung berichtet haben, keiner diese Methode befürwortet hat. Im Gegenteil haben sie alle sich in etwas hilfloser Resignation auf den Einheitstäterbegriff zurückgezogen. Schwalm[32] hat sich ausdrücklich die Frage vorgelegt, „ob der Gesetzgeber die Praxis sich insoweit auch künftig selbst überlassen soll. Es scheint mir zweifelhaft" – sagt er – „ob auf diese Weise in den folgenden Jahren die Klärung, die in den vergangenen 80 Jahren nicht herbeigeführt werden konnte, alsbald erreicht werden könnte", und er meint abschließend[33]: „Ich will für mich persönlich nicht leugnen, daß ich der Einheitstäter-Regelung zuneige, weil sie mir in meiner Betrübnis über die ganze Entwicklung als eine nicht unsympathische Lösung erscheint." Krille hat aus den Erfahrungen der Praxis den Schluß gezogen, man solle, da man niemals ein geeignetes Kriterium finden werde, „überhaupt auf eine begriffliche Aufteilung" verzichten[34], und auch von Stackelberg[35] stellt bündig fest: „Das Verfahren der Einheitstätertheorie erscheint mir ehrlicher."

Dies alles zeigt deutlich, daß ein unbestimmter Tatherrschaftsbegriff nicht nur methodisch und rechtsdogmatisch unbefriedigend, sondern auch für die praktische Handhabung unbrauchbar wäre und die Rechtsprechung der Ratlosigkeit überlassen würde. Es muß daher ein anderer Weg gesucht werden, um den Begriff der Tatherrschaft mit Inhalt zu erfüllen.

---

[31] Vgl. dazu Hedemann a. a. O. S. 58 ff., 66 ff.
[32] Niederschriften, S. 89
[33] a. a. O. S. 91
[34] a. a. O. S. 99
[35] a. a. O. S. 100

§ 16. Die Tatherrschaft als fixierter Begriff

Das nächstliegende Verfahren, um einen klar faßbaren Tatherrschaftsbegriff zu gewinnen, besteht darin, ihn als „fixierten" Begriff zu verstehen. Von einem „fixierten" Begriff kann man sprechen, wenn er sich definitorisch auf bestimmte einzelne Elemente zurückführen läßt, die im Wege eines objektiv überprüfbaren Subsumtionsaktes erfaßbar sind und mit Hilfe deren sich jeder Einzelfall durch ein deduktives Vorgehen ohne weiteres lösen läßt.

Eine mathematisch genaue Festlegung darf man freilich von vornherein nicht erwarten: Begriffe, die einem ganz „wertfreien" richterlichen Erkenntnisverfahren zugänglich sind, gibt es nur überaus selten. Wo aber die „normative" Sphäre beginnt, wo es sich um Erscheinungen handelt, die über die Feststellung naturwissenschaftlich-empirischer Fakten hinaus in den Bereich des nur geistig Verstehbaren hineinragen, verlieren die Begriffe ihre absolute Eindeutigkeit. Nicht, als ob die Gegebenheiten hier subjektiv beliebiger richterlicher Wertung ausgesetzt würden; auch geistig verstehbare Phänomene werden objektiv erfaßt. Aber ihre mangelnde Quantifizierbarkeit läßt im Einzelfall oft verschiedene Beurteilungen zu. Gleichwohl besteht der Sache nach ein erheblicher Unterschied zwischen einem in dem oben gekennzeichneten Sinne „unbestimmten" Tatherrschaftsbegriff und einer Auffassung, die die „Tatherrschaft" in bestimmte, fest umrissene Elemente zerlegt, auch wenn diese Bestandteile gewisse normative Einschläge aufweisen mögen. Diese beträchtliche Bestimmtheitsdifferenz rechtfertigt es, wenn im folgenden von einem „fixierten" Begriff die Rede ist.

Den Tatherrschaftsbegriff durch starre, nach Möglichkeit deskriptive und rein kognitiver richterlicher Beurteilung zugängliche Kriterien festzulegen, erscheint jedoch ebenfalls nicht als gangbarer Weg zur Lösung der Problematik. Das ergibt sich aus einer Reihe von theoretischen und praktischen Gründen:

I. Methodologische Gegenargumente

Die zahlreichen objektiven Teilnahmetheorien, die in der Wissenschaft bis zum Aufkommen der Tatherrschaftslehre vorwiegend vertreten wurden, erstrebten alle eine definitorisch exakte, möglichst scharfe und in jedem Einzelfall unmittelbar anwendbare Form der Begriffsabgrenzung. Dem lagen – mehr oder weniger bewußt – verschiedene Erwägungen zugrunde: der namentlich im letzten Viertel des vergangenen Jahrhunderts unter dem Einfluß des naturalistischen Positivismus noch wirksame Gedanke, man könne und müsse die Begriffsbildung im Bereich der Geisteswissenschaften derjenigen der exakten Naturwissenschaften möglichst angleichen; aber auch die bis in die Aufklärungszeit zurückreichende Vorstellung, daß es angemessen und möglich sei, den Richter um der Rechtssicherheit willen als bloßen „Subsumtionsautomaten" auf die Anwendung eines lückenlosen, für alle denkbaren Fälle eine Lösung anbietenden Normensystems zu beschränken.

Es gehört heute zum Allgemeingut der juristischen Methodenlehre, daß derartige Ziele weder erreichbar noch erstrebenswert sind. Wie und warum man inzwischen für den gesamten Bereich der Rechtswissenschaft in dieser Frage zu neuen und differenzierteren Einsichten gekommen ist, kann hier nicht dargestellt werden[1]. Wir müssen uns auf die Täterlehre als konkreten Beispielsfall der angedeuteten Gesamtentwicklung beschränken. Gleichwohl erscheint schon unter diesen weitergreifenden Aspekten ein fixierter Tatherrschaftsbegriff als eine von vornherein problematische Lösung.

II. Dogmenhistorische Gegenargumente

In der Tat haben sich die formal-objektive Theorie und die materiell-objektiven Lehren, soweit sie die Teilnahmeformen durch begrifflich klar erfaßbare, starr fixierte Kriterien voneinander abgrenzen wollten, allesamt als unzulänglich erwiesen. Das bedarf hier keiner Ausführung mehr; die oben vorgenommene Durchmusterung der einzelnen Teilnahmetheorien hat dafür einen gleichsam experimentellen Nachweis erbracht[2]. Selbst dort, wo diese Theorien in ihren Grenzen durchaus zutreffende Ansatzpunkte boten, führte die gleichförmige Anwendung desselben Begriffes auf ganz verschiedenartige Sachverhalte zu einer Vergewaltigung des Rechtsstoffes, die die Gegenbewegung, d. h. die Tendenz zur Individualisierung und damit zum unbestimmten Täterbegriff, zwangsläufig fördern mußte[3].

Es ist schon auf Grund dieser praktischen Erfahrungen nicht anzunehmen, daß in Zukunft noch gelingen könnte, was seit dem Beginn des 19. Jahrhunderts immer wieder vergeblich versucht worden ist: nämlich einen fixierten Täterbegriff zu finden, der bei der Anwendung auf jeden beliebigen Lebensfall sachgerechte Lösungen im Sinne der anfangs[4] entwickelten Prinzipien gewährleistet. Durch Kombination bestimmter festumrissener Gesichtspunkte „neue" Theorien zu bilden, ist zwar nicht schwierig; aber auch hier ist schon gezeigt worden, warum ein solches Vorgehen nicht zum Erfolge führen kann[5].

III. Gegenargumente aus dem Wesen der Täterschaft

Abgesehen von den aus der Dogmengeschichte der Täterlehre ablesbaren Erkenntnissen, läßt aber auch eine theoretische Besinnung einsehen, warum ein fixierter Tatherrschaftsbegriff keine befriedigende Abgrenzung der Teilnahmeformen erbringen kann. Es gibt dafür mehrere Gründe; daß sie untereinander zusammenhängen, versteht sich am Rande.

---

[1] Über den neuesten Stand der Diskussion vgl. eingehend und grundlegend Larenz, Juristische Methodenlehre, 1960; ferner Henkel, Recht und Individualität.
[2] Vgl. dazu ausführlich oben S. 34 ff.; ferner S. 112 bei Anm. 13 mit weiteren Angaben.
[3] Vgl. dazu oben S. 112
[4] oben S. 19 ff.
[5] oben S. 57–59

1. Unnötigkeit schematisierender Abstraktion

Eine begriffliche – wenn auch nach Möglichkeit deskriptive – Festlegung bedeutet notwendig eine Abstraktion. Ein Täterbegriff, der durch eine subsumtionsgerechte Definition bestimmt wird, muß, da er *auf* alle Sachverhalte angewandt werden soll, die konkreten Umstände des Einzelfalles zwangsläufig beiseitelassen.

Nun muß eine solche abstrakte Grenzziehung nicht in allen Fällen ein Nachteil sein. Es hängt das von der Funktion ab, die einem Begriff im Rahmen der Rechtsordnung zukommen soll. Die Vorschriften des Bürgerlichen Rechts etwa über den gutgläubigen Erwerb haben den Zweck, im Interesse der Verkehrssicherheit eine leicht übersehbare, eindeutige Regelung zu treffen. Eine gewisse Schematik, die über die Besonderheiten des Einzelfalles hinweggeht, ist hier unvermeidlich und auch angebracht.

Bei der Abgrenzung von Täterschaft und Teilnahme ist es aber anders. Ordnungsgesichtspunkte und Vertrauensinteressen sind hier nicht im Spiel. Vielmehr soll die Differenzierung den vielgestaltigen Sachverhaltskonstellationen so weit wie irgend möglich gerecht werden. Sie soll eine Realitätsnähe haben, die durch eine abstrakte Formel nicht erreichbar ist. Das ergibt sich, wenn man so sagen darf, aus der „Natur der Sache", und darin liegt, unabhängig von aller praktischen Erfahrung mit einzelnen Theorien, ein Grund für die Unzulänglichkeit jedes wie auch immer fixierten Tatherrschaftsbegriffs.

2. Mangelnde Fixierbarkeit von Sinnelementen

Ein anderes kommt hinzu: Ein Rechtsbegriff ist um so präziser und für die richterliche Subsumtion um so geeigneter, je deskriptiver er ist, d. h. je mehr er sich auf sinnlich wahrnehmbare, zähl- und meßbare Gegenstände bezieht, die sich durch ein einfaches Feststellungsurteil ermitteln lassen und insoweit „wertfrei" sind. Dem Ideal eines fixierten Tatherrschaftsbegriffs würde also eine Definition entsprechen, die die Täterschaft auf ausschließlich deskriptive Elemente zurückführte. Dem kommt der Umstand entgegen, daß sich der Täterbegriff – wie wir wissen – nicht ins rein Normative verflüchtigen, sondern durch das Leitbild der Zentralgestalt seine Anschaulichkeit behalten soll.

Andererseits ist die rechtliche Erscheinung des Täters – wie ebenfalls schon am Anfang der Arbeit gezeigt wurde – Träger eines aus den Vorgegebenheiten und den gesetzlichen Wertungen zu erschließenden Bedeutungsgehaltes. Die Umstände, die jemanden zur Schlüsselfigur des handlungsmäßigen Geschehens machen, sind mannigfaltig, und ihre Erkenntnis erfordert einen Akt geistigen Verstehens. Jedes Verstehen aber verlangt mehr als ein bloßes Feststellungsurteil. Sache der Naturwissenschaften ist es, wertfrei festzustellen. Der *Sinn* einer Erscheinung jedoch, um den es sich für uns handelt, pflegt nicht in empirischen Faktizitäten aufzugehen. Daher können deskriptive Begriffselemente allein den Bedeutungsgehalt der durch die Teilnahmeformen zu gliedernden Vorgänge nicht auffangen. Weil andererseits nur sie eindeutig fixierbar sind, ist auch aus diesem Grunde anzunehmen, daß ein strikt festgelegter Tatherrschaftsbegriff dem Wesen der Sache nicht ganz gerecht wird.

3. Gefahr begriffsjuristischer Verfehlung des Sachgehaltes

Endlich ist nicht zu verkennen, daß eine lückenlose Fixierung zu einer Begriffsjurisprudenz im schlechten Sinne des Wortes führen müßte. Nicht, als ob das Strafrecht der präzisen Begriffe entraten könnte; eben deshalb kann ein inhaltlich unbestimmter Täterbegriff die Problematik nicht fördern. Aber wenn man die „Tatherrschaft" durch überall eindeutig umrissene Merkmale festlegt, so muß man bei allen auftretenden Situationen die Lösung aus dem einmal fixierten Begriff deduzieren, anstatt sie dem Bedeutungsgehalt der wechselnden Lebenserscheinungen zu entnehmen. Wenn man beispielsweise durchaus zutreffend erkannt hat, daß jemand, der eine notwendige Bedingung zum Erfolge setzt, in der Regel eine besonders wichtige Rolle im Handlungsgeschehen einnehmen und deshalb Tatherr und Täter sein wird, ist es gleichwohl verfehlt, sich nun auf den Begriff der notwendigen Bedingungen festzulegen und aus ihm in starrer Konsequenz die Lösung für alle auftauchenden Fragen ableiten zu wollen, unabhängig davon, ob das Ergebnis dem ursprünglichen Sinn der Differenzierung noch entspricht[6]. Der Begriff würde bei einer solchen Anwendung sinnzerstörend wirken. Man kann Sachprobleme nicht durch einfache Begriffsableitungen lösen. Das ist heute nicht mehr bestritten.

Da nun aber eine allumfassende und allseitig festgelegte Formel nur in dem oben genannten Verfahren überhaupt anwendbar, eine begriffsjuristische Methode insoweit also unvermeidbar ist, bestehen auch unter diesem Gesichtspunkt gegen einen fixierten Tatherrschaftsbegriff erhebliche Bedenken.

Aus alledem folgt: Auch ein fixierter Tatherrschaftsbegriff kann nicht zu einer sachgerechten Abgrenzung der Teilnahmeformen führen.

§ 17. Die Tatherrschaft als offener Begriff

I. Offene Begriffe

Nachdem die beiden bisher erörterten konträren Methoden der Täterfeststellung versagt haben, kann ein dritter Weg nur zwischen den Extremen gesucht werden. Das will sagen: Man muß ein Verfahren finden, mit Hilfe dessen sich der Begriff der Tatherrschaft inhaltlich so ausfüllen läßt, daß er einerseits den wechselnden Lebenserscheinungen gerecht werden, anderer-

---

[6] Vgl. dazu näher oben S. 40/41

seits aber auch ein großes Maß an Bestimmtheit erreichen kann. Er muß es ferner gestatten, die in der Mannigfaltigkeit der Konstellationen typisch wiederkehrenden Grundformen einer generalisierenden Regelung zu unterwerfen, gleichzeitig aber die Möglichkeit einer gerechten Würdigung individueller Einzelfälle bieten, die sich der abstrakten Normierung entziehen.

Diese vielgestaltigen Ziele zu erreichen, ist nur möglich, wenn man die Tatherrschaft als einen – wie ich sagen möchte – „offenen" Begriff auffaßt. Ein derartiger Tatherrschaftsbegriff ist gegenüber den bisher erörterten beiden möglichen Gestaltungsformen der Täterschaft im wesentlichen durch zwei Besonderheiten gekennzeichnet:

1. Das beschreibende Verfahren als erstes Merkmal des offenen Begriffs

An die Stelle einer exakten Definition oder eines unbestimmten Begriffes tritt eine *Beschreibung*.

Die Definition nämlich kann nur zu einem fixierten Tatherrschaftsbegriff mit allen oben dargelegten Mängeln führen. Das gilt zunächst für eine exakte Begriffsdefinition im technischen Sinne, die durch Angabe des genus proximum (des höheren Gattungsbegriffes) und der differentia specifica (des artbildenden Unterschiedes) zu einer Festlegung des Begriffsinhalts führt[1]; so wie man etwa nach diesen Regeln den Täter der formal-objektiven Theorie definieren könnte als den Verursacher eines tatbestandsmäßigen Erfolges, der diesen Erfolg mit eigener Hand herbeiführt. Es gilt aber darüber hinaus für jede andere Art der Definition, die – um mit Larenz[2] zu sprechen – einen Begriff „durch die erschöpfende Angabe seiner stets unabdingbaren Merkmale fest begrenzt". Denn wenn aus den unterschiedlichen Erscheinungsformen des Lebens die immer gleichen Merkmale abstrahiert werden, so muß das zwangsläufig bei Bestimmung der Täterschaft zu den Gefahren der Realitätsferne, der Sinnentleerung und der Begriffsjurisprudenz führen, die oben als Nachteile eines fixierten Tatherrschaftsbegriffs gekennzeichnet worden sind.

Demgegenüber hat die Beschreibung den Vorteil, sich den wechselnden Fallgestaltungen anpassen zu können. Wenn man etwa sagt: Die Tatherrschaft hat, wer a), b), c) usw. tut, so werden nicht die verschiedenen Sachverhalte ohne Rücksicht auf ihre Eigenart denselben Merkmalen zwangsweise untergeordnet, sondern es wird im Gegenteil die Beschreibung dem Sinngehalt der abweichenden Fallsituationen angeglichen. Den Bedeutungszusammenhängen wird nicht eine einheitliche – sie in der Regel teilweise verdeckende – Formel übergestülpt, sondern die Beschreibung folgt mit ihren immer anderen Merkmalen den jeweils unterschiedlich strukturierten

---

[1] Vgl. dazu nur etwa Metzke, Handlexikon der Philosophie, S. 64 unter 3.
[2] Juristische Methodenlehre, S. 343. Der von Larenz an dieser Stelle verwendete Terminus des „offenen Typus" ähnelt auch sonst unseren „offenen Begriffen". Auf die Unterschiede im einzelnen kann hier nicht eingegangen werden.

Vorgegebenheiten: Eine wahllose Aneinanderreihung kann daraus nicht werden, weil jedes Glied der Beschreibung auf den in seinem Wesen noch näher zu kennzeichnenden Gedanken der Tatherrschaft als des gemeinsamen Sinnzentrums bezogen bleibt.

Es ist klar, daß eine solche Beschreibung wesentlich lebensnäher sein kann als eine abstrakte Definition; daß sie den Sinnzusammenhängen soweit gerecht werden kann wie es überhaupt nur möglich ist; daß sie der Methode der Begriffsjurisprudenz ganz fernsteht und somit alle Mängel eines fixierten Täterbegriffs vermeidet.

Andererseits steht sie aber in ebenso scharfem Gegensatz zur anfangs erörterten Verwendung eines unbestimmten Täterbegriffs. Während dieser eine orientierungslose Rechtsunsicherheit begünstigt, auf konkrete Fragen wegen seiner Unbestimmtheit die Antwort verweigert und die Typizität und Anschaulichkeit abgegrenzter Lebenssituationen durch eine unklare „ganzheitliche" Betrachtungsweise nivelliert, kann eine Beschreibung sich hart in der Nähe der Phänomene halten und dadurch eine beträchtliche Exaktheit erreichen. Auf diese Weise entgeht sie allen Mängeln des unbestimmten Begriffs.

Da eine Beschreibung den Täterbegriff nicht formelhaft eingrenzt, ist sie niemals endgültig abgeschlossen. Es ist z. B. denkbar, daß im Laufe der Entwicklung bisher nicht bekannte Formen des Zusammenwirkens entdeckt oder durch die Einführung neuer Tatbestände geschaffen werden. Für diese Fälle liegt dann nicht schon die Lösung parat. Mit der bloßen Subsumtion unter einen Oberbegriff, wie sie eine fixierte Täterschaft ermöglichen und erfordern würde, ist es nicht getan. Vielmehr muß eine den Sachgegebenheiten der jeweiligen Konstellation entsprechende Beschreibungsergänzung vorgenommen werden. Natürlich können dabei die strukturellen Muster, die sich aus der Analyse anderer Fallgruppen ergeben haben, Hilfsdienste leisten. Oft wird es möglich sein, die dort angelegten Linien behutsam weiterzuziehen. Gleichwohl kann man hier von einem „offenen" Begriff in dem Sinne sprechen, daß eine „erschöpfende Angabe seiner stets unabdingbaren Merkmale" nie möglich sein und er sich der Aufnahme neuer inhaltlicher Elemente nicht verschließen wird.

Sieht man die Dinge so, dann erscheint die zunächst erstaunliche Tatsache, daß es den zahlreichen Vertretern der Tatherrschaftslehre bisher nicht gelungen ist, diesen Begriff in hinreichender Weise zu definieren, in einem anderen Licht. Das Scheitern dieser Bemühungen ist dann kein Mangel, der etwa die Unbrauchbarkeit dieses Täterbegriffs an den Tag brachte, sondern es ist der Ausdruck einer tieferen Sachgesetzlichkeit. Das Schwergewicht der Auseinandersetzung mit diesen Lehren muß deshalb auf ihren Aussagen zu den konkreten Einzelproblemen liegen.

2. Der Einbau von Regulativen als zweites Merkmal
des offenen Begriffs

Der offene Begriff, so wie er hier verstanden wird, ist zweitens dadurch gekennzeichnet, daß die Beschreibung zwar einerseits die bei der Deliktsbeteiligung mehrerer Personen typischen Konstellationen scharf umreißt und dadurch einer generalisierenden Beurteilung zugänglich macht, daß sie aber andererseits dort, wo die Unberechenbarkeit möglicher Beziehungen eine verallgemeinernde Lösung verbietet, durch die Verwendung regulativer Prinzipien begrenzte Leerräume für die richterliche Würdigung des Einzelfalles offenläßt. „Regulativ" wird hier im Sinne von „richtunggebend" verstanden[3]. Die Funktion solcher Prinzipien ist schon oben[4] im Anschluß an Henkel gekennzeichnet worden: Wenn bei Bestimmung des Täterbegriffs in irgendeinem durch die Beschreibung zu erfassenden Lebensbereich die Fülle der Sachverhaltsmomente, denen unter dem Gesichtspunkt der Tatherrschaft Bedeutung zukommen kann, so groß ist, daß sie sich der generalisierenden Vorwegbeurteilung entzieht, dann muß der Gesetzgeber bzw. Begriffsschöpfer sich an dieser Stelle mit einer Richtlinie begnügen und im übrigen dem Rechtsanwender die Beurteilung des individuellen Falles anhand des gegebenen Regulativs überlassen. Wegen der auf diese Weise entstehenden Lücken in der sonst umfassenden Beschreibung kann man auch in diesem zweiten Sinne von einem „offenen" Begriff sprechen.

Daß ein derartiges Verfahren von der Methode des definitorisch fixierten Täterbegriffs noch weiter abrückt und eine noch abstraktionsfernere Beurteilung ermöglicht, als sie das beschreibende Vorgehen ohnehin gewährleistet, liegt auf der Hand. Andererseits besteht keine Gefahr der Rückkehr zum unbestimmten Begriff[5]; denn jeder rechtlich zu regelnde Lebensbereich pflegt so viele typisierbare Elemente zu enthalten, daß schon ihre vollständige Erfassung dem Begriff feste Konturen verleiht. Außerdem ermöglicht eine Richtlinie, wenn man den Anwendungsbereich des Regulativs eng begrenzt, in diesem beschränkten Bereich auch dann eine ziemlich sichere Entscheidung, wenn die Lösung von der Anschauung des Einzelfalls abhängig gemacht wird.

Wie die hier in ihren Leitlinien umrissene Methode zur inhaltlichen Ausfüllung des Täterbegriffs bei der Rechtsanwendung zu handhaben ist, zu welchen konkreten Ergebnissen sie führt, wann also, kurz gesagt, Tatherrschaft vorliegt und wann nicht, das wird im folgenden darzulegen sein. Diese praktische Erprobung unseres theoretischen Programms wird gleichzeitig die Brauchbarkeit des gewählten Verfahrens zeigen, und Fragen, die bei der notwendig kurz gehaltenen Darstellung der methodischen Grundlagen offen geblieben sein mögen, im einzelnen beantworten.

---

[3] Vgl. Metzke, Handlexikon der Philosophie, S. 255
[4] Vgl. oben S. 115
[5] Vgl. darüber schon oben S. 115, 117/118

II. Vorausschauender Überblick

Wir können nach alledem die Problematik nicht dadurch meistern, daß wir aus dem Richtpunkt der Zentralgestalt einen Tatherrschaftsbegriff „vorweg" entwickeln, ihn gewissermaßen, ohne den Klammerinhalt zu kennen, vor die Klammer ziehen und ihn dann nachträglich auf die Einzelfälle anwenden. Vielmehr müssen wir von vornherein in die Fülle des Stoffes hineingreifen, die empirisch vorfindbaren Formen der Beteiligung am Tatgeschehen durchmustern und für jede Fallgruppe gesondert beschreiben, wie sich der Tatherrschaftsgedanke auswirkt. Wenn diese Beschreibungen nachher einige Strukturmuster erkennen lassen, die sich überall hindurchziehen und dem Begriff eine übersichtliche, aus den Erscheinungen ablesbare Gliederung verleihen, so muß sich das aus der Arbeit am Rechtsstoff ergeben und am Ende der dem Tatherrschaftsbegriff gewidmeten Untersuchung deutlich werden.

Für das Eindringen in die Materie wählen wir ein Verfahren, das sich an die übliche Unterscheidung von Einzeltäterschaft, mittelbarer Täterschaft und Mittäterschaft anlehnt. Wir untersuchen zunächst, welchen Einfluß das Maß der Tatbestandsverwirklichung durch eigenes Handeln auf die Täterschaft hat (Handlungsherrschaft), fragen uns dann, ob und wann jemand auch ohne eigene Beteiligung an der Tatausführung kraft seiner Willensmacht Täter sein kann (Willensherrschaft), und prüfen zuletzt, inwieweit ein Beteiligter, wenn er weder die Tatbestandshandlung vornimmt noch eine Willensmacht über das Handeln anderer ausübt, allein durch die Zusammenarbeit mit ihnen zur Zentralgestalt des Geschehens werden kann (funktionelle Tatherrschaft). Auf dieser Gruppierung, deren Zweckmäßigkeit sich durch die Darstellung erweisen wird, beruhen die folgenden drei Kapitel.

Fünftes Kapitel

Die Handlungsherrschaft

§ 18. Die vorsätzlich-freie eigenhändige Tatbestandsverwirklichung

Wir nehmen bei dieser verhältnismäßig einfach gelagerten Fallgruppe das Ergebnis voraus: Wer ungenötigt und ohne von einem anderen in mehr als sozialüblicher Weise abhängig zu sein, alle Tatbestandsmerkmale eigenhändig verwirklicht, ist Täter. Er hat in jedem denkbaren Falle die Tatherrschaft.

Es handelt sich hier um den Prototyp der Täterschaft, um die sinnfälligste Ausprägung der Zentralgestalt, um eine Konstellation, bei der die „natürliche Auffassung des Lebens" und die Wertung des Gesetzgebers sich fraglos decken. Man kann eine Tat nicht deutlicher beherrschen, als indem man sie selber tut; man kann nichts fester in der Hand haben als durch die Eigenhändigkeit.

Das unmittelbar Einleuchtende dieser Erkenntnis beruht nicht allein auf der unreflektierten Evidenz einer solchen Aussage. Es läßt sich auch rein strafrechtsdogmatisch aus der Sicherheit begründen, mit der man die Natur der Alleintäterschaft aus dem Gesetz ermitteln kann. Denn wenn man sich den Einzeltäter vorstellt, so ist nicht zu bestreiten, daß der Gesetzgeber in seinen paragraphenmäßigen Tatbeschreibungen stets auch den Täter schildert. Nur wer alle dort festgelegten Unrechtsvoraussetzungen erfüllt, ist Täter; und er ist es, wenn er sie verwirklicht, ausnahmslos. Hält man an dieser unumstößlichen Grundlage fest, so gibt es kein stichhaltiges Argument dafür, daß sich an dem Ergebnis dann etwas ändern könnte, wenn auch noch andere Personen an der Tat mitgewirkt haben. Mag ihr Beitrag so oder anders zu würdigen sein: Der eigenhändig den Tatbestand Verwirklichende entspricht deshalb der gesetzlichen Täterbeschreibung um keinen Deut weniger.

Alle Lehren, die hier zu anderen Ergebnissen kommen, gehen von Voraussetzungen aus, die oben schon als irrig erkannt wurden. Denn zwar ist es richtig, daß der „Eigenhändige" nicht notwendig im moralischen oder kriminologischen Sinne der Hauptverantwortliche sein muß. Ein anderer, der ihn verführt und zur Tat veranlaßt hat, der vielleicht der Erfinder des ganzen Planes und der eigentliche Nutznießer ist, kann höhere Strafe verdienen. Aber auf all das kommt es, wie wir wissen[1], bei der Täterbestimmung nicht an: Für die Tat, so wie sie handlungsmäßig in Erscheinung tritt, bleibt der sie frei und eigenhändig in vollem Umfang Durchführende die beherrschende Zentralgestalt. Darin liegt der unverlierbare Wahrheitsgehalt der formal-objektiven Theorie[2]. Ein Tatherrschaftsbegriff kann daher nur so formuliert werden, daß er diese Fälle in jeder denkbaren Gestaltung umfaßt.

Vom Standpunkt der hier verfolgten Methode aus ist es dabei ein besonderer Vorteil, daß der Gesetzgeber uns die Arbeit weitgehend abnimmt. Seine Tatschilderungen, die für uns gleichzeitig Täterbeschreibungen darstellen, sind – zum Teil dank der verfeinernden wissenschaftlichen Auslegung – so plastisch und exakt wie möglich. Indem wir uns auf sie beziehen, können wir dem Täterbegriff größte Lebensnähe verleihen, ohne ihn zu komplizieren. Die generalisierende Feststellung, der frei und vorsätzlich selbst Handelnde sei stets Täter, erfüllt demnach alle Voraussetzungen der oben geforderten beschreibenden Begriffsbildung, ohne daß die für die praktische Anwendung nötige Handlichkeit verlorengeht.

Über das Ergebnis besteht denn auch heute weithin Einigkeit. Selbst von Weber, der als einziger – freilich weitgehend subjektiv orientierter – Vertreter der Tatherrschaftslehre immerhin die Möglichkeit bloßer Gehilfenschaft wegen fehlenden „Tatherrschaftswillens" des unmittelbar Handelnden einräumt, beschränkt diese Annahme auf den Fall, daß der Ausführende „die Tat bloß im Dienst des Täters in völliger Unterordnung unter dessen Willen ausführt"[3]. Entgegen von Weber können freilich auch solche Ausnahmesituationen keine andere Beurteilung rechtfertigen; denn wenn jemand eine Tat ungenötigt selbst vollführt, können die Gründe, die ihn dazu veranlaßt haben, seine Herrschaft über den Ablauf des Handlungsgeschehens nicht vermindern und seine zentrale Stellung bei der Ausführung nicht beeinträchtigen.

Deshalb ist auch die neueste Entscheidung des Bundesgerichtshofs im Staschynski-Fall[3a] abzulehnen. Der Angeklagte hat hier, wenngleich im Dienste ferner Auftraggeber, zwei Morde völlig selbständig durchgeführt. Eine umfassendere Beherrschung des Handlungsgeschehens ist schlechterdings nicht denkbar. Wenn der Bundesgerichtshof das Verhalten des bei der Ausführung allein und frei handelnden Täters um der politischen Verblendung des Angeklagten willen in eine Gehilfenschaft umdeutet, so schafft er damit einen Strafmilderungsgrund, den das Gesetz nicht kennt. Abgesehen davon ist das Urteil auch kriminalpolitisch äußerst bedenklich, weil es geeignet ist, alle diejenigen, die ungenötigt die verbrecherischen Ziele einer Staatsmacht in die Tat umsetzen, von ihrer Verantwortung weitgehend zu entlasten.

---

[1] Vgl. dazu eingehend oben S. 24/25, 29–32
[2] Darüber oben S. 34–38 (35)
[3] Grundriß, 2. Aufl., S. 67; vgl. oben S. 80/81
[3a] Vgl. dazu oben S. 105, Anm. 52

Auch die dogmatische und methodische Verfehltheit einer solchen Täter-konzeption zeigt sich in diesem Falle besonders deutlich. Wenn Täter nur ist, wer unter politischen und persönlichen Gesichtspunkten als der „Haupt-verantwortliche" erscheint, so wird der Täterbegriff zu einer unbestimm-ten, allein durch die richterliche „Gesamtschau" auszufüllenden General-klausel. Er verfällt damit einer Konturlosigkeit, die zu der schon oben[3b] geschilderten Krise der Täterlehre in der Praxis geführt hat. Wollte man allgemein dazu übergehen, vom konkreten Handlungsgeschehen gelöste, auf die persönlichen Umstände der Beteiligten abstellende Strafwürdig-keitserwägungen über Täterschaft und Teilnahme entscheiden zu lassen, so wäre jede dogmatische Arbeit an der Täterlehre vergebens[3c]. Es wäre dann angezeigt, sich für den Einheitstäterbegriff zu entscheiden und bei mildernden Umständen generell von der für den Mord vorgesehenen Höchststrafe abzusehen. Solange man das nicht will und an einer selbständi-gen Täterlehre festhält, verdient diese neue, einer solchen Lösung der Sache nach gleichkommende BGH-Entscheidung genau so entschiedene Mißbilli-gung, wie sie seinerzeit dem „Badewannenurteil" des Reichsgerichts zuteil geworden ist[3d].

Die Auffassung, daß der unmittelbar, frei und eigenhändig die Tat Aus-führende in jedem Falle Täter sei, hat sich bekanntlich auch über den Bereich der Tatherrschaftslehre hinaus in den letzten Jahren bei den Vertretern fast aller anderen Theorien durchgesetzt. Auch der Bundesgerichtshof hatte sich ihr ausdrücklich angeschlossen[4], und er wird, wenn man von politischen und militärischen Befehlssituationen absieht, diese Ansicht vermutlich auch jetzt noch aufrechterhalten. Gleichwohl darf der Erkenntniswert, den eine an die gesetzliche Tatbeschreibung angelehnte, von subjektiven Tendenzen absehende Tatherrschaftslehre für die Lösung dieses Falles bietet, nicht zu gering veranschlagt werden. Denn immerhin gibt es einige Entscheidungen des Bundesgerichtshofs, die von der gegenteiligen Ansicht ausgehen[5]. Außerdem zeigt dieser Schulfall, daß die in der neueren Rechtsprechung des BGH wiederholt geäußerte Meinung, für die Bestimmung der Täterschaft komme es nur auf die „innere Willensrichtung" an[6] und der Umfang des äußeren Tatbeitrages sei ganz unerheblich[6], falsch ist; und zwar nicht nur vom Standpunkt der Tatherrschaftslehre aus, sondern überhaupt; denn die Täterschaft richtet sich nach dem Tun und nicht nach den ohne Auswirkung bleibenden Gedanken eines Mitwirkenden.

[3b] S. 110/111, 118

[3c] Vgl. darüber allgemein oben S. 24/25, 30–32

[3d] Um Mißverständnissen vorzubeugen: Mit der Annahme einer Täterschaft des Ausführen-den ist noch nichts darüber gesagt, ob nicht vielleicht der Hintermann ebenfalls Täter ist. Diese Frage wird später noch eingehend zu erörtern sein; vgl. unten S. 211 ff., 242 ff.

[4] BGHSt 8, 393–399; oben S. 96–98 (Nr. X)

[5] 4. Senat v. 13. 2. 51, NJW 51, S. 323, oben S. 91 (Nr. II); und vor allem 2. Senat v. 21. 6. 55; BGHSt 8, 70–75, oben S. 94/95 (Nr. VII), vgl. zum Staschynski-Urteil oben S. 105, Anm. 52

[6] Vgl. die Entsch. d. 5. Senats v. 15. 6. 54, MDR 54, S. 529/30, oben S. 92/93 (Nr. V), wo diese Auffassung auch noch mit dem Tatherrschaftsgedanken in Verbindung gebracht wird; 2. Senat v. 21. 6. 55, BGHSt 8, 70–75, oben S. 94/95 (Nr. VII)

Daraus folgt ein weiteres: Obwohl man immer wieder versucht hat, das durch die Tatherrschaftstheorie in diesem Falle ohne Schwierigkeit erzielte Ergebnis ebenso von einer im Prinzip rein subjektiven Lehre her zu rechtfertigen – auch der BGH in der genannten Entscheidung hält das für möglich[7] – sind in Wahrheit alle diese Bemühungen zum Scheitern verurteilt. Das liegt für die Interessentheorie auf der Hand, gilt aber auch für die Dolustheorie. Denn die stets wiederkehrende Behauptung, jemand, der die Tat selbst vollführe, könne sich einem anderen nicht völlig unterordnen, er müsse also den „Tatherrschaftswillen" haben und die Tat „als eigene wollen", ist falsch. Gewiß muß er vorsätzlich handeln; aber dieser Vorsatz kann einer subjektiven Theorie nicht genügen, weil ihn auch der Teilnehmer hat; er hat zudem mit der von der Dolustheorie geforderten Willensunterordnung nichts zu tun. Im übrigen aber ist eine völlige innere Unterordnung mit der alleinigen äußeren Durchführung der Tat sehr wohl vereinbar; das zeigt schon der vom BGH entschiedene Fall – der einer Frau hörige Täter erschlug auf deren Geheiß ihren Ehemann[8] – sehr deutlich. Wenn also der Bundesgerichtshof mit Hilfe einer subjektiven Theorie das Problem lösen zu können glaubt, so ist das durchaus unrichtig. Die schon oben[9] nachgewiesene Tatsache, daß er entgegen seinem Bekenntnis zur subjektiven Teilnahmelehre in Wahrheit auf eine objektive Abgrenzung zurückgreifen mußte, um den Fall richtig entscheiden zu können, erhält daher in diesem Lichte den Charakter einer unentrinnbaren Notwendigkeit. Will man bei einer streng subjektiven Theorie bleiben, so ist die Auffassung von Webers die einzig mögliche Konsequenz; auch Bockelmann hat in vollem Umfange recht, wenn er jetzt die Entscheidung dieser Fälle als Durchbrechung der subjektiven Theorie anerkennt[10].

Gerade bei einer derart einfachen Sachverhaltsgestaltung zeigt sich also die Fruchtbarkeit eines in dieser Weise aufgefaßten Tatherrschaftsbegriffs. Zwar kommen die formal-objektive Theorie und die materiell-objektiven Lehren hier zum selben Ergebnis; doch sind sie aus anderen Gründen abzulehnen[11]. Eine subjektive Lehre aber – gleich welcher Art – kann diesem Urbild der Täterschaft überhaupt nicht gerecht werden.

Freilich lehrt dieser unkomplizierte Fall, daß es sich um einen rein objektiven Tatherrschaftsbegriff auch hier nicht handelt. Denn wenn wir von der eigenhändigen Erfüllung aller Tatbestandsmerkmale sprechen, so stellen wir uns dabei immer ein final gesteuertes Verhalten vor. Bei unvorsätzlichen Taten[12] liegt alles anders. Wenigstens insoweit ist Welzel, Maurach und Gallas zuzustimmen, wenn sie von einem Begriff der „finalen" Tatherrschaft sprechen. Trotzdem bleibt es gerechtfertigt, die eigenhändige Tatbestandsverwirklichung ein objektives Täterkriterium zu nennen. Denn der Unter-

---

[7] BGHSt 8, 393 ff.; dazu ausführlich oben S. 96 ff. (Nr. X)
[8] zu den näheren Umständen dieses Falles oben S. 96
[9] S. 97/98
[10] Strafrechtl. Unters., S. 120/21; vgl. näher oben im Text S. 84
[11] Darüber ausführlich oben S. 34–51
[12] Dabei bietet die bewußte Fahrlässigkeit gegenüber der unbewußten noch wieder Sonderprobleme, auf die später einzugehen ist.

schied, auf den es ankommt, liegt, da vorsätzlich auch der Teilnehmer handelt, bei dieser Art der Abgrenzung allein im Objektiven.

§ 19. Die vorsätzlich-unfreie eigenhändige Tatbestandsverwirklichung

I. Die Nötigungsfälle

1. Der Streitstand

Auf schwierigeres und umstritteneres Terrain geraten wir, wenn wir uns die Frage stellen, ob auch derjenige die Tatherrschaft habe, der zwar den ganzen Tatbestand eigenhändig und vorsätzlich verwirklicht, der aber dabei unter der Nötigung eines anderen oder einer von außen an ihn herantretenden Gefahrenlage steht; sei es, daß die Voraussetzungen der §§ 52, 54 StGB vorliegen oder daß nur eine notstandsähnliche Situation gegeben ist.

Wir beginnen mit dem extremeren Fall des schuldausschließenden Notstandes. Denn wenn hier die Tatherrschaft vorliegt, wird sie in den Fällen geringerer Nötigungsintensität, die den Handelnden nicht von Strafe befreien, erst recht zu bejahen sein.

Unter den Vertretern der Tatherrschaftslehre wird die Frage nicht einhellig beantwortet. Welzel und Gallas, die sich am ausführlichsten mit der Problematik befaßt haben, kommen zu entgegengesetzten Lösungen.

Welzel steht auf dem Standpunkt, daß der Nötigungsnotstand die Täterschaft des unmittelbar Handelnden ausschließe[1]. Dabei lassen sich in der Begründung dieser Auffassung Wandlungen feststellen. Ursprünglich vertrat Welzel die Meinung, der Genötigte handele ohne die finale Tatherrschaft, weil in solchen Fällen „zwar die Tatbestandskenntnis (bzw. das Erfolgsbewußtsein) vorhanden" sei, „es aber am eigenen Verwirklichungswillen", d. h. am „Tatbestandsvorsatz", fehle[2]. Von der abweichenden Lehre, „daß der unmittelbar Handelnde stets Täter sei", meinte er, sie würde „in starrem Objektivismus" „die Lebensverhältnisse verkehren"[3].

Neuerdings spricht Welzel[4] dem Genötigten eine mindere Tatherrschaft zu, die er als „unterlegen" und „untergeordnet" bezeichne[5]. Sachlich aber hat sich an seiner Auffassung nichts geändert. Denn nach wie vor heißt es, daß der Genötigte „ohne eigenen Verwirklichungswillen" handele; vor allem aber soll diese „untergeordnete" Tatherrschaft zur Begründung einer Täterschaft nicht ausreichen. Denn wie früher nennt Welzel die Handlung

---

[1] So anscheinend auch Bockelmann, Strafrechtl. Unters., S. 120/21 bei und in Anm. 20; ausdrücklich gegen eine Täterschaft des unmittelbar Handelnden jetzt wieder v. Uthmann, NJW 1961, S. 1908
[2] Lehrb., 5. Aufl., S. 82/83; MDR 1949, S. 373; SJZ 1949, Sp. 650
[3] MDR 1949, S. 373
[4] Lehrb., 6. Aufl., S. 88/89; 7. Aufl., S. 90/91
[5] 6. Aufl., S. 88; 7. Aufl., S. 91

des Genötigten lediglich eine „schuldlose Beihilfe"[6]. Diese eigenartige Form „unterlegener" Tatherrschaft ist also sachlich nur eine Art der Teilnahme. Terminologisch ist das nicht sehr glücklich; denn wenn man die Tatherrschaft als Kriterium der Täterschaft ansieht, muß es zu Verwirrungen führen, daß ihr – sei es auch abgeschwächtes – Vorliegen in diesem Fall nur eine Teilnahme begründen soll. Das Ergebnis: Ausschluß der Täterschaft, ist aber eindeutig.

Im Gegensatz dazu vertritt Gallas die Ansicht, daß bei einer solchen Sachverhaltsgestaltung „der Tatmittler ... Täter ist. Denn er nimmt vorsätzlich die tatbestandsmäßige Handlung selbst vor und übt daher, schon per definitionem, die für den Täter des betreffenden Deliktstypus vorausgesetzte Tatherrschaft aus"[7]. Die von Welzel für seine Gegenmeinung vorgebrachte Begründung, daß der Genötigte „ohne eigenen Verwirklichungswillen" handele, bezeichnet Gallas als „nicht recht verständlich"[8,9].

Es ist unschwer zu erkennen, daß sich in der Beurteilung dieses Einzelfalles der schon oben herausgearbeitete Gegensatz zwischen der mehr subjektiv orientierten Tatherrschaftslehre Welzels (und Bockelmanns) und der an die formal-objektive Theorie angelehnten Auffassung Gallas' widerspiegelt. Zustimmung verdient die – vorerst noch in der Minderheit befindliche – Ansicht von Gallas, und zwar aus mehreren Gründen.

2. Die Argumente für die Täterschaft des Handelnden

Wenn Welzel sagt, der Genötigte handele ohne eigenen Verwirklichungswillen, so ist das unzutreffend. Denn da der Verwirklichungswille nichts anderes als die Finalität des Handelns bedeutet und diese für Welzel mit dem Vorsatz identisch ist, müßte er konsequenterweise annehmen, daß der Genötigte ohne Vorsatz tätig werde. Tatsächlich sprach er auch in diesen Fällen noch in der fünften Auflage seines Lehrbuches ausdrücklich vom fehlenden „Tatbestandsvorsatz"[10]. Daraus würde folgen, daß jemand, der in entschuldigtem Notstand eine Tat begeht, unvorsätzlich handelt, eine Annahme, die im übrigen von niemandem und auch von Welzel nicht vertreten wird. Wenn man den Gedanken zu Ende denkt, würde man sogar zu dem Ergebnis kommen, daß das Vorliegen irgendeines Schuldausschließungsgrundes gleichzeitig den Vorsatz entfallen ließe – eine Folgerung, die die Schuldtheorie und mit ihr die gesamte finale Handlunglehre aus den Angeln heben würde und von Welzel unmöglich gewollt sein kann.

Diese Einwände richten sich freilich zunächst nur gegen die von Welzel vorgebrachte Begründung. Wesentlich plausibler als sie ist der sachliche

[6] 6. Aufl., S. 89; 7. Aufl., S. 91
[7] Gutachten, S. 133
[8] Gutachten, S. 133 Anm. 42
[9] Wie Gallas im Ergebnis Armin Kaufmann, Unterlassungsdelikte, S. 165 Anm. 187, der aber anders als Gallas den Hintermann nicht als mittelbaren Täter, sondern als „Anstifter und regelmäßig auch Mittäter" ansieht. Dazu später. –
[10] 5. Aufl., S. 82 letzte Zeile.

Gehalt seiner These. Er kann, wie mir scheint, nur in der Erwägung bestehen, daß die „volle"[11] Tatherrschaft mehr voraussetze als eine eigenhändige vorsätzliche Erfolgsherbeiführung, daß man vielmehr von einer eigentlichen „Herrschaft" über die Tat und damit von einer Täterschaft nur dann sprechen könne, wenn der den Ablauf steuernde Wille des Handelnden „frei" sei und nicht unter dem Druck einer Nötigung stehe. Trotzdem kann auch insoweit der Auffassung Welzels nicht zugestimmt werden. Das ergibt sich aus folgenden Gesichtspunkten:

a) Gleichbleibende Ablaufsgestaltung

Die Gewalt oder die Bedrohung mit Leibes- oder Lebensgefahr motiviert zwar den Handelnden zu seinem Tun, aber auf die Gestaltung des Erfolgsablaufes wirkt sich diese Antriebskraft nicht aus. Abgesehen von den Fällen der vis absoluta, die schon das Vorliegen einer Handlung im strafrechtlichen Sinne hindern und mit den Schuldausschließungsgründen nichts zu tun haben, beherrscht der Handelnde das Geschehen – ob er genötigt ist oder nicht – in gleichem Maße.

Man kann keineswegs sagen, daß etwa unter dem Druck der Gefahr die Möglichkeit der planvoll gesteuerten Verwirklichung eines Handlungsentschlusses generell aufgehoben oder auch nur gemindert sei. Im Gegenteil wird es oft so sein, daß die Gefahr die Kräfte verdoppelt und der Handelnde die Situation sicherer beherrscht als es ihm ohne den antreibenden Impuls möglich wäre.

Oder man denke sich den Fall, daß jemand, um seinen von Gangstern geraubten Sohn vor dem Tode zu retten, auf Geheiß der Entführerbande einen Mord begeht oder in einen Juwelierladen einbricht. Hier ist der Handelnde sicher durch § 52 StGB entschuldigt. Aber die volle Tatherrschaft ist ihm nicht abzusprechen; denn die Ausführung war allein sein Werk und wäre – wenn er sich etwa aus eigenem Antrieb zu der Tat entschlossen hätte – nicht im geringsten anders verlaufen.

b) Die Natur der mittelbaren Täterschaft

Zweitens beruht die Gegenmeinung auf einem Mißverständnis der mittelbaren Täterschaft. Wenn nämlich Welzel und die übrigen Vertreter dieser Auffassung in solchen Fällen von einem Fehlen der Täterschaft beim unmittelbar Handelnden sprechen, so liegt der Grund dafür offenbar in der Erkenntnis, daß der die Tat Ausführende – soweit ein Nötigungsnotstand gegeben ist – seinerseits von einem anderen beherrscht wird. Welzel glaubt nun, die Täterschaft des Hintermannes nur begründen zu können, wenn er sie dem „Vordermann" abspricht. „Mittelbare Täterschaft durch einen un-

---

[11] so 6. Aufl., S. 88, 7. Aufl., S. 90; früher: die Tatherrschaft schlechthin; sachlich ist in beiden Fällen die „Täterschaft" gemeint.

mittelbar Handelnden, der selbst Täter ist, ist ein Unbegriff«, lautet seine Prämisse[12], aus der sich freilich die von ihm für den Tatmittler gezogene Folgerung zwangsläufig ergibt.

Der Ausgangspunkt ist aber nicht richtig. Es ist hier noch nicht der Ort, auf das Wesen der mittelbaren Täterschaft näher einzugehen. Aber soviel kann vorweggreifend gesagt werden, daß genau umgekehrt die Möglichkeit mittelbarer Täterschaft in solchen Fällen gerade wesentlich darauf beruht, daß der Tatmittler den Handlungsablauf beherrscht. Wäre es anders, so ließe es sich gar nicht denken, daß die Beherrschung des Handelnden dem Hintermann mittelbar die Herrschaft über die Tat selbst verschafft. In einem Gleichnis gesprochen: Wenn ein König einen unbotmäßigen Provinzstatthalter unter seine Gewalt zwingt, so hat er dadurch die Herrschaft über die Provinz selbst nur erlangt, falls der Statthalter seinerseits die Provinz in seiner Gewalt hat. Andernfalls wäre die ganze Aktion zwecklos, und der König müßte das Land „eigenhändig" erobern.

c) Systematische Erwägungen

Die von Welzel vertretene Auffassung bringt ihn auch mit den systematischen Grundlagen seiner Täterlehre in Konflikt. Er sieht nämlich die Täterschaft als einen Bestandteil des Unrechts an. In seinem Lehrbuch heißt es schon in der Vorbemerkung des die Täterlehre behandelnden Paragraphen[13]: „Die Täterlehre gehört zur Unrechtslehre, weil schon das Unrecht personaler Natur ist. Die Schuldlehre bestimmt dann, welcher Täter für sein Unrecht verantwortlich ist."

Wenn nun Welzel dem Notstand die Wirkung beilegt, die Tatherrschaft bzw. die „volle" Tatherrschaft und damit die Täterschaft auszuschließen, so ist das nur unter der Voraussetzung denkbar, daß entweder die Tatherrschaft ein Element der Schuld ist oder daß der Notstand mit der Tatherrschaft zugleich das Unrecht ausschließt. Dagegen ist es ein unauflösbarer Widerspruch, wenn Welzel einerseits die Täterlehre dem Bereich des Unrechts zuweist, andererseits aber einen Umstand, den er selbst als Schuldausschließungsgrund betrachtet, zur Verneinung der Täterschaft führen läßt.

Die von den Grundlagen des Welzelschen Systems her allein mögliche Lösung liegt in der Annahme, daß bei einem derartigen Sachverhalt der unmittelbar Handelnde zwar die Tatherrschaft hat, das Delikt aber ohne Schuld begeht. Er ist Täter, aber ein schuldloser Täter.

Natürlich hat dieses Argument nur systemimmanente Bedeutung und kann denjenigen nicht überzeugen, der die Täterlehre wirklich als Schuldproblem oder den Notstand als Rechtfertigungsgrund ansieht. Diese weitergreifenden systematischen Fragen werden unten noch eingehender behandelt werden[14].

---

[12] SJZ 1949, Sp. 650
[13] 7. Aufl., S. 89
[14] Vgl. S. 327ff.

d) Die Bedeutung der Entschuldigungsgründe

Schließlich führt die Annahme Welzels auch im Bereich der §§ 52, 54 StGB zu recht eigenartigen, den dogmatischen Grundlagen des Gesetzes kaum gerecht werdenden Konsequenzen. So müßte etwa § 54 StGB eigentlich überflüssig sein. Denn die §§ 52, 54 StGB stimmen darin überein, daß der Täter unter dem Druck einer Gefahrenlage sich unfreiwillig zum Handeln genötigt sieht. Wenn nun im Falle des § 52 StGB dem Handelnden die volle Tatherrschaft und die Täterschaft fehlen, muß es bei § 54 StGB notwendig genau so sein. Mutet es schon seltsam an, daß hier eine vorsätzliche Straftat anzunehmen wäre, bei der es keinen Täter gäbe, so würde außerdem diese Annahme den § 54 StGB zur Bedeutungslosigkeit degradieren. Denn wenn in solchen Fällen eine Bestrafung schon deshalb entfiele, weil ein Täter und damit „das personale Aktionszentrum des Unrechts"[15] fehlte, bedürfte es des § 54 StGB nicht mehr. Darüber hinaus würde sich auch die selbständige Bedeutung des § 52 StGB auf den Bereich der Beihilfe beschränken. Der im Nötigungsnotstand Handelnde wäre von vornherein nicht Täter, sondern nur Gehilfe des Hintermannes, und allein seine Gehilfenschaft würde durch § 52 StGB entschuldigt werden. Tatsächlich spricht Welzel, wie wir sahen, hier auch ausdrücklich von „schuldloser Beihilfe"[16].

In Wirklichkeit wird der Gesetzgeber das kaum gewollt haben. Jedenfalls erscheint die Annahme wesentlich lebensnäher, daß die §§ 52, 54 StGB die Funktion haben, einen rechtswidrig handelnden Täter zu entschuldigen.

e) Akzessorietätserwägungen

Endlich sprechen auch dogmatisch-praktische Erwägungen dafür, dem Genötigten die Täterschaft zuzusprechen. Denn andernfalls wäre, solange man beim Akzessorietätsgrundsatz beharrt, eine Teilnahme nicht denkbar. Es besteht aber ein sachliches Bedürfnis für ihre Anerkennung, und zwar nicht nur bei § 54 StGB, sondern auch im Falle des Nötigungsnotstandes. Man denke sich den Demonstrationsfall, daß die Reisenden A, B, C von einer Räuberbande gefangen werden, deren Anführer dem B mit dem Tode droht, wenn er nicht den A umbringe. B weigert sich zunächst, läßt sich dann aber von C durch Zureden zum Tatentschluß bewegen. Warum sollte hier, auch wenn der Räuberhauptmann mittelbarer Täter ist, der C nicht Anstifter sein können?[17] Welzel jedenfalls müßte dieser Annahme zustimmen, da er auch die Anstiftung eines nach § 54 StGB Genötigten für möglich hält[18] – eine Auffassung, die schon ihrerseits nicht mit der Meinung zusammenstimmt, daß dem genötigt Handelnden die Täterschaft fehlen soll.

---

[15] Lehrb., 7. Aufl., S. 89
[16] Lehrb., 7. Aufl., S. 91
[17] Zur näheren Begründung vgl. unten S. 148 f.
[18] Lehrb., 7. Aufl., S. 164

Hält man alle diese Umstände zusammen, so wird man es als erwiesen ansehen müssen, daß auch der unter dem Druck einer Nötigung eigenhändig den Tatbestand Verwirklichende in allen Fällen Täter ist und die volle Tatherrschaft innehat. Eine gegenteilige Auffassung würde, wie wir gesehen haben, nicht nur dem Sachgehalt des Herrschaftsbegriffes Gewalt antun; sie würde auch dem Wesen der mittelbaren Täterschaft, dem Erfordernis systematischer Folgerichtigkeit, der selbständigen Bedeutung der Entschuldigungsgründe und der Akzessorietätsproblematik nicht gerecht. Darüber hinaus leistet sie – gewollt oder ungewollt – der Tendenz Vorschub, als Täter den im kriminologischen Sinne „Hauptschuldigen" anzusehen oder Strafzumessungserwägungen dogmatisch auszumünzen.

Daß dies aber nicht der Sinn der Täterlehre sein kann, ist oben schon dargelegt worden[19].

Aus diesem Ergebnis läßt sich ein weiterer Schluß ziehen: Wenn schon die eigenhändige Verwirklichung eines Tatbestandes im entschuldigenden Notstand an der Täterschaft des Handelnden nichts ändert, so ist derjenige, der unter einem sozial inadäquaten, die Schuld aber nicht ausschließenden Motivationsdruck ein Delikt in eigener Person ausführt, erst recht Tatherr und Täter. Diese Fälle bedürfen also keiner gesonderten Erörterung.

II. Die vorsätzliche und ungenötigte, aber entschuldigte Tatbestandsverwirklichung

Damit ist auch der Boden bereitet für die Beantwortung der Frage, wie der Unzurechnungsfähige, der Strafunmündige, der über das Verbotensein der Tat Irrende oder der sonst – außerhalb der Notstandsfälle – Entschuldigte im Rahmen der Tatherrschaftslehre zu behandeln sind. Sie alle haben, wenn sie eigenhändig tätig werden und dabei zu einer im Sinne der Schuldtheorie vorsätzlichen Handlung fähig sind, in vollem Umfange die Tatherrschaft und sind – wenn auch schuldlose – Täter. Die Begründung ergibt sich – mutatis mutandis – aus den oben für die Notstandsfälle niedergelegten Erwägungen.

Für den Fall des fehlenden Unrechtsbewußtseins kommt, soweit man von der Schuldtheorie ausgeht, noch ein weiteres Argument hinzu. Denn von ihren Grundlagen her ist es unbestritten und unbestreitbar, daß jemand trotz eines Verbotsirrtums unter Umständen als vorsätzlicher Alleintäter bestraft werden kann. An dieser Täterschaft des Irrenden kann aber dadurch nichts geändert werden, daß bei sonst gleichem Sachablauf etwa ein die Rechtslage Überschauender den arglos Handelnden zu seiner Tat veranlaßt hat.

Dabei sei noch einmal darauf hingewiesen, daß die Bejahung der Täterschaft des unmittelbar Handelnden auch in diesen Fällen nicht die Entscheidung der Frage präjudiziert, ob ein etwaiger Hintermann im einzelnen Fall

---

[19] Oben S. 30–32

Täter oder Teilnehmer ist. Derjenige, der ein Kind, einen Geisteskranken oder einen im Verbotsirrtum Befangenen zu einer Tat verleitet, kann also nach der hier vertretenen Auffassung sehr wohl mittelbarer Täter sein. Darauf wird später noch einzugehen sein[20]. Wir sind uns bewußt, daß wir uns auch insoweit in vollem Gegensatz zu Welzel befinden, nach dessen schon einmal zitierter Lehre eine mittelbare Täterschaft durch einen unmittelbar Handelnden, der selbst Täter ist, einen „Unbegriff" bedeute[21].

§ 20. Die eigenhändig-vorsätzliche Verwirklichung einzelner Tatbestandsmerkmale

I. Die Erfüllung von Tatmodalitäten und die Vornahme der Tatbestandshandlung

1. Zum Meinungsstand

Die Frage, ob jemand unter allen Umständen die Tatherrschaft hat, wenn er zwar nicht den gesamten Tatbestand, aber doch eines seiner Merkmale oder deren mehrere erfüllt, ist bisher nur wenig erörtert worden[1]. In eindeutig bejahendem Sinne äußert sich Maurach, wenn er sagt[2]: „Auf bloßen Gehilfenvorsatz kann sich nicht berufen, wer ein Tatbestandsmerkmal verwirklicht … Wer ein Tatbestandsmerkmal verwirklicht, handelt kraft unwiderlegbarer gesetzlicher Vermutung mit Tatherrschaft: die Tat tötet den Mann." In ähnlicher Weise will Welzel[3] als Täter stets denjenigen ansehen, der „auf Grund des gemeinsamen Tatplans eine Ausführungshandlung im technischen Sinne[4] vornimmt". Dagegen beschränken Mezger[5] und Schönke/Schröder[5] die Annahme notwendiger Täterschaft auf die Erfüllung sämtlicher Tatbestandsmerkmale.

2. Genügt die Verwirklichung irgendeines Tatbestandsmerkmals?

Die Auffassung, daß schon die Erfüllung eines beliebigen Tatbestandsmerkmales den Handelnden notwendig zum Mitträger der Tatherrschaft mache, geht etwas zu weit. Sicherlich wird in solchen Fällen häufig eine

---

[20] Vgl. unten S. 193 ff., 233 ff.; zur Begründung siehe einstweilen oben S. 133/134
[21] SJZ 1947, Sp. 650
[1] Die Entscheidung BGHSt 8, 393–399 (oben S. 96 ff., Nr. X), die eine eigenhändige Tötung generell der Täterschaft zuweist, geht auf die Frage nicht ein.
[2] A. T., 2. Aufl., S. 516
[3] Lehrb., 7. Aufl., S. 98; ebenso H. Mayer, Lehrb., S. 315
[4] Damit dürfte die Verwirklichung irgendeines Tatbestandsmerkmals, nicht nur der eigentlichen Tatbestandshandlung, gemeint sein, wie ein Vergleich mit LB (7. Aufl.), S. 168/69, ergibt.
[5] LK, 8. Aufl., § 47, Anm. 2, b, S. 251
[6] 10. Aufl., vor § 47, VIII, 5, c, S. 246

Täterschaft des Handelnden vorliegen, weil die Verwirklichung eines Tat-
umstandes den Ausführenden schon vom gesetzlichen Tatbild her gesehen so
eng mit dem Geschehen verbindet, daß man ihm die Zentralstellung und
damit die Eigenschaft als Mittäter nicht wird absprechen können[7]. Aber es
muß doch nicht ausnahmslos so sein.

Man denke sich etwa den Fall, daß mehrere Leute aus einem weitläufigen
eingezäunten Fabrikgelände etwas stehlen wollen und einen Begleiter nach
Übersteigen des Gitters als Wache dort stehen lassen. Ein solcher Wächter
mag durchaus Mittäter sein. Die Vertreter der Tatherrschaftslehre stehen im
allgemeinen auf dem Standpunkt, daß es bei der Beurteilung des Schmiere-
stehens auf die Umstände des Einzelfalles ankomme[8]. Wenn wir davon
zunächst einmal ohne konkretisierende Feststellungen ausgehen, ist es nicht
recht überzeugend, daß man im gegebenen Beispiel den Aufpasser ohne Prüfung der näheren Umstände in Abweichung von der Regel eo ipso als Täter
sollte ansehen müssen, nur weil er in den umschlossenen Raum mit einge-
stiegen ist und dadurch ein Tatbestandsmerkmal erfüllt hat.

Ein solches Verfahren wäre zu formal und schematisch, und zwar sowohl
unter dem Aspekt gesetzgeberischer Wertung (a) als auch bei einer unbefangenen Sinnerfassung der hier auftretenden Sachverhalte (b).

a) Was zunächst die Intentionen des Gesetzgebers betrifft, so ist es sicher,
daß er bei Schaffung seiner qualifizierten Tatbestände die Abgrenzung von
Täterschaft und Teilnahme überhaupt nicht ins Auge gefaßt hat. Wohl schildert die *vollständige* Tatbeschreibung den Täter, wie wir oben gesehen
haben. Es gibt aber kein Argument dafür, daß der Gesetzgeber jedes einzelne
Tatbestandsmerkmal für signifikant genug hält, um schon allein die Täterschaft zu charakterisieren. Im Gegenteil: Manche Strafschärfungsgründe –
man denke nur an die unbenannten! – sind so offensichtlich an bloßen
Strafwürdigkeitserwägungen orientiert, daß ihnen schon aus diesem Grunde
keine Bedeutung für die Täterlehre zukommen kann. Wenn Maurach bei
Verwirklichung eines Tatbestandsmerkmals ohne weiteres eine unwiderlegliche gesetzliche Täterschaftsvermutung annimmt, so ist dem also nicht
zuzustimmen; ganz abgesehen davon, daß die Täterschaft doch auf der wirklichen Stellung eines Beteiligten im Handlungsgeschehen und nicht auf
bloßen Vermutungen beruhen soll.

b) Dasselbe Ergebnis erhalten wir, wenn wir uns vom Gesetz lösen und
allein auf den Sinngehalt der äußeren Erscheinungen abstellen wollten.
Derjenige, der in unserem Beispielsfall auf dem Fabrikgelände Wache steht,
mag Mittäter sein oder nicht: Es leuchtet unmittelbar ein, daß die Beurteilung dieser Frage nicht davon abhängen kann, ob der Posten zufällig dies-
seits oder jenseits des Zaunes aufgestellt worden ist. Denn das richtet sich
nach den örtlichen und sachlichen Gegebenheiten und ist für die Beteiligten
eine reine Zweckmäßigkeitsfrage, die nicht den geringsten Einfluß auf die
Stellung des Mitwirkenden im Gesamtgeschehen hat. Wenn der Schmiere-
stehende daher Täter sein sollte, so ist er es jedenfalls nicht, weil er ein Tat-

---

[7] Auf die hier maßgebenden Kriterien wird im einzelnen später einzugehen sein.
[8] Vgl. Gallas, Gutachten, S. 137; Maurach, A. T., 2. Aufl., S. 517 (§ 49 II C am Ende).

bestandsmerkmal erfüllt hat; vielmehr müssen hier andere Kriterien gelten, auf die später einzugehen sein wird[9]. Eine Differenzierung, die auf den erwähnten Gesichtspunkt abstellt, würde also, gerade von der Lebensrealität her gesehen, „sinnlos" sein.

3. Die Bedeutung der Tatbestandshandlung

Anderersdts dürfte es aber wieder zu eng sein, wenn man den Umfang des äußeren Tatbeitrages nur in dem Falle als notwendig ausschlaggebend für die Bestimmung der Tatherrschaft ansehen wollte, daß der Handelnde den gesamten Tatbestand eigenhändig verwirklicht. Aus der Vielzahl der Tatbestandsmerkmale hebt sich nämlich eine Gruppe als in besonderem Maße ablaufsprägend heraus: die von Ort und Zeit und den sonstigen Tatmodalitäten zu trennende eigentliche Tatbestandshandlung, das Wegnehmen, Töten, Vergiften, Irrtumerregen, Drohen usw. Mir scheint: Wer diese Handlungen in eigener Person ausführt, ist immer Täter, auch wenn er sich etwa einem anderen innerlich unterworfen hat, in fremdem Interesse mitwirkt und andere tatbestandliche Momente nicht persönlich realisiert. Um bei unserem Beispiel zu bleiben: Auch wenn nur einer der Diebe über den Fabrikzaun klettert und dann das Tor von innen öffnet, so daß die anderen ohne Einsteigen in den Hof gelangen, sind doch alle, sofern sie nur Gegenstände selbst wegnehmen, notwendig Täter des schweren Diebstahls[10]. Diese Auffassung findet ihre Rechtfertigung in der Erwägung, daß die Ausführungshandlung den Deliktskern des jeweiligen Tatbestandes umschreibt, so daß ihre Verwirklichung den Handelnden unweigerlich in das Zentrum des tatbestandlichen Geschehens rückt und ihm die Tatherrschaft verleiht.

Es ist also zu unterscheiden: Wer die tatbestandliche Ausführungshandlung selbst vornimmt, ist immer Täter. Wer ein anderes Tatbestandsmerkmal erfüllt, ist nicht schon deshalb Tatherr. Die Frage, ob er Mittäter ist, muß nach anderen Gesichtspunkten beantwortet werden, auf die in diesem Zusammenhang noch nicht einzugehen ist.

II. Der Irrtum über unrechtsrelevante Situationsmomente

Anders liegt es in den Fällen, bei denen der Handelnde, weil er den Sachverhalt nicht richtig überschaut, unrechtsausschließende Umstände irrig annimmt. Wer etwa in Putativnotwehr handelt, ist niemals Täter des § 212 StGB, auch wenn er einen anderen willentlich erschossen und damit ein wesentliches Tatbestandsmerkmal vorsätzlich-eigenhändig erfüllt hat.

---

[9] Vgl. dazu ausführlich unten S. 282 ff.

[10] Dabei wird vorausgesetzt, daß der Einsteigediebstahl – entgegen RGSt 24, 86–89 – kein eigenhändiges Delikt ist und daß der subjektive Tatbestand vorliegt. Die darin liegenden Fragen werden unten noch im einzelnen behandelt werden; vgl. S. 338 ff. und S. 409 ff.

Das ergibt sich aus der Irrtumslehre: Wenn man einer solchen Fehlvorstellung vorsatzausschließende Wirkung beilegt, so folgt daraus für die
Täterfrage, daß einem in dieser Weise Handelnden nicht die Tatherrschaft
des vorsätzlichen Täters zugesprochen werden kann. Zu einer abweichenden
Lösung kann man nur kommen, wenn man mit der strengen Schuldtheorie –
wie sie unter den Anhängern der Tatherrschaftslehre namentlich Welzel,
Maurach, Niese und mit gewissen Modifikationen auch Gallas[11] vertreten –
hier einen Verbotsirrtum annimmt.

Es ist an dieser Stelle nicht möglich, die damit zusammenhängenden, im
wesentlichen der Tatbestands- und Irrtumslehre zugehörigen Fragen näher
zu behandeln. Ich habe mich an anderem Orte[12] eingehend damit auseinandergesetzt und muß zur Begründung der eingeschränkten Schuldtheorie
auf diese Abhandlungen verweisen. Praktische Auswirkungen in der Täterlehre hat der Meinungsstreit hauptsächlich insofern, als eine Täterschaft des
unmittelbar Handelnden in diesen Fällen die Möglichkeit eröffnet, den veranlassenden Hintermann als Anstifter anstatt als mittelbaren Täter zu bestrafen. Soweit sich in der Beurteilung dieser Frage aus der Struktur von
Täterschaft und Teilnahme besondere, über die Irrtumslehre hinausweisende
Gesichtspunkte ergeben, werden sie bei Erörterung der mittelbaren Täterschaft zur Sprache kommen. Auch darauf kann hier Bezug genommen
werden[13].

---

[11] zu Gallas vgl. ZStW, Bd. 67, S. 27 f. und S. 45/46, Anm. 89
[12] in meiner Abhandlung über „Offene Tatbestände und Rechtspflichtmerkmale", Hamburg,
1959; ferner in: Mschr Krim 1961 (Tesar-Festschrift), S. 211 ff.
[13] Vgl. unten S. 205 ff.

Sechstes Kapitel

Die Willensherrschaft

Es gehört zu den von alters her am meisten erörterten Fragen, ob und wie es möglich und begründbar sei, daß jemand Täter sein könne, der die Tat selbst nicht ausgeführt hat. Für die konsequenten Vertreter der formal-objektiven Theorie blieb die Erscheinung einer solchen „mittelbaren" Deliktsbegehung immer ein Fall „unechter" oder „fingierter" Täterschaft, von dem man hoffte, daß man ihn durch Einführung der limitierten Akzessorietät in den Bereich der Anstiftung werde eingliedern können. Um-gekehrt konnte die extensive Lehre diese Fälle zwar mühelos ihrem Täter-begriff unterordnen – ein Umstand, der zu ihrer Entstehung und Verbrei-tung wesentlich beigetragen hat; aber das gelang ihr nur um den Preis der Einebnung aller Teilnahmeformen, die folgerichtig zum Einheitstäterbegriff hätte führen müssen.

In dieser Situation mußte die Tatherrschaftslehre – vorbereitet durch die Übergewichtstheorie Heglers – als entscheidender Fortschritt empfunden werden. Sie gestattete es, die typischen Gestaltungen mittelbarer Täterschaft, wie etwa die Herbeiführung eines Erfolges durch Schaffung eines Nöti-gungsnotstandes oder Benutzung eines Irrtums, als echte Fälle der Täter-schaft zu begreifen, ohne die Abgrenzung gegenüber der Teilnahme zu gefährden und die Täterschaft auf eine bloße Verursachung zu reduzieren. Daraus erklärt es sich, daß auch Autoren wie Engisch oder Schröder, die der Tatherrschaftslehre im ganzen skeptisch gegenüberstehen, in diesem Punkte ihre Brauchbarkeit anerkennen[1].

Und in der Tat: Schon der Umstand, daß die Rechtsfigur der mittelbaren Täterschaft, obwohl sie jahrzehntelang dogmatisch kaum begründet werden konnte, sich gegen alle Theorien behauptet hat, deutet darauf hin, daß ihr eine von allen Konstruktionen unabhängige Sacheinsicht zugrundeliegt, daß es sich also nicht um einen verkappten Fall der Anstiftung und auch um mehr als die allen Teilnahmeformen gemeinsame Verursachung handelt. Auch unser methodisches Prinzip der Zentralgestalt deutet in dieselbe Rich-tung; denn eine Nötigung oder die Verwendung eines Irrenden macht den Hintermann in anderer Weise zur Schlüsselfigur des Geschehens, als wenn er sich auf eine Veranlassung oder einen bloßen Rat beschränkt hätte.

---

[1] Engisch, ZStW, Bd. 66, 1954, S. 383; Schröder, in: Schönke-Schröder, 10. Aufl., VIII, 5, b vor § 47, S. 245

Es liegt also nahe, daß der Tatherrschaftsgedanke hier wie im Falle der Handlungsherrschaft eine gültige und richtige Lösung formelhaft zusammenfaßt. Freilich kommt alles darauf an, wie man diesen Begriff mit Leben erfüllt. Unsere Darstellung wird zeigen, daß gerade in diesem Bereich die Vertreter der Tatherrschaftslehre in den meisten Fragen – soweit sie überhaupt erörtert werden – zu durchaus abweichenden Ergebnissen gelangen. Die Übereinstimmung reicht nicht weit über die unbestimmte Herrschaftsformel hinaus, die nicht mehr besagt als das, was der Sache nach schon immer gegolten hat.

Bevor wir uns den Einzelfragen zuwenden, müssen wir uns vergegenwärtigen, daß die hier in Betracht kommenden Situationen sich von den Fällen der oben besprochenen „Handlungsherrschaft" in struktureller Hinsicht wesentlich unterscheiden. Während dort die eigenhändige Verwirklichung der Tatbestandshandlung die Täterschaft begründet, handelt es sich hier um Fallgestaltungen, bei denen eine ausführende „Handlung" des Hintermannes gerade fehlt und die Tatherrschaft allein auf der Macht des steuernden Willens beruhen kann. Wir sprechen deshalb, soweit die Tatherrschaft zu bejahen ist, von einer „Willensherrschaft" des Täters.

Versucht man, in der Vielfalt ihrer herkömmlichen Erscheinungsformen eine Ordnung zu erkennen, so ergeben sich verschiedene Fallgruppen: Eine Tatherrschaft kraft ablaufsgestaltender Willensmacht ist denkbar bei Benutzung eines unfrei Handelnden, also beim Einsatz eines erheblichen psychischen Motivationsdruckes gegenüber dem Tatmittler (§ 21); ferner, wenn der Hintermann sich eines Irrenden bedient, also dem unmittelbar Tätigen in concreto intellektuell überlegen ist (§ 22); weiter bei einer Kombination psychischer und intellektueller Überlegenheitsmomente, wie sie in der Beziehung zu Kindern und Geisteskranken besteht (§ 23); sodann in den bisher nur wenig erörterten Fällen, daß ein Hintermann, ohne zu den Mitteln der Nötigung und Täuschung greifen zu müssen, mit Hilfe der überlegenen Macht eines ihm zu Gebote stehenden organisatorischen Apparates den Geschehensablauf beherrscht (§ 24); schließlich ist zu prüfen, ob die in Schrifttum und Rechtsprechung immer wieder auftretenden Erscheinungsformen des sogenannten „dolosen Werkzeugs" durch den Tatherrschaftsgedanken zu rechtfertigen sind (§ 25).

Diese etwas grobe Einteilung wird bei genauerer Beschreibung eine Vielzahl weiterer, variierender Konstellationen hervortreten lassen, die jeweils gesonderter Behandlung bedürfen. Erst im Laufe der Erörterungen kann sich zeigen, ob es täterschaftliche Strukturelemente gibt, die den mannigfaltigen Erscheinungsformen möglicher Willensherrschaft einheitlich zugrundeliegen und eine generalisierende Zusammenfassung gestatten.

§ 21. Die Willensherrschaft kraft Nötigung

Hier bedürfen die Sachverhalte noch weiterer Differenzierung: Im Vordergrund steht der Schulfall des Nötigungsnotstandes (I); daneben treten einige Sonderfälle aus dem Bereich des einfachen Notstandes, § 54 StGB (II), ferner der übergesetzliche entschuldigende Notstand (III), notstandsähnliche Situationen (IV) und einzelne militärische Befehlsverhältnisse (V).

I. Der Nötigungsnotstand (§ 52 StGB)

1. Tatherrschaft des Nötigers und des Genötigten

Solange die mittelbare Täterschaft überhaupt anerkannt wird, ist dieser Fall ihr zugerechnet worden. Und – um das gleich noch näher zu begründende Ergebnis vorwegzunehmen – mit Recht: Wenn wir bei einem Nötigungsnotstand nach der Zentralgestalt des handlungsmäßigen Geschehens und nach der Person suchen, die den Tatablauf „in der Hand" hat, so trifft dieses Kriterium auf den Hintermann sehr wohl zu. Zwar hat, wie wir gesehen haben, auch der unmittelbar Handelnde die Tatherrschaft[1]. Doch liegt darin kein Widerspruch, wie Welzel meint. Vielmehr macht diese Erkenntnis überhaupt erst deutlich, auf welche Weise die Willensmacht bei dieser Fallgruppe ohne eigenhändige Beteiligung bei der Verwirklichung zur Tatherrschaft führen kann. Denn unmittelbar beherrscht der Nötigende allein den Genötigten. Nur weil der Genötigte seinerseits kraft seines Handelns den Geschehensablauf in der Hand hat, beherrscht der Hintermann mittelbar auch die Tat selbst. Man kann sagen: Die Willensherrschaft über den Inhaber der Handlungsherrschaft begründet die Tatherrschaft.

Es ist dies keine geteilte Tatherrschaft, wie sie zur Mittäterschaft führen kann, sondern eine zwiefache volle Tatherrschaft[2]. Wenn man die Tatbestandsverwirklichung betrachtet, so stehen beide Beteiligte auf Grund entgegengesetzter Zurechnungskriterien im Zentrum; der eine kraft seines Tuns; der andere kraft seiner Willensmacht, also deshalb, weil in der Handlung des unmittelbar Ausführenden der Wille des Hintermannes als treibender und gestaltender Faktor wirksam wird. Die umstrittene Frage, ob es einen Täter hinter dem Täter gebe, ist also zu bejahen.

2. Willenseinfluß ist keine Willensherrschaft

Allein: So klar die Struktur einer solchen durch die Handlungsherrschaft eines anderen vermittelten „Willensherrschaft" ist, so sehr bedarf der *Inhalt* dieses Begriffes weiterer Präzisierung. Denn ebensowenig wie bei der „Handlungsherrschaft", die durch die Tatbestandsbeschreibungen umfassend gekennzeichnet ist, dürfen wir uns hier allein auf die Bildkraft des Wortes „Willensherrschaft" verlassen. Vielmehr ist im einzelnen anzugeben, unter welchen Voraussetzungen man davon sprechen kann, daß jemand den Tatmittler „beherrscht" und dadurch ins Zentrum des Geschehens rückt.

---

[1] Vgl. dazu und zum folgenden oben S. 131–136
[2] Ähnlich, wenn auch in der Begründung nicht ganz gleichartig: Gallas, Gutachten, S. 133 f.

Dabei ist zunächst darauf hinzuweisen, daß „Willensherrschaft" nicht gleichbedeutend ist mit „Willenseinfluß". Nicht jeder, der mehr oder weniger starken Einfluß auf die Entschließung des unmittelbar Handelnden nimmt, beherrscht deshalb schon die Tat. Denn einen solchen Einfluß haben Anstifter und Gehilfen, die den Handelnden verleiten und ihm mit Ratschlägen zur Seite stehen, ebenfalls. Will man den Bereich der Teilnahme nicht zur Bedeutungslosigkeit degradieren und dadurch die gesetzgeberischen Zweckvorstellungen verfehlen, dann muß man den Begriff der „Herrschaft" so auslegen, wie er auch dem Wortsinn und dem sozialen Bedeutungsgehalt nach nur verstanden werden kann: Er muß beschränkt werden auf die Fälle, in denen die maßgebende und letzte Entscheidung über das, was geschehen soll, beim Hintermann liegt. Wo immer dem unmittelbar Handelnden eine freie Entscheidung bleibt, kann der Einfluß des Hintermannes sich nicht bis zur „Herrschaft" steigern, deren Vorliegen nach der Tatherrschaftslehre eine Voraussetzung der Täterschaft sein muß.

Diese Ausschaltung des Willenseinflusses aus dem Bereich der „Herrschaft", die von der Gesetzesteleologik und den vorgegebenen Sinnzusammenhängen gleichermaßen gefordert wird, verbietet es, den Nötigungsnotstand als bloße Erscheinungsform eines weitergreifenden, auch die gewöhnliche Veranlassung umfassenden Tatherrschaftsbegriffes anzusehen. Wenn daher Lange[3] bei der „Bestimmung eines anderen, der vorsätzlich den Tatbestand verwirklicht, indessen so, daß der Bestimmende auch eigenen Täterwillen hat", von „Tatherrschaft" spricht, und wenn er als „Schulfall" die mehrfach erwähnte Entscheidung RGSt 74, 84[4] anführt, bei der er die veranlassende Kindesmutter als mittelbare Täterin ansieht, so liegt dem eine unrichtige Auffassung des Tatherrschaftsbegriffs zugrunde, die dem Wesen der Willensherrschaft nicht gerecht wird. Darauf wird in anderen Zusammenhängen noch zurückzukommen sein.

3. Die Kriterien der Willensherrschaft

Bei der gebotenen Eingrenzung der Willensherrschaft stellt sich aber eine weitere wichtige Frage; die Frage nämlich, wann man im Einzelfall annehmen darf, daß die „letzte" und „maßgebende" Entscheidung beim Hintermann lag. Die unkritische Annahme, daß in sämtlichen nach § 52 StGB entschuldigten Situationen der Genötigte vom Hintermann „beherrscht" werde, bedarf sorgfältiger Überprüfung und kann durchaus nicht als selbstverständlich zugrundegelegt werden.

Ist es nicht vielmehr so, daß der Genötigte die Gewalt oder die Drohung, unter der er zu leiden hat, auch ertragen könnte, so daß die letzte Entscheidung über das, was geschehen soll, bei ihm liegt? Selbst wenn man davon ausgeht, daß es unter dem Druck der Lebensgefahr zu panischen, blind-

---

[3] Kohlr./Lange, 42./43. Aufl., vor § 47, 5, B, 2, f, S. 162
[4] Vgl. dazu oben S. 55, 56, 81, 96

instinktiven Reaktionen kommen kann[5], die der Zurechnungsunfähigkeit nahestehen und denen der Charakter einer personalen „Entscheidung" abzusprechen ist, so kann doch andererseits nicht geleugnet werden, daß es sehr viele Fälle gibt, in denen dem Genötigten eine freie Entscheidungsmöglichkeit bleibt. Man stelle sich vor, daß der Genötigte ohnehin mit dem Leben abgeschlossen hat, oder daß die Gefahr einen Angehörigen betrifft, der ihm nicht sehr nahe steht; oder man denke daran, daß bestimmte Personengruppen (Soldaten, Feuerwehrleute etc.) schon von Rechts wegen größere Gefahren erdulden müssen – ein Verlangen, das sinnlos wäre, wenn sie nicht die Möglichkeit hätten, sich für ein normgemäßes Verhalten zu entscheiden!

Aus ähnlichen Erwägungen hat zuletzt Armin Kaufmann[6] im Anschluß an eine Reihe anderer Autoren[7] die Folgerung abgeleitet, daß unter den Voraussetzungen des Notstandes „die Fähigkeit zu normgemäßer Willensbildung ... nicht tangiert" werde[8]. Er geht in diesem Zusammenhang auf Teilnahmefragen nicht ein, vertritt aber später ohne nähere Begründung die Ansicht, daß der nötigende Hintermann nach der Tatherrschaftslehre „stets Anstifter"[9] sei[10]. Man darf annehmen, daß diese sonst unter den Anhängern der Tatherrschaftstheorie nirgends vertretene Auffassung eine Konsequenz der nach seiner Meinung fortbestehenden Entscheidungsfreiheit des Genötigten ist.

Diese These scheint die Tatherrschaftslehre in ernstliche Schwierigkeiten zu bringen. Denn auch wenn man Kaufmanns Standpunkt für zu einseitig hält und geltend macht, daß es Situationen gibt, in denen der Genötigte keine freie Entscheidung mehr treffen kann – so wird es etwa bei langdauernden Marterungen sein – bleibt doch für die übrigen Fälle das Problem bestehen. Wenn es immerhin nicht selten so ist, daß im Nötigungsnotstand der Handelnde die letzte Entscheidung über das, was geschehen soll, noch selbst „in der Hand" hat, so läßt sich nur schwer der Gedanke abweisen, daß eine Tatherrschaft des Hintermannes im oben gekennzeichneten Sinne nicht besteht.

Zieht man diesen Schluß, so hat man die Wahl zwischen zwei weiteren Konsequenzen: Man kann entweder zu dem Ergebnis kommen, daß entgegen der fast einhelligen Ansicht in Schrifttum und Rechtsprechung im Falle des Nötigungsnotstandes nicht generell eine mittelbare Täterschaft des Hintermannes angenommen werden könne, sondern daß man von Fall zu Fall prüfen müsse, inwieweit der Genötigte noch die Fähigkeit zu selb-

---

[5] Vgl. dazu Brauneck, GA 1959, S. 269, die darin das „typische Bild" des Notstandes erblickt.
[6] Die Dogmatik der Unterlassungsdelikte, S. 153 ff. (künftig zitiert: UD)
[7] Vgl. Kaufmann, UD, S. 154, Anm. 162
[8] UD, S. 155
[9] UD, S. 165, Anm. 187
[10] Wie Kaufmann, der eine mittelbare Täterschaft ausdrücklich ablehnt, zu dem Ergebnis kommen kann, daß neben der Anstiftung „regelmäßig auch Mittäterschaft" vorliege, ist aus seinen knappen Andeutungen nicht ersichtlich. Vermutlich sind die Fälle gemeint, in denen der Nötiger bei der Ausführung auch eigenhändig mitwirkt.

ständiger Entscheidung besaß, so daß je nachdem mittelbare Täterschaft oder
Anstiftung vorläge; oder man müßte, wenn man an der ausnahmslosen
Annahme mittelbarer Täterschaft festhalten wollte, zu der Erkenntnis kommen, daß die Täterprobleme des Nötigungsnotstandes durch die Tatherrschaftslehre entgegen allen bisherigen Auffassungen nicht befriedigend zu
lösen seien. Es würde also entweder die seit langem gefestigte Ansicht von
der mittelbaren Täterschaft oder die Tatherrschaftslehre unrichtig sein.

Die Alternative stellt sich freilich nur, wenn die Prämisse richtig ist, wenn
also wirklich die Willensherrschaft des Hintermannes ausschließlich eine
Frage psychologischer Beurteilung ist. Diese Auffassung, die uns im folgenden noch häufiger begegnen wird, müßte die Feststellung der Willensherrschaft im Prozeß konsequenterweise zu einer Angelegenheit der
psychologischen Sachverständigen machen, so daß wir insoweit einen
„naturwissenschaftlichen" Tatherrschaftsbegriff erhalten würden.

Die Frage, ob ein solches psychisches „Können" überhaupt mit hinreichender Sicherheit zu ermitteln ist und die erwähnten dogmatischen
Schwierigkeiten, die dieses Verfahren mit sich bringen würde, seien nur am
Rande erwähnt. Entscheidend ist, daß eine derartige Begriffsbildung schon
vom methodischen Ausgangspunkt her unrichtig ist: Die empirischen Daten,
hier also der nachweisbare Motivationsdruck bestimmter Situationen, sind
zwar für die rechtliche Regelung wesentlich, weil sie dem Begriff der
Willensherrschaft Anschaulichkeit und Lebensnähe verleihen; aber sie dürfen
den Inhalt der „Herrschaft" nicht allein bestimmen, weil der rechtliche
Bedeutungsgehalt eines Vorganges dem bloßen psychischen Befund nicht zu
entnehmen ist, sondern nur durch die Beziehung auf die gesetzlichen Sinnzusammenhänge ermittelt werden kann. Auch hier kommt es also auf eine
Synthese beider Betrachtungsweisen an, deren Voraussetzungen oben[11] für
die Täterlehre im allgemeinen dargestellt worden sind und die es jetzt nur
auf den konkreten Fall anzuwenden gilt.

Dann ergibt sich: Der Begriff der Willensherrschaft ist nicht in erster
Linie psychologisch zu verstehen, sondern er ist auf der Grundlage der
vorliegenden Erfahrungen über die menschliche Widerstandsfähigkeit
gegen Gewalt und Drohungen so auszulegen, daß er dem gesetzlichen Leitbild gerecht wird. Wenn wir davon ausgehen, daß der Gesetzgeber als
Täter die Zentralgestalt des handlungsmäßigen Geschehens ansehen will,
und wenn wir außerdem annehmen, daß der Tatherrschaftsgedanke diese
Zentralstellung dem zugesteht, der das Geschehen „in der Hand" hat, so
müssen wir also weiter fragen, ob das Gesetz uns Anhaltspunkte dafür gibt,
wann es diese Voraussetzungen als erfüllt ansieht. Solche Anhaltspunkte gibt
es in der Tat: Denn wenn der Gesetzgeber den unmittelbar Handelnden –
unabhängig von seiner seelischen Situation im Einzelfall – von der Verantwortung entlastet und ihn straflos den Weg des geringsten Widerstandes
gehen läßt, dann kann das nur so verstanden werden, daß er in dieser Situation das Geschehen in der Hand des Hintermannes sieht und diesen in die

---

[11] S. 19–25

zentrale Position des handlungsmäßigen Ablaufs miteinrücken läßt. Der Gesetzgeber wechselt also, wenn der Motivationsdruck erfahrungsgemäß eine bestimmte Stärke erreicht hat, den Blickpunkt und schiebt die Verantwortung allein dem Hintermann zu, der damit zu einer Hauptfigur des Handlungsvorganges wird. Es scheint mir unbestreitbar, daß dem Gesetz diese Auffassung zugrundeliegt.

Es ist auch sachlich durchaus angemessen, den Herrschaftsbegriff so zu verstehen, daß er sich dieser Konzeption eingliedert. Keine vorgegebene Sozialnorm nötigt uns, ihn psychologisierend so zu begreifen, daß er nur bei völliger Willenlosigkeit des Mittlers anwendbar ist. Vielmehr erscheint es durchaus als sinnvoll, in Übereinstimmung mit dem Grundgedanken des Gesetzes von „Herrschaft" dort zu sprechen, wo der Einfluß des Hintermannes derart ist, daß das Strafrecht dem unmittelbar Handelnden die Verantwortung abnimmt. Der Begriff der Willensherrschaft ist dann also nicht an der psychischen Situation, sondern an der Verantwortung orientiert, einer Kategorie, die dem rechtlichen Sinngehalt des Vorganges aus den genannten Gründen besser gerecht wird als es ein rein psychologisierendes Verfahren vermöchte. Die „maßgebende" Entscheidung und damit die Willensherrschaft, so wie sie nach dem Gesetz zu verstehen ist, liegt also beim Hintermann nicht erst dann, wenn dem Handelnden eine selbständige Entscheidung psychisch schlechterdings nicht mehr möglich ist, sondern schon dann, wenn das Strafrecht sie von ihm nicht mehr verlangt.

Für unser beschreibendes Verfahren hat das wiederum die begrüßenswerte Folge, daß wir auf die Ausformung zurückgreifen können, die das Verantwortungsprinzip im Rahmen des § 52 StGB durch Gesetz, Rechtsprechung und Schrifttum erfahren hat. Daraus ergeben sich sorgfältig differenzierte Lösungen: Wenn beispielsweise einige Personengruppen oder diejenigen, die durch eigenes Verschulden in die Notstandslage gekommen sind, größere Widerstandskraft aufbringen müssen, bevor sie entschuldigt werden, dann sind auch an die Willensherrschaft höhere Anforderungen zu stellen. Ein Verhalten, das sonst zur mittelbaren Täterschaft führen würde, wird hier also möglicherweise nur eine Anstiftung begründen. Ganz zu Recht findet hier trotz gleicher psychischer Einwirkung eine unterschiedliche Beurteilung statt: Ob der Veranlassende im Zentrum des Geschehens steht, richtet sich eben nicht allein nach psychologischen Kriterien, sondern es ist davon abhängig, ob dem unmittelbar Handelnden die Verantwortung um des Hintermannes willen abgenommen wird. Unsere Lösung erlaubt es gleichzeitig, mit Hilfe des Regulativs der Zumutbarkeit, das beim Strafausschluß nach § 52 StGB eine bedeutsame Rolle spielt, eine Randzone für die richterliche Würdigung individueller Einzelfälle auch bei der Abgrenzung von mittelbarer Täterschaft und Anstiftung offen zu halten.

Schließlich läßt sich an diesem verhältnismäßig einfachsten Fall der mittelbaren Täterschaft auch ein Phänomen nachweisen, auf das oben[12] schon im allgemeinen hingedeutet wurde: daß nämlich die rechtliche Durch-

---

[12] S. 25

formung der empirischen Vorgegebenheiten ihrerseits wieder Einfluß auf die sachlichen Grundlagen der rechtlichen Bewertung ausübt, das heißt hier: Rückwirkungen auf die psychische Situation der Beteiligten hat. Denn wenn der Genötigte strafrechtliche Folgen nicht zu fürchten braucht, wird er dem Hintermann weit willenloser folgen als wenn ihn die Furcht vor der Strafbarkeit zum Einsatz aller seiner Willenskräfte zwingen würde. Im ersten Fall wird also die Beherrschung eines anderen rein faktisch oft viel leichter sein als im zweiten. Auch von hier aus gesehen erweist sich die Korrelation von Verantwortungsübergang und Willensherrschaft demnach als sinnvoll.

Wir erhalten daher folgendes Ergebnis: Wer auf den unmittelbar Handelnden nur mehr oder weniger starken Einfluß ausübt, hat nicht die Herrschaft im Rechtssinne, weil die Verantwortung beim Ausführenden bleibt. Wer aber auf einen anderen derart einwirkt, daß dieser von Gesetzes wegen der Verantwortung ledig wird, ist als Träger der Willensherrschaft anzusehen. Bei einem Nötigungsnotstand ist der Hintermann also, entgegen Armin Kaufmann, in Übereinstimmung mit der herrschenden Lehre in sämtlichen bisher besprochenen Fällen als Tatherr und mittelbarer Täter zu betrachten.

Diese Auslegung des Tatherrschaftsbegriffes, die allein den gesetzlichen Grundlagen gerecht wird, wird auch im folgenden noch zu wichtigen Erkenntnissen führen.

4. Teilnahmefälle beim Nötigungsnotstand

Die hier vertretene Auffassung schließt aber die Möglichkeit einer Teilnahme auch im Rahmen des § 52 StGB nicht schlechthin aus. Wir brauchen nur auf ein schon oben[13] verwendetes Beispiel zurückzugreifen: A, B, C werden von einer Räuberbande gefangen, deren Anführer D dem B mit dem Tode droht, wenn er nicht den A umbringe. B weigert sich zunächst, läßt sich dann aber von C durch Zureden zum Tatentschluß bewegen.

In diesem Fall handelt B entschuldigt; aber nicht um des C willen, sondern wegen der durch den D geschaffenen Notlage. Aus diesem Grunde besteht auch für den Gesetzgeber kein Anlaß, den C neben D als Schlüsselfigur des Vorganges anzusehen. Der schmale Raum, der dem B trotz der Drohung des D für eine selbständige Entscheidung noch blieb, wurde durch C nicht weiter eingeengt, so daß der Tatentschluß des B auf der Grundlage der einmal bestehenden Situation im Verhältnis zu C als „frei" betrachtet werden muß. Deshalb kann C nur Anstifter sein.

Diese auch dem Rechtsgefühl einleuchtende Lösung[14] ist freilich von vornherein nur möglich, wenn man dem hier entwickelten Tatherrschaftsbegriff darin folgt, daß B ebenfalls Täter ist[15], und wenn man weiter von

---

[13] S. 135
[14] im Ergebnis wohl ebenso Maurach, A.T., 2. Aufl., § 48 II C, S. 502
[15] dazu ausführlich oben S. 131–136

einem streng psychologischen Begriff der Willensherrschaft abrückt. Denn wenn man allein auf das seelische „Können" abhebt, ist es schwer vorstellbar, daß B bei ein und derselben Tat zugleich „frei" und „unfrei" gehandelt haben sollte. Vor allem könnte man einwenden, daß B, wenn er sich erst durch das Zureden des C zur Tatbestandsverwirklichung bewegen ließ, gerade dem D gegenüber standgehalten und seine „Freiheit" bewiesen hatte, während er schließlich den Worten des C nachgab. Aber auf das alles kommt es nicht an: Denn die Zwangssituation war von D geschaffen worden, und das allein reicht aus, um den B als von ihm beherrscht erscheinen zu lassen, wie immer sich dieser dazu innerlich stellen mochte.

II. Der einfache Notstand, § 54 StGB

Hier wird im Normalfall das Problem einer mittelbaren Täterschaft nicht auftauchen, weil der Handelnde nicht durch einen Menschen, sondern durch den Zwang der Ereignisse in die Nötigungssituation gebracht wird. Einige Sonderfälle sind aber doch unter dem Gesichtspunkt der Tatherrschaft näher zu prüfen. Dabei kommen zwei verschiedene Konstellationen in Frage:

1. Die vorsätzliche Herbeiführung eines Notstandes gemäß § 54 StGB

Jemand bringt einen anderen vorsätzlich in eine Lage, die die Voraussetzungen des § 54 erfüllt, um ihn auf diese Weise zu einer Straftat zu veranlassen. Er bewirkt etwa den Untergang eines Bootes, damit der stärkere der beiden Insassen den schwächeren von dem nur eine Person tragenden Brett des Karneades herunterstoße und ihn dadurch dem Tod überantworte.

Hier ist mittelbare Täterschaft anzunehmen. Der Fall steht dem Nötigungsnotstand außerordentlich nahe; er ließe sich bei weitherziger Auslegung (Nötigung durch unwiderstehliche Gewalt?) vielleicht sogar dem § 52 StGB subsumieren. Aber wie dem auch sei: Jedenfalls hat der Hintermann das Geschehen manipuliert und den unmittelbar Handelnden in eine die Freiheit der Willensentschließung derart beschränkende Lage gebracht, daß der Gesetzgeber ihn der Verantwortung für seine Entscheidung enthebt. Die Willensherrschaft liegt also beim Hintermann[16].

---

[16] Im Ergebnis wohl ebenso Gallas, Gutachten, S. 134; Maurach, A.T., 2. Aufl., § 48 II C, S. 502

2. Die Tatveranlassung oder Unterstützung
bei bestehender Notlage

Der zweite, praktisch bedeutsamere Fall ist der, daß jemand eine nicht von ihm geschaffene Notstandslage benutzt, um durch den in Not Geratenen einen von ihm gewünschten Erfolg zu bewirken, sei es, daß er ihn veranlaßt oder daß er ihm dabei behilflich ist. Um den urbildlichen Karneades-Fall noch einmal zu variieren: Ein Schiffbrüchiger hat sich auf die Planke gerettet, die nur ihn allein trägt. Ein Außenstehender veranlaßt einen zweiten Schiffbrüchigen, den ersten von der Planke herunterzustoßen, oder er hilft ihm dabei, indem er ihm etwa eine Waffe verschafft.

Zu welcher Lösung die Tatherrschaftslehre in diesem Falle führt, ist umstritten. Gallas will mittelbare Täterschaft annehmen. Er sagt[17]: „Das Übergewicht des Hintermannes bleibt bestehen, auch wenn dieser es nicht selbst herbeiführt, sondern nur ausnutzt: Der Tatmittler vermag infolge der Notlage … der Versuchung durch den Hintermann nicht den von ihm sonst geforderten Widerstand entgegenzusetzen und ist diesem daher ‚in die Hand‘ gegeben"[18]. Er fügt zwar hinzu, daß eine Entschuldigung auch des Hintermannes in Frage komme, wenn er im Interesse des in Notstand Befindlichen tätig werde[19]; doch kann das nichts daran ändern, daß für Gallas auch dieser Fall seiner Struktur nach der mittelbaren Täterschaft zuzuweisen ist.

Im Gegensatz dazu gehen Welzel[20], Maurach[21] und Bockelmann[22] ohne besondere Begründung davon aus, daß für die Tatherrschaftslehre hier ein Fall bloßer Teilnahme gegeben sei.

Mir scheint, das richtige Ergebnis liegt in der Mitte:

---

[17] Gutachten, S. 134
[18] Gallas führt weiter aus, es ergebe sich aus der streng akzessorischen Regelung der Anstiftung, daß auch nach der gesetzlichen Wertung hier mittelbare Täterschaft vorliege. Er geht dabei von dem vor der VO vom 29. 5. 43 bestehenden Rechtszustand aus. Angesichts der heutigen Rechtslage ist aber nicht ersichtlich, welche Bedeutung diesem Argument noch zukommen soll. Denn nach der jetzt maßgeblichen gesetzgeberischen Wertung, die dem Prinzip der limitierten Akzessorietät zugrundeliegt, wird doch gerade auf die Notwendigkeit einer schuldhaften Haupttat verzichtet, so daß insoweit der Annahme einer Anstiftung nichts entgegenstehen würde.
[19] a. a. O. Anm. 44; die Frage ist ebenfalls sehr strittig, für die Täterproblematik aber nicht von entscheidender Bedeutung; für generellen Verantwortungsausschluß des Hintermannes Maurach, A.T., 2. Aufl., §33 III, 5, a, S. 310; für Bestrafung des Außenstehenden dagegen die h. M., vgl. etwa Kohlr./Lange, 42./43. Aufl., §54 I 4; Welzel, 7. Aufl., S. 164; Bockelmann, Untersuchungen, S. 86; Schönke/Schröder, 10. Aufl., §54 III, 5, S. 331
[20] Lehrb., 7. Aufl., S. 164
[21] Lehrb., A.T., 2. Aufl., §48 II C, S. 502
[22] Untersuchungen S. 86

a) Die Aufforderung an den Notstandstäter

Wenn der Außenstehende den einen lediglich auffordert, sich auf Kosten des anderen zu retten, und wenn dieser dem Ratschlage folgt, so ist eine Tatherrschaft des Veranlassenden abzulehnen. Zwar handelt der Ausführende ohne eine im Sinne des Gesetzes „freie" Entscheidungsmöglichkeit; aber die strafrechtliche Verantwortung wird ihm nicht um der Herrschaft des Hintermannes willen abgenommen, sondern wegen des Zwanges der äußeren Umstände, die der Lenkung des Auffordernden nicht unterstehen. Die Situation, in der der eine sein Leben nur auf Kosten des anderen retten kann, ist vom Außenstehenden ganz unabhängig; sie allein begründet die seelische Zwangslage, die zur Entschuldigung des Handelnden führt. Da aber die Tatherrschaft voraussetzt, daß die Willensherrschaft beim Hintermann liegt, kann sie nicht gegeben sein, wenn der Motivationsdruck nicht von ihm, sondern von anderen Umständen ausgeht.

Allerdings hat Gallas recht, wenn er darauf hinweist, daß der Aufgeforderte der „Versuchung" durch den Hintermann in seiner Notlage weit eher nachgeben werde als er es sonst etwa tun würde. Aber darauf kommt es nicht an: Wäre der Handelnde nicht ohnehin entschuldigt, würden ihn die Einflüsterungen des Hintermannes, die auf die äußere Lage ohne Einfluß sind, von der Verantwortung nicht befreien können. Verantwortungsausschluß beim Handelnden und Verantwortung des Hintermannes für die Zwangssituation korrespondieren hier also nicht. Das Beispiel entspricht insofern dem oben behandelten Teilnahmefall bei § 52 StGB[23]. Rein faktisch-psychologisch kann es natürlich so sein, daß eine Aufforderung dem in seinen Entschlüssen Schwankenden den letzten Stoß gibt. Aber wir wissen, daß die Willensherrschaft, wenn wir sie richtig verstehen, davon nicht abhängt.

b) Die Umgestaltung der Situation zugunsten des Notstandstäters

Anders liegt es aber, wenn der Außenstehende dem ohne sein Zutun in Not Geratenen überhaupt erst die Möglichkeit verschafft, sich auf Kosten eines anderen in Sicherheit zu bringen; wenn er ihm also etwa eine Pistole zur Verfügung stellt, damit er den anderen, der sonst nicht gefährdet wäre, von seinem Brett herabschießen könne. Der Fall verdient deshalb eine besondere Behandlung, weil der Eingriff hier für die äußere Situation nicht bedeutungslos ist, sondern die Sachlage derart umgestaltet, daß sie dem Gefährdeten die bislang nicht vorhandene Gelegenheit zur Notstandstat gibt. Damit rückt die Situation in die Nachbarschaft des § 52 StGB. Während dort der Hintermann den Tatmittler selbst in die Gefahr versetzt und ihm dann die Wahl läßt, einen Deliktstatbestand zu verwirklichen oder selbst Schaden zu leiden, stellt er ihn hier durch Benutzung einer bestehenden

---

[23] Vgl. S. 148/149

Gefahrenlage vor genau dieselbe Alternative. Darin liegt zugleich die entscheidende Abweichung von dem vorher behandelten Fall, bei dem wir dem Außenstehenden die Tatherrschaft absprechen mußten. Zwar ist die dem Täter drohende Gefahr in beiden Fällen ohne den Hintermann entstanden. Aber wenn der Auffordernde die äußere Situation nicht verändert, ist die Gefahr für das Notstandsopfer und damit die innere Konfliktslage des Handelnden, die zu einer durch § 54 StGB entschuldigten Straftat führen kann, schon vorgegeben. Hier dagegen wird sie durch den Hintermann erst geschaffen. Dieser Umstand macht ihn zum Träger der Willensherrschaft. Denn der Außenstehende bringt den unmittelbar Handelnden in eine Lage, in der dieser, ohne für seine Entscheidung selbst strafrechtlich verantwortlich zu sein, zu einem rechtswidrigen Totschlag veranlaßt wird. Die nach der hier vertretenen Auffassung maßgebende, d. h. die einzige vor dem Forum des Rechts zu verantwortende, Entscheidung und damit die Willensherrschaft liegt beim Hintermann. Durch die Veränderung der äußeren Situation, mit Hilfe deren er dem einen ein Übergewicht gegenüber dem anderen verschafft, spielt er Schicksal, genau wie wenn er ohne den Umweg über die Person des Notstandstäters eingreifen und den schon gesicherten Schiffbrüchigen zugunsten des anderen von seinem Brett herunterschießen würde.

Diese Beurteilung ist unabhängig von der Frage, aus welchen Motiven der Hintermann gehandelt hat. Er besitzt die Willensherrschaft, einerlei, ob er durch den im Notstand Entschuldigten seinen Feind verderben oder ob er nur seinen Freund retten wollte. So oder so hat er ohne eigene Not einen Menschen durch seine Willensmacht zum Tode gebracht. Sicher ist der zweite Fall milder zu beurteilen; aber auch hier hat der Außenseiter um des Freundes willen einen anderen getötet und sich damit die Stellung eines Richters über Leben und Tod angemaßt, die ihm nicht zukommt[24]. Selbst wenn man hier mit Gallas eine Entschuldigung auch des Hintermannes annehmen wollte – was aus dem Gesetz schwer zu begründen ist und mir nicht einmal kriminalpolitisch wünschenswert erscheint – so würde er doch (wenngleich schuldloser) mittelbarer Täter bleiben. Denn er hat die Möglichkeit einer Tatbestandsverwirklichung geschaffen, bei der der Handelnde einer verantwortlichen Entscheidung nicht mehr fähig ist.

Ebenso ist es in diesem Zusammenhang unerheblich, ob der Außenstehende einen Täter- oder Teilnehmerwillen im Sinne der Dolustheorie hat. Auch wenn er demjenigen, dem er die Pistole gibt, ihren Gebrauch „anheimstellt" und sich insoweit seinem Willensentschluß „unterwirft", bleibt er Träger der Willensherrschaft. Denn der Handelnde, den er vor die unausweichliche Alternative stellt, kann keine freie Entscheidung mehr fällen, der sich der Hintermann mit rechtlicher Wirkung unterwerfen könnte. Hier zeigt sich deutlich, daß eine rein subjektiv verstandene Dolustheorie zu sehr psychologisiert, und daß die Tatherrschaftslehre nicht nur im Bereich

---

[24] Vgl. zu dieser Problematik auch Welzel, 7. Aufl., S. 164, und Bockelmann, Untersuchungen, S. 86

der Handlungsherrschaft, sondern auch bei Beurteilung der Willensherrschaft in den Ergebnissen nicht notwendig mit ihr übereinstimmt.

Unser Ergebnis lautet also: Wer einem ohne sein Zutun in Not Geratenen
die Möglichkeit gibt, sich auf Kosten eines anderen durch eine nach § 54
StGB entschuldigte Straftat zu retten, ist mittelbarer Täter; wer, ohne die
äußere Lage umzugestalten, in einer schon vorgegebenen Notstandssituation
bei einem Beteiligten den Tatentschluß zu einer nach § 54 StGB straflosen
Handlung erregt oder ihm dabei seelische Unterstützung gewährt, ist nur
Teilnehmer. Diese Lösung entspricht im ersten Halbsatz der von Gallas
gegen Welzel, Maurach und Bockelmann vertretenen Meinung; sie gibt im
zweiten Halbsatz der unter den Anhängern der Tatherrschaftslehre überwiegenden Auffassung gegen Gallas recht.

III. Der übergesetzliche entschuldigende Notstand

Hier sind die Sachverhalte einzureihen, die nach dem letzten Kriege im
Rahmen der sog. Euthanasieprozesse die Praxis viel beschäftigt haben:
Anstaltsärzte wirkten an der rechtswidrigen Tötung einiger geisteskranker
Patienten mit, um die übrigen zu retten. Ohne ihre Mitwirkung wären alle
getötet worden[25]. Oder, wenn man die Befehlssituation an dieser Stelle noch
ausklammern will: Ein Bahnbeamter vermeidet einen drohenden Zusammen-
stoß, der mit Sicherheit zahlreiche Menschen töten muß, indem er eine
Weiche umstellt und den Zug auf ein Nebengeleis leitet, wo er – wie der
Beamte vorhersieht – eine geringere Zahl von Arbeitern überfährt[26].

1. Die vorsätzliche Herbeiführung eines übergesetzlichen
entschuldigenden Notstandes

Gesetzt: Ein anderer hätte bewußt – in Kenntnis aller Umstände – die
Situation herbeigeführt, in der der Bahnbeamte den Zusammenstoß nur
durch die Weichenumstellung vermeiden konnte. Wie ist sein Verhalten zu
würdigen? Und wie sind die Hintermänner zu beurteilen, die die Ärzte in
die Lage brachten, entweder alle Patienten umkommen zu lassen oder an der
Tötung einiger mitzuwirken?

Es ist mittelbare Täterschaft anzunehmen. Einerlei, ob der Bahnbeamte
oder die Ärzte, sofern sie sich jeder Einwirkung auf das Geschehen enthalten hätten, straflos geblieben oder eines Unterlassungsdelikts schuldig
geworden wären: Wenn die Handlung, die sie nun einmal vorgenommen
haben, entschuldigt wird, wie es die herrschende Meinung befürwortet[27],

---

[25] OGHSt 1, 321–343; 2, 117–135
[26] Der Fall stammt von Welzel, ZStW Bd. 63, S. 51
[27] Vgl. nur Welzel, Lehrb., 7. Aufl., S. 163/64; Schönke/Schröder, 10. Aufl., V, 4, c vor
§ 51, S. 308/09; Baumann, Lehrb., 2. Aufl., S. 272, 374; Henkel, Mezger-Festschr.,
S. 300

so sind sie der Verantwortung ledig, und die nach den hier zugrundegelegten Kriterien maßgebende Entscheidung, also die Willensherrschaft über den Geschehensablauf, liegt beim Hintermann.

Diese Fälle bieten unter dem Gesichtspunkt der Tatherrschaftslehre einige Besonderheiten, die bisher noch nicht gewürdigt worden sind. Denn wenn wir annehmen, daß die unmittelbaren Täter sich durch ein Untätigbleiben straflos aus der Affäre ziehen konnten, und wenn wir auch den Gedanken an zwangsartige Unterordnungsverhältnisse ausschalten, so kann von einer „Nötigung" der Handelnden nur insoweit die Rede sein, als sie durch den Hintermann in eine Situation sittlichen Konflikts gebracht werden. Ein solcher Fall kann mit den bisher behandelten psychologisch nicht auf eine Stufe gestellt werden. Denn die Macht des Selbsterhaltungstriebes, die dort wirksam war, engt die freie Entscheidungsmöglichkeit mehr oder weniger ein, durchschlägt die moralischen Hemmungen und drängt den Täter zur Rechtsgutverletzung. Hier dagegen liegt es umgekehrt: Der Täter hat, wenn er jedes Eingreifen unterläßt, für seine Person nicht das geringste zu fürchten. Die psychischen Antriebe werden daher, wie die praktische Erfahrung immer wieder bestätigt, eher dahin tendieren, den Dingen ihren Lauf zu lassen und sich aus allem herauszuhalten.

Wenn der Täter dennoch handelt, so muß er dabei eine dem sittlichen Kern seiner Persönlichkeit entspringende, insofern ihm ganz zugehörende und „freie" Gewissensentscheidung gerade gegen die trägen Beharrungskräfte der niederen Schichten seiner Person durchsetzen. Er ist also durchaus nicht in dem Sinne „unfrei", wie es bei den vorher behandelten Fällen angenommen werden kann. Es würde das Wesen der Sache durchaus verfehlen, wenn man den Anruf des Gewissens mit dem vom Selbsterhaltungstrieb ausgehenden Willenszwang gleichsetzen wollte.

Für die Tatherrschaftslehre folgt daraus, daß von einer Willensherrschaft des Hintermannes im psychologischen Sinne nicht die Rede sein kann. Eine mittelbare Täterschaft des Hintermannes ist also für sie nur begründbar – und hier zeigt sich die ganze Tragweite der oben herausgearbeiteten Kriterien! – wenn man die „Willensherrschaft" mit dem Begriff der rechtlichen Verantwortung korrespondieren läßt. Der Gesetzgeber befreit den unmittelbaren Täter – denn Täter ist er schon kraft seiner Handlungsherrschaft – nicht aus psychologischen Erwägungen, sondern weil er seine freie Entscheidung aus sozialethischen Gründen respektiert. Diese Entlastung von den strafrechtlichen Folgen wird dem Handelnden wegen der durch den Hintermann geschaffenen Situation zuteil. Bei diesem liegt daher die letzte strafrechtlich zu verantwortende Entscheidung über das, was geschehen ist, und eben darin besteht der rechtliche Gehalt dessen, was wir unter „Willensherrschaft" verstanden haben.

Wollte man den unmittelbar Handelnden nicht nur entschuldigen, sondern sogar rechtfertigen, oder wollte man ihm statt der Entschuldigung einen persönlichen Strafausschließungsgrund gewähren – zu diesen Fragen kann hier nicht Stellung genommen werden – so wäre das Ergebnis kein anderes. Denn in jedem Fall wird er der strafrechtlichen Verantwortung um des Hintermannes willen ledig, und darauf allein kommt es zur Begründung der mittelbaren Täterschaft an. Geht man von einer Rechtfertigung aus, so läge der klassische Fall einer mittelbaren Täterschaft durch ein rechtmäßig handelndes Werkzeug vor[28]; nimmt man einen persönlichen Strafausschließungsgrund an, so stellt sich der unmittelbar Handelnde als schuldhafter Täter dar. Auch bei dieser Konstruktion würde aber die Befreiung des Ausführenden von den strafrechtlichen Konsequenzen seines Tuns genügen, um den Hintermann in die Zentralstellung des handlungsmäßigen Geschehens zu rücken und ihm den Ablauf im Rechtssinne „in die Hand" zu geben.

2. Die Veranlassung oder Unterstützung
eines in entschuldigtem übergesetzlichen Notstand Handelnden

Anders sind die Fälle zu beurteilen, in denen der Außenstehende die Konfliktlage nicht geschaffen hat, sondern den Notstandstäter nur zu seiner Tat auffordert oder ihm dabei hilft. Die Abgrenzung von Täterschaft und Teilnahme ist hier ohne praktische Bedeutung, weil man anders als bei den §§ 52, 54 StGB die Entschuldigung, die man dem Notstandstäter gewährt, dem Außenstehenden keinesfalls versagen kann: Denn beide stehen ja in der gleichen, unentrinnbaren Entscheidungssituation. Sie handeln in gleichem Maße „frei" und „unfrei", so daß man nicht wie im entsprechenden Falle des § 54 StGB darauf abstellen kann, ob der Hintermann dem unmittelbar Handelnden die Tat ermöglicht oder ihn nur in sonstiger Weise aufgefordert oder angefeuert hat. Vielmehr kann bei gleicher Nötigungslage von einer „Willensherrschaft" des einen oder anderen und damit von einer mittelbaren Täterschaft überhaupt nicht die Rede sein. Stattdessen ist, wenn im übergesetzlichen entschuldigenden Notstand mehrere Personen zur Erreichung eines Erfolges zusammenwirken, die Unterscheidung der Teilnahmeformen wie bei einer ungenötigten, gemeinsamen Deliktsverwirklichung vorzunehmen. Die hier maßgebenden, durch den Begriff der Willensherrschaft nicht zu erfassenden Kriterien werden unten noch eingehend erörtert werden[29]. Darauf muß hier verwiesen werden.

IV. Notstandsähnliche Situationen

Man kann hier drei Fallgruppen unterscheiden: Die notstandsähnlichen, aber nicht schuldausschließenden Fälle seelischen Drucks (1), den Nötigungsnotstand zur Selbstverletzung (2) und die Bewirkung einer Tat durch einen genötigten, rechtmäßig handelnden Dritten (3).

---

[28] Über solche Fälle vgl. unten S. 230f.
[29] Vgl. S. 275ff.

1. Die notstandsähnliche seelische Beeinflussung

Die unter den Tatherrschaftstheoretikern umstrittenste Frage aus dem Bereich der mittelbaren Täterschaft ist die, ob eine Tatherrschaft des Hintermannes angenommen werden kann, wenn der unmittelbar Handelnde zwar nicht im Sinne des § 52 StGB, aber doch in psychologisch ähnlicher, obgleich die strafrechtliche Schuld nicht ausschließender Weise zu seiner Tat genötigt worden ist.

Als Ausgangspunkt diene ein etwas verkürzter Fall Maurachs[30]. A bestimmt die leicht beeinflußbare, ihm sexuell und psychologisch vollkommen hörige Frau B zur Tötung ihres Mannes, indem er ihr droht, sie sonst zu verlassen. Die Voraussetzungen der §§ 51, 52, 54 StGB liegen nicht vor.

Hier meint Maurach, das „Vorliegen der Tatherrschaft und damit das materielle Kriterium der mittelbaren Täterschaft" sei „nicht zweifelhaft". Auch Nowakowski[31], Lange[32] und v. Uthmann[33] nehmen bei Konstellationen dieser Art eine Tatherrschaft des Hintermannes an.

Dagegen lehnen Welzel[34] und Gallas[35] die Möglichkeit einer mittelbaren Täterschaft in solchen Fällen ab. Nach der Auffassung Welzels setzt die mittelbare Täterschaft grundsätzlich voraus, daß der unmittelbar Handelnde ein bloßes „Werkzeug" ist. Diese Werkzeugeigenschaft fehlt ihm aber nach seiner Lehre notwendig, wenn er selbst als schuldhafter Täter bestraft werden muß. Eine andere Begründung gibt Gallas, der dem Problem besondere Aufmerksamkeit gewidmet hat. Er räumt ein, es ließen sich „rein tatsächlich-psychologisch betrachtet … durchaus Fälle denken, in denen der Hintermann kraft seiner persönlichen oder sozialen Überlegenheit das Tun auch des schuldhaft vorsätzlich die Tat Ausführenden ‚beherrscht' "[36]. Trotzdem, meint er, müsse die Tatherrschaft im Rechtssinne „dort ihre Grenzen finden, wo das Recht das Tun des unmittelbar Handelnden als ein freies und damit persönliche Verantwortung begründendes wertet. Denn am Maßstab derselben Wertordnung gemessen, kann ein Verhalten nicht zugleich als frei und als von einem anderen beherrscht, d. h. aber als unfrei, erscheinen".

Es ist leicht zu sehen, daß es sich auch hier um den uns schon bekannten Widerstreit zwischen einem rein psychologisch und einem an der rechtlichen Verantwortung orientierten Begriff der mittelbaren Täterschaft handelt[37]. Aus unseren vorhergehenden Darlegungen zur Natur der Willensherrschaft folgt zwangsläufig, daß auch in diesem Falle der letztgenannten

---

[30] A.T., 2. Aufl. § 48 I A 2, S. 495

[31] JZ 1956, S. 549; er spricht hier allerdings von Mittäterschaft; vgl. dazu unten S. 275 ff.

[32] Kohlr./Lange, 42./43. Aufl., vor § 47, 5, B, S. 161. Lange geht in der Annahme mittelbarer Täterschaft sogar noch sehr viel weiter, vgl. dazu schon oben S. 143/144

[33] NJW 1961, S. 1908

[34] SJZ 1947, Sp. 650; dazu in anderem Zusammenhang oben S. 133/134

[35] Gutachten S. 134; Sonderheft Athen, S. 16

[36] Gutachten a. a. O.; fast wörtlich gleichlautend Sonderheft Athen a. a. O.

[37] Kennzeichnend ist, daß v. Uthmann (a. a. O. Anm. 3) sich gegen Gallas darauf beruft, die Tatherrschaft sei ein „ontologischer und damit vorjuristischer Begriff".

Auffassung gegen die wohl überwiegende Meinung der Vorzug zu geben ist.
Dabei scheint mir die von Gallas gegebene Begründung im Kern mit der von
uns oben entwickelten Ansicht durchaus übereinzustimmen. Die „Herrschaft" hat der Hintermann nur dort, wo die letzte und maßgebende Entscheidung bei ihm liegt. Das ist im Umkreis der Nötigungssituationen dann
– aber auch nur dann – der Fall, wenn der Gesetzgeber dem Handelnden die
Verantwortung für sein Tun abnimmt. In allen anderen Situationen liegt nur
ein stärkerer oder geringerer Einfluß des Hintermannes vor, der aber die
Möglichkeit einer im Rechtssinne „freien" Selbstbestimmung und damit die
Willensherrschaft des Ausführenden bestehen läßt. Das ist oben für den
umgekehrten Fall des entschuldigten Tatmittlers schon im einzelnen dargetan worden.

Abgesehen von diesen prinzipiellen Fragen gesetzgeberischer Wertung
bietet die Gegenmeinung aber auch eine durchaus unpraktikable Lösung.
Denn sie muß, wenn sie mit dem Begriff der „Herrschaft" einen greifbaren
Sinn verbinden und der Anstiftung eine selbständige Bedeutung bewahren
will, ebenfalls davon ausgehen, daß nicht jede Beeinflussung schon die Tatherrschaft des Veranlassenden begründet[38]. Wie soll man sich aber eine
„Herrschaft" als psychologisches Kriterium vorstellen, die einerseits ein
Anders-Handeln-Können des Beherrschten ausschließt, andererseits aber
weder die Zurechnungsfähigkeit noch überhaupt die Verantwortlichkeit des
Handelnden beeinträchtigt? Die Psychologie würde hier vor Aufgaben
gestellt, die der Quadratur des Kreises gleichstehen und die sie nicht erfüllen
könnte. So hat es sich, um das an einem strafrechtlichen Parallelfall zu verdeutlichen, trotz allen Bemühens als unmöglich erwiesen, ein brauchbares
psychologisches Kriterium für die „Freiwilligkeit" des Rücktritts aufzufinden[39]. Dabei hat man sich dort durch Abstellen auf den „Durchschnitts-
menschen" die Aufgabe noch erleichtert, während man bei Ermittlung der
„Herrschaft", wenn man sie schon rein psychologisch bestimmen will, doch
jedenfalls die individuelle Beziehung zugrundelegen müßte.

Etwas anderes kommt hinzu: Wenn man schon, wie es die Gegenauffassung will, die „Herrschaft" psychologisch-faktisch beurteilen will, so
müßte man es konsequenterweise im Bereich der echten Entschuldigungsgründe auch tun. Dort hat aber, wie oben gezeigt wurde, noch niemand eine
solche differenzierende Meinung vertreten.

Nowakowski schließlich hat versucht, seine abweichende Ansicht auch
durch eine „wertende" Betrachtungsweise zu rechtfertigen. Er meint, der
„erhebliche Einfluß" des Hintermannes sei der unmittelbaren Ausführung
„gleichwertig" und damit als Tatherrschaft anzusehen[40]. Ebenso will er
dem Auftraggeber eines Bravos die Tatherrschaft zusprechen[41]. Doch auch

---

[38] Vgl. darüber oben S. 143/144
[39] Vgl. dazu Bockelmann, Untersuchungen, S. 171 ff., der mit Recht darauf hinweist, daß
sich die auf dieser Grundlage gefällten Urteile „mitunter bis zur Lächerlichkeit widersprechen" (S. 176).
[40] JZ 1956, S. 549, Anm. 68
[41] a. a. O. S. 549 bei Anm. 65, 66

dieser Weg führt nicht zum Ziele. Zwar ist, wenn wir an Maurachs Ausgangsfall denken, die kriminelle Energie bei A vermutlich sogar größer als bei B. Sicher muß A auch mindestens ebenso hart bestraft werden. Aber wenn man diese auf die „Schwere" der kriminellen Verfehlung bezogene Gleichwertigkeit – und um etwas anderes handelt es sich nicht – zum Kriterium der Tatherrschaft machen wollte, so müßte man zu einem von der konkreten Anschauung ganz gelösten Normativismus und zu einer Kriminologisierung des Täterbegriffes übergehen, die, wie oben[42] gezeigt wurde, dem Sinn der Teilnahmeformen nicht gerecht würde.

Es ist also festzuhalten: Notstandsähnliche Situationen, die dem Handelnden die Verantwortung für sein Tun belassen, verschaffen dem Hintermann nicht die Willensherrschaft. Er bleibt Anstifter. Insoweit gibt es also keinen „Täter hinter dem Täter". Darin liegt der richtige Kern dieser seit eh und je von Welzel vertretenen, in ihrer verallgemeinerten Form unzutreffenden Auffassung[43].

2. Der Nötigungsnotstand zur Selbstverletzung

a) Zum Streitstand

Ein Sonderproblem bildet der von Welzel[44] sogenannte Nötigungsnotstand zur Selbstverletzung bzw. zum Selbstmord. In diesem Zusammenhang kann der schwierige Fragenkreis der Beteiligung am Selbstmord nur in einem kleinen Ausschnitt behandelt werden. Ob ein Unterlassender oder jemand, der einen von ihm Getäuschten, einen Geisteskranken, einen Minderjährigen oder eine ihm sonst nahestehende Person zum Selbstmord veranlaßt, als Tatherr eines Totschlages anzusehen ist, wird unten noch an verschiedenen Stellen zu erörtern sein[45]. Hier kommt es nur darauf an, ob jemand Täter im Sinne des § 212 StGB sein kann, der einen zurechnungsfähigen, die Sachlage voll überschauenden, ihm nicht durch eine besondere Pflichtenstellung verbundenen, erwachsenen Menschen zum Selbstmord nötigt.

Die Behandlung dieses Falles ist überaus umstritten. Vom Boden der Tatherrschaftslehre aus ist es klar, daß nicht schon, wie es Eb. Schmidt[46] in konsequenter Anwendung des extensiven Täterbegriffs annahm, die bloße Veranlassung fremden Selbstmordes den Hintermann zum mittelbaren Täter machen kann. Auch wenn man weitergeht und, wie es Mezger[47]

---

[42] S. 24/25, 30–32
[43] Über Fälle, wo diese These zu Fehlern führt, vgl. oben S. 133/134, 143 und weiter unten S. 212 ff.
[44] Lehrb., 7. Aufl., S. 91 f.
[45] Vgl. S. 225 ff., 473 ff.
[46] Frank-Festgabe, Bd. II, S. 124/25; ihm zustimmend – aber von anderen Grundlagen her – Hegler, Festgabe für Rich. Schmidt, S. 76–78. Zu Heglers „Übergewichtstheorie" in diesem Bereich vgl. die Bemerkungen unten S. 163/164 in einem insoweit gleichliegenden Fall.
[47] KLB, B.T., 7. Aufl., 1960, § 5 IV, S. 12/13

vom Standpunkt der subjektiven Theorie her verlangt, außer der Verursachung noch den „Täterwillen" des Veranlassenden fordert, kann von einer „Willensherrschaft" des Anstifters nicht die Rede sein[48]. Ebensowenig ist es möglich, mit Meister[49] schon dann den Hintermann als Täter eines Totschlages anzusehen, wenn er dem Selbstmörder „bei seiner Abwägung des Für und Wider die Entscheidung, vom Selbstmord Abstand zu nehmen, erschwert hat", oder wenn er „unter Appell an das Pflichtgefühl den noch nicht ganz zum Selbstmord Entschlossenen zum Selbstmord veranlaßt".

Man muß vielmehr mindestens voraussetzen, daß der Tod des Selbstmörders nicht als „seine" Tat, sondern als das Werk des Hintermannes erscheint[50]. Darüber besteht unter den Anhängern der Tatherrschaftslehre weithin Einigkeit. Man findet aber nur wenig deutliche Auskünfte über die Frage, wann das der Fall ist.

Unter den Vertretern der Tatherrschaftstheorie geht am weitesten Less[51], der anscheinend schon jede nach § 240 StGB strafbare Nötigung zur Begründung mittelbarer Täterschaft genügen lassen will.

Eine Mittelgruppe bilden Welzel, Maurach und Lange. Welzel[52] scheint darauf abstellen zu wollen, ob eine dem § 52 StGB entsprechende Situation vorlag[53]. Dem widerspricht es aber, daß er als Beispiel die Entscheidung RGSt 26, 242 anführt. Dieses Urteil bietet keine Anhaltspunkte dafür, daß der Lehrling, dem sein Arbeitsgeber befohlen hatte, ein ungereinigtes Stück Darm zu essen, durch die Nötigungsmittel des § 52 StGB dazu veranlaßt worden war[54]. Ähnlich wie Welzel will Maurach[55] zumindest dann eine mittelbare Täterschaft des Hintermannes annehmen, wenn er „den Selbstmord unter den Voraussetzungen des § 52 erzwingt"[56]. Darüber hinaus hält er eine Tatherrschaft des Veranlassenden dann für gegeben, wenn er das Opfer durch Schaffung einer Verzweiflungslage zur Flucht aus dem Leben bestimmt[57]. Lange[58] spricht nur davon, daß sich der „Anstifter", wenn er mittelbarer Täter sein solle, des anderen bedient haben müsse, „um seinen eigenen Willen, diesen zu beseitigen, durch ihn auszuführen".

Alle drei beziehen sich auf den berühmten Fall der 14½-jährigen Hildegard Hoefeld[59], deren Eltern sie durch Schläge und Drohungen in den Tod treiben wollten und auch tatsächlich zu einem Selbstmordversuch ver-

---

[48] Vgl. neben unseren früheren Darlegungen zur Willensherrschaft nur Maurach, B.T., 3. Aufl., S. 17
[49] GA 1953, S. 168
[50] So schon im Jahre 1935 Lange, Der moderne Täterbegriff, S. 34. Über den Einfluß dieser Abhandlung auf die Tatherrschaftslehre vgl. oben S. 15, 66, 75 ff.
[51] JZ 1951, S. 582
[52] Lehrb., 7. Aufl., S. 91 f.
[53] Vgl. auch OGHSt 2, 5–11 (7/8)
[54] weshalb z. B. v. Liszt, Lehrb., 21./22. Aufl., § 50, Anm. 5, S. 210, das Urteil als viel zu weitgehend ablehnt.
[55] A.T., 2. Aufl., S. 504; B.T., 3. Aufl., S. 17
[56] B.T. a. a. O.
[57] wie Anm. 56
[58] Kohlr./Lange, 42./43. Aufl., §§ 211/12, V, 1, S. 474
[59] Er ist von Lange, Mod. Täterbegriff, S. 32 f., mitgeteilt worden.

anlaßten. Dieses Beispiel ist indes nicht sehr geeignet, die in Rede stehende Frage zu klären, weil die Eltern hier aus drei Gründen Täter eines Totschlagsversuches sein können: wegen des jugendlichen Alters des Mädchens, wegen ihrer Sonderstellung als fürsorgepflichtige Personen und wegen der Schläge und Drohungen, die die Voraussetzungen des § 52 erfüllen. Der Bezug auf dieses Urteil macht also nicht deutlich, auf welche Umstände im einzelnen die Tatherrschaft des Veranlassenden gestützt werden soll.

Zusammenfassend läßt sich immerhin sagen, daß Welzel, Maurach und Lange jedenfalls mittelbare Täterschaft annehmen wollen, wenn eine dem § 52 StGB entsprechende Situation vorliegt, daß aber darüber hinaus auch andere Nötigungen zur Bejahung einer Tatherrschaft des Hintermannes führen können, ohne daß ihre Voraussetzungen bisher im einzelnen geklärt wären.

Zu einer wesentlich engeren Begrenzung der Täterschaft kommt dagegen Kaun[60], der dem Thema unter dem Gesichtspunkt der Tatherrschaftslehre eine umfassende Spezialuntersuchung gewidmet hat. Er will körperliche Mißhandlungen oder ihre Androhung, auch wenn sie im Falle des § 52 StGB zum Schuldausschluß führen würden, nicht ausreichen lassen, um die Täterschaft des Hintermannes zu begründen. Vielmehr bejaht er eine Tatherrschaft des Veranlassenden nur dann, wenn die zugefügten oder angedrohten Schmerzen einen solchen Grad erreichen, daß sie für das Opfer auch bei Aufbietung aller von ihm zu erwartenden Standhaftigkeit nicht mehr erträglich sind[61]. Die Grenze will er dort ziehen, wo bei Berücksichtigung der individuellen psychischen und physischen Konstitution des Betroffenen und der besonderen Umstände des Einzelfalles von ihm ein Widerstand nach allgemeinem Sittlichkeitsempfinden nicht mehr erwartet werden darf. Noch weitergehend soll die Drohung des Hintermannes, er werde den Bedrohten bzw. einen seiner Angehörigen erschießen, wenn dieser nicht Selbstmord begehe, nach Kaun unter keinen Umständen für eine mittelbare Täterschaft ausreichen[62].

Zur Begründung führt er an: Wenn jemand durch eine Todesdrohung zum Selbstmord genötigt werde, so stehe er nicht vor einer die freie Entscheidung ausschließenden Alternative. Denn da beide ihm noch offenstehenden Wege zu seinem Tode führen müßten und der eine nicht abschreckender sei als der andere, könne er zwischen beiden frei wählen. Und wenn der Bedrohte gar Selbstmord begehe, um einen Angehörigen vor dem Tode zu retten, so handele er „in so hohem Maße tugendhaft, daß es gerade entwürdigend wäre, diese Tat der psychischen Herrschaft eines Verbrechers zuzuschreiben".

---

[60] Die Beteiligung am Selbstmord als strafrechtliches Problem, ungedr. Hamburger Dissertation, 1960
[61] a. a. O. S. 45 f., 60
[62] hier und im folgenden a. a. O. S. 61/62

b) Stellungnahme

Wenn wir versuchen, in dieser weithin ungeklärten Frage anhand der bei den übrigen Nötigungsfällen erarbeiteten Kriterien die richtige Lösung zu finden, so werden wir davon ausgehen müssen, daß eine nach § 240 StGB zu beurteilende Nötigung jedenfalls noch nicht zur Annahme einer Tatherrschaft des Hintermannes ausreicht. Denkt man sich den Fall, daß A dem B mit der Anzeige einer Straftat, der Aufdeckung einer ehelichen Untreue, einem gesellschaftlichen Skandal oder dem wirtschaftlichen Ruin droht, wenn er nicht Selbstmord begehe, so kann das den Betroffenen im Einzelfall durchaus zum Selbstmord veranlassen. Aber die letzte Entscheidung darüber und damit die Willensherrschaft im Sinne des Gesetzes liegt doch bei ihm. Das ergibt sich zwingend aus der Tatsache, daß, wenn die Nötigung sich auf ein tatbestandsmäßiges Verhalten richtet, der Bedrohte strafrechtlich für sein Tun in vollem Umfange verantwortlich bleibt. Wenn wir oben alle „notstandsähnlichen", die Voraussetzungen der §§ 52, 54 StGB nicht erfüllenden Fälle aus dem Bereich der mittelbaren Täterschaft ausgeschlossen haben, können wir hier nicht anders verfahren. Daraus folgt, daß nicht nur § 240 StGB kein geeignetes Kriterium zur Ermittlung der Tatherrschaft abgibt, sondern daß auch jeder Versuch abzulehnen ist, über die Grenzen des § 52 StGB hinaus bei „Schaffung einer seelischen Verzweiflungslage" oder in ähnlichen Fällen eine mittelbare Täterschaft des Hintermannes zu begründen[63].

Es liegt danach nahe, eine Tatherrschaft des Veranlassenden immer dann – aber auch nur dann – für gegeben zu halten, wenn die Voraussetzungen des § 52 StGB erfüllt sind, wenn also der Betroffene zum Selbstmord genötigt worden ist durch unwiderstehliche Gewalt oder durch Drohung mit Leibes- und Lebensgefahr für ihn selbst oder einen seiner Angehörigen[64]. Dafür spricht die Erwägung, daß der Gesetzgeber – wie § 52 StGB zeigt – davon ausgeht, bei Vorliegen dieser Voraussetzungen liege eine freie, rechtlich zu verantwortende und damit die Willensherrschaft bestehenlassende Entscheidung des Genötigten nicht mehr vor. Allerdings zeichnet sich die Nötigung zum Selbstmord gegenüber dem Fall des Nötigungsnotstandes durch zwei Besonderheiten aus, die möglicherweise zu einer abweichenden Beurteilung führen können.

Die erste liegt darin, daß der Selbstmord eine Handlung darstellt, die tatbestandslos ist und daher von vornherein eine strafrechtliche Verantwortung nicht begründen kann. Es braucht dem Handelnden also auch nicht erst wegen der Nötigungssituation eine Verantwortung genommen zu werden, so daß eine unmittelbare Anwendung des bei § 52 StGB für die Begründung der mittelbaren Täterschaft tragenden Gedankens nicht in Frage kommt. Da jedoch die Nötigungsmittel die gleichen sind und die Erwägungen, auf denen die Straflosigkeit des Selbstmörders beruht, sich

---

[63] Dabei wird natürlich immer vorausgesetzt, daß die volle Zurechnungsfähigkeit des Betroffenen bestehen geblieben ist. Sonst gilt etwas anderes. Vgl. dazu unten S. 233 ff.

[64] Von dieser Auffassung geht offenbar auch die Entscheidung OGHSt 2, 5–11 (7/8) aus.

allein auf seine Person beziehen und auf die Beurteilung des Veranlassenden keinen Einfluß haben, läßt sich das dem § 52 zugrundeliegende Prinzip ohne Bedenken verallgemeinern, soweit nicht die besondere Art des erstrebten Nötigungserfolges dem hier entgegensteht.

Das führt auf den zweiten, tiefgreifenden Unterschied zwischen dem Nötigungsnotstand und der Nötigung zum Selbstmord. Während nämlich dort der Täter unter dem Zwang des Selbsterhaltungstriebes handelt und seinetwegen entschuldigt wird, richtet sich die Nötigung hier gerade umgekehrt auf eine bis zur Selbsttötung – also so weit wie überhaupt möglich – gehende Überwindung dieses Triebes. Wenn man die Dinge so sieht, ist der Selbstmord die freieste, d. h. die gegen den stärksten Widerstand der Triebschichten durchgesetzte Willensentscheidung, die sich denken läßt. Auf einer derartigen Betrachtungsweise beruht es wohl letzten Endes auch, daß Kaun, wie oben gezeigt wurde, in solchen Fällen zu einer weitgehenden Ablehnung der Tatherrschaft des Hintermannes kommt.

Diese Bedenken dürfen nicht verkannt werden; dennoch glaube ich, daß die Annahme einer Täterschaft des Veranlassenden, wenn er sich der Nötigungsmittel des § 52 StGB bedient, auch vom Standpunkt der Tatherrschaftslehre aus die richtige Lösung ergibt. Für diese Auffassung sind zwei Erwägungen maßgebend:

Erstens nämlich zeigt eine genauere Analyse, daß es mit der Freiheit des Selbstmörders auch unter psychologischen Gesichtspunkten in diesen Fällen nicht so weit her ist, wie es den Anschein hat, wenn man den Selbsterhaltungstrieb ohne Bezug auf die konkrete Situation in seiner gleichsam abstrakten Stärke mißt. Denn wenn der Bedrohte vor die Wahl gestellt wird, sich selbst zu erschießen oder erschossen zu werden, so wird ihn der Selbsterhaltungstrieb nicht vor der Tötung der eigenen Person zurückschrecken lassen, weil sein Leben ohnehin verloren ist. Seine „Freiheit" beschränkt sich auf die Wahl der Tötungsweise, und in diesem Punkt wird die Gewalt der Todesdrohung das Opfer häufig nicht mehr zu einer vernünftigen, die Möglichkeiten ruhig abwägenden Entscheidung kommen lassen. Eine auch psychische „Unfreiheit" ist hier durchaus denkbar. Und für den Fall, daß die Drohung einen Angehörigen betrifft, ist, wenn man etwa an das Verhältnis einer Mutter zu ihrem Kinde denkt, immerhin zu berücksichtigen, daß der rein instinktmäßige Schutz- und Rettungstrieb stark genug sein kann, um die Tendenz zur Selbsterhaltung zurückzudrängen und den Genötigten unabhängig von der Entscheidung seines in solchen Situationen oft ausgeschalteten freien Willens zum Opfer zu „zwingen".

Es ist freilich nicht zu übersehen, daß dem Bedrohten je nach seiner Persönlichkeit trotz der Ausweglosigkeit der durch den Hintermann geschaffenen Zwangslage häufig eine im moralischen Sinne „freie" Entscheidung noch möglich sein wird. Man kann es für würdiger und tapferer halten, sich selbst den Tod zu geben als sich ermorden zu lassen. Und wer zur Rettung eines Angehörigen den Tod auf sich nimmt, wird das oft nicht psychisch gezwungen, sondern aus Opferbereitschaft und Edelmut tun. In diesen Fällen greift nun aber ein zweiter Gesichtspunkt ein, den wir oben schon in ähnlicher Weise zur Begründung der mittelbaren Täterschaft herangezogen haben: Die Willensherrschaft des Hintermannes besteht darin, daß er das Opfer in eine unentrinnbare Situation stellt, in der, was immer der Bedrohte tun kann und wie auch im Einzelfall die Verhältnisse unter psychologischen und ethischen Gesichtspunkten liegen mögen, das Recht ihm die Verantwortung für sein Handeln zu Lasten des Nötigers abnimmt. Das ist unstreitig der Fall, wenn der Bedrohte etwa zur Rettung seines Angehörigen einen Dritten tötet. Wie sollte es anders sein, wenn er zum gleichen Zweck sich selbst den Tod gibt?

Und wenn jemand die Selbsttötung dem Ermordetwerden vorzieht, mag es – was nur im Einzelfall festgestellt werden könnte – durchaus so sein, daß ihm eine gegenteilige Entscheidung psychisch möglich gewesen wäre und vielleicht auch nach ethischen Gesichtspunkten von ihm verlangt werden konnte. Es hat dennoch einen guten Sinn, wenn die Rechtsordnung den Richter von der – wohl auch kaum lösbaren – Aufgabe entbindet, im Einzelfall auseinanderzurechnen, was an der Entschließung des Nötigungsopfers unfreier Zwang und was persönlichkeitsadäquater freier Eigenentschluß ist. Derartige Grenzsituationen aufzuhellen, ist nicht die Sache des Richters[65]. Das Recht erwartet keinen Heroismus und rechnet die Entscheidung zum Selbstmord nicht dem Genötigten, sondern dem Hintermann als sein Werk zu, auch wenn die Kriterien der psychologischen und ethischen Zurechnung im Einzelfall zu anderen Ergebnissen führen mögen. Es zeigt sich hier wieder sehr deutlich, daß der Tatherrschaftsbegriff trotz seiner empirischen Grundlage nicht rein psychologisch verstanden und auch nicht, wie Kaun es in diesen Fällen will, nach ethischen Prinzipien bestimmt werden darf, sondern daß rechtliche Wertentscheidungen dafür maßgeblich sind.

Unsere Lösung lautet also: Eine Nötigung zum Selbstmord begründet stets – aber auch nur dann – die Willensherrschaft des Hintermannes, wenn dieser sich der Mittel des § 52 StGB bedient.

3. Die Erfolgsbewirkung durch einen genötigten, rechtmäßig handelnden Dritten

Der Schulfall ist folgender: A veranlaßt den X, den er aus der Welt schaffen will, den C mit einem Messer anzugreifen. Er will erreichen, daß C den X in rechtfertigender Notwehr tötet; das geschieht auch. Kann A wegen vorsätzlicher Tötung des X bestraft werden[66]?

Das Problem ist seit Jahrzehnten diskutiert worden[67]. Hegler hat ihm im Jahre 1932 die erste Spezialuntersuchung gewidmet. Er kommt zu dem

---

[65] Vgl. dazu allgemein Evers, Existenzphilosophie und rechtliche Pflichtenkollision, JR 1960, S. 369–372, in Auseinandersetzung mit der Abhandlung von End: Existenzielle Handlungen im Strafrecht, 1959

[66] Vgl. zu diesem Fall Hegler, Festgabe für Richard Schmidt, 1932, S. 54; Mezger, ZStW, Bd. 52, 1932, S. 534

[67] Vgl. zur älteren Literatur Hegler a. a. O., S. 51 ff.; zur neueren Entwicklung mit reichhaltigen Literaturangaben Johannes, Mittelbare Täterschaft bei rechtmäßigem Handeln des Werkzeuges, 1963

Ergebnis, daß mittelbare Täterschaft vorliege. Zur Begründung dient ihm seine mehrfach erwähnte[68] „Übergewichtstheorie": Da der unmittelbar Handelnde durch Notwehr gerechtfertigt sei, dem Veranlassenden aber ein solcher Rechtfertigungsgrund nicht zur Seite stehe, habe der Hintermann ein „Übergewicht auf dem Gebiete der Rechtswidrigkeit", das ihn zum mittelbaren Täter mache[69]. Gegen ihn wandte sich Mezger[70] als letzter und namhaftester Vertreter der abweichenden Meinung; aber auch er ging bald darauf zu der vorher bekämpften Ansicht über, freilich mit anderer Begründung[71]: Da die Notwehrhandlung den Täter nur rechtfertige, wenn sie vom Verteidigungswillen getragen sei, müsse der Veranlassende, da ihm dieser Wille fehle, rechtswidriger Täter sein, während dem unmittelbar Handelnden § 53 StGB zugute komme. Seither ist die Möglichkeit mittelbarer Täterschaft durch ein rechtmäßig handelndes Werkzeug allgemein anerkannt.

Davon wollen auch wir ausgehen. Wirklich befriedigend begründen läßt sich dieses Ergebnis allerdings nur, wenn man den Vorsatz im Sinne der finalen Handlungslehre systematisch dem Tatbestand zuzählt. Denn da der Erfolg (in unserem Beispiel: der Tod des X) für beide Beteiligte derselbe ist, läßt sich die unterschiedliche strafrechtliche Beurteilung nur dadurch erklären, daß sich die Rechtfertigung nicht auf die kausale Erfolgsbewirkung, sondern auf die finale Handlung bezieht. Auch die von Mezger gegebene Begründung schließt diese Annahme ein; denn nur ein auf den Erfolg gerichtetes finales Verhalten kann vom Verteidigungswillen getragen sein. Und ebenso geht Hegler stillschweigend (und wohl von ihm selbst unbemerkt) von dieser Prämisse aus. Sonst würde seine Argumentation eine petitio principii enthalten; denn sie würde voraussetzen, was er erst beweisen will: daß nämlich das Tun des Hintermannes rechtswidrig sein kann, auch wenn der herbeigeführte äußere Zustand der Rechtsordnung entspricht.[71a]

Einen anderen Versuch, die Möglichkeit mittelbarer Täterschaft bei rechtmäßigem Handeln des Werkzeuges zu erklären, unternimmt neuerdings Johannes[71b]. Auch er geht zutreffend davon aus, daß man ein rechtswidriges Verhalten des Hintermannes nur annehmen könne, wenn man nicht allein auf den Erfolg abstelle, sondern daneben den bei den Beteiligten möglicherweise verschieden zu beurteilenden Handlungsunwert zur Begründung des Unrechts heranziehe[71c]. Die Verschiedenheit des Handlungsunwertes bei rechtmäßigem Verhalten des Werkzeugs soll aber nach seiner Auffassung nicht aus der abweichenden Zielsetzung der Beteiligten folgen; er will sogar entgegen der weit überwiegenden Lehre auf alle sub-

---

[68] Vgl. nur oben S. 60–62
[69] a. a. O. S. 71/72
[70] ZStW, Bd. 52, 1932, S. 529–545
[71] Vgl. dazu jetzt KLB, A.T., 9. Aufl., § 87, S. 233
[71a] Vgl. dazu auch Johannes, Mittelbare Täterschaft, S. 38, bei Anm. 101
[71b] Mittelbare Täterschaft bei rechtmäßigem Handeln des Werkzeuges, 1963
[71c] a. a. O. S. 51 bei und in Anm. 146

jektiven Rechtfertigungselemente verzichten[71d] und das Unrecht rein objektiv bestimmen. Stattdessen soll das Güterabwägungsprinzip, das er „für alle Rechtfertigungsgründe gleichermaßen"[71e] als gültig ansieht, dazu führen, daß die Handlungen von Hintermann und Tatmittler abweichend bewertet werden.

Wenn man die überaus zweifelhafte These, daß jede Rechtfertigung auf dem Güterabwägungsprinzip beruhe[71f], einmal akzeptiert, so ergibt sich natürlich das Problem, kraft welcher Umstände die Güterabwägung im einen Fall zur Rechtmäßigkeit, im anderen zur Rechtswidrigkeit der Handlung führt, obwohl der Erfolg derselbe ist und die verschiedene innere Beziehung der Beteiligten zum Tatgeschehen keine Rolle spielen soll. Auf diese entscheidende Frage aber weiß Johannes selbst keine Antwort; er meint, das Problem sei „noch ungelöst", und deshalb sei es „verständlich, wenn die herrschende Lehre auf das – wenn auch verfehlte – Abgrenzungskriterium des Willens zum Rechthandeln" zurückgreife[71g]. In Wirklichkeit zeigt sich an diesem „ungelösten Problem", daß seine ganze Argumentation in der Luft hängt. Es ist im übrigen auch gar nicht recht einzusehen, warum etwa in unserem Ausgangsbeispiel das Verhalten des Hintermannes überhaupt noch rechtswidrig sein soll, wenn es auf seine Zielsetzung nicht ankommt; die Bewirkung einer durch Notwehr gedeckten Handlung ist doch als solche nicht verboten. Die Bemühungen von Johannes, mit Hilfe einer rein objektiven Unrechtslehre die Möglichkeit einer mittelbaren Täterschaft in allen Fällen dieser Art verständlich zu machen, scheinen mir daher erfolglos geblieben zu sein[71h].

Mit dem Aufweis der konstruktiven Möglichkeit einer mittelbaren Täterschaft durch ein rechtmäßig handelndes Werkzeug ist aber für die Tatherrschaftslehre das Problem nicht gelöst. Der Mezgersche Ansatz erweist sich für sie als unbrauchbar; denn er beruht letzten Endes auf dem Gedanken, daß die Verursachung eines Erfolges durch eine rechtswidrige Handlung zur Begründung der Täterschaft ausreiche – eine Annahme, die vom extensiven Täterbegriff her konsequent ist, die aber die Tatherrschaftstheorie nicht teilt. Und auch vom Standpunkt Heglers aus, der an sich nicht den extensiven Täterbegriff vertritt[72], genügt in diesen Fällen die Rechtswidrigkeit allein, um die Täterschaft des Hintermannes zu begründen. Für die Tatherrschaftslehre dagegen muß die rechtswidrige Handlung, die den

---

[71d] a.a.O. S. 48, Anm. 137

[71e] a.a.O, S. 44

[71f] Johannes widerspricht sich selbst, wenn er einerseits behauptet, die Güterabwägung beherrsche „letztlich auch die Notwehr" (S. 50, Anm. 142), während es an anderer Stelle heißt, man hebe „den § 53 StGB aus seinen Angeln", „wenn man das Prinzip der Güterabwägung auch dort anwenden wollte" (S. 23).

[71g] a.a.O. S. 56, Anm. 156

[71h] Damit soll nicht bestritten werden, daß im Einzelfall die Rechtmäßigkeit der vom Tatmittler vorgenommenen Handlung auch auf objektiv-personalen Elementen beruhen kann; in der Regel aber kommt man ohne die Berücksichtigung subjektiver Elemente nicht aus.

[72] Vgl. dazu Festgabe für Richard Schmidt, S. 73, Anm. 35

Erfolg herbeiführt, so beschaffen sein, daß sie dem Hintermann die Beherrschung des Geschehensablaufes gestattet.

Dieser Umstand wird von den Anhängern der Tatherrschaftslehre meist
zu wenig beachtet. So hält etwa Maurach[73] eine Tatherrschaft des Hintermannes für gegeben, wenn er „zum Nachteil des Tatmittlers dessen Notwehrlage provoziert, um den Tatmittler alsdann zu einer tatbestandsmäßigen
Abwehrhandlung zu veranlassen". Ebenso entscheidet Lange[74]. Dabei wird
übersehen, daß der Veranlassende das Geschehen nur dann „in der Hand
hält", wenn er auch über den Angreifer die Herrschaft ausübt. Denn nur
durch Vermittlung seiner Person kann der Hintermann den Gerechtfertigten
zu der erwünschten Abwehrhandlung nötigen.

Wenn in unserem Beispiel der A dem X nur zuredet, den C anzugreifen,
so steht es allein bei X, ob er dem folgen will; was geschieht, unterliegt bis
zur Durchführung des Angriffs seiner Willensherrschaft; der A kann nur
hoffen, daß X seiner Aufforderung folgen werde, aber er kann das Geschehen nicht steuern. Mezger hatte durchaus recht, wenn er vom Standpunkt seiner früheren Auffassung her sagte[75]: „Wenn X als voll verantwortlicher Mensch in voller Kenntnis der Sachlage den C angreift, so hat er sich
selbst die Folgen zuzuschreiben, die sich daraus ergeben, daß C von seinem
gesetzlich begründeten Notwehrrecht Gebrauch macht".

Auch Welzel[76] verlangt nicht ausdrücklich, daß der Hintermann den
Angreifer beherrsche. Zwar ist der Getötete in dem von ihm gebildeten Beispiel geistesschwach, so daß eine Herrschaftssituation in Frage kommt; doch
wird nicht deutlich, ob er dies als notwendige Voraussetzung mittelbarer
Täterschaft in solchen Fällen ansieht; denn obwohl er den Angreifer als
„Werkzeug" des Hintermannes bezeichnet, schließt er aus dem Bereich der
mittelbaren Täterschaft nur die Fälle aus, in denen die Notwehrlage ganz
ohne Zutun des Hintermannes entstanden ist.

Zustimmung verdient demgegenüber die Ansicht Schröders, der, entgegen seiner sonstigen Auffassung, hier den Tatherrschaftsgedanken zur
Lösung heranzieht. Er sagt[77]: „Die Tat beherrscht der Täter in diesen
Fällen aber nur dann, wenn er bereits die Notwehrlage durch ein Werkzeug
herbeiführt ... Bestimmt der Täter jedoch zu seinem Angriff jemanden, der
hierbei nicht als sein Werkzeug handelt, so ist er auch für die Notwehrhandlung nicht mehr Herr der Tat, mittelbare Täterschaft liegt nicht vor".
Dabei ist im Bereich der Nötigungsfälle – weitergehend als es Schröder[78]

---

[73] A.T., 2. Aufl., §48 II B, 2, a, S. 501/02; vgl. dazu auch Johannes, Mittelbare Täterschaft,
S. 41, Anm. 117
[74] Kohlr./Lange, 42./43. Aufl., vor §51 II, 2, S. 191/92
[75] ZStW, Bd. 52, 1932, S. 535
[76] Lehrb., 7. Aufl., S. 93
[77] Schönke/Schröder, 10. Aufl., Vorb. IV, 2, a, S. 235 vor §47; zu Unrecht gegen ihn
Johannes, Mittelbare Täterschaft, S. 24, Anm. 56
[78] Schröder a.a.O. äußert sich dazu nicht und führt als Beispiel nur die Benutzung von
Kindern und Geisteskranken an. Immerhin bleibt diese Auffassung von seiner Ausgangsposition her bemerkenswert genug, da er grundsätzlich für die mittelbare Täterschaft nur den „Täterwillen" des Hintermannes verlangt, vgl. IV, 2, b vor §47, S. 236;
für mittelbare Täterschaft in allen Fällen deshalb von ähnlichen Grundlagen her auch
etwa Baumann, Lehrb., 2. Aufl., S. 448.

vermutlich tun würde – zu verlangen, daß der Hintermann den Angreifer in eine ihn nach §§ 52, 54 StGB entschuldigende Situation gebracht und ihn dadurch zur Tat veranlaßt hat. Warum solche Sachverhaltsgestaltungen stets, notstandsähnliche Fälle aber niemals zu einer Willensherrschaft des Hintermannes führen, ist oben im einzelnen dargelegt worden.

Allerdings bietet die hier zu erörternde Konstellation noch ein Sonderproblem. Denn der A bedient sich, um den Enderfolg (Tod des X) zu erreichen, zweier Werkzeuge: des X und des C[79]. Wenn nun, wie es hier gefordert wird, der A den X in einen entschuldigenden Notstand versetzt, so ist doch damit nicht gesagt, daß er zugleich die Herrschaft über den C ausübt. Da er auf ihn nicht unmittelbar einwirkt, ist er der Lenker seines Tuns nur, soweit der von ihm beherrschte X den C in der Hand hat. Ob das der Fall ist, kann aber zweifelhaft sein, und zwar aus zwei Gründen:

Der nächstliegende Einwand besteht in der Erwägung, daß man von einer Beherrschung des C durch den angreifenden X nicht sprechen könne, wenn der Angriff ganz gegen den Willen des X mit seinem Tode endet und C als der eigentliche Beherrscher der Situation siegreich aus dem Kampf hervorgeht. Doch läßt sich dem entgegnen, daß der C, wenn er sein Leben retten will, notwendigerweise den X töten muß (sonst wäre die Abwehr nicht erforderlich), und daß dieser Erfolg zwar nicht dem Willen des X, wohl aber dem Plane des ihn nötigenden A entspricht und insofern als Folge der lenkenden Herrschaft des Hintermannes erscheint.

Der zweite Einwand geht dahin, daß § 53 StGB, der das Tun des C rechtfertigt, kein Fall der Nötigung ist[80]. Der Gesetzgeber billigt das Handeln des C nicht deshalb, weil er seine freie Selbstbestimmung für ausgeschlossen hielte, sondern weil er dem Unrecht widerstanden hat. Daraus erwachsen freilich, wie mir scheint, keine Schwierigkeiten, wenn die Abwehr einer Situation entspringt, die den Handelnden gleichzeitig nach §§ 52 oder 54 StGB entschuldigen würde, so wie es in unserem Ausgangsbeispiel der Fall ist. Denn wenn es auch einer Schuldbefreiung hier nicht mehr bedarf, so ist doch die psychische Lage des Angegriffenen die gleiche, und man kann ohne weiteres davon ausgehen, daß auch er eine nach den Wertvorstellungen des Gesetzgebers „freie" Entscheidung nicht mehr zu fällen vermag, so daß die Willensherrschaft über die zum Tode des Angreifers X führende Handlung beim Hintermann A liegt. Dies gilt entsprechend auch dann, wenn objektiv eine Tötung des Angreifers nicht erforderlich gewesen wäre, wenn aber C – wie A gewollt hatte – in Bestürzung, Furcht oder Schrecken (§ 53 Abs. 3 StGB) die Grenzen des Erlaubten entschuldigt überschritten und dadurch den Todeserfolg herbeigeführt hätte.

Wie aber, wenn eine echte Nötigungssituation nicht bestand? Wenn etwa der A den X lediglich zwingt, das Vermögen des C anzugreifen, und dieser nun, wie es A gewollt hatte, in Notwehr den X erschießt? Oder wie ist es,

---

[79] Insoweit ebenso Welzel, 7. Aufl., S. 93
[80] Vgl. darüber nur Hegler, Festgabe für Richard Schmidt, S. 68; jetzt auch Johannes, Mittelbare Täterschaft, S. 39, der wegen dieses Einwandes eine Tatherrschaft des Veranlassenden zu Unrecht ablehnt.

wenn nicht der C, sondern der bisher unbeteiligte Nothelfer D den X tötet? Kann man sagen, daß A die Tatherrschaft (d. h. in diesem Zusammenhang: die Willensherrschaft) über die Handlungen von C und D innehat, obwohl keiner von beiden unter dem Druck einer nach §§ 52, 54 StGB schuldbefreienden Nötigung steht? Hier kann wieder nur der Gedanke helfen, den wir oben herausgearbeitet haben und ohne den die Tatherrschaftslehre überall zu sinnwidrigen Ergebnissen führen müßte: daß nämlich der Begriff der Herrschaft nicht nach ausschließlich psychologischen Kriterien beurteilt werden darf und daß auf der Grundlage des Gesetzes dem veranlassenden Hintermann eine Entscheidung immer dann als sein Werk zuzurechnen ist, wenn der Handelnde um der vom Hintermann geschaffenen Situation willen von den strafrechtlichen Konsequenzen seines Tuns befreit wird. Das ist hier der Fall, so daß wir trotz der vorgebrachten Bedenken eine Tatherrschaft des Veranlassenden bejahen können.

V. Der rechtswidrige bindende Befehl

Der letzte Fall einer möglichen mittelbaren Täterschaft durch einen unfrei Handelnden ist der des rechtswidrigen bindenden Befehls. Das Problem ist de lege lata von geringer Bedeutung: Nach § 11 Abs. 2 des Soldatengesetzes sind Befehle, durch deren Ausführung ein Verbrechen oder Vergehen begangen würde, unverbindlich und dürfen nicht befolgt werden. Gehorcht der Untergebene ihnen dennoch, so kann zwar auch mittelbare Täterschaft vorliegen, etwa weil der Soldat fälschlich an ihre Verbindlichkeit glaubt, aber dann handelt es sich um einen Irrtumsfall und nicht um eine Nötigungssituation[81]. Führt der Soldat jedoch einen Befehl in Kenntnis seiner Unverbindlichkeit aus, so ist er selbst nach § 5 Abs. 1 des Wehrstrafgesetzes als schuldhafter Täter verantwortlich, und die Handlung des Befehlenden stellt sich nach den oben entwickelten Prinzipien als Anstiftung dar, unabhängig von der nach § 33 WehrStrG angedrohten Strafverschärfung[81a]. Es bleiben für die hier zu erörternde Problematik also nur Befehle, die sich auf die Begehung von Übertretungen richten.

In diesem Falle nimmt Welzel eine mittelbare Täterschaft des Vorgesetzten an[82]. Dagegen heißt es bei Lange[83]: „Befiehlt der Vorgesetzte eine Übertretung, so ist der Befehl verbindlich. Der ausführende Soldat ist Täter, der Befehlende als Anstifter zu bestrafen."

Zuzustimmen ist der Auffassung Welzels. Die von Lange vertretene Meinung ist angesichts der limitierten Akzessorietät konstruktiv nur dann möglich, wenn man die Handlung des Untergebenen für rechtswidrig, aber

---

[81] Vgl. dazu unten S. 13 ff.

[81a] Darüber, daß außerhalb rechtsstaatlicher Verhältnisse eine mittelbare Täterschaft vorliegen kann, vgl. unten S. 242 ff.

[82] Lehrb., 7. Auflage, S. 92; wohl auch Schönke/Schröder, 10. Aufl., III, 4, c vor § 51, S. 295

[83] Kohlr./Lange vor § 47, 5, B, 2, h, S. 163, 42./43. Aufl.

entschuldigt ansieht. Doch auch wenn man das annimmt, hat der Hintermann die Tatherrschaft. Wenn der Soldat befürchten muß, sich durch eine Befehlsverweigerung disziplinarischen oder strafrechtlichen Folgen auszusetzen, ist seine Entscheidung im Rechtssinne nicht mehr frei. Allerdings könnte er diese Konsequenzen, die den im Falle der §§ 52, 54 StGB drohenden Gefahren nicht ohne weiteres gleichzusetzen sind, in Kauf nehmen. Insoweit ist zuzugeben, daß der Befehlsempfänger sich nicht in einer den freien Entschluß zum Ungehorsam schlechthin verhindernden Zwangssituation befindet. Und sicher würde man das Wesen des militärischen Gehorsams verkennen, wenn man sich die Handlungen der Soldaten im allgemeinen als „unfreiwillig" und auf psychische Nötigungsakte gegründet vorstellte. Gleichwohl: Aus dem nun schon hinlänglich bekannten Verantwortungsprinzip ergibt sich, daß der Gesetzgeber, wenn er dem untergebenen Soldaten die Ausführung des Befehls ansinnt und ihn von den strafrechtlichen Folgen freistellt, den Befehlenden als denjenigen ansieht, bei dem die maßgebende Entscheidung und damit die Willensherrschaft über das Geschehen liegt. Und darauf allein kommt es an. Dabei spielt es auch keine Rolle, ob man die Handlung des Befehlsempfängers als gerechtfertigt oder nur als entschuldigt betrachtet[84]. Das alles bedarf nach unseren früheren Darlegungen keiner näheren Begründung mehr.

VI. Zusammenfassung

Die Untersuchung aller in Frage kommenden Nötigungsfälle hat eine einheitliche Lösung ergeben. Eine Nötigung, die dem Hintermann die Willensherrschaft verleiht und ihn zum mittelbaren Täter macht, liegt stets – aber auch nur dann – vor, wenn die Rechtsordnung dem Handelnden auf Grund der vom Hintermann geschaffenen Lage die strafrechtliche Verantwortung für sein Tun abnimmt. Die vorhergehenden Darlegungen haben an zahlreichen Beispielen gezeigt, daß nur ein so verstandener Tatherrschaftsbegriff bei den Nötigungsfällen zu sinnvollen Lösungen führt. Das Ergebnis entspricht den leitenden Prinzipien des geltenden Rechts ebenso wie einer natürlichen Auffassung vom vorgegebenen Gehalt des Herrschaftsbegriffes. Die entwickelten Kriterien machen es außerdem möglich, die mannigfaltigen Erscheinungsformen der Willensherrschaft kraft Nötigung aus der zersplitterten und die einzelnen Fallgruppen isolierenden Kasuistik der bisherigen Erörterungen auf eine gemeinsame rechtliche Struktur zurückzuführen. Dabei bleibt das beschreibende Verfahren gewahrt, indem die zahlreichen Situationen möglichen Verantwortungsausschlusses die Ausgestaltung des Herrschaftsbegriffes in ständig wechselnder, den individuellen Gegebenheiten angepaßter Weise variieren. Ebenso ist der Begriff „offen" für bisher übersehene oder durch die Rechtsentwicklung neu hinzutretende Konstellationen: Sie sind – genau wie es bei den oben behandelten Fällen

---

[84] Die Frage ist nach wie vor strittig. Vgl. darüber grundlegend Stratenwerth, Verantwortung und Gehorsam, 1958; speziell zu dieser Frage de lege lata: S. 204 bei Anm. 30.

geschehen ist – unter Berücksichtigung der ihnen eigenen Besonderheiten in ihren Erscheinungsformen zu analysieren und durch eine unmittelbare Beziehung auf die Struktur der Willensherrschaft einer selbständigen und gleichwohl in den übergreifenden Zusammenhang sich einordnenden Lösung zuzuführen.

§ 22. Die Willensherrschaft kraft Irrtums

Die Situation, daß ein Hintermann sich eines irrenden Werkzeuges zur Durchführung einer Straftat bedient, gilt als der zweite klassische und im grundsätzlichen unbestrittene Fall der mittelbaren Täterschaft. Im einzelnen freilich sind die hier in Frage kommenden Sachverhaltsgestaltungen vom Standpunkt der Tatherrschaftslehre aus nur sehr wenig untersucht worden, und vieles muß als ungeklärt gelten. Es lassen sich folgende Gruppen unterscheiden:

Der Irrende handelt unvorsätzlich und schuldlos oder unbewußt fahrlässig (I); er verwirklicht den Tatbestand bewußt fahrlässig (II); der Ausführende handelt vorsätzlich, aber ohne Unrechtsbewußtsein (III) oder in der irrigen Annahme eines schuldausschließenden Sachverhaltes (IV); der Irrende handelt trotz seiner falschen Vorstellung tatbestandsmäßig, rechtswidrig und schuldhaft (V); der Ausführende verwirklicht ein in seiner Person tatbestandsloses oder rechtmäßiges Geschehen (VI). Auch innerhalb der einzelnen Situationskomplexe sind noch weitere Unterteilungen notwendig, auf die später im einzelnen eingegangen wird.

I. Der vorsatzausschließende, schuldlose oder unbewußt fahrlässige Irrtum

1. Der Tatmittler handelt ohne Vorsatz und Schuld

A. Die Struktur der Willensherrschaft bei Benutzung eines vorsatzlosen Werkzeuges

Man denke sich den Fall, daß A den B bittet, in irgendeinem Stockwerk des Hauses das Licht einzuschalten. B tut das ahnungslos und bringt dadurch, wie A geplant hatte, an entfernter Stelle eine Höllenmaschine zur Explosion, die einen Menschen tötet. Oder: A rät dem B, der eine Amerika-Reise unternehmen will, die Benutzung eines bestimmten Flugzeuges an, von dem er weiß, daß es unterwegs abstürzen wird.

Im ersten Fall führt der Irrtum zu einer Fremdschädigung, im zweiten zur Tötung des Irrenden selbst. In beiden Fällen entspricht es der heute einhelligen Meinung, daß ein Mord in mittelbarer Täterschaft vorliegt. Wenn wir versuchen, das von der Tatherrschaftslehre her zu begründen, zeigt sich sogleich, daß diese Fälle eine ganz andere Struktur aufweisen als die vorher besprochenen Nötigungssituationen. Dort beruht die Willensherrschaft auf der Beherrschung des unmittelbar Handelnden, der seinerseits die Ausführung „in der Hand" hat und selbst – wenn auch schuldloser – Täter ist. Hier dagegen liegt es in beiden Punkten durchaus anders: Der Irrende beherrscht die Lage nicht und handelt blind-kausal (a), und auch der Hintermann beherrscht den Ausführenden nicht in der Weise, wie wir es bei der Nötigung kennengelernt haben (b). Das bedarf nur kurzer Erläuterung:

a) Keine Tatbeherrschung durch den Irrenden

Es ist schon oben[1] darauf hingewiesen worden, daß die Handlungsherrschaft, die sich aus der eigenhändigen Verwirklichung aller Tatumstände zwangsläufig ergibt, den Vorsatz[1a] des Ausführenden erfordert. Nur wenn er gegeben ist, entspricht der Handelnde dem Leitbild, das dem Gesetzgeber als die Zentralgestalt des tatbeständlichen Geschehens vorschwebt. Nicht der bloße Verursacher einer rechtswidrigen Gewahrsamsverschiebung, sondern der vorsätzlich handelnde Dieb, nicht derjenige, der einen Vermögensschaden kausal bewirkt, sondern der die subjektiven Voraussetzungen erfüllende Betrüger sind die durch die gesetzlichen Beschreibungen ins Zentrum des Vorganges gerückten Figuren. Ebensowenig ist zu bestreiten, daß der B, der in unseren Beispielen eine Bedingung des Todeserfolges setzt, für ein sinnhaftes Verstehen nicht als die den Geschehensablauf beherrschende Gestalt erscheint. Er ist nur ein in die Ursachenkette eingeschalteter blinder Bedingungsfaktor, dessen Bedeutung für den Handlungsvorgang nicht größer ist als die jeder anderen Erfolgsbedingung auch. Er kann daher nach der Tatherrschaftslehre unter keinen Umständen Täter sein[2].

b) Keine Beherrschung der Person des Irrenden durch den Hintermann

Man kann aber auch nicht davon sprechen, daß der Hintermann den unmittelbar Ausführenden nach Art der Nötigungsfälle beherrsche. Denn es steht – wenn wir unsere Beispiele zugrundelegen – durchaus im Belieben des B, ob er geneigt ist, das Licht einzuschalten oder ein bestimmtes Flugzeug zu benutzen. Niemand kann ihn dazu nötigen. Vielmehr liegt, wenn wir von dem weiterreichenden Wissen des A einmal absehen und den im übrigen rechtsneutralen Vorgang in eine juristische Terminologie kleiden, sicher nur eine „Anstiftung" zum Einschalten des Lichts und zur Benutzung eines bestimmten Flugzeuges vor.

---

[1] Vgl. S. 130/131
[1a] ob und inwieweit für die bewußte Fahrlässigkeit dasselbe gilt, wird später erörtert werden.
[2] zu anderen Ergebnissen könnte nur ein extensiver Täterbegriff führen.

c) Die finale Überdetermination des Kausalverlaufs als Kriterium der Willensherrschaft

Die Frage ist, ob und wie man unter solchen Umständen von Tatherrschaft reden kann und worin sie liegt. Um die wesentliche Antwort vorwegzunehmen: Die Tatherrschaft ist, wie ja auch sonst nicht bestritten wird, zu bejahen. Das größere Wissen, das den Hintermann auszeichnet, kann zwar allein keine Herrschaft begründen. Aber es ermöglicht eine Tatlenkung, deren Wesen – ganz anders als in den Nötigungsfällen – bei Benutzung eines irrenden Werkzeugs in der „Finalität" des menschlichen Handelns liegt[3].

Wenn das von Welzel formulierte Prinzip der „finalen" Tatherrschaft mehr aussagen soll als daß der Tatherr vorsätzlich handeln muß, so ist es hier der Fall. In den Nötigungssituationen ist bei der Abgrenzung der Beteiligungsformen mit der Finalität nichts anzufangen, denn Anstifter, Täter und Gehilfe handeln im Hinblick auf den Erfolg gleicherweise vorsätzlich. In den hier zu erörternden Irrtumsfällen jedoch ist der Hintermann der einzige, der das Geschehen final dem Erfolge zusteuert. Alle anderen die Tatbestandsverwirklichung herbeiführenden Faktoren: die Umstände der äußeren Situation, Naturgesetzlichkeiten und menschliche Verhaltensweisen, werden durch das zielstrebige Eingreifen des Hintermannes derart miteinander verknüpft, daß sie durch ihr Zusammenwirken den beabsichtigten Erfolg herbeiführen müssen.

Auf dieser Möglichkeit finaler Überdeterminierung des Kausalverlaufs beruht bekanntlich die spezifisch menschliche Fähigkeit gestaltender Weltveränderung. Auf ihr beruht aber auch – und nun folgt die zwingende Konsequenz für die Täterlehre – die Möglichkeit, ein in der Außenwelt sich abspielendes Geschehen einem bestimmten Menschen als sein Werk zuzurechnen. Dort, wo mehrere final handeln, muß die Zentralgestalt des Geschehens nach anderen Kriterien ermittelt werden (wie wir es bei den Nötigungsfällen schon getan haben); wo aber nur einer durch sein Eingreifen in den Kausalverlauf das Geschehen in die Richtung des Erfolges lenkt, ist er immer der spiritus rector, der Träger der Willensherrschaft. Das ist evident. Es ist nicht zu bezweifeln, daß auch der Gesetzgeber den, der sich eines in dieser Weise Irrenden bedient, als den Gestalter des Tatablaufs und damit als Zentralfigur des Handlungsvorganges betrachtet. Ebenso sicher entspricht es dem Grundgedanken der Tatherrschaftslehre, den Hintermann, der die Kausalfaktoren zusammenknüpft, als denjenigen anzusehen, der das Geschehen „in der Hand" hat.

Wenn wir von diesen gesicherten Ergebnissen ausgehen, erklärt es sich auch, warum in solchen Fällen eine Beherrschung der Person des Tatmittlers

---

[3] Wir können bei Bestimmung der Finalität an dieser Stelle von den insoweit unbestrittenen Grundgedanken der finalen Handlungslehre ausgehen. Der Fortgang der Arbeit wird zeigen, daß der Finalitätsbegriff allerdings wesentlich andere Grundlagen und Dimensionen hat als die finale Handlungslehre annimmt. Doch darauf kommt es hier noch nicht an.

für die Willensherrschaft des Hintermannes nicht erforderlich ist: Das irrende Werkzeug tritt nicht in seiner spezifisch menschlichen Qualität als final handelndes Wesen in den Geschehensablauf ein, sondern es wird lediglich als blinder, den außermenschlichen Miturachen gleichzusetzender Bedingungsfaktor in den determinierenden Tatplan hineinverwoben. Da man einen Menschen nur beherrschen kann, soweit man seinen Willen zwingt, dieser Wille hier aber außerhalb des Erfolges liegt, bedarf es einer Herrschaft über den Tatmittler nicht, um die Willensherrschaft des Hintermannes zu begründen.

Daher wird es auch verständlich, daß eine psychische Beziehung zwischen mittelbarem Täter und Werkzeug ganz fehlen kann. Wenn sich in unserem Beispiel der A darauf verläßt, daß auch unaufgefordert jemand das Licht in dem betreffenden Zimmer einschalten werde, so ändert das an der Beurteilung des Falles nichts.

Zwar gerät in den Tatplan des Hintermannes eine gewisse Unsicherheit dadurch, daß das irrende Werkzeug im Hinblick auf den von ihm angestrebten außertatbestandlichen Erfolg (Einschalten des Lichts, Flugzeugbenutzung) frei handelt. Aber diese Unsicherheit ist prinzipiell nicht größer als diejenige, die überhaupt mit dem Einsatz kausaler Faktoren verbunden ist. Da der Tatmittler nicht weiß, was er tut, fehlt ihm jedes Hemmungsmotiv, und der Ablauf ist oft nicht weniger berechenbar als er es beim Einsatz „toter" Werkzeuge ist, deren Funktionieren auch von manchen unvorhersehbaren Umständen abhängen kann.

Wegen dieser strukturellen Gleichartigkeit liegt hier im Grunde ein Fall „direkter" Tatherrschaft des Hintermannes vor. Es schließt ja auch sonst die unmittelbare Täterschaft nicht aus, daß der Veranlassende eine sich selbständig weiterentwickelnde Kausalreihe in Bewegung setzt. Da nirgends verlangt wird, daß ein unmittelbarer Täter die zeitlich „letzte" Bedingung selbst realisiert, könnte man hier geradezu eine „eigenhändige" Tatbestandsverwirklichung und eine „Handlungsherrschaft" im oben gekennzeichneten Sinne annehmen. Jedenfalls ließe sich bezweifeln, ob man deshalb allein, weil zwischen dem Anstoß des Hintermannes und dem Erfolg ein auf menschlichem Verhalten beruhender Bedingungsfaktor steht, von „mittelbarer" Täterschaft sprechen sollte. Da das aber nur eine terminologische Frage ist, hätte es wenig Sinn, diesen nach der eingebürgerten Ansicht geradezu paradigmatischen Fall „mittelbarer" Täterschaft umbenennen zu wollen. Wichtig ist nur, daß die Willensherrschaft hier auf einer ganz anderen – der Handlungsherrschaft sich annähernden – Grundlage ruht als in den Nötigungssituationen. Auf der Verkennung dieser Strukturverhältnisse beruhen zahlreiche Fehler und Unklarheiten in der bisherigen Behandlung der Problematik, auf die im folgenden näher einzugehen sein wird.

B. Mittelbare Täterschaft bei bloßer Unterstützung des irrenden Werkzeuges

Diese Erkenntnisse führen auch beim vorsatzlosen Werkzeug zu einigen praktischen Konsequenzen. Zunächst ergibt sich: Die früher außerordentlich umstrittene Frage, ob mittelbarer Täter auch derjenige sein könne, der einen unvorsätzlich Handelnden nicht zur Rechtsgutsverletzung bestimmt, sondern ihn dabei nur mit „Gehilfenwillen" unterstütz[4], ist unbedenklich zu bejahen. Das muß freilich schon für die subjektive Lehre gelten, soweit sie der Dolustheorie folgt: Denn einem unvorsätzlich Handelnden kann man die Ausführung der Tat nicht „anheimstellen", ihm kann man seinen Willen nicht unterwerfen. Die Gegenmeinung wäre also bestenfalls vom Standpunkt der immerhin auf die Praxis heute noch einwirkenden Interessentheorie her haltbar.

Für die Tatherrschaftslehre folgt die Annahme mittelbarer Täterschaft in diesen Fällen zwangsläufig daraus, daß der Hintermann der einzige ist, der durch sein Eingreifen das Kausalgeschehen auf den von ihm vorhergesehenen Erfolg zusteuert. Wenn der A, um einen Scherz zu machen, sich das vermeintlich ungeladene Gewehr des B ausbittet und B, obwohl er den Irrtum des A erkennt und weiß, daß die Flinte geladen ist, ihm die Waffe zum Schusse reicht, dann liegt dieser Fall strukturell genau so, als wenn er sie dem A übergeben und ihn so zur Tat „bestimmt" hätte. Die einzige Abweichung, die zwischen beiden Fällen erkennbar ist, besteht in dem verschiedenartigen Einfluß auf die Willensbildung des A. Gerade diese Andersartigkeit ist jedoch nach der oben entwickelten Analyse der Tatherrschaftsstruktur im Falle des vorsatzlosen Werkzeugs irrelevant; denn die mittelbare Täterschaft beruht hier nicht auf dem Umstand, daß der Hintermann den Willen des Tatmittlers beherrscht – das tut er, wie vorhin gezeigt wurde, so oder so nicht – sondern darauf, daß er sein Verhalten als blind-kausalen Bedingungsfaktor in die Ursachenkette hineinverwebt. Auf welche Weise ihm das gelingt, ist gleichgültig.

Alle diese Einsichten verkennt Max Ernst Mayer, der als Hauptvertreter der Gegenmeinung schreibt[5]: „Wenn die Handlung bei Voraussetzung eines verantwortlichen[6] Vermittlers Beihilfe wäre, ist sie keine Tötungshandlung, kann also auch nicht infolge der Unverantwortlichkeit des Vermittlers dazu werden". Der Fehler dieser Argumentation ist nach dem oben Dargelegten leicht zu erkennen: Mayer stellt darauf ab, daß hinsichtlich dessen, was der Tatmittler willentlich tut oder tun würde, nur eine Beihilfe vorliegen könnte. Das ist eben so richtig wie unerheblich, weil es für die Begründung der mittelbaren Täterschaft gerade nicht auf die final erstrebten, sondern lediglich auf die unwillentlichen, blind-kausalen Folgen eines Verhaltens ankommt.

---

[4] Vgl. dazu nur Mezger, Lehrbuch, 3. Aufl., 1949, S. 429–431; Eb. Schmidt, Frank-Festgabe II, S. 121 f.

[5] Lehrbuch, S. 377

[6] gemeint ist: vorsätzlich handelnden.

C. Mittelbare Täterschaft bei unwesentlicher Beeinflussung des Kausalverlaufes

Damit ist freilich noch nicht gesagt, daß schlechthin jede Beeinflussung des Kausalverlaufes in solchen Fällen dem Hintermann die Willensherrschaft verleihen muß. So schreibt etwa Nowakowski[7]: „Wenn eine kurzsichtige Untermieterin ihrem Kind ein Kopfwehpulver eingeben will und ihr der Vermieter auf ihren Wunsch hin ein Glas Wasser hierfür reicht, obwohl er bemerkt hat, daß die Frau die Mittel verwechselt hat und ein tödliches Gift einzuflößen im Begriffe steht, so kann man diesem Hintermann weder Tatherrschaft noch Täterwillen anlasten".

Nowakowski erklärt nicht, warum er in diesem Falle eine Tatherrschaft des Vermieters ablehnen will. Aber der Grund kann nur darin liegen, daß das Hinreichen des Glases Wasser sich als durchaus unwesentliche Bedingung des Erfolges darstellt. Es ließe sich fragen: Wie kann man jemanden als Zentralfigur des Handlungsablaufes ansehen und sagen, daß er das Geschehen „in der Hand" habe, wenn der Erfolg ohne seine Mitwirkung derselbe gewesen wäre? Die Untermieterin hätte dann sicherlich das Glas Wasser selbst geholt.

Es liegt sehr nahe, in diesem Fall eine Lösung in der Weise zu suchen, wie wir sie oben bei der Unterstützung eines ohne Zutun des Hintermannes in Gefahr geratenen Notstandsopfers (§ 54 StGB) gefunden haben[8]. Wir hatten dort zwischen den beiden von den Anhängern der Tatherrschaftslehre vertretenen Auffassungen einen Mittelweg eingeschlagen und eine Willensherrschaft des Hintermannes immer dann angenommen, wenn er dem Notstandsopfer die tatbestandsmäßige Rechtsgutverletzung in concreto ermöglicht hatte. In entsprechender Weise könnte man hier sagen, eine Tatherrschaft setze voraus, daß der Irrende ohne die Mitwirkung des Hintermannes den Erfolg nicht herbeigeführt hätte. Es würde dies praktisch bedeuten, daß man, was den Bereich der mittelbaren Täterschaft betrifft, die schon im historischen Überblick[9] behandelte Notwendigkeitstheorie, also die alte Lehre vom „Hauptgehilfen", in den Tatherrschaftsbegriff einbauen müßte.

Eine derartige Lösung schwebt – anders als bei den erwähnten Nötigungssituationen – im Falle des vorsatzlos handelnden Werkzeuges anscheinend auch Gallas vor. Denn bei ihm heißt es[10], es dürfe mittelbare Täterschaft nicht „unbesehen überall dort angenommen werden, wo bei vorsätzlich schuldhaft begangener Haupttat Beihilfe vorliegen würde. Entscheidend ist vielmehr, ob der an dem Tun des ohne Vorsatz oder schuldlos Handelnden Beteiligte Tatherrschaft besitzt. Das wird jedenfalls dann anzunehmen sein, wenn es von seinem Verhalten abhängt, ob es überhaupt zur Tat kommt, ... Tatherrschaft wird dagegen regelmäßig zu verneinen sein,

---

[7] JZ 1956, S. 549
[8] Vgl. S. 150–153
[9] S. 38–41
[10] Gutachten S. 138

wo es sich lediglich um einen die Modalitäten der Tatbegehung berührenden Tatbeitrag handelt".

Gallas schränkt diese Auffassung allerdings für die reinen Erfolgsdelikte (z. B. §§ 212, 223, 303 StGB)[11], soweit dem unmittelbar Handelnden der Vorsatz fehlt, sogleich wieder ein: Hier soll jeder kausale Beitrag Tatherrschaft begründen. Danach würde er in dem oben angeführten Beispiel Nowakowskis wohl mittelbare Täterschaft annehmen. (Wie aber, wenn beim Hintermann die Voraussetzungen des Mordes, der doch kein reines Erfolgsdelikt ist, vorliegen?). Immerhin bleibt es dabei, daß nach seiner Auffassung nicht jede Beeinflussung des Kausalverlaufs bei fehlendem Vorsatz des unmittelbar Handelnden die Tatherrschaft des Hintermannes begründet.

Auch Maurach[12] will offenbar gewisse Unterscheidungen machen, denn er bejaht die mittelbare Täterschaft nur, „sofern das entscheidende Merkmal der Tatherrschaft auch in diesen Fällen gewahrt bleibt". Wann das im einzelnen der Fall sein soll, läßt sich seinen Ausführungen nicht entnehmen.

Allein: So bestechend alle derartigen Differenzierungen gerade vom Tatherrschaftsgedanken her auf den ersten Blick erscheinen, einer gründlichen Überprüfung halten sie nicht stand. Wenn wir bei Nowakowskis Beispiel bleiben, so ist doch nicht zu leugnen, daß der Vermieter den Kausalverlauf, so wie er sich in concreto abspielte, bewußt auf das Ziel zugesteuert hat. Damit aber ist, weil er allein die Sachlage übersah, nach den oben entwickelten Kriterien die Grundstruktur der mittelbaren Täterschaft gegeben. Davon geht zu Recht wohl auch Welzel[13] aus, wenn er, ohne Einschränkungen zu machen, über den Unterstützenden sagt, er habe „die finale Tatherrschaft über den Erfolg, weil er die Unvorsätzlichkeit des Mittelmannes vorsätzlich zur Erfolgsherbeiführung" ausnutze.

Wenn man bei „unwesentlicher" Beeinflussung des Geschehens die Tatherrschaft des Hintermannes dennoch ablehnen will, so kann man das nur tun, indem man über den konkreten Vorgang hinaus einen hypothetischen Kausalverlauf in die Betrachtung einbezieht: die Überlegung nämlich, wie es gekommen wäre, wenn … Das aber ist nach allgemeiner Auffassung unzulässig[14]. Und vor allem handelt es sich hier um ein Problem, das mit der mittelbaren Täterschaft nicht das geringste zu tun hat, sondern auch bei jeder anderen Tatbestandsverwirklichung auftritt. Wer – in dem bekannten Schulbeispiel – als Unbefugter auf den Knopf am elektrischen Stuhl des Scharfrichters drückt, bleibt wegen Totschlages strafbar, auch wenn die Vollzugsperson in Ausübung ihres Amtes gleich darauf selbst den Knopf

---

[11] Vgl. Sonderheft Athen, S. 11
[12] A. T., 2. Aufl., § 48 III, 3, S. 504
[13] Lehrb., 7. Aufl., S. 101
[14] Vgl. zu diesem Fragenkreis aus neuerer Zeit nur Heinitz, JR 1959, S. 386–388; ferner eingehend Arthur Kaufmann, Festgabe für Eb. Schmidt, S. 200–231, der zu teilweise abweichenden Ergebnissen kommt, bei vorsätzlichen Delikten aber auch allenfalls einen Strafmilderungsgrund annehmen will; die Beurteilung der Täterfrage würde sich dadurch nicht verschieben. Zu Kaufmann vgl. meine Abhandlung in ZStW, Bd. 74, 1962, S. 411–444.

betätigt hätte. Noch unlängst hatte der BGH in einem gewöhnlichen Betrugsfall[15] ausgesprochen: „Der tatsächliche Verlauf der Willensbildung verliert sein Dasein und seine rechtliche Bedeutung nicht dadurch, daß an seine Stelle ein anderer getreten wäre, aber nicht getreten ist". Es gibt danach im Strafrecht keine „überholende Kausalität".

Wie immer man dazu stehen mag: Jedenfalls handelt es sich hier um ein allgemeines Zurechnungsproblem, das nur einheitlich gelöst werden kann und mit dem man den Tatherrschaftsbegriff nicht belasten sollte. Wenn man schon einmal hypothetische Kausalverläufe für die strafrechtliche Beurteilung ausschaltet, dann kann man auch bei Bestimmung der Tatherrschaft nur auf das wirkliche Geschehen abstellen. Es kann nur darauf ankommen, ob der Hintermann in concreto die Willensherrschaft innegehabt hat, nicht aber darauf, ob er sie auch ausgeübt hätte, wenn das Geschehen anders verlaufen wäre. Das erscheint auch im Hinblick auf die Täterlehre durchaus als sinnvoll. Zwar wäre der Vermieter unseres Beispiels, wenn er nichts getan hätte, trotz seiner Voraussicht des Erfolges nicht nach § 212 StGB bestraft worden, weil ihn keine Erfolgsabwendungspflicht traf[16]. Wenn er sich aber auch noch aktiv in das Geschehen einschaltet, entspricht es durchaus dem Rechtsgefühl, ihn, der damit als einziger bewußt auf die Vernichtung eines Lebens hinwirkt, als die verantwortliche Zentralfigur des Geschehens anzusehen.

Das gilt generell. Für die Unterscheidung, die Gallas zwischen Tätigkeits- und reinen Erfolgsdelikten vornimmt, kann ich, soweit die Tätigkeitsdelikte überhaupt in mittelbarer Täterschaft begehbar sind[17], keinen inneren Grund ersehen. Die Körperverletzung mit Waffen ist sicher ein Tätigkeitsdelikt in seinem Sinne, weil nicht die finale Erfolgsherbeiführung genügt, sondern eine bestimmte Begehungsweise verlangt wird[18]. Warum sollte aber das Hinreichen der Waffe an den vorsatzlos Handelnden, der sie sich sonst selbst genommen hätte, zur Begründung mittelbarer Täterschaft nicht ausreichen, wenn im Falle des § 212 StGB, wie auch Gallas annimmt, derselbe kausale Beitrag zur Tatherrschaft führen würde?

Es bleibt noch zu klären, warum das hier abgelehnte differenzierende Verfahren im Falle des § 54 StGB, den wir anfangs als Parallelbeispiel herangezogen haben, dennoch zum richtigen Ergebnis führt. Der Grund liegt darin, daß dort nicht wie hier die Willensherrschaft auf bloßer Überdetermination des Kausalverlaufes beruht. Vielmehr geht es dort um die Frage, ob der unmittelbar Handelnde wegen der vom Hintermann geschaffenen Situation oder aus anderen Gründen von der Verantwortung befreit wird. Und dafür ist es allerdings von entscheidender Bedeutung, ob der Außenstehende ihm die Möglichkeit zur Rechtsgüterverletzung verschafft hat, ob

---

[15] BGHSt 13, 13–15; ebenso die von Dallinger mitgeteilte Entscheidung in MDR 58, S. 139/40.

[16] Ob diese Auffassung der herrschenden Meinung in Fällen, bei denen der Außenstehende kraft seines Wissens zum alleinigen Richter über Leben und Tod wird, billigenswert ist, steht auf einem anderen Blatt.

[17] Vgl. zu diesen Fragen noch unten S. 399ff., 405ff., 410ff.

[18] Vgl. dazu Gallas, Sonderheft Athen, S. 11

es also ohne ihn dazu hätte kommen können! Man sieht, wie die unterschiedliche Struktur der mittelbaren Täterschaft bei Nötigungs- und Irrtumsfällen auch hier ganz andere Beurteilungskriterien erzwingt.

Im übrigen könnte man, wenn man anderer Meinung sein wollte, von der Tatherrschaftslehre her in Nowakowskis Beispiel zu einer Bestrafung des Vermieters überhaupt nicht kommen, sofern man, wie es die jetzt herrschende Meinung tut, für die Teilnahme eine vorsätzliche Haupttat verlangt[18a]. Das wäre aber ein ganz unbefriedigendes Ergebnis, weil der Vermieter, wenn er der Irrenden das Glas reicht, eine Handlung auf sich lädt, deren deliktische Schwere die einer Beihilfe zur Vorsatztat auch vom Standpunkt der Strafwürdigkeit aus eher übertrifft als unterschreitet. Kennzeichnend dafür ist, daß auch Nowakowski[19] den Gedanken erwägt, unter vollständiger Durchbrechung seines Ausgangspunktes den Hintermann dennoch als Täter zu bestrafen, indem er die Täterschaft als dogmatisch unerklärlichen „Lückenbüßer" heranzieht.

Unser Ergebnis lautet also: Jeder, der bei schuldlos unvorsätzlich handelndem Tatmittler in Kenntnis der Situation bewußt eine Erfolgsbedingung setzt, ist Träger der Willensherrschaft und daher mittelbarer Täter.

Damit ist freilich nicht gesagt, daß etwa in unserem Ausgangsfall jedes Kopfnicken oder jedes Begleitwort den Vermieter zum Täter eines Totschlages machen muß. Denn der bei den Vorsatzdelikten entwickelte Gedanke der psychischen Beihilfe, deren kausale Wirkung[20] oder deren Förderungswert schon dort oft genug fragwürdig ist, läßt sich auf die unvorsätzlichen Handlungen nicht ohne weiteres übertragen. Da der Tatmittler sich nicht bewußt ist, eine Rechtsgutsverletzung zu begehen, können beiläufige Zustimmungserklärungen auch nicht zu einer „Stärkung des Tatentschlusses" führen, so daß in solchen Fällen die Kausalität und mit ihr die sie lenkende Finalität fehlen wird.

2. Der Tatmittler handelt unbewußt fahrlässig

Dieser Fall bietet gegenüber dem vorstehend behandelten in der Beurteilung der Tatherrschaftsfrage keine Abweichungen. Zwar macht der Gesetzgeber, soweit die Fahrlässigkeit strafbar ist, auch den Tatmittler für den Erfolg verantwortlich. Aber die Zurechnung beruht auf Umständen, die für die Willensherrschaft des Hintermannes unerheblich sind. Was dem unbewußt fahrlässig Handelnden das rechtliche Unwerturteil zuzieht, ist gerade die Tatsache, daß er sich infolge eines Sorgfaltsmangels als bloßer Bedingungsfaktor in den Plan des Hintermannes hat einspannen lassen; mit anderen Worten: daß er diesem durch seine Nachlässigkeit die Herrschaft über das Geschehen überlassen hat, obwohl er bei Aufwendung

---

[18a] was bei Delikten der hier zu erörternden Art im allgemeinen zutreffend ist; vgl. darüber im einzelnen unten S. 364 ff., 261 ff.
[19] JZ 1956, S. 549 bei Anm. 78
[20] Vgl. dazu H. Mayer, Lehrbuch, S. 318, 323

pflichtgemäßer Sorgfalt die zum Erfolg führende Kausalreihe hätte abbrechen oder umlenken können.

Das Fahrlässigkeitsurteil schließt also die Tatherrschaft des Hintermannes nicht aus; im Gegenteil: es erfordert sie geradezu. Denn ohne die Fahrlässigkeit des Tatmittlers hätte der mittelbare Täter das Geschehen nicht beherrschen können. Wir können unseren oben aufgestellten Satz also erweitern: Auch wer bei unbewußt fahrlässig handelndem Tatmittler eine Erfolgsbedingung setzt, ist unter allen Umständen mittelbarer Täter.

Aus dieser Erkenntnis ergibt sich eine zwingende Folgerung für die viel umstrittene Akzessorietätsfrage: Da, sofern der unmittelbar Ausführende schuldlos oder unbewußt fahrlässig handelt, nach der Tatherrschaftslehre jede wie auch immer geartete Bedingung den die Situation übersehenden Hintermann zum mittelbaren Täter macht, ist schon aus diesem Grunde in solchen Fällen eine Teilnahme ausgeschlossen. Diese Lösung beruht also weder auf der systematischen Stellung des Vorsatzes noch auf der Annahme, daß das Wesen der Teilnahme in der Unterordnung unter fremden Tatentschluß bestehe oder daß sonst Anstiftung und Beihilfe nicht mehr abgrenzbar wären, sondern allein auf dem richtig verstandenen Begriff der Tatherrschaft[21].

Damit ist die Frage, ob es eine Teilnahme an unvorsätzlicher Haupttat geben könne, allerdings nicht endgültig beantwortet. Denn einerseits bleiben auch für die Tatherrschaftslehre noch die bewußt fahrlässigen Taten zu erörtern[22]; und andererseits wird zu untersuchen sein, ob namentlich bei den Sonderdelikten und den eigenhändigen Verbrechen, die zu besonders schwierigen Akzessorietätsproblemen führen, der Tatherrschaftsgedanke überhaupt eine sinnvolle Abgrenzung der Beteiligungsformen ermöglicht[23].

Der einzige Unterschied zwischen der Einschaltung eines schuldlosen und eines unbewußt fahrlässigen Werkzeuges liegt für die Teilnahmelehre darin, daß im zweiten Fall auch der Tatmittler Täter sein kann, wenn ein entsprechender Fahrlässigkeitstatbestand besteht. Doch bleibt das auf die Herrschaft des Hintermannes und ihre Begründung ohne Einfluß. Denn das „Werkzeug" ist jedenfalls nicht Täter des Tatbestandes, aus dem der Hintermann bestraft wird; und auch bei der auf ihn anzuwendenden Strafbestimmung beruht seine Täterschaft, wie später noch näher darzulegen sein wird, auf einem durchaus anderen Kriterium als dem der Tatherrschaft.

---

[21] Auf die Akzessorietätsprobleme wird im einzelnen später noch zurückzukommen sein; vgl. S. 365 ff.
[22] Darüber gleich unten sub II
[23] Vgl. dazu ausführlich S. 352 ff. und S. 399 ff.

II. Der Irrende handelt bewußt fahrlässig

1. Problemstellung

Wenn man sich den Fall vorstellt, daß ein mit direktem Vorsatz oder auch mit dolus eventualis Handelnder einen anderen zu einer bewußt fahrlässigen Tat bestimmt oder ihm dabei behilflich ist, so ergibt sich für die Tatherrschaftslehre eine wesentliche Veränderung der Problemlage. Das ist bisher kaum beachtet worden, wird aber sogleich deutlich, wenn wir an die oben behandelten Fälle des irrenden Werkzeugs denken. Die Tatherrschaft des Hintermannes beruhte dort immer darauf, daß er sich des anderen als eines blind-kausal handelnden Mittlers bediente. Gerade diese Voraussetzung ist aber bei jemandem, der bewußt fahrlässig einen Tatbestand verwirklicht, nicht gegeben. Er sieht die Möglichkeit des Erfolges ebenso wie der Hintermann, handelt insofern also durchaus nicht blind und unter dem Einfluß eines Irrtums. Daher kann er auch unter Berücksichtigung der eventuell eintretenden Tatbestandsverwirklichung frei darüber entscheiden, ob er der Handlungsaufforderung eines Dritten folgen will oder nicht. Kann man angesichts dessen von einer „Tatherrschaft" des Hintermannes sprechen?

Versuchen wir, dieser Frage mit den bisher erarbeiteten Kriterien beizukommen, so ergibt sich folgendes: Die Willensherrschaft, die zur Begründung der mittelbaren Täterschaft erforderlich ist, kann in zweifacher Weise strukturiert sein; entweder so, daß der Hintermann die Person des Tatmittlers beherrscht, der seinerseits den Erfolg final verwirklicht (Nötigungsfälle); oder so, daß er als einziger final Handelnder alle anderen nur kausalen Tatbeiträge auf den Erfolg hinlenkt (die oben behandelten Irrtumsfälle). Es stehen also eine Willensherrschaft kraft Nötigung und eine Willensherrschaft kraft ablaufslenkender Finalität nebeneinander.

Die erste der beiden Möglichkeiten scheidet für den hier zu erörternden Fall aus; denn es kann nicht die Rede davon sein, daß der Hintermann die Person dessen, der bewußt fahrlässig handelt, in der Hand hat.

Es bleibt also nur die Frage, ob eine Willensherrschaft kraft ablaufsgestaltender Finalität vorliegt. Das kann nur dann der Fall sein, wenn auch bei bewußter Fahrlässigkeit des Ausführenden eine finale Steuerung des Geschehensablaufes durch den Hintermann im oben gekennzeichneten Sinne möglich ist. Die Beantwortung dieser Frage hängt in erster Linie davon ab, ob die Trennungslinie zwischen finalem und nichtfinalem Handeln mit der herkömmlichen Abgrenzung von Vorsatz und Fahrlässigkeit, insbesondere also von dolus eventualis und bewußter Fahrlässigkeit, zusammenfällt. Wir geraten damit in einen der strittigsten Bereiche der gegenwärtigen Dogmatik, dessen Bedeutung für die Täterlehre allerdings bislang kaum erkannt worden ist. Gleichwohl setzt die hier zu entwickelnde Lösung eine kurze Auseinandersetzung mit den verschiedenen Lehrmeinungen voraus.

2. Finalität und bewußte Fahrlässigkeit in der Literatur

Es kommen hier hauptsächlich drei Lösungen in Frage, die, wenn auch nicht im Hinblick auf die Tatherrschaftslehre, alle ihre Vertreter gefunden haben.

A. Die Finalität umfaßt auch die bewußte Fahrlässigkeit

Man kann erstens annehmen, daß der bewußt fahrlässig Handelnde ebenso wie der vorsätzliche Täter den Tatbestand final verwirklicht. Diese Auffassung hat zuerst Engisch in seiner grundlegenden Kritik der finalen Handlungslehre[24] vertreten. Er sagt: „Handelt jemand angesichts als notwendig oder auch nur als möglich erkannter Folgen, so sind diese jedenfalls nicht mehr blind verursacht, sondern in die sinnhafte Überdeterminierung eingeschlossen". Er zieht daraus die Folgerung, daß „auf die Handlungsstruktur gesehen … dolus eventualis und bewußte Fahrlässigkeit" zusammengehören. Mit ähnlicher Begründung kommt auch Gallas[25] zu dem Ergebnis, es lasse sich „schwerlich vermeiden, den Begriff der Finalität auch auf die bewußte Fahrlässigkeit zu erstrecken"; dem haben sich später Nowakowski[26] und Arthur Kaufmann[27] angeschlossen.

Geht man von dieser Lösung aus, so ergeben sich für die mittelbare Täterschaft bemerkenswerte Folgerungen. Denn wenn man die bewußt fahrlässige Tatbestandsverwirklichung als finales Geschehen ansieht, so kann man nicht mehr sagen, daß der Hintermann einen bloßen Kausalverlauf überdetermine; es steht dann zwischen ihm und dem Erfolg der finale Wille eines anderen, der das weitere Geschehen selbständig lenkt, und eine Tatherrschaft kraft ablaufsgestaltender Finalität kann dem Hintermann – zumindest im üblichen und bisher allein verwendeten Sinne dieses Begriffs – nicht mehr zugesprochen werden[28]. Stattdessen müßte eine vorsätzliche Teilnahme an einer bewußt fahrlässigen Handlung, die beim Hintermann nach dem Strafrahmen des Vorsatzdelikts beurteilt würde, als prinzipiell möglich anerkannt werden. Umgekehrt müßte jemand, der mit bewußter Fahrlässigkeit einen unvorsätzlich schuldlos oder unbewußt fahrlässig Handelnden zu einer nichtfinalen Rechtsgutsverletzung bestimmt, nach dem Tatherrschaftsprinzip mittelbarer Täter sein. Er hätte dann die finale Willensherrschaft im oben gekennzeichneten Sinne, ein Ergebnis, das im Widerspruch steht zu der bisher fast einhelligen Lehre, wonach eine Tatherrschaft im Bereich der fahrlässigen Delikte nicht denkbar sein soll[29].

---

[24] Kohlrausch-Festschrift, S. 155
[25] Gutachten, S. 128; ZStW, Bd. 67, S. 43
[26] JZ 1958, S. 338/39 unter V
[27] Das Schuldprinzip, 1961, S. 167–170; vgl. jetzt auch Jescheck, Festschrift für Erik Wolf, 1962, S. 473 ff.
[28] Die Problematik bedarf hier allerdings noch einer über den gegenwärtigen Streitstand hinausführenden Vertiefung, vgl. dazu unten S. 189 ff. und S. 220 ff.
[29] Vgl. dazu eingehender unten S. 551 ff.

Die hier angedeuteten Konsequenzen sind, soweit ich sehe, nirgends gezogen worden. Gallas kommt zwar auch in seinen Abhandlungen zur Tatherrschaftslehre wiederholt auf seine These zurück, daß die bewußt fahrlässige Handlung eine finale Beziehung zum Erfolg aufweise[30]. Aber er beschäftigt sich damit immer nur im Zusammenhang mit der Frage, ob eine Teilnahme im Bereich des fahrlässigen Handelns möglich sei; dabei hält er es für denkbar, eine nach dem Strafrahmen des Fahrlässigkeitsdelikts zu erfassende vorsätzliche Beihilfe zur Fahrlässigkeitstat anzunehmen[31], ein Problem, das mit der Frage der mittelbaren Täterschaft beim Vorsatzdelikt, um die es uns hier geht, nichts zu tun hat. Gleichwohl bedürfen die oben angedeuteten Folgerungen – keine mittelbare Täterschaft, wenn der unmittelbar Ausführende bewußt fahrlässig handelt? – vom Standpunkt dieser Finalitätsauffassung her einer grundsätzlichen Erörterung.

Zu der vorstehend erwogenen Lösung würde man freilich der Sache nach (obgleich nicht in der Terminologie) kommen, wenn man einen solchen Finalitätsbegriff mit einer Auffassung verbände, die in neuerer Zeit durch Schröder[32] und Schmidhäuser[33] wieder in den Vordergrund gerückt worden ist: der Annahme nämlich, daß jede Handlung, bei der sich der Täter die konkrete Möglichkeit einer Rechtsgutsverletzung vorgestellt habe, dem Bereich des dolus eventualis zuzuordnen sei. Wenn man dem folgt, läßt sich die Identität zwischen (natürlichem) Vorsatz und Finalität wieder herstellen, so daß die Tatherrschaft im Sinne ablaufsgestaltender Finalität allein dem vorsätzlich Handelnden verbleibt. Man muß sich nur darüber klar sein, daß damit im Ergebnis alle Verhaltensweisen, die man herkömmlicherweise bewußt fahrlässig nennt, dem Vorsatzbereich eingegliedert werden würden.

B. Die Finalität umfaßt nur die Absicht unter Ausschluß des dolus eventualis

Man kann aber zweitens den Begriff der Finalität auch so verstehen, daß er nur den erstrebten Erfolg, nicht aber die möglicherweise höchst unerwünschten und nur in Kauf genommenen Nebenfolgen umfaßt. Diese Meinung vertritt etwa Hardwig[34]. Er bildet den Fall, daß ein Versicherungsbetrüger ein Wohnhaus anzündet, um in den Besitz der Versicherungssumme zu kommen; der Täter weiß dabei, daß sich in dem Haus eine gelähmte Frau befindet, die bei dem Brand ums Leben kommen kann, was ihm sehr unangenehm ist. Wenn der Brandstifter trotzdem handelt, so liegt sicher dolus

---

[30] Vgl. Gutachten, S. 128, Anm. 22, S. 130 bei Anm. 29; Sonderheft Athen, S. 19, S. 22, Anm. 23a
[31] Vgl. Sonderheft Athen S. 26–30
[32] Festschrift für Sauer, S. 207–248
[33] GA 1957, S. 305–314; GA 1958, S. 161–181
[34] Die Zurechnung, S. 86 ff.; insoweit sehr ähnlich Schmidhäuser, ZStW, Bd. 66, 1954, S. 34–38

eventualis vor. Hardwig bestreitet aber die Finalität des Verhaltens[35]: „Unser Versicherungsbetrüger hat das Geschehen nicht auf den Tod der Frau gelenkt. Im Gegenteil, er hat dieses Geschehen gleichsam dem Kausalgeschehen anheimgestellt … Daß er mit dem Anzünden des Hauses das Kausalgeschehen entfesselt hat, rechtfertigt noch nicht, von einer Lenkung zu sprechen". Er kommt zu dem Schluß: „Von einer finalen Handlung kann hier also in Bezug auf den strafbaren Erfolg in einer irgendwie sinnvollen Weise nicht mehr gesprochen werden".

Auch diese Lehre erkennt also der bewußten Fahrlässigkeit die gleiche Handlungsstruktur wie dem dolus eventualis zu; nur mit dem Unterschied, daß beide den nichtfinalen Verhaltensweisen zugerechnet werden.

Wenn man das akzeptiert und von der ablaufsgestaltenden Finalität als dem Kriterium der Tatherrschaft ausgeht, so ergeben sich gleichfalls sehr bemerkenswerte und neuartige Folgerungen. Ein mit direktem Vorsatz handelnder Hintermann, der einen anderen zu einer mit dolus eventualis begangenen Tat veranlaßt, müßte die Willensherrschaft haben und mittelbarer Täter sein. Dagegen wäre, wenn man konsequent bleibt, eine mittelbare Täterschaft abzulehnen, wenn jemand mit bedingtem Erfolgsvorsatz einen anderen, der bewußt fahrlässig oder sogar ohne jede Erfolgsvorstellung handelt, zu einem Verhalten verleitet, das eine tatbestandsmäßige Rechtsgutsverletzung bewirkt. Denn da nach dieser Auffassung der bedingte Vorsatz kein im Hinblick auf den Erfolg finales Verhalten darstellt, kann eine finale Überdetermination selbst dann nicht vorliegen, wenn der Veranlaßte etwa unvorsätzlich schuldlos handelt.

C. Die Finalität umfaßt alle Formen des Vorsatzes unter Ausschluß der bewußten Fahrlässigkeit

Drittens schließlich kann man von der Meinung ausgehen, daß die Grenze zwischen bedingtem Vorsatz und bewußter Fahrlässigkeit einem Unterschied in der Finalstruktur des Verhaltens entspricht, derart, daß der bedingte Vorsatz eine finale Beziehung zum Erfolge aufweist, die der bewußten Fahrlässigkeit fehlt. Einen derartigen Unterschied nachzuweisen, haben Armin Kaufmann[36], Stratenwerth[37] und Welzel[38] versucht, freilich mit abweichenden Begründungen und auch mit jeweils andersartigen Ergebnissen.

---

[35] a. a. O. S. 87
[36] ZStW, Bd. 70, 1958, S. 64–86
[37] ZStW, Bd. 71, 1959, S. 51–71
[38] Lehrb., 7. Aufl., S. 60–65

a) Armin Kaufmann

Armin Kaufmann vertritt die Meinung, der Vorsatz umfasse „alle Folgen und Modalitäten, deren Eintritt oder Vorliegen als möglich in Rechnung gestellt wird, es sei denn, der steuernde Wille ist auf ihre Vermeidung gerichtet"[39]. Er weicht also von der Ansicht Schröders und Schmidhäusers insofern ab, als er nicht jede konkrete Erfolgsvorstellung für vorsatzbegründend hält, sondern bewußte Fahrlässigkeit annimmt, wenn der Täter zwar mit der Möglichkeit des Erfolgseintrittes rechnet, aber gleichzeitig Gegenfaktoren einsetzt, mit deren Hilfe er den Ablauf so zu steuern versucht, daß eine als möglich vorgestellte Nebenfolge nicht eintritt[40]. In dieser Unterscheidung von dolus eventualis und bewußter Fahrlässigkeit liegt für ihn zugleich auch die Abgrenzung des finalen und des nichtfinalen Handelns. Er spricht der bewußten Fahrlässigkeit, so wie er sie kennzeichnet, den finalen Charakter ab: „Denn der Verwirklichungswille kann nicht einerseits darauf gerichtet sein, einen als möglich erkannten Erfolg eintreten zu lassen, andererseits aber auch darauf zielen, durch die Art des Tätigwerdens einen Erfolg gerade zu vermeiden"[41].

b) Stratenwerth

Zu einer wesentlich anderen Lösung kommt Stratenwerth. Nach seiner Lehre besitzt den bedingten Vorsatz, wer die Möglichkeit, daß eine unerwünschte Nebenfolge eintreten könne, „ernst nimmt" und trotzdem handelt. Wer dagegen die von ihm vorgestellte Gefahr „in einem präzisen Sinne nicht ernst nimmt"[42] und sich „leichtsinnig" verhält, handelt nur bewußt fahrlässig.

In diesen beiden Verhaltensformen kommt für Stratenwerth auch der Unterschied zwischen finalem und nichtfinalem Handeln zum Ausdruck. Final handelt für ihn nur, wer sich ein bestimmtes Handlungsziel „zu eigen" macht, und dieser Aneignungsakt des Willens liegt gerade darin, daß der Täter sich zum Handeln entschließt, obwohl er die Möglichkeit des Erfolgseintrittes ernst nimmt[43]. Mit Stratenwerths eigenen Worten: „Nur insoweit, als sich der Täter die in der konkreten Handlungssituation angelegten Möglichkeiten zu eigen macht …, werden die (letztlich unabsehbaren) Wirkungen, die sich mit allem menschlichen Handeln verbinden, … in dem Handlungsentschluß des Täters antizipiert: Nur bei den ernstgenommenen Gefahren muß der Täter sich entscheiden, ob er ihretwegen die Handlung unterlassen … will … Und diese im Handlungsentschluß sich vollziehende Antizipation der Handlungsfolgen bildet den eigentlichen

---

[39] a. a. O. S. 86
[40] Vgl. a. a. O. S. 78
[41] a. a. O. S. 73
[42] a. a. O. S. 55
[43] a. a. O. S. 59

Kern der finalen Überdetermination. Erst durch sie wird zwischen der … Folge und dem Verhalten des Täters die Verbindung hergestellt, die diese Folge als sein Werk erscheinen läßt"[44].

c) Welzel

Auch für Welzel liegt die Grenze zwischen Vorsatz und Fahrlässigkeit in der Unterscheidung von finalem und nichtfinalem Verhalten. Er verwendet[45] nebeneinander Formulierungen von Kaufmann und Stratenwerth, ohne zu den unterschiedlichen Positionen beider Stellung zu nehmen, geht aber im grundsätzlichen von einer selbständigen dritten Lösung aus. Danach erstreckt sich die finale Steuerung auf die Nebenfolgen nur „insoweit, als der Täter mit ihrem Eintritt gerechnet und sie dadurch in seinen Verwirklichungswillen mit aufgenommen hatte"[46]. Ein solches „Rechnen mit" nimmt er in Übereinstimmung mit Hellmuth Mayer[47] an, „wenn der Täter dem Erfolgseintritt mehr als bloße Möglichkeit und weniger als überwiegende Wahrscheinlichkeit beimißt"[48]. Folgen, mit denen der Täter gerechnet hat, „muß er, wenn er die Handlung vornimmt, eventualiter mitverwirklichen wollen". Umgekehrt gilt: „… wer bei seiner Handlung auf das Ausbleiben von Folgen vertraut, will diese ebensowenig verwirklichen, wie Folgen, an die er nicht denkt (hier kommt nur Fahrlässigkeit in Betracht)".

Folgt man den Thesen von Armin Kaufmann, Stratenwerth oder Welzel, so kann der Hintermann, auch soweit er nur mit dolus eventualis handelt; kraft seiner finalen Überdetermination selbst dann die Herrschaft über das Geschehen innehaben, wenn der unmittelbar Ausführende das Delikt bewußt fahrlässig verwirklicht. Das Vorliegen einer Tatherrschaft im Bereich der Irrtumsfälle würde dann wieder der Grenzlinie zwischen Vorsatz und Fahrlässigkeit entsprechen. Da jedoch alle drei den Trennungsstrich an verschiedener Stelle ziehen, würde immer noch unklar bleiben, bei Vorliegen welcher sachlichen Voraussetzungen ein im Gegensatz zum Verhalten der Mittelsperson finales Handeln und damit eine Tatherrschaft des Hintermannes anzunehmen wäre.

3. Stellungnahme zu den fünf Finalitätsbegriffen unter dem Aspekt der Tatherrschaftslehre

Aus alledem ergibt sich für unsere Untersuchung folgendes: Die Beantwortung der Frage, ob bei einem bewußt fahrlässig Handelnden eine Tatherrschaft des Hintermannes sich wie beim unvorsätzlich schuldlosen oder

---

[44] a. a. O. S. 60
[45] Lehrb., 7. Aufl., S. 62–64
[46] Lehrb., 7. Aufl., S. 30
[47] Lehrbuch, S. 251
[48] hier und im folgenden: Welzel a. a. O. S. 62

unbewußt fahrlässigen Werkzeug aus der finalen Überdetermination eines nur kausalen, allein vom Außenstehenden zielgerichtet gesteuerten Verhaltens ableiten läßt, setzt zunächst eine Verständigung darüber voraus, was man unter „Finalität" in solchen Fällen sachlich zu verstehen hat. Schon unser kurzer Überblick hat uns auf fünf verschiedene Finalitätsbegriffe geführt. Danach handelt final entweder, wer die Möglichkeit des Erfolgseintrittes voraussieht (Engisch, Gallas, Nowakowski, Arthur Kaufmann); oder nur, wer den Erfolg erstrebt (Hardwig, Schmidhäuser); oder, wer die Möglichkeit des Erfolges sieht, ohne Gegenfaktoren zu seiner Verhinderung einzusetzen (Armin Kaufmann); oder, wer die Möglichkeit des Erfolges ernst nimmt (Stratenwerth); oder, wer mit dem Eintritt des Erfolges rechnet (Welzel). Von welchem dieser Begriffe ist richtigerweise auszugehen?

Wenn wir uns dieser Frage zuwenden, so müssen wir uns darüber klar sein, daß alle fünf Auffassungen insoweit unwiderlegbar sind, als sie einen bestimmten, jeweils andersartigen Sachverhalt durch den Terminus der „Finalität" kennzeichnen. Benennungen als solche können nicht richtig oder falsch sein. Für unsere Betrachtung kommt es aber auch nicht auf den Begriff einer „Finalität an sich" und erst recht nicht auf die bei den bisherigen Umschreibungen vielfach im Vordergrund stehende Abgrenzung von Vorsatz und bewußter Fahrlässigkeit, sondern allein darauf an, welcher Art die Finalität ist, die einem Handelnden die Tatherrschaft verleiht. Unter diesem Blickwinkel ergibt sich folgender Ausgangspunkt:

Die ablaufsgestaltende Finalität, auf die es uns ankommt, muß sich in der Lenkung des äußeren Geschehens auswirken – sonst könnte sie nicht ablaufsgestaltend sein. Wo diese lenkende Auswirkung besteht, liegt auch Finalität in dem hier in Frage kommenden Sinne vor (dazu unten A); Willenseinstellungen, die den Kausalverlauf nicht beeinflussen, haben auch mit der Finalität nichts zu tun (B). Aus diesen einfachen und kaum zu bestreitenden Sätzen lassen sich immerhin zwei Folgerungen ableiten, denen drei der fünf oben genannten Auffassungen zum Opfer fallen. Die Auseinandersetzung mit der vierten Meinung wird sich anschließen (C), so daß die richtige Ansicht übrig bleibt, mit Hilfe deren dann eine Lösung der Täterproblematik angebahnt werden kann.

A. Die von Hardwig vertretene Lehre, wonach man von einer Finalität nur hinsichtlich der erstrebten Handlungsfolgen sprechen kann, ist zu eng. Wenn A den B umbringen will und dies nur dadurch erreichen kann, daß er eine Bombe wirft, die zugleich den neben B sitzenden C töten muß, so erstrebt A keineswegs den Tod des C. Aber man kann doch nicht leugnen, daß er den Kausalverlauf, der zum Tode des C führte, in vollem Umfange gelenkt hat. Diese Lenkung allein begründet die ablaufsgestaltende Finalität. Mehr ist nicht erforderlich. Zwar ist zuzugeben, daß der Erfolg dem A unangenehm war und insofern gegen seinen Willen eingetreten ist; aber die Finalität kann nicht davon abhängen, was er in diesem engeren Sinne „wollte", d. h. innerlich billigte, sondern allein davon, was er bewußt getan hat. Man würde sonst zu einem ganz subjektivistischen, emotional verfärbten Finalitätsbegriff kommen, der mehr als die vollständige Steuerung des

Kausalverlaufs verlangt. Das würde der oben beschriebenen Herrschaftsstruktur bei den Irrtumsfällen nicht entsprechen.

Wenn man aber in unserem Beispielsfall eine finale Steuerung annehmen muß, weil es auf das Erstrebtsein nicht ankommt, so muß man das auch dann tun, wenn der Eintritt der unerwünschten Nebenfolge ex ante weniger sicher ist. Denn die Verwirklichung jedes Planes kann in der Außenwelt auf größere oder geringere Hindernisse stoßen und birgt immer einen Unsicherheitsfaktor in sich. Tritt der Erfolg ein, so kann man seine Herbeiführung nicht schon deshalb als ungesteuert ansehen, weil es auch anders hätte kommen können.

Selbst quantitative Abstufungen derart, daß man von einer finalen Steuerung nur sprechen würde, wenn der Eintritt des unerwünschten Nebenerfolges einen gewissen Grad von Wahrscheinlichkeit erreicht – solche Gedanken klingen bei Welzel an – sind nicht möglich. Denn wenn die Tatbestandsverwirklichung erstrebt, d. h. beabsichtigt, ist, so spricht man dem Täter unbestrittenermaßen die Finalität und die Tatherrschaft auch dann zu, wenn der Eintritt des Erfolges ex ante unwahrscheinlich war. Dann muß man die Finalität aber auch bejahen, wenn die durch eine willentliche Handlung herbeigeführte und vorausgesehene Rechtsgutsverletzung unerwünscht und weniger wahrscheinlich war. Denn die Lenkungsmacht des Handelnden ist in beiden Fällen gleich; sie wird, wie oben gezeigt wurde, durch das Erstrebtsein oder Unerwünschtsein des Erfolges nicht beeinflußt.

Wenn daher jemand im Bewußtsein handelt, daß eine unsichere und unerwünschte Nebenfolge eintreten könne, so muß man den Erfolg, wenn er wirklich eintritt, so lange als von ihm gesteuert ansehen, wie der Kausalverlauf überhaupt beherrschbar war und dem Handelnden als bewußt fahrlässige Tatbestandsverwirklichung zugerechnet werden kann.

B. Auch die von Stratenwerth und Welzel verwendeten Kriterien des „Ernstnehmens" und des „Leichtsinns", des „Rechnens mit" und des „Vertrauens auf" haben mit der Finalität nichts zu tun, wenn man sie, wie es oben geschehen ist und wie es doch auch die finale Handlungslehre grundsätzlich annimmt, als die das Kausalgeschehen steuernde Kraft versteht. Denn es handelt sich hier wie bei allen anderen Abgrenzungen, die die Unterscheidung zwischen Vorsatz und Fahrlässigkeit von emotionalen Gegebenheiten abhängig machen, um innere Einstellungen des Täters, die für den in der Außenwelt sich abspielenden Geschehensverlauf, um dessen finale Steuerung es geht, unerheblich sind. Ob der Handelnde den Eintritt des Erfolges erhofft, ob er ihm gleichgültig ist oder ob er auf sein Ausbleiben vertraut, ob er ihn ernst nimmt oder nicht, das alles mag für die Strafwürdigkeit, die Schuld und die Grenze von Vorsatz und Fahrlässigkeit bedeutsam sein: Es hat nicht die geringste Auswirkung auf den Kausalverlauf, in dessen von der Erfolgsvorstellung geleiteter Lenkung das Wesen der Finalität besteht.

Welzel sagt selbst ganz richtig, es gehöre „der finale Wille, da und soweit er das äußere Geschehen *objektiv* [49] gestaltet, ... zur Handlung hin-

---

[49] Sperrung von Welzel

zu"[50]. Dann kann man sein Vorliegen aber auch nicht von Umständen wie dem „Vertrauen" oder dem „Ernstnehmen" abhängig machen. Denn ob das eine oder das andere der Fall ist: Der voraussehende Wille des Täters manifestiert sich in der gleichen Weise, der Kausalverlauf wird um keinen Deut anders gelenkt[51].

Auch unter diesem Blickwinkel kann man also nicht umhin, immer dann ein finales Handeln anzunehmen, wenn der Täter die konkrete Möglichkeit eines Erfolges sieht und trotzdem den Kausalverlauf bewußt in seine Richtung lenkt.

C. Allerdings bedarf es noch der Auseinandersetzung mit Armin Kaufmann, der für den Bereich der bewußten Fahrlässigkeit (und damit von seinem Standpunkt aus: der fehlenden Finalität) immerhin die Fälle reservieren will, bei denen der Täter Gegenfaktoren zur Verhinderung des unerwünschten, dann aber doch eingetretenen Nebenerfolges eingesetzt hat. Das Verfahren Kaufmanns ist den oben vorgebrachten Einwendungen insofern nicht ausgesetzt, als er gerade eine „ontologische", in der Steuerung des Geschehens sich auswirkende Differenz zum Unterscheidungskriterium zwischen finalem und nichtfinalem Handeln erheben will. Es ist außerdem nicht zu bestreiten, daß die Finalität jedenfalls fehlt, wenn der Täter auf Grund der von ihm eingesetzten Gegenfaktoren zu der Annahme kommt, der Nebenerfolg werde nicht eintreten; denn in diesem Falle handelt er eben nicht mehr im Bewußtsein der Möglichkeit des Erfolges.

Problematisch wird Kaufmanns Auffassung aber, wenn der Täter von vornherein Zweifel daran hat, ob die von ihm angewendeten Gegenmaßnahmen den Erfolg verhindern können. Man braucht den vorhin benutzten Beispielsfall nur ein wenig zu variieren: A will B, der mit C zusammen an einem Tische sitzt, durch einen Bombenwurf töten. Da ihm der Tod des C unerwünscht ist, beschließt er, ihn im letzten Augenblick durch einen Zuruf zu warnen. Das darf nicht zu früh und nicht zu auffällig geschehen, weil sich sonst B ebenfalls in Sicherheit bringen würde. Die Aussichten, daß das Rettungsmanöver gelingen werde, sind also, wie A weiß, nicht groß. Tatsächlich versteht der C den Zuruf nicht richtig und wird von der Bombe zerrissen. Warum sollte man hier die Finalität und die Tatherrschaft des A ablehnen?

Wenn man einmal davon ausgeht, daß trotz des Einsatzes der Gegenfaktoren eine etwa 80 %ige Wahrscheinlichkeit für den Eintritt des Nebenerfolges bestehen blieb, dann ist nicht recht einzusehen, warum eine abweichende Behandlung eintreten soll, wenn in einem anderen Fall der Einsatz von Gegenfaktoren überhaupt nicht möglich war, die Chance des Erfolgseintritts aber ebenso nur 80 % oder – was für Kaufmann keinen Unterschied bedeuten würde – vielleicht gar nur 10 % betrug. So oder so sieht doch der A den Tod des C als Folge seines Verhaltens mit gleicher Wahrscheinlichkeit voraus. Und vor allem: Ein relevanter Unterschied in der finalen Steuerung des Kausalgeschehens liegt in Wirklichkeit nicht vor, da

---

[50] Lehrb., 7. Aufl., S. 29
[51] Insoweit völlig übereinstimmend Nowakowski, JZ 1958, S. 339

ja der Einsatz der Gegenfaktoren ohne Auswirkung bleibt. So, wie der Handlungsverlauf sich abgespielt hat, geht er allein auf die Lenkung durch A zurück. Dann aber muß man – will man die Konsequenz für die Täterlehre ziehen – ihm auch die Herrschaft über das Geschehen zusprechen.

Es erscheint zwar zunächst bestechend, wenn Kaufmann[52] sagt, der Verwirklichungswille könne nicht einerseits darauf gerichtet sein, einen als möglich erkannten Erfolg eintreten zu lassen, andererseits aber auch darauf zielen, durch die Art des Tätigwerdens den Erfolg gerade zu vermeiden. Aber dagegen hat schon Stratenwerths[53] mit Recht eingewandt, man könne zwar nicht gleichzeitig die Herbeiführung und die Vermeidung eines Erfolges bezwecken, doch gehe es beim Eventualdolus um die Frage, ob die Herbeiführung eines Erfolges dem Täter zum Vorsatz zugerechnet werden müsse, obwohl er sie gerade nicht bezweckte. Mit anderen Worten: Kaufmann identifiziert in seinem Beweissatz den Begriff der Finalität unversehens mit dem des Erstrebtseins (vgl. dazu oben A), obwohl er sonst beim fehlenden Einsatz von Gegenfaktoren jedes Handeln im Bewußtsein eines möglichen, wenn auch nicht erstrebten Erfolgseintrittes für final hält.

4. Ergebnis

Es bleibt also dabei, daß jeder Erfolg im Bereiche des Finalnexus liegt und damit von der Tatherrschaft umfaßt wird, den der Täter sich als mögliche Folge seines gesteuerten Handelns konkret vorgestellt hat. Das entspricht, was den Begriff der Finalität anlangt, der ursprünglich von Engisch vertretenen Auffassung, die sich somit gegen alle späteren Versuche abweichender Lösungen als richtig erwiesen hat.

Was folgt daraus nun für die Tatherrschaftslehre und für die Abgrenzung von mittelbarer Täterschaft und Anstiftung? Zweierlei:

A. Bei übereinstimmender Kenntnis der Erfolgs-Chance: Teilnahme

Wenn Handelnder und Hintermann den Sachverhalt in gleicher Weise übersehen, wenn also in intellektueller Hinsicht keine Differenz zwischen beiden besteht, so kann der Umstand, daß das Verhalten des Ausführenden auf Grund irgendwelcher „emotionaler" Gesichtspunkte oder wegen seiner sittlich weniger verwerflichen Gesinnung nur als bewußt fahrlässig, das des Hintermannes dagegen als vorsätzlich bewertet wird, zur Begründung einer mittelbaren Täterschaft nicht ausreichen. Denn der Vordermann handelt final und hat die Tatherrschaft. Er wird also aus eigenem Entschluß tätig; der Veranlassende oder Helfende, der den Kausalverlauf nicht besser übersieht als der unmittelbar Handelnde, kann nicht über seinen Kopf hinweg das Geschehen steuern.

[52] a. a. O. S. 73
[53] a. a. O. S. 61

Deshalb hat nicht er, sondern der Ausführende den Tatablauf in der Hand. Der Umstand, daß den Außenstehenden – etwa wegen seiner größeren Gleichgültigkeit gegenüber dem Erfolge oder gar, weil er ihn beabsichtigt hat – ein schwererer Schuldvorwurf trifft, der sein Tun als vorsätzlich erscheinen läßt, kann ihm die Herrschaft über das Geschehen nicht verschaffen. Wenn die Tatbestandsverwirklichung der unmittelbar erstrebte Zweck seines Verhaltens war, müßte man beim Hintermann sogar direkten Vorsatz annehmen, ohne daß er dem Vordermann, der die Möglichkeit des Erfolgseintritts im selben Maße übersieht, aber leichtsinnigerweise auf sein Ausbleiben vertraut, deshalb die Herrschaft über das Geschehen streitig machen könnte. Daß dem einen der Erfolg höchst unerwünscht, dem anderen aber willkommen ist, wirkt sich eben, wie oben dargelegt wurde, auf die Tatherrschaft nicht im geringsten aus.

Daraus ergibt sich eine bedeutsame Konsequenz: Die Möglichkeit der Teilnahme an einer bewußt fahrlässigen Handlung, die beim Außenstehenden nach dem Strafrahmen des Vorsatzdelikts zu beurteilen ist, läßt sich vom Standpunkt der Tatherrschaftslehre aus nicht länger leugnen. Der Umstand, daß eine vorsätzliche Haupttat fehlt, ändert daran nichts. Denn entweder ordnet man die emotionalen Gegebenheiten, mit denen der Vorsatz über die Tatbestandsfinalität hinausreicht, systematisch allein dem Schuldbereich zu; dann liegt eine tatbestandsmäßig-rechtswidrige Haupttat vor, die eine Teilnahme unbedenklich gestattet. Oder man betrachtet, wie es neuerdings Jescheck[54] tut, diese Schuldelemente gleichzeitig als „Unrechtsfaktoren". Dann kann das Ergebnis kein anderes sein; denn wenn die Voraussetzungen der Teilnahme – hier: tatherrschaftslose Mitwirkung an der Herbeiführung des Erfolges – beim Außenstehenden vorliegen, kann das Fehlen personaler Unrechtselemente beim unmittelbar Handelnden die Strafbarkeit des Hintermannes nicht ausschließen. Das wird später noch des näheren auszuführen sein.

Zu einer scheinbar ähnlichen Lösung kommt Franzheim[55], der bei Sonderdelikten den bewußt fahrlässig handelnden Intraneus als Täter und den vorsätzlichen, nichtqualifizierten Extraneus als Teilnehmer ansehen will. Zur Begründung macht er geltend, „daß bei den bewußten Fahrlässigkeitsdelikten die potentielle Tatherrschaft ... die Täterschaft dann begründet, wenn der potentiellen Tatherrschaft nicht die faktische Tatherrschaft eines anderen Tatbeteiligten gegenübertritt". Die Übereinstimmung mit der hier entwickelten Ansicht reicht allerdings nicht weit. Denn erstens spricht Franzheim dem bewußt fahrlässigen Täter nur eine „potentielle" (also aktuell nicht vorhandene) Tatherrschaft zu, während wir von einer realen, vorsatzgleichen und damit in seinem Sinne „faktischen" Geschehenssteuerung ausgehen; und zweitens entwickelt er seine Lehre gerade bei den Sonderdelikten, für die, wie später noch auszuführen sein wird, ganz andere Gesichtspunkte maßgebend sind[56].

---

[54] Festschrift für Erik Wolf, 1962, S. 487/88
[55] Die Teilnahme an unvorsätzlicher Haupttat, 1961, S. 39/40
[56] Vgl. dazu eingehend S. 364 ff.

Folgt man der Auffassung von Schröder und Schmidhäuser, die alle Fälle konkreter Erfolgsvorstellung dem Vorsatz zuschlagen, so könnte man allerdings sachlich zu denselben Ergebnissen kommen, wie sie hier für die Tatherrschaftslehre vertreten werden[57]. Denn der nach den herrschenden Vorstellungen bewußt fahrlässig Handelnde würde dann vorsätzlicher Täter sein, so daß Anstiftung und Beihilfe zu einem solchen Verhalten ohne weiteres möglich wären. Es ist nicht Aufgabe dieser Arbeit, zu der Richtigkeit dieser Lehre über die Reichweite des Vorsatzes Stellung zu nehmen. Denn uns geht es nicht um die Trennung von Vorsatz und Fahrlässigkeit, sondern um den Begriff der tatgestaltenden Finalität. Eines ist aber sicher: Wenn man überhaupt die bewußte Fahrlässigkeit im herkömmlichen Sinne anerkennt, so verlangt man vom Vorsatz mehr als die finale Erfolgsbeziehung, so daß die oben bezeichneten Konsequenzen unvermeidlich sind. Wenn nach der hier vertretenen Ansicht die Unterscheidung von dolus eventualis und bewußter Fahrlässigkeit für die Abgrenzung von Anstiftung und mittelbarer Täterschaft nicht mehr maßgebend ist, so bedeutet das für die Täterlehre nicht, wie man zunächst meinen könnte, eine verwirrende Komplizierung, sondern im Gegenteil eine wesentliche Vereinfachung. Denn die Täterfrage wird von der Vorsatz-Fahrlässigkeits-Problematik, die wegen der Uneindeutigkeit der hier verwendeten voluntativen Kriterien bisher nie zur Ruhe gekommen ist, entlastet und auf einen Begriff der finalen Überdetermination zurückgeführt, der erheblich klarer und leichter zu handhaben ist.

Gleichzeitig entspricht diese Auffassung aber auch sehr viel besser dem Leitbild, wonach Tatherr nur derjenige sein kann, der das Geschehen „in der Hand" hat. Denn wenn jemand einen bewußt fahrlässig Handelnden zu einem Tun veranlaßt, so weiß der Ausführende, wenn er den Sachverhalt genausogut übersieht wie der Hintermann, im selben Maße wie dieser, daß der Erfolg eintreten kann und welches Risiko er eingeht. In dieser gleichgearteten Erfolgsvorstellung liegt ein hemmendes Motiv, und es ist nicht mehr möglich, den Handelnden als bloßen Bedingungsfaktor einzusetzen und dadurch zur Zentralfigur des Handlungsgeschehens zu werden. Wenn der Ausführende leichtsinnig ist und unbegründeterweise auf das Ausbleiben des Erfolges vertraut, so mag der Gesetzgeber ihm eine geringere verbrecherische Energie zugute halten und ihn von der Vorsatzstrafe befreien – der Grund dafür liegt allein in seiner Person und hat nichts mit einer Herrschaft des Hintermannes zu tun. Erkennt jemand die möglichen Folgen seines Handelns, so bleibt auch ein leichtsinniger Entschluß noch *sein* Entschluß, und daran scheitert die Herrschaft des Außenstehenden. Es scheint mir nicht richtig, wenn Stratenwerth[58] meint, man könne eine als möglich erkannte Folge seines Handelns dadurch von sich abschieben, daß man darauf verzichtet, sie sich „zu eigen" zu machen.

---

[57] Vgl. schon oben S. 181/182
[58] a. a. O. S. 59/60

B. Bei weiterreichender Kenntnis des Hintermannes:
Verschiebung der Problemstellung

Mit den bisher dargelegten Ergebnissen ist die Frage: mittelbare Täterschaft oder Teilnahme bei bewußt fahrlässiger Ausführungshandlung, aber immer noch nicht endgültig beantwortet. Denn bei unserer für eine Teilnahme plädierenden Lösung haben wir immer die Voraussetzung gemacht, daß Vorder- und Hintermann gleich viel „wissen" und nur die emotional andere Einstellung zum Geschehen bei dem einen zur bewußten Fahrlässigkeit, bei dem anderen zum Vorsatz führt.

Es sind nun aber auch Fälle denkbar, bei denen die Einsicht in den zu erwartenden Kausalverlauf beim Hintermann größer ist und von ihm ausgenutzt wird. So mag es z. B. vorkommen, daß der Hintermann einen dem unmittelbar Handelnden unerwünschten Nebenerfolg erstrebt und ihm deshalb einredet, das Risiko sei gering, obwohl er genau weiß, daß der Erfolg mit Sicherheit eintreten wird. Wenn der Ausführende sich nun der Möglichkeit des Erfolges bewußt bleibt, auf Grund der Täuschung durch den Hintermann aber leichtsinnigerweise darauf vertraut, daß er nicht eintreten werde, so müßte man nach der wohl überwiegenden Ansicht sein Verhalten als bewußt fahrlässig charakterisieren.

Es ergibt sich die Frage, ob man auch bei einer derartigen Konstellation nur eine Anstiftung annehmen soll. Oder liegt hier ein Fall mittelbarer Täterschaft vor? Wir können die Antwort durch zwei Feststellungen vorbereiten:

a) Irrelevanz der Vorsatz-Fahrlässigkeits-Grenze

Auch die Lösung dieser Irrtumsfälle kann nicht davon abhängen, wo man die Grenze zwischen Vorsatz und bewußter Fahrlässigkeit zieht. Denn das Problem stellt sich in genau derselben Weise, wenn man dem Handelnden in unserem Beispiel – etwa weil er keine Gegenfaktoren eingesetzt hat oder weil man die konkrete Erfolgsvorstellung ausreichen läßt – ein vorsätzliches Verhalten zur Last legt.

Das zeigen auch eindeutige Fälle beiderseits vorsätzlichen Verhaltens. Wenn jemand beispielsweise mit der Vorstellung einer 50 %igen Erfolgs-Chance handelt, also durchaus ernsthaft mit der Tatbestandsverwirklichung rechnet, wird man ihm wohl nach jeder Lehre den dolus eventualis zusprechen; hätte er jedoch bei Kenntnis des Erfolgseintrittes auf sein Tun verzichtet, so erhebt sich auch in diesem Falle die Frage, ob man einen Hintermann, der ihn über diesen Umstand getäuscht hat, nicht als mittelbaren Täter ansehen muß.

Daraus ergibt sich, daß die Täuschungsfälle an dieser Stelle, wo die Bedeutung der bewußten Fahrlässigkeit für die Täterlehre behandelt wird, noch nicht abschließend geklärt werden können. Sie gehören vielmehr in einen später[59] zu erörternden, umfassenderen Problemkomplex, der sich

---

[59] Vgl. S. 220 ff.

damit beschäftigen wird, ob auch bei vorsätzlich-schuldhafter Ausführungshandlung eine Willensherrschaft kraft Irrtums durch einen Hintermann, der mehr sieht als der unmittelbare Täter, möglich ist. Darauf muß hier zunächst verwiesen werden.

b) Irrelevanz der Kausalitäts-Finalitäts-Grenze

Ein Gedanke, von dem wir nachher ausgehen können, läßt sich aber schon jetzt vorwegnehmen: Wenn überhaupt in den Irrtumsfällen der geschilderten Art bei weiterreichendem Wissen des Außenstehenden eine mittelbare Täterschaft vorliegen sollte, so läßt sie sich jedenfalls nicht mit Hilfe des Begriffspaars Kausalität-Finalität begründen. Denn vorsätzlich und final handelt bei diesen Konstellationen auch der getäuschte Ausführende, so daß von der Überdetermination eines bloßen Kausalverlaufs nicht die Rede sein kann. Mit der bisher herausgearbeiteten Strukturform der mittelbaren Täterschaft sind diese Fälle daher nicht zu erfassen. Wie hier weiterzukommen ist, soll im folgenden zunächst anhand einfacherer Sachverhaltsgruppen gezeigt werden. Im Anschluß daran können wir uns dem an dieser Stelle offen bleibenden Problem, ob bei genauerer Kenntnis der Erfolgs-Chance eine mittelbare Täterschaft denkbar sei, wieder zuwenden.

III. Der Irrende handelt ohne das Bewußtsein der Rechtswidrigkeit

1. Der reine Verbotsirrtum

A. Zum Streitstand

Die Frage, ob und unter welchen Umständen jemand mittelbarer Täter sein kann, wenn er an der Tat eines anderen mitwirkt, der ohne Unrechtsbewußtsein handelt, ist unter den Vertretern der Tatherrschaftslehre umstritten.

a) Welzel

Welzel[60] lehnt in den meisten Fällen eine Tatherrschaft des Hintermannes ab. Er bildet das Beispiel, daß eine Frau aus Mitteldeutschland nach Westdeutschland gekommen ist und hier ihre Frucht abtreibt in der aus der Praxis ihrer Heimat gewonnenen Überzeugung, daß Abtreibung nicht mehr strafbar sei; dazu meint er: „… wer einer solchen Frau bei der Abtreibung hilft oder sie dazu anstiftet, begeht Beihilfe oder Anstiftung zur (vorsätzlichen) Abtreibung, gleichgültig, ob die Täterin in vermeidbarer

---

[60] Um die finale Handlungslehre, 1949, Anm. 34, S. 30

oder unvermeidbarer Verbotsunkenntnis gehandelt hat". Eine einzige Ausnahme erkennt er an: „Nur dann, wenn ein Hintermann den Verbotsirrtum
des unmittelbar Handelnden *absichtlich* herbeiführt, um das Delikt begehen
zu lassen, liegt mittelbare Täterschaft des Hintermannes vor (ähnlich wie bei
dem, der eine Notstandslage für einen Dritten absichtlich herbeiführt)"[61].

b) Bockelmann

Im Gegensatz dazu will Bockelmann[62] im Regelfall bei vermeidbarem und
unvermeidbarem Verbotsirrtum des unmittelbar Handelnden eine mittelbare
Täterschaft des Hintermannes annehmen. Eine Ausnahme zugunsten der
Teilnahme läßt er nur dann zu, wenn der Mitwirkende glaubt oder doch
wenigstens damit rechnet, daß der Ausführende die Rechtslage übersehe;
denn in einem solchen Falle stelle er „notgedrungen die maßgebende Entscheidung über das Ob der Tat jenem anheim"[63].

c) Maurach

Noch weiter geht Maurach[64]. Er kommt, ohne irgendwelche Ausnahmen
anzuführen, zu dem Ergebnis, daß mittelbare Täterschaft vorliege. Bei unvermeidbarem Verbotsirrtum des Ausführenden spricht er sogar von einem
„wohl besonders eindeutigen Fall final-doloser Steuerung durch den Hintermann". Irrte der unmittelbar Handelnde schuldhaft über die Rechtswidrigkeit
seines Tuns, so meint Maurach, daß eine andere Beurteilung eingreifen könne,
wenn man entscheidend „auf das Normativum des Verbotsirrtums (der
Unmittelbare hätte das Unrecht erkennen müssen) und nicht auf das Psychologische (er hat das Unrecht nicht erkannt)" abstelle. Doch verdiene die
letztere Auffassung den Vorzug. Die Tatherrschaft werde durch die bloße
Tatsache des Verbotsirrtums begründet, ohne daß die fehlende Gewissensanspannung beim Werkzeug die Beurteilung des Hintermannes ändern könne[65].

---

[61] In einer Besprechung der Entscheidung BGHSt 4, 355–360 in JZ 1953, S. 763, will
Welzel allerdings auch bei einer solchen Sachlage Anstiftung annehmen und sagt:
„Gerade für diesen Fall ist die Limitierung der Akzessorietät eingeführt". Doch kommt
hier, wo ein Arzt einen Kollegen zu unbefugter Geheimnisoffenbarung veranlaßt hatte,
die anders gelagerte Teilnahmeproblematik der Sonderdelikte hinzu, auf die später einzugehen ist; vgl. S. 364 ff. und speziell zu diesem Urteil S. 368 ff.

[62] Untersuchungen, S. 80/81

[63] Gegen Bockelmann vgl. namentlich Oehler, Festschr. zum 41. Dtsch. Juristentag, 1955,
S. 270–272; Heinitz, Festschrift zum 41. Dtsch. Juristentag, S. 104/105; Tröndle, GA
1956, S. 144/145; Benakis, Täterschaft und Teilnahme im deutschen und griechischen
Strafrecht, 1961, S. 120.

[64] A.T., 2. Aufl., § 48, II, D, 2, S. 503

[65] An anderer Stelle (A.T., 2. Aufl., § 53 III, D, 2, b, S. 570) sagt Maurach nur, daß „im
Zweifel" bei Verbotsirrtum des Haupttäters nicht Teilnahme, sondern mittelbare Täterschaft des Hintermannes anzunehmen sei. Danach müßte es immerhin auch Fälle
zweifelloser Teilnahme geben; welche Konstellationen hier in Frage kommen, erfahren
wir aber nicht.

d) Andere Autoren

Drei Stimmen – drei Meinungen! Dabei sind das durchaus nicht die einzigen vom Standpunkt der Tatherrschaftslehre aus denkbaren und vertretenen Lösungen. Allerdings kommen die im Schrifttum sonst vernehmbaren Stimmen zu sehr viel weniger klaren Ergebnissen.

So will etwa Franzheim[66] die „Stärke der Tatherrschaft" entscheiden lassen. „Hat der Hintermann die Tatherrschaft und handelt er ohne Verbotsirrtum, so wird seine Tatherrschaft regelmäßig stärker und damit ausschlaggebend sein als die des im Verbotsirrtum handelnden Vordermannes. Ist trotz des Verbotsirrtums wegen der besonderen personalen und sozialen Stellung des Vordermannes seine Tatherrschaft stärker als die des Hintermannes, so ist der Hintermann Teilnehmer an der Tat des Vordermannes". Franzheim spricht in diesem Zusammenhang von der „Elastizität und Relativität des Begriffs der Tatherrschaft".

In ähnlicher Weise meint Tröndle[67], „daß in der Regel – wenn auch nicht immer – mittelbare Täterschaft vorliegen wird, wenn jemand einen anderen, dessen fehlendes Unrechtsbewußtsein er kennt, zu einer vorsätzlichen ... strafbaren Handlung veranlaßt". Er schweigt aber darüber, wann ein von seiner Regel abweichender Fall vorliegen könnte[68]. Noch vorsichtiger sagt Benakis[73], es sei „eine Frage der Abwägung", wann der Hintermann als Herr des Geschehensablaufes erscheine. Den Stellungnahmen von Gallas[69], Oehler[70] und Heinitz[71] läßt sich nur entnehmen, daß sie eine Teilnahme an einer mit Verbotsirrtum begangenen Tat immerhin für möglich halten; ob das stets gelten soll oder ob unter gewissen Voraussetzungen auch eine mittelbare Täterschaft in Frage kommt, wird nicht erkennbar.

Der Grund für diese allgemeine Unsicherheit liegt darin, daß der Herrschaftsgedanke, wenn man ihn nur als plastisches Schlagwort auffaßt, aus dem man unmittelbare rechtliche Konsequenzen herleiten will, in den Grenzbereichen zu vieldeutig ist, um dem Rechtsgefühl eine sichere Reaktion abzugewinnen. Insoweit ist es deshalb ganz zutreffend, wenn Benakis feststellt[72]: „Aus dem Kriterium der finalen Tatherrschaft ist eine zwingende Folgerung nach der einen oder der anderen Richtung nicht herzuleiten".

Will man zu einem klaren Standpunkt durchdringen, so erscheint es gegenüber einem solchen, mehr vom individuellen Billigkeitsgefühl bestimmten Vorgehen als zweckmäßig, auch hier auf die strukturelle Eigenart der zwischen den Beteiligten bestehenden Beziehung zurückzugehen.

---

[66] Die Teilnahme an unvorsätzlicher Haupttat, S. 44
[67] GA 1956, S. 144
[68] seine Berufung auf Maurach führt nicht weiter, weil die Frage dort ebenfalls nicht beantwortet wird.
[69] Gutachten S. 148
[70] wie Anm. 63 (S. 194)
[71] wie Anm. 63 (S. 194)
[72] Täterschaft und Teilnahme nach deutschem und griechischem Strafrecht, S. 119
[73] Täterschaft und Teilnahme nach deutschem und griechischem Strafrecht, S. 120

B. Keine Beherrschung der Person des unmittelbaren Täters

Eine Herrschaft über die Person des Ausführenden, wie in den Nötigungsfällen, liegt nicht vor. Zwar kann dem Handelnden ein Schuldausschließungs- oder -milderungsgrund zur Seite stehen. Aber diese volle oder teilweise Verantwortungsbefreiung wird ihm nicht zuteil, weil er sich in der Hand des Hintermannes befunden hat, sondern deshalb, weil der Irrtum die Vorwerfbarkeit verringert. Selbst wenn der Hintermann ihn in den irrigen Glauben versetzt hat, daß die geplante Tat unverboten sei, bleibt doch der Ausführende in seinem Entschluß frei.

Das gilt auch in dem Beispiel Welzels: Ob die Frau die Abtreibung vornimmt oder nicht, steht allein bei ihr. Wenn Welzel diesen Sachverhalt in Parallele zu den Nötigungsfällen setzt, so scheint mir das nicht richtig zu sein. Denn der Genötigte handelt unter Druck: Er muß, wenn er die drohende Gefahr abwenden will, tun, was der Hintermann befiehlt. Dem im Verbotsirrtum Befangenen aber bleiben alle Möglichkeiten offen. Er entscheidet nicht im Hinblick auf die Person des Hintermannes, sondern nach seinen eigenen Wünschen. Selbst wenn der Handelnde infolge des Verbotsirrtums die geplante Tat für einen rechtsneutralen Vorgang hält, wird er vom Veranlassenden nicht beherrscht.

Um einen banalen Vergleich zu gebrauchen: Schlägt jemand der Frau in unserem Beispielsfall einen Kinobesuch vor – was sicherlich eine rechtsneutrale Handlung ist – so hat er damit nicht die Herrschaft über ihren Entschluß. Wie könnte es anders sein, wenn er ihr unter falscher Darstellung der Rechtslage zu einer Abtreibung und damit zu einer in ihren Augen ebenfalls rechtsneutralen Handlung rät? Außerdem erscheint es mir von diesem Denkansatz her inkonsequent, wenn Welzel bei Bestimmung zur Tat unter Ausnutzung eines schon bestehenden Verbotsirrtums nur Anstiftung für gegeben hält. Denn die psychologische Situation für den Handelnden ist in beiden Fällen die gleiche.

Unter diesen Gesichtspunkten lassen sich auch gegen die Argumentation Bockelmanns Bedenken vorbringen, obwohl er im wesentlichen zu entgegengesetzten Ergebnissen kommt wie Welzel. Wenn man einmal von den grundsätzlichen und jetzt auch von Bockelmann selbst[74] geteilten Einwänden gegen die der Dolustheorie entnommene Formel des Anheimstellens absieht, so bleibt doch zu fragen, ob nicht auch in den Fällen des Verbotsirrtums der Hintermann dem Handelnden die Tat „anheimstellen" muß. Die Antwort ergibt sich aus dem oben Dargelegten: Er muß es tun, weil der unmittelbare Täter – man denke an unseren Abtreibungsfall! – die Freiheit der Entscheidung behält. Sonst müßte jeder Ratschlag zu einer unverbotenen Handlung dem Auffordernden die Tatherrschaft verleihen! Es ist zwar richtig, daß die Annahme, eine Handlung werde vom Recht nicht mißbilligt, Hemmungen hinwegräumen und den Entschluß erleichtern kann, aber diese Wirkung haben andersartige Überredungen und Ver-

---

[74] Vgl. dazu oben S. 55, 84

lockungen, die zweifelsfrei dem Bereich der Anstiftung zuzurechnen sind, ebenfalls.

Der Versuch, in den Fällen des Verbotsirrtums eine Willensherrschaft des Hintermannes auf Grund der Unfreiheit des Handelnden anzunehmen, führt also nicht zum Ziel. Es kann daher im Hinblick auf die Taterrschaftslehre mißverständlich sein, wenn man mit Brauneck[75] den Irrtum über die Rechtswidrigkeit „als eine reine Könnensfrage" ansieht und mit der Unzurechnungsfähigkeit auf eine Stufe stellt. Denn der Täter konnte sich anders entscheiden. Er konnte lediglich das Unrecht seines Tuns nicht oder nur in gemindertem Maße erkennen[76].

C. Stufen sinnhafter Tatgestaltung

Es bleibt die Frage, inwieweit bei einem Verbotsirrtum des Ausführenden davon gesprochen werden kann, daß der Hintermann die Taterrschaft kraft ablaufsgestaltender Finalität im Sinne der Irrtumsfälle besitze.

Wenn man von der finalen Handlungslehre ausgeht, so bietet sich zunächst eine einfache Lösung an: Da das Unrechtsbewußtsein nur die Schuld betrifft, und da jemand, der lediglich über die Rechtswidrigkeit seines Tuns irrt, trotzdem final handelt, vorsätzlicher Täter ist und demgemäß ungenötigt die Willensherrschaft inne hat, so kann der Hintermann stets nur Teilnehmer sein. Das würde auch Welzels These entsprechen, wonach mittelbare Täterschaft durch einen Handelnden, der selbst Täter ist, einen „Unbegriff" darstellt[77]. Freilich widerspricht es dem, wenn Welzel selbst bei absichtlicher Herbeiführung eines Verbotsirrtums doch zur Bejahung der mittelbaren Täterschaft kommt.

In Wirklichkeit liegen auch die Dinge nicht so einfach. Es ist nämlich zu fragen, ob die Finalität, die dem Handelnden die Herrschaft über das Geschehen verleiht, tatsächlich in allen Fällen vom Bewußtsein der Rechtswidrigkeit ganz unabhängig ist. Diese Frage muß gestellt werden: Denn was die intellektuellen Voraussetzungen der Taterrschaft anlangt, so erschöpft sich die finale Steuerung keineswegs in der bloßen Überdetermination eines Kausalverlaufs. Wenn jemand auf einen Menschen schießt, den er für einen Baumstumpf hält, so hat er den Kausalverlauf genau dahin gelenkt, wohin er ihn haben wollte; aber er hat trotzdem nicht final gehandelt, weil er über die – von der Steuerung des Ursachenablaufes an sich unabhängige – Qualität des Tatobjektes irrte. Darum sagt Welzel[78]: „Es gibt ... keine finalen Handlungen ‚an sich'..., sondern nur in Bezug auf die vom Verwirklichungswillen gesetzten Folgen".

---

[75] GA 1959, S. 268

[76] Da die Erkennbarkeit des Unrechts für die Schuld – wenn auch nicht für die Herrschaftsverhältnisse – von entscheidender Bedeutung ist, wird Braunecks Versuch, das Merkmal des „Könnens" zum materiellen Schuldkriterium zu erheben, durch das oben Dargelegte nicht betroffen.

[77] SJZ 1947, Sp. 650

[78] Lehrbuch, 7. Aufl., S. 31

Dabei müssen diese Folgen ihrem ganzen tatbestandlichen Gehalt nach erfaßt sein. Der Dieb muß nicht nur den Kausalverlauf auf die äußere Folge – Wegnahme der Sache – hinlenken, sondern er muß auch wissen, daß die Sache „fremd" ist, wenn nicht seinem Tun die Tatherrschaft und die Handlungsqualität im hier interessierenden Sinne fehlen soll.

Ob eine solche Ansicht, die die „Handlung" mit der wissentlichen und willentlichen Tatbestandsverwirklichung gleichsetzt, geeignet ist, einen der Tatbestandsebene noch vorgelagerten strafrechtssystematischen Grundbegriff abzugeben, oder ob die Bedeutung der finalen Handlungslehre nicht eher in ihrer neuartigen Unrechtsauffassung liegt, soll hier nicht weiter untersucht werden: Jedenfalls kommt Welzel auf diese Weise zu einem von allem Naturalismus gelösten Handlungsbegriff, der den herkömmlicherweise auf Tatbestand, Rechtswidrigkeit und Schuld verteilten sozialen Sinn des Geschehens weitgehend in sich aufnimmt und der auch dem Wesen der „gestaltenden Finalität", die in den Irrtumsfällen die Tatherrschaft des Hintermannes begründet, allein gerecht wird; denn nur, wer alle Elemente des Tatbestandes wissend erfaßt hat, kann den Kausalverlauf sehend auf seine Verwirklichung lenken und das Geschehen dadurch beherrschen. Erst daraus ergibt sich, daß der Prozeß, der „vom Entschluß über die Willensimpulse zum Erfolg führt, eine gesetzte Sinneinheit ist, die sich durch das Moment der Sinngesetztheit aus dem übrigen kausalen Geschehen heraushebt"[79]. Daran zeigt sich aber auch sehr deutlich, daß die derart aufgefaßten Begriffe der Finalität und der Tatherrschaft insofern durchaus teleologischer Natur sind, als ihre Reichweite ganz von den jeweiligen Wertvorstellungen des Gesetzgebers abhängig ist.[80]

Wenn das aber richtig ist, so scheint mir die zunächst kühn anmutende Folgerung unabweislich, daß es je nach dem Maße der sinnhaften Steuerung Grade der Finalität und damit der Tatherrschaft gibt. Hält man nämlich an der Schuldtheorie fest, so läßt sich doch nicht leugnen, daß die vorsatzbegründende Kenntnis der äußeren Merkmale des Tatbestandes nicht notwendig den sozialen Sinngehalt des Vorganges erschöpft oder auch nur erfaßt. Das gilt namentlich im Nebenstrafrecht: Wenn ein Ausländer in Deutschland auf der linken Straßenseite fährt, weil er irrigerweise meint, daß sei hier so vorgeschrieben, so handelt er nach der Schuldtheorie gleichwohl vorsätzlich; er weiß, daß er links fährt, ihm fehlt lediglich die Kenntnis, daß das verboten ist. Ohne diese Kenntnis bleibt ihm aber auch der Sinn seines Verhaltens völlig verborgen. Er hat zwar den Handlungsvollzug in seinem äußeren Ablauf gesteuert, aber von einer sinnhaften Lenkung kann nur in sehr beschränkter Weise die Rede sein.

Will man trotzdem hier von einer finalen Handlung und damit von einer „gesetzten Sinneinheit" reden, so gibt es offenbar Unterschiede, die zur Aufgliederung in zunächst zwei Stufen der Tatherrschaft führen: Die erststufige Tatherrschaft begnügt sich mit der Kenntnis der objektiven Tat-

---

[79] Welzel, ZStW, Bd. 51, S. 718; zitiert nach Bockelmann, Untersuchungen, S. 57
[80] vgl. zu diesen Fragen näher Roxin, Zur Kritik der finalen Handlungslehre, in: ZStW, Bd. 74, 1962, S. 515–561

umstände, also der Unrechtsvoraussetzungen, ohne daß der Täter den sozialen Sinn, die Wertwidrigkeit seines Verhaltens, erkannt haben müßte. Die zweite und höhere Stufe der Tatherrschaft setzt voraus, daß der Handelnde darüber hinaus den Tatbestandssinn, d.h. die Sozialschädlichkeit oder die materielle Rechtswidrigkeit seines Tuns, erkannt hat. Nur auf dieser zweiten Stufe ist eine sinnhafte Tatgestaltung in vollem Umfange möglich.

Damit ist nicht gesagt, daß zur Erfassung des Tatbestandssinnes notwendig oder auch nur in der Regel das Bewußtsein der formellen Rechtswidrigkeit gehörte: Wer Abhängige roh mißhandelt, wer andere wucherisch ausbeutet, wer verleumdet oder erpreßt, der weiß alles, was der Gesetzgeber verlangt, um ihm die unbeschränkte Herrschaft über das Geschehen zuzusprechen, auch wenn er sich im Einzelfall des formellen Gesetzesverstoßes nicht bewußt sein sollte. Zu einer anderen Auffassung würde man nur kommen, wenn man das Wesen des Delikts nicht in der Sozialschädlichkeit und Wertwidrigkeit eines Verhaltens, sondern im bewußten Verstoß gegen den Staatswillen erblicken wollte. Diese letztlich im Gesetzespositivismus wurzelnde Anschauungsweise ist aber unrichtig, und eben deshalb ist auch die reine Vorsatztheorie im Bereich der Irrtumslehre abzulehnen[81].

Die zweistufige Tatherrschaft erfordert also nur das Bewußtsein der materiellen, nicht der formellen Rechtswidrigkeit.

Im Bereich des eigentlichen Kriminalstrafrechts wird es meist so sein, daß schon die Kenntnis der Tatumstände dem Täter die Sozialwidrigkeit seines Tuns klar macht; nur, wo das nicht der Fall ist, ist für die zweistufige Tatherrschaft ein darüber hinausgehendes Bewußtsein der Wertwidrigkeit des eigenen Tuns nötig; und nur dort, wo – wie im Ordnungsstrafrecht – die Wertwidrigkeit erst durch das gesetzliche Verbot konstituiert wird, ist das Bewußtsein der formellen Rechtswidrigkeit für das Verstehen des Tatbestandssinnes und den höheren Grad der Tatherrschaft erforderlich.

D. Die Lösung der Problematik

Ich behaupte nun: Wenn der unmittelbar Handelnde nur die erststufige, der Hintermann aber die zweitstufige Tatherrschaft innehat, so liegt ein Fall mittelbarer Täterschaft vor. Haben beide Beteiligte gleichermaßen die für die erststufige oder auch die für die zweitstufige Tatherrschaft erforderliche Bedeutungskenntnis, so ist Teilnahme anzunehmen.

Es ist leicht einzusehen, warum das so sein muß. Denn wenn der unmittelbare Täter nichts als die äußeren Tatumstände kennt, so verwirklicht er diese Merkmale zwar final. Wird ihm aber daraus die soziale Wertwidrigkeit seines Verhaltens nicht klar, so erfaßt er den Sinn des Verbotes nicht und handelt insofern „blind". Gerade in diesem für die Deliktsverwirklichung entscheidenden Punkt ist also eine Überdetermination möglich, die den

---

[81] Zur näheren Begründung vgl. meine „Offenen Tatbestände und Rechtspflichtmerkmale", S. 111 ff. (114–117)

Hintermann im Hinblick auf den Unwertgehalt des Geschehens zur Zentralfigur und zum Herren des Handlungsablaufes macht.

Ich würde keinen Anstand nehmen, hier von einem Mehr an Finalität und folglich auch von finaler Überdetermination zu sprechen. Denn wenn man die Finalität als sinnhafte Steuerung des Kausalverlaufes versteht, so muß man auch Grade der Sinnerfassung und Sinnverwirklichung anerkennnen. Aber mit dieser Folgerung wären natürlich die Finalisten nicht einverstanden, weil dadurch der nach ihrer Meinung ontologische und unveränderlich vorgegebene Handlungsbegriff relativiert und sogar (man denke an das Linksfahren!) bisweilen mit dem Bewußtsein der Rechtswidrigkeit in Verbindung gebracht würde. Es ist auch hier nicht der Ort, einer solchen strafrechtssystematischen Grundfrage in kritischer Auseinandersetzung mit der finalen Handlungslehre nachzugehen[82]. Wir werden uns daher in den Fällen höherstufiger Tatherrschaft damit begnügen, von „sinnhafter Tatgestaltung" und „sinnhafter Überdetermination" zu sprechen.

Damit ergibt sich folgende Lösung der Problematik: Wenn der unmittelbar Ausführende im Verbotsirrtum handelt, so kann die Frage, ob der die Rechtslage übersehende Hintermann die Tatherrschaft hat und mittelbarer Täter ist, nicht einheitlich beantwortet werden. Es ist vielmehr zu unterscheiden: Hat der unmittelbare Täter die Sozialschädlichkeit (materielle Rechtswidrigkeit) seines Tuns erkannt, wie es im Bereich des eigentlichen Kriminalstrafrechts meist der Fall sein wird, so liegt beim Hintermann nur eine Teilnahme vor. Fehlt dagegen dem Handelnden die Kenntnis des sozialen Unwertgehaltes, so liegt die sinnhafte Tatgestaltung beim Hintermann, sofern dieser die entsprechende Kenntnis besitzt. Er hat die Tatherrschaft und ist mittelbarer Täter, unabhängig davon, ob sich die Mitwirkung, wenn der Ausführende das Unrechtsbewußtsein besäße, als Anstiftung oder Beihilfe darstellen würde. Fehlt dagegen auch dem Veranlassenden das Bewußtsein der Sozialschädlichkeit des Verhaltens, zu dem er auffordert, so kommt wieder nur eine Anstiftung in Frage.

Unsere Beispielsfälle sind demgemäß so zu entscheiden: Wenn jemand einem Ausländer einredet, in Deutschland herrsche auf der Straße Linksverkehr, so ist er unter allen Umständen mittelbarer Täter der von diesem begangenen strafbaren Handlung (§ 8 Abs. II, Satz I StVO); das gilt auch, wenn er die falsche Vorstellung nicht hervorgerufen hat, sondern nur in Kenntnis des Irrtums an der Tat mitwirkt, indem er ihm etwa sein Auto zur Verfügung stellt. Handelt es sich dagegen um zwei Ausländer, die beide glauben, in Deutschland herrsche Linksverkehr, so haben beide nur eine gleichstufige Kenntnis und es liegt (sofern man überhaupt eine Vorsatztat annimmt) ein Fall der Teilnahme vor, ebenso wie wenn beide wissen, daß es verboten ist, auf der linken Straßenseite zu fahren.

Wenn andererseits jemand die von ihm Abhängigen roh mißhandelt (§ 223 b), wenn er andere wucherisch ausbeutet (§§ 301–302 e), wenn er verleumdet (§ 187) oder erpreßt (§ 253), so ist der Hintermann immer nur

---

[82] Ich habe mich mit diesen Fragen in ZStW, Bd. 74, 1962, S. 515 ff., ausführlich auseinandergesetzt. Darauf kann hier verwiesen werden.

Teilnehmer, selbst in dem Falle, daß er etwa dem unmittelbar Handelnden eingeredet hat, sein Tun verstoße nicht gegen ein rechtliches Verbot. Denn der Handelnde erkennt die soziale Wertwidrigkeit seines Tuns, so daß dem Hintermann eine sinnhafte Überdetermination nicht mehr möglich ist.

Bei dem von Welzel angeführten Fall der Abtreibung schließlich ist zu unterscheiden: Wußte die aus Mitteldeutschland kommende Frau, daß die Abtreibung in Westdeutschland allgemein als moralisch verwerflich und sozialschädlich angesehen wird, so hat sie, auch wenn sie das gesetzliche Verbot nicht kannte, die zweistufige Tatherrschaft inne, und der Hintermann, der sie zu der Handlung aufgefordert hat, ist nur Anstifter. War sie dagegen – etwa auf Grund der ihr zuteil gewordenen Erziehung – der Meinung, die Abtreibung sei der Volksgemeinschaft nützlich und werde als Mittel zur Verhinderung einer Überbevölkerung allgemein gebilligt, so ist der dies übersehende Hintermann mittelbarer Täter.

So einleuchtend es ist, daß eine sinnhafte Steuerung des Geschehensablaufes möglich ist, wenn der unmittelbar Handelnde den Bedeutungsgehalt seines Tuns nicht versteht, so sehr bedarf unser Ergebnis noch der Absicherung nach der anderen Seite. Zu untersuchen bleibt nämlich, ob eine lenkende Überdetermination nicht auch dann in Frage kommt, wenn der Ausführende zwar die sozialethische Wertwidrigkeit seines Tuns erfaßt hat, jedoch über die formelle Rechtswidrigkeit oder auch nur die Strafbarkeit des Verhaltens irrt. Es kann hier so sein, daß ein rechtskundiger Hintermann einen solchen Irrtum hervorruft oder ausnutzt und dadurch den Unmittelbaren zu einer Handlung veranlaßt, die dieser unterlassen hätte, wenn ihm die Rechtslage bekannt gewesen wäre. Liegt nicht auch bei einer derartigen Situation eine Willensherrschaft des Außenstehenden vor, so daß die richtige – noch über die viel kritisierte Auffassung Bockelmanns hinausgehende – Lösung darin bestünde, nicht nur bei einer Verkennung des sozialen Bedeutungsgehaltes, sondern auch bei jedem davon unabhängigen Verbots-, Subsumtions- oder Strafbarkeitsirrtum eine Teilnahme von vornherein auszuschließen?

Die Beschäftigung mit dieser Frage ist keineswegs eine müßige Spielerei. Mögen solche Fälle auch nicht allzu häufig sein, so existieren sie doch nicht nur in der konstruktiven Phantasie, sondern können täglich in der Praxis vorkommen. Als Beispiel diene uns eine jüngst veröffentlichte Entscheidung des Bundesgerichtshofs zum Rennwettbetrug[83]. Der Sachverhalt lag so, daß die Angeklagten sich von französischen Rennplätzen aus die Ergebnisse bestimmter Pferderennen sogleich nach deren Ende durch einen Komplizen telefonisch hatten mitteilen lassen. Sie setzten dann sofort in Berliner Wettbüros, denen das amtliche Ergebnis erst wenige Minuten später zuging, auf die erfolgreichen Pferde und gewannen dadurch viel Geld.

Der Bundesgerichtshof hat in diesem Fall entgegen dem Reichsgericht die Annahme eines Betruges abgelehnt, obwohl er ausdrücklich betonte,

---

[83] BGHSt 16, 120–122

daß die Tat „eine grobe Unredlichkeit"[85] darstelle. Bockelmann[86] hält die Entscheidung für unrichtig. Man nehme nun einmal an, der Bundesgerichtshof werde unter dem Einfluß dieser Kritik und aus kriminalpolitischen Gründen seine Meinung ändern und demnächst in entgegengesetztem Sinne urteilen. Wenn nun jemand in Kenntnis der neueren Rechtsprechung einen anderen durch die Vorspiegelung, es bestehe hier eine Lücke im Gesetz und man könne durch solche Wetten straflos viel Geld erwerben, zu Manipulationen dieser Art veranlaßt, so haben wir den klassischen Fall vor uns, daß jemand, der sich des sittlichen und sozialen Unwertgehaltes seines Tuns bewußt ist, allein durch einen Irrtum über die formelle Rechtswidrigkeit zu seinem Verhalten bewegt wird. Ist der Hintermann hier Anstifter oder nicht vielleicht doch mittelbarer Täter?

Bei der Lösung dieses Problems muß man sich darüber klar sein, daß auch in einer solchen Situation der Hintermann „mehr weiß", und zwar vielleicht sogar in dem für den Ausführenden entscheidenden Punkt. Denn dieser sieht zwar selbst genau, daß er das Vertrauen des Wettbüros mißbraucht und ihm Schaden zufügt; aber wenn er sich über die Strafbarkeit seines Tuns klargewesen wäre, hätte er, wie wir annehmen wollen, die Tat unterlassen. Er war also in dieser für ihn maßgebenden Beziehung „blind", so daß insoweit gewiß eine Überdetermination und Steuerung durch den Hintermann möglich ist. Es läßt sich nicht leugnen, daß dieser Fall psychologisch nicht anders zu beurteilen ist als die Hervorrufung oder Ausnutzung eines Irrtums über die materielle Rechtswidrigkeit: Hier wie dort gelingt dem Außenstehenden die Herbeiführung der Tat durch eine sich psychisch in gleicher Weise auswirkende Täuschung.

Wenn wir unser Ergebnis begründen wollen, daß trotzdem bei Kenntnis der materiellen Rechtswidrigkeit durch den Ausführenden immer nur eine Anstiftung oder Beihilfe vorliege, so müssen wir uns daran erinnern, daß die Abgrenzung von mittelbarer Täterschaft und Teilnahme in den Irrtumsfällen genauso wie im Bereich der Nötigungssituationen nicht unmittelbar aus den faktischen Gegebenheiten ablesbar ist, sondern der Orientierung an den Wertmaßstäben der Rechtsordnung bedarf. Es können also Irrtümer von psychologisch gleichem Effekt verschiedener rechtlicher Sinnbewertung unterliegen.

Hat sich etwa jemand durch die betrügerische Vorspiegelung einer Belohnung zu einer Tat bewegen lassen, so ist der Außenstehende sicher nur Anstifter, obwohl auch hier der Handelnde, wenn er nicht getäuscht worden wäre, seine Tat unterlassen hätte. Der Grund liegt darin, daß eine solche Vorspiegelung, mag sie auch psychisch motivierend wirken, den Handlungssinn nicht verändert. Der für die Aufgliederung der Teilnahmeformen bestimmende und vom Ausführenden erfaßte Bedeutungsgehalt der Tat ist, ob sie nun mit oder ohne Belohnung ausgeführt wird, derselbe. Deshalb ist im Hinblick auf die rechtliche Wertwidrigkeit des Vorganges, auf die es allein ankommt, eine sinngestaltende Überformung des Handlungsverlaufes

---

[85] NJW 1961, S. 1936; in der amtlichen Sammlung nicht mit abgedruckt.
[86] NJW 1961, S. 1934/35 (Urteilsanmerkung).

trotz der Täuschung nicht möglich. Davon geht auch der Gesetzgeber aus, wie schon die Tatsache beweist, daß § 48 StGB unter den Mitteln der Anstiftung ausdrücklich die „absichtliche Herbeiführung oder Beförderung eines Irrtums" nennt.

Ganz entsprechend ist bei Kenntnis der materiellen Rechtswidrigkeit ein Irrtum über das formelle Verbot, über die rechtlich zutreffende Subsumtion oder über die Strafbarkeit zu beurteilen. Die in den Tatbeständen beschriebenen Verhaltensweisen sind nicht wegen ihres Verbotenseins strafbar, sondern deshalb, weil sie in unerträglichem Maße gegen die sozialethischen Grundlagen der Gesellschaftsordnung verstoßen. Das gilt auch dort, wo, wie im Ordnungsstrafrecht, erst regelnde Rechtsnormen den sozialen Ordnungswert geschaffen haben. Deshalb ist der materielle Gehalt einer Straftat durch die sozialwidrige Verwerflichkeit eines Tuns erschöpfend umschrieben. Darauf beruht es, daß nach einhelliger Meinung für die Beurteilung einer Tat reine Strafbarkeitsirrtümer unbeachtlich sind, daß an Stelle exakter Subsumtion eine Parallelwertung in der Laiensphäre genügt und daß das fehlende Unrechtsbewußtsein bei Kenntnis der materiellen Rechtswidrigkeit den Täter nicht entlastet.

Für die Teilnahmelehre folgt daraus: Wer die materielle Rechtswidrigkeit seines Verhaltens erkannt hat, hat den Sinn seines Handelns, soweit er auf die rechtliche Bewertung Einfluß hat, erfaßt. Er weiß alles, was den Gesetzgeber zur Pönalisierung solchen Tuns veranlaßt hat und den Unwertgehalt des Geschehens ausmacht. Eine sinnsetzende Überdetermination ist deshalb ausgeschlossen. Das gilt auch in unserem Rennwettfall: Wenn der Vordermann sich durch die fälschliche Annahme einer Gesetzeslücke zu seinen spitzbübischen Machenschaften bewegen läßt, so ist das ein Motivirrtum, der nichts daran ändert, daß er der sinngestaltenden Lenkung des Geschehens in vollem Umfange mächtig ist und den Hintermann in die Randzone der Anstiftung drängt.

Betrachtet man diese Auffassung im Lichte der Irrtumslehre, so stimmt sie mit einer besonderen Ausprägung der Vorsatztheorie überein, die nicht notwendig die Kenntnis des formellen Verbotenseins, wohl aber das Bewußtsein der materiellen Rechtswidrigkeit zur Voraussetzung vorsätzlichen Handelns macht[87]. Trotzdem ist die hier entwickelte Meinung über die Reichweite der mittelbaren Täterschaft nicht an diese oder an irgendeine andere Irrtumslehre gebunden. Denn es handelt sich um verschiedene Sachprobleme: Für die Täterlehre kommt es auf die zweckhafte Gestaltung des Handlungsablaufes an, während es einen guten Sinn hat, die Vorsatzstrafe nach dem davon bisweilen unabhängigen Maße der Vorwerfbarkeit zu bestimmen.

So kann beispielsweise die Annahme, die wucherische Ausbeutung anderer entspreche den Grundlagen unserer Wirtschaftsordnung, eine so rücksichtslose Nachlässigkeit bedeuten, daß die Anwendung der Vorsatzstrafe, zu der die Schuldtheorie kommt, angemessen erscheint. Auf ähnlichen

---

[87] Vgl. darüber meine „Offenen Tatbestände", S. 118/119

Erwägungen beruht es ja auch, wenn Anhänger anderer Lehren, wie Mezger und Nowakowski, trotz fehlenden Bewußtseins der formellen und materiellen Rechtswidrigkeit im Einzelfall doch wieder die Vorsatzstrafe anwenden, sofern der Täter eine „rechtsfeindliche" Einstellung[88] oder ein „unrichtiges Wertgefühl"[89] zeigt.

Wie dem auch immer sei: Diese Frage ist ganz unabhängig davon, ob dem Hintermann eine sinnhafte Lenkung des Geschehens möglich war. Mag jemandem auf Grund eines durchaus pervertierten Wertgefühls die Sozialschädlichkeit seines Verhaltens verborgen geblieben sein: Der Hintermann kann das Tun des Handelnden eben wegen dieses Mangels gestaltend überformen. Insofern hat Maurach völlig recht: Es ist nicht auf das Normativum (der Unmittelbare hätte das Unrecht erkennen müssen), sondern auf das Psychologische (er hat das Unrecht nicht erkannt) abzustellen; nur die Frage, welche sachlichen Merkmale das Unrecht und seine Kenntnis begründen, ist jenseits der Psychologie nach rechtlichen Wertvorstellungen zu entscheiden. Darin zeigt sich auch hier jene vielschichtige Durchdringung von teleologischer und seinserfassender Betrachtungsweise, die für die Ausformung der Rechtsbegriffe allgemein charakteristisch ist.

Ebenso bedarf es nur am Rande der Erwähnung, daß unsere Abgrenzung sich durch den Rückgriff auf die materielle Rechtswidrigkeit von aller starren Schematik löst und die bei der Vielgestaltigkeit der Lebensverhältnisse unerläßliche „Offenheit" in doppeltem Sinne des Wortes bewahrt: Sie ist zunächst in dem Sinne offen, daß der Wandel der sozialen Werthaltungen, soweit er sich auf die materielle Rechtswidrigkeit auswirkt (man denke an die neuere Entwicklung des Notwehrrechts oder an den übergesetzlichen Notstand!), die Abschichtung von mittelbarer Täterschaft und Anstiftung unmittelbar beeinflußt, so daß die Beschreibung dessen, was der Ausführende kennen muß, damit eine Willensherrschaft des täuschenden Hintermannes ausgeschlossen sei, niemals endgültig abgeschlossen ist. Der Begriff der Willensherrschaft kraft Irrtums ist aber auch darin offen, daß die inhaltlichen Elemente der materiellen Wertwidrigkeit, so sehr ihr Kern auf festgefügten ethischen und sozialen Grundlagen ruht, niemals vollkommen fixierbar sind, so daß in den Grenzfällen stets noch Raum für die richterliche Würdigung der individuellen Besonderheiten einer Konstellation verbleibt.

Aus unseren Darlegungen folgt gleichzeitig, daß die Frage, ob und in welchem Maße ein Verbotsirrtum entschuldbar ist, kein notwendig entscheidendes Kriterium für die mittelbare Täterschaft des Hintermannes bildet. Man kann zwar sagen, daß ein Verbotsirrtum nur unvermeidbar sein wird, wenn dem Täter zumindest die Wertwidrigkeit seines Verhaltens verborgen geblieben ist; infolgedessen läßt sich die Regel aufstellen, daß ein schuldausschließender Irrtum den sehenden Hintermann zum Träger einer höherstufigen Taterrschaft macht. Aber dieser Satz gilt nicht umgekehrt: Ein nur schuldmindernder oder überhaupt unentschuldbarer Verbotsirrtum

---

[88] Mezger, StuB I, 9. Aufl., S. 184; LK, 8. Aufl., § 59, Nr. 17, I, b, S. 499
[89] Nowakowski, ZStW, Bd. 65, 1953, S. 379ff. (385, 387)

setzt nicht immer voraus, daß dem Handelnden der soziale Sinn seines Verhaltens klar geworden ist; die Unentschuldbarkeit kann auch in der vorwerfbaren Unrichtigkeit seines Wertgefühls liegen. Immerhin wird die größere Vorwerfbarkeit eines Verbotsirrtums meist darauf beruhen, daß der Täter sich selbst darüber klar war, etwas materiell Unrechtes zu tun; denn je deutlicher ihm das zum Bewußtsein kommt, desto leichter pflegt der Irrtum vermeidbar zu sein.

2. Zum Irrtum über sachliche Voraussetzungen eines Rechtfertigungsgrundes

A. Unabhängig von der Irrtumslehre: mittelbare Täterschaft des sehenden Hintermannes

Noch auf eine weitere Konsequenz der hier vertretenen Auffassung sei hingewiesen: Mittelbarer Täter ist unter allen Umständen ein Hintermann, der den Irrtum eines anderen über sachliche Voraussetzungen eines Rechtfertigungsgrundes hervorruft oder ausnutzt. Wer einem anderen einredet, die hinter einem Strauch sitzende Gestalt habe schon die Waffe auf ihn angelegt, und ihn dadurch veranlaßt, den Dritten in vermeintlicher Notwehr zu erschießen, oder wer auch nur einem in dieser Weise Irrenden in Kenntnis der Situation die Waffe zur Verfügung stellt, ist stets mittelbarer Täter. Nimmt man hier einen vorsatzausschließenden Tatbestandsirrtum an[90], so folgt dieses Ergebnis schon aus früheren Erörterungen. Denn der Ausführende ist von vornherein nicht Täter eines Begehungsdelikts[91] und besitzt nicht einmal die Tatherrschaft erster Stufe.

Wenn man aber, wie es unter den Vertretern der Tatherrschaftslehre namentlich Welzel, Maurach und Niese tun, hier einen Verbotsirrtum für gegeben hält, so könnte das nach der von uns entwickelten Lösung an der mittelbaren Täterschaft nichts ändern: Denn selbst wenn dieser „Verbotsirrtum" noch so unentschuldbar wäre, würden die Umstände, die der Handelnde sich vorgestellt hat, ihm niemals das Bewußtsein der Sozialschädlichkeit vermitteln können, weil sie die Wertwidrigkeit seines Verhaltens ausschließen würden. Einem sehenden Hintermann wäre es also immer möglich, kraft sinngestaltender Überdetermination die Willensherrschaft zu erlangen und sich zur Schlüsselfigur des Geschehens zu machen. Auch die Anhänger der strengen Schuldtheorie müßten hier deshalb bei richtiger Einsicht in die Täterproblematik zur Annahme einer mittelbaren Täterschaft kommen.

---

[90] Dafür eingehend meine „Offenen Tatbestände", S. 119–132, mit weiteren Angaben; ferner mein Aufsatz in der Monatsschrift für Kriminologie und Strafrechtsreform, 1961, S. 211ff.

[91] Vgl. dafür schon oben S. 139/140

B. Gegenstimmen

Eigenartigerweise ist in neuerer Zeit gerade die Teilnahmelehre wiederholt herangezogen worden, um die dogmatische Richtigkeit der strengen Schuldtheorie darzutun. Im Gegensatz zu unserer allein aus dem Tatherrschaftsprinzip hergeleiteten Folgerung, daß der Irrtum über Rechtfertigungsvoraussetzungen den sehenden Hintermann stets zum mittelbaren Täter mache, soll hier also gerade die Sachrichtigkeit einer Teilnahme-Lösung Rückwirkungen auf die Reichweite des Vorsatzes haben.

So hat Dreher bei Verlesung des vom Bundesjustizministeriums der Großen Strafrechtskommission erstatteten Berichtes[92] seine Auffassung, daß der Irrtum über sachliche Voraussetzungen eines Rechtfertigungsgrundes den Vorsatz bestehen lasse, auf folgende Erwägung gestützt: „Geht man wie wir davon aus, daß Teilnahme an unvorsätzlicher Tat nicht möglich ist, so würde das (scil. ein Vorsatzausschluß) bedeuten, daß der Helfer eines in Putativnotwehr Handelnden, wenn er selbst den wahren Sachverhalt erkennt, nicht wegen Beihilfe bestraft werden könnte. Das wäre ein sehr mißliches Ergebnis."

Diesen Gedanken hat Hirsch[93] aufgegriffen und durch komplizierte Beispiele näher zu begründen versucht. Wir können diese zum Beleg der Gegenmeinung eigens konstruierten Sachverhalte nicht übergehen. Hirsch bildet zunächst folgenden Fall[94]: „Die schwangere S spiegelt dem Arzt F erfolgreich ein zu einer Schwangerschaftsunterbrechung berechtigendes Leiden vor. F füllt ein Rezeptformular aus, mit dem die S vorher einige zum Eingriff notwendige Medikamente besorgen soll. Apotheker A verkauft ihr diese, obwohl er von seiner Frau weiß, daß die S den F getäuscht hat. Arzt F nimmt unter Verwendung der Medikamente den Eingriff vor."

Dazu meint Hirsch: „Nach der Lehre von den negativen Tatbestandsmerkmalen könnte A überhaupt nicht bestraft werden, da F, wie A weiß, irrig den Sachverhalt eines Rechtfertigungsgrundes annimmt, hierdurch der Vorsatz des F ausgeschlossen würde und mittelbare Täterschaft mangels Tatherrschaft ausscheidet!"

Noch ein zweiter, andersartiger Fall wird als Beleg herangezogen: „A kommt hinzu, wie sich sein Feind B mit dem C in einer Wohnungsangelegenheit heftig streitet. Er denkt, daß der Augenblick günstig sei, um B eine ‚Abreibung' zukommen zu lassen. Er ruft deshalb C zu: ‚schlag zu!', was dieser ohne zu zögern tut. C war irrtümlich der Auffassung, A habe ihn mit seinem Zuruf auffordern wollen, einem unmittelbar drohenden Angriff des B zuvorzukommen (vermeidbare Putativnotwehr). A hatte an einen Irrtum des C nicht gedacht." Hier will Hirsch eine vollendete Anstiftung annehmen und meint, nach der Gegenauffassung müsse A straflos bleiben, weil § 49a bei einem Vergehen nicht anwendbar sei.

---

[92] Niederschriften, 2. Bd., S. 27; vgl. auch MDR 1962, S. 592
[93] Die Lehre von den negativen Tatbestandsmerkmalen, 1960, S. 326–329
[94] a. a. O. S. 326

C. Stellungnahme

a) Bei der Argumentation Drehers ist schon der Ausgangspunkt unrichtig. Jemand, der den wahren Sachverhalt kennt, kann einem in Putativnotwehr Handelnden nicht mehr in der Weise „helfen", daß sein Tun als Beihilfe zu würdigen wäre. Da der Hintermann der einzige ist, der einen Kausalverlauf vorantreibt, dessen unrechtmäßige Auswirkungen er übersieht, kommt es auf die Art seines ursächlichen Eingreifens nicht an. Insbesondere ist es gleichgültig, ob sein Tun als Beihilfe zu beurteilen wäre, wenn der Ausführende die Bedeutung seines Handelns gekannt hätte. Diese Fragen sind oben schon ausführlich behandelt worden[95]; darauf kann hier verwiesen werden.

b) In dem ersten Beispiel Hirschs besitzt der in den Sachverhalt eingeweihte Apotheker die Tatherrschaft allerdings nicht. Der Grund liegt aber nicht, wie Hirsch meint, darin, daß der Arzt Täter einer Abtreibung wäre. Täterin ist vielmehr die schwangere S, die sich zur Durchführung der Tat des F als eines gutgläubigen Werkzeuges bedient. Dazu leistet der Apotheker durch Lieferung des Medikamentes Beihilfe. Es kann also nicht die Rede davon sein, daß nach der eingeschränkten Schuldtheorie der A nicht bestraft werden könnte. Er ist nach jeder nur denkbaren Irrtumslehre als Gehilfe der Schwangeren und nicht – wie Hirsch offenbar annimmt – des ahnungslosen Arztes zu bestrafen.

c) Der zweite Beispielsfall liegt insofern schwieriger, als der Hintermann einen tatherrschaftsbegründenden Umstand verkennt und infolgedessen selbst die Situation nicht übersieht. Hier ruht die Argumentation Hirschs auf einer von ihm unüberprüften Prämisse: der Annahme, daß eine Anstiftung zu unvorsätzlicher Tat auch dann nicht in Frage komme, wenn der Außenstehende irrigerweise davon ausgeht, der Unmittelbare handele vorsätzlich. Gerade diese Ausgangsthese ist aber nicht richtig. Damit entfallen natürlich alle Schlußfolgerungen, und eine Bestrafung wegen vollendeter Anstiftung ist unabhängig davon möglich, ob man eine bestimmte Art der Schuldtheorie oder sogar die Vorsatztheorie vertritt. Warum das so ist, warum also die Konstruktion einer Teilnahme bei nur vermeintlich vorsätzlicher Haupttat mit der Tatherrschaftslehre zu vereinbaren ist, wird unten des näheren begründet werden[96]. Darauf muß hier verwiesen werden.

Selbst wenn man aber Hirsch in der Beurteilung der Akzessorietätsfragen folgen wollte, würden die unbilligen Ergebnisse, die er der eingeschränkten Schuldtheorie entgegenhält, bei seiner Lehre ebenso auftreten. Denn wenn der Irrtum des Unmittelbaren sogar gravierender wäre, wenn er etwa entgegen der Annahme des Außenstehenden nicht einmal erkennen würde, daß er einen Menschen treffen könne, so daß dem Tatbeitrag des sehenden Hintermannes ein objektiv noch größeres Gewicht zukäme – dann müßte der Auffordernde auch nach der strengen Schuldtheorie straflos bleiben. Wenn man also die eingeschränkte Schuldtheorie von ihren Ergebnissen her

---

[95] Vgl. S. 173–178
[96] Vgl. S. 261–270

widerlegen wollte, so würde das für die von Hirsch vertretene und auch für andere Irrtumslehren ebenso gelten. Daran zeigt sich, daß es sich nicht um ein Vorsatz-, sondern um ein Akzessorietätsproblem handelt.

Es kann demnach nicht zugegeben werden, daß die strafrechtliche Behandlung der Irrtumsfragen Einfluß auf die Abgrenzung von Täterschaft und Teilnahme habe. Die Gegenmeinung ist nicht nur inhaltlich unbegründet, sondern auch methodisch falsch. Denn es geht in der Irrtums- und Teilnahmelehre, wie schon bei Erörterung der bewußten Fahrlässigkeit und der fehlenden Unrechtskenntnis gezeigt wurde, um durchaus verschiedene Sachprobleme, deren unbesehene Verquickung in die Irre führt.

IV. Der Handelnde nimmt irrig die Voraussetzungen eines Schuldausschließungsgrundes an

Fälle, in denen bei der irrigen Vorstellung schuldausschließender Umstände ein Hintermann im Spiele ist, kommen praktisch wohl nicht allzu häufig vor. Für die Erhellung des Tatherrschaftsbegriffs haben sie gleichwohl ihre Bedeutung.

Wir gehen wieder von unserer Modellsituation aus: A hat sich bei einem Schiffbruch auf das Brett des Karneades gerettet. B schießt ihn herunter, um sich selbst mit Hilfe des Brettes über Wasser zu halten. In Wirklichkeit lag ein Notstand gemäß § 54 StGB nicht vor, weil schon ein Rettungsdampfer auf dem Wege war, um die beiden aufzunehmen. Bei einem derartigen Vorgang kann ein die Lage übersehender Hintermann C – etwa von einer dem anderen unerreichbaren höher gelegenen Felsklippe aus, von der er das Schiff schon kommen sieht – in verschiedener Weise mitwirken:

Er kann entweder bei B den Irrtum über die Notstandslage hervorrufen, indem er wider besseres Wissen behauptet, der von B erwartete Rettungsdampfer sei nicht in Sicht; oder er beteiligt sich nicht an der Entstehung des Irrtums, wird aber dadurch tätig, daß er den B auffordert, zu seiner Rettung den A zu erschießen; oder er ruft weder den Irrtum noch den Tatentschluß hervor, ermöglicht dem B aber die Tötung des A, indem er ihm seine Pistole gibt.

1. Willensherrschaft kraft Nötigung?

Die Behandlung solcher Fälle bei einer wirklich vorliegenden Notstandssituation ist oben schon erörtert worden[97]. Abgesehen davon, daß von den eben geschilderten drei Mitwirkungsmöglichkeiten dort nur die beiden letzten in Frage kamen, kann aber die früher gefundene Lösung auch im übrigen nicht auf die hier in Rede stehenden Irrtumsfälle übertragen werden. Zwar ist die psychische Situation für den B die gleiche als wenn die

---

[97] Vgl. S. 149–153

Notstandslage wirklich bestünde. Aber da die Tatherrschaft in den Nötigungsfällen kein rein psychisches Phänomen ist[98], ist das Problem in einem entscheidenden Punkte doch anders gelagert. Das zeigt folgende Überlegung:

Wir hatten bei bestehender Notstandslage eine Willensherrschaft des Hintermannes kraft Verantwortungsüberganges immer dann angenommen, wenn der Gesetzgeber wegen der vom Außenstehenden geschaffenen Situation die Tat dem Handelnden nicht mehr als Werk seines Willens zurechnete. Praktisch führte das zu einer Differenzierung danach, ob der Hintermann dem Ausführenden die Tat ermöglichte oder ihn nur dazu aufforderte. Solche Unterscheidungen könnte man auch hier treffen. Aber das hätte wenig Sinn; denn die Fälle liegen insofern anders, als es, wenn ein wirklicher Notstand fehlt, sehr umstritten und zweifelhaft ist, ob und inwieweit schon seine irrige Annahme den Handelnden von der Verantwortung befreit. Zwar wollen einige bei solchen Sachlagen den Vorsatz[99] oder wenigstens die Schuld[100] ausschließen; eine andere weitverbreitete Ansicht[101] jedoch, der auch der Entwurf 1960 folgt[102], stellt diese Fälle in der Behandlung denen des Verbotsirrtums gleich.

Geht man davon aus, so bleibt der Handelnde, soweit der Irrtum nicht unverschuldet war, prinzipiell für sein Tun verantwortlich und wird (bei möglicher Strafmilderung) als vorsätzlicher Täter bestraft, so daß die Erwägungen, mit denen wir in den echten Notstandssituationen eine mittelbare Täterschaft begründet haben, hinfällig werden. Das gilt sogar bei unvermeidbarem Irrtum: Denn die Strafbefreiung des unmittelbaren Täters erfolgt hier nicht wegen des Nötigungsdruckes – der ist in allen Fällen gleich –, sondern wegen der unverschuldeten Falschvorstellung. Eine Willensherrschaft kraft Nötigung ließe sich danach schwerlich annehmen.

2. Willensherrschaft kraft Irrtums: Die dritte Stufe der Tatherrschaft

Doch braucht dieser Frage nicht näher nachgegangen zu werden, weil die hier zu erörternden Fälle unabhängig von aller Nötigung schon wegen des Irrtums, in dem sich der Handelnde befindet, eine einheitliche Lösung erlauben. Wie bei den Situationen, in denen der Ausführende einem Verbotsirrtum unterliegt, muß man auch hier beim Hintermann wegen seines

---

[98] Vgl. dazu oben S. 146 ff. und im folgenden passim.
[99] So der BGH, BGHSt 5, 371–377 (374); Mezger, StuB I, 9. Aufl., § 68 III, S. 179
[100] Schönke/Schröder, 10. Aufl., § 59, VII, 6, S. 365
[101] Vgl. Welzel, 7. Aufl., S. 165 mit weiteren Angaben; Maurach, A.T., 2. Aufl., S. 382; vgl. auch Kohlr./Lange, 42. Aufl., § 52 V, 54 I.
[102] § 40 II a.a.O.; allerdings mit obligatorischer Strafmilderung; § 20 E 1962 bringt insofern wieder eine Änderung, als jetzt die Vorsatzstrafe entfallen soll, sofern es sich nicht um einen Putativnotstand handelt.

weiterreichenden Wissens eine mittelbare Täterschaft kraft sinnhafter Tatgestaltung annehmen, wenngleich die Überdetermination von anderer Art ist.

Sehr einfach liegt das Problem freilich für diejenigen, die bei der irrigen Annahme schuldausschließender Umstände den Vorsatz entfallen lassen: Der vorsätzlich handelnde Hintermann ist dann mittelbarer Täter genau wie jeder andere, der sich eines vorsatzlosen Werkzeugs bedient. Doch ist eine solche Auffassung zumindest mit der Schuldtheorie schwer zu vereinbaren.

Es kommt aber auf diese Frage auch nicht entscheidend an; denn die Lösung des Täterschaftsproblems darf hier so wenig wie im Falle der bewußten Fahrlässigkeit und des Verbotsirrtums von den Kontroversen um das Wesen und die Reichweite des Vorsatzes abhängig gemacht werden. Gehen wir von den beiden oben entwickelten Stufen der Tatherrschaft aus, so ergibt sich folgendes Bild: Der unmittelbare Täter, der irrig die Voraussetzungen eines Schuldausschließungsgrundes annimmt, handelt vorsätzlich im Sinne der Schuldtheorie; er hat damit die Handlungsherrschaft und – zumindest soweit er als vorsätzlicher Täter verantwortlich bleibt – auch die Willensherrschaft inne; er ist also Tatherr erster Stufe. Darüber hinaus besitzt er aber auch die zweitstufige Tatherrschaft: Denn er weiß, daß er etwas Wertwidriges tut, wenn er einen unschuldigen Menschen – sei es auch, um sich selbst zu retten – tötet. Sollte er seine Handlung für rechtlich erlaubt gehalten haben (also gleichzeitig im Verbotsirrtum handeln), so würde die Verwechselung von Rechtfertigungs- und Entschuldigungsgrund an dieser Beurteilung nichts ändern.

Gleichwohl erfaßt der unmittelbare Täter unserer Beispielsfälle den sozialen Sinn seines Verhaltens nicht: Es ist etwas durchaus anderes, ob man sich eines Mordes oder Totschlages schuldig macht, oder ob man um der Erhaltung des eigenen Lebens willen notgedrungen einen anderen zu Tode bringt. Dieser für die soziale Bewertung wesentliche Unterschied ist auch für die rechtliche Beurteilung entscheidend; denn im ersten Fall verhängt der Gesetzgeber eine lebenslängliche Zuchthausstrafe, während er im zweiten auf jeden Schuldvorwurf verzichtet.

Daraus ergibt sich, daß die soziale Sinnerfassung mehr als die Kenntnis der äußeren Tatumstände (erste Stufe) und des materiellen Unrechts (zweite Stufe) verlangt: Nur wer außerdem die Elemente rechtlicher Vorwerfbarkeit kennt, versteht den wahren Bedeutungsgehalt seines Handelns und kann das Geschehen in vollem Umfange sinnhaft lenken. Zwar wird dieses weitergehende Bewußtsein normalerweise mit der Kenntnis der materiellen Rechtswidrigkeit unmittelbar gegeben sein, so wie die Tatherrschaft der zweiten Stufe meist aus der Vorstellung der Tatumstände ohne weiteres hervorgeht; aber bei der irrigen Annahme schuldausschließender Merkmale ist es ausnahmsweise anders. Man kann diesen Fällen nur gerecht werden, wenn man eine dritte Stufe der Tatherrschaft anerkennt, die das Erfassen des Schuldgehaltes der in der Außenwelt sich verwirklichenden Handlung voraussetzt. Dann ergibt sich eine dreifache Abstufung, bei der die Kenntnis der Tatumstände, des Tatbestandssinnes und des Schuldgehaltes in dieser Reihenfolge den jeweils höheren Grad sinnhafter Tatgestaltung ermöglicht.

Daraus folgt ohne weitere Schwierigkeit die Lösung unserer Problematik: Wenn der unmittelbar Handelnde nur die zweitstufige Tatherrschaft innehat, weil bei seiner Vorstellung der äußeren Umstände seinem Tun die Vorwerfbarkeit fehlen würde, so kann der Hintermann kraft seiner weiterreichenden Kenntnis den Ausführenden als Werkzeug seiner verbrecherischen Pläne benutzen und durch seine Mitwirkung das Geschehen in seiner deliktischen Bedeutung bewußt gestalten. Er ist darum Tatherr der dritten Stufe und mittelbarer Täter. Das gilt auch dann, wenn bei wirklich gegebener Notstandslage nur eine Anstiftung vorliegen würde. Wenn dagegen beide Beteiligte an das Vorliegen schuldausschließender Umstände glauben, – z. B. weiß auch der Hintermann C unserer Modellfälle nichts vom Nahen des Rettungsdampfers –, so steht die Sinnerfassung beider auf gleicher Stufe, eine Überdetermination ist nicht möglich, und der Außenstehende kann nur als Teilnehmer belangt werden.

Diese Lösung erscheint, falls man von der hier entwickelten konstruktiven Fassung der Problematik absieht, auch dann als einleuchtend, wenn man nur auf den Leitgedanken des Tatherrschaftsprinzips, das In-den-Händen-Halten des Geschehensablaufes, abstellt. Denn alle drei Fallvarianten gleichen sich darin, daß der Hintermann C bewußt ein Geschehen fördert, dessen für die Deliktsqualität entscheidender sozialer Sinn allem seiner vorausschauenden Planung unterliegt. In diesem Punkt sind die hier gebildeten Fallkonstellationen nicht anders zu beurteilen als bei der Einschaltung eines unvorsätzlich oder ohne das Bewußtsein der materiellen Rechtswidrigkeit handelnden Werkzeugs. Diese strukturelle Gleichartigkeit rechtfertigt aber auch dieselbe Behandlung: Das Plus an sinnhafter Lenkung rückt den Hintermann für eine den Bedeutungsgehalt des Vorganges erfassende Beurteilung in das Zentrum des deliktischen Geschehens. Mit einfachen Worten: Als Mord oder Totschlag erscheint die Tat allein im Bewußtsein des C. Er muß daher auch für die Tatherrschaftslehre mittelbarer Täter sein.

Was hier am Beispiel des § 54 StGB ausgeführt wurde, gilt in entsprechender Weise in den Fällen des § 52 und des übergesetzlichen entschuldigenden Notstandes. Näherer Ausführungen dazu bedarf es nicht.

V. Der Irrende handelt tatbestandsmäßig, rechtswidrig und schuldhaft

Es gibt schließlich noch Fälle, bei denen der unmittelbar Ausführende im Hinblick auf die auch vom Hintermann geplante Tatbestandsverwirklichung volldeliktisch, gleichwohl aber auf Grund eines Irrtums handelt, ohne den die Tat nicht so, wie sie geschehen ist, stattgefunden hätte. Hier sind zwei große Sachverhaltsgruppen zu unterscheiden: die – gleich näher zu erläuternden – Fälle des Irrtums über den „konkreten Handlungssinn" (I) und die Fälle des „Risikoirrtums", mit dem wir uns schon bei Untersuchung der bewußten Fahrlässigkeit vorbereitend [103] beschäftigt haben (2).

---

[103] Vgl. dazu oben S. 192/193

1. Der Irrtum über den konkreten Handlungssinn

A. Seine Erscheinungsformen

a) Der error in persona und verwandte Erscheinungen

Der wichtigste hier zu erörternde Fall betrifft die wissentliche Herbeiführung eines error in persona: A lauert an einem Wege, um dem B, wenn er
um die Ecke kommt, zu erschießen. C gesellt sich zu A. Als er sieht, wie sich
sein Todfeind D nähert, versteht er es, den A in den Irrtum zu versetzen, es
handele sich um B. Daraufhin erschießt A den D.

Man kann den Sachverhalt auch so umgestalten, daß es an jeder psychischen Beziehung zwischen C und A fehlt: A lauert dem B in Tötungsabsicht
auf, C erfährt davon und manövriert seinen eigenen Feind D in diese Situation, so daß A, der den D an der einsamen, nachtdunklen Stelle für B hält,
ihn umbringt[104].

Natürlich sind solche Fälle ebenso beim error in obiecto und – leicht
abgewandelt – beim sogenannten „dolus generalis" möglich[105].

b) Der Irrtum über taterhebliche Handlungsvoraussetzungen

Bei dieser zweiten Gruppe ruft der Irrtum überhaupt erst den Tatplan des
unmittelbar Handelnden hervor: A weiß, daß B sehr eifersüchtig ist. Um
seinem Feinde C zu schaden, lügt er dem B vor, der C habe mit der Frau des
B Ehebruch getrieben. Er rät dem B, den C nach Strich und Faden zu verprügeln. B tut das.

Derartige Fälle lassen sich, genau wie bei den Nötigungssituationen,
wieder durch Einführung eines zweiten, rechtmäßig handelnden Tatmittlers
erweitern: A will dem eifersüchtigen B schaden. Er lügt ihm vor, der C, von
dem er im Gegensatz zu B weiß, daß er Boxmeister ist, habe mit Frau B Ehebruch begangen. Wieder rät er ihm, den C zu verprügeln. B greift C an,
dieser aber schlägt, wie A gewollt und erwartet hatte, den B knockout.

Auch bei den Konstellationen der zweiten Gruppe kann A auf jede unmittelbare psychische Einwirkung verzichten, indem er etwa dem B ge-
fälschte Indizien in die Hände spielt, die ihn in den Glauben versetzen, seine
Frau sei ihm untreu.

c) Der Irrtum über Qualifikationsvoraussetzungen

Die dritte Gruppe endlich betrifft Fälle, bei denen der Ausführende zwar
auch volldeliktisch handelt, sein Irrtum aber für den Straftatbestand in
anderer Weise relevant wird. Derartige Sachverhalte haben dem Bundesgerichtshof wiederholt zur Entscheidung vorgelegen.

---

[104] Vgl. dazu Sax, ZStW, Bd. 69, 1957, S. 434
[105] zum dolus generalis vgl. das Beispiel unten S. 216

Die Problematik wird am deutlichsten bei einem Vorfall, den der BGH[106] so schildert: „Am 12. April 1945, als amerikanische Truppen den Ort A gerade besetzt hatten, forderte der Angeklagte eine Heeresstreife auf, den Gendarmeriemeister L zu verhaften und zu erschießen. Als Grund gab er wahrheitswidrig an, L habe mehrere Fremdarbeiter erschossen. Der Angeklagte wollte unter Ausnutzung der damaligen Verhältnisse erreichen, daß L ohne Durchführung eines Verfahrens und ohne Nachprüfung der Richtigkeit seiner Behauptungen getötet werde. Dies gelang ihm auch. Amerikanische Soldaten erschossen L, ohne seine Unschuldsbeteuerungen auch nur anzuhören, allein wegen der Angaben des Angeklagten."

In einem anderen Fall[107] hatte der Angeklagte nach Kriegsende ehemaligen Konzentrationslagerinsassen vorgelogen, ein gewisser L sei schuld am Tode vieler KZ-Häftlinge. Die früheren Lagerangehörigen hatten daraufhin den L schwer mißhandelt und schließlich getötet.

Solche Sachverhaltsgestaltungen unterscheiden sich von den unter b) aufgeführten nur in einem Punkt: Der Irrtum des unmittelbar Handelnden beseitigt die Mordqualifikation und läßt ein Delikt nach § 212 StGB übrig, während beim Hintermann niedrige Beweggründe und damit die Voraussetzungen des § 211 StGB vorliegen.

Alle drei Fallgruppen sind unter dem Gesichtspunkt der Tatherrschaftslehre bisher kaum untersucht worden.

B. Der error in persona und verwandte Erscheinungen

a) Die vierte Stufe der Tatherrschaft

Wenn wir uns dem Fall des absichtlich herbeigeführten error in persona zuwenden, so ist zunächst festzuhalten, daß eine Tatlenkung, die sich auf die Beherrschung der Person des Mittelmannes und seiner Entschlüsse gründet, nicht in Frage kommt. A handelt hinsichtlich dessen, was er willentlich tut, frei. Es ist seiner Entscheidung überantwortet, ob er die sich nähernde Gestalt erschießen will. Insoweit stellt die Handlungsweise des C einen typischen Fall fehlender Tatherrschaft dar; soweit das Geschehen vom Vorsatz des A umfaßt ist, muß C ihm die Ausführung „anheimstellen".

Damit ist aber das Problem noch nicht geklärt, wie man leicht annehmen könnte. Denn wenn auch eine Herrschaft über die Willenshandlung des A nicht besteht, so kann doch im Hinblick auf den von A nicht gewollten Erfolg, die Tötung des D, eine herrschaftsbegründende Überdetermination vorliegen.

Freilich kann eine Willensherrschaft der bisher besprochenen Art nicht gegeben sein, denn der unmittelbar handelnde A ist Tatherr dritter Stufe: Er verwirklicht sehend kraft seiner Steuerung die Tatumstände, den Tat-

---

[106] BGHSt 1, 368–372 (369)
[107] BGHSt 2, 223–226; der Sachverhalt liegt insofern etwas atypisch, als der Todeserfolg vom Willen des Hintermannes nicht umfaßt war.

bestandssinn und die Elemente der Vorwerfbarkeit. Sein Irrtum über die Identität des von ihm erschossenen D ist insoweit irrelevant: § 212 StGB verlangt seinem Wortlaut und seinem Sinne nach, wie heute unbestritten ist[108], nur die Tötung irgendeines Menschen, ohne daß seine Individualität von der Vorstellung des Handelnden erfaßt worden sein muß.

Wenn man aber nicht auf den Tatbestand, sondern auf die konkrete Handlung sieht, so liegen die Dinge anders. Denn A hatte zwar den Tatbestandssinn seines Verhaltens erkannt, aber den von ihm ins Auge gefaßten Zweck seines Tuns hat er verfehlt. Er wollte den B erschießen und hat den D getötet. Das wollte er nicht, insofern hat er blind gehandelt. Andererseits hat der Hintermann C seinen Zweck, die Tötung des D, erreicht, und zwar durch Benutzung einer Person, die im Hinblick auf dieses konkrete Ziel als blindes Werkzeug eingeschaltet wurde. Man kann also, wenn man diesen Fall zu den bisher behandelten in Beziehung setzen will, noch eine vierte, umfassendste Stufe der Tatherrschaft bilden, die in der sehenden und willentlichen Realisierung des – wie ich sagen möchte – „konkreten Handlungssinnes" besteht.

Daß diese weitere Unterscheidung nicht willkürlich ist, sondern den Phänomenen gerecht wird, ist nicht zu bestreiten. Auch A selbst wird sagen, er habe den D „aus Versehen" erschossen. Eine andere Frage ist es, ob das, was der Hintermann dem Handelnden an Sinnverständnis voraus hat, ausreicht, um ihm die mittelbare Täterschaft zuzusprechen. Ich meine: ja. Dafür lassen sich mehrere Erwägungen geltend machen.

b) Die Relevanz des konkreten Handlungssinnes für die Tatherrschaft

aa) Der Tatbestand ist ein abstrakt-begriffliches Gebilde, die Tatherrschaft aber ist nach den konkreten Umständen zu beurteilen. Der Grund dafür, daß bei Bestimmung der mittelbaren Täterschaft eine größere Individualisierung bzw. Konkretisierung erfolgen muß als bei Festlegung des Tatbestandes, liegt in der unterschiedlichen Funktion beider Rechtsfiguren.

Wenn der Irrtum des A über die Identität des Erschossenen im Tatbestand unberücksichtigt bleibt, so beruht das auf einer Strafwürdigkeitserwägung des Gesetzgebers: Da ihm jedes Leben gleich viel wert ist, genügt es ihm, wenn der Täter sein Opfer als Menschen erkannt hat. Dem A wird der Tod des D zugerechnet, weil er in ihm immerhin den B töten wollte, und weil das eine wie das andere auch qualitativ gleichermaßen verwerflich ist.

Die Frage nach der mittelbaren Täterschaft des C dagegen hat nichts mit der Strafwürdigkeit dessen zu tun, was A willentlich tat. Was den Unrechts- und Schuldgehalt betrifft, hat der C dem A nichts voraus. Doch kommt es für die Herrschaft über die konkrete Situation nur darauf an, ob er seinen eigenen, von A nicht durchschauten Zweck durch ihn als blindes Werkzeug

---

[108] anders zuletzt noch v. Liszt, Lehrb., 21./22. Aufl., 1919, S. 171

verwirklichen konnte. Und das ist der Fall. Wenn wir den toten D vor uns sehen und fragen, wessen Willenswerk das sei, so kommt nur der C als Gestalter dieses Erfolges in Betracht. Im Hinblick auf den Tod des D ist die Lage nicht anders, als wenn A nur auf einen Baumstumpf hätte schießen wollen und C ihm die Vorstellung suggeriert hätte, bei der in der Dämmerung erscheinenden Gestalt handele es sich um ein derartiges Zielobjekt. Der Umstand, daß in unserem Fall A eine gleichartige andere Schurkentat plante, liegt außerhalb des konkreten Handlungsvollzuges und ändert nichts daran, daß über ihn allein der C die Herrschaft inne hatte. Dieser Umstand genügt, um ihn neben A als Zentralfigur des handlungsmäßigen Geschehens anzusehen.

Wir haben hier also zwei Tatherren: Der A ist Täter, soweit es sich um den Tod eines Menschen, d. h. um die steuernde Verwirklichung des Tatbestandssinnes, handelt; der C ist Täter, soweit es um den Tod des D, also die Gestaltung des konkreten Handlungssinnes, geht. Er hat die viertstufige, A nur die drittstufige Tatherrschaft inne. C ist daher mittelbarer Täter.

bb) Ein weiteres Argument dafür, daß bei Beurteilung der mittelbaren Täterschaft über den abstrakten Tatbestand hinaus auf den Bedeutungsgehalt des konkreten Vorganges abzustellen ist, ergibt sich aus dem Umstand, daß auch die anderen Beteiligungsformen – Anstiftung und Beihilfe – eine konkrete Betrachtungsweise erfordern. Wenn etwa (man denke an den Fall Rose/Rosahl!) ein Hintermann E den A beauftragt hat, B zu erschießen, und dieser nun infolge eines error in persona den D umbringt, so ist E nicht Anstifter dieser Tat. Das widerspricht zwar der herrschenden Meinung, ist aber schon von Binding[109] richtig erkannt und neuerdings von Bemmann[110] wieder hervorgehoben worden. Diese Annahme folgt schon aus der einfachen Tatsache, daß, wenn A seinen Irrtum erkennt, auf B wartet und dann auch diesen erschießt, der E unmöglich wegen zweifacher Anstiftung zum Morde bestraft werden kann.

Was aber hier richtig ist, muß auch für die mittelbare Täterschaft gelten: Jede Mitwirkungsform kann nur nach den konkreten Vorstellungen der Beteiligten ermittelt werden[111].

cc) Für die Annahme mittelbarer Täterschaft im Falle einer nur den konkreten Handlungssinn betreffenden Überdetermination spricht auch die Tatsache, daß der deliktische Gehalt der von C verübten Handlung sonst strafrechtlich überhaupt nicht erfaßt werden könnte. Denn eine Anstiftung liegt nicht vor, weil der A schon vorher zur Tat entschlossen war. Man kann nicht etwa sagen, daß C den A zu der anfangs nicht beabsichtigten Tötung des D angestiftet habe; wenn man nämlich insoweit auf den konkreten Handlungsplan abstellt, ist, wie oben gezeigt wurde, auf jeden Fall mittelbare Täterschaft anzunehmen. Und von einer Beihilfe – sei es auch nur einer psychischen – kann man auch kaum sprechen; denn erstens ist

---

[109] Normen, Band III, S. 213
[110] MDR 1958, S. 817–822
[111] Dasselbe Problem tritt auch bei der Mittäterschaft auf und wird dort noch weiter behandelt werden, vgl. S. 286 ff.

nicht ersichtlich, worin die „Stärkung des Tatentschlusses" hier liegen sollte, und zweitens kann man eine „Förderung" der von A geplanten Tat doch wohl nicht gut darin erblicken, daß der C ihn zur Tötung der „falschen" Person verleitet und damit seinen Zweck vereitelt hat. C könnte also überhaupt nicht bestraft werden.

Es ist nun zwar sicher nicht der Sinn des Täterbegriffs – wie es etwa die extensive Auffassung tut – jede Strafbarkeitslücke zu schließen. Aber hier geht es darum, daß der C seinen Feind D aus der Welt schaffen dürfte, ohne dafür strafrechtlich belangt werden zu können! Ein so haarsträubendes Ergebnis, das der Gesetzgeber unmöglich gewollt haben kann, würde den Täterbegriff, dessen Konsequenz er ist, ad absurdum führen.

Noch deutlicher zeigt sich das in dem schon angeführten Fall, daß jede psychische Beziehung zwischen C und A fehlt und C nur insoweit tätig wird als er den D in die todbringende Situation hineinmanövriert. Vom Plan des C und vom Tode des D her gesehen liegt der Fall genauso, wie wenn C den D etwa dadurch getötet hätte, daß er ihm zum Berühren einer vorgeblich gefahrlosen Starkstromleitung geraten hätte. Es ist also auch hier mittelbare Täterschaft anzunehmen[112].

Natürlich braucht die Verwechslung, die dem unmittelbar Handelnden unterläuft, auch nicht auf einer Augentäuschung zu beruhen. Wenn A den B, den er erschießen will, nicht von Angesicht kennt und C ihm vorschwatzt, bei dem nahenden D handele es sich um B, so ist der Fall genauso zu beurteilen.

Nach denselben Kriterien ist auch die Teilnahmeproblematik beim dolus generalis zu lösen. Wenn der A sein Opfer vermeintlich getötet hat und der Hintermann, der erkennt, daß es sich nur um eine Bewußtlosigkeit handelt, ihm rät, die „Leiche" zur Verbergung der Tat ins Wasser zu werfen, wo nunmehr der Tod eintritt – dann ist der Hintermann, da er allein den konkreten Handlungssinn des letzten Teilaktes erfaßt, als mittelbarer Täter des Totschlages zu bestrafen, auch wenn man mit der überwiegenden Meinung den A gleichfalls als vorsätzlichen Täter eines vollendeten Delikts ansieht.

Aus alledem ergibt sich: Wenn man aus dem Schweigen der führenden Vertreter der Tatherrschaftslehre schließen darf, daß sie in solchen Fällen eine mittelbare Täterschaft ablehnen, so wäre dem nicht zuzustimmen; genauso wie es zu eng ist, wenn Gallas[113] – vielleicht ohne an diese Konstellation zu denken – sagt, eine mittelbare Täterschaft sei auf jeden Fall „dort zu verneinen, wo der Handelnde voll verantwortlicher Täter ist".

Daß selbstverständlich auch nach der hier vertretenen Auffassung nur eine Anstiftung vorliegen kann, wenn Vorder- und Hintermann demselben Irrtum verfallen, bedarf kaum der Erwähnung.

---

[112] so auch mit Recht Sax a. a. O.
[113] Gutachten S. 134; vgl. auch die schon mehrfach erwähnte Äußerung Welzels, SJZ 1947, Sp. 650, der Täter hinter dem Täter sei ein „Unbegriff".

C. Der Irrtum über taterhebliche Handlungsvoraussetzungen

Etwas anders liegen die Fälle der zweiten Gruppe, bei denen der Hintermann nicht die schon vorher geplante Tat auf eine andere Person oder – wie
beim dolus generalis – auf einen anderen Handlungsakt verschiebt, sondern
bei denen er überhaupt erst den Tatentschluß erregt.

Auch diese Sachverhalte sind bisher kaum behandelt worden, obwohl sie,
wie die Nachkriegsjahre gezeigt haben, in der Praxis vorkommen. Gehen wir
von den bei der ersten Fallgruppe gewonnenen Lösungen aus, so kann man
leicht folgern, daß hier eine mittelbare Täterschaft erst recht vorliegen müsse,
weil der Hintermann nicht einen schon feststehenden Entschluß in seinem
Handlungssinn verändere, sondern diesen Sinn einer Tatbestandsverwirklichung aufpräge, zu der es ohne ihn gar nicht gekommen wäre.

Aber es melden sich auch Bedenken. Eine eigentliche Täuschung über die
Identität oder über die konkrete Wirkung eines Handlungsaktes liegt nicht
vor; in unserem Ausgangsbeispiel etwa wollte B den C verprügeln, wenn
auch auf Grund irriger Voraussetzungen. Ist die Falschvorstellung des B
nicht doch nur ein für die Teilnahmeverhältnisse unbeachtlicher Motivirrtum? Spricht für die Annahme einer bloßen Anstiftung nicht auch der
Umstand, daß unter den in § 48 StGB aufgezählten Mitteln ausdrücklich der
Irrtum genannt wird?

Geht man dem näher nach, so ergibt sich folgendes:

a) Aus dem Fehlen einer Identitätstäuschung läßt sich kein Schluß ziehen,
der zur Ablehnung der mittelbaren Täterschaft führen müßte. Wenn man
– wie es im allgemeinen angebracht ist – die Identität einer Person an ihren
Namen oder ihre äußere Erscheinung knüpft, so würde ein solches Kriterium hier dem Sachverhalt nicht gerecht. Denn dem eifersüchtigen B
unseres Beispielsfalles geht es ja nicht um den Namen und das Aussehen des
Verprügelten, sondern um seine Eigenschaft als Ehebrecher. Da C unschuldig ist, irrt B insofern über das für den konkreten Handlungsvorgang entscheidende Identitätsmerkmal. Der Sachverhalt hebt sich also in diesem
Punkt nicht in relevanter Weise von den in der ersten Fallgruppe genannten
Beispielen ab.

b) Eine Anstiftung liegt allerdings vor. Denn was den von § 223 StGB
allein erfaßten Tatbestandssinn – die Begehung einer Körperverletzung
anlangt, so hat B durchaus die Tatherrschaft, und insofern ist der Hintermann A nur Anstifter.

Man kann daraus aber nicht ohne weiteres schließen, daß A in diesem
Fall überhaupt nur Anstifter sein könne, wie es Wieners[114] und Kaun[115]
unter ausdrücklicher Berufung auf die Tatherrschaftslehre tun. Denn wie
schon oben geht es hier für den Hintermann A nicht um die Herrschaft
über die von B begangene und vom abstrahierenden Tatbestand allein
erfaßte Körperverletzung, die den B zum vorsätzlichen Täter und Tatherren dritter Stufe macht, sondern um den Sinn der konkreten Handlung.

---

[114] Veranlassung und Unterstützung zum Selbstmord, 1958, S. 67
[115] Die Beteiligung am Selbstmord als strafrechtliches Problem, 1960, S. 53

Dieser für die Tat maßgebende Sinn aber war nur dem Hintermann A zugänglich, während der handelnde B ihn verfehlte: Er wollte einen Ehebrecher züchtigen, in Wirklichkeit aber handelte es sich um die von einem übelwollenden Feind inszenierte Verprügelung eines unschuldigen Menschen.

Daß die auf der dritten Tatherrschaftsstufe vorliegende Anstiftung diesen Sachverhalt nur verdunkelt, zeigt sich sehr klar, wenn man sich den Ratschlag des A wegdenkt und annimmt, daß dieser, der das Wesen des eifersüchtigen B kennt, sich darauf verlassen habe, er werde auch ohne Aufforderung den vermeintlichen Ehebrecher verprügeln. Dann würde eine Anstiftung fehlen, die Frage nach der mittelbaren Täterschaft aber genauso zu beurteilen sein.

c) Am schwersten wiegt der Einwand, daß es sich um einen bloßen Motivirrtum handele. Denn so selbstverständlich es anerkannt ist, daß die in § 48 StGB als Anstiftungsmittel genannte „Herbeiführung eines Irrtums" die Möglichkeit einer mittelbaren Täterschaft nicht ausschließt, so sehr ist man darüber einig, daß der für die Teilnahme übrigbleibende Fall eben der des Motivirrtums ist.

Die Frage ist nur, was man unter einem Motivirrtum verstehen soll. Wenn der Handelnde den von ihm verfolgten Zweck verfehlt, braucht noch kein Motivirrtum vorzuliegen; denn dann müßten selbst vorsatzausschließende Irrtümer hierher gerechnet werden. Man könnte ferner alle für die Erfüllung des subjektiven Tatbestandes irrelevanten Irrtümer dazuzählen. Aber diese Lösung würde die vierte Tatherrschaftsstufe und damit die oben dargelegte Bedeutung der konkreten Situation für die Teilnahmeverhältnisse verkennen.

Dann aber bleibt nur die Möglichkeit, als Motivirrtum jede Fehlvorstellung anzusehen, die sich nicht auf den konkreten Handlungssinn bezieht. Solche Irrtümer gibt es durchaus; sie sind auch von den falschen Vorstellungen über den Handlungsinn (kurz: den Handlungsirrtümern) nicht allzu schwer abzugrenzen. Man denke an den schon oben erwähnten Fall, daß jemand sich durch die betrügerische Vorspiegelung einer Belohnung zur Tat bestimmen läßt. Ein solcher Irrtum verändert den Sinngehalt des von ihm begangenen Delikts nicht: Es handelt sich so oder so um eine Tötung aus Habgier. Deshalb ist der Hintermann nicht mittelbarer Täter, sondern Anstifter. Das gilt in allen Fällen, bei denen sich jemand zu einer Tat durch einen Irrtum über Umstände bewegen läßt, die außerhalb der Deliktsverwirklichung liegen. Es gilt ferner, wenn der Irrtum einen schon vorher bestehenden Tatentschluß nur verstärkt, ohne den konkreten Handlungssinn umzuprägen, oder wenn die Falschvorstellung sich nur auf das formelle Verbot, die Subsumtion oder die Strafbarkeit bei Kenntnis des materiellen Unrechts bezieht.

Ist demnach eine Abgrenzung zwischen Motiv- und Handlungsirrtum prinzipiell möglich, so bestehen gegenüber der ersten Fallgruppe keine relevanten Unterschiede mehr: Es ist also mittelbare Täterschaft anzunehmen.

Auch bei den oben aufgeführten komplizierteren Variationen dieser Sachverhaltsgruppe ist so zu entscheiden. Veranlaßt jemand durch eine

Täuschung über den Sinn der konkreten Handlung einen anderen zu einem Angriff auf einen Dritten, damit dieser in berechtigter Notwehr den Angreifer verletze oder töte, so liegt mittelbare Täterschaft mit Hilfe zweier Werkzeuge – eines irrenden und eines genötigten – vor.

Dieselbe Lösung ergibt sich, wenn die Wirksamkeit des Hintermannes dem Handelnden überhaupt verborgen bleibt. Man nehme an, daß in Schillers für die Tatherrschaftslehre zurechtgestutzter „Kabale und Liebe" der tugendhafte Ferdinand gegenüber Wurm geäußert habe, er werde seine Luise töten, wenn sie ihm untreu sei. Wenn nun Wurm, um Luise aus dem Wege zu räumen, Ferdinand einen gefälschten Brief in die Hand spielt, der die Untreue Luises beweist, und wenn Ferdinand daraufhin erwartungsgemäß Gift in Luises Limonade schüttet, so ist zwar Ferdinand strafrechtlich voll verantwortlicher Täter, Wurm aber wird nach der hier vertretenen Auffassung als mittelbarer Täter bestraft.

Konsequenterweise muß das alles auch für Mitwirkungsformen gelten, die sich äußerlich nur als Unterstützungshandlungen darstellen. Nur wird in diesen Fällen meist deshalb eine Teilnahme vorliegen, weil der Außenstehende entweder den konkreten Handlungssinn oder die Falschvorstellung des unmittelbaren Täters selbst nicht durchschaut.

D. Der Irrtum über Qualifikationsvoraussetzungen

Die Sachverhalte der dritten Gruppe, bei denen der Irrtum sogar die gesetzliche Wertung der Tat des unmittelbar Handelnden beeinflußt, können nach den Ergebnissen der vorangegangenen Untersuchung keine andere Würdigung erfahren. Es ist also in den beiden vom BGH entschiedenen Fällen, soweit der Hintermann den Erfolg wissentlich und willentlich herbeiführen wollte, mittelbare Täterschaft anzunehmen.

Wenn man, wie der Bundesgerichtshof, den Mordtatbestand nicht für eine unselbständige Qualifikation des § 212 StGB, sondern für ein selbständiges Delikt hält[116], liegt diese Lösung besonders nahe; denn die amerikanischen Soldaten bzw. die ehemaligen KZ-Häftlinge unserer Beispielsfälle haben dann eine ganz andere Straftat verwirklicht als sie in der Person des Hintermannes vorliegt. Wollte man die „niedrigen Beweggründe" des § 211 StGB dem Bereich tatbestandlichen Unrechts zuzählen, so läge der Fall sogar dem eines vorsatzlos handelnden Tatmittlers parallel: Hier wie dort würde der Handelnde die Voraussetzungen des subjektiven Tatbestandes nicht erfüllen. Doch darf die Lösung der Teilnahmeprobleme nicht von diesen schwierigen systematischen Fragen abhängen: In jedem Falle haben die Ausführenden den konkreten Handlungssinn völlig verfehlt. Sie wollten vielfache Mörder der „gerechten" Strafe zuführen und haben stattdessen bei objektiver Betrachtung unschuldige Menschen ohne Grund getötet. Das allein

---

[116] Vgl. nur die schon erwähnte Entscheidung BGHSt 1, 368–372 (370/71); ferner BGHSt 6, 329–333 (330)

genügt, um den Hintermann kraft sinnhafter Überdetermination zum mittelbaren Täter zu machen.

Trotzdem hat der BGH in beiden Fällen – wahrscheinlich ohne das Problem zu sehen – die Annahme einer mittelbaren Täterschaft nicht einmal erwogen und nur wegen der gleichfalls vorliegenden Anstiftung bestraft. Doch sind v. Weber[117] und Hardwig[118] bei Erörterung des Soldatenfalles mit Recht zur Bejahung der mittelbaren Täterschaft gekommen. V. Weber meint, bei den amerikanischen Soldaten handele es sich um absichtslose dolose Werkzeuge, weil der Hintermann den Tatherrschaftswillen habe. Das erscheint mir nicht ganz richtig; denn den Tatherrschaftswillen hat der Handelnde auch – er ist ja selbst vorsätzlicher Täter und insofern nicht „absichtslos". Wenn v. Weber aber weiter über den Veranlassenden sagt, „daß die ganze Tat als ein Racheakt von ihm erscheint und deshalb sein Motiv die Bewertung der Tat bestimmt", so klingt in diesen Worten die oben entwickelte Lösung durch. Noch deutlicher wird das bei Hardwig, der, ohne auf den Tatherrschaftsgedanken zurückzugreifen, ausführt: „Der Sinn der Tat vom ‚Anstifter' aus ist gemeine Tötung, also Mord … Im Sinne dieser gemeinen Tötung waren die Soldaten Werkzeug". Das entspricht durchaus der hier vertretenen Meinung.

Aus diesem Ergebnis folgt ein weiteres: Auf die Entscheidung der viel umstrittenen Frage, ob die subjektiven Mordmerkmale zu den „persönlichen Eigenschaften oder Verhältnissen" im Sinne des § 50 Abs. 2 StGB zu zählen sind, kommt es für Fälle der hier vorliegenden Art nicht an. Obwohl gerade die erwähnten BGH-Entscheidungen die Debatte über diesen Streitpunkt wesentlich belebt haben, und obwohl auch v. Weber und Hardwig zur Annahme mittelbarer Täterschaft erst gelangen, nachdem sie die Anwendbarkeit des § 50 Abs. 2 verneint haben, bedurfte es dieses Umweges nicht: Auch wenn der „niedrige Beweggrund" eine „persönliche Eigenschaft" sein sollte, würde doch mittelbare Täterschaft vorliegen. Natürlich behält das Problem für die Fälle, in denen der nach § 212 StGB Handelnde die niedrigen Beweggründe des Hintermannes kennt – es also an einem Irrtum fehlt – seine Bedeutung.

2. Der Risikoirrtum

Schließlich ist noch auf die Fälle zurückzukommen, bei denen der Ausführende tatbestandsmäßig, rechtswidrig und final handelt, gleichwohl aber über die Wahrscheinlichkeit des Erfolgseintrittes irrt und von einem alles übersehenden Hintermann zur Tat veranlaßt wird. Um es an einem Beispiel zu verdeutlichen: A und B finden beim Herumstöbern auf dem Dachboden eines Hauses einen Blindgänger, der seit den Kriegszeiten hier steckengeblieben ist. A möchte, um die obere Wohnung nicht zu gefährden, die Bombe sogleich aus der Bodenluke in den Garten werfen, befürch-

---

[117] MDR 1952, S. 266
[118] GA 1954, S. 260

tet aber, sie könne beim Aufprall explodieren und dem dort arbeitenden Mieter C Schaden tun. B, der im Kriege als Sprengstoff-Fachmann tätig gewesen ist, zerstreut aber seine Bedenken, indem er ihm unter Hinweis auf seine Sachkunde erklärt, eine Explosion sei nicht sehr wahrscheinlich. In Wirklichkeit weiß er, daß die Bombe mit höchster Wahrscheinlichkeit detonieren und den C verletzen oder töten wird. Das will er, da er mit C seit langem verfeindet ist, auch erreichen. Dabei hofft er, den A, indem er ihm die Gefahr als geringer hinstellt, zur unmittelbaren Handlung bewegen und auf diese Weise die Verantwortung von sich abwälzen zu können. Der Plan gelingt. A, der sich der konkreten Möglichkeit des Erfolgseintrittes bewußt bleibt, schätzt das Risiko falsch ein und nimmt infolgedessen die Handlung vor, die den Tod des C herbeiführt.

Die Frage, ob A wegen bedingt vorsätzlicher oder wegen fahrlässiger Tat zur Rechenschaft zu ziehen ist, läßt sich nach dem jeweiligen Standpunkt sehr verschieden beantworten. Doch ist oben[119] schon gezeigt worden, daß und warum die Abgrenzung von mittelbarer Täterschaft und Anstiftung davon nicht abhängig gemacht werden darf. Wir sehen also von diesen schwierigen Streitfragen ab und versuchen, das Problem mit den bisher erarbeiteten Kriterien der Tatherrschaft zu lösen.

Dann ergibt sich zunächst, daß der Hintermann B die Gestaltung des Kausalablaufs besser übersehen hat als der A. Doch ändert dessen Irrtum nichts daran, daß er den Tatbestand final, rechtswidrig und schuldhaft verwirklicht hat. Eine mittelbare Täterschaft kann deshalb nur dann vorliegen, wenn man wie bei den oben behandelten Fallgruppen beim Hintermann eine Tatherrschaft vierter Stufe annehmen darf. Voraussetzung dafür wäre, daß dem Geschehen, so wie es der B vor Augen hat und seinem Plane gemäß auf den Erfolg hinlenkt, ein anderer Handlungssinn zukäme als dem Verhalten des A.

Bei Erörterung dieser Problematik wollen wir vorerst von unserem konkreten Beispiel absehen und die Frage allgemein dahin stellen, ob eine unrichtige Einschätzung der Erfolgs-Chance durch den Täter sich auf den Handlungssinn auswirkt. Dabei wird man die in Betracht kommenden Konstellationen unter dem doppelten Aspekt ihrer psychologischen Struktur und ihres rechtlichen Bedeutungsgehaltes würdigen müssen.

A. Der psychologische Aspekt

Zunächst einmal kann von einer Geschehenssteuerung durch den Hintermann nur dort die Rede sein, wo sein größeres Kausalwissen auf die Gestaltung des äußeren Geschehens von Einfluß ist. Das ist keineswegs immer der Fall. Wenn beispielsweise der ausführende A und der veranlassende B den Erfolg gleichermaßen erstreben, bleibt die bessere Orientierung des B über die Wahrscheinlichkeit des Erfolgseintrittes auf das Handlungs-

---

[119] S. 192/193

geschehen ohne jede Auswirkung. Hätte A gewußt, was B weiß, so hätte sich der Vorgang nicht anders gestaltet. Dasselbe gilt, wenn der Vordermann den deliktischen Erfolg zwar nicht erstrebt, sein Eintritt ihm aber in dem Grade gleichgültig ist, daß die Größe des Risikos für seinen Entschluß keine Bedeutung hat. Kurz: Aus dem Bereich der mittelbaren Täterschaft scheiden von vornherein alle die Fälle aus, in denen der Vordermann auch dann nicht anders gehandelt hätte, wenn ihm das größere Wissen des Außenstehenden inhaltlich bekannt gewesen wäre.

In vielen Fällen dieser Art wird es so sein, daß dem Verhalten des Hintermannes jede kausale Beziehung zum Erfolge fehlt. Wenn etwa in unserem Bomben-Beispiel auch der A den Tod des C herbeiführen wollte, hätte sich die Täuschung des B auf den Gesamtvorgang in keiner Weise ausgewirkt: Den Tatentschluß hat A selbst gefaßt; und nicht einmal eine psychische Beihilfe liegt vor, denn die Vorspiegelung einer geringeren Erfolgs-Chance kann auf das Verhalten des A eher hemmenden als fördernden Einfluß gehabt haben. Es ist klar, daß hier eine mittelbare Täterschaft nicht in Betracht kommt, weil schon die Mindestvoraussetzung für eine Geschehenssteuerung durch den Hintermann, nämlich die Kausalität, fehlt.

In anderen Situationen hat der Außenstehende freilich eine Erfolgsbedingung gesetzt; so, wenn der B den A erst auf den Gedanken bringt, den C durch einen Bombenwurf zu töten, oder wenn er ihm den Sprengkörper hinreicht. Aber in solchen Fällen handelt es sich um eine typische Anstiftungs- und Beihilfekausalität, die keine Geschehenssteuerung begründet und, wie leicht zu sehen ist, mit dem größeren Kausalwissen des Außenstehenden nichts zu tun hat. Eine Kausalität der Täuschung besteht also auch bei derartiger Sachlage nicht.

Gegen die hier vertretene Auffassung, wonach eine mittelbare Täterschaft jedenfalls dann nicht anzunehmen ist, wenn der Täter auch bei einer richtigen, der Kenntnis des Hintermannes entsprechenden Einschätzung der Erfolgswahrscheinlichkeit nicht anders gehandelt hätte, ließe sich zweierlei einwenden: Erstens könnte man geltend machen, mit dem Abstellen auf das, was geschehen wäre, wenn…, greife man in Wahrheit auf den Gedanken der „überholenden Kausalität" zurück, von dem oben[120] ausdrücklich betont worden ist, daß er für die Abgrenzung von mittelbarer Täterschaft und Anstiftung keine Bedeutung habe. Und zweitens mag die Frage auftauchen, warum wir denn in den früher behandelten Fällen *stets* eine Willensherrschaft des mehr wissenden Hintermannes angenommen haben, ohne darauf einzugehen, ob der Ausführende nicht vielleicht bei Kenntnis der Sachlage ebenso gehandelt hätte.

Beide Einwände sind nicht stichhaltig. Sie bedürfen aber doch einer Stellungnahme, weil es sich um naheliegende Mißverständnisse handelt, deren Ausräumung die bei aller Differenziertheit widerspruchslose Entfaltung des Grundgedankens der Willensherrschaft hervortreten läßt.

Was zunächst die Berücksichtigung der überholenden Kausalität, also eines hypothetischen Ursachenverlaufes, anlangt, so kann man davon nur

---

[120] Vgl. S. 175–178

dann sprechen, wenn die kausale Wirkung eines Umstandes auf den faktischen Geschehensablauf außer Zweifel steht, wenn man aber diesen
Umstand außer Betracht läßt, weil der Erfolg auch sonst eingetreten wäre. So
lag es in den an anderer Stelle erörterten Fällen „unwesentlicher" Beeinflussung des Kausalverlaufs[120] – hier aber ist es nicht so. Denn wenn A ohne
den Risikoirrtum genauso gehandelt hätte, fehlt schon jede reale Ursächlichkeit der Täuschung, weil nicht sie, sondern der Tötungswille Motiv der Tat
gewesen ist. Allerdings ist auch für die Ermittlung des realen Bedingungszusammenhanges der Vergleich mit einem hypothetischen Ursachenverlauf
erforderlich, bei dem der auf seine Kausalität zu prüfende Faktor eliminiert
oder hinzugedacht wird; aber darin liegt ein allgemeines Merkmal der Äquivalenztheorie, das nicht dazu dienen kann, den Vorwurf der Heranziehung
hypothetischer Geschehensabläufe zu begründen[121].

Dadurch klärt sich auch die zweite Frage. Wenn jemand den rechtlichen
Unwertgehalt oder auch nur den konkreten Handlungssinn seines Tuns – so
wie er oben beschrieben worden ist – nicht erfaßt, kann das Problem, was er
bei Kenntnis der Situation getan hätte, für die rechtliche Beurteilung nicht
aktuell werden. Denn jedenfalls *hat* er auf Grund einer Motivation gehandelt, die der objektiven Bedeutung seines Verhaltens nicht gerecht wurde
und deshalb eine sinngestaltende Überdetermination durch den Hintermann
zuließ. Wollte man hier fragen, wie der Ausführende sich ohne den Irrtum
verhalten hätte, so läge darin in der Tat die Unterschiebung eines nur
gedachten Ereignisses. Wenn die Fälle des Risikoirrtums anders zu beurteilen
sind, so hat das seinen Grund darin, daß dort, wo die falsche Einschätzung
der Erfolgs-Chance auf den Entschluß des Handelnden keinen Einfluß hat,
der Unrechts- und Schuldgehalt ebenso wie der konkrete Handlungssinn
durch das unzutreffende Wahrscheinlichkeitsurteil nicht verändert werden:
Beabsichtigt jemand, durch einen Schuß aus großer Entfernung einen
anderen zu töten, so ist es unter keinem Gesichtspunkt von Belang, ob er die
Erfolgsaussicht mehr oder weniger richtig beurteilt.

Die psychische Situation hat hier also auch eine rechtliche Sinnbedeutung
zumindest in negativer Hinsicht: Fehlt es an der Kausalität einer Täuschung
oder an der psychischen Relevanz eines auf andere Weise entstandenen Irrtums, so kann eine tatgestaltende Überdetermination und demnach auch eine
mittelbare Täterschaft nicht gegeben sein.

B. Die rechtliche Bedeutung des psychisch relevanten Risikoirrtums

Mit alledem sind aber die Fälle, bei denen eine Täuschung über die Wahrscheinlichkeit des Erfolgseintritts sich auf den Handlungsentschluß des
unmittelbaren Täters auswirkt, noch nicht zugunsten einer mittelbaren

---

[121] Das kommt auch im Urteil BGHSt 13, 13–15, nicht deutlich heraus; denn es hätte
    dort erst einmal geklärt werden müssen, ob überhaupt die Lügengeschichte des Ange-
    klagten – oder nicht vielleicht seine bloße Geldbitte – die Vermögensverfügung ver-
    anlaßt hat.

Täterschaft entschieden. Um einen Sachverhalt dieser Art handelt es sich in unserem Ausgangsbeispiel: Hätte A gewußt, daß die Bombe mit hoher Wahrscheinlichkeit explodieren werde, so wäre die Tat unterblieben. B hat sich also kraft seiner Täuschung des A in dem für dessen Entschließung maßgebenden Punkt als eines blinden Werkzeuges bedient. Die psychologischen Voraussetzungen einer höherstufigen Tatherrschaft liegen damit vor.

Wir haben aber schon bei früherer Gelegenheit gesehen, daß dieser Umstand allein zur Begründung einer mittelbaren Täterschaft nicht ausreicht. Eine Täuschung über die Strafbarkeit bei voller Kenntnis des Unrechts- und Schuldgehaltes durch den Ausführenden kann motivierend wirken, ohne dem Hintermann die Willensherrschaft zu verleihen[122]. Berücksichtigen wir die in diesem Zusammenhang gewonnenen Erkenntnisse, so hängt die Lösung des hier in Rede stehenden Problems von der Antwort auf die beiden folgenden Alternativ-Fragen ab:

Hat ein Ausführender, der sich der konkreten Möglichkeit einer Tatbestandsverwirklichung bewußt ist, sich aber wegen einer unrichtigen Einschätzung ihrer Wahrscheinlichkeit trotzdem zum Handeln entschließt, das Unrecht, die Schuld und den konkreten Handlungssinn seines Tuns in demselben Maße erfaßt wie ein Hintermann, der das Risiko bzw. die Chance des Erfolges zutreffend erkennt? Oder verwirklicht nur der Außenstehende vorsätzlich den vollen rechtlichen Bedeutungsgehalt der Tat? Im ersten Falle liegt eine Anstiftung vor. Läßt sich dagegen die zweite Frage bejahen, so gestattet das größere Kausalwissen dem B auch nach rechtlichen Maßstäben eine sinngestaltende Überformung des Handlungsgeschehens, die zur Annahme einer mittelbaren Täterschaft führt.

Zutreffend ist die letztgenannte Auffassung. Denn der entschließungserhebliche Risikoirrtum läßt zwar die Finalität und die Rechtswidrigkeit unberührt und verschleiert dem Täter auch nicht die Individualität und Qualität des konkreten Handlungsobjektes. Aber er mindert den Schuldgehalt seines Tuns. Hat jemand ein Delikt durch ein Verhalten verwirklicht, das er bei irrtumsfreier Beurteilung des Risikos unterlassen hätte, so handelt er weniger schuldhaft, als wenn er die Tat bei richtiger Kenntnis der Sachlage vorgenommen hätte.

Dem Rechtsgefühl leuchtet das unmittelbar ein. Wenn jemand die Aussicht, daß bei einer waghalsigen Aktion ein anderer zu Schaden kommen könnte, auf 10 % einschätzt und daraufhin das Unternehmen riskiert, so ist das zwar immer noch als final, rechtswidrig und schuldhaft anzusehen, aber die Vorwerfbarkeit ist entschieden geringer, als wenn die von ihm erkannte Gefahr der Rechtsgüterverletzung sich auf 90 % belaufen hätte.

Auf dieser Einsicht beruht es, daß jene Lehren, die Vorsatz und Fahrlässigkeit nach dem Maße der Schuld unterscheiden, auf das Kriterium der Wahrscheinlichkeit nicht ganz verzichten können. Dort, wo die Risikofrage für den Entschluß des Täters überhaupt relevant ist, nimmt die Schuld im selben Verhältnis ab, in dem die Wahrscheinlichkeit einer Tatbestands-

---

[122] Vgl. dazu im einzelnen oben S. 201–203

verwirklichung nach den Vorstellungen des Handelnden geringer wird. Man kann sich das durch das Bild einer gleitenden Skala verdeutlichen, die nach oben an den dolus directus, nach unten an die unbewußte Fahrlässigkeit grenzt. Wo man hier die Trennungslinie zwischen Vorsatz und Fahrlässigkeit zieht, die immer einen gewaltsamen Einschnitt in fließende Übergänge bedeutet, ist für unsere Betrachtung unerheblich; denn auch innerhalb des – so oder anders bestimmten – Vorsatz- und Fahrlässigkeitsbereiches stuft sich die Schuld ihrem Umfange nach proportional der vorgestellten Wahrscheinlichkeit ab.

Ist dem aber so, dann erfaßt der Hintermann, der einen Risikoirrtum hervorruft oder ausnutzt, den rechtlichen Bedeutungsgehalt der Tat besser als der Ausführende; er kennt schulderhebliche Umstände, die dem Handelnden verborgen bleiben. Der Sinn, den er dem Geschehen durch seinen kausalen Beitrag aufprägt, ist auch nach rechtlichen Maßstäben ein anderer als der, den die Tat in den Augen des Vordermannes hat. Einerlei, ob man diesen wegen vorsätzlichen oder fahrlässigen Verhaltens bestraft: Es liegt eine sinngestaltende Überdetermination vor, die dem Hintermann die Tatherrschaft verleiht.

Unser Ergebnis läßt sich also wie folgt zusammenfassen: Wo eine Täuschung über die Wahrscheinlichkeit des Erfolgseintrittes für den Entschluß des Handelnden kausal ist, oder wo die Kenntnis des wahren Risikos ihn von seinem Tun abgehalten hätte, begründet die Herbeiführung oder Ausnutzung eines solchen Irrtums die mittelbare Täterschaft des Außenstehenden. Entschließungsunerhebliche Risikoirrtümer des Handelnden lassen die Mitwirkung des Hintermannes als Teilnahme erscheinen. Dasselbe gilt, wenn beide dem gleichen – sei es auch für ihr Verhalten maßgeblichen – Irrtum unterliegen.

VI. Der Irrende handelt tatbestandslos oder rechtmäßig

Hier sind zwei vieldiskutierte Fallgruppen zu erörtern: Das Problem der mittelbaren Täterschaft durch einen tatbestandslos handelnden Mittler, das sich hauptsächlich bei dem durch einen Irrtum herbeigeführten Selbstmord ergibt (1) und die Benutzung eines rechtmäßig handelnden Werkzeugs, wie sie in den klassischen Beispielen des Prozeßbetrugs und der Herbeiführung einer materiell ungerechtfertigten strafrechtlichen Verurteilung vorliegt (2).

1. Der Ausführende handelt tatbestandslos [123]

Die Frage, ob jemand Täter eines Mordes oder Totschlages ist, wenn er einen anderen durch eine Täuschung vorsätzlich zum Selbstmord bestimmt, ist lebhaft umstritten.

---

[123] Die Fälle, bei denen das Opfer sich unvorsätzlich selbst tötet, sind des Zusammenhanges wegen schon an anderer Stelle (oben S. 170 ff.) besprochen worden.

Unter den Anhängern der Tatherrschaftslehre will Maurach[124] in allen Fällen der „Hervorrufung eines Motivirrtums beim Selbstmörder" mittelbare Täterschaft annehmen; als Beispiele nennt er die Vorspiegelung einer schweren Krankheit oder die Behauptung, dem anderen in den Tod folgen zu wollen. Auch Welzel[125] spricht davon, daß jemand mittelbarer Täter sei, wenn er „die finale Tatherrschaft über die Selbsttötung ..., z. B. infolge ... Täuschung" habe. Über die Art der Täuschung macht er keine näheren Angaben.

Dagegen kommen Wieners und Kaun, die beide eine Spezialuntersuchung über die Beteiligung am Selbstmord vom Standpunkt der Tatherrschaftslehre aus vorgelegt haben, unabhängig voneinander zu dem Ergebnis, daß eine mittelbare Täterschaft des Hintermannes in keinem Falle vorliege, weil beim Veranlaßten „die Fähigkeit zur Bildung eines persönlichkeitsbestimmten Willensentschlusses"[126] nicht ausgeschaltet sei und der Getäuschte „die Entscheidung für oder wider das Leben ... frei zu treffen"[127] vermochte.

Auch sonst sind ganz verschiedene Lösungen vertreten worden[128]. Vom Standpunkt der früher herrschenden Animus-Theorie aus wird man schon deshalb leicht zur Bejahung der mittelbaren Täterschaft neigen, weil der täuschende Hintermann den „Täterwillen" hat. Doch ergeben sich daraus für die Tatherrschaftslehre keine verwertbaren Ansätze.

Wir können bei der Lösung von den oben behandelten Fällen der vierten Tatherrschaftsstufe ausgehen. Prinzipielle Abweichungen, die eine entsprechende, die Besonderheiten der Selbsttötung berücksichtigende Verwendung der dort entwickelten Gedanken ausschließen würden, ergeben sich nicht. Daraus folgt:

Die von Wieners und Kaun angestellte Erwägung, daß der Selbstmörder trotz der Täuschung die freie Entscheidung über sein Leben in der Hand behalte, spricht nicht gegen die Annahme einer mittelbaren Täterschaft. Sachlich ist sie im wesentlichen – wenn auch nicht immer – richtig. Es gibt freilich Irrtümer, die den Getäuschten in eine psychische Zwangssituation versetzen, die derjenigen der §§ 52, 54 StGB gleichkommt: So etwa, wenn jemand im Kriege einem Widerstandskämpfer, den er aus dem Wege räumen will, vorlügt, die Gestapo sei schon im Begriff, ihn abzuholen, und es sei, um den zu erwartenden Folterungen zu entgehen, besser, sich vorher selbst den Tod zu geben. In solchen Fällen kann man nach den gesetzgeberischen Wertvorstellungen, wie sie in den §§ 52, 54 StGB zum Ausdruck kommen, den Selbstmordentschluß des Irrenden nicht mehr „frei" nennen, und zumindest hier müßten auch Wieners und Kaun eine mittelbare Täterschaft annehmen.

Im Normalfall ist es allerdings in der Tat so, daß der Getäuschte noch durchaus frei über sein Leben entscheiden kann. Wenn jemand seiner Ge-

---

[124] B.T., 3. Aufl., S. 17; sehr ähnlich A.T., 2. Aufl., S. 504
[125] Lehrb., 7. Aufl., S. 245
[126] Wieners a. a. O. S. 66/67 (66)
[127] Kaun a. a. O. S. 51–55 (52)
[128] Vgl. die Angaben bei Kaun, S. 55, Anm. 1

liebten, deren er überdrüssig ist, den Vorschlag macht, mit ihm gemeinsam in den Tod zu gehen, und später, nachdem sie sich getötet hat, froh ist, sie auf diese Weise losgeworden zu sein, so stand es der Frau sicherlich frei, ob sie auf den trügerischen Vorschlag des Mannes eingehen wollte oder nicht. Und auch die Vorspiegelung einer unheilbaren Krankheit etwa „zwingt" den Getäuschten nicht zum Selbstmord. Es gibt viele, die wissen, daß sie bald sterben müssen, und dennoch aus freiem Entschluß weiterleben.

Aber diese ganze Betrachtungsweise trifft den Kern der Sache nicht. Sie reduziert den Bereich der Tatherrschaft auf die Nötigungsfälle und übersieht, daß auch der Irrtum eines frei Handelnden dem Hintermann die Willensherrschaft in Form einer sinngestaltenden Überdetermination ermöglichen kann. Es ist nicht nur hier, sondern in allen Fällen der mittelbaren Täterschaft durch Benutzung eines irrenden Werkzeuges so, daß der Ausführende hinsichtlich dessen, was er will, frei handelt[129]. Seine Unfreiheit liegt darin, daß er nicht weiß, was er tut. Die Frage kann hier also nur sein, ob eine solche Unkenntnis bei einem „Betrug ums Leben"[130] vorliegt. Sicher ist der Getäuschte sich darüber klar, daß er Selbstmord begeht. Jedoch wissen wir bereits, daß es für die mittelbare Täterschaft nicht lediglich auf die Kenntnis des äußeren Erfolges, sondern auf das Verständnis des konkreten Handlungssinnes ankommt.

Diesen Sinn aber verfehlt der getäuschte Selbstmörder, und zwar gilt das besonders dann, wenn man den Entschluß zur Selbsttötung als eine höchstpersönliche, unvertretbare, den innersten Kern der Persönlichkeit berührende „existenzielle" Entscheidung ansieht – wenn man also den Argumenten folgt, mit denen meistens gerade die fehlende Tatherrschaft des Hintermannes begründet werden soll. Denn wenn man das zugibt, so läßt sich nicht ein Selbstmord mit dem anderen gleichsetzen, sondern es handelt sich um einen je einmaligen, unwiederholbaren und rationaler Generalisierung unzugänglichen Akt der Freiheit, der seinen Sinn allein aus der individuellen Situation und Motivation des Handelnden erhält. Dann aber muß eine Handlung als schlechthin sinnlos erscheinen, wenn sie auf Voraussetzungen ruht, die täuschendes Blendwerk sind. Man denke an unsere Beispielsfälle: Die betrogene Geliebte und der vermeintlich unheilbar Kranke müßten sich selbst um den Sinn ihres Todes betrogen fühlen, und sich daher als blinde Opfer eines abgefeimten Mordplanes erscheinen, während der Hintermann den Zweck seines Manövers, die Beseitigung einer ihm lästigen Person, in vollem Umfang erreicht hat. Läßt man also, wie es nach dem oben Dargelegten erforderlich ist, eine auf die Gestaltung des konkreten Handlungssinnes gerichtete Überdetermination für die Willensherrschaft ausreichen, so liegt hier ein Fall mittelbarer Täterschaft vor. Die Beispiele sind daher im Sinne Maurachs zu entscheiden.

Zu einer anderen Lösung könnte man nur dann kommen, wenn man die Meinung vertreten wollte, die Rechtsordnung kümmere sich nicht um die

---

[129] Vgl. darüber schon oben S. 171
[130] Feld, Die Anstiftung und Beihilfe zum Selbstmord, Diss., 1909, S.35; zitiert nach Kaun, S. 55, Anm. 1

Sinnbedeutung, die der Selbstmord für den einzelnen habe. Nach rechtlichen Beurteilungsmaßstäben sei ein Freitod wie der andere. Wer sich selbst den Tod gebe, habe alles gewußt, was an dem Vorgang rechtlich relevant sei; einerlei, unter welchen Voraussetzungen er die Tat vollbracht habe.

Würde man dem folgen, so wäre eine mittelbare Täterschaft allerdings abzulehnen. Es kann auch kein Zweifel sein, daß eine solche Meinung in ihrer Argumentation den springenden Punkt erfaßt und die einzige echte Antithese zur oben entwickelten Auffassung bildet. Die wirkliche Alternative bei der Entscheidung unseres Problems bezeichnen nicht – wie man meist annimmt – die Begriffe der psychischen „Freiheit" und „Unfreiheit", sondern die Kriterien der rechtlichen „Sinngleichheit" und „Sinndifferenz".

Aber auch sachlich liegt die von uns entwickelte Gegenansicht recht nahe. Man muß sogar zwangsläufig auf sie kommen, wenn man die für die Straftatbestände geltende Lösung unbesehen auf das Selbstmordproblem überträgt. Das zeigt ein einfaches Parallelbeispiel: Wenn jemand, der einem anderen eine unheilbare Krankheit vorgetäuscht hat, ihn dadurch nicht in den Freitod treiben will, sondern ihm stattdessen rät, in der kurzen ihm verbleibenden Frist sein Leben noch einmal ausgiebig zu genießen, einen Großbetrug zu verüben und mit dem erbeuteten Gelde eine Weltreise zu unternehmen, so wäre das nach der hier vertretenen Lehre eine Anstiftung zum Betruge und nicht etwa ein Fall der mittelbaren Täterschaft. Warum soll es dann – so wird mancher fragen – beim Selbstmord anders sein?

Die Antwort ergibt sich daraus, daß es im einen Fall um ein Delikt, im anderen um ein tatbestandsloses Tun geht. Der rechtserhebliche Sinngehalt einer kriminellen Tat – hier also des Betruges – wird durch die Strafbestimmung mit ihren Unrechts- und Schuldvoraussetzungen, schließlich auch durch die Identität und Qualität des konkreten Handlungsobjektes, erschöpfend bezeichnet. Umstände, die allein die Person des Handelnden selbst betreffen, wirken sich auf die Bedeutung der Tat nicht aus. Wenn der Delinquent unheilbar krank ist und eine Weltreise unternehmen will, so ist sein Verhalten deshalb um keinen Deut weniger betrügerisch. Es liegt also der klassische Fall eines Motivirrtums beim Ausführenden vor; der Hintermann begeht eine handlungsauslösende Täuschung, die eine sinngestaltende Überformung gleichwohl nicht zuläßt und deshalb als Anstiftung zu beurteilen ist.

Das ist bei der Selbsttötung grundlegend anders. Da sie tatbestandlich nicht erfaßt wird, legt keine abstrakte Norm ihren Sinngehalt fest. Schon deshalb kann man geneigt sein, ihn durch die Motivation des Handelnden bestimmen zu lassen und zu sagen: Was für den um sein Leben betrogenen Selbstmörder sinnlos ist, muß für den Gesetzgeber erst recht seine objektive Bedeutung durch den Tötungsplan des Hintermannes erhalten. Doch läßt sich dieses Ergebnis auch positiv aus der Sozialethik und aus dem Gesetz begründen: Für ein auf die Gemeinschaftswidrigkeit abstellendes, objektiv verstehendes Urteil ist der Freitod eines unheilbar Kranken durchaus anders zu bewerten als das Verhalten eines Hintermannes, der einen Gesunden arglistig zu einer auf Irrtum beruhenden Selbsttötung bewegt.

Darauf braucht man aber noch nicht einmal entscheidendes Gewicht zu legen. Denn schon allein die gesetzliche Behandlung des Freitodes läßt deutlich werden, daß zwischen dem Tun des irrenden Selbstmörders und dem des sehenden Hintermannes eine rechtliche Sinndifferenz besteht.

Wenn nämlich der Gesetzgeber die Selbsttötung – mag sie nun rechtmäßig, rechtswidrig oder unverboten[131] sein – für nicht tatbestandsmäßig erklärt und auch die Teilnahme daran straflos gelassen hat, so kann der Grund nur darin liegen, daß er den höchstpersönlichen Entschluß des einzelnen respektiert. Betrügt nun ein anderer den Selbstmörder um den individuellen Sinn seines Todes, so muß sich auch die rechtliche Beurteilungsbasis verschieben. Was objektiv geschieht, erfüllt nicht die Voraussetzungen, von denen der Handelnde ausging und über die der Gesetzgeber nicht rechten will. Es ist ein vom verantwortlichen Bewußtsein des Getöteten nicht mehr gedeckter Akt, der deshalb gerade in dem für die rechtliche Wertung des Selbstmordes entscheidenden Punkt einen anderen Sinngehalt aufweist als ein bei voller Kenntnis der Sachlage frei gewählter Tod. Darum liegt hier auch nach den Maßstäben des Strafrechts eine sinngestaltende Überdetermination vor, die unausweichlich zur mittelbaren Täterschaft des Hintermannes führt.

Die bei Abgrenzung der mittelbaren Täterschaft notwendige Unterscheidung von Straftat und Selbstmord zeigt deutlich, wie fehlerhaft es wäre, den Tatherrschaftsbegriff einer abstrakten Schematik zu unterwerfen und ihn als bloße Schablone zu benutzen. Er muß vielmehr bei richtiger Handhabung alle konkreten Besonderheiten der Materie in sich aufnehmen, ohne von seiner allgemeinen Gültigkeit das geringste einzubüßen.

Das vorstehend begründete Ergebnis ändert sich auch dann nicht, wenn man bedenkt, daß viele Selbstmorde auf einem persönlichkeitsinadäquaten, einer augenblicklichen Konfliktslage entspringenden, eher panikartigen Entschluß beruhen. Denn in einem solchen Falle tritt die objektive Sinnlosigkeit der vom Hintermann gesteuerten Selbsttötung eher noch deutlicher hervor, weil der Handelnde schon subjektiv nur noch in eingeschränktem Sinne frei entscheidet.

Es ist auch nicht zu befürchten, daß unsere Auffassung zu einer übermäßig weitgehenden Pönalisierung der Beteiligung am Selbstmord führen könnte. Denn da der Entschluß zur Beendigung des eigenen Lebens zu den schwersten gehört, die man überhaupt treffen kann, muß es sich um eine Täuschung handeln, die die Persönlichkeit des Opfers an der Wurzel trifft. Außerdem muß der Hintermann natürlich schon im Augenblick der Täuschung den Selbstmord des Getäuschten als Folge seines Tuns ins Auge fassen; wenn er erst hinterher bemerkt, daß der andere unter dem Eindruck der Lüge sich das Leben nehmen will, so kommt höchstens eine Unterlassungstat in Frage, die an dieser Stelle noch nicht zu behandeln ist und in ihren Voraussetzungen anderer Beurteilung unterliegt[132].

---

[131] Richtig dürfte die letztgenannte Auffassung sein, die neuerdings Gallas, JZ 1960, S. 652–655, eingehend begründet hat.

[132] Vgl. dazu unten S. 473 ff.

230

Ebensowenig nötigt die hier vertretene Lösung dazu, eine Versuchsbestrafung eintreten zu lassen, wenn der andere die Lüge durchschaut oder
sich trotz der Täuschung nicht zum Selbstmord entschließt. Es ist dies allein
eine Frage der Abgrenzung von Vorbereitungshandlung und Versuch; verlangt man hier – wie sonst – eine unmittelbare Gefährdung des Opfers[133], so
wird man solche Fälle straflos lassen müssen.

Endlich zwingt die oben entwickelte Ansicht auch nicht dazu, eine fahrlässige Tötung anzunehmen, wenn jemand durch eine Täuschung in unge-
wollter, obgleich vorhersehbarer Weise den Tod eines anderen herbeigeführt
hat. Denn nach welchen Gesichtspunkten die Täterschaft bei fahrlässigen
Delikten zu bestimmen ist, wird durch die Behandlung der vorsätzlichen
Taten in keiner Hinsicht festgelegt[134].

Allerdings muß auch bei der Mitwirkung am Selbstmord die bloße Unterstützung in Kenntnis des Irrtums zur Bestrafung des Hintermannes genügen.
Wer in unserem Beispielsfall dem Mädchen den Revolver zur Verfügung
stellt, obwohl er weiß, daß der Geliebte sie durch die Vorspiegelung, mit ihr
in den Tod zu gehen, nur loswerden wollte, der ist gleichfalls eines Verbrechens schuldig, wenn auch vielleicht nur der Beihilfe zum Morde[135].

Noch einen letzten Einwand wollen wir uns selbst machen: Man könnte
vorbringen, nach der hier vertretenen Lehre werde ein Täuschender härter
angefaßt als ein anderer, der ein übriges tue und den selbstmordbegründen-
den Umstand nicht nur vorspiegele, sondern tatsächlich verwirkliche; in
diesem zweiten Fall werde nämlich eine mittelbare Täterschaft nur bei entsprechender Anwendbarkeit der §§ 52, 54 StGB angenommen.

Doch darin liegt kein Gegenargument; denn die unterschiedliche Be-
hanlung ist gerechtfertigt. Wenn die Umstände, die den Selbstmord auslösen, wirklich vorliegen, stimmt die objektive Bedeutung der Tat mit der
Vorstellung und dem Willen des Handelnden überein. Sofern die Zurechnungsfähigkeit und die Freiheit der Willensbildung bestehen bleiben,
verwirklicht also der Selbstmörder seinen höchstpersönlichen und von ihm
zu verantwortenden Entschluß. Nicht für ihn, sondern für die Schaffung
seiner Voraussetzungen ist der Hintermann rechtlich verantwortlich zu
machen.

2. Der Ausführende handelt rechtmäßig

Auch die früher sehr umstrittenen, heute im Ergebnis geklärten Fälle der
Benutzung eines rechtmäßig handelnden irrenden Werkzeuges[136] sind mit
Hilfe der oben entwickelten Kriterien ohne Schwierigkeit zu lösen.

---

[133] so der BGH, BGHSt 4, 270–275 (273)
[134] Vgl. dazu im einzelnen unten S. 527ff.
[135] Über das hier hinzutretende Problem der Abgrenzung von Mittäterschaft und Beihilfe
bei zwei Hintermännern vgl. unten S. 275ff.
[136] ihre allgemeine Problematik vom Standpunkt der Taterrschaftslehre aus ist oben
schon berührt worden, vgl. S. 164/165

Wenn wir von den Hauptbeispielen des Prozeßbetruges[136a] und der Herbeiführung einer materiell ungerechtfertigten strafgerichtlichen Verurteilung ausgehen, so handelt zwar der Getäuschte rechtmäßig und bei der Urteilsfindung „frei"; es kann ja nicht die Rede davon sein, daß der Richter – zumal der Strafrichter – in seinen Entschlüssen von den Prozeßbeteiligten „beherrscht" würde. Er kennt auch die sachlichen und rechtlichen Konsequenzen seines Tuns; er weiß, gegen wen sich der Urteilsspruch richtet und wie er sich auswirken wird. Aber er verfehlt den konkreten Handlungssinn seines Verhaltens: Er glaubt, ein gerechtes Urteil zu fällen, während er in Wirklichkeit materiell falsch entscheidet und insofern ein blindes Werkzeug in der Hand des Hintermannes ist, der durch die gestaltend-sinnsetzende Überdetermination des Geschehens zum mittelbaren Täter wird[136b].

Daraus erklärt sich auch zwanglos, warum die viel behandelten Fälle eines nur überschießenden „Gesinnungsunwertes" anders zu lösen sind: Die Ehefrau und ihr Freund räumen den Ehemann dadurch aus dem Wege, daß sie ihn wahrheitsgemäß wegen eines schweren Deliktes anzeigen, oder: Der sadistisch veranlagte Nachbar verleitet den Vater eines unartigen Jungen zu einer erzieherisch gebotenen Tracht Prügel[137]. In derartigen Situationen fehlt bei dem unmittelbar Handelnden jeder Irrtum über den konkreten Handlungssinn. Es bleibt immer dabei, daß es sich um eine formell und materiell in vollem Umfang rechtmäßige Verurteilung bzw. Züchtigung handelt. Wenn der Ausführende sich im Irrtum über die Beweggründe des Veranlassenden befindet, so liegt eine solche Falschvorstellung außerhalb des Handlungsvollzuges und ist ohne Einfluß auf seinen Bedeutungsgehalt[138].

VII. Zusammenfassung

Auch die vielgestaltigen Irrtumsfälle lassen sich vom Standpunkt der Tatherrschaftslehre aus nach einem einheitlichen Prinzip lösen. In Leitsätzen zusammengefaßt ergibt sich folgendes:

[136a] Für diesen Fall bestreitet jetzt Johannes, Mittelbare Täterschaft, S. 14 f., daß eine mittelbare Täterschaft vorliege; der Richter sei nicht Werkzeug, sondern – weil er selbst getäuscht werde – Opfer des Betruges. Aber das ist ein Streit um Worte. Denn der Betrug setzt zwei Erfolge voraus: eine Irrtumserregung und einen Schaden. Dabei ist der Richter gewiß Opfer der Täuschung; aber er ist gleichzeitig blindes Werkzeug bei der Vermögensbeschädigung. Deshalb besteht keine Veranlassung, diesen Fall terminologisch anders zu behandeln als die durch Täuschung bewirkte strafgerichtliche Verurteilung.

[136b] Das verkennt Johannes, Mittelbare Täterschaft, S. 40 f., wenn er meint, daß eine Tatherrschaft hier nicht zu begründen sei und von den Anhängern dieser Lehre „genau so willkürlich dekretiert" werde „wie früher der animus auctoris vom Reichsgericht".

[137] Zu den Beispielen vgl. Welzel, LB, 7. Aufl., S. 94; SJZ 1947, Sp. 648

[138] Ebenso im Ergebnis vom Standpunkt der Tatherrschaftslehre aus: Welzel, SJZ 1947, Sp. 648; LB, 7. Aufl., S. 94; Less, JZ 1951, S. 551; Kohlr./Lange, 42./43. Aufl., vor § 47, 5, B, 2, h, S. 163; wenn Lange hier meint, daß Welzel entgegengesetzt entscheidet, so beruht das anscheinend auf einem Irrtum. Wie hier auch BGHSt 3, 110–129 (114). Anders OLG Bamberg, DRZ 1950, S. 302–303 mit abl. Anm. Welzel (S. 303/04)

1. Die Irrtumssituationen sind von den mannigfach abschattierten Nötigungslagen scharf zu trennen. Während in den Fällen der Nötigung die mittelbare Täterschaft des Hintermannes auf der – am Verantwortungsprinzip orientierten – Beherrschung der Willensentschlüsse des unmittelbar Handelnden beruht, geht es hier um die sinnsetzende Überdetermination eines vom Ausführenden frei gewählten Verhaltens.

2. Die Möglichkeit einer gestaltenden Überdetermination beruht auf dem Schichtencharakter der Tatherrschaft, die in vierfacher Weise abgestuft ist. Sie gliedert sich nach der Kenntnis der Tatumstände, der materiellen Rechtswidrigkeit, der Vorwerfbarkeitselemente und des konkreten Handlungssinnes in vier Grade, deren jeweils höherer dem Hintermann gegenüber dem unmittelbar Handelnden die Tatherrschaft verleiht.

3. Die Herrschaft des Hintermannes erklärt sich dabei aus dem Umstande, daß er kraft seines weiterreichenden Wissens den sozialen Bedeutungsgehalt des Vorganges tiefer erfaßt und infolgedessen fähig ist, das Handlungsgeschehen je nach dem Maße seiner überschießenden Kenntnis sinnverwirklichend allein zu gestalten; denn der unmittelbar Ausführende kann dem, was seinem Verständnis nicht zugänglich ist, seinen freien Willen nicht hemmend und selbstentscheidend entgegensetzen.

4. Die damit gefundene Lösung ist unabhängig von den verschiedenen Irrtumslehren und von den Kontroversen um den systematischen Standort und die inhaltliche Reichweite des Vorsatzbegriffes.

Diese Lehre hat äußerlich eine gewisse Verwandtschaft mit der schon mehrfach erwähnten „Übergewichtstheorie" Heglers[139], die ja überhaupt im Bereich der mittelbaren Täterschaft als Vorläufer des Tatherrschaftsgedankens anzusehen ist[140]. Bei näherer Betrachtung zeigt die Heglersche Auffassung aber doch im Grundgedanken, in der theoretischen Durchführung und in den praktischen Ergebnissen erhebliche Abweichungen. Denn erstens sind bei uns alle Einzellösungen auf das alle Täterformen umfassende Tatherrschaftsprinzip bezogen, während Heglers Übergewichtsgedanke ohne selbständige Begründung neben der von ihm sonst vertretenen formal objektiven Theorie in der Luft hängt; zweitens unterscheidet Hegler nur zwischen einem Übergewicht auf dem Gebiete der Rechtswidrigkeit und der Schuld, während die hier vertretene Meinung unabhängig von solchen systematischen Fragen auf dem weiterreichenden, ein größeres Maß an sinnhafter Lenkung ermöglichenden Wissen des Hintermannes beruht; drittens kann ein höheres Maß an Schuld, wenn es keine Geschehenssteuerung ermöglicht, nach unserer Ansicht die mittelbare Täterschaft gerade nicht begründen, wie die Behandlung der bewußten Fahrlässigkeit gezeigt hat; und viertens endlich finden sich, abgesehen von den ohnehin unumstrittenen Fällen, auch sonst in den sachlichen Ergebnissen kaum Übereinstimmungen zwischen den beiden Lehren.

---

[139] RGR-Praxis, Bd. V, 1929, S. 305–321
[140] Vgl. darüber schon oben S. 61

§ 23. Die Willensherrschaft bei Benutzung von Unzurechnungsfähigen und Jugendlichen

Zu den Hauptfällen der mittelbaren Täterschaft gehört neben den Erscheinungsformen der Nötigung und der Irrtumsausnutzung von alters her die Einschaltung eines unzurechnungsfähigen oder jugendlichen Tatmittlers. Dabei ist im einzelnen zwischen voller Zurechnungsfähigkeit (I, 1) und verminderter Zurechnungsfähigkeit (I, 2), zwischen Kindern (II) und Jugendlichen (II), zwischen Fremd- und Selbstschädigung (jeweils a und b) zu unterscheiden. Die Behandlung der meisten dieser Fälle ist unter den Vertretern der Tatherrschaftslehre umstritten.

I. Die Zurechnungsfähigkeit des unmittelbar Handelnden ist ausgeschlossen oder gemindert

1. Der Ausführende ist unzurechnungsfähig

Wir gehen davon aus, daß ein verantwortlicher Hintermann an der Deliktsverwirklichung durch einen Unzurechnungsfähigen mitwirkt (a); im Anschluß daran wird die Veranlassung Unzurechnungsfähiger zur Selbstschädigung, namentlich zum Selbstmord, zu erörtern sein (b).

a) Die Deliktsbegehung Unzurechnungsfähiger

aa) Zum Meinungsstand

In den Fällen der Unzurechnungsfähigkeit nimmt Gallas[1] generell eine mittelbare Täterschaft des Hintermannes an, soweit diese nicht an der Eigenhändigkeit oder dem Charakter der Tat als Sonderdelikt scheitert. Zur Begründung führt er aus, daß der Tatmittler „mangels Einsichts- oder Willensfähigkeit der Versuchung durch den Hintermann nicht den von ihm sonst geforderten Widerstand entgegenzusetzen" vermöge und diesem daher „in die Hand" gegeben sei[2].

Die meisten anderen Autoren nehmen unterschiedliche Differenzierungen vor. Welzel[3] beschränkt die Tatherrschaft des Hintermannes auf die Benutzung „gewisser willenloser Geisteskranker, die zwar zweckhaft handeln, die aber fremden Willen willenlos ausführen"; dagegen könne ein Geisteskranker „durchaus einen eigenen Willen entfalten"; dann liege Teilnahme vor. Maurach[4] meint nur, auch bei Unzurechnungsfähigkeit des unmittelbar Handelnden könne mittelbare Täterschaft gegeben sein, wenn der Hintermann die Tatherrschaft habe; er äußert sich nicht darüber, wann das der Fall ist. Lange[5] bejaht eine Täterschaft des Hintermannes, wenn er

---

[1] Gutachten S. 134; Sonderheft Athen, S. 15
[2] Gutachten a. a. O.
[3] Lehrb., 7. Aufl., S. 92
[4] A.T., 2. Aufl., § 48 II D 1, S. 503
[5] Kohlr./Lange, 42./43. Aufl., vor § 47, 5, B, 2, a, S. 162

„die Tat als eigene wollte". Wieners[6] stellt darauf ab, ob der Unzurechnungsfähige noch einen persönlichkeitsgeprägten Willensentschluß fassen konnte.

Weitergehend will Hardwig[7] anscheinend in geradem Gegensatz zu Gallas in sämtlichen Fällen nur Teilnahme annehmen, weil es „bei der Vorsatztat ausschließlich auf den Tatwillen des Täters" ankomme. – Diesen hat sicher auch der Unzurechnungsfähige. Daß allerdings der „natürliche" Vorsatz des Handelnden allein eine mittelbare Täterschaft nicht notwendig ausschließen kann, ist schon bei der Nötigung und auch bei vielen Fällen des Irrtums deutlich geworden.

Das Gesamtbild der verwirrend vielfältigen Meinungen zeigt, daß die Frage von einer Klärung weit entfernt ist. Unsere gleich zu entwickelnde Lösung deckt sich mit keiner der vorgetragenen Ansichten. Man wird zunächst einmal danach unterscheiden müssen, ob der Mangel beim intellektuellen oder beim voluntativen Element der Zurechnungsfähigkeit liegt.

bb) Der Defekt liegt im intellektuellen Bereich

Wenn der Täter zur Zeit der Tat unfähig war, „das Unerlaubte der Tat einzusehen", so hat der sehende Dritte die Tatherrschaft inne, einerlei, welcher Art seine Mitwirkung ist. Diese Fälle überschneiden sich mit denen des Verbotsirrtums[8]. Die dort für die Tatherrschaft des Hintermannes gefundenen Regeln müssen auch hier gelten. Dabei ist davon auszugehen, daß der Verständnismangel des Täters sich im Falle des §51 Abs. 1 StGB stets auf das materielle Unrecht, also auf die soziale Wertwidrigkeit seines Tuns, beziehen muß[9]. Daß jemand zwar genau weiß, daß er Unrecht tut, trotzdem aber infolge eines geistigen Mangels nicht in der Lage ist, die formelle Rechtswidrigkeit zu erkennen, dürfte kaum vorkommen. Wenn ein solcher Fall einträte, würde der Handelnde jedenfalls nicht nach §51 Abs. 1 StGB straffrei sein, weil der Gesetzgeber jedem zumutet, eine Handlung schon bei Erkenntnis ihrer Sozialschädlichkeit zu unterlassen.

Ist also in diesen Fällen die Voraussetzung erfüllt, daß der unmittelbare Täter sich nicht darüber klar ist, etwas materiell Unrechtes zu tun, so besitzt er zwar den Vorsatz im Sinne der Schuldtheorie und damit die Tatherrschaft erster Stufe, so daß er als – wenngleich schuldloser – Täter angesehen werden muß; der Hintermann aber, ob er die Tat nun veranlaßt oder unterstützt, ist als Tatherr zweiter Stufe einer sinnhaften Ablaufslenkung fähig und daher mittelbarer Täter. Natürlich kann der geistige Defekt beim Ausführenden auch so erheblich sein, daß er nicht einmal in der Lage ist, einen natürlichen Vorsatz zu fassen; dann hat der Hintermann erst recht die Tatherrschaft.

Anders ist es nur, wenn der Außenstehende zwar zurechnungsfähig, aber ebenfalls in einem Irrtum über das materielle Unrecht der Tat befangen ist.

---

[6] a. a. O. S. 64/65
[7] Festgabe für Eb. Schmidt, S. 480
[8] Vgl. darüber Dreher, GA 1957, S. 97ff.
[9] so auch Welzel, 7. Aufl., S. 133

Auch wenn er weiß, daß der unmittelbar Handelnde unzurechnungsfähig ist, liegt hier nur eine – bei Vermeidbarkeit des Irrtums strafbare – Teilnahme vor; denn es fehlt an jeder Überdetermination des Geschehens, weil auch der Hintermann das für die zweite Tatherrschaftsstufe erforderliche Sinnverständnis nicht aufgebracht hat. Zwar mag ihm im Gegensatz zum Vordermann der Irrtum vorwerfbar sein; doch ändert das nichts daran, daß er die Tatherrschaft in concreto nicht innehat.

Eigenartigerweise wird die den Irrtumsfällen entsprechende Form der Tatherrschaft in der Literatur meist übergangen, obwohl sie die wenigsten Probleme bietet. So ist es sicher richtig, wenn Welzel sagt, daß auch Geisteskranke einen eigenen Willen entfalten können; aber wenn der Defekt auf intellektuellem Gebiet liegt, so hindert die Freiheit des Willensentschlusses die Tatherrschaft des Hintermannes durchaus nicht. Es wird hier – wie so oft – verkannt, daß die Struktur der Willensherrschaft bei Verständnisfehlern des unmittelbar Handelnden eine ganz andere ist als dort, wo sie in der Lenkung der Willensbildung des Ausführenden liegt.

cc) Der Defekt liegt im voluntativen Bereich

Schwieriger ist die Frage nach der Tatherrschaft zu beantworten, wenn dem Unzurechnungsfähigen das Unerlaubte seines Tuns klar ist, er jedoch nicht die Fähigkeit besitzt, „nach dieser Einsicht zu handeln". Hier ist zunächst immer dann mittelbare Täterschaft anzunehmen, wenn der Hintermann dem unmittelbaren Täter den Deliktsplan suggeriert hat, wenn also im Falle seiner Zurechnungsfähigkeit Anstiftung vorläge. Denn der nach § 51 StGB Entschuldigte handelt hier zwar vorsätzlich und mit vollem Sinnverständnis; er kann auch bei der Deliktsausführung selbständig und mit Umsicht vorgehen. Aber da ihm jedes Hemmungsvermögen fehlt, kann ihm der Tatentschluß nicht als sein Werk zugerechnet werden. Er ist vielmehr insofern unfrei und – da er dem Antrieb nicht widerstehen kann – bei der Willensbildung vom Außenstehenden beherrscht.

Er hat die Handlungsherrschaft im Sinne vorsätzlich-eigenhändiger Tatbestandsverwirklichung und ist daher (schuldloser) Täter; aber ihm fehlt die Willensherrschaft, die einen personalen und rechtlich zu verantwortenden Tatentschluß voraussetzt. Der Fall liegt also auf derselben Ebene wie die oben behandelten Nötigungssituationen. Der enthemmenden Wirkung der Notstandslage entspricht die von vornherein bestehende Hemmungsunfähigkeit des Unzurechnungsfähigen. Hier wie dort[10] gestaltet der Hintermann das Geschehen, weil der Handelnde einen rechtlich beachtlichen Willensentschluß nicht fassen kann. Demgegenüber verschlägt es

---

[10] Eine Ausnahme galt nur für den Fall der Anstiftung zu einer Notstandstat nach § 54 StGB, die in ihren Voraussetzungen vom Hintermann nicht geschaffen und in der Durchführung von ihm nicht abhängig war, vgl. oben S. 151–153. Dort lag der Grund darin, daß die schon vorher bestehende Nötigungssituation durch eine Aufforderung nicht verändert wird, der zwingende Motivationsdruck also nicht vom Hintermann ausgeht, während hier gerade die Aufforderung für den der Hemmung nicht fähigen unmittelbaren Täter zwingend wirkt.

nichts, daß ein Unzurechnungsfähiger bei der Verwirklichung des einmal gefaßten Entschlusses sehr zielbewußt und tatkräftig auftreten kann; auch bei Nötigungssituationen kann es so sein, ohne daß an der Taterrschaft des Hintermannes zu zweifeln wäre. Es ist daher nicht möglich, hier Differenzierungen vorzunehmen, wie es die wohl herrschende Meinung will. Vielmehr ist der Veranlassende immer mittelbarer Täter.

Nach anderen Gesichtspunkten ist zu entscheiden, wenn der Unzurechnungsfähige den Tatentschluß schon gefaßt hat und der Außenstehende ihm nur bei der Verwirklichung hilft. Hier gibt es zwei Möglichkeiten:

Zunächst kann die Mitwirkung derart sein, daß ohne sie die Tat nicht möglich wäre. Der Irre will etwa ein Haus in die Luft sprengen, und ein anderer verschafft ihm die Bombe. Dann ist der Hintermann mittelbarer Täter. Denn da die Verwirklichung des Delikts von ihm abhängt und zwischen seinem Tatbeitrag und dem Erfolg kein verantwortlicher Wille eines anderen steht, hat er allein die Willensherrschaft inne und rückt neben dem Handelnden in das Zentrum des deliktischen Geschehens. Das entspricht insoweit der im Falle des § 54 StGB gefundenen Lösung[11].

Wenn dagegen die Unterstützung die Tat nicht ermöglicht, sondern nur fördert oder in ihrer konkreten Ausgestaltung modifiziert, gehört die Mitwirkung in den Bereich der Teilnahme. Diese Ausnahme erscheint mir zwingend; denn wenn der Hintermann die Tat nicht dadurch in der Hand hat, daß ihre Ausführung von seinem Beitrag abhängt, so könnte die Tatherrschaft in solchen Fällen nur darauf beruhen, daß die Willensbildung beim Handelnden infolge des vom Hintermann ausgehenden Anstoßes sich als dessen Werk darstellte. Das ist aber gerade nicht der Fall, wenn der Unzurechnungsfähige sich unabhängig davon zur Tat entschlossen hatte. Es ist also nur Beihilfe anzunehmen, wenn jemand dem Geisteskranken auf dessen Bitte eine naheliegende Waffe zum Angriff reicht.

b) Die Selbstschädigung Unzurechnungsfähiger

Nach ähnlichen Kriterien ist die Veranlassung eines Unzurechnungsfähigen zur Selbstschädigung (im praktisch wichtigsten Fall: zum Selbstmord) zu beurteilen. Auch hier muß man die Fälle mangelnder Einsicht und fehlender Hemmungsfähigkeit unterscheiden.

Auf die „Fähigkeit, das *Unerlaubte* der Tat einzusehen", kann man freilich nicht abstellen; denn der Selbstmord – ob er nun rechtswidrig ist oder nicht – enthält jedenfalls kein tatbestandliches Unrecht. Es muß aber in entsprechender Weise darauf ankommen, ob der Unzurechnungsfähige den sittlichen und sozialen Wert der Erhaltung des eigenen Lebens erkennen konnte[12]. Dabei ist zu beachten, daß der Mangel der Unzurechnungsfähigkeit nicht ohne weiteres in abstracto für alle Handlungen festgestellt werden darf – das ist wohl nur bei den eigentlichen Geisteskrankheiten möglich –,

---

[11] Vgl. oben S. 151–153
[12] insoweit übereinstimmend Kaun, S. 69

sondern sich stets auf die konkrete Tat beziehen muß. Es kann durchaus so sein, daß jemand, wenn er eine gegen die Rechtsgüter anderer gerichtete Straftat vorgenommen hätte, straflos geblieben wäre, im Hinblick auf die Selbsttötung aber als verantwortlich angesehen werden muß (und umgekehrt). Aber das gilt auch sonst: So kann die Zurechnungsfähigkeit bei einem einfachen Diebstahl zu bejahen sein, während sie bei der damit verbundenen Urkundenfälschung fehlt[13]. Wenn man das berücksichtigt, kann man auch hier generell[14] sagen: Als mittelbarer Täter ist jeder strafbar, der einem anderen eine Selbstschädigung ermöglicht oder ihn dazu veranlaßt, sofern diesem die Einsicht in die sittliche und soziale Bedeutung der Tat fehlt.

Der Fall, daß ein zurechnungsfähiger Hintermann ebenso ohne diese Einsicht handelt und deshalb nur (strafloser) Anstifter ist, dürfte kaum vorkommen; er bedarf deshalb keiner näheren Erörterung.

Eine den Fremdschädigungssituationen entsprechende Differenzierung ist bei den Fällen mangelnden Hemmungsvermögens vorzunehmen. Wer einem solchen Menschen die Selbstmordidee suggeriert, ist mittelbarer Täter, auch wenn das Opfer sich über die Bedeutung und Tragweite seines Verhaltens im klaren ist. Dagegen liegt in der Regel nur eine (straflose) Teilnahme vor, wenn der Handelnde in vollem Bewußtsein der Konsequenzen unter einem krankhaften Zwang zum Selbstmord leidet, den Tatentschluß allein faßt und ein Außenstehender ihm dabei in irgendeiner Weise hilft. Eine mittelbare Täterschaft kommt bei Konstellationen dieser Art allein dann in Frage, wenn der Selbstmörder ohne die Mithilfe des Hintermannes keine Gelegenheit hätte, sich das Leben zu nehmen; ein Fall, wie er in Irrenanstalten durchaus vorkommen kann.

2. Der Ausführende handelt in verminderter Zurechnungsfähigkeit

Soweit ich sehe, hat sich bisher niemand zu der Frage geäußert, ob der Hintermann die Tatherrschaft deswegen besitzen kann, weil beim unmittelbar Handelnden die Zurechnungsfähigkeit im Sinne des § 51 Abs. 2 StGB „erheblich vermindert" war. Richtigerweise muß man unterscheiden:

Wenn es so ist, daß der Ausführende deshalb nicht voll zurechnungsfähig ist, weil seine Fähigkeit, das Unerlaubte der Tat einzusehen, eine Minderung erfahren hat, so besitzt der Hintermann, sofern ihm das materielle Unrecht der Tat klar ist, die Willensherrschaft. Denn auf die Fähigkeit des unmittelbaren Täters, das Unerlaubte seiner Handlung einzusehen, kann es nur ankommen, wenn er es in concreto nicht eingesehen hat. Da nun das „Unerlaubte" in diesem Zusammenhang im Sinne der materiellen Rechtswidrigkeit zu verstehen ist, ist der vermindert Zurechnungsfähige in einer solchen Situation zwar Tatherr der ersten, nicht aber der zweiten

---

[13] vgl. Mezger, StuB, A.T., 9. Aufl., S. 157
[14] insoweit differenzierend Kaun, S. 66–72

Stufe, so daß der Hintermann im Wege „finaler" Überdetermination den Geschehensablauf sinnhaft gestalten kann. Es liegt insofern nicht anders als in den oben eingehend behandelten Fällen, bei denen dem Unmittelbaren aus sonstigen Gründen das Bewußtsein der sozialen Wertwidrigkeit seines Tuns fehlte[15]. Es kann also darauf verwiesen werden.

Im Gegensatz dazu liegt eine bloße Teilnahme vor, wenn der unmittelbare Täter zwar die volle Einsicht in die Bedeutung seines Tuns besaß, seine Fähigkeit, nach dieser Einsicht zu handeln, aber erheblich vermindert war. Hier könnte der Außenstehende nur die Tatherrschaft haben, wenn der Handelnde keinen rechtlich verantwortlichen Willensentschluß mehr zu bilden vermöchte, so daß die Tat allein als Willenswerk des Hintermannes erschiene. Diese Voraussetzung ist aber bei der verminderten Zurechnungsfähigkeit nicht erfüllt. Das Gesetz geht nämlich im Gegenteil davon aus, daß der Täter in solchen Fällen den Willen seiner Einsicht gemäß bestimmen konnte – sonst würde § 51 Abs. 1 StGB eingreifen –, und dies allein genügt, um dem Hintermann die Willensherrschaft abzusprechen. Der Umstand, daß dem Unmittelbaren die verantwortliche Selbstbestimmung erschwert war, mag zwar für das Maß seiner Schuld von Bedeutung sein[16]; aber er ändert nichts an der Herrschaftsstruktur des Vorganges. Hier ist also stets nur Teilnahme anzunehmen.

II. Der unmittelbar Handelnde ist ein Kind oder ein Jugendlicher

Auch hier ist danach zu unterscheiden, ob der Außenstehende bei einer Deliktsbegehung (a) oder bei einer Selbstschädigung (b) mitwirkt.

a) Die Tatherrschaft bei Delikten von Kindern und Jugendlichen

Das Problem der Tatherrschaft bei der Beteiligung an Delikten Jugendlicher wird im Schrifttum nur selten behandelt. Maurach und Gallas schweigen. Welzel[17] zählt derartige Fälle weitgehend dem Bereich der Teilnahme zu, und zwar sogar dann, wenn es sich beim unmittelbaren Täter um ein strafunmündiges Kind handelt. Nach seiner Meinung genügt es, wenn das Kind „einen eigenen Willen entfalten" kann; nur bei der „Benutzung kleiner Kinder ..., die ... fremden Willen willenlos ausführen", soll mittelbare Täterschaft gegeben sein. Ist der unmittelbar Handelnde ein Jugendlicher, so ist danach wohl schlechthin nur Beihilfe oder Anstiftung möglich. Lange[18] sieht dagegen die „Bestimmung ... eines Kindes und eines Strafunreifen zwischen 14 und 18 Jahren" als einen Fall mittelbarer Täterschaft an, aber nur, wenn „der Bestimmende die Tat als eigene wollte".

---

[15] Vgl. S. 193–205
[16] Mezger, StuB, A.T., 9. Aufl., § 64a. E., S. 160, spricht sogar von einem bloßen Strafzumessungsgrund.
[17] Lehrb., 7. Aufl., S. 92; ähnlich Wieners S. 64
[18] Kohlr./Lange, 42./43. Aufl., vor § 47, 5, B, 2, a, S. 162

Nach unserer Meinung gibt es hier nur eine Lösung: Bei den Taten strafunmündiger Kinder ist der *veranlassende* Hintermann in jedem Falle mittelbarer Täter; bei denen Jugendlicher stets, aber auch nur dann, wenn der Ausführende nach § 3 JGG strafrechtlich nicht verantwortlich ist. Die bloße *Unterstützung* begründet mittelbare Täterschaft, wenn die Strafunreife des Handelnden auf mangelnder Einsichtsfähigkeit beruht. Fehlt dem Unmittelbaren nicht das Unrechtsverständnis, sondern die Fähigkeit, nach dieser Einsicht zu handeln, so liegt mittelbare Täterschaft des Unterstützenden nur dann vor, wenn er dem Ausführenden die Tat ermöglicht.

Diese Annahme gründet sich auf die Voraussetzung, daß der Gesetzgeber hier deshalb von einer strafrechtlichen Sanktion absieht, weil Kinder stets und Jugendliche von Fall zu Fall nach ihrer sittlichen und geistigen Entwicklung nicht reif genug sind, „das Unrecht der Tat einzusehen und nach dieser Einsicht zu handeln" (§ 3 JGG). Geht man von dieser kaum bestreitbaren Grundlage aus, so kann es nicht, wie Welzel meint, darauf ankommen, ob das Kind in der Lage ist, „einen eigenen Willen zu entfalten". Denn was hilft das, wenn es das Unrecht seines Tuns nicht verstehen kann? Wie es so oft geschieht, stützt auch Welzel seine Argumentation stillschweigend auf die Annahme, daß Tatherrschaft nur möglich sei, wenn der Hintermann den Willen des Handelnden in nötigungsähnlicher Weise beherrsche. In Wirklichkeit geht es hier gar nicht darum, sondern um einen Fall der Willensherrschaft kraft sinnhafter Überdetermination; um eine Situation, bei der der Hintermann auf höherer Tatherrschaftsstufe steht als der Ausführende und den Vorgang in seinem sozial wertwidrigen Sinngehalt allein gestalten kann, weil der unmittelbar Handelnde dazu keinen Zugang hat und deshalb auch nicht seinen Willen dagegen setzen kann. Der Fall entspricht also den oben behandelten Konstellationen, bei denen der Hintermann sich eines Tatmittlers bediente, dem das Bewußtsein der materiellen Rechtswidrigkeit fehlt; auf die dort im einzelnen gegebene Begründung kann hier verwiesen werden[19].

Es kann freilich auch so sein, daß das Kind oder der strafunreife Jugendliche zwar das Verständnis des Unrechts schon besitzen, aber nach dieser Einsicht nicht handeln können. Bei der Veranlassung oder Ermöglichung einer solchen Tat muß der Hintermann auch hier mittelbarer Täter sein. Dabei besitzt zwar der Außenstehende kein größeres Sinnverständnis; aber da der Handelnde dem vom Hintermann ausgehenden Anstoß nicht widerstehen kann, muß er in der Willensbildung notwendig unfrei sein; es liegt dann also wirklich ein mit den Notstandssituationen vergleichbarer Fall lenkender Willensbeherrschung vor. Anders ist es nur, wenn ein Strafunmündiger oder -unreifer den konkreten Tatentschluß selbständig gefaßt hat und ein anderer ihn unterstützt, ohne ihm die Ausführung der Tat erst zu ermöglichen. Hier ist eine bloße Beihilfe anzunehmen. Das beruht auf denselben Gründen, die bei der Mitwirkung an den Taten Unzurechnungsfähiger gelten; sie bedürfen an dieser Stelle keiner Wiederholung[20].

---

[19] Vgl. oben S. 193 ff., auch S. 238
[20] Vgl. oben S. 235/236

Wenn danach ein Fall vorliegt, bei dem der Hintermann wissend kraft sinnhafter Überdetermination oder lenkender Willensbeherrschung das Geschehen „in der Hand" hat, so kann seine Täterschaft auch nicht dadurch ausgeräumt werden, daß er die Tat „nicht als eigene" will, wie Lange im Anschluß an die frühere Rechtsprechung des Reichsgerichts jetzt noch annimmt. Denn die Täterschaft hängt von den wirklichen Herrschafts-verhältnissen ab und nicht von der Stellungnahme des einzelnen dazu.

Andererseits ist unter allen Umständen nur Teilnahme anzunehmen, wenn ein Jugendlicher das Unrecht seiner Tat erkannt hat und für sie strafrechtlich voll verantwortlich ist. Er ist in diesem Falle weder bei der Willensbildung unfrei noch im Verständnis des Geschehens beeinträchtigt. Daß er den besonderen Sanktionen des Jugendstrafrechts unterliegt, hat mit den Herrschaftsverhältnissen beim konkreten Geschehensvorgang nichts zu tun.

b) Die Tatherrschaft bei der Selbstschädigung von Kindern und Jugendlichen

Die Mitwirkung bei der Selbstschädigung, insbesondere beim Selbstmord Minderjähriger, hat, soweit sie überhaupt unter dem Gesichtspunkt der Tatherrschaft behandelt wird, recht verschiedenartige Lösungen erfahren.

Lange[21], der bei Delikten von Kindern und Strafunreifen auf den „Täter-willen" abstellt, meint, es komme nur mittelbare Täterschaft in Frage, wenn der Unmittelbare wie im Falle des Selbstmordes nicht tatbestandsmäßig und rechtswidrig handele. Das ist in der Begründung problematisch; denn es führt auf den sonst von Lange mit Recht bekämpften „sekundären" Täter-begriff zurück: Jemand wird als Täter angesehen, weil eine strafbare Teil-nahme nicht möglich ist.

Wieners[22] spricht dem Außenstehenden nur dann die Tatherrschaft zu, wenn es sich um einen Selbstmord von „kleinen Kindern bis zum Eintritt der Verstandesreife" handelt. Er meint, diese Frage sei streng zu scheiden von der anderen nach der strafrechtlichen Verantwortung von Kindern und Jugendlichen. Auch Strafunmündige und -unreife seien regelmäßig Herr ihrer Entschlüsse derart, daß die Entscheidung von ihrer „– wenngleich noch nicht voll entwickelten – Persönlichkeit geprägt und getragen"[23] sei.

Auch Kaun meint, die Frage, ob Kindern und Jugendlichen die Möglich-keit der verantwortlichen Entscheidung über das eigene Leben abge-sprochen werden müsse, sei eine ganz andere als die nach der strafrechtlichen Verantwortlichkeit[24]. Aber er zieht daraus den genau entgegengesetzten Schluß; die Strafreife sei „schon sehr viel früher vorhanden" als die Fähig-keit, die Bedeutung und den sittlichen Wert des eigenen Lebens einzusehen und nach dieser Einsicht zu handeln. Sie sei bis zur Vollendung des

---

[21] Kohlr./Lange, 42./43. Aufl., vor § 47, 5, B, 2, a, S. 162
[22] a. a. O. S. 64
[23] a. a. O. S. 66
[24] a. a. O. S. 73

18. Lebensjahres schlechthin und für die Zeit zwischen dem 18. und dem 21. Jahre „im Zweifel" zu verneinen[25].

Mir scheint, daß beide nach entgegengesetzten Richtungen über das Ziel hinausschießen, und daß die Lösung gerade bei dem Kriterium einsetzen muß, über dessen Ablehnung sie sich einig sind: bei der Orientierung am Begriff der strafrechtlichen Verantwortlichkeit. Sicher braucht jemand, der das Unrecht eines Diebstahls verstehen und nach dieser Einsicht handeln kann, deshalb noch nicht einen verantwortlichen Entschluß über den eigenen Freitod fassen zu können. Dafür sind die beiden Entscheidungen zu unterschiedlicher Art. Aber das gilt ja auch sonst: Ein jugendlicher Mörder kann straffrei sein, während er für einen Diebstahl verantwortlich gewesen wäre. Es ist also bei der Mitwirkung am Selbstmord eines Jugendlichen in entsprechender Weise wie bei einer Deliktsbegehung zu klären, ob der Handelnde im Einzelfall nach seiner geistigen und sittlichen Entwicklung reif genug war, die Bedeutung eines Selbstmordes zu verstehen und nach dieser Erkenntnis zu handeln.

Dagegen wird man bei der Mitwirkung am Freitod strafunmündiger Kinder stets eine Tatherrschaft des Hintermannes annehmen müssen. Es entspricht dem Grundgedanken des § 3 JGG und auch der Lebenserfahrung, daß Kinder von höchstens 13 Jahren angesichts der Unentwickeltheit ihrer geistigen und sittlichen Fähigkeiten über ihren Tod nicht in einer Weise entscheiden können, die dem verantwortlichen Entschluß eines Erwachsenen entspricht. Wenn Wieners[26] – wohl im Anschluß an die Stellungnahme seines Lehrers Welzel im Falle der Deliktsbegehung durch Strafunmündige – darauf hinweist, daß auch Kinder „durchaus zu eigner Willensbildung fähig sein" könnten, so beruht dieses Argument auf der schon mehrfach[27] erwähnten Verkennung der Tatherrschaftsstruktur in solchen Fällen.

Andererseits kommt bei Selbstmördern, die das 18. Lebensjahr vollendet haben, die Tatherrschaft eines Außenstehenden, soweit sie auf die Minderjährigkeit des Handelnden gestützt wird, entgegen Kaun und Meister nicht mehr in Frage. Wenn jemand für die Tötung eines anderen unabhängig von seinem geistigen und sittlichen Entwicklungsstand voll verantwortlich ist, kann es nach den Leitgedanken des Gesetzes bei einem Freitod nicht anders sein. Die Parallele zum Bürgerlichen Recht[28] beweist nichts dagegen, denn dort geht es um die Haftung für Rechtsgeschäfte, die nach völlig anderen Gesichtspunkten als denen der Tatherrschaft zu beurteilen ist[29].

---

[25] a. a. O. S. 73/74; noch weiter geht Meister, GA 1953, S. 167, der generell die Vollendung des 21. Lebensjahres voraussetzt.

[26] a. a. O. S. 64

[27] Vgl. zuletzt S. 239

[28] Meister, GA 1953, S. 167

[29] z. B. spielt dort eine wesentliche Rolle der Gedanke der geschäftlichen Unerfahrenheit und der finanziellen Abhängigkeit junger Leute (daher die abweichenden Normen der §§ 110, 112 BGB); wenn überhaupt, müßte man im Bürgerlichen Recht an die Deliktsfähigkeit anknüpfen.

Auf der Grundlage dieser Leitlinien sind die sich ergebenden Einzelfälle mutatis mutandis so zu lösen, wie es oben[30] für den Fall der Mitwirkung an Delikten Jugendlicher geschildert worden ist.

III. Zusammenfassung

Die Frage nach der Tatherrschaft bei Benutzung von Unzurechnungsfähigen und Jugendlichen ist demnach mit Hilfe der gleichen Kriterien zu beantworten, wie sie schon in den Nötigungs- und Irrtumsfällen heran zuziehen waren. Es handelt sich hier um ein eigenartiges Mischgebiet: Die Willensherrschaft des Hintermannes kann entweder darauf beruhen, daß er (wie bei den Nötigungssituationen) die Willensbildung des unmittelbar Handelnden beherrscht, oder darauf, daß er (den Irrtumsfällen entsprechend) das Geschehen kraft sinngestaltender Überdetermination zu lenken vermag. Die meisten unrichtigen Lösungen in diesem Bereich folgen aus der Verkennung des zwiefachen Charakters möglicher Tatherrschaft in solchen Fällen. Legt man diese Erkenntnis zu Grunde, so müßte unter den Vertretern der Tatherrschaftslehre eine weit größere Einigkeit zu erreichen sein, als es bei der bisherigen fragmentarischen Behandlung der Problemgruppe der Fall ist.

§ 24. Willensherrschaft kraft organisatorischer Machtapparate

I. Die Fallkonstellation

Das bisherige Ergebnis unserer Untersuchungen hat gezeigt, daß die Willensherrschaft des Hintermannes entweder auf einer Nötigung oder auf einem Irrtum des Tatmittlers beruhen kann. Trotz der vielfältig verschiedenen Ausformung im einzelnen sind diese beiden Grundstrukturen mittelbarer Täterschaft überall dieselben. Doch stellt sich die Frage, ob die Möglichkeiten mittelbarer Täterschaft damit erschöpft sind. Die Fälle der sogenannten qualifikations- und absichtslosen dolosen Werkzeuge, die von der herrschenden Meinung hier eingeordnet werden, erfordern eine sehr differenzierende Betrachtung, die später noch durchgeführt werden wird[1].

An dieser Stelle soll zunächst eine andere Erscheinungsform mittelbarer Tatbeherrschung behandelt werden, die bisher in Wissenschaft und Rechtsprechung überhaupt noch nicht erwähnt worden ist: die Willensherrschaft kraft organisatorischer Machtapparate. Damit sind die Fälle gemeint, die in den Nachkriegsjahren die Rechtsprechung in zunehmendem Maße beschäftigen und die sich übereinstimmend dadurch auszeichnen, daß der Hintermann einen – meist staatlich organisierten – personellen „Apparat" zur

---

[30] S. 238/239
[1] Vgl. unten S. 252–260, 338–352, 360–364

Verfügung hat, mit dessen Hilfe er seine Verbrechen durchführen kann, ohne ihre Realisierung einer selbständigen Entscheidung der Ausführenden überlassen zu müssen. Zur Veranschaulichung der Problematik denke man etwa an die Prozesse gegen Eichmann und Staschynski[2], an denen sich die Besonderheiten, die hier für die Täterlehre auftreten, sehr gut zeigen lassen.

Dabei soll eines vorausgeschickt werden: Wir sind uns bewußt, daß Kriegs-, Staats- und Organisationsverbrechen, wie sie hier zur Erörterung stehen, mit den Maßstäben der Einzeltat allein nicht adäquat erfaßbar sind[3]. Daraus folgt, daß die Rechtsfiguren von Täterschaft, Anstiftung und Beihilfe, die ebenfalls auf Einzeltaten zugeschnitten sind, einem solchen Kollektivgeschehen, wenn man es als Gesamterscheinung betrachtet, nicht gerecht werden können[4]. Aber das entbindet uns nicht von der Verpflichtung, die Verhaltensweisen der individuell an solchen Vorgängen Beteiligten auch unter dem dogmatischen Aspekt der Einzeltat zu betrachten, nach deren Voraussetzungen sie von unseren Gerichten überwiegend abgeurteilt werden. Nur diese Seite der Problematik soll im folgenden in ihrer Bedeutung für die Täterlehre behandelt werden.

II. Das Ausscheiden einer Nötigungs- und Irrtumsherrschaft

Wenn man sich fragt, ob die für die Judenvernichtung „zuständigen" Behördenstellen und der ausländische Geheimdienst, auf dessen Direktiven sich der Agent Staschynski berufen hat[5], mittelbare Täter der in ihrem Auftrag durchgeführten Morde sind, so zeigt sich, daß eine Willensherrschaft kraft Nötigung oder kraft Irrtums in diesen Fällen und auch sonst bei den typischen Konstellationen solcher Art nicht vorliegt. Man hat zwar immer wieder versucht, derartiger Fälle mit Hilfe der gewohnten Kategorien Herr zu werden, aber dadurch wird die Problemlage meist nur verschleiert.

Was nämlich die Nötigung betrifft, so hat sich bei Untersuchungen des Nürnberger Aktenmaterials herausgestellt, daß „nicht ein einziger Fall" aufzufinden war, bei dem jemand „wegen Verweigerung eines Erschießungsbefehls selbst erschossen worden wäre. Das Äußerste war ein Vermerk in der Personalakte, eine Beförderungssperre oder eine Versetzung. Schlimmere Folgen – auch Drohungen mit Todesurteil oder KZ – sind

---

[2] Vgl. zum Staschynski-Fall schon oben S. 105, Anm. 52, S. 129f.

[3] Vgl. dazu die treffenden Hinweise bei Jäger in seinen „Betrachtungen zum Eichmann-Prozeß", MSchrKrim 1962, S. 73–83

[4] Darum versucht z.B. der Gesetzgeber, die Beteiligung an solchen Kollektivdelikten mit sonst unbekannten Begriffen wie „Mitglied", „Hintermann", „Rädelsführer" zu umschreiben; vgl. etwa §§ 128, 129, 129a StGB. Diesen interessanten, noch sehr in den Anfängen steckenden Versuchen kann hier nicht nachgegangen werden, weil unsere Arbeit thematisch auf konkrete Einzeltaten eingegrenzt bleiben soll.

[5] Ob diese Einlassung sachlich zutrifft, mag hier dahinstehen. Denn es geht uns weniger um den konkreten Fall, dessen Hintergründe nicht ganz klar durchschaubar sein mögen, als um die Problemstruktur, für deren Behandlung wir annehmen wollen, daß die Taten wirklich allein im Auftrag eines Geheimdienstes begangen worden sind.

nicht nachweisbar"⁶. Ebenso hatte der Agent Staschynski sehr wohl die Möglichkeit, sich dem Mordbefehl zu entziehen, indem er sich rechtzeitig den deutschen Behörden stellte.

Ähnlich steht es mit einer etwaigen Irrtumsherrschaft des Hintermannes. Es ist zwar nicht schlechthin undenkbar, daß jemand, der eigenhändig unschuldige Menschen umbringt, in ideologischer Verblendung das materielle Unrecht solchen Tuns nicht einsieht. Aber im Regelfall wird es doch so sein, daß der unmittelbare Täter die Stimme seines Gewissens allenfalls durch den Gedanken an die höhere Verantwortung seiner Auftraggeber unterdrücken kann. Ein bloßer Irrtum über die formelle Rechtswidrigkeit, wie er dann vorliegen mag, verschafft dem Hintermann aber nicht die Willensherrschaft über das Geschehen. Das ist oben ausführlich dargelegt worden⁷.

III. Die strukturellen Grundlagen der Organisationsherrschaft

Wie ist aber, wenn Nötigung und Irrtum nicht vorliegen, eine mittelbare Täterschaft der Auftraggeber überhaupt noch begründbar? Diese Frage ist bisher deshalb kaum gestellt worden, weil man mit Hilfe der Theorie vom animus auctoris dem Hintermann leicht den Täterwillen zusprechen konnte und so aller Schwierigkeiten überhoben war. Aber das ist eine Scheinlösung. Denn sicherlich haben die Drahtzieher solcher Unternehmungen im Sinne der subjektiven Theorie ein erhebliches Interesse am Gelingen der Tat. Aber das ist normalerweise bei allen Anstiftern der Fall und kann deshalb kein brauchbares Kriterium zur Unterscheidung von Anstiftung und mittelbarer Täterschaft abgeben; ganz abgesehen davon, daß eine solche Konstruktion mit der Tatherrschaftslehre jedenfalls nicht zu vereinbaren wäre. Und wenn man sagt, daß im Rahmen solcher Organisationen der Hintermann sich dem Ausführenden nicht innerlich unterordnen werde, daß er ihm das Geschehen nicht „anheimzustellen" brauche, so ist das zwar richtig. Der Grund dafür kann aber nicht in besonderen Gemütsstimmungen der Auffordernden, sondern nur im Funktionsmechanismus des Apparates liegen, im Rahmen dessen sie tätig werden.

Daran zeigt sich: Man kann, wenn man diese Konstellationen als von denen der Anstiftung strukturell unterscheidbar nachweisen will, auch hier nur auf Differenzierungen objektiver Art zurückgreifen. Und solche Abweichungen lassen sich in der Tat auffinden. Wenn wir uns zunächst einmal ohne genauere Analyse von einem unbefangenen Vorverständnis des Begriffes „Tatherrschaft" leiten lassen, so wird es unmittelbar einleuchten, daß ein für die Organisation von Judenermordungen zuständiger hoher Beamter oder die Leitung eines mit politischen Attentaten beschäftigten Geheimdienstes die Herbeiführung des Erfolges in anderer Weise beherrschen als ein gewöhnlicher Anstifter. Niemand wird zögern, den Auftrag-

---

⁶ so Jäger, MSchrKrim 1962, S. 79, unter Berufung auf den hessischen Generalstaatsanwalt Bauer.
⁷ Vgl. S. 192–205

gebern hier eine Schlüsselstellung innerhalb des Gesamtgeschehens zuzuweisen, die dem bloß Auffordernden in den Fällen „gewöhnlicher" Kriminalität nicht zukommt.

Woran liegt das? Ein schärferes Hinsehen zeigt, daß diese andere Beurteilung auf der spezifischen Wirkweise des den Hintermännern in unseren
Beispielsfällen zu Gebote stehenden Apparates beruht. Eine solche Organisation nämlich entfaltet ein Leben, das vom wechselnden Bestande ihrer Mitglieder unabhängig ist. Sie funktioniert, ohne daß es auf die individuelle
Person des Ausführenden ankommt, gleichsam „automatisch". Man braucht
sich nur den keineswegs konstruierten Fall vor Augen zu halten, daß in
einem diktatorischen Regime die Staatsführung einen Apparat zur Beseitigung mißliebiger Personen oder Menschengruppen aufbaut. Wenn bei derartigen Gegebenheiten – bildlich gesprochen – der an einer Schaltstelle des
Organisationsgefüges sitzende Hintermann auf den Knopf drückt und eine
Tötungsaufforderung ausspricht, so kann er sich darauf verlassen, daß dem
Folge geleistet wird, ohne daß er den Ausführenden auch nur zu kennen
braucht. Es ist auch nicht erforderlich, daß er zu den Mitteln der Nötigung
oder Täuschung greift. Denn er weiß, daß, wenn eines der zahlreichen bei
der Deliktsrealisierung mitwirkenden Organe sich seiner Aufgabe entzieht,
sogleich ein anderer an seine Stelle tritt, ohne daß die Durchführung des
Gesamtplans beeinträchtigt wird.

Der für die Begründung der Willensherrschaft in solchen Fällen entscheidende Faktor, der sie als eine gegenüber der Nötigungs- und Irrtumsherrschaft deutlich abgegrenzte dritte Form mittelbarer Täterschaft erscheinen läßt, liegt also in der Fungibilität des Ausführenden. Die Struktur
dieser Herrschaftsweise und ihr Verhältnis zu den beiden anderen Grundformen der Willensherrschaft läßt sich sogar in geradezu idealtypischer
Abstraktion aus der Vielfalt der Lebensvorgänge herauspräparieren. Wenn
man sich nämlich überlegt, wie man, ohne selbst mit Hand anzulegen, ein
durch andere bewirktes Geschehen in maßgeblicher Weise lenken kann, so
lassen sich, wenn ich recht sehe, überhaupt nur drei Mittel denken: Man
kann den Handelnden zwingen; man kann ihn hinsichtlich des für die Täterschaft entscheidenden Umstandes als blinden Kausalfaktor einsetzen; oder
der Ausführende muß, wenn er weder genötigt noch getäuscht wird, beliebig
auswechselbar sein.

Bei dieser dritten, uns hier interessierenden Fallkonstellation mangelt es
also nicht an der Freiheit und Verantwortlichkeit des unmittelbar Ausführenden, der als schuldhaft-eigenhändiger Täter zu bestrafen ist. Aber
diese Umstände sind für die Herrschaft des Hintermannes irrelevant, weil
von seiner Warte aus der Handelnde sich nicht als freie und verantwortliche
Einzelperson, sondern als anonyme, austauschbare Figur darstellt. Der Ausführende ist, so wenig an seiner Handlungsherrschaft gerüttelt werden kann,
doch gleichzeitig nur ein in jedem Augenblick ersetzbares Rädchen im
Getriebe des Machtapparates, und diese doppelte Perspektive rückt den
Hintermann neben ihn ins Zentrum des Geschehens.

IV. Die dogmatische Beurteilung der Täterverhälmisse
im Eichmannprozeß

Der Eichmann-Prozeß, in dem die sonst schwer durchschaubare Verflechtung der einzelnen Tatanteile mit besonderer Sorgfalt bloßgelegt worden ist, eignet sich sehr gut, um den vorstehend entwickelten Typus der Organisationsherrschaft am konkreten Beispiel zu demonstrieren. Gericht und Verteidigung haben hier auch in der Beurteilung der Täter- und Teilnehmerfragen verschiedene Auffassungen vertreten. Bei einer genaueren Untersuchung der von ihnen herangezogenen Gründe zeigt sich jedoch, daß sie beide bestimmte charakteristische Züge der Organisationsherrschaft in ihren Abweichungen von den gewöhnlichen Fällen des Zusammenwirkens zutreffend erfassen und beschreiben, daß ihnen aber gleichermaßen die dogmatische Bewältigung dieser Erscheinungen nicht in vollem Umfang gelingt.

So hat der Verteidiger Eichmanns zugunsten seines Mandanten ausgeführt,[8] „daß eine Gehorsamsverweigerung durch ihn ohne Wirkung auf die Durchführung der Judenvernichtung geblieben und daher sein Opfer bedeutungslos gewesen wäre. Der Befehlsapparat würde weitergearbeitet haben, so wie er dies tat, nachdem Heydrich getötet worden war. Hier liegt der Unterschied zum Individualverbrechen. Dort kann der Täter zurücktreten, er kann die Fortsetzung der Tat verhindern. Gegenüber dem Befehl des übermächtigen Kollektivs wird das Opfer sinnlos. Hier ist das Verbrechen nicht Tat der Einzelperson; es ist der Staat selbst der Täter…".

In diesen Worten kommen die Umstände, die eine Willensherrschaft der Eichmann vorgesetzten Instanzen begründen, richtig zum Ausdruck. Es ist in der Tat die Struktur des unbekümmert um den Ausfall des einzelnen weiterarbeitenden Apparates, die das Verhalten der Hintermänner von der Anstiftung abhebt und zur Täterschaft macht. Aber die Täterschaft Eichmanns wird dadurch, auch soweit er im Verhältnis zu den ihm übergeordneten Stellen nur als ausführendes Organ erscheint, nicht berührt. Der Gedanke des „sinnlosen Opfers" läuft, so wichtig er für die Täterlehre bei Beurteilung der Auftraggeber ist, im Hinblick auf das persönliche Verhalten des Ausführenden auf den alten und schon früher erörterten Einwand der „überholenden Kausalität" hinaus[9], der weder in der Täterlehre noch sonst im Strafrecht dogmatische Bedeutung hat[10]: Wer ein Delikt begeht, ist seiner Verantwortung nicht deshalb ledig, weil sonst ein anderer die Tat begangen hätte.

Andererseits war Eichmann ja nicht nur Ausführender, sondern im Hinblick auf die ihm untergebenen Personen gleichzeitig Anordnender, so daß insoweit die Kriterien, die seine Hintermänner zu mittelbaren Tätern machen, auch auf ihn zutreffen. Diese Seite des Falles hat das Bezirks-

---

[8] Servatius, Verteidigung Adolf Eichmann, Plädoyer, 1961, S. 77/78
[9] Vgl. oben S. 175–178 (176/177)
[10] Vgl. dazu auch meine Abhandlung in ZStW, Bd. 74, 1962, S. 411 ff. (425–430)

gericht Jerusalem ins Auge gefaßt, wenn es sagt[11], „daß die Nähe oder Entfernung des Einen oder des Andern dieser vielen Verbrecher zu dem Manne der das Opfer tatsächlich tötete, überhaupt keinen Einfluß auf den Umfang der Verantwortlichkeit haben kann. Das Verantwortlichkeitsausmaß wächst vielmehr ..., je mehr man sich von demjenigen entfernt, der die Mordwaffe mit seinen Händen in Betrieb setzt und zu den höheren Befehlsstufen gelangt, den ‚Anstiftern‘ in der Nomenklatur unseres Gesetzgebers“. Das Gericht, das ausdrücklich hervorhebt, man müsse den Angeklagten „in jedem Fall als Täter der strafbaren Handlung selbst ansehen“, erkennt durchaus richtig, „daß in diesem gigantischen und weitverzweigten Verbrechen ..., an dem viele Personen in verschiedenen Befehlsstufen ... teilgenommen haben – Planentwerfer, die Organisatoren und die verschiedenen Rangordnungen angehörenden Ausführungsorgane – es nicht zweckmäßig ist, die üblichen Begriffe des Anstifters und Gehilfen in Anwendung zu bringen“. Die Richter weisen auf die besondere Schwierigkeit hin, „in Fachausdrücken zu definieren, wer wem Hilfe geleistet hat“, und berufen sich für die Annahme der Täterschaft schließlich auf den Charakter dieser Delikte als „Massenverbrechen“, der die Anwendung der üblichen Teilnahmekategorien ausschließe.

Man sieht, daß die sachlichen Elemente der Organisationsherrschaft hier sehr klar gekennzeichnet werden: Während es normalerweise so ist, daß ein Beteiligter, je weiter er sich vom Opfer und der unmittelbaren Tathandlung entfernt, desto mehr in die Randzone des Geschehens gedrängt und von der Tatherrschaft ausgeschlossen wird, liegt es in diesen Fällen gerade umgekehrt so, daß der Verlust an Tatnähe durch das nach den leitenden Stellen des Apparates hin immer zunehmende Maß an organisatorischer Herrschaft kompensiert wird[12]. Daß diese Beziehung der Hintermänner zu den Ausführenden strukturell nicht mehr als Anstiftung erfaßbar ist, wie es außerhalb der spezifischen Bedingungen solcher Apparate der Fall wäre – hat das Gericht völlig zutreffend hervorgehoben.

Wenn es jedoch zur Begründung der Täterschaft geltend macht, es handele sich um „Massenverbrechen, nicht nur, was die Anzahl der Opfer anlangt, sondern auch in Bezug auf die Anzahl der Mittäter“, so ist das kein ganz überzeugender Gesichtspunkt. Denn allein die Anzahl der Mitwirkenden kann Teilnehmer nicht in Täter verwandeln. Sie könnte die Verantwortung des einzelnen höchstens verringern. In einer konkreten Situation – etwa bei einem telefonischen „Führerbefehl“ an ein Einsatzkommando oder im Fall Staschynski – brauchen nur ganz wenige Personen beteiligt zu sein, ohne daß sich an der durch die Funktionsweise des Apparates bedingten Täterschaft des Hintermannes etwas änderte.

Und die Vielzahl der Opfer ist für die Täterschaft ebensowenig entscheidend. Wenn nämlich anstatt einer ganzen Bevölkerungsgruppe nur jeweils eine Einzelperson verfolgt worden wäre, müßten die Hintermänner doch als Täter beurteilt werden. Auch das zeigt sich am Fall Staschynski: Hier

---

11 Urteil gegen Adolf Eichmann, Strafakt 40/61, inoffizielle Übersetzung, Nr. 197
12 Vgl. dazu auch Jäger, MSchrKrim 1962, S. 79

muß, obwohl es um die Ermordung von nur zwei Personen ging, dem ausländischen Geheimdienst trotzdem die Willensherrschaft zugesprochen werden, weil der mit der Durchführung des Auftrages betraute Agent ohne Rücksicht auf sein individuelles Verhalten von vornherein als bloße Ziffer in den ohne ihn gefaßten Tatplan eingesetzt worden war. Mit Verlusten und Ausfällen muß man bei solchen Organisationen immer rechnen, ohne daß der Mechanismus des Apparates dadurch ernstlich beeinträchtigt würde. Wenn einer versagt, tritt der nächste an seine Stelle, und eben dieser Umstand macht den jeweils Ausführenden unbeschadet seiner eigenen Handlungsherrschaft gleichzeitig zum Werkzeug des Hintermannes.

V. Einzelprobleme

1. Täterschaft und Teilnahme innerhalb der Organisation

Generell läßt sich also sagen: Wer in einen Organisationsapparat an irgendeiner Stelle in der Weise eingeschaltet ist, daß er ihm untergebenen Personen Befehle erteilen kann, ist kraft der ihm zukommenden Willensherrschaft mittelbarer Täter, wenn er seine Befugnisse zur Durchführung strafbarer Handlungen einsetzt. Ob er dabei auf eigene Initiative oder im Interesse und Auftrag höherer Instanzen handelt, ist unerheblich[13]. Denn für seine Täterschaft entscheidend ist allein der Umstand, daß er den ihm unterstellten Teil der Organisation lenken kann, ohne die Deliktsverwirklichung anderen anheimstellen zu müssen. Völlig zutreffend meint Jäger[14], gerade an diesen Konstellationen werde deutlich, „daß auch eine Handlung, die nur in der Unterzeichnung eines Dokuments oder einem telefonischen Anruf besteht, Mord sein kann – und zwar auch nach geltendem deutschen Recht in vollem Umfang und ohne jede Einschränkung".

Die Tatherrschaft kann also unbedenklich bejaht werden, auch wenn, wie etwa Servatius[15] im Eichmann-Fall richtig hervorhebt, der Angeklagte „weder am Beginn noch am Ende der Tat" mitwirkt und seine Beteiligung sich „auf das dazwischenliegende Stück" beschränkt. Daß dadurch gegebenenfalls eine längere Kette von „Tätern hinter dem Täter" auftritt, steht dem nicht entgegen. Denn wir haben wiederholt gesehen, daß diese Rechtsfigur auch sonst in der Täterlehre vorkommt. Und in den besonderen, hier zur Erörterung stehenden Fallsituationen wird eine Herrschaft der Organisationsspitze eben gerade dadurch ermöglicht, daß auf dem Wege vom Plan zur Realisierung des Verbrechens jede Instanz von Stufe zu Stufe den von ihr ausgehenden Teil der Kette weiterlenkt, auch wenn von höherer Warte aus gesehen der jeweils Lenkende selbst nur als Glied einer über ihn hinaus

---

[13] Deshalb kann auch beispielsweise im Falle Eichmanns der Hinweis des Verteidigers, sein Mandat sei „nur in der Routinearbeit selbständig" gewesen und habe als Referent lediglich „im Auftrage" unterschrieben, seine Täterschaft nicht ausschließen; vgl. Servatius, Plädoyer, S. 70

[14] MSchrKrim 1962, S. 80

[15] Plädoyer, S. 69

nach oben sich verlängernden, beim ersten Befehlsgeber endenden Gesamt-
kette erscheint.

Freilich ist damit nicht gesagt, daß es bei strafbaren Handlungen im
Rahmen organisatorischer Machtapparate keine Beihilfe gebe. Jede Tätigkeit,
die den Apparat nicht selbständig weiterbewegt, kann vielmehr nur teil-
nahmebegründend wirken. Wer lediglich in beratender Funktion beteiligt ist,
wer ohne Befehlsgewalt Vernichtungspläne entwirft, wer Mordmittel liefert,
der ist allemal nur Gehilfe; ebenso wie der außerhalb des Apparates stehende
Denunziant nur Anstifter ist, weil er höchstens den Entschluß zu Delikten
hervorrufen kann und auf den weiteren Gang der Dinge keinen Einfluß hat.
Natürlich braucht die Handlungsweise dieser Teilnehmer in concreto nicht
weniger verwerflich zu sein als die eines Täters. Aber daß darin kein für die
Abgrenzung der Beteiligungsformen maßgebender Gesichtspunkt liegt, ist
oft genug betont worden[16].

2. Beschränkung der Organisationsherrschaft auf rechtsgelöste Apparate

Aus der Struktur der Organisationsherrschaft folgt, daß sie nur dort vorliegen kann, wo der Apparat als ganzer außerhalb der Rechtsordnung wirkt.
Denn solange Leitung und Ausführungsorgane sich prinzipiell an eine von
ihnen unabhängige Rechtsordnung gebunden halten, kann die Anordnung
strafbarer Handlungen nicht herrschaftsbegründend wirken, weil die Ge-
setze den höheren Rangwert haben und im Normalfall die Durchführung
rechtswidriger Befehle und damit die Willensmacht des Hintermannes ausschließen.

Wenn etwa in einem rechtsstaatlichen Gemeinwesen ein Behördenchef
seine Untergebenen zu strafbaren Handlungen veranlaßt, oder wenn beim
Militär ein Vorgesetzter rechtswidrige Befehle erteilt, dann ist das, solange
nicht eine mittelbare Täterschaft aus anderen Gründen zu bejahen ist,
rechtlich stets nur als Anstiftung zu würdigen. Denn wenn der Gesamt-
apparat sich in den Bahnen des Rechts bewegt, „funktioniert" er in den
Formen der geschilderten Herrschaftsstruktur nur bei Benutzung der durch
die Rechtsordnung vorgezeichneten Wege. Ein rechtswidriges Ansinnen
kann hier die Organisation nicht in Bewegung setzen; wird es befolgt, so
handelt es sich nicht um eine Aktion des Machtapparates, sondern um eine
unter Umgehung seiner Funktionsweise zustandekommende „Privatunter-
nehmung", deren Kennzeichen denn auch die sorgfältige Verheimlichung vor
den übrigen Aufgabenträgern der Organisation zu sein pflegt. In solchen
Fällen wird also nicht *mit* dem Apparat, sondern gegen ihn gehandelt, so
daß sie aus dem Bereiche möglicher Organisationsherrschaft von vornherein
ausscheiden. Es fehlt hier auch dem äußeren Vorgang nach an allen Voraussetzungen mittelbarer Täterschaft; denn der einzelne muß als jeweils

---

[16] Vgl. nur oben S. 30 ff.

individuell Beteiligter für einen Deliktsplan immer erst gewonnen werden, und von einer beliebigen Austauschbarkeit kann nicht die Rede sein.

Daraus ergibt sich, daß für eine „Willensherrschaft mittels organisatorischer Machtapparate" im wesentlichen nur zwei typische Erscheinungsformen in Betracht kommen:

a) Der praktisch bedeutsamste Fall dürfte der sein, daß die Inhaber der Staatsmacht selbst mit Hilfe ihnen unterstehender Organisationen Delikte begehen; eine Konstellation, wie sie sowohl im Eichmann-Prozeß als auch beim Staschynski-Urteil vorlag. Denn normalerweise kann allein die Staatsgewalt rechtsgelöst operieren, und auch sie kann es nur, wenn rechtsstaatliche Garantien nicht mehr wirksam sind.

Damit ist nicht gesagt, daß die Machtträger in totalitären Staaten nicht ebenfalls unter dem Rechte stünden. Nur weil wir auch sie an gewisse, allen Kulturvölkern gemeinsame Grundwerte für gebunden halten, haben wir überhaupt die Möglichkeit, Handlungen oberster Staatsorgane, die den Menschenrechten eindeutig zuwiderlaufen, für verbrecherisch und strafbar zu erklären. Aber die rechtliche Verpflichtung wirkt sich, solange niemand denen entgegentreten kann, die den Staatsapparat in Händen halten, in der Realität nicht machthemmend aus. Deshalb bleibt in solchen Fällen auch bei deliktischen Anordnungen die Funktionsfähigkeit des Apparates gesichert.

b) Die zweite Hauptform mittelbarer Täterschaft innerhalb dieser Gruppe betrifft Taten, die im Rahmen von Untergrundbewegungen, Geheimorganisationen, Verbrecherbanden und ähnlicher Zusammenschlüsse begangen werden. Was solche Gemeinschaftsbildungen, damit man von einer Willensherrschaft der Hintermänner bei der Durchführung von Straftaten sprechen kann, auszeichnen muß, ist nicht nur eine straffe, vom Wechsel der Einzelmitglieder unabhängige Organisation, sondern auch eine der innerstaatlichen Rechtsordnung zuwiderlaufende, gegen positive Strafrechtsnormen verstoßende Zielsetzung des Gesamtapparates. Es muß sich, schlagwortartig ausgedrückt, um eine Art „Staat im Staate" handeln, der sich allgemein oder in bestimmten Beziehungen von der Gemeinschaftsordnung emanzipiert hat. Die hier in Betracht kommenden Delikte mögen sich als politische Attentate, Fememorde oder auch – bei reinen Verbrecherbanden – als Vermögensstraftaten, Erpressungen usw. darstellen.

Derartige Gruppen sind zwar – anders als ein deliktisch handelnder Staatsapparat – der Behinderung durch Strafverfolgungsorgane ausgesetzt. Trotzdem ist die Täterschaftsstruktur hier keine andere als im ersten Fall. Denn entscheidend ist nicht, daß der Verbrechensverwirklichung außerhalb des Organisationsgefüges liegende Widerstände entgegentreten können, so sehr ein Deliktsplan in concreto daran scheitern mag. Wesentlich ist vielmehr, daß die Mitglieder bei ihren Straftaten nicht auf eigene Faust und im Widerspruch zur Zielsetzung ihrer Gruppe, sondern als Organe der Führungsspitze handeln, deren Autorität sie anerkennen.

Wenn ein Apparat so aufgebaut ist, läßt sich das die Organisationsherrschaft kennzeichnende Kriterium auch hier aufweisen: Das vom Hintermann in Gang gesetzte Unternehmen wird unabhängig von der Person des Ausführenden verwirklicht. Wenn das dreimal gescheiterte Attentat beim vierten Male gelingt, ist das Delikt dem Chef der Untergrundbewegung als *seine* Tat zuzurechnen. Denn er konnte eine beliebig häufige Wiederholung der Versuche von vornherein einplanen, ohne daß zwischen seinem Willen und dem Gelingen des Verbrechens die maßgebliche Entscheidung eines einzelnen stand. Dieser konnte der Tat höchstens seinen Anteil entziehen den Gang des Geschehens aber nicht aufhalten.

Allerdings muß man bei solchen innerstaatlichen Gruppierungen mit der Annahme einer Organisationsherrschaft vorsichtig sein. Wenn sich ein halbes Dutzend asozialer Elemente zu gemeinsamen Straftaten zusammenschließen und einen unter sich zum Anführer wählen, ist das ganze noch kein „Machtapparat". Denn die Gemeinschaft beruht auf den individuellen Beziehungen der Beteiligten untereinander und hat nicht jenen vom Wechsel der Mitglieder unabhängigen Bestand, den die spezifische Form der Willensherrschaft in solchen Fällen voraussetzt. Die hier erforderliche Abgrenzung im Detail durchzuführen und an konkreten Beispielen zu erläutern, verbietet der Raum. Der prinzipielle Unterschied dürfte aber klar geworden sein.

VI. Methodologische Aspekte der Organisationsherrschaft

Die vorstehend erörterte dritte Erscheinungsform mittelbarer Täterschaft läßt die früher [17] behandelte Struktur der Tatherrschaft als eines „offenen" Begriffes besonders deutlich hervortreten. Denn ein „durch die erschöpfende Angabe seiner stets unabdingbaren Merkmale" [18] fest begrenzter Täterbegriff, aus dem sich die Lösung dieser Fälle logisch-deduktiv ableiten ließe, ist nicht formulierbar. Nicht begriffliche Konsequenzen aus dem System oder aus sonstigen obersten Prämissen können hier zu brauchbaren Ergebnissen führen. Vielmehr kann, wie dieses Beispiel zeigen soll, das richtige Verfahren nur darin bestehen, aus der unmittelbaren Anschauung der Lebenserscheinungen und ihrer Analyse die typischen, im Rechtsstoff selbst angelegten Strukturformen der Herrschaft beschreibend herauszudestillieren. Der Begriff der Tatherrschaft ist also nicht etwas von vornherein Fertiges, in sich Abgeschlossenes, dem beliebige Sachverhalte im Wege bloßer Subsumtion untergeordnet werden, sondern er gewinnt seine konkrete Gestalt erst im Durchgang durch die verschiedenen Bereiche der Regelungsmaterie, deren jeder dem unabgeschlossenen Täterbegriff neue Einzelzüge hinzufügt.

Diese allgemeinen Gesichtspunkte müssen kurz in die Erinnerung zurückgerufen werden, um dem Mißverständnis zu begegnen, als handele es sich bei der „Willensherrschaft mittels organisatorischer Machtapparate" um eine mit den herkömmlichen Formen der Täterschaft nur schwer in Einklang zu bringende ad-hoc-Konstruktion. Es ist zwar ganz richtig, wenn im Eichmann-Prozeß darauf hingewiesen wurde, daß die „üblichen

---

[17] oben S. 122
[18] Larenz, Juristische Methodenlehre, S. 343

Begriffe" von mittelbarer Täterschaft und Anstiftung hier nicht paßten. Aber die Annahme der Täterschaft bedeutet nicht, daß in diesen Fällen für besonders verwerfliche Verbrechen eine Art „Ausnahmerecht" geschaffen würde. Es ist vielmehr so, daß die Strukturform der Organisationsherrschaft im Rahmen eines rechtsstaatlich geregelten, innerlich stabilen Gemeinwesens kaum praktisch auftreten kann. Diese Art von Willensherrschaft hat dann eine mehr ideale als reale Existenz und kann in der Täterlehre unberücksichtigt bleiben. Sobald aber die äußeren Gegebenheiten einer solchen Herrschaftsform die Möglichkeit zur Verwirklichung bieten, wird es zur Aufgabe der Dogmatik, sie in ihren Elementen zu beschreiben und ihr den gebührenden Platz in der Täterlehre zuzuweisen.

Die dogmatische Bewältigung solcher extremen Formen deliktischen Handelns muß der Praxis naturgemäß immer wieder Schwierigkeiten machen, weil sie vielfach geneigt ist, sich der überlieferten Kategorien als eines abgeschlossenen Begriffsarsenals zu bedienen, das dann mit einem Male seine Untauglichkeit erweist. Eben daran zeigt sich, daß nur ein „offener" Tatherrschaftsbegriff im Sinne unserer anfangs niedergelegten Erwägungen den vorgegebenen Sachgehalten der Materie gerecht werden kann.

§ 25. Willensherrschaft bei dolosen Werkzeugen?

Die Fälle der mittelbaren Täterschaft durch Einschaltung eines sogenannten „dolosen" Werkzeuges haben schon immer zu den umstrittensten Komplexen fast aller Teilnahmetheorien gehört. Die grundlegende Frage, ob es überhaupt möglich sei, hier eine mittelbare Täterschaft anzunehmen, ist heute zwar für die Praxis in bejahendem Sinne entschieden; theoretisch aber ist sie, wie unsere spätere Darstellung zeigen wird, noch niemals befriedigend beantwortet worden. Auch in der Begründung der meist unbesehen vorausgesetzten Strafbarkeit besteht größte Uneinigkeit.

Mit allen Zweifeln, denen dieser Problembereich seit eh und je ausgesetzt ist, hat auch die Tatherrschaftslehre zu kämpfen. Nur mit ihr haben wir uns an dieser Stelle auseinanderzusetzen. Es geht uns also nicht um die allgemeine Frage, ob der Hintermann bei dolos handelndem Intraneus mittelbarer Täter sein kann – damit werden wir uns später noch eingehend beschäftigen[1]; vielmehr handelt es sich in diesem Zusammenhang nur darum, ob sich ein solches Ergebnis mit dem Tatherrschaftsprinzip begründen läßt.

Wir unterscheiden dabei nach den drei in Frage kommenden Fallgruppen: dem qualifikationslosen dolosen Werkzeug (I), dem absichtslosen dolosen Werkzeug (II) und dem dolosen Gehilfenwerkzeug (III).

---

[1] Vgl. S. 360 ff.

I. Das qualifikationslose dolose Werkzeug

1. Zum Meinungsstand

Wir gehen von dem Schulbeispiel aus, daß ein Grundbuchbeamter (also ein Qualifizierter) einen Extraneus zu einer unrichtigen Eintragung im Grundbuch verleitet. Es entspricht der durchaus herrschenden Meinung, daß der Außenstehende in diesem Fall mittelbarer Täter einer Falschbeurkundung nach § 348 Abs. 1 StGB ist, während der unmittelbar Handelnde als Gehilfe bestraft wird. Wie läßt sich das mit der Tatherrschaftslehre vereinbaren?

Die Frage wird von den Hauptvertretern dieser Theorie nur wenig behandelt. Welzel[2] und Maurach[3] nehmen Tatherrschaft und damit Täterschaft des Qualifizierten an, ohne sich auch nur auf den Gedanken einzulassen, daß hier für die Tatherrschaftslehre Schwierigkeiten entstehen könnten.

Die gründlichste Erörterung der Problematik findet sich bei Gallas[4], dessen Auffassung schon oben[5] im Rahmen seiner Gesamtkonzeption andeutend skizziert wurde. Er stellt zunächst fest, „daß der Hintermann den unmittelbar Handelnden hier nicht ‚beherrscht‘, ihn nicht als ‚Werkzeug‘ benutzt ... Es liegt vielmehr, wenn man das Veranlassen für sich betrachtet, so, daß der Hintermann den unmittelbar Handelnden ... anstiftet ...“[6]. Trotzdem gelangt er zur Annahme mittelbarer Täterschaft durch die Erwägung, daß der Hintermann es darüber hinaus anders als bei den gewöhnlichen Anstiftungsfällen in der Hand habe, ob es überhaupt zu einem deliktischen Geschehen komme. „Der Anstiftungsakt wird so zur Ausübung von Tatherrschaft und damit der eigenhändigen Vornahme ... gleichwertig“[7]. Wieners[8], der die von Gallas gegebene Begründung ablehnt, kommt sachlich dennoch zum selben Ergebnis; auch er arbeitet mit dem Gedanken, daß das Verhalten des Hintermannes „der persönlichen Vornahme der finalen Täterhandlung gleichwertig“ sei.

Demgegenüber betont Schröder[9] ausdrücklich, die Tatherrschaftslehre könne der Erscheinung des dolosen Werkzeugs nicht gerecht werden. Damit stimmt Kaun[10] als – soweit ich sehe – einziger Vertreter der Tatherrschaftslehre insofern überein, als er in solchen Fällen jede Bestrafung des Hintermannes als eines mittelbaren Täters grundsätzlich ablehnt.

---

[2] Lehrb., 7. Aufl., S. 92; ZStW, Bd. 58, 1939, S. 543/44. Die Ausdeutung, die Wieners, a.a.O., S. 69, letzter Absatz, der Lehre Welzels gibt, findet in dessen Ausführungen keine Grundlage.
[3] Lehrb., A.T., 2. Aufl., § 48 II A 1, S. 499
[4] Gutachten S. 135/136
[5] Siehe S. 74
[6] a.a.O. S. 135
[7] a.a.O. S. 136
[8] a.a.O. S. 72
[9] Schönke/Schröder, 10. Aufl., VIII, 5, b vor § 47, S. 245
[10] a.a.O. S. 33–35

2. Der Hintermann handelt ohne Tatherrschaft

Richtig ist, daß von den Grundlagen der Tatherrschaftstheorie aus sich eine Täterschaft des qualifizierten Urhebers nicht begründen läßt.

Von den bisher herausgearbeiteten Formen möglicher Willensherrschaft ist keine gegeben. Der unmittelbar Handelnde ist in der Willensbildung frei. Er steht unter keinem irgendwie gearteten psychischen Druck. Die Entscheidung darüber, ob er – um bei unserem Beispiel zu bleiben – die falsche Grundbucheintragung vornehmen soll, trifft er allein nach seinem eigenen, unbehinderten Ermessen. Auch von der final-sinnhaften Überdetermination eines im Hinblick auf den Erfolg blind-kausalen Verhaltens kann nicht die Rede sein: Der handelnde Extraneus übersieht die Sach- und Rechtslage genauso gut wie der Beamte selbst. Eine Organisationsherrschaft im oben erläuterten Sinne liegt erst recht nicht vor.

Eine vierte Art der Willensherrschaft aber läßt sich nicht aufweisen. Sie ist auch nach meiner Meinung nicht denkbar. Denn der Weg zur Beherrschung der Tat führt bei der mittelbaren Täterschaft nur über die Person des Handelnden. Dessen autonomer Wille nimmt dem Hintermann, wenn wir von der Organisationsherrschaft absehen, die Möglichkeit gestaltender Entscheidung und drängt ihn an den Rand des Geschehens. Herr des Handlungsvorganges kann der Außenstehende also nur werden, wenn der freie Wille des Unmittelbaren ausgeschaltet ist; dies aber setzt mit zwingender Notwendigkeit voraus, daß der Wille des Handelnden geknebelt ist oder den konkreten Sinngehalt des Erfolges nicht erfaßt. Eine weitere Möglichkeit ist schlechterdings nicht vorstellbar. Es liegt daher beim qualifikationslosen dolosen Werkzeug ein Sachverhalt vor, der auf der Grundlage der Tatherrschaftslehre – wenn die sonstigen Voraussetzungen erfüllt wären – lediglich zur Annahme einer Anstiftung führen könnte. Denn es handelt sich nur um die Erregung eines Tatentschlusses. Das von Welzel selbst für die mittelbare Täterschaft in anderem Zusammenhang geltend gemachte Erfordernis, wonach das Werkzeug „sich gegenüber dem mittelbaren Täter in einer unterlegenen Stellung befinden muß"[11], ist hier ersichtlich nicht erfüllt.

3. Die Qualifikation als psychologisches Herrschaftskriterium?

Die oben abgelehnte Möglichkeit einer weiteren Art von Willensherrschaft versucht jedoch Gallas darzutun. Denn sein Argument, daß der Hintermann kraft seiner Qualifikation die Deliktsverwirklichung „in der Hand" habe, zielt auf den Begriff einer psychischen Herrschaft sui generis: Wenn der Hintermann seine Beteiligung verweigert, kann aus dem Delikt nichts werden, das somit seiner Existenz nach von ihm abhängt.

---

[11] Lehrb., 7. Aufl., S. 94

Gegen diesen Gedankengang hat schon Nowakowski[12] eingewandt, es würden dabei „verschiedene Bewertungsaspekte miteinander vermengt". Daß der Hintermann besondere Pflichten verletze, belaste ihn mit einem spezifischen Unwert. Aber es mache ihn nicht zum Aktionszentrum, nicht zum Herrn der Tat. – Das ist der Sache nach richtig. Wenn man die von Gallas herangezogene Erwägung von verschiedenen Seiten her beleuchtet, so läßt sich viererlei dagegen einwenden:

a) Erstens setzt Gallas das voraus, was er erst beweisen soll. Die Frage ist doch, ob sich vom Standpunkt der Tatherrschaftslehre aus eine Strafbarkeit des Hintermannes überhaupt begründen läßt. Wenn Gallas das mit der Bemerkung bejaht, es hänge von ihm ab, ob ein strafbares Verhalten vorliege, so ist das eine petitio principii[13].

b) Wenn man zweitens einmal unterstellt, daß das Zustandekommen und die Strafbarkeit der Tat die Beteiligung des Hintermannes voraussetzen, so wäre dessen Täterschaft damit noch nicht bewiesen. Denn man würde sonst auf die alte Lehre vom „Hauptgehilfen", d.h. auf die von uns oben[14] sogenannte „Notwendigkeitstheorie" zurückgreifen, von der früher[15] schon dargelegt worden ist, daß sie jedenfalls dann versagt, wenn der Hintermann sich wie hier auf die Hervorrufung des Tatentschlusses beschränkt, ohne an der Ausführung mitzuwirken.

c) Drittens hängt es, wenn der Plan einmal gefaßt ist, wegen der auch von Gallas zugestandenen mangelnden Beherrschung des Tatmittlers durch den Qualifizierten gerade nicht von diesem, sondern allein vom freien Entschluß des unmittelbar Handelnden ab, ob der Plan ausgeführt wird. Unter dem Blickwinkel der Tatherrschaft bleibt es also dabei, daß die Entscheidung über das Ob und Wie der Tat beim Ausführenden liegt.

d) Viertens endlich ist – wenn man von der bei Gallas ohne Begründung gebliebenen Strafbarkeit des Hintermannes ausgeht – zwar zuzugeben, daß nur wegen seiner Person ein tatbestandsmäßiges Verhalten und damit eine Straftat überhaupt konstruierbar ist. Das liegt aber lediglich daran, daß der Hintermann allein die für ein tatbestandsmäßiges Verhalten erforderliche besondere Qualifikation besitzt – ein Gesichtspunkt, der mit der Tatherrschaft nichts zu tun hat. Es sind zwei durchaus verschiedene Dinge, ob jemand Beamter ist oder ob er bei einem bestimmten Vorgang das Handlungsgeschehen beherrscht. Die Qualifikation bedeutet doch nur, daß der Betreffende Täter eines Sonderdelikts sein kann. Ob er in einem konkreten Fall die Tatherrschaft hat, ist eine andere Frage.

Gallas hat anscheinend selbst das Problematische seiner Begründung empfunden und ihr die Bemerkung hinzugefügt, es handele sich hier „um eine Begehungsform eigener Art, die der Mittäterschaft näher steht als der

---

[12] JZ 1956, S. 549
[13] insoweit ebenso Wieners, S. 72
[14] Vgl. S. 38–41
[15] oben S. 40/41

mittelbaren Täterschaft, jedenfalls in deren herkömmlicher, auf die Beherrschung des Tatmittlers abstellender Bedeutung"[16].

Aber auch diese Erwägung kann die Annahme einer Täterschaft vom Standpunkt der Tatherrschaftslehre aus nicht rechtfertigen. Denn eine Mittäterschaft setzt – von der fehlenden Qualifikation des Handelnden abgesehen – zumindest voraus, daß der Hintermann an der Tatherrschaft teilhat. Das ist aber nicht der Fall, wenn er sich auf eine Tätigkeit beschränkt, die – wie auch Gallas annimmt – „an sich" nur einen Anstiftungsakt darstellt.

4. Die Qualifikation als normatives Herrschaftskriterium?

Der tiefere Grund einer Auffassung, wie sie uns bei Gallas entgegentritt, liegt in der von ihm vertretenen spezifischen „Normativität" des Tatherrschaftsbegriffes, auf die sich neben ihm besonders auch Lange beruft. Beide gehen davon aus, daß bei Sonderdelikten nur der Qualifizierte Tatherr sein könne, weil ihm allein der besondere Deliktsgehalt des Tatbestandes zugänglich sei[17]. Dagegen finden wir etwa bei Welzel[18] eine scharfe Trennung zwischen der Tatherrschaft und den besonderen täterschaftlichen Merkmalen, die für ihn nichts miteinander zu tun haben.

Diese Differenz, auf die in anderen Zusammenhängen noch wiederholt zurückzukommen sein wird, führt in grundsätzliche Fragen strafrechtlicher Begriffsbildung. Im Ergebnis ist Welzel zuzustimmen. Wenn man bei den Sonderdelikten auf Grund einer „tatbestandsbezogenen" Betrachtungsweise die Qualifikation als tatherrschaftsbegründendes Element ansieht, so ist dadurch die mittelbare Täterschaft des veranlassenden Beamten zwar in verblüffend einfacher Weise erklärt. Aber ein solches Verfahren ist aus mehreren Gründen unzulässig.

a) Zunächst einmal gerät man durch diese Methode mit der Tatherrschaftslehre in einen Zirkel, der ihre selbständige Bedeutung aufhebt und der in vergleichbarer Weise schon die frühere Animus-Theorie entwertet hat. Man macht nämlich dann nicht mehr die Täterschaft von der Tatherrschaft abhängig, sondern man versieht umgekehrt das, was man als Täterschaft ansehen zu müssen glaubt, nachträglich mit der Benennung „Tatherrschaft". Bei den Beamtendelikten ist es in erster Linie das Strafbedürfnis, die Unmöglichkeit, den außenstehenden Qualifizierten als Teilnehmer zu erfassen, was zur Annahme einer Täterschaft drängt.

Nun mag eine solche Bestrafung durchaus gerechtfertigt sein; wir werden darauf noch einzugehen haben. Aber die Täterschaft wird dann eben nicht aus der Tatherrschaft, sondern aus anderen Gesichtspunkten hergeleitet. Spricht man trotzdem in einem derartigen Zusammenhang von Tatherr-

---

[16] a. a. O. S. 136; ähnlich Welzel, 7. Aufl., S. 93, für den insoweit gleichliegenden Fall der Absichtsdelikte; vgl. auch Hellmuth Mayer, Lehrb., S. 308
[17] Vgl. Gallas, Gutachten, S. 133; Lange, Kohlr./Lange, 42./43. Aufl., vor §47, I, 4, S. 160; vgl. auch Franzheim, Die Teilnahme an unvorsätzl. Haupttat, S. 36f.
[18] Lehrb. 7. Aufl., S. 90; vgl. auch oben S. 67

schaft, so ist dieser Begriff nicht mehr Maßstab der Täterbestimmung, sondern ein bloßes Etikett, hinter dem sich sachlich ganz verschiedene Kriterien verbergen. Er verliert damit seinen konstitutiven Charakter und wird überflüssig.

b) Vielleicht wird man einwenden, es handele sich nur um eine aus dem Normsinn der Sonderdelikte folgende inhaltliche Modifizierung des Herrschaftsbegriffes. Es könne doch nicht verboten sein, die besondere Beziehung eines Beteiligten zum geschützten Rechtsgut mit dem Terminus „Tatherrschaft" zu bezeichnen, auch wenn diesem Begriff damit ein anderer Inhalt als bei gewöhnlichen Delikten verliehen werde.

Die sich aus diesem Einwand ergebende allgemeine Frage, ob und wieweit Begriffsbildungen und Benennungen „beliebig" sind, kann an dieser Stelle nicht erörtert werden. Hier läßt sich nur darlegen, welche Vorstellung von „Tatherrschaft" auf dem Boden unserer grundsätzlichen Erwägungen über den Täterbegriff als sinnvoll erscheint. Dann läßt sich folgendes feststellen:

Zwar weist ein richtig verstandener Tatherrschaftsbegriff normativen Charakter auf, aber diese Normativität beschränkt sich auf zwei Aspekte: Zunächst hängt es von den Zweckvorstellungen des Gesetzgebers ab, ob und wo er den Begriff der Tatherrschaft zum Kriterium der Täterschaft erheben will[19]; bejaht man seine Anwendbarkeit, ist es ferner eine Frage teleologischer Auslegung, wie der Begriff anhand des einmal gefaßten Leitgedankens in den Grenzbereichen festzulegen sei[20]: So haben wir vorhin – um nur *ein* Beispiel herauszugreifen – das Problem, wann ein Nötigungsdruck stark genug ist, um dem Hintermann die Willensherrschaft zuzusprechen, nicht nach faktisch-psychologischen Gesichtspunkten, sondern nach den gesetzlichen Wertvorstellungen gelöst[21].

Es ist aber nicht darüber hinaus möglich, den Kern eines Begriffes durch ein wertendes Verfahren mit beliebigem Bedeutungsgehalt zu erfüllen[22]. Vielmehr weist der Begriff der Willensherrschaft eine unverrückbare Grundstruktur auf, die man respektieren muß, wenn man sich einmal für ihn entschieden hat. Insoweit bestimmt nicht der Gesetzgeber, was Herrschaft ist, sondern er bezieht sich durch die Wahl dieses Gesichtspunktes gerade auf einen in seinem Kernbestand vorgegebenen Sinngehalt; sonst wären begriffliche Bezeichnungen ganz willkürlich und damit „sinn"los.

Diesem anschaulich-seinshaften Grundelement des Herrschaftsbegriffes läßt sich entnehmen, daß man von der „Herrschaft" über eine konkrete „Tat" sinnvollerweise nur sprechen kann, wenn die Kriterien, die sie begründen, dem „Herrschenden" einen mehr oder weniger großen Einfluß auf die Straftat und damit auf die Gestaltung des äußeren Handlungsgeschehens vermitteln. Wo das nicht der Fall ist, kann ein Umstand keine

---

[19] Vgl. darüber grundsätzlich oben S. 19–23; ferner unten S. 335 ff.
[20] Vgl. darüber oben S. 23 und passim
[21] S. 144 ff. und passim
[22] Vgl. darüber schon oben S. 24/25

Herrschaft begründen. Stimmt man dem zu; ist es aber unzulässig zu sagen, jemand beherrsche ein konkretes Geschehen allein deshalb, weil er die Täterqualifikation besitze, oder: jemand beherrsche einen Vorgang deshalb nicht, weil er durch sein Tun keine spezifische Pflicht verletze. Denn die Herrschaft bezieht sich auf das reale Geschehen, die Pflicht dagegen auf die Norm, so daß es nicht möglich ist, eins vom andern abhängig zu machen.

Auch mit Hilfe einer wertenden Betrachtungsweise darf man sich darüber nicht hinwegsetzen. Sonst verfällt man wieder der verfehlten Methode einer „sekundären" Täterbestimmung[23], d. h. dem Versuch, eine Täterschaft nur deshalb „wertend" zu begründen, weil sich ein als strafwürdig empfundenes Verhalten im Bereiche der Teilnahme nicht unterbringen läßt[24].

Mit alledem ist nicht gesagt, daß eine Täterschaft und damit eine strafrechtliche Erfassung des qualifizierten Hintermannes ausgeschlossen sei. Aber sie darf dann nicht aus dem Kriterium der Tatherrschaft hergeleitet werden. Den damit zusammenhängenden Problemen wird später noch nachzugehen sein. Dabei werden wir an die eben entwickelten Gedanken wieder anzuknüpfen haben.

Das ganze ist auch kein müßiger Streit um Worte, sondern hat erhebliche praktische Bedeutung. Denn wenn man diese Fälle unbesehen dem Tatherrschaftsprinzip unterordnet, wird man aus ihm bei der Abgrenzung von Täterschaft und Teilnahme Ergebnisse herleiten, die der besonderen Natur dieser Delikte nicht gerecht werden. Das führt bei Bestimmung der Teilnahmeformen und bei den Akzessorietätsfragen zu mancherlei sachlichen Fehlern, auf die unten noch im einzelnen einzugehen sein wird[25].

II. Das absichtslose dolose Werkzeug

Ähnlich wie bei den Sonderdelikten liegt es in den Fällen, in denen der Hintermann zur Tat einen Menschen veranlaßt, den die herrschende Lehre als „absichtsloses doloses Werkzeug" bezeichnet. Das Schulbeispiel bildet der Diebstahlstatbestand: „Ein Bauer läßt in Zueignungsabsicht von einem Knecht, der die Sachlage erkennt, fremde Hühner in seinen Stall treiben"[26]. Wenn man hier mit Welzel und der ganz überwiegenden Meinung dem Knecht die Zueignungsabsicht abspricht, so liegt aus zahlreichen, schon bei Erörterung der Sonderdelikte geltend gemachten Gründen eine Tatherrschaft des Bauern nicht vor. Die bloße Zueignungsabsicht, also eine überschießende, objektiv sich nicht auswirkende Innentendenz, kann dem Auffordernden nicht zur Herrschaft über den Handlungsablauf verhelfen.

Diese Ansicht vertritt hier – anders als oben – gegen Welzel und Gallas auch Maurach[27]; er meint durchaus zutreffend, es sei „zwar die Möglich-

---

[23] darüber oben S. 26–28
[24] Vgl. dazu auch Piotet, ZStW, Bd. 69, 1957, S. 24 Anm. 21
[25] Vgl. S. 352 ff.
[26] Welzel, LB, 7. Aufl., S. 93
[27] A.T., 2. Aufl., § 48 II B, S. 500

keit mittelbarer Täterschaft des Hintermannes nicht schlechthin ausgeschlossen, aber auf die Fälle einer konkret feststellbaren Tatherrschaft reduziert, die hier nicht aus einem Mangel der volldeliktischen Natur der Haupttat gefolgert werden" könne.

Allerdings hängt die Frage, ob das Tatherrschaftsprinzip bei den Absichtsdelikten eine befriedigende strafrechtliche Erfassung des Hintermannes zuläßt, wesentlich von der Auslegung der einzelnen Tatbestände ab. Wenn man beispielsweise dem Knecht unseres Ausgangsfalles die Zueignungsabsicht zugesteht, kann der Bauer nach der Tatherrschaftslehre unbedenklich als Anstifter bestraft werden. Entsprechendes gilt für die anderen in Betracht zu ziehenden Delikte. Insoweit kommt es bei der Lösung also nicht auf den Begriff der Tatherrschaft, sondern auf Sinn und Bedeutung der einzelnen subjektiven Unrechtselemente an. Darauf wird später noch zurückzukommen sein[28].

Hier läßt sich als Ergebnis jedenfalls festhalten: Eine mittelbare Täterschaft, die auf der Einschaltung eines vorsätzlich und ungenötigt handelnden „absichtslosen dolosen Werkzeugs" beruht, ist mit der Tatherrschaftslehre nicht zu vereinbaren.

III. Das dolose Gehilfenwerkzeug

Bei dieser Fallgruppe geht es um die Benutzung von Personen, die man nach der früher maßgebenden subjektiven Theorie „dolose Gehilfenwerkzeuge" nannte. Dabei soll in diesem Zusammenhang die Frage unerörtert bleiben, ob derjenige, der die Tat mit „Gehilfenwillen" eigenhändig ausführt, Täter oder Teilnehmer ist. Dieses Problem ist schon oben untersucht worden[29]. Hier handelt es sich nur darum, ob der Hintermann Täter ist, eine Möglichkeit, die sich entgegen einer weitverbreiteten Meinung nicht schon dadurch ausschließen läßt, daß man dem unmittelbar Handelnden die Tätereigenschaft zuerkennt; denn ein „Täter hinter dem Täter" ist – wie mehrfach gezeigt wurde – nach dem Tatherrschaftsprinzip nicht grundsätzlich undenkbar.

Unter den der Tatherrschaftslehre nahestehenden Autoren sind es namentlich Lange und Nowakowski, die den Außenstehenden auch dann als Täter ansehen wollen, wenn ein anderer frei und ungenötigt die Tat für ihn ausführt[30]. So will Lange[31] bei der Entscheidung des Badewannenfalles (RGSt 74, 84) zwar der ausführenden Schwester die Tatherrschaft zubilligen, aber gleichzeitig die auffordernde Mutter als mittelbare Täterin ansehen; und Nowakowski[32] läßt denjenigen, der einen anderen zur Be-

---

[28] Vgl. S. 338 ff.
[29] Vgl. S. 127–131
[30] Neben ihnen sind noch von Weber, Grundriß, 2. Aufl., S. 65, 67 und Busch, Moderne Wandlungen, S. 18, anzuführen. Vgl. dazu oben S. 80/81 und S. 80
[31] Kohlr./Lange, 42./43. Aufl., vor § 47 I, 5, B, 2, f, S. 162
[32] JZ 1956, S. 549

gehung einer Straftat anwirbt, neben diesem ebenfalls als Täter haften, wenn auch als Mittäter.

Schon unseren früheren Darlegungen zum Begriff der Willensherrschaft liegt die Ablehnung einer solchen Auffassung zugrunde; denn der Abgrenzung von Willensherrschaft und Willenseinfluß[33], d. h. der genaueren Festlegung des für die Begründung der Tatherrschaft erforderlichen Willensdruckes bei den Nötigungsfällen, hätte es nicht bedurft, wenn schon eine freiwillige Handlung im Interesse des Hintermannes diesen zum Täter machte. Es bedarf denn auch hier nur einer knappen Ergänzung der anderwärts niedergelegten Grundgedanken[34].

Der Gesichtspunkt des „Handelns für einen anderen" leitet auf die Interessentheorie zurück und ist allen gegen sie vorgebrachten Einwendungen ausgesetzt. Er hat mit der Tatherrschaft nichts zu tun: Denn diese beruht bei der mittelbaren Täterschaft darauf, daß der Ausführende durch sein Verhalten einen fremden Willensentschluß unfrei oder unwissend verwirklicht. So liegt es hier aber nicht. Denn wenn der Handelnde sich bei voller Sinnerfassung ungenötigt – sei es auch gegen eine Belohnung – zur Tat entschließt, so ist es *seine* Entscheidung, die sich im äußeren Geschehen bekundet. Auch wenn er den Willen eines anderen zu dem seinen macht, bleibt er Herr seiner Entschlüsse und der zu ihrer Verwirklichung vorgenommenen Handlungen. Er kann sie nach eigenem Belieben durchführen oder aufgeben. Solange das aber möglich ist, steht der Handelnde nicht unter fremder Herrschaft.

Eine andere Auffassung ist mit dem vorgegebenen Sinn des Herrschaftsbegriffes nicht zu vereinbaren und setzt sich dem schon oben erhobenen Vorwurf einseitig normativistischer Verzerrung aus[35]: als ob der Inhalt dessen, was man unter Herrschaft zu verstehen habe, zu beliebiger Verfügung stünde! Wenn Lange[36] sagt, die Tatherrschaft des Bestimmenden hänge hier von seiner Willensrichtung ab, dann ist die Bemerkung Welzels[37], Lange vertrete die subjektive Theorie, wenigstens in diesem Punkte nicht so „irrig", wie Lange[38] meint. Die Willensrichtung als innere, in die Steuerung des Handlungsvorganges sich nicht umsetzende „Einstellung" zum Erfolg, ist für die Ermittlung der Herrschaft als eines objektiven Phänomens ebenso wenig von Bedeutung wie bestimmte „Pflichten" oder „Absichten".

Diese Fälle sind also nach der Tatherrschaftslehre aus dem Bereich der mittelbaren Täterschaft grundsätzlich auszuschließen.

---

[33] dazu oben S. 143/144
[34] Vgl. besonders S. 156–158
[35] Vgl. S. 256–258 und die dort angegebenen Rückverweisungen.
[36] wie Anm. 31
[37] Lehrb., 7. Aufl., S. 94
[38] Kohlr./Lange, 42./43. Aufl., vor § 47 I, 1, S. 159

§ 26. Der Irrtum über Tätervoraussetzungen

Ein Lieblingsthema der Teilnahmeliteratur bildet der Irrtum über Tätervoraussetzungen. Was soll geschehen, wenn jemand Umstände annimmt, bei deren Vorliegen seine Handlung als Teilnahme zu beurteilen wäre, wenn aber der Sachverhalt objektiv so geartet ist, daß der Tatbeitrag ihm die Tatherrschaft verschafft oder doch wenigstens bei Kenntnis der Lage verschaffen würde? Und wie ist es umgekehrt, wenn jemand alle Voraussetzungen der Tatherrschaft für gegeben hält, in Wirklichkeit aber das vermeintliche Werkzeug das Geschehen in der Hand hat?

Diese Fragen sind bis heute, und zwar auch unter den Anhängern der Tatherrschaftslehre, heillos umstritten. Die halbwegs erschöpfende Darstellung der möglichen Lösungen und aller für und gegen sie sprechenden Argumente würde eine gesonderte Abhandlung erfordern. Wir müssen uns hier darauf beschränken, die eigene Meinung zu entwickeln; dabei werden wir abweichende Meinungen insoweit berücksichtigen, als sie für das Verständnis des Tatherrschaftsbegriffs wesentlich sind.

I. Die Verkennung tatherrschaftsbegründender Umstände

Am wenigsten geklärt sind die Fälle, bei denen der Außenstehende irrigerweise annimmt, der Unmittelbare handele vorsätzlich. Hier gibt es zahlreiche Schulbeispiele: A fordert den B auf, bei der Polizei eine Anzeige zu erstatten; dabei glaubt er fälschlich, der B kenne ihre Unrichtigkeit[1]. Oder: Der nach seiner Vorstellung zum Morde anstiftende Jagdpächter A weiß nicht, daß der Aufgeforderte B den gemeinsamen Feind für ein Stück Wild hält[2].

Es muß aber nicht unbedingt auf dem fehlenden Vorsatz des Mittlers beruhen, daß der Hintermann die objektiv gegebenen Voraussetzungen eigener Tatherrschaft nicht erfaßt. Ebenso kann es vorkommen, daß A den irrigerweise für zurechnungsfähig gehaltenen B zur Begehung einer Straftat veranlaßt[3], oder daß dieser die materielle Rechtswidrigkeit bzw. den konkreten Handlungssinn seines Verhaltens entgegen der Annahme des Außenstehenden nicht erkennt. Kurzum: Es gibt keine Erscheinungsform der mittelbaren Täterschaft, die nicht die Möglichkeit eines Irrtums über herrschaftsbegründende Faktoren böte. Natürlich sind solche Irrtümer auch nicht nur dort denkbar, wo der Hintermann anstiften will; sie können in entsprechender Weise auftreten, wenn er sich Umstände vorstellt, die eine Beihilfe begründen würden.

Für die rechtliche Würdigung dieser Sachverhaltsgestaltungen bieten sich drei Lösungen an: Man kann erstens dem A trotz seines Irrtums die Tat-

---

[1] Maurach, A.T., 2. Aufl., § 50, III, B, 3, a, S. 529; Baumann, JZ 1958, S. 233
[2] Baumann, JZ 1958, S. 233; Welzel, Lehrb., 7. Aufl., S. 109; Bockelmann, Untersuchungen, S. 49, Anm. 37, S. 96, Anm. 40
[3] dazu Gallas, Gutachten, S. 139

herrschaft und damit die mittelbare Täterschaft zusprechen; man kann zweitens eine vollendete und drittens eine versuchte Anstiftung annehmen. Alle drei Auffassungen haben unter den Vertretern der Tatherrschaftslehre Anhänger gefunden.

1. Mittelbare Täterschaft?

a) Die Begründung der Tatherrschaft im Schrifttum

Maurach[4] beruft sich für seine Ansicht, daß der A in den oben geschilderten Fällen ungeachtet seiner Fehlvorstellung mittelbarer Täter sei, auf das „Vorliegen der objektiven Tatherrschaft", die der Hintermann in beiden Fällen ausgeübt habe. Zur Begründung heißt es: „daß er seine Stellung als solche nicht erkannt hat, sich selbst vielmehr nur als tatherrschaftslosen Teilnehmer betrachtete, vermag ihn deshalb nicht zu entlasten, weil die Finalität seines Handelns in dem einen wie in dem anderen Falle gleich gewesen wäre."

Auch Hellmuth Mayer[5] sieht den A als mittelbaren Täter an. „Denn der Anstiftervorsatz enthält den Tätervorsatz jedenfalls in sich. Er enthält nur außerdem noch den Willen, einen anderen in Schuld zu verstricken". Dasselbe soll auch bei einer nur vorgestellten Beihilfe gelten[6]: „Nur im Verhältnis zu einem wirklichen Täter degradiert die abhängige Willensbildung den Mitbeteiligten zum bloßen Gehilfen. Ob ... der Scheingehilfe meint, einem Verantwortlichen beizustehen, ist ... gänzlich gleichgültiger Irrtum über den Kausalverlauf, denn inhaltlich ist der Gehilfenvorsatz dem Tätervorsatz gleich".

Schließlich ist noch v. Uthmann[7] zu nennen, der für eine mittelbare Täterschaft in den Fällen vermeintlicher Anstiftung geltend macht, daß A das Geschehen objektiv in der Hand halte und mit Tätervorsatz handele. Im Gegensatz zu Maurach und Mayer will er aber bei einer nur vorgestellten Beihilfe dem Hintermann nicht die Tatherrschaft zugestehen und ihn allenfalls wegen fahrlässiger Tat bestrafen[8].

---

[4] A.T., 2. Aufl., § 50, III, B, 3, a, S. 529, für den Fall der Unzurechnungsfähigkeit wohl ebenso Kohlr./Lange, 42./43. Aufl., I, B, 2, a vor § 47, S. 163; auch Welzel hat früher bei der vermeintlichen Anstiftung eine im Ergebnis gleiche Lösung erwogen, vgl. Lehrb., 3. Aufl., S. 90

[5] Lehrb., S. 329

[6] a. a. O. S. 330

[7] NJW 1961, S. 1909

[8] zur abweichenden Behandlung der vermeintlichen Beihilfe vgl. auch Welzel, Lehrb., 3. Aufl., S. 90

*b) Die Kenntnis der herrschaftsbegründenden Umstände als notwendiger
Steuerungsfaktor*

Die angeführten Begründungen beruhen bei aller Unterschiedlichkeit im
einzelnen auf einer gemeinsamen Voraussetzung: auf der Annahme nämlich,
daß die Tatherrschaft subjektiv nicht mehr als den Vorsatz erfordere, daß
mithin im Vorstellungsinhalt zwischen Tätern und Teilnehmern kein Unterschied bestehe.

Diese These aber ist falsch. Das Bewußtsein der eigenen Kausalität, das
auch den Anstifter und Gehilfen auszeichnet, ermöglicht noch keine
Steuerung des Handlungsablaufs. Diese liegt vielmehr, wie oben eingehend
begründet wurde, in der Überdetermination des Geschehens, deren Wesen
die sehende und sinnsetzende Verknüpfung menschlicher und außermensch-
licher Bedingungsfaktoren ist. Wenn der Vordermann vorsätzlich, aber ohne
Unrechtsbewußtsein handelt, so wird der Hintermann nicht durch seinen
auf die Kenntnis der Tatumtände beschränkten Vorsatz, sondern allein durch
seine überschießende Verbotskenntnis zum mittelbaren Täter. Sein objektiver Tatbeitrag, die Handlungsaufforderung, ist völlig der gleiche, auch
wenn er wegen Fehlens einer sinnhaften Überdetermination nur als Anstifter
haftet. Oder man denke an die Fälle der vierten Tatherrschaftsstufe, etwa an
die Ausnutzung eines error in persona: Nicht der Vorsatz und nicht einmal
die Kenntnis des Unrechts und aller Schuldelemente und erst recht nicht der
Umfang des äußeren, „objektiven" Tatbeitrages begründen hier die mittelbare Täterschaft, sondern nur das Verständnis des konkreten Handlungssinnes.

Damit ist zumindest bewiesen, daß bei der mittelbaren Täterschaft nicht
der Vorsatz, sondern die Kenntnis und bewußte Ausnutzung aller objektiv
herrschaftsbegründenden Faktoren den Beteiligten ins Zentrum des Geschehens rücken. Ein solcher herrschaftsbegründender Umstand ist nun aber
auch die Werkzeugqualität des Mittelsmannes. Deshalb ist nicht einzusehen,
weshalb man bei Bestimmung der mittelbaren Täterschaft gerade auf die
Kenntnis dieses für den objektiven Sinn der Beteiligung entscheidenden
Kriteriums sollte verzichten können. Die Herrschaft ist ja nichts Statisches,
kein fester Zustand, sondern etwas durch die Ausübung in der konkreten
Handlung sich Verwirklichendes. Wie sollte man aber eine Herrschaft
ausüben können, von der man nichts weiß?

Die Richtigkeit dieses theoretischen Ansatzes erweist sich auch an den
praktischen Ergebnissen. Wollte man mit der Gegenmeinung jemanden,
der auf Grund seines Vorstellungsinhaltes bei objektiver Beurteilung Anstifter oder Gehilfe wäre, nur deshalb als Täter betrachten, weil der Partner
entgegen seiner Annahme vorsatzlos, ohne Unrechtsbewußtsein oder als
Unzurechnungsfähiger handelt, so würde die Schwere seiner Strafe und
in vielen Fällen die Bestrafung überhaupt von einem Umstand abhängen,
den er nicht kannte und für den er nichts konnte. Wer nach seinen Vorstellungen (straflose) Beihilfe zu einer Übertretung geleistet hätte, stünde als
strafbarer Täter da! Unterbleibt die Tat, so würde aus der versuchten Beihilfe oder der versuchten Anstiftung zu einem Vergehen, die beide straflos

sind; ein strafbarer Fall versuchter Täterschaft. Die angenommene versuchte Verbrechensanstiftung oder vollendete Beihilfe würde nach dem schweren Strafrahmen der vollendeten Täterschaft geahndet. In allen diesen Fällen bestünde demnach eine Art Erfolgshaftung, die in unerträglicher Weise gegen den Schuldgrundsatz verstieße. Es ist ein Unding, jemandem einen Umstand strafbegründend oder straferschwerend zuzurechnen, den er, wie es bei dem Defekt des Vordermannes der Fall ist, weder gekannt noch auch nur objektiv herbeigeführt hat.

Man kann dieser Aporie nicht dadurch entgehen, daß man für die irrige Vorstellung der Beihilfekriterien eine Ausnahme gelten läßt. Denn erstens werden dadurch die unbilligen Ergebnisse nur zum Teil vermieden, weil auch in der Bestrafung von Anstiftung und Täterschaft – beim Versuch – Unterschiede bestehen; und zweitens gibt es, wenn man den Anstiftervorsatz zur Begründung der Tatherrschaft ausreichen läßt, kein sinnvolles Argument dafür, warum es bei der vermeintlichen Beihilfe auf die objektive Situation nicht ankommen soll.

Auch darf man nicht glauben, daß die oben aufgezeigten Ergebnisse die logische Konsequenz eines objektiven Täterbegriffes seien[9]. Eine so aufgefaßte Tatherrschaftslehre wäre unrichtig. Denn die „Objektivität" des Herrschaftsmerkmals besteht nicht darin, daß man von der vollen Kenntnis des Sachverhaltes absehen könnte. Sie bedeutet lediglich, daß eine auf die sinnhafte Geschehenssteuerung sich nicht auswirkende innere Einstellung für die Abgrenzung belanglos ist, daß ein überschießender „Täterwille", dem in der äußeren Situation nichts entspricht, die Aufgliederung der Teilnahmeformen nicht bestimmen darf[10]. In Wirklichkeit handelt es sich bei der hier bekämpften Ansicht nicht um einen objektiven Tatherrschaftsbegriff, sondern um die verkappte Wiederkehr der extensiven Lehre, wonach man zum Täter schon dadurch wird, daß man den tatbestandlichen Erfolg bewußt verursacht.

Wir können also festhalten: Derjenige, dem die Werkzeugqualität eines von ihm Aufgeforderten oder Unterstützten verborgen bleibt, hat nicht die Tatherrschaft und ist nicht mittelbarer Täter.

2. Vollendete Teilnahme

a) Die Meinungen

Die weitere Frage, ob der Außenstehende in diesen Fällen Anstifter bzw. Gehilfe ist oder ob er bestenfalls wegen versuchter Anstiftung bestraft werden kann, liegt außerhalb der uns in erster Linie beschäftigenden Täterproblematik; sie bedarf dennoch der Erörterung, weil Art und Möglichkeit der Bestrafung wichtige Rückschlüsse auf die Abgrenzung von Täterschaft und Teilnahme zulassen.

---

[9] so aber wohl Baumann, Lehrb., 2. Aufl., S. 445, der dieses Argument zur Widerlegung der Tatherrschaftslehre benutzt.
[10] Vgl. zu diesen Fragen noch näher unten S. 315–318

Gallas[11], Dahm[12], Sax[13], Baumann[14], Mezger[15], Schröder[16] und wohl auch der Bundesgerichtshof[17] nehmen mit sehr verschiedenen Begründungen eine vollendete Anstiftung oder Beihilfe an. Welzel[18], Bockelmann[19], Heinitz[20] und Tröndle[21] dagegen halten einen Teilnahmeversuch für gegeben, der nur unter den Voraussetzungen des § 49a StGB strafbar ist.

Bei der Beurteilung dieser Sachverhalte empfiehlt es sich zunächst, eine Unterscheidung zu treffen zwischen den Fällen, da der Unmittelbare ohne Vorsatz handelt, und allen übrigen Konstellationen, bei denen die dem Außenstehenden unbekannte Herrschaftsmöglichkeit auf anderen Umständen beruht.

b) Der Ausführende handelt vorsätzlich

Die Situationen der zweiten Art, in denen der Handelnde zwar den Vorsatz im Sinne der Schuldtheorie, nicht aber die Kenntnis der materiellen Rechtswidrigkeit, der schuldbegründenden Umstände oder des konkreten Handlungssinnes besitzt, gestatten unbedenklich die Bestrafung wegen vollendeter Teilnahme. Denn der Ausführende ist – sei es auch vielleicht schuldloser – Täter, und der Ausschluß einer höherstufigen Tatherrschaft läßt die auf der nächstniederen Stufe ohnehin vorliegende Anstiftung oder Unterstützung unberührt.

Um das an einem Beispiel zu verdeutlichen: Wenn der Vordername A einem error in persona unterliegt und der Hintermann B in Kenntnis des Irrtums den A zum Schuß veranlaßt, um auf diese Weise (während A es auf den D abgesehen hat) seinen Feind C umzubringen, so ist B mittelbarer Täter eines Mordes[22]. Er hat die Tatherrschaft vierter Stufe inne. Gleichzeitig ist aber auch A Täter, und zwar Träger einer drittstufigen Tatherrschaft, hinsichtlich deren der B lediglich Anstifter ist. Soweit es nämlich nicht um die Tötung einer konkreten Person, sondern um die bloße Menschqualität des Opfers geht, nimmt A die zentrale Stellung im Geschehen ein, und der Beitrag des B beschränkt sich auf die Erregung des Tatentschlusses. Diese Anstiftung tritt normalerweise hinter der Täterschaft zurück. Scheidet jedoch eine Täterschaft deshalb aus, weil der Hintermann sich der Herrschaftsmöglichkeit nicht bewußt ist – so, wenn der B die Personenver-

---

[11] Gutachten, S. 139/40
[12] NJW 1949, S. 810
[13] MDR 1954, S. 65–71
[14] JZ 1958, S. 230–235; Lehrb., 2. Aufl., S. 450/451
[15] Lehrb., 2./3. Aufl., S. 449
[16] Schönke/Schröder, 10. Aufl., vor § 47, IX, 6, b, S. 251 f.
[17] BGHSt 8, 137–139
[18] Lehrb., 7. Aufl., S. 109 f.
[19] Untersuchungen, S. 49, Anm. 37, 95 ff., 125
[20] Festschr. zum 41. Dtsch. Juristentag, 1955, S. 106
[21] GA 1956, S. 143/144
[22] Vgl. dazu eingehend oben S. 213–216

wechselung des A nicht durchschaut – dann bleibt die vollendete Anstiftung bestehen, und es liegt nicht der geringste Grund vor, von einem bloßen Teilnahmeversuch zu sprechen.

Entsprechendes gilt in den übrigen Fällen dieser Art. Wenn der Hintermann nicht merkt, daß dem unmittelbar Handelnden die Rechtslage unbekannt ist, so kann er nicht mittelbarer Täter sein, aber er hat wenigstens eine vorsätzliche, mit Tatherrschaft begangene Handlung veranlaßt oder unterstützt und kann dafür als Teilnehmer herangezogen werden. Ebenso ist es in den viel behandelten Situationen, da jemand an den Taten unerkennbar Geisteskranker mitwirkt.

Die vielfachen Umwege, die man im Schrifttum eingeschlagen hat, um eine Teilnahmebestrafung zu ermöglichen, sind also sämtlich überflüssig. Es ist nicht erforderlich, um solcher Fälle willen auf einen objektiven Tatherrschaftsbegriff zu verzichten und bei der Abgrenzung subjektiv den Täter- oder Teilnehmerwillen zugrundezulegen; ebenso ist es unnötig, zur Begründung der Teilnahme den Urheberbegriff heranzuziehen oder den Außenstehenden nur „wie " einen Teilnehmer zu behandeln. Vielmehr liegt eine echte vollendete Teilnahme vor, deren Erfassung auch durch Akzessorietätsgrundsätze nach keiner der heute vertretenen Lehren gehindert wird.

c) Der Ausführende handelt unvorsätzlich

Der Fall, in dem der unmittelbar Handelnde entgegen der Vorstellung des Hintermannes die Tat ohne Vorsatz verwirklicht, läßt sich mit den oben entwickelten Kriterien nicht ohne weiteres lösen. Allerdings gilt das nur für die unbewußte Fahrlässigkeit und die unbewußt schuldlose Handlung. Hat nämlich der Ausführende die Tat wenigstens mit bewußter Fahrlässigkeit begangen, so liegt eine finale Tatbestandsverwirklichung vor, die eine Teilnahmebestrafung auch nach den bisher dargestellten Grundsätzen ermöglicht. Daher soll diese Sachverhaltsvariante zuerst erörtert werden.

aa) Der Ausführende handelt bewußt fahrlässig

Hier sind zwei verschiedene Irrtumssituationen denkbar:

Zunächst kann es so sein, daß das Kausalwissen von Vorder und Hintermann gleich ist, daß aber der vorsätzlich handelnde Außenstehende die Tateinstellung des Unmittelbaren verkennt; er glaubt etwa, dieser erstrebe den Erfolg (und handele damit vorsätzlich), während der andere in Wirklichkeit leichtsinnig auf sein Ausbleiben vertraut (so daß ihm nur Fahrlässigkeit vorzuwerfen ist). Hier haben wir einen eindeutigen Fall vollendeter Teilnahme vor uns. Denn auch wenn der Hintermann die innere Einstellung des Ausführenden kennen würde und wüßte, daß dieser nur bewußt fahrlässig handelt, hätte er trotz seines Vorsatzes die Tatherrschaft nicht und wäre nur Teilnehmer[23]. Dann kann es natürlich nicht anders sein, wenn er dem Unmittelbaren irrigerweise sogar den Vorsatz zuschreibt.

Die zweite hier mögliche Konstellation ist die, daß dem Außenstehenden B ein Risikoirrtum[24] des Handelnden A verborgen bleibt: Er glaubt beispielsweise, daß dieser die Wahrscheinlichkeit des Erfolgseintrittes richtig auf 80 % einschätze, während A in Wirklichkeit nur ein 20 %iges Risiko einkalkuliert hat. Das ist ein Sachverhalt, der den oben (b) erörterten parallel liegt; B wäre, wenn er den Irrtum des A übersähe und ausnutzte, mittelbarer Täter[24], einerlei, ob der A wegen vorsätzlicher oder fahrlässiger Tat bestraft wird. Bleibt nun dem B die falsche Vorstellung des A unbekannt, so fehlt ihm die Tatherrschaft. Eine vollendete Teilnahme liegt aber auch hier vor. Denn auf jeden Fall hat B an einer finalen Tatbestandsverwirklichung durch A mitgewirkt, und mehr ist nicht erforderlich. A ist trotz seines Irrtums Tatherr, weil er sich der konkreten Möglichkeit des Erfolges bewußt bleibt; die insoweit vorliegende Teilnahme des B, die bei einer sinnlenkenden Überdetermination auf höherer Herrschaftsstufe hinter der Täterschaft zurückgetreten wäre, entfaltet jetzt ihre selbständige Bedeutung. Nimmt man an, daß A trotz seines Risikoirrtums vorsätzlich gehandelt habe, so steht die Vereinbarkeit dieser Lösung mit Akzessorietätsgrundsätzen außer Zweifel. Es ist aber auch nicht anders, wenn man sein Tun als bewußt fahrlässig beurteilt. Denn sofern man, wie es geboten und von der wohl überwiegenden Meinung auch anerkannt ist, beiden Verhaltensweisen dieselbe Finalstruktur zuspricht, liegt ihr Unterschied nur in der Schuldhöhe und ist für die Möglichkeit einer Teilnahme angesichts der Akzessorietätslimitierung ohne Bedeutung.

bb) Der Ausführende handelt ohne das Bewußtsein möglicher Tatbestandsverwirklichung

Dieser Fall ist der schwierigste und am meisten behandelte. Wenn ein Hintermann A an einem vorsätzlichen Delikt mitzuwirken glaubt, der unmittelbar handelnde B sich jedoch die Tatumstände nicht einmal vorstellt – so verhielt es sich mit der falschen Anzeige und dem Mord in unseren Eingangsbeispielen dann ist B nicht Täter im Sinne der §§ 164, 211 StGB; ihm fehlt die Tatherrschaft jeder Stufe, und A kann Anstifter oder Gehilfe nur sein, wenn man eine Teilnahme auch ohne Täterschaft für möglich hält.

Das Problem einer Teilnahme an nichtfinaler Haupttat kann an dieser Stelle nicht umfassend behandelt werden. Insbesondere wollen wir auf die Akzessorietätsfragen, die unten noch in größerem Zusammenhang erörtert werden[25], jetzt nicht näher eingehen. Hier muß *eine* Bemerkung genügen: Wenn der Gesetzgeber die Akzessorietät limitiert hat, so ist dadurch mit bindender Wirkung lediglich festgelegt, daß die Haupttat nicht schuldhaft

---

[23] Vgl. dazu eingehend oben S. 180–191
[24] Vgl. dazu eingehend oben S. 220–225
[25] Vgl. dazu S. 364 ff.

begangen zu sein braucht. Welche Voraussetzungen eine mit Strafe bedrohte Handlung im übrigen erfüllen muß, ob beispielsweise eine finale Tatbestandsverwirklichung unerläßlich ist, darüber läßt sich dem Gesetz nichts entnehmen.

Wenn man das zugibt – und wie sollte man es bestreiten? –, dann kann die Frage, ob eine Teilnahme an unfinaler Haupttat möglich ist, nur aus dem Wesen der Teilnahme beantwortet werden. Und hier behaupte ich, was unten noch des näheren zu beweisen sein wird[26], daß die Teilnahme ein „sekundärer" Begriff[27] ist. In welch unterschiedlicher Weise man die Täterschaft auch immer bestimmen mag, der Teilnahmebegriff ändert sich mit ihr und wird zu ihrem negativen Spiegelbild. Verlangt man also etwa für die Täterschaft den animus auctoris, so kann man die Teilnahme nur als Mitwirkung ohne Täterwillen umschreiben; sieht man die Täterschaft durch die eigenhändige Tatbestandsverwirklichung gekennzeichnet, so werden Anstiftung und Beihilfe zur uneigenhändigen Beteiligung. Kurz: Teilnahme ist ein zur Tat beitragendes Verhalten, das nicht die Voraussetzungen des jeweiligen Täterbegriffs erfüllt.

Daraus folgt für unser Problem: *Teilnahme ist eine Mitwirkung ohne Tatherrschaft.* Wenn also jemand sich an einer vorsätzlichen Tat zu beteiligen glaubt, der andere aber in Wahrheit ohne Tatbestandsfinalität handelt, so ändert das nichts daran, daß der Hintermann an der Tatbestandserfüllung ohne Tatherrschaft mitwirkt. Er ist demnach Teilnehmer; und zwar Anstifter, wenn er den Entschluß zu dem irrtumsbefangenen Verhalten hervorgerufen, Gehilfe, wenn er die Handlung in anderer Weise unterstützt hat.

Damit ergibt sich, daß die vollendete Teilnahme eine finale Haupttat nicht notwendig voraussetzt. Die hier nur knapp skizzierte Begründung gilt gleichzeitig für die vorher behandelten Irrtumsfälle bei vorsätzlicher oder bewußt fahrlässiger Haupttat. Wer also die dort vom Boden der wohl herrschenden Lehre aus entwickelten Lösungen ablehnen wollte, müßte trotzdem noch zur Bejahung einer vollendeten Teilnahme kommen.

Bei einer anderen, nicht zu den Irrtumsfällen gehörenden Problemgruppe allerdings helfen die dargelegten Gesichtspunkte nicht weiter, wie zur Vermeidung von Mißverständnissen vorweggreifend bemerkt sei: in den praktisch recht bedeutsamen Situationen, wo ein qualifikationsloser Hintermann einen nicht final handelnden Intraneus bewußt einschaltet, um den Tatbestand eines Sonderdelikts zu verwirklichen. Hier ist vom Standpunkt der Tatherrschaftslehre aus eine Teilnahme deshalb unbegründbar, weil der Extraneus gerade nicht ohne Tatherrschaft mitwirkt. Er lenkt ja bewußt das Geschehen und kann nur wegen seiner fehlenden Qualifikation nicht Täter sein. Die hier auftretenden Fragen, auf die später im einzelnen einzugehen sein wird, sind deshalb nur mit Hilfe ganz anderer Erwägungen zu klären[28].

---

[26] Vgl. S. 364ff.
[27] Zu Bockelmanns primärem Teilnehmer- und sekundärem Täterbegriff vgl. oben S. 26–28
[28] Dazu unten S. 367ff.

Die vorstehend entwickelte Lösung, die im Ergebnis – wenn auch nicht in der Begründung – mit der Ansicht von Sax[29] übereinstimmt[30], läßt hinreichend deutlich werden, daß die Tatherrschaftslehre in diesen Fällen ohne jede konstruktive Verbiegung zur Annahme einer echten vollendeten Teilnahme kommen kann; es bedarf weder der Subjektivierung des Täterbegriffs durch die Heranziehung des Tatherrschaftswillens[31] noch einer Ausdehnung der Teilnahme auf die im Gesetz nicht vorgesehene Urheberschaft[32]. Auch § 32 des Entwurfs 1962, der für diese Fälle ausdrücklich eine Teilnahmebestrafung anordnet, ohne zu den „wissenschaftlichen Folgerungen"[33] dieser Vorschrift Stellung nehmen zu wollen, wäre demnach an sich unnötig gewesen. Da freilich der Entwurf im übrigen gemäß §§ 30, 31 nur eine Teilnahme an vorsätzlicher Haupttat zulassen will[34], ist die in getroffene Einschränkung richtig und begrüßenswert.

3. Versuchte Teilnahme und fahrlässige Täterschaft?

Damit muß gleichzeitig die namentlich von Bockelmann und Welzel vertretene Auffassung, es liege nur eine versuchte Teilnahme vor, der Ablehnung verfallen. Sie verkennt nicht allein das Wesen der Teilnahme. Auch ihre praktischen Ergebnisse sind höchst unbillig und mit den gesetzlichen Wertvorstellungen nicht zu vereinbaren. Denn da die versuchte Anstiftung nur bei Verbrechen strafbar ist und die versuchte Beihilfe ganz straflos bleibt, müßte der Außenstehende in den meisten Fällen straffrei davonkommen, obwohl er den deliktischen Erfolg erreicht hat und sein Einfluß dabei objektiv noch größer war, als er gedacht hatte.

Wenn Bockelmann[35] meint, hier bleibe „das, was der seinwollende Teilnehmer vollführt, zurück hinter dem, was er zu vollführen sich bestrebt", so ist das wenig einleuchtend. Und auch die Berufung darauf, daß § 49a StGB aus gutem Grund die Strafbarkeit der versuchten Teilnahme eingeschränkt habe und nicht durch Konstruktion einer vollendeten Teilnahme umgangen werden dürfe[36], überzeugt nicht. Denn erstens setzt sie voraus, was gerade nicht richtig ist, daß es sich nämlich der Sache nach nur um einen Teilnahmeversuch handelt. Und zweitens wird man doch schwerlich leugnen können, daß die Zurückhaltung des Gesetzgebers bei der Bestrafung des Teilnahmeversuchs nur dann Sinn hat, wenn man annimmt, daß der Anwendungsbereich des § 49a auf die Fälle begrenzt sein soll, in denen die Tatbestandsverwirklichung nicht eintritt und nur der folgenlos

---

[29] MDR 1954, S. 65–71
[30] Die Lückenfälle bei den Sonderdelikten und den eigenhändigen Straftaten behandele ich freilich anders als er, vgl. dazu S. 367 ff., 420 ff.
[31] so Baumann, JZ 1958, S. 230–235; Lehrb., 2. Aufl., S. 444 ff., auch Sax a. a. O. S. 69
[32] Vgl. z. B. Schröder, 10. Aufl., vor § 47, IX, 6, b S. 251
[33] Vgl. Begründung S. 151
[34] Darüber noch unten S. 375 f.
[35] Untersuchungen, S. 96
[36] Untersuchungen, S. 96/97

gebliebene manifestierte deliktische Wille Gegenstand der strafrechtlichen Beurteilung ist. Die ratio des § 49a StGB spricht also nicht für, sondern gegen die Subsumtion unserer Irrtumsfälle unter diese Bestimmung.

Es ist auch kein Ausweg, wenn man darauf hinweist, daß der strafrechtlich sonst nicht zu fassende Hintermann unter Umständen als fahrlässiger Täter bestraft werden könne[37]. Schon die Konstruktion ist schwer haltbar. Denn der Außenstehende kennt alle Merkmale des besonderen Tatbestandes und erstrebt bewußt ihre Verwirklichung. Wenn Welzel[38] nur demjenigen einen Totschlagsvorsatz zubilligt, der ein Delikt als Taterr begehen will, dann müßten alle Teilnehmer ohne Vorsatz handeln, während man richtigerweise die Kenntnis der Täter- oder Teilnehmervoraussetzungen als ein zum Vorsatz hinzutretendes subjektives Unrechtselement ansieht[39].

Ähnlich problematisch ist es, wenn Bockelmann[40] dem Hintermann zwar den Tötungsvorsatz zugesteht, aber wegen eines Irrtums über den Kausalverlauf die Fahrlässigkeitsbestrafung eintreten lassen will. Denn erstens pflegt sich der Tatbestandsirrtum des unmittelbar Handelnden auf den Kausalablauf nicht auszuwirken: Die Finalität und nicht die Kausalität ändert sich infolge der Fehlvorstellung. Und zweitens würde es sich doch wohl um eine unbeachtliche Kausalabweichung handeln[41]. Überhaupt wäre es ein sonderbares Ergebnis, daß die Strafmöglichkeit vom Ausmaß der Kausalabweichung abhängen sollte; der geringe Irrtum würde exculpieren, während der gröbere zur Bestrafung führt.

Abgesehen von allen konstruktiven Bedenken würden diese Lösungen aber auch nur bei den wenigen Tatbeständen weiterhelfen, wo die Fahrlässigkeit unter Strafe steht; und auch hier wurde der niedrige, noch hinter § 49a zurückbleibende Strafrahmen der deliktischen Qualität des Verhaltens nicht gerecht.

II. Die irrige Annahme tatherrschaftsbegründender Umstände

1. Die Meinungen

Weniger schwierig und umstritten ist die Behandlung der umgekehrten Situation, des Falles also, in dem der Hintermann A sich irrtümlicherweise Umstände vorstellt, die ihn zum Tatherrn machen würden, während der Ausführende B in Wirklichkeit die Sachlage vollständig übersieht. Unsere Ausgangsbeispiele würden dann so umzuformen sein, daß A glaubt, der von ihm mit der falschen Anzeige beauftragte B kenne ihre Unrichtigkeit nicht, daß dieser aber alles weiß und trotzdem handelt; im Jagdpächterfall

---

[37] Bockelmann, Untersuchungen, S. 125; Welzel, Lehrb., 7. Aufl., S. 110; Heinitz, Festgabe zum 41. Dtsch. Juristentag, S. 106; v. Uthmann, NJW 1961, S. 1909
[38] wie Anm. 37
[39] Vgl. dazu näher unten S. 329 ff.
[40] wie Anm. 37
[41] insoweit übereinstimmend Hellmuth Mayer, Lehrb., S. 329

müßte A der Ansicht sein, der zum Schießen aufgeforderte B halte das Objekt für ein Stück Wild, während dieser sehr wohl merkt, daß es der Feind C ist und ihn bewußt tötet.

In der Beurteilung dieser Fälle werden im wesentlichen zwei Ansichten vertreten. Die eine stellt bei Abgrenzung der Beteiligungsformen ungeachtet der objektiven Gegebenheiten auf den „Täter-" oder „Tatherrschaftswillen" ab und kommt hier folgerichtig zur Annahme einer mittelbaren Täterschaft[42]. Die andere, die wegen der Tatherrschaft des B eine Täterschaft des A für ausgeschlossen hält, nimmt Anstiftung oder Beihilfe an. Akzessorietätsprobleme entstehen hier nicht, weil der Täter vorsätzlich handelt. Über die Schwierigkeit, daß der Außenstehende diesen Umstand nicht kennt, also gar keinen „Teilnahmevorsatz" hat, setzt man sich mit meist ziemlich gleichartigen Begründungen hinweg. Maurach sagt[43]: „... das fehlende Bewußtsein tatherrschaftsloser Mitwirkung an fremder Tat wird durch die weitergehende irrige Annahme der Tatherrschaft (Täterschaft ist mehr als Teilnahme) kompensiert". Gallas[44] geht nur auf die Tatveranlassung ein und meint, wenn man den Korruptionsgedanken mit der herrschenden Ansicht ausschalte, „beständen keine Bedenken dagegen, den Anstiftervorsatz als ein minus im Tätervorsatz mit enthalten zu sehen und Anstiftung anzunehmen". Sehr ähnlich heißt es bei Welzel[45]: „Der Veranlasserwille bleibt hier nicht ... hinter der Wirklichkeit zurück, sondern geht über sie hinaus, umfaßt also auch das Weniger der Anstiftung". Dagegen hält v. Uthmann[46] nur die objektive Situation für maßgebend und kommt, weil die Vorstellungen des Hintermannes für ihn von vornherein irrelevant sind, ohne weiteres zur Bejahung einer Teilnahme.

2. Vollendete Teilnahme

Sachlich ist der zweiten Auffassung recht zu geben. Es liegt wie bei den umgedrehten Irrtumsfällen eine vollendete Teilnahme vor; denn genau wie dort handelt es sich um eine „Mitwirkung ohne Tatherrschaft". Während dort die Täterschaft durch die mangelnde Kenntnis der herrschaftsbegründenden Umstände ausgeschlossen wird, fehlen ihre Voraussetzungen hier schon objektiv. An der damit gegebenen Teilnahme ändert die irrige Annahme einer Herrschaftssituation nichts. Das ergibt sich aus folgender Überlegung:

Zunächst kann es so sein, daß der Außenstehende den Vorsatz des unmittelbar Handelnden kennt, aber dennoch Tatherr zu sein glaubt, weil er irrigerweise annimmt, dem anderen fehle das Unrechtsbewußtsein, er sei

---

[42] Vgl. nur Baumann, JZ 1958, S. 233; Schönke/Schröder, 10. Aufl., IX, 6, a vor § 47, S. 251
[43] Lehrb., A.T., 2. Aufl., § 50, III, B, 3, b, S. 529/30
[44] Gutachten S. 139
[45] Lehrb., 3. Aufl., 1954, S. 91; die folgenden Auflagen schweigen.
[46] NJW 1961, S. 1909

unzurechnungsfähig oder es liege ein sonstiger die Täterschaft eines Hintermannes ermöglichender Umstand vor. Dann steht einer Teilnahmebestrafung schon deshalb nichts im Wege, weil, soweit es sich um das äußere Geschehen in seiner Qualität als Vorsatztat handelt, der Hintermann einen Teilnahmeerfolg nicht nur objektiv erzielt, sondern dies auch subjektiv weiß. Er will ja einen auf die vorsätzliche Verwirklichung aller Tatumstände gerichteten Entschluß hervorrufen. Und wenn er einer Frau ein Abtreibungsmittel gibt in der irrigen Annahme, daß sie die materielle Rechtswidrigkeit einer solchen Tat nicht erkenne, so will er ihr auf der ersten Tatherrschaftsstufe bewußt Beihilfe leisten. Der Umstand, daß er auf höherer Herrschaftsstufe ihr Handeln sinngestaltend überdeterminieren will und mit diesem Plan scheitert, hat auf die Beihilfe keinen Einfluß. In Fällen dieser Art ist es demnach zwar nicht so, wie meist pauschal und ungenau gesagt wird, daß das „Minus" des Teilnehmervorsatzes im Tätervorsatz enthalten sei, aber wir haben immerhin eine ähnliche Beziehungsstruktur vor uns: Unter der (hier nur erstrebten) Tatherrschaft höherer Stufe liegt objektiv und subjektiv eine vollendete Teilnahme auf niedrigerer Herrschaftsebene, die eine Bestrafung bedenkenlos gestattet.

In solcher Weise kann man freilich nicht argumentieren, wenn, wie in unseren Ausgangsbeispielen, der Hintermann nicht einmal an eine finale Tatbestandsverwirklichung durch den Ausführenden glaubt. Hier ist es wirklich so, daß zwar objektiv eine „Mitwirkung ohne Tatherrschaft", also eine Teilnahme, vorliegt, der Außenstehende dies aber nicht weiß. Eine vollendete Teilnahme ist trotzdem gegeben. Denn ein „Anstiftungs"- oder „Unterstützungswille" ist kein Erfordernis der Teilnahme. Es ist hier anders als bei der Herrschaft, die man nur ausüben kann, wenn man von ihren Voraussetzungen weiß. Der Grund für diese Abweichung liegt darin, daß die Teilnahme kein „primärer", sondern ein „sekundärer" Begriff ist[47]. Sie hat folglich, soweit es sich nicht um die Kenntnis der Tatumstände handelt, auch keine „positiven" Voraussetzungen, sondern wird in ihrem Inhalt negativ durch das Fehlen der Täterkriterien, also der herrschaftsbegründenden Merkmale, bestimmt. Wer bewußt auf die Verwirklichung eines Erfolges hinarbeitet, wird, wenn ein anderer frei und alles übersehend die Tat allein ausführt, nach objektivem Urteil in die Randzone des Geschehens verwiesen, ob er will oder nicht. Seine Vorstellung, daß er die Zentralfigur darstelle, hat darauf keinen Einfluß. Das ist die notwendige Konsequenz einer objektiven Abgrenzung, wie sie zum Wesen der hier entwickelten Tatherrschaftslehre gehört.

Eine solche Lösung wäre, wie Gallas richtig hervorhebt, bei der Anstiftung allerdings ausgeschlossen, wenn man die Schuldverstrickung des Aufgeforderten zu ihrem Wesensmerkmal machen wollte. Die Gründe, die – zumal nach der Akzessorietätslimitierung – gegen die Schuldteilnahmetheorie sprechen, hat zuletzt Bockelmann[48] eindrucksvoll geltend gemacht. Sie bedürfen hier keiner Wiederholung. Wenn man das Verhältnis

---

[47] Vgl. dazu oben S. 268
[48] Untersuchungen, S. 91–95

von Täterschaft und Teilnahme so sieht, wie wir es oben dargestellt haben, kann es bei der Anstiftung auf die Korruption von vornherein nicht ankommen. Dieser Gesichtspunkt, der im übrigen, wie unsere früheren Ausführungen gezeigt haben, ebenso bei der mittelbaren Täterschaft eine Rolle spielen kann, hat vielmehr im Rahmen aller Beteiligungsformen nur die Bedeutung eines Strafzumessungsgrundes.

Man könnte außerdem erwägen, ob neben der vollendeten Teilnahme wegen der Fehlvorstellung des Hintermannes jeweils noch eine versuchte Täterschaft vorliege. Das ist eine hier nicht unmittelbar interessierende Frage, die man aber wird verneinen müssen: Denn erstens fehlt es, wenn der unmittelbar Handelnde von vornherein alles durchschaut, an einem Anfang *täterschaftlicher* Ausführung; und zweitens wirkt nur die irrige Annahme von Tatumständen und nicht die sonstiger Täter- oder Teilnehmerkriterien strafbegründend – andernfalls müßte die versuchte Anstiftung zu einem Verbrechen schon ohne § 49a StGB ein strafbarer Verbrechensversuch sein.

3. Mittelbare Täterschaft?

Die Gegenmeinung, die bei allen Irrtumsfällen, dieser Art dem Hintermann die mittelbare Täterschaft zuspricht, läßt sich mit der Tatherrschaftslehre nicht vereinbaren. Wo weder eine sinnsetzende Überformung des Geschehensablaufes noch ein die Verantwortung des unmittelbar Handelnden ausschließender psychischer Druck vorliegt, scheidet die Möglichkeit einer Willensherrschaft aus. Freilich beruhen die abweichenden Auffassungen auch nicht unmittelbar auf der Tatherrschaftslehre, sondern auf einer ihr lediglich angenäherten Form der Dolustheorie. Gegen sie ist schon oben Stellung genommen worden[49], so daß eine Auseinandersetzung hier unterbleiben kann.

Es ist aber noch kurz auf die Frage einzugehen, ob die von uns vertretene Lösung zu unbilligen Ergebnissen führt, wie Baumann[50] vom Standpunkt der subjektiven Theorie aus darzulegen versucht. Wenn die Tat des Vordermannes B im Versuch stecken bleibt oder wenn er schon vorher zur Tat entschlossen war, so ist der auffordernde A nach unserer Lehre wegen Anstiftung zum Versuch und im zweiten Fall u. U. wegen versuchter Anstiftung nach § 49a StGB zu verurteilen. Baumann meint dazu: „Während bei subjektiver Abgrenzung … in beiden Fällen, sowohl bei Ausbleiben des Taterfolges als auch bei Antreffen eines omnimodo facturus, der mit Täterwillen Veranlassende wegen Versuchs der Haupttat strafbar ist, gerät der Hintermann bei objektiver Abgrenzung in immer größere Ferne zur Straftat, obwohl er in allen Fällen objektiv das gleiche tut und subjektiv den gleichen verbrecherischen Willen hat".

So darf man aber nicht argumentieren. Denn danach würde auch zwischen einer gelungenen Anstiftung und der Situation des § 49a Abs. 1 StGB kein

---

[49] Vgl. S. 52–55 und passim; dazu auch noch unten S. 314 ff.
[50] JZ 1958, S. 233

Unterschied bestehen. In beiden Fällen tut der Außenstehende das gleiche (nämlich Auffordern) und hat auch den gleichen verbrecherischen Willen. Der Fehler dieses Gedankenganges liegt darin, daß der Unrechtsgehalt der Teilnahme isoliert nach dem (für sich allein meist gar nicht strafbaren) Mitwirkungsakt bestimmt wird, während es in Wirklichkeit entscheidend auf die durch die Beteiligungshandlung herbeigeführten Folgen ankommt. Es ist deshalb nach den Wertvorstellungen des Gesetzes durchaus richtig, daß bei völliger Wirkungslosigkeit einer Aufforderung (omnimodo-facturus-Fall) eine Bestrafung nur nach Maßgabe des § 49a StGB eintritt; und daß bei einem Fehlschlagen der Haupttat nur eine Anstiftung zum Versuch gegeben ist, versteht sich von selbst und spricht nicht im geringsten für die Annahme einer Täterschaft.

Im Gegenteil: Die subjektive Theorie führt zu schwer erträglichen Losungen. Denn genau genommen muß danach im Augenblick der Aufforderung des A gegenüber B schon die Strafe wegen versuchter mittelbarer Täterschaft verwirkt sein; davon geht auch Baumann aus, wie seine Losung des omnimodo-facturus-Falles beweist. Wenn nun der Aufgeforderte sogleich alles durchschaut, nicht einen Augenblick daran denkt, sich als Werkzeug des A herzugeben und ihm das auf der Stelle sagt, so würde A dennoch (ohne Rücktrittsmöglichkeit!) wegen eines fehlgeschlagenen Versuches bestraft werden müssen, obwohl von einer unmittelbaren (!) Gefährdung des verletzten Rechtsgutes gewiß nicht die Rede sein kann. Die Heranziehung des schon seinerseits das Gesinnungsmoment bedenklich überbetonenden § 49a StGBb[51] dürfte das Äußerste an Subjektivierung sein, was sich mit einem rechtsstaatlichen Strafrecht noch vereinbaren läßt.

Auch die Übertretungstatbestände beweisen nicht die Notwendigkeit einer subjektiven Abgrenzung. Wenn A den B, den er irrig für gutgläubig hält, bei einem Mundraub unterstützt[52], so ist er nach unserer Lehre straflos. Das ist aber nicht ungerecht; denn der Gesetzgeber hat aus gutem Grund die Unterstützung solch geringfügiger Rechtsgüterverletzungen nicht mit Strafe bedroht. Baumann, der eine vollendete mittelbare Täterschaft annimmt, macht damit die Frage ob dem A die strafbare Herbeiführung eines Erfolgsunwertes anzulasten ist, allein von seinem Irrtum abhängig. Das geht wiederum in der Subjektivierung zu weit: Denn wenn jemand auf Grund eines Sachverhaltsirrtums Umstände für gegeben hält, bei deren Vorliegen ein objektiv strafloses Verhalten strafbar wäre, so ist das keine vollendete Tat, sondern bestenfalls ein Versuch, der aber hier aus anderen Gründen[53] nicht vorliegt und auch nicht strafbar wäre.

Zusammenfassend läßt sich also feststellen. Der Irrtum über herrschaftsbegründende Umstände führt – ob der Außenstehende ihr Vorliegen nun irrigerweise verkennt oder annimmt – stets zur Beurteilung des Verhaltens als einer vollendeten Teilnahme.

---

[51] Vgl. dazu Kohlr./Lange, 42./43. Aufl., § 49a, I–III, S. 181/182
[52] Baumann a. a. O. S. 233, Anm. 27
[53] Siehe oben S. 272/273

Siebentes Kapitel

Die funktionelle Tatherrschaft

Die bisher behandelten Fälle der Handlungs- und Willensherrschaft haben den Bereich möglicher Täterschaft nicht erschöpft. Wir wissen jetzt, Täter ist einerseits wer die Tatbestandshandlung vornimmt; andererseits, wer sich eines Tatmittlers in der Weise bedient, daß er seinen Willen zwingt (1), daß er die Handlung kraft weiterreichenden Wissens über den Kopf des anderen hinweg ablaufsgestaltend lenkt (2) oder daß der Ausführende kraft seiner Fungibilität im Rahmen herrschaftlicher Machtapparate als Werkzeug des Hintermannes erscheint (3).

Wenn wir das empirische Feld der Mitwirkungsformen abschreiten, so zeigt sich, daß zwischen den beiden Grenzbezirken der Handlungs- und der Willensherrschaft, die einseitig nur auf das äußere Tun oder die psychische Einwirkung abstellen, ein breiter Raum deliktischer Betätigung liegt, innerhalb dessen der Handelnde weder die eine noch die andere Art der Herrschaft innehat und doch seine Täterschaft in Frage kommt die Fälle der aktiven Beteiligung an der Deliktsverwirklichung, bei denen die Tatbestandshandlung ein anderer vornimmt.

Hier lassen sich zwei Fallgruppen unterscheiden: Die Mitwirkung im Ausführungsstadium und die Mitwirkung im Vorbereitungsstadium. Beide bedürfen gesonderter Beurteilung.

§ 27. Die Mitwirkung im Ausführungsstadium

I. Möglichkeit und Struktur gemeinsamer Tatherrschaft

Es gibt hier mannigfach verschiedene Beteiligungsformen: Die Mitwirkung kann einen entscheidenden Bestandteil der Deliktsverwirklichung bilden: Jemand hält das Opfer fest, während ein anderer ihm den tödlichen Stich versetzt; oder er bedroht die Hausbewohner mit der Pistole, solange sein Genosse die Schränke ausräumt. Der Tatbeitrag kann aber auch geringfügig sein und in bloßen die Ausführung begleitenden Handreichungen oder Ratschlägen bestehen. Dazwischen liegen zahlreiche andere Verhaltensweisen, deren Bedeutung im Rahmen des Gesamtplans vielfältige Abstufungen zuläßt. Kann in solchen Fällen überhaupt von einer Tatherrschaft des Mitwirkenden die Rede sein? Wenn ja: Unter welchen Voraussetzungen besteht sie, und wie ist sie zu begründen?

Anknüpfungspunkt für die Täterbestimmung kann hier nur die im Gesetz ausdrücklich vorgesehene Figur der Mittäterschaft (§ 47 StGB) sein. Dabei ist die erste Frage, ob man dieser Beteiligungsform mit dem Kriterium der Tatherrschaft überhaupt gerecht werden kann. Schröder[1] verneint das.

Er ist der Meinung, die Tatherrschaftslehre versage hier, weil jeder nur über seinen Anteil, nicht aber über die Gesamttat die Herrschaft habe.

Daran ist zunächst einmal mindestens richtig, daß eine Tatherrschaft der bisher behandelten Art nicht vorliegt. Selbst wenn wir uns die Beteiligung so intensiv wie möglich denken und etwa vom Falle des Bankräubers ausgehen, der die Angestellten mit der Pistole in Schach hält, müssen wir doch sagen: Die Handlungsherrschaft hat er nicht, weil er das Geld nicht wegnimmt; und die Willensherrschaft hat er auch nicht, weil der die gesetzlichen Tatumstände verwirklichende Genosse weder „unfrei" noch „blind" handelt.

Deshalb kann man die Problematik vom Standpunkt der Tatherrschaftslehre aus auch nicht dadurch lösen, daß man, wie es Lange[2] und Sax[3] tun, die Mittäterschaft als eine teilweise mittelbare Täterschaft betrachtet. Lange sieht im Anschluß an das Reichsgericht[4] und Binding[5] eine „ganz entscheidende Klärung" in dem Gedanken, daß der Mittäter den Genossen „für sich arbeiten läßt" und daher hinsichtlich des nicht eigenhändig verwirklichten Tatanteils als mittelbarer Täter erscheint.

Wenn man das akzeptiert, bereitet die Mittäterschaft der Tatherrschaftslehre allerdings keine Schwierigkeiten. Es handelt sich dann um einen gewöhnlichen Fall mittelbarer Täterschaft, bei dem sich der eigene Tatbeitrag nur als eine an sich überflüssige „Zugabe" darstellt. Aber der Ausgangspunkt ist unrichtig, weil eine ablaufsgestaltende Willensmacht des neben der Tatbestandshandlung Stehenden nicht vorliegt, wenn der sie Ausführende auf der höchsten Tatherrschaftsstufe frei handelt. Das ist oben[6] dargelegt worden und bedarf hier keiner Wiederholung.

Auch zwei weitere Wege, die sich zur Widerlegung der Schröderschen These einschlagen ließen, führen nicht zum Ziele:

Man könnte zunächst die Tatherrschaft eines Mittäters auf die Vornahme der tatbestandlichen Ausführungshandlung beschränken, also etwa im Falle des Diebstahls nur bei denen von Mittäterschaft sprechen, die selbst Sachen weggenommen haben. Dann stünde die Tatherrschaft jedes Beteiligten außer Frage. Aber ein solches Verfahren würde – wenn auch nicht im Bereich der mittelbaren Täterschaft, so doch hier – zur formal-objektiven Theorie zurückführen, von der wir schon oben[7] gezeigt haben, daß sie gerade beim Zusammenwirken mehrerer die richtige Lösung verfehlt.

[1] Schönke/Schröder, 10. Aufl., VIII, 5, b vor § 47, S. 245
[2] Mod. Täterbegriff, S. 55; Kohlr./Lange, 42./43. Aufl., vor § 47, I, 5, C, S. 163
[3] ZStW, Bd. 69, 1957, S. 434 ff.
[4] RGSt 66, 236–244 (240)
[5] Abhandlungen I, S. 300
[6] S. 143/144, 156–158, 259/260
[7] S. 37/38

Ferner könnte man der Auffassung Schröders, jeder Mittäter habe nur über seinen Tatbeitrag die Herrschaft, zustimmen, ohne seine Folgerung anzuerkennen, daß sich daran das Versagen der Tatherrschaftslehre zeige. Vielmehr ließe sich § 47 StGB als eine gesetzliche Ausnahmevorschrift verstehen, kraft deren eine auf einen bestimmten Anteil beschränkte Herrschaft die strafrechtliche Haftung für die Gesamttat auslöst[8]. Aber mit diesem Ausweichen auf den allmächtigen Willen des Gesetzgebers läßt sich das Problem nicht meistern. Denn erstens wäre es eine sehr sonderbare, mit dem Schuldprinzip schwerlich in Einklang zu bringende Annahme, daß jemand als Täter für etwas bestraft werden sollte, was ein anderer aus eigener Verantwortung getan hat. Und zweitens wäre eine solche Möglichkeit jedenfalls aus dem Tatherrschaftsprinzip nicht erklärbar; denn danach muß der Täter die Herrschaft über das Gesamtgeschehen haben; seinen Anteil hat ja unbestreitbar auch der Gehilfe „in der Hand", ohne deshalb Mittäter zu sein.

Damit aber scheint der Einwand Schröders, mit dem sich bisher kein Vertreter der Tatherrschaftslehre auseinandergesetzt hat, durchzugreifen. Denn wenn man die Mittäterschaft nicht auf den Bereich der formal-objektiven Theorie einschränkt und für die Täterschaft einerseits die Beherrschung der Gesamttat verlangt, andererseits aber zugibt, daß der Mittäter den Willen seiner Komplizen nicht beherrscht, dann sieht es so aus, als sei es unmöglich, diese drei Gesichtspunkte miteinander zu vereinbaren.

Dennoch steckt kein Widerspruch in dieser Forderung. Vielmehr besteht das der Mittäterschaft Eigentümliche gerade darin, daß jeder einzelne im Zusammenwirken mit den anderen das Gesamtgeschehen beherrscht. Das will sagen: Der Mittäter hat nicht schon für sich allein die gesamte Tatherrschaft, wie es sich nach der Auffassung von Lange und Sax darstellt; aber er übt auch nicht nur eine Teilherrschaft aus, wie Schröder meint, sondern es liegt die vollständige Herrschaft in der Hand mehrerer, derart, daß sie nur gemeinsam handeln können, dadurch aber jeder das Schicksal der Gesamttat in der Hand hat. In diesem Sinne sagt auch Welzel sehr zutreffend: „Ein jeder ist … nicht bloß Täter eines Teiles"[9] und „Mittäterschaft ist nicht eine Sonderform der Alleintäterschaft"[10]; vielmehr ist jeder „Mit-Täter am Ganzen"[9].

II. Die Mittäterschaft als funktionelle Tatherrschaft

Die eben formulierte Lösung klingt theoretisch sehr einleuchtend. Aber wie soll man sich eine derartige Mitherrschaft am ganzen, die weder Alleinherrschaft noch Teilherrschaft ist, praktisch vorstellen? Bei Beantwortung dieser Frage werden auch diejenigen, die ausdrücklich oder stillschweigend vom richtigen Ansatz ausgehen, vielfach unsicher.

---

[8] Vgl. dazu auch Welzel, ZStW, Bd. 58, 1939, S. 549 bei Anm. 79; Lange, Mod. Täterbegriff, S. 50
[9] ZStW a. a. O. S. 549
[10] ZStW a. a. O. S. 550

So meint Welzel[11], das „Mitbeteiligtsein an der finalen Tatherrschaft" bestehe darin, „daß jeder bei Vornahme seines Teilaktes nicht nur seinen Willen zur Tat, sondern gleichzeitig auch den der übrigen mit durchführt"[12]. Nun ist es sicher richtig, daß der Mittäter meist (nicht immer!) auch um der anderen willen tätig wird. Aber warum soll ihnen das die Herrschaft verschaffen, da doch der Handelnde in seinem Tun frei ist? Mit dieser Begründung könnte man auch den Anstifter als Mittäter ansehen, wenn der Ausführende seinen Willen mitverwirklicht. Es liegt darin eine Wendung ins Subjektive, die konsequenterweise auf die von Welzel abgelehnte Lehre Langes, daß der Mittäter teilweise mittelbarer Täter sei, zurückführen müßte.

Ähnliche Bedenken sind geltend zu machen, wenn Gallas[13] die Herrschaft des Mittäters über das ganze darauf gründet, daß „der Handelnde … über seinen physischen Anteil an der Tat hinaus die Tatbereitschaft und Tatenergie der übrigen an der Ausführung Beteiligten verstärkt". Denn wenn der „physische Anteil" allein nur eine Teilherrschaft anstatt einer Mitherrschaft begründet – wie soll dann durch die Verstärkung der Tatbereitschaft, die, isoliert gesehen, sicher nur eine psychische Beihilfe darstellt, plötzlich eine Herrschaft über das ganze entstehen? Das würde auf die Gleichung „Teilherrschaft + psychische Beihilfe = Herrschaft über die Gesamttat" hinauslaufen, eine Rechnung, die deshalb nicht aufgeht, weil schwer einzusehen ist, wodurch eine typische Teilnahmehandlung wie die psychische Beihilfe herrschaftsbegründend wirken kann.

Mir scheint, man kann dem Problem nur beikommen, wenn man unabhängig von allgemeinen „Wertungen", die allzu leicht auf Strafwürdigkeitserwägungen hinauslaufen, zunächst einmal die Struktur des Zusammenwirkens in den für die Mittäterschaft charakteristischen Fällen ins Auge faßt. Wenn wir von Beispielen ausgehen, bei denen ein Mitwirkender, ohne die Handlungs- oder Willensherrschaft innezuhaben, dem für uns maßgebenden Leitgesichtspunkt der „Zentralgestalt des handlungsmäßigen Geschehens" soweit wie möglich gerecht wird, wenn wir also etwa an den Bankräuber mit der Pistole oder den das Opfer festhaltenden Mordbeteiligten denken, dann liegen die Dinge so.

Der Beteiligte kann allein nichts ausrichten; die Einschüchterung der Bankangestellten und das Festhalten des Opfers führen den Erfolg nicht herbei: Nur wenn der Komplice mitmacht, „funktioniert" der Plan. Aber der andere ist allein ebenso hilflos; wenn die Bankangestellten nicht unschädlich gemacht werden, wird er festgenommen; und wenn niemand das Opfer packt, wird es sich wehren oder entfliehen. Für beide ist also die Lage dieselbe: Sie können nur, indem sie gemeinsam handeln, ihren Plan verwirklichen, aber jeder einzelne kann, indem er seinen Tatbeitrag zurückzieht, den Gesamtplan zunichtemachen. Insofern hat er die Tat in der Hand.

---

[11] a. a. O. S. 552
[12] a. a. O. S. 551
[13] Gutachten, S. 137; DRZ 1950, 67

Diese Art der „Schlüsselstellung" jedes Beteiligten umschreibt genau die Struktur der Mitherrschaft, wie sie sich ihrem vorgegebenen Sinne nach darstellt. Wenn zwei Leute gemeinsam ein Land regieren, also Mitherrscher im buchstäblichen Sinne des Wortes sind, so pflegt sich das darin auszuwirken, daß der eine bei seinen Maßnahmen an die Mitwirkung des anderen gebunden ist. Die Kehrseite dieses Verfahrens besteht zwangsläufig darin, daß jeder einzelne, wenn er die Beteiligung verweigert, die Aktion zum Scheitern bringt. Sogar der Zivilgesetzgeber bedient sich dieses Strukturmodells in Form der gesamthänderischen Bindung, wenn er die Gemeinsamkeit bei der Beherrschung einer Vermögensmasse besonders deutlich zum Ausdruck bringen will (vgl. etwa § 709 Abs. 1 BGB).

Hierin also liegt der Grundgedanke der Mittäterschaft, soweit man sie als gemeinsame Tatherrschaft versteht. Behält man diesen Ansatz im Auge, so ist ohne weiteres einzusehen, wieso jeder Mittäter mehr als die Herrschaft über seinen Tatanteil innehat und doch das Geschehen nur zusammen mit den anderen lenkt. Außerdem wird deutlich, daß die Anhänger der Tatherrschaftslehre bei der theoretischen Begründung der Mittäterschaft im allgemeinen noch zu sehr von den Gedankengängen der subjektiven Theorie beeinflußt sind.

So ist es durchaus unerheblich, ob der das Opfer festhaltende Mordkomplize oder der Pistolenheld des Bankraubes sich im Sinne der Dolustheorie dem anderen innerlich untergeordnet und ihm die Ausführung der Tat „anheimgestellt" haben. Auch wenn das der Fall sein sollte, beherrschen sie doch, solange sie frei und ungenötigt handeln, das Geschehen in demselben Maße wie der andere und sind daher Mittäter. Der Auffassung Bockelmanns[14], der noch heute vom Standpunkt der Tatherrschaftslehre aus diese Kriterien verwendet, ist also nicht zuzustimmen. Allerdings will er jetzt, wie schon oben[15] erwähnt, eine einzige Ausnahme machen: Wer den Tatbestand in eigener Person verwirklicht, soll sich nicht auf die Willensunterordnung berufen dürfen. Aber gerade daran zeigt sich, daß der Grundsatz fehlerhaft ist. Denn wenn es für denjenigen, der das Messer führt, nicht darauf ankommt, ob er sich dem Willensentschluß des anderen unterworfen hat, läßt sich nicht plausibel machen, warum der Genosse nach anderen Gesichtspunkten beurteilt werden soll, obwohl dessen Tatbeitrag ihm genau das gleiche Maß an Herrschaft über den Tatablauf vermittelt.

Auch wenn Welzel und Gallas sich darauf berufen, daß ein Mittäter nicht nur seinen Willen, sondern gleichzeitig den des anderen ausführe oder daß seine Tatenergie durch den Einfluß des anderen verstärkt werden wird in Wahrheit die Abgrenzung der Beteiligungsformen von innerpsychischen Motivationsverhältnissen abhängig gemacht, deren Verwandtschaft mit dem Animus-Gedanken nicht zu verkennen ist.

---

[14] Untersuchungen, S. 118, 122; sehr ähnlich insoweit der sonst recht objektiv orientierte Hellmuth Mayer, Lehrbuch, S. 314–315
[14] S. 55, 84

Dagegen trifft es den Kern der Sache, wenn überall auf die Gesichtspunkte der Rollenverteilung und des notwendigen Ineinandergreifens der Teilakte verwiesen wird[16]. Auch der Gedanke Maurachs[17], daß der Mittäter „die Verwirklichung des Gesamterfolges je nach seinem Willen hemmen oder ablaufen lassen" könne, bringt das Prinzip richtig zum Ausdruck, wenn man die Formel so versteht, daß es zum Ablaufenlassen der Mitwirkung aller bedarf, daß aber zur Hemmung der Ausfall eines einzelnen genügt[18].

Wenn man versucht, das Wesen der Mittäterschaft, wie es sich nach diesen Erörterungen darstellt, in einem Schlagwort auszudrücken, so könnte man von „funktioneller", d. h. tätigkeitsbedingter, Tatherrschaft sprechen, insofern als sich die Mitherrschaft des einzelnen hier aus seiner Funktion im Rahmen des Gesamtplans notwendig ergibt. Es ist dies neben der Handlungsherrschaft, die auf dem zentralen Charakter der isoliert gedachten Tatbestandsverwirklichung beruht, und neben der Willensherrschaft, die aus der Unfreiheit, Blindheit oder Fungibilität eines Werkzeuges folgt, eine dritte, durchaus selbständige Form der Tatherrschaft.

Mit diesem Grundgedanken ist allerdings für die unendlich mannigfaltigen Ausgestaltungsformen möglichen Zusammenwirkens noch keine in jedem Einzelfall ohne weiteres anwendbare Lösung gefunden. Doch lassen sich aus ihm für eine Vielzahl typischer Situationen sehr bestimmte, generalisierbare Folgerungen ableiten.

Danach ist zunächst jeder Beteiligte Mittäter, dessen Beitrag im Ausführungsstadium eine unerläßliche Voraussetzung für die Verwirklichung des angestrebten Erfolges bildet, derjenige also, mit dessen funktionsgerechtem Verhalten das ganze Unternehmen steht oder fällt. Auf seine subjektive Einstellung zu dem Vorgang kommt dabei nichts an.

Ebensowenig ist es erforderlich, daß er in einem äußeren Sinne mit „Hand anlegt" oder auch nur am Tatort anwesend ist. Der von Maurach[19] erwähnte „Chef einer Schmugglerbande, der seine Aufträge an die einzelnen Operationsgruppen telefonisch erteilt", ist auch nach der hier vertretenen Auffassung Mittäter; freilich nicht darum, weil er ebenso „strafwürdig" ist wie der eigenhändige Täter – diese problematische Begründung[20] verwendet Maurach – sondern deshalb, weil das ganze Unternehmen in Verwirrung geraten und scheitern würde, wenn die „Befehlszentrale" plötzlich ausfiele.

Umgekehrt kann in keinem Falle von Mittäterschaft die Rede sein, wenn dem geleisteten Beitrag im Rahmen des Tatplans keine selbständige Funktion zukommt: Hierher gehört das Beispiel dessen, der dem Urkundenfälscher das Tintenfaß oder Löschblatt reicht. Denn dabei handelt es sich um eine zufällige, nicht eingeplante, für den Ablauf des Geschehens gleichgültige Mitwirkung. Auch wenn der Angesprochene dem Täter seine Hilfe versagt,

---

[16] Vgl. Welzel a. a. O. S. 552, Gallas, Gutachten, S. 137f.
[17] A. T., 2. Aufl., § 49, II, C, 2, S. 517
[18] Vgl. zu Maurachs Kriterium näher unten S. 310ff.
[19] A. T., 2. Aufl., § 49 II, C, 2, S. 517
[20] Über die Unbrauchbarkeit von Strafwürdigkeitserwägungen in der Täterlehre vgl. oben S. 30ff.

nimmt die Urkundenfälschung ihren vorgesehenen Gang. Es fehlt also an dem entscheidenden Kriterium der Mittäterschaft, daß beide nur gemeinsam handeln können. Dasselbe gilt für alle ausgesprochenen Handlangerdienste, die im Gesamtgefüge des Tatplans ohne Bedeutung sind.

Von der Motivation der Beteiligten hängt auch in diesen Fällen nichts ab. Selbst wenn der Fälscher unseres Beispiels nicht nur für sich, sondern gleichzeitig für den anderen handeln will und sich durch dessen Assistenz in der Tatentschlossenheit bestärkt fühlt, bleibt der Außenstehende doch nur Gehilfe. Auch ist keinesfalls Mittäter, wer sich bei der Tat – etwa einer Prügelei – auf Anfeuerungen und Ratschläge beschränkt. Mag sein Interesse an dem Vorgang noch so groß und sein psychischer Einfluß noch so erheblich sein; solange die unmittelbar Handelnden in ihren Entschlüssen frei sind, hängt es allein von ihnen ab, was sie tun, so daß von einer Mitherrschaft des Außenstehenden nicht die Rede sein kann.

Das verdient besondere Betonung, weil der Bundesgerichtshof ausdrücklich die entgegengesetzte Meinung vertritt. Danach soll im Falle des § 176 Abs. 1 Ziff. 1 („wer mit Gewalt unzüchtige Handlungen an einer Frau vornimmt") ein am Tatort Anwesender schon dann Mittäter sein, wenn er ohne jede selbständige Funktion bei der Ausführung das Verhalten der anderen lediglich mit ermunternden Reden begleitet. Der BGH sagt[20a]: „St hat allerdings selbst weder Gewalt verübt noch das Mädchen unzüchtig berührt. Doch ist dies zur Annahme einer Mittäterschaft nicht erforderlich. Auch geistige Mitwirkung genügt. Der Angeklagte hat ... das unsittliche Verhalten der anderen durch seine Anwesenheit und seine Reden unterstützt und in bewußtem und gewolltem Zusammenwirken mit ihnen als seine eigene Tat gewollt. Dies hat die Strafkammer vor allem aus seinem anfeuernden Zuruf geschlossen".

Es ist leicht zu erkennen, daß eine solche Auffassung mit formelhaften Fiktionen arbeitet und in Wahrheit nicht einmal den Voraussetzungen der Dolustheorie gerecht wird. Denn über einen „gemeinsamen Tatentschluß", wie ihn prinzipiell doch auch die Rechtsprechung verlangt, läßt sich dem Urteil nichts entnehmen; wir erfahren nicht einmal, ob sich die drei eigenhändig Beteiligten bei ihren unzüchtigen Handlungen überhaupt um den Zuruf des Angeklagten gekümmert haben. Und was konnte der Angeklagte bei der gegebenen Sachlage eigentlich anderes tun als den Gewalt Ausübenden die Begehung der Tat „anheimzustellen"? Wollte man der vom BGH verwendeten Begründung folgen, so könnte man jede psychische Beihilfe ohne Schwierigkeit zur Mittäterschaft erheben. Dadurch würde die Abgrenzung der Beteiligungsformen einem richterlichen Gefühlsurteil überantwortet, das jede dogmatisch kontrollierbare Entscheidung ausschließen müßte[20b].

Demgegenüber führt der hier entwickelte Gedanke der „funktionellen"

[20a] Entsch. des 4. Senats v. 28. 10. 1954, in MDR 1955, S. 244; vgl. dazu im Zusammenhang mit der Eigenhändigkeitsproblematik noch unten S. 416 ff. (417/418).

[20b] Dieselben Einwendungen sind gegen die Entscheidung des 5. Senats v. 10. 1. 1958, MDR 1958, S. 139, zu erheben; vgl. dazu schon oben S. 99/100 Nr. XIII

Tatherrschaft zu durchaus präzisen, typisierbaren, wenn auch von den Lösungen der übrigen Tatherrschaftstheoretiker zum Teil abweichenden Ergebnissen.

III. Die funktionelle Tatherrschaft als offener Begriff

Mit diesen Erwägungen ist die Problematik aber noch nicht endgültig gelöst. Denn es gibt einen Grenzbereich, der sich der Generalisierung entzieht. Zur Einführung diene das seit eh und je umstrittene Beispiel des Schmiere-stehens.

Unter den Anhängern der Tatherrschaftslehre haben ihm Gallas und Maurach besondere Beachtung geschenkt. Beide kommen zu dem Ergebnis, daß man hier unterscheiden müsse. Der nur Wachestehende sei Mittäter, sagt Gallas[21], „wenn er Mitträger des Tatentschlusses war und sein Tatbeitrag einerseits als das Ergebnis einer zweckentsprechenden Rollenverteilung im Rahmen des gemeinsamen Tatprogramms, andererseits allen Beteiligten als Ausdruck verantwortlichen ‚Mitmachens' bei der Tat erscheint". Maurach[22] meint, es komme stets auf die konkreten Umstände an; „der Bandenchef der sich nach umfassender Organisation des Einbruches auf eine bloße Über-wachung und Abschirmung beschränkt, wird ... nicht der Mittäterstrafe ent-gehen".

Richtig sind hier die Differenzierung und der Hinweis auf die „zweck-entsprechende Rollenverteilung". Das „verantwortliche Mitmachen" hat von unserer Lösung her neben der Mitherrschaft, die durch den Aufgabenbereich im Rahmen des Gesamtplans verbürgt wird, keine selbständige Bedeutung. Nur an seiner Notwendigkeit für die Verwirklichung des Tatprogramms und nicht an einer davon unabhängigen gefühlsmäßigen Einstellung der Beteilig-ten zeigt sich, ob jemand „verantwortlich mitmacht". Ähnliches gilt gegen-über Maurach: Wer die Tatausführung organisiert und abschirmt, erfüllt eine unentbehrliche Funktion im Rahmen des Tatplans. Ob er außerdem als Bandenchef besonders verwerflich oder schuldhaft handelt, spielt daneben für die Täterfrage keine Rolle.

Danach ist, – wie wir vorbehaltlich der folgenden Erörterungen etwa sagen könnten, ein Wachestehender Mittäter, wenn die Durchführung der Tat einen solchen Posten erforderte, wenn sich also diese Betätigung als selbständige Funktion im Rahmen arbeitsteiligen Zusammenwirkens dar-stellte. Dagegen liegt nur Teilnahme vor, wenn etwa eine Einbrecherbande ihren „Lehrling" zum erstenmal mitnimmt, um ihn allmählich in die Aus-übung des „Berufs" einzuführen und ihn an einer unwichtigen Stelle Wache stehen läßt. Denn hier hängt die Verwirklichung des Plans nicht von seinem Tatbeitrag ab. Die anderen könnten und würden auch ohne ihn handeln, während sie sich nicht an die Durchführung wagen würden, wenn an einem Ort, wo ihnen ernsthafte Gefahr droht, kein Posten stünde. Ob also das

---

[21] DRZ 1950, S. 67, ebenso Gutachten, S. 137
[22] A. T., 2. Aufl., § 49 II, C, 2, S. 517

Schmierestehen eine Mittäterschaft begründet oder nicht, hängt ganz von den Umständen des Einzelfalles ab und erfordert eine selbständige richterliche Entscheidung.

Damit stoßen wir auf ein Problem, das uns nötigt, an unsere früheren, grundsätzlichen Erörterungen über die inhaltliche Ausfüllung des Tatherrschaftsbegriffs[23] wieder anzuknüpfen. Denn es zeigt sich, daß es Fälle gibt, in denen das theoretisch so klare Prinzip der funktionsbedingten gegenseitigen Abhängigkeit eine generalisierende Festlegung nicht mehr zuläßt. Der Grund dafür liegt gleichermaßen im Wesen des funktionellen Herrschaftsbegriffes (1) wie in der durch den Bereich der Mittäterschaft erfaßten Regelungsmaterie (2).

1. Der Grundgedanke der gemeinsamen Tatherrschaft, daß alle nur zusammen handeln können, weil einer auf den anderen angewiesen ist, läßt sich durch kognitive logische und psychologische Kriterien allein nicht fixieren.

So wäre es verfehlt, auf den kausalen Ansatz der oben behandelten Notwendigkeitstheorie zurückzugreifen: Denn logisch sind alle Bedingungen für einen Erfolg von gleicher Notwendigkeit. Und wenn man ex post durch ein Feststellungsurteil ermitteln wollte, ob es bei natürlichlebensmäßiger Betrachtung in concreto auf einen einzelnen Beitrag „angekommen" ist, so hilft das auch nicht in allen Fällen: Denn man kann z. B. die Täterschaft eines Wachestehenden nicht davon abhängig machen, ob er bei der Ausführung wegen einer drohenden Entdeckungsgefahr in Aktion treten mußte. Vielmehr erfüllt er schon dann eine notwendige Funktion im Sinne unserer Lehre, wenn es auf ihn beim Eintritt entsprechender Umstände hätte ankommen können; das aber ist keine Tatsachenfeststellung mehr, sondern eine aus der Anschauung der Fallindividualität gewonnene richterliche Beurteilung.

Sicher darf man das Prinzip der funktionellen Tatherrschaft auch nicht generell so verstehen, daß nur derjenige Mittäter sein könnte, bei dessen Ausfall die Verwirklichung des Erfolges schlechterdings unmöglich wird: Man kann ja – etwa in unserem Anfangsbeispiel – nachträglich nie genau wissen, ob der eine nicht auch ohne Mithilfe des andern das Opfer hätte erstechen können. Aber es hätte dann eben eine ganz andere Tat vorgelegen. Was jedoch eine „andere Tat" in diesem Sinne ist, das läßt sich wiederum nicht generalisierend festlegen. Es bedarf dazu in den Grenzfällen einer anhand der konkreten Umstände gebildeten richterlichen Wertung.

Auch eine rückschauend-psychologische Betrachtung daraufhin, wie sich der Ausfall eines Beteiligten auf das Verhalten der anderen ausgewirkt hätte, ob sie etwa ohne einen Wachposten die Tat nicht ausgeführt hatten, hat nur bedingten Wert. Denn derartige Erwägungen bleiben immer hypothetisch. Es handelt sich daher – ähnlich wie bei der ergänzenden Vertragsauslegung nach § 157 BGB – in Wahrheit nicht um psychologische Feststellungen, sondern darum, die objektive Bedeutung einer Funktion durch einen Akt sinnhaften Verstehens zu erfassen.

---

[23] Oben S. 108ff., 122ff.

Wie man das Problem also auch dreht: Alle angeführten Kriterien haben nur den Wert von Richtlinien, von „Faustregeln", die für den typischen Fall ein zutreffendes Ergebnis liefern. Es bleibt immer ein Grenzbereich, in dem sich die Lösung nicht abstrakt vorzeichnen läßt. Hier muß der Richter gewissermaßen den Gedanken der funktionellen Tatherrschaft auf Grund der individuellen Verhältnisse zu Ende denken und dann eine selbständige Entscheidung treffen. Wollte man den Gesichtspunkt der wechselseitigen Abhängigkeit, des Ineinandergreifens der Tatanteile in einer jeder denkbaren Situation angemessenen Weise formelhaft bestimmen, so könnte man nur sagen, daß jemand Mittäter ist, wenn er eine Funktion ausgeübt hat, die bei der konkreten Deliktsverwirklichung von wesentlicher Bedeutung war. Es handelt sich dabei um ein „regulatives Prinzip"[24]: Der Begriff der „wesentlichen Bedeutung" hat für sich allein genommen keinen greifbaren Inhalt. Er hat nur den Sinn, dem Richter mit Hilfe des materiellen Leitgedankens der funktionsbedingten Abhängigkeit eine den Besonderheiten des Einzelfalles gerecht werdende Lösung zu ermöglichen. Eine weitergehende Fixierung läßt der Begriff der funktionellen Tatherrschaft nicht zu.

2. Ein derartiges Verfahren bedeutet keinen Mangel an begrifflicher Durchformung. Es trägt vielmehr nur dem durch die Regelungsmaterie vorgegebenen Umstand Rechnung, daß im Bereich der Mittäterschaft zwar generalisierende Feststellungen möglich sind, daß aber daneben untypisierbare Konstellationen übrig bleiben, die nur aus der Anschauung der konkreten Lebenssituation beurteilt werden können. Im Falle der mittelbaren Täterschaft war deshalb eine größere Typisierung möglich, weil dort die Werkzeugeigenschaft von vornherein auf bestimmte, wenn auch weit auseinandergefächerte Gruppen psychischer oder intellektueller Überlegenheit beschränkt erscheint und überdies nur jeweils zwei Personen mitspielen. Wo aber eine unbeschränkte Anzahl frei handelnder Beteiligter mitwirken kann, ist die Zahl denkbarer Konstellationen so unübersehbar groß, daß eine allzu starre Fixierung die Lebensvielfalt vergewaltigen müßte. Der gesetzliche Regelungsbereich erzwingt hier also geradezu den Einbau eines Regulativs. Längerer Ausführungen zu diesem Punkte bedarf es nicht, da es sich bei diesem Vorgehen nur um die praktische Durchführung einer schon oben[25] näher begründeten Methode der inhaltlichen Ausfüllung des Tatherrschaftsbegriffes handelt.

Wenn wir auf die dort entwickelten Gedanken zurückgreifen, so stellt sich der zur Bestimmung der Mittäterschaft dienende Gedanke der funktionellen Tatherrschaft als ein „offener Begriff" im früher gekennzeichneten Sinne heraus. Um einen „unbestimmten" Begriff handelt es sich nicht, weil seine Elemente, soweit die Typik wiederkehrender Konstellationen eine Generalisierung zuläßt, subsumtionsgerecht festgelegt worden sind; von einem „fixierten" Begriff kann man auch nicht sprechen, weil nicht alle denkbaren Fallgestaltungen der abstrakt-begrifflichen Umschreibung ohne

---

[24] Vgl. dazu oben S. 125/126
[25] S. 122 ff.

weiteres unterzuordnen sind, sondern Leerräume für die unmittelbare richterliche Würdigung des Einzelfalles bleiben. Wir haben vielmehr eine Synthese beider Begriffsformen vor uns, ein Gebilde, bei dem Regel- und Richtliniengesetzgebung einander durchdringen und ergänzen, derart, daß die starre Fixierung durch ein Unbestimmtheitselement aufgelockert, die Vagheit des ausfüllungsbedürftigen Regulativs aber durch feste Richtlinien judiziabel gemacht wird.

Diese Grundsätze auf beschränktem Raume durch eine weiter ausgebreitete Kasuistik zu exemplifizieren, ist nicht möglich. Doch werden bei späterer Überprüfung der in der Rechtsprechung des Bundesgerichtshofs verwendeten Kriterien die dort entschiedenen Fälle noch näher zu behandeln sein und eine praktische Anwendung der hier entwickelten Gedanken gestatten.

IV. Einzelfragen

1. Die Gemeinsamkeit des Tatentschlusses

Die Willensübereinstimmung der Beteiligten im Hinblick auf die Durchführung der Tat und die Verwirklichung ihrer Folgen ist auch nach der hier vertretenen Ansicht eine unerläßliche Voraussetzung der Mittäterschaft.

Es ist das allerdings nicht im Sinne Welzels zu verstehen, nach dessen Lehre „das Minus in der objektiven Mitbeteiligung ... durch das Plus ... der Mitbeteiligung am Verbrechensentschluß wettgemacht werden"[26] muß; denn wenn jemandem objektiv die Mitherrschaft über den Tatablauf fehlt, kann er sie auch durch seine Beteiligung an der Planung nicht erlangen.

Aber die Gemeinsamkeit des Tatentschlusses ist aus einem anderen Grunde notwendig. Da nämlich nach den oben entwickelten Prinzipien die Mittäter wechselweise voneinander abhängig sind, müssen sie notwendig einig sein, um zusammen handeln zu können. Und umgekehrt: Wenn zu einem Erfolge der Tatbeitrag eines Beteiligten mitgewirkt hat, der mit den übrigen nicht einig war, so kann er auch nicht Mittäter sein; es muß ihm dann die Kenntnis der gegenseitigen Bezogenheit gefehlt haben, die für die Ausübung der aktuellen Mittäterschaft eine Voraussetzung ist.

Diese Grundsätze bieten den Ansatz zur Lösung mehrerer umstrittener Fragen:

a) Die einseitige Unkenntnis des Zusammenwirkens

Wenn von zwei Beteiligten nur einer die Beziehung der Tatanteile aufeinander kennt, so handelt der andere, auch wenn er selbst Täter ist, insoweit blind und der Wissende ist mittelbarer Täter.

---

[26] Lehrbuch, 7. Aufl., S. 98

Ein derartiges – etwas konstruiertes – Beispiel bildet Maurach[27]. A will den B vergiften; er erfährt, daß auch C das gleiche Ziel, aber mit einer für sich allein unzureichenden Dosis, erstrebt; daraufhin bemißt er seine eigene Giftmenge so, daß der Tod des B erst durch das Zusammenwirken beider Mengen ermöglicht wird.

Hier lehnt Maurach eine Mittäterschaft mit Recht ab. Er verneint allerdings auch die mittelbare Täterschaft, weil „dem A hinsichtlich der Handlungen des C keine Tatherrschaft" zustehe. Dabei wird – wie so oft – übersehen, daß eine Willensherrschaft kraft sinngestaltender Überdetermination vorliegt; C ist wegen versuchten, A wegen vollendeten Mordes in mittelbarer Täterschaft zu bestrafen.

Das Beispiel gehört in den Zusammenhang der oben behandelten Fälle vierter Tatherrschaftsstufe[28], die aus den gleichen Gründen sämtlich aus dem Bereich gemeinsamer Tatherrschaft auszuscheiden sind: Wer den error in persona eines anderen ausnutzt, ist mittelbarer Täter, nicht Mittäter.

b) Die Exzeß des Mittäters

Aus ähnlichen Erwägungen ist beim bewußten Exzeß eines Komplizen keine Mittäterschaft denkbar. Denn wer über die Verabredung hinausgeht, ohne daß der andere „mitmacht", löst sich von der funktionsbedingten Abhängigkeit. Er handelt als unmittelbarer Alleintäter[29] oder, wenn er sich eines unwissenden Genossen bedient, als mittelbarer Täter.

c) Der error in persona eines Mittäters

Eine Entscheidung des Bundesgerichtshofs[30] bietet ein gutes Beispiel: Von drei fliehenden Verbrechern hatte einer, wie es abgesprochen war, einen Verfolger erschießen wollen, stattdessen aber infolge einer Verwechselung die Kugel auf seinen Genossen abgefeuert.

Wir wollen annehmen, daß die drei Einbrecher, wenn es sich wirklich um einen Verfolger gehandelt hatte, Mittäter gewesen wären[31]. Wird daran durch den error in persona etwas geändert? Ist also dieser Irrtum für die beiden anderen ebenso unerheblich wie für den Schützen? Der BGH hat darin kein Problem gesehen und den beinahe erschossenen Komplizen als Mittäter verurteilt. Auch sonst hat die Entscheidung in diesem Punkt keinen Widerspruch gefunden[32].

---

[27] A. T., 2. Aufl., § 49 I, B, 3, a, S. 508

[28] Vgl. S. 211 ff.

[29] Im Ergebnis und teilweise auch in der Begründung übereinstimmend BGHSt 6, 248–251 (249).

[30] BGHSt 11, 268–272; vgl. oben S. 100/101 ff. Nr. XIV

[31] Darüber näher unten S. 311 ff.

[32] Schröder, JR 58, S. 427/28, sagt in seiner scharfsinnigen Anmerkung lakonisch, daß „der Irrtum des Mittäters ... als error in obiecto auch für den anderen Mittäter bedeutungslos" sei (S. 427); nur Dreher bezeichnet die Entscheidung als „zweifelhaft", Dreher/Maaßen, § 47, 4, Schwarz/Dreher, § 47, 3.

Trotzdem ist es richtiger, in solchen Fällen eine Mittäterschaft abzulehnen. Das ergibt sich aus folgendem: Die Beteiligten waren sich darüber einig, daß erforderlichenfalls der Tod eines Menschen in Kauf genommen werden mußte. Dieser Mensch sollte aber ein Verfolger sein und nicht ein Außenstehender oder ein Komplize. Die Frage kann also nur sein, ob die Willensübereinstimmung sich auf die abstrakte Menschqualität des Opfers oder auf das konkret ins Auge gefaßte Handlungsobjekt „Verfolger" beziehen muß.

Zutreffend ist die zweite Annahme, wie sich schon daraus ergibt, daß niemand eine Mittäterschaft annehmen würde, wenn einer der Einbrecher absichtlich auf einen Unbeteiligten oder einen Genossen schießen würde. Der Umstand, daß abredegemäß ein Mensch erschossen werden sollte und auch tatsächlich erschossen wurde, ändert daran nichts. Dann kann es aber bei einer unabsichtlichen Verwechselung – einem fahrlässigen Exzeß – nicht anders sein. So oder so lag der herbeigeführte Erfolg außerhalb der dem Schützen im Gesamtplan zufallenden Funktion. Folglich konnten auch die anderen daran keinen Anteil haben. Der irrige Glaube des Schützen kann die objektiv fehlende Beziehung nicht ersetzen. Der Mittäter wird ja nicht für das bestraft, was der andere getan hat, sondern um seiner eigenen Mitherrschaft willen. Diese aber erstreckt sich nicht auf eine derartige aufgabenfremde Fehlleistung.

Abgesehen von diesen konstruktiven Erwägungen spricht auch das Rechtsgefühl nicht für die Lösung des BGH. Wenn mehrere Verschwörer an verschiedenen Stellen lauern, um einen bestimmten politischen Gegner zu erschießen und ein – von ihnen infolge ständiger Verwechselungen nacheinander fünf Unbeteiligte erschießt, bevor er den richtigen erwischt – warum sollen dann die anderen wegen eines sechsfachen vorsätzlichen Mordes bestraft werden, obwohl sie nur den Tod *eines* Menschen in ihre Vorstellung aufgenommen hatten? Es liegt insoweit nicht anders als bei der mittelbaren Täterschaft, der Anstiftung und Beihilfe, die auch entgegen der herrschenden Meinung eine konkrete Betrachtungsweise erfordern[33]. Und wenn wir noch einmal zu dem Urteil des BGH zurückkehren, so ist es doch auch ein seltsamer Gedanke, daß jemand, ohne Selbstmörder zu sein, einen vorsätzlichen Mordversuch an sich selbst begangen und außerdem dieses ihm äußerst unliebsame, ganz und gar ungewollte Geschehen auch noch mitbeherrscht haben soll, wie der BGH annimmt. Mir scheint, daß die hier vertretene Meinung einer natürlichen Auffassung weit besser entspricht.

Anders ist es natürlich, wenn mehrere Mittäter demselben error in persona unterliegen und infolge einer gemeinsamen Fehlvorstellung gegen den „Falschen" vorgehen. Dann wird aber auch jeder für sein eigenes Verhalten und nicht für den Irrtum des anderen bestraft.

---

[33] Vgl. darüber oben S. 213–216

d) Mittäterschaft kraft „kausalen Weiterwirkens"?

Mit dem Grundprinzip der gemeinsamen Tatherrschaft unvereinbar ist eine Entscheidung des Bundesgerichtshofs[34], die jemanden als Mittäter ansieht, der die „mittäterschaftsbegründenden" Umstände überhaupt nicht gekannt hat. Der Fall lag so: Ein Mann wollte einen Säugling durch Würgen und Schläge gegen den Kopf töten. Als er glaubte, das Ziel erreicht zu haben, brachte er das vermeintlich tote Kind zu seiner Frau und ging „voll Entsetzen und Abscheu" weg. „Bald darauf" erkannte die Frau, daß das Kind lebte und tötete es nunmehr durch eine selbständige Handlung.

Der Bundesgerichtshof will den Mann als Mittäter an der Tat seiner Ehefrau bestrafen und begründet das mit der Erwägung, das Tun der Frau habe sich seiner Handlung angeschlossen; insofern habe sein Verhalten noch bei der Tötung durch die Ehefrau mitgewirkt und sei für sie ursächlich geworden. Deshalb bliebe er auch Mittäter, wenn er zu dieser Zeit seinen Tötungsvorsatz aufgegeben hätte; denn Mittäterschaft sei schon immer dann zu bejahen, „wenn der Beteiligte, der die Tat als eigene will, in irgendeiner Weise an der Ausführung, wenn auch nur geistig, mitgewirkt hat"[35].

Das ist im Ergebnis und in der Begründung unhaltbar. Abgesehen davon, daß die nichtssagende Animus-Theorie, auf die das Urteil am Ende zurückgreift, ohnehin dem Tatherrschaftsgedanken widerspricht, fehlt es hier auch an jedem noch so vagen Taterwillen. Denn man kann unmöglich an einer Ausführung „geistig mitwirken" und die Tat „als eigene wollen", wenn man nichts davon weiß! Von einer Willensübereinstimmung beim letzten Teilakt oder gar von einem Gesamtplan, der das spätere Vorgehen der Frau als Endstück eines arbeitsteiligen Zusammenwirkens erscheinen lassen könnte, ist nicht die Rede. Der Mann hätte deshalb nur wegen versuchten Mordes verurteilt werden dürfen.

Dreher[36] bringt gegen das Urteil ebenfalls Zweifel vor. Er will darauf abstellen, ob der Mann, „wenn er erkannt hätte, daß die Tat noch nicht beendigt war, deren Beendigung gewollt hätte". Aber dem ist auch nicht zuzustimmen. Denn eine solche hypothetische Erwägung kann die aktuell fehlende Gemeinsamkeit des Tatentschlusses nicht ersetzen. Ebenso kann der Umstand, daß dem Mann die spätere Entwicklung nachträglich vielleicht erwünscht schien, ihn nicht zum Mitherrn des Geschehens machen.

e) Mittäterschaft bei ausgeschlossener oder geminderter Schuld eines Beteiligten

Das sehr umstrittene Problem, ob Mittäterschaft vorliegen kann, wenn jemand mit einem Jugendlichen, einem Unzurechnungsfähigen, einem im Verbotsirrtum Handelnden oder sonstwie Entschuldigten gemeinsam tätig

---

[34] BGHSt 9, 180–184
[35] a. a. O. S. 182
[36] MDR 1956, S. 499

wird[37], birgt keine neuen Gesichtspunkte: Soweit nach den oben entwickelten Kriterien ein Fall der mittelbaren Täterschaft anzunehmen ist, kann sie nicht zur Begründung einer Mittäterschaft dienen. Es kann aber gleichzeitig eine Mittäterschaft vorliegen, wenn der mittelbare Täter sich an der Ausführung in der Weise beteiligt, daß er neben dem anderen eine wesentliche Funktion bei der Deliktsverwirklichung ausübt. Die fehlende Schuld des Partners hindert angesichts des § 50 Abs. 1 StGB eine Mittäterschaft nicht.

f) Mittäterschaft bei Verwirklichung ungleichartiger Tatbestände

Die Frage, ob eine Mittäterschaft denkbar ist, bei der die Beteiligten nach abweichenden Bestimmungen bestraft werden[38], läßt sich nicht einheitlich beantworten. Gegen diese Möglichkeit bestehen keine Bedenken, wenn die tatbestandlichen Differenzierungen auf Umständen beruhen, die außerhalb des konkreten Handlungsvollzuges liegen: So kann der eine Mittäter einen Einbruchsdiebstahl, der andere einen Mundraub begehen, wenn er anders als sein Genosse die gestohlenen Nahrungsmittel zum alsbaldigen Verbrauch bestimmt hat; es kann einer Mörder, der andere Totschläger sein, wenn nur bei einem Mitwirkenden niedrige Beweggründe anzunehmen sind. In derartigen Fällen wird die funktionsbedingte Abhängigkeit bei der Deliktsrealisierung durch die verschiedenartige Motivation der Beteiligten nicht berührt.

Anders liegt es, wenn die Tatbestands*handlungen* voneinander abweichen, etwa im Verhältnis des Diebstahls zum Raube. Hier kann, soweit es um die Wegnahme fremder Sachen geht, eine Mittäterschaft bestehen; was aber die Gewaltanwendung betrifft, so gibt es zwei Möglichkeiten: Entweder lag auch insoweit ein einverständliches Zusammenwirken vor; dann müssen beide nach § 249 StGB bestraft werden, auch wenn nur einer die Gewalt eigenhändig verwirklicht hat; oder einer der Beteiligten hat auf eigene Faust Gewalt angewendet; dann ist er in diesem Punkt Alleintäter, so daß nur eine auf die Wegnahme beschränkte Mittäterschaft anzunehmen ist.

2. Sukzessive Mittäterschaft

Eine sukzessive Mittäterschaft, bei der jemand zu einer schon begonnenen Tat erst nachträglich hinzutritt, um von nun an gemeinsam mit den anderen das Delikt weiter auszuführen, ist selbstverständlich möglich. Entgegen der jetzt nahezu einhelligen Lehre[39] können aber dem Hinzutretenden Er-

---

[37] Maurach, 2. Aufl., § 49 I, B, 4, S. 509; Kohlr./Lange, 42./43. Aufl., § 47 III, S. 174; Gallas, Gutachten, S. 138/39
[38] Vgl. Maurach, A. T., 2. Aufl., § 49 I, B, 3, b, S. 509; Mezger, LK, § 47, 3, S. 252/53 mit weiteren Angaben.
[39] Eine Ausnahme macht Hellmuth Mayer, Lehrbuch, 1953, S. 313, der aber die Entscheidung BGHSt 2, 344–348 noch nicht berücksichtigt; wie hier jetzt aber auch Sax, Festschrift für Nottarp, 1961, S. 136/137.

schwerungsgründe, die schon vor seinem Eingreifen verwirklicht waren, nicht zugerechnet werden.

Das folgt aus dem Grundgedanken der Tatherrschaftslehre zwingend. Danach ist jemand Mittäter, wenn und soweit er gemeinsam mit anderen den Ablauf des Geschehens beherrscht. Voraussetzung dafür ist eine wechselseitige Abhängigkeit, bei der jeder nur mit den anderen zusammen handeln kann, aber kraft seiner Funktion im Rahmen des Gesamtplans seine Verwirklichung in der Hand hat. Nichts von alledem liegt vor, wenn jemand erst nach der Erfüllung qualifizierender Tatumstände einen Genossen findet, der auf den bisherigen Gang der Dinge keinerlei Einfluß ausgeübt hat.

In der bekannten Entscheidung des Bundesgerichtshofs[40], die gegen die Rechtsprechung des Reichsgerichts[41] und die bis dahin herrschende Ansicht den Umschwung der Meinungen herbeiführte, lag der Sachverhalt so: Der P hatte eine Verkaufsbude erbrochen, einen Teil der Lebensmittel weggenommen und in die Wohnung eines Bekannten N gebracht. Er weckte ihn, erzählte ihm den Diebstahl und veranlaßte ihn, den Rest der Waren aus dem nun offenen Kiosk gemeinsam mit ihm zu holen. Später teilten sie die Gesamtbeute. Hier will der BGH, wenn P von vornherein die Tat in zwei Teilhandlungen vollführen wollte, den N als Mittäter eines Einbruchsdiebstahls bestrafen. Der Vorgang zeigt deutlich, daß von einer Mitherrschaft des N beim Einbruch, von dem er erst nachträglich erfahren hat, nicht die Rede sein kann.

Der BGH stützt seine Auffassung denn auch auf einen anderen Grund; er meint, das Gesetz lasse den einzelnen „auch für das haften, was der andere Mittäter getan hat"; wenn jemand als Mittäter eintrete, so habe das Einverständnis mit dem bisher Geschehenen „die Kraft, daß ihm auch das einheitliche Verbrechen als solches strafrechtlich zugerechnet" werde[42]. In dieser Argumentation dringt die schon vorhin[43] abgelehnte Vorstellung durch, daß der Mittäter für das Verhalten anderer anstatt für sein eigenes Tun bestraft werde. Außerdem wird die Mittäterschaft am Einbruch unrichtigerweise aus dem „Einverständnis" des Hinzutretenden hergeleitet; dieser Gesichtspunkt ist deshalb untauglich, weil Anstifter und Gehilfen ebenso mit dem Geschehen einverstanden sind, ohne deshalb Täter zu werden.

Auf den ersten Blick bestechend wirkt allerdings die Parallele zur Beihilfe, auf die sich der Bundesgerichtshof beruft: Beim Gehilfen sei es gleichgültig, in welchem Zeitpunkt der Ausführung er fördernd tätig werde. Angesichts dessen entbehre eine unterschiedliche Behandlung der Mittäterschaft einer einleuchtenden Rechtfertigung[44]. Aber gerade hier zeigt sich der Fehlansatz: Täter und Gehilfe werden als qualitativ gleichartige Erscheinungen betrachtet. Dabei ist es doch so: Die Beihilfe ist ihrem Wesen nach akzessorisch. Die Strafe des Gehilfen hängt deshalb notwendig davon ab, wozu er

---

[40] BGHSt 2, 344–348
[41] zu § 243: RGRspr 8, 80–82 (82); RG, JW 1923, 756; 1924, 1436
[42] a. a. O. S. 346
[43] Oben S. 276/277
[44] a. a. O. S. 345/46

geholfen hat. In welchem Stadium der Ausführung er diese Hilfe leistet, ist gleichgültig, weil er ohnehin die Tat nicht selbst – auch nicht mit anderen gemeinsam – begeht[44a]. Der Mittäter dagegen ist Täter und muß sich für das verantworten, was er selbst im Zusammenwirken mit anderen begangen hat; und dazu gehört im Beispielsfall der Einbruch nicht. Soweit er durch sein Hinzutreten ein Verhalten unterstützt, das seiner Mitherrschaft nicht unterliegt, kann auch er nur Gehilfe sein.

Deshalb kommt, was eigenartigerweise nirgends hervorgehoben wird, bei der vorliegenden Konstellation neben der Mittäterschaft des N am einfachen Diebstahl eine Beihilfe zu § 243 Abs. 1 Ziff. 2 StGB in Betracht, insofern als N dem P bei der Ausnutzung des von diesem allein begangenen, materiell aber noch nicht vollendeten Einbruchs geholfen hat. Wäre er nicht mitgegangen, sondern hätte er dem P etwa nur eine Schiebkarre zum weiteren Abtransport geliehen, so wäre er ja auch wegen Beihilfe zum Einbruchsdiebstahl bestraft worden.

Wenn man das berücksichtigt, verschwinden alle Unbilligkeiten der Strafbemessung, auf die sich die Gegenmeinung so gern beruft[45]. Im Gegenteil: Die Auffassung des Bundesgerichtshofs führt zu sehr sonderbaren Ergebnissen. Danach kann nämlich, wie das Urteil ausdrücklich betont[46], der N nicht wegen schweren Diebstahls zur Verantwortung gezogen werden, wenn P erst auf Grund eines neuen Vorsatzes beschlossen hat, auch die restlichen Waren wegzunehmen. Dann soll nur eine Mittäterschaft gemäß § 242 vorliegen. Hier stellt sich die Frage: Woher soll der N das wissen? Und wieso kann seine Mittäterschaft von den ihm ganz gleichgültigen und für den Handlungsverlauf unerheblichen inneren Vorgängen in der Person des P abhängen? Mit dem Gedanken der Tatherrschaft haben solche Konstruktionen jedenfalls nichts mehr zu tun.

Trotzdem hat die Entscheidung des Bundesgerichtshofs fast überall Billigung gefunden[47]. Auch die meisten Anhänger der Tatherrschaftslehre haben sich zustimmend geäußert[48]; unter ihnen haben Maurach und Niese dem Problem eine gründlichere Erörterung gewidmet.

Maurach meint, nur die Auffassung des BGH werde „dem Vorsatzbegriff gerecht ... Vorsatz heißt: nicht nur ‚Wollen‘, sondern auch ‚Wissen‘. Auch dem Alleintäter werden ja die Tatumstände, die er seinem Arbeitsplan zugrundelegt, dann zugerechnet, wenn er sie vorfindet und seinen Plan entsprechend aufbaut".

Aber diese Begründung schlägt nicht durch: Sicher gehört zum Vorsatz ein Wissen, aber das beweist nichts für eine Mittäterschaft, weil auch der Teilnehmer dieses Wissen hat. Für die Tatherrschaft ist die Kenntnis der

---

[44a] insoweit abweichend Sax, a. a. O., S. 137, Anm. 11, der auch den später hinzutretenden Gehilfen nur wegen Beihilfe zum einfachen Diebstahl bestrafen will.

[45] Vgl. etwa Niese, NJW 1952, S. 1147; Furtner, JR 1960, S. 367

[46] a. a. O. S. 347

[47] Vgl. außer den Lehrbüchern und Kommentaren noch Martin, NJW 1953, 288–290; Furtner, JR 1960, S. 367–369

[48] Maurach, A. T., 2. Aufl., § 49 III, 1, S. 518; Welzel, 7. Aufl., S. 96; Kohlr./Lange, 42./43. Aufl., § 47 I, S. 174; Niese, NJW 1952, S. 1146–1147

Tatumstände nur Voraussetzung der zielbewußten Geschehensgestaltung, ohne die reale Ablaufslenkung ersetzen zu können; das gilt erst recht für ein nachträgliches Wissen. Und der Hinweis auf den Alleintäter wird nicht recht verständlich. Wieso kann er „Tatumstände vorfinden"? Entweder bricht er ein; dann hat er diesen Tatumstand selbst verwirklicht und nicht vorgefunden. Oder er findet das Haus offen; dann bricht er nicht ein, und ihm wird auch nichts derartiges zugerechnet. In welchem Sinne sollen sich daraus Schlüsse auf die Behandlung der sukzessiven Mittäterschaft ziehen lassen?

Niese geht zur Begründung der Mittäterschaft zutreffend vom Gedanken der Arbeitsteilung aus, argumentiert dann aber mit der Erwägung, daß der eine sich die Arbeit des anderen „zurechnen lassen" (müsse[49]). Damit löst er sich jedoch, wie schon oben gezeigt wurde, vom Tatherrschaftsprinzip, demzufolge gerade nur das zur Mittäterschaft zugerechnet werden darf, was der einzelne mitbeherrscht hat.

Es bleibt also dabei: Jemand kann nicht als Mittäter für Erschwerungsgründe bestraft werden, die zur Zeit seines Eintritts in den Tatplan schon verwirklicht waren.

§ 28. Die Mitwirkung im Vorbereitungsstadium

I. Der Streitstand

Wenn wir uns der Mitwirkung im Vorbereitungsstadium zuwenden, so können wir nicht ohne weiteres mit der Erörterung darüber beginnen, unter welchen Voraussetzungen hier eine Tatherrschaft vorliege. Die Problematik verlangt vielmehr eine wesentlich radikalere Fragestellung: Es ist zu untersuchen, ob in diesem Bereich eine Mittäterschaft überhaupt möglich ist oder ob sich nicht vielleicht generell sagen läßt, daß jemand, der nur vorbereitend tätig ist, von der Innehabung der Tatherrschaft unter allen Umständen ausgeschlossen sein muß.

Dabei ist nach unseren früheren Darlegungen selbstverständlich davon auszugehen, daß Mittäterschaft und mittelbare Täterschaft entgegen der weitverbreiteten Vermengung beider Begriffe streng auseinanderzuhalten sind. Funktionelle Tatherrschaft und Willensherrschaft beruhen auf ganz verschiedenen Prinzipien. Deshalb kann die Willensherrschaft, deren Voraussetzungen oben im einzelnen geschildert worden sind und die keinerlei aktive Mitwirkung bei der Ausführung verlangt, zur Begründung einer Mittäterschaft nicht herangezogen werden. Das bedarf gleich anfangs besonderer Betonung, weil die Vertreter der Tatherrschaftslehre – auch soweit sie die Mittäterschaft nicht als eine „teilweise mittelbare Täterschaft" ansehen – sich schon bei einer Mitwirkung im Ausführungsstadium zur Erklärung der Mittäterschaft meist auf den Willenseinfluß des Beteiligten berufen und

---

[49] a. a. O., S. 1147

dadurch den Strukturunterschied zwischen funktioneller Tatherrschaft und Willensherrschaft verwischen.

Die Frage, ob eine vorbereitende Tätigkeit mittäterschaftsbegründend wirken kann, ist innerhalb der Tatherrschaftslehre bislang völlig ungeklärt geblieben. Gegen die Möglichkeit einer Täterschaft wendet sich Gallas[1]. Bei ihm heißt es: „Es genügt ... nicht eine Beteiligung an der Planung oder Vorbereitung der Tat. Der Mittäter muß vielmehr auch an der Ausübung der Tatherrschaft teilhaben. Wer sich darauf beschränkt, die Gelegenheit zur Tat auszukundschaften oder die dazu benötigten Werkzeuge zu besorgen, handelt nicht als Mitherr der Tat, sondern nur als Gehilfe, auch wenn er an der Tatverabredung beteiligt war."

Sehr ähnlich ist die Lösung von Maurach[2], der freilich nicht ausdrücklich auf die Fragestellung eingeht. Er meint mit Gallas, der bloße „Baldowerer" sei ohne Rücksicht auf die Höhe des ihm in Aussicht gestellten Beuteanteils nur Gehilfe oder Anstifter. Allerdings sei die streitige Frage, ob Mittäterschaft stets persönliche Anwesenheit am Tatort voraussetze oder ob Abwesenheit des in Frage stehenden Mitwirkenden die Annahme von Mittäterschaft ausschließe, in dieser Form falsch gestellt: der Chef einer Schmuggelbande, der seine Aufträge an die einzelnen Operationsgruppen telefonisch erteile, sei genauso als Täter strafwürdig wie der persönlich die Zollgrenzen passierende LKW-Fahrer.

Im Gegensatz dazu lesen wir bei Welzel[3]: „... auch der objektiv bloß Vorbereitende oder Helfende ist Mittäter, wenn er Mitträger des gemeinsamen Tatentschlusses ist". Sogar ein Verhalten, das sich äußerlich auf eine bloße Tataufforderung beschränkt, soll zur Mittäterschaft führen, wenn der objektiv nur Anstiftende „mit eigener Tatentschlossenheit" handelt[4].

Ebenso sagt Bockelmann[5] in der Polemik gegen Gallas, es müsse „auch die Vornahme solcher Handlungen, die normalerweise bloßen Unterstützungs- oder Vorbereitungscharakter haben, die Täterstrafe begründen, falls sie auf Grund gemeinschaftlichen Tatentschlusses begangen werden und die Ausführung der Rolle darstellen, die dem Ausführenden bei der Beschlußfassung zugefallen ist ... Der Bankangestellte, der mit einem Berufsdieb die Beraubung des Tresors so verabredet, daß er auskundschaften soll, wann der Tresor reichhaltig belegt und zwischen welchen Zeitpunkten mit dem Auftauchen des Wächters nicht zu rechnen ist, während der andere einbrechen soll, begeht doch nicht nur Anstiftung oder Beihilfe zum Diebstahl, sondern ist Mittäter ...".

Es ist unschwer zu erkennen, daß sich auch in dieser Streitfrage die unterschiedlichen Ansatzpunkte der einzelnen Tatherrschaftstheoretiker auswirken. Während Maurach und besonders Gallas von einer objektiven Teilnahmelehre herkommen und daher für die Täterschaft eine größere

---

[1] Gutachten, S. 137; ebenso Hellmuth Mayer, Lehrb., S. 314
[2] A. T., 2. Aufl., § 49 II, C, 2, S. 517
[3] Lehrb., 7. Aufl., S. 98; ebenso dem Sinne nach ZStW, Bd. 58, 1939, S. 551/52; SJZ 1947, Sp. 650
[4] Lehrb., 7. Aufl., S. 109
[5] Untersuchungen, S. 101 und Anm. 54 auf dieser Seite.

Tatbestandsnähe verlangen, stellen die Auffassungen Welzels und Bockelmanns Weiterentwicklungen einer streng subjektiven Dolustheorie dar und stimmen insoweit mit der ständigen Rechtsprechung des Reichsgerichts überein, wonach schon die geringste Mitwirkung bei der Vorbereitung zur Bejahung der Täterschaft ausreichen kann, wenn nur die subjektiven Voraussetzungen vorliegen[6].

Auch die Rechtsprechung des Bundesgerichtshofs hat bei allen Konzessionen an die Tatherrschaftslehre an diesem Kernsatz der subjektiven Theorie stets festgehalten. So heißt es in einer Entscheidung vom 3. Februar 1960[7]: „Mittäterschaft setzt ein zur Verwirklichung des Tatbestandes beitragendes Handeln voraus. Dabei genügt es nach dem allgemein anerkannten ‚Grundsatz der Arbeitsteilung‘ ..., wenn der Mittäter seine persönliche Tätigkeit auf Vorbereitungs- oder Unterstützungshandlungen beschränkt". Noch dezidierter sagt derselbe (vierte) Senat am 10. März 1961[8] – allerdings unter gleichzeitiger Verneinung der Tatherrschaft – daß eine vorbereitende „geistige Mitwirkung" genüge; Mittäter könne schon sein, wer „in irgendeinem Zeitpunkt" den Willen des die Tat allein Ausführenden gestärkt habe.

II. Keine Mittäterschaft des Vorbereitenden

Dem Begriff der Tatherrschaft wird nur die Ablehnung einer Mittäterschaft des Vorbereitenden gerecht. Das ergibt sich, wenn wir die oben für die Bestimmung des Täterbegriffs erarbeiteten Leitlinien zugrundelegen, aus mehreren Erwägungen:

1. Im Mittelpunkt des für die strafrechtliche Betrachtung erheblichen Geschehens steht die Tat, so wie sie vom Gesetzgeber in den einzelnen Tatbeständen beschrieben wird. Die Zentralfigur des handlungsmäßigen Geschehens in dem oben erläuterten Sinne kann daher nicht jemand sein, der bei Verwirklichung dieser Tat selbst überhaupt nicht beteiligt ist, sondern nur geholfen hat, die Vorbedingungen des Delikts zu schaffen. Er wird vielmehr zwangsläufig an die Peripherie des Geschehens gedrängt. Das bedarf nach den vorangegangenen Darlegungen keiner näheren Ausführung mehr.

2. Man kann auch nicht sagen, daß jemand, der nur vorbereitend gewirkt hat, den Geschehensablauf wirklich „beherrschen" könne. Er bleibt, wenn der andere frei und selbständig handelt, bei der Durchführung immer von der Initiative, den Entschlüssen und der Tatgestaltung des unmittelbar Tätigen abhängig. Bei einem arbeitsteiligen Zusammenwirken im Ausführungsstadium ist das ganz anders: Hier greifen die Teilleistungen derart ineinander, daß jeder auf seinen Partner angewiesen ist und der Ausfall des einen den Gesamtplan zum Scheitern bringt. Wer aber nur bei der Vorberei-

---

[6] Vgl. darüber oben S. 58 mit Nachweisen.
[7] BGHSt 14, 123–132 (128/29), vgl. oben S. 102/103 Nr. XVI
[8] BGHSt 16, 12–15 (14), vgl. oben S. 104/105 Nr. XVIII

tung mithilft, muß zu irgendeinem Zeitpunkt die Tat „aus der Hand geben"
und sich von nun an ganz auf den anderen verlassen.

Das zeigt gerade der von Bockelmann für die Gegenauffassung gebildete
Beispielsfall: Der Bankangestellte kann dem Berufseinbrecher wohl den Tip
geben, wann der Tresor belegt ist und wann der Wächter seine Runde
macht; aber von nun an ist er aus dem Spiel ausgeschieden; was jetzt noch
geschieht, und wie es durchgeführt wird, muß er – selbst in der Terminologie der Dolustheorie gesprochen – dem Einbrecher „anheimstellen". Davon,
daß er bei der Verwirklichung des tatbildlichen Geschehens, also beim Einbruch selbst, die Situation beherrsche, kann schlechterdings nicht die Rede
sein.

Eine Reihe weiterer Argumente zur Unterstützung der hier vertretenen
Meinung werden sich im folgenden durch die Auseinandersetzung mit den
abweichenden Ansichten ergeben.

III. Auseinandersetzung mit Welzel

Die von uns verneinte Frage nach der Möglichkeit einer Tatherrschaft des
nur Vorbereitenden hat im Schrifttum bisher nicht die Beachtung gefunden,
die ihrer außerordentlichen Bedeutung zukommt. Eine eingehende Stellungnahme zur gesamten Problematik findet sich nur bei Welzel. Seine Thesen
sind für uns besonders wichtig, weil er gerade die Gegenmeinung durch das
Tatherrschaftsprinzip zu rechtfertigen versucht. Wir müssen uns deshalb mit
seiner Lehre auch im Detail beschäftigen.

Es genüge nicht für das Vorliegen der Mittäterschaft, meint er[9], daß
der objektiv nur Unterstützende mit der Ausführung der Tat sympathisiere,
mit ihr einverstanden sei. Vielmehr müsse der „Täterwille" innerhalb der
Gesamttat objektive Bedeutung haben. „Das hat er dann", sagt Welzel,
„wenn die Gesamttat auch in den Beiträgen der übrigen Beteiligten von
dem gemeinsam gefaßten Tatentschluß getragen ist, so daß nicht nur die
Vornahme der Unterstützungshandlung für den daran Beteiligten eine
Teilausführung des gemeinsamen Tatentschlusses ist, sondern auch die
Vornahme der Ausführungshandlungen für die Ausführenden zugleich die
Mitverwirklichung des vom Unterstützenden mitgefaßten Tatentschlusses
ist".

Welzel hält also die Willenseinstellung des Vorbereitenden allein zur
Begründung der Mittäterschaft nicht für ausreichend. Er verlangt darüber
hinaus, daß auch der Ausführende selbst sich bei Durchführung der Tat von
dem gemeinsamen Entschluß „getragen" fühle, daß er in dem Bewußtsein
handele, auch den Entschluß des anderen mitzuverwirklichen. Gegen diese
Beweisführung ist jedoch mehrerlei einzuwenden:

Zunächst einmal ändert auch ein noch so aufrichtiges Solidaritätsgefühl
des unmittelbar Handelnden nichts daran, daß es allein in seiner Macht steht,

[9] ZStW, Bd. 58, 1939, S. 551

wie er den Tatablauf in concreto gestaltet und ob er dabei dem gemeinsamen Tatentschluß die Herrschaft einräumt über seine Gedanken und Taten. Der Einfluß dessen, der bei der Durchführung des Planes nicht beteiligt ist, kann immer nur über die Psyche des anderen wirksam werden. Wenn aber der Vorbereitende diesen anderen nicht beherrscht, der Ausführende vielmehr frei und voll verantwortlich tätig wird, so kann derjenige der nicht dabei ist, auch den Tatablauf nicht lenken, sondern ist vom Belieben des Handelnden abhängig. Es ist insoweit beim Vorbereitenden nicht anders als beim Anstifter, dem Welzel doch auch die Tatherrschaft abspricht.

Im übrigen führt diese Erwägung auf eine recht eigenartige Konsequenz der Welzelschen Argumentation. Da er durchaus zutreffend (und im Gegensatz zur Animus-Theorie) erkennt, daß der bloße Wille und Wunsch des Vorbereitenden, sein Sympathisieren und Einverstandensein mit dem Geschehen ihn nicht zum Herrn der Tat machen kann, wird er zwangsläufig genötigt, die Täterschaft des objektiv nur Vorbereitenden oder Unterstützenden von der Seelenverfassung eines anderen, nämlich des unmittelbar Handelnden, abhängig zu machen. Es soll darauf ankommen, ob dessen Tun „von dem gemeinsam gefaßten Tatentschluß getragen ist". Eine derartige Abgrenzung von Täterschaft und Teilnahme ist aber nicht angängig. Denn da, wie wir gesehen haben, der Handelnde bei der Ausführung frei ist, würde sein Wollen und Tun dafür entscheidend sein, ob der andere Täter oder Teilnehmer ist. Das kann nicht richtig sein, weil jeder nur für sein eigenes Tun und nicht für die seiner Einwirkung unzugänglichen Seelenregungen eines anderen bestraft werden darf.

Es kommt noch hinzu, daß die von Welzel vorgeschlagene Unterscheidung praktisch undurchführbar ist. Er meint selbst[10]: „Die Feststellung im konkreten Prozeß mag ... im Einzelfall ... schwierig genug sein." Man nehme nur Bockelmanns Beispiel vom Bankangestellten: Seine Vorbereitung, seine Beteiligung an der Beute, sein sehnlicher Wunsch, der Plan möchte gelingen – das alles kann ihn auch nach Welzels Meinung nicht zum Mitträger der Tatherrschaft machen. Es muß vielmehr geprüft werden, ob der Einbruch für den Berufsdieb „von dem gemeinsam gefaßten Tatentschluß getragen ist", ob er für ihn „zugleich die Mitverwirklichung des vom Unterstützenden mitgefaßten Tatentschlusses ist".

Wie aber soll man das feststellen? Nicht nur, daß derartige, rein innerpsychische, äußerlich gar nicht in Erscheinung tretende Vorgänge der richterlichen Ermittlung und dem Beweise ohnehin kaum zugänglich sind; es ist nicht einmal anzunehmen, daß ein Verbrecher überhaupt je Erwägungen darüber angestellt hat, ob er mit der von ihm allein durchgeführten Tat gleichzeitig den Entschluß eines anderen ausführe. Auch wenn man einwendet, es handele sich hier nicht um Bewußtseinsvorgänge reflektiver Art, sondern um eine seelische Haltung des Ausführenden, der sich von dem gemeinsamen Entschluß „getragen" fühle, bleibt ihre von Welzel betonte „objektive Funktion"[11] im Ungreifbaren; denn sie hat auf die äußere Durch-

---

[10] ZStW, Bd. 58, 1939, S. 552
[11] ZStW, a. a. O. S. 551

führung der Tat keinerlei Einfluß. Um bei Bockelmanns Beispiel zu bleiben: Wenn der Einbrecher sich über die Informationen des Bankangestellten freut und nun den Diebstahl ins Werk setzt – wie soll man sich eine Deliktsrealisierung denken, bei der das Getragensein vom gemeinsamen Tatentschluß irgendeine objektive Bedeutung gewinnt?

Abgesehen von dieser objektiven Belanglosigkeit ist aber eine derartige seelische Haltung in der Praxis auch schwerlich vorhanden. Denn das Bewußtsein des Einbrechers, gleichzeitig zum Nutzen des Bankangestellten zu handeln, kann offenbar nicht ausreichen, da auch der Anstifter, dem ein Teil der Beute versprochen worden ist, deshalb noch nicht zum Mittäter wird. Eine sich davon unterscheidende Vorstellung des Getragenseins von einem gemeinsamen Tatentschluß ist eine Fiktion und psychisch mindestens ebenso irreal wie der berüchtigte „Täterwille" der früheren reichsgerichtlichen Rechtsprechung.

Was übrigbleibt, ist der gemeinsame Tatentschluß, von dem Welzel denn auch in seinem Lehrbuch das Vorliegen der Mittäterschaft im wesentlichen abhängig macht, wenn er die „Teilnahme am Verbrechensentschluß" als das Kriterium nennt, das den objektiv bloß Vorbereitenden zum Mittäter mache[12]. Man mag nun über die Bestimmung der Mittäterschaft so oder anders denken: Vom Boden der Tatherrschaftslehre aus läßt sich schwerlich bestreiten, daß die Herrschaft über die Tatverwirklichung sich allein aus der Beteiligung an der Deliktsverabredung noch nicht ergeben kann. Vor allem wird damit das Erfordernis der „objektiven Bedeutung" des Täterwillens bei der Tatausführung auch theoretisch weitgehend preisgegeben – eine bei der fiktiven Natur dieser objektiven Voraussetzung nahezu zwangsläufige Entwicklung.

Ein weiterer Umstand erscheint mir noch bedenklicher: Die Annahme einer Mittäterschaft in solchen Fällen würde die gesamte bei der Abgrenzung von mittelbarer Täterschaft und Anstiftung geleistete Arbeit entwerten und zu einem terminologischen Wortstreit degradieren. Das wird gerade an Welzels Lehre besonders deutlich. Er bildet den Fall, daß die beiden Freunde A und B auf der Jagd sind und auf ihren gemeinsamen Feind X treffen. Wenn nun A nichts weiter tut, als daß er den B zum Schießen auffordert, und wenn B daraufhin völlig allein aus eigenem Entschluß den X tötet, so ist A nach der Ansicht Welzels dennoch Mittäter, sofern er nur dem B die Worte „Schieß doch" mit „eigener Tatentschlossenheit" zugerufen hat[13].

Abgesehen davon, daß diese Lösung auf jedes objektive Herrschaftskriterium verzichtet und den täterschaftsbegründenden Umstand allein in die Psyche des Außenstehenden verlegt, widerspricht sie diametral dem Standpunkt, den Welzel beim Verhältnis der mittelbaren Täterschaft zur Anstiftung einnimmt. Dort bezeichnet er den Täter hinter dem Täter als einen „Unbegriff" und erklärt mit Nachdruck: „Wer einen Täter zur Tat bestimmt, ist stets nur Anstifter, und kein Täterwille kann ihn zum Täter

---

[12] Lehrb., 7. Aufl., S. 98
[13] Lehrb., 7. Aufl., S. 109

machen"[14]. Da sich nicht leugnen läßt, daß in unserem Beispielsfall der A einen Täter (den B) zur Tat bestimmt hat, könnte er demnach nur Anstifter sein, und die „eigene Tatentschlossenheit", die sich sachlich vom Täterwillen nicht in erkennbarer Weise unterscheidet, dürfte ihn unter keinen Umständen zum Täter machen.

Welzel versucht, diesen Zwiespalt in seiner Konzeption dadurch zu überbrücken, daß er zwar eine mittelbare Täterschaft strikt ablehnt, stattdessen aber eine Mittäterschaft annimmt. Es liegt auf der Hand, daß das eine unhaltbare Scheinlösung ist. Denn welchen Sinn soll es haben, eine mittelbare Täterschaft als indiskutabel zurückzuweisen, wenn man auf dem Umweg über die Mittäterschaft schließlich zum selben Ergebnis kommt? Es geht doch nicht um die Bezeichnung, sondern um die Sachgegebenheiten; und diese sind unbestreitbar so geartet, daß der A als Auffordernder hinter dem B steht und, wenn man ihm die Mitherrschaft zuspricht, dadurch zum Täter hinter dem Täter wird.

Damit zeigt sich die ganze Tragweite der hier bekämpften Auffassung: Wer eine vorbereitende Beteiligung für die Tatherrschaft genügen läßt, verfehlt nicht nur die Abgrenzung von Mittäterschaft und Beihilfe, sondern er unterhöhlt das Tatherrschaftsprinzip im ganzen und muß kraft der Konsequenz seines Ansatzes auch auf die objektive Unterscheidung von mittelbarer Täterschaft und Anstiftung verzichten. Eine Lehre, die im einen Fall rein subjektiv, im anderen streng objektiv differenzieren und diese Kreuzung einheitlich durch den Tatherrschaftsgedanken rechtfertigen will, ist deshalb nicht durchführbar.

Historisch gesehen handelt es sich bei der Annahme, daß eine Mitwirkung im Vorbereitungsstadium zur Tatherrschaft führen könne, um eine Nachwirkung der subjektiven Theorie. Welzels Bemühen, sie durch das Tatherrschaftsprinzip zu überwinden, war beim Verhältnis von Anstiftung und mittelbarer Täterschaft grundsätzlich erfolgreich[15]; bei der Abgrenzung von Mittäterschaft und Beihilfe mußte es im Versuch steckenbleiben, weil er den entscheidenden Schritt über die Rechtsprechung des Reichsgerichts hinaus, den die Beschränkung der Mittäterschaft auf den Ausführungsabschnitt bedeutet hätte, noch nicht zu tun wagte. Da es nicht gelungen ist, die postulierte „objektive Bedeutung" des Täterwillens nachzuweisen, war es kaum zu vermeiden, daß hier ein Rückfall in die subjektive Theorie eintrat, der die ganze Lehre auf ihre Ausgangsposition zurückzuziehen droht.

IV. Das Problem des Bandenchefs

Unsere Auffassung, nach der die Mittäterschaft eine Beteiligung bei der Ausführung erfordert, führt zu der Folgerung, daß der Leiter einer Einbrecher-

---

[14] SJZ 1947, Sp. 650; vgl. im übrigen oben S. 68/69
[15] Auf die Verfeinerungen, die sich durch die Unterscheidung mehrerer Tatherrschaftsstufen ergeben und die zu einer teilweisen Wiedereinsetzung des „Täters hinter dem Täter" führen, kommt es in diesem Zusammenhang nicht an.

gruppe oder ein Gangsterchef vom Standpunkt der Tatherrschaftslehre aus nicht Mittäter sein kann, wenn er seine Aktivität auf die Planung von Delikten beschränkt und die Durchführung anderen überläßt. Dieser Fall lohnt eine kurze Beschäftigung, weil er oft als Paradebeispiel einer Mittäterschaft trotz fehlender äußerer Mitwirkung herangezogen wird. Er ist jedoch nicht geeignet, die hier vertretene Ansicht zu widerlegen.

Ein Bandenchef mag *mittelbarer* Täter sein. Ein solcher Fall liegt vor, wenn die oben[15a] im einzelnen geschilderten Voraussetzungen der Organisationsherrschaft zu bejahen sind. Es kann weiter eine Nötigungsherrschaft bestehen, wenn der Chef einzelne seiner Leute so fest in der Hand hat, daß sie Kopf und Kragen riskieren, sofern sie ihm nicht folgen. Der Anführer ist schließlich *Mittäter*, wenn er die Durchführung der Taten – sei es auch aus der Ferne – leitet oder absichert[15b]. Über diese an anderem Orte behandelten Konstellationen hinaus, die einen erheblichen Teil der hier einschlägigen Fälle decken, darf aber eine Täterschaft kraft der bloßen Stellung als Bandenchef nicht angenommen werden.

Wer etwas anderes behauptet, müßte darlegen, worin die Herrschaft des Hintermannes besteht, wenn er die Ausführung der Tat seinen Leuten überläßt. Das ist aber noch niemandem gelungen. Wenn die meisten Autoren, da eine *mittelbare* Täterschaft nicht nachweisbar ist, auf die Annahme einer *Mittäterschaft* ausweichen, so tun sie dasselbe, was schon oben in der Auseinandersetzung mit Welzel bemängelt worden ist: Sie benutzen die Rechtsfigur der Mittäterschaft, um die Fälle, in denen die Voraussetzungen der mittelbaren Täterschaft nicht vorliegen, auffangen und für die Täterschaft retten zu können. Das ist unzulässig; denn ein solches Verfahren verkennt und verwischt den prinzipiellen Unterschied beider Täterkategorien, degradiert die Mittäterschaft zu einer Art Kümmerform der mittelbaren Täterschaft und müßte konsequenterweise zu einer Aufhebung aller objektiven Differenzierungen in der Täterlehre führen.

Bei der Gegenmeinung spielen einige Erwägungen mit, die richtigerweise ausgeschaltet werden müssen. Zunächst ist wieder der Gedanke wirksam, daß der Bandenführer der Hauptverantwortliche und damit der kriminell Gefährlichere sei. Dem ist – wie schon mehrfach in anderem Zusammenhang ausgeführt wurde – entgegenzuhalten, daß es nicht darauf, sondern auf die Zentralstellung bei der Verwirklichung des Tatbestandsgeschehens ankommt. Dabei aber ist der Chef nicht beteiligt, und es gilt alles, was oben über die Stellung des nur Vorbereitenden gesagt wurde.

Ferner rührt die Neigung, den Bandenchef als Täter zu bestrafen, vorzugsweise daher, daß man die gesamte kriminelle Aktivität der Gruppe als geschlossenen Komplex wertet und den Anführer als Leiter dieses einheitlichen Unternehmens sieht. Eine solche Betrachtungsweise ist aber nicht sachgerecht. Die Tätigkeit als Rädelsführer einer kriminellen Vereinigung wird schon durch § 129 Abs. 2 StGB erfaßt und mit Zuchthaus bedroht. Was hier die Funktion eines besonderen Tatbestandes ist, darf nicht außerdem

---

[15a] S. 242 ff. (250/251)
[15b] Vgl. dazu schon oben S. 280

noch mit der Abgrenzung von Täterschaft und Teilnahme verquickt werden. Vielmehr darf im Rahmen eines Tatstrafrechtes die Stellung des einzelnen unter mehreren Beteiligten nur nach seiner Rolle bei der jeweiligen besonderen Tatbestandsverwirklichung beurteilt werden; bei dieser aber kann die Beteiligung des Leiters verschwindend gering – etwa auf die bloße Zustimmung beschränkt – sein; jedenfalls erreicht sie nicht das Maß an Tatbestandsnähe, das nach dem Ergebnis unserer bisherigen Untersuchung für die Innehabung der Tatherrschaft verlangt werden muß.

Schließlich ist zu bedenken, daß, wenn eine Bande durch wechselnde Mitglieder beispielsweise 500 Delikte begeht, der Anführer sich fünfhundertmal strafbar gemacht hat und deswegen selbstverständlich schärfer zur Verantwortung gezogen werden wird als ein Mitglied, das nur einige dieser Straftaten mit ausgeführt hat. Auch dieser Umstand hat aber mit der Abgrenzung von Täterschaft und Teilnahme beim Einzeldelikt nichts zu tun; ganz abgesehen davon, daß die Anstiftung, die dem Chef meist zur Last fallen wird, mit derselben Strafe wie die Täterschaft bedroht ist.

Daraus ergibt sich: Wenn schon bei diesem Extremfall keine Veranlassung besteht, im Rahmen der Tatherrschaftslehre von der bloßen Teilnehmereigenschaft des Vorbereitenden abzugehen, so kann bei andersartigen, weniger zugespitzten Sachverhaltsgestaltungen, die an dieser Stelle nicht alle einzeln behandelt werden können, das Ergebnis erst recht kein anderes sein. Nur der bei der Ausführung Beteiligte kann als Mittäter die Tatherrschaft innehaben.

V. Arbeitsteilung und Mittäterschaft

Auf einen Einwand, der schon bei der oben[16] wiedergegebenen Argumentation Bockelmanns durchklingt und der auch vom Bundesgerichtshof verwendet wird[17], müssen wir allerdings noch eingehen: Man könnte die Möglichkeit einer Mittäterschaft des Vorbereitenden durch den Gedanken der Arbeitsteilung, des Zusammenspiels verschiedener Rollen im Rahmen des einheitlichen Planes, begründen. Dabei ließe sich darauf hinweisen, daß es oft vom Zufall abhängen werde, ob der Tatanteil des einzelnen bei der konkreten Deliktsverwirklichung größer oder geringer sei, ob er die Ausführung oder die Vorbereitung betreffe; deshalb dürfe die Abgrenzung der Teilnahmeformen nicht auf solche Äußerlichkeiten gegründet werden. Gleichzeitig könnte man sich durch eine solche Auffassung der Mittäterschaft dem Vorwurf einer Rückkehr zur Animus-Theorie entziehen. Denn das Prinzip der Arbeitsteilung ist objektiver Natur; das gilt wenigstens dann, wenn man den, der die Rolle des Vorbereitenden ausfüllt, unabhängig von seiner inneren Einstellung zum Geschehen als Täter ansieht.

Einer derartigen Lehre läßt sich aber mehreres entgegenhalten:
1. Mit dem Tatherrschaftsgedanken ist sie keinesfalls zu vereinbaren.

---

[16] Vgl. S. 293
[17] BGHSt 14, S. 128/29, s. o. S. 294

Das ist oben schon dargelegt worden: Auch wer die intensivsten Vorbereitungen trifft, muß, wenn er nichts als dies tut, das Geschehen aus der Hand geben. Die Planung und Vorbereitung ist nicht die Tat, die bestraft wird und nach der sich die Stellung der Beteiligten bestimmt. Deshalb kann die Herrschaft über die Vorbereitung keine Herrschaft über die Tat begründen.

Es ist zwar richtig, daß die Rollen vielfach vertauschbar sind und ihre Verteilung vom Zufall abhängen kann. Aber das ist kein treffender Einwand: Denn Grundlage der strafrechtlichen Beurteilung kann immer nur die Tat sein, so wie sie in concreto abgelaufen ist. Hypothetische Betrachtungen derart, daß die Beteiligten auch anders hätten vorgehen können, sind irrelevant; es kommt nicht darauf an, ob jemand die Tatbestandsverwirklichung unter anderen Umständen hätte beherrschen können, sondern ob er sie realiter beherrscht hat. Ein Anstifter wird nicht dadurch zum Täter, daß er die Tat vielleicht selbst ausgeführt hätte, wenn seine Aufforderung erfolglos geblieben wäre. Im übrigen ist unverkennbar, daß solche Erwägungen letzten Endes auf die oben aus zahlreichen Gründen abgelehnten subjektiven Kriterien zurückführen: die „eigene Tatentschlossenheit" Welzels und die uralte, schon von Tjaben und v. Bar vertretene Formel der Dolustheorie, wonach Täter ist, „wer erforderlichenfalls selbst die Tatbestandshandlung vornehmen würde"[18]. Ein neuer Gesichtspunkt steckt darin also nicht.

Man könnte freilich versuchen, bestimmte einzelne Formen arbeitsteiliger Vorbereitung mit dem Tatherrschaftsgedanken in Verbindung zu bringen: Wenn etwa ein geschickter Techniker die Höllenmaschine bastelt, mit der ein anderer später das Attentat durchführt, dann kann es so sein, daß ohne die vorbereitende Mitwirkung des Technikers die Tat von vornherein unausführbar gewesen wäre, daß sie also insofern von ihm abhing und in seiner Hand lag. Es ist leicht zu sehen, daß ein in dieser Weise eingeschränktes Arbeitsteilungsprinzip mit der gemeinrechtlichen Lehre vom „Hauptgehilfen", d. h. mit der oben eingehend behandelten Notwendigkeitstheorie[19], identisch wäre. Sie wird schon durch die dort vorgebrachten Einwände widerlegt und bedarf insoweit keiner erneuten Behandlung.

Was speziell den Begriff der Tatherrschaft anlangt, so liegen seine Voraussetzungen beim Hauptgehilfen nur scheinbar vor: Jemand, der eine Tat ermöglicht, ihre Durchführung also in diesem Sinne in der Hand hat, beherrscht deshalb den Geschehensablauf noch nicht. Wer einem Bilderdieb auf seine Bitte hin 50 Pfennig gibt, so daß dieser nun den Eintritt in das Museum bezahlen und den wertvollen Rembrandt auf raffinierte Weise entwenden kann, müßte sonst Mittäter sein. Das wäre eine ganz verkehrte Auffassung von Tatherrschaft: Denn den Diebstahl, der im strafrechtlichen Sinne die Tat ausmacht, verwirklicht der Handelnde frei und ganz allein.

Daß seine Durchführung, wie jedes Geschehen in der Welt, von unendlich vielen Voraussetzungen abhing, ändert daran nichts. Wollte man anderer

---

[18] Vgl. schon oben S. 52 mit Nachweisen.
[19] Vgl. oben S. 38–41

Meinung sein, so müßte man logischerweise bei jedem Delikt die Ursachenkette immer weiter zurückverfolgen und noch die entferntesten Bedingungen in den Bereich der Tatherrschaft einbeziehen. Das wäre ein absurdes
Ergebnis und würde unserem methodischen Leitprinzip, wonach der Täter
die Zentralgestalt des handlungsmäßigen Geschehens sein muß, stracks
zuwiderlaufen.

Es bleibt also dabei: Der Gedanke der Arbeitsteilung trifft das Wesen der
Mittäterschaft nur dann, wenn man ihn auf das Ausführungsstadium be-
schränkt. Hier allein verschafft das Ineinandergreifen der Einzelakte den
Beteiligten die Mitherrschaft über das tatbestandliche Geschehen.

2. Damit ist zunächst allerdings nur bewiesen, daß die Vorbereitung keine
Tatherrschaft vermitteln kann. Das Prinzip der Arbeitsteilung als das in
jedem Stadium der Deliktsverwirklichung maßgebende Kriterium der Mittäterschaft wäre damit noch nicht widerlegt, wenn man um seinetwillen die
Tatherrschaftslehre für unrichtig erklären wollte.

Aber eine sinnvolle Begründung dafür, daß jede noch so entfernte und
geringfügige Form arbeitsteiliger Mitwirkung unabhängig von aller Herrschaft über das Geschehen zur Mittäterschaft führen müsse, gibt es nicht.
Die Ergebnisse wären untragbar und würden den Bereich der Teilnahme
noch wesentlich weiter einschränken als es unter der Rechtsprechung des
Reichsgerichts der Fall war: Danach konnte zwar – wie es auch jetzt noch
der BGH vertritt[20] – die unbedeutendste vorbereitende Mitwirkung für die
Täterschaft genügen, doch mußte wenigstens noch der „Täterwille" hinzukommen. Wenn man auch dieses Erfordernis streicht, würde praktisch von
der Beihilfe nichts mehr übrig bleiben, weil jegliche Unterstützung, da sie
dem Täter sein Werk erleichtert, als Erscheinungsform arbeitsteiligen Zusammenwirkens verstanden werden kann.

Vor allem würde eine derartige Auffassung auch eindeutig gegen das
Gesetz verstoßen. Denn nach § 49 StGB ist *Gehilfe*, wer dem Täter „durch
Rat oder Tat ... Hilfe geleistet hat". Man könnte also auch hier nur versuchen, einzelne, durch besondere Umstände herausgehobene Fälle arbeitsteiliger Vorbereitung für die Mittäterschaft in Anspruch zu nehmen. Aber
damit wäre das Prinzip schon preisgegeben; ganz abgesehen davon, daß eine
Methode für die Unterscheidung wichtiger und unwichtiger Vorbereitungshandlungen bisher nicht gefunden worden ist. Die einzige in der Dogmengeschichte bisher vertretene Lehre dieser Art, die Notwendigkeitstheorie,
liefert, wie mehrfach dargelegt wurde, außerhalb des Verwirklichungs-
stadiums keine brauchbaren Ergebnisse.

VI. Die Abgrenzung von Vorbereitung und Ausführung

Nach der Lösung, zu der unsere Untersuchung gekommen ist, ist es für
die Tatherrschaftslehre von wesentlicher Bedeutung, Vorbereitungs- und
Ausführungsstadium gegeneinander abzugrenzen. In den gewöhnlichen

---

[20] Vgl. die Angaben auf S. 294

Fällen ist es nicht schwierig zu erkennen, ob es sich um eine Mitwirkung bei der Ausführung handelt: Wenn einer der Räuber den Wohnungsinhaber mit der Pistole in Schach hält, während der andere die Wertsachen an sich rafft; wenn bei einer Körperverletzung einer das Opfer zu Boden drückt, während der andere auf den Liegenden einschlägt, so haben wir eine Beteiligung vor uns, die ohne Zweifel gleichzeitig mit der Tatbestandshandlung erfolgt und nach den oben entwickelten Kriterien eine Mittäterschaft begründet.

Es gibt aber Situationen, bei denen eine starr auf den zeitlichen Ablauf blickende Betrachtungsweise in Zweifel geraten könnte: Wenn ein Räuber sein Opfer mit viel List und Tücke in einen Wald führt, wo hinter einem Baum sein Komplize lauert, um den Ahnungslosen niederzuschlagen; wenn ein Brandstifter am Tatort das Petroleum entzündet, das sein Genosse gerade in die Scheune des Bauern geschüttet hat, so könnte man sagen, in beiden Fällen habe die Mitwirkung unmittelbar vor der Tatbestandsverwirklichung, also vor der Gewaltanwendung und vor dem Inbrandsetzen, ihr Ende gefunden, es sei also eine Beteiligung vor und nicht bei der Ausführung anzunehmen.

Eine solche Beurteilung wäre jedoch nicht angemessen. Eine mathematisch exakte Grenzziehung, die in unserem Falle gewissermaßen mit der Stoppuhr vorzunehmen wäre, widerspricht dem Wesen rechtlicher Sinnzusammenhänge. Vorgänge, die, wie die Hinführung des Opfers nach dem Tatort oder das Ausschütten des Petroleums, mit der Tatbestandshandlung in unlöslicher Verbindung stehen und an die sich der letzte Akt des Geschehens nahtlos anschließt, stellen sich der rechtlichen Betrachtung als geschlossene Bedeutungseinheit dar, deren Zerreißung willkürlich und sinnzerstörend wirken würde und die deshalb dem Ausführungsstadium zuzuordnen sind.

Der Verwirklichungsabschnitt und damit der Bereich möglicher Mittäterschaft ist also über die formale Tatbestandserfüllung hinaus auf alle Verhaltensweisen auszudehnen, die zusammen mit ihr als Bestandteile desselben untrennbaren Handlungskomplexes erscheinen. Wann diese Voraussetzungen im einzelnen gegeben sind, läßt sich durch eine naturwissenschaftlicher Messung zugängliche abstrakte Formel nicht festlegen. Das ist kein Mangel, sondern liegt in der Natur rechtlicher Sinngebilde, die der Quantifizierung widerstreben und deren Grenzen immer fließend sind. Wo das Recht mit exakten Zahlen und Maßen arbeitet, wie bei der Fixierung der Volljährigkeitsgrenze oder des strafrechtlichen Schutzalters (§ 176 Abs. 1 Ziff. 3 StGB), handelt es sich vom Standpunkt der materiellen Gerechtigkeit aus stets um willkürliche Zäsuren, deren Notwendigkeit sich allein aus dem Gebot der Rechtssicherheit ergibt.

Wenn jedoch Ordnungsgesichtspunkte nicht zu einer die Bedeutung der konkreten Lebenserscheinungen außer acht lassenden Schematik zwingen – und eine solche Nötigung besteht nur im Rahmen des rechtsgeschäftlichen Verkehrs und im Bereich des nulla-poena-Satzes – dann müssen „schneidige" Abgrenzungen zu sinnwidrigen Ergebnissen führen. Nicht zuletzt darin liegt der Grund für die Unzulänglichkeit der formal-objektiven

Theorie und der verschiedenen Kausallehren in ihrer Anwendung auf die Teilnahmeformen. Außerdem ist es nicht so, daß die Abschichtung von Ausführungs- und Vorbereitungsstadium nach der Sinneinheit des individuellen Lebensvorganges zu Unklarheiten führen könnte, die eine saubere Trennung von Täterschaft und Teilnahme gefährden würde. Wir können uns vielmehr auf methodisch und sachlich zuverlässige Hilfsmittel stützen. Dann ergibt sich folgendes:

Sicher ist zunächst, daß man vor dem umfassenden Bereich eindeutig meßbarer Gleichzeitigkeit eine schmale Randzone für den Fall einer möglichen Mitherrschaft offenhalten muß. Unseren früheren Erörterungen über die Erfordernisse rechtlicher Begriffsbildung läßt sich entnehmen, daß in solchen Grenzbezirken die Verwendung eines unbestimmten Begriffes, und zwar in Gestalt eines regulativen Prinzips, die angemessene Lösung bietet[21]. Im vorliegenden Fall empfiehlt es sich zu sagen, daß für eine Tatherrschaft zwar nicht eine Beteiligung im Vorbereitungsstadium, wohl aber eine Mitwirkung bei oder *in unmittelbarem Zusammenhang* mit der Tatbestandshandlung in Frage komme.

Diese Erweiterung auf den unmittelbaren Zusammenhang läßt genug Raum für die richterliche Würdigung individueller Grenzfälle. Der Begriff der Unmittelbarkeit nimmt – was in diesem Bereich auch gerade erstrebt wird – nicht auf festgeformte Vorgegebenheiten Bezug, macht aber andererseits deutlich, daß der Bereich des zum Ausführungsstadium Gehörenden nicht beliebig hinausgeschoben werden darf, sondern sich in unmittelbarer Nähe des im meßbaren Sinne Gleichzeitigen halten muß.

Ein Parallelbeispiel für das hier vorgeschlagene Verfahren bildet die in Wissenschaft und Praxis gehandhabte Art der Abgrenzung von Vorbereitungshandlung und Versuch. Auch hier hat sich eine Regelung als zu starr erwiesen, mit Hilfe derer man ehedem versuchte, den Anfang der Ausführung in begrifflich-abstrakter Weise auf die Verwirklichung eines Tatbestandsmerkmals festzulegen[22]. Die berühmte Franksche Formel, die den Anfang der Ausführung auf die Tätigkeitsakte erweitert hat, „die vermöge ihrer notwendigen Zusammengehörigkeit mit der Tatbestandshandlung für die natürliche Auffassung als deren Bestandteil erscheinen"[23] und die in diesem Zusammenhang gleichbedeutende individuell-objektive Theorie[24], die das unmittelbare Ansetzen zur Tatbestandshandlung als Merkmal der Abgrenzung verwendet[25], haben das hier liegende Problem in methodisch vorbildlicher Weise gelöst: Sie legen um den Kern der begrifflich-exakt umschreibbaren Tatbestandsverwirklichung einen schmalen Randbezirk, der durch Anwendung eines regulativen Prinzips – wie es in den Kriterien der „Unmittelbarkeit" und der „Zusammengehörigkeit für die natürliche Auffassung" steckt – der richterlichen Würdigung des Einzelfalles den notwendigen, aber richtigerweise eng bemessenen Raum gewährt. Methodisch ver-

---

[21] Vgl. dazu oben S. 115/116, 117/118
[22] Vgl. dazu Henkel, Recht und Individualität, S. 61 f.
[23] Frank, 18. Aufl., § 43, II, 2, b
[24] Welzel, Lehrb., 7. Aufl., S. 169
[25] BGHSt 7, 291 ff. benutzt beide Formulierungen nebeneinander.

fehlt wäre es dagegen gewesen, einen unbestimmten Begriff wie etwa den der „Gefährdung" in den Mittelpunkt der Abgrenzung zu stellen. Das hätte eine Abdankung des Gesetzgebers bedeutet, der den Richter ohne Orientierung gelassen und die ganze Materie weitgehender Rechtsunsicherheit ausgeliefert hätte. Da ein solcher Irrweg auf diesem Gebiet nach dem Vorbilde Franks erfreulicherweise vermieden worden ist, ist denn auch in dieser schwierigen Frage heute eine so weitgehende Einigkeit erzielt worden, wie sie leider bei der Abgrenzung von Täterschaft und Teilnahme nicht im entferntesten besteht.

Jedenfalls können wir uns die bei der Abgrenzung von Vorbereitungshandlung und Versuch in jahrzehntelangem Bemühen herausgearbeiteten Gesichtspunkte zunutzemachen und feststellen: Was für die natürliche Auffassung als zur Tatbestandshandlung untrennbar hinzugehörig erscheint, was einen notwendigen Bestandteil des Verwirklichungsaktes bildet, was unmittelbar damit zusammenhängt, das gehört auch im Sinne der Tatherrschaftslehre zum Stadium der Ausführung und kann nicht mehr als vorbereitende Tätigkeit angesehen werden. Hier liegt also immer dann eine Mittäterschaft vor, wenn der Tatbeitrag sich im Rahmen des einheitlichen Handlungskomplexes als funktionell bedeutsam erweist.

Damit stützt sich die Abgrenzung von Mittäterschaft und Beihilfe auf ein klares Prinzip, das dem Richter anwendbare und typisierte Kriterien zur Verfügung stellt, ohne den Sinn der konkreten Lebensvorgänge durch abstrakte Formeln zu vergewaltigen und den Richter bei der Würdigung des individuellen Falles ungebührlich einzuengen.

Achtes Kapitel

Tatherrschaft und gegenwärtiger Meinungsstand

Wir wissen jetzt, was Tatherrschaft ist. Jemand ist Täter

a) wenn er in eigener Person die Tatbestandshandlung verwirklicht (Handlungsherrschaft);

b) wenn er die Tat durch einen anderen ausführen läßt, dessen Wille nach rechtlichen Maßstäben unfrei ist, der den objektiven Handlungssinn seines Verhaltens nicht oder in geringerem Maße erfaßt als der Hintermann oder der im Rahmen organisatorischer Machtapparate beliebig austauschbar ist (Willensherrschaft);

c) wenn er im Ausführungsstadium einen funktionell bedeutsamen Tatbeitrag leistet (funktionelle Tatherrschaft).

Wir haben auch die Beschreibung, aus der sich die vorstehend zusammengefaßten Grundlinien unseres Tatherrschaftsbegriffs ergaben, vollständig durchgeführt. Damit sind alle Voraussetzungen geschaffen, die für eine kritische Beurteilung des gegenwärtigen Standes der Tatherrschaftslehre erforderlich sind. Diese anfangs[1] gestellte Aufgabe ist sogar schon zu einem guten Teil gelöst; denn wir haben unsere Ergebnisse in ständiger Auseinandersetzung mit allen abweichenden Ansichten entwickelt. Deshalb bedarf es jetzt keiner Erörterung der Einzelheiten mehr, und wir können uns darauf beschränken, zum Tatherrschaftsbegriff als ganzem, so wie er sich in seinen verschiedenartigen Ausprägungen nach moderner Lehre darbietet, Stellung zu nehmen.

Strittig und zweifelhaft ist im wesentlichen viererlei:

1. Die inhaltliche Bestimmung des Tatherrschaftsbegriffes (dazu unten § 29);

2. die rechtstheoretische Struktur der Tatherrschaft, die Frage also, ob es sich um einen ontologischen oder teleologischen, einen deskriptiven oder einen normativen Begriff handelt (dazu unten § 30);

3. die dogmenhistorische Stellung der Tatherrschaftslehre. Hier geht es hauptsächlich um die Frage, ob es sich bei ihr nur um eine Abwandlung früher schon vertretener – welcher? – Auffassungen handelt, oder ob sie etwas Selbständiges und Neues darstellt und worin es besteht (dazu unten § 31);

---

[1] S. 107/108

4. die systematische Bedeutung der Tatherrschaft. Dabei sind wieder
mehrere Probleme zu klären: Ist die Tatherrschaft ein Tatbestandsmerkmal,
ein außerhalb des Tatbestandes stehendes Unrechtselement oder ein Bestandteil der Schuld? Gehört sie vielleicht gleichermaßen in die Bereiche von Tatbestand, Unrecht und Schuld? Oder haben wir eine neben dem gegliederten
Strafrechtssystem stehende „besondere Erscheinungsform des Verbrechens"
vor uns? (dazu unten § 32).

Alle diese Fragen haben im Laufe unserer Untersuchung schon mehrfach
eine Rolle gespielt. Wir können darum von den dort erarbeiteten Lösungen
jetzt ohne weitere Begründung ausgehen und uns damit begnügen, die unterschiedlichen Lehrmeinungen an ihnen zu messen.

§ 29. Die inhaltliche Bestimmung des Tatherrschaftsbegriffs

Da die Einzelfragen bereits abschließend erörtert sind, bedarf es einer
kritischen Würdigung der in Wissenschaft und Praxis auftretenden Tat-
herrschaftsformeln nur insoweit, als sie dazu dienen, den Gesamtinhalt des
Begriffes zu umreißen.

Die wichtigsten dieser Kriterien sind: Die „Herrschaft" des Täters in dem
Sinne, „daß Hergang und Erfolg der Tat maßgeblich auch von seinem Willen
abhängen" (I); der sehr ähnliche, aber damit nicht identische Gesichtspunkt,
daß der Täter die Tat „in den Händen halte" und die Tatbestandsverwirklichung „je nach seinem Verhalten ablaufen lassen, hemmen oder abbrechen"
könne (II); das davon wieder etwas abweichende Kriterium, daß der Täter
der Sachlage „durch sein Eingreifen die entscheidende Wendung geben"
könne (III); der von Niese eingeführte Begriff der Tatmacht (IV); Bockelmanns objektiv modifiziertes Merkmal der Willensunterordnung (V); und
schließlich der vielfach benutzte, ins Subjektive gewendete Begriff des „Tatherrschaftswillens" oder des „Urhebergefühls" (VI).

I. Der maßgebende Einfluß auf Hergang und Erfolg der Tat

Es handelt sich hier um das Abgrenzungskriterium, das in der Rechtsprechung des Bundesgerichtshofs, soweit er den Tatherrschaftsgedanken verwendet, die dominierende Rolle spielt. Die Formel findet sich zum erstenma-
mal in einer Entscheidung des 5. Senats vom 15. 6. 1954[1], wo es heißt:
„Mittäter ist nur, wer eine so starke innere Beziehung zum Hergang
und Erfolg der Tat hat, daß beide maßgeblich mit von seinem Willen abhängen". Geringfügig variiert tritt dieser Gedanke in einem Urteil desselben
Senats vom 17. 5. 195 5 wieder auf[2]. Dort wird festgestellt, für die Ermittlung der Täterschaft sei es „ein wesentlicher Anhaltspunkt, wie weit der
Beteiligte den Geschehensablauf mitbeherrscht, so daß Hergang und Erfolg

---

[1] mitgeteilt von Herlan, MDR 1954, S. 529/30; vgl. im einzelnen oben S. 92 Nr. 5
[2] JR 1955, S. 304–305; im einzelnen oben s. 93 Nr. 6

der Tat maßgeblich auch von seinem Willen abhängen". Die „innere Beziehung" zur Tat, von der im ersten Fall noch die Rede war, ist also jetzt durch die „Mitbeherrschung des Geschehensablaufes" ersetzt worden. In dieser Ausprägung wird der Gedanke, nahezu wörtlich wiederholt, auch später in den wichtigen Entscheidungen des 5. Senats vom 10. 1. 1956[3] und 5. 7. 1960[4], des 2. Senats vom 6. 7. 1956[5] und des 4. Senats vom 3. 2. 1960[6] verwendet.

Die Formel dient vorwiegend zur Bestimmung der Mittäterschaft (oben Nr. 5, 6, 10, 16), wird aber auch zur Kennzeichnung des allgemeinen Täterbegriffs benutzt (oben Nr. 12, 17). Zu den beiden letzten Urteilen, die das Akzessorietätsproblem und die Unterlassungstäterschaft betreffen, kann allerdings erst später Stellung genommen werden[7]. Der BGH will in allen Fällen das genannte Kriterium nur als Indiz für die Ermittlung der von ihm für entscheidend gehaltenen „inneren Willensrichtung" gelten lassen; es läßt sich jedoch ebenso gut ohne diesen Umweg als selbständiges Abgrenzungsmerkmal verstehen.

Tatsächlich enthält die Wendung sehr viel Treffendes. Vor allem zur Verdeutlichung der Mittäterschaft leistet sie recht brauchbare Dienste. Wollte man den Gedanken ein wenig anders formulieren und etwa sagen, Mittäter sei jemand, wenn Hergang und Erfolg der Tat maßgeblich auch von seinem Verhalten abhingen, so würde das genau der oben entwickelten Auffassung von der funktionsbedingten Abhängigkeit der Beteiligten entsprechen. Wenn der BGH in seinem Bestreben, sich an die subjektive Theorie anzulehnen, von einer Willens- anstatt von einer Verhaltensabhängigkeit redet, so braucht das nicht einmal unrichtig zu sein. Denn da das Verhalten willensgesteuert ist, hat der Wille des einzelnen Beteiligten hier wirklich entscheidenden Einfluß. Aber der Wille ist das Sekundäre: Er wird nur deshalb mächtig, weil der Handelnde eine bestimmte objektiv bedeutsame Funktion bei der Tatbestandsverwirklichung erfüllt; ohne sie würde der Willenseinfluß zur Begründung der Mittäterschaft nicht ausreichen, wie oben schon dargelegt wurde.

Läßt man diesen Zusammenhang außer acht, so kann die Formel des BGH zu unrichtigen Ergebnissen führen. Dann gilt der Einwand Nowakowskis, der das Kriterium als „nicht sehr glücklich"[8] ansieht und dagegenhält[9]: „Wer dem Ausführenden ein unentbehrliches Werkzeug zur Verfügung stellt und die Tat durch erfahrenen Rat entscheidend lenkt, bleibt doch Gehilfe …". Ganz richtig: Denn der Handelnde ist in diesem Fall bei der Ausführung nicht mehr vom Hintermann abhängig. Auch vom Anstifter kann man ja, wenn der Täter sich nach ihm richtet, oft sagen, daß Hergang und Erfolg der Tat maßgeblich mit von seinem Willen abhängen.

---

[3] BGHSt 8, 393–399 (396); vgl. oben S. 96 Nr. 10
[4] BGH, MDR 1960, S. 939–940; vgl. oben S. 103 Nr. 17
[5] BGHSt 9, 370–385 (380); vgl. oben S. 99 Nr. 12
[6] BGHSt 14, 123–132 (129); vgl. oben S. 102 Nr. 16
[7] Vgl. S. 365 ff., 510 ff.
[8] JZ 1956, S. 547
[9] a. a. O., S. 548

Eine solche Anwendung müßte das vom BGH gewählte Unterscheidungs-
merkmal ad absurdum führen. Daher würde die oben vorgeschlagene
Umformulierung, die solchen Mißverständnissen nicht ausgesetzt ist, der
Sache besser gerecht werden.

Der BGH selbst ist in dem ersten der vier Urteile, die sich der genannten
Wendung zur Begründung der Mittäterschaft bedienen (oben Nr. 5), denn
auch nicht ganz der Gefahr entgangen, die Beurteilungskriterien ins Subjektive zu verschieben. Über den Tathergang erfahren wir dort nur, daß der
Angeklagte „mit seinem Arbeitgeber Vieh gestohlen und in das Schlachthaus seines Arbeitgebers verbracht hatte". Welche Rolle er bei der Durchführung im einzelnen gespielt hat, sagt das Urteil nicht, obwohl es darauf
entscheidend angekommen wäre. Stattdessen will der BGH vom Untergericht besonders geprüft wissen, ob der Angeklagte dem Arbeitgeber „ganz
die Entscheidung überlassen" hatte, ob dieser das „Hauptinteresse an der
Tat" besaß und „ob die soziale Überlegenheit, das höhere Alter und die
kriminelle Verfehlung des Arbeitgebers maßgebende Bedeutung hatten". Das
alles sind Umstände, die für die Strafzumessung sehr wichtig sind. Auf die
Mittäterschaft des Arbeitnehmers haben sie aber keinen Einfluß. Wenn
der Angeklagte (wie man hier annehmen muß) die Zueignungsabsicht besaß,
und wenn er ferner, ohne genötigt zu sein, Vieh weggenommen hat oder
dabei eine unentbehrliche Funktion ausübte, so war er auf jeden Fall Mitträger der Tatherrschaft. Seine vielleicht geringere Strafwürdigkeit ändert
daran nichts.[10]

Auch ein zweites mit dieser Formel arbeitendes Mittäterschaftsurteil ist
unrichtig (oben Nr. 16), aber in entgegengesetztem Sinne. Der Sachverhalt ist
hier allerdings nur insoweit klar, als der Angeklagte wegen einer vorbereitenden Handlung als Mittäter bestraft worden ist. Warum das – auch ohne
Kenntnis der Einzelheiten des Geschehens – für falsch erklärt werden muß,
ist oben dargelegt worden. Der nur Vorbereitende mag zwar einen Willenseinfluß auf den Handelnden ausüben, so daß man in einem sehr allgemeinen
Sinne sagen kann, die Durchführung der Tat habe „auch von seinem Willen"
abgehangen. Aber für eine Mittäterschaft reicht das nicht aus. Auch in dieser
wichtigen Frage erweist sich das Kriterium des Bundesgerichtshofs demnach
als zu subjektiv und ungenau.

Die beiden anderen einschlägigen Urteile kommen zur richtigen Lösung.
Aber auch hier wirkt die subjektive Färbung der Formel mißverständlich.
In dem der zweiten Entscheidung (oben Nr. 6) zugrundeliegenden Fall
hatten die Angeklagten Blei an einen Abnehmer verkauft, der das Metall –
womit sie von vornherein gerechnet hatten – ohne Genehmigung in den
Sowjetsektor von Berlin schaffte. Der BGH lehnt es ab, die Angeklagten
als Mittäter des Devisenverstoßes anzusehen und begründet das ganz
richtig damit, daß sie nach dem Verkauf „auf den weiteren Lauf der Dinge ...
keinen Einfluß" hatten. Es ist dies der typische Fall einer Mitwirkung im
Vorbereitungsstadium. Wenn der BGH aber weiter ausführt, es sei nicht fest-

---

[10] Über die verwirrende Rolle des Strafwürdigkeitsprinzips bei der Abgrenzung von
   Täterschaft und Teilnahme grundsätzlich oben S. 30/31

gestellt, daß die Angeklagten an einer Veräußerung in den Sowjetsektor interessiert waren oder nähere Vorstellungen über das Geschäft hatten, so sind diese subjektiven Umstände nach der hier vertretenen Auffassung unerheblich. Selbst wenn sie das Geschäft gekannt und den Abnehmer aus eigennützigen Gründen sogar dazu aufgefordert hätten, könnten sie hinsichtlich der ungenehmigten Entfernung des Metalls doch immer nur als Anstifter angesehen werden; denn die Herrschaft über das Geschehen hätten sie dadurch nicht erlangt.

In dem bekannten Fall des hörigen Hausfreundes schließlich (oben Nr. 10) wirkt es zumindest irreführend, daß der BGH sich gleich darauf beruft, jemand sei Täter, wenn das Geschehen „maßgeblich auch von seinem Willen" abhänge. Versteht man das nämlich im Sinne der Dolustheorie, wie man es bei dem subjektiven Ausgangspunkt des Urteils annehmen sollte, so hätte der Angeklagte, der sich der Frau völlig untergeordnet hatte, nicht als Täter betrachtet werden dürfen. In der Absicht, dieses Ergebnis zu vermeiden, greift der BGH dann am Ende des Urteils unter stillschweigender Preisgabe des subjektiven Ansatzes auf die für die Tatherrschaft entscheidenden Kriterien zurück: Er beruft sich darauf, daß der Angeklagte das Opfer „eigenhändig ... erschlagen" hat und daß ohne ihn die Tat „nicht in der vorgesehenen Art geschehen"[11] konnte, womit die Voraussetzungen der Handlungsherrschaft und der funktionellen Tatherrschaft, die beide vorliegen, richtig umschrieben sind. Wenn dann hinzugefügt wird, daß der Angeklagte infolge dieser Umstände auf die Tat „bewußtermaßen einen entscheidenden Einfluß ... hatte", so ist das in diesem Zusammenhang nicht zu beanstanden[12].

Die Formel des Bundesgerichtshofs läßt sich über den Bereich der Mittäterschaft hinaus auch zur Kennzeichnung der Alleintäterschaft und der mittelbaren Täterschaft verwenden. Aber hier ist sie, wie das bei einer solchen schlagwortartigen Prägung auch nicht anders sein kann, zu unpräzise. Denn der allein Handelnde ist weniger wegen seines Willens als wegen seines Tuns Täter; und beim mittelbaren Täter trifft es zwar zu, daß Hergang und Erfolg der Tat maßgeblich von seinem Willen abhängen; aber wann das der Fall ist, läßt sich in zureichender Weise nicht durch eine solche Formel, sondern nur durch eine Analyse und Beschreibung der Erscheinungsformen mittelbarer Täterschaft erfassen.

II. Das Ablaufs- und Hemmungsvermögen

Der Gedanke, daß der Tatherr das Geschehen nach seinem Willen ablaufen lassen oder hemmen könne, findet sich nur bei Maurach und ist im übrigen von den Vertretern der Tatherrschaftslehre nicht aufgenommen worden. Maurach bedient sich der Formel zur Kennzeichnung des Tatherr-

---

[11] Vgl. BGHSt 8, 398
[12] Zur Bedeutung dieses Urteils vgl. auch schon oben S. 96–98

schaftsbegriffs im allgemeinen[13] und zur näheren Bestimmung der Mittäterschaft im besonderen[14].

Wenn wir uns zunächst auf diese letzte Erscheinungsform der Täterschaft beschränken, so ist Maurachs Kriterium dem oben entwickelten Merkmal der „funktionellen" Tatherrschaft nahe verwandt[15]. Sein erläuternder Zusatz, die Mittäterschaft sei eine „arbeitsteilende Anstrebung eines Erfolges derart, daß jeder der Mitwirkenden, ohne zum bloßen Werkzeug des anderen herabzusinken ..., Inhaber der Tatherrschaft bleibt", und die ausdrückliche Hervorhebung, daß es sich um ein – wenn auch vom Vorsatz getragenes – „Erfordernis ... objektiver Art" handele[14], entsprechen durchaus der hier vertretenen Meinung.

Allerdings bedarf die Wendung auch in einigen von Maurach nicht hervorgehobenen Punkten, noch der Interpretation. Nicht jeder einzelne kann die Tat „nach seinem Willen" ablaufen lassen – diese Meinung könnte zu einer Umdeutung der Mittäterschaft in eine mittelbare Täterschaft führen –, sondern das können nur alle zusammen kraft ihres gemeinschaftlichen Willens.

Und auch der sehr treffende Gedanke der Hemmungsmacht, die Erkenntnis also, daß jeder Mittäter die Verwirklichung des Gesamterfolges unterbinden kann, ist, wie gleich an einem praktischen Beispiel zu zeigen sein wird, leicht falsch zu verstehen. Er bedeutet nämlich, jedenfalls wenn man ihn im Sinne des hier zugrundegelegten Täterbegriffes auffaßt, zweierlei nicht:

Erstens soll damit nicht gesagt werden, daß ein Mittäter über den Willen des anderen die Herrschaft hat, so daß er ihm den jederzeitigen Abbruch der Tat befehlen kann – das würde wieder auf die mittelbare Täterschaft zurückführen und würde auch dem Verhältnis der Beteiligten untereinander nicht gerecht. Und zweitens ist nicht gemeint, daß jeder Mittäter durch aktiv hinderndes Eingreifen die Tat vereiteln könnte; denn das kann meist auch der Gehilfe oder Anstifter, z. B. durch eine Benachrichtigung der Polizei.

Der recht verstandene Sinn dieses Begriffes kann vielmehr nur der sein, daß die dem Mittäter zufallende Handlungsfunktion ihm eine notwendige Rolle bei der Ausführung zuweist; derart, daß er allein durch sein Ausscheiden (unabhängig von jeder Willensmacht über die anderen und ohne alle Hinderungsaktivität) den Plan zum Scheitern bringen kann.

Den gekennzeichneten Mißverständnissen ist der Bundesgerichtshof in dem einzigen Fall erlegen, bei dem er sich zur Bestimmung der Tatherrschaft auf die Begründung Maurachs berufen hat. Es handelt sich dabei um den schon mehrfach erwähnten Sachverhalt, bei dem von drei fliehenden Einbrechern einer abredegemäß mit Tötungsvorsatz auf einen vermeintlichen Verfolger geschossen hatte, der in Wirklichkeit sein Komplize war[16].

---

[13] A. T., 2. Aufl., § 47 III, B, 2 S. 492
[14] A. T., 2. Aufl., § 49 II, C, 2 S. S. 517
[15] siehe schon oben S. 280
[16] oben S. 100/101 ff., Nr. 14; BGHSt 11, 268–272

Wenn der BGH hier dem fast getöteten Fluchtgenossen die Taterrschaft am Mordversuch mit der Erwägung zuspricht, daß er bei der räumlichen Nähe der beiden anderen deren Tun jederzeit hätte steuern und sie auffordern können, dieses Mal entgegen der Abrede nicht auf Verfolger zu schießen, so wird das dem Gedanken der Hemmungsmacht und damit einem richtig verstandenen Herrschaftsbegriff nicht gerecht[17].

Denn eine solche Aufforderung hätte ihm keine Macht über die Entschlüsse der anderen gegeben. Es ist sehr zweifelhaft, ob sie in ihrer Situation einem derartigen abredewidrigen Ansinnen gefolgt wären; und wenn sie es getan hätten, so wäre das jedenfalls auf Grund ihres freien Entschlusses geschehen. Außerdem ist es ohnehin nicht sinnvoll, die Annahme einer Mittäterschaft davon abhängig zu machen, ob noch Zeit für Zwischenrufe blieb; abgesehen davon, daß im konkreten Fall nach der Vorstellung des fliehenden Opfers kein Anlaß dazu bestand, weil in Wirklichkeit ein Verfolger nicht vorhanden war und der gefährdete Diebsgenosse natürlich nicht wissen konnte, daß sein Komplize infolge einer Verwechselung auf ihn schießen werde. Und wenn der BGH etwa die von ihm berufene „jederzeitige Steuerungsmacht" daraus herleiten wollte, daß jeder infolge seiner „räumlichen Nähe" dem anderen hätte in den „Arm fallen können, so hätte auch eine solche Möglichkeit – soweit sie überhaupt gegeben war – nicht die Annahme einer Taterrschaft begründen können, weil dasselbe auch für einen zufällig des Weges kommenden Passanten gälte, der deshalb doch nicht Mittäter wäre.

Allerdings hätte in dem zur Entscheidung stehenden Fall – wenn wir von dem hinzutretenden Sonderproblem des error in persona einmal absehen[18] – wirklich eine Mittäterschaft vorgelegen; aber nur deshalb, weil der Tatplan so angelegt war, daß einer den anderen decken und gegebenenfalls die allen drohende Gefahr von seiner Fluchtposition aus abwehren sollte. Die Sicherheit aller beruhte also darauf, daß jeder einzelne die ihm nach der jeweiligen Lage zufallende Funktion erfüllte. Nur in einem von der Begründung des BGH ganz abweichenden Sinne darf daher hier der Gedanke der Hemmungsmacht verwendet werden; so nämlich, daß jeder, wenn er im Falle der Verfolgung versagt und „pflichtwidrig" nicht geschossen hätte, den gesamten Abwehrplan zerstört und die Flucht möglicherweise vereitelt hätte. Ob diese Auffassung auch den Intentionen Maurachs gerecht wird, oder ob ich hier seine Formel im Sinne des oben vertretenen funktionellen Taterrschaftsbegriffs umgedeutet habe, mag dabei unentschieden bleiben.

Auf den allein Handelnden und den mittelbaren Täter paßt Maurachs Formel nicht so gut. Denn beim Einzeltäter steht die Tatbestandsverwirklichung im Vordergrund, was auch Maurach durch Einführung einer „formellen" Taterrschaft – die unserer Handlungsherrschaft entspricht anerkennt[19]; und beim mittelbaren Täter braucht es keineswegs so zu sein, daß er die Tat je nach seinem Willen hemmen oder ablaufen lassen kann –

---

[17] Schröder, JR 1958, S. 428, nennt die Begründung des BGH „abwegig".
[18] Vgl. darüber oben S. 286/287
[19] Vgl. A.T., 2. Aufl., § 49 II, C, 1 S. 516

man denke nur an das irrende Werkzeug, das der Hintermann aus der Hand gibt und das von nun an seiner Einflußsphäre entrückt ist! Hier ist auch Maurach auf eine Beschreibung angewiesen, die allein dem Wesen des Tatherrschaftsbegriffs gerecht werden kann. Wie weit sie mit der hier vertretenen Auffassung übereinstimmt, ist oben jeweils gezeigt worden.

III. Die Möglichkeit, dem Geschehen die entscheidende Wendung zu geben

Das Kriterium der Wendungs- oder Eingriffsmöglichkeit, wie man kurz sagen könnte, hat der Bundesgerichtshof bisher nur bei Unterlassungsdelikten benutzt.

So heißt es schon in einer sehr frühen Entscheidung[20], regelmäßig habe der Hilfspflichtige die Herrschaft über die Sachlage und könne ihr „durch sein Eingreifen die entscheidende Wendung geben". Dabei soll diese Möglichkeit – wenn ich den BGH richtig verstehe – das entscheidende Kriterium der Tatherrschaft bilden; ein anderes wird jedenfalls nicht angeführt. Und ein neueres Urteil[21] sagt in ganz ähnlicher Weise über die Angeklagte, es habe von ihrem Willen abgehangen, ob der andere „infolge ihres Untätigbleibens sterben oder sein Tod durch ihr Eingreifen verhindert würde. Dieses Tatgeschehen beherrschte sie ganz allein".

Die Problematik der Unterlassungsdelikte soll hier noch unerörtert bleiben. Für Begehungstaten ist der in den beiden Urteilen formulierte Gesichtspunkt jedenfalls nicht verwendbar. Zur Begründung kann ich auf das verweisen, was oben über Maurachs Formel von der jederzeitigen Hemmungsmöglichkeit und die darauf beruhende BGH-Entscheidung gesagt wurde: Es kommt nicht darauf an, ob jemand durch aktiv hinderndes Eingreifen den Erfolg hätte unterbinden können, sondern umgekehrt darauf, ob sein Untätigbleiben das abrollende Geschehen zum Stillstand gebracht oder entscheidend umgestaltet hätte.

IV. Die Tatmacht

Der Gedanke der Tatmacht, dessen sich Niese[22] zur Erklärung der Tatherrschaft bedient, stellt auf die physischen Fähigkeiten oder technischen Fertigkeiten des einzelnen ab. Die Mutter, die „infolge der eben überstandenen Geburt" nicht die Kraft hat, das Kind selbst zu ertränken und deshalb ihre Schwester darum bittet, und der Mann, der seinem Nachbarn die Fenster einwerfen will und einen anderen dazu auffordert, „weil er selbst vom Zaun aus nicht bis an das Haus trifft" – sie können nach Niese nicht Täter sein,

---

[20] BGHSt 2, 156; oben S. 91 Nr. 3
[21] MDR 1960, S. 939/40; oben S. 103 Nr. 17
[22] DRiZ 1952, S. 23; näher oben S. 77/78

weil sie „der finalen Steuerung der Kausalität in der Außenwelt" nicht mächtig sind.

Diese Erwägung trifft jedoch nicht den Kern der Sache. Die beiden Fälle sind zwar richtig entschieden[23]. Aber den Anstiftern fehlt nicht wegen ihrer körperlichen Unfähigkeit zur eigenhändigen Begehung der Tat die Herrschaft über das Geschehen. Auch wenn die Mutter schon wieder bei Kräften und der Steinwurfsinitiator selbst ein sicherer Schütze wäre, könnten beide nur Anstifter sein, solange sie sich auf die Erregung des Tatentschlusses bei anderen beschränkt haben.

Und umgekehrt: Die Unfähigkeit zur eigenhändigen Tatbestandsverwirklichung schließt die Tatherrschaft keineswegs aus. Das gilt sowohl für die mittelbare Täterschaft wie für die Mittäterschaft. Wenn jemand nicht in der Lage ist, eine Bombe mit Zeitzünder sachgerecht in ein Auto einzubauen und deshalb einen Monteur mit vorgehaltener Pistole dazu nötigt, so hat er gleichwohl die Tatherrschaft. Und wenn bei einem von mehreren Personen organisierten Bankeinbruch der Safe schließlich von einem Spezialisten geöffnet wird, der dazu allein die Fähigkeit besitzt, so sind die anderen trotzdem Mittäter.

Zutreffend bleibt aber die Erkenntnis, um die es Niese wohl auch im Grunde geht: daß man nämlich der Herrschaft einen weitgehend „objektiven Charakter" zusprechen muß und daß der bloße Täter- oder Tatherrschaftswille, die „innere Einstellung", zur Begründung der Täterschaft nicht ausreicht.

V. Die Willensunterordnung

Die Kriterien des „Anheimstellens", der „inneren Unterordnung" als Merkmale der Abgrenzung von Täterschaft und Teilnahme sind schon in verschiedenen Zusammenhängen behandelt worden[24]. Sie spielen in der Rechtsprechung[25] und im Schrifttum[26] immer noch eine sehr bedeutsame Rolle, weil sie dem Tatherrschaftsgedanken mit der Dolustheorie verschmelzen und dadurch einen ohne äußeren Bruch vollziehbaren Anschluß der subjektiven Theorie an die modernen Strömungen der Täterlehre gestatten[27].

Was zu dieser Auffassung im einzelnen zu bemerken war, bedarf keiner Wiederholung. Hier genügt es, auf der Grundlage des entwickelten Tatherrschaftsbegriffes das Facit zu ziehen. Danach stellen sich die Dinge so dar:

Die Dolustheorie ist auch als Tatherrschaftslehre insofern völlig zutref-

[23] Freilich würde Lange sogar hier vom Standpunkt der Tatherrschaftslehre aus eine mittelbare Täterschaft des Außenstehenden annehmen, vgl. Kohlr./Lange, 42./43. Aufl., vor § 47, I, 5, B, 2, f, S. 162; oben S. 75–77

[24] Vgl. besonders S. 52–55

[25] Dazu näher die Übersicht, S. 90 ff.; Nr. 1, 2, 4, 5, 7, 12, 15, 17, 18

[26] Der führende Vertreter ist hier Bockelmann, vgl. oben S. 83/84

[27] Die Entwicklung ist im einzelnen oben S. 90 ff. geschildert worden.

fend, als sie erkennt, daß der Teilnehmer das Geschehen vom Willen des Täters abhängig machen und ihm die Tat anheimstellen muß. Aber sie stellt die wahren Verhältnisse auf den Kopf: Jemand ist nicht deshalb Teilnehmer, weil er dem anderen die Ausführung der Tat anheimgestellt hat, sondern er muß umgekehrt dem anderen die Ausführung der Tat anheimstellen, weil dieser die Herrschaft über das Geschehen hat. Die Willensunterordnung ist also nur die subjektive, innerpsychische Spiegelung der objektiven Herrschaftsbeziehungen. Wenn jemand die Mitherrschaft im oben gekennzeichneten Sinne besitzt, kann ihn der Umstand, daß er es dem anderen überlassen hatte, ob die Tat zur Ausführung kommen sollte, nicht aus seiner Täterstellung befreien; ebensowenig wie umgekehrt sein fehlender Unterordnungswille eine objektiv nicht bestehende Herrschaft ersetzen kann.

Aus der Verkennung des sekundären Charakters der Willensunterordnung erwachsen die Schwierigkeiten, denen diese Lehre bei der praktischen Anwendung durch den Bundesgerichtshof ausgesetzt ist. Sie zeigen sich in der mehrfach wiederkehrenden Betonung des Umstandes, daß die für die Abgrenzung entscheidende Willensrichtung keine innere Tatsache sei, sondern eine wertende Beurteilung erfordere, für die es ein wesentlicher Anhaltspunkt sei, wie weit der Beteiligte den Geschehensablauf mitbeherrsche[28]. Hier stellt der BGH selbst in der richtigen Erkenntnis, daß es in erster Linie auf die objektiven Herrschaftsverhältnisse ankommt, seine „umgekehrte" Lehre unversehens wieder auf die Füße. Sein Irrtum liegt nur darin, daß er meint, es handele sich dabei noch um eine subjektive Abgrenzung.

VI. „Tatherrschaftswille" und „Urhebergefühl"

Soweit sich hinter diesen beiden Begriffen Elemente der Dolustheorie verbergen, ist auf die vorhergehenden Ausführungen zu verweisen. Im übrigen gilt folgendes:

1. Der „Tatherrschaftswille"

Dieser Begriff wird in der Rechtsprechung des Bundesgerichtshofs mehrmals ausdrücklich als Merkmal zur Abgrenzung von Täterschaft und Teilnahme verwendet[29]; sachlich entspricht er den Kriterien des „Täterwillens" oder der maßgebenden „inneren Einstellung", die der BGH sonst in äußerlich gleichbleibender, wenn auch inhaltlich variierender Weise verwendet.

Im Schrifttum taucht die Formulierung schon in den Anfängen der Tat-

---

[28] Vgl. Übersicht, S. 90 ff.; zuerst Nr. 3, dann deutlich Nr. 6, 9, 10, 17
[29] Übersicht, oben S. 94, Nr. 7, S. 99, Nr. 13; ferner als „Wille zur Tatherrschaft" dort S. 101 Nr. 15 und das bei Schwarz/Dreher, 23. Aufl., vor § 47, 1, A genannte Urteil v. 29. 5. 53, 1 StR 196/53

herrschaftslehre bei von Weber[30] auf; heute hat sie namentlich Baumann[31] wieder aufgenommen, aber auch Schröder[32] verwendet sie.

Nach den früheren Erörterungen läßt sich dazu kurz folgendes sagen:

a) Von der Notwendigkeit eines Tatherrschaftswillens kann man mit Recht insofern sprechen, als die objektive Herrschaft über das Geschehen an gewisse subjektive Voraussetzungen gebunden ist. Der Täter muß – wenigstens im Umkreis der bisher behandelten Fälle – die Tatumstände kennen, und er muß darüber hinaus sich auch der Tatsachen bewußt sein, die seine Herrschaft über das Geschehen begründen. Diese subjektiven Elemente, deren zuletzt erwähntes den Bereich des Vorsatzes überschreitet, kommen nicht nachträglich zur Tatherrschaft hinzu, so wie der vorher behandelte „Unterordnungswille" nur die objektiv davon unabhängigen Herrschaftsverhältnisse widerspiegelt; vielmehr sind sie ein untrennbarer Bestandteil der Herrschaft selbst. Allerdings würde man dabei, soweit es sich nicht einfach um den Vorsatz handelt, anstatt von einem „Tatherrschaftswillen" besser von einem „herrschaftsbegründenden Wissen" reden.

Gleichwohl: Wenn man jemandem, der einen nur vermeintlich vorsätzlich Handelnden zur Tat veranlaßt hat, die Tätereigenschaft mit der Begründung absprechen wollte, daß ihm der „Tatherrschaftswille" gefehlt habe, so wäre das – in diesem Sinne verstanden – sachlich zutreffend[33].

Unrichtig ist es aber, wenn Baumann[34] wegen dieser innerpsychischen Komponenten den ganzen Tatherrschaftsbegriff zugunsten einer subjektiven Grenzziehung aufgeben will. Er meint, es sei ungerecht, denjenigen, „der lediglich eine fremde Straftat fördern will, dem aber durch irgendwelche Zufälle die Tatherrschaft zuwächst, als Täter zu betrachten". Als Beispiel führt er den Fall an, daß jemand einem anderen, von dem er nicht weiß, daß er wegen einer schweren Geisteskrankheit zu eigener Willensbildung unfähig ist, Ratschläge zur Tatdurchführung gibt. Er ist der Ansicht, „nach der objektiven Abgrenzung müßte jetzt G als Täter bestraft werden, obwohl er doch nur Gehilfe sein wollte."

Hier wird übersehen, daß die Herrschaft auch als objektive Gegebenheit die Kenntnis der sie begründenden Umstände voraussetzt. Der Hintermann des Beispielsfalles hat wegen seiner Unkenntnis gerade nicht die Herrschaft über das Geschehen. Die Gegenauffassung beruht auf einem Mißverständnis des Tatherrschaftsprinzips[35].

b) Von dieser eingeschränkten Bedeutung abgesehen ist ein Tatherrschaftswille aber keineswegs im Sinne einer objektiv sich nicht auswirkenden „überschießenden Innentendenz" erforderlich. Wie man es auch formulie-

---

[30] Zum Aufbau des Strafrechtssystems, 1935, S. 26; sehr ähnlich Eb. Schmidt, Die militärische Straftat und ihr Täter, 1936, S. 10

[31] Lehrb., 2. Aufl., S. 445; JZ 1958, S. 232; hier ist sachlich die Dolustheorie gemeint, vgl. JZ a. a. O., Lehrb. a. a. O.; dafür gilt das oben, V, Gesagte.

[32] Schönke/Schröder, 10. Aufl., vor § 47 VIII, 5, c, S. 247; so aber auch schon Schönke, 6. Aufl., 1952, § 47 II, S. 172

[33] Vgl. darüber eingehend oben S. 261 ff. (262–264)

[34] Lehrb., 2. Aufl., S. 445

[35] Vgl. schon oben S. 264

ren mag: Jemand, der die objektiven und subjektiven Herrschaftskriterien in seiner Person erfüllt, braucht nicht außerdem noch den Willen zur Herrschaft zu haben; er braucht nicht aus persönlichem Interesse zu handeln; er muß auch nicht die Tat als eigene wollen oder eine wie immer geartete „innere Einstellung" zu dem Vorgang zeigen. Bei all diesen Merkmalen handelt es sich um Relikte der reichsgerichtlichen Rechtsprechung, denen im Rahmen einer konsequent durchgeführten Tatherrschaftslehre keine selbständige Bedeutung zukommt.

Baumanns[36] begründet neuerdings seine Entscheidung für einen in diesem Sinne verstandenen „Tatherrschaftswillen", den er auch noch mit der Interessentheorie koppelt, wieder mit dem Argument, „daß ... wegen der Gleichwertigkeit aller Bedingungen allein eine subjektive Abgrenzung Erfolg verspricht". Aber damit kehrt er zu den Anfängen der modernen Teilnahmelehre bei v. Buri zurück und ignoriert die gesamte nachfolgende Entwicklung[37]. Denn aus der Tatsache, daß alle äußeren Umstände, wenn man sie nur als Kausalbedingungen betrachtet, gleichwertig sind, folgt doch nicht, daß es keine anderen objektiven Bedeutungsdifferenzierungen gibt.

c) Auch der in der Rechtsprechung immer mehr vordringende Gedanke, daß der Tatherrschaftswille mit Hilfe objektiver Kriterien zu ermitteln sei, bedeutet, so sehr die erzielten Ergebnisse zu billigen sind[38], in der theoretischen Formulierung einen Mißgriff.

Denn entweder ist es so, daß die vom Bundesgerichtshof angeführten objektiven Umstände, unter denen die „Beherrschung des Geschehensablaufes" die hervorragende Rolle spielt, zur Begründung der Täterschaft ausreichen. Dann ist der Tatherrschafts- oder Täterwille ein bedeutungsloses, der auf anderem Wege ermittelten Person des Täters nachträglich aufgeklebtes Etikett; die Bezeichnung ist zudem geeignet, Verwirrung zu stiften, weil es sich in Wahrheit dabei nicht um eine psychische Realität oder – wie der BGH selbst bekennen muß – eine „innere Tatsache", sondern um den Namen für ein objektives Dominanzverhältnis handelt.

Oder man könnte die objektiven Kriterien wirklich nur als Indizien für einen psychologisch zu verstehenden Tatherrschaftswillen auffassen, so wie man etwa den Vorsatz aus den objektiven Gegebenheiten der Tatsituation folgert. Dann wäre der Tatherrschaftswille ein ungeeignetes, zu unrichtigen Ergebnissen führendes Merkmal. Denn der Richter müßte, auch wenn alle Voraussetzungen der Tatherrschaft vorliegen, eine Täterschaft dennoch ablehnen, wenn es ihm nicht gelänge, daraus im Einzelfall den zweifelsfreien Schluß auf die geforderte spezifische Willenseinstellung des Handelnden zu ziehen.

Wenn man dagegen, um dieses Ergebnis zu vermeiden, die gestaltende Lenkung des Geschehens als unwiderlegliches Anzeichen des Tatherrschaftswillens versteht und etwa bei eigenhändiger Tatbestandsverwirklichung dem Handelnden generell die Berufung auf den fehlenden Täterwillen abschneidet, so ist das zwar im Ergebnis zutreffend, konstruktiv

---

[36] Lehrb., 2. Aufl., S. 444/45
[37] Vgl. darüber eingehend oben S. 4ff.
[38] Vgl. dazu oben S. 314/315

aber – trotz der Üblichkeit dieses Verfahrens – denkbar unglücklich. Denn schon für widerlegliche Vermutungen ist im Strafrecht kein Raum[39]; und eine sogar unwiderlegliche Präsumtion verhüllt nur schlecht den fiktiven Charakter einer solchen „subjektiven" Auffassung.

2. Das Urhebergefühl

Ähnliches gilt auch gegenüber Nowakowskis Theorie vom „Urhebergefühl". Es ist oben schon geschildert worden, wie er trotz seines „rein subjektiven" Ausgangspunktes am Ende doch nicht darauf abstellt, ob der Handelnde sich konkret-psychologisch als „Herrn der Tat" empfunden hat, sondern die Entscheidung davon abhängig macht, „ob er die Tat unter Vorstellungen gewollt hat, wonach er sie als eigene zu empfinden hatte"[40].

Wenn das richtig ist, kommt es tatsächlich nicht mehr auf das Urhebergefühl beim Täter, sondern darauf an, ob er nach der Wertordnung der Rechtsgemeinschaft als „Herr der Tat" anzusehen ist. Damit wird, wie Bockelmann mit Recht bemerkt[41], die subjektive Abgrenzung „in Wahrheit preisgegeben". Das Urhebergefühl enthält nur die subjektiven Bestandteile, die auch für eine objektiv verstandene Herrschaft erforderlich sind[42]. Nach der hier vertretenen Auffassung darf man daher den Begriff des Urhebergefühls nur in demselben Umfang verwenden, der oben dem „Tatherrschaftswillen" zugestanden wurde.

Um eine Frage nach der wirklichen „Gesinnung" des Täters handelt es sich dabei nicht; von ihr könnte auch die Tatherrschaft nicht abhängig gemacht werden. Ob das für die Täterschaft ganz allgemein gilt, wird noch zu erörtern sein[43].

§ 30. Die Struktur des Tatherrschaftsbegriffes

Wie läßt sich der Tatherrschaftsbegriff, dessen inhaltliche Elemente uns bekannt sind, strukturell kennzeichnen? Grundlegender Erörterung bedarf diese Frage nicht mehr. Schon die Darstellung der geschichtlichen Entwicklung hat gezeigt, wie sehr ontologische und teleologische Fragestellungen hier im Widerstreit der Meinungen stehen und in wie unterschiedlichem Maße normative und deskriptive Elemente zur Begriffsbestimmung herangezogen werden. Auch die eigene Meinung ergibt sich aus dem Vorhergehenden deutlich genug. Denn unsere Entwicklung des Tatherrschaftsbegriffs in seinen wechselnden Ausgestaltungen ist nur die praktische Anwendung

---

[39] Vgl. dazu jetzt Henkel, Festschrift für Eb. Schmidt, S. 578ff.
[40] JZ 1956, S. 547; vgl. eingehend oben S. 84–86
[41] Strafrechtliche Untersuchungen, S. 118, Anm. 13
[42] Siehe oben VI, 1, a, S. 316; auch Nowakowski hält den praktischen Unterschied für unbedeutend, vgl. JZ a. a. O., S. 549, 3, am Ende.
[43] Vgl. unten S. 434ff.

dessen, was früher über die methodischen Grundsätze für die sachgerechte Ausfüllung der Täterformel gesagt wurde. Es ist daher überflüssig, das Programm, nach dem wir vorgegangen sind, hinterher aus dem durchgeführten Täterbegriff wieder herauszulesen.

Einzelne Punkte, die in der Diskussion um die Tatherrschaftslehre eine Rolle spielen, bedürfen aber noch der Hervorhebung.

I. Es handelt sich bei der Tatherrschaft nicht um einen rein ontologischen – das soll heißen: aus dem vorgegebenen Sein erkennbaren – Täterbegriff und auch nicht um ein durch rechtliche Wertung allein gebildetes Kriterium, sondern um das Produkt einer mehrschichtigen Synthese von ontologischer und teleologischer Betrachtungsweise[1]. Im einzelnen gilt folgendes:

1. Der Begriff der finalen Handlung, aus dem Welzel seinerzeit die Theorie von der „finalen" Tatherrschaft abgeleitet hat[2], bietet für die Täterlehre einen ontologischen Anknüpfungspunkt, aber auch nicht mehr. Das zeigt sich in dreifacher Hinsicht:

a) Jede Art der Tatherrschaft setzt ein finales Handeln voraus. Nichtfinale Verhaltensweisen scheiden also von vornherein aus. Insoweit kann man von einer vorgegebenen Eigenart des Täterbegriffs sprechen. Aber der Finalitätsbegriff bedarf seinerseits teleologischer Interpretation. Denn da es im Bereiche der Tatherrschaft keine „Finalität an sich" gib[3], der Verwirklichungswille vielmehr nur insoweit interessiert, als er sich auf die objektiven Merkmale des Tatbestandes richtet, ist die Finalität immer schon normativ geprägt.

Ob ein finales (= vorsätzliches) Verhalten im Sinne bestimmter Tatbestände, z. B. eine Beleidigungs-, Unzuchts- oder Hehlereihandlung vorliegt, läßt sich nur unter Berücksichtigung der gesetzgeberischen Zweck- und Wertvorstellungen ermitteln. Deshalb kann man selbst hinsichtlich des finalen Momentes der Tatherrschaft auf eine teleologische Betrachtungsweise nicht verzichten.

b) Außerdem lassen sich aus der Finalstruktur beim Zusammenwirken mehrerer final Handelnder für die Abgrenzung der Beteiligungsformen keine Anhaltspunkte gewinnen. Denn das spezifische Moment der Herrschaft ist durch das auch der Teilnahme zukommende Attribut der Finalität nicht zu erfassen.

c) Täterschaftsbegründende Bedeutung gewinnt der Finalitätsbegriff allerdings dort, wo ein Irrtum des unmittelbar Handelnden dem Hintermann eine mittelbare Täterschaft ermöglicht. Aber gerade die finale Überdetermination, die hier das Wesen der Tatherrschaft ausmacht, hat wiederum einen stark teleologischen Einschlag. Denn die vier Tatherrschaftsstufen, deren jeweils höhere ihrem Inhaber die Lenkung des Geschehensablaufes ermöglicht sind wegen ihres Bezuges auf den Tatbestand, die materielle Rechtswidrigkeit, die Schuldvoraussetzungen und den konkreten Hand-

---

[1] Zum grundsätzlichen oben S. 19–25
[2] Vgl. oben S. 16/17, 66/67ff.
[3] Vgl. darüber auch Welzel, Lehrb., 7. Aufl., S. 31

lungssinn als ontische Gegebenheiten nicht ohne Beziehung auf die leitenden Wertungen des Gesetzgebers zu erfassen.

2. Auch unabhängig von der Handlungsstruktur verwendet der Tatherrschaftsbegriff überall ein vorrechtlich gegliedertes, bedeutungshaltiges ontisches Material. Das gilt für das sinnvolle Ineinandergreifen der Tatanteile bei der Mitherrschaft ebenso wie im Bereich der Willensherrschaft kraft Nötigung, wo die psychologischen Erfahrungssätze über den Ausschluß der freien Willensentscheidung für die Grenzbestimmung von Teilnahme und mittelbarer Täterschaft maßgebend sind. Aber auch der allgemeine Begriff der „Herrschaft" enthält einen sozial vorgeformten und unverrückbaren Bedeutungskern, der in den juristischen Tatherrschaftsbegriff eingeht.

Alle diese Begriffselemente erfahren jedoch eine Präzisierung und Modifizierung durch spezifisch rechtliche Wertungen des- Gesetzgebers und Richters. Die Bedeutsamkeit einer Funktion im Handlungsganzen ist an ihrer Relevanz für die Tatbestandserfüllung und damit an einer Norm zu messen. Die Willensherrschaft in den Nötigungsfällen gründet sich nicht ausschließlich auf einen nur hinzunehmenden psychischen Befund, sondern hängt durch seine Verknüpfung mit dem Verantwortungsprinzip von den Anforderungen des Gesetzgebers ab. Und was den allgemeinen sozialen Bedeutungsgehalt der „Herrschaft" betrifft, so ist er derart undifferenziert, daß er höchstens in einen „unbestimmten" Tatherrschaftsbegriff hätte übernommen werden können; eine detaillierte Beschreibung, wie sie für eine sachgerechte Ausfüllung der generalklauselartigen Formel erforderlich war, kann in den Einzelfragen nur unter Berücksichtigung des Gesetzeszwecks zu gesicherten Ergebnissen kommen.

3. Es zeigt sich also: Der Handlungsbegriff allein, dem diese Lehre noch heute bei vielen ihrer Anhänger die Bezeichnung als Theorie der „finalen" Tatherrschaft verdankt, bietet eine zu schmale Basis, als daß sich eine Täterlehre darauf bauen ließe; wie auch eine darüber hinaus auf vorgegebene seinshaft-soziale Sachstrukturen abstellende Methode den Gehalt des Tatherrschaftsbegriffs nicht erschöpft.

Andererseits ist es aber auch bedenklich, wenn namentlich die Rechtsprechung den Tatherrschaftsbegriff zu einseitig unter Lösung von jeder festen Beschreibung und ohne gesetzliche Bindung durch richterliches Werten bestimmen will. Die in den neueren Entscheidungen immer wiederkehrende Formel, daß die Täterschaft „auf Grund aller Umstände vom Gericht wertend zu ermitteln"[4] sei, führt nicht weiter, weil sie genau wie die unklare richterliche „Gesamtschau", von der in den Kommissionsberatungen wiederholt die Rede war[5], praktisch zu einem Verzicht auf eine sinnvoll geordnete Gliederung des Teilnahmebereichs und damit zu richterlichen Strafwürdigkeitserwägungen führt, die die Tatherrschaft zu einem inhaltlosen Schlagwort degradieren.[6] Allein das hier durchgeführte be-

---

[4] Vgl. nur die Leitentscheidung BGHSt 8, 396; im übrigen die Übersicht oben S. 90 ff.
[5] Vgl. darüber oben S. 110/111
[6] Darüber grundsätzlich S. 108–118

schreibende Verfahren, das einige eng begrenzte Leerstellen für die wertende Einzelfallentscheidung offenläßt, kann den Tatherrschaftsbegriff vor der Konturlosigkeit der früheren Animus-Formel bewahren.

Dagegen ist es im Prinzip richtig, wenn Gallas die Tatherrschaft als „das Ergebnis einer zugleich finalen und wertenden Betrachtungsweise"[7] kennzeichnet, weil seine Wertungen auf die Erfassung objektiver Gliederungselemente abzielen. Aber auch er überschätzt die Tragweite eines teleologischen Verfahrens, wenn er, wie im Falle des qualifikationslosen „Werkzeuges", die bloße Veranlassung fremder Tat wegen einer aus der besonderen Pflichtverletzung sich ergebenden deliktischen Gleichwertigkeit als Tatherrschaft beurteilen zu können glaubt.[8]

II. Ist die Tatherrschaft, wie sie sich uns darstellt, ein deskriptiver oder ein normativer Begriff? Wenn man die normativen Elemente von den deskriptiven so abgrenzt, daß sie sich auf Gegebenheiten beziehen, „die überhaupt nur unter logischer Voraussetzung einer Norm vorgestellt und gedacht werden können"[9], so handelt es sich um eine Erscheinung, die weitgehend mit dem übereinstimmt, was wir durch den Begriff des Teleologischen bezeichnet haben. Insoweit kann auf das oben Gesagte verwiesen werden.

Erfaßt man dagegen unter dem Deskriptiven das sinnlich Wahrnehmbare, unter dem Normativen das nur geistig Verstehbare[10], so ist die Tatherrschaft in noch wesentlich weitergehendem Maße ein normativer Begriff. Die Feststellung der mittelbaren Täterschaft und der Mittäterschaft, die auf der sinngestaltenden Lenkung des Kausalverlaufs und der funktionsbedingten Abhängigkeit der Tatanteile beruhen, erfordern einen Akt geistigen Verstehens. Und auch bei der Alleintäterschaft kann man von einem deskriptiven Kriterium nur insoweit sprechen, als die Tatbestände sich aus sinnlich wahrnehmbaren Elementen zusammensetzen.

Zusammenfassend läßt sich feststellen: Wir haben hier und bei der Entwicklung des Tatherrschaftsbegriffs überall die methodische „Einlinigkeit" durch ein Verfahren ersetzt, das den verschiedenen Gesichtspunkten ihr relatives Recht läßt und gegenüber der abstrakten Einseitigkeit jedes absolut genommenen Standpunktes die konkrete Bedeutungsfülle der Täterschaft zur Geltung bringt. Dieses Prinzip, dessen Auswirkungen sich auch im folgenden bei der dogmengeschichtlichen Einordnung der Tatherrschaft zeigen werden, ist gegenüber der immer noch vorwaltenden Neigung zur antithetischen Trennung von Teilaspekten bisher zu sehr vernachlässigt worden. Nur die Bemühungen Gallas' um eine Synthese von finaler und wertender Betrachtungsweise haben in diesem Bereich zu fruchtbaren Ergebnissen geführt.

---

[7] Gutachten S. 128
[8] Dazu oben S. 252–258
[9] Engisch, Mezger-Festschrift, S. 147
[10] Welzel, Strafrecht, 7. Aufl., S. 68 f.; über weitere Bedeutungen des Begriffspaares Engisch, Mezger-Festschrift, S. 127 ff.; Kunert, Die normativen Merkmale der strafrechtlichen Tatbestände.

Neuerdings erklärt auch Arthur Kaufmann[11], bei der Behandlung der Täterlehre liege „der Fehler in der Ausschließlichkeit, mit der Teilmomente eines Ganzen[12] ausgegeben werden". Richtig könne nur die Lehre genannt werden, die kausale, finale, psychologische und normative Gesichtspunkte zu vereinigen trachte. Das ist durchaus zutreffend. Nicht beistimmen kann ich ihm aber, wenn er die Entscheidung BGHSt 8, 393 ff.[13] billigt, „gerade weil dieses Urteil keiner der in der Lehre vertretenen Meinungen einseitig folgt"[14]. Mir scheint: In diesem Fall wie auch sonst oft in der Rechtsprechung des Bundesgerichtshofs handelt es sich um die verfehlte Methode, verschiedene Denkansätze dadurch miteinander zu vereinigen, daß man nach Belieben bald dieses, bald jenes Verfahren verwendet, ohne die Reichweite der einzelnen Betrachtungsweisen gegeneinander abzugrenzen. Dadurch bleibt im Grunde alles offen, und man kommt nicht zu einem inhaltserfüllten, sondern zu einem unbestimmten Begriff im oben[15] geschilderten Sinne, der die Täterlehre der Rechtsunsicherheit und dem willkürlichen Gefühlsurteil ausliefert.

Die hier vertretene Lehre darf also nicht mißverstanden werden: Die Abkehr von der methodischen Einseitigkeit bedeutet kein Ausweichen ins Unverbindlich-Allgemeine und auch nicht die Befürwortung von Fall zu Fall wechselnder Standpunkte. Sie erfordert vielmehr eine exakte Durcharbeitung des gesamten Rechtsstoffes und die genaue Bestimmung, in welcher Weise die verschiedenen Betrachtungsarten einander durchdringen, wann und wie sie zu verwenden sind und wo sie ihre Grenze finden.

§ 31. Die dogmenhistorische Stellung der Tatherrschaft

Auch hier ist die Vorarbeit geleistet: Wir kennen die früheren Täterlehren, soweit sie für den heutigen Stand der Problematik noch brauchbare Ansatzpunkte bieten, und wir können sie an den Ergebnissen des im einzelnen beschriebenen Tatherrschaftsbegriffes messen.

Die Tatherrschaftstheorie ist, soweit sie überhaupt die Anlehnung an frühere Teilnahmelehren gesucht hat, von entgegengesetzten Ausgangspunkten her entwickelt worden. Lange, Welzel, Bockelmann, Busch, von Weber und auch die mit dem Tatherrschaftsbegriff operierende Rechtsprechung des Bundesgerichtshofs kommen von der subjektiven Theorie her, während etwa Gallas und Sax ihre Auffassung aus einer Erweiterung der formal-objektiven Lehre gewonnen haben[1]. Alle anderen früher ver-

---

[11] Das Schuldprinzip, 1961, S. 82

[12] hier ist wohl hinzuzudenken: als das Ganze.

[13] Vgl. nur oben S. 96–98

[14] a. a. O., S. 82 Anm. 176. Daß die Entscheidung im Ergebnis richtig ist, steht auf einem anderen Blatt.

[15] S. 108–118

[1] Über die Auffassung von Baumann, JZ 58, S. 231, und Lehrb. 2. Aufl., S. 444, der bei Welzel von einer „rein objektiven" Lehre und bei Gallas von einer „subjektiven Abgrenzung" spricht, vgl. schon oben S. 69

tretenen Ansichten über die Abgrenzung von Täterschaft und Teilnahme haben auf den heutigen Problemstand keinen nachweisbaren Einfluß ausgeübt.

Demnach scheint sich die Tatherrschaftslehre dogmenhistorisch als eine Synthese von subjektiver und formal-objektiver Theorie darzustellen. Doch wird durch eine solche Auffassung das Bild ungebührlich vereinfacht. Denn die Tatherrschaft setzt zwar wirklich in wechselnder Weise die verschiedensten objektiven und subjektiven Elemente voraus; aber die Grundgedanken der beiden durch eine bloße Mischung nicht ohne weiteres in Einklang zu bringenden Theorien kommen im Tatherrschaftsprinzip doch nur in sehr eingeschränkter Weise zum Ausdruck, während andererseits für die Ermittlung der Tatherrschaft oft Erwägungen ausschlaggebend sind, die sich aus subjektiven oder formal-objektiven Gesichtspunkten nicht erklären lassen, die aber in älteren Theorien in der einen oder anderen Weise schon vorgebildet sind. Wenn man das berücksichtigt, so ergibt sich, kurz zusammengefaßt, folgendes Bild:

I. Die subjektive Teilnahmelehre in ihrer Ausprägung durch die Dolustheorie trägt zum Tatherrschaftsgedanken zunächst einmal das Erfordernis des Vorsatzes bei: Ein Täterwille ohne Vorsatz ist nicht denkbar, eine Unterordnung unter einen Willen, dem die Erfolgsbeziehung fehlt, nicht möglich. Sie erfaßt ferner durch die Formel vom „Anheimstellen" zutreffend die Abhängigkeit des Teilnehmers vom Täter, wenn auch nur in ihrer subjektiven Spiegelung[2]. Dagegen kann sie zur positiven Begründung des Tatherrschaftsbegriffes nichts beitragen: Weder die Handlungs- und Willensherrschaft noch das Prinzip der funktionellen Tatherrschaft sind durch die Kriterien der Dolustheorie auch nur einigermaßen exakt zu umschreiben. Für die Einzelheiten kann dabei auf frühere Ausführungen verwiesen werden[3].

II. Die formal-objektive Theorie wählt, indem sie die plastischen Handlungsschilderungen der Tatbestände in den Vordergrund rückt, einen von der streng objektiven Kausalbetrachtung schon gelösten, auch vom Standpunkt der Tatherrschaftslehre aus sachlich und methodisch zutreffenden Ausgangspunkt[4]; wenn man das unentwickelt in ihr steckende Finalprinzip deutlich heraushebt, entspricht sie in vollem Umfang dem Gedanken der Handlungsherrschaft.

Darin liegt aber auch ihre Beschränktheit: Für das Verständnis der funktionellen Tatherrschaft und der mittelbaren Täterschaft leistet sie nichts[5]. Im Gegenteil: Die Eigenständigkeit dieser Täterschaftsformen muß erst gegen die den Täterbereich sachwidrig verengende Einseitigkeit der formal-objektiven Theorie durchgesetzt werden.

III. Die Notwendigkeitstheorie enthält in kausalem Gewande das für die gemeinsame Tatherrschaft entscheidende Strukturelement: Den Ge-

---

[2] Vgl. dazu oben S. 314/315
[3] S. 127 ff., 141 ff., 275 ff.
[4] Dazu näher oben S. 34–38
[5] Vgl. schon oben S. 36–38

danken, daß der Tatbeitrag jedes Mittäters für die Ausführung erforderlich sein muß, so daß sein Wegfall das durch das Ineinandergreifen aller Einzelhandlungen entstehende Aktionsgefüge zerstört.

Die Schwäche dieser Auffassung liegt darin, daß die Notwendigkeit und Bedeutung einer Funktion innerhalb des konkreten Handlungsvollzuges durch eine reine Kausalbetrachtung nicht zu erfassen ist, daß es dazu vielmehr des sinnhaften Verstehens aller Einzelzüge und einer auf dieser Grundlage entstehenden wertenden richterlichen Beurteilung des individuellen Falles bedarf[6].

IV. Die Gleichzeitigkeitstheorie bringt zutreffend den auch für die Tatherrschaftslehre gültigen Gedanken zum Ausdruck, daß eine gemeinsame Ausführung, eine Mitherrschaft bei der Tatbestandsverwirklichung, nur dort möglich ist, wo ein Handlungsbeitrag nicht im Vorbereitungsstadium, sondern bei der Durchführung selbst geleistet wird. Das Prinzip der funktionellen Abhängigkeit aller Tatanteile voneinander ist zwar im Begriff der Gleichzeitigkeit nicht enthalten. Da aber das Gelingen eines Plans eine sorgfältige Abstimmung der verschiedenen Einzelbeiträge verlangt, wird man im allgemeinen sagen können, daß überflüssige Kräfte für die Ausführung selbst nicht herangezogen zu werden pflegen. In der Regel wird daher bei einer aktiven Mitwirkung im Zeitpunkt der Tatbestandsverwirklichung eine Mittäterschaft zu bejahen sein.

Gleichwohl liegt hier vom Standpunkt der Tatherrschaftstheorie aus der Mangel dieser Lehre. Der Gedanke der Gleichzeitigkeit ist gegenüber dem Begriff der funktionellen Tatherrschaft zu unspezifisch. Er löst die Einzelakte mehr in Handlungen zeitlicher Parallelität auf, als daß er ihre wechselseitige Beziehung deutlich werden ließe. Er muß infolgedessen dort zu fehlerhaften Lösungen führen, wo einer im Ausführungsstadium erbrachten Handlung im Einzelfall keine selbständige Funktion zukommt[7].

V. Die Lehre von der physisch und psychisch vermittelten Kausalität erfaßt ebenfalls einen für den hier vertretenen Tatherrschaftsbegriff sehr wesentlichen Faktor. Er läßt sich in der Erkenntnis ausdrücken, daß von einer Herrschaft nicht die Rede sein kann, wo die endliche Tatbestandsverwirklichung noch von dem alleinigen und verantwortlichen Entschluß eines anderen abhängt. An diesem Umstand scheitert die Mittäterschaft eines nur im Vorbereitungsstadium Handelnden ebenso wie die mittelbare Täterschaft eines Hintermannes, dessen Willenseinfluß die Verantwortung des Unmittelbaren nicht aufheben und der dessen freie Entscheidung auch nicht von einer höheren Tatherrschaftsstufe aus umgehen kann.

Allerdings wird der wertvolle Grundgedanke dieser Lehre durch ihre unzulängliche „kausale" Formulierung weitgehend verdunkelt. Denn die Freiheit und Verantwortlichkeit einer Willensentscheidung, auf die es hier ankommt, läßt sich durch Variationen des Kausalbegriffes nicht adäquat ausdrücken. Wenn z. B. Frank, sobald der Willensdruck des Hintermannes die Grenze des Nötigungsnotstandes erreicht hat, aus der psychisch ver-

---

[6] Vgl. im einzelnen S. 282–285 (283).
[7] Vgl. oben S. 44 und S. 280–282

mittelten plötzlich eine physisch vermittelte Kausalität werden läßt[8], so liegt doch klar zutage, daß sich hier keine Änderung der Kausalität, sondern nur ein Unterschied für die sinnverstehende Beurteilung der Herrschaftsverhältnisse ergibt. Und der Begriff der funktionellen Tatherrschaft entzieht sich den Kriterien des Psychischen und Physischen überhaupt[9].

VI. Die oben als „Überordnungstheorie" bezeichneten Lehren von Dahm und Richard Schmidt, wonach die Anteile der einzelnen Mittäter untereinander gleichwertig sind, während sich die Tatbeiträge der Teilnehmer als begrenzt und untergeordnet darstellen, enthalten einen auch für den Tatherrschaftsbegriff maßgebenden Gesichtspunkt. Denn wegen der funktionellen Abhängigkeit der Tatanteile hat jeder Mittäter den Ablauf in der Hand und ist insofern in seiner Bedeutung für das Gesamtgeschehen den anderen gleichwertig; der bloße Gehilfe dagegen wirkt nur bei der Vorbereitung mit oder übt eine untergeordnete Funktion aus, so daß seine Beteiligung in der Tat als subordiniert erscheint.

Die Schwäche dieser Auffassung gegenüber einem durchgeführten Tatherrschaftsbegriff besteht darin, daß sie über den rein normativen und formalen Gesichtspunkt der Gleichwertigkeit hinaus nicht zu inhaltlich bestimmten Beurteilungskriterien vordringt[10] und nicht erkennt, daß der Begriff der Tatherrschaft geeignet ist, der generalklauselartigen Weite eines derart unbestimmten Wertungsbegriffes feste Strukturen zu verleihen. Die Überordnungstheorie bricht damit ab, wo die eigentliche Arbeit an der Teilnahmelehre erst beginnt.

VII. Sieht man den Tatherrschaftsbegriff, wie er hier dargestellt worden ist, auf dem Hintergrund der geschichtlichen Gesamtentwicklung, so wird erkennbar, daß er weder als Derivat der finalen Handlungslehre noch als Weiterbildung einer einzelnen Teilnahmetheorie seiner wahren Bedeutung gemäß erfaßt wird. Alle derart beschränkten Ableitungsversuche stellen die Tatherrschaftslehre auf eine zu schmale Basis. In Wirklichkeit tragen sämtliche hier dargestellten und zum Teil aus der Vergessenheit erst wiedererweckten Lehren einzelne Elemente zum Gedanken der Tatherrschaft bei. Das ist nicht verwunderlich: Es wäre im Gegenteil recht sonderbar, wenn die mehr als hundertjährigen Bemühungen um das Verständnis des Täterbegriffes weitgehend ganz unfruchtbar gewesen sein sollten.

Wenn demnach der Tatherrschaftsbegriff in fast jedem seiner Einzelzüge auf Vorläufer zurückblicken kann, stellt sich die Frage, worin eigentlich die selbständige Bedeutung dieser Lehre liegt. Ist es nicht so, wie Baumann[11] schon im Hinblick auf die subjektive und die formal-objektive Theorie sagt, daß nämlich mit dem Tatherrschaftsgedanken ein ihnen gegenüber neuartiges Kriterium nicht gefunden sei? Und muß man nicht Engisch[12] Recht geben, wenn er meint, daß der Begriff der Tatherrschaft „nicht wesentlich über ältere, verwandte Vorstellungen" hinausführe?

---

[8] 18. Aufl., vor § 47, II, S. 104
[9] Das läßt sich den schon oben behandelten Fällen leicht entnehmen, vgl. S. 48/49
[10] Vgl. darüber schon oben S. 50/51
[11] JZ 1958, S. 232
[12] ZStW, Bd. 66, 1954, S. 383

Mir scheint, daß die Bedeutung dieser Lehre in etwas anderem und Wesentlicherem als der völligen Neuartigkeit ihrer Einzelzüge liegt: Das Tatherrschaftsprinzip bildet die verborgene Mitte, den dunkel erstrebten Grundgedanken aller ihr voraufgehenden Bemühungen; es bedeutet den Kernpunkt, in dem die scheinbar verworrenen Linien der dogmenhistorischen Entwicklung konvergieren, das Sinnzentrum, das den bleibenden Gehalt in den einander widersprechenden Auffassungen überhaupt erst hervortreten läßt.

Es handelt sich also nicht um eine synkretistische Theorienbastelei: Der Tatherrschaftsbegriff ist nicht aus den Bruchstücken früherer Lehren nachträglich zusammengesetzt, sondern die heterogenen Ansätze der früheren Versuche erhalten ihre Bedeutung nur durch ihre Beziehung auf den Tatherrschaftsgedanken. Man kann in diesem Sinne durchaus von einer „juristischen Entdeckung" sprechen. Denn deren Wesen liegt gerade im Bereiche der Rechtswissenschaft nicht darin, daß sie unter schroffem Bruch mit der dogmenhistorischen Entwicklung zu unerwarteten, ganz aus dem Rahmen fallenden Ergebnissen führt. Die „Entdeckung" besteht vielmehr in der Erkenntnis und glücklichen Formulierung eines in mannigfachen Anläufen immer erst teilweise erfaßten, gewissermaßen „in der Luft liegenden" und nun endlich klar ans Licht tretenden Grundgedankens, der eine lange Entwicklung krönt und zum Abschluß bringt. Um einen solchen Fall handelt es sich hier. Aus diesem Umstand erklärt es sich auch, daß seit dem Aufkommen der Tatherrschaftslehre alle anderen Theorien entweder ganz zurückgetreten sind oder sich ihr durch verschiedenartige Modifikationen anzunähern versuchen.

Mit alledem soll nicht gesagt werden, daß der Tatherrschaftsgedanke die gesamte Täterproblematik schon endgültig geklärt habe. Denn einerseits ist seine Ausgestaltung im einzelnen noch recht umstritten; die hier entwickelten Lösungsvorschlage mögen noch mancher Verbesserung bedürfen; außerdem ist mit ihnen auch keine Zauberformel gefunden, aus der sich für jede auftretende Situation Ergebnisse beliebig deduzieren ließen; vielmehr erfordert jede neu erscheinende Fallgruppe eine selbständige Analyse der ihr zugrundeliegenden Herrschaftsstrukturen. Vor allem aber bedarf die Tragweite des Tatherrschaftsprinzips noch näherer Untersuchung. Es ist zu prüfen, ob nicht bei den Unterlassungsdelikten und den fahrlässigen Straftaten die Täterschaft nach ganz anderen Kriterien zu beurteilen ist. Und es bedarf ferner der Erörterung, ob bei den vorsätzlichen Begehungsdelikten in allen Fällen die Zentralgestalt des handlungsmäßigen Geschehens durch den Gesichtspunkt der Tatherrschaft zutreffend bestimmt ist. Diesen Problemen werden wir uns im folgenden Kapitel zuwenden.

§ 32. Die systematische Stellung des Tatherrschaftsbegriffes

Ist die Täterschaft ein Problem des objektiven oder des subjektiven Tatbestandes, des Unrechts oder der Schuld? Oder steht sie als „besondere Erscheinungsform des Verbrechens" außerhalb des gegliederten Systems?

I. Die Tatherrschaft als Systemelement

Der Tatherr ist ein notwendiger Bestandteil des Verbrechenssystems. Wollte man, wie es der überkommenen Lehre entspricht, den Täter aus dem Deliktsaufbau herauslösen, so würde das Subjekt des Verbrechens systematisch lediglich als rechtswidrig-schuldhafter (und damit bei den meisten Delikten: vorsätzlich handelnder) Verursacher eines tatbestandsmäßigen Erfolges in Erscheinung treten. Täterschaft, Anstiftung und Beihilfe würden also erst nachträglich aus dem Oberbegriff eines über den Teilnahmeformen schwebenden Verbrechenssubjektes abgeleitet.

Das aber ist eine unrichtige Auffassung. Sie wird weder dem Begriff des Tatbestandes noch dem des Täters gerecht.

1. Die gesetzlichen Tatbestände sind keine farblosen Abstraktionen; sie stellen vielmehr gerade den Versuch dar, die Zentralgestalt des handlungsmäßigen Geschehens mit allen personalen Bezügen plastisch zu umschreiben[1]. Wenn der Gesetzgeber in § 243 Abs. 1 Ziff. 2 die Voraussetzungen des Einbruchsdiebstahls schildert, so stellt er sich – um auf das alte Beispiel Wegners[2] zurückzugreifen – unter dem Subjekt dieses Verbrechens sicher nicht „die blinde Großmutter des Kaschemmenwirtes" vor, die „für die Ausführung des Delikts die Strickleitern geknüpft" hat. Und doch ist sie für den tatbestandsmäßigen Erfolg vorsätzlich kausal geworden, so daß bei der hier abgelehnten Auffassung der Unterschied zwischen ihr und denen, die selbst die Fassade erklettert haben und in das Haus eingedrungen sind, sich tatbestandlich nicht auswirken würde.

Wäre das richtig, könnte die eigenhändige Vornahme der Tatbestandshandlung nicht die tatherrschaftsbegründende Wirkung haben, die ihr hier in Übereinstimmung mit der herrschenden Meinung zugewiesen worden ist. Denn wenn Anstifter und Gehilfen in genau derselben Weise den Beschreibungen der Tatbestände unterfallen, können sich aus einer derartigen, die Beteiligungsformen nivellierenden Schilderung keine Anhaltspunkte für den Täterbegriff ergeben. Eine solche Auffassung muß deshalb dahin tendieren, die Unterschiede ins Subjektive zu verschieben. Ihre Widerlegung folgt nicht nur aus dem, was oben allgemein über den Täterbegriff gesagt wurde; sie ergibt sich auch aus dem Sinngehalt der Tatbestände, der es nicht gestattet, vom bloßen vorsätzlichen Verursacher (etwa der erwähnten blinden Großmutter) zu sagen, daß er durch Einbruch fremde Sachen weggenommen und damit dem Tatbestand entsprechend gehandelt habe.

---

[1] Vgl. S. 25 ff. und passim.
[2] Strafrecht, S. 249

Der Täter ist also schon ein Bestandteil der Tatbeschreibung und nicht etwas nachträglich erst Hinzutretendes. Daraus folgt, daß es sich bei der Tatherrschaftslehre um einen restriktiven Täterbegriff handelt. Die Kennzeichnung als restriktiv wird in diesem Zusammenhang zwar nicht im Sinne der formal-objektiven Theorie, aber doch so verstanden, daß tatbestandsmäßig primär nur derjenige handelt, der als Tatherr der Deliktsverwirklichung erscheint. Anstiftung und Beihilfe stellen sich demnach als Strafausdehnungsgründe dar.

2. Die Auffassung, daß die Differenzierung zwischen Täterschaft, Anstiftung und Beihilfe sich nicht erst hinterher an die Prüfung von Tatbestandsmäßigkeit, Rechtswidrigkeit und Schuld anschließen darf, ergibt sich aber auch aus der oben begründeten Notwendigkeit eines „primären" Täterbegriffs[3]. Denn die Gegenmeinung gewinnt die Figur des Täters zwar nicht sekundär aus der Verneinung der Teilnahme; aber alle drei Beteiligungsformen sind nach ihr nur spezifizierende Ableitungen aus dem Oberbegriff des Verbrechenssubjekts. Das widerspricht dem Sinn der Dreiteilung; denn der Gesetzgeber will nicht jede schuldhafte Erfolgsbewirkung generell unter Strafe stellen, sondern er will sie von vornherein nur erfassen, soweit eine der drei Mitwirkungsformen vorliegt. Andernfalls wäre es möglich, daß jemand tatbestandsmäßig, rechtswidrig und schuldhaft handelte und doch nicht bestraft werden könnte, weil sich zum Schluß herausstellt, daß weder die Voraussetzungen der Täterschaft noch die der Anstiftung oder Beihilfe vorliegen – ein Fall, der etwa bei den später zu behandelnden eigenhändigen Delikten durchaus praktische Bedeutung hat. Die Beteiligungsformen würden sich also als Strafeinschränkungsgründe[4], überspitzt ausgedrückt: als Instrumente zur nachträglichen Schaffung von Strafbarkeitslücken, darstellen, obwohl sie in Wirklichkeit die Strafbarkeit erst konstituieren.

II. Die Tatherrschaft im Verhältnis zu Unrecht und Schuld

Während die Ansicht, daß dem Täterbegriff „zentrale Bedeutung" beim Aufbau der Verbrechenslehre zukomme, sich im Anschluß an Welzel[5] bei den Vertretern der Tatherrschaftstheorie weitgehend durchgesetzt hat, ist es eine ganz ungeklärte Frage, wie die Elemente der Tatherrschaft im einzelnen systematisch einzugruppieren sind.

1. Ablehnung einer „Indiztäterschaft"

Die Beschränkung des Täterbegriffs auf einen das Fehlen der Rechtfertigungsvoraussetzungen nicht umfassenden Indiztatbestand ist abzulehnen.

---

[3] Vgl. S. 26–28
[4] Schon oben, S. 29/30, ist in Auseinandersetzung mit Lange dargelegt worden, daß die extensive Lehre einen verkappten sekundären Täterbegriff darstellt.
[5] Vgl. nur Lehrb., 7. Aufl., S. 89

Wer einen anderen in Putativnotwehr erschießt, ist nicht Täter eines Totschlages nach § 212 StGB. Ihm fehlt infolge seiner Unkenntnis der Sachlage die Tatherrschaft, so daß er höchstens wegen fahrlässiger Tötung bestraft werden kann[6]. Das ist eine Konsequenz des Vorsatzbegriffes und daher nur mittelbar ein Problem der Teilnahmelehre[7].

2. Die Täterschaft als Erscheinungsform des Unrechts

Die Täterschaft ist vielmehr die den Deliktsbeschreibungen entsprechende Form tatbestandlichen Unrechts, an die sich kraft der Sondernormen der §§ 48, 49 StGB die Anstiftung und Beihilfe straferweiternd anschließen. An dieser Stelle muß sie im Verbrechensaufbau und bei der Fallprüfung ihren Platz finden[7a], und zwar nach Erörterung der sonstigen objektiven und subjektiven Voraussetzungen des Unrechtstatbestandes. Es ist ein Überbleibsel der oben abgelehnten Auffassung von der Systemgelöstheit der Beteiligungsformen, wenn das „personale Aktionszentrum des Unrechts", dem Welzel selbst „zentrale Bedeutung" für das Unrecht beimißt, in seinem für die Fallbearbeitung entworfenen Schema des Verbrechensaufbaus[8] überhaupt nicht auftaucht. Vielmehr ergibt sich folgendes Bild der Unrechtslehre:

Das tatbestandliche Unrecht				
Die Tat		Die Beteiligungsformen		
objektiv	subjektiv	objektiv		subjektiv
Indiztatbestand		I. Täterschaft	die objektiv täterschaftsbegründenden Umstände	Kenntnis dieser Umstände
Gegentatbestände (Rechtfertigungsgründe)		II. Anstiftung		
		III. Beihilfe		

---

[6] Anders für den Täterbegriff ausdrücklich Gallas, Gutachten, S. 132
[7] Vgl. dazu oben S. 205 und zu den Irrtumsfragen meine Abhandlung über „Offene Tatbestände", S. 111 ff.
[7a] ganz übereinstimmend jetzt Stratenwerth, Juristenjahrbuch 1961/62, S. 208/09
[8] Lehrb., 7. Aufl., S. 478 ff.

Es sind also zuerst die objektiven Unrechtsvoraussetzungen zu prüfen;
dann folgt der Vorsatz, und daran schließt sich die Untersuchung, ob Täterschaft, Anstiftung oder Beihilfe gegeben sind. Bei Erörterung der Beteiligungsformen ist wieder zu Beginn das Vorliegen der objektiven täterschaftlichen Voraussetzungen festzustellen, also etwa der Umstand, daß jemand
die Tat durch einen vorsatzlos Handelnden bewirkt hat; danach ist zu ermitteln, ob der Veranlassende diese Umstände kannte, ob er also im Beispielsfall wußte, daß er einen Irrenden aufgefordert hatte. Ist das alles zu
bejahen, so ist der Handelnde Täter des tatbestandlichen Unrechts, und es ist
nunmehr die Schuld zu prüfen.

Die Übersicht zeigt, daß der Tatherrschaftsbegriff durch eine bloße, von
den sonstigen Unrechtsvoraussetzungen gelöste Zweiteilung in objektive
und subjektive Elemente nicht zu erfassen ist. Die äußere Erfüllung der
Tatbestandsmerkmale und die finale Verwirklichung dieses Erfolges bilden
vielmehr in ihrer Einheit erst wieder die „objektive" Grundlage, auf der die
Frage nach der Tatherrschaft gestellt werden kann. Diese ihrerseits erfordert
die äußeren herrschaftsbegründenden Voraussetzungen ebenso wie ihre
subjektive Kenntnis. Dabei ist zu beachten, daß die beiden letzten Elemente
nur eine auseinandergelegte dialektische Einheit bilden. Fallt etwa die
Kenntnis fort, so kann man auch von einer „objektiven" Tatherrschaft nicht
mehr sprechen.

3. Die Schuldindifferenz des Täterbegriffs

Ein schwieriges Problem bildet das Verhältnis des Täterbegriffs zur Schuld.
Die der Tatherrschaftstheorie nahestehenden Autoren sehen den „Täter"
meist als Bestandsstück der Unrechtslehre an, doch wird er vereinzelt auch
mit dem Schuldbegriff in Verbindung gebracht[9]. Mir scheint, die Dinge
liegen so:

Das Fehlen der Schuld, etwa das Vorliegen einer Nötigungssituation,
schließt die Täterschaft nicht aus, sofern ihre früher im einzelnen beschriebenen Voraussetzungen erfüllt sind. Wenn Welzel[10] in solchen Fällen aus der
Täterschaft plötzlich eine „schuldlose Beihilfe" werden läßt, so ist das nicht
nur ein systematischer Widerspruch in seiner allein auf das Unrecht ab-
gestellten Täterlehre, sondern auch eine Verkennung des Tatherrschaftsbegriffs[11]. Ebenso bleibt auch der Nötiger selbst mittelbarer – obgleich
schuldloser – Täter, wenn er etwa geisteskrank sein sollte. Insofern ist also
der Täterbegriff schuldindifferent, und die Auffassung Hellmuth Mayers,
daß Täter nur sei, „wer voll verantwortlich den Tatbestand nach Willens-
und Tatseite ... setzt", ist abzulehnen.

Zwei weitere, mit dem Schuldproblem zusammenhängende Fragen werden in den folgenden beiden Ziffern gesondert behandelt.

[9] Vgl. etwa Jescheck, SchwZStr 1956, S. 235f., H. Mayer, Lehrb., S. 303f.
[10] Lehrb., 7. Aufl., S. 91; wie hier in diesem Punkt Gallas, Gutachten, S. 133; Armin Kaufmann, Unterlassungsdelikte, S. 165, Anm. 187
[11] Das ist schon oben bei Begründung der Handlungsherrschaft ausführlich dargelegt
worden, vgl. S. 134

4. Die Tatherrschaftslehre als Argument für die Zugehörigkeit des Vorsatzes zum Tatbestand

Vom Tatherrschaftsbegriff her gesehen ist es auch systematisch kaum möglich, den Vorsatz und andere innerpsychische Voraussetzungen in die Schuld einzugliedern, dadurch den einheitlichen Begriff zu zerreißen und nur seine „objektiven" Bestandteile in der Unrechtsebene zu belassen[12].

Solange man von den Teilnahmeformen abstrahiert, bleibt eine objektive Unrechtslehre eine von ihren Prämissen her sinnvolle und mit einigen Einschränkungen[13] auch systematisch folgerichtig durchführbare Konzeption; denn die herbeigeführte Wirkung – etwa der Tod eines Menschen wird in ihrer Erfolgsqualität nicht davon berührt, ob der Handelnde vorsätzlich, fahrlässig oder schuldlos für sie ursächlich geworden ist.

Anders ist es aber, wenn man davon ausgeht, daß schon die tatbestandlichen Beschreibungen unmittelbar den Tatherrn und Täter bezeichnen. Da die finale Beziehung zum Erfolge diesem Begriff immanent ist, kann man sie nicht aus dem Tatbestand herausreißen, ohne die Bedeutung der Tatherrschaft für die Unrechtslehre zu zerstören.

Vor allem aber ist es bei der Tatherrschaft anders als bei dem Begriffspaar „Erfolg-Vorsatz" unmöglich, ihre objektiven und subjektiven Bestandteile einer getrennten systematischen Würdigung zu unterziehen. Es würden dabei keine isoliert verständlichen, sich ergänzenden und beliebig zusammensetzbaren Sinneinheiten äußerer und innerpsychischer Art übrig bleiben, sondern der gesamte Begriff würde sich in ein Nichts auflösen. Das ist leicht zu zeigen:

Wenn ein Arzt seinen ahnungslosen Kollegen bittet, einem Kranken eine (in Wahrheit vergiftete) Spritze zu injizieren, so kann man unmöglich sagen, daß der handelnde Kollege „objektiv" die Tatherrschaft habe und dies wegen seines fehlenden Vorsatzes nur nicht wisse: Er hat vielmehr die Tatherrschaft schlechterdings überhaupt nicht. Der Gedanke einer so verstandenen „objektiven" Tatherrschaft wäre eine contradictio in adiecto; er wäre ebenso sinnlos, als wenn man bei einer fahrlässigen Tat von einer „objektiv vorsätzlichen" Handlung sprechen wollte. Wollte man also den Vorsatz aus dem Unrechtstatbestand herausziehen, so ließe sich auch objektiv nichts mehr auffinden, was unter dem Gesichtspunkt der Tatherrschaft in diesem Bereich geprüft werden könnte.

Umgekehrt gibt es aber ebenso wenig eine von den objektiven Herrschaftsmöglichkeiten abstrahierte „subjektive" Tatherrschaft. Der Vorsatz selbst hat zur Täterschaft keine nähere Beziehung als zur Anstiftung und Beihilfe. Und alle sonstigen inneren Vorstellungen und Willensregungen haben für die Tatherrschaft nur Bedeutung, soweit sie sich in der Lenkung des äußeren Geschehensablaufes auswirken. Löst man sie davon ab, so erhält man keine „subjektive" Tatherrschaft, sondern gestaltungsunfähige und für die Tatherrschaft durchaus unerhebliche Reflexionen und Gefühls-

---

[12] So aber Nowakowski, JZ 1956, S. 545
[13] Darüber in subtiler Differenzierung Engisch, Festschrift für Rittler, S. 165 ff.

impulse. Für ihre Beurteilung kann auf das verwiesen werden, was oben über den „Tatherrschaftswillen" und das „Urhebergefühl" ausgeführt worden ist[14].

Wenn demnach eine systematische Trennung in Unrechts- und Schuld-bestandteile – wie man sie nach den Grundsätzen des von der kausalen Handlungslehre überkommenen Verbrechensaufbaus vornehmen müßte – undurchführbar ist, so bliebe nur noch eine Möglichkeit, um den Vorsatz und die Kenntnis der herrschaftsbegründenden Umstände für die Schuld zu retten: Man müßte den gesamten Tatherrschaftsbegriff und damit die Abgrenzung der Beteiligungsformen überhaupt als Schuldproblem behandeln.

Aber schon der erste Blick zeigt, daß dieser Weg ausgeschlossen ist. Es würde dadurch nicht nur der Tatbestandsbegriff völlig ausgehöhlt und auf bloße Kausalabläufe reduziert werden. Es würde auch verkannt, daß die Abgrenzung der Beteiligungsformen mit der Vorwerfbarkeit nichts zu tun hat. Der im Hintergrund stehende Anstifter und der Gehilfe können im Einzelfall in derselben Weise vorwerfbar handeln wie der Täter. Auch positiv-rechtlich würde eine solche Auffassung dem Grundsatz der limitierten Akzessorietät eindeutig widersprechen.

Aus alledem ergibt sich, daß sich aus der Tatherrschaftslehre ein selbständiges Argument für die Zugehörigkeit des Vorsatzes zum Tatbestand gewinnen läßt[14a]. Es wäre also nicht, wie es der in diesem Punkt namentlich durch Welzel bestimmten dogmengeschichtlichen Entwicklung entspricht, die Handlungslehre nötig gewesen, um dieser Erkenntnis Bahn zu brechen. Man kann auch eine andere Handlungslehre vertreten und allein aus dem Tatherrschaftsgedanken – von sonstigen, hier nicht zu erörternden Gesichtspunkten abgesehen – eine mit der finalen Handlungslehre übereinstimmende systematische Stellung des Vorsatzes folgern. Es entspricht dies einer Erwägung, die wir schon anfangs bei Erörterung der formal-objektiven Theorie angestellt haben[15]: Auch diese Lehre, bei der sich der Gedanke der Handlungsherrschaft schon vorgebildet findet, hätte, wenn sie je unter strafrechtssystematischen Gesichtspunkten durchdacht worden wäre, zur Überwindung einer objektiv-kausalen Tatbestandsauffassung führen müssen.

5. Täterschaftsbegründende Schuldelemente

Auch wenn man den Vorsatz im Unrechtsbereich behandelt, läßt sich jedoch nicht leugnen, daß man zur Begründung der Tatherrschaft bisweilen auf Elemente zurückgreifen muß, die nach heute fast übereinstimmender An-

---

[14] Vgl. S. 316–318

[14a] Um Mißverständnissen vorzubeugen: Mit alledem ist der Vorsatz nur insoweit gemeint, als er mit der Finalität identisch ist. Wenn er darüber hinausgehende Schuldelemente aufweisen sollte – die Frage wurde oben, S. 180–193 (192 f.) offengelassen – ist deren systematische Eingruppierung natürlich nicht präjudiziert.

[15] Vgl. oben S. 35/36

sicht zweifelsfrei der Schuld zuzuweisen sind. Man denke nur an den Fall, daß jemand bewußt den Verbotsirrtum eines anderen ausnutzt und dadurch zum mittelbaren Täter wird[16]! Würden hier beide dem gleichen Irrtum erliegen, so könnte der Auffordernde nur Anstifter sein. Es ist demnach unabweisbar, daß das Bewußtsein des materiellen Unrechts einer Verhaltensweise dem Hintermann die Herrschaft über das Geschehen ermöglicht. Will man also die Differenzierung der Mitwirkungsformen im Unrechtsbereich durchführen, so läßt es sich nicht vermeiden, das Bewußtsein der Sozialschädlichkeit in solchen Fällen schon hier zu berücksichtigen. Eine noch seltsamere Konstellation ergibt sich, wenn jemand, der die Sach- und Rechtslage vollständig übersieht, sich zur Verwirklichung seiner Pläne eines anderen bedient, der irrtümlich die Voraussetzungen eines Schuldausschließungsgrundes, etwa des Notstandes (§ 54 StGB), annimmt[17]. Wenn man hier, wie wir es oben getan haben, zur Begründung der mittelbaren Täterschaft des Hintermannes nicht in erster Linie auf die psychische Zwangssituation des Handelnden, sondern auf seinen Irrtum zurückgreift, so beruht die Lenkungsmöglichkeit des Außenstehenden auf der bei ihm im Gegensatz zum unmittelbaren Täter vorhandenen Kenntnis aller Schuldvoraussetzungen.

Derartige Fälle sind mit den Kategorien der herkömmlichen Systematik nicht ganz glatt einzuordnen. Das ist auch nicht verwunderlich, wenn man bedenkt, daß im klassischen Verbrechensaufbau für die Teilnahmeformen überhaupt kein Raum vorgesehen war, daß selbst unter den Finalisten die Elemente des Tatherrschaftsbegriffs weitgehend ungeklärt sind und noch ohne festen Standort im System herumschweben und daß schließlich die Aufgliederung der Verbrechenslehre bisher nie unter diesen Gesichtspunkten selbständig durchdacht worden ist. Es kann auch nicht die Aufgabe der vorliegenden Arbeit sein, unter Berücksichtigung der Teilnahmelehre ein neues Verbrechenssystem zu entwerfen. Denn dazu bedürfte es, wenn ein solches Unterfangen nicht auf unbefriedigende ad-hoc-Konstruktionen hinauslaufen soll, der Einbeziehung aller Fragen des Allgemeinen Teils – eine Notwendigkeit, deren Erfüllung den Rahmen dieser Abhandlung überschreiten müßte; zumal da es uns in erster Linie um ein Sachproblem (nämlich die Voraussetzungen der Täterschaft) geht, demgegenüber die systematischen Fragen von sekundärer Bedeutung sind.

Wenn wir daher an den Pfeilern, auf die der „klassische" und der „finale" Systemaufbau sich stützen, an dieser Stelle nicht rütteln, so ergibt sich folgendes: Es kann bei Ermittlung der Tatherrschaft erforderlich sein, im Zusammenhang der Unrechtsprüfung im Einzelfall einen Vorgriff in den Schuldbereich zu unternehmen und bestimmte systematisch dorthin gehörige Elemente schon hier zu berücksichtigen. Das bedeutet keine Verwischung der Grenzen von Unrecht und Schuld. Auch wenn einzelne Schuldelemente seine Tatherrschaft mitbegründen, kann der Täter doch

---

[16] Vgl. dazu eingehend oben S. 193 ff.
[17] Darüber näher oben S. 208 ff.

wegen anderer Umstände, etwa weil er geisteskrank, strafunreif oder genötigt ist, schuldlos handeln.

Vor allem aber treten derartige Kriterien, z. B. das Bewußtsein der materiellen Rechtswidrigkeit, in keiner Hinsicht unter Schuldaspekten in den Blickpunkt der Täterprüfung. Wenn jemand die Rechtslage übersieht und den Verbotsirrtum eines anderen ausnutzt, so ist er nicht Tatherr, weil sein Verhalten schuldhafter ist als das des anderen, weil er etwa einen besonders schweren Vorwurf verdient; das steht ganz dahin und muß im Bereiche der Schuld erörtert werden. Mittelbarer Täter ist er vielmehr allein aus dem Grunde, weil seine weiterreichende Kenntnis ihm die sinnhafte Lenkung des Geschehensablaufes ermöglichte, eine Frage, die mit der Vorwerfbarkeit nicht das mindeste zu tun hat. Die „Verschränkung" von Unrecht und Schuld bezieht sich also nur auf das Substrat der Beurteilung; ein und derselbe empirische Befund spielt unter beiderlei Gesichtspunkten eine Rolle; nicht aber werden die Bereiche dadurch vermengt, daß die Spezifität des Unrechts durch die individuelle Vorwerfbarkeit beeinflußt würde.

Sieht man die Dinge in diesem Lichte, so handelt es sich bei den hier besprochenen Besonderheiten des Tatherrschaftsbegriffes um eine Erscheinung, die dem modernen Systemdenken auch sonst nicht mehr ganz ungewohnt ist. So läßt es sich beispielsweise schwerlich bestreiten, daß der Vorsatz, selbst wenn man ihn als subjektives Tatbestandselement oder sogar als Handlungsmerkmal ansieht, gleichzeitig als besondere Schuldstufe eine wesentliche Bedeutung erlangt[18]. Aus vergleichbaren Erwägungen, wenn auch zum Teil in anderen Zusammenhängen, hat Hardwig[19] sogar die kühne Behauptung aufgestellt, daß die Schuld[20] „in ihrem ganzen Umfang mit zum Unrecht" gehöre. Wie dem auch sei: Jedenfalls ist es ein Irrtum zu meinen, daß ein Umstand, der für den Tatbestand oder die Schuld von Bedeutung ist, deshalb für die jeweils andere Kategorie des Verbrechensaufbaus notwendig „verbraucht" sein müßte.

Dem soll hier nicht weiter nachgegangen werden. Es muß genügen, wenn plausibel geworden ist, daß die Täterschaft auch in diesen Sonderfällen ein Problem der Unrechtslehre bleibt. Außerdem mögen diese Andeutungen zeigen, in welcher Richtung man weiterdenken muß, um die in diesem Bereich auftretenden Fragen systematisch zu bewältigen.

---

[18] Vgl. dazu nur meine „Offenen Tatbestände", S. 112 ff. Im Anschluß daran jetzt Wiethölter, Der Rechtfertigungsgrund des verkehrsrichtigen Verhaltens, 1960, S. 61 f.
[19] ZStW, Bd. 68, 1956, S. 31 bei Anm. 25
[20] gemeint ist: ihr sachliches Substrat.

Neuntes Kapitel

Der Täterbegriff der vorsätzlichen Begehungsdelikte

§ 33. Die Reichweite des Tatherrschaftsbegriffes

I. Das Kriterium der Tatherrschaft als allgemeiner Täterbegriff

Wir wissen jetzt, wie der Tatherrschaftsbegriff beschaffen ist. Wie aber soll man beweisen, daß der Gesetzgeber keinen anderen als den Tatherren für den Täter der vorsätzlichen Delikte hält? Da das Gesetz keine Definition des Täterbegriffes bietet und die Materialien keine verwertbaren Ansätze erkennen lassen, gibt es nur zwei Wege, um eine solche Lösung evident zu machen; einen „positiven" und einen „negativen".

1. Die „positive" Begründung der Tatherrschaftslehre verlangt den Aufweis, daß der Täterbegriff methodisch im Ausgangspunkt und in der Durchführung richtig und den gesetzlichen Grundlagen entsprechend angelegt worden ist. Das ist im Vorhergehenden versucht worden. Dabei hat sich gezeigt, daß der Täter als die „Zentralgestalt des handlungsmäßigen Geschehens" anzusehen ist. Bei dem Unternehmen, diesen generalklauselartigen und zunächst formalen Begriff mit Inhalt zu erfüllen, sind wir auf die Kriterien der Handlungsherrschaft, der Willensherrschaft und der funktionellen Tatherrschaft gestoßen, die sich alle drei als Ausprägungen eines umfassenden Tatherrschaftsprinzips darstellen.

Es ist also nicht so, daß wir von einem vorgefaßten Tatherrschaftsbegriff ausgegangen wären, der nun nachträglich noch der Legitimation bedürfte. Wir haben vielmehr einen allgemeinen Täterbegriff gesucht und schrittweise aufgebaut, für dessen zusammenfassende Kennzeichnung sich das Merkmal der Tatherrschaft als besonders geeignet erwiesen hat.

Im Verlaufe der Untersuchung ist deutlich geworden, daß das, was wir als den allgemeinen Täterbegriff ansehen und mit der Bezeichnung „Tatherrschaft" belegt haben, mit keiner der unter diesem Namen laufenden Lehren voll übereinstimmt; das gilt sowohl für die Einzelergebnisse wie für die theoretischen Grundlagen oder die dogmengeschichtliche Herleitung. Man könnte deshalb fragen, ob es nicht zweckmäßiger sei, eine andere, neuartige Kennzeichnung zu wählen, anstatt den ohnehin vieldeutig schillernden Tatherrschaftsbegriff um eine weitere abweichende Ausprägung zu bereichern. Doch das verbietet sich aus zwei Gründen:

Zunächst entspricht es der dogmengeschichtlichen Kontinuität, den Täterbegriff, der hier in ständiger Auseinandersetzung mit allen Ausprägungen
der modernen Entwicklung im einzelnen beschrieben worden ist, in diesen
Zusammenhang hineinzustellen und die bei allen Verschiedenheiten bestehende Verwandtschaft deutlich werden zu lassen. Die im vorstehenden
dargelegten Auffassungen wollen – vom Ergebnis her gesehen – weniger als
„neue Theorie" denn als sachgerechte Ausarbeitung des als richtig erkannten
Tatherrschaftsgedankens verstanden werden.

Vor allem aber wird die Bezeichnung als „Tatherrschaft" auch dem sachlichen Gehalt des hier vertretenen allgemeinen Täterbegriffs am besten
gerecht. Jetzt, da wir wissen, was unter dem Begriff der „Herrschaft" im einzelnen zu verstehen ist, ist es leicht, sich im Wege einer zusammenfassenden
Überschau klar zu machen, warum dieses Kriterium das Richtige trifft,
warum es, wie man fast sagen möchte, der „Natur der Sache" entspricht.
Man braucht dazu nur den von uns erarbeiteten methodisch-formalen Richtpunkt der „Zentralgestalt", der „Schlüsselfigur", zu der unter diesem Blickwinkel zu betrachtenden Regelungsmaterie, den Beschreibungen der gesetzlichen Tatbestände, in Beziehung zu setzen. Da die Strafbestimmungen
grundsätzlich dem Rechtsgüterschutz dienen, und da die Beeinträchtigung
dieser Güter durch menschliche Handlungen erfolgt, schildern die Tatbestände durchweg rechtsgüterverletzende Handlungsabläufe. Wenn man
nun nach der Zentralgestalt eines solchen Vorganges fragt, so hat die Antwort, daß im Mittelpunkt des Geschehens derjenige stehe, der die Tat
beherrsche, eine unmittelbare Evidenz. Denn wer sollte im Zentrum eines
Handlungsverlaufes stehen, wenn nicht der, der ihn lenkt und maßgeblich
bestimmt? Freilich führt diese Antwort über eine Tautologie nur hinaus,
wenn man den Herrschaftsbegriff nicht als inhaltlose, wertausfüllungs-
bedürftige Formel, sondern als Zusammenfassung der oben im einzelnen
dargelegten Lösungen versteht. Jedenfalls erscheint es auch unter diesem
Gesichtswinkel nicht als sinnvoll, auf den durchaus sachgerechten terminus
„Tatherrschaft" zu verzichten.

2. Die „negative" Begründung der Tatherrschaftslehre, die Gegenprobe
gewissermaßen, läßt sich dadurch führen, daß man nachweist, keiner der
anderen je vertretenen Täterlehren sei die richtige Abgrenzung der Teilnahmeformen in vollem Umfange gelungen, so daß der Tatherrschaftsgedanke
am Ende als einziger treffender Gesichtspunkt zur Aufgliederung der Mitwirkungsweisen übrig bleibt.

Auch dieses Verfahren hat der bisherige Gang der Untersuchung eingeschlossen. Es hat sich gezeigt, daß alle übrigen Theorien in dieser oder jener
Hinsicht einseitig und lückenhaft sind und im ganzen in der Sauberkeit der
methodischen Durchführung ebenso wie in der Sachgerechtheit, Klarheit und
Praktikabilität der Ergebnisse hinter der Tatherrschaftslehre erheblich zurückbleiben. Es ist auch nicht denkbar, daß irgendein völlig anders gearteter,
bislang unentdeckter Täterbegriff den objektiven Sinnzusammenhängen des
Gesetzes besser entsprechen könnte als das Tatherrschaftsprinzip. Denn
dessen beschreibende Ausformung ist von vornherein so gestaltet worden, daß
sie den vorher erarbeiteten Grundlagen so weit wie möglich gerecht wird.

Wir können also sagen: Die Tatherrschaftslehre enthält, soweit es sich um die bisher erörterten vorsätzlichen Begehungsdelikte handelt, die zutreffende inhaltliche Bestimmung des allgemeinen gesetzlichen Täterbegriffes.

3. Mit alledem ist aber noch nicht gesichert, daß der Tatherrschaftsbegriff der gesetzlichen Regelung auch nur der vorsätzlichen Begehungsdelikte ausnahmslos zu Grunde liegt. Es könnte sein, daß der Gesetzgeber die Zentralgestalt des handlungsmäßigen Geschehens nicht in allen Fällen durch die Tatherrschaft, sondern bisweilen durch andere sachliche Kriterien gekennzeichnet wissen wollte. Jedenfalls ist es nicht gerechtfertigt, einen Täterbegriff, der bei den im Vordergrund stehenden Delikten seine Brauchbarkeit bewiesen hat, allein deshalb unterschiedslos und unbesehen auf jede Art deliktischer Betätigung anzuwenden, wie es meist geschieht. Der Täterbegriff ist aus dem Rechtsstoff herauszuholen, nicht ihm aufzuerlegen.

Die Frage nach der Tragweite des Herrschaftsgedankens ist abschließend nur durch eine Analyse der Einzeltatbestände zu beantworten. Doch läßt sich auf der Grundlage unserer bisherigen Ergebnisse schon gewissermaßen apriorisch feststellen, wo der Tatherrschaftsbegriff zur Abgrenzung der Beteiligungsformen nicht mehr geeignet sein kann. Es handelt sich, soweit ich sehe, um zwei denkbare Fallgruppen:

a) Zunächst einmal kann die Tatherrschaft nur dort die Zentralgestalt des Deliktsgeschehens bezeichnen, wo das vom Gesetzgeber für strafwürdig erachtete Verhalten überhaupt beherrschbar ist. Beherrschbar sind alle Vorgänge, deren verpönte Wirkungen auf materiellem oder psychischem Gebiet liegen. Tötungen, Körperverletzungen, Sachbeschädigungen, Brandstiftungen, Diebstähle usw. haben äußere Folgen, die einer lenkenden Gestaltung im oben beschriebenen Sinne zugänglich sind. Ebenso unterliegen psychische Einwirkungen, wie sie in Form von Nötigungen, Täuschungen, Drohungen und Verletzungen des sittlichen oder religiösen Gefühls auftreten, einer von außen steuernden Herrschaft. Nur auf diesem Umstand beruht ja z. B. die mittelbare Täterschaft im Falle des § 52 StGB.

In den Bereichen des physisch-sozialen und des seelischen Seins also, die, wie leicht zu erkennen ist, den Großteil aller Delikte umfassen, ist der Herrschaftsbegriff ohne weiteres verwendbar. Dagegen ist es ebenso klar, daß im Bereiche des geistigen Seins und damit – soweit das Strafrecht in Frage kommt – der „Werte" eine äußere Beherrschbarkeit fehlt. Ein Treubruch etwa oder ein Akt spezifischer Unmoral läßt sich durch Gewalt oder Täuschung oder eine äußerlich noch so wichtige Mitwirkung nicht steuernd herbeiführen. Wenn man jemanden mit Gewalt zu einem derartigen Verhalten zwingt oder ihn durch Täuschung dazu veranlaßt, so hat die abgenötigte oder abgelistete Handlung nicht den spezifischen Unwert, der sie zum Treubruch oder Moralverstoß stempelt.

Daraus folgt: Wenn sich erweisen sollte, daß der Gesetzgeber ohne Rücksicht auf handlungsgebundene physisch-soziale oder psychische Folgen ausgesprochene Wertwidrigkeiten um ihrer selbst willen unter Strafe stellt, so würde in diesen Fällen der Tatherrschaftsbegriff als Kriterium der Zentralgestalt versagen. Dem wird im folgenden näher nachzugehen sein.

b) Ferner ist es ohne weiteres einleuchtend, daß es auf die Tatherrschaft dort nicht ankommen kann, wo der Gesetzgeber selbst die Person des Täters durch andere Merkmale unter den Beteiligten heraushebt. Das klingt wie eine Binsenwahrheit, und doch ist es von den Anhängern der Tatherrschaftslehre bisher nicht beachtet worden.

Daß der Gesetzgeber so vorgehen kann, daß er also bei bestimmten Deliktsgruppen die Zentralgestalt durch andere, der besonderen Regelungsmaterie angepaßte Kriterien bestimmen kann, steht außer Zweifel. Wie aber soll man feststellen, wo das der Fall sein könnte?

Auch diese Frage läßt sich von den bislang erarbeiteten Grundlagen her in einer freilich nur vorläufigen und allgemeinen Weise beantworten. Denn wenn wir die Zentralgestalt des handlungsmäßigen Geschehens, den Täter, in den Schilderungen der Einzeltatbestände unmittelbar beschrieben finden, während Anstifter und Gehilfe davon nicht direkt erfaßt werden, dann muß es sich sogleich auf den Täterbegriff auswirken, wenn der Gesetzgeber das Handlungssubjekt durch andere Merkmale als ein bloßes, nach unserer Auffassung den Tatherren meinendes „wer" kennzeichnet.

Wenn der Gesetzgeber beispielsweise von einem „Beamten" oder „Arzt" als Deliktssubjekt spricht, so ist das etwas anderes als ein Tatherr. Ein Beamter braucht nicht die Tatherrschaft zu haben; und wer das Geschehen beherrscht, braucht nicht Beamter zu sein. Es liegt deshalb nahe, daß dort, wo das Gesetz dem Handelnden besondere Merkmale beilegt, der Begriff der Zentralgestalt durch andere Kriterien ausgefüllt wird. Dann aber muß es zu Fehlern und Begriffsverbiegungen führen, wenn man diese Delikte mehr oder weniger gewaltsam in das Prokrustesbett des Tatherrschaftsbegriffes zwängt. Daraus erklären sich z. B. die unlösbaren Friktionen, die schon oben bei dem Versuch hervorgetreten sind, die Problematik des sog. qualifikationslosen dolosen Werkzeuges mit Hilfe des Tatherrschaftsbegriffes zu lösen[1].

Ob sich in Fällen der angedeuteten Art andere, einheitlich strukturierte Kriterien der Täterbestimmung auffinden lassen, wie sie beschaffen sind und wie sie sich zum Tatherrschaftsbegriff verhalten, das wird noch eingehend zu untersuchen sein[2]. Im folgenden werden wir uns zunächst einer Deliktsgruppe zuwenden, die sich dem Geltungsbereich des Tatherrschaftsprinzips nur scheinbar entzieht.

II. Tatherrschaft, Zueignungsdelikte und das Problem des absichtslosen dolosen Werkzeugs

Die Abgrenzung von Täterschaft und Teilnahme bei den Zueignungsdelikten hat immer wieder große Schwierigkeiten gemacht. Auch der Tatherrschaftstheorie fügt sich diese Deliktsgruppe, wenn man der herrschenden Meinung folgt, nicht recht ein. Hauptbeispiele sind die Tatbestände des Diebstahls, der Unterschlagung, der Hehlerei und der Wilderei.

---

[1] Vgl. dazu S. 252–258
[2] Unten, § 34, S. 352 ff.

1. Der Diebstahl und das absichtslose dolose Werkzeug

Am deutlichsten wird die Problematik beim Tatbestande des Diebstahls. Wenn A in einem fremden Garten eine fette Gans herumwatscheln sieht und der Freund B ihm auf seine Bitte das Tier herausholt, so wird allgemein angenommen, daß A mittelbarer Täter des Diebstahls und B als sogenanntes „absichtsloses doloses Werkzeug" sein Gehilfe ist. Aber wie läßt sich das mit der Tatherrschaftslehre vereinbaren? Die Tatbestandshandlung – die Wegnahme – verwirklicht nur der B. Er beherrscht auch allein das Geschehen. Da A keine Macht über ihn hat, kann der B nach seinem Belieben die Gans laufen lassen, sie selbst behalten oder sie dem A geben. Der Fall liegt also strukturell nicht anders, als wenn B auf Bitten des A für ihn eine Fensterscheibe eingeworfen hätte – eine Sachgestaltung, bei der nach dem früher Dargelegten B ohne Zweifel als Täter und A als Anstifter zu betrachten wäre.

Wenn trotzdem im Ausgangsbeispiel gemeinhin auch die Anhänger der Tatherrschaftslehre zu einer anderen Lösung kommen, so liegt das offenbar an der besonderen Tatbestandsfassung des § 242 StGB, an der dort geforderten Zueignungsabsicht, die nach allgemeiner Ansicht nur dem A und nicht dem B zukommt. Wie die Berücksichtigung dieses subjektiven Tatbestandsmerkmals mit dem Tatherrschaftsprinzip in Einklang zu bringen ist, ist ein ganz ungelöstes Problem.

a) Zum Streitstand

Welzel etwa, der den Hintermann als mittelbaren Täter und den Handelnden als Gehilfen bestrafen will, versucht den Tatherrschaftsgedanken bei dieser Lösung durch die Bemerkung zu retten[3]: „Es handelt sich um Fälle, die Mittäterschaft wären, wenn auch der unmittelbar Handelnde die täterschaftliche Absicht hätte". Aber das überzeugt nicht. Denn erstens wird hier nach Welzels eigenen Worten eine „Beinahe-Mittäterschaft" in eine mittelbare Täterschaft umgedeutet, obwohl Welzel selbst ganz zu recht die grundlegende strukturelle Verschiedenheit dieser beiden Erscheinungsformen täterschaftlichen Handelns hervorgehoben hat[4]. Und zweitens trifft es auch nach Welzels eigenen Prämissen nicht einmal zu, daß eine Mittäterschaft vorläge, wenn der Handelnde die Zueignungsabsicht hätte. Denn wenn der Ausführende selbst Täter wäre, könnte der Auffordernde höchstens Anstifter sein.

Gallas operiert hier in derselben Weise wie beim qualifikationslosen dolosen Werkzeug mit dem Gedanken, daß der „Anstiftungsakt" dadurch zur „Ausübung von Tatherrschaft" werde, daß der Hintermann es kraft seiner Absicht in der Hand habe, ob es überhaupt zu einem deliktischen

---

[3] Lehrb., 7. Aufl., S. 93
[4] Vgl. dazu oben S. 277

Geschehen komme[5]. Dagegen sind alle schon oben[6] vorgetragenen Einwendungen geltend zu machen. Nicht A, sondern B hat es in der Hand, ob ein Diebstahl ausgeführt wird. A hat darauf keinen größeren Einfluß als jeder andere Anstifter; besäße er nicht einmal die Zueignungsabsicht, so läge nur eine Anstiftung zur Sachentziehung vor.

Allein Maurach[7] trägt dem Taterrschaftsgedanken in vollem Umfange Rechnung, wenn er sagt, der Handelnde sei, da er die Wegnahme allein bewirke und der Diebstahl keine Gewinnsuchtstat sei, jedenfalls Täter, nicht Gehilfe. Dadurch werde zwar die Möglichkeit mittelbarer Täterschaft des Hintermannes nicht schlechthin ausgeschlossen, aber auf die Fälle einer konkret feststellbaren Taterrschaft reduziert, die hier nicht aus einem Mangel der volldeliktischen Natur der Haupttat gefolgert werden dürfe. Allerdings bleibt Maurach eine Erklärung dafür schuldig, ob und mit welchen Gründen er dem Ausführenden die Zueignungsabsicht zusprechen oder ob er darauf als Voraussetzung der Täterschaft überhaupt verzichten will.

Auch sonst sind alle nur erdenklichen Lösungen vertreten worden. So wollte Mezger[8] auf der Grundlage der früher von ihm vertretenen formal-objektiven Theorie eine Mittäterschaft annehmen; „denn der eine liefert den subjektiven, der andere den objektiven tatbestandsmäßigen Tatbeitrag, und beide müssen sich bei solchem gegenseitigen Einverständnis nach § 47 StGB den Tatbeitrag des anderen anrechnen lassen". Aber diese Argumentation ist auch nicht stichhaltig. Entweder nämlich handelt es sich bei der Zueignungsabsicht um ein echtes täterschaftliches Merkmal. Dann muß sie bei beiden vorliegen, und wer sie nicht hat, kann so wenig Mittäter sein wie ein Nichtbeamter beim echten Amtsdelikt. Oder es handelt sich nicht um ein täterschaftliches Element. Dann kann der Hintermann nur Anstifter sein.

Weit verbreitet ist auch ein resignierender Verzicht auf jede Diebstahlsstrafe. Flegenheimer etwa, dem wir die gründlichste monographische Bearbeitung des Themas verdanken[9], begnügt sich damit, den Hintermann als Täter einer Unterschlagung und den Handelnden als Gehilfen dieser Tat zu erfassen, ein Ergebnis, das schon vor ihm namentlich Beling[10] vertreten hatte. Diese Lösung ist jedoch ganz unbefriedigend und steht sicher nicht im Einklang mit dem Willen des Gesetzes. Denn es liegt klar zu Tage, daß hier eine Zueignung mittels Gewahrsamsbruches vorliegt, die der Gesetzgeber als Diebstahl bestraft wissen will[11]. Wenn wir an den Fall eines mit zehn Jahren Zuchthaus bedrohten Einbruches denken, ist der Unterschied der Strafrahmen derart eklatant, daß eine zweckentsprechende Aufgabenverteilung für jeden Einbrecher ein gutes Geschäft wäre und die Anwendung des § 243 weitgehend ausschließen könnte.

---

[5] Gutachten S. 136
[6] S. 254/255
[7] A. T., 2. Aufl., § 48 II, A, 2, a, S. 500
[8] Lehrb., 2./3. Aufl., S. 428
[9] Das Problem des „dolosen Werkzeugs", 1913, Strafr. Abh., Heft 164, S. 52/53
[10] ZStW, Bd. 28, 1908, S. 602/03
[11] Vgl. dazu auch Gallas, Gutachten, S. 135/36

b) Die Lösung

Zutreffend ist allein die Annahme, daß getreu dem Tatherrschaftsprinzip wie bei jedem gewöhnlichen Tatbestand der unmittelbar Handelnde Täter und der Hintermann Anstifter ist[12]. Dabei ist es nicht so, daß die Zueignungsabsicht etwa außer Betracht zu lassen wäre; vielmehr liegt sie auch im Ausgangsbeispiel beim Wegnehmenden vor, so daß er den gesamten Tatbestand in eigener Person erfüllt. Diese der herrschenden Meinung widersprechende Lösung wird durch mehrere Argumente gestützt:

aa) Auch die Gegenauffassung behauptet nicht, daß für die Zueignungsabsicht das Motiv der Gewinnsucht, der Vorteilserlangung oder des Eigeninteresses erforderlich sei. Der heilige Crispinus, der Gegenstände stiehlt, um sie sogleich den Armen zu schenken, macht sich unstrittig nach § 242 StGB strafbar[13], und zwar als Täter. Der Unterschied dieses Falles gegenüber dem Ausgangsbeispiel soll nur darin liegen, daß beim Heiligen die Weitergabe sich als „Ausdruck angemaßter Eigentumsmacht" darstellt, während unser Gänsedieb B sich keine Eigentumsmacht anmaßen, sondern die Sache „schlicht weitergeben" wolle[14].

So plausibel diese Differenzierung klingt und so großen Beifall sie gefunden hat: praktisch durchführbar ist sie nicht. Denn was heißt es, sich eine Eigentumsmacht anzumaßen? Da ein zivilrechtlicher Eigentumserwerb nicht in Frage kommt, kann es nur bedeuten: se ut dominum gerere, sich wie ein verfügungsberechtigter Eigentümer verhalten. Das tun hier durch die eigenmächtige Wegnahme und Weitergabe beide. Oder sollte es bei B an einer selbständigen Verfügung fehlen, weil er dem A gegenüber nicht als Berechtigter aufgetreten ist? Das wäre seltsam; denn dann könnte der heilige Crispinus nicht mehr wegen Diebstahls bestraft werden, wenn er den Armen bei der Weitergabe der Sachen ihre Herkunft mitteilte. Und wenn sie ihn bitten würden, ihnen bei späterer Gelegenheit noch einige Gegenstände zu besorgen, so müßten die Armen mittelbare Täter des neuen Diebstahls sein, und der Heilige würde zum absichtslosen Werkzeug herabsinken, obwohl die Tathandlung ebenso wie seine Vorstellungen und Motive haargenau dieselben sind wie beim ersten Diebstahl.

Entscheidend kann demgegenüber doch nur sein, daß der Sich-Zueignende ungenötigt und selbständig darüber bestimmt, ob er dem Eigentümer die Sache dauernd entziehen, ob er sie weitergeben und wer sie erhalten soll. Diese Voraussetzung aber ist im einen wie im anderen Falle erfüllt. B handelt zwar um des A willen und auf dessen Wunsch; aber er holt und gibt ihm die Gans aus eigener Machtvollkommenheit und trifft demgemäß auch eine „selbständige Verfügung" über sie, die den Zueignungsbegriff erfüllt.

---

[12] So vom Standpunkt der Tatherrschaftslehre aus beiläufig schon Kaun, Beteiligung am Selbstmord, S. 35; aus früherer Zeit namentlich Kohler, Studien I, S. 129; weitere Angaben bei Flegenheimer, S. 49

[13] Widersprüchlich Flegenheimer, der hier Strafbarkeit annimmt, andererseits aber für den Diebstahl „Handeln in eigenem Interesse" (S. 52) verlangt.

[14] Welzel, Lehrb., 7. Aufl., S. 291

Alle anderen Unterscheidungen sind so spitz, daß sie mit keiner psychischen Realität mehr korrespondieren und zu ganz willkürlichen Ergebnissen führen müssen. Man denke sich nur, daß dem B vor oder nach der Wegnahme der Gedanke durch den Kopf schießt, ob er die Gans nicht lieber selbst behalten solle, daß er sich dann aber doch entschließt, sie dem A zu geben. Hier ist nicht gut zu bestreiten, daß er eine eigenständige Verfügung trifft und demnach Täter des Diebstahls sein muß. Soll aber nun die Zueignungsabsicht durch eine Reflexion zustandekommen, bei der der Handelnde nur die Möglichkeiten überdenkt, die seine ihm ohnehin bekannte Entscheidungsfreiheit bietet? Das wäre wenig sinnvoll – ganz abgesehen davon, daß die herrschende Lehre bei einem der Wegnahme nachfolgenden Entschluß zum Behalten der Sache den Einbrecher nicht mehr als Täter eines Diebstahls strafen könnte, weil die Zueignungsabsicht nach dem Gesetzeswortlaut im Augenblick der Wegnahme vorliegen muß.

Der Wegnehmende hat also, solange er frei handelt, die Zueignungsabsicht, und das Motiv seines Tuns ist gleichgültig. Das gilt auch in dem vom Schrifttum oft angeführten Schulbeispiel des Bauern, der seinen Knecht auffordert, ihm die Gänse des Nachbarn in den Stall zu treiben. Hier wirkt die Annahme mittelbarer Täterschaft wegen der unterlegenen sozialen Stellung des Ausführenden weniger befremdlich. Gleichwohl ist zu sagen: Entweder es liegt, wie es in früheren Zeiten gewesen sein mag, ein Befehlsverhältnis vor, das den militärischen Beziehungen zwischen Vorgesetztem und Untergebenen entspricht. Dann handelt es sich nach allgemeinen Grundsätzen um einen Fall mittelbarer Täterschaft. Oder man nimmt wie Maurach (und noch viel weitergehend Lange) bei starker sozialer Abhängigkeit eine Tatherrschaft des Hintermannes auch dann an, wenn der Ausführende vorsätzlich schuldhaft vorgeht; dann ist wiederum eine mittelbare Täterschaft zu bejahen, ohne daß es des Rückgriffs auf die Konstruktion eines absichtslosen dolosen Werkzeugs bedürfte. Oder man schließt, wie es der hier vertretenen Auffassung entspricht, eine Tatherrschaft des Hintermannes aus, solange dem unmittelbar eigenhändig Handelnden kein Entschuldigungsgrund zur Seite steht: Dann muß man auch dem Knecht die Zueignungsabsicht zusprechen; denn er verwirklicht die Wegnahme eigenhändig und verfügt ungenötigt zugunsten seines Bauern über die Diebesbeute. Wollte man anders entscheiden, so müßte man auch den wirtschaftlich vom Hehler abhängenden Dieben, die auf dessen Geheiß neue Beute heranschaffen, die Täterschaft absprechen – eine Lösung, bei der die gesetzgeberischen Vorstellungen auf den Kopf gestellt würden und die ja auch von der herrschenden Lehre nicht vertreten wird.

bb) Für die Annahme, auch der Diebstahl unterstehe dem Tatherrschaftsprinzip, spricht außerdem entscheidend die Erwägung, daß die Tatbestandsfassung keinerlei Anhaltspunkte für eine andersartige Abgrenzung von Täterschaft und Teilnahme bietet.

Zunächst einmal läßt sich mit Sicherheit sagen, daß der Gesetzgeber die Zueignungsabsicht nicht im Hinblick auf die Teilnahmelehre, sondern um ganz anderer Zwecke willen in den Tatbestand eingeführt hat. Der Grund liegt in der Notwendigkeit, den Diebstahl von der bloßen verbotenen Eigenmacht und dem furtum usus abzugrenzen. Eine Wegnahme, die nicht von dem Willen getragen ist, die Sache dem Berechtigten dauernd zu entziehen und wie ein Eigentümer wirtschaftlich darüber zu verfügen, ist kein Diebstahl. Die Zueignungsabsicht ist, wie Welzel[15] sehr treffend sagt, die „sinnbeseelende Tendenz der Wegnahme". Einem Merkmal, das in dieser Art einen Tatbestand von anderen, straflosen Verhaltensweisen abgrenzen soll, kann man schwerlich die Funktion unterschieben, gleichzeitig die gesamte Teilnahmelehre umzukehren.

cc) Ferner sprechen die oben dargelegten allgemeinen Grundsätze der Täterlehre mit Nachdruck gegen eine andersartige Differenzierung der Beteiligungsformen beim Tatbestande des Diebstahls. Denn es handelt sich hier um ein außenweltliches Geschehen, das in derselben Weise wie etwa ein Totschlag oder eine Brandstiftung beherrschbar ist. Deshalb ist nicht einzusehen, warum das, was dort für zutreffend erkannt wurde, hier nicht richtig sein soll.

Das gilt nicht nur für die bislang erörterten Fälle der mittelbaren Täterschaft, sondern auch für die Mittäterschaft. Wenn mehrere Leute in arbeitsteiligem Zusammenwirken eine Sache stehlen, so verfügen sie kraft ihrer funktionellen Tatherrschaft über den Gegenstand auch dann in einer den Zueignungsbegriff erfüllenden Weise, wenn die Beute wirtschaftlich nur einem zufließen soll. Wenn man nur den „Erwerber" als Täter und alle anderen als Gehilfen ansehen wollte, wie es die herrschende Lehre konsequenterweise tun muß[16], so läuft das – genau wie im Ausgangsbeispiel des von B verübten Gänsediebstahls – letzten Endes auf die Interessentheorie hinaus. Und diese Lehre ist falsch, wie hier nicht von neuem erklärt zu werden braucht. Sie verfehlt nicht nur den allgemeinen Täterbegriff; es ist insbesondere auch ausgeschlossen, daß sie etwa entgegen der Regel dem § 242 StGB zugrundeliegt. Denn gerade hier steht außer Streit, daß der Täter des Diebstahls ein Eigeninteresse an der Beute nicht zu haben braucht, wie der Fall des heiligen Crispinus deutlich beweist.

Das ganze Dilemma der Rechtsprechung zeigt die neueste Entscheidung des Bundesgerichtshofs[16a] zur Frage der Mittäterschaft beim Diebstahl: Hier hatte ein Kellner gemeinsam mit dem Wirt Gäste beraubt. Dabei hatte er an der „gewaltsamen Entkleidung" eines Gastes mitgewirkt und offenbar auch Geldscheine eigenhändig weggenommen, die er freilich „sogleich der Verfügungsgewalt" des Wirtes „überlassen" hatte. Es handelte sich also um einen klassischen Fall gemeinsamer Tatherrschaft, die nach der hier vertretenen Lehre auch beim Diebstahl (bzw. Raub) mittäterschaftsbegründend wirkt. An der Zueignungsabsicht fehlt es nicht, weil gerade in der Ausübung der Tatherrschaft und der dadurch ermöglichten freiwllligen „Überlassung

---

[15] Lehrb., 7. Aufl., S. 296

[16] Vgl. auch Bockelmann, Untersuchungen, S. 120 Anm. 19, der hier von einer Unzulänglichkeit „des § 242 oder seiner Auslegung" spricht, gewisse Zweifel an der allgemein vertretenen Auffassung also auch nicht unterdrücken kann; für Beihilfe Schröder, JR 1962, S. 348

[16a] BGHSt 17, 87–94 (88, 92 ff.).

der Sache an den anderen" sich die quasidingliche Verfügungsgewalt manifestiert, die für die Zueignung kennzeichnend ist.

Die herrschende Meinung würde hier freilich wohl entsprechend dem oben erwähnten „Gänsefall" ein schlichtes „Weitergeben" und damit ein Fehlen der Zueignungsabsicht und eine bloße Beihilfe annehmen, wie es auch Schröder[16b] in seiner Anmerkung zu diesem Urteil tut. Der Bundesgerichtshof scheint von derselben Voraussetzung auszugehen, hält aber – zu Recht – die Bejahung einer Mittäterschaft doch für angemessener und kommt deshalb zu folgendem Leitsatz: „Wer eine fremde bewegliche Sache im Zusammenwirken mit einem anderen gewaltsam wegnimmt, eignet sie sich auch dann zu, wenn er sie deshalb sogleich der Verfügungsgewalt des anderen überläßt, weil er daran ein eigenes wirtschaftliches Interesse hat oder dadurch einer Anstandspflicht entsprechen will. Er ist Mittäter." Im Text des Urteils wird die Annahme der Zueignung in diesen Fällen damit begründet, daß der Täter „den wirtschaftlichen Wert der Sache (ganz oder teilweise) seinem Vermögen" zugeführt und daß er „den wirtschaftlichen Wert des Geldscheins … für sich" genutzt habe, weil er sonst hätte befürchten müssen, selbst vom Wirt in Anspruch genommen zu werden.

So richtig das Ergebnis ist, so unzutreffend ist die Begründung. Denn erstens ist der Diebstahl anerkanntermaßen kein Bereicherungsdelikt, so daß die Erlangung eines wirtschaftlichen Vorteils für die Tatbestandserfüllung irrelevant ist. Zweitens bedeutet es auch eine unerträgliche Überdehnung der Sachwerttheorie, daß mittelbare, nicht aus dem gestohlenen Gegenstand fließende Vorteile sich als Zueignung des wirtschaftlichen Wertes einer Sache darstellen sollen; wenn überhaupt, kann die Sachwerttheorie nur dort verwendet werden, wo der wirtschaftliche Wert der Sache selbst vermindert wird; sonst würde die Grenzlinie zwischen Diebstahl, furtum usus und Betrug völlig verwischt werden. Und drittens ist es selbst vom verfehlten Standpunkt des Bundesgerichtshofs aus nicht verständlich, wieso auch noch die Erfüllung einer Anstandspflicht – ein Gesichtspunkt, der ganz neben der Sache liegt – die Zueignung begründen soll.

Man sieht: Alle diese Umwege dienen nur dazu, die durch die Figur des „absichtslosen dolosen Werkzeuges" der Rechtsprechung aufgenötigten sachwidrigen Ergebnisse zu vermeiden. Der schon im Ansatz steckende Fehler kann nur durch neue Fehler wieder aufgehoben werden.

dd) Daraus folgt ein weiteres: Die Konstruktion eines „absichtslosen dolosen Werkzeuges" ist, soweit es um den Diebstahlstatbestand geht, ein Relikt der reichsgerichtlichen Rechtsprechung, das selbst vom Standpunkt der subjektiven Theorie aus, wie sie heute überwiegend noch vertreten wird, keine Existenzberechtigung mehr hat. Denn der Ausführende erfüllt den gesamten Tatbestand eigenhändig oder hat wenigstens die Mitherrschaft inne und dürfte deshalb höchstens von den jetzt auch in der Rechtsprechung prinzipiell aufgegebenen Grundlagen des „Badewannenfalles" her als Teilnehmer angesehen werden.

[16b] JR 1962, S. 348

Zu derselben Lösung, wie sie hier vertreten wird, scheint der Entwurf 1962 zu kommen, wenn er in § 235 von der Absicht spricht, die Sache „sich oder einem Dritten widerrechtlich zuzueignen". Nur in der Begründung besteht insofern ein Unterschied, als wir die selbständige Verfügung zugunsten eines Dritten als ein „Sich-Zueignen" ansehen, so daß der erweiternde Zusatz überflüssig wäre. Abgesehen davon verdient das Vorstehende aber auch de lege ferenda Berücksichtigung. Denn es handelt sich hier um ein Sachproblem der Teilnahmelehre, das durch mehr oder weniger beliebige Umformulierungen der Tatbestandsfassung kaum abschließend zu lösen ist. Wer nämlich – wie es anscheinend überwiegend auch die Anhänger der Tatherrschaftslehre tun – die Lösung des Schulfalles vom Knecht, der seinem Bauern die Gänse des Nachbarn in den Stall treibt, auf Grund allgemeiner Erwägungen über den Täterbegriff für richtig hält, wird auch bei verändertem Wortlaut des Tatbestandes nicht anders zu entscheiden brauchen. Denn wenn man dem Knecht schon eine eigene Verfügungsmacht abspricht, wird man dem nach dieser Meinung allein vorliegenden untergeordneten Handlangerdienst überhaupt die Qualität eines selbständigen Zueignungsaktes – sei es auch zugunsten eines Dritten – nicht zugestehen und weiter zwischen einer Drittzueignung und einer bloßen Übergabe unterscheiden. Deshalb ist es erforderlich, auf die von der zufälligen Tatbestandsformulierung unabhängige sachliche Unhaltbarkeit der in diesem Punkte extrem subjektivistischen herrschenden Lehre hinzuweisen.

c) Zum Problem des „absichtslosen dolosen Werkzeugs" im allgemeinen

Soweit § 242 StGB für die Teilnahmelehre ein Problem bedeutet, liegt die Schwierigkeit im Begriff der Zueignung, nicht in dem einer davon abstrahierten Absicht. Wenn man sie – wie es einer verbreiteten Auslegung entspricht – aus dem Tatbestande wegläßt und die Bestimmung so liest, daß die „Zueignung durch Wegnahme" den Gegenstand der Strafdrohung bildet, so bedeutet das für die Teilnahmelehre nicht den geringsten Unterschied.

Dieser Umstand führt auf die Frage, ob es die heute fast allgemein anerkannte Rechtsfigur des „absichtslosen" Werkzeuges im Sinne einer durch gleichartige Merkmale ausgezeichneten Fallgruppe überhaupt gibt. Um das Ergebnis vorwegzunehmen: Die Frage ist zu verneinen.

So handelt es sich etwa bei den von Maurach[17] hier angeführten Fällen, daß jemand durch ein ahnungsloses Zimmermädchen „seine" (in Wahrheit eine fremde) Uhr wegnehmen läßt oder daß ein Arzt aus sexuellen Beweggründen durch eine nichtsahnende Assistentin „Heileingriffe" bei Frauen vornehmen läßt, um typische Erscheinungsformen des vorsatzlosen Werkzeugs, die einer anderweitigen Einordnung nicht bedürfen. Wo, wie bei der „gewinnsüchtigen Absicht" in § 133 Abs. 2 StGB, gesinnungshaltige Ele-

---

mente die objektive Tatbestandsverwirklichung überlagern, ist ein das Tatherrschaftsprinzip modifizierender Einfluß auf die Teilnahmelehre ebenfalls ausgeschlossen. Wenn A mit gewinnsüchtiger Absicht den ohne diese Absicht handelnden B zu einer Tat nach § 133 StGB anstiftet, wird er nicht ein durch B als „absichtsloses Werkzeug" handelnder mittelbarer Täter. Das gilt auch dann, wenn man auf das Verhältnis der beiden den § 50 Abs. 2 StGB nicht anwendet. Denn es wäre absurd anzunehmen, daß der Gesetzgeber die für § 133 Abs. 1 geltende Abgrenzung von Täterschaft und Teilnahme durch die Qualifizierung in Absatz 2 hätte umkehren wollen.

Auch die sonst im Schrifttum behandelten Fälle lassen keine Notwendigkeit zur Einführung eines „absichtslosen" Werkzeuges erkennen. Flegenheimer[18] bringt das Beispiel, daß ein Münzbetrüger sich das Falschgeld von einer Person herstellen läßt, die zwar die verbrecherische Absicht des Auftraggebers kennt, die aber selbst „aus anderen Gründen, vielleicht aus Liebhaberei, um ihre Kunstfertigkeit zu erproben, tätig wird". Er meint, der Hersteller könne mangels der im Tatbestand geforderten Absicht nicht als Täter nach § 146 StGB, sondern nur als absichtsloses Werkzeug wegen Beihilfe gemäß § 147 2. Alt. bestraft werden. Allein: Wenn der Amateurfälscher ausnahmsweise den Auftrag eines Verbrechers annimmt, hat er in concreto die in § 146 geforderte Absicht – auf das Motiv, den Endzweck, kommt es hier nicht an[19] – und wird zu Recht wegen der in der selbständigen Herstellung sich manifestierenden Tatherrschaft als Täter des § 146 StGB bestraft. Und was § 147 betrifft, so ist der Hersteller allerdings Gehilfe; aber nicht wegen der fehlenden Absicht, sondern nur deshalb, weil er hinsichtlich der Verfügungen, die sein Auftraggeber über das Geld trifft, keine Tatherrschaft besitzt.

Wie steht es aber mit § 257 StGB? Ist der Knecht, der dem Freunde des Bauern auf dessen Aufforderung hin zur Flucht verhilft, ein absichtsloses doloses Werkzeug, während der Herr mittelbarer Täter einer Begünstigung ist? Auch hier führt diese Konstruktion nicht weiter; denn der Bauer ist zwar Täter, aber unmittelbarer, weil schon in der Beauftragung des Knechts eine selbständige Beistandskistung liegt[20]. Der Knecht ist ebenfalls Täter, wenn man entweder unter der Strafvereitelungsabsicht nur den dolus directus versteht oder – bei weitergehender Auslegung – er sich den Hilfszweck des Bauern zu eigen gemacht hat. Nimmt man an, ihm fehle die Absicht, so kann er zwar nicht Täter sein, aber er hat dann auch keine Begünstigungshandlung in dem vom Gesetz geforderten Sinne vorgenommen, weil die das äußere Verhalten tragende und vom Gesetz geforderte Strafvereitelungstendenz fehlt.

Auf weitere, noch ferner liegende Beispielsfälle brauchen wir nicht einzugehen. Schon die vorstehende Auswahl läßt deutlich werden, daß die für die Existenz einer Gruppe von „absichtslosen dolosen Werkzeugen" angeführten Sachverhalte eine durchaus verschiedenartige Struktur aufweisen und

---

[18] a. a. O. S. 58/59
[19] Vgl. nur Schönke/Schröder, 10. Aufl., § 146 IV
[20] Vgl. dazu auch Flegenheimer, S. 60

sich deshalb nicht auf einen Nenner bringen lassen. Daraus folgt aber weiter, daß es diese Erscheinungsform mittelbarer Täterschaft, deren Anerkennung sich nach jahrzehntelangen Auseinandersetzungen namentlich mit der formal-objektiven Theorie endlich allgemein durchgesetzt hat und die sogar in die Getzesformulierung des Entwurfs 1958 (in § 28 Abs. 2) und in die Begründung des Entwurfs 1962[21] eingedrungen ist, in Wahrheit nicht gibt. Das ist nicht nur so gemeint, daß die Konstruktion einer mittelbaren Täterschaft mit Hilfe eines absichtslosen dolosen Werkzeuges wegen ihres Widerspruchs zum Tatherrschaftsprinzip generell abzulehnen ist, sondern vor allem auch in dem Sinne, daß es sich hier von vornherein nicht um eine einheitlich gelagerte, besonderer Behandlung bedürftige Sachverhaltsgruppe handelt. Auch alle anderen Theorien könnten also auf diese Rechtsfigur verzichten und die ihr gewöhnlich zugeordneten Fälle nach ihren allgemeinen Beurteilungskriterien lösen. Die Tatherrschaftslehre jedenfalls findet hier keine Grenze ihres Anwendungsbereichs.

2. Die Unterschlagung

Auch der Tatbestand der Unterschlagung birgt bei der Abgrenzung von Täterschaft und Teilnahme einige Probleme, die die Anwendbarkeit des Tatherrschaftsprinzips als zweifelhaft erscheinen lassen.

a) Zunächst bereitet wie beim Diebstahl der Begriff des „Sich-Zueignens" Auslegungsschwierigkeiten. So hat Rosenfeld[22] einige Fälle gebildet, die er vom Standpunkt der von ihm vertretenen formal-objektiven Theorie für unlösbar hielt: Jemand leugnet den Besitz einer geliehenen Sache gegenüber dem Eigentümer im Interesse eines dritten, unbefugten Verleihers; oder: Der Vermieter streitet den Besitz seines Untermieters an einer fremden Sache ab. Hier sei eine objektive Abgrenzung undurchführbar, meint Rosenfeld. Vielmehr werde die Täterschaft durch ein „Sich-Zueignen" und damit durch ein „egoistisches Motiv" begründet. Da es den Handelnden der Beispielsfälle fehle, könnten sie nicht Täter der Unterschlagung sein. Der Einwand würde, wenn er zuträfe, auch gegenüber dem Tatherrschaftsprinzip gelten; denn das äußere Geschehen lenkt der jeweils Leugnende allein. Aber die Ausführungen Rosenfelds treffen nicht den Kern der Sache. Zwar ist in den angeführten Fällen in der Tat eine Unterschlagung abzulehnen. Der Grund liegt aber nicht darin, daß ein egoistisches Motiv vorausgesetzt würde; darauf kann es hier so wenig wie beim Diebstahl ankommen; wer eine geliehene Sache den Armen schenkt, begeht dadurch eine Unterschlagung, obwohl jedes egoistische Motiv fehlt. Vielmehr mangelt es an einem Zueignungsakt deshalb, weil ein Wille, die Sache dem Eigentümer dauernd zu entziehen, nicht vorliegt, solange die Handelnden durch ihre Lüge den möglicherweise ehrlichen Gewahrsamsinhabern nur die Möglichkeit der Zueignung erhalten wollen. Dem allgemeinen Täterbegriff widerspricht

---

[21] S. 149
[22] Frank-Festgabe, Bd. II, S. 173

das nicht: Denn die Täterschaft setzt zunächst eine „Tat" voraus, die hier von vornherein nicht gegeben ist. Wenn andererseits der Entleiher und der Vermieter auf Anweisung des Verleihers oder Untermieters handeln, so haben diese schon dadurch eine vollendete Unterschlagung begangen und das spätere Ableugnen kann höchstens unter dem Gesichtspunkt der Begünstigung und des Sicherungsbetruges gewürdigt werden.

Ähnlichen Bedenken sind auch einige Entscheidungen des Bundesgerichtshofs ausgesetzt. Den in der Praxis nicht seltenen Fall, daß ein Angestellter Gegenstände, die seiner Aufsicht unterstehen, unbefugt an Dritte verschenkt, will der BGH so entscheiden: Der Angestellte soll Täter einer Unterschlagung sein, wenn er „davon einen Nutzen oder Vorteil im weitesten Sinne, wenn auch nur mittelbar, hat, zum mindesten in eigenem Namen über die Sache verfügt"[23], andernfalls soll offenbar nur der Empfänger Täter einer Unterschlagung sein können, während der Verfügende als Gehilfe zu bestrafen wäre[24].

Das ist freilich mit dem Tatherrschaftsprinzip kaum zu vereinbaren; denn die Zentralgestalt des Handlungsvorganges ist sicher der Verfügende, der allein darüber entscheidet, ob die Sache dem Eigentümer entzogen wird und wer sie bekommt. Aber die Auffassung des BGH ist auch nicht richtig. Da die Unterschlagung anerkanntermaßen kein Bereicherungsdelikt ist, kann die Täterschaft nicht davon abhängen, ob der Handelnde von der Verfügung einen Vorteil hat – zumal da die Entscheidung selbst dieses Erfordernis durch erhebliche Einschränkungen („im weitesten Sinne", „wenn auch nur mittelbar") sofort wieder relativiert und bei der Verfügung in eigenem Namen ganz darauf verzichtet. Die weitere Erwägung des BGH, daß der Handelnde sich durch die Erlangung eines derartigen mittelbaren Vorteils „im weitesten Sinne" die Sache „ihrem wirtschaftlichen Werte nach" zueigne, ist – wie hier nicht näher dargelegt zu werden braucht – eine ganz unhaltbare Folgerung aus der ohnehin fragwürdigen Sachwerttheorie, bei der zudem unklar bleibt, wie sich das Gericht den Zueignungsvorgang bei der vorteilslosen Verfügung im eigenen Namen vorstellt. Abgesehen davon ist es auch für das Rechtsgefühl nicht einleuchtend, daß die Annahme einer Unterschlagung bzw. die Abgrenzung von Täterschaft und Teilnahme sich nach dem zufälligen Umstand richten soll, ob der Angestellte seine unberechtigte Verfügung in eigenem Namen getroffen oder eine Vertretungsmacht vorgetäuscht hat.

Das alles scheint mir deutlich zu beweisen: Ein Angestellter, der Gelder oder Sachen der Firma, die in seinem Gewahrsam stehen, unbefugt verschenkt, ist stets Täter einer Unterschlagung, einerlei, ob er es mit oder ohne Vorteilsabsicht, in eigenem oder fremdem Namen tut. Denn in der eigenmächtigen Verfügung selbst liegt die endgültige Entziehung aus dem fremden Vermögen und die Anmaßung der wirtschaftlichen Dispositionsbe-

---

[23] BGHSt 4, 236–244 (238); ebenso BGH, NJW 54, S. 1295; vgl. jetzt auch BGHSt 17, 87–94 (88, 92ff.) und oben S. 344/355
[24] Ist der Empfänger gutgläubig, müßte eine Bestrafung wegen Unterschlagung überhaupt ausscheiden – ein sehr unbefriedigendes Ergebnis.

fugnis, die das Wesen des „Sich-Zueignens" ausmacht. Allein diese Lösung vermeidet willkürliche oder den Charakter der Unterschlagung verfehlende Ergebnisse. Sie entspricht in vollem Umfang dem Tatherrschaftsprinzip und der Auffassung, zu der wir oben bei Erörterung der in § 242 geforderten Zueignungsabsicht aus mehreren, hier außerdem entsprechend heranzuziehenden Erwägungen gekommen sind.

b) Eine weitere, allerdings mit dem Zueignungsbegriff nicht zusammenhängende Täterschaftsproblematik ergibt sich daraus, daß der Wortlaut des § 246 StGB vom Handelnden die Zueignung einer Sache verlangt, „die er in Besitz oder Gewahrsam hat". Ein vom BGH entschiedener Fall macht die Schwierigkeit deutlich[25]: Ein Arbeiter E hatte einer Firma Papierrollen zuzuführen, lieferte aber nicht alle ab, sondern behielt einige zurück, die er auf eigene Rechnung verkaufte. Die Angestellten M und B der zu beliefernden Firma ermöglichten das, indem sie fälschlich für ihre Firma den Empfang sämtlicher Rollen bestätigten. Sie erhielten einen Anteil aus dem Erlös.

Hier liegt nach der Tatherrschaftslehre ein typischer Fall der Mittäterschaft vor. Die Beteiligten haben im Ausführungsstadium durch zweckvoll ineinandergreifende Handlungen die Entziehung der Sache zuwege gebracht und damit jeder die funktionelle Tatherrschaft ausgeübt. Gleichwohl glaubt der BGH im Widerspruch zu diesen allgemeinen Grundsätzen der Täterschaft die beiden Firmenangestellten nur als Gehilfen ansehen zu können, weil sie den Gewahrsam an der Sache nicht innegehabt haben.

Auch diese Lösung ist aber nicht zutreffend. Das Problem erledigt sich ohne weiteres, wenn man mit den Vertretern der im Schrifttum überwiegenden sog. „berichtigenden" Auslegung das Gewahrsamserfordernis aus dem Tatbestand hinausinterpretiert. Dann ist selbstverständlich eine Mittäterschaft anzunehmen.

Aber auch wenn man mit dem Bundesgerichtshof und der in neuerer Zeit besonders eindrucksvoll von Bockelmann[26] vertretenen Auffassung annimmt, der Gesetzgeber habe, um die Strafbarkeit nicht über Gebühr auszudehnen, bewußt ein Gewahrsamsverhältnis vorausgesetzt, so ist damit doch noch nicht gesagt, daß diese Beziehung bei jedem Mittäter vorliegen muß. Eine derartige These läßt sich aus dem Grundgedanken nicht rechtfertigen, denn wenn, wie hier, die Strafbarkeit von M und B einmal feststeht, kann der Gesetzgeber kein Interesse daran haben, sie dem Täterkreis zu entziehen. Die Struktur des Unterschlagungstatbestandes liefert, wie in anderem Zusammenhang[27] noch näher darzulegen sein wird, keine Anhaltspunkte dafür, daß der Gesetzgeber hier einen anderen Täterbegriff hätte einführen wollen. Es ist ein gerade im Bereich der Teilnahmelehre häufig anzutreffender methodischer Fehler, wenn man aus einer Formulierung, die ihre Fassung ersichtlich anderen gesetzgeberischen Intentionen (hier etwa: Einschränkung des Bereiches strafbarer Unterschlagung) ver-

---

[25] BGHSt 2, 317–320
[26] jetzt: Untersuchungen, S. 216 ff.
[27] Vgl. unten S. 386/387

dankt, ohne weiteres Rückschlüsse auf die Abgrenzung von Täterschaft und Teilnahme zieht, obwohl dieser Bereich vom Gesetzgeber gar nicht ins Auge gefaßt worden war.

Bockelmann, der dem BGH in der Ablehnung der Mittäterschaft zu Unrecht folgen zu müssen glaubt, spricht selbst, da er in dieser von ihm gezogenen Konsequenz keinen rechten Sinn erkennen kann, von „ernstlichen Schwierigkeiten"[28] in der Teilnahmelehre. Denn wie sollen die beiden Angestellten Gehilfen sein, wenn eine Willensunterordnung im Sinne der von Bockelmann vertretenen Dolustheorie fehlt? Er hilft sich mit der Erwägung, daß „objektiv nur Beihilfe …, subjektiv aber sogar Täterschuld"[29] gegeben sei und deshalb eine Bestrafung wegen Beihilfe erfolgen dürfe. Aber diese Begründung zeigt nur, daß hier keine brauchbare Lösung vorliegt. Denn es bleibt unklar, was man sich unter einer „objektiven Beihilfe" vorstellen soll, wenn deren einziges Kriterium in der Willensunterordnung liegt und diese in keinem denkbaren Sinne – weder subjektiv noch objektiv – gegeben ist. Die Unterscheidung zwischen „objektiver Beihilfe" und „subjektiver Täterschuld" ist außerdem deshalb nicht durchführbar, weil „äußerer" Sachverhalt und „innere" Schuld sich decken, so daß eine Inkongruenz, die zu einem überschießenden Vorstellungsinhalt führen könnte, in keinem Punkte auffindbar ist.

Auch hier ergibt sich also: Es ist Mittäterschaft anzunehmen, und eine Abweichung vom Tatherrschaftsprinzip liegt nicht vor.

3. Hehlerei und Wilderei

Von weiteren in Frage kommenden Tatbeständen seien hier nur die §§ 259, 292 StGB herausgegriffen, deren Problematik trotz unterschiedlicher Tatbestandsfassung wieder mit dem Zueignungsbegriff zusammenhängt und die ebenfalls in den Anwendungsbereich der Tatherrschaftslehre einzubeziehen sind.

a) Beim Tatbestande der Hehlerei tritt immer wieder der Fall auf, daß der Gewerbegehilfe mit oder ohne Wissen des Prinzipals für diesen gestohlene Sachen anschafft. Kann er als Täter einer Hehlerei bestraft werden, oder ist er nur Gehilfe oder – bei fehlender Kenntnis des Geschäftsherrn – gar ganz straflos, weil er das Merkmal des Ansichbringens nicht erfüllt hat?

Tatherr ist der Angestellte, wenn und soweit er die Anschaffung selbst vornimmt. Der Chef ist, wenn er Bescheid weiß, aber beim Erwerb nicht mitwirkt, nach den allgemeinen Grundsätzen der Täterschaft nur Anstifter oder Gehilfe, begeht aber durch die Entgegennahme der Sache vom Angestellten eine selbständige Hehlerei.

Der Wortlaut des Tatbestandes setzt hier einer der Tatherrschaftslehre entsprechenden Abgrenzung der Beteiligungsformen keine Hindernisse ent-

---

[28] a. a. O., S. 227 f.
[29] a. a. O., S. 228

gegen. Schon im Jahre 1935 schrieb Henkel[30]: „Warum ... nicht schlechthin jede Erlangung der Verfügungsgewalt als ein Ansichbringen ... soll
gelten dürfen, ist unerfindlich, stellt sich doch der natürlichen Betrachtung
auch der Fremderwerb als ein Ansichbringen, ein Zugriff auf die Sache,
dar".

Wenn trotzdem das Reichsgericht in ständiger Rechtsprechung[31] verlangte, daß der Erwerber den Willen haben müsse, über die Sache als eigene
oder zu eigenen Zwecken zu verfügen, so kamen hier zwei Fehler
zusammen: Erstens wandte man das Kriterium der Verfügungsgewalt, das
nur die Funktion haben kann, die Hehlerei von Verhaltensweisen wie der
Leihe und Miete deliktisch erworbener Sachen abzugrenzen, unbesehen auf
den Fremderwerb an, obwohl hier ein definitives Weiterschieben der Ver-
brechensbeute, das die Hehlerei ihrem Wesen nach kennzeichnet, sicherlich
vorliegt. Zweitens verkoppelte man dieses Kriterium auch noch mit der
Animus-Theorie, indem man die dem Angestellten tatsächlich zustehende
Verfügungsmacht nicht genügen ließ, sondern zusätzlich noch den Willen
verlangte, über die Sache „als eigene" zu verfügen.

Erfreulicherweise hat auch der Bundesgerichtshof im Anschluß an Henkel
diese Rechtsprechung jetzt aufgegeben[32]. Dadurch wird die Übereinstimmung mit der Tatherrschaftslehre wieder hergestellt: Der Fremderwerber,
der den Beschaffungsvorgang selbständig lenkt, ist Täter, nicht nur Gehilfe
der Hehlerei.

Freilich scheidet diese Lösung aus, wenn der Erwerbende nicht „seines
Vorteils wegen" handelt. Aber dann liegt eine Hehlerei, wie sie das Gesetz
fordert, überhaupt noch nicht vor, so daß auch der Prinzipal nicht etwa
tatherrschaftswidrig Täter ist. Vielmehr besteht seine Hehlerei in diesem
Falle erst darin, daß er die Sache vom Angestellten in Kenntnis ihrer deliktischen Herkunft übernimmt.

b) Beim Tatbestande des § 292 StGB entsteht die Frage, ob die Treiber
des Wilderers Mittäter oder Gehilfen sind. Rosenfeld[33] will hier eine Ausnahme von seiner sonst objektiven Abgrenzung machen; er meint, Täter der
Wilderei könne nur sein, wessen Handlung von der Zueignungsabsicht
getragen sei. Diese Ansicht vertreten heute noch der Leipziger Kommentar[34]
und Schwarz-Dreher[35]; beide gehen davon aus, daß der Treiber „im Zweifel"
und „regelmäßig" nur Gehilfe sei. Diese Auffassung geht zurück auf eine
Entscheidung des Reichsgerichts[36], wo es heißt, daß „der bloße Treiber im
allgemeinen nur als Gehilfe" werde erachtet werden können, es sei denn, daß
seine Absicht „auf die gemeinsame Erlegung des Wildes gerichtet" sei.

---

[30] DJ 1935, S. 1737/38 (1738)
[31] Vgl. nur RGSt 55, 220/221 (220); 56, 335–336 (335); 57, 73–75 (74); 64, 21–23 (21)
[32] BGHSt 2, 262–269; 355–358; anders aber heute noch Schönke/Schröder, 10. Aufl., § 259
VI, 1, a
[33] Frank-Festgabe, Bd. II, S. 174–176; er bezeichnet das als die damals „wohl überwiegende
Meinung", vgl. S. 175 Anm. 1
[34] 8. Aufl., § 292, 8, S. 596 (Jagusch); ebenso Nagler/Schinnerer in der Vorauflage.
[35] 23. Aufl., § 292, 6
[36] GA, Bd. 54, 1907, S. 480/81

Vom Standpunkt der Tatherrschaftslehre aus, deren Vertreter sich zu der Frage nicht geäußert haben, ist diese Subjektivierung des Wildereitatbestandes abzulehnen. Es handelt sich auch nicht etwa um eine Erscheinungsform des ohnehin nicht anzuerkennenden „absichtslosen dolosen Werkzeugs"; denn der Treiber hat, wie immer man zum Begriff des Sichzueignens stehen mag, zumindest das Merkmal des „Nachstellens" in eigener Person erfüllt, und nur vom Standpunkt einer extremen Animus-Theorie aus könnte man geneigt sein, hier noch zusätzlich einen „Täterwillen" zu verlangen.

In Wirklichkeit liegt ein klassischer Fall der Mittäterschaft vor: Jäger und Treiber wirken arbeitsteilig zur Erreichung desselben Erfolges zusammen und erfüllen beide eine gleich notwendige Funktion. Allerdings wird hier besonders deutlich, daß man den Gedanken der funktionellen Tatherrschaft nicht in kausalem Sinne verstehen darf. Auch wenn sich hinterher herausstellt, daß es auf einen einzelnen Treiber in concreto nicht angekommen ist, hatte er doch im Rahmen des Gesamtplans eine ebenso wichtige Aufgabe wie jeder andere. Das genügt für die Mittäterschaft.

§ 34. Pflichtdelikte

I. Zur Einführung

In den bisher erörterten Fällen waren es stets nur scheinbare Schwierigkeiten, die sich der Durchführung des Tatherrschaftsgedankens in den Weg stellten. Es gibt jedoch Strafbestimmungen, die seine Anwendung ausschließen.

Wenn etwa jemand unter den Voraussetzungen des § 52 StGB einen Beamten zu einer Aussagenerpressung (§ 343 StGB) veranlaßt, so hat er, wie wir oben gesehen haben, die Tatherrschaft über das Geschehen. Aber er ist trotzdem nicht Täter einer Aussagenerpressung nach § 343 StGB. Das folgt aus dem Tatbestand dieser Bestimmung, die einen Beamten als Deliktssubjekt voraussetzt.

Ganz selbstverständlich ist das freilich nicht. Es wäre denkbar, daß der Gesetzgeber die Qualifikation des Werkzeuges genügen lassen könnte, um einen Hintermann, sofern er die Tatherrschaft hat, als mittelbaren Täter zu bestrafen[1]. Das wäre sogar die konsequente Lösung, wenn man den Täter in allen Fällen durch die Innehabung der Tatherrschaft kennzeichnen wollte. Man müßte dann die Beamteneigenschaft nicht als selbständiges Täterkriterium, sondern als gewöhnliches Tatbestandsmerkmal ansehen, das wie alle übrigen Tatumstände nicht der eigenhändigen Verwirklichung durch den mittelbaren Täter bedarf[2].

---

[1] Vgl. auch Nowakowski, JZ 56, S. 550, Anm. 83

[2] In diesem Sinne neuerdings etwa Piotet, ZStW, Bd. 69, 1957, S. 38; vgl. auch Roeder, ZStW, Bd. 69, 1957, S. 239/40 mit Nachweisen aus der älteren Literatur; ferner die Schweizer Abhandlung von Bertschi/Riemer, „Die Anstiftung gemäß Art. 24 StGB", 1961, S. 78 f. mit Nachweisen.

Die Widerlegung einer solchen Auffassung ergibt sich nicht aus dem Tatherrschaftsbegriff, sondern aus der oben entwickelten Bedeutung des Tatbestandes für die Ermittlung der Täterschaft. Wenn die Deliktsbeschreibungen Handlung und Person des Täters schildern und die Teilnahmebestimmungen sich demgegenüber als Strafausdehnungsgründe darstellen, so muß ein Tatbestand, indem er eine Aussagenerpressung durch einen Beamten verlangt, damit gleichzeitig eine unabdingbare Voraussetzung der Täterschaft kennzeichnen. Mit anderen Worten: Die Vornahme einer Untersuchung durch einen Beamten konstituiert im Falle des § 343 StGB die Täterschaft, während bei den Teilnehmern dieses Kriterium fehlt oder zumindest fehlen kann. Diese Auffassung entspricht denn auch der absolut herrschenden Meinung selbst unter den Anhängern der Tatherrschaftslehre.

Die Gegenansicht würde zu unabsehbaren Folgen führen: Private Unternehmungen, bei denen die Täuschung oder Nötigung von Beamten eine Rolle spielt, würden zu Amtsverbrechen in mittelbarer Täterschaft aufrücken, während doch schon die Überschrift des 28. Abschnitts erkennen läßt, daß der Gesetzgeber hier ein Verbrechen oder Vergehen „im Amte" voraussetzt.

Wir können demnach als gesichert ansehen, daß nur ein Intraneus Täter der Amtsdelikte sein kann. Faßt man im Ausgangsbeispiel den für die Täterschaft entscheidenden Gesichtspunkt näher ins Auge, so zeigt sich, daß es nicht die Beamteneigenschaft und auch nicht die abstrakte Qualifikation als Untersuchungsführer ist, die jemanden zum Täter macht: Es ist vielmehr die aus der Befassung mit einer konkreten Rechtssache sich ergebende spezifische Pflicht zur sachgemäßen Vernehmung der Beteiligten, deren bewußte Verletzung die Täterschaft begründet. Entsprechendes gilt für die übrigen Beamten- und Sonderdelikte: § 340 StGB etwa erfaßt nicht jede Körperverletzung durch einen Beamten, sondern die Tat muß im Zusammenhang mit einem konkreten Akt der Amtsausübung begangen sein; es ist also die öffentlich-rechtliche Pflicht, sich bei der Amtsausübung nicht zu Mißhandlungen hinreißen zu lassen, deren Verletzung den Handelnden zum Täter des qualifizierten Tatbestandes erhebt; ebenso, wie der Arzt und der Rechtsanwalt nach § 300 StGB die aus einer konkreten Lebenssituation entspringende Schweigepflicht gebrochen haben müssen, um Täter dieses Tatbestandes zu werden.

Daraus folgt aber weiter, daß auch die Kategorie der „Sonderdelikte"[3] das hier für die Täterschaft entscheidende Element nicht erfaßt. Auch dort, wo der Täterkreis nicht von vornherein auf bestimmte Berufsgruppen oder Stände beschränkt ist, tritt dieselbe Erscheinung auf. Täter des Treubruchstatbestandes nach § 266 StGB kann nur sein, wer eine ihm obliegende Vermögensfürsorgepflicht verletzt; wer nicht Träger dieser Pflicht ist, kommt, auch wenn er den Geschehensablauf beherrscht, nur als Teilnehmer in Betracht. Entsprechendes gilt für die Veruntreuung nach § 246 StGB, für

---

[3] Vgl. zu deren Umgrenzung nur Nagler, Die Teilnahme am Sonderverbrechen, S. 1–3; Mezger, Lehrbuch, 2. Aufl., S. 451

die Verletzung der Unterhaltspflicht in § 170 b StGB und eine Reihe anderer Delikte, auf die später näher einzugehen sein wird.

In all diesen Fällen liegt das spezifische, für die Täterschaft maßgebende Kriterium in einer Pflichtverletzung, deren Natur noch der Erklärung bedarf. Dabei ist es in diesem Zusammenhang allerdings nicht erforderlich, auf die von alters her sehr umstrittene strafrechtliche Pflichtenlehre im einzelnen einzugehen[4]. Hier genügt folgender Hinweis:

Es ist nicht die aus der Strafrechtsnorm entspringende Pflicht gemeint, deren Mißachtung die im Tatbestand vorgesehene Sanktion auslöst. Diese Pflicht besteht bei jedem Delikt. Vor allem erstreckt sie sich auch auf nichtqualifizierte Anstifter und Gehilfen; denn wenn die Teilnehmer nicht als Normadressaten von der Verpflichtungswirkung erfaßt würden, ließe sich ihre heute fast unbestrittene Strafbarkeit[5] nicht begründen. Selbst Nagler, der grundsätzlich nur den Qualifizierten als Adressaten der Strafrechtsnorm ansehen wollte, mußte doch den teilnehmenden Extraneus durch die nachträgliche Konstruktion einer „sekundären Gehorsamspflicht" im praktischen Ergebnis in den strafrechtlichen Normbereich einbeziehen[6]. Dieser ganze Fragenkreis, der mit der Abgrenzung von Täterschaft und Teilnahme unmittelbar nichts zu tun hat, soll hier unerörtert bleiben.

Vielmehr handelt es sich bei dem für uns über die Täterschaft entscheidenden Element um die Verletzung einer außerstrafrechtlichen Pflicht, die sich nicht notwendig auf jeden Deliktsbeteiligten erstreckt, die aber für die Tatbestandserfüllung erforderlich ist. Dabei geht es allemal um Pflichten, die der Strafrechtsnorm logisch vorgelagert sind und die im allgemeinen anderen Rechtsgebieten entspringen. Die erwähnten öffentlich-rechtlichen Beamtenpflichten, die standesrechtlichen Schweigegebote und die zivilrechtlichen Unterhalts- oder Treueverpflichtungen sind nur Beispiele dieser Art. Für sie alle ist charakteristisch, daß die Träger dieser Pflichten sich unter den sonstigen Mitwirkenden durch eine besondere Beziehung zum Unrechtsgehalt der Tat auszeichnen und daß der Gesetzgeber sie deshalb allein um dieser Verpflichtung willen als Zentralgestalt des handlungsmäßigen Geschehens und damit als Täter ansieht.

Wie sich das im einzelnen auswirkt, wird im folgenden zu zeigen sein. Jedenfalls handelt es sich hier um einen Gesichtspunkt, der von dem der Tatherrschaft zu trennen ist und der zu wesentlich anderen Abgrenzungen führt. Man könnte, um die in Frage kommenden Tatbestände in ihrer Bedeutung für die Täterlehre zusammenfassend zu kennzeichnen, von „Pflichtdelikten" sprechen. Die Tatbestände, bei denen sich Täterschaft und Teilnahme nicht durch besondere Pflichtenstellungen, sondern durch die

---

[4] Vgl. dazu aus neuerer Zeit nur: Armin Kaufmann, Lebendiges und Totes in Bindings Normentheorie, 1954, und: Lauenstein, Verbrechensversuch des untauglichen Täters – ein Problem der strafrechtlichen Pflichtlehre, Hamburger Dissertation, 1960

[5] Anders früher namentlich Kohler, Studien I, S. 134 ff., neuestens wohl ebenso wieder Johannes, Mittelbare Täterschaft, 1963, S. 54, Anm. 151

[6] Teilnahme am Sonderverbrechen, S. 113/14. Vgl. dazu auch Mezger, Lehrb., 2. Aufl., S. 451 Anm. 1

Tatherrschaft voneinander abheben, könnte man demgegenüber als „Herrschaftsdelikte" kennzeichnen.

Während wir den Herrschaftsbegriff in allen Einzelheiten untersucht haben, bedarf der Täter der Pflichtdelikte noch näherer Durchleuchtung. Es ist das umso mehr erforderlich, als diese Tatbestände noch niemals geschlossen in ihrer Bedeutung für die Täterlehre erörtert worden sind. Den Anhängern der Tatherrschaftslehre ist zwar nicht entgangen, daß gewisse „persönliche Tätermomente" eine besondere Rolle spielen, doch ist deren Verhältnis zur Tatherrschaft umstritten geblieben und – wie ich meine – bisher noch nicht richtig erkannt worden.

Bevor wir uns dieser Auseinandersetzung zuwenden, ist es nötig, den eigenen Gedankengang etwas gründlicher zu entwickeln. Da die Alleintäterschaft die besonderen Unterschiede der Täterauffassungen nicht so deutlich hervortreten läßt, soll uns zunächst die Beteiligung mehrerer im Rahmen der Pflichtdelikte beschäftigen.

II. Die Mittäterschaft bei den Pflichtdelikten

Nach dem oben Gesagten ist klar: Wer in arbeitsteiligem Zusammenwirken mit einem anderen den Tatbestand eines Pflichtdelikts verwirklicht, braucht deshalb nicht Mittäter zu sein. Der Nichtbeamte, der bei der Aussageerpressung im Amt (§ 343 StGB) dem Opfer die Pistole vorhält, ist nur Gehilfe, obwohl er Mitträger der Tatherrschaft ist. Das entspricht im Ergebnis auch der herrschenden Meinung, so wenig es mit der Tatherrschaftslehre zusammenpaßt.

Wenn damit gesichert ist, daß die Tatherrschaft bei den Pflichtdelikten zur Begründung der Mittäterschaft nicht ausreicht, so ist die Frage doch noch radikaler zu stellen: Ist eine gemeinsame Beherrschung des Geschehensablaufes wenigstens neben dem Pflichtverstoß erforderlich, oder kommt es darauf überhaupt nicht mehr an?

Ich meine, der Tatherrschaftsgedanke ist völlig auszuschalten. Man denke sich, daß zwei Leute gemeinsam ein Vermögen zu verwalten haben. Beide fassen nun den Plan, das Kapital in ihre eigene Tasche fließen zu lassen. Bei der Durchführung wird aber die entscheidende Transaktion von dem einen der Verwalter allein vorgenommen, während der andere nur vorbereitend tätig wird oder den Plan durch Ratschläge gefördert hat. Eine funktionelle Abhängigkeit im Sinne der Tatherrschaftslehre liegt hier nicht vor. Trotzdem müssen beide Mittäter der Untreue sein: Denn auch der objektiv nur Unterstützende verletzt die ihm obliegende „Pflicht, fremde Vermögensinteressen wahrzunehmen" und fügt „dadurch dem, dessen Vermögensinteressen er zu betreuen hat, Nachteil" zu. Wenn es dieser Umstand ist, der ihn ins Zentrum der Deliktsverwirklichung rückt, so ist nicht einzusehen, warum dazu außerdem noch die Tatherrschaft nötig sein sollte. Die Untreue erfährt durch die fehlende Gemeinsamkeit beim äußeren Handlungsvollzug keine qualitative Veränderung; denn der Handlungssinn, die personale Färbung des Mitwirkungsverhaltens, auf der die Differenzierung der Teilnahmeformen beruht, ergibt sich allein aus der Verletzung des Treuebandes.

Die Richtigkeit der vorgeschlagenen Lösung folgt zwingend auch aus einer praktischen Erwägung: Wollte man für die Täterschaft neben der Pflichtverletzung noch die Tatherrschaft verlangen, so würden die Teilnehmer in zwei völlig heterogene Gruppen auseinanderfallen: in Tatherren ohne Treuverpflichtung und in Treuverpflichtete ohne Tatherrschaft. Das würde nicht nur den einheitlichen Teilnahmebegriff bei den Pflichtdelikten zerstören, sondern auch zu der untragbaren Konsequenz nötigen, daß überhaupt kein Täter vorhanden wäre, wenn der Ausführende ohne Treupflicht handelte und der Verpflichtete im Hintergrund bliebe. Denken wir uns in unserem Beispiel einen einzelnen Vermögensverwalter, der etwa von Amerika aus einen Unbeteiligten bittet, das Geld beiseitezuschaffen, so könnte der Handelnde mangels Treupflicht nicht Täter der Untreue sein, während der Verwalter wegen fehlender Tatherrschaft ebenfalls nicht bestraft werden dürfte.

Das kann selbstverständlich nicht der Wille des Gesetzes sein. Vielmehr ist der Vermögensverwalter Täter einer Untreue. Voraussetzung dafür ist aber, daß man das Kriterium der Tatherrschaft völlig eliminiert und die Abgrenzung von Täterschaft und Teilnahme allein darauf abstellt, ob der Mitwirkende die tatbestandlich normierte außerstrafrechtliche Pflichtenstellung innehat oder nicht.

Diese Erkenntnis, die aus keiner der heute vertretenen Täterlehren und schon gar nicht aus der Tatherrschaftstheorie abzuleiten ist, hat gleichwohl einen so hohen Grad von Evidenz, daß sie sich, wenn ein solcher Fall in der Praxis einmal auftritt, auch gegen die eigene Grundauffassung durchsetzt. Das zeigt deutlich eine Entscheidung des Bundesgerichtshofs[6a], die fast unbeachtet geblieben ist, die aber der Sache nach mit der hier vertretenen Lehre völlig übereinstimmt und die dehnbaren und nichtssagenden Formeln der subjektiven Theorie nur zur Verhüllung einer rein objektiven Lösung verwendet.

Es ging dort um einen Fall der Untreue nach § 81 a GmbHG, bei dem ein Mitglied des Aufsichtsrats, ein gewisser K., dem ungetreuen Geschäftsführer durch seine Zustimmung und die Ausstellung einer Quittung die Tat ermöglicht hatte. Dabei ist davon auszugehen, daß K. nicht die Tatherrschaft innehatte und daß es ihm, wie der BGH ausdrücklich betont, „nur darauf ankam, den Geschäftsführer H zu unterstützen". Die Frage war, ob K. trotzdem als Täter angesehen werden mußte. Nach dem Tatherrschaftsprinzip und der subjektiven Theorie wäre das glatt zu verneinen.

Stattdessen äußert sich der BGH so: „Die Strafvorschrift des § 81 a GmbHG erhält ihre Eigenart dadurch, daß der Täter zu einem bestimmten Personenkreise gehört, dem ... das Gesellschaftsvermögen anvertraut ist. Diese Gestaltung des Tatbestandes hat einmal zur Folge, daß Außenstehende nicht Täter im Sinne der Sondervorschrift sein können, sondern nur

---

[6a] BGHSt 9, 203–222 (217/18)

Anstifter oder Gehilfen. Auf der anderen Seite aber ergibt sich aus der Eigenart des Tatbestandes, daß die Mitglieder des Personenkreises selbst, sofern nur die sonstigen Merkmale des Tatbestandes vorliegen, regelmäßig als Täter haften. Denn sie verletzen, auch wenn sie nur zulassen oder fördern, daß ein anderer durch sein Verhalten die Körperschaft unmittelbar benachteiligt, doch eine gerade ihnen persönlich auferlegte Vermögensfürsorgepflicht; da darin der Kern ihres Verschuldens liegt, haben sie in solchen Fällen unter dem Gesichtspunkt der gesellschaftsrechtlichen Untreue jedenfalls in der Regel notwendig den Täterwillen … Mit der … Stellung der Mitglieder des Aufsichtsrats wäre es nicht vereinbar, einen solchen Täter nur als Gehilfen zu bestrafen, wenn er im Interesse eines Geschäftsführers dessen Untreue unterstützt".

Das alles ist im Ergebnis durchaus richtig, in der Begründung aber nicht haltbar. Denn es bleibt unverständlich, worin der „Täterwille" bestehen soll, wenn es dem Mitwirkenden nur darauf ankommt, den anderen zu unterstützen und er auch objektiv nicht mehr als eine Unterstützungshandlung vornimmt. Die Formulierung, daß jemand, wenn er eine ihm auferlegte Fürsorgepflicht verletze, „in der Regel notwendig" den Täterwillen habe, ist vollends paradox. Hat er den Willen nun „notwendig" oder nur „in der Regel"? Im ersten Fall läge eine Fiktion, im zweiten eine Vermutung vor, die aber hier – was der BGH unberücksichtigt läßt – durch den Sachverhalt widerlegt würde; unzulässig wäre beides, weil die Täterschaft weder fingiert noch vermutet werden darf, sondern nachgewiesen werden muß.

In Wirklichkeit handelt es sich hier nur darum, daß eine zutreffende Sacheinsicht den verfehlten theoretischen Ausgangspunkt verdrängt. Wenn man sich das einmal klarmacht, sollte sich bald allgemein – auch unter den Vertretern der Tatherrschaftslehre – die Ansicht durchsetzen, daß bei einem Delikt dieser Art ein anderer Täterbegriff maßgebend ist und daß die erfolgsbewirkende Verletzung der außerstrafrechtlichen Sonderpflicht allein ohne Rücksicht auf Täterwillen und Tatherrschaft die Täterschaft begründet.

Die Mittäterschaft gewinnt demnach bei den Pflichtdelikten eine ganz andere Struktur als nach dem allgemeinen Täterbegriff. An die Stelle des Ineinandergreifens der Tatbeiträge im Ausführungsstadium tritt die Erfolgsbewirkung unter gemeinsamer Verletzung einer gemeinsamen Pflicht. Der Erstreckungsbereich der Mittäterschaft schrumpft infolgedessen erheblich zusammen; denn von einer Gemeinsamkeit in diesem Sinne kann man nur sprechen, wenn mehrere Personen in ein und derselben Pflichtbindung stehen. Mittäterschaft scheidet also aus, wo eine Verpflichtung sich ihrer Natur nach auf die Einzelperson beschränkt, wie es z. B. bei der Unterhaltszahlung der Fall ist. Wenn zwei Personen demselben Kind Alimente schulden und sich dieser Verpflichtung beide entziehen, so wird man sie besser als Nebentäter des § 170b ansehen, denn jeder verletzt nur eine individuell-persönliche Obligation. Auch bei den Beamtendelikten kann es so sein: Wenn für gewisse Beurkundungen nach § 348 Abs. 1 StGB ein bestimmter einzelner Beamter zuständig ist, so kommt nur er allein als Täter dieses Delikts in Frage, während andere Beamte, die dabei mitgewirkt haben, Teilnehmer bleiben; denn nicht der Verstoß gegen das allgemeine Beamtenethos, sondern die Verletzung einer spezifischen Pflicht zu sachgemäßer Beurkundung ist es, die einen Mitwirkenden hier zum Täter macht.

Mittäterschaft kommt dagegen immer dort in Betracht, wo ein bestimmter Kreis von Geschäften mehreren Personen gleichzeitig anvertraut ist. So kann die Bewachung von Gefangenen mehreren Wärtern übertragen sein (§ 347 StGB), und die Verwahrung und Besorgung von Briefen oder Paketen kann gleichzeitig bei einer Vielzahl von Beamten liegen (§ 354 StGB). In diesen Fällen ist nach der hier vertretenen Auffassung eine Mittäterschaft immer schon dann anzunehmen, wenn jemand im Einverständnis mit anderen Verpflichteten durch irgendeinen wie immer beschaffenen Tatbeitrag unter Verletzung der ihm übertragenen amtlichen Aufgaben bei der Entweichung von Gefangenen oder der Unterdrückung von Briefen mitwirkt. Auf die Tatherrschaft kommt es dabei nicht im geringsten an.

Die Richtigkeit dieser Auffassung wird hier durch den Gesetzeswortlaut noch ausdrücklich bestätigt. Wenn nämlich § 347 StGB neben dem „Bewirken" der Gefangenenbefreiung deren „Beförderung" selbständig im Tatbestand aufführt und § 354 StGB von Postbeamten spricht, die nicht nur selbst Briefe eröffnen oder unterdrücken, sondern auch „einem anderen … eine solche Handlung" gestatten „oder ihm dabei … Hilfe" leisten, dann kann das richtigerweise nur so verstanden werden, daß auch das Befördern und Hilfeleisten hier anders als sonst täterschaftsbegründend wirkt.

Denn daß auch der Gesetzgeber diese Personen als Täter ansieht, unterliegt keinem Zweifel: Es wäre sonst unbegreiflich, warum Beihilfehandlungen, die nach § 49 StGB zu behandeln wären, überflüssigerweise und entgegen der allgemein verwandten Gesetzestechnik in die Deliktsbeschreibungen aufgenommen würden; außerdem will der Gesetzgeber offenbar gerade sagen, daß ein Beamter, der einem Dritten behilflich ist, Briefe beiseitezuschaffen, Täter sein und nicht etwa nach dieser Bestimmung straflos ausgehen soll.

Die Verwendung der an sich auf eine bloße Teilnahme hindeutenden Begriffe „Befördern" und „Hilfeleisten" enthüllt damit – was dem historischen Gesetzgeber vielleicht gar nicht deutlich zum Bewußtsein gekommen ist – wie in diesen Deliktsbeschreibungen die Tätervorstellung der Herrschafts- und der Pflichtdelikte voneinander abgegrenzt wird und die eine zur Erklärung der anderen dient. Von der hier entwickelten Auffassung her gedeutet, steckt nämlich in der Gesetzesformulierung folgender Gedanke: Das „Befördern" der durch einen andern bewirkten Gefangenenbefreiung und das „Hilfeleisten" bei der Unterdrückung einer Postsendung stellt sich nach dem allgemeinen Täterbegriff, auf den sich der Gesetzgeber mit diesen Ausdrücken bezieht, als typische Teilnahmehandlung dar; was aber unter dem Gesichtspunkt der Tatherrschaft nur eine Beihilfe wäre, ist bei den Pflichtdelikten, wenn das für sie gültige Täterkriterium vorliegt, eine Täterschaft. Nur diese Anknüpfung an den allgemeinen Täterbegriff, von dem das personale Handlungszentrum der Pflichtdelikte abgehoben werden soll, kann einleuchtend machen, was sonst ein unerklärliches Paradoxon bliebe: daß der Gesetzeswortlaut eine Täterschaft annimmt, wo er im gleichen Atemzuge von einer bloßen Hilfeleistung spricht.

Was hier und in anderen Bestimmungen für den sorgfältigen Beobachter schon aus der Wortfassung der Tatbestände zu entnehmen ist, folgt aber ohnehin aus dem Wesen der Pflichtdelikte und wäre auch ohne diese Verdeutlichung richtig. Es gilt deshalb für sie generell und ist, wie schon oben am Beispiel der Untreue gezeigt wurde, in derselben Weise gültig, wo der Tatbestand ohne eine derart umständliche immanente Interpretation des ihm zugrundeliegenden Täterbegriffes abgefaßt ist.

Aus der hier entwickelten Lehre erklärt sich auch zwanglos eine Erscheinung, die in der Praxis immer wieder zu Schwierigkeiten führt und den beteiligten Instanzen erhebliches Kopfzerbrechen bereitet: Die Möglichkeit nämlich, daß jemand hinsichtlich eines und desselben Handlungsvorganges sowohl Täter wie auch Gehilfe sein kann.

Ein typischer Fall dieser Art hat auch den Bundesgerichtshof einmal beschäftigt[7]: Ein Postbeamter (B.) hatte mit einem außenstehenden Dritten (W.) gemeinschaftlich Pakete gestohlen, die „der Post anvertraut" waren. Den Inhalt der Pakete verkauften die beiden, der Erlös wurde geteilt. Beide waren Mittäter des Diebstahls; den B. verurteilte die Strafkammer außerdem nach § 354 StGB, während sie diesen Tatbestand bei der rechtlichen Würdigung des W. unberücksichtigt ließ. Die Revision der Staatsanwaltschaft billigte das mit der Erwägung, daß niemand bei derselben Handlung zugleich Täter und Teilnehmer sein könne. Hoffmann, der dem Fall einen kleinen Aufsatz gewidmet hat, hält das ebenfalls für richtig und meint, die Täterschaft beim Diebstahl schließe eine Beihilfe zu § 354 StGB aus: „Beihilfe kann ... nur zu einer fremden, zur Tat eines anderen geleistet werden, nicht aber zu einem Vergehen, dessen Täterschaft, sei es die alleinige oder die gemeinschaftlich mit anderen verübte, gerade dem zur Last fällt, der die Hilfe geleistet haben soll ...". Der Bundesgerichtshof dagegen gibt dem Untergericht die Prüfung einer Beihilfe zu § 354 StGB auf. Zur Begründung führt er lediglich an, daß eine Täterschaft des W. wegen seiner fehlenden Beamteneigenschaft ausscheide.

Die Auffassung des Bundesgerichtshofs ist richtig. Sie wird aber nur dadurch verständlich, daß hier bei einer Handlung zwei ganz verschiedene Täter- und damit auch Teilnehmerbegriffe heranzuziehen sind. Wenn man einseitig davon ausgeht, daß die Teilnahme als eine Mitwirkung ohne Tatherrschaft oder ohne Täterwillen zu charakterisieren sei, bleibt es schlechterdings unbegreiflich, wie jemand den gleichen Handlungsvorgang beherrschen und auch nicht beherrschen soll, wie er seinen Willen dem des anderen untergeordnet und zugleich das Gegenteil getan haben soll. Insoweit sind die gegen eine solche Konstruktion vorgebrachten Bedenken durchaus begründet.

---

[7] Die Entscheidung wird mitgeteilt von Hoffmann, NJW 1952, S. 963; sie ist ohne die hier interessierenden Ausführungen abgedruckt in BGHSt 1, 182–182

Macht man sich dagegen klar, daß der Gesetzgeber die Zentralgestalt des handlungsmäßigen Geschehens in den §§ 242 und 345 StGB nach verschiedenen Kriterien beurteilt, so ist es selbstverständlich, daß der W., weil er die Tatherrschaft besitzt, nach § 242 als Mittäter, dagegen, weil er keine außerstrafrechtliche Sonderpflicht verletzt, nach § 354 nur als Gehilfe verurteilt werden kann. Das Beispiel zeigt auch deutlich den „primären" Charakter der Täterposition und die „sekundäre" Natur des Teilnehmerbegriffs: Mit der Täterschaft ändert sich eo ipso das Wesen der Teilnahme. Aus der tatherrschaftslosen Mitwirkung des allgemeinen Täterbegriffs wird eine die Tatherrschaft nicht ausschließende Beteiligung ohne Sonderpflichtverletzung.

III. Die mittelbare Täterschaft bei den Pflichtdelikten

Was für die Mittäterschaft gilt, kann bei der mittelbaren Täterschaft im Prinzip nicht anders sein. Auch hier kann es nur auf die Verletzung der außerstrafrechtlichen Sonderpflicht und nicht auf die Tatherrschaft ankommen.

Wir haben oben schon ein einschlägiges Beispiel aus dem Bereich der Untreue gebildet: Der in Amerika weilende Vermögensverwalter bittet einen unbeteiligten Dritten, das Geld ins Ausland zu schaffen, wo beide die Beute teilen wollen. Hier hat der treuverpflichtete Verwalter sicher nicht die Tatherrschaft: Das Kapital ist bei der deutschen Bank gut aufgehoben; ob der Freund die für die Vermögenstransaktionen erforderlichen Fälschungen und Betrügereien übernehmen will, steht allein bei ihm. Insbesondere liegt die Durchführung des komplizierten Tatplans ausschließlich in seiner Hand. Der Verwalter kann von Amerika aus daran nicht mitwirken und muß sich ganz auf ihn verlassen. Er kann deshalb bei den zur Deliktsverwirklichung nötigen Urkundenfälschungen und Betrugstaten auf jeden Fall nur Anstifter sein.

Bei dem gleichzeitig heranzuziehenden Tatbestand der Untreue liegen die Dinge jedoch anders: Der Freund in Deutschland kann nicht Täter sein. Er hat zwar die alleinige Tatherrschaft. Aber das ist im Rahmen dieser Bestimmung unerheblich. Das täterschaftsbegründende Kriterium – die Verletzung der Vermögensfürsorgepflicht – fehlt. Der Verwalter in Amerika dagegen hat an der Tatherrschaft keinen Anteil. Gleichwohl wird er durch die Verletzung der ihm obliegenden zivilrechtlichen Treupflicht zur Zentralgestalt des handlungsmäßigen Geschehens. Dieser Umstand macht ihn zum Täter, und zwar zum mittelbaren Täter.

Das führt zu folgender Erkenntnis: Bei den Herrschaftsdelikten ist jemand mittelbarer Täter, wenn er durch Nötigung oder Täuschung einer Person oder im Rahmen organisatorischer Machtapparate das Geschehen beherrschend lenkt. Bei den Pflichtdelikten dagegen ist die Tatherrschaft zur Erlangung der mittelbaren Täterschaft nicht erforderlich. Es genügt dazu, daß jemand der innerhalb der Pflichtbindung steht, den äußeren Handlungsvollzug einer Person überläßt, die sich außerhalb der täterschaftsbegründenden Pflichtposition befindet. Mittäterschaft und mittelbare Täterschaft unterscheiden sich also bei den Pflichtdelikten – wieder in erheblichem Gegensatz zu den Herrschaftsdelikten – nur dadurch, daß im ersten Fall mehrere Verpflichtete, im zweiten Intraneus und Extraneus zur Erreichung des Erfolges zusammenwirken. Auch die einzelnen Erscheinungsformen der Täterschaft gewinnen demnach eine erheblich veränderte Struktur.

Die Richtigkeit des oben im Beispielsfall der Untreue vertretenen Ergebnisses ist schwerlich anzufechten. Denn wenn man beim Tatherrschaftsgedanken stehen bliebe, so wäre eine Bestrafung unter dem Gesichtspunkt der Untreue für alle Beteiligten ausgeschlossen. Das kann der Gesetzgeber unmöglich gewollt haben; denn jeder Treuverpflichtete brauchte sich bei seinen unredlichen Machenschaften nur klüglich im Hintergrund zu halten, um den § 266 StGB seiner Wirksamkeit zu berauben.

Damit ergibt sich aber für das Problem des sog. qualifikationslosen dolosen Werkzeugs, das namentlich bei den Beamtendelikten von alters her sehr umstritten ist, ganz zwanglos eine glatte und befriedigende Lösung: Der Beamte, der, ohne die Tatherrschaft zu haben, einen Extraneus veranlaßt, den rechtlich mißbilligten Erfolg herbeizuführen, ist mittelbarer Täter. Denn er hat – worauf es hier allein ankommt – unter Verletzung der ihn treffenden außerstrafrechtlichen Sonderpflicht die tatbestandlich umschriebene Rechtsgüterbeeinträchtigung, z. B. eine Falschbeurkundung (§ 348 Abs. 1 StGB), bewirkt. Der fälschende Extraneus dagegen ist trotz seiner Tatherrschaft Gehilfe.

Bis hierhin entspricht dieses Ergebnis – nicht seine Begründung – allerdings der heute durchaus herrschenden Lehre. Dieser Umstand beweist aber nur, daß sich die vielberufene „Natur der Sache" mit der Zeit auch gegenüber dogmatischen Fehlkonstruktionen durchzusetzen pflegt. Denn in Wirklichkeit läßt sich, wenn man das den Pflichtdelikten arteigene Wesen in der Täterlehre nicht berücksichtigt, die mittelbare Täterschaft des außenstehenden Qualifizierten in keiner Weise begründen[8]. Die Dogmengeschichte des qualifikationslosen Werkzeugs legt dafür beredtes Zeugnis ab. Gleichwohl erübrigt es sich, sie zum Nachweis meiner Behauptung an dieser Stelle eigens zu repetieren. Denn das leuchtet auch ohnedies ein.

Für den extensiven Täterbegriff muß es unverständlich bleiben, warum nur der Qualifizierte Täter sein kann, denn In- und Extraneus sind gleichermaßen kausal für den Erfolg. Mezger[9] erkennt denn auch offen an, daß es sich bei diesen „seltenen Fällen" um dogmatisch nicht zu integrierende Ausnahmen handele. Koppelt man den extensiven Ansatz mit der subjektiven Theorie, so läßt sich nicht erklären, wieso der qualifizierte Hintermann Täter sein soll, auch wenn er sich etwa dem unmittelbar Handelnden untergeordnet und daher keinen Täterwillen hat. Geht man vom älteren restrik-

---

[8] Vgl. dazu auch die Andeutungen bei Nowakowski, JZ 56, S. 550: Hier sei das Verhältnis von Täterschaft und Teilnahme „in eigentümlicher Weise verschoben"; die Teilnahmevorschriften gewönnen dabei „einen besonderen Sinn".

[9] Vgl. nur Lehrbuch, 3. Aufl., S. 416/17, 420

tiven Täterbegriff aus, der die Täterschaft grundsätzlich auf die Vornahme der Tatbestandshandlung beschränkt, so läßt sich zwar bei den Irrtums- und Nötigungsfällen, wo zwischen Anstoß und Erfolg nicht die verant- wortliche Entscheidung eines anderen steht, die Täterschaft zur Not auf die Person des Hintermannes erstrecken; bei den Pflichtdelikten ist dieser Ausweg aber versperrt, so daß die ältere Lehre hier eine Bestrafung weit- gehend ablehnte[10]. Was endlich die Tatherrschaftslehre betrifft, so ist schon oben[11] ausführlich dargelegt worden, daß vom Standpunkt dieser Theorie aus eine Erfassung des qualifizierten Hintermannes unmöglich ist und alle Beteiligten straflos bleiben müßten[12]. Der Versuch von Gallas, diesen Fällen mit dem Tatherrschaftskriterium gerecht zu werden, ist als gescheitert anzusehen.

Wenn man das alles bedenkt, so läßt sich dem Täterbegriff der Pflicht- delikte die selbständige Bedeutung nicht absprechen. Er leistet Ent- scheidendes zur dogmatischen Bewältigung einer anders nicht erfaßbaren Erscheinung. Darüber hinaus führt er bei konsequenter Entfaltung in einigen Punkten aber auch zu praktischen Ergebnissen, die von der heute über- wiegend vertretenen Auffassung abweichen.

So muß er ungeachtet der Vorschrift des § 50 Abs. 2 StGB auch bei den unechten Amtsdelikten zur Auswirkung kommen. Wenn z. B. ein Beamter einen außenstehenden Dritten veranlaßt, eine ihm – dem Beamten – zugäng- liche Urkunde zu vernichten oder zu verfälschen, so ist der Beamte mittel- barer Täter des § 348 Abs. 2 StGB, obwohl der handelnde Dritte selbst unmittelbarer Täter gemäß § 274 Ziff. 1 oder § 267 StGB ist. Nicht etwa ist der Amtsträger nur als Anstifter des jeweiligen Grunddelikts zu be- trachten, der lediglich mit Hilfe des § 50 Abs. 2 StGB nach dem Strafrahmen des § 348 Abs. 2 verurteilt werden könnte. Eine solche Lösung würde zwar dem Tatherrschaftsprinzip entsprechen, aber das ist für die Pflichtdelikte nicht maßgebend; und der Heranziehung des § 50 Abs. 2 bedarf es nicht, solange der Täterbegriff zur unmittelbaren Anwendung des qualifizierten Tatbestandes führt.

Auch bei Konstellationen dieser Art hat der Gesetzgeber in vielen Fällen durch die Tatbestandsfassung Hinweise für die richtige Lösung gegeben. Veranlaßt beispielsweise ein Beamter im Rahmen seiner dienstlichen Tätig- keit einen Extraneus zur Verprügelung eines Staatsbürgers, so ist er, auch wenn er selbst keinen Finger rührt, nach der hier vertretenen Auffassung ohne weiteres mittelbarer Täter des § 340 StGB. Daß keine bloße Anstiftung vorliegt, ergibt sich aber auch schon aus dem Wortlaut dieser Bestimmung, die von einem Beamten spricht, der „eine Körperverletzung begeht oder begehen läßt". Das Begehenlassen – sei es auch durch einen Extraneus – ist also eine neben der eigenhändigen Verletzung durchaus gleichwertige Form der Täterschaft.

---

[10] Vgl. etwa Frank, III vor § 47
[11] S. 242 ff.
[12] wie es als einziger konsequent Kaun, a. a. O., S. 35, annimmt, der mit anderen Straf- möglichkeiten aushelfen will.

Das wird verkannt, wenn etwa Schwarz-Dreher[13] in diesem Zusammenhange ausführen, es handele sich um Fälle der Anstiftung und Beihilfe, „so daß der Gehilfe gleich dem Täter bestraft" werde. Nein: Die Formulierung soll nur verdeutlichen, was ohnehin gelten würde, daß nämlich hier eine echte Täterschaft vorliegt. Wo der Gesetzgeber sich anders ausgedrückt hat, wie in § 348 Abs. 2 oder § 350 StGB, ist die Frage nach dem Täter in derselben Weise zu entscheiden.

Auch Welzel[14] verdient keine Zustimmung, wenn er den von ihm gebildeten Fall, daß ein Polizeibeamter einen Nichtbeamten veranlaßt, einen Gefangenen zu verprügeln, durch die Annahme einer Mittäterschaft löst. Denn vom Standpunkt der Tatherrschaft aus läßt sich, wie auch Gallas[15] erkennt, eine Mittäterschaft nicht begründen, wenn sich der Hintermann „auf die Vornahme des Anstiftungsaktes" beschränkt. Nach dem Täterbegriff der Pflichtdelikte aber kommt nur eine mittelbare Täterschaft in Frage, wie es ja bei den echten Amtsdelikten auch Welzel selbst, obgleich folgewidrig, annimmt. Wenn hier wiederum Gallas[16] vom Standpunkt der Tatherrschaftslehre aus „eine Begehungsform eigener Art, die der Mittäterschaft näher steht als der mittelbaren Täterschaft", für gegeben hält, so zeigt das deutlich, wie die Pflichtdelikte den allgemeinen Täterbegriff vor unlösbare Rätsel stellen[17].

Eine andere Frage ist es, ob § 50 Abs. 2 StGB bei den unechten Amtsdelikten auf den Teilnehmer anzuwenden ist, ob also ein Außenstehender, der bei einer Körperverletzung im Amt oder einer Amtsunterschlagung mitwirkt, nach den Strafrahmen der §§ 223 oder 246 StGB zu bestrafen ist. Das entspricht der herrschenden Meinung, ist aber nicht ganz unbestritten[18]. Die Problematik ist, anders als bei der vorher behandelten umgekehrten Konstellation, von dem hier vertretenen Täterbegriff unabhängig: Der Umstand, daß jemand außerhalb der tatbestandsrelevanten spezifischen Pflichtsituation steht, hat primär nur die Wirkung, daß er ungeachtet der Intensität seiner Mithilfe Teilnehmer – und zwar des Amtsdeliktes – bleibt. Wenn man diese Teilnahme dem Strafrahmen des Grunddeliktes unterstellen will, so folgt das allein aus § 50 Abs. 2 StGB und hat auf die Abgrenzung der Mitwirkungsformen nicht den geringsten Einfluß. Die mildere Beurteilung des Außenstehenden entspringt ja auch bloßen Strafwürdigkeitserwägungen, die, wie wir wissen, mit der Täterschaft nichts zu tun haben.

Wie bei der Abgrenzung von Mittäterschaft und Beihilfe wirkt sich auch hier die von den Fällen der Tatherrschaftsdelikte weit abweichende Natur der mittelbaren Täterschaft in einer erheblichen Veränderung des Begriffes der Anstiftung aus. Das zeigt das Ausgangsbeispiel unseres Kapitels, in dem ein Extraneus einen Beamten unter den Voraussetzungen des § 52

---

[13] 23. Aufl., § 340, 2
[14] Lehrb., 7. Aufl., S. 93; im Ergebnis ebenso H. Mayer, Lehrb., S. 308
[15] Gutachten S. 135
[16] Gutachten S. 136
[17] Vgl. dazu schon oben S. 255/256
[18] a. A. aus unterschiedlichen Gründen Hardwig, GA 54, S. 65 ff.; Lauenstein, Verbrechensversuch des untaugl. Täters, Hamb. Diss., S. 76 ff.

StGB zu einer Aussageerpressung zwingt. Wir haben oben nur festgestellt, daß der Hintermann nicht Täter des § 343 StGB sein kann. Er geht aber auch nicht etwa straflos aus, sondern er wird, obwohl er die Tatherrschaft innehat, als Anstifter bestraft – eine Lösung, die der Sachlage allein gerecht wird, die aber den Anhängern der Tatherrschaftslehre unerklärlich bleiben muß. Daran wird wieder sehr klar, wie in genauer Umkehrung der Thesen Bockelmanns nicht ein primärer Teilnahmebegriff – die Willensunterordnung – sekundär den Täterbegriff erzeugt, sondern wie vielmehr der aus der Tatbestandsanalyse primär gewonnene Täterbegriff der Pflichtdelikte sekundär eine Teilnahmeauffassung im Gefolge hat, die sich von den Begriffen der Willensunterordnung und der Tatherrschaft völlig löst: Teilnehmer ist, wer an der Tatbestandserfüllung mitwirkt, ohne die täterschaftsbegründende außerstrafrechtliche Sonderpflicht zu verletzen.

Und noch eine weitere Erkenntnis folgt aus der Abgrenzung von Anstiftung und mittelbarer Täterschaft bei den Pflichtdelikten: daß nämlich der Grundsatz der limitierten Akzessorietät, der im Rahmen des Tatherrschaftsbegriffs ein Schattendasein führt, erst hier seine wahre Bedeutung gewinnt. Denn die Entwicklung des Tatherrschaftsbegriffs hat gezeigt, daß – von geringfügigen Ausnahmen abgesehen – immer mittelbare Täterschaft vorliegt, wenn der Ausführende ohne Vorsatz oder Unrechtsbewußtsein handelt, wenn er unzurechnungsfähig, strafunreif, genötigt oder in anderer Weise entschuldigt ist. Es ist deshalb nicht unzutreffend, wenn Maurach[19] vom Standpunkt einer rein durchgeführten Tatherrschaftstheorie aus über die limitierte Akzessorietät sagt, sie verkenne „das Wesen der mittelbaren Täterschaft", und wenn Schröder auf der Grundlage der subjektiven Lehre feststellt, „daß hier ein Schlag ins Wasser vollführt worden ist, und zwar mit geschlossenen Augen"[20]. Bei den Pflichtdelikten dagegen ist die Anerkennung der limitierten Akzessorietät wichtig und unerläßlich: Eine extreme Akzessorietät würde hier Fälle echter Teilnahme wegen eines durch nichts begründeten Dogmas der Strafe entziehen.

IV. Zum Problem der Teilnahme an unvorsätzlicher Haupttat bei den Pflichtdelikten

Die Einsicht, daß der Begriff der „Zentralgestalt" bei den Pflichtdelikten durch ein anderes Kriterium als das der Tatherrschaft ausgefüllt wird, wirft auch ein neues Licht auf eines der umstrittensten Themen der modernen Strafrechtsdogmatik: die Frage nach der Möglichkeit einer Teilnahme an vorsatzloser Haupttat.

Das Problem kann hier nicht in seiner ganzen Breite erörtert werden, denn es handelt sich in erster Linie um den Begriff des Teilnehmers, der im Streit steht. Es ist auch nicht nötig, alle Argumente, die von anderer Seite im Laufe der Jahre vorgebracht worden sind, zu wiederholen. Die etwas

[19] Lehrb., A. T., 2. Aufl., S. 503
[20] Schönke/Schröder, 10. Aufl., vor § 47, IX, 3, b, S. 249

festgefahrene Diskussion läßt sich aber vielleicht durch die Erkenntnis fördern, daß der Streit, so wie er augenblicklich geführt wird, zum Teil auf nicht ganz richtigen Voraussetzungen beruht.

Die Hauptthese der gegenwärtig noch herrschenden, von Welzel und Bockelmann angeführten, auch in der Rechtsprechung[21] und im Entwurf 1962 (§§ 30, 31) durchgedrungenen Lehre gründet sich auf die Erwägung, daß die Anerkennung einer Anstiftung oder Beihilfe zu unvorsätzlicher Haupttat das „Wesen"[22] oder „die unveränderliche Struktur der Teilnahme"[23] verfehle, daß sie den vorgegebenen „sachlogischen Strukturen" oder der „Natur der Sache"[24] widerspreche. Die Gegenmeinung, die zuletzt besonders eindringlich von Lange[25], Dahm[26] und Engisch[27] vorgetragen worden ist[28], bestreitet das und nimmt gegenüber derartigen Vorgegebenheiten eine größere Freiheit des Gesetzgebers in Anspruch. Dahm[29] spricht in diesem Zusammenhang geradezu von einer „übertriebenen Neigung zur Auslieferung an die Natur der Sache, zur Wesensschau", und Lange[30] nennt es eine „Hauptaufgabe unserer Tage: das, was dem Recht vorgegeben und das, was gemacht ist, in seiner Verschiedenheit und in seinen Grenzen zu erkennen und beides in das richtige Verhältnis zueinander zu bringen".

Mir scheint, Recht und Unrecht sind bei diesem Streit ziemlich gleich verteilt. Man muß nämlich unterscheiden:

1. Die Akzessorietät bei den Herrschaftsdelikten

Den Vertretern der herrschenden Lehre, die es für sinnwidrig halten, eine Teilnahme bei vorsatzloser Haupttat zuzulassen, ist in einem Punkte voll zuzustimmen: Wenn man sich schon einmal darauf festlegt, daß die Täterschaft Tatherrschaft voraussetzt und demgemäß die Teilnahme eine Mitwirkung ohne Tatherrschaft ist, dann ist es, wenn der Hintermann den Sachverhalt durchschaut[30a], nicht gut möglich, sich eine Anstiftung zu

---

[21] seit BGHSt 9, 370 ff.

[22] so BGHSt 9, 379

[23] Bockelmann, Untersuchungen, S. 74

[24] Vgl. etwa Welzel, Aktuelle Strafrechtsprobleme im Rahmen der finalen Handlungslehre, S. 4, 7 ff.; Stratenwerth, Das rechtstheoretische Problem der Natur der Sache, S. 15 f.)

[25] JZ 1959, S. 560–564

[26] MDR 1959, S. 508–510

[27] Festschrift für Eb. Schmidt, S. 107–121

[28] in engem Anschluß an Dahm und Lange auch Lang/Hinrichsen, Gutachten für den 43. Dtsch. Juristentag, S. 21–25

[29] a. a. O., S. 510

[30] a. a. O., S. 564

[30a] Der Fall, in dem der Außenstehende irrigerweise den Vorsatz des Handelnden annimmt, ist oben (S. 261 ff.) eingehend erörtert worden und kann deshalb jetzt außer Betracht bleiben. Wenn im folgenden davon gesprochen wird, daß bei den Herrschaftsdelikten eine Teilnahme an unvorsätzlicher Tat ausgeschlossen sei, ist von dieser besonderen Situation also immer abzusehen.

unvorsätzlicher[31] Tat vorzustellen. Denn wir haben in diesem Falle einen Täter vor uns, der mangels finaler Beherrschung des Geschehensablaufes definitionsgemäß gerade nicht Täter sein kann; daneben steht ein Teilnehmer, der Tatherr ist und deshalb von den Grundlagen dieser Lehre her unter keinen Umständen Teilnehmer sein kann. Die Unzulässigkeit einer solchen Konstruktion folgt insoweit nicht einmal aus der „Natur der Sache", sondern aus der Logik sinnvoller Begriffsbildung. Demgegenüber hilft es auch nichts, wenn Dahm[32] meint, es dürfe „die Furcht vor der Unreinheit des Begriffs die Furcht vor dem ungerechten Ergebnis nicht zu sehr in den Hintergrund drängen"; ein Begriff, der sich bei der praktischen Anwendung sogleich in sein Gegenteil verkehrt, ist nicht nur „unrein", er ist ein Unbegriff.

Nun kann man aus diesem Dilemma die Folgerung ziehen, der Tatherrschaftsgedanke sei unrichtig. Aber das ist er nicht, wie alle vorangegangenen Darlegungen gezeigt haben. Er folgt zwar nicht unmittelbar aus ontischen Vorgegebenheiten, aus dem „Wesen der Handlung" oder irgendeiner von gesetzgeberischen Zwecksetzungen unabhängigen „sachlogischen Struktur"[33]; aber er bedeutet, so wie wir ihn festgelegt haben, nach unserer Überzeugung doch eine der Sache entsprechende und daher „richtige" Fassung des allgemeinen Täterbegriffs. Daher sind auch die Folgerungen, die auf seiner Grundlage zu einer Ablehnung der Teilnahme an unvorsätzlicher Tat nötigen, unvermeidlich. Daß im Rahmen des allgemeinen Täterbegriffs eine Teilnahme an unfinaler Tat ausgeschlossen ist, folgt also – wenn diese Redeweise je einen Sinn gehabt hat – aus der Natur der Sache.

Auch die Anhänger der Gegenmeinung haben sich dieser Erkenntnis nicht ganz verschließen können; sie greifen deshalb vorzugsweise auf den von Nagler[34] und Binding[35] wieder zum Leben erweckten Urheberbegriff zurück[36] und machen geltend, die Teilnahmevorschriften des Gesetzes erstreckten sich nicht nur auf die „echte Teilnahme"[36a], sondern auch auf die Fälle der „geistigen Urheberschaft", „in denen der Hintermann der Sache nach einem mittelbaren Täter gleich- oder nahesteht und nur aus Rechtsgründen nicht erfaßt werden kann"[37], weil ihm etwa die gesetzlich geforderte Täterqualifikation fehlt.

---

[31] genauer: unfinaler, wobei „final" im Sinne der Tatbestandsfinalität zu verstehen ist. Über die normative Struktur des Finalitätsbegriffs vgl. meine Abhandlung in ZStW, Bd. 74, 1962, S. 515 ff. Im folgenden wird der Unterschied zwischen Finalität und Vorsatz nicht immer ausdrücklich erwähnt, weil das Problem bei Pflichtdelikten keine Rolle spielt. Über die Frage, ob und inwieweit bei Herrschaftsdelikten eine Teilnahme an bewußt fahrlässigen Taten möglich ist, vgl. eingehend oben S. 180–193 (189ff.), 220–225; ferner unten S. 551 ff., 559 ff.

[32] a. a O., S. 510

[33] Vgl. dazu oben S. 16/17 und passim.

[34] Die Teilnahme am Sonderverbrechen, S. 134 f.

[35] Die drei Grundformen des verbrecherischen Subjekts, S. 377 ff.

[36] Vgl. Lange, a. a. O., S. 563; Dahm, a. a. O., S. 509; Schönke/Schröder, 10. Aufl., vor § 47, X, I; noch weitergehend vom Standpunkt der Schuldteilnahmetheorie aus seit eh und je H. Mayer, Lehrb. S. 327 ff.

[36a] Schönke/Schröder, 10. Aufl., vor § 47, IX, 3, c

[37] Lange, a. a. O., S. 561

Aber auch diese Lösung ist mißlich. Denn entweder unterstellt man die Urheberschaft dem gesetzlichen Teilnahmebegriff; dann setzt man sich allen oben dargelegten Aporien aus. Oder man trennt Teilnahme und Urheberschaft. Dann vermeidet man zwar unlösbare Widersprüche; aber man erhält neben Täterschaft und Teilnahme eine dritte Kategorie der Mitwirkung, die den ganzen Sinn der Differenzierung fragwürdig macht. Denn wenn man hinter Täterschaft, Anstiftung und Beihilfe ein dem Gesetz nicht ohne weiteres zu entnehmendes Institut der Urheberschaft zum Zwecke der Lückenausfüllung aufbaut, läßt sich schwerlich die Frage abweisen, welchen Sinn die Unterscheidung der Teilnahmeformen überhaupt noch haben soll. Es ist dann doch so, daß schlechthin jede bloße Verursachung des tatbestandlichen Erfolges auf dem Umweg über die Urheberschaft mit der vollen Strafe belegt werden kann. Diese Lösung aber wäre mit Hilfe eines konsequent durchgeführten extensiven Täterbegriffs einfacher und schneller zu erreichen.

2. Die Akzessorietät bei den Pflichtdelikten

A. Folgerungen aus dem Täterbegriff der Pflichtdelikte

Demnach ist also auf der Grundlage des Tatherrschaftsbegriffs die Konstruktion einer Teilnahme an unfinaler Haupttat mit der wohl noch überwiegenden Lehre abzulehnen. Das Bild ändert sich aber sogleich, wenn man mit der hier vertretenen Ansicht die Pflichtdelikte als selbständige Gruppe ins Auge faßt und erkennt, daß auch hier zwar der Täter die Zentralgestalt des handlungsmäßigen Geschehens bildet, daß aber dieser Leitbegriff durch andere Kriterien ausgefüllt wird, die mit der Tatherrschaft nichts zu tun haben. Wenn der Teilnehmer nicht mehr durch eine „Mitwirkung ohne Tatherrschaft", sondern durch eine „Beteiligung ohne Sonderpflichtverletzung" charakterisiert wird, so wird deren Struktur nicht dadurch verändert, daß der Verpflichtete ohne Vorsatz handelt. Es liegt so oder so eine Erfolgsherbeiführung außerhalb der Pflichtbindung vor, und die Vorsatzfrage, die über die Tatherrschaft entscheidet, erweist sich in diesem Zusammenhang als durchaus irrelevant.

Sieht man die Dinge so, dann kann natürlich auch keine Rede davon sein, daß die Anerkennung einer Anstiftung oder Beihilfe zu unfinaler Tat bei den Pflichtdelikten dem „Wesen" der Teilnahme oder der „Natur der Sache" widerspreche. Im Gegenteil, man möchte sagen, daß gerade die Einsicht in das Wesen der Täterschaft, so wie es hier entwickelt worden ist, die Möglichkeit einer derartigen Teilnahme deutlich hervortreten läßt. Kennzeichnend dafür ist auch der Umstand, daß die Argumentation aus der „Natur der Sache" von vornherein nur auf Herrschaftsdelikte zugeschnitten gewesen ist. Wenn z. B. Stratenwerth in diesem Zusammenhang für die Notwendigkeit einer vorsätzlichen Haupttat geltend macht[38]: „Von der

---

[38] Natur der Sache, S. 15

Frage, ob der Tatmittler vorsätzlich handelt oder nicht, hängt es ab, wer die Situation beherrscht", so ist das (von den Einschränkungen bei der bewußten Fahrlässigkeit abgesehen) durchaus richtig. Aber der Gedanke verliert natürlich alle Beweiskraft, sobald die Herrschaft nicht mehr über Täterschaft und Teilnahme entscheidet. Im Bereiche der Pflichtdelikte also haben die Kritiker der herrschenden Ansicht ebenso recht wie diese bei den Herrschaftsdelikten.

Die Richtigkeit meiner These, daß die Lösung des Problems sich aus dem unterschiedlichen Täterbegriff der Herrschafts- und der Pflichtdelikte von selbst ergibt, zeigt sich besonders deutlich daran, daß die kritischen Fälle, um die es in der Diskussion geht, nicht dem Kreis der Herrschaftsdelikte, sondern fast ausnahmslos dem der Pflichtdelikte entstammen[39].

Wo einmal bei den Herrschaftsdelikten das Erfordernis vorsätzlicher Haupttat Schwierigkeiten macht, handelt es sich um Scheinprobleme. Das bekannte BGH-Urteil[40], in dem ein Gewerbegehilfe, der ohne Wissen seines Chefs gestohlene Sachen angekauft hatte, wegen Beihilfe zu unvorsätzlicher Hehlerei bestraft wurde, ist sicherlich falsch. Wir haben schon oben[41] gesehen, daß der Angestellte in solchen Fällen, wenn überhaupt eine Straftat vorliegt, als Täter zu betrachten ist. Die Kritik, die Welzel[42] vom Standpunkt des allgemeinen Täterbegriffs aus an diesem Urteil übt, ist sehr berechtigt.

Die wirklichen Probleme gehören alle dem Bereich der Pflichtdelikte an. So war es auch in den beiden Sachverhalten, an denen sich der Meinungsstreit in den letzten Jahren vornehmlich entzündet hat; im ersten, wo der Bundesgerichtshof[43] entgegen seiner späteren Rechtsprechung eine Anstiftung annehmen wollte, obwohl dem Angestifteten der Vorsatz fehlte[44], hatte ein Außenstehender einen Arzt unter der Vorspiegelung, es handele

---

[39] Darüber, wie die Frage bei den eigenhändigen Delikten zu beurteilen ist wird unten noch zu sprechen sein, vgl. S. 420 ff. Daß die Probleme nur bei Sonderdelikten und eigenhändigen Straftaten auftreten, erkennt jetzt auch richtig Arthur Kaufmann, JZ 1962, S. 782

[40] BGHSt 5, S. 47–52

[41] S. 350/351

[42] JZ 1954, S. 128

[43] BGHSt 4, 355–360; dieselbe Konstellation behandelt jetzt das OLG Köln in MDR 1962, S. 591 f.

[44] Welzel, JZ 1953, S. 763, will hier allerdings einen Verbotsirrtum annehmen. Wenn aber eine zulässige kollegiale Auskunft vorgelegen hätte, so irrte der Arzt zumindest vorsatzausschließend über Rechtfertigungsvoraussetzungen; man wird sogar, da auch der Kollege Geheimnisträger gewesen wäre, sagen können, daß er nicht einmal ein Geheimnis „offenbaren" wollte, so daß selbst nach der von Welzel vertretenen strengen Schuldtheorie ein Tatbestandsirrtum anzunehmen wäre; vgl. zu den widersprechenden Meinungen Bockelmann, Untersuchungen, S. 108; Engisch, Schmidt-Festschr., S. 108; Heinitz, Festschr. zum 41. Dtsch. Juristentag, 1955, S. 104/05, Anm. 39–41. – Abgesehen davon wäre auch bei Zugrundelegung eines Verbotsirrtums die von Welzel angenommene Anstiftung mit der Tatherrschaftslehre kaum zu begründen, weil sich dem Anstifter die Tatherrschaft schwerlich absprechen läßt. Aus diesen Gründen scheitert auch der Versuch von Dreher, MDR 1962, S. 592 f. sich der Schwierigkeit durch Annahme einer vorsätzlichen (die Bestrafung wegen vorsätzlichen Delikts aber gleichwohl ausschließenden) Haupttat zu entziehen.

sich um eine zulässige kollegiale Auskunft, zur Preisgabe des Berufs-
geheimnisses veranlaßt (§ 300 StGB); im zweiten, den das OLG Stuttgart
entschied[45], hatte ein am Unfall nicht Beteiligter den Fahrer durch die
unrichtige Behauptung, daß der Verletzte auf Feststellungen verzichtet habe,
zum Verlassen der Unfallstelle bewegt (§ 142 StGB). Es handelte sich also
beide Male um Pflichtdelikte: Nur der schweigepflichtige Arzt erfüllte die
Tätervoraussetzungen des § 300 StGB, und nur der wartepflichtige Beteiligte
konnte Täter einer Unfallflucht nach § 142 StGB sein. Die beiden Außenstehenden sind also Erfolgsbewirker ohne Sonderpflichtverletzung und
erfüllen damit alle Voraussetzungen, die an einen Teilnehmer bei Pflichtdelikten zu stellen sind.

Der Umstand, daß ein Bedürfnis für die Annahme einer Teilnahme an
vorsatzloser Tat nur bei bestimmten Tatbeständen hervortritt, ist auch schon
oft erkannt worden. Lange, der in die Akzessorietätsfragen am tiefsten eingedrungen ist, sagt sogar einmal ganz im Sinne der hier entwickelten
Ansicht[46]: „Da das Problem nur bei bestimmten Fallgruppen entsteht, ist der
Ansatz zu seiner Lösung nicht einem abstrakten Schema des Systems,
sondern den spezifischen Strukturen und Komponenten eben dieser Gruppe
zu entnehmen". Er erkennt in den Fällen der Amtsdelikte im Anschluß an
frühere Darlegungen[47] auch ganz zutreffend, daß es sich bei der Beamteneigenschaft um ein Element der „Täterschaftsmäßigkeit" handelt, dessen
„Fehlen die Zurechnung zur Täterschaft ausschließt, aber die zur Teilnahme
nicht berührt"[48]. Aber er geht den eingeschlagenen Weg nicht zu Ende; denn
wenn er zu den geschilderten Beispielen meint, daß „der Hintermann der
Sache nach einem mittelbaren Täter gleich- oder nahesteht und nur aus
Rechtsgründen nicht erfaßt werden kann"[49], so kehrt er wieder zum Täterbegriff der Herrschaftsdelikte zurück, mit dem man den Pflichtdelikten nicht
gerecht werden kann.

Den richtigen Ansatz findet auch Tröndle, der ganz tretend feststellt[50]:
„Die Schwierigkeiten rühren daher, daß der Besondere Teil in verschiedenen
Fällen (nämlich den Sonderstraftaten) vom Täterbegriff des Allgemeinen
Teils abweicht. Es ist daher schon denkgesetzlich nicht möglich, im Allgemeinen Teil die Auflösung von Schwierigkeiten zu suchen, die erst der
Besondere Teil ... hervorgebracht hat." Diese Erkenntnis hindert ihn aber
merkwürdigerweise nicht, auch bei den Sonderdelikten die Tatherrschaftslehre und damit den allgemeinen Täterbegriff anzuwenden, der nach seinen
eigenen Voraussetzungen hier nicht paßt. Infolgedessen muß er zur Ablehnung jeder Bestrafung des Außenseiters bei vorsatzlosen Sonderdelikten
kommen.

---

[45] JZ 1959, S. 579 = MDR 1959, S. 508. Der Versuch des Gerichts den Akzessorietätsfragen durch Konstruktion eines Verbotsirrtums aus dem Wege zu gehen, ist hier auf ein-
mütige Ablehnung aller Beurteiler gestoßen.
[46] JZ 1959, S. 563
[47] Die notwendige Teilnahme, 1940, S. 54 ff.
[48] JZ 1959, S. 562
[49] JZ 1959, S. 561; ebenso Franzheim, Die Teilnahme an unvorsätzlicher Haupttat, S. 26
[50] GA 1956, S. 151/152

Eine Lösung, welche die Konsequenz aus der besonderen Struktur der Täterschaft bei den Pflichtdelikten zieht, bietet demgegenüber allein die hier vertretene differenzierende Lehre: Danach kann bei den Herrschaftsdelikten niemand Teilnehmer (= ohne Tatherrschaft Mitwirkender) sein, ohne daß ein anderer – wenigstens nach seiner Vorstellung – die Tatherrschaft hat und damit vorsätzlich handelt. Bei den Pflichtdelikten ist andererseits eine Teilnahme an vorsatzloser Haupttat sehr wohl möglich, weil hier nicht der Vorsatz, sondern die Pflicht das maßgebende Unterscheidungsmerkmal zwischen Täterschaft und Teilnahme abgibt. Die beiden Außenstehenden unserer Leitentscheidungen können daher als Anstifter zu einer Tat nach §§ 300 bzw. 142 StGB bestraft werden, obwohl der unmittelbar Handelnde sich im Tatbestandsirrtum befand.

Unsere Lösung ist zwingend, wenn man ihre beiden Voraussetzungen akzeptiert, daß bei dieser Deliktsgruppe allein die Pflichtverletzung täterschaftsbegründend wirkt und daß die Teilnahme hier wie überall sekundärer Natur ist, also nicht mehr als eine Beteiligung ohne Sonderpflichtverletzung erfordert. Beide Thesen sind bisher nicht anerkannt, obwohl ohne sie ein richtiges Verständnis der Sonderdelikte überhaupt nicht möglich ist. Das gilt ganz unabhängig von dem in Rede stehenden Akzessorietätsproblem. In dem mehrfach erwähnten Beispiel etwa, daß ein Extraneus einen Beamten gemäß § 52 StGB zu einer Aussageerpressung nötigt, stimmen, soweit ich sehe, alle darin überein[50a], daß eine Anstiftung zu § 343 StGB anzunehmen sei. Und doch ist dieses Ergebnis ohne unsere beiden Prämissen nicht erklärbar: Denn wenn man von der Tatherrschaft ausgeht, so hat sie der Extraneus, so daß er schon per definitionem nicht Anstifter sein könnte; und wenn man die Teilnahme – anstatt sekundär und negativ – primär und positiv als Abhängigkeit von fremder Tatherrschaft oder, wie Bockelmann, als Willensunterordnung im Sinne der Dolustheorie versteht, so kann davon hier nicht die Rede sein, so daß der Außenstehende konsequenterweise straflos bleiben müßte.

Dieser Fall unterscheidet sich von dem des fehlenden Vorsatzes beim Intraneus in keinem wesentlichen Punkte. Nimmt man also hier eine Anstiftung an, so muß man es auch dort tun[50b]. Die mit dem Anspruch absoluter Gültigkeit auftretende Behauptung, daß die Teilnahme eine vorsätzliche Täterschaft erfordere, beruht also nicht auf sachlogischen Vorgegebenheiten, sondern auf einem unvollständigen und in einigen Punkten unrichtigen Täter- und Teilnehmerbegriff, der freilich, wenn man ihn unkritisch verwendet, zu den hier mißbilligten Folgerungen in der Akzessorietätsfrage nötigt.

[50a] auch Dahm, MDR 1959, S. 509, nennt dieses Ergebnis „doch wohl unbestritten".
[50b] Vgl. auch Dahm, a. a. O., S. 509/10, der von ähnlichen Erwägungen ausgeht, aber mit dem Urheberbegriff arbeitet.

B. Teleologische Erwägungen

Allerdings haben die Gegner unserer Auffassung neben den vorstehend behandelten konstruktiven Erwägungen auch teleologische Gesichtspunkte geltend gemacht, mit denen sie die Möglichkeit einer Teilnahme bei unvorsätzlicher Tat vom Ergebnis her zu widerlegen versuchen.

a) Erstreckung der Täterschaft auf Nichtqualifizierte?

Welzel[51] bringt gegen eine Teilnahmebestrafung des Außenseiters vor, es werde hier „unter der Bezeichnung ‚Teilnahme' … die Täterschaft auf Nicht-Qualifizierte ausgedehnt" – ein Argument, dem die Berechtigung nicht abzusprechen ist, solange man mit dem Tatherrschaftsgedanken arbeitet. Erkennt man jedoch, daß es sich nicht um eine Quasi-Täterschaft, sondern um echte Teilnahme handelt, so hat Welzels Einwand, es liege eine contra legem vorgenommene Erstreckung der Täterschaft auf Nichttäter vor, keine Gültigkeit mehr. Daß der Teilnehmer nicht in der tatbestandlich geforderten besonderen Pflichtbindung steht, charakterisiert ihn ja gerade als Teilnehmer; auch Welzel wird von einem Anstifter keine tatbestandsspezifische Pflichtverletzung fordern. Man muß sich immer vor Augen halten, daß die von uns so nachdrücklich herausgehobene Sonderpflichtverletzung nicht den Strafgrund dieser Bestimmungen bildet, sondern nur die Täterschaft konstituiert.

Der Strafgrund liegt hier wie sonst in der Rechtsgüterverletzungs[52]; wäre es anders, so könnte es nichtqualifizierte Teilnehmer überhaupt nicht geben.

b) Erweiterung der Organhaftung als Problemlösung?

Auf einer Verkennung des besonderen Täter- und Teilnehmerbegriffs der Pflichtdelikte beruht es auch, wenn Welzel die empfindlichen Strafbarkeitslücken, die seine Lehre bei den Pflichtdelikten aufreißt, durch eine Erweiterung der Organhaftung schließen will. Er sagt[53]: „In Wahrheit handelt es sich bei den angeblichen ‚Lückenfallen' der echten Sonderdelikte um das Problem der sog. Organhaftung, d. h. um die Frage der Einbeziehung des Vertreters in den Täterkreis der echten Sonderdelikte, also um ein Täterschafts-, kein Teilnahmeproblem!" Daher erwägt er die Lösung, in dem vom OLG Stuttgart entschiedenen Fall den Dritten, der durch die Vorspiegelung, es sei „alles in Ordnung", den Unfallbeteiligten zum Weiterfahren veranlaßt hatte, als „gewillkürten Vertreter" zum Täter des § 142 StGB aufrücken zu lassen[54].

---

[51] Lehrb., 7. Aufl., S. 101
[52] Vgl. darüber schon treffend und grundlegend Lange, Die notwendige Teilnahme, S. 54 ff.; ferner Franzheim, Die Teilnahme an unvorsätzlicher Haupttat, S. 19 ff., 24
[53] Lehrb., 7. Aufl., S. 101
[54] Lehrb., 7. Aufl., S. 397

Das ist jedoch erstens für die Praxis kein Ausweg; denn aus dem Sachverhalt läßt sich nicht entnehmen, daß der Hintermann „gewillkürter Vertreter" war. Außerdem ist die Einbeziehung dieser Personengruppe in den Täterkreis weder von der herrschenden Meinung und der Rechtsprechung anerkannt noch in den Entwürfen vorgesehen, zumal da sich ohnehin nur ein geringer Teil der Lückenfälle durch diese Konstruktion erfassen ließe. Zweitens aber beruht dieser Versuch auf der theoretisch unrichtigen, aus dem Haften am Tatherrschaftsgedanken zu erklärenden Annahme, es handele sich um ein „Täterschafts-, kein Teilnahmeproblem", während es gerade umgekehrt liegt.

c) Einwände aus dem Akzessorietätsprinzip?

Auch der Akzessorietätsgrundsatz fordert keine andere als die hier vorgeschlagene Lösung. Zählt man den Vorsatz zum Tatbestand, so könnte es zwar unzulässig erscheinen, eine Teilnahme ohne eine auch nur tatbestandsmäßige Haupttat anzunehmen. Aber es ist doch so: Das Akzessorietätsprinzip verlangt, soweit es durch das „Wesen" der Teilnahme vorgezeichnet ist, nicht mehr als eine objektiv tatbestandstypische Handlung, wie sie hier in der Preisgabe des ärztlichen Geheimnisses und dem Verlassen der Unfallstelle liegt. Was aber den Gesetzgeber betrifft, so hat er nur ausgesprochen, daß die Haupttat nicht schuldhaft zu sein brauche; daß sie notwendig in allen Fällen den subjektiven Tatbestand – noch dazu in dem Sinne, wie ihn eine umstrittene Lehrmeinung versteht – erfüllen müsse, kann man daraus umso weniger schließen, als der Gesetzgeber von 1943 unbestrittenermaßen den Vorsatz als Schuldbestandteil ansah und durch seine Regelung die Bestrafung einer Teilnahme an unvorsätzlicher Haupttat ermöglichen wollte[55]. Versteht man die gesetzliche Akzessorietätsvorschrift richtig, so verlangt sie also bei den Pflichtdelikten geradezu die hier vertretene Lösung, und die Gegenmeinung vereitelt den – mit den strukturellen Vorgegebenheiten durchaus übereinstimmenden – Willen des Gesetzgebers.

d) Verfälschung der Tatbestandsstruktur?

Allerdings läßt sich gegen die Möglichkeit einer Teilnahme an unvorsätzlicher Tat bei den Pflichtdelikten ein Bedenken vorbringen, das sich nicht aus der Zuordnung von Täterschaft und Teilnahme, sondern aus dem gesetzgeberischen Willen zur tatbestandlichen Strafeinschränkung ergibt. Wenn nämlich – um beim Beispiel des § 142 StGB zu bleiben – das Gesetz den Täterkreis auf solche Personen beschränkt, deren „Verhalten zur Ver-

---

[55] Vgl. nur Dahm, a. a. O., S. 509; Bockelmann, Untersuchungen, S. 107. Sehr treffend Engisch, Eb.-Schmidt-Festschrift, S. 117. Zur Abgrenzung von Anstiftung und Beihilfe in diesen Fällen a. a. O., S. 112

ursachung des Unfalls beigetragen hat", so kann das nur den Sinn haben, daß die Strafbarkeit nicht auf jede Vereitelung von Ersatzansprüchen aus Verkehrsunfällen erstreckt, sondern auf unfallnahe Personen eingegrenzt werden sollte. Darin liegt nicht die Erklärung, daß nur wartepflichtige Anspruchsvereiteler erfaßt werden dürfen; aber Außenstehende können in den Kreis der Strafbaren immerhin nur dadurch hineinkommen, daß sie an der Handlung des Pflichtigen teilnehmen. Wenn jemand etwa ganz ohne Zutun des Unfallbeteiligten den Wagen beiseiteschafft und die Spuren löscht, kann er unbestreitbar nicht nach § 142 StGB bestraft werden.

Man könnte nun sagen, daß ein Sachverhalt wie der vom OLG Stuttgart entschiedene diesem letzten Fall einer straflosen Anspruchsvereitelung näherstehe als dem vom Gesetz typischerweise zugrundegelegten Beteiligungsverhältnis. Denn hier befindet sich zwar anders als dort ein Wartepflichtiger im Zentrum des Geschehens; aber er wird nur als blindes Werkzeug und nicht als Träger personalen Unrechts eingeschaltet, so daß sich die Meinung vertreten läßt, die Tat stelle sich im Endergebnis doch nur als eine Anspruchsvereitelung und nicht als Unfallflucht dar. In dieser Richtung argumentiert auch Welzel[56], wenn er zur Annahme einer Anstiftung in BGHSt 4, 355 ff. meint, es werde dadurch „die Veranlassung zu einer unvorsätzlichen Preisgabe fremder Privatgeheimnisse – also eine Ausspähungstat, die der Gesetzgeber bewußt straffrei gelassen hat – zur Anstiftung zum Geheimnisverrat umgefälscht". In ähnlicher Weise sagt Heinitz[57], wer an einer vorsätzlichen Täterhandlung mitwirke, begehe „ein aliud gegenüber demjenigen, der den Irrtum eines unvorsätzlichen Täters ausnutzen will"; und Tröndle stellt fest[58]: „Es wäre nicht sachgerecht, den Außenseiter für einen Handlungsunwert haften zu lassen, der … bei der von ihm veranlaßten Tat gar nicht vorliegt".

Diese Einwände haben Gewicht; aber sie schlagen nicht durch. Denn zwar begehen die Außenstehenden der Beispielsfälle wirklich keine Fahrerflucht und keinen Geheimnisverrat; aber das tun sie auch dann nicht, wenn der Qualifizierte vorsätzlich handelt. Die Differenz zwischen Unfallflucht und Anspruchsvereitelung, zwischen Verrat und Ausspähung bezeichnet eben jenes personale Element, das bei den Pflichtdelikten die Zentralgestalt von der Randfigur, den Täter vom Teilnehmer unterscheidet. Verlangt man für die Teilnehmerbestrafung mehr als das, was nach Abzug des lediglich für die Täterstrafe erforderlichen vorsätzlichen Pflichtverstoßes übrigbleibt, so macht man die Sonderpflichtverletzung zum Strafgrund dieser Bestimmung, während es sich in Wahrheit nur um ein Element der „Täterschaftsmäßigkeit" (Lange), also um ein Merkmal zur Abgrenzung gegenüber der Teilnahme, handelt.

Hinzu kommt: Wenn man entgegen der hier vertretenen Auffassung den Pflichtverstoß zum Strafgrund machen wollte, dürfte man konsequenterweise einen Nichtpflichtigen auch bei vorsätzlicher Haupttat nicht

---

[56] Lehrb., 7. Aufl., S. 101; vgl. auch Stratenwerth, Natur der Sache, S. 15
[57] Festschr. zum 41. Juristentag, 1955, S. 108
[58] GA 1956, S. 149/50

als Teilnehmer bestrafen, denn bei ihm würde diese Voraussetzung gleichwohl fehlen. Welchen Sinn sollte es auch haben, die Strafbarkeit einer Person
davon abhängig zu machen, ob ein anderer eine ihn allein treffende Pflicht
verletzt hat?

Und weiter: Wenn man in unseren Beispielsfällen ein Täterverhalten,
dem die „personalen" Qualitäten des Geheimnisverrats oder der Fahrerflucht eignen, zur Strafvoraussetzung machen würde, so dürfte man
auch denjenigen, der einen Sonderpflichtträger zu einer nach § 52 StGB entschuldigten Tatbestandsverwirklichung nötigt, nicht als Anstifter bestrafen,
weil unter dem Einfluß des Zwanges ein „Verrat" und eine „Flucht" im
gesetzlich gemeinten Sinn nicht mehr vorliegen. Eine derartige Folgerung
würde nicht nur zu unerträglichen Ergebnissen führen, die wohl auch die
Anhänger der Gegenmeinung nicht vertreten wollen[59]; sie würde außerdem
eine Rückkehr zur extremen Akzessorietät bedeuten, die mit dem Gesetz
nicht in Einklang zu bringen wäre.

e) Überdehnung der Strafbarkeit?

Wenn demnach gesichert ist, daß bei den Pflichtdelikten die Konstruktion
einer Teilnahme an unvorsätzlicher Tat nicht zu einer Verfälschung der Tatbestandsstruktur führt, so bleiben noch die Fragen, die den Ausgangspunkt
unserer Bedenken bildeten: Wird nicht durch diese Lösung die Strafbarkeit,
die durch die Beschränkung des Täterkreises mittelbar eingegrenzt werden
soll, ungebührlich erweitert? Und wo liegt – um wieder nur unsere Aus-
gangsfälle beispielhaft heranzuziehen – der sachliche Unterschied einer
Anstiftung zur vorsatzlosen Tat gegenüber den straflosen Fällen der bloßen
Ausspähung und Anspruchsvereitelung?

Die erste Frage ist schnell beantwortet: Keineswegs wird die Strafbarkeit
in gesetzwidriger Weise auf die Ausspähung und Anspruchsvereitelung
schlechthin erstreckt; sie bleibt vielmehr auf die scharf umgrenzten Fälle
beschränkt, in denen der Nichtpflichtige sein Ziel über die Person des zum
Täter Qualifizierten erreicht, mag dieser nun vorsätzlich handeln oder nicht.
Daß der Extraneus im zweiten Fall „unzweifelhaft besonders strafwürdig"[60]
ist, bestreiten im allgemeinen auch die Anhänger der Gegenauffassung
nicht[61]; deshalb handelt es sich nicht um eine ungerechtfertigte Strafbar-
keitsüberdehnung, sondern um eine durchaus sachgemäße Erfassung des
strafwürdigen Bereichs.

---

[59] Vgl. nur die Lösung Welzels, JZ 53, S. 763, der im Arztfall einen Verbotsirrtum
annimmt und auf diesem Wege zur Konstruktion einer Anstiftung kommt, obwohl der
Außenstehende die Tatherrschaft hat.

[60] Lange, JZ 1959, S. 561

[61] Vgl. nur Tröndle, GA 1956, S. 149: „Strafwürdigkeit schafft noch keine Strafbarkeit".
Auch die Versuche, in den erwähnten Fällen durch Konstruktion eines Verbotsirrtums
(vgl. oben Anm. 44, 45) oder einer „Organhaftung" (vgl. S. 371/372) zur Strafbarkeit zu
kommen, zeigen, wie groß das Strafbedürfnis ist.

Und auch die zweite Frage gestattet eine klare Antwort. Die Anstiftung zu vorsatzloser Tat hebt sich von den Fällen strafloser Anspruchsvereitelung und Ausspähung in mindestens dreifacher Weise entscheidend ab:

Erstens bleibt – wie sich schon aus den Erwägungen zur Tatbestandsstruktur ergibt – die gesetzlich vorgesehene Beschränkung der Strafbarkeit strikt gewahrt, wenn sie an die (bewußte oder unbewußte) Offenbarung durch den Geheimnisträger, die Entfernung durch den Wartepflichtigen usw. gebunden wird. Schon damit erweist sich das wichtigste Argument, das für die Gleichstellung mit den uferlosen Begriffen der bloßen Aus spähung und Spurenverwischung geltend gemacht wird, als gegenstandslos.

Zweitens liegt ein wesentlicher Unterschied auch im Deliktsgehalt darin, daß in unseren Fällen der Extraneus den Pflichtträger durch eine listige Manipulation ausschaltet. Das ist deshalb ein schlimmerer Fall als die einfache Ausspähung und Anspruchsvereitelung, weil der Gesetzgeber, wenn er jemandem eine besondere Pflicht auferlegt, ihn damit zum Wächter und Erhalter des bedrohten Rechtsgutes beruft. Der Unfallbeteiligte ist kraft seiner Wartepflicht dafür verantwortlich, daß die Schuld und Haftungsverhältnisse, soweit seine Anwesenheit dazu beitragen kann, aufklärbar bleiben, und der Arzt ist es, der die Geheimnisse in seiner Brust oder im verschlossenen Schreibtisch fest zu bewahren hat. Meist wird es so sein, wie es auch in den beiden Ausgangsfällen war, daß der Extraneus seinen Zweck gar nicht erreichen kann, ohne die Schutzinstanz, den Sonderverpflichteten, aus dem Wege zu räumen. Es ist klar, daß die Beseitigung dieses Hindernisses aussichtsreicher und für die Rechtsgemeinschaft gefährlicher ist als das Unternehmen, auf einem anderen Wege Ansprüche zu vereiteln oder sich Kenntnis von Geheimnissen zu verschaffen. Deshalb hat es auch einen guten Sinn, Fälle der ersten Art zu erfassen, die der zweiten Art aber außerhalb des strafrechtlichen Schutzbereiches zu lassen.

Drittens haben die vorgeblich gleichliegenden Fallgruppen auch vom äußeren Erscheinungsbild und von den kriminologischen Voraussetzungen her betrachtet ein recht verschiedenartiges Ansehen. Es ist nicht zu erwarten, daß die an ärztlichen Geheimnissen interessierten Personen in nennenswerter Anzahl dazu übergehen werden, in die Praxisräume einzubrechen, um dort in unleserlichen Karteiblättern nach Informationen zu spähen, die sie schließlich doch nicht finden. Deshalb besteht für die Pönalisierung solcher meist hypothetisch bleibender Fälle – wenn man vom Landesverrat absieht – kein Anlaß. Dagegen spielt der Fall, daß Ärzte durch Täuschungen zur Preisgabe von Geheimnissen bewegt werden, in der Praxis eine nicht unerhebliche Rolle, wie sich aus der Häufigkeit, mit der die Gerichte über solche Sachverhalte zu entscheiden haben, eindeutig ergibt.

Noch klarer ist die Differenz der Konstellationen bei der Unfallflucht zu erkennen. Denn was der Gesetzgeber durch die Strafdrohung verhindern will, ist nicht die Anspruchsvereitelung schlechthin, sondern die Entfernung des Unfallbeteiligten vom Tatort. Ob ein Außenstehender dieses Ziel durch gutes Zureden oder durch eine Täuschung erreicht, ist unter diesem Aspekt ganz gleichgültig. Deshalb kann es auch keinen Unterschied ausmachen, ob es sich um eine Anstiftung zur vorsätzlichen oder zur unvorsätzlichen

Tat handelt. Dagegen betrifft die bloße Anspruchsvereitelung – etwa durch das Verwischen von Tatspuren – einen völlig anderen Sachverhalt, den sogar der Wartepflichtige selbst straflos verwirklichen darf, solange er an der Unfallstelle bleibt! Deshalb werden die wahren Verhältnisse durchaus verkannt, wenn man hier die Teilnahme an unvorsätzlicher Tat auf eine Stufe mit der straflosen Anspruchsvereitelung stellt, obwohl sie ihr nicht im geringsten gleicht, sondern in allen entscheidenden Punkten mit der Anstiftung zur Vorsatztat übereinstimmt.

Es ergibt sich also, daß Engisch[61a] im Recht ist, wenn er sagt, es sei „eine petitio principii, daß angesichts der Behandlung der ‚Ausspähung' im Gesetz die Anstiftung zur vorsatzlosen Haupttat straflos bleiben" müsse. Was bei diesem Schluß vorausgesetzt wird, daß nämlich die Veranlassung unvorsätzlicher Geheimnisoffenbarung sich von der gewöhnlichen Ausspähung nicht unterscheide, ist hier wie in den entsprechenden anderen Fällen nicht nur unbewiesen, sondern falsch. In Wirklichkeit führt nicht die hier vertretene Auffassung, sondern die Gegenmeinung zu ganz ungereimten Ergebnissen: Bestraft wird, wer die Barriere, die das Gesetz in der Person des Sonderverpflichteten zum Schutze des Rechtsguts aufgebaut hat, durch gutes Zureden oder auch durch eine Nötigung überwindet. Wer aber das Hindernis mit Hilfe einer Täuschung übersteigt, bleibt unbestraft, obwohl dieses Verhalten den vorgenannten Mitteln in der Unrechtsqualität zumindest gleichsteht und für das geschützte Rechtsgut sogar eine größere Bedrohung bedeutet; denn der Täuschende beseitigt von vornherein „die Hemmung, die in der Erkenntnis liegt, daß man das Gesetz übertritt und sich schwere Rechtsfolgen auf den Hals ziehen kann"[62].

Es ist demnach keineswegs so, wie Heinitz meint, daß bei den Pflichtdelikten die Mitwirkung an vorsätzlicher Tat ein anderer rechtlicher Einordnung bedürftiges aliud gegenüber der durch Täuschung bewirkten Rechtsgüterverletzung sei. Im Gegenteil: Eine hier differenzierende Lösung wäre sinnwidrig, weil sie Fälle, die sich in der maßgebenden Hinsicht gleichen, unterschiedlich behandelt und stattdessen das Vorsatzkriterium in den Vordergrund rückt, obwohl es für die Abgrenzung der Beteiligungsformen bei den Pflichtdelikten irrelevant ist und sein Fehlen die Verantwortung des Außenstehenden nur erhöht, anstatt sie auszuschließen.

f) Einwände aus dem positiven Recht?

Mit alledem ist natürlich nicht gesagt, daß der Gesetzgeber, weil die Bestrafung der Teilnahme an unfinaler Tat bei den Pflichtdelikten möglich und geboten ist, deshalb darauf verzichten müßte, solche Verhaltensweisen im Einzelfall zu selbständigen Tatbeständen auszuformen. Schon aus diesem Grunde steht die immer wiederkehrende Berufung auf die §§ 160, 271 StGB auf schwachen Füßen. Denn es ist ja auch sonst eine bekannte Erscheinung,

---

[61a] Festschr. für Eb. Schmidt, S. 112
[62] Lange, JZ 1959, S. 561

daß der Gesetzgeber Teilnahmehandlungen verselbständigt, ohne daß daraus je der Schluß gezogen worden wäre, es gebe keine Anstiftung und Beihilfe.

Auch bei den Pflichtdelikten kann der Gesetzgeber für eine solche Verselbständigung gute Gründe haben. Auf § 160 StGB wird unten noch einzugehen sein[62a], so daß an dieser Stelle eine Bemerkung zu § 271 StGB genügt. Wenn hier eine Anstiftung zu unvorsätzlicher Falschbeurkundung einem Sondertatbestand unterstellt wird, so erfährt das seine Rechtfertigung schon allein durch den Umstand, daß der Gesetzgeber in den §§ 272, 273 StGB Qualifikationen geschaffen hat, die eine solche Regelung erforderten. Der tiefere Grund dafür liegt darin, daß die Täuschung, wenn sie von einer Bereicherungs- oder Schädigungsabsicht begleitet wird, personale Unrechtselemente von selbständiger Bedeutung enthält, die durch eine Bestrafung wegen der bloßen Falschbeurkundung nicht erfaßt würden. Es ist also nicht so, daß die Bestimmungen der §§ 271–273 StGB erforderlich gewesen wären, weil eine Anstiftung zu unfinaler Tat undenkbar war; vielmehr war die Sonderregelung nötig, um in schweren Fällen den über die Bewirkung der Falschbeurkundung hinausgehenden Unrechtsgehalt tatbestandlich einfangen zu können.

Natürlich kann man bezweifeln, ob diese aus dem Zusammenhang des Gesetzes geschöpfte Interpretation durch die bewußten Intentionen der legislatorischen Instanzen gedeckt ist. Aber daraus läßt sich kein Gegenargument herleiten. Denn wenn das nicht der Fall sein sollte, würde das höchstens zeigen, daß der Gesetzgeber, wie Engisch[62b] sagt, „bei der Limitierung der Akzessorietät im Jahre 1943 den Überblick wohl etwas verloren hat." Jedenfalls ergibt sich aus den angeführten Erwägungen, daß die bestehende Regelung unbeschadet der Möglichkeit einer Teilnahme an vorsatzloser Tat ihren Sinn hat.

Abweichungen im personalen Unrechtsgehalt liegen auch der gesetzlichen Differenzierung von Betrug und Untreue zugrunde, aus der Hellmuth Mayer[62c] einen Einwand gegen die hier vertretene Lösung gewonnen hat. Er meint zu § 266 StGB: „Soll es für die Teilnahme auf das Täterschaftsmerkmal der Treubindung nicht ankommen, so wäre jeder für den Geschäftsherrn nachteilige Abschluß mit einem Angestellten desselben eine strafbare Teilnahme an ‚objektiver' Untreue, auch wenn man von einem Betrug im Sinne des § 263 nicht sprechen könnte."

Dazu ist zu sagen: Wer einen Angestellten durch Täuschung zu einer den Geschäftsherrn schädigenden Vermögensverfügung veranlaßt, wird sicherlich nicht wegen Anstiftung zu unvorsätzlicher Untreue, sondern nur wegen Betruges bestraft. Das kommt daher, weil bei Vermögensschädigungen gerade in der Täuschung ein Unwert liegt, den der Gesetzgeber in § 263 StGB tatbestandlich umschrieben hat. Die Anstiftung zum vorsatzlosen Pflichtdelikt erscheint so als mittelbare Täterschaft bei einem Herrschaftsdelikt; § 263 entspricht beim Betrug gegenüber Vertretern

---

[62a] Vgl. S. 394/395
[62b] Eb.-Schmidt-Festschrift, S. 119
[62c] Rittler-Festschrift, S. 266; im Anschluß an ihn Welzel, 7. Aufl., S. 101

mutatis mutandis dem § 271. Diese Regelung ist sachgemäß, weil die Täuschung einen wesentlichen Teil des Unrechtsgehaltes ausmacht, der durch das Abstellen auf die bloße Vermögensbeschädigung nur unzureichend erfaßt würde. Aber aus ontologischen Strukturgesetzen folgt das nicht: Wenn man einmal hypothetisch annimmt, daß die durch Täuschung bewirkten Vermögensschädigungen nicht einem selbständigen Tatbestand unterstünden – wenn man also § 263 StGB wegdenkt – dann wäre eine Bestrafung wegen Teilnahme am Delikt des § 266 StGB durchaus sinnvoll.

Wie steht es aber in dem Fall, auf den Mayer abstellt, daß es sich nur um ein „ungünstiges" Geschäft handelt, ohne daß die Voraussetzungen des Betruges vorlägen? Da ist es zunächst so, daß auch der objektive Tatbestand der Untreue noch nicht deswegen erfüllt ist, weil ein Geschäft sich nachträglich als ungünstig herausstellt. Solange sich der Abschluß im Rahmen ordnungsmäßiger Geschäftsführung hält, kommt also schon aus diesem Grunde eine strafbare Teilnahme nicht in Frage. Es bleiben demnach nur übrig die verhältnismäßig seltenen Fälle, daß der Außenstehende einen klaren Irrtum des Vertreters bewußt zu einem den anderen schädigenden Geschäftsabschluß ausnutzt, ohne dabei Tatsachen zu entstellen, zu unterdrücken oder entgegen einer Offenbarungspflicht zu verschweigen.

Ist das nun eine Teilnahme an einer unvorsätzlichen Tat im Sinne des § 266 StGB? Eine solche Lösung wäre keineswegs indiskutabel. Im Ergebnis möchte ich freilich Mayer und Welzel recht geben, die ein derartiges Verhalten straflos lassen wollen. Das beruht aber nicht auf dem Wesen der Teilnahme oder der finalen Handlung. Der Grund liegt allein darin, daß man annehmen muß, der Gesetzgeber habe die durch Unterhaltung und Beförderung von Irrtümern bewirkten Vermögensschädigungen in § 263 StGB abschließend regeln wollen. Es handelt sich also um ein Auslegungsproblem, das mit der Teilnahmelehre unmittelbar nichts zu tun hat, dessen Lösung daher für sie auch keine über diesen Einzelfall hinausgehende Bedeutung haben kann. Überhaupt zeigt dieses Beispiel – was bei den später zu behandelnden umstrittenen Fällen[62d] noch wiederholt hervortreten wird – daß auch in diesem Bereich die Arbeit am Detail, d. h. die sorgfältige Analyse der jeweiligen Rechtsgüterverletzung, des personalen Unrechtsgehaltes und des Zusammenhanges der einzelnen Strafvorschriften, durch keine die Besonderheiten der Regelungsmaterie außer acht lassende, generalisierende Patentlösung zu ersetzen ist.

g) Ergebnisse

Ich komme also zu einer Folgerung, die beim gegenwärtigen Diskussionsstand genau zwischen den Fronten liegt: Eine Teilnahme an unfinaler Tat ist bei den Herrschaftsdelikten, wenn der Hintermann den Sachverhalt durchschaut, ausgeschlossen, bei den Pflichtdelikten dagegen – und nicht nur in

---

[62d] S. 420 ff., 427 ff.

der unechten Form einer bloßen Urheberschaft – durchaus möglich. Es ist deshalb mit Lange[63] und Lang/Hinrichsen[64] dringend zu wünschen, daß in den §§ 30 und 31 des Entwurfes 1962 das Wörtchen „vorsätzlich" vor der begangenen „Tat" wieder gestrichen werde.

Wenn das geschähe, könnte auch § 32 E 1962, der beim Irrtum über den Tätervorsatz eine Anstifter- oder Gehilfenstrafe eintreten läßt, als überflüssig wegfallen[65]. Bei den Herrschaftsdelikten bedarf es seiner nicht, wie schon dargelegt wurde[66]. Und bei den Pflichtdelikten ist es nicht anders. Wenn der Außenstehende irrigerweise glaubt, der Pflichtträger handele unvorsätzlich, so ist er nach der wirklichen wie nach der vorgestellten Sachlage ohnehin immer nur Anstifter; genau wie der umgekehrte Irrtum – der vermeintlich vorsätzliche Täter übersieht die Sachlage nicht – die vorliegende Anstiftung nicht berührt.

V. Der Pflichtgedanke in der Entwicklung der Tatherrschaftslehre

1. Übereinstimmungen und Unterschiede im Täterbegriff der Herrschafts- und Pflichtdelikte

Wenn man den Täterbegriff der Herrschafts- und der Pflichtdelikte miteinander vergleicht, so fallen eher die Verschiedenheiten ins Auge: Das Kriterium der Tatherrschaft ergibt sich aus Besonderheiten des konkreten Geschehensablaufes. Bei den Pflichtdelikten dagegen ist die äußere Art der Beteiligung gleichgültig; es genügt jedes wie immer beschaffene „Bewirken" so daß sich, was die Unerheblichkeit der äußeren Verhaltensformen betrifft, eine Übereinstimmung mit dem extensiven Täterbegriff feststellen läßt.

Diese Verwandtschaft reicht allerdings über die Gleichheit im Optisch-Sinnenfälligen nicht wesentlich hinaus. Im Grundgedanken gehen der extensive Täterbegriff, der seinen normativen Gehalt aus der dominierenden Stellung der Rechtsgüterlehre zieht, und die Kategorie der Pflichtdelikte, die sich nicht am Erfolg, sondern an der Person des Täters orientiert, nach entgegengesetzten Richtungen auseinander. Der Grundlagenstreit der Dreißigerjahre um die Auffassung des Verbrechens als Rechtsgüter- oder Pflichtverletzung spiegelt sich hier, ideologisch entlastet und auf seine Bedeutung für die Dogmatik der Täterlehre reduziert, im kleinen wider.

Unter diesem Aspekt betrachtet stehen aber der Täter der Herrschafts- und der Pflichtdelikte einander nicht sehr fern. Denn im einen wie im anderen Falle handelt es sich um personale Elemente, die den Angelpunkt der Abgrenzung bilden. Sie sind freilich abweichender Art: Die maßgebende Gestaltung des Kausalablaufes ist bei aller Normbezogenheit durch deskriptive Kriterien weit mehr zu erfassen als das nur geistig verstehbare Merkmal des außerstrafrechtlichen Pflichtverstoßes. Beide Tätervorstel-

---

[63] JZ 1959, S. 563
[64] Gutachten S. 25
[65] ebenso Lang/Hinrichsen, Gutachten, S. 25
[66] Vgl. dazu oben S. 269

lungen stehen aber dem personalen Unrechtsbegriff gleich nahe, und beide ordnen sich dem umfassenden Leitgedanken der Teilnahmelehre, wonach der Täter die Zentralgestalt des handlungsmäßigen Geschehens verkörpert, gleichermaßen ein. Es handelt sich um Unterschiede, die nicht aus der Konzeption des Täterbegriffs, sondern aus der differierenden Struktur der Tatbestände folgen. Freilich werden sie eben deshalb leicht übersehen: Die Bedeutung des Besonderen Teils für die Dogmatik der Verbrechenslehre wird noch lange nicht genug gewürdigt.

Immerhin erscheint es aus den angedeuteten Gründen als verständlich, wenn der Pflichtgedanke bisher in der Tatherrschaftslehre eine wechselnde und wenig geklärte Rolle gespielt hat.

2. Extensiver Täterbegriff, Pflicht und Herrschaft bei Eb. Schmidt

Der Hauptmangel liegt darin, daß auch heute noch das täterschaftsbegründende Kriterium des außerstrafrechtlichen Pflichtverstoßes bei dieser Deliktsgruppe nicht deutlich herausgehoben, sondern unter dem Begriff der Sonderdelikte versteckt wird. Das Verdienst, den Pflichtgedanken in seiner Bedeutung für die Täterlehre als erster[67] klar erkannt zu haben, gebührt Eb. Schmidt. In einer im Jahre 1936 erschienenen kleinen Schrift[68] sagt er: „... was das Wesen und das juristisch Entscheidende bei der ‚perso nalen Begrenzung', der ‚Qualifikation' oder den ‚besonderen Eigenschaften' ausmacht, das wird in den erwähnten Formeln nicht zum Ausdruck gebracht und ergibt sich zumeist nur andeutungsweise aus den beigefügten Beispielen (Beamte, Vormünder, Militärpersonen usw.). Das Entscheidende aber sind allemal besondere Pflichten[69], nicht irgend welche physische oder psychische Eigenschaften oder Gegebenheiten bei irgend welchen Menschen".

Für Schmidt mußte diese Entdeckung naheliegen. Denn der von ihm einige Jahre vorher entwickelte extensive Täterbegriff[70] hatte sein methodisches Gepräge durch eine von der Gestaltung des äußeren Handlungsverlaufes ganz absehende rein normative Betrachtungsweise erhalten. Einer solchen Blickrichtung fügt sich der Pflichtgedanke sehr wohl ein, weil auch für ihn die – wie Schmidt damals meinte – „kognitiv-naturalistischen" Handlungsbestandteile keine Rolle spielen, die Pflichten vielmehr ausschließlich im Normativen beheimatet sind. So wird es erklärlich, wenn er hier anknüpfte und den Täterbegriff der Pflichtdelikte als eine bloße Modifizierung des extensiven Ansatzes betrachtete. Er sagt deshalb:[71] „Es ist

---

[67] Schmidt (Die militärische Straftat und ihr Täter, S. 7, Anm. 16) weist selbst auf die Ansätze hin, die sich in der bekannten Monographie von Nagler, Die Teilnahme am Sonderverbrechen, 1903, finden.
[68] Die militärische Straftat und ihr Täter, S. 7
[69] Die Hervorhebungen stammen von Schmidt
[70] Darüber oben S. 9ff., 28ff.
[71] In seinem Militärstrafrecht, 1936, S. 41

neuester Lehre zuzugeben, daß der ... extensive Täterbegriff einer gewissen „Maß"-Gebung bedarf ... Wie diese Maßgebung zu erfolgen hat, bedarf noch sehr der Klärung ... Vor allem ... wird ... der Gedanke der besonderen ... Pflichtverletzung zu jener Maßgebung heranzuziehen sein". In Wirklichkeit war damit unversehens ein entscheidender Schritt zu einer Täterlehre getan, die nicht mehr auf die subjektgelöste Rechtsgüterbeeinträchtigung abstellt, sondern den handelnden Menschen und die Qualität seines Verhaltens in das Zentrum der Abgrenzung rückt.

Damit war Schmidt, der noch beim extensiven Täterbegriff zu stehen glaubte, auf einen personalen Täterbegriff gekommen, der, wie oben gezeigt wurde, der Tatherrschaftstheorie näher steht als seinem extensiven Ausgangspunkt. Es nimmt deshalb nicht wunder, daß er nun auch noch die gerade veröffentlichten Arbeiten von Kohlrausch und Lange, die der Tatherrschaftslehre unmittelbar vorgearbeitet haben, mit seinen Gedankengängen verbindet und sie mit Hilfe des von ihm offenbar ganz selbständig formulierten Terminus der „Tatherrschaft" zur Synthese zu bringen sucht. Es heißt jetzt bei ihm[72]: „Nur da ist täterschaftliches Verhalten gegeben, wo die intentionale Einstellung des Handelnden ihn als Herren der Tat zeigt, ... so daß er und seine Persönlichkeit durch sie schuldhaft belastet wird", und gleich darauf bei Behandlung der Militärstraftaten[73]: „... ganz sicher ist, daß jene die Tatherrschaft bedeutende intentionale Einstellung ... immer das spezifisch militärische Verpflichtetsein voraussetzt".

Es ist fesselnd, aus der Rückschau zu sehen, wie hier bei Schmidt drei verschiedene Täterkriterien (das extensive Prinzip, das Herrschafts- und das Pflichtmoment) noch ungeschieden beisammenstehen und wie der Pflichtgedanke in innerlich wohlbegründeter Weise die Brücke schlägt von einer erfolgs- zu einer persönlichkeitsbezogenen Täterlehre. Die Fruchtbarkeit dieser Ansätze wirkt sich bis heute aus. Während der extensive Täterbegriff zu Recht in den Hintergrund getreten ist, haben im Verhältnis von Herrschaft und Pflicht die Akzente gewechselt: Bei Schmidt wird der Täterbegriff der Pflichtdelikte sorgfältig und zutreffend beschrieben, die selbständige Funktion der Tatherrschaft wird nur angedeutet. Heute dagegen dominiert die Tatherrschaft, der Pflichtgedanke wird wenig beachtet und in seiner Besonderheit selten richtig erfaßt. Eines ist aber jetzt so wenig wie damals endgültig geklärt: die Beziehung beider Kriterien zueinander. Die bei Schmidt vertretene Auffassung, die Pflicht sei Bestandteil oder Voraussetzung der Tatherrschaft, findet sich auch heute noch bei Lange und Gallas.

---

[72] Die militärische Straftat und ihr Täter, S. 10
[73] a. a. O., S. 11

3. Die Ineinssetzung von Tatherrschaft u. Pflicht bei Lange u. Gallas

So lesen wir bei Lange[74]: „... nur der Innenseiter kann tatbestandsmäßig handeln, nur er beherrscht ... den Amtsbetrieb usw.". Er meint sogar, die „primäre Strafbarkeit" werde in diesen Fällen „auf die beschränkt, die Tatherrschaft in besonderem Grade, oft exklusiv besitzen"[75]. Auch Gallas steht auf dem Standpunkt, es könne nicht „Tatherr" sein, wem, wie dem Nichtqualifizierten bei den Amtsdelikten, „der eigentliche Unrechtsgehalt der Tat gar nicht zugänglich ist"[76].

Dem ist, wie sich aus dem Vorhergehenden deutlich ergibt, nicht zuzustimmen. Es ist zwar durchaus richtig, daß auch jemand, der gegen eine täterschaftsbegründende Pflicht verstößt, sehr oft die Tatherrschaft besitzen, z. B. den Amtsbetrieb allein beherrschen wird – eben dieser Umstand macht es so schwer, den Täterbegriff der Pflichtdelikte in seiner selbständigen Bedeutung zu erkennen – aber darauf kommt es nicht an, denn es muß nicht so sein. Der Extraneus, der durch eine Todesdrohung den Beamten zur Rechtsbeugung nötigt, beherrscht den Amtsbetrieb und ist doch nicht Täter; der Vermögensverwalter unseres Beispielsfalles dagegen kann von Amerika aus das Geschehen nicht beherrschen und ist trotzdem Täter.

Etwas anderes ist gegen Gallas einzuwenden[77]. Er hat ganz recht, wenn er sagt, daß dem nicht Pflichtgebundenen, sofern er alleine handelt, der Unrechtsgehalt der Tat nicht zugänglich sei. Aber diese Frage hat nichts mit der Tatherrschaft zu tun. Jemand ist nicht deshalb Tatherr, weil ihm der Unrechtsgehalt einer Vorschrift zugänglich ist – der Unrechtsgehalt des Totschlages fällt dem Anstifter ebenso zur Last –, sondern weil er den Geschehensablauf gestaltet hat. Die von Gallas gewählte Formel umschreibt in verhüllter Weise nichts anderes als das Pflichtmoment. Kennzeichnend ist, daß Gallas sich selbst genötigt sieht, hier gegenüber der gewöhnlichen Tatherrschaft von einer „Tatherrschaft in dem von dem betreffenden Tatbestand gemeinten Sinn"[78] zu sprechen. Daran wird sichtbar, daß es sich in Wirklichkeit um etwas anderes handelt.

Gleichzeitig zeigen sich hier die Grenzen des an sich billigenswerten Versuches von Gallas, den Tatherrschaftsbegriff mit normativen Gesichtspunkten zu verknüpfen[79]. Denn eine Normativierung dieser Art bedeutet weiter nichts als eine Verquickung von Herrschafts- und Pflichtelement und damit eine Gleichsetzung des Ungleichen. Es handelt sich deshalb auch nicht um eine verhältnismäßig beliebige Benennungsfrage. Vielmehr wird durch den einheitlichen Terminus der Umstand, daß zwei verschiedene Täterkriterien vorliegen, verdeckt und der Weg zur Erkenntnis der Abweichungen von Herrschafts- und Pflichtdelikten versperrt.

---

[74] Kohlr./Lange, 43. Aufl., vor § 47, 1, 4, S. 160
[75] a. a. O. I, 3, S. 159/60
[76] Sonderheft Athen, S. 14; ähnlich Gutachten, S. 133
[77] Zu seiner Lehre ist schon oben im Zusammenhang mit dem Problem des qualifikationslosen dolosen Werkzeugs wiederholt kritisch Stellung bezogen worden, vgl. S. 252ff.
[78] Gutachen, S. 133; ähnlich Sonderheft Athen, S. 28
[79] Vgl. nur oben S. 73ff., S. 256–258

4. Tatherrschaft und Pflicht als gemeinsame
Tätervoraussetzungen bei Welzel und Maurach

Die demnach gebotene Trennung von Tatherrschaft und Pflichtmoment ist bei Welzel und Maurach teilweise durchgeführt.

Allerdings erwähnt Maurach[80] die Pflichtdelikte nur sehr beiläufig unter den Stichworten der „Sonderstraftat" und der „Täterqualifikation", ohne ihre selbständige Bedeutung für die Täterlehre zu würdigen und ihre Beziehung zum Tatherrschaftsprinzip zu klären. Er verweist sie einfach als nicht weiter einzuordnende Sonderfälle an einen Platz außerhalb des von ihm vertretenen Täterbegriffes.

Dagegen hat Welzel schon in seinen „Studien"[81] die „besondere Pflichtenstellung des Täters" als eigenständige Voraussetzung der Täterschaft hervorgehoben und ausdrücklich neben die Tatherrschaft gestellt. Er bezeichnete diese Fälle ursprünglich zur Unterscheidung von der „finalen" Tatherrschaft als Erscheinungsformen einer „sozialen" Tatherrschaft. Diese Terminologie ist jetzt aufgegeben. Aber auch heute noch trennt Welzel die „objektiv-persönlichen Tätermerkmale" deutlich von der finalen Tatherrschaft als dem „generellen Tätermerkmal"[82].

Dem ist insoweit zuzustimmen. Jedoch zieht auch Welzel daraus nicht die Konsequenz, die wir oben als unumgänglich erkannt und entwickelt haben: daß es sich nämlich um einen dieser Deliktsgruppe eigentümlichen, selbständigen Täterbegriff handelt. Vielmehr betrachtet er die „objektiv-persönlichen Tätermerkmale" als Kriterien, die bei einzelnen Strafbestimmungen zur Tatherrschaft hinzutreten müssen, die aber nicht allein die Täterschaft begründen können. Deshalb sagt er[83]: „Während die finale Tatherrschaft generelle Tätervoraussetzung ist, sind die ... persönlichen Tätermomente nur da erforderlich, wo der besondere sozialethische Bedeutungsgehalt der Handlung tatbestandsgemäß von ihnen abhängt. Dort aber ist erst beim Zusammentreffen aller ... Tätervoraussetzungen Täterschaft gegeben. Wem eine von ihnen fehlt, der scheidet notwendig als Täter dieser Tat aus ...".

Demgegenüber geht die hier vertretene Auffassung noch einen Schritt weiter, indem sie Herrschafts- und Pflichtdelikte, die bei Schmidt, Lange und Gallas identifiziert und bei Welzel erst halb voneinander gelöst werden, endgültig trennt. Die Lehre Welzels muß immer dort versagen, wo dem Täter der Pflichtdelikte, wie bei den meisten Fällen der Einschaltung eines qualifikationslosen Extraneus, die Tatherrschaft fehlt. Im übrigen ist durch die früheren Darlegungen hinreichend klargestellt, daß und warum bei den Pflichtdelikten die Tatherrschaft auch als „generelles Tätermerkmal" keine Rolle mehr spielen darf.

---

[80] A. T., 2. Aufl., § 47 III, B, 3, S.439; § 49 II, C, 1, b, S. 516; § 50 III, E, S. 534
[81] ZStW, Bd. 58, 1939, S. 543 f.
[82] Lehrb., 7. Aufl., S. 90
[83] Studien, S. 543, sachlich gleichbedeutend SJZ 1947, Sp. 649/50 und Lehrb., 7. Aufl., S. 90

5. Die Anwendung des Pflichtgedankens auf
Herrschaftsdelikte bei Hardwig

Neben denVersuchen, die Pflichtdelikte auf das Prokrustesbett des Tatherrschaftsprinzips zu zwingen, findet sich aber auch heute noch gelegentlich die umgekehrte Tendenz, das nur begrenzt gültige Kriterium des außerstrafrechtlichen Pflichtverstoßes in wenig verhüllter Form als allgemeines Element des Täterbegriffes zu verwenden. Hierhin gehört das Bestreben Hardwigs[84], die Abgrenzung von Mittäterschaft und Beihilfe weitgehend danach zu beurteilen, „wessen Sache (Aufgabe) etwas ist"[85]. Das ist ein Gesichtspunkt, der das täterschaftliche Merkmal der Pflichtdelikte ausgezeichnet trifft. Darüber hinaus jedoch hat er keine Gültigkeit. Die von Hardwig zur Verdeutlichung herangezogenen „unjuristischen Beispiele" (Hilfe beim Koffertragen, bei der Gartenarbeit)[86] beweisen nichts für die Täterlehre, weil derartige sachbezogene „Aufgaben" und Pflichten bei den Herrschaftsdelikten keine Rolle spielen.

VI. Der Erstreckungsbereich der Pflichtdelikte

1. Allgemeine Fragen

Es ist nicht Aufgabe dieser Arbeit, über das Grundsätzliche hinaus dem Pflichtbegriff bis in jede einzelne Strafbestimmung nachzugehen. Das müßte Gegenstand einer Spezialuntersuchung sein, die jeden Tatbestand unter dogmatischen, rechtshistorischen und kriminologischen Gesichtspunkten auf seine Zugehörigkeit zur Gruppe der Herrschafts- oder Pflichtdelikte zu analysieren hätte.

Hier können nur Umrisse gezeichnet und Hinweise für die Einordnung einiger besonders umstrittener Bestimmungen gegeben werden. Danach gehören zu den Pflichtdelikten zunächst die echten und unechten Beamtenstraftaten; außerdem die Standesdelikte; ferner die Untreue (§ 266 StGB)[87] und die Veruntreuung als qualifizierter Fall der Unterschlagung (§ 246 StGB). Weitgehend unproblematisch sind auch die vom Strafgesetzgeber zum Teil nachträglich – pönalisierten Verstöße gegen bestimmte familiäre oder familienrechtsähnliche Verpflichtungen (§§ 170, 170a–d, 171, 172).

---

[84] GA 1954, S. 353 ff.

[85] Vgl. dazu in anderen Zusammenhängen schon oben S. 17 ff., S. 116/117

[86] Vgl. auch zu den Beispielen schon oben S. 17, 117

[87] Auch der Bundesgerichtshof hat in einer neueren Entscheidung (in JR 1960, S. 104/105) jetzt klar erkannt, daß mit dem Tatherrschaftsgedanken bei der Untreue nicht zu arbeiten ist. Er sagt über einen außerhalb der Pflichtbindung Stehenden ausdrücklich, daß „der Angeklagte trotz Tatherrschaft und Täterwillens nicht tauglicher Täter der Untreue sein" konnte (a. a. O., S. 105). Schröder spricht in seiner Anmerkung (a. a. O., S. 105) von einem „Beweis dafür, daß die These von der natürlichen Wesensverschiedenheit von Täterschaft und Teilnahme und eines aus der ‚Logik der Sache' sich ergebenden Abgrenzungsprinzips durchaus nicht als Dogma gelten kann". Beide dringen also nicht zur Erfassung des Pflichtelements als eines eigenständigen Täterkriteriums durch.

Dazu kommen die verstreuten, teils strafbegründenden, teils qualifizierenden Verletzungen von Obhuts- und Fürsorgeaufgaben (z. B. §§ 174, 175 a Ziff. 2, 181 Abs. 1 Ziff. 2, 221 Abs. 1, 2. Alt., Abs. 2, 223 b); ferner der schon oben als Beispiel herangezogene § 142 StGBs[88].

Während in all diesen Fällen die täterschaftsbegründende Kraft des Pflichtelements aus der Formulierung des Tatbestandes unschwer zu entnehmen ist, bedarf es bisweilen auch einer tieferdringenden Analyse, um die aus dem Gesetzeswortlaut nicht ohne weiteres ersichtliche Täterschaftsstruktur deutlich hervortreten zu lassen. Als Beispiel dieser Art diene § 288 StGB. Wenn es dort heißt, daß bestraft werde, „wer bei einer ihm drohenden Zwangsvollstreckung … Bestandteile seines Vermögens … beiseiteschafft", so ist zunächst klar, daß über Täterschaft und Teilnahme nicht nach dem Tatherrschaftsprinzip entschieden werden kann. Denn wer den Akt des Beiseiteschaffens allein beherrscht, kann doch nicht Täter sein, wenn die Zwangsvollstreckung nicht ihm droht und es sich nicht um sein Vermögen handelt. Andererseits geht es nicht gut an, den geflohenen Schuldner, der vom Ausland her seinen Freund bittet, die Sachen wegzubringen, deshalb straflos zu lassen, weil er die Tatbestandshandlung nicht beherrscht. Es muß die bloße „Veranlassung der Beseitigung" genügen, um den Schuldner als Täter und den ausführenden Freund als Gehilfen zu erfassen.

Wie aber läßt sich das erklären? Mit der Konstruktion eines „absichtslosen dolosen Werkzeugs", die sich auf den ersten Blick anzubieten scheint, ist nicht weiterzukommen; denn die „Absicht, die Befriedigung des Gläubigers zu vereiteln", kann auch der ausführende Freund haben. Und wenn man einwendet, das Gesetz sei so zu lesen, als ob dort von der „Befriedigung seines Gläubigers" die Rede sei, so ist auch das keine hinreichende Begründung, weil die gesamte Rechtsfigur des „absichtslosen Werkzeugs" gegen die Grundsätze der Täterlehre verstößt und deshalb abzulehnen ist[89].

Zur richtigen Lösung kommt man, wenn man eine der Strafrechtsnorm vorgelagerte Pflicht annimmt, die nur dem Schuldner auferlegt ist und die ihm gebietet, sein Vermögen dem Zugriff des Gläubigers offen zu halten. Die Pflicht ist also die Kehrseite des Gläubigeranspruchs, und es hat einen guten Sinn, wenn der Gesetzgeber als Zentralgestalt des Geschehens – unabhängig von der äußeren Form des Verhaltens – denjenigen ansieht, an den sich der Gläubiger halten muß, der ihm haftet, während Dritte außerhalb der Bindung stehen und mit dem Gläubiger unmittelbar nichts zu tun haben. Gleichzeitig wird dadurch – ähnlich wie im Falle des § 142 der Bereich der Strafbarkeit auf solche Personen eingeschränkt, die über die Gestalt des Schuldners ihr Ziel erreichen, so daß nicht schon jede von Dritten ausgehende Vollstreckungserschwerung erfaßt wird.

Selbstverständlich ist es Sache einer gesetzgeberischen Wertentscheidung, ob er einen Tatbestand als Herrschafts- oder als Pflichtdelikt ausgestalten will. Ob er so oder anders vorgeht, wird davon abhängen, für wie bedeut-

---

[88] Sieht man ihn als Unterlassungsdelikt an, so ist das Ergebnis kein anderes.
[89] Darüber eingehender oben S. 338 ff.

sam er eine Pflichtenstellung im Rahmen der Rechtsgutsverletzung ansieht. Wird der Strafwürdigkeitsgehalt des Delikts durch sie nach seiner Meinung wesentlich beeinflußt, so wird er den Pflichtigen ohne Rücksicht auf den Handlungsverlauf im Zentrum des Geschehens sehen und die Strafbarkeit Außenstehender erheblich einschränken. Ist er anderer Ansicht, so wird er die Herrschaftsstruktur vorziehen und damit das Gewicht auf die Dominanz im äußeren Verhalten legen. Diesen zweiten Weg ist der Entwurf 1962 in § 269 gegangen, der Schuldner und Dritte vollkommen gleichstellt und zur Begründung ausführt, die Regelung des geltenden Rechts sei „offenbar unbillig, weil Taten, die zugunsten des Schuldners begangen werden, unter demselben rechtlichen Gesichtspunkt Strafe verdienen"[90] – eine Erwägung, auf Grund deren das Absehen vom Pflichtelement nur folgerichtig ist.

Dieses Beispiel lehrt, daß die Abgrenzung von Pflicht- und Herrschaftsdelikten keine logisch-begriffliche, sondern eine ausgesprochen teleologische Frage ist, und zwar ein Problem der Auslegung des einzelnen Tatbestandes. Gerade hier zeigt sich wieder sehr deutlich die eigentümliche Wechselwirkung zwischen Zwecksetzungen und vorgegebenen Strukturelementen, auf die wir eingangs hingewiesen haben. Die Begriffe der „Herrschaft" und der „Pflicht", die, isoliert betrachtet, schon mehr oder weniger normativen Charakter aufweisen, stellen sich doch gegenüber den jeweiligen Tatbeständen als fest geformte Vorgegebenheiten dar, zwischen denen der Gesetzgeber zwar nach seinen Intentionen wählt, die aber nach getroffener Wahl die Regelung aller Teilnahmefragen vorzeichnen und die Abgrenzung im individuellen Fall aus der kasuistischen Vereinzelung emporheben und in einen tatbestandsgelösten höheren Ordnungszusammenhang einfügen.

So sehr daher die Frage nach dem Täter eine Analyse jedes besonderen Tatbestandes erfordert, so fehlerhaft ist es, die Abschichtung von Täterschaft und Teilnahme als ein lediglich technisches Problem anzusehen und unter Mißachtung der übergreifenden Strukturen im Wege einer auf die Einzelbestimmung beschränkten Buchstabeninterpretation vorzunehmen. Dieser Tadel trifft auch den Bundesgerichtshof, wenn er in einem schon oben[91] behandelten Urteil[92] ausspricht, Mittäter einer Unterschlagung könne nur sein, wer Mitgewahrsam an der unterschlagenen Sache gehabt habe. Zur Begründung führt er lediglich den keineswegs klaren Gesetzeswortlaut und die gerade erst zu beweisende Behauptung an, daß das Zusammenwirken mit einem Gewahrsamsträger zur Annahme einer Mittäterschaft nicht ausreiche. Die Frage nach der dem Sinn des Tatbestandes entsprechenden Teilnahmestruktur wird aber gar nicht erst gestellt. Wir haben demgegenüber schon früher gesehen, daß es sich um ein Zueignungsdelikt handelt, das seiner Natur nach dem Herrschaftsprinzip zugeordnet ist. Wir können dem jetzt von der anderen Seite – vom Pflichtbegriff her – eine Erwägung hinzufügen und sagen:

---

[90] Begründung, S. 443
[91] Vgl. S. 349/350
[92] BGHSt 2, 317–320

Es könnte nur dann Sinn haben, die Mittäterschaft bei § 246 auf Gewahrsamsträger zu beschränken, wenn denjenigen, der eine Sache in Gewahrsam hat, eine besondere Pflicht träfe, die ihn aus dem Kreis der Beteiligten heraushöbe und ohne weiteres zur Zentralfigur des Geschehens machte. Dann wäre der Relativsatz des § 246 („die er in Besitz oder Gewahrsam hat") ein echtes täterschaftliches Merkmal, das diese Bestimmung zum Pflichtdelikt qualifizierte und das Urteil des BGH rechtfertigen würde.

Allein: Man fragt sich vergebens, warum den Gewahrsamsinhaber eine besondere Pflicht treffen sollte, da die Fälle des Anvertrautseins, die gewiß eine spezifische Pflichtbindung voraussetzen, dem qualifizierten Tatbestand unterfallen, so daß für die einfache Unterschlagung nur die Restfälle übrigbleiben, in denen der Gewahrsamsträger gegenüber dem Eigentümer keine andere Stellung einnimmt als die übrigen Beteiligten. Geht man der Frage nach, so zeigt sich, daß die Gesetzesfassung auf eine Weise zustandegekommen ist, die entschieden gegen die Annahme eines Pflichtdelikts spricht. Der erste Entwurf eines StGB für den Norddeutschen Bund aus dem Jahre 1869 nämlich, der seinerseits auf § 225 des preußischen StGB von 1851 und ältere Partikularstrafgesetzbücher zurückgeht, hatte eine Unterschlagung grundsätzlich nur dann annehmen wollen, wenn jemand Besitz oder Gewahrsam am Gegenstand mit der Verpflichtung erlangt hatte, „die Sache zu verwahren, zu verwalten, zurückzugeben, abzuliefern"[93]. Es handelte sich also damals unbestreitbar um ein reines Pflichtdelikt. Bei den späteren Gesetzgebungsarbeiten hat man dann die Unterschlagung „ihres Charakters als Treupflichtverletzung entkleidet" und sie „zum reinen Aneignungsdelikt" entwickelt[94]. Man ging dabei so vor, daß man die Verwahrungs-, Verwaltungs- und sonstigen Pflichten wegstrich und das Erfordernis der bloßen Gewahrsamsinnehabung übrig behielt. Warum man es bei dieser Fassung bewenden ließ – ob infolge eines Irrtums oder mit Vorbedacht –, ist bekanntlich sehr umstritten. Sicher und ganz unstreitig aber ist es, daß die einfache Unterschlagung nicht mehr als Pflichtdelikt angesehen werden sollte.

Wenn dem aber so ist, dann stellt die Auffassung des Bundesgerichtshofs, die den § 246 StGB der Sache nach zum Pflichtdelikt macht, den Willen des Gesetzgebers geradezu auf den Kopf. Es handelt sich bei der Unterschlagung also um ein reines Herrschaftsdelikt. Deshalb bleibt es dabei: Auch wenn man die „berichtigende" Auslegung des § 246 ablehnt und vom Alleintäter Gewahrsam verlangt[95], setzt die Mittäterschaft nicht voraus, daß jeder einzelne Mitträger der Tatherrschaft den Gewahrsam an der Sache innehat[96].

---

[93] Für das Historische kann ich auf die sorgfältigen Darstellungen bei Bockelmann, Untersuchungen, S. 220–224 (221) und bei Post, Der Anwendungsbereich des Unterschlagungstatbestandes, S. 24–32, verweisen.

[94] Bockelmann, S. 222

[95] Vgl. dazu näher oben S. 491/350

[96] Anders freilich mit wenig überzeugender Begründung Post, S. 7; dort auch weitere Angaben; anders auch Bockelmann. Untersuchungen, S. 227/28; vgl. darüber schon oben S. 350

Die im vorstehenden behandelten Einzelfälle sind nur als Beispiel ausgewählt worden. Sie sollen zeigen, wie bei der Abgrenzung von Pflicht- und Herrschaftsdelikten vorzugehen ist, und vor allem: daß man dabei nicht durch eine vordergründige, die Dimension der allgemeinen Teilnahmelehre ignorierende und insofern sinngelöste Wortinterpretation zu Ergebnissen kommen darf, die mit den jeweiligen Tatbeständen willkürlich variieren, das Ordnungsgefüge der Täterlehre auflösen und damit den Sinn der Differenzierung schlechthin in Frage stellen.

2. Die Beleidigung

Einen umstrittenen Sonderfall bildet auch der Tatbestand der Beleidigung nebst einigen verwandten Delikten. Die Schwierigkeiten, die diese Bestimmung der Abgrenzung von Täterschaft und Teilnahme entgegensetzt, sind zwar in der Kommentar- und Lehrbuchliteratur bis heute nicht beachtet worden; monographische Arbeiten haben aber wiederholt auf sie hingewiesen und in der Begründung erheblich abweichende Lösungen entwickelt.

Der jüngste und umfassendste Beitrag zum Thema stammt von Rosenfeld[97], der folgendes Beispiel bildet: A schreibt an Z einen Brief, in dem er ihm mehrfache Schimpfworte an den Kopf wirft. B spricht auf einem Spaziergang bei A vor und liest den Brief. Als B sich verabschiedet, bittet A ihn, den Brief in den Kasten zu stecken. B tut dies, der Brief wird an Z bestellt und von ihm gelesen.

Die Frage geht dahin, ob in diesem Fall B Täter und A Anstifter ist, ob A und B Mittäter sind oder ob A Täter und B Gehilfe ist. Da die Beleidigung ein Äußerungsdelikt ist, besteht die Tathandlung, die das Delikt über das Stadium der Vorbereitung hinausführt, in der Kundgabe, also in dem Akt, durch den die Mißachtung dem Adressaten zur Kenntnis gebracht wird. Das ist hier die Beförderung zur Post. Vom Standpunkt der Tatherrschaftslehre aus müßte daher ebenso wie nach der formal-objektiven Theorie, die Rosenfeld vertritt, B, der den Brief eingesteckt hat, der Täter und A der Anstifter sein.

Dieses Ergebnis hält Rosenfeld für unrichtig. Er meint, der Briefschreiber A sei der Täter und sein Freund B nur Gehilfe. Die Beleidigung, sagt er, sei ein Verhalten, „das nicht nur durch ein äußeres Geschehen und einen äußeren Verlauf erfüllt wird, sondern das innerlich durchtränkt sein muß von seelischen Begleitvorgängen"[98]. Es sei für die Beleidigung gewissermaßen eine „innerliche Eigenhändigkeit" erforderlich; sie sei „aus einer treibenden Sonderstimmung entsprossen", „subjektiv gefärbt" und setze eine „affektive Gesinnungsrichtung" als „motivierende Kraft der Äußerung" voraus. Täter sei deshalb nur der, bei dem diese Erfordernisse gegeben seien. Rosenfeld versucht dann, anhand dieses Falles unter Hinzuziehung

---

[97] in seinem Beitrag „Mittäterschaft und Beihilfe bei subjektiv gefärbter Ausführungshandlung", Frank-Festgabe, Bd. II, S. 161–187
[98] hier und im folgenden a. a. O., S. 170

weiterer Tatbestände, die in andere Zusammenhänge gehören und zum Teil schon oben behandelt worden sind[99], eine eigene Kategorie von „Delikten mit subjektiv gefärbter Ausführungshandlung" zu entwickeln, die nach seiner Meinung aus dem Rahmen der sonst objektiven Täterlehre herausfallen.

Schon vor ihm hatten mehrere Autoren das Problem in anderer Weise zu bewältigen versucht. Wuttig[100] hat auch hier das berühmte „dolose Werkzeug" bemüht; danach ist der Hintermann A mittelbarer fremdhändiger Täter und der Handelnde B sein doloser Gehilfe. Flegenheimer[101] sieht ebenso den A als Täter an, leugnet aber eine Abweichung von der objektiven Theorie. Vielmehr sei A schon in dem Augenblick, da er B von dem Inhalt des Briefes Kenntnis nehmen lasse, Täter einer vollendeten Beleidigung. B sei trotz eigenhändiger Weitergabe nur Gehilfe, weil die Beförderung lediglich die Beleidigung des A perpetuiere und verstärke. Einen wieder anderen Weg schlägt Kern[102] ein: Nach seiner Meinung ist bei allen Äußerungsdelikten, zu denen beispielsweise auch der Betrug und die Erpressung gehören, im Gegensatz zu der sonst auch von ihm vertretenen objektiven Abgrenzung Täter immer nur, „wer der geistige Träger der Kundgebung ist, um wessen Gedankenäußerung es sich also handelt"[103].

Bemerkenswert ist, daß alle Autoren auf durchaus verschiedenen Bahnen zum selben Ergebnis kommen: A ist Täter, B Gehilfe. Und wir wollen die eigene Lösung vorwegnehmend – sagen: Dem ist zuzustimmen. Wie aber läßt sich das begründen, und wie verträgt es sich mit der hier entwickelten Täterlehre? Ich meine, keine der vier verschiedenen Erklärungen trifft das Richtige.

Die Lösung Rosenfelds ist zu psychologistisch. In welcher „Stimmung" und auf Grund welcher „Affekte" der A den Brief geschrieben hat, wissen wir nicht. Es ist auch gleichgültig: Selbst wenn er nur ein Grobian ist und ohne animus iniuriandi handelte, ist er doch Täter der Beleidigung, solange er sich bewußt ist, durch seine Äußerung den sozialen Achtungsanspruch des anderen zu verletzen. Und B, der den Brief nur eingesteckt hat, ist Gehilfe, auch wenn er den Adressaten haßt und ihm die Kränkung von Herzen gönnt.

Derselbe Einwand ist gegen die Auffassung Wuttigs zu erheben: Irgendeine bestimmte Absicht, ein spezifischer „Dolus" oder ein anderes über den Vorsatz hinausreichendes subjektives Element braucht beim Täter der Beleidigung nicht vorzuliegen. Dazu kommen noch die grundsätzlichen Bedenken gegen das dolose Werkzeug, die hier keiner Erörterung mehr bedürfen.

Anders liegt es bei Flegenheimer. Seine Ansicht ist mit dem Tatherrschaftsprinzip zu vereinbaren. Aber sein Ausgangspunkt ist falsch. Zwar genügt für die Vollendung der Beleidigung die Kenntnisnahme eines

---

[99] Vgl. oben S. 347 u. S. 351 unter Hinweis auf Rosenfeld.
[100] Fahrlässige Teilnahme am Verbrechen, 1902, S. 52
[101] Das Problem des dolosen Werkzeugs, 1913, S. 62f.
[102] Die Äußerungsdelikte, 1919, S. 49/50
[103] a. a. O., S. 49

Dritten, der nicht der Adressat zu sein braucht. Aber dieser Dritte darf nicht ein Teilnehmer sein, wie es hier der B ist[104].

Gegen Kern ist schließlich vorzubringen, daß er zwar für die Beleidigung recht hat, daß man dieses Ergebnis aber schwerlich aus dem Begriff der Äußerungsdelikte herleiten kann. Denn es ist nicht einzusehen, warum etwa bei einem Betrug, an dem mehrere Gauner in raffinierter Rollenverteilung mitwirken, nur derjenige soll Täter sein können, der sich als „der geistige Träger" der täuschenden Kundgebung darstellt.

Mir scheint, die Sache verhält sich so: Die Beleidigung unterscheidet sich von den Herrschaftsdelikten dadurch, daß sie, wie ich sagen möchte, „subjektgebunden" ist. Es liegt hier nicht eine vom Täter gelöste, verselbständigte Rechtsgutverletzung vor, wie es etwa beim Totschlag und der Brandstiftung der Fall ist. Eine subjektlose „Mißachtung an sich" gibt es nicht. Es kann immer nur ein bestimmter Mensch einem bestimmten anderen seine Mißachtung zum Ausdruck bringen. Das folgt aus dem insoweit vorgegebenen Wesen der Beleidigung. Die herrschende Meinung trägt dem Rechnung, indem sie die Beleidigung als eine „Verletzung des sozialen Achtungsanspruches" definiert. In der Rechtsfigur des „Anspruchs" ist die Beziehung zwischen zwei Personen mitgedacht. Dem Anspruch des Berechtigten korrespondiert mit Notwendigkeit die Pflicht des Partners zu seiner Erfüllung. Das bedeutet für die Beleidigung: Jeder Mensch hat gegen jeden anderen einen höchstpersönlichen Achtungsanspruch, den nur der jeweils Verpflichtete selbst verletzen kann. Die Beleidigung ist also ihrer Natur nach ein Pflichtdelikt.

Daraus folgt: Auch wenn die Kundgabe allein in der Hand eines anderen liegt, ist Täter doch immer nur, wer den gegen ihn sich richtenden Achtungsanspruch verletzt. Der Beweis, daß im Ausgangsbeispiel der A trotz fehlender Tatherrschaft Täter und der B trotz Tatherrschaft Gehilfe ist, ist also dann erbracht, wenn dargetan wird, daß die Handlungsweise beider lediglich den Achtungsanspruch des Z gegen A verletzt hat.

Eine einfache Erwägung zeigt, daß das der Fall ist: Der Achtungsanspruch ist nichts Fiktives, nur Gedachtes, sondern ist eine soziale Realität; er ist aber nicht sinnlich wahrnehmbar und hat keine körperliche Gestalt. Er ist daher auch nicht durch äußere Einwirkungen in der Weise verletzbar wie etwa eine fremde Sache durch einen Beilhieb; vielmehr kann er, da er seine Existenz allein in der Sphäre sozialer Bedeutungen hat, nur durch Handlungen beeinträchtigt werden, deren Sinngehalt auf eine Negierung dieses Anspruches geht. Es ist dann nicht die Handlung als körperlicher Vorgang, sondern die in ihr steckende, nicht den Sinnen, sondern nur dem geistigen Verstehen zugängliche Bedeutung, die den Erfolg – die Beleidigung – ausmacht.

Daraus folgt zwingend: Jemand kann einen gegen ihn sich richtenden Achtungsanspruch nur durch Handlungen verletzen, die den Sinn verkörpern, daß er, der Handelnde, den Adressaten mißachte. Diese Bedeutung

---

[104] Vgl. dazu Kern, a. a. O., S. 50

kommt im Ausgangsbeispiel nur dem Tun des A zu. Sie liegt darin, daß er eine Kränkung niederschreibt und nach außen gelangen läßt. Daß B den Kundgabeakt beherrscht, ist unerheblich. Das Einstecken eines Briefes, in dem A den X beleidigt, hat – was immer B subjetiv gefühlt und gedacht haben mag – objektiv nicht die Bedeutung, daß B dem X seine Mißachtung zum Ausdruck bringt. Vielmehr wirkt er nur daran mit, daß A dem X seine Geringschätzung kundgibt.

Es steht außer Zweifel, daß diese Deutung der Beleidigung als Pflichtdelikt auch mit der natürlichen Auffassung übereinstimmt, die nur den als Täter des Delikts ansieht, dessen Mißachtung verlautbart wird. Der Briefempfänger X wird, selbst wenn er weiß, daß B den Brief eingesteckt hat, immer nur sagen: „A hat mich beleidigt".

Wenn demgegenüber Welzel die Beleidigung als „Kundgabe der (eigenen oder fremden) Mißachtung" [105] definiert, so ist das vom Standpunkt der Tatherrschaftslehre aus ganz konsequent. Dann wäre B Täter. Aber das widerspricht dem Sinn des Gesetzes und der Lebenswirklichkeit. Selbst wenn jemand mündlich die Beleidigung eines anderen ausrichtet, ist dieser andere Täter [106]; der Übermittler ist es nur dann, wenn er durch die Art seines Vortrages auch seine eigene Mißachtung zum Ausdruck bringt dann aber liegen zwei Beleidigungen vor.

Auf den ersten Blick scheint es, als ob die subjektive Theorie der entwickelten Problematik gerecht werden könnte. Der Briefschreiber A will die Tat als eigene, B handelt mit animus socii – so könnte man sagen und den Fall als gelöst betrachten. Aber der Schein trügt: Selbst wenn A es dem B „anheimstellt", ob das Schreiben abgeschickt wird oder nicht, ist nur A der Täter, sobald es zur Kundgabe kommt. Auch wer sich der Entscheidung des anderen unterordnet, kann also Täter sein. Daran zeigt sich wieder deutlich, daß der objektive Sinngehalt eines Vorganges sich psychologischen Kriterien nicht erschließt.

Wenn die täterschaftliche Struktur des Beleidigungstatbestandes bisher nicht erkannt worden ist, so liegt das an zwei Umständen: Erstens daran, daß die Animus-Theorie bei der Inhaltlosigkeit ihrer Kriterien eine dem Rechtsgefühl entsprechende Scheinlösung meist nicht hindert. Wen man als Täter ansehen will, dem schreibt man nachträglich den animus auctoris zu. Ein zweiter Grund liegt aber auch darin, daß man dem Pflichtelement wenn überhaupt – allein unter dem Stichwort der „Sonderdelikte" einen auch hier nur beschränkten Raum gewidmet hat. Dadurch wird der Weg zur Lösung der Täterschaftsfragen bei solchen Pflichtdelikten, die, wie die Beleidigung, sicher nicht als Sonderstraftaten angesehen werden können, von vornherein versperrt. Ob dem etwas unklaren Begriff der „Sonderstraftat" neben dem der „Pflichtdelikte" überhaupt eine selbständige Bedeutung zukommt und worin sie liegt, das bedürfte noch der Untersuchung.

Die Beleidigung jedenfalls erweist sich auch im übrigen in ihrer Struktur als reines Pflichtdelikt. Eine mittelbare Täterschaft (etwa durch den Brief-

---

[105] Lehrb., 7. Aufl., S. 267
[106] sehr ähnlich auch schon Kern, Äußerungsdelikte, S. 49

träger als ahnungsloses Werkzeug) ist ohne weiteres möglich. Täter ist jeder, der den Erfolg bewirkt, sofern sein Tatbeitrag sich für eine sinnverstehende Betrachtungsweise als Objektivation eigener Mißachtung darstellt.

Es bedarf keiner Erwähnung, daß die Tatbestände, die das Merkmal des „Beschimpfens" enthalten – heute etwa die §§ 96, 130, 166, 189 StGB nach denselben Kriterien zu beurteilen sind[107]. Anders steht es mit der üblen Nachrede und der Verleumdung. Ohne daß es hier möglich wäre, auf das umstrittene „Wesen" dieser Tatbestände näher einzugehen, soll doch kurz angedeutet werden, wie sie unter täterschaftlichen Aspekten aufzufassen sind.

Danach erschöpft sich der Deliktsgehalt beider Bestimmungen nicht in dem Umstand, daß jemand seine persönliche Abneigung gegen einen anderen in sozial unzulässiger Weise äußert. Vielmehr wollen sie verhindern, daß das Opfer in der Öffentlichkeit durch die Verbreitung ehrenrühriger Unwahrheiten herabgewürdigt wird. Die Tatbestände sind also – weil Tatsachen „für sich selbst sprechen" – subjektgelöst. In der Deliktsbeschreibung zeigt sich das daran, daß dem „Behaupten" das bloße „Verbreiten", also die Weitergabe fremder Behauptungen, ausdrücklich gleichgestellt wird. Deshalb kommt es für die Täterschaft insoweit nicht darauf an, wer „geistiger Träger" der Kundgebung ist, sondern wer ihre Verbreitung in der Hand hat. Täter ist deshalb jeder, der sich an der Weitergabe der unwahren herabwürdigenden Äußerung mit Tatherrschaft beteiligt.

Andererseits liegt aber in der üblen Nachrede und der Verleumdung insofern auch ein beleidigendes Element, als der Nachredner und der Verleumder nicht nur die Gefahr der Rufschädigung heraufbeschwören, sondern, sofern es sich um ihre Behauptung handelt, gleichzeitig durch die Geltendmachung derart ehrenrühriger Unwahrheiten ihre persönliche Mißachtung kundtun. Die §§ 186, 187 sind also, was das Merkmal des Verbreitens betrifft, reine Herrschaftsdelikte, was aber das „Behaupten" – das nach eigener Überzeugung als richtig Hinstellen – anlangt, gleichzeitig als Spezialfälle einer Beleidigung durch öffentliche Tatsachenbehauptung Pflichtdelikte.

Wenn es sich also bei dem anfangs erwähnten Brief des A um eine Verleumdung gehandelt hätte, die an eine Zeitung geschickt werden sollte, so wäre B wegen seiner Tatherrschaft beim Verbreiten Täter; gleichzeitig wäre aber auch A Täter des § 187, weil er durch seine Behauptung den gegen ihn sich richtenden Achtungsanspruch des Z verletzt hätte. Wir haben hier also eine ebenso eigenartige wie nach dem Schutzzweck der Bestimmung sinnvolle Kombination von Pflicht- und Herrschaftsdelikt vor uns.

3. Unechte eigenhändige Delikte

Schließlich gehört zu den Pflichtdelikten noch eine Gruppe von Tatbeständen, die im allgemeinen als eigenhändige Straftaten aufgeführt werden. Es

---

[107] Vgl. darüber schon Rosenfeld a. a. O., S. 171

handelt sich dabei um Delikte, bei denen die täterschaftsbegründende Pflicht von der Art ist, daß sie nur durch eine unmittelbar persönliche Vornahme der Tatbestandshandlung verletzt werden kann.

Es ist wegen dieser Besonderheit nicht falsch, hier von eigenhändigen Delikten zu sprechen; denn eine Begehung in mittelbarer Täterschaft ist tatsächlich unmöglich. Für die Täterschaft maßgebend ist aber auch hier die Verletzung einer außerstrafrechtlichen Sonderpflicht und nicht ein bestimmtes Verhalten. Deshalb ist die Kennzeichnung solcher Delikte als „eigenhändig" recht äußerlich und trifft, da der Pflichtgedanke zur Abgrenzung der Beteiligungsformen führt, nicht das eigentlich täterschaftsbegründende Element. Sie ist sogar insofern bedenklich, als sie leicht die wahre Struktur dieser Tatbestande verdeckt. Vor allem entsteht in dieser Beziehung für die Täterlehre kein besonderes Problem. Insofern der Pflichtgedanke die Eigenart dieser Bestimmungen erklärt, ist die Einführung einer weiteren Täterkategorie überflüssig. Um einer Verwechselung dieser Tatbestände mit den im folgenden zu behandelnden echten eigenhändigen Delikten vorzubeugen, bei denen die Eigenhändigkeit sich nicht aus dem Pflichtprinzip, sondern aus anderen Erwägungen ergibt, bezeichne ich diese Unterart von Pflichtdelikten als „unechte eigenhändige Delikte".

Ein besonders anschauliches Beispiel dafür ist die Fahnenflucht. Dieser Tatbestand wird noch heute fast immer als paradigmatischer Fall einer eigenhändigen Straftat angeführt, seit Binding[108] festgestellt hat, der Deserteur müsse „mit eigenen Beinen entlaufen". Dabei handelt es sich in Wirklichkeit um ein reines Pflichtdelikt, dessen Bedeutung für die Täterlehre ganz ohne Rückgriff auf die „Eigenhändigkeit" verstehbar ist. In voller Klarheit zeigt sich das bei Eb. Schmidt, der die eigenhändigen Delikte grundsätzlich ablehnt, gerade deshalb aber erkennen kann, daß Täter nur ist, wer „mit seiner Entfernung von der Truppe ein ihn selbst an diese fesselndes Pflichtenband[109]) zerreißt, nicht aber der, der ohne in solcher rechtlichen Bindung zu stehen oder ohne diese für sich selbst zu zertrennen, einen anderen zur Fahnenflucht bestimmt"[110]. Erläuternd fügt er hinzu[111]: „Also nicht, daß er ,mit eigenen Beinen entläuft' (Binding) ist das Entscheidende. Es war eine Resterscheinung des positivistischen Naturalismus, daß man die Kategorie der ,eigenhändigen' Delikte ersann, anstatt mit normativer Methode auf die entscheidenden Rechtsbeziehungen (Pflichten) abzustellen ...".

Wenn man von dem Verallgemeinernden dieses Urteils absieht: Auf die Fahnenflucht trifft es jedenfalls zu. Nicht der äußere Vorgang des Laufens, sondern die Pflichtverletzung ist täterschaftsbegründend. Und wenn man sich den gemeinsamen Strafgrund aller Beteiligungsformen bei diesem Delikt klarmacht, so ist es – wie auch sonst bei den Pflichtdelikten – nicht in erster Linie die Handlung, sondern der Erfolg, die Beeinträchtigung

---

[108] Die drei Grundformen, in: Abhandlungen, S. 266
[109] bei Schmidt kursiv gedruckt
[110] Militärstrafrecht, 1936, S. 41
[111] a. a. O., S. 41 Anm. 3

der Wehrkraft, dem der Gesetzgeber vorbeugen will. Trotzdem sind die Worte Schmidts ohne Widerhall geblieben.

Um Pflichtdelikte handelt es sich entgegen der landläufigen Annahme auch bei den §§ 153, 154, 156 StGB. Schon die Existenz des § 160 StGB beweist hier, daß kein Herrschaftsdelikt gegeben ist. Denn da der Hintermann, der sich eines gutgläubigen Werkzeuges bedient, unzweifelhaft die Tatherrschaft besitzt, müßte in diesem Falle eine mittelbare Täterschaft vorliegen, und eine Sondervorschrift wäre überflüssig. Weil nun die Pflichtdelikte als selbständige Gruppe nirgends erfaßt werden und höchstens bei den Sonderstraftaten eine unzureichende Würdigung erfahren, ist die fast absolut herrschende Lehre auf den Ausweg verfallen, ein eigenhändiges Verbrechen anzunehmen.

Diese Erklärung befriedigt aber wenig. Beim Meineid mag es noch begründbar sein, wegen des sakralen Momentes der Selbstverfluchung das spezifisch täterschaftliche Element im Aussprechen der unwahren Worte zu sehen. Bedenklich ist das allerdings auch hier; denn einerseits kann die religiöse Beteuerungsformel weggelassen werden (vgl. §§ 66c Abs. 2 StPO, 481 Abs. 2 ZPO), und andererseits gehört es ohnehin nicht zu den Aufgaben des Rechts, mit Strafsanktionen in die Beziehung des einzelnen zu Gott einzugreifen. In den Fallen der §§ 153, 156 StGB aber versagt diese Auffassung vollends; denn es ist nicht einzusehen, wie bei diesen, allein dem Schutz der Rechtspflege dienenden Straftaten dem äußeren Vorgang des Sprechens täterschaftsbegründende Kraft zukommen sollte.

Demgegenüber ist es wesentlich einleuchtender, hier ein Pflichtdelikt anzunehmen: Wer immer eine nach den §§ 153, 154, 156 StGB strafbare Falschaussage machen kann, hat unbestreitbar eine prozessuale Wahrheitspflicht, die den Außenstehenden nicht trifft. Nur wer selbst als Zeuge vor Gericht geladen ist, hat eine Pflicht zu wahrheitsgemäßer Aussage; wer sonst an der Irreführung des Gerichts mitwirkt, indem er etwa dem Meineidigen die gefälschten Unterlagen verschafft, kann gegen die persönlichkeitsgebundene Zeugnispflicht nicht verstoßen und deshalb immer nur Teilnehmer sein.[112]

Daraus erklärt es sich auch, daß der Angeklagte im Strafprozeß niemals Mittäter sein kann, wenn er mit einem Zeugen zusammen ein lügenhaftes Alibi aufbaut. Diese Möglichkeit scheidet aus, obwohl ein typischer Fall gemeinsamer Tatherrschaft vorliegt und obwohl der Angeklagte der Rechtspflege mindestens ebensoviel Schaden zufügt wie der Zeuge. Diese Annahme folgt nicht etwa aus dem Umstand, daß der Angeklagte wegen der bei ihm vorliegenden Selbstbegünstigung milder beurteilt würde: Stiftet er den Zeugen zu seiner Falschaussage an, so erleidet er dieselbe Strafe wie dieser. Sie ergibt sich nicht einmal unmittelbar aus § 160 StGB, der einen gutgläubigen Tatmittler voraussetzt. Der Grund liegt vielmehr allein darin,

---

[112] aus dem auch von ihm betonten Pflichtcharakter der Aussagedelikte hat neuerdings Schmidhäuser, Göttinger Festschrift für das OLG Celle, S. 207–237, eine sehr zutreffende Lösung für den Streit um den Begriff der „Falschheit" bei diesen Tatbeständen entwickelt.

daß den Angeklagten im Gegensatz zum Zeugen keine durch eine Strafnorm sanktionierte prozessuale Wahrheitspflicht trifft.

Den Charakter dieser Tatbestände als Pflichtdelikte hat übrigens auch das Reichsgericht in einigen wenig beachteten Entscheidungen durchaus richtig hervorgehoben[113]. Es heißt dort z. B.[114]: „Alles, was einer der Wahrheit zuwider beteuert, verletzt immer nur seine eigene Pflicht, die Wahrheit zu sagen. Die einem anderen obliegende Pflicht zur Wahrheit kann er damit nicht verletzen. Wohl kann dem anderen zu solcher Pflichtverletzung Beihülfe geleistet werden, er kann zu solcher angestiftet werden, immer bleibt aber die falsche Versicherung … allein die Tat desjenigen, der die Versicherung abgibt".

Diese Deutung führt allerdings bei der hier vertretenen Akzessorietätsauffassung zu dem Ergebnis, daß die in § 160 StGB geregelte Verleitung zur unvorsätzlichen Tat als Anstiftung erfaßt werden könnte. Doch läßt sich diese Bestimmung nicht, wie es vielfach geschieht, zur Widerlegung unserer Ansicht verwenden. Denn erstens ist zu bedenken, daß unser Gesetzbuch zur Zeit seines Erlasses vom Grundsatz der extremen Akzessorietät ausging; zweitens verdeutlicht diese Norm durch Ausschaltung der mittelbaren Täterschaft die Erkenntnis, daß es sich nicht um ein Herrschaftsdelikt handelt; und drittens kann der Gesetzgeber seine Gründe dafür gehabt haben, dem täterschaftlichen Pflichtmoment für die Strafzumessung solche Bedeutung zuzuerkennen, daß er in diesem Sonderfall der Anstiftung eine mildere Strafe für angebracht hielt[115].

Auch eine Reihe weiterer Tatbestände, die im Schrifttum gelegentlich als eigenhändige Straftaten genannt werden, wie etwa die §§ 142, 170b, 170d, 266[116], 298, 330, 360 Ziff. 8 StGB[117] und manche andere sind in Wahrheit Pflichtdelikte und können aus der folgenden Erörterung ausscheiden.

VII. Systematische Hinweise

1. Pflichtdelikte und Systemeinheit

Gegen die vorstehend entwickelte scharfe Trennung zwischen dem Täterbegriff bei den Herrschafts- und bei den Pflichtdelikten ist der Einwand zu erwarten, es werde hier ein „doppelter" Täterbegriff eingeführt, der die systematisch gebotene konstruktive Einheit zerstöre. Es sei widersprüchlich, ein Merkmal, das bei einem Tatbestand die Täterschaft begründe, bei einem anderen nur zur Bejahung einer Teilnahme ausreichen zu lassen.

---

[113] Vgl. RGSt 37, 92–94 (93f.); 61, 199–202 (201).

[114] RGSt 37, 93f.

[115] Vgl. zur Problematik solcher gesetzlicher Sonderregelungen schon oben S. 376ff.

[116] Im Falle des § 266, den z. B. Baumann, Lehrb., 2. Aufl., S. 439, als „eigenhändig" nennt, liegt eine ausgesprochene Verwechselung mit einem Pflichtdelikt vor. Nicht einmal ein unechtes eigenhändiges Delikt läßt sich hier annehmen, denn eine mittelbare Täterschaft ist sehr wohl möglich, wie die früheren Ausführungen (oben S. 360ff.) zeigen.

[117] Vgl. nur etwa die Zusammenstellungen bei Bollinger, ungedr. Hamb. Diss., 1958, S. 44ff., 68, 89f., 93f., 85f.

Ein solches Argument hatte jedoch kein Gewicht. Denn:

Erstens ist durch die Auffassung des Täters als der Zentralgestalt des handlungsmäßigen Geschehens, der sich Herrschafts- und Pflichtmoment gleichermaßen unterordnen, die Systemeinheit gewahrt. Zwar hat der Begriff der Zentralgestalt bereits eine gewisse Abstraktionshöhe; diese Eigenheit teilt er jedoch mit allen systematischen Grundbegriffen. Die an ein solches Kriterium zu stellende Anforderung, zugleich als Grund- wie als Grenzelement brauchbar zu sein, das heißt: Die allen Tätern zukommenden Gemeinsamkeiten herauszuheben (Grundelement) und damit nicht in Einklang zu bringende Ansätze von vornherein auszuschalten (Grenzelement)[117a], erfüllt dieser Begriff in vollem Umfang[117b].

Zweitens wird durch die Trennung von Herrschaft und Pflicht nicht eine doktrinäre, aus irgendwelchen Oberbegriffen abgeleitete Unterscheidung in das Gesetz hineingetragen, sondern es wird im Gegenteil eine in den Einzeltatbeständen angelegte strukturelle Differenzierung berücksichtigt, durch Klarlegung der abweichenden Konsequenzen dogmatisch verarbeitet und durch Subsumtion unter einen gemeinsamen Oberbegriff systematisch bewältigt. Es entspricht dies der allgemeinen Erkenntnis, daß ein System nicht der Regelungsmaterie von außen auferlegt werden darf, sondern lediglich die Funktion hat, die vorgegebenen rechtlichen Einzelerscheinungen sinnvoll zu ordnen und die ihnen zugrundeliegenden größeren Strukturzusammenhänge deutlich werden zu lassen.

Drittens ist es auch nicht etwa so, daß durch die den Pflichtdelikten eingeräumte Sonderstellung eine gegenüber dem bisher geübten Verfahren kompliziertere und die einheitliche Lösung zersplitternde Regelung getroffen würde. Es ist im Gegenteil so, daß in allen bisher vertretenen Lehren – vom extensiven Täterbegriff bis zur Tatherrschaftstheorie – die Pflichtdelikte einen dogmatisch nicht zu integrierenden Fremdkörper dargestellt haben[118], daß die vom Rechtsgefühl und den vorgegebenen Sinnzusammenhängen geforderten Ergebnisse konstruktiv nicht begründbar waren und daß darüber hinaus, weil eine sachgerecht gliedernde Konzeption fehlte, die Abgrenzung mit den einzelnen Tatbeständen willkürlich variieren und ganz disparate, die Einheit der leitenden Gesichtspunkte auflösende Folgen zeitigen mußte[119]. Demgegenüber gewährleistet die hierentwickelte Auffassung eine glatte und befriedigende Lösung für die in den Einzeltatbeständen angelegten Unterscheidungen und bietet gleichzeitig eine übersichtliche, zusammenhängend gegliederte Ordnung der Täterlehre.

Gerade die saubere Differenzierung zwischen Herrschafts- und Pflichtdelikten erweist sich also als eine systematisch tragfähige und in den konkreten Ergebnissen fruchtbare Grundlage für die Teilnahmelehre.

[117a] Vgl dazu oben S. 25–32

[117b] Über Grund- und Grenzelemente vgl. allgemein im Anschluß an Maihofer, Handlungsbegriff, S. 6, meine Offenen Tatbestände, S. 167 ff.

[118] Vgl. dazu nur etwa die Unlösbarkeit der Problematik des qualifikationslosen Werkzeugs (S. 252 ff.) und der Mittäterschaft (S. 355 ff.).

[119] Vgl. nur etwa oben, S. 356/357. S. 384, Anm. 87

2. Der Täter der Pflichtdelikte als Subjekt des Unrechts-Gesamttatbestandes

Die besondere Pflichtenstellung, die bei dieser Deliktsgruppe täterschaftsbegründend wirkt, gehört systematisch ebenso wie das früher behandelte
Herrschaftsmoment in den Bereich des tatbestandlichen Unrechts.

Das bedarf besonderer Erwähnung, weil in jüngster Zeit Armin
Kaufmann[120] und in früheren Auflagen seines Lehrbuches auch Welzel[121]
die These entwickelt haben, es handele sich bei den Täterqualifikationen um
sog. „reine Rechtspflichtmerkmale", die mitsamt den sie begründenden sachlichen Umständen in einen vom Tatbestand streng zu trennenden Bereich der
Rechtswidrigkeit zu verweisen seien.

Ich habe schon früher[122] versucht, in Auseinandersetzung mit diesen
Lehren von den Tatbestands- und Irrtumsproblemen her die Zugehörigkeit
dieser Merkmale zu einem Tatbestand und Rechtfertigungsausschluß umfassenden Unrechts-Gesamttatbestand zu erweisen. Es ist nicht nötig, die
dort vorgebrachten Argumente an dieser Stelle zu wiederholen[123]. Hier
genügen zwei ergänzende Hinweise aus der Täterlehre.

Wenn der Tatbestand, wie früher dargelegt wurde, die Aufgabe hat, den
Täter des Delikts als handelnde Person plastisch zu umschreiben, so daß die
übrigen Mitwirkenden nur kraft der Teilnahmevorschriften strafausdehnend
erfaßt werden, dann müssen selbstverständlich auch die Tätermerkmale mit
ihren sachlichen Voraussetzungen – zu denen in erster Linie der Verstoß
gegen die außerstrafrechtliche Pflicht gehört – Bestandteile des Tatbestandes
sein. Es wäre ja auch eine sonderbare Vorstellung, daß der Gesetzgeber etwa
in den §§ 331/32 StGB die Annahme eines Geschenks durch einen Nichtqualifizierten für eine Geschäftsbesorgung mitbeschrieben haben sollte, so
daß dieser unrechtsfreie, „offene" Tatbestand erst nachträglich im Bereiche
der Rechtswidrigkeit auf die strafrechtlich relevanten Fälle eingeschränkt
werden müßte.

Vor allem aber läßt sich eine solche Zerreißung in Tatbestandshandlung
und Täter, wie sie durch die Einstufung in getrennte Kategorien des Delikts-
aufbaus erforderlich wird, praktisch nicht durchführen. Es würde dann
im Tatbestand als Verbrechenssubjekt ein final handelnder Verursacher
zurückbleiben, der sich, weil es auf die Tatherrschaft nicht ankommt, vom
Teilnehmer der Pflichtdelikte nicht unterscheiden würde. Wenn man das
in Kauf nehmen wollte, so ist es jedenfalls nicht mehr tragbar, daß zwangsläufig die Tatbestandshandlung bis zur Unkenntlichkeit verstümmelt werden
müßte. § 300 StGB meint doch nicht das Ausplaudern irgendeines Geheimnisses durch eine beliebige Person – die klatschhafte X erzählt, sie habe
gehört, der Nachbar Y sei seiner Frau untreu gewesen – sondern den Verrat

---

[120] In seinem Werk „Lebendiges und Totes in Bindings Normentheorie", 1954, S. 134 ff.,
141 f., 149 ff., 153, 157 f., 170, 248, 251, 286
[121] Vgl. zu Welzels Lehre im einzelnen meine Abhandlung über „Offene Tatbestände und
Rechtspflichtmerkmale" 1959, mit weiteren Nachweisen.
[122] In der in Anm. 121 erwähnten Abhandlung
[123] Vgl. a. a. O., S. 66–74, 156/57 und passim.

eines bei der Berufsausübung anvertrauten Geheimnisses! Eliminiert man diese Elemente, so zerstört man den sozialen Handlungssinn der Tatbestände gänzlich. Beläßt man sie aber im Tatbestand, so ist die Handlung ohne die Täterqualifikation und den Pflichtverstoß nicht denkbar. Man kann nicht ein ärztlich anvertrautes Geheimnis offenbaren, ohne Arzt zu sein und gegen die ärztliche Schweigepflicht zu verstoßen. Das gilt entsprechend auch für alle anderen Pflichtdelikte. Es zeigt sich hier, was auch für das Herrschaftsmoment darzulegen war, daß es nicht um ablösbar-starre Kriterien geht, die dem Handelnden nachträglich und gewissermaßen zusätzlich aufgeklebt werden, daß vielmehr die täterbegründenden Elemente den konkreten Handlungsvollzug durchwirken und deshalb von ihm nicht zu trennen sind. Die systematische Zerreißung von Tat und Täter ist eine Nachwirkung der alten kausal orientierten Tatbestandslehre, die zwischen außen und innen, objektiv und subjektiv eine strenge Scheidung durchführen wollte. Eine von der deliktstypischen Unrechtsfärbung „gereinigte" Finalität überwindet das Grundgebrechen der kausalen Betrachtungsweise bei den Pflichtdelikten nicht. Die Täterqualifikation gehört also in den Tatbestand.

Anders als unter der Geltung des Herrschaftsprinzips ist allerdings bei den Pflichtdelikten die Beziehung zwischen den objektiven Voraussetzungen der Sonderpflicht und der Kenntnis des Täters von ihnen lockerer. Während dort erst die Vergegenwärtigung aller für den Geschehensablauf relevanten Umstände die Möglichkeit zur Beherrschung der Situation eröffnet, ist hier die Pflichtenstellung unabhängig davon, ob der Handelnde sie sich konkret vorgestellt hat. Gleichwohl muß zumindest das Bewußtsein der pflichtbegründenden Umstände zum Tatbestand und damit auch zu den Voraussetzungen der Täterschaft gezählt werden. Wer etwa den Unfall, der seine Wartepflicht auslöst, nicht bemerkt hat, kommt als Täter des § 142 StGB nicht in Frage, weil schon der Vorsatz fehlt. Das ist wiederum etwas anders als bei den Herrschaftsdelikten: Dort tritt die Kenntnis der Umstände, die eine Lenkung des Geschehensablaufes ermöglichen, als selbständiges Element zum Vorsatz hinzu. Hier dagegen sind Tat und Täter so wenig zu trennen, daß die täterschaftsbegründenden Umstände zugleich Bestandteile des Vorsatzes sind.

Davon zu unterscheiden ist die Frage, ob und inwieweit der Täter aus der Einsicht in die Gesamtsituation den Schluß auf seine besondere Pflichtenstellung selbst gezogen haben muß. Das ist ein Problem der Irrtums-, nicht der Täterlehre. Deshalb muß hier eine Andeutung genügen: Grundsätzlich gehört zum Vorsatz die Kenntnis aller unrechtsbestimmenden deskriptiven und normativen Merkmale, nicht aber das Bewußtsein der Rechtswidrigkeit selbst. Die tatbestandsrelevante Sonderpflicht ist eine Voraussetzung täterschaftlichen Unrechts, aus der – neben anderen Umständen – die Rechtswidrigkeit folgt, nicht aber ist sie mit der Rechtswidrigkeit identisch. Danach müßte das Bewußtsein der Pflichtverletzung zum Vorsatz gehören. Dieses logisch klare Ergebnis wird aber dadurch verwirrt, daß sich die Kenntnis des Pflichtverstoßes – namentlich dort, wo es sich um Rechtspflichten handelt – in der praktischen Anwendung vom Bewußtsein der Rechtswidrig-

keit kaum unterscheiden läßt. Dadurch entsteht die Gefahr, daß das Bewußtsein der Rechtswidrigkeit in den Vorsatz hineingezogen wird, eine Möglichkeit, die an der Durchführbarkeit der Schuldtheorie bei den Pflichtdelikten Zweifel wecken kann. Es könnte sein, daß die besondere Struktur
der Pflichtdelikte nicht nur in der Täterlehre, sondern auch bei anderen
dogmatischen Fragen ihre Auswirkungen hatte. Das bedürfte einer vertieften
Spezialuntersuchung, die hier nicht geliefert werden kann. Ich habe an
anderer Stelle[124] vom Standpunkt der Schuldtheorie her zu den schwierigen
Fragen der Verklammerung von Vorsatz und Unrechtsbewußtsein Stellung
genommen und sie durch eine Trennung von unrechtsbestimmenden und
gesamttatbewertenden Elementen der Rechtsbegriffe zu lösen versucht.
Darauf kann insoweit verwiesen werden.

§ 35. Eigenhändige Delikte

I. Zum Problem- und Meinungsstand

Eine weder durch den Tatherrschafts- noch durch den Pflichtgedanken[1]
zu erfassende, nach selbständigen Kriterien zu beurteilende Gruppe bilden
die sog. eigenhändigen Delikte. Es handelt sich bei ihnen allerdings auch
heute noch um eine sehr ungeklärte Erscheinung: Die theoretische Begründung und der Anwendungsbereich dieser Deliktskategorie sind seit eh und
je äußerst umstritten. Darauf wird unten noch einzugehen sein. Eine gesonderte Erörterung der in Frage kommenden Tatbestände ist im Rahmen dieser
Arbeit schon deshalb geboten, weil – bei allen Differenzen im einzelnen die
Existenz eigenhändiger Delikte jetzt fast nirgends mehr geleugnet wird[2]
und weil vor allem auch sämtliche Vertreter der Tatherrschaftslehre sie anerkennen.
    Dabei ist leicht zu sehen, daß das Kriterium der Tatherrschaft vor den
eigenhändigen Delikten versagt. Nehmen wir nur einen verhaltnismäßig
unbestrittenen Fall der Eigenhändigkeit, etwa die Unzucht mit Tieren
(§ 175 b StGB), und gehen wir davon aus, daß bei eigenhändigen Straftaten
definitionsgemäß nur die persönliche Vornahme der Tatbestandshandlung
täterschaftsbegründend wirkt. Wenn wir uns nun weiter den Fall denken,
daß jemand auf Grund einer abartigen Veranlagung einen anderen unter
den Voraussetzungen des § 52 StGB oder unter der Vorspiegelung, es handele sich um ein notwendiges wissenschaftliches Experiment, zu einer beischlafsähnlichen Handlung mit einem Tiere veranlaßt, so ist es nach unseren
früheren Darlegungen klar, daß der Hintermann die Tatherrschaft hat.

---

[124] Offene Tatbestände, passim.
  [1] Soweit es sich nicht um die oben, S. 392 ff., erwähnten unechten eigenhändigen Delikte
    handelt.
  [2] Ihr letzter namhafter Gegner war – vom Standpunkt des extensiven Täterbegriffs aus
    ganz konsequent – Eb Schmidt, vgl. Frank-Festgabe II, S. 119 128/29; auf der Grund-
    lage desselben Täterbegriffs ablehnend neuerdings auch Frühauf Eigenhändige Delikte,
    Frankfurt" Dissertation, 1959. Ebenso, wieder in engem Anschluß an Schmidt, Roeder,
    ZStW, 1957, Bd. 69, S. 249–252 (250); ähnlich auch Piotet, ZStW, 1957, Bd 69, S 39f.

Ebenso sicher ist es aber, daß er gleichwohl nicht Täter des § 175 b ist. Es lasen sich auch leicht Fälle gemeinsamer Tatausführung bilden- jemand hält z. B. das Tier für die Unzuchtshandlung des anderen fest – bei denen das Vorliegen einer funktionellen Tatherrschaft unbestreitbar ist, bei denen der Mitwirkende jedoch gleichwohl nicht Täter ist.

Angesichts dessen ist es merkwürdig, daß die Vertreter der Tatherrschafts-lehre in den eigenhändigen Delikten kein Problem sehen und sich weder die Frage ihrer Vereinbarkeit mit dem Tatherrschaftsprinzip noch ihres Verhält-nisses zu ihm stellen. Im einzelnen ergibt sich folgendes:

Welzel[3] spricht von Verbrechen, „bei denen nicht die zwecktätig geleitete Herbeiführung eines Erfolges, sondern die körperliche Vornahme eines ver-werflichen Aktes als solchen das entscheidende Unrecht" sei; als Beispiele nennt er den Meineid, ferner Ehebruch, Blutschande, widernatürliche Unzucht (§ 175) und Fahnenflucht (§ 16 WehrStrG). Maurach[4] meint, die eigenhändigen Verbrechen seien „regelmäßig nicht Erfolgs-, sondern schlich-te Tätigkeitsdelikte, bei denen der Handlungsunwert im Vordergrund" stehe; der Erfolg sei überwiegend rechtsneutral, der Unwert werde dadurch begründet, daß gerade dem Täter die Vornahme der Handlung untersagt sei. Er zählt die §§ 173, 175, 175a, 176 Ziff. 2, 153, 154, 156 zu dieser Delikts-gruppe. Lange[5] vertritt die Auffassung, bei einzelnen Tatbeständen ergebe die „Natur der Sache, daß ihre Handlung ganz oder teilweise nur eigenhän-dig begangen werden" könne; er führt die Fleischesverbrechen, die reinen Tätigkeitsdelikte und den Meineid als Fälle dieser Art an.

Ein ähnliches Bild zeigt sich auch bei den Vertretern anderer Täterlehren. Mezgers[6] bezieht sich auf die bei Welzel gegebene Begründung und erwähnt die §§ 154, 174 Nr. 1, 361 Nr. 3 StGB, während er die §§ 172, 173 aus-scheiden will. Hellmuth Mayer[7] hält ein Delikt für eigenhändig, „wenn die fremdhändige Begehung nicht unter die Beschreibung des Tatbestandes zu bringen ist"; er unterstellt dem Begriff aber auch die Sonderdelikte und nennt sonst nur noch den Meineid. In etwas anderem Zusammenhang bringt er die §§ 176, 173 als Beispiele ausgeschlossener Urheberschaft[8]. Schröder[9] bezeichnet die eigenhändigen Delikte als „solche, bei denen die Auslegung des einzelnen Tatbestandes ergibt, daß nur die eigenhändige Vornahme der strafbaren Handlung den Unwert des Delikts realisiert". „Positiv-gesetzliche Beispiele" seien die §§ 153, 154, 156 StGB; im übrigen handele es sich um eine „sehr bestrittene Frage der Auslegung"; er zählt mit Vorbehalten – die §§ 132, 173, 361 N. 3 (Landstreicher), 361 Nr. 5 StGB (Müßiggänger) und 16 WStrG auf. Baumann[10] verzichtet auf eine Realdefinition und bezeichnet Straftaten als eigenhändig, „die nur vom

---

[3] Lehrb., 7. Aufl., S. 95
[4] Lehrb., A. T., 2. Aufl., § 21 II, A, S. 197
[5] Kohlr./Lange, 42./43. Aufl., vor § 47, I, 2, S. 159
[6] LK, vor § 47, Anm. 5, a; vgl. auch Lehrb., 2./3. Aufl., S. 417–421
[7] Lehrb. S. 309
[8] Lehrb. S. 331/32; zur Urheberschaft vgl. oben S. 366/367
[9] Schönke/Schröder, 10. Aufl., vor § 47, IV, 6, S. 238
[10] Lehrb., 2. Aufl., S. 104/05

unmittelbar handelnden Subjekt ... begangen werden können". Als Beispiele bringt er die §§ 154, 173 und – an anderer Stelle[11] – § 266 StGB.

Diese kurze Zusammenstellung zeigt zweierlei: daß nämlich über den Umfang und das Wesen der eigenhändigen Delikte keinerlei Einigkeit besteht und daß die Vertreter aller Täterlehren hier vor den gleichen Schwierigkeiten stehen. Die Unterschiede in der Bestimmung des allgemeinen Täterbegriffes wirken sich nicht aus. Die Problemstellung bleibt immer dieselbe, und die Lösungsversuche zeigen keinen Zusammenhang mit dem objektiven oder subjektiven, extensiven oder restriktiven Ausgangspunkt. Selbst die formal-objektive Theorie, die an sich den Täterbegriff generell auf die eigenhändige Begehung beschränken will, steht vor dem Dilemma der Begründung, wenn sie – wie es fast alle ihre Vertreter getan haben – die mittelbare Täterschaft im Wege erweiternder Auslegung anerkennt. Es ist deshalb begreiflich, daß auch die Taterrschaftslehre die Problematik der eigenhändigen Delikte nicht befruchtet hat und daß die Darlegungen ihrer Vertreter sich im Rahmen der überlieferten Argumente bewegen.

Wenn wir den skizzierten Meinungsstand näher ins Auge fassen, so fällt zunächst auf, daß die Trennung der eigenhändigen Straftaten von den Pflichtdelikten meist nicht klar durchgeführt wird. Das gilt schon für ihre allgemeine Charakterisierung (etwa bei Maurach und H. Mayer), erst recht aber für die vorgebrachten Beispiele. Soweit es sich dabei um Bestimmungen handelt, die von uns schon oben als unechte eigenhändige Delikte[12] charakterisiert wurden – man denke an die Fahnenflucht und an die Aussagedelikte – bedürfen sie keiner erneuten Behandlung. Immerhin bleibt festzuhalten, daß die hier vorliegende Vermengung der Gesichtspunkte wesentlich dazu beigetragen hat, die Lösung der Eigenhändigkeitsfrage zu erschweren. Denn bei allen Autoren bleiben eine Reihe von Tatbeständen übrig, die als eigenhändig angesehen werden, obwohl die Täterschaft sich nicht als Verletzung einer außerstrafrechtlichen Sonderpflicht erklären läßt. Sie mit den unter demselben Begriff erfaßten verkappten Pflichtdelikten auf eine einheitliche Wurzel zurückzuführen, ist unmöglich, so daß das Scheitern aller derartigen Versuche begreiflich wird.

Eine solche Verquickung von Pflichtdelikten und eigenhändigen Straftaten findet sich schon bei Binding[13], der den Begriff der Eigenhändigkeit zuerst geprägt hat[14]. Wenn er u. a. die Tatbestände der Rechtsbeugung, der Fahnen-

---

[11] Lehrb., 2. Aufl., S. 439; vgl. dazu oben S. 395 Anm. 116

[12] Vgl. S. 392 ff.; um Mißverständnissen vorzubeugen, sei darauf hingewiesen, daß Engelsing in seiner Monographie über „Eigenhändige Delikte", S. 48–51, diesen Begriff in einem viel weitergehenden, alle Pflichtdelikte und noch weitere Tatbestände umfassenden Sinn verwendet.

[13] Vgl. nur zusammenfassend „Die drei Grundformen", S. 265 ff., in: Abhandlungen.

[14] Vgl. GS, Bd. 71, S. 5/6; der Ausdruck findet sich also nicht erst in dem späteren, von Maurach (A. T., 2. Aufl., S. 197) angeführten Aufsatz in GS 76, 91. – Sachlich ist die Problematik der Eigenhändigkeit wesentlich älter und geht bis auf die mittelalterlichen italienischen Juristen zurück. Vgl. darüber einen Engelmann, Der geistige Urheber des Verbrechens nach dem italienischen Recht des Mittelalters Festschrift für Binding, Bd. II, S. 387–610 und Engelsing, Eigenhändige Delikte, 1926 S. 5 ff.

flucht, des Ehebruchs, der Blutschande und außerdem sämtliche unzüchtigen Handlungen nennt[15], so hat er damit die auch heute noch am meisten angeführten Beispiele eigenhändiger Delikte zusammengestellt. Er hat aber in kluger Beschränkung darauf verzichtet, sie auf eine gemeinsame Formel zu bringen, und stattdessen darauf hingewiesen, daß über ihren Erstreckungsbereich „die genauere Untersuchung" noch fehle[15]. Wesentlich weiter ist die Dogmatik in dieser Frage bis heute nicht gekommen; und wenn Max Ernst Mayer resignierend feststellt[16]: „Diese Delikte durch charakterisierende Merkmale zu einer Gruppe zusammenzuschließen ist unmöglich und unnötig, da eine mehr als faktische Begrenzung nicht in Frage steht", so hat das auch für den gegenwärtigen Diskussionsstand noch seine Berechtigung.

Trotzdem bleibt es natürlich unbefriedigend, wenn man von einer selbständigen Begründung dieser Deliktsgruppe ganz absieht und die Fälle der Eigenhändigkeit im Rahmen der Täterlehre als unbegreifliche Ausnahmen unverarbeitet stehen läßt. Denn wenn man bestimmten Tatbeständen eine Sonderstellung zuweist, dann muß sie auch aus der Struktur der Einzelregelungen sinnvoll abzuleiten sein; ist das nicht der Fall, so muß man diesen Begriff konsequenterweise aufgeben, wie es neuerdings wieder Frühauf[17] getan hat. Andererseits spricht die Hartnäckigkeit, mit der sich die eigenhändigen Delikte trotz theoretisch unzureichender Begründung behauptet haben, doch dafür, daß etwas Richtiges dahintersteckt.

Dem gilt es nachzugehen. Wir werden dabei so verfahren, daß wir die unechten eigenhändigen Straftaten, die als verkappte Pflichtdelikte eine hinreichende Begründung gefunden haben, von vornherein ausscheiden und für die verbleibenden Fälle zunächst die bisherigen Erklärungsversuche kritisch durchmustern, um dann die eigene Lösung anzuschließen.

II. Die Wortlauttheorie

1. Ihre Hauptvertreter

Eine im Schrifttum von alters her sehr häufig und – wie unser Überblick zeigt – auch jetzt noch viel vertretene Theorie sieht davon ab, ein gemeinsames inhaltliches Kriterium der Eigenhändigkeit zu statuieren und macht die Frage zu einem Problem der Auslegung des Einzeltatbestandes. Dabei wird meistens nicht so sehr auf systematische und teleologische Erwägungen wie auf den Gesetzeswortlaut abgestellt: Ein Delikt ist dann nur eigenhändig begehbar, wenn man nach dem Wortsinn der Strafbestimmung von einem – und sei es noch so intensiv mitwirkenden – Außenstehenden schlechterdings nicht mehr sagen kann, daß er die im Tatbestand beschriebene Handlung vorgenommen habe. Hat etwa ein Arzt dem Patienten durch die ahnungslose

---

[15] Die drei Grundformen, S. 266, in: Abhandlungen
[16] Lehrb., S. 378
[17] Eigenhändige Delikte, 1959 (Frankf. Diss.)

Schwester eine vergiftete Spritze injizieren lassen, so ist es sprachlich durchaus möglich, das in dem Satz zu formulieren, er habe den Kranken getötet. Dagegen läßt sich nicht behaupten, daß jemand, der einen anderen unter den Voraussetzungen der mittelbaren Täterschaft zu einem Sittendelikt veranlaßt hat, deshalb den Beischlaf ausgeübt oder die sonst im Tatbestand beschriebene Unzuchtshandlung begangen habe. Schon bei Binding, der den § 177 StGB als eigenhändiges Delikt ansieht, lesen wir[18]: „Ich möchte doch wissen, ob jemand, der zur Notzucht angestiftet hat, sich je rühmen würde, er hätte die Geschändete genossen?" Es erscheint als sinnvoll, bei dieser auf die grammatische Auslegung verengten Lehre im Anschluß an Frühauf[19] von einer „Wortlauttheorie" zu sprechen.

Diese Auffassung hat unter den Anhängern der verschiedensten Täterlehren schon immer zahlreiche Vertreter gefunden. Die Monographien von Engelsing[20] und Müller[21] haben sich ausgiebig dieses Gesichtspunktes bedient; auch Höpfner[22], Wolf[23] und der späte Beling[24] sind zu nennen. Heute ist diese Lehre – abgesehen von ihrer Verbreitung im Schrifttum deshalb wieder besonders bedeutsam, weil sie die neuere Rechtsprechung weitgehend beherrscht. So stellt der Bundesgerichtshof[25] fest, „daß die Eigenhändigkeit der Straftaten wesentlich von der Fassung der Tatbestände durch den Gesetzgeber abhängt", ein Verfahren, mit Hilfe dessen er zwischen den §§ 177 Abs. 1 Halbs. 1, 177 Abs. 1 Halbs. 2 und 176 Abs. 1 Nr. 2 StGB subtile Unterscheidungen hinsichtlich der Eigenhändigkeit herausfindet. Auch die neueste Entscheidung zur Eigenhändigkeitsfrage[26] folgt dem, wenn sie „den Wortlaut des Gesetzes" entscheidend sein läßt und meint, das „Mißbrauchen zum außerehelichen Beischlaf" in § 176 Abs. 1 Nr. 2 StGB könne „nach dem Sinn, den die Sprache mit diesem Ausdruck verbindet, nur bedeuten: den Beischlaf selbst vollziehen". Ein jüngst veröffentlichtes Urteil des OLG Celle[27] treibt diese Methode auf die Spitze, wenn es den Maßstab für die Bestimmung der Eigenhändigkeit aus der Betonung von Haupt- und Nebensatz herleitet.

2. Kritik

In der Tat enthalten diese Lehren einen brauchbaren Ansatz. Da, wie wir sahen, der Tatbestand die Zentralgestalt des handlungsmäßigen Geschehens beschreibt, kann die Eigenhändigkeit als Kriterium der Täterschaft nur

---

[18] Die drei Grundformen, S. 268 Anm. 17, in: Abhandl., I.
[19] Eigenhändige Delikte, S. 116
[20] a. a. O., S. 30, 48
[21] Eigenhändige Verbrechen, 1928, S. 34 ff.
[22] ZStW, Bd. 22, 1902, S. 205–217 (211 ff.)
[23] Betrachtungen über die mittelbare Täterschaft, 1927, Strafr. Abh., Heft 225, S. 182, 187–206
[24] GS, Bd. 101, 1932, S. 6/7, 9; vgl. auch schon Methodik, S. 95 ff. und dazu oben S. 11
[25] BGHSt 6, 226–229 (227)
[26] BGHSt 15, 132–134 (133)
[27] NJW 1961, S. 1079–1080

aus einer Analyse der einzelnen Strafbestimmungen gewonnen werden. Und da ferner der Sinn geistiger Gebilde in erster Linie durch die Sprache vermittelt wird, kommt auch dem Wortlaut für die Erkenntnis der Deliktsstruktur hohe Bedeutung zu.

Aber man simplifiziert die Problematik, wenn man einseitig auf den Sprachgebrauch des Lebens abstellt. Denn wenn man dem Gesetz eine sachliche Aussage über die Grenzen der Täterschaft entnehmen will, kann man nicht – wie es diese Meinung unbesehen tut – ohne weiteres davon ausgehen, daß der Gesetzgeber sich an das binden will, was „man" üblicherweise sagt oder gerade noch sagen könnte. Eine solche Annahme wäre nicht nur wegen der Variabilität der sprachlichen Ausdrucksmöglichkeiten[28], sondern auch deswegen ungerechtfertigt, weil ein Sprachgebrauch sich nicht im Hinblick auf die Abgrenzung von Täterschaft und Teilnahme bildet, sondern durchaus anderen Entwicklungsgesetzen folgt, deren Resultat keinen Schlüssel für die Lösung juristischer Detailfragen bietet.

Es handelt sich also hier im Grunde um ein „rechtsfremdes" Kriterium, das, auch wenn es praktikabel wäre, seinerseits noch der Erklärung bedürfte. Denn welchen tieferen Sinn soll es eigentlich haben, wenn man, wie es die Rechtsprechung tut, in den Ziffern 1 und 2 des § 176 und in den beiden Halbsätzen des § 177 StGB jeweils verschiedene Täter- und Teilnehmerbegriffe verwendet? Die Argumentation von der Grammatik her wäre doch nur dann schlüssig, wenn sich dartun ließe, welche gesetzgeberischen Zweckvorstellungen über die Abgrenzung von Täterschaft und Teilnahme und welche vorgegebenen Ordnungszusammenhänge in der sprachlichen Formulierung ihren präzisen Ausdruck gefunden haben. An diesem Nachweis aber fehlt es bei den Vertretern der Wortlauttheorie, und deshalb hat ihre Lehre kein tragfähiges Fundament[29]. Maurach[30] sieht das ganz richtig, wenn er die grammatische Interpretation als letztrangige Methode kennzeichnet, die stets nur zweifelhafte Ergebnisse bringe, solange nicht „die Gesetzesteleologie an maßgeblicher Stelle zur Auslegung eingesetzt" werde.

Wenn gleichwohl die Tatbestandsformulierung nicht ohne Bedeutung für die Lösung der Eigenhändigkeitsfrage ist, so liegt das daran, daß der Gesetzeswortlaut einen bestimmten Sachverhalt bezeichnet, dessen Struktur nach den leitenden Grundsätzen der Täterlehre die Möglichkeit fremdhändiger Täterschaft ausschließen kann. Wenn etwa § 361 Ziff. 3 StGB denjenigen mit Strafe bedroht, der „als Landstreicher umherzieht", so kann die damit umschriebene Betätigung als Ausdruck dauerhaft-personaler Elemente

---

[28] zu weit geht es freilich, wenn Frühauf, S. 117, 124–143, der Wortlauttheorie Verstöße gegen „elementare Grundsätze der Rechtsstaatlichkeit" und gegen den nulla-poena-Satz vorwirft.

[29] Kennzeichnend ist es z. B., daß Wolf, a. a. O., S. 195, Anm. 17, von seiner Auslegung des § 176 Ziff. 1 selbst sagen muß: „Einen vernünftigen Grund dafür, weshalb der Gesetzgeber die Fassung dieser Ziffer 1 so gewählt hat, daß der Gewalt Anwendende bloß Gehilfe, der Drohende hingegen Mittäter ist, vermag ich allerdings nicht einzusehen". Das beunruhigt ihn jedoch nicht, denn er fährt fort: „Das ändert aber an dem Gesagten nichts".

[30] in einem Aufsatz über das oben erwähnte Urteil des OLG Celle, in: NJW 1961, S. 1050

eine derart spezifische Unrechtsfärbung aufweisen, daß sie allein, unbekümmert um Willensherrschaft und Rollenverteilung, täterschaftsbegründend
wirkt[31]. Nicht um ihrer selbst willen, sondern nur als Erkenntnismittel sach-
bezogener Tatbestandsanalyse können daher Wortlaut und Sprachgebrauch
wichtig sein. Unter diesen Gesichtspunkten werden wir auf die neuere
Rechtsprechung noch zurückkommen müssen.

III. Die Körperbewegungstheorie

1. Ihre Hauptvertreter

Der zweite Leitgedanke, der immer wieder zur Begründung der eigenhändigen Straftaten herangezogen worden ist, beruht auf der Unterscheidung von schlichten Tätigkeits- und Erfolgsdelikten. Man meint, wenn der
Gesetzgeber die Strafe an ein bloßes, in bestimmten Körperbewegungen sich
erschöpfendes Tun knüpfe, so könne Täter nur sein, wer in eigener Person
das inkriminierte Verhalten an den Tag lege; verlange hingegen der Tatbestand die Herbeiführung eines bestimmten Erfolges, so sei der allgemeine
Täterbegriff maßgebend. Dieses Kriterium überschneidet sich mit dem der
Wortlauttheorie insofern, als sich die Meinung vertreten läßt, daß gerade bei
den Tätigkeitsdelikten auch der Sprachgebrauch die Annahme der Täterschaft eines Außenstehenden ausschließe. Daher verwenden einige Autoren
beide Gesichtspunkte nebeneinander.

Als Begründer dieser Lehre kann wohl Beling[32] angesehen werden; sie
wurde später in der Abhandlung von Engelsing[33] ausgebaut, setzte sich
in der letzten Auflage[34] des Kommentars von Frank durch und hat heute
die Stellungnahme von Welzel, Maurach, Lange[35] und von Weber[35a] wesentlich beeinflußt. Sie wird auch in der Rechtsprechung vertreten; so, wenn
etwa der Oberste Gerichtshof für die Britische Zone[36] ein eigenhändiges Delikt annimmt, sofern „die Verwirklichung des Tatbestandes keinen bestimmten Erfolg verlangt, sondern sich auf bloßes körperliches Tun beschränkt";
oder wenn das Kammergericht[37] von Tatbeständen spricht, die „ein höchstpersönliches Aktivverhalten (eine bestimmte Körperbetätigung ...)" erfordern.

---

[31] Darüber näheres unten S. 410 ff.
[32] Vgl. nur die erste Durchführung der Unterscheidung in der „Lehre vom Verbrechen",
S. 203 f., 225/26, 234 f.
[33] Er faßt sein Ergebnis auf S. 50 a. a. O. dahin zusammen daß eigenhändige Delikte „diejenigen sind, deren Tatbestandshandlung aus einer Körperbewegung besteht".
[34] 18. Aufl., 1931, vor § 47 II, S. 103/04
[35] zu den drei letztgenannten vgl. den anfangs gegebenen Überblick.
[35a] Vgl. Grundriß, 2. Aufl., S. 67: „Reine Tätigkeiten können nur in unmittelbarer Täterschaft begangen werden: sogen. eigenhändige Delikte."
[36] OGHSt 1, 303–305 (304)
[37] JR 1956, 150/51 (151); allerdings dient der Gedanke hier nur dazu, die Möglichkeit
einer Begehung durch Unterlassen auszuschließen.

2. Kritik

Auch diese Lehre, die man kurz als „Körperbewegungstheorie" bezeichnen könnte, enthält einen verwertbaren Ansatz. Wenn der Gesetzgeber an ein bloßes Handeln die Strafe knüpft, so liegt die Annahme nahe, daß eben dieses Tun die Schlüsselfigur des Deliktsvorganges kennzeichnet und andere Formen der Mitwirkung demgegenüber zurücktreten. Während bei der Verwirklichung eines Erfolges – etwa eines Totschlages – Art und Gewicht des Unrechts nicht von der Eigenhändigkeit abhängen, weil der Unwert wesentlich durch den Erfolg begründet wird und die Einzelheiten des Handlungsverlaufes, soweit sie sich nicht auf die Tatherrschaft auswirken, für die gesetzliche Bewertung ohne Bedeutung sind, scheint bei den Tätigkeitsdelikten der Unrechtsgehalt so sehr in den Handlungsvorgang verlagert zu sein, daß es etwas Einleuchtendes hat, wenn man hier die Eigenhändigkeit als Kriterium der Zentralgestalt ansieht.

Es ist auch nicht so, wie vielfach behauptet worden ist, daß eine Abgrenzung von Tätigkeits- und Erfolgsdelikten unmöglich sei; sie ist zumindest in dem Sinne durchführbar, daß bei der ersten Gruppe der „Erfolg" in der Tatbestandshandlung selbst (etwa dem zu schnellen Fahren) liegt, während bei der zweiten im Rahmen des Tatbestandes zur Handlung eine weitere, von ihr – wenn auch nicht notwendig zeitlich, so doch jedenfalls logisch getrennte Wirkung hinzutritt[38].

Aber auch die Körperbewegungstheorie trifft, so bestechend sie gerade vom Gedanken der „Zentralgestalt" her zunächst wirken mag, nicht den Kern der Sache. Sie übersieht zweierlei:

a) Nicht nur Erfolge, sondern auch menschliche Handlungen sind beherrschbar, wie die Möglichkeit einer mittelbaren Täterschaft in den Nötigungsfällen beweist. Wenn man nun einräumt, daß bei den schlichten Tätigkeitsdelikten der Unwert vielfach in der Handlung selbst liegt, so ist damit doch noch nicht gesagt, daß Täter allein der ist, der die äußeren Körperbewegungen ausführt, und nicht auch der, der den Handlungsvorgang in anderer Weise beherrschend lenkt. Es ist ja denkbar, daß die tatmächtige Steuerung eher dazu führen könnte, jemandem den Unwert einer schlichten Tätigkeit zuzurechnen, als es ein bloßes – möglicherweise schuldloses – körperliches Verhalten vermöchte.

Hier besteht bei den Vertretern dieser Lehre eine ähnliche Lücke in der Argumentation, wie sie oben in der Wortlauttheorie nachgewiesen wurde. So wenig dort dargetan werden konnte, daß der Gesetzgeber bei der sprachlichen Fassung des Tatbestandes die Abgrenzung der Teilnahmeformen im Sinn gehabt hat, so wenig läßt sich hier plausibel machen, warum einer Körperbewegung um ihrer selbst willen ein Unwert zukommen soll. Eine solche Annahme wäre in der Tat – um mit Eb. Schmidt zu sprechen – ein sinnloser „positivistischer Naturalismus". Vielmehr kann auch ein

---

[38] im wesentlichen übereinstimmend: Frühauf, S. 93–105; etwas abweichend Engisch, Die Kausalität als Merkmal der strafrechtlichen Tatbestände, S. 3 Anm. 1

schlichtes Tun nur wegen seiner sozialethischen Wertwidrigkeit für das Unrecht „maßgebend" sein. Dann aber muß bewiesen werden, daß nur der persönlichen Vornahme dieser Handlung und nicht auch ihrer verantwortlichen Beherrschung der vom Gesetzgeber ins Auge gefaßte Unwertgehalt zukommt. An diesem Nachweis fehlt es jedoch bei den Anhängern der Körperbewegungstheorie. Aus dem Umstand, daß der Tatbestand eine bloße Tätigkeit unter Strafe stellt, ergibt er sich jedenfalls nicht.

Wenn z. B. in § 123 StGB die Tatbestandshandlung im „Eindringen" einem schlichten Tun – besteht, so ist der Strafgrund sicher nicht ein bestimmtes körperliches Verhalten wie Schleichen, Kriechen etc., sondern die Verletzung des Hausrechts. Für die Unrechtsqualität dieser Verletzung aber ist es gleichgültig, ob jemand selbst eindringt, ob er sich dazu eines Kindes oder Geisteskranken bedient (Willensherrschaft) oder ob er seinen Komplizen über den Zaun hebt (funktionelle Tatherrschaft). Der Hausrechtsinhaber wird allemal in gleicher Weise beeinträchtigt. Es ist deshalb nicht einzusehen, warum hier eine Ausnahme vom Tatherrschaftsprinzip gemacht werden sollte.

b) Vor allem ist es auch ein Trugschluß zu meinen, daß dem Gesetzgeber der durch eine Handlung herbeigeführte Außenerfolg notwendig gleichgültig sein müsse, wenn er die Strafdrohung von einem schlichten Tun abhängig macht. Es können dafür ganz andere Gründe maßgebend sein. So wird häufig aus kriminalpolitischen Gründen eine vorbereitende Tätigkeit selbständig unter Strafe gestellt. Dann liegt der Sinn der Strafdrohung gleichwohl in der Verhinderung des Erfolges, so daß die Täterfrage nach dem Herrschaftsprinzip zu entscheiden ist.

In immer zunehmendem Maße unterstehen auch generell gefährliche Verhaltensweisen, namentlich im Verkehrsrecht, einer eigenen Strafdrohung. Wenn das Linksfahren auf der Straße verboten ist – um nur eines unter zahllosen Beispielen zu nennen – so ist das sicher ein reines Tätigkeitsdelikt. Es ist aber durchaus angemessen, denjenigen, der einen Ausländer durch falsche Auskünfte zum Befahren der unrichtigen Straßenseite verleitet, als mittelbaren Täter zu bestrafen[39]. Denn diesem Fahren kommt durch sich selbst kein Unwert zu; die Strafe erhält erst daher ihren Sinn, daß durch eine Abweichung von den Verkehrsvorschriften die Gefahr von Unfällen heraufbeschworen wird. Ob das eigenhändig oder durch einen irrenden Dritten geschieht, ist für die Unrechtsqualität belanglos.

Entsprechendes gilt auch, wenn unser Strafgesetzbuch ein übermäßig schnelles Fahren und Reiten pönalisiert (§ 366 Ziff. 2) oder – in Erinnerung altväterisch-idyllischer Zustände – denjenigen mit Strafe bedroht, der „in Städten mit Schlitten ohne feste Deichsel oder ohne Geläute oder Schelle fährt" (§ 366 Ziff. 4); es gilt für das Herumführen gefährlicher Tiere, das Hetzen von Hunden, das Steinewerfen, das Ausgießen oder Auswerfen bestimmter Sachen, das Aufstellen von Hindernissen (§ 366 Ziff. 5–9) usw.; im Nebenstrafrecht ist die Zahl solcher Bestimmungen unübersehbar. Ihnen allen ist die Eigenhändigkeit abzusprechen.

---

[39] Vgl. zu diesem Beispiel schon oben S. 200

c) Ein gutes Beispiel für die zusammenfassende Verdeutlichung der Problematik bietet der Tatbestand der Amtsanmaßung, dessen erste Alternative („wer sich mit Ausübung eines öffentlichen Amtes befaßt") sehr oft und namentlich in der Rechtsprechung als eigenhändiges Delikt betrachtet worden ist[40]. Zuletzt hat der Oberste Gerichtshof für die Britische Zone diesen Standpunkt mit Nachdruck bekräftigt[41]; Schönke/Schröder[42], Kohlrausch/Lange[43] und Welzel[44] vertreten ihn noch heute.

Nun handelt es sich hier gewiß um ein reines Tätigkeitsdelikt. Über diesen Gesichtspunkt, der allein nichts beweist, ist aber auch im Falle des § 132 StGB noch kein Befürworter der Eigenhändigkeit hinausgekommen. Dabei ist es doch so:

Einerseits kann man annehmen, das Unrecht dieses Verhaltens liege ohne Rücksicht auf jeden äußeren Erfolg in der bloßen Verletzung der Staatsautorität (vgl. oben a). Dann ist leicht zu zeigen, daß eine solche Verletzung durch einen außenstehenden Tatherren in derselben Weise herbeigeführt werden kann wie durch den eigenhändigen Täter. Man denke sich den Fall, daß ein deutscher Firmeninhaber seine Forderungen durch ausländische Arbeitskräfte eintreiben läßt, denen er unter der Vorspiegelung, es handele sich um ihre Dienstkleidung, eine Gerichtsvollzieheruniform angezogen hat[45]. Treten diese Leute nun in Unkenntnis der wahren Bedeutung ihres Verhaltens als Gerichtsvollzieher auf, die „Zahlungsbefehle" zustellen, so ist die Verletzung der Staatsautorität durchaus keine andere, als wenn der Inhaber selbst die Uniform angezogen und sich als Vollstreckungsbeamter ausgegeben hätte. Es ist unmöglich, einen Gesichtspunkt aufzufinden, unter dem sich das Verhalten des steuernden Hintermannes der Unrechtsqualität und -quantität nach von dem eines unmittelbaren Täters unterscheidet. Dann aber besteht auch keine Veranlassung, hier vom Tatherrschaftsprinzip abzuweichen.

Auf der anderen Seite kann man – was wohl richtiger ist – den Sinn des § 132 1. Alt. auch so verstehen, daß der Staat die Verletzung seiner Autorität nicht wegen der bloßen Unbotmäßigkeit bestrafen, sondern vor allem verhindern will, daß das Vertrauen der Öffentlichkeit in die Glaubwürdigkeit und Echtheit der amtlichen Organe erschüttert wird. Denn es müßte zu chaotischen Zuständen führen, wenn sich jedermann zur Durchsetzung seiner privaten Bestrebungen ungestraft amtliche Befugnisse anmaßen könnte. Sieht man die Dinge so, dann erschöpft sich der Unrechtsgehalt keineswegs in der Handlung selbst[46], sondern wir haben ein abstraktes

---

[40] RG, HRR 1936, Nr. 105. Der Hinweis des Urteils auf die Zueignungsabsicht beim Diebstahl und das Gewahrsamserfordernis bei der Unterschlagung erledigt sich durch unsere früheren Ausführungen, vgl. oben S. 338ff. u. S. 349ff.; beiläufig ferner RGSt 59, 79–83 (81). Auch für die zweite Alternative Eigenhändigkeit annehmend RGSt 55, 265–267 (266f.). Gegen Eigenhändigkeit noch RGSt 37, 55–58 (57f.).

[41] OGHSt 1, 303–305

[42] 10. Aufl., § 132 VI

[43] 43. Aufl. § 132 IV

[44] Lehrb., 7. Aufl., S. 436

[45] Der Fall ist durch Abwandlung der Entscheidung RGSt 37, 55–58, gebildet worden.

[46] wie Schönke/Schröder, 10. Aufl., § 132, II, im Anschluß an OGHSt 1, 304 meinen.

Gefährdungsdelikt vor uns, dessen vom Gesetzgeber befürchteter sozialschädlicher Erfolg auf alle Unrechtsqualität maßgeblich einwirkt (vgl. oben b). Für diese Rechtsgutsgefährdung aber ist es völlig gleichgültig, ob jemand sie durch ein „höchstpersönliches Aktivverhalten" oder auf andere Weise herbeiführt, sofern er nur das Geschehen beherrschend lenkt und dadurch in das Zentrum des Vorganges rückt. Die Gefahr, daß die Öffentlichkeit das Vertrauen zu den Staatsorganen verliert, ist in unserem Ausländer-Beispiel genau so groß wie im Falle der Eigenhändigkeit. Deshalb ist auch insofern kein Grund ersichtlich, warum das Tatherrschaftsprinzip hier nicht gelten sollte.

Richtig ist allerdings, daß bei der Art der in § 132 geschilderten Tatbestandshandlung – wie bei allen Tätigkeitsdelikten – nur selten Sachverhalte vorkommen werden, bei denen ein Außenstehender Mitträger der funktionellen Tatherrschaft ist oder die Willensherrschaft über das Geschehen innehat. In keinem der Urteile, die von der Eigenhändigkeit des § 132 StGB ausgehen, hat, soweit das aus dem Sachverhalt ersichtlich ist, der nicht persönlich Handelnde die Tatherrschaft gehabt; die Entscheidungen sind also im Ergebnis zutreffend. Die Konstruktion der Eigenhändigkeit diente demnach gegenüber einer viel zu weitgehenden Subjektivierung der Animus-Theorie der Verwirklichung einer richtigen Sacheinsicht, deren theoretisch zureichende Formulierung nur wegen der Unentdecktheit des Tatherrschaftsprinzips nicht gelingen konnte. Umso ungerechtfertigter ist es, wenn selbst Vertreter der Tatherrschaftslehre noch heute im Falle des § 132 an der Eigenhändigkeitstheorie festhalten.

IV. Die Intensitätstheorie

Vereinzelt wird schließlich noch eine Auffassung vertreten, die man als „Intensitätstheorie" bezeichnen könnte. Sie findet sich in einer bekannten RG-Entscheidung[47], die den Einsteigediebstahl – anders als den Nachschlüssel und Einbruchsdiebstahl – zum eigenhändigen Delikt erklärte und das mit dem Argument begründete, der Handelnde betätige sonst „nicht selbst den intensiv rechtswidrigen Willen, dessen Bezeigung das Gesetz verlangt".

Auf der Grundlage dieses Urteils hat später Hegler[48] eine Theorie entwickelt, wonach es sich beim Einsteigen um ein objektives Symptom für eine gesteigerte Schuld, um eine besondere verbrecherische Willensenergie handelt; sie wirke täterschaftsbegründend und liege nur bei dem vor, der das Merkmal in eigener Person erfülle.

Diese Lehre, die wie das Urteil selbst[49] auch sonst wenig Beifall gefunden

---

[47] RGSt 24, 86–89 (88); die Entscheidung ist später von RGSt 52, 128 der Sache nach aufgegeben worden, obwohl das Gericht den Widerspruch zu verschleiern sucht; vgl. dazu treffend Frühauf, S. 43 Anm. 113.

[48] RGR-Praxis, Bd. 5, S. 314, Anm. 35

[49] ausdrücklich ablehnend heute Maurach, A. T., 2. Aufl., § 21 II, A, S. 197; zustimmend aber wohl Hellmuth Mayer, Lehrb., S. 309/10

hat, ist vom Standpunkt der hier entwickelten Auffassung abzulehnen.
Das ergibt sich – ohne daß es noch weiterer Begründung bedürfte – aus
dem schon oben mehrfach hervorgehobenen Umstand, daß die Täterschaft
keine Form „erhöhter Schuld" darstellt und sogar bei schuldlosem Verhalten
gegeben sein kann[50]. Es folgt ferner aus der auch schon in anderem Zusammenhang begründeten Erwägung, daß die „Intensität der verbrecherischen Energie" ebenso wie die „Gefährlichkeit" oder „Strafwürdigkeit"
methodisch und inhaltlich kein geeignetes Kriterium zur Abgrenzung der
Beteiligungsformen darstellt[51]. Die Intensität des verbrecherischen Willens
kann im Einzelfall beim Anstifter und Gehilfen durchaus größer sein als
beim Täter. Hinzu kommt, daß unklar bleibt, warum diese Erwägung ausgerechnet nur beim Einsteigediebstahl gelten soll; sie müßte, wenn sie überhaupt richtig wäre, auch bei allen anderen qualifizierenden Modifikationen
einer Tathandlung berücksichtigt werden.

V. Die eigene Lösung

Das Ergebnis der bisherigen Untersuchung ist negativ: Die vermeintlich
eigenhändigen Delikte unterstehen dem Tatherrschaftsprinzip. Dennoch
wäre eine Ablehnung der gesamten Deliktskategorie verfrüht.

Klarheit läßt sich in die Frage bringen, wenn man versucht, dem Problem
einmal von den Grenzen des Herrschafts- und des Pflichtkriteriums aus
näher zu kommen. Wir müssen fragen: Lassen sich Tatbestände auffinden,
die ein Verhalten umschreiben, das sich weder durch einen nicht persönlich
Handelnden beherrschen noch als Verletzung einer außerstrafrechtlichen
Sonderpflicht verstehen läßt?

Solche Bestimmungen gibt es in der Tat. Soweit ich sehe, lassen sich zwei
Gruppen unterscheiden:

1. Die täterstrafrechtlichen Delikte

Nach § 181a StGB wird mit Zuchthaus bis zu fünf Jahren bestraft, wer
von einer Prostituierten „unter Ausbeutung ihres unsittlichen Erwerbes …
den Lebensunterhalt bezieht" oder wer „einer solchen Frau gewohnheits-
mäßig oder aus Eigennutz in Bezug auf die Ausübung des unzüchtigen
Gewerbes Schutz gewährt oder sonst förderlich ist". § 361 Ziff. 3 bedroht
denjenigen mit Haftstrafe, der „als Landstreicher umherzieht", und § 361
Ziff. 5 erfaßt durch die gleiche Sanktion den, der „sich dem Spiel, Trunk oder
Müßiggang dergestalt hingibt", daß zu seinem oder seiner Familie Unterhalt
„durch Vermittlung der Behörde fremde Hilfe in Anspruch genommen
werden muß".

---

[50] Vgl. S. 131ff. und S. 330ff.
[51] Vgl. oben S. 24/25, 30–32

Diesen Tatbeständen ist gemeinsam, daß sie nicht eine bestimmte „Handlung", sondern eine persönliche „Haltung" unter Strafe stellen, daß nicht eine „Tat" – etwa eine bestimmte Annahme von „Unzuchtserwerb", ein einmaliges Umherziehen, Müßiggehen oder Spielen – und demgemäß auch nicht ein „Täter" im bisher erörterten Sinne, sondern ein Persönlichkeitstyp erfaßt wird, den man kurz als den des „Asozialen" kennzeichnen könnte[52].

Es ist hier nicht der Ort, auf die Problematik dieser Bestimmungen einzugehen. Für die Abgrenzung von Täterschaft und Teilnahme ist ihnen jedenfalls mit Sicherheit folgendes zu entnehmen: Da eine tatbezogene Rechtsgutsverletzung fehlt, bedarf es keines Erfolges, so daß der Gesetzgeber sich mit der Beschreibung eines bloßen Tuns begnügen konnte. Aber die Tätigkeit als äußerer Vorgang erfaßt den Unrechtsgehalt auch nicht; wer einmal eine Dirne schützt oder Geld von ihr nimmt, ist noch kein Zuhälter; er ist es auch dann nicht, wenn er es mehrmals tut; vielmehr muß – und zwar für beide Tatbestände des § 181a StGB – „eine engere persönliche[53] Beziehung zwischen dem Täter und der Dirne", „ein auf eine gewisse Dauer berechnetes, für das Wesen der Zuhälterei charakteristisches persönliches Verhältnis" hinzukommen[54]. Infolgedessen kann auch die Beherrschung dieser Tätigkeit den Tatbestand nicht erfüllen und die Täterschaft nicht begründen: Wenn A den B zwingt oder durch Täuschung veranlaßt, einer Dirne Schutz zu gewähren oder Geld von ihr zu nehmen, so kann dieser Akt bei keinem von beiden die erforderliche enge persönliche Beziehung herstellen. Das unrechtsbegründende personale Element entzieht sich der Beherrschbarkeit.

Entsprechendes gilt für die übrigen angeführten Tatbestände; denn „beherrschen" im Sinne unserer früheren Darlegungen kann man immer nur eine bestimmte Einzeltat, nicht eine dauernde Persönlichkeitshaltung, wie sie sich in der Landstreicherei, der Trunksucht und dem Müßiggang manifestiert. Man kann zwar andere durch Beeinflussung und schlechtes Beispiel zu einer solchen Lebensführung verleiten, aber darin liegt keine „Tatherrschaft", weil es sowohl an einer Einzel„tat" wie auch an einer die Verantwortung des Unmittelbaren ausschließenden Herrschaft fehlt. Sobald dagegen Zwang oder Täuschung eingesetzt werden, fehlt beim unmittelbar Handelnden jene Asozialität, die der Tatbestand erfordert, während der Hintermann zwar verwerflich handelt, aber nicht die Persönlichkeitshaltung zeigt, die allein ihn zum Täter dieser Bestimmungen machen könnte. Ebenso ist natürlich eine funktionsbedingte Arbeitsteilung bei derartigen Tatbeständen ausgeschlossen. Es können höchstens zwei Leute sich gemeinsam als Landstreicher oder Müßiggänger herumtreiben. Dann aber handelt es sich um zwei Einzeltäter und nicht um eine Mittäterschaft.

---

[52] Zur täterstrafrechtlichen Problematik dieser Bestimmungen im einzelnen: Bockelmann, Studien zum Täterstrafrecht, 2. Teil, S. 55–66; zur Frage des Rechtsgüterschutzes bei der Zuhälterei Jäger, Strafgesetzgebung und Rechtsgüterschutz, S. 92–97
[53] im Original gesperrt
[54] so die sehr instruktive Entscheidung des BGH in MDR 1955, S. 307/08 (307)

412

Aus alledem ergibt sich, daß bei den täterstrafrechtlichen Delikten die Zentralgestalt des handlungsmäßigen Geschehens nicht durch die Herrschaft über einen Erfolg oder über bestimmte Körperbewegungen, sondern durch die jeweils in Frage kommenden personalen Kriterien gekennzeichnet wird. Beteiligte, bei denen sie fehlen, können nur als Anstifter oder Gehilfen erfaßt werden.

Inwieweit derartige Momente für die Dogmatik der Teilnahmelehre bedeutsam werden, hängt davon ab, welchen Einfluß der Gesetzgeber täterstrafrechtlichen Gedanken einräumt. Er ist im geltenden Tatstrafrecht sehr gering. Neben wenigen Einzelbestimmungen, zu denen in erster Linie die genannten Tatbestände gehören[55], bleiben die übrigen Spuren des Täterstrafrechts[56] „tatgebunden": Selbst die Gewerbs- oder Gewohnheitsmäßigkeit der Handlung eines Beteiligten, an die man noch am ehesten denken könnte, hat wegen der Regelung des § 50 Abs. 2 StGB keine Auswirkung auf die Abgrenzung der Beteiligungsformen.

Vom Boden unseres geltenden Tatstrafrechts aus, das hier keiner weiteren Begründung bedarf, ist es deshalb auch nicht möglich, die Fälle dieser Deliktsgruppe zu erweitern. Es ist nicht einmal zulässig, mit Hilfe der Lehre vom sog. „normativen" oder „tatbestandlichen" Tätertyp sich die Differenzierung der Teilnahmeformen durch die Erwägung zu erleichtern, „inwieweit die Beteiligten den Typus des Täters zum Ausdruck bringen"[57]. Wenn man etwa von mehreren bei einem Morde oder einer Brandstiftung Mitwirkenden denjenigen als Täter ansehen wollte, der dem Typ des Mörders oder Brandstifters am meisten entspricht, so würde man sich, auch wenn man von der Tatbestandsverwirklichung ausgeht, vom Gesetz lösen, sobald man die Täterschaft durch personale Elemente bestimmen wollte, die in der Tatbeschreibung keine Grundlage mehr haben. Praktisch würde ein solches Verfahren auch nur zum Eindringen von Strafzumessungserwägungen in die Teilnahmelehre führen, was oben[58] schon aus anderen Gründen abzulehnen war.

2. Verhaltensgebundene Delikte ohne Rechtsgüterverletzung

a) Die Begründung der Eigenhändigkeit

Wahrend die täterstrafrechtlichen Delikte eine bestimmte Existenzform erfassen, so daß weder eine konkrete Rechtgüterverletzung noch eine genau beschreibbare Einzelhandlung für die Strafbarkeit erforderlich sind oder ausreichen, weist die jetzt zu behandelnde Fallgruppe nur noch eines dieser

---

[55] Sonst könnten etwa noch die gewohnheitsmäßige Kuppelei (§ 180) und die Bettelei (§ 361 Ziff. 4) in Frage kommen; doch handelt es sich dabei um schwierige Probleme der Tatbestandsauslegung, denen hier nicht im einzelnen nachgegangen werden kann.
[56] Vgl. Bockelmanns grundlegende „Studien zum Täterstrafrecht".
[57] Dahm, Der Tätertyp im Strafrecht, S. 54
[58] Vgl. oben S. 30/31

beiden atypischen Merkmale auf: Es fehlt die Rechtsgüterverletzung; dagegen ist die Strafe an einen exakt begrenzten Handlungsvorgang geknüpft, so daß sich diese Delikte wieder vollen Umfanges dem Tatstrafrecht eingliedern.

Neben einigen Fällen, die sehr umstritten sind und deshalb unten gesonderter Erörterung bedürfen, kommen hier in erster Linie gewisse Sittlichkeitsdelikte, wie die §§ 175, 175b und auch § 173 StGB in Frage. Die Behauptung, in der Erfüllung dieser Tatbestände stecke keine Rechtsgüterverletzung, mag auf Widerspruch stoßen. Ihre Richtigkeit hängt zunächst einmal davon ab, was man unter einem „Rechtsgut" verstehen will.

Es würde den Rahmen dieser Arbeit sprengen, wenn wir uns auf eine längere Auseinandersetzung mit der seit mehr als 125 Jahren viel diskutierten Rechtsgüterlehre einlassen wollten. Für die Problematik der Eigenhändigkeit genügt stattdessen ein kurzer Hinweis auf das, was in diesem Zusammenhang gemeint und entscheidend ist. Dann ergibt sich folgendes:

Der sogenannte „methodische Rechtsgutsbegriff", der mit dem Sieg der rein normativen Betrachtungsweise im Strafrecht[59] vorübergehend die Oberhand gewann, versteht unter dem geschützten Rechtsgut nichts anderes als eine zusammenfassende Denkform für den „Sinn und Zweck der einzelnen Strafrechtssätze"[60], eine „Abbreviatur des Zweckgedankens"[61] oder wie Schwinge[62] kurz sagt – die ratio legis. Wenn man von dieser Lehre ausgeht, ist eine Tatbestandserfüllung ohne Rechtsgüterverletzung selbstverständlich nicht denkbar; denn der Gesetzgeber wird keine Strafbestimmungen erlassen, mit denen er nicht bestimmte Zwecke verfolgt; nimmt man etwa an, daß die Sodomie deshalb unter Strafe steht, weil sie sittlich besonders verwerflich ist, so würde die allgemeine Sittlichkeit das Rechtsgut dieses Tatbestandes darstellen.

In diesem Sinne wollen wir hier den Begriff des Rechtsgutes nicht verstehen; für eine solche Begriffsbildung besteht auch kein Bedürfnis, weil ihr neben der ratio legis keine selbständige Bedeutung zukommt. Vielmehr meinen wir, wenn wir von „Rechtsgut" sprechen, abgrenzbare, in der Außenwelt verwirklichte und deshalb durch äußeres Handeln zu beeinträchtigende werthafte Zustände[63], wie Leben, Gesundheit, Eigentum, Freiheit der Willensbildung, die Funktionsfähigkeit der Staatsorgane und dergleichen. Begriffen wie denen der Sittlichkeit, des Gemeinwohls, des Volksempfindens, der ethischen Ordnung oder der allgemeinen Menschenwürde ist eine derart anschaulich-greifbare Zuständlichkeit nicht eigen. Es handelt sich deshalb bei ihnen nicht um Rechtsgüter in dem hier angedeuteten Sinne.

Eine echte Rechtsgüterverletzung fehlt nun vor allem bei einigen Sittlich-

---

[59] Vgl. dazu allgemein oben S. 7–13
[60] Honig, Die Einwilligung des Verletzten, 1919, S. 30
[61] Grünhut Methodische Grundlagen der heutigen Strafrechtswissenschaft, Frank-Festgabe Bd. 1, S. 8
[62] Teleologische Begriffsbildung, S. 25
[63] Ich folge hier weitgehend der Untersuchung von Jäger über „Strafgesetzgebung und Rechtsgüterschutz", Hamburg, 1957. Zum Begriff des Rechtsgutes vgl. a. a. O. S. 13

keitsdelikten. Wenn zwei erwachsene Männer miteinander Unzucht treiben, so wird niemand und nichts beeinträchtigt oder geschädigt als die Sittlichkeit. Der Bundesgerichtshof sagt denn auch ebenso schlicht wie richtig[64] „die Unzucht unter Männern verstößt gegen das Sittengesetz". Auch der Entwurf 1962[65] räumt das ein, wenn er zur Rechtfertigung der Bestrafung ausführt, es sei möglich, „bestimmte Fälle ethisch besonders verwerflichen und nach der allgemeinen Überzeugung schändlichen Verhaltens auch dann mit Strafe zu bedrohen, wenn durch die einzelne Tat kein unmittelbar bestimmbares Rechtsgut verletzt wird".

Wenn Maurach[65a] „das Sozialinteresse an derNormalität des Geschlechtslebens" und Schönke/Schröder"[66] „die Reinhaltung der Beziehungen zwischen Mann und Mann von sexuellen Einflüssen" als geschütztes Rechtsgut bezeichnen, so wird deutlich, daß hier die bloße ratio legis an die Stelle eines Rechtsgutes im oben umschriebenen Sinne tritt. In der Tat sind alle Versuche, hier konkrete Rechtsgüter ausfindig zu machen, gescheitert. Wenn etwa das OLG Düsseldorf[67] meint, es werde „das allgemeine Wohl des deutschen Volkes in seiner sittlichen und gesundheitlichen Kraft" verletzt, und wenn jüngst wieder Grassberger[68] davon spricht, daß die Strafbestimmung „die für das glückliche Zusammenleben der Menschen maßgebende Gemeinschaftsordnung" schütze, so handelt es sich hier um inhaltsleere Allgemeinbegriffe, aber nicht um Rechtsgüter im oben umrissenen Sinne.

Erst recht fehlt es im Falle der Sodomie (§ 175 b StGB) an einer Rechtsgüterverletzung; nicht etwa sollen die Tiere vor Quälereien geschützt werden, denn dafür besteht das Tierschutzgesetz. Auch die Entwurfsbegründung[69] bringt für die Bestrafung nur vor, daß solche Taten „aufs schwerste die Menschenwürde" verletzen. Die Menschenwürde aber verletzen alle grob sittenwidrigen Handlungen, so daß damit ein spezifisches Rechtsgut nicht umschrieben wird.

Ist dem aber so, dann stehen hier offenbar bestimmte, vom Gesetzgeber als besonders verwerflich erachtete Formen der Unmoral unter Strafe, so daß Zentralfigur des handlungsmäßigen Geschehens hier nur sein kann, wer ein derart wertwidriges Verhalten verwirklicht. Und daraus, scheint mir, läßt sich ein zwingendes Argument für die Eigenhändigkeit dieser Delikte herleiten: Denn die Sittenwidrigkeit, die diesen Verhaltensweisen anhaftet, ist ein qualitatives Etwas, das genau wie die persönliche Existenzform bei den täterstrafrechtlichen Delikten der Herrschaft anderer unzugänglich bleibt. Wenn A durch Drohung mit gegenwärtiger Gefahr für Leib oder Leben den B und den C zu gegenseitigen unzüchtigen Handlungen zwingt, so fehlt dem abgenötigten Verhalten der beiden jene Unmoral, deren steu-

[64] BGH, NJW 51 S. 810
[65] S. 376
[65a] B. T. 3. Aufl., S. 385
[66] 10. Aufl., § 175 I, im Anschluß an Metzger, StuB, II., 6. Aufl., 1958, S. 82
[67] MDR 1948, S. 59–60 (60)
[68] Festschr. für Eb. Schmidt, S. 334
[69] S. 380 E 1962

ernde Verwirklichung den Hintermann überhaupt erst zur Zentralgestalt machen könnte. Und dieser selbst handelt zwar verabscheuungswürdig, aber nicht in der spezifischen Weise, die der Tatbestand voraussetzt. Oder: Wenn jemand unter der täuschenden Vorspiegelung, daß dies zu tierärztlichen oder experimentellen Zwecken erforderlich sei, einen anderen zu beischlafsähnlichen Handlungen mit einem Tier verleitet, so kommt eine mittelbare Täterschaft bei § 175 b gleichwohl nicht in Betracht; beherrschbar war auch hier nur das äußere Verhalten des Getäuschten, eine strafbarkeitsbegründende Unmoral ließ sich durch die Irrtumserregung nicht herbeiführen [70].

Da demnach der Tatbestand durch seine Beschreibung nicht eine herrschaftsabhängige Rechtsgüterverletzung, sondern eine handlungsbedingte Sittenwidrigkeit erfaßt, muß notwendig dieses Element den Täter kennzeichnen, während anderweit Beteiligte erst durch den Strafausdehnungsgrund der Anstiftung und Beihilfe in die Zone des inkriminierten Verhaltens geraten.

Auch im Falle des § 173 StGB dürften die entwickelten Kriterien der Eigenhändigkeit vorliegen. Zwar könnte man die Möglichkeit einer mittelbaren Täterschaft schon durch Annahme eines Pflichtdelikts (einer unecht eigenhändigen Straftat) ausschließen. Aber dann müßte eine Rechtsgüterverletzung vorliegen, und es müßte erklärt werden, warum der Gesetzgeber dem einzelnen eine Sonderpflicht zur geschlechtlichen Enthaltsamkeit gegenüber seinen Verwandten auferlegt. Da auf diese Fragen gleich noch im Zusammenhang mit der Problematik der Teilnahme an unfinaler Tat ausführlich zurückzukommen sein wird [71], möge hier ein kurzer Hinweis genügen:

Versucht man die Hintergründe dieser Bestimmung wissenschaftlich aufzuhellen, so wird man zugeben müssen, daß sie – abgesehen von Erwägungen des Jugendschutzes, dem aber andere Strafbestimmungen dienen, und die im konkreten Fall auch keineswegs einzugreifen brauchen – auf weitgehend irrationalen Motiven beruht: auf uralten Tabuvorstellungen, die zu einer vorbewußten Inzestscheu führen und dem Menschen die Vorstellung vermitteln, daß die Blutschande eine Handlung von verabscheuungswürdiger Verwerflichkeit sei. Nur so läßt sich die hohe Strafdrohung erklären; denn erbbiologische Schäden sind zumindest bei der heutigen Sozialstruktur nicht nachweisbar [72]. Man denke nur einmal an den berühmten Liszt-Fall [73] von der Hamburger Bordellwirtin, die zwei nichtsahnende Geschwister zusammenbringt: Welcher Erfolg sollte hier wohl herbeigeführt worden sein, der uns nötigen könnte, die Frau, die mit vollem Recht wegen schwerer Kuppelei bestraft wird, auch noch unter dem Gesichtspunkt der Blutschande zur Rechenschaft zu ziehen?

---

[70] Anders offenbar Noll, Übergesetzliche Rechtfertigungsgründe, S. 34, mit der mir nicht recht verständlichen Begründung: „Da die Handlung selber hier als Erfolg gilt, ist sie unabhängig vom Vorsatz unwertbetont und rechtswidrig".
[71] Vgl. S. 421–425
[72] Vgl. nur Jäger, a. a. O., S. 65, der überhaupt eine eingehende Erörterung der gesamten Problematik bietet (S. 56–66).
[73] Strafrechtsfälle, 14. Aufl., Fall 130, 2

Auch in diesem Fall ist demnach davon auszugehen, daß der Gesetzgeber nicht eine bestimmte Rechtsgüterverletzung, sondern eine Handlung von besonders abscheulicher Unsittlichkeit unter Strafe gestellt hat. Durch Zwang, Täuschung oder Mitherbeiführung ihrer äußeren Voraussetzungen ist die spezifische Wertwidrigkeit solchen Verhaltens nicht hervorzurufen oder zu beherrschen. Es handelt sich also um ein eigenhändiges Delikt.

Zu beachten ist, daß die Eigenhändigkeit in den erörterten Beispielen sich nicht allein aus dem Umstand ergibt, daß ein Delikt ohne spezielle Rechtsgüterverletzung vorliegt. Es muß vielmehr noch hinzukommen, daß die täterschaftsbegründende Sittenwidrigkeit „verhaltensgebunden", d. h. unablösbar mit dem tatbestandstypischen Tun verknüpft ist. Bei der gleich-geschlechtlichen Unzucht, der Sodomie und der Blutschande ist das der Fall, weil die Willens- oder Mitherrschaft eines Außenstehenden seinem Verhalten nicht die tatbestandliche Unzuchtsqualität verleihen kann.

Anders liegt es aber etwa bei der gewohnheitsmäßigen Kuppelei (§ 180 StGB). Auch hier fehlt eine Rechtsgüterverletzung, so daß der BGH in seinem jüngsten Urteil[74] zur Begründung der Strafbarkeit auf den Gesichts-punkt einer „Untergrabung der Sittlichkeit" und der „sittlichen Verworfen-heit" solchen Verhaltens zurückgreifen muß[75]. Trotzdem haben wir kein eigenhändiges Delikt vor uns, weil die Tatbestandshandlung – das Vorschub-leisten – nicht an ein spezifisches Verhalten gebunden ist. Deshalb ist der gewohnheitsmäßige Kuppler auch dann Täter, wenn er sich dritter Personen zur Förderung der Unzucht bedient.

Auf weitere dogmatische Konsequenzen, die sich aus der Eigenhändigkeit namentlich bei der Akzessorietät ergeben, und auf andere in Frage kom-mende Tatbestände wird noch einzugehen sein. Im folgenden ist in Ausein-andersetzung mit der BGH-Rechtsprechung zunächst darzulegen, daß und warum eine Reihe weiterer Sittlichkeitsdelikte, die im allgemeinen als eigen-händig angesehen werden, dieses Prädikat nicht verdienen.

b) Über die Eigenhändigkeits-Rechtsprechung des BGH und über die Täterschaft bei den Sittlichkeitsdelikten im allgemeinen

Die Rechtsprechung des Bundesgerichtshofs zur Eigenhändigkeit hat sich bisher allein an bestimmten Sittlichkeitsdelikten entwickelt. Danach soll es sich im Ergebnis so verhalten:

§ 177 Abs. 1, Halb. 1 („wer eine Frau zur Duldung des außerehelichen Beischlafs nötigt") ist kein eigenhändiges Delikt[76]. Wie es mit § 177 Abs. 1, Halbs. 2 StGB („wer eine Frau zum außerehelichen Beischlaf mißbraucht") steht, hatte der BGH noch nicht zu entscheiden; er scheint aber zur Annah-me der Eigenhändigkeit zu neigen[77], eine These, die jetzt das OLG Celle[78]

[74] NJW 1961, S. 1031–1033
[75] Der Entwurf 1962 verzichtet deshalb auch auf eine Bestrafung, vgl. Begründung, S. 390
[76] BGHSt 6, 226–229
[77] Vgl. BGHSt 6, 229
[78] NJW 1961, S. 1079–1081

auf der Grundlage der BGH-Rechtsprechung ausdrücklich vertreten hat. § 176 Abs. 1 Ziff. 1 („wer mit Gewalt unzüchtige Handlungen ... vornimmt ... oder ... durch Drohung ... zur Duldung ... nötigt") erfordert nach mehreren Entscheidungen[79] keine Eigenhändigkeit. Dagegen wird § 176 Abs. 1 Nr. 2 StGB („wer eine ... Frau ... zum außerehelichen Beischlaf mißbraucht") als eigenhändige Straftat angesehen[80].

Diese verwirrenden Differenzierungen sind abzulehnen. Vielmehr handelt es sich in allen Fällen gleichermaßen um Herrschaftsdelikte, bei denen die mittelbare Täterschaft und auch die Mittäterschaft eines Außenstehenden möglich sind. Wenn wir von unseren oben niedergelegten Ergebnissen ausgehen, so ergibt sich das, kurz zusammengefaßt, aus folgendem:

aa) Die Wortlauttheorie, auf die sich der BGH weitgehend stützt[81], ist in dieser Form unhaltbar. Die verschiedenen Begehungsweisen der §§ 176, 177 StGB liegen ihrer äußeren Erscheinungsform und ihrem kriminellen Unwertgehalt nach so nahe – zum Teil fast ununterscheidbar[82] beieinander, daß nicht der geringste Grund dafür ersichtlich ist, warum der Gesetzgeber die Absicht gehabt haben könnte, hier durch sprachliche Finessen einen verschiedenartigen Täterbegriff zu schaffen. Es ist vielmehr klar, daß er nur die Handlungsmodalitäten möglichst scharf umreißen wollte, ohne dabei im mindesten von Erwägungen über die Teilnahmelehre bestimmt zu sein.

Gegenüber dem immer wiederholten Einwand, man könne doch nicht sagen, daß derjenige, der sich etwa eines Geisteskranken bedient oder das Opfer nur festgehalten habe, dadurch eine Frau „zum Beischlaf mißbraucht" habe, ist darauf hinzuweisen, daß die Formulierung des tatbestandlichen Geschehens in allen Fällen nur eine in erster Linie auf den unmittelbaren Täter zugeschnittene Abbreviatur der tatherrschaftlichen Deliktsverwirklichung darstellt. Wollte man anderer Meinung sein, so müßte man allgemein zur formal-objektiven Theorie zurückkehren, die doch sonst von der Rechtsprechung und der absolut herrschenden Lehre mit Recht abgelehnt wird.

Im übrigen erscheint die Differenzierung, die der Bundesgerichtshof zwischen den Ziffern 1 und 2 des § 176 StGB vornehmen will, deshalb besonders merkwürdig, weil er im Falle der Ziffer 1 nicht einmal die Tatherrschaft zur Begründung der Täterschaft verlangt, sondern sich mit einer „geistigen Beteiligung", d. h. der bloßen Anwesenheit und anfeuernden Reden, begnügt[83]. Kann man denn – wenn dieser Gesichtspunkt schon einmal ausschlaggebend sein soll – wirklich sagen, daß der nur geistig Mit-

---

[79] BGH, MDR 55, S. 244 = LM Nr. 3 zu § 176 Abs. 1 Ziff. 1; BGH, MDR 58, S. 139, mitgeteilt von Dallinger.

[80] BGHSt 15, 132–134 = LM Nr. 4 zu § 176 Abs. 1 Ziff. 2 mit Anm. Kohlhaas.

[81] Vgl. die Belege oben S. 403

[82] so weist Maurach, NJW 61, S. 1051 überzeugend nach, daß die zweite Alternative des § 177 nur ein aus „Illustrationsgründen vorgezogenes Beispiel" für einen Fall der 1. Alt. darstellt. Und trotzdem soll hier ein verschiedener Täterbegriff verwendet werden?!

[83] Vgl. BGH, MDR 55, S. 244 und oben S. 417, 281

wirkende „mit Gewalt unzüchtige Handlungen an einer Frau vornimmt"? Mir scheint, der BGH widerlegt sich hier selbst.

bb) Allerdings stimmen die in der Rechtsprechung genannten Tatbestände der §§ 176 Abs. 1 Ziff. 2, 177 2. Alt. StGB mit den von uns oben für eigenhändig erklärten Delikten der §§ 173, 175, 175b StGB insofern überein, als es sich bei ihren Tatbestandshandlungen um schwere Verstöße gegen die Sexualmoral handelt, deren spezifische Unsittlichkeit dem Verhalten eines Außenstehenden nicht anhaftet. Es ist dieser Gedanke, den Hellmuth Mayer[84] in dem Satz zusammenfaßt: „... wenn A den B bestimmt, die C zu vergewaltigen, so übt er doch wenigstens persönlich keine Unzucht ".

Es wäre freilich denkbar, so zu unterscheiden und anzunehmen, daß die Zentralgestalt bei solchen Straftaten in Abweichung von der Tatherrschaftslehre durch die besondere unzüchtige Qualität des eigenen Verhaltens bestimmt werde. Aber dann müßte man, wie es schon Binding[85] annahm und wie es auch sonst gelegentlich vertreten worden ist, alle Sittlichkeitsdelikte für eigenhändig halten, während der BGH doch bei § 176 Abs. 1 Ziff. 1 und auch bei § 177 1. Alt., auf den sich der zitierte Satz H. Mayers bezieht[86], diese Möglichkeit ausdrücklich ablehnt.

Außerdem wäre eine solche „Einheitstheorie" auch unrichtig. Dies folgt aus der Erwägung, daß Aufgabe und Ziel des Strafgesetzgebers in erster Linie im Schutz von Rechtsgütern bestehen. Das gilt auch von den Sittlichkeitsdelikten; zwar stellen die im 13. Abschnitt des Besonderen Teils zusammengefaßten Straftaten – wie sich schon aus der Überschrift ergibt sämtlich „Verbrechen und Vergehen wider die Sittlichkeit" dar; gleichwohl handelt es sich in den meisten Fällen nicht um einen Versuch des Gesetzgebers, die Sexualmoral zu heben, sondern um die Notwendigkeit, die unschuldigen Opfer der Delinquenten vor ganz konkreten Beeinträchtigungen zu bewahren.

Auch ohne genauere Analyse ist leicht einzusehen, daß es im wesentlichen drei Rechtsgüterkomplexe sind, um deren Schutz es hier geht: die körperliche Integrität und die Freiheit der Willensentschließung im sexuellen Bereich (Hauptbeispiele: §§ 177, 176 Ziff. 1 StGB), die Unerfahrenheit und mangelnde Widerstandskraft von Jugendlichen, Kranken und Abhängigen (vgl. etwa §§ 174, 175a Ziff. 3, 176 Abs. 1 Ziff. 2, 3, 182 StGB) und Sitte und Anstand in der Öffentlichkeit (§§ 183, z. T. auch 184, 184b StGB).

Derartige Erfolge nun sind durchaus von denen beherrschbar oder mitbeherrschbar, die nicht eigenhändig die ganze Tatbestandshandlung vollziehen. Deshalb kann bei der Abgrenzung von Täterschaft und Teilnahme das Herrschaftsprinzip wieder voll in seine Rechte treten. Eine andersartige

---

[84] Lehrb., S. 331
[85] Die drei Grundformen, S. 266, in: Abhandlungen
[86] Auch Mayer wird freilich seinem eigenen Ansatz schnell wieder untreu, wenn er – sachlich zutreffend – sagt (S. 331): „Bei der Vergewaltigung einer Frau ist offenbar die Kränkung der Betroffenen das eigentlich Strafwürdige, und die persönliche Unzucht des Täters ist nicht so wichtig. Dasselbe gilt etwa für § 176 Ziff. 1". Man fragt sich nur, warum das bei § 176 Ziff. 2 und 3 (S. 331/32) anders sein soll.

Abgrenzung – nach der jeweiligen Färbung der Sittenwidrigkeit – darf hier nicht maßgebend sein. Denn die Aufgabe eines rechtsstaatlichen Gesetzgebers muß in erster Linie immer der Güterschutz bleiben; die Unmoral interessiert ihn nicht um ihrer selbst willen, sondern höchstens wegen ihrer Folgen. Deshalb ist, wer den Erfolg in der Hand hat, die Zentralfigur des handlungsmäßigen Geschehens.

Wer also bei der Notzucht an der Gewaltanwendung mitwirkt, ist Mittäter nach § 177 StGB, einerlei, ob es sich um die erste oder die zweite Alternative handelt (gegen das OLG Celle); wer einen Geisteskranken zur Schändung einer Frau veranlaßt, ist entgegen dem BGH mittelbarer Täter des § 176 Ziff. 2 StGB[87]; wer ihn zur Vornahme exhibitionistischer Handlungen auf die Straße schickt, ist wegen Erregung öffentlichen Ärgernisses in mittelbarer Täterschaft zu bestrafen (§ 183 StGB); und wer gemeinsam mit einem anderen ein Mädchen verführt, ist Mittäter des § 182 StGB, auch wenn er den Beischlaf nicht selbst vollzogen hat[88]. Entsprechend sind alle anderen Sittlichkeitsdelikte zu behandeln, deren Tatbestand eine bestimmte Rechtsgüterverletzung voraussetzt.

Eine Differenzierung der Mitwirkungsweisen nach der spezifischen Form der vom Täter an den Tag gelegten Sittenwidrigkeit – und damit eine Eigenhändigkeit des Delikts – ist also nur in den verhältnismäßig seltenen Fällen am Platze, bei denen ein Verhalten den legislatorischen Instanzen unabhängig von einer konkreten Rechtsgutsverletzung als strafwürdig erschien, wie es bei den oben erörterten Bestimmungen der §§ 173, 175, 175b StGB dargelegt worden ist. Hier folgt, da es nichts zu beherrschen gibt, die Eigenhändigkeit notwendig aus der Struktur der Tatbestände. Sonst aber muß es beim allgemeinen Täterbegriff bleiben.

cc) Dieselben Einwendungen, die bei den rechtsgüterverletzenden Sittlichkeitsdelikten gegen eine Differenzierung auf Grund moralischer Nuancierungen vorzubringen waren, gelten erst recht gegenüber Unterscheidungen psychologisch-emotionaler Art. Es ist zwar richtig, daß die eigenhändige Vornahme vieler Sittlichkeitsdelikte durch bestimmte Wollustgefühle gekennzeichnet ist, die beim steuernden Hintermann oder beim mitbeherrschenden Komplicen fehlen. Schon die oberitalienischen Glossatoren haben zum Teil diesen Gesichtspunkt zur Begründung der Eigenhändigkeit verwendet[89]. Er würde auf § 176 Abs. 1 Ziff. 2 zutreffen, ebenso freilich auf den Tatbestand der Notzucht, den auch der BGH für fremdhändig begehbar hält.

Aber es wäre fehlerhaft, die Abgrenzung der Beteiligungsformen von solchen Gefühlsakzenten abhängig zu machen. Nagler[90] sagt ganz richtig:

---

[87] wie hier Welzel, 7. Aufl., S. 369; Schönke/Schröder, 10. Aufl., § 176, III, 6, S. 747 Mezger, LK, 8. Aufl., § 176, Anm. 5; wie der BGH aber Maurach, A. T., 2. Aufl. S. 197; Schwarz/Dreher, 23. Aufl., § 176, 2.

[88] wie hier Schönke/Schröder, 10. Aufl., § 182 III S. 765; Frank, § 182, II, 2, für Eigenhändigkeit: Welzel, Lehrb., 7. Aufl., S. 373; Mezger, LK, § 182, Anm. 3; Schwarz/Dreher, 23. Aufl., § 182, 2, A.

[89] Vgl. im einzelnen Engelmann, in: Festschrift für Binding, Bd. 2, S. 464 ff. mit zahlreichen Belegen; ferner Engelsing, Eigenhändige Delikte, S. 6/7

[90] Teilnahme am Sonderverbrechen, S. 69, Anm. 2

„... davon, daß ... die Befriedigung eigener Geschlechtslust Tatbestandserfordernis sei, kann keine Rede sein". Der Gesetzgeber kümmert sich nicht um Lustgefühle, ihm geht es – etwa im Falle der Notzucht und Schändung – um die vergewaltigte oder mißbrauchte Frau. Wer diese schwere Rechtsgüterverletzung gelenkt hat, ist für ihn die Schlüsselfigur des Geschehens. Die subjektiven Empfindungen der Beteiligten sind dabei durchaus nebensächlich.

VI. Die Akzessorietät bei den eigenhändigen Delikten

1. Teilnahme an unvorsätzlicher Tat?

Das oben umschriebene Wesen der Eigenhändigkeit nötigt bei Beurteilung der Akzessorietätsprobleme zu einer Folgerung, die eine scharfe Trennung von Pflichtdelikten und eigenhändigen Straftaten über den Bereich theoretischer Bedeutung hinaus zu einem auch praktisch wichtigen Erfordernis macht. Um meine These, die sich aus dem Vorstehenden unschwer ableiten läßt, vorwegzunehmen: Ich behaupte, daß eine Anstiftung oder Beihilfe zu vorsatzloser Tat zwar, wie früher dargelegt, bei Pflichtdelikten – selbst soweit es sich um unecht eigenhändige Tatbestände handelt – ohne weiteres möglich ist, daß sie aber bei echten eigenhändigen Straftaten wie schon bei den Herrschaftsdelikten der Natur der Sache nach nicht in Frage kommen kann.

Das ergibt sich aus folgendem: Wenn der Strafgrund bei den eigenhändigen Delikten in der spezifischen Wertwidrigkeit des tatbestandlichen Verhaltens liegt, dann fällt, wenn der unmittelbar Handelnde ohne Vorsatz tätig wird, mit der Unwertqualität seines Tuns zugleich der Anknüpfungspunkt für die Bestrafung Außenstehender fort.

Bei den täterstrafrechtlichen Delikten liegt das auf der Hand. Natürlich wäre es absurd, eine „Anstiftung zu unvorsätzlicher Zuhälterei" anzunehmen, wenn jemand sich von einer Frau aushalten läßt, von der ihm infolge der Täuschung durch einen eingeweihten Dritten unbekannt ist, daß sie ihr Geld durch gewerbsmäßige Unzucht erworben hat. Da der Außenstehende weder eine Rechtsgüterverletzung herbeigeführt noch ein tatbestandstypisches Verhalten – das gerade eine bewußte Dauerbeziehung zu einer Dirne voraussetzt – hervorgerufen oder selbst an den Tag gelegt hat, ist sein Tun unter keinem strafrechtlichen Gesichtspunkt als Anstiftung oder Beihilfe erfaßbar.

Dasselbe gilt auch für die verhaltensgebundenen Delikte ohne Rechtsgüterverletzung. Wenn wir noch einmal auf das Beispiel zurückkommen, daß jemand unter der Vorspiegelung eines ärztlichen Experiments zu beischlafsähnlichen Handlungen mit einem Tiere veranlaßt wird, so ist es unmöglich, hier eine Anstiftung zu unvorsätzlicher Sodomie anzunehmen. Denn die Beteiligung an vorsatzloser Tat gründete sich bei den Pflichtdelikten, wo wir sie für möglich erklärt haben, allein auf die Erwägung, daß dem Extraneus die tatbestandliche Rechtsgüterverletzung unabhängig vom

Vorsatz des Pflichtigen zur Last fällt. Wo aber – wie hier – kein Rechtsgut beeinträchtigt wird, versagt dieser Gedanke. Der Gesetzgeber kann zwar ohne Rücksicht auf ein bestimmtes Rechtsgut die Beteiligung an einer besonders abscheulichen Unsittlichkeit ahnden, weshalb auch die Teilnahme an vorsätzlicher Sodomie strafbar bleibt. Wenn aber dem Handelnden der Vorsatz fehlt, dann liegt auch kein unsittliches Verhalten vor, an dem ein Außenstehender teilgenommen haben könnte, so daß eine Bestrafung notwendigerweise entfällt.

Nach diesen Gesichtspunkten ist auch das Problem der Veranlassung zur unvorsätzlichen Blutschande zu lösen. Der schon erwähnte Fall von der Hamburger Bordellwirtin, die sich das Pläsier macht, zwei einander unbekannte Geschwister zusammenzubringen, enthält die am meisten erörterte Einzelfrage der Teilnahmelehre. Kein Kommentar, kein Lehrbuch und keine Abhandlung verzichtet auf dieses Beispiel, obwohl sich ein solcher Fall niemals ereignet hat und wohl auch in Zukunft nicht auftreten wird.

Trotzdem ist die Vorliebe aller Dogmatiker für diesen merkwürdigen Sachverhalt nicht zufällig. Denn tatsächlich treffen hier – wie gleich zu zeigen sein wird – die Täterbegriffe der Herrschafts-, der Pflicht – und der eigenhändigen Delikte wie in einem Brennspiegel zusammen; die sicherlich sehr ausgeklügelte Konstellation hat daher einen hohen Erkenntniswert und insofern mittelbar auch praktische Bedeutung.

In der augenblicklichen Diskussion lassen sich drei Meinungsgruppen unterscheiden. Die erste, der Mezger[91] und Roeder[92] angehören, nimmt eine Blutschande in mittelbarer Täterschaft an. Nach der zweiten Auffassung, zu der sich Schönke/Schröder[93], Lange[94] und Franzheim[95] bekennen, liegt eine Anstiftung zu unvorsätzlicher Blutschande vor. Die dritte, zahlenmäßig stärkste Gruppe, der Welzel[96], Maurach[97], H. Mayer[98], Baumann[99], Bockelmann[100], Heinitz[101] und Tröndle[102] zuzurechnen sind, hält das Tun der Wirtin unter dem Gesichtspunkt der Blutschande nicht für strafbar.

Die Begründungen der widerstreitenden Lehren sind auch bei den Vertretern derselben Lösung uneinheitlich. Da die Wirtin zweifelsfrei die Tatherrschaft innehat, wird deutlich, wie wenig dieses Prinzip zur unterschiedslosen Anwendung auf alle Fälle vorsätzlicher Begehungsdelikte geeignet ist. Führt man nämlich die drei Meinungen auf ihren Kern zurück, so muß man ihnen, entsprechend einer jeweils verschiedenen Auffassung vom

---

[91] LK, 8. Aufl., § 47, 1, b, aa, S. 249; StuB, A. T., 9. Aufl. 1960, S. 236
[92] ZStW, Bd. 69, 1957, S. 248/49
[93] 10. Aufl., vor § 47, X, 1, S. 254
[94] Kohlr./Lange, 42./43. Aufl., II, 2 vor § 47, S. 165/66; § 173 III, 1, S. 415
[95] Die Teilnahme an unvorsätzlicher Haupttat, S. 53/54
[96] Lehrb., 7. Aufl., S. 95
[97] B. T., 3. Aufl., S. 384
[98] Lehrb., S. 331
[99] Lehrb, 2. Aufl., S. 458
[100] Untersuchungen, S. 45
[101] Festschr. zum 41. Juristentag, 1955, S. 106/07
[102] GA 1956, S. 148

„Wesen" der Blutschande, einen jeweils anderen Täterbegriff zugrundelegen.

a) Wenn man der Meinung ist, der Zweck des § 173 StGB bestehe darin,
eine Schwächung der Volkskraft durch Erzeugung biologisch geschädigter
Nachkommen zu verhindern, so muß man die Blutschande notwendig
als Herrschaftsdelikt ansehen, das auch Außenstehende als Mittäter oder
mittelbare Täter begehen können. Denn im Hinblick auf den vom Gesetzgeber ins Auge gefaßten Erfolg ist es gleichgültig, ob der ihn Lenkende
ein Verwandter ist oder nicht, ob er eigenhändig oder durch Einschaltung
eines Werkzeuges handelt. Dementsprechend sieht auch Roeder[103] die
Blutschande als „Angriff auf die gesunde Volkskraft" an, und Mezger meint,
es komme dem Gesetz auch beim Inzest „auf die Verhinderung des
‚Erfolges' an".

b) Wenn man, wie es namentlich Lange vertritt, bei der Blutschande
eine mittelbare Täterschaft ablehnt, eine Anstiftung zu unvorsätzlicher
Tat dagegen für möglich hält, so ist das im Sinne der von uns heraus-
gebildeten Kategorien nur richtig, sofern man diesen Tatbestand als reines
Pflichtdelikt ansieht. Er muß dann so strukturiert sein, daß der Strafgrund
in einer auch dem Außenstehenden zugänglichen Rechtsgüterverletzung
liegt, daß aber täterschaftsbegründend beim Verwandten eine besondere
Pflichtenstellung gegenüber dem geschützten Rechtsgut hinzutritt. Die
„Volksgesundheit" ist aus dieser Sicht als Rechtsgut nicht geeignet[104], weil
die Verwandten zu ihr keine nähere Beziehung haben als jeder andere. Stattdessen liegt es nahe, auf die „Freihaltung der Familie von sexuellen Beziehungen"[105], auf die Gefährdung der Familienbande[106], abzustellen. Denn
hier läßt sich sagen, daß auch ein Extraneus das Rechtsgut verletzen
kann, daß aber den Täter gegenüber seinen Verwandten eine auf die sonst
Beteiligten sich nicht erstreckende Sonderpflicht zum Schutz der eigenen
Familie trifft.

Entsprechend sagt Lange[107] zum Verhalten der Bordellwirtin: „Das
Rechtsgut ist in allen wesentlichen Beziehungen auch hier verletzt, und
dazu sind die Konkumbenten vorsätzlich bestimmt worden", und sein
Schüler Franzheim begründet das ganz konsequent, wenn er ausführt[108]:
„das durch § 173 StGB geschützte Rechtsgut ... wird nicht nur verletzt,
wenn die Geschwister miteinander verkehren im Bewußtsein, daß sie miteinander verwandt sind, sondern auch, wenn sie ohne dieses Bewußtsein
miteinander verkehren, später aber erfahren, daß sie Geschwister sind. Die
seelischen Nachwirkungen eines anomalen Verhaltens sind für den gefühlsmäßigen Zusammenhalt einer Familie schädlicher als die Tat selbst. Ist
im Fall der Hamburger Bordellwirtin der Familienzusammenhalt der beiden

---

[103] Hier und bei den folgenden Zitaten ohne Nachweis sind immer die oben, Anm.
91–102, angegebenen Belegstellen heranziehen.
[104] abweichend insofern Lange a. a. O., S. 165
[105] Franzheim, S. 53; vgl. auch Kohlr./Lange a. a. O., § 173 I, S. 414
[106] Schönke/Schröder, 10. Aufl., § 173 I, S. 730
[107] a. a. O. § 173 III, 1, S. 415
[108] a. a. O., S. 53 f.

Geschwister bereits zerstört, so wird durch den Geschlechtsverkehr eine Wiederherstellung der familiären Beziehungen zwischen Bruder und Schwester für immer erschwert".

Wenn das richtig ist, so haben wir ein reines Pflichtdelikt in Gestalt einer unecht eigenhändigen Straftat vor uns, und die Annahme einer Anstiftung zu vorsatzloser Blutschande ist die einzig annehmbare Lösung.

c) Anders liegt es aber, wenn man, wie es oben[109] vertreten worden ist den Strafgrund der Blutschande nicht in einer Rechtsgüterverletzung, sondern in der besonderen sittlichen Verwerflichkeit dieses Verhaltens erblickt und deshalb eine echte eigenhändige Straftat für gegeben hält. Dann, aber auch nur dann – das wird von den meisten Vertretern dieser Meinung verkannt – muß die Wirtin, was die Blutschande anlangt, straflos ausgehen. Denn wenn die Geschwister von ihrer Verwandtschaft nichts wissen, fehlt ihrem Verhalten die vom Gesetzgeber vorausgesetzte Verworfenheit. Da die Wirtin also weder ein Rechtsgut verletzen noch an einer besonders verwerflichen Handlung mitwirken kann, und da ihr eigenes Tun zwar verabscheuungswürdig, aber nicht blutschänderisch ist, ist die Ablehnung einer mittelbaren Täterschaft und einer Anstiftung zu vorsatzloser Tat in diesem Falle zwingend.

Ganz treffend kommt das allein bei H. Mayer zum Ausdruck, wenn er sagt: „... die Blutschande besteht nicht in dem Geschlechtsverkehr von Blutsverwandten als solchen, sondern in der Verletzung der geistig-sittlichen Familienbande. Diese werden aber nicht gekränkt, wenn die Hauptbeteiligten sich als Geschwister gar nicht kennen". Auch Lange neigte früher zu dieser Auffassung; er meinte damals[110], das Wesentliche des strafrechtlichen Unwerturteils über die Blutschande werde durch die Berufung auf einen sozialschädlichen Erfolg nicht erfaßt. Hier werde vielmehr „eine Versündigung, ein leibhaftiger Frevel unter Strafe gestellt". Wenn er im Gegensatz dazu heute das Gewicht wieder auf die Rechtsgüterverletzung verlegt, so wird diese Akzentverlagerung durch seine Konstruktion einer Anstiftung zu vorsatzloser Tat notwendig gefordert; sonst wäre eine solche Lösung nicht denkbar gewesen[111].

Die hier aufgestellte These, daß eine Teilnahme an vorsatzloser Tat bei den eigenhändigen Delikten im gekennzeichneten Sinne schlechterdings nicht möglich sei, wird anscheinend von Noll bestritten. Er sagt entsprechend unserer Auffassung ganz zutreffend, die Blutschande habe keinen von ihr abtrennbaren Erfolg. Sie sei, weil ethisch mißbilligt, als solche auch rechtlich mißbilligt, auch wenn niemandem Schaden daraus erwachse[112]. Dann aber fährt er fort, die Ordnungen der geschlechtlichen Sittlichkeit seien auch verletzt, wenn die Handlung unvorsätzlich, „zum Beispiel wegen Irrtums über die Identität des Geschlechtspartners", begangen werde.

---

[109] S. 415/416
[110] Moderner Täterbegriff, S. 27
[111] auch Lange selbst sieht das deutlich, vgl. a. a. O. II, 2 vor § 47, S. 165/66
[112] Übergesetzliche Rechtfertigungsgründe, S. 33

Da die Handlung selber hier als Erfolg gelte, sei sie unabhängig vom Vorsatz unwertbetont[113].

Wäre das richtig, so bliebe allerdings auch bei vorsatzlosem Handeln der Geschwister ein Unwert übrig, an den eine Teilnahme der Wirtin anknüpfen könnte. Aber ich sehe nicht, wie das denkbar sein sollte. Denn die ethische Mißbilligung, die dem blutschänderischen Verkehr zuteil wird und auf die Noll ausdrücklich abstellt, kann doch nur einen Menschen treffen, dem bekannt war, daß er sich mit einem nahen Verwandten einließ. Ich muß daher bei meiner Auffassung bleiben.

Die Entscheidung der Frage hängt also wirklich nur daran, welcher der drei skizzierten Auffassungen über den Strafgrund der Blutschande man folgt. Und hier scheint mir die von einer Rechtsgüterverletzung absehende Herleitung aus der reinen Verwerflichkeit auch gegenüber dem Gedanken des Familienschutzes, der die Möglichkeit einer Teilnahme an vorsatzloser Tat offenlassen würde, den Vorzug zu verdienen. Denn einerseits ist es wie Jäger[114] feststellt, oftmals geradezu „eine ungesunde Übersteigerung der innerfamiliären Gebundenheit, die für Inzestfamilien typisch ist", und andererseits wird die Familie durch das Eingreifen mit Zuchthausstrafen eher zerstört als erhalten. Bei Geschwistern schließlich, die als Erwachsene nur selten in einer Familie zusammenleben, wirkt eine solche Begründung von vornherein sehr weit hergeholt. Das zeigt gerade die oben zitierte, durchaus folgerichtige Argumentation Franzheims: Warum bei den Geschwistern durch den Verkehr „eine Wiederherstellung der familiären Beziehungen ... für immer erschwert" sein soll, ist nicht recht einleuchtend zumal da die beiden etwas derartiges ohnehin nie beabsichtigt haben dürften.

Exkurs

Doch kommt es für das, was ich zeigen will, nicht einmal entscheidend darauf an, zu welcher Auffassung man sich bekennt. Was mir an diesem Schulbeispiel wesentlich erscheint und den auf den ersten Blick eher doktrinären Streit ins Grundsätzliche erhebt, ist dies: Die Trennung von Herrschaftsdelikten, eigenhändigen Straftaten und Pflichtdelikten, die ich in der Täterlehre vornehme, ist kein konstruktives Schema, dem sich ein Tatbestand wie die Blutschande wohl oder übel einbequemen muß. Vielmehr sind diese Unterscheidungen aus der Struktur der Regelungsmaterie unmittelbar entnommen, und die Zuordnung des einzelnen Tatbestandes ergibt sich nicht aus einem dogmatischen Zwang, sondern aus der Erforschung des gesetzgeberischen Schutzzweckes und der kriminalsoziologischen Grundlagen jeder Bestimmung.

Ein solches Verfahren scheint mir geeignet, auf den tieferen Sinn der systematischen und dogmatischen Arbeit am materiellen Strafrecht, der von Kriminologen und Praktikern manchmal bezweifelt wird, ein klärendes

---

[113] a. a. O. S. 34
[114] Strafgesetzgebung und Rechtsgüterschutz, S. 67

Licht zu werfen. Es ist hier nicht der Ort, das zusammenfassend aus-zuführen. Aber schon an diesem Beispiel, das nur wegen seiner allgemeinen Bedeutung so ausführlich behandelt worden ist, dürfte eines klar geworden sein: Es macht einen wesentlichen Unterschied aus, ob man die Straflosigkeit der Veranlassung zur unvorsätzlichen Blutschande daraus herleitet, daß das „Wesen der Handlung" eine bestimmte Akzessorietätsregelung erzwinge, die bei jedem Tatbestand, unbekümmert um seine Eigenart, gleichermaßen gelten müsse, oder ob man zu diesem Ergebnis durch eine Erforschung der Grundlagen des Blutschandetatbestandes kommt, der sich deshalb einer übergreifenden systematischen Einordnung doch nicht zu entziehen braucht; ebenso wie es methodisch etwas durchaus Verschiedenes ist, ob man etwa die Möglichkeit einer Anstiftung zur unvorsätzlichen Fahrerflucht damit begrün-det, daß gemäß § 50 Abs. 1 StGB der Vorsatz zur Schuld zu rechnen sei, oder ob man den Schutz eines bestimmten Rechtsgutes als Strafgrund dieser Be-stimmung erkennt und daraus die dogmatische Struktur der Teilnahme bei den Pflichtdelikten gewinnt.

Während bei der jeweils ersten Begründungsart ein konstruktiv-dogma-tischer Ansatz im Wege rein begrifflicher Deduktionen zu Einzelergebnissen nötigt, deren Zusammenhang mit dem konkreten Sachproblem für eine aporetische Betrachtung nicht mehr einsichtig ist, geht das hier gewählte zweite Verfahren von der je besonderen Struktur des Einzeltatbestandes aus und kommt von dorther zur Bildung allgemeiner dogmatischer Kategorien, die den inneren Zusammenhang der gesetzlichen Vorschriften erhellen und einer kasuistischen Zersplitterung vorbeugen. Darin liegt eine Synthese von System- und Problemdenken, die eine einseitige Überspitzung verhindert und deren allseitige Durchführung mir eine der wesentlichen Zukunfts-aufgaben der Strafrechtswissenschaft zu sein scheint.

Gleichzeitig läßt der hier exemplarisch herangezogene Fall erkennen, daß auch die Kriminologie und die Kriminalsoziologie nicht, wie man oft meint, beziehungslos neben der dogmatischen Strafrechtswissenschaft herzulaufen brauchen, sondern daß sie, indem sie die Hintergründe einer gesetzlichen Regelung durchleuchten, gleichzeitig einen Beitrag zur Entwicklung einer sachgerechten Dogmatik leisten, so daß diese, wenn sie nicht den Rechtsstoff doktrinär vergewaltigen will, nicht an ihren Erkenntnissen vorübergehen kann. Auch hier liegt für die Forschung ein bislang noch zu wenig beachtetes Arbeitsgebiet.

2. Extreme Akzessorietät bei eigenhändigen Straftaten?

Nach den Ergebnissen unserer Untersuchungen zur Eigenhändigkeit kann es zweifelhaft sein, ob die Möglichkeit einer Teilnahme an schuldloser Haupttat – etwa bei den Nötigungsfallen – dem Wesen der hier in Frage stehenden Delikte gerecht wird. Denn der Grundsatz der limitierten Akzessorietät, der bei den Pflichtdelikten seine ganze Tragkraft entfaltet, beruht wesentlich auf dem Gedanken des Rechtsgüterschutzes: Man kann an der Herbeiführung eines sozialschädlichen Erfolges teilnehmen, auch wenn dem Täter persön-lich nichts vorzuwerfen ist.

Liegt der Strafgrund dagegen, wie es bei den eigenhändigen Delikten gezeigt wurde, in der bloßen Verwerflichkeit und Unmoral eines Verhaltens, so stellt sich die Frage, woran der Hintermann eigentlich teilnimmt, wenn der Täter genötigt oder in unverschuldetem Verbotsirrtum handelt so daß ihn kein Vorwurf trifft. Wenn etwa jemand einem Ausländer versichert, daß die homosexuelle Betätigung in Deutschland nicht verboten sei und dieser dem schuldlos vertraut, oder wenn jemand einen anderen zu unzüchtigen Handlungen mit einem Tiere zwingt – erfüllt eine solche „Tat" dann noch die Voraussetzungen, unter denen es sinnvoll erscheint, die Möglichkeit einer Teilnahme anzunehmen?

Die Frage führt auf das grundsätzliche Problem der Trennbarkeit von Unrecht und Schuld bei den eigenhändigen Delikten. Wir können dem hier nicht gründlich nachgehen, weil das eine Erörterung des gesamten Verbrechenssystems voraussetzen würde, die den Rahmen dieser Arbeit sprengen müßte. Wenn man aber etwa den materiellen Gehalt des Unrechts in der sozialschädlichen Rechtsgüterverletzung und den der Schuld in der persönlichen Vorwerfbarkeit erblicken wollte, so ließe sich bestreiten, daß ein solches Denken auf zwei Ebenen auch dort berechtigt ist, wo der Strafgrund in der bloßen moralischen Verwerflichkeit eines Verhaltens liegt. Denn wie soll man sich eine schuldlose Verwerflichkeit denken? Und worin soll die Sozialschädlichkeit des schuldlosen Verhaltens liegen, wenn selbst bei schuldhafter Tat eine Rechtsgüterverletzung fehlt?

Das Problem kann hier nur gestreift werden. Denn bei etwas anderer Blickrichtung behält die Trennung ihren Sinn. Wenn man etwa das Unrecht dem Bereich des generellen Sollens und die Schuld dem des individuellen Könnens zuweist, oder wenn man das Unrecht nach der Deliktstypik, die Schuld nach der inneren Motivation bestimmt, kann man auch in unseren Beispielsfällen von einer Teilnahme des täuschenden oder zwingenden Hintermannes sprechen.

Wichtig ist jedenfalls, daß derartige Konstellationen bei solcher Betrachtungsweise anders zu behandeln sind als die vorher besprochenen Fälle der Mitwirkung an vorsatzloser Tat. Denn bei vorsätzlichem Verhalten weiß der unmittelbar Tätige, daß er sich auf ein unzüchtiges Verhalten mit einem Mann oder einem Tier einläßt, so daß immerhin ein verbotswidriges, dem Deliktstyp entsprechendes Tun vorliegt, dessen Hervorrufung unter dem Gesichtspunkt des betreffenden Tatbestandes als strafwürdig erscheinen mag; bei vorsatzloser Tat dagegen fehlt nach dem Vorstellungsbild des Handelnden, das bei Verbrechen gegen das Sittengesetz allein entscheidend sein kann, seinem rechtsneutralen Verhalten alles Wertwidrige und rechtlich Mißbilligte, so daß man von einer Teilnahme an einem mit Strafe bedrohten Verhalten schlechterdings nicht mehr reden kann.

Wir können also zusammenfassend sagen: Ob bei den eigenhändigen Delikten, so wie wir diesen Begriff verstehen, eine Teilnahme an schuldloser Haupttat möglich ist, hängt davon ab, welche Auffassung man über das Wesen von Unrecht und Schuld vertritt. Wie immer man aber hier entscheidet: Eine Anstiftung oder Beihilfe zu vorsatzloser Tat bleibt in den Fällen der Eigenhändigkeit so oder so unmöglich.

Damit sind wir am Ende unserer Akzessorietätserörterungen und verfügen nun über das nötige Rüstzeug, um für einige Tatbestände, bei denen die Eigenhändigkeit besonders zweifelhaft ist, eine überzeugende Lösung zu finden.

VII. Die Eigenhändigkeit bei einigen umstrittenen Tatbeständen

1. Ehebruch und Doppelehe

Man denke sich einen Fall, der, wenn man sich in die Wirren des Kriegsendes zurückversetzt, keineswegs konstruiert erscheint: A erzählt dem B daß seine Frau durch Kriegseinwirkung umgekommen sei. Dabei weiß er, daß sie noch lebt. B geht daraufhin eine neue Ehe ein.

Es ergibt sich die Frage, wie das Verhalten des A unter den Gesichtspunkten des Ehebruchs (§ 172) und der Doppelehe (§ 171) zu würdigen ist, ob es sich also hier um Pflichtdelikte oder um echte eigenhändige Straftaten handelt. Das ist, wie wir wissen, insofern praktisch bedeutsam, als im ersten Fall eine Anstiftung zu unvorsätzlicher Tat möglich, im zweiten dagegen ausgeschlossen ist, so daß die Stellungnahme zu diesem Problem für die Strafbarkeit des Hintermannes entscheidend ist.

Was zunächst den Ehebruch anlangt, so liegt es nahe, ihn als Pflichtdelikt aufzufassen, das verletzte Rechtsgut in der zerstörten Ehe und den täterschaftsbegründenden Umstand im Bruch der ehelichen Treuverpflichtung zu sehen. Aber diese Erklärung versagt zunächst insofern, als auch der unverheiratete Partner des Ehebruchs sich in gleicher Weise als Täter strafbar macht, obwohl er keine Treupflicht verletzt. Weiter ist es bei näherem Hinsehen recht fraglich, ob diese Bestimmung wirklich den Schutz der einzelnen Ehe bezweckt. Denn die Scheidung der Ehe ist kein Tatbestandsmerkmal, sondern eine Prozeßvoraussetzung; außerdem läßt sich eine bereits geschiedene Ehe nicht mehr schützen, und die generalpräventive Wirkung einer solchen Strafdrohung ist gerade bei diesem Delikt mehr als fragwürdig und deshalb zur Rechtfertigung der Bestrafung nicht geeignet.

Der Entwurf 1962, der die Bestimmung beibehält, führt denn auch nur an, daß von der Vorschrift „eine sittenprägende und sittenerhaltende Wirkung"[115] ausgehe. Auch für das geltende Recht kann man daraus entnehmen, daß der Ehebruch – ohne Rücksicht auf den Schutz der konkreten Ehe[116] – um seiner Sittenwidrigkeit willen bestraft wird. Dann aber handelt es sich um den typischen Fall eines echten eigenhändigen Delikts: Fehlt dem Handelnden – wie hier dem B – der Vorsatz, so kann man von einer Sittenwidrigkeit nicht sprechen, und da der Gesichtspunkt des Rechtsgüterschutzes keine Rolle spielt, kann der Hintermann A, obwohl er die Herr-

---

[115] S. 348 zu § 193 des Entwurfs.
[116] Auch der Entwurf a. a. O. sagt, daß die Strafbestimmung „für die einzelne Ehe nur von beschränktem Wert" sei, und will für die Begründung der Strafbarkeit von diesem Gesichtspunkt offenbar absehen.

schaft über das Geschehen hat, weder als Täter noch als Anstifter zu vorsatzloser Tat erfaßt werden.

Anders liegt es jedoch hinsichtlich der Doppelehe. Hier geht es tatsächlich
um ein konkretes Rechtsgut, nämlich um die staatlich gewährleistete
Garantie der Ehe als Institution. Mit Recht sagen Schönke/Schröder[117], die
Vorschrift bezwecke „nicht nur den Schutz der Sittlichkeit, sondern vor
allem den der staatlichen Eheordnung". Vieles spricht sogar dafür, daß die
Sittenwidrigkeit eines solchen Verhaltens, soweit es sich um den verlassenen
Ehepartner handelt, allein durch § 172 StGB erfaßt wird. Jedenfalls ist das
durch die Bigamiebestimmung geschützte Rechtsgut auch einem Außen-
stehenden zugänglich. Er kann zwar trotz Tatherrschaft nicht mittelbarer
Täter sein; denn die im Tatbestand ausgesprochene Einengung des Täterkreises auf die Partner der Zweitehe zeigt, daß der Gesetzgeber ihnen eine
Sonderpflicht auferlegt hat, sich nicht über eine schon bestehende eheliche
Bindung hinwegzusetzen. Immerhin aber handelt es sich nicht um eine
echte, sondern um eine unechte eigenhändige Straftat, d. h. um ein Pflichtdelikt, so daß der A als Anstifter zur unvorsätzlichen Bigamie bestraft wird.

Es ergibt sich also, daß den beiden Tatbeständen der §§ 171, 172 StGB, die
fast überall als eigenhändige Straftaten angeführt werden, in Wirklichkeit ein
verschiedenartiger Täterbegriff zugrundeliegt.

2. Rechtsbeugung

Einen der berühmtesten Fälle der Teilnahmelehre liefert seit langem auch der
Tatbestand der Rechtsbeugung (§ 336 StGB). Dabei geht die Diskussion im
Augenblick nicht so sehr um die Frage, ob es sich um ein eigenhändiges
Delikt handelt[118], als vielmehr um das praktisch sehr bedeutsame Problem,
ob die bewußte Herbeiführung eines unrichtigen Urteils durch einen
Außenstehenden als Anstiftung zur unvorsätzlichen Rechtsbeugung erfaßt
werden kann.

Beide Fragen lassen sich aber, wie wir gesehen haben, nicht trennen. Denn
es kommt entscheidend auf den Täterbegriff an, der dieser Bestimmung
zugrundeliegt. Handelt es sich wirklich um ein eigenhändiges Delikt, so ist
eine Beteiligung an vorsatzloser Tat nicht möglich; haben wir dagegen ein
Pflichtdelikt vor uns, so steht einer solchen Annahme nichts im Wege.

Damit verliert dieses Beispiel entgegen einer weit verbreiteten Meinung
gleichzeitig seinen Wert als Beweisstück für die prinzipielle Unmöglichkeit
einer Teilnahme an vorsatzloser Haupttat. Denn selbst wenn man eine solche
Lösung in diesem Falle als schlechthin unhaltbar ansehen müßte, würde das
höchstens einen Rückschluß auf die Eigenhändigkeit der Rechtsbeugung
erlauben, über die Behandlung der Akzessorietät bei den Pflichtdelikten aber
nichts aussagen.

Sachlich ist es so, daß die weit überwiegende Meinung eine Teilnahme an

---

[117] 10. Aufl., § 171 I, S. 724
[118] so schon Binding, Die drei Grundformen, S. 266

unvorsätzlicher Rechtsbeugung ablehnt. Das gilt einmal für Autoren wie Welzel[119], Maurach[120], Bockelmann[121], H. Mayer[122] Heinitz[123], Sax[124], Börker[125] und Tröndle[126], die für die Teilnahme stets eine vorsätzliche Haupttat verlangen[127] und dieses Beispiel meist gerade zur Begründung und Verdeutlichung ihres allgemeinen Standpunktes heranziehen; daneben vertreten aber auch Mezger[128] und Franzheim[129] im Falle des § 336 diese Ansicht, obwohl sie sonst eine Beteiligung an vorsatzloser Tat durchaus für möglich halten. Nur Lange[130] und wohl auch Engisch[131] halten die Annahme einer Anstiftung oder Beihilfe zu vorsatzloser Rechtsbeugung für eine richtige Konstruktion.

Die Entscheidung der Streitfrage hängt, wenn man unseren Kriterien folgt, allein davon ab, ob der Verstoß des Richters gegen seine Verpflichtung zur Rechtstreue, von dem § 336 StGB ausgeht, ein strafbegründender oder ein lediglich für die Täterschaft maßgeblicher Umstand ist. Im ersten Fall haben wir eine eigenhändige Straftat vor uns, die eine Teilnahme an unvorsätzlicher Handlung ausschließt, im zweiten ein bloßes Pflichtdelikt.

Lange und Engisch sind also im Recht, wenn § 336 StGB die Beteiligten vor einer Beeinträchtigung ihrer Freiheit, ihres Ansehens oder ihres Vermögens durch unrichtige Urteile schützen will. Diese Rechtsgüter kann auch ein Hintermann durch Täuschung des Richters verletzen. Zwar kann er dabei nicht gegen die nur den Leiter der Rechtssache treffende Sonderpflicht verstoßen, aber dieser Umstand schließt nur seine Täterschaft aus und ermöglicht gerade gemäß der oben herausgearbeiteten Struktur der Pflichtdelikte eine Bestrafung als Teilnehmer.

Dagegen verdient die herrschende Meinung Beifall, wenn der Tatbestand der Rechtsbeugung unter Außerachtlassung aller Folgen des unrichtigen Urteils – von denen im Tatbestand auch nicht die Rede ist – den verwerflichen Verrat des Richters an seiner Aufgabe unter Strafe stellt. Dann nämlich kann die Schädigung der Prozeßparteien als tatbestandsirrelevant nicht zur Begründung einer Teilnehmerstrafe dienen; was in diesem Fall die strafbare Teilnahme kennzeichnet, die Mitwirkung am verwerflichen Verrat, liegt nicht mehr vor, sobald der Richter subjektiv nach seiner Überzeugung handelt. Die Ablehnung einer Teilnahme an unvorsätzlicher Rechtsbeugung ist dann schlechthin zwingend.

---

[119] Lehrb., 7. Aufl., S. 100
[120] A. T., 2. Aufl., § 53 III, D, 1, S. 568
[121] Untersuchungen, S. 45, 106, Anm. 73
[122] Lehrb., S. 332; allerdings mit den durch die Anerkennung der Urheberschaft gebotenen Einschränkungen.
[123] Festschr. z. 41. Dtsch. Juristentag, Berlin, 1955, S. 108
[124] MDR 1954, S. 68, 70
[125] JR 1953, S. 166–168 (166)
[126] GA 1956, S. 147
[127] bei Sax gilt das nicht für die Irrtumsfälle vgl. dazu oben S. 261 ff. (268/269)
[128] Vgl. nur Moderne Wege der Strafrechtsdogmatik, S. 31
[129] Teilnahme an unvorsätzlicher Haupttat, S. 49
[130] ZStW, Bd. 63, 1951, S. 504; Kohlr./Lange, 43. Aufl., vor § 47, III, A, 4, S. 169
[131] Festschr. für Eb. Schmidt, S. 118/19; aber vorsichtig abwägend.

Tatsächlich hat das Ergebnis, zu dem die herrschende Meinung kommt, die besseren Gründe für sich. Denn die Rechtsgüter, die durch unrichtige Urteile beeinträchtigt werden, erhalten ihren Schutz schon durch die Tatbestände des Betruges, der Freiheitsberaubung, der falschen Anschuldigung, der gerichtlichen Falschaussagen, der Verleumdung usw. Es erscheint deshalb wenig sinnvoll, in § 336 einen „Sammeltatbestand" zu sehen, der alle diese heterogenen Rechtsgüter noch einmal schützt und einer gemeinsamen Zuchthausstrafdrohung ohne Milderungsmöglichkeit unterstellt, die die beträchtlichen Differenzen in der Unrechtsqualität und -quantität derartiger Beeinträchtigungen nivelliert[132].

Es kommt hinzu: Wenn der Bundesgerichtshof um der Unabhängigkeit der Richter willen entschieden hat, daß § 336 StGB bestimmten, nicht nur bedingten Vorsatz des Täters erfordert[133], so ist das mit dem Gedanken eines Rechtsgüterschutzes kaum in Einklang zu bringen; denn für den unschuldig Eingesperrten – um mir ein Beispiel herauszugreifen – ist die Beeinträchtigung so oder so gleich groß, weshalb auch bei anderen Tatbeständen mit Recht kein Unterschied zwischen dolus directus und dolus eventualis gemacht wird. Wenn man dagegen den Strafgrund im pflichtwidrig-rechtsbeugenden Verhalten des Richters sieht, hat die Differenzierung des BGH einen guten Sinn: Ein Richter, der noch zweifelt, handelt weit weniger pflichtwidrig, weil er, wenn er vor einer Alternative steht, sich immer nur für eine der Möglichkeiten entscheiden kann und das Risiko eines unrichtigen Urteils in Kauf nehmen muß.

Man wird aus diesen Gründen den Tatbestand der Rechtsbeugung als eigenhändiges Delikt ansehen müssen. Auch hier ist es demnach – wie bei der Blutschande – so, daß diese Einordnung und die Lösung des Akzessorietätsproblems sich aus der Struktur des Tatbestandes selbst und nicht aus systematischen Vorentscheidungen ergeben.

3. Die Rauschtat

Der Tatbestand des § 330a StGB gilt ganz allgemein als eigenhändiges Delikt[134]; sogar Roeder, der sonst diese Rechtsfigur völlig ablehnt, will hier die einzige von ihm anerkannte Ausnahme machen[135].

Das Eigenhändigkeitsproblem tritt freilich bei dieser Bestimmung von vornherein nur dann auf, wenn man in der Berauschung als solcher den Kern der Tatbestandshandlung erblickt. Sieht man das unrechtsbegründende

---

[132] Richtig ist es deshalb, wenn Franzheim, S. 49, seine Lösung auf die Erwägung gründet, daß § 336 „nicht verhüten will, daß objektiv falsche Urteile gefällt werden, sondern daß Richter gegen ihre innere Rechtsüberzeugung aus sachfremden Motiven entscheiden".

[133] BGHSt 100, 294–304 (298)

[134] Vgl. nur Schönke/Schröder, 10. Aufl., § 330a, VI, 1, S. 1214; Maurach, B. T., 3. Aufl., § 56, II, A, 4, S. 458; Welzel, 7. Aufl., S. 405; Schwarz/Dreher, 23. Aufl., § 330a, 2, C, S. 924; Cramer, GA 61, S. 102

[135] Vgl. ZStW, Bd. 69, 1957, S. 252

Verhalten in der im Rausch begangenen Tat, hinsichtlich deren eine mittelbare Täterschaft ohne weiteres möglich ist, so wird die Frage nach Täterschaft und Teilnahme bei der Berauschung gegenstandslos. Mit diesem grundlegenden Problem können wir uns hier nicht auseinandersetzen; wir gehen deshalb im folgenden mit der durchaus herrschenden Meinung von der Hypothese aus, daß die Tatbestandshandlung in der Berauschung bestehe.

Für diesen Fall nun ist es sicher und nie bestritten worden, daß eine mittelbare Täterschaft – etwa durch unbemerkte Beimischung eines Rauschgiftes zu einem Getränk – nicht in Frage kommt: „Das Gesetz legt nur dem einzelnen selbst die Pflicht zur Kontrolle über sich auf" [136]. Das Tatherrschaftsprinzip versagt also von vornherein. Damit ist aber noch nicht bewiesen, daß es sich um eine echte eigenhändige Straftat handelt; es kann ebensogut ein Fall unechter Eigenhändigkeit und damit ein Pflichtdelikt vorliegen. Diese Möglichkeit wird schon dadurch nahegelegt, daß die meisten Autoren die Eigenhändigkeit mit der Erwägung begründen, nur der Sich-Betrinkende selbst habe eine Pflicht, über sich zu wachen.

Die praktische Bedeutung der Zweifelsfrage liegt, wie wir wissen, darin, daß im einen Fall eine Teilnahme an unvorsätzlicher Tat möglich, im anderen ausgeschlossen ist. Deshalb könnte ihre Lösung als ein Problem rein akademischer Natur dahingestellt bleiben, wenn eine Teilnahme auch an vorsätzlicher Rauschtat schlechthin ausgeschlossen wäre, wie es namentlich Schröder [137], Welzel [138] und Maassen [139] vertreten. Aber das läßt sich dem Gesetz nicht entnehmen. Warum sich, wie Welzel meint, der Vorsatz des Teilnehmers „auf den Erfolg, die Tat im Rausch, beziehen müßte, was nach der Natur des Deliktes ausgeschlossen ist", ist nicht klar, da doch auch der Vorsatz des Täters sich nach h. M. nur auf die Berauschung zu richten braucht. Auch Schröders Argument, daß nur der Täter eine Pflicht zur Selbstkontrolle habe [140], schlägt nicht durch; bei allen Pflichtdelikten liegt die besondere Bindung gegenüber dem geschützten Rechtsgut allein in der Person des Täters vor, ohne daß deshalb eine Teilnahme ausgeschlossen wäre [141].

Und was die kriminalpolitischen Bedenken gegen eine unangemessene Ausdehnung der Strafbarkeit betrifft, so kann man ihnen gerecht werden, indem man an den Nachweis der Teilnahme strenge Anforderungen stellt (es genügt nicht, daß jemand am gleichen Tisch ebenfalls trinkt!), und vor allem, indem man auch vom Teilnehmer verlangt, daß er mit der Möglichkeit rechnen mußte, der Berauschte werde irgendwelche strafbaren Handlungen begehen, was sich entgegen der Ansicht des BGH [142] im Regelfall nicht von selbst versteht [143]. Sind diese Voraussetzungen aber erfüllt, so besteht

[136] Schönke/Schröder a. a. O. (vgl. Anm. 134); ebenso Cramer, a. a. O. S. 103
[137] Schönke/Schröder, 10. Aufl., § 330a, VI, 1, S. 1215
[138] Lehrb., 7. Aufl., S. 405
[139] Dreher/Maaßen, 3. Aufl., § 330a, V
[140] wie Anm. 137
[141] zutreffend Cramer, GA 61, S. 104
[142] BGHSt 10, 247–252
[143] Vgl. dazu nur Lange, § 330a, V, 2, S. 665

kein Grund, die Teilnahme ohne jeden Anhaltspunkt im Gesetz straflos zu lassen. Animiert jemand einen anderen, von dem er weiß, daß er in betrunkenem Zustand zu Ausschreitungen neigt, durch fortgesetztes Spendieren dazu, sich sinnlos zu berauschen, so ist dieses Verhalten durchaus strafwürdig, wenn der andere später Unheil anrichtet[144].

Nach Klärung dieser Vorfrage stellt sich endlich das praktisch keineswegs bedeutungslose Problem, ob im Falle des § 330a StGB eine Teilnahme an unvorsätzlicher Haupttat möglich ist. Soll, wenn später wirklich etwas geschieht, straflos bleiben, wer einen anderen durch einen berauschenden Trank wider dessen Willen trunken macht und dabei in Rechnung stellt, daß er in diesem Zustand eine strafbedrohte Handlung begehen könnte? Maurach meint, eine Teilnahme scheide „nach allgemeinen Grundsätzen"[145] aus.

Aber mit allgemeinen Grundsätzen läßt sich das, wie mehrfach gezeigt wurde, nicht entscheiden. Vielmehr kommt es darauf an, ob das Gesetz im Betrinken selbst ein verwerfliches und strafwürdiges Verhalten sieht oder ob ein solches Tun wegen der befürchteten Folgen, also wegen der Rechtsgütergefährdung, mit Strafe bedroht wird. Die Antwort kann nur im zweiten Sinne lauten. Man mag darüber streiten, ob es moralisch mißbilligenswert oder sozialadäquat ist, wenn sich jemand zu Hause einen Rausch antrinkt: Der Strafgesetzgeber hat hier als Sittenapostel jedenfalls nicht einzuschreiten. Nur durch seine Verpflichtung zum Rechtsgüterschutz läßt sich diese Vorschrift legitimieren.

Dann aber ist kein Zweifel daran möglich, daß es sich um eine unecht eigenhändige Straftat, also um ein Pflichtdelikt, handelt und daß Teilnahme an unvorsätzlicher Tat möglich ist, weil ein Hintermann, wenn ihn auch die täterschaftsbegründende Sonderpflicht nicht trifft, die geschützten Rechtsgüter in derselben Weise verletzen kann wie der Trinkende selbst. Im übrigen entspricht auch allein diese Lösung dem Rechtsgefühl: Denn wenn jemand sich vorsätzlich betrinkt, so steht zwischen dem Teilnehmer und der Gefährdung immer noch die Hemmungspflicht und -fähigkeit des Trinkers, während diese Kontrollinstanz bei vorsatzloser Tat gerade ausgeschaltet wird. Die Gefährdung ist also größer als im ersten Fall und kann deshalb nicht straflos bleiben[146].

Unser Ergebnis lautet also: § 330a ist ein Pflichtdelikt und keine echte eigenhändige Straftat.

---

[144] Ebenso im Ergebnis: BGHSt 10, 248, wo eine „Beihilfe zur Volltrunkenheit" angenommen wird; im übrigen vgl. nur Kohlr./Lange, § 330a, VI, 2, S. 664; Cramer, GA 1961, S. 103–105.

[145] B. T., 3. Aufl., § 56 II, A, 4, S. 459

[146] Ebenso als einziger – soweit ich sehe – Cramer, GA 1961, S. 105/06, der in der Begründung allerdings auf den Urheberbegriff zurückgreift.

4. Zusammenfassender Rückblick

Der Raum verbietet es, die Analysen einzelner zweifelhafter Fälle noch weiter fortzusetzen. Die vorstehenden Ausführungen dürften aber genügen, um auch für andere Tatbestände mit Hilfe der hier verwendeten Kriterien eine richtige Lösung zu finden. Jedenfalls hat sich gezeigt, daß es durchaus möglich ist, für die Beurteilung der bisher nur wenig erforschten eigenhändigen Straftaten einheitliche Gesichtspunkte aufzufinden. Die Zahl solcher Delikte – wir haben die §§ 361 Nr. 3, 361 Nr. 5, 181a, 172, 173, 175, 175b, 336 StGB im einzelnen behandelt – ist immerhin nicht ganz gering, und ihre dogmatischen Besonderheiten rechtfertigen es, ihnen neben den Herrschafts- und den Pflichtdelikten in der Täterlehre eine selbständige Stellung zuzuweisen.

Gleichzeitig ist deutlich geworden, daß Rechtsprechung und Lehre ihre Auffassung zum Problem der Eigenhändigkeit noch einmal überprüfen sollten. Denn bei sämtlichen in der Judikatur als eigenhändig bezeichneten Delikten hat sich herausgestellt, daß sie dem Tatherrschaftsprinzip unterliegen. Und die in Theorie und Praxis in oft unklarer Weise zur Begründung herangezogenen Wortlaut- und Körperbewegungstheorien gehen auch am Kern der Sache vorbei. Wir können zwar rückschauend klar erkennen, was an ihnen richtig ist:

Tatsächlich kann man bei den echten eigenhändigen Delikten von einem Extraneus nicht sagen, daß er den Tatbestand erfüllt habe, weil der strafbegründende Unrechtsgehalt einer Beherrschung von außen nicht zugänglich ist. Ebenso ist es zutreffend, daß für die Eigenhändigkeit ein bestimmtes erfolgsgelöstes Verhalten kennzeichnend ist, wie es die Körperbewegungstheorie vertritt.

Aber diese Gesichtspunkte treffen nicht das Sinnzentrum des Eigenhändigkeitsbegriffes, sondern nur gewisse äußere Begleiterscheinungen, die bei Herrschafts- und Pflichtdelikten ebenso auftreten können und deshalb nicht zur Begründung einer Theorie dienen dürfen. Ihre Verallgemeinerung zu „Wortlaut"- und „Körperbewegungs"theorien bleibt daher im Vordergründig-Naturalistischen stecken; insoweit – ist der alte Vorwurf Eb. Schmidts durchaus begründet. Überhaupt handelt es sich bei den Eigenhändigkeitslehren bisher noch mehr um ein gefühlsmäßiges Tasten nach dem Richtigen als um die Formulierung einer wissenschaftlichen Erkenntnis.

§ 36. Zusammenfassungen und Ergänzungen

Wir haben den Kreis der vorsätzlichen Begehungsdelikte ausgeschritten und sind zu dem Ergebnis gekommen, daß der Täter allemal die Zentralgestalt des handlungsmäßigen Geschehens ist, daß aber dieses Kriterium durch drei verschiedene materielle Elemente ausgefüllt wird: Im allgemeinen durch den Begriff der Tatherrschaft, bei gewissen Tatbeständen aber auch durch die besondere außerstrafrechtliche Pflichtenstellung des Täters oder durch eine verhaltensgebundene, nicht rechtsgüterverletzende Verwerflichkeit. Den

Sinn und die Notwendigkeit dieser Dreiteilung hoffe ich deutlich gemacht zu haben. Es bleibt aber noch die Frage, ob nicht neben diesen Gesichtspunkten auch andere Täterkriterien Geltung beanspruchen. Das Problem hat eine praktische und eine theoretische Seite.

Die praktische Frage stellt sich dahin, ob es wirklich möglich ist, mit Hilfe dieser doch sehr beschränkten Aufgliederung bei der Fülle verschiedenartiger Tatbestände stets zu einer sachgerechten Abgrenzung von Täterschaft und Teilnahme zu kommen. Gibt es nicht vielleicht Tatbestände oder sind wenigstens solche denkbar, bei denen diese Maßstäbe versagen und andere Gesichtspunkte heranzuziehen sind (I)?

Die theoretische Frage, die natürlich eng damit zusammenhängt, ist die, inwieweit die von uns entwickelte Dreiteilung zwingend ist; ob sie unabhängig von den einzelnen Tatbeständen ein gewissermaßen „ewiges Muster" darstellt und etwa auch für das künftige Recht mit seinen vielleicht noch nicht einmal konzipierten Strafbestimmungen Gültigkeit haben muß. Denn auch wenn die hier entwickelte Lösung durchführbar und praktikabel ist, ließe sich immer noch die Frage stellen, ob man es nicht vielleicht auch anders machen könne und ob nicht eine nach abweichenden Gesichtspunkten konzipierte Gliederung der Teilnahmeformen, wenn sie kodifiziert würde, den hier vertretenen Täterbegriff bedeutungslos werden ließe (II).

Daran schließt sich zwanglos die weitere Frage, ob es nicht sinnvoll oder wenigstens möglich wäre, auf die ganze Abgrenzung überhaupt zu verzichten und dem Gesetz den Einheitstäterbegriff zugrundezulegen. Angesichts des Umstandes, daß das gegenwärtige und das künftige Recht auf diese radikale Lösung verzichten, soll das Problem nur knapp unter Hinweis auf die sich aus unseren allgemeinen Erwägungen unmittelbar ergebenden Folgerungen behandelt werden (III).

Endlich ist noch kurz darauf einzugehen, ob und wie die vorgeschlagene Abgrenzung bei versuchten Delikten durchführbar ist. Das bedarf der Erörterung, weil nicht ohne weiteres klar ist, ob man beispielsweise auf die Tatherrschaft abstellen und wie man sie ermitteln kann, wenn es zu einer „Tat" nicht mehr gekommen ist (IV, 1). In diesem Zusammenhang ist auch kurz die Frage zu untersuchen, ob die Beherrschbarkeit eines Geschehens im Sinne der Adäquanztheorie als generelle Voraussetzung der Versuchstäterschaft angesehen werden kann (IV, 2).

I. Die Möglichkeit anderer Täterkriterien

1. Gesinnungsmerkmale als täterschaftliche Umstände?

Die Frage, ob der Unterschied der Teilnahmeformen, wenn schon nicht generell, so doch bei einzelnen Strafvorschriften, von der Gesinnung der Beteiligten abhängen könnte, tritt bei solchen Tatbeständen auf, die kraft ausdrücklicher Formulierung eine bestimmte wertwidrige Einstellung des Handelnden erfordern, wie sie etwa durch die Begriffe „roh" (§§ 223b StGB; 9 Abs. 1, 1 TierschG), „aus niedrigen Beweggründen", „aus Habgier"

(§ 211), „gewissenlos" (§§ 170c, d), „rücksichtslos" (§ 315a Abs. 1 Ziff. 4), „aus grobem Eigennutz" (§ 170a) u. ä. gekennzeichnet wird. Muß eine derartige Gesinnung bei allen Beteiligten oder nur beim Täter vorliegen? Und kann ein Außenstehender dem Tatherrschaftsprinzip zuwider Täter sein, wenn er sich durch die tatbestandlich geforderte Gesinnung auszeichnet, die dem unmittelbar Handelnden fehlt?

Gallas hat von den „Schwierigkeiten" gesprochen[1], die der Teilnahmelehre bei den Gesinnungsmerkmalen erwüchsen und hat deshalb diese Elemente als „Fremdkörper in unserem am Tatschuldgedanken orientierten Strafrechtssystem" bezeichnet[2]. Schmidhäuser[3] ist dem gerade im Hinblick auf die Teilnahmelehre entgegengetreten. Hardwig, dem wir die erste umfassende Behandlung der Gesinnungsmerkmale verdanken, hat aus den Folgerungen, zu denen diese Umstände in der Teilnahmelehre nötigen, Rückschlüsse auf ihre systematische Stellung gezogen[4]. Kurzum: Die Frage ist strittig und ungeklärt. Die Beurteilung wird dadurch erschwert, daß es im Rahmen dieser Arbeit nicht möglich ist, auf die Problematik der Gesinnungselemente, bei denen die Forschung trotz der grundlegenden Arbeiten von Hardwig und Schmidhäuser noch am Anfang steht, näher einzugehen. Eine Auseinandersetzung kann deshalb nur insoweit erfolgen, als die unterschiedlichen Lehren bei der Abgrenzung von Täterschaft und Teilnahme zu abweichenden Ergebnissen kommen oder den bisher entwickelten Täterbegriff in Frage stellen.

a) Straferhöhende Gesinnungsmerkmale

aa) Wir beginnen mit einem Beispiel: Der A beschließt, das Leiden seiner todkranken Frau zu verkürzen und sie durch eine Überdosis von Tabletten zu töten. Der Apotheker B, dem er diesen Plan mitteilt, nutzt die Situation aus und verlangt von ihm für das Medikament DM 1000,–. Hier begeht A einen Totschlag. B handelt „aus Habgier". Ist er deshalb mittelbarer Täter eines Mordes? Nur wenn man das annehmen könnte, wäre die „habgierige Gesinnung" ein täterschaftsbegründendes Merkmal, das selbständig neben unsere drei entwickelten Kriterien treten müßte.

Eine solche Lösung wird aber nicht vertreten. Schmidhäuser nimmt Beihilfe zum Mord[5], Hardwig Beihilfe zum Totschlag[6] an; und zwischen diesen beiden Möglichkeiten bewegen sich die anderen bisher mit den unterschiedlichsten Begründungen vertretenen Lehren. Die Gesinnung hat also hier auf die Abgrenzung von Täterschaft und Teilnahme nach einhelliger Meinung keinen Einfluß. Es bleibt deshalb insoweit beim Tatherrschaftsprinzip.

---

[1] Gutachten, S. 151
[2] a. a. O., S. 152
[3] Gesinnungsmerkmale, S. 266/67
[4] ZStW, Bd. 68, 1956, S. 14ff.
[5] a. a. O., S. 263
[6] GA 1954, S. 72

bb) Gibt es aber vielleicht Sachverhalte, die eine andere Beurteilung erfordern? Man erinnere sich des schon oben besprochenen Falles, daß jemand durch eine bewußt wahrheitswidrige Denunziation „aus niedrigen Beweggründen" einen anderen zu einem Totschlag veranlaßt[7]. Hier haben wir, im Ergebnis mit Hardwig und v. Weber übereinstimmend, gegen die Rechtsprechung und die herrschende Meinung einen Mord in mittelbarer Täterschaft angenommen. Ist bei einer solchen Konstellation also der niedrige Beweggrund für die Täterschaft maßgebend? So könnte es aussehen, wenn etwa v. Weber die Täterschaft des Hintermannes damit begründet, „daß die ganze Tat als ein Racheakt von ihm erscheint und deshalb sein Motiv die Bewertung der Tat bestimmt"[8]. Gleichwohl wäre eine solche Folgerung unrichtig. Die mittelbare Täterschaft des Hintermannes beruht hier auf seiner Täuschung, die dem unmittelbaren Täter den sozialen Handlungssinn seines Verhaltens verschleiert und dem Außenstehenden eine „Tatherrschaft vierter Stufe" verschafft. Mit der Gesinnung des Handelnden hat die Frage unmittelbar nichts zu tun, so daß es auch in diesem Fall beim allgemeinen Täterbegriff bleibt[9].

In entsprechender Weise sind alle übrigen Tatbestände mit straferhöhenden Gesinnungsmerkmalen zu beurteilen.

b) Strafbegründende Gesinnungsmerkmale

Schwierigkeiten könnten also nur noch bei den Bestimmungen auftreten, in denen ein Gesinnungselement strafbegründend wirkt; denn in diesen Fällen besteht nicht die Möglichkeit, durch eine Heranziehung des § 50 Abs. 1 oder 2 den Außenstehenden nach einem Strafrahmen zu verurteilen, der auf den Täter nicht anwendbar ist. Doch sind auch hier, wie sich bei näherem Zusehen zeigt, die Abgrenzungsfragen nach den bisher erarbeiteten Gesichtspunkten zu lösen.

aa) Nehmen wir zunächst den Begriff „roh" im Tierschutzgesetz. Wenn A seinen kranken Hund schmerzlos töten will und B ihm auf seine Bitte ein Mittel liefert, das, wie er weiß, erhebliche Schmerzen bereitet, so ist B allerdings mittelbarer Täter einer Tierquälerei, während der getäuschte A straflos ausgeht. Aber auch hier liegt der Grund nicht darin, daß B im Gegensatz zu A „roh", d. h. mit einer „gefühllosen Gesinnung" (§ 1 Abs. 2 TierschG), handelt. Vielmehr ist das nur die Folge der Täuschung, auf Grund deren B, der als einziger den Unrechtsgehalt des Vorganges erfaßt, die Willensherrschaft über das Geschehen erlangt. Konstellationen dieser Art sind also von vornherein auszuschalten: Ihre Lösung ergibt sich aus dem Tatherrschaftsprinzip.

bb) Es bleiben also nur die Fälle, bei denen alle Beteiligten den Sachverhalt gleichermaßen in vollem Umfang übersehen. Wie ist es hier, wenn derjenige,

---

[7] Vgl. S. 219/220
[8] MDR 1952, S. 266
[9] Zur Begründung vgl. im einzelnen oben S. 219ff.

der den Plan entwickelt, auf Grund einer gefühllosen Gesinnung handelt, die dem Ausführenden fehlt? Wird bei einer solchen Sachlage jemand, der nach dem allgemeinen Täterbegriff nur Anstifter wäre, durch seine Roheit plötzlich zum Täter?

Die Frage findet ihre Antwort in der Erkenntnis, daß ein solcher Sachverhalt nicht vorkommen kann. Denn die „gefühllose Gesinnung", durch die eine „Roheit" charakterisiert wird, bezeichnet keinen „Affekt", kein „Motiv", keine subjektive „psychische Einstellung"[10], die bei gleicher Einsicht in Sinn und Folge des Verhaltens von Person zu Person wechseln kann. Es handelt sich dabei vielmehr um einen objektiven Verstoß gegen sittliche Werte und deshalb um ein Kriterium, das von den emotionalen Vorgängen in der Person der Beteiligten unabhängig ist.

Wenn mehrere Mitwirkende wissen, daß ein Mittel dem Tier furchtbar quälende Schmerzen bereitet, und wenn sie keine sachlichen Umstände annehmen, die seine Beibringung gleichwohl rechtfertigen könnten, dann ist ihr Verhalten „roh", einerlei, was sie dabei gedacht und gefühlt haben[11]. Empfindet der eine sadistische Freude über den Vorgang, während dem anderen alles gleichgültig ist, so handeln sie trotzdem beide roh. Die Wertverfehlung liegt im Verhalten selbst, dem, wenn es von der Einsicht in die Unnötigkeit und hohe Schmerzhaftigkeit der Behandlung getragen ist, die „Roheit" eo ipso anhaftet.

Das Gesinnungsmerkmal „roh" ist also gewissermaßen eine in den Wertbereich transponierte zusammenfassende Kennzeichnung bestimmter vorsätzlicher Verletzungshandlungen, deren Einzelbeschreibung dem Gesetzgeber unmöglich erschien – eine Erwägung, die Schmidhäusers These, es handele sich bei den Gesinnungsmerkmalen um reine Schuldelemente, in Frage stellen könnte. Doch ist dem hier nicht näher nachzugehen. Für die Teilnahmelehre ergibt sich daraus jedenfalls: Wenn bei gleicher Sachverhaltskenntnis den Beteiligten ohne Rücksicht auf ihre emotionale Einstellung die gleiche unwerthaltige Gesinnung zuzusprechen ist, kann dieses Kriterium, weil es bei allen vorliegt, nicht zur Abgrenzung von Täterschaft und Teilnahme herangezogen werden.

Das gilt für sämtliche von psychischen Motiven und Absichten gelösten Gesinnungsmerkmale, z. B. auch für das „rücksichtslose" Fahren in § 315a Ziff. 4. Wenn der Beifahrer A dem Fahrer B rät, unter Mißachtung der Vorfahrt alle Kreuzungen bei Rotlicht mit einer Geschwindigkeit von 150 Stundenkilometern zu überqueren, so handeln beide „rücksichtslos", auch wenn A aus sträflichem Übermut den Vorschlag macht und B ihm nur folgt, um noch rechtzeitig einen Termin zu erreichen. Auf die Motive kommt es auch hier nicht an. A ist deshalb Anstifter und B Täter. Nicht etwa ist A mittelbarer Täter und B ein ohne die erforderliche Rücksichtslosigkeit handelndes Werkzeug.

---

[10] zum Teil abweichend Hardwig, ZStW, Bd. 68, S. 16ff.
[11] im Ergebnis übereinstimmend Schmidhäuser S. 267, der annimmt, daß wir „beim Teilnehmer, der um die Roheit von vornherein weiß, auch selbst schon die gefühllose Gesinnung sehen".

Freilich ist die Frage, ob man den Begriff der „Rücksichtslosigkeit" in solcher Weise von der psychischen Verfassung des Täters trennen kann, umstritten. Eine entgegengesetzte Auffassung vertritt der Bundesgerichtshof[12], nach dessen Meinung der Vorwurf der Rücksichtslosigkeit entfällt, „wenn der Täter in einem Zustand hochgradiger ... Erregung gehandelt hat und deshalb – bei voller Zurechnungsfähigkeit – nicht die gebotene verantwortungsbewußte Verkehrsgesinnung aufbringen und sich demgemäß verhalten konnte." Der Angeklagte war, um einer Verhaftung zu entgehen, mit einer Geschwindigkeit von 70–100 km/std. durch eine von der Polizei errichtete Straßensperre hindurchgefahren und hatte dabei zwei Polizisten und ihr Fahrzeug „aufs höchste gefährdet". Obwohl dieser Umstand normalerweise für die Bejahung der Rücksichtslosigkeit ausgereicht hätte, soll das nach Meinung des BGH hier wegen der Erregung des Angeklagten ausnahmsweise nicht gelten.

Es scheint mir zweifelhaft, ob man dem bei einer am Rechtsgüterschutz orientierten Interpretation der Tatbestände folgen sollte. Denn wenn der Angeklagte voll zurechnungsfähig war und den Sachverhalt zutreffend übersah, ist es bedenklich, daß ihn allein seine Erregung von der Strafe befreien soll. Es wird dadurch in den Begriff der Rücksichtslosigkeit ein neuartiger Schuldausschließungsgrund hineingedeutet, der dem Schutzzweck der Vorschrift kaum entspricht. Sollte die Rechtsordnung nicht besser darauf bestehen, daß voll zurechnungsfähige Autofahrer ihre Erregung meistern, anstatt ihnen einen Freibrief dafür auszustellen, daß sie sich bewußt gehen lassen und dadurch größte Gefahren heraufbeschwören? Allerdings waltet in der Entscheidung insofern eine Unklarheit, als der BGH sagt, daß der Angeklagte wegen seiner hochgradigen, das Bewußtsein einengenden Erregung „nicht die gebotene ... Verkehrsgesinnung aufbringen und sich demgemäß verhalten konnte." Wenn der Täter nicht anders handeln konnte als er es tat, kann er natürlich nicht schuldig sein. Aber dann ist es unverständlich, wieso ihm die volle Zurechnungsfähigkeit, die doch gerade die Handlungsfreiheit voraussetzt, zugesprochen wird.

Doch mag das alles einmal dahinstehen zugunsten der Frage, welche Konsequenzen sich für Täterschaft und Teilnahme ergeben, wenn man der Ansicht des BGH folgt. Wie ist es, wenn man beim Fahrzeugführer A trotz höchst gefährdender Fahrweise wegen seiner Erregung die Rücksichtslosigkeit ausschließt, wenn aber der Beifahrer B, der sich in ganz normaler Gemütslage befand, ihn zu diesem Verhalten veranlaßt hat? Ist dann etwa der Hintermann B wegen seiner Rücksichtslosigkeit Täter, während A wegen Fehlens des täterschaftsbegründenden Merkmals straflos bleibt? Offenbar nicht, denn ein so verstandener Begriff der Rücksichtslosigkeit würde, wie auch der BGH feststellt, lediglich als „schuldsteigerndes Element" angesehen werden können und müßte dem § 50 Abs. 1 StGB unterfallen. A wäre wenngleich strafloser – Täter, und B könnte nach allgemeinen Regeln als Anstifter gemäß § 315 a Abs. 1 Ziff. 4 bestraft werden. An

---

[12] Entsch. des 4. Sen. v. 6.7.1962, NJW 1962, S. 2165 f.; ebenso Schönke/Schröder 10. Aufl., § 315 a, 4, d, S. 1191. Wie hier BayObLG, JR 1960, S. 70/71

der Abgrenzung von Täterschaft und Teilnahme nach den Maßstäben des Herrschaftsprinzips würde sich also auch in diesem Fall nichts ändern.

cc) Nicht prinzipiell anders ist das Beispiel zu beurteilen, das Gallas[13] heranzieht, um die von den Gesinnungsmerkmalen verursachten Schwierigkeiten zu illustrieren. Es handelt sich um den Begriff „böswillig" in § 1 Abs. 1 der Kriegswirtschaftsverordnung v. 4. 9. 1939. Dort wird bestraft, „wer Rohstoffe oder Erzeugnisse, die zum lebenswichtigen Bedarf der Bevölkerung gehören, vernichtet, beiseiteschafft oder zurückhält und dadurch böswillig die Deckung dieses Bedarfs gefährdet".

Hier kann das Wort böswillig entweder im Sinne eines Motivs verstanden werden, z. B. als eigennützige Absicht. Dann liegt kein Gesinnungsmerkmal vor, sondern ein subjektives Unrechtselement, wie es etwa auch bei der Hehlerei in den Worten „seines Vorteils wegen" zum Ausdruck kommt. In diesem Fall ist es in der Tat unmöglich, einen Außenstehenden zu bestrafen, wenn er eine solche Absicht hat, die dem unmittelbar Handelnden fehlt. Aber das hat weder mit der Problematik der Gesinnungselemente etwas zu tun noch ist es überhaupt merkwürdig; denn wenn jemand „seines Vorteils wegen" einen uneigennützig Handelnden auffordert, eine gestohlene Sache an sich zu bringen, so ist das auch – zu Recht – keine Anstiftung zur Hehlerei oder etwa gar eine mittelbare Täterschaft. Die Frage gehört insoweit in den Bereich der Absichtsdelikte, über die schon oben zu sprechen war[14].

Wenn man dagegen „böswillig" als Gesinnungsmerkmal betrachtet, liegt es genau so wie bei der „Roheit" und „Rücksichtslosigkeit". Schafft jemand auf Bitten und zugunsten eines Hintermannes Rohstoffe beiseite und weiß er dabei, daß der andere sich nur bereichern will und daß die Bevölkerung wegen seines Verhaltens hungern muß, dann gefährdet er deren Bedarf ebenso „böswillig" wie der Hintermann, auch wenn sein Motiv nur darin lag, sich dessen Freundschaft zu erhalten.

Komplizierter wird die Frage erst dann, wenn der Gesetzgeber auf den Gesinnungsunwert nicht der Gesamttat, sondern gerade des Tatmotivs abstellt. Das wäre hier der Fall, wenn man das Wort „böswillig " in § 1 KWVO, wie es Schmidhäuser[15] erwägt, so verstehen müßte, als ob dort „aus niedrigen Beweggründen" stünde. Dann wäre es in unserem Beispiel denkbar, dem unmittelbar Handelnden (Motiv: Freundschaftserhaltung) die Böswilligkeit abzusprechen, die beim Hintermann (Motiv: Bereicherung) anzunehmen wäre. Es ist mir zweifelhaft, ob ein verständiger Gesetzgeber die Grenzen der Strafbarkeit so ziehen kann. Wenn er es aber täte, dann müßte das verwerfliche Motiv, weil es auf Art und Umfang der Sozialschädlichkeit des Verhaltens nicht den mindesten Einfluß hat, als reines Schuldelement betrachtet werden. Und dann kann man den Hintermann, auch wenn der Täter straflos bleibt, als Anstifter zu einer tatbestandsmäßig-

---

[13] Gutachten S. 151/52
[14] Vgl. S. 338ff., insbesondere S. 345ff., 350ff.
[15] a. a. O., S. 267

rechtswidrigen Handlung ansehen[16]. Mittelbarer Täter ist er also kraft seiner Gesinnung keinesfalls, so daß das Tatherrschaftsprinzip unangetastet bleibt.

dd) Auch sonst halten alle Beispiele, die zu der Annahme verleiten könnten, daß eine Gesinnung täterschaftsbegründend wirke, der Nachprüfung nicht stand. Wenn der aus grobem Eigennutz handelnde Ehegatte A seinen Freund B veranlaßt, ihm zu Gefallen seine – des A – Familienhabe zu veräußern, so ist A allerdings entgegen dem Tatherrschaftsprinzip mittelbarer Täter des § 170 a StGB, und der ausführende B ist nur Gehilfe. Die Täterschaft des A beruht aber nicht auf seiner im Gegensatz zu B grob eigennützigen Gesinnung, sondern auf dem Umstand, daß es sich bei § 170 a um ein Pflichtdelikt handelt, bei dem die besondere Stellung des Ehegatten täterschaftsbegründend wirkt. Noch deutlicher wird das, wenn man den Fall umdreht, wie es Hardwig[17] getan hat: A glaubt, seine Ehefrau sei tot und wird von B hinterhältig zur Veräußerung der ihm gehörenden Familienhabe veranlaßt. Hier ist B, auch wenn er „böswillig" oder „aus grobem Eigennutz" handelt, natürlich nicht Täter des § 170 a StGB, denn ihm fehlt die den Ehegatten treffende Sonderpflicht. Seine Gesinnung kann ihn nicht zum Täter machen.

ee) Entsprechendes gilt auch für den praktisch vielleicht interessantesten Fall: die emotionalen Elemente des Vorsatzbegriffes. Wir haben oben[17a] gesehen, daß sich Vorsatz und bewußte Fahrlässigkeit im Hinblick auf die ablaufsgestaltende Finalität nicht notwendig zu unterscheiden brauchen, daß man vielmehr bei gleicher Einsicht in den Kausalprozeß trotz gleichartiger Geschehenssteuerung je nach der inneren Einstellung des Handelnden zum Erfolg dem einen Vorsatz zusprechen kann, während man den anderen nur als bewußt fahrlässig ansieht. Vom Standpunkt der Tatherrschaftslehre folgt daraus, daß bei übereinstimmender Kenntnis der Erfolgs-Chance ein vorsätzlich handelnder Hintermann A, der den bewußt fahrlässigen B zu seinem Tun veranlaßt, nicht die Herrschaft über das Geschehen hat und deshalb nur Anstifter ist.

Hier ergibt sich nun das Problem, ob nicht vielleicht in solchen Fällen unter Ausschaltung des Tatherrschaftsprinzips allein der überschießende Gesinnungsunwert den vorsätzlich Handelnden zum Täter macht. Wenn man das bejahen könnte, wäre die herrschende Meinung, wonach ausnahmslos mittelbare Täterschaft vorliegt, wenn man einen bewußt Fahrlässigen zur Tat veranlaßt, wenigstens im Ergebnis richtig. Die Elemente der Finalität und der Gesinnung, die im Vorsatz enthalten sind, würden dann gleichrangig die Täterschaft begründen.

Aber eine solche Auffassung würde keine Billigung verdienen. Denn allen methodischen Prinzipien, auf die wir unsere Täterlehre gegründet haben, würde es widersprechen, wenn man die Täterschaft von Umständen abhängig machen wollte, die sich im äußeren Handlungsgeschehen nicht

---

[16] ebenso im Ergebnis Schmidhäuser, S. 267, der freilich sämtliche Gesinnungsmerkmale ausschließlich dem Schuldbereich zuweist.

[17] ZStW, Bd. 68, 1956, S. 37

[17a] S. 180 ff., 220 ff.

im geringsten auswirken und allein die individuelle Verwerflichkeit betreffen. Wollte man so verfahren, dann wäre nicht mehr einzusehen, warum nicht ganz allgemein die Motive, Absichten, Tendenzen, kurz: die „Einstellung" der Beteiligten über die Täterschaft entscheiden sollte. Damit würde das oben[17b] ausdrücklich abgelehnte Strafwürdigkeitsprinzip wieder in die Täterlehre hineinkommen, dessen mangelnde Beschreibbarkeit einen unbestimmten Täterbegriff mit allen seinen Nachteilen im Gefolge hätte. Würde man dagegen die Berücksichtigung solcher Elemente auf das Verhältnis von vorsätzlich handelndem Hintermann und bewußt fahrlässig Ausführendem beschränken, so würde sich eine solche Auffassung nur allzu deutlich als ad-hoc-Konstruktion enthüllen. Für sie besteht schon deshalb kein Bedürfnis, weil der Gesetzgeber bei Täterschaft und Anstiftung den gleichen Strafrahmen vorgesehen hat – ein Umstand, der schon allein ausreichen müßte, um auch hier das Tatherrschaftsprinzip unangetastet zu lassen.

Das Ergebnis unserer Untersuchung lautet also: Gesinnungselemente welcher Art sie auch seien – haben auf die Abgrenzung von Täterschaft und Teilnahme keinen Einfluß.

2. Tatbestands- und deliktsgruppenbezogene Täterbegriffe

a) Die Tatbestandsbezogenheit des Täterbegriffs im Verhältnis zu den generellen Täterkriterien

Andere Umstände, die für die Abgrenzung von Täterschaft und Teilnahme maßgebend sein könnten, sind nicht ersichtlich. Alle Merkmale, die den Anspruch der Allgemeingültigkeit erheben und für die Aufgliederung der Teilnahmeformen heute noch Bedeutung haben, sind im Laufe der Darstellung behandelt und gewürdigt worden. Der Erörterung bedarf aber noch der sog. „tatbestandsbezogene Täterbegriff", der im neueren Schrifttum wenn auch in oft unklarer Weise und in wechselnder Bedeutung – eine nicht unwesentliche Rolle spielt[18].

Diese „Tatbestandsbezogenheit" läßt sich in sehr verschiedenem Sinne verstehen. Unsere Lehre, die mit den drei Täterkriterien der „Herrschaft", der „Pflicht" und der „Eigenhändigkeit" arbeitet, kann in zwiefachem Sinne als Ausprägung eines tatbestandsbezogenen Täterbegriffes angesehen werden; sie kann aber auch in doppelter Weise als Gegenposition zu einer in anderer Bedeutung tatbestandsbezogenen Begriffsbildung erscheinen. Es ist deshalb erforderlich, die vier Aspekte der Tatbestandsbezogenheit in ihrem Verhältnis zur hier entwickelten Täterlehre kurz zu skizzieren.

aa) Der Täterbegriff ist seinem Inhalt nach insofern tatbestandsbezogen, als der Täter die Zentralgestalt des im jeweiligen Tatbestand beschriebenen

---

[17b] S. 30 ff.

[18] Vgl. etwa H. Mayer, Rittler-Festschrift, S. 244 ff.; Lange, Moderner Täterbegriff, S. 3 ff., 39 ff.; Kohlr./Lange, 42./43. Aufl., I vor § 47, S. 158–160; Gallas, Gutachten, S. 134/135; Sonderheft Athen, S. 13 f.; Franzheim, Teilnahme an unvorsätzlicher Haupttat, S. 36 ff.

Handlungsgeschehens ist. Die Verschiedenartigkeit der Einzeltatbestände wird also dadurch in den Täterbegriff eingefangen, daß seine Erscheinungsformen infolge der variierenden Tatbestandshandlungen ein immer anderes Gepräge erhalten: Ein mittäterschaftsbegründendes arbeitsteiliges Zusammenwirken etwa stellt sich bei einem Totschlag ganz anders dar als bei einem raffinierten Betrugsmanöver. Dadurch unterscheidet sich die hier vertretene Auffassung grundsätzlich von Lehren, die etwa auf spezifische Formen der Kausalität oder auf den Täterwillen abstellen und dadurch die Sinnfülle des jeweils wechselnden Handlungsgeschehens aus der Teilnahmelehre verbannen.

Um aber auch gleich die Grenzen der inhaltlichen Tatbestandsbezogenheit aufzuweisen: Was bei der Tatherrschaft mit jedem Delikt wechselt, ist die „Tat"; die „Herrschaft" dagegen wird überall durch dieselben Elemente bestimmt. Entsprechend ist der Inhalt der außerstrafrechtlichen Sonderpflicht jeweils verschieden, während die Struktur der Pflicht selbst und ihre Auswirkung auf die Abgrenzung von Täterschaft und Teilnahme immer die gleiche bleibt. Ebenso sind die Kriterien der Eigenhändigkeit unveränderlich, auch wenn es mannigfaltige Formen eigenhändig-täterschaftlichen Verhaltens gibt. Jede Auffassung, die – namentlich beim Herrschaftsbegriff – unter Berufung auf die Tatbestandsbezogenheit diese unverrückbare Einheit preisgibt, steht im Widerspruch zur hier vertretenen Lehre. Darauf wird noch zurückzukommen sein.

bb) Der Täterbegriff ist ferner tatbestandsbezogen auch im methodischen Sinne. Zwar weisen Herrschaft, Pflicht und Eigenhändigkeit unabhängig vom Einzeltatbestand überall die gleiche Struktur auf. Daraus darf man aber nicht schließen, daß hier aus irgendwelchen dogmatischen Erwägungen vorgefaßte Begriffe den Tatbeständen, unbekümmert um ihre Eigenart, aufgezwungen würden. Das Gegenteil ist der Fall: Wir haben vielmehr im Hinblick auf jeden Tatbestand festgestellt, durch welche Kriterien der Begriff der Zentralgestalt bei ihm sinnvollerweise auszufüllen ist. Dabei hat sich für eine Vielzahl von Bestimmungen – die wir Herrschaftsdelikte genannt haben – eine Gleichheit der Gesichtspunkte ergeben. Wo nach der Struktur des jeweiligen Einzeltatbestandes andere Umstände heranzuziehen waren, haben wir sie herausgearbeitet und unter den Leitgesichtspunkten der außerstrafrechtlichen Sonderpflicht und der Eigenhändigkeit zusammengefaßt. Unsere drei Erscheinungsformen der Zentralgestalt sind also unmittelbar aus den Einzeltatbeständen abstrahiert. Die strenge Tatbestandsbezogenheit in diesem Sinne gehört sogar zu den wesentlichen methodischen Grundlagen der hier entwickelten Lehre.

cc) Der Täterbegriff ist aber durchaus nicht tatbestandsbezogen, wenn man diesen Gedanken so auffassen wollte, daß es grundsätzlich unrichtig sei, über den Einzeltatbestand hinausgreifende Täterkriterien zu entwickeln. So lesen wir z. B. bei Hellmuth Mayer[19], die neuere wissenschaftliche Entwicklung steuere auf einen Täterbegriff zu, der als „tatbestandsbezogen"

---

[19] Rittler-Festschrift, S. 244

bezeichnet werden dürfe. Danach sei es kein Mangel, wenn das Gesetz uns keine allgemeine Täterdefinition liefere, weil sich aus den einzelnen Tatbestandsbeschreibungen jeweils ergebe, wer Täter sei. Der wissenschaftlichen Lehre sei es sogar verboten, einen verallgemeinernden Täterbegriff zu entwickeln, weil ein solcher verallgemeinerter Täterbegriff die Tatbestandsbeschreibung in gesetzwidriger Weise erweitern müßte[20].

Es ist nicht ganz klar, wie das gemeint ist. Aber es ließe sich jedenfalls so verstehen, als ob hier die Selbständigkeit des Täterbegriffs gegenüber der Tatbestandslehre aufgegeben werden sollte; es müßte dann aus jedem Tatbestand ein nur ihm zugehöriger Täterbegriff entwickelt werden. Im Lichte einer solchen Lehre müßte sich die hier entwickelte Aufteilung in Herrschaftsdelikte, Pflichtdelikte und eigenhändige Straftaten als unzulässige Vereinfachung darstellen. Wenn man diesen Ansatz konsequent zu Ende denkt, würde bei einem derartigen Verfahren die Täterlehre aus einer Materie des Allgemeinen zu einer Frage des Besonderen Teils werden. Undenkbar wäre das nicht. So wird ja auch bei den Unterlassungsdelikten neuerdings vorgeschlagen, die Garantenstellungen nicht mehr in Gruppen zusammengefaßt „vor die Klammer" zu ziehen, sondern für jeden Tatbestand selbständig zu entwickeln[21].

Ein tatbestandsbezogener Täterbegriff in diesem Sinne würde unser Bestreben, mit einer sehr beschränkten Anzahl von Täterkriterien auszukommen, zum Scheitern verurteilen. Aber alle derartigen Versuche sind in der Teilnahmelehre über erste Ansätze noch nie hinausgelangt. Sie werden auch in Zukunft keinen Erfolg haben. Gegen sie spricht nicht nur die durch sie zwangsläufig bewirkte „Atomisierung" der Teilnahmelehre und ihre Unpraktikabilität. Eine solche Lösung wäre auch sachlich einfach unrichtig. Wenn wir etwa zu dem Ergebnis gekommen sind, daß bei allen Herrschaftsdelikten eine Nötigung nach § 52 StGB den Hintermann zum Täter macht, so müßte die Gegenmeinung beweisen, daß hier von Fall zu Fall eine verschiedene Beurteilung am Platze ist; dasselbe müßte für das arbeitsteilige Zusammenwirken und die eigenhändige Tatbestandserfüllung gelten. Das kann nicht richtig sein, weil bisher noch niemals Gründe aufgewiesen worden sind, die bei derart typischen Konstellationen eine für jeden Tatbestand abweichende gesetzliche Wertung fordern könnten.

Gewiß gibt es Tatbestände, die so beschaffen sind, daß weder ein Nötigungsnotstand noch ein funktionelles Zusammenwirken die Täterschaft begründen; ihnen liegen andere Täterkriterien wie die Sonderpflicht oder die Eigenhändigkeit zugrunde. Aber auch insoweit fehlt es an jedem Beweis, daß noch weitergehende einzeltatbestandliche Differenzierungen nötig oder auch nur möglich sind. Vielmehr würde ein solches Verfahren zu einem „Wertungs-Chaos", zu einer Ungleichbehandlung des strukturell Gleichen, führen, die den Sinn der gesamten Abgrenzung hinfällig machen

---

[20] a. a. O., S. 245
[21] Gegen diese Bemühungen Henkel, Festschrift für Tesar, Monatsschrift für Kriminologie und Strafrechtsreform, 1961, S. 178 ff.

müßte. Ein tatbestandsbezogener Täterbegriff in diesem Sinne wäre also glatt abzulehnen.

dd) Der Täterbegriff ist schließlich auch nicht tatbestandsbezogen in dem Sinne, daß zwar als oberstes Prinzip der Tatherrschaftsgedanke beibehalten wird, daß aber die Kriterien der Herrschaft von Fall zu Fall den Erfordernissen des Einzeltatbestandes angepaßt werden.

Wir haben schon wiederholt auf solche Tendenzen bei Gallas und Lange hingewiesen[22]. Sie entspringen, wie wir jetzt wissen, dem Bestreben, die Pflichtdelikte und die eigenhändigen Straftaten mit dem Tatherrschaftsprinzip in Einklang zu bringen. Das ist – wenigstens terminologisch – nur möglich, indem man diesen Deliktsgruppen einen anderen Herrschaftsbegriff zugrundelegt und dann von einer „Tatherrschaft in dem von dem betreffenden Tatbestand gemeinten Sinn"[23] spricht. Die Kriterien der Pflicht und der Eigenhändigkeit sind dann nur „Elemente innerhalb des relativen und wertenden Begriffs der Tatherrschaft"[24], der „auf den spezifischen Unwertgehalt des jeweiligen Deliktstypus bezogen" wird.

Diese Konstruktionen sind abzulehnen. Sie zwängen das sachlich nicht zu Vereinbarende in äußerlicher Weise unter einen scheinbar gleichen Begriff, dessen Einheit durch den Rekurs auf die Verschiedenheit der Tatbestände sofort wieder zerbricht. Daß ein solches Verfahren zu sachlich unrichtigen Ergebnissen führt und den Blick auf die Selbständigkeit der Pflichtdelikte und eigenhändigen Straftaten verstellt, ist oben gezeigt worden und bedarf hier keiner Wiederholung.

Auch das Argument, das Franzheim neuerdings für die Notwendigkeit eines in diesem Sinne tatbestandsbezogenen Täterbegriffs vorbringt, schlägt nicht durch. Er verweist auf die Tatbestände, „die verselbständigte Teilnahmehandlungen sind", und sagt[26]: „Würde die Tatherrschaft ... nicht tatbestandsbezogen aufgefaßt, so könnten diejenigen, die die Tatbestände der angeführten Delikte verwirklichen, nicht als Täter, sondern nur als Teilnehmer bestraft werden".

Es ist leicht zu sehen, daß Franzheim hier einer Äquivokation zum Opfer gefallen ist. Denn der Umstand, daß Teilnahmehandlungen verselbständigt werden können und dann ihrerseits dem Tatherrschaftsprinzip unterliegen, folgt daraus, daß die „Tat" bei jeder Bestimmung verschieden ist und der Täterhandlung zwangsläufig ein jeweils anderes, tatbestandsbezogenes Gepräge verleiht (oben aa). Daraus läßt sich aber nicht entnehmen, daß auch die Elemente des Herrschaftsbegriffes sich wandeln; sie sind bei den verselbständigten Teilnahmevorschriften nicht anders als sonst zu bestimmen. Es werden hier also zwei verschiedene Bedeutungen der Tatbestandsbezogenheit (aa und dd) verwechselt.

Aus alledem folgt, daß auch die „Tatbestandsbezogenheit" nicht dazu nötigt, den Täterbegriff über die von uns entwickelte Dreiteilung hinaus von Fall zu Fall nach jeweils abweichenden Merkmalen zu bilden.

---

[22] Vgl. S. 73/74, 76/77, 256–258, 382
[23] Gallas, Gutachten, S. 133
[24] Franzheim, Teilnahme an unvorsätzlicher Haupttat, S. 40
[25] Teilnahme an unvorsätzlicher Haupttat, S. 37

b) Deliktsgruppenbezogene Täterbegriffe

Eine andere Möglichkeit, die Täterkriterien zu vermehren und zu variieren, könnte darin liegen, sie je nach der Art der angegriffenen Rechtsgüter (Leib und Leben, Eigentum und Vermögen, sexuelle Freiheit und Unversehrtheit) verschieden auszuformen. Ein solches Verfahren wäre weniger extrem als die oben (cc) entwickelte einzeltatbestandliche Aufsplitterung, würde aber gleichwohl unserem Täterbegriff, der auf die Art des angegriffenen Rechtsgutes keine Rücksicht nimmt, widersprechen.

Der gegenwärtig einzige Versuch zur Bildung eines in dieser Weise deliktsgruppenbezogenen Täterbegriffs stammt von Sauer[26]. Er unterscheidet zwischen Nutz-, Trieb- und Angriffsdelikten[27] und meint, hinsichtlich der Täterschaft sei „im konkreten Fall eine verschiedene Ausgestaltung bei den einzelnen Deliktsgruppen zu beobachten"[28]. Im Bereich der Nutzdelikte sei der Wille weitgehend in Betracht zu ziehen, „schon weil das subjektive Element des Wirkens in den meisten Tatbeständen dieser Deliktsgruppe als Tatbestandsmerkmal (Zueignungs-, Bereicherungsabsicht, aus Eigennutz, seines Vorteils wegen) Ausdruck" finde[29]. Bei den Triebdelikten dagegen liege der Schwerpunkt beim Erfolg und trete der Wille hinter dem reinen Trieb völlig zurück; so könnten bei Unzucht, Abtreibung und Fahrlässigkeitstaten nur die objektiven Verhältnisse entscheiden, während ein etwa entgegenstehender Täter- oder Teilnehmerwille nichts ändern würde. Das gleiche gelte für die reinen Angriffsdelikte, bei denen es vor allem auf die Begehungsweise und die Schädigung ankomme. Wenn A den C verprügele und B ihn festhalte, damit er nicht entlaufe, so leiste B nur Beihilfe, selbst wenn er die Körperverletzung als eigene Tat wünsche.

Die hier vorgenommene Aufgliederung kann nicht als geglückt bezeichnet werden. Was zunächst die „Nutzdelikte" betrifft, so ist nicht ersichtlich, warum bei ihnen notwendig „der Wille stark ausgebildet"[30] sein und mehr als bei anderen Straftaten im Vordergrund stehen soll. Die von Sauer erwähnten subjektiven Tatbestandselemente betreffen weniger den Willen als die Motive und Tendenzen des Handelnden. Auch das Eigeninteresse, das durch die Bezeichnung dieser Taten als „Nutzdelikte" für wesentlich erklärt wird, hat zur Stärke des Willens nur eine mittelbare Beziehung und ist vor allem als Abgrenzungskriterium gerade hier unbrauchbar. Denn § 263 erfaßt ausdrücklich auch das Handeln für einen anderen, und altruistische Diebstähle sind sehr wohl möglich, wie wir oben gesehen haben[31]; bei der Hehlerei schließlich muß zwar der Täter die Vorteilsabsicht haben – aber sie

---

[26] Allgemeine Strafrechtslehre, 1955 (3. Aufl.); vgl. über seine allgemeine Auffassung schon oben S. 87
[27] a. a. O., S. 207, 210–212
[28] a. a. O., S. 209
[29] hier und im folgenden a. a. O., S. 210
[30] a. a. O., S. 211
[31] s. S. 338 ff.

allein macht ihn nicht zum Täter, wenn er die Sache nicht objektiv an sich bringt. Es ist also nicht so, daß bei den „Nutzdelikten" der „Wille" in irgendeinem Sinne zur Begründung der Täterschaft wichtiger sei als sonst; Sauer selbst relativiert sogar seine eigene Lehre wieder, wenn er abschließend betont, es sei „Vorsicht gegenüber der subjektiven Theorie auch bei Nutzdelikten geboten"[32].

Auch die Argumente, die Sauer dafür anführt, daß bei den Trieb- und Angriffsdelikten die formal-objektive Theorie gelten müsse, sind wenig überzeugend. Wenn er zu den Triebdelikten sagt, bei ihnen sei „der Wille des Haupttäters nur schwach, so daß umso stärker der des Anstifters und selbst der des Ratgehilfen" wirke[33], so ist das erstens eine sehr anfechtbare These, und zweitens würde sie eher für die subjektive Theorie, also für das Gegenteil dessen sprechen, was Sauer beweisen will. Er sieht das auch selbst und meint, daß „es dem Maße der Strafwürdigkeit nur entsprechen würde", auch die Außenstehenden als Täter anzusehen. Warum dann trotzdem „der Schwerpunkt beim Erfolg" liegen und der Wille „völlig" zurücktreten soll, ist nicht recht verständlich. Abgesehen davon ist unklar, wieso die Abtreibung und die Fahrlässigkeitstaten (!) Triebdelikte sind und mit den Sittlichkeitsverbrechen in einem Begriff zusammengefaßt werden können.

Zur Begründung für die formal-objektive Abgrenzung bei den Angriffsdelikten beruft sich Sauer lediglich auf das sprachliche Empfinden[34]: „Mörder ist nach allgemeinem Sprachgebrauch und Rechtsempfinden nur, wer den tödlichen Stoß ausführt". Aber das läßt sich mit guten Gründen bezweifeln; und außerdem ist wiederholt dargelegt worden, warum der Sprachgebrauch als tragendes Abgrenzungskriterium nicht in Betracht kommt[35].

Richtig ist allerdings, daß die Trieb- und Angriffsdelikte im Gegensatz zu den Nutzdelikten höchstpersönliche Rechtsgüter verletzen[36]. Warum der Täter aber deshalb eigenhändig den Erfolg herbeiführen muß, kann ich nicht einsehen. Die Höchstpersönlichkeit liegt doch im angegriffenen Rechtsgut, nicht in der Person des Angreifers.

Mir scheint demnach: Die einzigen für die Täterlehre maßgebenden Deliktsgruppierungen bestehen in der von uns entwickelten Dreiteilung in Herrschafts-, Pflicht- und eigenhändige Delikte, insoweit kann man den Täterbegriff mit Recht „deliktsgruppenbezogen" nennen. Differenzierungen nach der Art des angegriffenen Rechtsgutes sind dagegen weder nötig noch durchführbar.

---

[32] a. a. O., S. 212
[33] a. a. O., S. 211
[34] a. a. O., S. 210
[35] siehe oben S. 23, S. 402/403
[36] Sauer a. a. O., S. 211

II. Positivität und Verbindlichkeit des Täterbegriffs

Nachdem sich im Laufe unserer Erörterungen alle abweichenden Lehren als unrichtig erwiesen haben, stellt sich abschließend die alte, gerade auch in der Täterlehre oft diskutierte Frage, inwieweit eine bestimmte Abgrenzung der Beteiligungsformen allgemeingültig sein kann und inwieweit sie dem positiven Recht verhaftet ist. Trifft auch hier der berühmte Satz v. Kirchmanns zu, daß „drei berichtigende Worte des Gesetzgebers" eine noch so gründlich erarbeitete Abhandlung über die Täterlehre zu „Makulatur" werden lassen kann?

Diese Meinung hat in neuerer Zeit besonders Schröder[37] vertreten. Er ist der Ansicht, die Frage nach dem Begriff des Täters spiele in der strafrechtlichen Dogmatik eine Rolle, die die wirkliche Bedeutung des Problems weit übersteige und leicht darüber hinwegtäusche, „daß es sich hier nicht um ein dogmatisches Problem, sondern lediglich um eine technisch-begriffliche Frage" handele[38]. Ein Täterbegriff könne nicht richtig oder falsch sein, sondern der Gesetzgeber könne sich nach Belieben „dem einen oder anderen Täterbegriff anschließen"[39]. Von diesem Standpunkt aus kommt man natürlich leicht zu der resignierten Feststellung, mit der Schröder seine Arbeit beschließt, daß nämlich „eine ungeheure Summe von Arbeitskraft und Scharfsinn an das Problem der Täterbegriffe und die Beziehungen der Täterschaft zur Teilnahme aufgewendet" worden sei, „ohne daß es auch nur im entferntesten gelungen wäre, die gegenseitige Verständigung durch die Erörterungen zu fördern"[40]. Der Täterbegriff wäre danach, wenn ich diese Thesen – vielleicht etwas überspitzt – zusammenfassen darf, als zufälliges Produkt gesetzgeberischer Laune überhaupt kein würdiger Gegenstand dogmatischer Forschung.

Was ist daran richtig, wenn wir die hier entwickelte Lösung zugrundelegen? Die allgemeine rechtstheoretische Problematik der „Makulaturlehre" kann hier nicht behandelt werden. Wir müssen uns darauf beschränken, die Frage für die Täterlehre und ihre von uns vertretene Auslegung in aller Kürze zu beantworten. Dann ergibt sich folgendes:

Zunächst einmal steht es weitgehend im Belieben des Gesetzgebers, ob und in welchem Maße er Tatbestände schafft, die sich nach unseren Kriterien als Herrschafts-, Pflicht- oder eigenhändige Delikte darstellen. So kann er beispielsweise auf eigenhändige Straftaten ganz verzichten; denn sie sind unter rechtsstaatlichen Gesichtspunkten wenigstens insoweit bedenklich, als sie die bloße Unmoral unter Strafe stellen und nicht einmal mittelbar dem Rechtsgüterschutz dienen. Ebenso hängt es vielfach von seinem Ermessen ab, ob er einen Tatbestand als Herrschafts- oder als Pflichtdelikt ausgestalten will[41]. Das alles ist eine Folge der legitimen Tatbestands-

---

[37] Der Täterbegriff als „technisches" Problem, ZStW, Bd. 57, 1938, S. 459 ff.
[38] a. a. O., S. 459
[39] a. a. O., S. 460
[40] a. a. O., S. 488
[41] Vgl. nur oben S. 385 ff. zum Fall des § 288 StGB

bezogenheit des Täterbegriffs[42], und ein näheres Hinsehen zeigt, daß auch Schröder bei seinen Thesen solche Gesichtspunkte vorgeschwebt haben[43].

Aber dieser Umstand – und darin liegt der Irrtum Schröders – ändert nicht das geringste an der „Transpositivität" und der dogmatischen Bedeutung unserer Täterlehre. Denn soweit es sich hier um ein dogmatisches Problem des Allgemeinen Teils und nicht um eine Auslegung der selbstredend veränderlichen lex lata handelt stellen die von uns herausgehobenen Erscheinungsweisen der Zentralgestalt „Modellformen" dar, die zwar aus den Tatbeständen des geltenden Rechts abstrahiert sind, die sich aber auf das künftige Recht in derselben Weise anwenden lassen, sofern nur der Gesetzgeber Handlungsvorgänge umschreibt, die diesen Täterformen strukturell entsprechen.

Das aber ist kaum zweifelhaft, weil die Regelungsmaterie eine andere Lösung oft nicht zuläßt und es beispielsweise schwer vorstellbar ist, daß der Gesetzgeber die Amts- und Standesdelikte straflos lassen oder um den Preis gröbster Lücken und Ungerechtigkeiten zu Herrschaftsdelikten umformen könnte[44]. Und wenn das höchst Unwahrscheinliche geschähe, so würde das für die Täterlehre nur die Folge haben, daß man feststellen müßte, im geltenden Recht seien die Pflichtdelikte nicht vertreten – als eine Kategorie zur sachgerechten Aufgliederung bestimmter Formen strafwürdigen Verhaltens würden sie immer bestehen bleiben.

Im übrigen ist für das künftige Recht mit Sicherheit anzunehmen, daß Herrschafts-, Pflicht- und eigenhändige Delikte ungefähr im selben Mischungsverhältnis wieder auftreten werden, mögen auch neue Delikte hinzukommen und andere umstrukturiert werden. „Makulatur" wird also – wie immer sich der Entwurf 1962 noch verändern mag – höchstens das, was zur Interpretation eines bestimmten wegfallenden oder geänderten Einzeltatbestandes gesagt ist; das aber betrifft von vornherein nicht die Täterlehre, sondern dient nur ihrer Verdeutlichung anhand eines austauschbaren Beispiels.

Daß der Täterbegriff lediglich ein „technisches Problem" sei und mit dem jeweiligen positiven Gesetz stehe und falle, kann also nicht zugegeben werden. Diese Auffassung hängt letzten Endes mit der schon oben[45] zurückgewiesenen Lehre zusammen, wonach jedem Tatbestand ein eigener Täterbegriff entspricht, die Bildung allgemeiner Täterkriterien zwecklos und unzulässig ist und die Täterlehre konsequenterweise überhaupt keinen Platz im allgemeinen Teil des Strafrechts mehr beanspruchen darf.

2. Die Problematik der Transpositivität des Täterbegriffs zeigt sich in anderer Beleuchtung, wenn man den Blick nicht auf die Einzeltatbestände,

---

[42] Vgl. oben I, 2, a, bb, S. 442
[43] Vgl. nur a. a. O., S. 344/345: es sei das Problem des Täterbegriffs, was „tatbestandsmäßig" sei.
[44] Man braucht sich nur vergleichsweise zu erinnern, wie wenig es der Tatherrschaftslehre gelungen ist, die heutigen Pflichtdelikte mit ihren Kriterien zu bewältigen.
[45] vgl. I, 2, a, cc, S. 442 ff.

sondern auf die zahlreichen fixierten Täterformeln richtet und hypothetisch davon ausgeht, daß der Gesetzgeber sich auf eine bestimmte Theorie festlegen würde, sei es die formal-objektive, die subjektive oder auch die Tatherrschaftslehre. Ist die Täterkonzeption, die wir für richtig halten, in dem Sinne „verbindlich", daß der Gesetzgeber dergleichen „nicht dürfte" oder daß seine Entscheidung hinter der aus der Logik der Sache sich ergebenden Lösung zurücktreten müßte? Oder wäre mit dem Spruch des Gesetzgebers die Frage nach dem Täter beantwortet und jede damit nicht übereinstimmende Lehre überholt?

Man wird geneigt sein zu sagen, selbstverständlich stehe es im Ermessen des Gesetzgebers, welcher Theorie er sich anschließen wolle. Doch ist auch in diesem Falle das Verhältnis von Freiheit und Bindung komplizierter gestaltet:

a) Der Gesetzgeber kann zwar eine bestimmte Täterformel kodifizieren, aber er sollte es nicht tun. Denn er ist kein Dogmatiker und würde die wissenschaftliche Entwicklung hemmen, wenn er die ungeklärte Frage durch einen Machtspruch gewaltsam lösen wollte.

b) Vor allem aber sind die Möglichkeiten des Gesetzgebers, eine abstrakte, einseitige und deshalb zum Teil unrichtige „Theorie" kodifikatorisch durchzusetzen, sehr viel beschränkter als es zunächst den Anschein hat. Es folgt dies aus der schon oben[46] eingehend nachgewiesenen Tatsache, daß die Konstellationen denkbaren Zusammenwirkens bei weitem zu mannigfaltig sind, um sich in einer noch so sorgfältig gewählten Formel einfangen zu lassen. Der Gesetzgeber könnte höchstens mit schlagwortartigen Prägungen arbeiten, etwa derart, daß der Täter den Willen haben müsse, die Tat als eigene zu begehen, daß die Tat maßgeblich von seinem Willen abhängen müsse, oder auch: daß die Täterschaft ein dem Tatbestand entsprechendes Handeln oder die Tatherrschaft erfordere. Auch in diesem Falle würde es der Wissenschaft und der Rechtsprechung überlassen bleiben, die generalklauselartigen Leitgedanken mit Inhalt zu erfüllen.

Und daran zeigt sich die weitgehende Machtlosigkeit des Gesetzgebers: Obwohl die nur beispielshalber aufgezählten Wendungen sehr unterschiedliche Standpunkte zusammenzufassen scheinen, würde keine von ihnen eine Lösung, wie sie hier vorgeschlagen worden ist, verhindern. Die praktischen Ergebnisse könnten durchaus dieselben bleiben. Das beweist deutlich die gegenwärtige Rechtsprechung: Sie hält äußerlich an der subjektiven Theorie fest, hat aber ihre dehnbaren Formeln mehr und mehr mit den materiellen Inhalten der Tatherrschaftslehre ausfüllen können; sogar dem Täterbegriff der Pflichtdelikte hat sie, wo es die Sache gebot, in subjektiver Verkleidung zum Durchbruch verholfen[47].

Und in der Lehre steht es nicht anders, soweit sie eine bestimmte „Theorie" zur Geltung bringen will: Auch von einem formal-objektiven Ausgangspunkt her hat man zu den Elementen der Tatherrschaft durchdringen können. Die Tatherrschaftslehre selbst schließlich hat durch eine

---

[46] Vgl. S. 119 ff.
[47] Vgl. oben S. 356/357 zu BGHSt 9, 217 f.

„Relativierung" ihres Prinzips auch den mit ihr an sich nicht zu vereinbarenden Pflichtdelikten und eigenhändigen Straftaten gerecht zu werden versucht.

Die Täterlehre weist also die Eigentümlichkeit auf, daß die Sachgemäßheit
der Problemlösungen die einzelnen Theorien zu modifizieren und einander
anzugleichen pflegt. Und daraus ergibt sich die Verbindlichkeit und Transpositivität der Täterlehre auch unter diesem Aspekt. Genau besehen ist
die hier auftretende Erscheinung nur die Ausprägung einer Synthese
von Problem- und Systemdenken, die auch sonst anzustreben ist und die
allein über den chaotischen Wirrwarr dogmatischer und systematischer Zersplitterung hinausführen kann: Es ist jede Problemgruppe selbständig zu
durchdenken, und die Einzelergebnisse sind später durch Abstraktion des
Gemeinsamen und Freilegung der sachgebundenen Ordnungszusammenhänge zu einem offenen System zu verarbeiten. Bei einem solchen Verfahren
kann etwas einmal als richtig Erkanntes auch in der Rechtswissenschaft nie
zu „Makulatur" werden.

Freilich entzieht sich auch ein „offener" Täterbegriff im oben entwickelten Sinne nicht der Kodifikation. Wie man sie etwa durchführen
könnte, wird am Schluß unserer Arbeit zu zeigen sein[48]. Doch kann
durch eine gesetzliche Regelung solcher Art eine auf denselben Grundlagen
beruhende Täterlehre nur insoweit ihren Wert verlieren, als ihre Lösungen
durch bessere Sacheinsichten ersetzt werden. Das aber ist ein notwendiger
und wünschenswerter Prozeß. Denn die Entwicklung des objektiven
Geistes steht niemals still; und endgültige Ergebnisse, die durch die weiter-
schreitende Erkenntnis nicht im doppelten Sinne des Wortes „aufgehoben"
würden, gibt es nicht.

c) Schließlich ist nicht zu leugnen, daß der Gesetzgeber auch Einzelfragen
der Täterlehre theoretisch „falsch" entscheiden könnte. Das wäre etwa der
Fall, wenn er, wie es früher oft von Anhängern der formal-objektiven Theorie in doktrinärer Konsequenz gefordert wurde, die mittelbare Täterschaft
ganz abschaffen und unter den Begriff der Anstiftung bringen würde.

Er kann das tun. Aber an der allgemein gültigen Struktur der Täterschaft
würde auch das nichts ändern. Es würde nur bedeuten, daß nach der gesetzlichen Terminologie die Anstiftung und die mittelbare Täterschaft unter
einem gemeinsamen Begriff zusammengefaßt worden wären. Oder, um ein
näherliegendes Beispiel zu wählen: Wenn der Gesetzgeber, wie es im Entwurf 1962 vorgesehen ist, auch bei den Pflichtdelikten in Verkennung ihres
besonderen Täter- und Teilnehmerbegriffs eine Anstiftung zu unvorsätzlicher Tat völlig ausschließen würde, so hätte das nur zur Folge, daß künftig
eine Reihe von Anstiftungsfällen ungerechterweise straflos blieben, nicht
aber, daß sich das Wesen der Teilnahme bei den Pflichtdelikten verändern
würde[49]: Caesar ne supra grammaticos.

---

[48] Vgl. S. 590 ff.
[49] Vgl. dazu auch Hellmuth Mayer, Rittler-Festschr., S. 254

III. Der Einheitstäterbegriff

Was würde aus der Täterlehre, wenn der Gesetzgeber sich für den Einheitstäterbegriff entschiede? Die Frage ist insofern ohne praktisches Interesse, als
nach den Beratungen der Strafrechtskommission – wo eine solche Lösung
allerdings diskutiert worden ist – die bisherige Dreiteilung auch im künftigen
Recht mit Sicherheit erhalten bleiben wird. Die Bedeutung des Themas
beschränkt sich also auf die schon vorstehend behandelte Problematik der
Positivität des Täterbegriffs. Dazu ist in aller Kürze folgendes zu sagen:

Zunächst einmal würde der Einheitstäterbegriff sich auf die Strafbarkeit
und den Strafrahmen einschneidend auswirken. Gegenwärtig und auch
de lege ferenda ist es so, daß bei den Herrschaftsdelikten und den eigenhändigen Taten die Gehilfenschaft im Strafrahmen privilegiert wird; bei den
Pflichtdelikten trifft daneben auch den Anstifter in den meisten Fällen eine
mildere Strafe[50]. Außerdem ist die Veranlassung zu unvorsätzlicher Tat bei
eigenhändigen Delikten straflos. Schließlich ist der Versuch gemäß § 49a
StGB bei Täterschaft, Anstiftung und Beihilfe unterschiedlich geregelt.

Alle diese sachlich wohlbegründeten Differenzierungen müßte man beim
Einheitstäterbegriff aufgeben. Schon daran zeigt sich, daß seine Einführung
kein technisches Problem ist und vor allem nicht mit dem Hinweis auf
Abgrenzungsschwierigkeiten gefordert werden darf. Er würde vielmehr eine
erhebliche und rechtsstaatlich schwer vertretbare Ausweitung der Strafbarkeit mit sich bringen.

Vor allem aber würde die Täterlehre dadurch weder überholt noch überflüssig werden. Sie würde nur in Gestalt allgemeiner Strafmilderungsregeln
in den Bereich der richterlichen Praxis abwandern. Ein Gehilfe kann zwar
in concreto ebenso strafwürdig sein wie der Täter; aber die Frage, ob
jemand Zentralgestalt oder Randfigur des handlungsmäßigen Geschehens
war, würde doch in jedem Fall mindestens einen für die Tatschwere wesentlichen Gesichtspunkt bilden[51] und müßte daher stets berücksichtigt
werden[52]. Darauf ist schon wiederholt hingewiesen worden. Die Differenzierungen der Teilnahmelehre würden sich also selbst gegenüber dem
Einheitstäterbegriff wieder durchsetzen und lediglich in den gesetzesfreien
Raum verschoben werden.

---

[50] im geltenden Recht wird dieser Grundsatz in § 50 Abs. 1 StGB allerdings nur beschränkt durchgeführt.
[51] vgl. dazu prinzipiell oben S. 31
[52] Vgl. nur aus neuerer Zeit Heinitz, Festschr. zum 41. Juristentag, 1955, S. 97ff., Gallas
Niederschriften der Strafrechtskommission, 16. Sitzung, S. 69

IV. Die Täterschaft beim versuchten Delikt

1. Die Täterkriterien bei nicht durchgeführter Tat

Die Abgrenzung von Täterschaft und Teilnahme beim versuchten Delikt kann Schwierigkeiten machen, weil das handlungsmäßige Geschehen, dessen Zentralgestalt wir zur Ermittlung der Täterschaft bestimmen müssen, vorzeitig abgebrochen wird und der bis zu diesem Zeitpunkt verwirklichte Tatanteil der Stellung der Beteiligten im Gesamtplan nicht zu entsprechen braucht.

a) Wenn wir mit der Tatherrschaft beginnen, so stellt sich sogleich die sachlich entscheidende Frage: Ist Täter der Versuchshandlung derjenige, der den durchgeführten Handlungsabschnitt beherrscht hat, oder derjenige, der – mag er auch bisher kaum hervorgetreten sein – im Rahmen des vollendeten Delikts die Tatherrschaft innegehabt hätte? Man denke sich den Fall eines politischen Attentats, bei dem zwei Verschwörer A und B die Höllenmaschine gebastelt und gemeinsam im Saal versteckt haben, wo sie C während der Rede des politischen Gegners zur Explosion bringen soll. Als er sich gerade dazu anschicken will, werden alle drei verhaftet.

Sind nun A und B Täter des Totschlagversuches und hat C nur Beihilfe dazu geleistet, weil A und B bisher allein tätig geworden sind und C sie insoweit nur psychisch unterstützt hat? Oder ist C Täter, weil er nach dem gemeinsamen Plan die eigentliche Tötungshandlung vornehmen sollte, und sind A und B vielleicht gar nur Gehilfen, weil ihr Tatbeitrag, wie hier einmal unterstellt sein mag, sich im Rahmen der ausgeführten Tat nur als Vorbereitungshandlung dargestellt hätte?

Schon das Reichsgericht hat sich mit diesem heute kaum mehr beachteten Problem beschäftigt. In einer sehr frühen Entscheidung[53] lag der Fall so, daß ein Ehepaar einen Diebstahl begehen wollte, und daß der Mann, als die beiden entdeckt wurden, damit beschäftigt war, die Küchentür aufzubrechen, während die Frau, die die Sachen mit wegnehmen sollte, noch untätig daneben stand. Vom Standpunkt der Tatherrschaftslehre aus wäre die Frau bei vollendeter Tat Mittäterin gewesen, während sie in dem bisher verwirklichten Handlungsabschnitt keinerlei Funktion ausgeübt und ihren Mann höchstens als Gehilfin geistig unterstützt hatte. Auch hier ergibt sich also die Frage, ob man sie nach dem Geleisteten als Gehilfin oder nach dem Geplanten als Mittäterin des Diebstahlversuchs ansehen soll.

Für das Reichsgericht trat dieselbe Schwierigkeit auf, weil es die Täterschaft zwar im wesentlichen vom animus auctoris abhängig machte, diesen Gesichtspunkt aber insofern objektiv einschränkte, als es eine – wenn auch nur vorbereitende und noch so geringfügige – äußere Mitwirkung verlangte[54], die hier ebenfalls nicht vorlag. Das RG versuchte, dem Problem gerecht zu werden, indem es einen Mittelweg einschlug. Einerseits soll es bei der Abgrenzung nicht allein darauf ankommen, wer nach plan-

---

[53] RGSt 9, 3–10
[54] Vgl. dazu schon oben S. 58 mit Nachweisen

mäßiger Durchführung des Delikts als Täter anzusehen gewesen wäre; denn man könne nicht wissen, ob der bisher Untätige seine Zusage eingehalten hätte. Wer „in keinerlei Art bei der Versuchshandlung des anderen aus der Untätigkeit herausgetreten" sei, könne „nicht wegen des bloßen Versprechens und Vorsatzes, dies demnächst tun zu wollen, schon als Mittäter betrachtet werden"[55]. Eine eigentliche Mitwirkung bei der Versuchshandlung sei aber auch nicht erforderlich; vielmehr genüge es, wenn „der gemeinsame Plan für den Zeitpunkt der Versuchshandlung des anderen irgendein Tun oder Verhalten vorgeschrieben" habe, das sich „von dem Tun oder Verhalten eines unbeteiligten Dritten unterschied", und wenn derjenige, der „erst künftig mit zur Ausführung der Tat selbst schreiten" sollte, „sich demgemäß wirklich verhalten" habe[56]. Dieses Verhalten könne „unter dem Minimum der Tätigkeit geblieben sein, welche man für die Mittäterschaft an der vollendeten Tat erfordern dürfte".

Danach ließ sich in dem seinerzeit zur Entscheidung stehenden Fall eine Mittäterschaft annehmen, weil die Frau, obgleich sie zur Versuchshandlung nichts beigetragen hatte, durch ihr bloßes Mitgehen doch ein Verhalten gezeigt hatte, das sich von dem eines unbeteiligten Dritten unterschied. Dagegen ist es in unserem Ausgangsbeispiel fraglich, ob der C, solange er sich unter den Besuchern der Versammlung in äußerlich unauffälliger Weise bewegte, nach den Kriterien des Reichsgerichts als Täter des Versuchs angesehen werden könnte.

Doch kann man davon die Lösung der Frage auch nicht abhängig machen. Vielmehr wird man die Abgrenzung ohne Rücksicht auf die bisher geleisteten Handlungsbeiträge allein nach dem Tatplan vornehmen müssen.

a) Ein Abstellen auf das vor dem Abbruch des Versuchs verwirklichte Handlungsgeschehen wäre nicht sinnvoll. Das ergibt sich zunächst aus einer praktischen Erwägung: Es leuchtet nicht ein, daß bei einem arbeitsteiligen Zusammenwirken derjenige, dessen Tatanteil zeitlich später angesetzt und deshalb meist umso gewichtiger ist, allein wegen der vorzeitigen Entdeckung des Unternehmens glimpflicher davonkommen soll als seine Komplizen.

Vor allem aber würde diese Auffassung, wie mir scheint, auch dem Wesen der Versuchsbestrafung widersprechen: Denn der Grund der Bestrafung liegt nicht in der objektiven Rechtsgüterverletzung oder -gefährdung, also in dem, was bereits geschehen ist, sondern in dem, was auf Grund des verbrecherischen Willens der Beteiligten hätte geschehen sollen. Zwar genügt dieser Wille, auch wenn er sich manifestiert hat, zur Bestrafung allein nicht; es muß ein das Vorbereitungsstadium überschreitendes, unmittelbares Ansetzen zur Verwirklichung hinzukommen. Aber dieses äußere Verhalten ist nicht um seiner selbst willen strafbar, sondern nur deshalb, weil sich in ihm kundtut, daß der deliktische Wille über das Stadium des Planens, Schwankens und Erwägens in die Sphäre der Realisierung vorgedrungen

---

[55] a. a. O., S. 6
[56] a. a. O., S. 7

ist. Durch eine andere Auffassung läßt sich die Strafbarkeit des untauglichen Versuchs nicht erklären.

Wenn also der Handelnde beim Versuch nicht wegen des Getanen, sondern wegen des Gewollten strafbar ist, kann man auch bei der Abgrenzung von Täterschaft und Teilnahme nur auf die geplante Gestaltung des Handlungsablaufs zurückgreifen. Denn die gesetzlichen Beteiligungsformen beziehen sich auf das, was strafbar ist: den in das Realisierungsstadium eingetretenen Handlungswillen und nicht auf das realisierte, objektiv tatbestandslose Verhalten. Danach sind sowohl der C als Täter des versuchten Attentats als auch die Frau als Mittäterin des versuchten Einbruchsdiebstahls zu bestrafen

Man könnte dem zwar entgegenhalten, daß nur denjenigen die Versuchsstrafe treffen dürfe, der durch eine eigene, als Anfang der Ausführung zu qualifizierende Handlung seinen verbrecherischen Willen manifestiert habe. Aber diese Annahme, die auf die Anstiftung und Beihilfe zum Versuch von vornherein nicht zutreffen kann, würde für die Versuchstäterschaft eine Eigenhändigkeit voraussetzen, die sich nicht begründen läßt. Sie würde vor allem verkennen, daß auch den Beiträgen derer, die durch ihr persönliches Tun ins Versuchsstadium eingetreten sind, selbständige Bedeutung nur durch ihre Beziehung auf die erwartete Handlung des anderen zukommt: Wenn der C die Höllenmaschine nicht zur Explosion bringt, und wenn die Frau die auf sie entfallenden Sachen nicht wegnimmt, bleibt die Tat insoweit ungeschehen. Die bisher Untätigen, die ihre Funktion erst in einem späteren Zeitpunkt auszuüben haben, halten deshalb das Geschehen in jedem Augenblick mindestens ebenso sehr in der Hand wie die anderen; sie können deshalb die Mitherrschaft auch ohne jede äußere Tätigkeit innehaben, so daß schon aus diesem Grunde die Abgrenzung der Beteiligungsformen nur nach dem Tatplan erfolgen darf.

Schließlich spricht für die hier entwickelte Lösung noch die Erwägung, daß Anstiftung und Beihilfe sich unbestrittenermaßen allein auf die geplante Tat und nicht auf den verwirklichten Handlungsteil beziehen: Nur wer zur vollendeten Tat anstiften oder bei ihr helfen wollte, kann wegen einer Teilnahme am Versuch bestraft werden; sonst wäre er strafloser agent provocateur.

b) Alle vorgetragenen Gesichtspunkte beweisen, daß auch die Mittelmeinung des Reichsgerichts keine Billigung verdient. Zu den von ihm für seine Lösung beigebrachten Gründen ist ergänzend zu bemerken, daß man zwar in der Tat nicht mit Sicherheit wissen kann, ob der bisher Untätige die ihm im Gesamtplan zufallende Aufgabe später erfüllen wird; aber das kann nicht entscheidend sein, weil eine Rücktrittsmöglichkeit bei allen im Versuchsstadium Beteiligten ohnehin besteht. Maßgebend ist allein, daß der noch nicht hervorgetretene Versuchstäter seine Funktion erfüllen wollte. Wenn hier gelegentlich Beweisschwierigkeiten auftreten können, so ist jedenfalls eine besondere Abgrenzung der Beteiligungsformen kein geeigneter Weg zu ihrer Behebung.

Abgesehen davon kann auch das vom Reichsgericht verwendete Kriterium derartige Zweifel nicht ohne weiteres ausräumen. Denn selbst wenn der

Mittäter, dessen Eingreifen erst erwartet wird, eine Handlung vorgenommen hat, die zwar zum Versuch nichts beiträgt, die sich aber vom Verhalten eines unbeteiligten Dritten unterscheidet, kann man daraus nicht ersehen, ob er nicht vielleicht noch abspringen wird. Es muß also dabei bleiben, daß nur der Tatplan über Täterschaft und Teilnahme entscheidet.

Die hier entwickelte Lösung führt nicht etwa dazu, daß beim Versuch die Beteiligungsformen anders als sonst nach subjektiven Gesichtspunkten abgegrenzt würden. Grundlage der Aufgliederung ist zwar der Tatplan, also etwas nur Gedachtes, wenngleich zum Teil Realisiertes. Aber auch der Plan ist etwas Objektives und vor allem nur das Substrat für die Zuordnung der Beteiligungsformen, die sich in genau derselben Weise vollzieht wie beim vollendeten Delikt.

b) Bei den eigenhändigen Straftaten können die für die Herrschaftsdelikte sich ergebenden Probleme kaum auftreten; denn da die Täterschaft eine persönliche Vornahme der Tatbestandshandlung voraussetzt, wird man die noch so intensive Tätigkeit eines Gehilfen nicht als „Anfang der Ausführung" betrachten können, solange der Täter sich passiv verhält. Hier ist also auch für die Versuchstäterschaft Eigenhändigkeit erforderlich.

c) Bei den Pflichtdelikten ist ein Versuch in zweierlei Weise denkbar:

aa) Zunächst einmal kann die Tatbestandshandlung selbst vor der Vollendung scheitern: Dann ist – wie sonst – Täter derjenige, den die außerstrafrechtliche Sonderpflicht trifft, und die anderen sind Gehilfen oder Anstifter. Das Problem, ob auf die Intensität der Mitwirkung im Versuchsstadium oder auf die Rollenverteilung im Gesamtplan abzustellen sei, ergibt sich auch hier nicht; denn selbst bei vollendeter Tat erfolgt ja die Abgrenzung nicht nach der Art der äußeren Beteiligung, sondern nach dem Kriterium der Pflicht, das sich im Gegensatz zu den wechselnden Herrschaftsverhältnissen zwischen Vorbereitung und Vollendung nicht ändert.

bb) Ein Versuch ist aber auch in der Weise denkbar, daß jemand sich als Träger einer Pflicht betrachtet, die ihn in Wahrheit nicht trifft. Es handelt sich hier um den Fall des untauglichen Subjekts, dessen Strafbarkeit bekanntlich sehr umstritten ist. Legt man sie zugrunde, so hat es zunächst den Anschein, als ob hier eine rein subjektive Anmaßung täterschaftsbegründend wirke: Wer etwa mit anderen Privatpersonen zusammen den Tatbestand eines echten Amtsdelikts zu verwirklichen sucht, würde durch seine bloße Einbildung, Beamter zu sein, zum Täter des Versuchs, obwohl er genausowenig wie seine Genossen eine Pflicht verletzt und äußerlich im Gegensatz zu ihnen vielleicht sogar untätig geblieben ist.

Trotzdem würde auch in diesem Fall die objektive Abgrenzung nicht preisgegeben. Denn die Strafbarkeit wegen versuchter Tat – wenn sie überhaupt besteht – gründet sich jedenfalls nicht auf eine bloße Pflichtanmaßung (das wäre ein umgekehrter Subsumtionsirrtum); sie setzt vielmehr voraus, daß der Täter sich eine Situation vorstellt, die, wenn sie gegeben wäre, tatsächlich pflichtbegründend wirken würde, z. B. eine wirksame Ernennung zum Beamten, die Übertragung öffentlich-rechtlicher Aufgaben in seinen Zuständigkeitsbereich und dergleichen. Auf der Grundlage dieses Vorstellungsinhaltes, – der ohnehin bei jedem untauglichen Versuch für alle drei

Beteiligungsformen allein strafbegründend wirkt –, wird die Abgrenzung nicht anders vorgenommen als bei der vollendeten Straftat. Es liegt insoweit genauso wie bei den Herrschaftsdelikten; der Unterschied besteht nur darin, daß bei ihnen die herrschaftsbegründenden Umstände aus der Planung des Handlungsverlaufs abzulesen sind, während bei den Pflichtdelikten die konstituierenden Elemente der Täterschaft von der Rollenverteilung bei der Durchführung unabhängig sind und deshalb einen selbständigen Bewußtseinsakt des Versuchstäters voraussetzen.

2. Adäquanz, Versuch und Tatherrschaft

Die Versuche, inadäquate Kausalverläufe mit Hilfe der Tatherrschaftslehre aus dem Bereich strafrechtlicher Haftung auszuschalten, sind alt. Hermann Bruns[57] hat den Gedanken zuerst entwickelt; Lange[58], Gallas[59] und Less[60] haben ihn aufgenommen und ausgebaut.

Der leitende Gesichtspunkt ist dabei immer derselbe: Ein Geschehen, das mit den eingesetzten Mitteln erfahrungsgemäß nicht beherrschbar ist, kann dem Handelnden, wenn der Erfolg kraft einer unvorhersehbaren Ursachenverkettung dennoch eintritt, nicht als sein Werk zugerechnet werden. Es unterlag nicht seiner Tatherrschaft. Dabei kommen zwei verschiedene Konstellationen in Frage[61]:

Wer den Erbonkel zu einer Flugreise bewegt in der Hoffnung, er werde abstürzen, bleibt straflos, auch wenn das Unglück wirklich geschieht. Und, was praktisch wichtiger ist und die Behandlung dieser Fälle bei den täterschaftlichen Voraussetzungen des Versuchs rechtfertigt: Er kann beim gewöhnlichen Verlauf der Dinge – wenn also nichts geschieht – auch wegen versuchten Mordes nicht zur Verantwortung gezogen werden. Auf diese Weise lassen sich auch die viel erörterten Probleme des sog. abergläubischen Versuchs (Totbeten usw.) mit Hilfe der Tatherrschaftslehre lösen.

Bei der zweiten hier einschlägigen Fallgruppe liegt es so, daß jemand einen Erfolg mit an sich geeigneten Mitteln herbeiführen will, daß die Rechtsgüterverletzung kraft seines Tuns auch eintritt, jedoch infolge eines von seinen Vorstellungen oder auch vom objektiv Vorhersehbaren so weit abweichenden Kausalverlaufs, daß er nur wegen versuchter vorsätzlicher und gegebenenfalls nicht einmal wegen vollendeter fahrlässiger Tat bestraft werden kann. Zur Begründung läßt sich wieder geltend machen, daß das Geschehen weder seiner für die vorsätzliche Täterschaft erforderlichen realen noch der für die Fahrlässigkeitshaftung vorauszusetzenden potentiellen Tatherrschaft unterlegen habe und deshalb nicht als sein Werk angesehen werden könne.

---

[57] Kritik der Lehre vom Tatbestand, 1932, S. 72/73; vgl. oben S. 61/62
[58] Moderner Täterbegriff, 1935, S. 42 ff., 46 ff.
[59] Sonderheft Athen, S. 16/17; vgl. oben S. 71/72
[60] JZ 1951, S. 552; vgl. oben S. 81/82
[61] Vgl. namentlich Gallas, a. a. O., S. 16/17

Wenn man die mannigfaltigen, auch bei dieser Sichtweise auftretenden Zweifelsfragen und Abgrenzungsschwierigkeiten beiseiteläßt, so ist gegen eine solche Verwertung des Tatherrschaftskriteriums nichts einzuwenden. Es ermöglicht eine Haftungseinschränkung im Tatbestandsbereich, die durch eine mit wertfreien Bedingungsverknüpfungen arbeitende reine Kausalbetrachtung nicht zu erreichen ist; auf diese Weise korrigiert die Tatherrschaftslehre einen methodischen Fehlansatz, dem die erwähnten Konstellationen ihre etwas unverdiente Berühmtheit verdanken.

Allerdings darf man die Bedeutung, die der Tatherrschaftslehre bei der Lösung dieser Fälle zukommt, auch nicht überschätzen. Sie führt nämlich über eine als allgemeine Zurechnungslehre aufgefaßte Adäquanztheorie nicht hinaus. Nur insofern die Tatherrschaft als besonderes Zurechnungskriterium die allgemeinen Zurechnungsvoraussetzungen in sich aufgenommen hat, kann sie inadäquate Kausalverläufe ausschalten. Eine besondere Beziehung zur Täterschaft oder zur Tatherrschaft weisen diese Sachverhalte dagegen nicht auf. Das zeigt sich in mehrfacher Hinsicht:

a) Die strafrechtliche Irrelevanz inadäquater Kausalverläufe ist keinesfalls auf den. Tatherrschaftsbereich beschränkt. Selbstverständlich kann auch derjenige, der den Neffen veranlaßt hat, den Erbonkel zu einer Flugreise zu bewegen, nicht etwa wegen Anstiftung oder versuchter Anstiftung bestraft werden. Der Grund liegt darin, daß derartige Erfolge nicht nur nicht beherrschbar, sondern nicht einmal in zurechenbarer Weise bewirkbar sind – und eben das ist es, was die recht verstandene Adäquanztheorie besagt. Die mangelnde Beherrschbarkeit des nicht Bewirkbaren ist also nur eine Ableitung aus dem Adäquanzgedanken und keine speziell der Täterlehre zugehörige Erscheinung.

b) Infolgedessen gilt das allgemeine Zurechnungskriterium der Adäquanz nicht nur für die neben dem Tatherren stehenden Teilnehmer, sondern auch dort, wo Tätermerkmale anderer Art heranzuziehen sind. Obwohl es etwa bei den Pflichtdelikten auf die Beherrschbarkeit nicht ankommt, sind inadäquate Kausalverläufe hier genausowenig zurechenbar. Der Versuch des Totbetens ist keine Pflichtverletzung im Sinne dieser Tatbestände, und eine versuchte, jedoch auf nicht vorhersehbare Weise eingetretene körperliche Beschädigung ist keine vollendete Körperverletzung im Amt, weil sie nicht als durch den Pflichtverstoß bewirkt angesehen werden kann.

Zusammenfassend läßt sich also feststellen, daß die Tatherrschaftslehre zwar das Merkmal der Adäquanz in sich enthält, daß es sich dabei aber um ein allgemeines Zurechnungskriterium handelt, das weder auf die Täterschaft noch gar auf den Tatherrschaftsbegriff beschränkt werden darf.

Zehntes Kapitel

Täterschaft und Teilnahme bei Unterlassungen

§ 37. Der Täter des Unterlassungsdelikts

I. Einleitung

Die Frage nach Täterschaft und Teilnahme bei den Unterlassungen ist erst in den letzten Jahren in den Vordergrund des Interesses getreten. Ihre Vernachlässigung in der früheren Täterlehre[1] hat im wesentlichen drei Ursachen: Solange man die Unterlassungstaten – zumindest die sog. „unechten" Omissivdelikte – als Begehungsverbrechen ansah oder nicht gewillt war, aus ihrer strukturellen Andersartigkeit dogmatische Konsequenzen zu ziehen, bestand keine Veranlassung, die Möglichkeit ihrer Sonderbehandlung in der Täterlehre auch nur zu erwägen. Zweitens verführte die beliebte, formelhaft-deduktive Methode bei der Täterbestimmung ohnehin dazu, die Besonderheiten der jeweiligen Regelungsmaterie außer acht zu lassen. Und schließlich schien die in der Praxis vorherrschende subjektive Theorie gerade auf Unterlassungsdelikte gut zu passen: Je weniger objektive Unterschiede im Verhalten mehrerer Unterlassender auffindbar waren, desto näher lag es, die Abgrenzung allein nach der inneren Einstellung der Beteiligten zu treffen und hier wie sonst darauf abzustellen, ob der Unterlassende die Tat „als eigene" gewollt habe.

Dieses Bild hat sich in neuerer Zeit geändert. Zunächst benutzte der Bundesgerichtshof, wie oben[2] eingehend dargelegt wurde, weitgehend gerade die Unterlassungsdelikte, um den Begriff der Tatherrschaft in die Rechtsprechung einzuführen; die bewegte literarische Diskussion um die Strafbarkeit der unterlassenen Selbstmordverhinderung vertiefte die Problematik. Endlich haben in jüngster Zeit mehrere Abhandlungen zur Unterlassungsdogmatik, besonders das grundlegende Werk von Armin Kauf-

---

[1] Eine Ausnahme macht Perten, Die Beihilfe zum Verbrechen, 1918, S. 114–119; seine Auffassung stimmt im Ergebnis weitgehend mit der von Gallas vertretenen Lehre überein und bedarf deshalb keiner gesonderten Erörterung (vgl. unten S. 496ff.); zur Gefährlichkeitstheorie, aus der Perten seine Thesen ableitet, ist oben schon Stellung genommen worden (vgl. S. 31/32ff., 46ff.).

[2] S. 90ff.

mann[3] – dem Grünwald[4] in wichtigen Fragen schon vorgearbeitet hatte – das Thema um völlig neuartige Gesichtspunkte und Lösungen bereichert.

Es ist im Rahmen der vorliegenden Untersuchung nicht möglich, zur allgemeinen Unterlassungsdogmatik grundsätzlich Stellung zu nehmen. Wir müssen uns vielmehr auf die zur Begründung der hier zu entwickelnden Teilnahmelehre unumgänglichen Fragen beschränken. Wir werden versuchen, unter Berücksichtigung der strukturellen Eigenart des Unterlassungsverbrechens aus der bisher dargelegten Täterlehre Anhaltspunkte für die Abgrenzung der Beteiligungsformen zu gewinnen. Dabei wird die Auseinandersetzung mit der neueren Rechtsprechung und Literatur im Vordergrund stehen müssen.

II. Die Unterlassungsverbrechen als Pflichtdelikte

1. Die Erfolgsabwendungspflicht als täterschaftsbegründendes Element

Prüft man die Unterlassungstaten im Hinblick auf die bisher zur Abgrenzung von Täterschaft und Teilnahme entwickelten Kriterien, so fällt sogleich ins Auge, daß es sich allemal um Pflichtdelikte handelt: Nicht jeder Unterlassende kommt als Täter in Frage, sondern immer nur derjenige, den eine konkrete Pflicht zur Abwendung des tatbestandlich umschriebenen Erfolges trifft.

Das ist heute so gut wie unbestritten und kann im folgenden als feststehend zugrundegelegt werden. Die bekannte Lehre Hellmuth Mayers, der die herkömmliche „Pflichtverletzungstheorie" als verfassungswidrig betrachtet[5] und ein Unterlassen dem Tun nur dann gleichstellen will, wenn es „das gleiche Maß rechtsfeindlicher Willensenergie verlangt wie die positive Tätigkeit"[6], steht dem nur scheinbar entgegen. Denn auch Mayer will nicht auf die Stärke empirisch meßbarer Willensimpulse abstellen. Vielmehr berücksichtigt er ausdrücklich den Fall, daß die Mutter, die ihr Kind verhungern läßt, und der Streckenwärter, der ein Hindernis absichtlich von den Schienen nicht wegnimmt, „so verhärtet wären, daß sie den ... Willensimpuls zu helfen gar nicht unterdrücken müßten"[6]. Wenn er sie trotzdem als Unterlassungstäter bestrafen will, weil „eine solche Einstellung ... erst recht als aktive Auflehnung gegen den Allgemeinwillen zu bewerten"[6] sei, so kann sich der hier zur obersten Instanz erhobene „Allgemeinwille" doch nur in der Rechtsordnung verkörpern und sich dem einzelnen gegenüber nicht anders als in der Auferlegung einer Erfolgsabwendungspflicht manifestieren. Um die Pflicht führt also kein Weg herum. Mayers Kritik richtet sich im Grunde nicht gegen sie, sondern nur gegen die

---

[3] Die Dogmatik der Unterlassungsdelikte, 1959
[4] Das unechte Unterlassungsdelikt, ungedr. Diss., Göttingen, 1956; der Abschnitt über die Teilnahmelehre ist weitgehend wiedergegeben in: GA 1959, S. 110 ff.
[5] Vgl. Lehrbuch. S. 119–121
[6] a. a. O., S. 113

Art der traditionellen Pflichtbegründung, die für uns keiner näheren Untersuchung bedarf.

Die bei der Unterlassung täterschaftsbegründenden Pflichten unterscheiden sich ihrem Wesen nach nicht von denen, die bei den entsprechenden Begehungsdelikten auftreten. Es handelt sich um Schutz- und Erhaltungspflichten zivil-, öffentlich- und gewohnheitsrechtlicher Art, deren Verletzung als strafrechtlicher Normverstoß bewertet wird. Die bei den Begehungstaten maßgebenden Pflichten umfassen sogar in aller Regel den Unterlassungsbereich mit: Die Vermögensfürsorgepflicht etwa bei der Untreue kann durch ein Tun in gleicher Weise verletzt werden wie durch ein Unterlassen. Bei den Beamtendelikten ist diese enge Verbindung sogar vielfach im Gesetz ausgesprochen: § 347 StGB z. B. nennt das „Entweichenlassen" von Gefangenen gleichgeordnet neben dem „Bewirken" und „Befördern" der Befreiung, § 340 StGB erfaßt das „Begehenlassen" ebenso wie das „Begehen" von Körperverletzungen. Ein Anwalt kann ferner der Gegenpartei durch Unterlassen genauso wie durch positives Tun „dienen" (§ 356 StGB), indem er etwa „zum Nachteil seiner Partei einen Termin versäumt oder eine Frist verstreichen läßt, ein Rechtsmittel nicht einlegt oder erhebliche Tatsachen verschweigt"[7]. Diese Beispiele ließen sich noch wesentlich vermehren[8]. Überall ist es für die Pflichtverletzung gleichgültig, ob sie in einem Tun oder in einem Unterlassen besteht, so daß ein Unterschied zwischen Begehungs- und Unterlassungstat unter täterschaftlichen Gesichtspunkten nicht vorliegt.

Die entscheidende Besonderheit der Unterlassungen, auf der auch die praktischen Schwierigkeiten bei ihrer Behandlung im wesentlichen beruhen, ist also nicht in den Begriffen der „Unterlassung" oder der „Tatherrschaft" zu finden, die beide für die Täterlehre in diesem Bereich ohne große Bedeutung sind; sie liegt auch nicht in der Pflicht als täterschaftsbegründendem Element, die hier nicht anders beschaffen ist als bei den Begehungs-Pflichtdelikten. Die grundlegende Abweichung besteht vielmehr darin, daß bei den Unterlassungen alle Rechtsgüterverletzungen, die im Begehungsfalle Herrschaftsstraftaten wären, sich in Pflichtdelikte verwandeln, so daß sämtliche dem allgemeinen Täterbegriff unterliegenden Verbrechen, sofern sie durch Unterlassen begehbar sind, eine Doppelstruktur aufweisen: Sie sind sowohl Herrschafts- wie Pflichtdelikte und erfahren deshalb je nachdem, ob es sich um ein Tun oder ein Unterlassen handelt, eine durchaus verschiedenartige Abgrenzung der Beteiligungsformen.

Zu welchen Konsequenzen das im einzelnen führt, soll im folgenden erörtert werden. Hier ist noch kurz auf die Frage einzugehen, wie sich unsere Erkenntnis auf die Kontroverse um den Tatbestand der Unterlassungen auswirkt. Es ist neuerdings strittig geworden, ob die unechten Unterlassungsdelikte den jeweiligen Begehungstatbeständen[9] oder selbständigen

---

[7] so zutreffend Geppert, Der strafrechtliche Parteiverrat, 1961, S. 115
[8] vgl. dazu unter Anführung weiterer Tatbestände auch Böhm, JuS 1961, Heft 6, S. 177ff.
[9] so die überkommene Lehre

Garantengebotstatbeständen[10] zu subsumieren seien. Wenn man berücksichtigt, daß die Täterlehre zum Tatbestand gehört, so daß ein unterschiedlicher Täterbegriff auf den Tatbestand nicht ohne Auswirkungen bleiben kann, ergibt sich kurz folgendes:

a) Sicher ist, wenn man nicht mit dem nulla-poena-Grundsatz in unüberbrückbaren Widerspruch geraten will, daß man die Voraussetzungen der Unterlassungsbestrafung nur durch eine Auslegung der einzelnen Deliktsbestimmungen gewinnen kann, die ihrer Formulierung nach meist auf Begehungstaten zugeschnitten sind. Der Begriff des „Tötens" in § 212 StGB etwa muß sowohl das Tun wie auch die Elemente rechtswidrigen Unterlassens in sich enthalten. Wenn man also den Begriff „Tatbestand" so versteht, daß damit eine in einem Paragraphen zusammengefaßte Strafbestimmung gemeint ist, so unterfallen Tun und Unterlassen demselben Tatbestand.

b) Anders ist es aber, wenn man den Tatbestand als systematischen Grundbegriff ansieht, als Norm, deren dogmatische Behandlung nicht durch die Strafdrohung, sondern durch die Struktur des inkriminierten Verhaltens bedingt ist. Dann treten Herrschafts- und Pflichtdelikte – und damit im Bereich des allgemeinen Täterbegriffs Begehungs- und Unterlassungsverbrechen – als selbständige Tatbestände auseinander, weil die Zurechnung zur Strafbarkeit im allgemeinen und zu den Teilnahmeformen im besonderen auf verschiedenen Voraussetzungen beruht. In diesem Punkt werden also die Thesen Armin Kaufmanns und Grünwalds durch unsere Untersuchung von der Täterlehre her bestätigt. Der hier gekennzeichnete Tatbestandsbegriff ist es, auf den wir uns, wenn nichts besonderes vermerkt ist, im folgenden beziehen werden.

c) Wiederum anders ist es jedoch dort, wo schon das positive Tun nur als Pflichtdelikt strafbar ist. Hier ergeben sich – wenigstens in der Täterlehre[11] – zwischen Begehen und Unterlassen keine strukturellen Unterschiede, so daß beide Verhaltensweisen auch im zweiten Sinne des Begriffs einem einheitlichen Tatbestand zu subsumieren sind: Ob ich als Vermögensfürsorgepflichtiger den Auftraggeber dadurch schädige, daß ich eine notwendige Handlung absichtlich unterlasse, oder dadurch, daß ich eine nachteilige Handlung vornehme, macht tatbestandlich keinen Unterschied; ebensowenig wie es unter täterschaftlichen Aspekten zu einer Normdifferenzierung führen kann, ob der Gefängnisaufseher es bewußt unterläßt, die Tür abzuschließen, oder ob er den Häftlingen die Befreiung durch Zustecken des Schlüssels – also ein positives Tun – ermöglicht.

Natürlich bleibt auch in diesen Fällen der seinsmäßige Unterschied zwischen Tun und Unterlassen bestehen; da aber der Tatbestand ein normatives Gebilde ist, wird die Beziehung zwischen Rechtsgüterbeeinträchtigung und Deliktssubjekt allein durch den Pflichtverstoß hergestellt, dem

---

[10] so Grünwald, Das unechte Unterlassungsdelikt, 1956; ferner ZStW, Bd. 70, 1959, S. 412 ff.; Armin Kaufmann, Die Dogmatik der Unterlassungsdelikte, 1959; JuS 1961, 173 ff.

[11] auf weitere dogmatische Problembereiche kann hier nicht eingegangen werden.

gegenüber die Modalitäten des äußeren Geschehensverlaufes irrelevant sind. Gerade das ist im Verhältnis der Herrschaftsdelikte zu den entsprechenden Unterlassungstaten anders: Bei der gestaltenden Lenkung des Kausalverlaufs auf der einen und der von ganz neuartigen Voraussetzungen abhängigen Garantenstellung auf der anderen Seite handelt es sich um Formen der Zurechnung, die inhaltlich nicht auf einen Nenner zu bringen sind und die erst in dem oberhalb des Einzeltatbestandes liegenden Leitgesichtspunkt der „Zentralgestalt" wieder konvergieren.

Die hier kurz skizzierten Gesichtspunkte sind deshalb wichtig, weil ihre Nichtbeachtung zu übereilten Folgerungen verleitet. So kann man z. B. aus der tatbestandlichen Selbständigkeit der Unterlassungen im Sinne von b) nicht ohne weiteres den Schluß ziehen, daß de lege ferenda für Begehungs- und Unterlassungstaten, jeweils zwei Paragraphen anzusetzen seien. Das ist ein Problem für sich und betrifft allein die unter a) angeschnittenen Fragen.

Und, was für die Täterlehre wichtiger und in seiner vollen Tragweite noch nicht erkannt worden ist: Man darf keinesfalls aus der Einheit des Tatbestandes im Sinne von a) die Forderung ableiten, daß Täterschaft und Teilnahme bei Begehung und Unterlassung nach denselben Merkmalen abzugrenzen seien; hier kommt es vielmehr allein auf den unter b) erwähnten Tatbestandsbegriff an.

Schließlich wäre es fehlerhaft, aus den tatbestandlichen Differenzierungen im Falle b) auf eine generelle Unvereinbarkeit der Täterbegriffe bei positivem Tun und bei den Unterlassungstaten zu schließen. Man übersieht dabei die Gruppe c) und verstellt sich den Blick für die Unterlassungstäterschaft und das sie begründende Pflichtelement, so daß ihre Einordnung in die Täterlehre nicht mehr gelingt.

Alle diese Fragen, die eine Vielzahl weiterer Probleme in sich bergen, können hier nur vorweggreifend angedeutet werden. Auf sie wird im folgenden unter Auseinandersetzung mit den jeweils abweichenden Meinungen zurückzukommen sein.

2. Das Ausscheiden des Tatherrschaftsgedankens

Unsere Überlegungen führen auf das zunächst überraschende Ergebnis, daß Tatherrschaftserwägungen bei den Unterlassungsdelikten von vornherein keinen Raum haben: Täter wird der Unterlassende nicht um seiner etwa bestehenden Tatherrschaft willen, sondern wegen der Verletzung einer Erfolgsabwendungspflicht. Überraschend ist das einmal deshalb, weil gerade bei den Unterlassungsdelikten der Tatherrschaftsgedanke in Rechtsprechung und Wissenschaft besonders häufig herangezogen worden ist; sodann aber auch, weil der Unterlassende, sofern er nur die Möglichkeit der Erfolgsabwendung hat, auf Grund unserer Thesen in aller Regel[12] als Täter erschei-

---

[12] über die wenigen Ausnahmen wird unten noch zu sprechen sein, vgl. S. 476 ff.

nen wird, während die überwiegende Lehre gerade umgekehrt dahin tendiert, beim Zusammenwirken mehrerer den Unterlassenden generell als Gehilfen anzusehen[13].

Trotzdem ist die Richtigkeit der hier vertretenen Auffassung bei den Unterlassungstaten noch leichter darzutun als bei den Pflichtdelikten durch Begehung. Während nämlich bei diesen eine Anwendung des Tatherrschaftsprinzips immerhin denkbar, wenngleich fehlerhaft und in den Ergebnissen unbefriedigend wäre, ist sie bei Unterlassungen von vornherein unmöglich: Durch Nichtstun allein läßt sich ein Handlungsablauf nicht beherrschend gestalten. Die dominierende Lenkung des Geschehens setzt zwischen dem eingetretenen Erfolge und der Person des Täters eine auf aktiv steuerndem Verhalten ruhende Beziehung voraus, die gerade bei demjenigen fehlt, der den Dingen nur ihren Lauf läßt.

Freilich könnte man einen in solcher Weise verstandenen Tatherrschaftsbegriff für zu eng halten. Eine der Eigenart der Unterlassungen angepaßte Modifizierung des Herrschaftskriteriums ließe sich in zwiefacher Weise denken: Man könnte das Wesen der Unterlassungsherrschaft als – schlichte oder gesteigerte – Möglichkeit erfolgshindernden Eingreifens (a) oder auch als gestaltende Einwirkung in vorrechtlich-sozialem Sinne (b) auffassen. Beide Gesichtspunkte verdienen eine kurze Erörterung.

a) Die Eingriffsmöglichkeit als Unterlassungsherrschaft

Wenn jemand es absichtlich unterläßt, einem Ertrinkenden den Rettungsring zuzuwerfen, oder wenn sonst ein Garant einer drohenden Gefahr bewußt nicht entgegentritt, so kann man von beiden, sofern der Erfolg abwendbar ist, sehr wohl sagen, daß sie – wie immer es mit der Kausalität stehen mag – das Geschehen „in der Hand" haben: Von ihnen hängt es ab, ob der Schwimmer ertrinkt oder ein anderes Unglück geschieht. Der Gedanke, eine derartige Beziehung des Unterlassenden zum Erfolge als „Tatherrschaft" zu bezeichnen, liegt sehr nahe. Es ist daher verständlich, wenn man diesen Begriff in solchen Fällen auch in der Wissenschaft zunächst unbedenklich verwendet hat[14]. Ebenso gründet der Bundesgerichtshof schon in der ersten einschlägigen Entscheidung[15] die Tatherrschaft allein auf diese Erwägung, wenn er sagt: „Regelmäßig hat der Hilfspflichtige die volle oder doch einen großen Teil der Herrschaft über die Sachlage und kann ihr durch sein Eingreifen die entscheidende Wendung geben".

Und doch ist ein solcher Sprachgebrauch unrichtig. Denn was hier als „Tatherrschaft" bezeichnet wird, ist nichts anderes als die Möglichkeit der Erfolgsabwendung. Daß sie nicht herrschaftsbegründend wirken kann, haben wir schon oben anläßlich der Begehungsdelikte dargelegt, bei denen

---

[13] Vgl. etwa Gallas, JZ 1952, S. 372; JZ 1960, S. 687; Kielwein, GA 1955, S. 225ff. Dazu eingehend unten S. 496ff.
[14] Vgl. etwa Kielwein, GA 1955, S. 227
[15] BGHSt 2, 150–157 (156), vgl. oben S. 91/92, Nr. 3

der BGH in einem Falle demselben Irrtum erlegen ist[16]: Wenn man jemanden, der im Handlungsablauf eine ganz untergeordnete Bedeutung hat,
schon deswegen als Tatherren ansehen wollte, weil er durch aktives Eingreifen – etwa eine Anzeige oder das Herbeirufen von Hilfe – den Erfolg
hätte abwenden können, so würde es kaum noch Anstifter und Gehilfen
geben. Mit der realen Tatherrschaft hat eine solche „potentielle Hinderungs-
herrschaft" nichts zu tun.

Man kann auch nicht sagen, daß ein derartiger Herrschaftsbegriff, der bei
Begehungstaten unrichtig ist, in seiner Anwendung auf Unterlassungsdelikte
trotzdem zutreffend sein könne. Denn der aktiv Helfende, der wegen seiner
fehlenden Tatherrschaft nur nach § 49 StGB bestraft werden kann, hätte
dann, soweit er die Erfolgsabwendung unterläßt, gleichwohl die Tatherrschaft. Daß dies ein begrifflich und sachlich widersinniges Ergebnis wäre,
liegt auf der Hand.

Bei den Unterlassungsdelikten kommt noch ein weiterer Grund hinzu,
der die Verwertbarkeit eines solchen Tatherrschaftsbegriffs ausschließt. Er
ist zuerst von Gallas[17] in der Feststellung formuliert worden, „daß im
Gegensatz zu der tatsächlichen Einflußnahme des Handelnden auf den
Geschehensablauf von einer Tatherrschaft des Unterlassenden nur im Sinne
einer Möglichkeit, in diesen Ablauf hindernd einzugreifen, die Rede sein
kann; und daß eine solche ‚potentielle' Tatherrschaft zum Begriff der Begehung durch Unterlassung gehört, also nicht zugleich dazu dienen kann,
Täterschaft und Beihilfe durch Unterlassen voneinander zu scheiden". Das
von der Tatherrschaftslehre erstrebte Ziel einer Abgrenzung von Täterschaft
und Teilnahme würde also gerade verfehlt werden.

Aus diesem Dilemma gibt es nur zwei Auswege. Man muß entweder, da
nicht jeder Unterlassende als Täter strafbar sein kann, zugeben, daß außer
der – immer vorhandenen und deshalb nichtssagenden – „Tatherrschaft"
noch eine Garantenstellung erforderlich ist: Dann ist es eben nicht mehr
die Erfolgsabwendungsmöglichkeit, sondern die Pflicht, die über die Täterschaft entscheidet, und man steht in Wahrheit bei der hier vertretenen Auffassung.

Oder man muß versuchen, die Unterscheidung zwischen Täterschaft und
Teilnahme in der geringeren oder größeren Schwierigkeit der Erfolgsabwendung zu finden. Tatherr wäre ein Unterlassender danach nicht schon, wenn
er den Erfolg verhindern könnte, sondern erst dann, wenn seine Abwendung
ohne große Mühe möglich wäre.

Aber mit einer solchen Auffassung, auf deren Ausgestaltungen in der
gegenwärtigen Lehre noch zurückzukommen sein wird, wäre das Grundprinzip schon preisgegeben. Denn auch wer nur mit Mühe das Schicksal
wenden kann, hat den Erfolg, – wenn man überhaupt mit diesem Gedanken
arbeiten will –, „in der Hand", so daß weitere Differenzierungen ausgeschlossen sind. Außerdem erlauben Abstufungen nach der größeren oder
geringeren Schwierigkeit eines Verhaltens keine auch nur einigermaßen

---

[16] Vgl. S. 311–313
[17] JZ 1952, S. 372

sicheren Grenzziehungen, zumal wenn es sich, wie hier, um rein hypothetische Betrachtungen handelt.

Und endlich würde ein in dieser Weise konstruierter Tatherrschaftsbegriff
schon dadurch ad absurdum geführt, daß ein unterlassender Garant, wenn
zwischen ihm und dem Erfolg kein Begehungstäter steht, unter allen denkbaren Umständen Täter sein muß, sofern ein hinderndes Eingreifen nur
überhaupt möglich und zumutbar war. Wenn aber die Quasi-Tatherrschaft
hier von der „Leichtigkeit" der Abwendung unabhängig ist, muß sie es
immer sein.

Daraus folgt: Eine Begriffsbildung, wonach die „Tatherrschaft" des Unterlassenden auf seiner Möglichkeit hindernden Eingreifens oder auf der
Chance besonders müheloser Erfolgsabwendung beruht, ist falsch und
praktisch undurchführbar. Eine Tatherrschaft des Unterlassenden liegt in
diesen Fällen nicht vor; und wenn sie bestünde, ließe sich mit ihrer Hilfe eine
Abgrenzung der Beteiligungsformen nicht vornehmen.

b) Der Unterlassende als Täter „sozialer" Tatherrschaft?

Noch in einem zweiten Sinne könnte man beim Unterlassenden von Tatherrschaft sprechen; dort nämlich, wo nach sozialer Auffassung Tun und
Unterlassen sich nicht mehr unterscheiden, wo die Untätigkeit nicht mehr
als solche, sondern nur noch als Erscheinungsform der Begehungstat und
damit als herrschaftsgebundenes Verhalten erscheint.

Hierher gehören die berühmten, nicht zufällig so oft zitierten Schulbeispiele von der Mutter, die ihr Kind verhungern läßt, und vom Bahnbedien-
steten, der absichtlich einen Zusammenstoß herbeiführt, indem er die Weiche
nicht stellt. Wenn in diesen Fällen ein Todeserfolg eintritt, wird das soziale
Urteil, das im Sprachgebrauch seinen Ausdruck findet, unmißverständlich
dahin lauten, daß die Mutter und der Weichensteller ihre Opfer „getötet"
hätten und daß das Geschehen auch ihrer „Herrschaft" unterlegen habe.
Eine solche Redeweise hat hier einen präziseren Sinn als den eines bloßen
Hinweises auf die Abwendungsmöglichkeit. Denn unsere beiden Beispiele
unterscheiden sich wesentlich von den gewöhnlichen Unterlassungsfällen
wie etwa dem, daß ein Vater das ohne sein Zutun ins Wasser gefallene Kind
nicht rettet oder daß ein Polizist pflichtwidrig gegen ein Delikt, z. B. eine
Sachbeschädigung, nicht hindernd vorgeht. In Situationen dieser zweiten Art
liegt der soziale Bedeutungsgehalt der Untätigkeit nicht darin, daß der Vater
sein Kind „getötet"[18] oder daß der Polizist die Sache „beschädigt" hat – man
kann vielmehr beiden nur vorwerfen, daß sie nicht eingeschritten sind und
den Erfolg nicht abgewendet haben[19].

---

[18] daß dieses Verhalten dennoch dem Rechtsbegriff des Tötens in § 212 StGB unterzuordnen ist (vgl. dazu oben S. 461), steht auf einem anderen Blatt; rechtliche Begriffe
brauchen mit den sozial vorgeformten Sinngehalten nicht vollen Umfanges übereinzustimmen.

[19] Vgl. dazu auch die Andeutung bei Henkel, Festschrift für Tesar, Monatsschr. f. Krim.,
1961, S. 180, Anm. 7

Eine derartige Unterscheidung der Unterlassungsfälle in solche, bei denen das Nichtstun im sozialen Sinne einem Begehen gleicht, und andere, in denen es seinen Unterlassungs-Charakter behält, beruht nicht etwa auf willkürlichen Unwägbarkeiten des Sprachgebrauchs. Vielmehr handelt es sich um eine qualitative Andersartigkeit, die auch darin ihren Ausdruck findet, daß, wenn die Beteiligten ihrer Garantenstellung genügen, man zwar den Vater und den Polizisten für die rettende Erfolgsabwendung loben wird, daß aber niemand auf den Gedanken verfallen würde, die Mutter und den Weichensteller als Retter von Menschenleben zu beglückwünschen. Es erscheint geradezu als absurd, die täglichen Mahlzeiten im Elternhause und die gewöhnliche Dienstausübung eines Bahnbeamten als eine ständige Abwendung von Todeserfolgen zu betrachten.

Diese soziale Differenzierung zwischen verschiedenen Fallgruppen der Unterlassung beruht auf folgendem: Immer dort, wo die Funktionsfähigkeit des gesellschaftlichen Organismus auf bestimmten, von vornherein eingeplanten Tätigkeiten (Kinderernährung, Verkehrsregulierung) basiert, stellt sich das Unterlassen des gebotenen Tuns seinem sozialen Sinne nach als Erscheinungsform des Begehens dar. Wo dagegen ein Tun im gewöhnlichen Ablauf der Dinge nicht vorgesehen ist, sondern von der Rechtsordnung nur zur Korrektur von Unglücksfällen oder anderen Störungen geboten wird – wie es bei der Lebensrettung und der Deliktsvereitelung der Fall ist – da ist die Untätigkeit auch nach ihrer sozialen Bedeutung kein Begehen, keine Beeinträchtigung des erwünschten Ablaufsgeschehens, sondern ein Nicht-Wiederherstellen der Ordnung und damit ein Unterlassen. Begehen und Unterlassen in ontologischer Hinsicht – so wie etwa die Finalisten diesen Begriff hier verstehen – decken sich also nicht mit der sozialen Bedeutung desselben Wortpaares. Was ontologisch eine Unterlassung ist, ist es nicht immer auch im sozialen Sinne.

Wir können den rechtlichen Konsequenzen einer solchen Unterscheidung hier im einzelnen nicht nachgehen[20], sondern müssen uns nur fragen, ob sich aus ihr eine Möglichkeit für die Anwendung des Tatherrschaftsbegriffs auf Unterlassungen ergibt. Man müßte dann demjenigen, dessen Untätigkeit als Beeinträchtigung der sozialen Ordnung und damit als Begehungshandlung erscheint, die Tatherrschaft zusprechen, während Unterlassende, die nur eine gestörte Ordnung nicht wieder hergestellt haben, in die Randzone der Teilnahme abgedrängt würden.

Es soll nicht bestritten werden, daß der Begriff einer solchen „sozialen" Tatherrschaft möglich ist und sich in unseren Beispielsfällen auf das Verhalten der Mutter und des Weichenstellers sinnvoll anwenden ließe. Gleichzeitig könnte dadurch die herrschende Meinung, die das Untätigbleiben eines Garanten stets nur als Teilnahme ansehen will, wenn er gegen das aktive Tun eines Dritten nicht einschreitet, eine Rechtfertigung aus dem Herrschaftsprinzip erhalten. Denn wer einen anderen, selbständig Handelnden gewähren läßt, dem fällt allemal nur die Nichtbeseitigung einer sozialen Störung zur Last.

---

[20] zu ihrem Einfluß auf den Strafrahmen der Unterlassung vgl. noch unten s. 502/503

Trotzdem wäre eine derartige Auffassung der Unterlassungstäterschaft falsch. Sie scheitert schon an der praktischen Erwägung, daß sie nicht erklären könnte, warum etwa der Bademeister, der den ertrinkenden Schwimmer umkommen läßt, als Täter gemäß § 212 StGB bestraft wird. Denn was ihm vorgeworfen wird, ist kein Töten, sondern die unterlassene Rettung. Überhaupt ist der Regelfall des Unterlassungsdelikts nicht der, daß ein in den gewöhnlichen Sozialablauf eingeplantes Tun mutwillig außer acht gelassen wird, sondern der, daß der Untätige nicht die Energie aufbringt, einem kraft irregulärer Umstände drohenden Schaden entgegenzutreten. In allen diesen Fällen wäre eine Täterschaft des Unterlassenden und wenn kein aktiv deliktisch Handelnder beteiligt ist, auch seine Strafbarkeit nicht begründbar. Da nun die strafrechtliche Haftung des Unterlassenden in diesen Fällen praktisch außer Streit steht – man müßte sonst unsere ganze Unterlassungslehre radikal umgestalten – wird deutlich, daß es nicht die „soziale Tatherrschaft" im oben erläuterten Sinne, sondern allein die Erfolgsabwendungspflicht ist, die den Unterlassenden zum Täter macht.

Noch ein anderes kommt hinzu: Wenn man sich überlegt, warum gerade das Tun bestimmter einzelner Personen derart in das gesellschaftliche Gesamtgeschehen einbezogen ist, daß die Vernachlässigung der von ihnen zu erfüllenden Funktionen nach sozialen Maßstäben als Begehungstat erscheint, dann ergibt sich, daß diese Beurteilung auf eine Besonderheit ihrer Pflichtenstellung zurückgeht. Während nämlich die Erfolgsabwendungspflicht des Garanten im allgemeinen eine „Notpflicht" ist – er ist gewissermaßen von der Rechtsordnung zum Retter in Gefahren bestellt – hat der „unterlassende Begehungstäter" eine „soziale Funktionspflicht" zu erfüllen. Nur daraus erklärt es sich, daß unser Weichensteller, der absichtlich den Zug entgleisen ließ, als Herr dieses Vorganges erscheint, während ein anderer, der alles übersah und nicht auf diesem Posten stand, auch nach sozialer Auffassung nur wegen unterlassenen Eingreifens verantwortlich gemacht würde.

Die „soziale Tatherrschaft" des Unterlassenden ist also letzten Endes nur ein Derivat seiner sozialen Funktionspflicht. Daraus folgt, daß auch hier der primäre, täterschaftsbegründende Umstand die Pflicht ist und daß eine ihr gegenüber selbständige Herrschaft nicht existiert. Der Tatherrschaftsbegriff ist mithin auch in diesem Sinne für die Unterlassungstäterschaft ohne Bedeutung; er kann ihren Erstreckungsbereich nicht zutreffend erfassen, und wo er anwendbar wäre, führt er über das auch hier maßgebende Pflichtkriterium nicht hinaus.

3. Der Begriff des Unterlassungstäters bei Armin Kaufmann und Grünwald

Unsere Lehre, wonach grundsätzlich jeder Pflichtige die Voraussetzungen der Unterlassungstäterschaft erfüllt und deshalb nicht mehr als Teilnehmer eines aktiv Handelnden bestraft werden kann, stimmt mit den neueren

Arbeiten von Grünwald[21] und Armin Kaufmann[22] insoweit überein, als beide im Bereich des Unterlassens eine Differenzierung zwischen Täterschaft und Teilnahme ablehnen. Beide kommen zu dieser Auffassung durch den zuerst von Grünwald überzeugend geführten Nachweis, daß sich sinnvolle Kriterien zur Unterscheidung von Täterschaft und Teilnahme nicht auffinden lassen und daß ein solches Unternehmen beim Versuch (wegen der Straflosigkeit der versuchten Beihilfe) sogar zu ganz ungereimten Ergebnissen führen müßte[23]. Auf diese Fragen wird noch zurückzukommen sein; einstweilen kann auf die vorgenannten Arbeiten verwiesen werden.

Grünwald wie Kaufmann begnügen sich aber mit einer gewissermaßen „negativen" Beweisführung: Man unterläßt die Differenzierung, weil man keine brauchbaren Unterscheidungsmerkmale gefunden hat. Dagegen versucht keiner von ihnen, einen positiven Begriff des Unterlassungstäters zu entwickeln und ihn zum allgemeinen Täterbegriff in Beziehung zu setzen.

Kaufmann sagt nur[24]: „Bei den Unterlassungsdelikten ist vom undifferenzierten Begriff des Unterlassenden auszugehen, ein Analogon zum Einheitstäterbegriff". Aber das ist nicht richtig, denn Täter ist keineswegs – entsprechend dem Einheitstäterbegriff bei der Begehung – jeder Unterlassende, sondern nur der zur Erfolgsabwendung Verpflichtete. Eine Differenzierung der Unterlassenden nach Pflichtigen und Nichtpflichtigen findet sehr wohl statt; allerdings ist der Nichtpflichtige normalerweise überhaupt nicht strafbar, so daß dann für die Teilnahme durch Unterlassen kein Raum bleibt[25].

Grünwald bezeichnet die Beteiligung durch Unterlassen neben der Täterschaft und der Beihilfe durch Handeln als „eine eigene Beteiligungsform"[26]. Zu dieser Annahme kommt er, indem er die „unterschiedliche Art und Stärke der Beherrschung des Geschehens"[27] auch bei den Unterlassungen als maßgebend für die Form der Beteiligung ansieht. Da er zutreffend feststellt, daß der Unterlassende das Geschehen noch weniger beherrscht als selbst der aktive Gehilfe, ist der Schluß auf eine selbständige Beteiligungsform von seinem Ausgangspunkt her folgerichtig. Aber diese unter Außerachtlassung des Pflichtkriteriums gewonnene Lösung ist sehr bedenklich, weil das Gesetz neben Täterschaft, Anstiftung und Beihilfe keine weitere strafbare Beteiligung kennt. Außerdem hätten wir dann bei den Unterlassungsdelikten Taten ohne Täter vor uns – eine schwer vollziehbare Vorstellung, die auch zu praktischen Schwierigkeiten führt; denn für die Anstiftung und Beihilfe zur Unterlassung, die auch Grünwald im Gegensatz zu Kaufmann anerkennt, fehlt nun die Täterschaft als Beziehungspunkt.

Während also bei Grünwald und Kaufmann der Täter des Unterlassungsdelikts gestrichen bzw. auf den Begriff des Unterlassenden reduziert wird,

---

[21] GA 1959, S. 110 ff.
[22] Unterlassungsdelikte, S. 291 ff.
[23] Vgl. Grünwald, Diss., S. 109–115; Kaufmann, Unterlassungsdelikte, S. 293 f., 296 f.
[24] Unterlassungsdelikte, S. 302
[25] über mögliche Ausnahmen vgl. unten S. 485 ff.
[26] GA 1959, S. 112
[27] GA 1959, S. 113

füllt die hier vertretene Auffassung der Unterlassungstaten als Pflichtdelikte die so entstandene Lücke aus, gibt dem Deliktssubjekt seine plastische Gestalt zurück und gliedert die Unterlassungen wieder in die allgemeine Täterlehre ein, in der sie sonst als dogmatisch unverarbeitete Fremdkörper keinen Raum mehr finden könnten.

III. Mittäterschaft und mittelbare Täterschaft bei Unterlassungen

Durch unsere Konzeption des Unterlassungstäters gewinnen auch die Formen mittäterschaftlichen Zusammenwirkens, die für Kaufmann bei Unterlassungen von vornherein ausscheiden, eine gewisse – wenngleich eingeschränkte – Bedeutung zurück; eine mittelbare Täterschaft durch Unterlassen dagegen ist ausgeschlossen.

1. Mittäterschaft

Was zunächst die Mittäterschaft anlangt, so ist sie in zwei verschiedenen Formen denkbar: Erstens so, daß mehrere Unterlassende als Mittäter einer Unterlassungstat betrachtet werden könnten; sodann aber auch in der Weise, daß ein Handelnder und ein Unterlassender als Mittäter einer gemeinsamen Tat zusammenwirken.

a) Mehrere Unterlassende als Mittäter

Die Annahme einer Mittäterschaft mehrerer Unterlassender würde voraussetzen, daß sie Träger einer gemeinsamen Pflicht und nicht nur jeweils als Einzelperson zur Tätigkeit aufgerufen wären. In aller Regel fehlt diese Gemeinsamkeit, so daß Armin Kaufmann zuzustimmen ist, wenn er sagt[28]: „Wenn 50 Schwimmer dem Ertrinken eines Kindes tatenlos zusehen, so haben sie zwar alle die Rettung unterlassen, aber sie haben dies nicht ,gemeinschaftlich' unterlassen. Jeder für sich ist ,Unterlassungstäter', wenn man will: ,Nebentäter' der Unterlassung". Von dem hier vertretenen Standpunkt aus ist das nichts Besonderes: Es entspricht durchaus der Situation bei den Begehungs-Pflichtdelikten, auf deren Behandlung daher verwiesen werden kann[29].

Daraus folgt aber weiter, daß dort, wo eine gemeinsame Pflicht vorliegt, eine Unterlassungsmittäterschaft sehr wohl denkbar ist. Das gilt zunächst für die gesetzlich normierten Pflichtdelikte: Wenn zwei Beamte den Auftrag haben, gemeinsam einen Gefangenen zu bewachen, und wenn sie sich entgegen dieser Pflicht verabreden, seiner Flucht untätig zuzusehen, so verwirklichen sie den Tatbestand des § 347 StGB als Mittäter durch Unter-

---

[28] Unterlassungsdelikte, S. 189
[29] Vgl. oben S. 357 ff.

lassen. Ebenso ist es, wenn zwei Vermögensfürsorgepflichtige einverständlich eine zur Wahrung des ihnen gemeinsam anvertrauten Gutes erforderliche Handlung unterlassen (§ 266 StGB) und in vielen anderen Fällen. Entsprechend liegt es aber auch bei den „ungeschriebenen" Unterlassungsdelikten: Wenn zwei Bergführer vertraglich die Pflicht übernehmen, eine Reisegruppe gemeinsam zu führen, und wenn sie den Plan fassen und verwirklichen, die Teilnehmer an gefährlicher Stelle im Stich zu lassen, so sind sie, je nachdem, welcher Tatbestand in Frage kommt, Mittäter der Aussetzung, der Körperverletzung oder des Totschlages.

Entgegen der hier vertretenen Auffassung bestreitet Armin Kaufmann bei Unterlassungen die Möglichkeit einer Mittäterschaft schlechthin. Der Grund liegt zum einen darin, daß er die Kategorie der Pflichtdelikte nicht kennt, sie also auch bei den Unterlassungen nicht verwenden und daher infolge der Unbrauchbarkeit des Tatherrschaftsprinzips keinen Ansatzpunkt für eine solche Begriffsbildung finden kann. Im übrigen stützt er sich lediglich auf das Argument, daß ein „gemeinsamer Tatentschluß" nicht in Betracht komme, weil es keinen Unterlassungsvorsatz gebe[30].

Aber auch wenn man Kaufmanns These, daß den Unterlassungen keine den Begehungstaten entsprechende Finalität eigen sei, akzeptiert, bleibt sein Gedankengang eine petitio principii: Denn nirgends steht geschrieben, daß die Mittäterschaft bei Unterlassungen einen Vorsatz erfordert, dessen Begriff Kaufmann einseitig auf die Besonderheiten der Begehungsdelikte zurechtgeschnitten hat und dessen Vorhandensein er vor allem auch selbst bei der Alleintäterschaft des Unterlassenden nicht verlangt. Wenn man – die Kaufmannschen Prämissen unterstellt – trotz der Nichtexistenz eines Unterlassungsvorsatzes Einzeltäter der Unterlassung werden kann, warum sollte dann eine Mittäterschaft nicht ebenso möglich sein?

b) Handelnder und Unterlassender als Mittäter

Nach anderen Gesichtspunkten ist die Frage zu beantworten, ob ein Handelnder und ein Unterlassender Mittäter eines Delikts sein können. Eine solche Möglichkeit scheitert im allgemeinen daran, daß die Mittäterschaft für die mehreren Beteiligten einheitliche Zurechnungskriterien verlangt; daran fehlt es hier, weil, wie dargelegt wurde, Tun und Unterlassen in aller Regel verschiedenen Täterbegriffen unterfallen. Wenn also der Badewärter ungerührt zusieht, wie jemand einen Nichtschwimmer ins tiefe Wasser stößt, so sind zwar beide Täter (einer Begehungstat und eines Unterlassungsdelikts), aber sie sind nicht Mittäter.

Man kann das nicht mit der Erwägung abtun, es handele sich um eine doktrinäre Konsequenz aus der These von der Selbständigkeit der Unterlassungtatbestände; denn diese Lösung folgt auch aus der unmittelbaren Anschauung des Wesens der Mittäterschaft: Sie kann sich nur gründen entweder auf eine gemeinsame arbeitsteilige Herrschaft – die hier ersichtlich

---

[30] Unterlassungsdelikte, S. 189

nicht vorliegt – oder auf die Verletzung einer gemeinsamen Pflicht, an der es hier ebenfalls mangelt.

Anders liegt es bei den Begehungs-Pflichtdelikten. Wenn – um noch einmal auf den Tatbestand des § 347 StGB zurückzugreifen – zwei Aufsichtsbeamte dem Gefangenen vereinbarungsgemäß dadurch die Flucht ermöglichen, daß der eine ihm den Schlüssel zur Öffnung der Zellentür überreicht (aktives Tun), während der andere entgegen seiner Pflicht die Außenpforte unverschlossen läßt (Unterlassen), so sind sie Mittäter der Gefangenenbefreiung. Denn sie erfüllen denselben Tatbestand und verstoßen gegen eine gemeinsame Aufsichtpflicht, deren Verletzung sie ohne Rücksicht auf die Art des äußeren Verhaltens zu Tätern macht.

Man könnte dem zwar entgegenhalten, daß schon in der Vereinbarung eine „psychische Aktivität" des sonst Untätigen liege, die sein Verhalten zu einem Begehungsdelikt mache[31]. Das würde am Ergebnis nichts ändern; aber eine solche Lösung ist deshalb kaum zutreffend, weil das vereinbarte Verhalten gerade ein Unterlassen sein sollte. Wollte man es nur wegen der „psychischen Aktivität" der Abrede als Begehungstat ansehen, so müßte man konsequenterweise jedes absichtliche Unterlassen wegen der im Bewußtseinsvorgang zum Ausdruck kommenden aktiven psychischen Energie in ein Kommissivdelikt umdeuten.

Im übrigen zeigt gerade die Flüssigkeit der Grenzlinie zwischen der im Bereich der Pflichtdelikte (mit-)täterschaftsbegründenden psychischen Unterstützung und dem einverständlichen bloßen Unterlassen, daß es nicht richtig wäre, die Möglichkeit einer Mittäterschaft zwischen Begehungs- und Unterlassungstäter bei dieser Deliktsgruppe auszuschließen.

2. Mittelbare Täterschaft

Eine mittelbare Täterschaft durch Unterlassen, deren Möglichkeit vielfach angenommen wird[32], ist dagegen generell abzulehnen. Denn jede mittelbare Täterschaft setzt voraus, daß der Hintermann sich eines Tatmittlers bedient, den er durch aktives Tun in den Handlungsverlauf eingeschaltet hat, sei es, daß er das Geschehen kraft seiner Willensherrschaft steuert, sei es, daß er als Pflichtiger einen dolosen Extraneus nur anstößt (was ja im Falle des qualifikationslosen dolosen „Werkzeuges" zur Begründung der mittelbaren Täterschaft ausreicht).

Ein solcher „Anstoß" fehlt beim Unterlassen naturgemäß. Wollte man auf dieses Erfordernis verzichten, so müßte man in jedem Fall, in dem ein Garant gegen die Straftat eines Dritten nicht einschreitet, eine mittelbare Täterschaft annehmen. Das wäre eine wenig sinnvolle Begriffsbildung, weil jedes Unterlassen ein Nichteingreifen in ein unabhängig vom Täter abrollendes Geschehen darstellt und es strukturell keinen Unterschied bedeutet, ob

---

[31] so wohl Armin Kaufmann, Unterlassungsdelikte, S. 294
[32] vgl. nur Maurach, A.T., 1. Aufl., § 48, III, 1, S. 517; 2. Aufl., a. a. O., S. 504; Mezger, Lehrb., 2./3. Aufl., S. 420

dieses Geschehen auf Naturgewalten oder auf dem Verhalten eines Menschen beruht. Die Täterschaft des Unterlassenden ist in beiden Fällen gleich mittelbar oder unmittelbar.

An diesem Sachverhalt scheitert auch die Auffassung Maurachs[33], der eine mittelbare Täterschaft durch Unterlassen derart für möglich hält, „daß der mittelbare Täter durch Unterlassung einer gebotenen Handlung die erfolgsauslösende Tat des Werkzeugs ... herbeiführt". Die Problematik der Konstruktion zeigt sich hier schon in der Formulierung; denn wie soll man durch Unterlassen die Tat eines anderen „herbeiführen"? Zur Verdeutlichung bringt Maurach folgendes Beispiel: „Der mit der Beaufsichtigung eines ... Geisteskranken beauftragte Irrenwärter läßt es wissentlich geschehen, daß sein Pflegling einen Mitpatienten tätlich angreift". Hier kann es doch nur so sein: Entweder hat der Geisteskranke den Angriff unabhängig von seinem Wärter aus eigener Initiative vorgenommen. Dann hat der Wärter die Tat nicht „herbeigeführt"; er ist also gewöhnlicher Unterlassungstäter[34]. Oder er hat den Angriff „herbeigeführt", indem er den Kranken in igendeiner Weise zu seiner Tat veranlaßt hat. Dann ist der Wärter allerdings mittelbarer Täter, aber durch Begehen und nicht durch Unterlassen.

Auch die zweite hier oft angeführte Fallgruppe, bei der „der mittelbare Täter durch eigene Aktivität eine erfolgsbedingende Unterlassung des Werkzeugs verursacht"[35], gehört in einen anderen Zusammenhang. Wenn etwa jemand „den zum Handeln Verpflichteten von diesem Handeln abhält, indem er ihn betäubt"[36], so ist das keine Unterlassungstat[37], sondern ein Begehungsdelikt[38]). Die Schwierigkeit, hier eine mechanische Kausalität nachzuweisen, hindert nicht die strafrechtliche Zurechnung, die jedenfalls an das positive Tun des Hintermannes anknüpfen muß. Schon die praktische Erwägung, daß es nicht sinnvoll wäre, die Strafbarkeit in solchen Fällen von einer Garantenstellung abhängig zu machen, führt zu diesem Ergebnis.

Im übrigen kann man hier auch im Gegensatz zu den Unterlassungen bedenkenlos von einer echten Tatherrschaft sprechen. Wer den Rettungswilligen niederschlägt, um einen Verunglückten verbluten zu lassen, hat dessen Tod „in der Hand", und zwar nicht nur in dem uneigentlichen Sinne, daß er durch sein Eingreifen hätte Hilfe bringen können, sondern auch nach der Art der Begehungsdelikte: Sein positives Tun (das Niederschlagen) führt zum Tode des Opfers. Der Umstand, daß die strafrechtliche Haftung auf der Feststellung eines hypothetischen Ursachenverlaufes beruht (daß nämlich ohne das Eingreifen des Hintermannes die Rettung gelungen wäre), verbietet uns nicht, ihn, wenn der Nachweis geführt werden kann, für sein Tun verantwortlich zu machen.

---

[33] A. T., 2. Aufl., § 48, III, 1, S. 504
[34] ebenso mit sehr ähnlicher Begründung Grünwald, GA 1959, S. 122
[35] Maurach, A. T., 1. Aufl., § 48, III, 1, S. 517; in der zweiten Auflage hat Maurach diese Gruppe und auch das dafür angeführte Beispiel weggelassen.
[36] Mezger, Lehrb., 2./3. Aufl., S. 420
[37] so aber Sauer, GS 114, 320; Zimmermann, NJW 52, S. 1322
[38] treffend Armin Kaufmann, Unterlassungsdelikte, S. 190; aber auch schon Maurach A. T., 1. Aufl., § 18, II, B, S. 174

IV. Die unterlassene Selbstmordhinderung

1. Die Untauglichkeit der Teilnahmelehre
für die Lösung der Problematik

Der Täterbegriff, der nach unserer Auffassung den Unterlassungsdelikten zugrundeliegt, ermöglicht in der überaus schwierigen Frage, ob die Nichthinderung fremden Selbstmordes strafbar sei, zunächst eine klare Feststellung: Die Teilnahmelehre, die nach der Rechtsprechung des Bundesgerichtshofs und einer auch sonst im Schrifttum weit verbreiteten Ansicht die Grenze zwischen Straflosigkeit und vorsätzlichem Totschlag zieht, kann diese ihr zugeschobene Aufgabe nicht erfüllen. Es ist unrichtig, daß eine unterlassene Selbstmordhinderung sich bei bestehender Erfolgsabwendungspflicht bald als straflose Beihilfe zum Selbstmord und bald als Täterschaft gemäß § 212 StGB darstellen könnte.

Vielmehr ist es so: Entweder nimmt man an, daß bestimmte Personengruppen stets oder unter näher zu bezeichnenden Voraussetzungen von der Rechtsordnung verpflichtet worden sind, die – sei es auch frei gewählte – Selbsttötung eines anderen zu verhindern. Dann erfüllt der Unterlassende, wenn er die Möglichkeit zum Eingreifen hatte, den aus § 212 StGB entwickelten Garantengebotstatbestand unter allen Umständen als Täter. Da allein die Pflichtverletzung täterschaftsbegründend wirkt, kommt es auf seine „Tatherrschaft", auf den „Täterwillen" oder irgendwelche anderen Umstände nicht an. Die Annahme einer bloßen „Beihilfe" zum Selbstmord durch Unterlassen ist von vornherein ausgeschlossen.

Oder man geht davon aus, daß gegenüber der verantwortlichen Freitodentscheidung eines anderen eine strafrechtlich relevante Erfolgsabwendungspflicht nie – oder wenigstens in gewissen Fällen nicht – bestehe. Dann ist jede Bestrafung des Unterlassenden ausgeschlossen; seine Quasi-„Tatherrschaft" und sein mangelnder Unterordnungswille sind wiederum irrelevant.

Wenn also der Bundesgerichtshof in mehreren Entscheidungen[39] die Angeklagten ohne weiteres für verpflichtet erklärt hat, den Freitod des Ehegatten, der Schwiegermutter, des Verlobten zu verhindern, dann aber die Bestrafung von komplizierten und teilweise widersprüchlichen Erwägungen über Täterschaft und Teilnahme abhängig gemacht hat, so ist das schon im Ansatz verfehlt. Da die Erörterungen der einschlägigen Urteile sich nicht auf die Selbstmordproblematik beschränken, sondern grundsätzliche Bedeutung für die Abgrenzung von Täterschaft und Teilnahme bei Unterlassungen haben, kann zur Kritik der im einzelnen vom BGH vorgenommenen Differenzierungen auf spätere Ausführungen verwiesen werden[40].

Die richtige Fragestellung bei der unterlassenen Selbstmordhinderung lautet also nicht: „Täterschaft oder Teilnahme", sondern „Garantenstellung

---

[39] BGHSt 2, 150 ff.; 13, 162 ff.; MDR 1960, S. 939/40
[40] Unten S. 489 ff.

oder nicht". Diese Alternative, die sich aus dem hier entwickelten Täterbegriff schon auf konstruktivem Wege zwangsläufig ergibt, ermöglicht
allein auch in der praktischen Anwendung widerspruchsfreie Ergebnisse.
Insbesondere darf die immer wieder in den Vordergrund gestellte Frage,
ob der Selbstmörder im Zeitpunkt des Unterlassens noch Herr seiner
Entschlüsse ist oder nicht, keine Rolle spielen. Warum jemand, der dem
Selbstmörder die Schlinge knüpft, straflos bleiben, derjenige aber, der ihn
später nicht abschneidet, ein Totschläger sein soll, bleibt unerfindlich. Die
Garantenstellung verpflichtet, wenn und soweit sie überhaupt besteht, in
jedem Stadium des Geschehens zum Einschreiten. Nimmt man dagegen an,
man dürfe den freien Willen des Selbstmörders respektieren, so wäre dieser
Wille, wie der BGH selbst in anderem Zusammenhang[41] richtig erkennt,
„auch dann noch zu achten, wenn der Selbstmörder hilflos oder bewußtlos
geworden ist".

2. Auseinandersetzung mit Gallas

Es ist im Rahmen dieser Arbeit unmöglich, auf die zahlreichen zur Selbstmordproblematik entwickelten Lösungen im einzelnen einzugehen; das ist
auch überflüssig, weil die meisten Lehren auf die Abgrenzung von Täterschaft und Teilnahme bei Unterlassungen zurückgreifen, die im folgenden
noch behandelt werden wird. Eine selbständige Würdigung verdient aber die
Auffassung von Gallas, der der Frage neuerdings eine gründliche Untersuchung[42] gewidmet und eine auf die Selbstmordfälle begrenzte Lösung entwickelt hat. Sie ist kennzeichnend für die Schwierigkeiten, in die man gerät,
wenn man bei den Garantengebotstatbeständen die Erfolgsabwendungspflicht zur Begründung der Täterschaft nicht ausreichen läßt. Gallas geht
grundsätzlich davon aus, daß ein unterlassender Garant nur Täter ist, soweit
nicht ein handelnder Dritter die Herrschaft über das Geschehen innehat[43].
Dazu soll später Stellung genommen werden[44]. Hier interessieren nur die
Folgerungen für die unterlassene Selbstmordhinderung, die sich aus dieser
Ansicht ergeben:
    Da Gallas eine Erfolgsabwendungspflicht nach allgemeinen Regeln bejaht,
müßte der Garant straflos sein, wenn er dem Selbstmörder „einen Strick
kauft, ihm auf den Stuhl hilft und den Strick um den Hals legt"[45]; denn bis
dahin behält der zum Freitod Entschlossene die Herrschaft über das Geschehen. Wenn der Garant aber später hinzukommt und den noch Lebenden
nicht abschneidet, hat er eine Zuchthausstrafe verwirkt; denn er ist nunmehr
Täter, weil der Selbstmörder die Tatherrschaft verloren hat.
    Diese Konsequenz, auf deren Seltsamkeit schon oben hingewiesen wurde,

---

[41] BGHSt 6, 147–155 (153)
[42] JZ 1960, S. 649 ff., 686 ff.
[43] a. a. O., S. 687
[44] Vgl. unten S. 496 ff.
[45] Gallas, JZ 1960, S. 689

hat Gallas früher[46] ausdrücklich gezogen; Niese[47] und Kielwein[48] sind dem gefolgt. Heute lehnt er sie ab und sagt: „Es muß, da nur auf diese Weise eine sinnwidrige Grenzziehung zwischen straflosem und strafbarem Verhalten vermieden werden kann, angenommen werden, daß der straffreie Raum, den das Gesetz im Bereich der Tötungsdelikte durch Nichtpönalisierung des Selbstmordes und der Teilnahme daran hat schaffen wollen, auch die Nicht-abwendung des Todeserfolges bei beendetem Selbstmordversuch umfaßt. Jedenfalls erscheint eine solche Erstreckung der straffreien Zone über die eigentliche Teilnahme am Selbstmord hinaus unter dem Gesichtswinkel der Strafwürdigkeit weit weniger ungereimt als die Annahme, das Gesetz habe zwar den zum Selbstmord anstiftenden Garanten straflos lassen, den den Selbstmorderfolg nicht verhindernden Garanten dagegen als Täter eines Tötungsdelikts bestrafen wollen"[49].

Diese neue Lösung ist, wenn man mit Gallas das Nichteingreifen gegen-über dem noch handelnden Selbstmörder für straflos hält, im Ergebnis sicher richtig. Aber die Begründung zeigt deutlich, wie wenig sich die Pro-bleme mit einer Theorie meistern lassen, die die Garantengebotstatbestände nicht als Pflichtdelikte im oben umschriebenen Sinne ansieht. Denn erstens stellt die Annahme Gallas' eine von seinem Ausgangspunkt her theoretisch unerklärbare, allein durch die sonst „ungereimten" Ergebnisse gerecht-fertigte Ausnahme dar. Und zweitens ist es eine widersprüchliche Kon-struktion, wenn man bei den Selbstmordfällen einerseits eine Erfolgsab-wendungspflicht bejaht, andererseits aber ihre Verletzung allemal in einen „straffreien Raum" fallen läßt. Die Möglichkeit, aus § 212 StGB einen die Selbstmordhinderung gebietenden Tatbestand herauszubilden, ist doch von vornherein nur gegeben, wenn man diese Fälle in der Unrechtsqualität dem Totschlag gleichstellt und nach dieser Bestimmung bestrafen will! Glaubt man, das sei mit dem Willen des Gesetzgebers nicht vereinbar, so scheint mir die Folgerung zwingend, daß dann auch eine – das Unterlassen zum Totschlag erhebende – Erfolgsabwendungspflicht nicht gegeben sein kann.

3. Zur Problematik der Garantenstellung

Die allein berechtigte Frage geht also dahin, ob und gegebenenfalls unter welchen Umständen jemand bei Strafe gehalten sein kann, den Selbstmord eines anderen zu verhindern. Die Antwort liegt, da sie sich nur durch eine Auslegung des § 212 StGB gewinnen läßt, außerhalb des hier zu behandeln-den Themas. Doch läßt sich eine allgemeine Richtlinie ohne Schwierigkeiten aufweisen: Da schon die aktive Förderung eines Selbstmordes nur strafbar ist, wenn der Außenstehende die Tatherrschaft innehat[50], wäre es wenig

---

[46] JZ 1952, S. 372/73
[47] JZ 1953, S. 175
[48] GA 1955, S. 227
[49] JZ 1960, S. 689
[50] Vgl. dazu oben S. 158–163, S. 225–230

sinnvoll, dem Unterlassenden eine den allgemeinen Garantenstellungen entsprechende Erfolgsabwendungspflicht aufzuerlegen, solange er den Selbstmörder durch positives Tun straflos unterstützen darf. Eine Pflicht zur Selbstmordhinderung wird also nur dort zu bejahen sein, wo – wie bei Kindern, Geisteskranken, Irrenden – jede aktive Mitwirkung als tatherrschaftsbegründend erscheinen würde[51].

Konsequent und in sich schlüssig ist allerdings auch die Auffassung Maurachs, der die allgemeinen Pflichten zur Abwendung schädigender Erfolge ohne weiteres auf die Selbstmordfälle überträgt, dann aber ebenso die geringfügigste aktive Mitwirkung als Totschlag in mittelbarer Täterschaft bestrafen will[52]. Damit wird auch bei Begehungstaten das Herrschaftsprinzip durch das Pflichtkriterium verdrängt. Auf diese Weise wird die Einheitlichkeit der Beurteilung wiederhergestellt; doch ließe sich dieser Ansatz, wenn er richtig wäre, nicht auf die Selbstmordsituationen beschränken. Es müßte dann vielmehr bei jedem Delikt auch die entfernteste Beteiligung durch einen Garanten ohne Rücksicht auf die Tatherrschaft zur Täterbestrafung führen. „Eine solche ‚Aufrollung' der Teilnahmelehre vom Unterlassungsdelikt her wird niemand in Kauf zu nehmen bereit sein", sagt Grünwald[53] mit Recht. Warum eine derartige Ansicht, die heute nirgends vertreten wird[54] und der auch Maurach in dieser Allgemeinheit nicht folgt, unhaltbar wäre, wird unten noch näher darzulegen sein[55]. Sie auf die Mitwirkung am Selbstmord zu beschränken und damit aus dem Totschlag für eine einzelne Sachverhaltsgruppe ein Pflichtdelikt zu machen, ist jedenfalls nicht angängig. Denn dadurch würde die Beteiligung am Freitod einem strafbegründenden Sonderrecht unterstellt werden, für das es im Gesetz keine Grundlage gibt.

§ 38. Die Teilnahme durch Unterlassen

I. Die Ausgangsproblematik

Wenn wir nach dem bisherigen Ergebnis der Untersuchung davon ausgehen, daß der Unterlassende durch seine Erfolgsabwendungspflicht zum Täter wird, so drängt sich die Frage auf, ob die „Teilnahme durch Unterlassen", die bis zu den Arbeiten Armin Kaufmanns und Grünwalds zum festen Bestand unserer Dogmatik gehört hat, überhaupt noch möglich ist. Wenn der Pflichtige Täter, der nichtpflichtige Unterlassende aber straflos ist, wie soll dann eine Teilnahme durch Unterlassen denkbar sein?

Um die Antwort vorwegzunehmen: Sie ist denkbar. Das wird verständlich, wenn wir uns an die oben entwickelte „sekundäre" Natur des Teil-

---

[51] sachlich weitgehend übereinstimmend namentlich Welzel, Lehrb., 7. Aufl., S. 245; Heinitz, JR 54, 403/06; 55, 105 f.; 61, 29 f.
[52] B. T., 3. Aufl., 1959, S. 18
[53] GA 1959, S. 114
[54] Vgl. zur Kritik auch Schönke/Schröder, 10. Aufl., Vorbem. IV, 1, c, S. 815 vor § 211
[55] Vgl. S. 499 ff.

nahmebegriffs erinnern. Teilnahme ist eine Mitwirkung außerhalb der für den jeweiligen Tatbestand maßgebenden Täterschaft. Eine Teilnahme durch Unterlassen kommt also dort in Frage, wo eine Untätigkeit nach rechtlichen Maßstäben als Mitwirkung an einem Delikt erscheint, ohne die Voraussetzungen der Täterschaft zu erfüllen.

Dafür gibt es zwei Möglichkeiten. Man kann nämlich Täter eines Unterlassungsverbrechens nur werden unter einer doppelten Bedingung: Es muß erstens ein Unterlassungstatbestand vorhanden sein, d. h. es muß die Möglichkeit bestehen, das Delikt selbständig durch Unterlassen zu begehen. Und zweitens muß der Unterlassende, wenn er Täter sein soll, eine Erfolgsabwendungspflicht haben.

Demgemäß kann eine Teilnahme durch Unterlassen immer dann vorliegen, wenn eines dieser beiden Erfordernisse fehlt: Einerseits kann es so sein, daß jemand zwar einer Erfolgsabwendungspflicht zuwiderhandelt, daß aber ein selbständiger Unterlassungstatbestand, aus dem eine Täterbestrafung erfolgen könnte, nicht existiert (unten II). Und andererseits ist es denkbar, daß zwar ein Unterlassungstatbestand vorhanden ist, daß aber derjenige, dessen Unterlassen die Tat befördert, keine Garantenstellung einnimmt; diese zweite Möglichkeit setzt voraus, daß es Fälle gibt, in denen ein Unterlassen auch ohne Erfolgsabwendungspflicht strafbar sein kann (III). Beide Fragen sind zunächst nacheinander zu untersuchen.

II. Teilnahme bei fehlendem Unterlassungstatbestand

1. Der Ausschluß der Unterlassungstäterschaft trotz bestehender Erfolgsabwendungspflicht

a) Die Voraussetzungen der Garantengebotstatbestände

Wir haben gesagt: Eine Teilnahme durch Unterlassen ist möglich, soweit der Pflichtige nicht Täter sein kann. Hier taucht sogleich eine grundsätzliche Frage auf: Wenn bei der Nichthinderung einer Rechtsgüterverletzung allein die Erfolgsabwendungspflicht täterschaftsbegründend wirkt, wie ist es dann vorstellbar, daß trotz Vorliegens dieser Pflicht eine Täterschaft des Unterlassenden ausscheiden kann?

Die Antwort ergibt sich aus der schon anfangs[1] vorgebrachten Erwägung, daß die Unterlassungstatbestände, soweit sie nicht gesetzlich expressis verbis normiert sind, methodisch nur aus den Bestimmungen des Besonderen Teils gewonnen werden können. Dabei hat die Garantenstellung eine doppelte Funktion: Sie begründet die Strafbarkeit und gleichzeitig die Täterschaft. Strafbarkeit und Täterschaft haben aber, wie bei den Begehungsdelikten, unterschiedliche Voraussetzungen. Dadurch wird es möglich, daß im Einzelfall zwar die Erfordernisse der Strafbarkeit, nicht aber die der Täterschaft – des engeren Begriffs – gegeben sind.

[1] S. 460/461

Die Strafbarkeit verlangt nur die zurechenbare Verletzung des in einem gesetzlichen Tatbestand geschützten Rechtsgutes (im weitesten Sinne des Wortes). Damit etwa jemand wegen unterlassener Hinderung eines Diebstahls oder eines Meineides strafbar sei, ist also nicht erforderlich, daß sein Verhalten dem eines tatbestandsmäßig handelnden Diebes oder Meineidigen gleichstehe. Auch der aktiv Helfende, der den Dietrich herleiht oder Ratschläge für die Falschaussage gibt, begeht ja dadurch keinen Diebstahl oder Meineid. Für die Zurechnung zur Strafbarkeit genügt es demnach, daß sich aus einer Bestimmung entnehmen läßt, der Untätige sei für das tatbestandlich geschützte Rechtsgut verantwortlich. Die Pflicht hat insoweit eine strafbarkeitsbegründende Funktion.

Die Täterschaft erfordert darüber hinaus, daß ein Unterlassen dem im Gesetz primär beschriebenen Tun in seiner sozial-ethischen Wertwidrigkeit qualitativ gleichsteht. Sonst wäre es nicht möglich, etwa dem Begriff des „Tötens" in § 212 StGB die Nichtabwendung eines Todeserfolges zu subsumieren. Eine solche Gleichwertigkeit ist bei der Totschlagsbestimmung gegeben: Die Strafdrohung knüpft an die Verantwortung des einzelnen für einen Todeserfolg an, und für die Qualität der sozialethischen Wertwidrigkeit bedeutet es keinen Unterschied, ob die Verantwortung auf der Tatherrschaft oder auf einer versäumten Hinderungspflicht beruht.

Entsprechendes gilt für die Mehrzahl aller anderen gesetzlichen Strafbestimmungen. Auf die Unabdingbarkeit und Nachweisbarkeit einer derartigen Übereinstimmung der Unrechtsqualität von Tun und Unterlassen geht denn auch in erster Linie die These zurück, daß es sich jeweils um einen einheitlichen Tatbestand handele. Das ist, wie wir gesehen haben[2], sogar zutreffend, wenn man sich darüber klar ist, daß man dann nicht die dogmatische Struktur, sondern die Spezifität sozialethisch wertwidrigen Verhaltens über die Einheit des Tatbestandes entscheiden läßt.

Die Erfolgsanwendungspflicht hat also immer dann täterschaftsbegründende Kraft, wenn die Nichthinderung eines Deliktes der Unrechtsqualität einer aktiven Begehung entspricht (mag sie auch in ihrem Unwertgehalt quantitativ hinter ihr zurückstehen). Fehlt es an dieser Gleichartigkeit, so wirkt die Garantenstellung zwar strafbegründend, aber es gibt keine der Begehung korrespondierende Unterlassungstäterschaft und damit auch keinen selbständigen Gebotstatbestand. Die pflichtwidrige Untätigkeit kann dann nur zur Teilnahmebestrafung führen.

Die jetzt gewonnene Erkenntnis, daß eine Erfolgsabwendungspflicht nicht immer den Unterlassenden zum Täter macht, widerspricht unserer Ausgangsthese, daß bei Unterlassungsdelikten die Pflicht alleiniges Täterkriterium sei, nicht. Es ist vielmehr so: Täter ist nur der Pflichtige; wenn er es nicht ist, scheidet die Möglichkeit einer Täterschaft durch Unterlassen völlig aus. Wann das der Fall ist, hängt von der Struktur der jeweiligen Strafbestimmung ab und ist im Grunde kein Problem der Teilnahmelehre. Es ist deshalb weder möglich noch nötig, die Strafbestimmungen, bei denen ein Unterlassungstatbestand fehlt, hier vollzählig aufzuführen. Wir begnü-

---

[2] Vgl. oben S. 460/461

gen uns damit, einige Hauptbeispiele herauszugreifen. Es kommt im Rahmen unseres Themas ja auch weniger auf erschöpfende Details an als auf die Prinzipien, von denen die Bestrafung einer Teilnahme durch Unterlassen im Einzelfall abhängt.

b) Beispiele fehlender Unterlassungstatbestände

A. Die eigenhändigen Delikte

Wir haben früher[3] die eigenhändigen Delikte dadurch charakterisiert gefunden, daß bei ihnen die sonst überall erforderliche Rechtsgüterverletzung fehlt; stattdessen erfaßt die Strafdrohung bestimmte Formen sozialwidriger Lebenshaltung oder die bloße sittliche Verwerflichkeit eines Tuns. Daraus ergibt sich, daß der Tatbestand auf die eigenhändige Vornahme der beschriebenen Verhaltensweisen begrenzt bleibt.

Es ist leicht zu sehen, daß derartigen Bestimmungen kein entsprechender Unterlassungstatbestand zur Seite stehen kann. Denn der gemeinsame Bezugspunkt von Tun und Unterlassen ist die in der jeweiligen Strafbestimmung pönalisierte Rechtsgüterverletzung; sie ermöglicht die Gleichstellung der – wenn auch auf Grund verschiedener Kriterien – für den gleichen Erfolg gleichermaßen Verantwortlichen. Wo eine solche Rechtsgüterverletzung fehlt, die deliktische Qualität des Begehungstatbestandes vielmehr nur im moralischen Unwertgehalt eines spezifischen positiven Tuns ihren Ausdruck findet, hat ein Unterlassungstatbestand naturgemäß keinen Raum. Wenn etwa ein militärischer Vorgesetzter, ohne sich selbst zu beteiligen, homosexuelle Handlungen seiner Untergebenen wohlwollend duldet, so handelt er gewiß mißbilligenswert, und er wird auch gehalten sein, ein solches Tun zu verhindern; als Unterlassungstäter des § 175 StGB kommt er gleichwohl nicht in Betracht, weil seiner Verfehlung nicht die an den eigenen unreinen fleischlichen Akt geknüpfte Moralwidrigkeit, die besondere Unrechtsfärbung, anhaftet, die allein den Tatbestand der gleichgeschlechtlichen Unzucht kennzeichnet. Entsprechendes gilt für alle anderen oben genannten eigenhändigen Delikte.

Die Sonderstellung dieser Strafbestimmungen wird übrigens auch von Armin Kaufmann und Grünwald, die beide eine echte „Beihilfe durch Unterlassen" aus dogmatischen Gründen nicht anerkennen, eingeräumt. Auf ihre Gegenargumente wird noch einzugehen sein. Hier genügt der Hinweis, daß Kaufmann[4] „im Bereich der reinen Aktverbrechen" die Entwicklung eines Garantiegebotstatbestandes „in Analogie zum Begehungstatbestand" mit Recht ablehnt. In Unterlassungsfällen dieser Art liegt zwar, wie Kaufmann meint, „dogmatisch … auch hier nicht eine ‚Teilnahme durch Unterlassen' zum reinen Aktdelikt vor"; kriminalpolitisch bestehe aber „eine Parallele zwischen der aktiven Teilnahme am eigenhändigen

---

[3] S. 399 ff., 410 ff.
[4] Unterlassungsdelikte, S. 300

Delikt und der Verletzung des Garantengebotes, gerade den Akt zu verhindern". In ähnlicher Weise will Grünwald[5] bei Delikten dieser Art eine
„Beteiligung durch Unterlassen" annehmen, die anders als sonst nach seiner
Lehre nicht unabhängig neben der Begehungstäterschaft eines Dritten steht,
sondern den Akzessorietätsgrundsätzen folgt, also durchaus entsprechend
der Beihilfe behandelt wird.

Zu beachten ist, daß die Fälle ausgeschlossener Unterlassungstäterschaft
strikt auf die eigenhändigen Delikte zu beschränken sind und nicht etwa
auf alle Tätigkeitsdelikte oder Sittlichkeitsverbrechen ausgedehnt werden
sollten. Das folgt aus denselben Erwägungen, die uns oben[6] zur Anerkennung mittelbarer Täterschaft bei derartigen Tatbeständen bewogen haben.
Wenn etwa ein Irrenwärter es duldet, daß sein Schützling sich an einer
Frau im Sinne der §§ 176, 177 StGB vergeht, so ist er wegen Nichtabwendung des tatbestandlichen Erfolges als Unterlassungstäter nach diesen Bestimmungen zu bestrafen. Er hat zwar selbst keinen unreinen fleischlichen
Akt vorgenommen; aber das ist, wie oben dargelegt wurde, schon für die
täterschaftliche Begehung nicht entscheidend. Vielmehr wird die Deliktsqualität dieser Verbrechen durch die Rechtsgüterverletzung, hier also durch
die Beeinträchtigung der geschlechtlichen Integrität der Frau, bestimmt, und
dafür kann man durch Tun wie durch Unterlassen in gleicher Weise verantwortlich sein. Daß der „Sprachgebrauch" für die Möglichkeit einer
Unterlassungstäterschaft nicht maßgebend sein kann, bedarf nach unseren
früheren Erörterungen zum Eigenhändigkeitsproblem bei Begehungen[7] und
zur „sozialen Tatherrschaft" bei den Unterlassungen[8] wohl keiner Begründung mehr.

B. Die höchstpersönlichen Pflichtdelikte

Die praktisch wichtigsten Fälle ausgeschlossener Unterlassungstäterschaft
ergeben sich bei den höchstpersönlichen Pflichtdelikten, die wir oben auch
als „unecht eigenhändige Straftaten" bezeichnet haben. Es handelt sich um
Verfehlungen, bei denen täterschaftsbegründend eine Pflichtverletzung
wirkt, die ausschließlich in einer bestimmten Form unmittelbar-persönlichen
Verhaltens bestehen kann. Hauptbeispiele sind etwa die Aussagedelikte und
die Fahnenflucht[9].

Tatbestände dieser Art können sehr wohl durch Unterlassen verwirklicht
werden. Man kann einen Meineid begehen, indem man bei seiner Aussage
wesentliche Gesichtspunkte verschweigt; und ein Soldat kann fahnenflüchtig
werden, wenn er es unterläßt, der weiterziehenden Truppe zu folgen. Es
handelt sich insoweit nur um die schon oben[10] vermerkte Erscheinung, daß

---

[5] GA 1959, S. 118/19
[6] S. 416–420
[7] S. 402–405
[8] S. 465–467
[9] Vgl. im einzelnen oben S. 392–395
[10] S. 461–462

bei Begehungs-Pflichtdelikten ein tatbestandsrelevanter Unterschied zwischen Tun und Unterlassen nicht besteht.

Dagegen ist bei den höchstpersönlichen Pflichtdelikten eine Täterschaft nicht in der Weise möglich, daß jemand es entgegen seiner Garantenposition unterläßt, gegen den Meineid oder die Fahnenflucht eines anderen einzuschreiten. Der Ausschluß der Unterlassungstäterschaft in solchen Fällen beruht freilich auf ganz anderen Gründen als bei den eigenhändigen Delikten. Denn eine Rechtsgüterverletzung besteht hier: Wer etwa einen Meineid, zu dessen Abwendung er verpflichtet ist, nicht hindert, schädigt die Rechtspflege genauso wie der Aussagende selbst. Als Unterlassungstäter kommt er gleichwohl nicht in Frage, weil die Vorschriften der §§ 153ff. StGB für jede Art der Täterschaft eine persönliche Aussagepflicht voraussetzen, die dem Handelnden, der nicht selbst Zeugnis ablegt, ebenso fehlt wie dem Unterlassenden. Täterschaftsbegründend ist hier also eine spezifische Pflicht, die mit der allgemeinen Erfolgsabwendungspflicht nicht identisch ist und durch sie nicht ersetzt werden kann. Infolgedessen kann die Nichthinderung eines falschen Schwurs dem Meineid in der Unrechtsqualität niemals gleichstehen, so daß ein selbständiger Unterlassungstatbestand von vornherein entfällt und die Untätigkeit des Garanten strafrechtlich nur als täterschaftslose Mitwirkung, d. h. als Beihilfe, zu erfassen ist. Die Behandlung dieser Fälle in der Rechtsprechung ist im Ergebnis also nicht zu beanstanden. Die sehr umstrittene Frage, unter welchen Voraussetzungen überhaupt die Rechtspflicht zur Abwendung einer Falschaussage besteht, wird davon natürlich nicht berührt.

Nach denselben Gesichtspunkten sind alle anderen Tatbestände dieser Deliktsgruppe zu beurteilen. Hierzu wird man in weiterem Sinne auch noch die Beleidigung rechnen müssen[11]. Denn sie läßt zwar eine mittelbare Täterschaft zu, verlangt aber doch die Verletzung eines höchstpersönlichen Achtungsanspruches. Demgemäß kann man zwar Täter einer Beleidigung durch Unterlassen werden, indem man einem anderen demonstrativ den Händedruck oder den Gruß verweigert. In der Form aber, daß jemand die Beleidigung eines anderen nicht verhindert, erscheint eine Unterlassungstäterschaft nicht als denkbar; denn der Schweigende wird dadurch schwerlich den gegen ihn persönlich sich richtenden Achtungsanspruch verletzen können.

C. Die Zueignungsdelikte

Auch aus den Bestimmungen der Zueignungsdelikte lassen sich keine selbständigen Unterlassungstatbestände entwickeln. Das liegt am Wesen der Zueignung: Sie bedeutet mehr als eine Entziehung, die man einem pflichtwidrig untätigen Garanten ebenso zurechnen könnte wie einem Begehungstäter. Das Plus, das eine Wegnahme zu einem Sich-Zueignen macht, liegt darin, daß der Täter zum Zwecke wirtschaftlicher Verwertung

---

[11] Vgl. dazu näher S. 388–392

die selbständige Verfügungsmacht über eine Sache erlangt[12]. Dieses die Deliktsqualität konstituierende Element ist dem Unterlassenden nicht zugänglich, weil ihm die Verfügungsmacht gerade fehlt[13].

Daher kann der Nachtwächter, der einen Diebstahl pflichtwidrig nicht hindert, durch sein Unterlassen immer nur die fremde Tat fördern, aber nicht in eigener Person den Sinngehalt des § 242 StGB verwirklichen. In entsprechender Weise können der Abteilungsleiter, der es zuläßt, daß die Angestellten in ihrem Gewahrsam stehendes Firmeneigentum mitnehmen, und der Förster, der die Wilderer gewähren läßt, nicht als Täter der Unterschlagung oder der Wilderei bestraft werden, so daß ihr Verhalten nur nach den Kriterien der Teilnahme erfaßbar ist.

Die Tatherrschaft begründet hier also nicht nur die Begehungstäterschaft, sondern schließt gleichzeitig den im Regelfall korrespondierenden Unterlassungstatbestand aus. Man könnte im Hinblick auf diese zweite Funktion von „qualifizierten Herrschaftsdelikten" sprechen. Der legislatorische Zweck einer solchen Regelung liegt in der Abgrenzung des Deliktstypus. Das für die Strafbestimmung schlechthin kennzeichnende Element der Zueignung ist „herrschaftsgebunden": Keine Zueignung ohne Tatherrschaft. Wegen dieser Verklammerung ist das Tätermerkmal der Begehungstat nicht wie sonst bei Unterlassungen durch das Pflichtkriterium zu ersetzen.

Wenn wir uns fragen, ob sich aus den angeführten Fallgruppen allgemeine Kriterien für die Möglichkeit einer Unterlassungstäterschaft ableiten lassen[14], so läßt sich kurz folgendes sagen:

1. Eigenhändige Delikte sind niemals durch Unterlassen begehbar.

2. a) Pflichtdelikte gestatten stets eine Unterlassungstäterschaft, soweit die für die Strafbestimmung maßgebende Pflicht überhaupt durch ein Nichttun verletzbar ist. Dabei besteht zwischen Tun und Unterlassen im Hinblick auf die Teilnahmelehre kein struktureller Unterschied.

b) Bei höchstpersönlichen Pflichtdelikten begründet die Verletzung des Erfolgsabwendungsgebotes keine Täterschaft, wenn der Verstoß im Nichteinschreiten gegen die Deliktsverwirklichung eines Dritten besteht. Die Mißachtung der tatbestandsspezifischen Pflicht ist durch die Garantenposition nicht ersetzbar (Beispiele: Aussagedelikte, Fahnenflucht).

3. a) Schlichten Herrschaftsdelikten steht immer ein selbständiger Unterlassungstatbestand zur Seite, der freilich – anders als bei Pflichtdelikten – eine gegenüber der Begehungstat abweichende Struktur aufweist.

b) Bei qualifizierten Herrschaftsdelikten ist eine Täterschaft durch Unterlassen ausgeschlossen (Beispiel: Zueignungsdelikte).

---

[12] Vgl. im einzelnen oben S. 338–352
[13] Vgl. auch Grünwald, GA 1959, S. 118/19
[14] eine nähere Ausführung des vorstehend nur skizzierten Gedankenganges kann in diesem Zusammenhang nicht gegeben werden.

2. Die Begründung der Unterlassungsteilnahme
trotz bestehender Erfolgsabwendungspflicht

Wir wissen jetzt im wesentlichen, wann und warum eine Unterlassungstäterschaft trotz bestehender Erfolgsabwendungspflicht ausscheiden kann.
Damit ist aber noch nicht bewiesen, daß in solchen Fällen eine Teilnahme
vorliegt. Denn diese ist zwar sekundärer Natur, aber sie ist doch kein bloßer
Auffangbegriff für Fälle gescheiterter Täterbestrafung. Vielmehr setzt die
Teilnahme eine Mitwirkung voraus, die das für den jeweiligen Tatbestand
maßgebende Täterkriterium nicht erfüllt. So gibt es z. B. bei den Herrschaftsdelikten (abgesehen vom Irrtum über den Vorsatz des Mittlers) keine
Teilnahme an unfinaler Tat[15], weil der Außenstehende in solchen Situationen
den Geschehensablauf lenkt und deshalb auch dann nicht Teilnehmer sein
könnte, wenn eine Täterbestrafung aus irgendwelchen Gründen unmöglich
wäre; darauf beruhen die bekannten Lückenfälle, die sich nach der überwiegenden Lehre durch die Verabsolutierung des Herrschaftsprinzips bei der
Teilnahmebestrafung ergeben.

Auch bei den Unterlassungsdelikten entsteht daraus eine Schwierigkeit.
Denn Tätermerkmal ist hier die Pflicht. Wir haben nun zwar erklärt, warum
trotz ihres Vorliegens eine Täterbestrafung entfallen kann. Dadurch wird
aber noch nicht verständlich, warum sich dieses Verhalten als Teilnahme darstellt; denn um ein Unterlassen ohne Pflichtverletzung handelt es sich nicht.
Sollte vielleicht doch eine Beihilfe durch Unterlassen aus konstruktiven
Gründen unmöglich sein, wie es jetzt Armin Kaufmann vertritt?

Um zu verstehen, daß wir bei der pflichtwidrigen Nichthinderung eines
Diebstahls, eines Meineides, einer Blutschande trotzdem von einer echten
„Beihilfe durch Unterlassen" sprechen können, wollen wir zum Vergleich
einen Fall der Unterlassungstäterschaft heranziehen; etwa den, daß ein
Garant gegen einen Totschlag nicht einschreitet. Dieser Fall bietet unter
täterschaftlichen Gesichtspunkten einen doppelten Aspekt: den der Herrschaft (die dem Handelnden zukommt) und den der Pflicht (die den Unterlassenden zum Täter macht). Nur wenn man diesen zwiefachen Maßstab
anlegt, erhält man zwei selbständig gedachte Nebentäter. Läßt man die täterschaftsbegründende Kraft der Erfolgsabwendungspflicht einmal unberücksichtigt und beurteilt den Gesamtvorgang nach dem Kriterium der Tatherrschaft, so sinkt die strafrechtlich relevante Beteiligung des Unterlassenden
zu einer herrschaftslosen Mitwirkung herab, die nur als Beihilfe gewürdigt
werden kann.

Eine solche Betrachtungsweise ist keineswegs unzulässig; denn da sich
die Täterschaft des Handelnden aus seiner Alleinherrschaft ergibt, ist es unumgänglich, zu ihrer Begründung auf den insoweit peripheren Charakter
der Unterlassungsmitwirkung zurückzugreifen. Der Unterlassende ist also
beim Dazwischentreten eines aktiv tatherrschaftlich Handelnden immer
zweierlei: Täter eines Pflichtdelikts und Gehilfe bei einem Herrschaftsdelikt.
Entsprechendes gilt bei Pflichtstraftaten: Wer durch ein Unterlassen in täter-

---

[15] Vgl. oben S. 269, 365–367

schaftsbegründender Weise seine Pflicht verletzt, kann dadurch gleichzeitig das Begehungsdelikt eines pflichtwidrig Handelnden fördern.

Freilich bedarf diese Gehilfenschaft normalerweise nicht der Erwähnung; sie tritt nach unbestrittenen Konkurrenzgrundsätzen hinter der Täterschaft zurück. Immerhin zeigt sich aber, daß die weitverbreitete und unten noch näher zu erörternde Lehre, die beim Zusammentreffen von Tun und Unterlassen die Untätigkeit generell als Beihilfe ansieht, nicht ganz Unrecht hat. Der Fehler liegt nicht darin, daß das Wesen der Beihilfe verkannt würde, sondern allein in dem Umstand, daß die sie verdrängende Täterschaft unberücksichtigt bleibt, weil die selbständige Bedeutung des Pflichtmoments bisher nirgends hinreichend erfaßt wird.

Im übrigen ist diese Erscheinung nicht auf die Unterlassungen beschränkt, sondern findet ihre genaue Entsprechung bei den Pflichtdelikten durch Begehung. Wenn ein Beamter in Ausübung seines Amtes einen Extraneus zu einer Körperverletzung veranlaßt, so ist er, wenn man auf das Herrschaftsdelikt des Aufgeforderten sieht (§ 223 StGB), unbestreitbar Anstifter; gleichzeitig ist er aber, weil er die ihn treffende beamtenrechtliche Sonderpflicht verletzt, ungeachtet der fehlenden Tatherrschaft Täter des Pflichtdelikts (§ 340 StGB). Auch hier ist die Konkurrenz so zu entscheiden, daß die Anstiftung hinter der Täterschaft zurücktritt. Dasselbe gilt – mutatis mutandis – für eine Beihilfe des Beamten in solchen Fällen.

Die konstruktive Möglichkeit einer Beihilfe durch Unterlassen ist damit nachgewiesen. Sie hat zwar im Regelfall – wenn also ein selbständiger Unterlassungstatbestand existiert – keine praktische Bedeutung. Insofern hat Armin Kaufmann, der den Garanten immer nur als Täter bestraft, im Ergebnis recht. Der Unterschied der hier entwickelten Lehre gegenüber seiner Auffassung wird aber wichtig, wenn eine Unterlassungstäterschaft aus den oben dargelegten Gründen entfällt. Dann tritt die sonst verdrängte Beihilfe wieder hervor und führt zur Bestrafung des untätigen Garanten.

Um das an unseren drei Beispielsgruppen zu verdeutlichen: Der Wächter, der den Diebstahl willentlich geschehen läßt, macht sich, da die Zurechnung durch seine Abwendungspflicht begründet wird, der herrschaftslosen Mitwirkung am Diebstahl schuldig; die Eltern, die den blutschänderischen Verkehr ihrer Kinder dulden, sind als nicht-eigenhändig Beteiligte strafbar; und der Garant, der den Meineid nicht verhindert, ist Mitwirkender ohne die täterschaftsbegründende Aussagepflicht. In allen drei Fällen handelt es sich um eine Teilnahme am Begehungsdelikt, deren täterschaftlicher Bezugspunkt ein jeweils anderer (Herrschaft, Eigenhändigkeit oder Pflicht) ist, die aber alle Voraussetzungen einer zurechenbaren Förderung fremder Tat erfüllt.

Dabei liegt allemal eine Beihilfe vor. Eine „Anstiftung durch Unterlassen" ist ausgeschlossen, und zwar aus denselben Gründen wie die mittelbare Täterschaft[16]: Sie verlangt einen „Anstoß" des Täters durch den Außenstehenden, der die Handlung notwendig zu einer Begehungstat machen würde.

---

[16] Vgl. S. 471–472

Zusammenfassend ist also festzuhalten: Es gibt nach der hier vertretenen Auffassung – in Übereinstimmung mit der herrschenden Lehre, aber entgegen der Konzeption Armin Kaufmanns – nicht nur eine Täterschaft, sondern auch eine Beihilfe durch Unterlassen. Aber es ist nicht möglich, wie es die überwiegende Meinung annimmt, bei einem und demselben Tatbestand ein pflichtwidriges Unterlassen bald als Täterschaft, bald als Teilnahme zu bestrafen. Vielmehr gewinnt die Beihilfe durch Unterlassen nach dem bisherigen Ergebnis unserer Untersuchung selbständige Bedeutung nur dort, wo ein Garantengebotstatbestand nicht existiert, also nach der hier vertretenen Lehre im wesentlichen bei den eigenhändigen Straftaten, den höchstpersönlichen Pflichtdelikten und den Zueignungsverbrechen. Besteht ein selbständiger Unterlassungstatbestand, so kommt – vorbehaltlich der sogleich (unter III.) zu erörternden Fälle – nur eine Unterlassungstäterschaft in Frage; insoweit verdient die Auffassung Armin Kaufmanns Zustimmung.

Die im vorstehenden allein aus unserem Täterbegriff entwickelten Thesen werden im folgenden noch (unter IV) in der Auseinandersetzung mit den abweichenden Meinungen in Rechtsprechung und Schrifttum verteidigt und vertieft werden.

III. Teilnahme bei fehlender Erfolgsabwendungspflicht

1. Unterlassen als positive Tatförderung

Wenn es die Möglichkeit einer strafbaren Unterlassung ohne Erfolgsabwendungspflicht gibt, so ist es unmittelbar einleuchtend, daß ein solches Verhalten nach der hier vertretenen Lehre nur als Teilnahme gewürdigt werden kann. Ein Unterlassungstatbestand fehlt zwar in derartigen Fällen nicht (oder braucht wenigstens nicht zu fehlen); da aber das Täterkriterium (die Pflicht) nicht vorliegt, kann die Untätigkeit nur als herrschafts- oder pflichtlose Mitwirkung und damit als Beihilfe auf die Tat des aktiv Handelnden bezogen werden.

Nun entspricht es freilich der absolut herrschenden Auffassung, daß Unterlassungen ohne Erfolgsabwendungspflicht unter allen Umständen straflos sind. Allein: Ganz so sicher ist das nicht. Man denke sich folgenden Fall: In politisch unruhigen Zeiten wird ein Attentat auf einen Staatsmann geplant. Da dessen Haus von der Polizei gut bewacht wird, beschließen die Attentäter, sich nach Einbruch der Dunkelheit mit Nachschlüsseln und notfalls mit Brechwerkzeugen Zugang zum Nachbarhaus zu verschaffen, um von dort aus über den Hinterhof in die Wohnung des Opfers einzudringen. Dabei sind sie sich bewußt, daß das Risiko, schon beim Einbruch ins Nachbarhaus von der Polizei gefaßt zu werden, nicht gering ist. Doch hoffen sie, unentdeckt zu bleiben und schlimmstenfalls wegen versuchten Einbruchs zur Verantwortung gezogen zu werden. – Am Mittag des für das Attentat vorgesehenen Tages wird der ganze Plan durch irgendwelche Umstände ohne Zutun und Wissen der Verschwörer von dem Nachbarn entdeckt. Dieser ist ein persönlicher Feind des Staatsmannes und wünscht dem Anschlag von Herzen gutes Gelingen. Er läßt deshalb am Abend die Haustür, obwohl er sie sonst stets fest verriegelt, unverschlossen, damit die Attentäter, ohne Verdacht zu erregen, eintreten und in den Hinterhof gelangen können. So geschieht es, und der Staatsmann stirbt unter den Dolchen der Verschwörer.

Sollte hier der Nachbar nicht einer Beihilfe zum Morde durch Unterlassen schuldig sein? Dabei wird man ihm eine Garantenstellung kaum zusprechen können. Ein nachbarliches Gemeinschaftsverhältnis oder dergleichen besteht unter großstädtischen Verhältnissen nicht. Ein vorangegangenes Tun kommt schwerlich in Betracht; denn das Öffnen der Haustür am Morgen, das allein herangezogen werden könnte, war sozialadäquat, objektiv notwendig und nicht im geringsten rechtsgütergefährdend; außerdem würde sich an der Beurteilung nichts ändern, wenn ein anderer die Tür geöffnet hätte. Eine Erfolgsabwendungspflicht, die ihn zum Täter eines Totschlages durch Unterlassen machen würde, hat er deshalb genausowenig wie ein beliebiger Dritter, der von dem Plan erfahren hätte. Was ihm unter dem Gesichtspunkt des Tötungsdelikts vorgeworfen werden kann, ist also nicht, daß er das Attentat nicht verhindert hat, sondern allein der Umstand, daß er es absichtlich förderte, indem er die Tür offen ließ. Hätte er sie – wie jeden Abend – verriegelt, so könnte er, obwohl dadurch die Tat wahrscheinlich nicht verhindert worden wäre und eine Anzeige weit sicherer gewirkt hätte, nach den § 211, 212 StGB nicht zur Verantwortung gezogen werden.

Woran liegt es nun, daß ein solches Unterlassen, obwohl eine Erfolgsabwendungspflicht nicht besteht, uns gleichwohl als strafbare Teilnahme erscheint? Der Sprachgebrauch, der zwar für sich allein nichts erklärt, aber oft den Bedeutungsgehalt eines Vorganges feinfühlig erfaßt, wird hier ohne Schwanken dahin gehen, daß der Nachbar durch das absichtliche Offenlassen der Tür die Tat nicht nur nicht verhindert – das wäre ein bloßes Unterlassen – sondern sie sogar positiv erleichtert hat. Wir treffen hier im Bereiche der Teilnahme auf eine ähnliche Erscheinung, wie sie in anderem Zusammenhang schon bei der Täterschaft auftrat: Was faktisch gesehen ein Unterlassen ist, kann sich seinem sozialen Sinne nach unabhängig von jeder Pflicht als förderndes Tun darstellen.

Das Rechtsgefühl stützt diesen Befund. Denn wenn der Nachbar etwa die Tür stets verschlossen gehalten und nur an diesem einen Tage im Hinblick auf das Attentat geöffnet hätte, so könnte niemand daran zweifeln, daß hier eine Beihilfe durch positives Tun anzunehmen sei. Warum soll dann aber etwas anderes gelten, wenn er die Tür jeden Abend abgeschlossen und nur an diesem einen Tage um des Mordplanes willen offen gelassen hat? Die Abweichungen im naturalistischen Verhaltensbilde beeinträchtigen die Gleichartigkeit des sozialen Sinnvorganges nicht. Es wäre ungereimt, die Beihilfe zum Mord im einen Fall zu bejahen, im anderen zu verneinen.

Mit alledem ist freilich noch nicht geklärt, bei Vorliegen welcher allgemeinen Voraussetzungen ein Unterlassen in der geschilderten Weise dem aktiven Fördern gleichsteht. Sprachgebrauch und Rechtsgefühl allein sind

unsichere Ratgeber; außerdem müssen beide doch auf objektiven Gegebenheiten beruhen, deren Ausdruck sie sind und deren begriffliche Umschreibung unerläßlich ist, wenn die Grenze strafbaren Verhaltens nicht verwischt
werden soll.

Wir wollen dem Problem durch eine weitere Fallvariation näher kommen:
Gesetzt, es wäre im Nachbarhaus niemals üblich gewesen, die Tür zu verschließen; sie wäre vielmehr schon seit Jahren bei Tag und Nacht offen
geblieben, und die Einwohner hätten stattdessen ihre Wohnung verriegelt.
Wenn der Nachbar bei dieser Sachlage von dem Plan erfahren und die Haustür nicht verschlossen, d. h. alles so gelassen hätte, wie es immer war, dann
würde man sein Verhalten nicht als Beihilfe zum Mord beurteilen können.
Er hätte vielmehr – auch dem sozialen Bedeutungsgehalt des Vorganges
nach – die Tat nicht positiv gefördert, sondern nur ihre Erschwerung unterlassen.

Daraus wird deutlich, worin bei fehlender Erfolgsabwendungspflicht
der Unterschied zwischen einem unter dem Gesichtspunkt des unechten
Unterlassungsdelikts straflosen und einem begehungsgleichen strafbaren
Unterlassen besteht: Eine Untätigkeit erscheint dann als Erleichterung
und positive Förderung einer Tat, wenn jemand eine Handlung, die er unabhängig von jeder Deliktsbegehung vorzunehmen willens war und die objektiv die Tatbegehung verhindert oder erschwert hätte, im Hinblick auf das
geplante Verbrechen unterläßt. Wer dagegen eine erfolgshindernde oder
-erschwerende Handlung, die er nicht ohnehin vornehmen wollte, auch bei
Kenntnis des Delikts weiterhin unterläßt, ist straflos. Kurz und schlagwortartig zusammengefaßt: Wer einen bereits gefaßten Handlungsentschluß zur
Ermöglichung einer Straftat aufgibt, macht sich der Teilnahme schuldig; wer
sich zu dem Entschluß, einem Verbrechen entgegenzutreten, nicht aufrafft,
bleibt unbestraft.

Es ist auch nicht schwer zu verstehen, warum das so ist: Das Zustandekommen jedes Erfolges setzt voraus, daß bestimmte Umstände verwirklicht werden und andere, ungünstige, nicht eintreten. Infolgedessen ist
jemand, der auf den Erfolg hinwirkende Bedingungen setzt, genauso Teilnehmer wie derjenige, der erfolgswidrige Faktoren beseitigt. „Denn eine
jede Verminderung der Hindernisse einer Tätigkeit ist Beförderung dieser
Tätigkeit selbst"[17]. Wer also dem Dieb die Tür öffnet, ist Gehilfe, obwohl
er nur ein – zudem auch noch geringfügiges – Hindernis ausgeräumt
hat. Ein solcher, in unserem Beispielsfall dem Attentat entgegenstehender
Faktor, ist nun auch der Entschluß des Nachbarn, am Abend seine Haustür zu verriegeln. Wenn er diesen Willen aufgibt, um den Verschwörern
den Mord zu ermöglichen oder zu erleichtern, beseitigt er damit einen –
sogar sehr gravierenden – erfolgshemmenden Umstand und fördert die
Tat genauso wie durch ein positives Tun. Auf eine Rechtspflicht zur Erfolgsabwendung kann es deshalb in diesem Zusammenhang von vornherein nicht
ankommen.

Man sage nicht, es handele sich hier um eine Wiederbelebung der alten

---

[17] Kant, Kritik der praktischen Vernunft, 1. Aufl., S. 140

Interferenztheorien. Denn es geht uns nicht um irgendeine Kausalität und nicht einmal um die psychologisch verstandene Niederkämpfung eines Handlungsimpulses, der nach Entdeckung des Mordplanes gar nicht mehr zu bestehen braucht. Vielmehr ist der Handlungsentschluß, der im Hinblick auf das Verbrechen aufgegeben wird, ein Faktor, dessen soziale Realität schon dadurch bewiesen wird, daß die Verschwörer ihn in Rechnung stellen und ihren Plan dem erwarteten Hindernis anpassen.

Ebenso unrichtig wäre es, wenn man diese Unterlassungsfälle aus dem Bereich der tatfördernden strafbaren Beihilfe durch die Erwägung ausschalten wollte, die Aufgabe eines Handlungsentschlusses sei so viel einfacher als die Ausräumung eines sonstigen tathemmenden Faktors, daß sie damit nicht verglichen werden könne. Denn erstens kommt es auf die Schwierigkeit nicht an: Eine aktive psychische Beihilfe, ein Ratschlag etwa oder eine Zustimmung, kann ein Mindestmaß innerer Energie ohne alle äußere Betätigung verlangen und ist doch strafbar. Und zweitens kann das Ablassen von einem festen Handlungswillen zur Ermöglichung eines Verbrechens aus äußeren und inneren Gründen im Einzelfall größere Mühe machen als eine beiläufige Handreichung.

Um die letzten Zweifel zu beseitigen, sei am Ende noch ein Parallelbeispiel herangezogen: Wenn wir uns den Ausgangsfall so denken, daß die Verschwörer vorher mit dem Nachbarn vereinbart hätten, er solle die Tür entgegen seiner sonstigen Gewohnheit offen lassen, dann würde jedermann eine Teilnahme für gegeben halten, die in Form einer psychischen Beihilfe auch bedenkenlos als aktive Unterstützung erfaßbar wäre. Und doch liegt auch hier das Schwergewicht des strafrechtlichen Vorwurfes nicht in der seelischen Aufmunterung der Attentäter, die einer solchen psychischen Hilfe nicht bedurften, sondern in der Taterleichterung, also im Nichtverschließen der Tür und damit im Unterlassen. Die Konstruktion einer psychischen Beihilfe verschleiert also hier und in vielen ähnlichen Fällen nur den Umstand, daß eine tatfördernde Unterlassung trotz fehlender Erfolgsabwendungspflicht als Teilnahme bestraft wird.

Bei allen Konstellationen der beschriebenen Art ist demnach ein Unterlassen ohne Garantenstellung strafbar. Da eine Täterschaft ausscheidet, weil es an einer Pflicht und oft auch an der Möglichkeit zur Verhinderung des Delikts mangelt, ist der Vorgang stets nur als Beihilfe durch Unterlassen erfaßbar, so daß wir neben dem Unterlassen ohne Unterlassungtatbestand im Unterlassen ohne Garantenstellung eine zweite Erscheinungsform der Unterlassungsteilnahme vorweisen können.

Dabei muß abschließend ein Vorbehalt gemacht werden: Die hier behandelten Fragen sind bisher so wenig erforscht, daß die kurze Skizze, in der wir unsere Auffassung entwickelt haben, nicht ausreicht, um von einer wissenschaftlich gesicherten Erkenntnis zu sprechen. Eine längere Darstellung, die das Thema wohl verdiente, kann hier nicht geliefert werden, weil die Strafbarkeit der Unterlassung außerhalb unseres Themas liegt. Als feststehend können wir aber immerhin davon ausgehen, daß, wenn man unsere Hypothese von der Strafbarkeit dieser pflichtlosen Unterlassungsfälle akzeptiert, sie grundsätzlich dem Teilnahmebereich zuzuweisen sind.

2. Die unterlassene Taterschwerung als Beihilfe?

In diesem Zusammenhang ist noch kurz auf eine Lehre einzugehen, die der Beihilfe durch Unterlassen eine weitere Fallgruppe zuführen könnte. Das Reichsgericht[18] und – ihm folgend – der Bundesgerichtshof[19] haben nämlich ausgesprochen, daß jemand auch bei Unmöglichkeit der Erfolgsabwendung wegen Beihilfe zur Begehungstat bestraft werden müsse, wenn er es pflichtwidrig unterlasse, die Deliktsverwirklichung wenigstens nach Kräften zu erschweren.

Wäre es richtig, daß der Unterlassende sich in solchen Fällen strafbar machte, so läge in der Tat eine Beihilfe vor. Denn wenn die Möglichkeit der Erfolgsabwendung fehlt, kann dazu in concreto auch keine Pflicht bestehen, so daß ein strafbares Unterlassen nur noch als Beihilfe gewürdigt werden kann. Eine unterlassene Taterschwerung wäre danach als Teilnahme anzusehen, wenn der Untätige, sofern die Möglichkeit der Erfolgsabwendung bestanden hätte, dazu verpflichtet gewesen wäre.

Aber diese Auffassung verdient keine Billigung. Sie beruht auf der Erwägung, daß die unterlassene Erschwerung der Tat durch einen Garanten ihrer aktiven Erleichterung gleichstehe. Und das ist unrichtig. „Das Recht hat keinen Anlaß, ein nutzloses Eingreifen zu verlangen", sagt Grünwald[20] zutreffend, und Armin Kaufmann[21] hat die „grotesken" Ergebnisse, zu denen eine solche Ansicht führen würde, durch plastische Beispiele illustriert. „Der Fabrikwächter, der vor der Übermacht der Räuber entflieht, unterläßt es, sich fesseln zu lassen und dadurch den Räubern ihre Tätigkeit zu erschweren! Ist er bereits gefesselt, so muß er den – wenn auch völlig aussichtslosen – Versuch unternehmen, durch Ausmalen der Tatfolgen die Täter von ihrem Tun abzubringen; usw."

Dem ist nichts hinzuzufügen. Die einzigen Fälle, in denen eine unterlassene Taterschwerung eine strafbare Beihilfe begründet, sind oben geschildert worden. Bei ihnen ist die Unterlassung wirklich eine echte Förderung der Tat und deshalb weder an die Möglichkeit noch an die abstrakte Pflicht zur Erfolgsabwendung gebunden. Andere Konstellationen dieser Art gibt es nicht.

IV. Abweichende Auffassungen

1. Die Rechtsprechung des Bundesgerichtshofs

Der Bundesgerichtshof hat sich bisher in vier Entscheidungen mit der Abgrenzung von Täterschaft und Teilnahme bei Unterlassungen befaßt. Der Umstand, daß es sich dabei in drei Fällen um die Nichthinderung eines

---

[18] RGSt 71, 176–178 (178); RGSt 73, 52–60 (54)
[19] BGH, 5. Sen. v. 27. 10. 53, NJW 1953, S. 1838/39 (1838)
[20] GA 1959, S. 118, Anm. 21
[21] Unterlassungsdelikte, S. 293

Selbstmordes handelte, kann in diesem Zusammenhang außer Betracht bleiben, weil das Gericht sein Urteil überall auf die allgemeinen Regeln der Täterlehre gegründet hat.

a) Die Entscheidung BGHSt 2, 150 ff.[22] arbeitet mit dem Kriterium der Tatherrschaft, das aber mit der Abwendungsmöglichkeit gleichgesetzt wird. Die Gründe für die Unrichtigkeit dieses Ansatzes sind schon dargelegt worden und bedürfen keiner Wiederholung[23].

Ein Urteil desselben (1.) Strafsenats vom 2. 9. 1954[24], durch das ein Mann wegen Totschlages bestraft wurde, der den Selbstmord seiner Verlobten nicht unterbunden hatte, enthält sich jeder ausdrücklichen Stellungnahme zu den Kriterien der Unterlassungstäterschaft, beruht aber wohl auf denselben Grundlagen.

b) Eine weitere Entscheidung (wiederum des 1. Senats) vom 24. 6. 1955[25] verläßt den einseitigen Standpunkt der früheren Urteile und will die Abgrenzung von der „inneren Haltung" des Unterlassenden abhängig machen, die sich nach der Willensrichtung, dem Interesse, der Tatherrschaft und dem Umfang der eigenen Tatbestandsverwirklichung bestimmen soll.

Wenn wir von dem letzten Kriterium absehen, das bei Unterlassungsdelikten schon begrifflich unanwendbar ist, bleiben als neue Gesichtspunkte nur die subjektiven Elemente (Willensrichtung, Interesse) übrig. Es handelt sich insoweit also um eine Anwendung der subjektiven Theorie im Bereiche der Unterlassungen – eine Lösung, die auch im Schrifttum noch ihre Anhänger hat[26].

Sie empfiehlt sich gerade bei den Unterlassungen wegen ihrer scheinbaren Praktikabilität und auch deswegen, weil sie sich wegen des Verzichts auf objektive Differenzierungen am leichtesten von den Begehungstatbeständen hierher übertragen läßt. Richtig ist sie gleichwohl nicht. Zunächst einmal ist die subjektive Theorie in ihren beiden Erscheinungsformen denselben Einwendungen ausgesetzt, die ihr schon bei den Begehungsdelikten entgegenstehen[27]. Bei Unterlassungstaten kommen aber noch zwei weitere Gegenargumente hinzu.

Erstens nämlich verflüchtigt sich der Sinn der Dolus- und der Interessentheorie, der sich bei Begehungsdelikten immerhin aus einer realen psychischen Beziehung zwischen den Beteiligten ergibt, bei Unterlassungen ganz in den Bereich der Fiktionen. So bleibt es z. B. völlig unklar, wie man bei einem Unterlassenden die Abgrenzung von Täterschaft und Teilnahme im Sinne der Dolustheorie davon abhängig machen kann, ob der untätige Garant dem Handelnden die Ausführung der Tat „anheimstellt" oder nicht. Ihm bleibt doch – passiv, wie er sich verhält – gar nichts anderes übrig, als

---

[22] Oben, S. 91, Nr. III
[23] Vgl. oben S. 463–465
[24] JR 1955, S. 104 f. mit abl. Anm. Heinitz (S. 105 f.)
[25] LM, Nr. 10 vor § 47, oben S. 95, Nr. VIII
[26] Vgl. etva Mezger, StuB, B. T., 7. Aufl., 1960, § 5, IV, S. 12/13; Baumann, Lehrb., 2. Aufl., S. 444; NJW 1962, S. 376/77
[27] Dazu oben S. 52–55

dem Handelnden alles „anheimzustellen". Will er das nicht, so muß er tätig werden, und es liegt ein Begehungsdelikt vor.

Ähnlich steht es mit der Interessentheorie. Ihre relative Bedeutung liegt darin, daß jemand, der im Interesse eines anderen handelt, diesem damit einen gewissen Einfluß auf das Geschehen einräumt. Daran fehlt es hier, weil bei einer solchen Beziehung zwischen Begehungstäter und Hintermann dieser nicht mehr Unterlassender wäre, sondern wegen psychischer Beihilfe oder Anstiftung zum Begehungsdelikt – nach der Rechtsprechung sogar u. U. als Mittäter – bestraft würde.

Beide Theorien können also ihre Unterscheidungen höchstens noch auf die subjektiven Empfindungen des Unterlassenden stützen, also etwa darauf abstellen, ob er sich über die Tatverwirklichung gefreut hat oder nicht. Dergleichen aber ist, weil es objektiv ohne jede Auswirkung bleibt, richterlich nicht nachprüfbar; außerdem wäre eine solche Abgrenzung methodisch, dogmatisch und kriminalpolitisch unhaltbar, weil emotionale Regungen, die in niemandes Macht stehen, nicht über die Anwendung eines höheren oder geringeren Strafrahmens entscheiden können.

Zweitens schließlich scheitert jede subjektive Theorie vollends daran, daß sie beim unterlassenden „Alleintäter" unanwendbar wird. Wenn das Kind, das der Vater ertrinken läßt, nicht durch einen Dritten ins Wasser gestürzt worden, sondern von selbst hineingefallen ist, so hat noch niemand die Meinung vertreten, daß der vom Gesetz zum Garanten bestellte Vater die strafrechtliche Haftung als Unterlassungstäter dadurch von sich abwehren kann, daß er die Tat nicht „als eigene" will oder am Tode des Kindes „uninteressiert" ist. Wie sollte es aber dann anders sein, wenn ein Dritter das Kind in seine Lage gebracht hat – ein Umstand, der für die äußere und innere Situation des Vaters und seine Erfolgsabwendungspflicht gänzlich irrelevant ist?

c) Das dritte einschlägige Urteil des Bundesgerichtshofs[28] schreitet auf der Bahn der Subjektivierung fort. Der vierte Senat läßt hier alle objektiven Einschränkungen fallen und stellt lediglich fest, daß der unterlassende Angeklagte „das zum Tode seiner Schwiegermutter führende ... Geschehen ... nicht beherrschen wollte, daß ihm also der ‚Täterwille' gefehlt" habe. Dieser Wille sei auch bei Begehung einer Tötung durch Unterlassen erforderlich[29].

Es handelt sich in dieser Entscheidung um den Fall eines nicht abgewendeten Selbstmordes. Die Begründung des Urteils zeigt, daß dem Gericht deutlich die Gefahren vor Augen standen, die eine „ausdehnende Anwendung des Täterbegriffs"[30], wie sie sich aus BGHSt 2, 150ff. ergab, mit sich bringen mußte. Die einseitige Heranziehung der subjektiven Theorie diente also einer Einschränkung der strafrechtlichen Haftung für fremden Selbstmord.

---

[28] BGHSt 13, 162–169, oben S. 101, Nr. XV
[29] a. a. O., S. 166
[30] a. a. O., S. 167

Diese an sich begrüßenswerte Tendenz darf aber über die Brüchigkeit der Begründung nicht hinwegtäuschen. Denn gerade in einem Fall dieser Art tritt zu den oben angeführten Gründen, die allein schon die subjektive Theorie widerlegen, ein weiteres, durchschlagendes Bedenken hinzu: Wenn man nämlich einmal – wie es der BGH bedenklicherweise tut – dem Angeklagten eine Pflicht zur Verhinderung einer frei gewählten Selbsttötung aufbürdet, so kann es ihm unmöglich gestattet sein, sich dieser Pflicht durch den bloßen inneren Vorbehalt, daß er sich dem Willen des anderen unterwerfe und die Tat nicht „als eigene" wolle, wieder zu entziehen. Die Pflicht kann doch nur bedeuten, daß der Garant sich dem Freitod-Entschluß eines anderen gerade nicht unterwerfen darf, sondern ihn auch gegen seinen Willen retten muß!

Im übrigen ist es auch sonst überall anerkannt, daß der Gedanke der Willensunterwerfung allenfalls beim Zusammenwirken mehrerer Delinquenten herangezogen werden darf, und bei einer Alleintäterschaft, wie sie hier vorliegen würde, keinen Raum hat. Die bei der Begründung des BGH unvermeidliche Konsequenz, daß über die Strafbarkeit eines Verhaltens nicht die Rechtsordnung, sondern die „innere Willensrichtung" des Angeklagten selbst, sein von den äußeren Gegebenheiten gelöster „Beherrschungswille" entscheiden soll, führt den Ansatz vollends ad absurdum. Diese Erwägungen scheinen mir zwingend zu beweisen, daß man dem Problem allein durch die oben vorgeschlagene Lösung der Ablehnung jeder Garantenposition beikommen kann.

d) Die bisher letzte Entscheidung des Bundesgerichtshofs[31] kehrt schließlich mit gewundener Begründung zum Ausgangspunkt der Rechtsprechung, dem Kriterium einer aus der Abwendungsmöglichkeit gefolgerten „Tatherrschaft", zurück. Die Angeklagte dieses Falles hat den Selbstmord ihres Verlobten nicht verhindert, weil ihr dessen Tod „gleichgültig" war.

Der BGH hält am Erfordernis des „Täterwillens" zwar in äußerlicher Weise auch hier fest, will diese „Willensrichtung" aber nach dem Vorbild früherer Entscheidungen „wertend", und zwar in erster Linie mit Hilfe des Tatherrschaftsmerkmals, ermitteln. Die Verurteilung wird denn auch im folgenden nur darauf gestützt, daß die Angeklagte, als der Verlobte „sich in die Schlinge hatte fallen lassen und bewußtlos ... war, die volle und alleinige Tatherrschaft" innehatte.

Was zur Widerlegung dieser Argumentation gesagt werden kann, ist oben schon vorgetragen worden. Es bleibt nur zusammenfassend festzustellen, daß die Rechtsprechung zur Abgrenzung von Täterschaft und Teilnahme bei Unterlassungen in unklarer Weise zwischen der Dolustheorie und einer falsch verstandenen Tatherrschaftslehre hin- und herschwankt, die beide zur Lösung der hier auftauchenden Fragen gleichermaßen untauglich sind.

---

[31] MDR 1960, S. 939–940, oben S. 103, Nr. XVII

2. Armin Kaufmann

Kaufmann lehnt die Konstruktion einer Beihilfe durch Unterlassen generell ab[32]. Soweit sich das aus dem von ihm bei Unterlassungen vertretenen Einheitstäterbegriff ergibt, ist seine Auffassung schon oben gewürdigt worden. Einige weitere Argumente, „die sich speziell aus der Teilnahmelehre heraus für die ‚Teilnahme durch Unterlassen zur Begehung' ergeben"[33], bedürfen aber noch der Erörterung.

a) Die erste These Kaufmanns lautet: „Erkennt man die Undurchführbarkeit des Grundansatzes, daß die unechte Unterlassung unter den Tatbestand des Begehungsdelikts falle, so ist auch die Möglichkeit verbaut, Fälle der unechten Unterlassung dogmatisch als Teilnahme zum Begehungsdelikt zu konstruieren"[34].

Dem ist zu widersprechen. Schlüssig wäre die von Kaufmann gezogene Folgerung nur dann, wenn die Beihilfe – sei es durch Tun, sei es durch Unterlassen – überhaupt jemals dem Tatbestand eines Begehungsdelikts unterfiele oder unterfallen müßte. Das ist aber, wie wiederholt dargelegt wurde, vom Standpunkt eines allein zutreffenden restriktiven Täterbegriffs aus nicht der Fall. Der Tatbestand umschreibt immer nur den Täter des jeweiligen Delikts; die Teilnahmeformen, deren Strafbarkeit sich aus den §§ 48, 49 StGB ergibt, treten straferweiternd hinzu. Auch wenn man also Kaufmann darin recht gibt, daß die Teilnahme durch Unterlassen oder die Unterlassung schlechthin sich dem Tatbestand eines Kommissivdelikts nicht subsumieren läßt, wird die dogmatische Möglichkeit einer Beihilfe durch Unterlassen nicht in Frage gestellt.

Im übrigen ist es nach dem Ergebnis unserer Untersuchung sogar umgekehrt als man nach Kaufmanns Lehre annehmen müßte: Gerade dort, wo die Unterlassung vom Begehungstatbestand umfaßt wird – wie es oben anhand der §§ 266, 347 StGB ausgeführt wurde – ist eine Beihilfe durch Unterlassen bei bestehender Garantenstellung nicht möglich. Denn da hier die Pflichtverletzung des Handelnden oder Untätigen stets täterschaftsbegründend wirkt, scheidet eine Teilnahmebestrafung von vornherein aus.

b) Ein zweites Argument ergibt sich für Kaufmann aus der fehlenden Kausalität der Unterlassung. Er sagt: „Der Mensch kann durch Unterlassen nicht kausal werden, also auch nicht durch Unterlassen ein Begehungsdelikt ‚fördern'".[35] Diese Erwägung beruht auf der Prämisse, daß ein Teilnehmer durch Unterlassen, um strafbar sein zu können, für den Erfolg notwendig kausal sein müsse. Das ist schon deshalb nicht richtig, weil auch der Unterlassungstäter nach Kaufmanns eigener Meinung nicht „kausal" ist und man vom Teilnehmer nicht mehr verlangen kann als vom Täter. Aus dem Begriff des „Förderns" läßt sich kein Gegenargument herleiten. Denn er setzt eine Kausalität nicht notwendig voraus; zumindest bei Unterlassun-

---

[32] Unterlassungsdelikte, S. 291 ff.
[33] a. a. O., S. 291
[34] Unterlassungsdelikte, S. 295
[35] hier und im folgenden a. a. O., S. 295
[36] a. a. O., S. 295

gen ist nicht ersichtlich, warum es undenkbar sein sollte, das pflichtwidrige Geschehenlassen nach rechtlichen Maßstäben als „Fördern" fremder Tat zu betrachten.

Kaufmann fügt noch eine Hilfserwägung hinzu: „Wollte man anders entscheiden", meint er, „so müßte jede Nichthinderung der Rechtsgutsverletzung als ‚Teilnahme durch Unterlassen' betrachtet werden, auch die Unterlassung eines Nichtgaranten". Doch auch das ist nicht zwingend. Denn die Erfolgsabwendungspflicht ist ein strafbegründendes Merkmal, das beim Vorliegen eines Garantengebotstatbestandes zudem die Täterschaft konstituiert. Diese letzte Funktion entfällt, wenn der Unterlassungstatbestand fehlt. Als Strafvoraussetzung aber bleibt die Garantenposition bestehen. Es gibt nichts, was den Gesetzgeber zwingen könnte, auch den Nichtgaranten zu bestrafen, wenn er nur Erfolgsabwendungspflichtige wegen ihrer Mitwirkung zur Verantwortung ziehen will.

c) Weiter meint Kaufmann, da der Unterlassende stets Täter sei, sei „die Frage, ob dieses unechte Unterlassungsdelikt außerdem als Beihilfe zur Begehung erfaßt werden kann, schon kriminalpolitisch müßig"[36]. Das ist nur insoweit richtig, als ein Garantengebotstatbestand besteht, der die Bestrafung als Unterlassungstäter erlaubt. Die praktischen Schwierigkeiten der Kaufmannschen Lehre zeigen sich aber bei den oben erörterten Gruppen der eigenhändigen Straftaten, der höchstpersönlichen Pflichtdelikte und der Zueignungstatbestände. Da hier eine Unterlassungstäterschaft ausscheidet, müßte jede Nichthinderung des Erfolges trotz bestehender Garantenstellung straflos bleiben. Das wäre umso unbefriedigender, als einige der wichtigsten Fälle der Unterlassungsteilnahme (Diebstahl, Meineid!) dann nicht mehr erfaßt werden könnten.

Kaufmann[37] behandelt die hier auftretenden Fragen nur bei den Bestimmungen des Diebstahls und der „reinen Aktverbrechen"; mit der letzten Bezeichnung sollen wohl im wesentlichen die beiden ersten von uns angeführten Deliktskomplexe umschrieben werden.

Was den Tatbestand des Diebstahls betrifft, so macht er geltend, daß es sich vom Standpunkt des Garanten aus immer nur um eine – auch im Begehungsfalle straflose – Sachentziehung handele. Ob jemand eine diebische Elster nicht hindere, „mit der Brosche im Schnabel zu entfleuchen", ob er einen einfachen oder einen schweren Diebstahl geschehen lasse, der Unrechtsgehalt des Unterlassens sei immer der gleiche[38]. Deshalb sieht er keinen Grund, derartige Fälle verschieden zu behandeln.

Dagegen läßt sich vorbringen, daß es bei der Unterstützung einer Tat durch aktives Tun nicht anders liegt. Wenn jemand ein Werkzeug herleiht, so kann er – je nachdem, ob der Entleiher eine Sachentziehung, einen einfachen oder einen schweren Diebstahl begeht – entweder überhaupt nicht oder wegen Beihilfe zum Vergehen oder wegen Unterstützung eines Verbrechens bestraft werden; und doch hat er, wenn man seinen Tatbeitrag isoliert betrachtet, in allen drei Fällen dasselbe getan.

---

[37] a. a. O., S. 297–300
[38] vgl. a. a. O., S. 298

Das sieht auch Kaufmann und sagt: „Man wende nicht ein, das sei bei der aktiven Beihilfe ebenso; diese bezieht sich ja gerade auf die Tathandlung selbst, die sie fördert und der die Qualifikationen anhaften. Die Unterlassung des Garanten hingegen bezieht sich ausschließlich[39] auf das garantierte Rechtsgut, das zu schützen unterlassen wird"[40].

Hier liegt tatsächlich der springende Punkt. Wenn es wirklich nicht möglich wäre, die Unterlassung auf die Tathandlung zu beziehen, müßte man Kaufmann recht geben. Es ist aber im Gegensatz dazu schon oben dargetan worden, daß die Unterlassung in solchen Fällen sehr wohl im Hinblick auf das Herrschaftsdelikt des Begehungstäters gesehen und als echte Beihilfe betrachtet werden kann[41]. Der Umstand, daß beim Vorliegen eines Gebotstatbestandes die Unterlassung gleichzeitig als selbstandiges Pflichtdelikt erscheint, schließt diese Möglichkeit nicht aus. Aus diesem Grunde ist eine Diebstahlsbeihilfe durch Unterlassen ohne Bedenken möglich.

Die Strafwürdigkeit dieser Fälle räumt übrigens auch Kaufmann ein. Deshalb erhebt er auch keinen Einspruch dagegen, daß man de lege lata „mehr schlecht als recht" – wie er sagt – „auch weiterhin mit dem unpassenden Lückenbüßer der Beihilfe durch Unterlassen zum Diebstahl"[42] arbeitet. Diese im Ergebnis begrüßenswerte Konzilianz ist aber gleichwohl bedenklich: Denn wenn eine Beihilfe oder ein sonst strafbares Verhalten nicht vorliegt, kann die Strafwürdigkeit allein eine Verurteilung unter keinen Umständen tragen.

Dieselben Einwände sind gegenüber Kaufmanns Ausführungen zu den „reinen Aktverbrechen" geltend zu machen. Wenn er meint, daß zwar dogmatisch eine Teilnahme durch Unterlassen auch hier nicht möglich sei, daß aber „kriminalpolitisch" eine Parallele zu den Fällen der Beihilfe bestehe, so kann diese Erwägung eine Strafbarkeit solchen Verhaltens nicht begründen. Wenn es unmöglich ist, mit dogmatischen Mitteln einen gesetzlichen Strafgrund aufzufinden, so kann angesichts des nulla-poena-Grundsatzes das kriminalpolitische Bedürfnis die Gesetzeslücke nicht ausfüllen. Man kann, nachdem man den Ast abgesägt hat, auf dem man saß, nicht in der Luft sitzen wollen.

Gerade die Schwierigkeiten, in die Kaufmann hier gerät, scheinen mir zu beweisen, daß er den an sich so fruchtbaren Gedanken einer Verselbständigung der Unterlassungstatbestände doch ein wenig übersteigert hat. Mag eine Beihilfe durch Unterlassen auch bei vielen Tatbeständen keine Rolle spielen: Sie ist dogmatisch sehr wohl möglich und in manchen bedeutsamen Fällen auch praktisch nicht zu entbehren.

---

[39] im Text gesperrt
[40] a. a. O., S. 297/98
[41] Vgl. dazu oben S. 483/484
[42] a. a. O., S. 299/300

3. Gallas und Kielwein

Die größte Aussicht auf allgemeine Anerkennung dürfte im Augenblick ein objektives Abgrenzungsverfahren besitzen, das im Anschluß an die früher herrschende Lehre und Rechtsprechung namentlich von Gallas[43] und Kielwein[44] entwickelt worden ist[45]. Diese Lehre ist jüngst wieder von Gallas[46] zusammenfassend so formuliert worden, „daß neben dem die Tatherrschaft ausübenden Täter eines vorsätzlichen Begehungsdelikts jedem ihn an der Erfolgsherbeiführung nicht hindernden Garanten grundsätzlich nur die Rolle eines Gehilfen verbleibt". Das soll aber nur gelten, solange der Handelnde den Tatablauf noch beherrscht[47]. Sieht sich der Unterlassende dagegen „nicht mehr der Betätigung von Tatherrschaft, sondern lediglich den noch korrigierbaren Wirkungen einer solchen Betätigung gegenüber (stößt er etwa auf das schwer verletzte Opfer eines Mordanschlages), so ist er, wenn er untätig bleibt, ... ebenso als Täter anzusehen wie in dem Fall, in dem die Gefahr ... überhaupt nicht auf der Straftat eines Dritten, sondern auf einem Unfall o. dgl. beruht". In entsprechender Weise macht Kielwein[48] die Täterschaft des Unterlassenden davon abhängig, ob er „den Ablauf des, sei es von Dritten vorsätzlich oder fahrlässig oder nur durch Naturereignisse in Gang gebrachten Kausalgeschehens in die Hand bekommen hat. Das ist der Fall, sobald der Eintritt des strafrechtlichen Erfolges ausschließlich von dem Verhalten des Garanten abhängt".

In der Begründung bestehen zwischen Kielwein und Gallas Unterschiede. Während Kielwein dem Garanten, der sich keinem Handelnden gegenübersieht, ausdrücklich die „Tatherrschaft" zuspricht[49] – eine Annahme, der schon oben entgegenzutreten war[50] – geht Gallas zutreffend davon aus, daß sich „Täterschaft und Beihilfe durch Unterlassen ... nicht am Maßstab der Tatherrschaft unterscheiden lassen". Für ihn ergibt sich vielmehr die Abgrenzung von Täterschaft und Teilnahme bei einer Unterlassungstat aus ihrer „‚Gleichwertigkeit', sei es mit der aktiven Täterschaft, sei es mit der aktiven Teilnahme".[51]

Sieht man von diesen theoretischen Fragen einmal ab, so ist es zunächst sicher richtig, daß ein Garant, der allein die Rechtsgutsverletzung noch abwenden kann, stets auch dann Täter ist, wenn das Opfer von einem Menschen in die bedrohliche Lage gebracht worden war[52]. Die Frage ist nur,

---

[43] JZ 1952, S. 371–373
[44] GA 1955, S. 225 ff.
[45] Übereinstimmend auch Niese, JZ 1953, S. 175; Franzheim, Die Teilnahme an unvorsätzlicher Haupttat, S. 38
[46] JZ 1960, S. 687
[47] Darin liegt der Unterschied zur früher herrschenden Meinung; vgl. Gallas, JZ 1960, S. 687, Anm. 67
[48] GA 1955, S. 227
[49] a. a. O., S. 227
[50] S. 462 ff.
[51] vgl. JZ 1960, S. 686, Anm. 56; ebenso im Text S. 686 r. Sp.
[52] vgl. dazu Kielwein, GA 55, S. 227 mit treffenden Beispielen; Armin Kaufmann, Unterlassungsdelikte, S. 296; Grünwald, GA 59, S. 115; Schönke/Schröder, 10. Aufl., S. 35/36

warum es anders sein soll, solange zwischen dem Garanten und dem Erfolg noch ein handelnder Dritter steht.

Gallas hat – in der Auseinandersetzung namentlich mit Armin Kaufmann – diese Lehre jüngst wieder mit zwei Argumenten bekräftigt:

a) Er macht erstens geltend, „daß mit dem aktiven Eingreifen eines vorsätzlich handelnden Dritten das Untätigbleiben des Garanten in seiner Bedeutung verändert wird. Solange nämlich der aktiv Handelnde den Tatverlauf durch sein Tun beherrscht, ‚verstellt‘ er dem untätig bleibenden Garanten den unmittelbaren ‚Zugang‘ zum strafbaren Erfolg: Das Nichteingreifen ... kann ... nur als Nichthinderung des Handelnden und damit nur als ‚negative Förderung‘ der von diesem entfalteten Aktivität Bedeutung gewinnen".

Das Argument wirkt bestechend, aber es schlägt letzten Endes nicht durch. Gallas hat zwar darin gegen Kaufmann recht, daß durch das Hinzutreten des Dritten die Situation insofern verändert wird, als man das Verhalten des Garanten nunmehr auch auf die Tatherrschaft des Handelnden beziehen kann, gegenüber der es nur als Beihilfe erscheint. Nicht schlüssig ist aber die Behauptung, das Unterlassen könne nun nur noch als negative Förderung des Handelnden betrachtet werden. Wenn es vorher möglich war, dem Garanten trotz der ihm auch nach Gallas' Meinung fehlenden Tatherrschaft die Täterposition einzuräumen, dann ist nicht einzusehen, warum sich das jetzt ändern soll, obwohl Erfolgsabwendungspflicht und -möglichkeit bestehen bleiben. Der Charakter des Unterlassungstatbestandes als Pflichtdelikt kann dadurch nicht berührt werden. Auch die Verantwortung des Unterlassenden ist in beiden Fällen die gleiche.

Wenn Gallas von dieser strukturellen und wertmäßigen Übereinstimmung absieht und stattdessen den nichteingreifenden Garanten am Begehungstäter mißt, so kann die hier von ihm statuierte „Ungleichwertigkeit" nur auf der oft geringeren Strafwürdigkeit beruhen[53]. Diese aber hat – wie Gallas selbst einräumt[54] – ihren Grund darin, „daß das Unterlassen generell[55] als weniger strafwürdig empfunden wird als das positive Tun". Wenn diese Erkenntnis demnach auf die Unterlassungen allgemein zutrifft, so kann sie nicht gleichzeitig dazu dienen, das Untätigbleiben bald als Täterschaft und bald als Beihilfe erscheinen zu lassen.

b) Die bisher vermißten Unterschiede in der Qualität des Unterlassens selbst versucht Gallas aber mit einer zweiten Erwägung nachzuweisen. Er erblickt nämlich „die Rechtfertigung für die mit der Annahme von Täterschaft ... verbundene schwerere Bestrafung" darin, „daß der unmittelbar rettende Zugriff, jedenfalls im allgemeinen, geringere Anforderungen an den Garanten stellt als die Überwindung eines entgegenstehenden Handlungswillens"[56].

Solche „allgemeinen" Aussagen lassen sich aber, wie Armin Kaufmanns[57]

---

[53] vgl. dazu noch gleich unten S. 499ff.
[54] JZ 1960, S. 687, Anm. 70
[55] im Original kursiv gedruckt
[56] JZ 1960, S. 687
[57] Unterlassungsdelikte, S. 296/97

überzeugend dargetan hat, gerade nicht machen. „Es ist zum Beispiel leichter für einen Bademeister, durch einen Zuruf den Jugendlichen daran zu hindern, einen Nichtschwimmer ins Wasser zu stoßen, als den Ertrinkenden später zu retten". Vor allem darf man sich den Handlungstäter in solchen Fällen nicht so vorstellen, als ob er, mit einem Revolver bewaffnet, hilfswillige Garanten verscheuchen oder ernstlich gefährden könnte. Denn die Bestrafung wegen Unterlassens setzt doch in jedem Fall voraus, daß der Pflichtige den Erfolg mit Sicherheit abwenden konnte[58] und daß ihm ein Eingreifen auch zumutbar war, was bei einer Bedrohung des eigenen Lebens nicht der Fall wäre. Im Bereiche des Möglichen und Zumutbaren aber noch weiter nach den Kriterien „leichter" und „schwieriger" zu differenzieren, erscheint mir schon deshalb nicht angängig, weil auch bei der „Alleintäterschaft" durch Unterlassen solche Abstufungen möglich sind, ohne sich strafrechtlich auszuwirken[59]. So wird es sicher in der Regel leichter sein, ein Kind vor einem Sturz ins Wasser zu bewahren als es aus einem brennenden Haus zu retten. Trotzdem ist der Garant, wenn nur überhaupt die Voraussetzungen der Strafbarkeit vorliegen, in beiden Fällen Täter.

c) Die beiden von Gallas für seine Lehre vorgebrachten Beweisgründe sind also nicht zwingend. Darüber hinaus sprechen aber auch noch zusätzliche Erwägungen gegen seine Abgrenzung.

Ein erstes Bedenken ergibt sich aus den Zufallsergebnissen, zu denen sie führt. Wenn jemand für das Leben eines Menschen einzustehen hat und nichts dagegen unternimmt, daß ein Dritter ihn erschießt, so wird er wegen Beihilfe zum Mord oder Totschlag bestraft. Entschließt sich der Dritte aber zufällig, sein Opfer ins Wasser zu stoßen und ertrinken zu lassen, so rückt der Garant plötzlich zum Täter auf, nur weil er den Betroffenen später noch wieder hätte herausziehen können.

Man sollte doch meinen: Wenn schon jemand verbrecherischerweise den Entschluß faßt, den ihm anvertrauten Menschen sterben zu lassen, so liegt es nur in der Konsequenz dieses Planes, daß er ihn am Ende genausowenig rettet wie am Anfang. Jedenfalls ist nicht recht verständlich, warum das Beharren bei einem einmal gefaßten Plan die Heranziehung eines anderen und höheren Strafrahmens begründen soll. In dem Sonderfall der Nichtverhinderung fremden Selbstmordes spricht sogar Gallas selbst von einem „Dilemma" und hat seine eigene Lehre wegen ihrer „ungereimten" Ergebnisse insoweit aufgegeben[60].

Eine weitere Schwierigkeit ist von Grünwald[61] aufgedeckt worden. Da die versuchte Beihilfe nicht strafbar ist, müßte „der Vater ..., der seinem Kind nicht zu Hilfe eilt, wenn er irrig annimmt, daß es ermordet werde"[62], straflos bleiben, während er wegen versuchten Mordes ins Zuchthaus käme, wenn er

---

[58] vgl. dazu oben S. 489
[59] vgl. zu diesen Fragen allgemein schon oben S. 464/465
[60] JZ 1960, S. 689; vgl. oben S. 474/475
[61] GA 1959, S. 116–119; im Anschluß an ihn auch Armin Kaufmann, Unterlassungsdelikte, S. 293/94
[62] a. a. O., S. 116

das Kind fälschlich für verunglückt hielt – ein ebenso unvermeidbares wie unhaltbares Ergebnis, gegen das auch Gallas „Bedenken"[63] nicht unterdrücken kann. Freilich hat Grünwald selbst es nicht ganz einfach, die Strafbarkeit des Vaters in diesen Fällen zu begründen. Denn wenn die Mitwirkung durch Unterlassen weder Täterschaft noch Beihilfe, sondern eine Beteiligungsform eigener Art ist, die „leichter wiegt als selbst die Beihilfe"[64], dann ist nicht recht zu erklären, wie mangels gesetzlicher Grundlage die Strafbarkeit dieses Beteiligungsversuches begründet werden soll. Geht man dagegen mit der hier vertretenen Lehre davon aus, daß es sich um echte Täterschaft handelt, so versteht sich die Strafbarkeit eines Verhaltens, an dessen Strafwürdigkeit kein Zweifel besteht, von selbst.

Nimmt man alle diese Gründe zusammen, so scheint mir dargetan zu sein, daß die von Gallas und Kielwein vertretene Auffassung nicht richtig ist. Sie enthält einen zutreffenden Ansatz, schießt aber über das Ziel auf der einen Seite genau so weit hinaus wie die Lehre Armin Kaufmanns auf der anderen Seite. Im einen Falle (Kaufmann) wird das Verhalten des Unterlassenden ausschließlich in seiner Selbständigkeit, im anderen (Gallas und Kielwein) lediglich in seiner Beziehung zum Handelnden gesehen, während in Wirklichkeit nur beide Betrachtungsweisen gemeinsam der Sachlage gerecht werden: Der pflichtwidrig Unterlassende ist Zentralgestalt des Garantengebotstatbestandes und zugleich Randfigur im Hinblick auf das Begehungsdelikt des dazwischentretenden Dritten.

d) Allerdings müssen wir uns noch mit einem Gegeneinwand auseinandersetzen, der trotz aller vorstehend klargelegten Unzuträglichkeiten die Annahme, daß beim Zusammentreffen von Begehen und Unterlassen der Untätige stets nur Gehilfe des Handelnden sei, als unvermeidlich erscheinen lassen könnte. Wenn man nämlich mit der hier vertretenen Lehre davon ausgeht, daß beim Bestehen eines entsprechenden Tatbestandes die bloße Pflichtverletzung den Garanten zum Unterlassungstäter macht, so scheint das im Widerspruch zur Beurteilung der aktiven Beihilfe des Pflichtigen zu stehen.

Um das an einem Beispiel zu zeigen: Wenn der uneheliche Vater das Kind umbringt, und die Mutter ihm dabei Ratschläge erteilt, ist der Vater Täter und die Mutter Gehilfin des Totschlages. Verzichtet die Mutter aber auf ihre Ratschläge und verhält sich völlig passiv – was doch allenfalls eine mildere Beurteilung verdient – so ist sie Unterlassungstäterin, und die nach § 49 StGB gegebene Strafmilderungsmöglichkeit entfällt. Oder, um bei der aktiven Unterstützung zu bleiben: Der Gehilfe müßte, insofern er die Pflicht und Möglichkeit zur Erfolgsabwendung hat, gleichzeitig den Maßstäben der Unterlassungstäterschaft unterstellt werden; dadurch würde bei Garanten die aktive Beihilfe verdrängt und praktisch illusorisch gemacht werden, was im Gesetz keine Anhaltspunkte findet und auch dem deliktischen Gewicht von Tun und Unterlassen zuwiderläuft. Es wäre nicht verständlich, wenn ein deliktisch weniger schwerwiegendes Verhalten – das

---

[63] JZ 1960, S. 687, Anm. 69 am Ende.
[64] a. a. O., S. 113

bloße Nichtstun – härter beurteilt würde als ein rechtsgüterverletzendes Handeln.

Die hier auftretende Schwierigkeit hat bisher nicht die Beachtung gefunden, die sie verdient. Immerhin liegt es nahe, daß die so weitverbreitete Lehre, die beim Dazwischentreten eines Begehungstäters immer nur Beihilfe durch Unterlassen annehmen will, durch Gesichtspunkte dieser Art trotz aller ihr anhaftenden Mängel gestützt werden könnte. Es gibt freilich noch einen anderen Weg, um der Problematik Herr zu werden: Man könnte, anstatt den Unterlassungstäter zum Gehilfen zu degradieren und durch diese Zerstörung des Täterbegriffs andere Ungereimtheiten heraufzubeschwören, umgekehrt den aktiv Unterstützenden zum Begehungstäter aufrücken lassen und dadurch die Unstimmigkeit wieder beseitigen.

Dieser Methode bedienen sich, wenn auch in eingeschränkter und untereinander verschiedener Weise, Schröder und Maurach. Schröder, auf dessen Lehre im folgenden noch näher einzugehen sein wird, nimmt im Regelfall in Übereinstimmung mit der von uns vertretenen Auffassung an, daß der pflichtwidrig Unterlassende Täter ist, auch wenn ein anderer den Begehungstatbestand verwirklicht hat[65]. Im Anschluß daran stellt er fest, aus dieser Ansicht folge „weiter, daß auch bei Unterstützung einer solchen Tat durch positives Handeln derjenige, der eine Schutz- und Obhutspflicht gegenüber dem verletzten Rechtsgut hat, nicht in der Form der Beihilfe, sondern nur in der Form der Täterschaft sich an diesem Delikt beteiligen kann"[66]. Eine ähnliche, schon oben[67] dargestellte Lehre vertritt Maurach beim Selbstmord: Da er annimmt, daß die Pflicht, einen anderen vor Schaden zu bewahren, das generelle Gebot der Selbstmordhinderung einschließt, bestraft er jede aktive Mitwirkung einer solchen Person, mag auch der Selbstmörder noch so frei handeln, als Totschlag[68].

Diese Lehren können aber, obwohl sie die Ungerechtigkeiten vermeiden, die in der härteren Bestrafung des Unterlassens gegenüber dem positiven Tun liegen, nicht befriedigen. Zunächst einmal verstoßen sie – so, wie durch die generelle Annahme der Unterlassungsbeihilfe der Täterbegriff der Unterlassungsdelikte preisgegeben wird – gegen den allgemeinen Täterbegriff der Begehungsverbrechen. Täter eines Totschlages durch Begehen ist dann nicht mehr – oder nicht mehr nur – wer die Tatherrschaft hat, sondern jeder, der, wenn er sich nicht aktiv beteiligt hätte, wegen einer Unterlassungstat hätte zur Verantwortung gezogen werden können. Die von Grünwald[69] berufene „Aufrollung der Teilnahmelehre vom Unterlassungsdelikt her" wäre perfekt und würde insoweit jede Anstiftung und Beihilfe überhaupt ausschalten.

Nun könnte man das alles in Kauf nehmen, wenn eine solche Lehre zu sachlich überzeugenden Ergebnissen führte. Aber das Gegenteil ist der Fall.

---

[65] Schönke/Schröder, 10. Aufl., Vorb. VI, 8, a vor § 1, S. 36
[66] a. a. O., ferner § 47 III, S. 232
[67] S. 475/476
[68] vgl. Maurach, B. T., 3. Aufl., S. 18
[69] GA 1959, S. 114

Die „Ungleichwertigkeit", die Gallas im Verhältnis des Unterlassenden zum Begehungstäter festgestellt hat, beruht, wie schon oben[70] gezeigt wurde, ganz allgemein darauf, daß es unbillig ist, wenn jemand, der nur die Kraft zum Handlungsentschluß nicht aufgebracht hat, nach dem vollen Strafrahmen der Begehungstäterschaft verurteilt wird. Wenn man nun, wie es die von Schröder und Maurach vertretene Auffassung will, anstatt die Unterlassungsstrafe zu mildern auch noch zusätzlich die aktive Beihilfe von der Privilegierungsmöglichkeit ausschließt, so übertrumpft man einen Fehler mit dem anderen und kommt – wenn man so sagen darf – aus dem Regen in die Traufe.

Dieser „Ausweg" ist also ein Irrweg. Der Umstand, daß die Unterlassung ceteris paribus weniger schwer wiegt als eine Begehungstat, ist heute so weitgehend anerkannt, daß die dafür sprechenden Gründe hier nicht im einzelnen wiederholt zu werden brauchen[71]. Für uns folgt daraus jedenfalls: Wenn man die Gleichstellung des Unterlassens mit der aktiven Beihilfe dadurch herzustellen versucht, daß man für den Garanten die Möglichkeit einer Teilnahme und damit der Anwendung des milderen Strafrahmens generell ausschließt, so ist das sachlich unrichtig. Es handelt sich um eine Überdehnung des Pflichtprinzips, wie sie trotz der allgemeinen Vernachlässigung dieses Kriteriums auch sonst gelegentlich vorkommt[72].

Damit aber stehen wir erneut vor der Frage, ob nicht die Annahme einer Beihilfe durch Unterlassen – mag auch der Ausschluß der Täterschaft dogmatisch noch so wenig begründbar sein – im Ergebnis die bessere Lösung bringt als unsere Meinung, die beim Vorliegen eines Unterlassungstatbestandes, ob nun Menschen oder Naturgewalten das Unglück heraufbeschworen haben, ausnahmslos die Täterschaft bejaht.

Doch ist jetzt die Antwort nicht mehr schwer. Denn zwar wäre es ungerecht, den Unterlassenden nach einem höheren Strafrahmen als den aktiv Unterstützenden zu bestrafen. Aber um diese Schwierigkeit kommt die Gegenmeinung ebenso wenig herum: Sie hat keine Milderungsmöglichkeit für den Garanten, der ängstlich vor der Rettung des im Sturm gekenterten Schützlings zurückweicht, obwohl auch in diesem Falle das Unterlassen weit weniger schwer wiegt als eine aktive Beihilfe zum Totschlag. Sie führt nur zu der weiteren Ungereimtheit, je nach der Art der Gefahrenquelle verschiedene Strafrahmen anwenden zu müssen, obwohl die deliktische Qualität des Unterlassens von diesem Umstand ganz unabhängig ist.

Daraus folgt zwingend, daß man den aus dem Verhältnis von Tun und Unterlassen entstehenden Strafzumessungsproblemen nicht durch eine ad hoc konstruierte Teilnahmelehre, sondern allein durch eine für alle Erscheinungsformen der Unterlassung gleichermaßen geltende Strafmilderung gerecht werden kann. Es muß für jede Unterlassungstat, insbesondere also auch für die Täterschaft durch Unterlassen, schon de lege lata eine Mög-

---

[70] S. 497/498
[71] Vgl. zusammenfassend mit weiteren Nachweisen Armin Kaufmann, Unterlassungsdelikte, S. 300 ff.
[72] Vgl. oben S. 384

lichkeit zur Herabsetzung der Strafe nach Beihilfegrundsätzen angenommen werden. Das ist, wenn man die kriminologischen und rechtspolitischen Erwägungen einmal beiseiteläßt, auch dogmatisch durchaus begründbar. Schon Grünwald[73] und Kaufmann[74] haben beachtliche Gesichtspunkte dafür vorgebracht. Ein weiteres Argument ergibt sich unmittelbar aus unserer Teilnahmelehre:

Denn danach liegt, wie oben[75] ausgeführt wurde, in der Tat eine Beihilfe vor, wenn ein Begehungstäter zwischen der Unterlassung und dem Erfolge steht. Ein und dasselbe passive Verhalten stellt sich gleichzeitig als Beihilfe zur Verwirklichung des Begehungstatbestandes und als täterschaftliche Erfüllung des Unterlassungstatbestandes dar. Daraus ergibt sich: Wenn man das pflichtwidrige Unterlassen am selben Maßstab mißt wie das Begehungsdelikt, auf das der gesetzliche Strafrahmen ohne Zweifel zugeschnitten ist, so erscheint es als Beihilfe, die selbstverständlich der fakultativen Strafmilderung unterliegt. Wenn dasselbe Verhalten außerdem als Unterlassungstäterschaft zu beurteilen ist, so erfolgt diese Zurechnung auf Grund eines anderen Täterkriteriums nach anderen Maßstäben, die denjenigen der Begehungstäterschaft zwar in der Qualität der sozialethischen Wertwidrigkeit[76], aber keinesfalls in der Schuldhöhe und in der individuellen Strafwürdigkeit gleichgesetzt werden können. Vielmehr läßt sich, was von uns und einer auch sonst weitverbreiteten Lehre für das Strafmaß der Unterlassung gefordert wird, aus der hier vertretenen Konzeption schon als dogmatisch richtig ablesen: Unterlassungstäterschaft = Beihilfe zum Begehungsdelikt. Deshalb ist es konstruktiv geradezu verfehlt, die Unterlassungstat als Begehungstäterschaft nach deren Strafrahmen zu beurteilen. Denn hier wird das Ungleiche gleichgesetzt. Die Unterlassungstäterschaft ist, wenn überhaupt ein Handelnder da ist, nie mehr als eine Begehungsbeihilfe und kann folglich auch nicht anders bestraft werden.

Da, wie ebenfalls schon ausgeführt wurde, prinzipielle Wertunterschiede zwischen den verschiedenen Formen der Unterlassung nicht aufweisbar sind, gilt das alles auch dann, wenn der Unterlassende „Alleintäter" ist, wenn er also anstatt gegen Menschen gegen Naturgewalten pflichtwidrig nicht einschreitet. Freilich ist zu beachten, daß die Strafmilderung fakultativ und nicht etwa obligatorisch sein soll. Denn es gibt hier – wie bei der Begehungsbeihilfe – Fälle, die denen einer Täterschaft durch positives Tun an Strafwürdigkeit nicht nachstehen.

Sie lassen sich auf Grund der von uns früher entwickelten Gesichtspunkte sogar ziemlich genau angeben: Es handelt sich dabei erstens um die Erscheinungsformen einer begehungsgleichen und deshalb auch in der Strafzumessung dem aktiven Tun entsprechenden Unterlassung, die oben[77] unter dem Stichwort der „sozialen Tatherrschaft" zusammengefaßt wurden, also um die Beispiele von der Mutter, die ihr Kind verhungern läßt, und von dem

---

[73] GA 1959, S. 113
[74] Unterlassungsdelikte, S. 302/03
[75] S. 483/484
[76] Vgl. dazu oben, S. 478/479
[77] S. 465/467

Beamten, der durch Nichtstellen der Weiche absichtlich einen Zusammenstoß herbeiführt. Und zweitens gehören hierher die Begehungspflichtdelikte,
bei denen Tun und Unterlassen sich in ihrer täterschaftlichen Struktur nicht
unterscheiden[78] und deshalb auch in ihrer Strafwürdigkeit nach demselben
Maßstab zu beurteilen sind: Ob der Gefangenenwärter seinen Schützlingen
durch ein Nichtverschließen oder durch ein Öffnen der Tür oder auf irgendeine andere Weise die Flucht ermöglicht, hat auf die Vorwerfbarkeit seines
Verhaltens keinen prinzipiellen Einfluß.

Wenn man alle diese Umstände berücksichtigt, wird man zugeben müssen,
daß die praktischen Ergebnisse unserer Lehre in jeder Hinsicht befriedigend
sind und daß sie die zahlreichen Unstimmigkeiten der von uns bekämpften
Auffassung vermeidet. Der Gegeneinwand, von dem wir ausgegangen sind,
zieht seine Eindruckskraft allein aus der Tatsache, daß man Begehungs- und
Unterlassungstäterschaft unberechtigterweise demselben Strafrahmen unterstellt, weil man nicht erkennt, daß die Täterschaft durch Unterlassen dogmatisch zwar gleichzeitig als Begehungsbeihilfe, nicht aber als aktive Täterschaft verstehbar ist.

Die Konkurrenzen von Tun und Unterlassen sind demnach folgendermaßen zu lösen: Wenn ein Unterlassungstatbestand existiert und der Garant
pflichtwidrig untätig bleibt, wird er als Täter des Unterlassungsdelikts nach
dem Strafrahmen der Beihilfe bestraft, und zwar auch dann, wenn ein Dritter
den Begehungstatbestand durch sein Handeln verwirklicht hat. Die Beihilfe
zum Begehungsdelikt, die in einem solchen Falle in der Untätigkeit gleichzeitig liegt, tritt hinter der Unterlassungstäterschaft zurück. Besteht kein
Unterlassungstatbestand, so wird der nicht einschreitende Garant lediglich
als Gehilfe des Begehungstäters verurteilt. Wenn dagegen ein Pflichtiger die
Abwendung des Erfolges unterläßt und obendrein noch den Begehungstäter
durch positives Tun unterstützt, ist er unabhängig vom Vorliegen eines
Unterlassungstatbestandes nur wegen Beihilfe zum Begehungsdelikt zu
bestrafen. Denn wenn ein Garant positiv auf den zu vermeidenden Erfolg
hinwirkt, wiegt das schwerer als wenn er seine Abwendung nur unterläßt;
die neben der aktiven Beihilfe stehende Unterlassungstat ist dann subsidiär.
Die Täterschaft durch Unterlassen verdrängt also die Unterlassungsbeihilfe
zum Begehungsdelikt, tritt aber ihrerseits hinter der aktiven Beihilfe zur Begehungstat zurück.

Alle diese Folgerungen entsprechen den Sachgegebenheiten ebenso wie
dem unbefangenen Rechtsgefühl. Es ist deshalb de lege ferenda die Forderung zu erheben, daß eine fakultative Strafmilderung für die Unterlassungstat im Gesetz ausdrücklich vorgesehen werde. Der Entwurf 1962 hat leider,
obwohl auch in den Kommissionsberatungen zahlreiche namhafte Strafrechtler dafür plädiert haben, von der Aufnahme einer solchen Bestimmung
abgesehen. Dabei wird auch in der Entwurfsbegründung eingeräumt, daß
für die Milderungsmöglichkeit „Gründe von Gewicht beigebracht werden
können"[79].

---

[78] Vgl. dazu im einzelnen oben S. 460, 461/462
[79] hier und im folgenden: S. 126 der Begründung.

Der Rahmen dieser Arbeit verbietet es, auf die Gegenargumente des Entwurfs im einzelnen einzugehen. Wenn es dort heißt: „Eine Mutter, die ihr Kind verhungern läßt, begeht oft schwereres Unrecht als die, welche es schmerzlos umbringt", so ist das zwar richtig, kann aber aus den mehrfach geschilderten Gründen nicht als Regelfall der Unterlassung anerkannt werden. Und wenn darauf hingewiesen wird, daß die Zulässigkeit einer Strafmilderung „in einem auffallenden Gegensatz zum Erfordernis der Gleichwertigkeit der Unterlassungstat" stünde, so ist das falsch.

Die „Gleichwertigkeit" mit dem positiven Tun, von der § 13 E 1962 die Bestrafung des Unterlassens abhängig macht, kann, wie die Begründung[80] ganz richtig sagt, nur so verstanden werden, daß zu prüfen ist, ob und wann eine Unterlassung „nach ihrem sozialethischen Unwert bei sinngemäßer Auslegung des Gesetzes in den Unrechtsbereich der betreffenden Strafnorm fällt". Mit der Frage der Strafzumessung hat das nichts zu tun. Auch die Entwurfsbegründung läßt das schließlich durchblicken, wenn sie darauf verweist, daß man der geringeren Schwere des Unterlassens „bei der Strafzumessung innerhalb des Strafrahmens Rechnung tragen" und außerdem oft eine Beihilfe durch Unterlassen annehmen könne[79].

Doch sind diese beiden Konzessionen methodisch und dogmatisch bedenklich; denn die Teilnahmelehre ist, wie wiederholt dargelegt wurde, keine Sache der individuellen Strafzumessung. Und zudem führt dieser Ausweg sachlich oft nicht weiter: Denn der Garant, der gegen den Brand eines Hauses aus Angst nicht einschreitet, obwohl das möglich und zumutbar wäre, muß bei der jetzigen Regelung gemäß § 306 StGB notwendig mit Zuchthaus bestraft werden, obwohl seine Strafwürdigkeit derjenigen eines aktiven Brandstifters in keiner Weise gleichsteht.

Sollte sich der Gesetzgeber trotz allem nicht entschließen können, eine generelle Strafmilderungsmöglichkeit einzuführen, so würde man künftig beim Dazwischentreten eines Handelnden den Unterlassungstäter gleichwohl als Täter nach dem Beihilfestrafrahmen verurteilen können. Denn die Entwurfsbegründung[80] betont ausdrücklich, es entspreche den Erfordernissen der Gerechtigkeit, Unterlassungen, „durch die lediglich die Haupttat eines anderen unterstützt wird und die nicht schwerer als eine Beihilfe wiegen, mit der milderen Gehilfenstrafe zu belegen". Der Umstand, daß es sich dogmatisch um eine Täterschaft handelt, ändert also nichts daran, daß diese Fälle sachlich dem milderen Strafrahmen unterstellt werden sollen; die Frage, wie sie rechtlich zu qualifizieren sind, entzieht sich ohnehin dem Einfluß des Gesetzgebers; außerdem sagt der Wortlaut des Entwurfs darüber nichts.

Ob freilich, wie es beim gegenwärtigen Schweigen des Gesetzes nach geltendem Recht anzunehmen ist, auch der Unterlassungs-„Alleintäter" auf Grund der Entwurfsregelung dem milderen Strafrahmen unterworfen werden dürfte, mag zweifelhaft sein. Die Unzuträglichkeiten, die sich ergeben würden, wenn man ihn in der Bestrafung dem Begehungstäter gleich-

---

[80] S. 125

stellt, würden aber allein das positive Gesetz und nicht unsere Teilnahme-lehre treffen. Denn daß in diesem Fall eine Täterschaft durch Unterlassen vorliegt, steht ja außer Streit. Wenn der Gesetzgeber eine unangemessen hohe Strafdrohung auf sie anwendet, so ist das sein Fehler.

Aus derselben Wurzel rühren auch die Wertungsunterschiede, die sich im Verhältnis zur versuchten Beihilfe ergeben können und über die abschlie-ßend noch ein Wort gesagt sei. Wenn – in einer Variation unseres Ausgangs-beispiels – die Mutter nur irrtümlicherweise annimmt, der Vater sei dabei, das uneheliche Kind umzubringen, und wenn sie nun, um für einen unge-störten Ablauf der Tat zu sorgen, Bekannte abwehrt, die Tür verschließt usw., dann sind diese aktiven Handlungen als Beihilfeversuche straflos; die bloße Untätigkeit aber würde als Versuch täterschaftlicher Unterlassung unter Strafe stehen.

Wenn man das als merkwürdig empfindet, so hat es seinen Grund doch allein darin, daß der Gesetzgeber bei seinen Strafdrohungen die Unter-lassung nicht mit der Beihilfe auf einen Nenner gebracht hat. Stünde die versuchte Beihilfe unter Strafe, würde die Differenz sofort verschwinden. Jedenfalls ist das Problem nicht dadurch zu lösen, daß man das Vorliegen einer Unterlassungstäterschaft von vornherein leugnet. Denn es ist nicht einzusehen, warum in unserem Fall die Mutter – auch wenn es sie nur ein Wort kostet, den Vater von seiner Tat zurückzuhalten – völlig straflos aus-gehen sollte, während sie (auch vom Standpunkt der Gegenmeinung aus) wegen versuchten Mordes ins Zuchthaus kommt, wenn sie das nach ihren Vorstellungen ohne fremdes Zutun in seinen Kissen erstickende Kind nicht rettet.

Eine derartige Abgrenzung von zuchthauswürdigem und straflosem Ver-halten – wie sie die hier abgelehnte Lehre vornimmt – wäre ausgesprochen sachwidrig, weil es beim Bestehen einer Erfolgsabwendungspflicht sinn-vollerweise keinen so fundamentalen Unterschied bedeuten kann, ob die Mutter das Kind der konkreten Situation entsprechend durch einen Zuruf an den Mann oder durch ein Zurechtrücken der Kissen vor dem Tode bewahren muß. Die Unstimmigkeiten, die durch die generelle Annahme einer Unter-lassungstäterschaft im Verhältnis zum aktiven Unterstützungsversuch ent-stehen mögen, liegen demgegenüber nicht in der Sache selbst, sondern allein in der positiv-rechtlichen Straflosigkeit der versuchten Beihilfe. Daß ein solcher Umstand auf die Bestimmung von Täterschaft und Teilnahme bei Unterlassungen keinen Einfluß haben darf, ergibt sich auch schon aus methodischen Gründen. Denn die Abgrenzungskriterien können natürlich nur aus der Unterlassungsdogmatik selbst gewonnen werden und sich nicht aus den gesetzlichen Strafdrohungen für davon ganz unabhängige aktive Ver-haltensweisen ergeben.

Im übrigen ist zu bedenken, daß bei der Strafbarkeit der versuchten Unterlassung im Verhältnis zur Straflosigkeit der versuchten Begehungs-beihilfe kein bloßes Nichtstun der Aktivität des Handelnden gegenüber-steht. Die Strafbarkeit des Unterlassenden wird ja nicht schon durch die Untätigkeit, sondern erst durch seine Garantenstellung begründet, während dieser Umstand bei der aktiven, dem Herrschaftsprinzip unterliegenden Beihilfe nicht in Anschlag kommt. Wenn man das alles berücksichtigt, wird man zugeben müssen, daß selbst im Hinblick auf die versuchte Beihilfe die hier vertretene Ansicht de lege lata die beste Lösung bietet.

4. Schröder

Schröder[81] geht – wie es der von Armin Kaufmann und auch von uns vertretenen Ansicht entspricht – grundsätzlich davon aus, daß der unterlassende Garant auch beim Dazwischentreten eines handelnden Dritten Täter sei. „Der Vater, der sein Kind verhungern läßt, ist ebenso Unterlassungstäter, wie der Vater, der die Mutter nicht daran hindert, das Kind zu töten[82]. Er begründet das mit der Erwägung, der Unterlassende habe „hier in seiner Person und in seinem Verhalten sämtliche Voraussetzungen der Deliktstatbestände erfüllt". Das ist richtig, wenn man – was Schröder nicht ausdrücklich tut – die Existenz selbständiger Unterlassungstatbestände zugrundelegt; anderenfalls kann man von einer persönlichen Erfüllung der Tatbestandsmerkmale nicht sprechen, weil eine eigenhändige Tötung im Sinne der Begehungsdelikte keinesfalls vorliegt.

Schröder macht aber über die auch von uns anerkannten Fälle hinaus[83] noch zwei weitere Ausnahmen vom Grundsatz der Unterlassungstäterschaft.

a) Erstens soll sich das Unterlassen gegenüber einer Begehungstäterschaft dann nur als Beihilfe darstellen, wenn die Garantenposition auf vorangegangenem Tun beruht. „Wer also Gift unvorsichtig aufbewahrt, ist Gehilfe, wenn er entdeckt, daß ein anderer das Gift zur Begehung eines Mordes weggenommen hat. Wer das geladene Gewehr im Wirtshaus aufhängt, ist Gehilfe des Mörders, der es zur Tötung benutzt, sofern er die Möglichkeit hatte, die Tat zu verhindern"[84].

Schröder begründet das mit der Erwägung, daß das vorangegangene Tun, vorsätzlich begangen (wenn also der später Unterlassende das Gift oder das Gewehr in Kenntnis der Sachlage dem Mörder gereicht hätte), „regelmäßig Beihilfe sein würde".

Dagegen läßt sich mehreres vorbringen. Zunächst ändert der Hinweis Schröders nichts daran, daß der Unterlassende auch hier „in seiner Person und in seinem Verhalten sämtliche Voraussetzungen" des Unterlassungstatbestandes erfüllt hat. Wenn Schröder unter Berufung auf BGHSt 8, 393 ff. in solchen Fällen stets Täterschaft annehmen will, dann kann es hier nicht anders sein.

Sodann ist der Vergleich mit dem vorsätzlichen Tun ungenau. Denn der Garant wird ja nicht wegen seines vorangegangenen unvorsätzlichen Tuns bestraft (das nicht einmal Beihilfequalität hat, sondern überhaupt straflos

---

[81] Schönke/Schröder, 10. Aufl., vor § 1, VI, 8, S. 35–37
[82] a. a. O., S. 36
[83] vgl. dazu oben S. 479–482
[84] a. a. O., S. 36 sub b).

bleibt), sondern wegen seiner späteren pflichtwidrigen Untätigkeit. Zwar
wird diese bei einer auf Ingerenz beruhenden Erfolgsabwendungspflicht
kaum je strafwürdiger sein als eine aktive Beihilfe – insofern ist Schröder
recht zu geben – aber dem ist dadurch Rechnung zu tragen, daß der Strafrahmen für Unterlassungen generell entsprechend der Beihilfe herabgesetzt
wird[85].

Mit der Abgrenzung von Täterschaft und Teilnahme hat das schon deshalb
nichts zu tun, weil der Unterlassende im Falle der Ingerenz beim Fehlen
eines Begehungstäters nicht strafwürdiger ist und doch Täter bleibt. Es ist
nicht einleuchtend, daß derjenige, der in Schröders Beispiel das Gift unvorsichtig verwahrt hat, weniger strafwürdig sein soll, wenn er den Mörder
willentlich nicht hindert, es dem Opfer in den Kaffee zu schütten, als wenn
er es geschehen läßt, daß ein Nichtsahnender ohne Vermittlung eines Dritten
irrtümlich das Gift trinkt.

b) Die zweite Ausnahme Schröders betrifft die Fälle, in denen „der
Unterlassende nicht dem geschützten Rechtsgut gegenüber verpflichtet ist,
sondern ... die Verantwortung dafür trägt", daß Personen, die innerhalb
seiner Einflußsphäre stehen, keine strafbaren Handlungen begehen[86]. Dabei
ist an Situationen wie die zu denken, daß ein Ehepartner nicht dagegen einschreitet, daß der andere in der Wohnung Abtreibungen vornimmt oder
Hehlergut verbirgt. Hier soll in der Regel nur Beihilfe zum Delikt des unmittelbar Handelnden anzunehmen sein; bei „beiderseitigem Einverständnis" soll allerdings Mittäterschaft vorliegen.

Eine selbständige Begründung für die Sonderbehandlung dieser Fallgruppe gibt Schröder nicht. Seine Erwägung, daß hier keine Verpflichtung
gegenüber dem geschützten Rechtsgut vorliege, müßte jede Bestrafung
des Unterlassenden ausschließen. Denn die Verletzung einer bloßen Auf-
sichtspflicht könnte höchstens durch eine dem § 143 StGB nachgebildete,
hier aber fehlende Norm strafrechtlich erfaßt werden. Wenn man dagegen
dem Unterlassenden eine Erfolgsabwendungspflicht zuschiebt – und diese
ist für Täterschaft und Teilnahme in solchen Fällen gleichermaßen Voraussetzung, dann ist es nicht möglich, wie Schröder es tut, gleichzeitig eine Verpflichtung gegenüber dem geschützten Rechtsgut zu leugnen[87].

c) Schröders Differenzierungen zwischen Garantenpositionen, die stets
zur Täterschaft führen, und anderen, die immer nur eine Beihilfe durch
Unterlassen begründen, haben ihre letzte Ursache wohl in der zutreffenden
Einsicht, daß es nicht angeht, die Unterlassung einem anderen Strafrahmen
zu unterstellen als die aktive Beihilfe. Dieses Ziel sucht Schröder aber nicht
durch eine generelle Strafmilderung für Unterlassungen, sondern durch ein
anderes Verfahren zu erreichen. Er teilt die Garantenstellungen in zwei

---

[85] Vgl. dazu S. 499ff.; ferner auch Armin Kaufmann, Unterlassungsdelikte, S. 297,
Anm. 207

[86] a. a. O., S. 37 sub c).

[87] Vgl. auch Armin Kaufmann, Unterl.-del., S. 297, Anm. 207: „M. E. besteht auch in
diesen Fällen die Garantenpflicht stets dem geschützten Rechtsgut gegenüber, gleichgültig, aus welchem Grunde die Garantenposition erwächst". Wie hier insoweit auch
Gallas, JZ 1960, S. 687, Anm. 66

Gruppen: Bei der einen – von ihm zur Regel erhobenen – ist jeder Unterlassende Täter mit der Folge, daß dann auch der aktiv Unterstützende zum
Täter des Begehungsdelikts aufrückt, so daß die Strafdrohungen einander
gleichstehen[88]. Bei der anderen – von ihm zur Ausnahme erklärten – bleibt
der Unterlassende, sofern ein vorsätzlicher Begehungstäter da ist, Gehilfe,
während gleichzeitig auch der aktiv unterstützende Garant nur wegen einer
Beihilfe zur Verantwortung gezogen wird, so daß auch hier die Strafrahmen
übereinstimmen.

Die Argumentation, mit der hier über Täterschaft und Teilnahme des
Unterlassenden entschieden wird, ist aber nicht weit von einem Zirkel-
schluß entfernt. Wenn Schröder z. B. den Vater, der die Mutter an der
Kindestötung nicht hindert, zum Täter durch Unterlassen erklärt und daraus folgert, daß also auch ein aktiv in noch so geringfügiger Weise helfender
Vater Begehungstäter sein müsse, dann könnte man mit derselben formalen
Schlüssigkeit umgekehrt verfahren und sagen: Weil ein Vater, der ohne Tatherrschaft bzw. Täterwillen die Mutter unterstützt, nur Gehilfe ist, kann
das bloße Unterlassen erst recht nicht mehr als Beihilfe sein. Ebenso könnte
man bei der Ingerenz, anstatt die Gehilfenschaft des Unterlassenden daraus
zu schließen, daß ein vorsätzliches vorangegangenes Tun auch nur eine
aktive Beihilfe begründet hätte, in entgegengesetztem Sinne folgern, daß die
positive Unterstützung deshalb eine Täterschaft sei, weil das entsprechende
nachfolgende Unterlassen ebenfalls zur Täterstrafe führe (was allerdings
eine Beihilfe bei späterer Erfolgsabwendungsmöglichkeit praktisch ausschließen würde).

Freilich könnte die Unterscheidung zwischen täterschafts- und beihilfe-
begründenden Garantenstellungen materiell gerechtfertigt sein, wenn sich
durchschlagende Gründe für eine sachliche Verschiedenwertigkeit der Ab-
wendungspflichten aufzeigen ließen. Diese Frage bedarf im folgenden
(unter 5.) noch der Erörterung.

5. Versuche einer Abstufung der Garantenpositionen
(Gallas, Schröder)

Eine weitere Möglichkeit, Täterschaft und Teilnahme bei Unterlassungen
objektiv abzugrenzen, könnte darin liegen, die Garantenstellungen nach der
Form ihrer Begründung verschiedenen Rangordnungen zuzuweisen, derart,
daß beispielsweise eine auf enger Lebensgemeinschaft beruhende Erfolgsabwendungspflicht den Unterlassenden stets zum Täter machen würde,
während etwa die Ingerenz oder eine vertragliche Garantenposition bei konkurrierender Begehungstäterschaft nur zur Annahme einer Beihilfe führen
könnte.

Eine ausgearbeitete Lehre solcher Art existiert bisher nicht; immerhin finden sich aber im Schrifttum mancherlei Ansätze in dieser Richtung, die eine
kurze Würdigung verdienen. So erwägt beispielsweise Gallas, um die Be-

---

[88] Vgl. dazu unter 3.), oben S. 499–501

denken „abzuschwächen", die gegen seine Auffassung „aus der Straflosigkeit
des Beihilfeversuchs hergeleitet worden sind", „ob nicht in gewissen Fällen
gesteigerter Abhängigkeit des Opfers von der Schutzfunktion des Garanten
(Eltern – Kind) dessen Untätigbleiben auch neben der Aktivität des Handelnden als ein der Täterschaft gleichwertiges Verhalten zu beurteilen ist"[89].
Schröder will, wie sich aus dem Zusammenhang seiner oben behandelten
Lehre entnehmen läßt, die Erfolgsabwendungspflichten, die sich aus vorangegangenem Tun oder aus der Einflußsphäre des Unterlassenden ergeben,
gegenüber den Fällen einer „Schutzpflicht gegenüber einem bestimmten
Objekt" zurücksetzen. Garantenpositionen der ersten Art begründen nach
seiner Auffassung bei gleichzeitiger Begehungstäterschaft eines Dritten in
der Regel nur eine Beihilfe durch Unterlassen; die der zweiten Art führen
ausnahmslos zur Unterlassungstäterschaft.

Derartige Differenzierungen sind jedoch abzulehnen. Das folgt zunächst
schon aus der Tatsache, daß sich für eine Abstufung der Erfolgsabwendungspflichten in täterschafts- und beihilfebegründende im Gesetz keinerlei
Anhaltspunkte finden. Eine Unterscheidung zwischen „primären" und
„sekundären" Garantenpositionen ist auch konstruktiv bedenklich; denn zur
Abwendung eines Erfolges kann man von Rechts wegen nur verpflichtet
oder nicht verpflichtet sein; ein „Mehr" oder „Weniger" kommt hier nicht in
Betracht. Außerdem wäre auch hier nicht einzusehen, warum die Garantenstellungen minderen Ranges beim Fehlen eines handelnden Dritten plötzlich
wieder zur Täterstrafe führen sollen.

Die Schwierigkeiten liegen letzten Endes in der Verfehltheit des methodischen Ausgangspunktes. Es handelt sich hier um den schon bei Begehungsdelikten[90] in die Irre führenden, bei Unterlassungen besonders
häufig auftretenden Versuch, Strafwürdigkeits- und Strafzumessungserwägungen zur Grundlage der Täterlehre zu machen. Das ist im Unterlassungsbereich so wenig wie sonst möglich, weil sich über die Schuldhöhe
des Einzelfalles – die zudem mit der auf das Unrecht beschränkten Teilnahmelehre nichts zu tun hat – generalisierbare Aussagen nicht machen
lassen: Wer wegen vorangegangenen Tuns zur Erfolgsabwendung verpflichtet ist, kann durchaus eine höhere Strafe verdienen als jemand, der von
einem nahen Angehörigen eine Rechtsgüterbeeinträchtigung nicht abwendet.
Abgesehen davon ist die Strafrahmen-Problematik auch der Sache nach
anders – und zwar im Sinne einer generellen Milderungsmöglichkeit – zu
entscheiden.

[89] JZ 1960, S. 687, Anm. 69
[90] Vgl. dazu prinzipiell oben S. 30 ff.

§ 39. Anstiftung und Beihilfe zur
Unterlassungstat

I. Schließt ein fehlender Unterlassungsvorsatz die Möglichkeit
einer Anstiftung zum Unterlassen aus?

Bis in die jüngste Zeit hinein ist nie bestritten worden, daß eine Anstiftung zur Unterlassungstat nach den allgemeinen Regeln der Teilnahmelehre – also entsprechend den für die Begehungsdelikte geltenden Grundsätzen – möglich sei. Man dachte dabei an Situationen wie die, daß jemand einen Hilfswilligen, der kraft seiner Garantenstellung oder gemäß § 330c StGB einzugreifen verpflichtet war, zum Untätigbleiben veranlaßte. Es schien sich von selbst zu verstehen, daß der Auffordernde als Anstifter – sei es zum unechten Unterlassungsdelikt, sei es zu § 330c – bestraft werden konnte und mußte.

Diese Sicherheit ist neuerdings durch Armin Kaufmanns Forschungen zur Unterlassungsdogmatik, deren Ergebnissen sich Welzel angeschlossen hat[1], erschüttert worden. Kaufmann stellt die kühne These auf:[2] „Anstiftung zum Unterlassen ist ... undenkbar". Mit einem einzigen Satz versucht er die Gegenmeinung zu widerlegen. Er sagt[2]: „... da ein ‚Unterlassungsvorsatz' nicht existiert, kann auch das Wesensmerkmal der Anstiftung nicht erfüllt werden, nämlich einen Tatentschluß zu wecken".

Hinter diesem einen Satz steht freilich ein ganzes Buch. Zum Verständnis dessen, was hier bündig zusammengefaßt wird, ist also eine wenigstens stichwortartige Skizzierung seines Gedankenganges erforderlich. Dann ergibt sich folgendes:

Die Anstiftung setzt eine Erregung des Tatentschlusses voraus. Der Tatentschluß verlangt Vorsatz. Vorsatz ist gleich Finalität. Die Finalität besteht in der Steuerung eines Kausalablaufes. – Der Unterlassende ist für den Erfolg nicht kausal. Also kann er auch keinen Kausalverlauf steuern, d. h. er kann nicht final handeln. Da es keine Unterlassungsfinalität gibt, kann auch kein Unterlassungsvorsatz existieren. Wenn ein Unterlassender nicht vorsätzlich handeln kann, kann er auch keinen Tatentschluß fassen. Wo kein Tatentschluß möglich ist, kann er nicht erregt werden. Folglich ist eine Anstiftung zur Unterlassung undenkbar.

Kaufmanns Thesen beruhen also im wesentlichen auf seiner Negierung des Unterlassungsvorsatzes. Er hat damit sicher insoweit recht, als von einer „Steuerung des Kausalverlaufes" beim Unterlassungstäter nicht die Rede sein kann. Will man einen Unterlassungs„vorsatz" gleichwohl anerkennen, muß man diesen Begriff von der Verklammerung mit der Begehungsfinalität lösen und eine „bewußte Unterlassung", deren Möglichkeit auch Kaufmann nicht leugnet[3], ausreichen lassen. Kaufmann hält diesen Weg freilich für ungangbar; nicht nur, weil er als Finalist auf die „Überdetermination des Ursachen-

---

[1] Lehrb., 7. Aufl., S. 182
[2] Unterlassungsdelikte, S. 191
[3] Vgl. Unterlassungsdelikte, S. 79/80

ablaufs" als wesentliches Vorsatzelement nicht verzichten zu können glaubt, sondern vor allem, weil er mit Nachdruck die Ansicht vertritt, daß auch eine „unbewußte Unterlassung" genüge, um den Garanten nach dem Strafrahmen des vorsätzlichen Begehungsdelikts zu bestrafen[4]: „Wer sich ... angesichts eines Unglücksfalles erst gar keine Gedanken darüber macht, ob und wie er ... helfen kann, der unterläßt ‚unbewußt' gerade deshalb, weil ihm die Folgen des ... Unglücks gleichgültig oder gar erwünscht sind"[5]. Es gehe nicht an, ihn gegenüber demjenigen, der die Rettungsmöglichkeit wenigstens erwogen und bewußt außer acht gelassen habe, zu privilegieren; denn eine solche Auffassung würde „zur Prämiierung der Gefühllosen oder Gleichgültigen führen"[6].

Dieses letzte Argument hat freilich bei den zur Erörterung stehenden Anstiftungsfällen keine Beweiskraft. Denn wenn man einen Hilfswilligen veranlaßt, den Rettungsplan aufzugeben, so unterläßt dieser notwendig immer bewußt. Eine „Anstiftung zur unbewußten Unterlassung" brauchte es also auch dann nicht zu geben, wenn man diese gleich einer bewußten Untätigkeit behandelt.

Die Frage, ob und gegebenenfalls wann eine „bewußte Unterlassung" als vorsätzlich angesehen werden kann, bleibt jedoch bestehen. Ihre Klärung würde eine Analyse des Vorsatzbegriffes erfordern, die den Rahmen unseres Themas sprengen müßte[7]. Es bedarf ihrer aber auch nicht; denn mir scheint, daß in Kaufmanns Beweisführung eine Inkonsequenz liegt, die seiner These, daß eine Anstiftung zum Unterlassen „undenkbar" sei, den Boden entzieht.

Wenn man nämlich einen Unterlassungsvorsatz leugnet, läge es nahe, so zu argumentieren: Eine Bestrafung nach § 212 StGB erfordert unbestritten den Vorsatz des Täters. Der Unterlassende kann, auch wenn er den Erfolg als Garant bewußt nicht abwendet, nicht vorsätzlich handeln. Also kann er auch nicht bestraft werden. Kaufmann zieht diesen Schluß jedoch nicht. Vielmehr wendet er den Vorsatzstrafrahmen auch bei Unterlassungen an, indem er den Vorsatz durch andere, der strukturellen Eigenart der Unterlassungen entsprechende Kriterien ersetzt.

Billigt man dieses Verfahren – und anders läßt sich nach Kaufmanns Prämissen die Verurteilung aus dem Strafrahmen der Vorsatzdelikte bei unechten Unterlassungen nicht begründen – dann darf man aber auch die Anstiftung von vornherein nur auf eine von den Begehungsdelikten abweichend strukturierte Täterschaft beziehen. Man kann nicht bei der Unterlassungstäterschaft einen Vorsatz für überflüssig erklären, ihn aber, wenn es um die Anstiftung zu einem derartigen Verhalten geht, als unerläßlich voraussetzen. Kaufmanns leitender Gedanke, daß die Anstiftung notwendig einen „Tatentschluß" (das heißt für ihn: einen Begehungsvorsatz)

---

[4] a. a. O., S. 110–127 und passim
[5] a. a. O., S. 1–16
[6] Welzel, Lehrb., 7. Aufl., S. 181, entsprechend Kaufmann, a. a. O., S. 112
[7] Vgl. die ersten Stellungnahmen von Engisch, JZ 1962, S. 190; Hardwig, ZStW, Bd. 74, 1962, S. 27 ff.; ferner meine Abhandlung „Zur Kritik der finalen Handlungslehre" in ZStW, Bd. 74, 1962, S. 515 ff. (530).

512

verlange, ist im Grunde nur eine petitio principii. Er behauptet, was erst erklärt werden müßte und wofür er auch im folgenden keinen Beweisgrund liefert. Wenn man den Begriff der Anstiftung im vorhinein so definiert, daß er nur auf Begehungsdelikte paßt, dann kann man seine Unanwendbarkeit bei Unterlassungen nicht als Beweis dafür werten, daß eine Anstiftung hier nicht möglich sei. Das liefe auf das Argument hinaus: „Eine Anstiftung zur Unterlassung ist nicht denkbar, weil es nur eine Anstiftung zur Begehungstat gibt".

Es bedürfte vielmehr der selbständigen Begründung, warum die Anstiftung unbedingt einen Begehungsvorsatz des Täters erfordert. In Wahrheit läßt sich nämlich dieser Satz nicht einleuchtend dartun. Das ergibt sich aus einer Reihe von Erwägungen:

Zunächst spricht das Gesetz in § 48 StGB immer nur davon, daß der Anstifter einen anderen zu einer mit Strafe bedrohten Handlung „bestimmt" haben müsse. Der Begriff der „mit Strafe bedrohten Handlung" umfaßt auch Unterlassungen. Und weshalb sollte man zu einem Unterlassen nicht bestimmt werden können? Wenn jemand einem Verunglückten helfen will und ein anderer redet ihm das aus, so hat er ihn zu einem Verhalten „bestimmt", das sich als Unterlassungsstraftat darstellt. Weder der Gesetzeswortlaut noch der Sprachgebrauch des täglichen Lebens oder der Sachgehalt des Vorganges verbieten es, hier von einer „Anstiftung zum Unterlassen" zu reden.

Kaufmann macht nun zwar dagegen geltend, es handele sich nicht um ein „Anstiften", sondern um ein „Abstiften" von der Gebotserfüllung[8]. Mit diesem Kriterium des „Abstiftens", also der Hinderung oder Rückgängigmachung eines Handlungsentschlusses, ist der Vorgang auch durchaus exakt beschrieben. Aber dadurch wird eine „Anstiftung zum Unterlassen" nicht ausgeschlossen. Im Gegenteil: Zu einer Untätigkeit kann man jemanden nur veranlassen, indem man ihn gleichzeitig bestimmt, von einer möglichen Handlung abzustehen.

Auch ein etwa dem Gesetzgeber vorgegebenes „Wesen" der Anstiftung hindert die Anwendung dieses Begriffs auf Unterlassungen nicht. Zwar hat auch die Rechtsfigur der „Anstiftung" einen unverrückbaren Begriffskern; sie setzt in allen ihren Erscheinungsformen voraus, daß der Anstifter, ohne Täter zu sein, einen anderen im Wege geistiger Beeinflussung zu einem strafrechtserheblichen Verhalten veranlaßt hat. Dieses begriffliche Mindesterfordernis ist bei der Anstiftung zum Unterlassen erfüllt; ebenso wie etwa die Anstiftung zu unvorsätzlicher Tat bei den Pflichtdelikten durch diese Formel gedeckt wird.

Wenn man weiter geht und es zur unabdingbaren Voraussetzung der Anstiftung macht, daß beim Täter ein Begehungsvorsatz erregt werde, so liegt darin – abgesehen davon, daß eine Begründung für diese These fehlt – auch eine Verkennung der strukturellen Eigenart des Teilnehmerbegriffs: Anstiftung und Beihilfe sind „sekundärer" Natur[9], d. h. sie können rechtlich

---

[8] Unterlassungsdelikte, S. 191–195 (191)
[9] Vgl. zu der damit zusammenhängenden Problematik S. 268 ff., 364 ff. (370)

nur in dem Raume auftreten, der durch den „primären" Täterbegriff abgesteckt wird. Das gilt nicht nur in dem schon oben erörterten „negativen" Sinne, wonach Teilnahme jeweils nur sein kann, was nicht das Täterkriterium erfüllt; vielmehr hat die Täterschaft für die Teilnahme auch positiv-konstitutive Bedeutung insofern, als sie festlegt, worauf sich Anstiftung und Beihilfe notwendig beziehen müssen. Die Art des Verhaltens, zu dem der Täter bei der Anstiftung veranlaßt werden muß, wird durch die Art des jeweiligen Täterbegriffs bestimmt; nicht etwa entscheidet ein vorgefaßter Anstifterbegriff darüber, welche Qualität eine Täterschaft aufweisen muß, um Bezugsobjekt einer Teilnahme sein zu können. Demgemäß tragen auch bei den Begehungsstraftaten Anstiftung und Beihilfe bei Herrschafts-, Pflicht- und eigenhändigen Delikten ein dem jeweiligen Täterbegriff entsprechendes, verändertes Gepräge: Eine Nötigung nach § 52 StGB etwa, die sonst zur mittelbaren Täterschaft führt, begründet bei eigenhändigen Taten und Pflichtdelikten nur eine Anstiftung[10]; eine Veranlassung zu unvorsätzlichem Tun stellt nur bei Pflichtdelikten eine Anstiftung dar, während sie bei Herrschaftsdelikten in aller Regel eine mittelbare Täterschaft und bei eigenhändigen Delikten straflos ist[11]. So, wie hier die Erscheinungsformen der Teilnahme durch den Täterbegriff festgelegt werden, ist es auch bei Unterlassungstaten: Nur das Abstiften von der Gebotserfüllung, die Veranlassung zum Untätigbleiben, kommt als echte Form der Anstiftung in Betracht. Die Erregung eines Tatentschlusses im Sinne der Begehungsdelikte, die Kaufmann vergeblich sucht, würde dem hier geltenden Anstiftungsbegriff von vornherein nicht entsprechen.

Unser Ergebnis lautet also: Auch wenn es einen Unterlassungsvorsatz nicht geben sollte, würde dieser Umstand die Möglichkeit einer Anstiftung zum Unterlassen keinesfalls ausschließen.

II. Sprechen Gerechtigkeits- und Strafwürdigkeitserwägungen gegen die Annahme einer Anstiftung zum Unterlassen?

Kaufmann versucht die auf konstruktivem Wege gewonnene These aber auch anhand zahlreicher praktischer Beispiele[12] als die einzig sinnvolle und eine gleichmäßige Rechtsanwendung gewährleistende Lösung zu erweisen. Er führt dabei mehrere Gesichtspunkte an:

1. Zufallsergebnisse?

Er bildet einige Fälle, die den Gedanken einer Anstiftung zum Unterlassen vom Ergebnis her ad absurdum führen sollen. „Nach einem Unglücksfall schickt sich der R an, dem Verunglückten Hilfe zu leisten. Der G veranlaßt

---

[10] S. 425 ff., 363/364, 370
[11] Vgl. S. 420 ff., 364 ff.
[12] Unterlassungsdelikte, S. 195 ff.

514

den R durch Hingabe eines Hundertmarkscheins zur Weiterfahrt"[13]. „Kann
es richtig sein" – fragt Kaufmann – „hier je nachdem, ob der Rettungswillige
Garant ist oder hilfspflichtig aus § 330c StGB, diesen oder jenen Strafrahmen
auf G anzuwenden?"[14] Ein weiteres Beispiel soll die Zufälligkeit der Ergebnisse noch deutlicher machen: „R hat für seinen schwer erkrankten Bekannten X ohne dessen Wissen unter großen Mühen ein Medikament auf-
getrieben, das als einziges Wirkung verspricht." Auf dem Wege zu X trifft er
auf den K, „der sein Scheckbuch zückt und den R mit einem Scheck über
1000,– DM davon abbringt, die rettende Ampulle zu X zu tragen"[13]. Da
weder R noch K handlungspflichtig seien, stifte K zu einem tatbestandslosen
Verhalten an und müsse straflos bleiben, meint Kaufmann, ein Ergebnis, das
er für „unannehmbar"[14] hält.

Er, der in allen drei Fällen eine Anstiftung ablehnt, will nämlich den
Hintermann nicht etwa straflos lassen. Vielmehr will er – einerlei, ob der
Unterlassende nach § 330c StGB als Garant oder überhaupt nicht haftet –
den Geldgeber als unmittelbaren Täter eines Mordes oder Totschlages durch
Begehen bestrafen. Diese Auffassung, die vom Standpunkt des Täterbegriffs
aus einer kritischen Überprüfung bedarf, soll später (unter III) noch be-
handelt werden. Hier geht es zunächst nur darum, ob die Annahme einer
Anstiftung wirklich zu untragbar ungerechten Ergebnissen führt.

Beginnen wir mit dem letzten, krassesten Beispiel. Hier wäre zunächst die
Frage zu stellen, ob man den R nicht gemäß § 330c als hilfspflichtig ansehen
muß. Die Erlangung des Medikaments mag zwar ursprünglich so schwierig
gewesen sein, daß sie nicht zumutbar war; nachdem er es nun in der Hand
hat, ist die Hilfe aber leicht möglich und keinesfalls mehr unzumutbar. Wenn
ohne sie die Krankheit eine schlimme Wendung nimmt, wird man eine derartige, anders nicht aufzuhaltende Entwicklung auch als „Unglücksfall" betrachten müssen[15], so daß man den K wegen Anstiftung zu § 330c bestrafen
kann.

Doch ist das natürlich Tatfrage. Nehmen wir also an, dem Leiden des K
drohe keine rasche Verschlimmerung. Dann ist der Hintermann allerdings
strafrechtlich nicht verantwortlich. Und im Gegensatz zu Kaufmann halte
ich das für richtig. Denn sonst müßte jeder, der einen anderen davon
abbringt, einen Kranken gesund zu pflegen, Täter einer Körperverletzung
sein, obwohl der Pflegewillige keinerlei Verpflichtung zu seinem Liebes-
dienst hatte. Dieser Einwand gilt auch generell: Es ist nicht billigenswert,
daß jemand ins Gefängnis gesteckt wird, der einen anderen zu einem vielleicht moralisch tadelnswerten, strafrechtlich aber unverbotenen Verhalten
auffordert, während der Aufgeforderte, der doch die Entscheidung über sein
Tun in der Hand behält, bei noch so verwerflicher Motivation unbestritten

---

[13] a. a. O., S. 196
[14] a. a. O., S. 197
[15] Vgl. BGHSt 6, 148–155 (152f.), wo ausgeführt wird, daß „der Ausdruck des Plötz-
lichen, Unerwarteten nicht zu eng verstanden werden" dürfe. Bei Krankheiten genüge
es, daß sie „eine sich rasch verschlimmernde Wendung" nehme, was man bei akuter
Gefahr und beim Versagen jeder anderen Hilfsmöglichkeit ohne weiteres annehmen
kann.

straflos ist. Weder die Rechtslogik noch das Rechtsgefühl scheinen mir dafür zu sprechen, daß die Aufforderung zu einem straflosen Verhalten strafbar sein muß; es lassen sich sogar zahlreiche Gründe dagegen anführen, auf die unten noch näher einzugehen ist [16].

Es bleibt also nur die Strafrahmendifferenz zwischen § 330c und dem unechten Unterlassungsdelikt. Sie ist zwar de lege lata unaufhebbar, erfährt aber ihre Rechtfertigung durch den selbstverständlichen Grundsatz, daß die Anstiftung nur nach dem Maße der Täterschaft bestraft werden kann. Zwar macht Kaufmann dagegen geltend: „Man wende nicht ein, das sei nun einmal die Situation der Teilnahme; denn ob es sich um Teilnahme handelt oder nicht, darum gerade geht es hier" [17]. Doch diese vorweggenommene Replik ist ihrerseits nicht schlüssig; denn wenn man gegen die Annahme einer Anstiftung aus den wesensmäßigen Folgen ihrer Akzessorietät Einwendungen herleiten will, müßte man grundsätzlich bei allen Delikten die Teilnahme ausschließen und statt dessen das Vorliegen einer Täterschaft befürworten.

Abgesehen davon ist es aber auch sachlich nicht unbillig, daß der Auffordernde bald nach dem Strafrahmen des § 330c StGB, bald nach dem des unechten Unterlassungsdelikts bestraft wird. Denn wenn der Gesetzgeber davon ausgeht, daß eine unterlassene Rettung je nach der Person des Untätigen einen größeren oder geringeren Unwertgehalt aufweist, so muß für die Anstiftung zu einer solchen Tat dasselbe gelten. Fordert jemand einen Vater auf, sein Kind ertrinken zu lassen, so ist das nach den Wertmaßstäben des Gesetzgebers sicher strafwürdiger als wenn er einen Unbekannten, der zufällig an der Unfallstelle vorüberkommt, zum Weiterfahren ermuntert.

In einer Hinsicht mag freilich eine Unbilligkeit bestehen bleiben (was übrigens gegen Kaufmanns Lösung in verstärktem Maße gelten würde): Der Anstifter zum unechten Unterlassungsdelikt wird nach demselben Strafrahmen wie der Garant beurteilt, obwohl er nicht selbst innerhalb der strafbegründenden Pflichtbindung steht. Doch ist das keine Eigentümlichkeit der Anstiftung zum Unterlassen; es gilt vielmehr für alle strafbegründenden Pflichtdelikte. Die Unterschiedlichkeit des Teilnahmestrafrahmens bei echten und unechten Amtsdelikten etwa ist immer schon beanstandet worden. § 33 Abs. 1 E 1962, der bei strafbegründenden persönlichen Tätermerkmalen eine Strafmilderung für Teilnehmer vorsieht, würde sich auch auf die Anstiftung zum Unterlassen auswirken. Die Differenz in der Strafhöhe, die dann noch gegenüber einer Anstiftung zu § 330c bestehen bleibt, ist durch die unterschiedliche Schwere des sozialethischen Unwertgehaltes der Tat vollauf gerechtfertigt.

Es kann daher nicht zugegeben werden, daß, wenn man eine Anstiftung zum Unterlassen anerkennt, ungereimte Zufallsergebnisse die Folge seien.

---

[16] Vgl. dazu S. 520/521 ff., 521 ff.
[17] Unterlassungsdelikte, S. 197

2. Ist eine Anstiftung bei Unterlassungsdelikten
vergleichsweise strafwürdiger als bei Begehungstaten?

a) Eine Verwandtschaft zwischen der Anstiftung und der bei Unterlassungsdelikten allein in Frage kommenden „Abstiftung" bestehe nur äußerlich,
meint Kaufmann. „Für die Anstiftung" – sagt er[18] – „ist es gerade wesentlich, daß nach ihrem Gelingen, nach dem Wecken des Tatentschlusses, der
angestiftete Täter seinen Vorsatz auch durchhalten und stets erneuern muß
... Der Angestiftete behält es in der Hand, ob er den Entschluß verwirklicht
oder nicht ... Anders bei der Abstiftung: Das Abstiften von der Gebotserfüllung ist erst dann gelungen, ... wenn in dem entscheidenden Zeitpunkt,
in dem ... die ... Handlung hatte erfolgen müssen, der Tatentschluß nicht
vorlag. Von diesem Zeitpunkt an aber gibt es kein Zurück – bzw. kein
Voran – mehr für den Unterlassenden".

Entgegen der Meinung Kaufmanns spricht sein Vergleich aber eher für als
gegen die Ähnlichkeit der beiden Anstiftungsarten. Wenn es wirklich so
wäre, daß der angestiftete Begehungstäter bis zur Vollendung der Tat das
Geschehen in der Hand behielte, während es für den Unterlassenden nach
der Bestimmung zum Untätigbleiben kein Zurück mehr gäbe, so würde den
Anstifter im zweiten Fall sicher eine höhere Verantwortung treffen als sonst.
Aber so ist es doch nicht: Vielmehr entscheidet auch der Unterlassende,
längst nachdem ihn der andere zum Untätigbleiben aufgefordert hat, über
seine Tat so lange frei und selbständig, wie ihm die Erfolgsabwendung über-
haupt noch möglich ist; genau wie wenn er sich aus eigenem Antrieb zum
Nichteingreifen entschlossen hätte. Die Anstiftung nimmt ihm von seinem
Entscheidungsspielraum nicht das geringste.

Zu einem anderen Ergebnis kommt Kaufmann nur deshalb, weil er den
Begriff des „Gelingens" in verschiedener Bedeutung verwendet. Eine Anstiftung zum Begehen ist nach seinen Worten mit dem „Wecken des Tatentschlusses" gelungen; dem würde es entsprechen, eine Anstiftung zum
Unterlassen als „gelungen" zu bezeichnen, wenn der Aufgeforderte sich
bereit erklärt, untätig zu bleiben. In diesem Zeitpunkt kann sich aber der
Unterlassende immer noch anders entscheiden. Stattdessen setzt Kaufmann
das „Gelingen" hier auf den letzten Moment möglicher Erfolgsabwendung
an, auf den Augenblick also, der bei Begehungsdelikten der Tathandlung
entsprechen würde: Wenn eine Anstiftung zum Unterlassen erst „gelungen"
ist, sobald der Erfolg nicht mehr abgewendet werden kann, dürfte man auch
bei Begehungsdelikten von einem „Gelingen" der Anstiftung erst sprechen,
sobald der Ausführende die Tathandlung vollzogen hat und nicht mehr
zurücktreten kann.

Verwendet man also den gleichen Maßstab, so ergibt sich, daß der Anstifter zum Unterlassen keinen größeren Einfluß auf das strafrechtlich
relevante Geschehen hat als der Anstifter zum Begehungsdelikt. Dieser
Gesichtspunkt bildet deshalb auch kein Argument dafür, den Anstifter zur

---

[18] a. a. O., S. 193

Unterlassungstat als Täter eines Begehungsdelikts zu strafen, wie Kaufmann es will.

b) Weiterhin macht Kaufmann[19] geltend, die herrschende Meinung sehe sich dem Einwand ausgesetzt, daß sie als Haupttat eine Unterlassung erfasse, als angebliche Anstiftung zu dieser Haupttat dagegen eine Handlung, obwohl sie für beide denselben Strafrahmen bereithalte. Er weist unter Berufung auf Grünwald[20] darauf hin, daß der Unwert einer solchen Anstiftungshandlung den des bloßen Unterlassens, also der Haupttat, überwiege und folgert: „Es ist ... gewiß eine Besonderheit, daß – ceteris paribus – ganz generell bei einer Deliktsgruppe die (angebliche) Anstiftung einen erheblich höheren Unwertgehalt aufweist als die Haupttat! Das widerspricht der Wertung, die dem § 48 StGB zugrundeliegt, und muß den Blick dafür schärfen, daß hier ein unbewältigtes Problem liegt".

Doch auch mit diesem Argument ist die Anstiftung zum Unterlassen nicht als Fehlkonstruktion zu erweisen. Denn abgesehen davon, daß die Anstiftung auch nach der gesetzlichen Wertung zumindest nicht geringer wiegt als die Täterschaft und daß Strafwürdigkeitserwägungen überhaupt bei der Abgrenzung der Beteiligungsformen keine entscheidende Rolle spielen[21], ist schon die Voraussetzung, auf der die Annahme eines „unbewältigten Problems" beruht, zu bestreiten. Es ist nicht richtig, daß die Aufforderung zum Unterlassen generell einen höheren Unwert aufweise als das Unterlassen selbst. Vielmehr ist es so:

Wenn jemand durch positives Tun ein Delikt begeht oder sich an seiner Verwirklichung beteiligt, so wiegt das schwerer, als wenn er es lediglich unterläßt, gegen den Begehungstäter einzuschreiten. Auf diese Erwägung ist es zurückzuführen, daß die Unterlassungstäterschaft im Strafausspruch hinter der aktiven Beihilfe (und erst recht der Anstiftung) zurücktritt und im Strafrahmen eine fakultative Milderung nach Beihilfegrundsätzen erfahren muß. Aus dieser Erkenntnis folgt aber nichts über das Unwertverhältnis zwischen einer Anstiftung zum Unterlassen und dem Unterlassen selbst.

Das wird sofort verständlich, wenn man sich die strukturellen Beziehungen vor Augen ruft, die der unterschiedlichen Bewertung von Tun und Unterlassen zugrundeliegen. Die unterlassene Erfolgsabwendung wiegt gegenüber der Begehungstat eines Handelnden deshalb weniger schwer, weil die Täterschaft des Unterlassenden, auf das Herrschaftsdelikt des Ausführenden bezogen, schon dogmatisch gesehen nur als herrschaftslose Mitwirkung und damit als Beihilfe erscheint[22]. Bei der Anstiftung zum Unterlassen liegt es genau umgekehrt: Zentralfigur des Unterlassungstatbestandes ist der untätige Garant; und im Hinblick auf diesen Tatbestand ist der Auffordernde eine bloße, außerhalb der Pflichtbindung stehende Randgestalt.

---

[19] a. a. O., S. 194

[20] Das unechte Unterlassungsdelikt, S. 124

[21] Grünwald (a. a. O.) z. B. zieht aus dem von ihm angenommenen höheren Unwertgehalt der Anstiftung keineswegs den Schluß, daß es sich deshalb nicht mehr um eine Anstiftung handele.

[22] Vgl. oben S. 483/484

Daß hier die Anstiftung nicht generell strafwürdiger ist als das Unterlassen, ist aber auch dann unmittelbar einleuchtend, wenn man die spezifischen Kategorien unserer Täterlehre beiseitesetzt: Denn während in den früher behandelten Fällen, bei denen die Unterlassung hinter dem positiven Tun an Strafwürdigkeit zurücksteht, das auf die Rechtsgüterverletzung hinwirkende Begehungsverhalten „näher am Erfolge" ist als das bloße Unterlassen, ist es hier so, daß gerade das Unterlassen die engere Beziehung zur Deliktsverwirklichung aufweist. Das Tun bewirkt ja nicht direkt den Erfolg, sondern eben nur das, was hier die Verbotsmaterie ausmacht: die pflichtwidrige Unterlassung.

Und schließlich, um es noch einfacher zu sagen: Die Aufforderung zu einem Verhalten kann – wenn man vom Korruptionsfaktor, der für Kaufmann keine Rolle spielt, einmal absieht – logischerweise nur in dem Maße strafwürdig sein wie das erstrebte Verhalten selbst. Denn die Rechtsgüterverletzung, die den Strafgrund der Anstiftung bildet, kann nach den Intentionen des Hintermannes immer nur so groß sein wie sie im Verhalten des Täters zum Ausdruck kommt. Das bestätigt jeder Appell an das Rechtsgefühl: Wenn jemand eine Mutter dazu ermuntert, ihr krankes Kind nicht zum Arzt zu bringen und es sterben zu lassen, so ist das gewiß schändlich; aber noch viel schändlicher (oder zumindest: nicht weniger verwerflich) verhält sich die Mutter, die einer solchen Anregung folgt.

Es kann also nicht zugegeben werden, daß die Anstiftung zum Unterlassen allgemein einen höheren Unwert aufweise als die Haupttat. Aus Strafwürdigkeitserwägungen läßt sich daher auch kein Argument gegen die Existenz einer solchen Teilnahmeform herleiten.

III. Läßt sich die Anstiftung zum Unterlassen als unmittelbare Begehungstäterschaft auffassen?

1. Die Lehre Armin Kaufmanns und Welzels

An die Stelle der von ihnen abgelehnten Rechtsfigur einer Anstiftung zum Unterlassen setzen Armin Kaufmann und Welzel in allen Fällen – einerlei, ob der Aufgeforderte Garant, nach § 330c StGB zum Eingreifen berufen oder überhaupt nicht hilfspflichtig ist – die Annahme einer unmittelbaren Begehungstäterschaft. So sagt etwa Welzel[23]: „Wer bei einem Unglücksfall durch Hingabe eines 100-DM-Scheines den Hilfspflichtigen veranlaßt, seinen Rettungsentschluß aufzugeben, ist nicht wegen ‚Anstiftung zu § 330c' zu bestrafen, sondern wegen Totschlages oder Mordes". Schon oben ist ausgeführt worden[24], daß Armin Kaufmann seine Beispielsfälle im selben Sinne entscheidet.

Die Frage bedarf selbständiger Prüfung; denn auch wenn man – wie wir es getan haben – in solchen Fällen eine Anstiftung zum Unterlassen für ge-

---

[23] Lehrbuch, 7. Aufl., S. 182
[24] S. 513/514

geben hält, würde eine gleichzeitig vorliegende Täterschaft doch diese Teilnahmeform verdrängen, so daß Armin Kaufmann und Welzel im praktischen Ergebnis recht behielten. Die Begründung, die beide für ihre Meinung geben, ist allerdings nur recht knapp. Sie besteht im wesentlichen in der Erwägung, daß die „Anstiftung" zum Unterlassen eine Handlung darstelle, die für den Erfolg kausal sei und deshalb dem Tatbestand des Begehungsdelikts subsumiert werden könne. So lesen wir bei Kaufmann[25]: „Da ‚echte' Kausalität besteht, verwirklicht die fragliche Handlung den Tatbestand eines Begehungsdelikts, soweit alle übrigen Tatbestandserfordernisse erfüllt sind". Besondere, über die Kausalität hinausgehende Tätervoraussetzungen werden aber nicht zu den „übrigen Tatbestandserfordernissen" gezählt.

Dieser Gedankengang könnte zunächst insoweit angreifbar sein, als sich die Kausalität einer Anstiftung zum Unterlassen bezweifeln ließe. Wenn man davon ausgeht, daß das Unterlassen selbst – also die Haupttat – für den Erfolg nicht kausal sei, so liegt die Annahme nahe, daß auch die Veranlassung zu einem solchen Verhalten für den Erfolg nicht ursächlich im Sinne eines Begehungsdelikts sein könne. In der Tat müßte für Welzel die Annahme einer Begehungstäterschaft schon an der Kausalfrage scheitern. Er lehrt nämlich im Anschluß an Spendel[26], daß bei Begehungsdelikten für die Ermittlung der haftungsbegründenden Ursächlichkeit „solche bloß mögliche oder wahrscheinliche Umstände, die nicht eingetreten sind, nicht etwa hinzugedacht werden" dürften[27]. Gerade um einen solchen Fall handelt es sich hier: Zu einer Kausalität der Anstiftung zum Unterlassen kann man nur kommen, wenn man hinzudenkt, daß anderenfalls der Unterlassende den Erfolg abgewendet hätte. Dieser Widerspruch in Welzels Konzeption ist umso auffallender, als Armin Kaufmann die hier auftretende Kausalproblematik[28] behandelt und sich gegen die Lehre Spendels gewandt hatte.

Eine Auseinandersetzung mit der strittigen Frage liegt außerhalb des Themas unserer Arbeit. Für die von uns vertretene Lösung kommt es auf sie auch nicht an, weil die „Abstiftung" für den Entschluß zum Untätigbleiben nach jeder Lehre ursächlich und eine darüber hinausreichende Kausalität bei einer Anstiftung zum Unterlassen nicht erforderlich ist. Deshalb genüge der Hinweis, daß es sachgerecht ist, in solchen Fällen eine Zurechnung unter dem Gesichtspunkt der Begehungstäterschaft nicht von vornherein auszuschließen; sonst müßte jemand, der das Schlauchboot zurückhält, das die Strömung auf den ertrinkenden X zutreibt[29], sofern man ihn als Unterlassungstäter nicht fassen kann, straflos bleiben (denn auch hier muß man hinzudenken, daß der X sich sonst gerettet hätte). Ob es sich dabei um eine „echte" Kausalität handelt, wie Armin Kaufmann[30]

---

[25] Unterlassungsdelikte, S. 203
[26] Die Kausalitätsformel der Bedingungstheorie für die Handlungsdelikte, 1948
[27] Lehrb., 7. Aufl., S. 42
[28] Unterlassungsdelikte, S. 201–203, S. 57 ff.
[29] Beispiel von Armin Kaufmann, a. a. O., S. 195
[30] Unterlassungsdelikte, S. 203

meint, mag dahinstehen; jedenfalls genügt für die Zurechnung eines positiven Tuns ein – hier vorliegender – logischer Bedingungszusammenhang; ein mechanischer Wirkungszusammenhang braucht dabei nicht vorhanden zu sein.

2. Das Tatherrschaftserfordernis als täterschaftsausschließender Faktor

Die Annahme einer Begehungstäterschaft scheitert aber am Fehlen der Tatherrschaft. Die Konstruktion, mit Hilfe deren Armin Kaufmann und Welzel die für sie sonst unvermeidliche Straflosigkeit der Unterlassungsanstiftung umgehen, basiert auf einem rein extensiven Täterbegriff: Wer den tatbestandsmäßigen Erfolg verursacht, ist schon deswegen Täter.

Ein derartiges Verfahren ist allen Einwendungen ausgesetzt, die schon oben[31] zur Ablehnung der extensiven Lehre geführt haben. Sie bedürfen keiner Wiederholung. Aber es bleibt merkwürdig, daß Armin Kaufmann und besonders Welzel, die doch beide prinzipiell einschränkungslos der Tatherrschaftslehre folgen, hier eine Täterschaft bejahen, ohne auch nur zu sehen, daß sie damit zu den Prämissen ihrer eigenen Täterlehre in einen unüberbrückbaren Widerspruch geraten. Wenn die in solchen Fällen vorliegende „psychisch vermittelte Kausalwirkung"[32] ohne Rücksicht auf jede Zwangsausübung allein die Täterschaft begründen soll, ist es unverständlich, daß in anderen Fällen so viel strengere Voraussetzungen aufgestellt werden und nach der Lehre Armin Kaufmanns sogar der gemäß § 52 StGB Nötigende – solange er nicht zu einer Unterlassung nötigt – nicht mittelbarer Täter, sondern nur Anstifter ist[33].

Aus dieser systemwidrigen Ignorierung des Tatherrschaftsprinzips erklärt es sich auch, daß Armin Kaufmann einige von ihm gebildete Beispiele echter Tatherrschaft ohne weiteres als Argument dafür verwendet, daß auch in anderen Fällen, in denen dem Hintermann die Tatherrschaft fehlt, eine Anstiftung zum Unterlassen ausscheiden müsse[34]. So ist es sicher richtig, den Handelnden in folgendem Fall als Begehungstäter anzusehen[35]: „An einer Unfallstelle hält der Kraftfahrer R an, um Hilfe zu leisten. F will das verhindern und redet dem R wahrheitswidrig ein, der Verletzte sei schon abtransportiert". F ist hier nicht deshalb Täter, weil eine Anstiftung am fehlenden Vorsatz des R scheitert oder weil er den Tod des Verletzten verursacht hat[36], sondern weil ihm die Täuschung die Herrschaft über das Geschehen verschafft: Nach der Ausschaltung des erfolgshindernden Faktors erscheint die Tat als Werk des F, nicht anders, als wenn er eine rettungsversprechende Sache (das auf den Ertrinkenden zutreibende

---

[31] S. 28–30
[32] Armin Kaufmann, Unterlassungsdelikte, S. 199
[33] Unterlassungsdelikte, S. 165, Anm. 187
[34] Vgl. Unterlassungsdelikte, S. 197
[35] Unterlassungsdelikte, S. 196, Nr. 6
[36] Vgl. Kaufmann, Unterlassungsdelikte, S. 197

Schlauchboot, den auf ihn zuschwimmenden Schäferhund) angehalten hätte; denn der sachverhaltsunkundige R konnte über sein Tun nicht mehr im Bewußtsein der Rettungsmöglichkeit entscheiden. Entsprechendes gilt, wenn der Hilfswillige gewaltsam zurückgehalten oder – in unserem früheren Beispiel – die rettende Ampulle von einem anderen vorsätzlich zerstört wird.

Alle diese Beispiele, zu denen noch die Fälle der Drohung gemäß § 52 StGB, der Aufforderung von Geisteskranken, Kindern etc. hinzukommen, unterscheiden sich von der bloßen Anstiftung zum Unterlassen durch das Element der Tatherrschaft, das allein die Verursachung zur Täterschaft erhöhen kann. Wer zum Unterlassen überredet oder auch durch Hingabe eines 100-DM-Scheines angelockt wird, trägt nach den Maßstäben der Rechtsordnung trotzdem die Verantwortung für sein Tun oder Unterlassen; erst wo sie von ihm genommen wird, rückt der andere ins Zentrum des Geschehens und wird zum Täter. Darin liegt der von Kaufmann vergeblich gesuchte innere Grund für die verschiedene Behandlung dieser Fälle.

Eine abweichende Lösung läßt sich auch nicht durch die Erwägung rechtfertigen, daß die Anstiftung als Handlung nicht dem Tatbestand des Unterlassungsdelikts subsumiert werden könne und deshalb selbständig als Begehungs-Alleintäterschaft gewürdigt werden müsse[37]. Denn da der Tatbestand in jedem Fall nur die Täterschaft umschreibt, kann die Anstiftung ihn ohnehin nicht erfüllen, braucht also auch der Täterschaft strukturell nicht zu gleichen, während bei den hier in Frage kommenden Begehungsdelikten eine den Tatbestand verwirklichende Alleintäterschaft mehr als die bloße Kausalität – nämlich die Tatherrschaft – voraussetzt.

3. Die praktische Undurchführbarkeit der Begehungstäterlösung

Gegen die Annahme, daß die Anstiftung zum Unterlassen als Begehungstäterschaft aufzufassen sei, sprechen aber auch ihre praktischen Ergebnisse. Armin Kaufmann räumt selbst ein, daß es Fälle des Abstiftens vom Handeln gebe, in denen die Strafe des Begehungsdelikts – zumal der §§ 211 ff. StGB – als zu hoch erscheine. Er bildet den Fall, daß R ins Wasser springen will, um den ertrinkenden X zu retten, und daß ihn sein Freund L durch die Bemerkung „Du wirst Dich erkälten!" davon abbringt[38]. Sollte L hier als Täter eines Totschlages strafbar sein? Kaufmann variiert auch den mehrfach erwähnten Ampullen-Fall. Wie, wenn K den R durch die Worte umstimmt: „Sie sind aber nicht verpflichtet, dem X das rettende Medikament zu bringen; außerdem wird es Ihnen der X nicht bezahlen können"? Soll, wenn R nun nach Hause geht, K wegen Mordes lebenslänglich ins Zuchthaus wandern?

---

[37] so wohl Armin Kaufmann, Unterlassungsdelikte, S. 199
[38] hier und im folgenden Unterlassungsdelikte, S. 200

Auch Kaufmann hält diese Ergebnisse für unerträglich. Er sagt: „Mag solches Vorgehen auch vom Tötungsvorsatz getragen sein (von dem Vorsatz, den anderen zur Aufgabe seines Rettungsentschlusses zu bringen), es bleibt sozialadäquat." Aber diese Lösung ist sehr bedenklich, einerlei, ob man die Sozialadäquanz mit Kaufmann „als Einschränkung der Tatbestandsmäßigkeit" oder mit Welzel als bloßen Rechtfertigungsgrund ansieht. Denn kann eine vorsätzliche Tötung überhaupt je sozialadäquat sein? Die gerechtfertigte Notwehr ist es jedenfalls nach Kaufmanns und Welzels Meinung unter keinen Umständen, obwohl doch bei ihr der Täter makelloser dasteht als in unseren Beispielsfällen. Jedenfalls wird auf diese Weise eine neue Form straflosen Totschlages eingeführt, für die sich im Gesetz keine Grundlage findet.

Es kommt noch hinzu, daß Kaufmann, wenn er in seinen Beispielen den Totschlag für sozialadäquat erklärt, die Motivationen und Tendenzen des Täters (seine etwaige Tötungsabsicht, die niedrigen Beweggründe etc.) ganz beiseite läßt. Die Wertungen unserer „geschichtlich gewordenen sozialethischen Ordnung"[39] würden dadurch aber sicher beeinflußt werden, zu-mal da gerade nach finalistischer Lehre auch bei den Rechtfertigungsgründen die Straffreiheit von „speziellen subjektiven Rechtfertigungstendenzen"[40] abhängt.

Auch aus rechtsstaatlichen Gründen erscheint ein tatbestandlich so wenig festgelegtes Kriterium wie das der Sozialadäquanz nicht geeignet, die Grenze zwischen einem straflosen Tun und einem mit lebenslangem Zuchthaus bedrohten Verbrechen abzustecken. Wie soll man z. B. entscheiden, wenn der Hintermann den Unterlassenden auf die Gefahren der Rettung oder das Fehlen einer Erfolgsabwendungspflicht hinweist, ihm aber zusätzlich noch Geld anbietet, um ihn von der Rettungstat abzuhalten? Und wie, wenn er aus echter Sorge um den tollkühnen Retter, weil dieser auf sachliche Warnungen nicht hört, ihm von vornherein nur ein Geschenk anbietet? Soll es hier doch wieder auf das an sich für unbeachtlich erklärte Motiv oder auf die Gesinnung des Handelnden ankommen, und wie wäre beides zu bewerten? Die möglichen Konstellationen und Antriebsfaktoren sind hier so mannigfaltig und unübersehbar verästelt, die sozialethischen Wertvorstellungen auf diesem Gebiet sind so wenig differenziert und selbst das individuelle Rechtsgefühl reagiert so schwankend und zweideutig, daß es zu unerträglicher Rechtsunsicherheit und zu den widersprüchlichsten Ergebnissen führen müßte, wenn man, wie Kaufmann es will, die Sozialadäquanz über die Strafbarkeit entscheiden ließe.

Dagegen führt die hier vertretene Auffassung zu ganz klaren Lösungen: Ist der Unterlassende weder nach § 330c StGB noch als Garant zum Eingreifen verpflichtet, so handelt es sich, – solange der Hintermann nicht die Tatherrschaft innehat –, stets um eine straflose Aufforderung zu einem tatbestandslosen Verhalten. Ob der Auffordernde es bei einem schlichten Rat bewenden läßt oder irgendwelche Versprechungen macht, ist ebenso gleichgültig wie die Art seiner Motive und Gesinnungen.

---

[39] Welzel, Lehrb., 7. Aufl., S. 76
[40] Welzel a. a. O., S. 77

Wenn andererseits den Unterlassenden eine konkrete Handlungspflicht trifft, ist der Hintermann, soweit er sie in ihren sachlichen Voraussetzungen erkannt hat, stets als Anstifter zu bestrafen. Eine vermeintliche Sozialadäquanz kann daran nichts ändern. Ist es z. B. so, daß die einem Garanten bei der Rettung drohenden Gefahren nicht so groß sind, daß sie ein Eingreifen nach den Maßstäben der Rechtsordnung als unzumutbar erscheinen ließen, dann ist der Anstifter strafbar, wenn er den anderen unter Hinweis auf sein wahrheitsgemäß dargestelltes (geringes) Risiko vom Handeln abhält[41]. Ist aber die Gefahr wirklich so groß, daß dem Unterlassenden ein Handeln nicht zugemutet werden kann, so entfällt seine konkrete Pflicht; der Auffordernde stiftet dann zu einem nicht tatbestandsmäßigen Verhalten an und ist straflos, ob er ihm nun einen 100-DM-Schein anbietet oder nicht.

Kaufmann meint freilich, die Schwierigkeiten, die bei Annahme einer Begehungstäterschaft auftreten, bestünden ebenso „seit eh und je" für die Anstiftung zum unechten Unterlassungsdelikt. Er fragt[42]: „Ist es – vom Standpunkt der h. M. aus – Anstiftung zum Totschlag, wenn der Dritte zum Bademeister sagt, dieser laufe Gefahr, sich beim Rettungsversuch die Grippe zu holen?" Gerade dieses Beispiel zeigt aber, welche Vorzüge die herrschende Ansicht gegenüber seiner Lehre besitzt. Denn Kaufmann will hier anscheinend, was das Verhalten des Dritten anlangt, eine sozialadäquate und daher straflose Tötung des Badegastes annehmen.

Diese Lösung ist aber falsch. Wenn nämlich, was bei der gewählten Formulierung nicht ganz klar ist, die Worte des Dritten so zu verstehen sind, daß er den Bademeister mit dem Hinweis auf eine mögliche Grippe auffordern will, den Ertrinkenden umkommen zu lassen, so ist das ohne Bedenken als Anstiftung zum Totschlag zu bestrafen. Denn erstens liegt – bei einem Bademeister! – die Gefahr einer Grippeerkrankung sehr fern, und zweitens müßte er bei der Art seiner Garantenstellung dieses Risiko auf sich nehmen. Der Aufgeforderte begeht also, wenn er den Badegast ertrinken läßt, einen Totschlag durch Unterlassen. Dann aber besteht nicht der geringste Grund, den Anstifter nur deshalb straflos zu lassen, weil er seine Aufforderung mit einer ziemlich lächerlichen Grippewarnung verbrämt hat. Es ist nicht einzusehen, worin vom hier vertretenen Standpunkt aus die Abgrenzungsschwierigkeiten liegen sollen. Wenn die Gegenmeinung in diesem Fall ein Problem sieht, so bestätigt das nur, wie wenig mit dem Kriterium der Sozialadäquanz anzufangen ist.

Es ist also gerade umgekehrt wie Kaufmann sagt: Nicht die Konstruktion einer Anstiftung zum Unterlassen, sondern die Annahme einer Begehungstäterschaft widerspricht den Grundsätzen der Täterlehre und führt zu ungereimten Zufallsergebnissen.

---

[41] Daß hier im Einzelfall ein Verbotsirrtum vorliegen kann, steht auf einem anderen Blatt.
[42] Unterlassungsdelikte, S. 200

4. Die Strafbarkeitslücken der Begehungstäterlösung

Was aber die Annahme einer die Anstiftung ersetzenden Begehungstäterschaft vollends ad absurdum führt, sind die klaffenden Strafbarkeitslücken, die durch eine solche Lösung aufgerissen werden. Während nämlich Kaufmann und Welzel davon ausgehen, daß die Rechtsfigur der Anstiftung strafwürdige Fälle nicht erfassen könne – eine These, der oben entgegenzutreten war –, liegt es in Wirklichkeit umgekehrt:

Eine Begehungstäterschaft läßt sich – abgesehen von allen durchschlagenden Bedenken, die dem auch hier entgegenstehen – im Grunde genommen nur bei einigen wenigen Unterlassungsanstiftungen konstruieren; und zwar bei solchen, die sich auf die Nichtabwendung von Schäden richten, deren Verursachung dem Hintermann als reines Erfolgsdelikt zurechenbar ist; also etwa beim Totschlag und bei der Sachbeschädigung. Die meisten Tatbestände verlangen aber eine bestimmte Art täterschaftlichen Handelns, die beim Veranlasser nicht vorliegt. Man denke sich, daß der A den B auffordert, einen Geschäftspartner in der Weise zu betrügen, daß er ihm entgegen seiner Offenbarungspflicht wesentliche Umstände verschweigt. Dann begeht B einen Betrug durch Unterlassen. Nach der Lehre Kaufmanns und Welzels müßte nun A, da eine Anstiftung „nicht denkbar"[43] ist, Begehungstäter eines Betruges sein. Man müßte also seine Aufforderung gegenüber B als unmittelbare „Täuschungshandlung" verstehen, was doch wohl schwerlich möglich ist.

Solche Beispiele lassen sich beliebig vermehren. Kaufmann und Welzel stehen hier immer vor der Alternative, entweder den Hintermann straflos zu lassen, was mir ein untragbares Ergebnis zu sein scheint, oder eine Begehungstäterschaft anzunehmen, die den Täterbegriff auf einen reinen Bedingungszusammenhang reduzieren würde und alle Errungenschaften der modernen Täterlehre – an denen doch die finale Handlungslehre selbst wesentlichen Anteil hat – zunichtemachen müßte.

Selbst wenn man sich aber damit noch abfinden würde, ist doch auch dieser Ausweg bei einer ganzen Deliktsgruppe, den Pflichtstraftaten durch Begehung, verbaut. Man braucht in unserem oben verwendeten Beispiel an die Stelle des Betruges nur einen Meineid zu setzen: A fordert B auf, vor Gericht bei seiner eidlichen Aussage die Angabe wesentlicher Umstände zu unterlassen. Oder: In einem Prozeß gibt die Gegenpartei A dem Anwalt B 1000,– DM, damit er eine Frist verstreichen lasse und ihr auf diese Weise zu einem rechtskräftigen Urteil verhelfe. In beiden Fällen wird B als Täter nach § 154 bzw. § 356 StGB bestraft.

Was aber geschieht mit A? Nach der hier bekämpften Gegenmeinung kann die Antwort nur lauten: Nichts! Denn eine Anstiftung zum Unterlassen ist unmöglich, und für eine Begehungstäterschaft fehlt es an der sie begründenden Pflichtenstellung. Und das sind nicht etwa Ausnahmen! Es läßt sich vielmehr an zahlreichen praktisch bedeutsamen Pflichtdelikten

---

[43] Welzel, Lehrb., 7. Aufl., S. 182

dasselbe demonstrieren: A fordert B zu einer Untreue durch Unterlassen auf; ein Außenstehender veranlaßt den Gefängniswärter, einem Verbrecher dadurch die Flucht zu ermöglichen, daß er es unterläßt, die Tür zu verschließen usw.; usw.

Daß die Annahme einer Straflosigkeit des Außenstehenden in all diesen Fällen nicht richtig sein kann, bedarf wohl keiner weiteren Begründung. Allein die hier zutagetretenden Ergebnisse müßten ausreichen, um Kaufmann und Welzel in diesem Punkt zu einer Revision ihrer Lehren zu nötigen.

IV. Beihilfe zum Unterlassen

1. Eine Beihilfe zum Unterlassungsdelikt durch positives Tun wird allgemein in Form einer psychischen Unterstützung für möglich gehalten[44], etwa derart, daß jemand den Unterlassenden in seinem Entschluß zum Nichteingreifen bestärkt.

Für Armin Kaufmann[45] und Welzel[46] dagegen ist eine solche Möglichkeit aus denselben Gründen wie bei der Anstiftung ausgeschlossen. Soweit also die psychische Unterstützung für den Erfolg ursächlich ist, haftet der Hintermann als unmittelbarer Begehungstäter. Die oben angeführten Bedenken gegen eine solche Lösung gelten hier entsprechend. Sie treten eher noch verstärkt auf, weil die psychische Beihilfe zur Unterlassungstat, also die geringfügigste strafrechtlich relevante Beteiligungsform, nach dem vollen Strafrahmen der Begehungstäterschaft geahndet wird, auch wenn der in seinem Entschluß Bestärkte selbst etwa nur nach § 330c StGB haftet.

2. Eine in anderer Weise geleistete aktive Beihilfe zum Unterlassungsdelikt wird vielfach als nicht denkbar angesehen[47]. Das beruht auf der Annahme, jemand müsse notwendig die Tatherrschaft haben, wenn er allein vorsätzlich den Erfolg verursache. Doch stimmt das nicht in allen Fällen, wie ein Beispiel Armin Kaufmanns[48] zeigt: „A hatte sich entschlossen, einen Verbrechensplan rechtzeitig anzuzeigen und einen Brief mit entsprechendem Inhalt bereits zur Post gebracht. Da ihn sein Entschluß reut, will er den Brief zurück haben. Hierzu bedient er sich des B, den er einweiht, und läßt von ihm den Brief zurückholen". Das wäre eine durch positives Tun geleistete Beihilfe zum Unterlassungsdelikt des § 138 StGB; gleichzeitig wäre allerdings der B wohl selbst als Unterlassungstäter nach dieser Vorschrift zu bestrafen. Entsprechendes gilt für alle anderen Fälle, in denen sich jemand beim Rücktritt vom Gebotserfüllungsversuch von einem anderen helfen läßt.

Armin Kaufmann meint konsequent, das dogmatische Schicksal derartiger Konstellationen könne kein anderes sein als das der „Abstiftung":

---

[44] Vgl. nur Maurach, A. T., 2. Aufl., § 52 II, A, 2, a, S. 544
[45] Unterlassungsdelikte, S. 195, Anm. 249 a
[46] Lehrb., 7. Aufl., S. 182/83
[47] Vgl. Grünwald, Das unechte Unterlassungsdelikt, S. 124; vgl. auch Perten, Die Beihilfe zum Verbrechen, S. 119, Anm. 215
[48] Unterlassungsdelikte, S. 195, Anm. 249 a

Wenn also der Verbrechensplan einen Totschlag betraf, so wäre der B als unmittelbarer Begehungstäter gemäß § 212 StGB anzusehen. Gegen diese Lösung sprechen neben allen schon oben angeführten Argumenten hier noch zwei weitere grundlegende Bedenken:

a) Erstens wird der Widerspruch zum Tatherrschaftsprinzip noch deutlicher; denn während bei der „Abstiftung" nur ein nicht tatherrschaftsbegründendes Unterlassen die Haupttat bildet, haben hier eindeutig andere, nämlich die Totschläger, das Geschehen aktiv in der Hand. Wenn man in einem solchen Fall den B zum Begehungstäter macht, so werden alle objektiven Unterschiede der Beteiligungsformen gänzlich nivelliert, und die Täterschaft wird zu einem als Lückenbüßer fungierenden „sekundären" Begriff[49]. Weil jemand als Gehilfe nicht erfaßt werden kann, wird er zum Täter erklärt: Daß ein solches Verfahren mit den Grundsätzen der Täterlehre unvereinbar ist, braucht hier nicht wiederholt zu werden.

b) Zweitens müßte, wie mir scheint, auch der A selbst, wenn er seine eigene Verbrechensanzeige zurückholt, nach der hier abgelehnten Lehre folgerichtig als unmittelbarer Begehungstäter bestraft werden. Denn die von ihm durch seine Rücktrittsaktivität gesetzte Erfolgsbedingung verdient keine andere Beurteilung als die bei B vorliegende Kausalität. Diese Konsequenz zieht jedoch Kaufmann nicht[50]. Er betrachtet den Fall zutreffend als einen Rücktritt vom beendeten Versuch der Erfolgsabwendung, der zur Unterlassungsstrafe führt. Dann darf aber für B nichts anderes gelten: Er leistet Beihilfe zu diesem Rücktritt und darf deshalb auch nur wegen Beihilfe zur Unterlassungstat bestraft werden.

---

[49] Vgl. oben S. 26–30
[50] Vgl. Unterlassungsdelikte, S. 108

Elftes Kapitel

Problem, System und Kodifikation in der Täterlehre

§ 40. Gedanken zu einem System der Täterlehre

I. Zusammenfassung der Ergebnisse

Wenn wir am Ende unseres Weges zurückschauen und die Ergebnisse, die wir für die Täterlehre gewonnen haben, in kurzen Sätzen zusammenfassen, so ergibt sich folgendes Bild:

1.) Der Täter ist die Zentralgestalt des konkreten Handlungsgeschehens.

2.) Die Zentralgestalt wird durch die Merkmale der Tatherrschaft, der Sonderpflichtverletzung oder der Eigenhändigkeit gekennzeichnet.

3.) Die Tatherrschaft, die bei den vorsätzlichen Begehungsdelikten den allgemeinen Täterbegriff bestimmt, tritt in den Erscheinungsformen der Handlungsherrschaft, der Willensherrschaft und der funktionellen Tatherrschaft auf.

4.) Die Handlungsherrschaft besteht in der eigenhändig-finalen Tatbestandsverwirklichung.

5.) Die Willensherrschaft, die der mittelbaren Täterschaft entspricht, gliedert sich in die Gestaltungsweisen der dem Verantwortungsprinzip folgenden Willensherrschaft kraft Nötigung, der vierstufigen Willensherrschaft kraft Irrtums und der Willensherrschaft kraft organisatorischer Machtapparate.

6.) Die funktionelle Tatherrschaft, die den Leitgedanken der Mittäterschaft inhaltlich ausdrückt, stellt sich als arbeitsteilige Mitwirkung im Ausführungsstadium dar.

7.) Das Kriterium der Sonderpflichtverletzung ist für die Täterschaft maßgebend bei den Begehungs-Pflichtdelikten, bei Unterlassungsverbrechen und bei fahrlässigen Straftaten.

8.) Die mittelbare Täterschaft bei Pflichtdelikten wird dadurch charakterisiert, daß ein Pflichtiger den tatbestandsmäßigen Erfolg durch die Person eines Nichtpflichtigen bewirkt.

9.) Die Mittäterschaft bei Pflichtdelikten erscheint als gemeinsame Verletzung einer gemeinsamen Sonderpflicht.

10.) Eigenhändige Straftaten finden sich im geltenden Recht als täterstrafrechtliche Delikte und als verhaltensgebundene Delikte ohne Rechtsgüterverletzung.

528

11.) Die Teilnahme ist ein gegenüber der Täterschaft sekundärer Begriff. Sie ist deshalb als herrschaftslose, sonderpflichtlose und nichteigenhändige Mitwirkung zu kennzeichnen.

12.) Eine Teilnahme an einer ohne Tatbestandsfinalität begangenen Haupttat ist bei eigenhändigen Verbrechen prinzipiell ausgeschlossen, bei Pflichtdelikten prinzipiell möglich und bei Herrschaftsdelikten auf die irrige Annahme tatherrschaftsbegründender Umstände in der Person des unmittelbar Ausführenden beschränkt.

Diese leitsatzartige Zusammenfassung, die das Gerippe unserer Darstellung natürlich nur in den gröbsten Umrissen wiedergibt und von der mannigfach differenzierten Entfaltung der Grundgedanken im konkreten Rechtsstoff keine Vorstellung vermittelt, würde sich schematisch etwa so darstellen lassen:

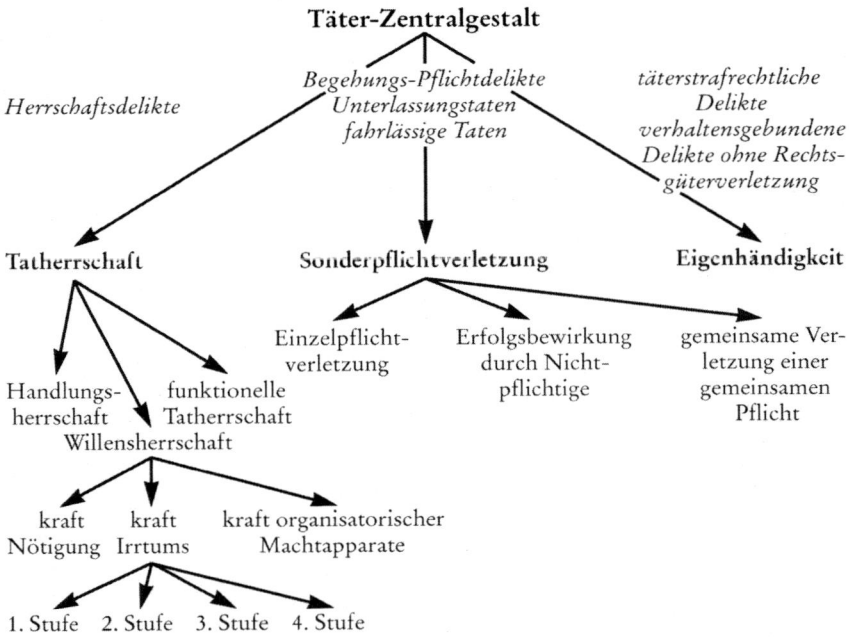

II. Zur Dialektik des Täterbegriffs

Thesenartige und schematische Übersichten, wie wir sie vorstehend gegeben haben, sind aber nicht nur wegen ihrer relativen Inhaltsarmut unbefriedigend, sondern vor allem deshalb, weil sie den im Laufe unserer Darstellung schon wiederholt abgewehrten Eindruck begünstigen, als handele es sich bei den verschiedenen Erscheinungsformen der Täterschaft um Deduktionen aus einem abstrakten Oberbegriff. In Wirklichkeit ist das Kriterium der „Zentralgestalt", von dem wir ausgegangen sind und dessen inhaltlichen Reichtum wir nun ganz übersehen können, ein durchaus dialektischer, „konkreter" Begriff, der sich als „Einheit unterschiedener Bestimmungen"[1] von den herkömmlicherweise im Strafrecht verwendeten Begriffen abhebt. Deshalb sei es gestattet, das noch etwas näher auszuführen:

1.) Das Merkmal der „Zentralgestalt", mit dem wir angefangen sind, ist zunächst ein ganz leerer, inhaltloser Begriff, aus dem sich keinerlei positiv-inhaltliche Bestimmungen der Täterschaft ableiten lassen. So, wie in der Hegelschen Logik das „reine Sein" als „reine Abstraktion" mit dem Nichts identisch ist und erst im Fortgang durch die Reihe der Erscheinungen, im „Werden", Inhalt gewinnt, so erhält der Begriff der Zentralgestalt erst beim Durchschreiten des Rechtsstoffes durch die ständig zunehmende Fülle seiner Ausprägungen allmählich Form und Inhalt.

Die Methode, die wir dabei angewendet haben, ist dialektisch in dem Sinne, wie ihn etwa Nicolai Hartmann[2] vortrefflich kennzeichnet mit den Worten: „Dialektik ist nicht Deduktion. Sie ist anschmiegendes Entlang-wandern an der gegliederten und vielfach verschlungenen Struktur des Gegenstandes"[3]. Der Täterbegriff kann dabei nicht von vornherein fest-liegen, sondern er muß sich am Rechtsstoff Schritt für Schritt „entfalten", derart, daß jede einzelne seiner Erscheinungsformen, weit entfernt, sich als bloße „Anwendung" eines vorgegebenen Prinzips oder als Ergebnis einer Subsumtion unter einen Oberbegriff darzustellen, ihn inhaltlich erweitert und bereichert. Es „fügt jedes Prädikat ihm ein neues Merkmal ein"[4].

Erst wenn man die ganze Reihe der Gestaltungen und den gesamten Rechtsstoff einschließlich der Unterlassungs- und Fahrlässigkeitsdelikte durchschritten hat, kann man bei einem solchen Verfahren wissen, was die Täterschaft und die Zentralgestalt *sind*. Vorher sieht man immer nur einzelne Erscheinungsformen, die zwar täterschaftsbegründend wirken, aber niemals absolut gesetzt werden dürfen, sondern sich nur als „Momente" am Gesamt-begriff darstellen. „Das Wahre ist das ganze"[5]. Und dieses ganze erkennen wir immer erst am Ende des Weges, der wie ein sich schließender Kreis zum Anfang zurückkehrt und uns die Zentralgestalt, die zunächst nur als regula-tive Leerform vor uns stand und sich dann in ihre Ausprägungen verlor, schließlich „als eine in bestimmter Vielfalt differenzierte Einheit"[6] wieder vor Augen stellt.

2.) Der Begriff der Täterschaft ist aber auch insofern dialektischer Art, als er sich durch Gegensätze hindurch entfaltet. Das ist aus dem Gang unserer Untersuchung deutlich erkennbar. Die Handlungsherrschaft ist

---

[1] Hegel, Enzyklopädie, § 82, 2
[2] Die Philosophie des deutschen Idealismus, S. 384/85
[3] Die immer noch weit verbreitete Auffassung, daß es sich beim dialektischen Verfahren um eine gedankliche Konstruktionen handele, ist also durchaus verkehrt. Vgl. auch N. Hartmann, a. a. O. S. 385: „Es ist das Falscheste des Falschen, Hegels Dialektik für Ableitung zu nehmen. Ebensogut könnte man die beschreibende Zoologie Ableitung nennen. Unverkennbar dagegen ist der deskriptive Zug in der Dialektik."
[4] wie N. Hartmann a. a. O. S. 388 – natürlich ohne allen Bezug auf unser spezielles Thema – sagt.
[5] Hegel, Phänomenologie des Geistes, Vorrede, S. 21 (Philosophische Bibliothek, 6. Aufl., 1952)
[6] Bloch, Subjekt-Objekt. Erläuterungen zu Hegel. Erweiterte Ausgabe 1962, S. 127

nicht dasselbe wie die Willensherrschaft, sondern steht ihr antithetisch gegenüber. Während im ersten Fall die selbständige Verwirklichung der Tatbestandshandlung vorausgesetzt wird, beruht der zweite auf dem Fehlen dieses Kriteriums. Beide Formen treten aber gleichermaßen in Opposition zur funktionellen Tatherrschaft. Die in sich gegensätzlich strukturierte Tatherrschaft findet andererseits als ganze ebenfalls ihren Widerpart im Kriterium der Sonderpflichtverletzung, und zu beiden tritt das Merkmal der Eigenhändigkeit als weiterer Gegensatz hinzu.

Diese dialektische Struktur läßt sich bis in die Verästelungen des Täterbegriffs hinein verfolgen. Die Willensherrschaft etwa, die ihrerseits nur als Teilmoment eines Teilmoments (nämlich der Tatherrschaft als Erscheinungsform der Zentralgestalt) auftritt, legt sich doch selbst wieder in drei Gestaltungsweisen auseinander, die alle Gegensätze bilden: Bei der Nötigungsherrschaft handelt das Werkzeug gezwungen, aber sehend, bei der Irrtumsherrschaft ist der Ausführende umgekehrt frei, aber getäuscht; und bei der Organisationsherrschaft schließlich führt der Mittler im Gegensatz zu beiden anderen Formen die Tat frei und sehend aus, während das Merkmal der Fungibilität die Antithese bildet. Noch bei der Irrtumsherrschaft stehen die einzelnen Stufen wieder insoweit gegensätzlich zueinander, als die höhere immer gerade die Kenntnis dessen voraussetzt, was auf der nächstniederen Stufe unbekannt ist.

Auf diese Weise erhebt sich die Täterlehre durch immer neue Gegensätze hindurch zu immer höheren Synthesen. Irrtumsherrschaft, Nötigungsherrschaft und Organisationsherrschaft schließen sich zusammen zum Begriff der Willensherrschaft, der alle drei mitsamt ihren Gegensätzen in sich aufnimmt. Auf der nächsten Stufe finden sich Willensherrschaft, Handlungsherrschaft und funktionelle Herrschaft in ihrem spannungsreichen Gegeneinander wieder im gemeinsamen Begriff der Tatherrschaft. Und auch dieser Begriff wird mit den ihm entgegengesetzten Kriterien der Pflichtverletzung und der Eigenhändigkeit überwölbt vom Merkmal der Zentralgestalt. Dabei werden durch immer umfassendere Synthesen die jeweils einzelnen Momente der Täterschaft in der klassischen Bedeutung des Wortes „aufgehoben", und zwar in der dreifachen Weise des Erhebens, des Negierens und des Bewahrens: Die Synthese hebt sie auf eine höhere Stufe (1), negiert sie in ihrer Absolutheit (2) und bewahrt sie als Teile des Ganzen (3).

So stellt sich die Zentralgestalt als Inbegriff sämtlicher Momente der Täterschaft dar, als eine Synthese, in der „nichts vernichtet wird, sondern alles so zueinander und gegeneinander ‚gefügt' wird, daß es zusammen bestehen kann. Sie nimmt in aller Form das Widersprechende in sich auf, A und non-A koexistieren in ihr"[7]. „Das Ganze ist nicht Summe, auch nicht abstrakte Allgemeinheit, sondern eine selbst bis ins letzte durchgegliederte Mannigfaltigkeit, und jedes Detail in ihm ist wesentlich"[8]. Diese Verbindung von Einheit und Differenziertheit ermöglicht es, der Täterlehre

---

[7] N. Hartmann a. a. O. S. 398
[8] N. Hartmann a. a. O. S. 403

Geschlossenheit und Inhaltsfülle gleichermaßen zu vermitteln und der dürren Abstraktheit ebenso wie der Zersplitterung in disparate Einzelheiten zu entgehen.

3.) Einen Täterbegriff dieser Art kann man, wenn man im Rahmen der Hegelschen Terminologie bleiben will, mit Recht einen „konkreten" Begriff nennen. Dabei ist das „Konkrete" durchaus wörtlich im Sinne des lateinischen „concrescere" und im Gegensatz zur abstrakten Allgemeinheit gewöhnlicher Gattungsbegriffe als etwas aus unterschiedlichen Bestimmungen zur Ganzheit Zusammengewachsenes zu verstehen[9].

Die praktische Bedeutung solcher Begriffe liegt vornehmlich darin, daß es nur mit ihrer Hilfe möglich ist, die in der Dogmenhistorie fast unvermeidlich und gerade in der Täterlehre besonders verwirrend auftretende Vielzahl scheinbar unvereinbarer Theorien und Gesichtspunkte in ihrem Zusammenhang und gegenseitigen Verhältnis zu verstehen, ihre Einseitigkeit klarzumachen und die komplexe Spannweite des Begriffs in den Blick zu bekommen. Das Kriterium der Zentralgestalt faßt ja nicht nur die Teilaspekte der Täterschaft gewissermaßen „horizontal" zur Einheit zusammen, sondern es bietet, wie wir in beschränkterer Weise schon früher am Merkmal der „Tatherrschaft" sahen[10], gleichzeitig eine „vertikale" Synthese aller in der Dogmengeschichte aufgetretenen Teilnahmetheorien, die sämtlich etwas Richtiges enthalten und nur dadurch falsch werden, daß sie ihre begrenzten Einsichten absolut setzen. Darüber hinaus ist es auf diese Weise möglich, auch in methodologischer Hinsicht die für ein abstraktes Denken unüberbrückbaren Gegensätze von „ontologischer" und „teleologischer" Betrachtungsweise, von deskriptiver und normativer Begriffsbildung und ähnliche Dualismen zu überwinden, ohne die wirklich vorhandenen Unterschiede deshalb einzuebnen.

In diesem Sinne trifft auch für die Täterlehre zu, was Nicolai Hartmann allgemein über die Dialektik konkreter Begriffe sagt. Sie „schaut nicht punktuell, nicht auf den künstlich ausgegrenzten Sonderinhalt, sondern auf weite Inhaltszusammenhänge. Sie schaut konspektiv ... Deswegen muß sie ... den Zusammenhängen folgen, dasselbe von vielen Seiten als ein Verschiedenes und in sich Gegensätzliches sehen lernen und diese Mannigfaltigkeit in ihm nicht nur gelten lassen, sondern auch begrifflich zu bewältigen suchen"[11]. Daß sich dabei die Täterschaft am Rechtsstoff wandelt und daß „jeder Schritt Umprägung und Neuprägung des Begriffs"[12] verlangt, hat sich im Fortgang unserer Untersuchung zur Genüge gezeigt.

---

[9] Man vergleiche hierzu auch die Ausführungen, die Larenz am Schluß seiner „Juristischen Methodenlehre" (S. 353 ff.) über die „Sinnentfaltung durch den konkret-allgemeinen Begriff in der Rechtsphilosophie" macht. Hier finden sich überhaupt manche vergleichbaren Gedankengänge. Freilich meint Larenz, es handele sich dabei mehr um rechtsphilosophische als um rechtsdogmatische Aufgaben.

[10] Vgl. oben S. 322–326

[11] a. a. O. S. 384

[12] a. a. O. S. 386

III. Dogmatische Folgerungen

Ist nun mit einer solchen Terminologie von Dialektik, Negation, Konkretion und Synthese für die Dogmatik etwas gewonnen? Wir haben sie im Laufe unserer Erörterungen nicht benötigt. Die Ergebnisse, zu denen wir gekommen sind, stehen deshalb unabhängig davon für sich selbst. Freilich zeigt sich daran nur, daß mit dem Fortschreiten an den Zusammenhängen der Regelungsmaterie die Methode sich von selbst ergibt, daß sie also nichts von außen Hinzugefügtes ist, sondern in den Strukturen der Sache liegt. Durch ihre Bewußtmachung treten aber einige für die Dogmatik und Systematik der Teilnahmelehre wesentliche Gesichtspunkte in ein schärferes Licht, und deshalb lohnt es sich, diese Fragen unter einem solchen Aspekt etwas näher zu betrachten:

1.) Die zwei Hauptfehler der Teilnahmedogmatik

Wenn man einmal die These akzeptiert, daß nur ein „konkreter" Begriff im oben erläuterten Sinne der Mannigfaltigkeit der Erscheinungen und ihrem Zusammenhang gerecht werden kann, dann sieht man sehr deutlich, warum die beiden häufigsten gehandhabten Verfahrensweisen, die in der Verwendung abstrakter oder fixierter Begriffe bestehen, unzureichend sind.

Der abstrakte Begriff, wie er einem unbestimmten Tatherrschaftskriterium, dem Rekurs auf eine undifferenzierte „Ganzheitsbetrachtung" und der in der Judikatur immer wieder hervortretenden Verweisung auf die Wertung des Einzelfalles zugrundeliegt, ist zwar umfassend genug, um die Inhaltsfülle der Erscheinungen in sich aufnehmen zu können, aber er bleibt mehr oder minder unentwickelt bei der vagen Allgemeinheit des Anfanges stehen und scheut sich, von hier aus zu den konkreten Gestaltungen der Täterschaft herabzusteigen. Das beruht gewiß zum Teil auf der richtigen Einsicht, durch inhaltliche Bestimmungen dieser und jener Art die Vielgestaltigkeit der Materie nicht erfassen zu können. Aber in der voreiligen Resignation, die sich im Verharren bei der leeren Allgemeinheit ausdrückt, liegt doch vom wissenschaftlichen Standpunkt aus auch eine Ermüdungserscheinung, ein Ausweichen vor der „Anstrengung des Begriffs", die eine Durchdringung der vielschichtigen Materie nun einmal voraussetzt.

Darin liegt letzten Endes auch das Hauptgebrechen der subjektiven Theorie, wenn man sie so versteht, wie sie in der Praxis verwendet wird. Das Merkmal des „Täterwillens", das in der Rechtsprechung immer weniger als psychische Realität und immer mehr als generalklauselartige Leerformel für unzählige objektive und subjektive Täterschaftsindizien verstanden wird, kennzeichnet einen unentfalteten, gleichsam „embryonalen" Begriff ohne feste Struktur. Man weiß weder, wie viele „Indizien" es gibt noch welchen Rangwert sie haben. Daher kommt es auch, daß die Ergebnisse in der Rechtsprechung eine gewisse Beliebigkeit erhalten und daß die

Teilnahmelehre mehr und mehr in den gesetzesfreien Raum individueller richterlicher „Wertung" gerät.

Der entgegengesetzte Mangel zeigt sich bei den die Täterschaft definitorisch exakt begrenzenden formal- und materiell-objektiven Theorien. Hier findet sich zwar die Einsicht, daß es notwendig ist, zu konkreten Bestimmungen vorzudringen, aber diese Erkenntnis paart sich mit einer gewissen Blindheit für den Inhaltsreichtum des Begriffs. Man erfaßt einen Aspekt richtig und nimmt ihn für das ganze. Der Sprung von den Höhen der abstrakten Allgemeinheit zur konkreten Inhaltlichkeit wird zwar gewagt, aber auch hier bleibt man nach den ersten Schritten wieder stehen und meint irrigerweise, nun sei das Land durchquert und der Weg zu Ende. Man verliert also vom beschränkten Detail her den Überblick. Darin zeigt sich dieselbe Ermüdungserscheinung wie bei den Vertretern des abstrahierenden Verfahrens, die von der weiteren Sicht ihres höheren Standpunktes aus nicht einmal einen Anfang machen mögen, weil sie von vornherein daran verzweifeln, je ans Ziel zu kommen.

Der abstrakte und der fixierte Begriff sind also, wenn wir im Bilde bleiben wollen, gleichermaßen „kurzatmig", und daran hat unsere Teilnahmelehre stets gelitten. Selbst die Tatherrschaftstheorie, die in der Durchdringung des Gesamtkomplexes sicherlich am weitesten gekommen ist, beschränkt sich in ihrem Kreise und muß die Pflichtdelikte und die eigenhändigen Verbrechen ebenso wie den ganzen Bereich der Unterlassungs- und Fahrlässigkeitstaten entweder auf das Prokrustesbett ihrer hier nicht passenden Kategorien pressen oder als terra incognita außerhalb ihrer Grenzen lassen.

2.) Der „Widerstand der Sache" als Kriterium inhaltlicher Richtigkeit

Die Problematik juristischer Begriffsbildung in der Teilnahmelehre läßt sich vielleicht durch einen anderen Gesichtspunkt noch weiter erhellen. Bollnow hat in einer neueren Arbeit[13] darzutun versucht, daß sich im Bereich der Geisteswissenschaften der „Widerstand der Sache" gewissermaßen als Probierstein für die Richtigkeit einer Erkenntnis verwenden lasse. Wo sich alles „reibungslos" unter eine „glatte, durchgehende" Theorie füge, wo „sich der an einem Beispiel gefundene Ansatz ohne weiteres auch auf das andere übertragen" lasse, da müsse man auf der Hut sein. Wo dagegen der Widerstand der Sache zur verstärkten Anstrengung zwinge, da sei man sicher, den Kontakt mit der Wirklichkeit noch nicht verloren zu haben[14].

Ich meine, daß diese Worte auch für die Strafrechtsdogmatik und insbesondere für die Teilnahmelehre Gültigkeit haben. Der Vorzug eines die

---

[13] über „Die Objektivität der Geisteswissenschaften und die Frage nach dem Wesen der Wahrheit", in: Zeitschr. f. philosophische Forschung, 1962, Heft 1; jetzt wieder abgedruckt in der Essaysammlung „Maß und Vermessenheit des Menscher", 1962, S. 131–159

[14] a. a. O. S. 146/47

unterschiedlichen Bestimmungen in sich aufbewahrenden „konkreten"
Täterbegriffs besteht gerade darin, daß er sich auf die immer neue Arbeit am
Detail der jeweiligen Sachgegebenheiten einlassen muß und nicht wider-
standslos darüber hinweggleiten darf. Aus dem Laufe unserer Untersuchung
ergibt sich, wie das gemeint ist: Was etwa für die mittelbare Täterschaft im
Falle des § 52 StGB erarbeitet wird, enthebt uns nicht der Mühe, den Betei-
ligungsverhältnissen bei § 54 StGB, beim übergesetzlichen entschuldigenden
Notstand usw. gesondert nachzugehen. Was für die Irrtumsherrschaft bei
Delikten gilt, muß deshalb bei Selbstschädigungen noch nicht genauso sein.
Unterlassungsdelikte bieten andere Schwierigkeiten als Begehungstaten, die
Problemlage bei einem Tatbestand ist verschieden von der des zweiten. Die
dadurch gewährleistete „Fühlunghabe mit der Sache"[15] gestattet dem denk-
willigen Beurteiler die genaue Nachprüfung der einzelnen Lösungen und
Argumente, die Widerlegung von Irrtümern und die fruchtbare Weiterarbeit
im einzelnen.

Genau umgekehrt verhält es sich aber, wenn man den Täterbegriff in
der vielfach geübten Weise „fixiert" oder „abstrahiert". Man nimmt z.B.,
wie es bei den formelhaft festgelegten materiell-objektiven Theorien der
Fall ist, irgendeine besondere Art der Verursachung und wendet das aus
ihr sich ergebende Schema der Beteiligungsverhältnisse ohne weiteres
Hinsehen überall an, so wie ein Maler das Tapetenmuster über die einheitlich farblose Wand rollt. Hier kann natürlich von einem „Widerstand der
Sache" nicht mehr die Rede sein. Daß dementsprechend auch die Ergebnisse unrichtig werden, hat die Übersicht am Anfang unserer Arbeit zur
Genüge gezeigt.

Nicht anders ist es bei der Abstraktion. Es liegt in ihrem Wesen, die jeweiligen Besonderheiten des Gegenstandes auszuklammern und sich an das allen
Gemeinsame zu halten. Dadurch wird der „Widerstand der Sache" überwunden, aber in der unrichtigen Weise, daß man von ihr absieht. Das beste
Beispiel dafür ist der extensive Täterbegriff, bei dem schließlich vom Inhaltsreichtum der Regelungsmaterie nur noch die bloße Verursachung übrig
bleibt. Man kann klar erkennen, wie sich dieses Verfahren von der Art der
oben entwickelten Synthesen abhebt. Während dort die unterschiedlich
strukturierten Momente der Täterschaft im Ganzen des Begriffs erhalten
bleiben, verschwinden sie hier im Einerlei des immer gleichen Kausalzusammenhanges. Das ist keine Bewältigung, sondern eine bequeme Ignorierung der Gegensätze.

Ganz ähnlich steht es mit der Verwendung der inhaltsleeren Animus-
Formel, der „intuitiven Ganzheitsbetrachtung" und anderen in der Praxis
beliebten Methoden. Einen unspezifizierten „Täterwillen" und irgendein
„Interesse" am Erfolg kann man bei jeder Deliktsart und jeder Verhaltensweise annehmen und ablehnen, ohne auf die Struktur des zu beurteilenden
Sachverhaltes eingehen zu müssen. Auch hier fehlt also der „Widerstand
der Sache", und daher mußte es geradezu zwangsläufig so kommen, daß

---

[15] Nicolai Hartmann a. a. O. S. 385

der animus auctoris zu einem bloßen Etikett wurde, dem in der Realität nichts mehr entspricht. In der Konsequenz eines solchen Ansatzes liegt es dann auch, daß die Lösung der Einzelfälle praktisch unkontrollierbar wird, daß die „richterliche Wertung des Einzelfalles" sich vor die objektiven Maßstäbe schiebt, daß – wie aus berufenem Munde wiederholt betont worden ist – irrationale Gefühlsurteile durch scheintheoretische Rechtfertigungen verdeckt werden[16] und daß die Teilnahmelehre bis jetzt „das dunkelste und verworrenste Kapitel der deutschen Strafrechtswissenschaft"[17] geblieben ist. Auch in der neueren Rechtsprechung sind ja diese Tendenzen immer noch sehr wirksam. Dabei liegen die Schwierigkeiten überhaupt nicht in der Sache, sondern allein darin, daß man irrigerweise wähnt, von ihr und ihrem Widerstand absehen zu dürfen.

3.) Herausarbeitung statt Nivellierung der Gegensätze

Die „Einheit der Bestimmungen in ihrer Entgegensetzung"[18], die dem hier befürworteten „konkreten" Täterbegriff entspricht, zeichnet sich durch die besondere Akzentuierung eines weiteren Gesichtspunktes aus, der in der Teilnahmedogmatik meist vernachlässigt wird: nämlich durch die exakte Herausarbeitung der Strukturunterschiede, die in den einzelnen Täterschaftsformen obwalten. Die verbreitete Tendenz zur vereinheitlichenden Abstraktion oder zur gleichmäßigen Verwendung eines beschränkten Einzelkriteriums steht dem diametral entgegen und erweist sich als Quelle zahlreicher Fehler und Unklarheiten.

Das läßt sich durch wahllos herausgegriffene Beispiele leicht belegen: So hat man immer wieder versucht, entweder darzutun, daß die mittelbare Täterschaft genau dasselbe sei wie eine unmittelbare Tatausführung, oder man hat die Existenz einer solchen Täterschaftsform überhaupt geleugnet. Dabei ist die Identifizierung genauso verhängnisvoll wie die Leugnung: Denn die Gleichsetzung kann sich nur auf die Kausalität gründen und muß zu einem extensiven Täterbegriff führen, der Anstiftung und Beihilfe in sich aufnimmt und von den einzelnen Formen der Willensherrschaft nichts mehr erkennen läßt.

In ähnlicher Weise bemüht man sich bis heute, die Mittäterschaft als einen Fall der mittelbaren Täterschaft hinzustellen. Es ist im Laufe unserer Darstellung gezeigt worden, daß man durch diese Einebnung des Unterschiedenen keiner der beiden Beteiligungsformen gerecht wird und sich das Verständnis für die Struktur der funktionellen Tatherrschaft und der Willensherrschaft verbaut. Durch diese Gleichbehandlung des Differenzierten gleitet man mit seinen Bestimmungen in eine ungenaue Allgemeinheit ab, die alle exakten Lösungen verwischt. Entsprechendes zeigt sich bei der mangelnden Präzisierung der abweichenden Strukturen von Nöti-

---

[16] Vgl. dazu mit Nachweisen oben S. 110/111, 118
[17] Vgl. dazu oben S. 1
[18] Hegel, Encyklopädie, § 82

gungs- und Irrtumsherrschaft. Wir haben gesehen, wie die unrichtige Ablehnung einer Willensherrschaft kraft Irrtums bei den Konstellationen der vierten Tatherrschaftsstufe, bei Verwendung von Jugendlichen, Geisteskranken und in ähnlichen Fällen immer wieder auf dem von der Nötigungsherrschaft entlehnten Argument beruhte, daß der Handelnde „frei" sei und einen selbständigen Willen entfalten könne – was für die besondere Struktur der Irrtumsherrschaft ganz unerheblich ist.

Noch deutlicher erweist sich das bei den Pflichtstraftaten. Die Unterschiede gegenüber den Herrschaftsdelikten treten in den Schwierigkeiten, die sie der Teilnahmelehre bereiten, klar zu Tage. Trotzdem versucht man – obwohl das nie gelingen kann – die Identität von Herrschaft und Pflicht zu begründen, mit der Folge, daß die Probleme des qualifikationslosen dolosen Werkzeuges verkannt werden und die Akzessorietätsverhältnisse undurchschaubar bleiben. Dasselbe gilt, wenn man die Abweichungen in den Strukturen von Begehung und Unterlassung übersieht und beide Deliktsformen dem Tatherrschaftskriterium unterwerfen will. Entsprechend steht es bei den Fahrlässigkeitstaten; und nicht anders ist der Versuch zu beurteilen, die Existenz der eigenhändigen Delikte, wenn man mit ihren Besonderheiten nicht fertig werden kann, einfach zu leugnen.

Man braucht diese Beispiele nicht weiter zu vermehren, um zu erkennen, daß die ungewöhnliche Häufigkeit, mit der ein und derselbe Fehler bei den verschiedensten Autoren und Gegenständen auftritt, nur darauf beruhen kann, daß ganz allgemein das Problembewußtsein in diesem Punkt noch fehlt. Es widerstrebt eben dem herkömmlichen Verfahren juristischer Begriffsbildung, solche der Abstraktion und Fixierung hinderlichen Differenzierungen zur Kenntnis zu nehmen. Es bedarf des dialektischen Vorgehens, um den Sinn im „Scharfmachen alles Widerstreitenden" zu erkennen und sich der Anforderung zu stellen, „das Widersprechende in eins zu begreifen"[19].

Daß jedoch in der Teilnahmelehre nur auf diesem Wege weiterzukommen ist und daß es sich lohnt, dieser Frage auch in methodologischer Hinsicht einmal nähere Aufmerksamkeit zu widmen, soll die vorliegende Arbeit zeigen. Es erweist sich hier, daß in dem alten Spruch „bene iudicat, qui bene distinguit" mehr Weisheit steckt, als man manchmal glaubt.

IV. Problem und System in der Täterlehre

Wenn wir zum Schluß versuchen, unsere überschauenden Betrachtungen auf einen noch etwas höheren Standpunkt zu erheben, so kann man die Frage aufwerfen, ob sich aus ihnen für die Schlichtung des neuerdings aktuell gewordenen Streites über den Vorrang von Problem- oder Systemdenken nicht einiges entnehmen läßt. Die damit angerührte Kontroverse ist zu vielschichtig, als daß sie sich im Vorübergehen erledigen ließe. Wir

---

[19] N. Hartmann, a. a. O. S. 396, 395

müssen uns deshalb im Rahmen dieser Arbeit ohne Auseinandersetzung mit der Literatur und den weiteren Aspekten des Themas auf einige Hinweise für die Täterlehre beschränken.

Danach darf man sagen, daß die dialektische Entfaltung eines konkreten Begriffs, die unser beschreibendes Verfahren kennzeichnet, sich auch in dieser Hinsicht als eine den Dualismus beider Methoden überwindende Synthese darstellt.

1.) Dem Problemdenken wird sein volles Recht zuteil, insofern als jede Lebenserscheinung ohne dogmatische Befangenheit neu und selbständig zu bearbeiten und nach den ihr innewohnenden Strukturen zu behandeln ist. Das ist im Laufe der Darstellung so oft gezeigt und durch die Betonung des „Widerstandes der Sache" und der positiven Bedeutung der Gegensätze auch theoretisch umschrieben worden, daß es jetzt keiner weiteren Ausführung bedarf. Durch diese Einstellung auf die jeweiligen konkreten Sachprobleme werden alle Nachteile vermieden, die man dem Systemdenken mit Recht zum Vorwurf machen kann: Sämtliche Ableitungen, die eine oder die andere sachlich erörternswerte Lösung wegen ihrer vorgeblichen „begrifflichen Unmöglichkeit" von vornherein ausschalten, entfallen. Auch systematische Folgerungen können nicht auf rein konstruktivem Wege zu praktischen Ergebnissen für die Täterlehre ausgemünzt werden: Das „Wesen" der Handlung, die Abgrenzung von Vorsatz und bewußter Fahrlässigkeit, die Irrtumslehre, die systematische Einordnung dieser und jener Verbrechenselemente stellen ihre jeweils eigenen Probleme, aus denen sich aber für die Abgrenzung von Täterschaft und Teilnahme unmittelbar nichts entnehmen läßt. Dadurch wird die Teilnahmelehre von vielen theoretischen Fragen entlastet, die den Blick vom konkreten Sachverhalt ablenken und zur Klärung der jeweiligen Beteiligungsverhältnisse nichts beitragen.

2.) Andererseits kommt aber auch das relative Recht systematischen Denkens in einer solchen Täterlehre uneingeschränkt zur Geltung. Denn es ist ja bei der von uns verfolgten Methode nicht so, daß die Täterlehre in eine Vielzahl zusammenhangloser Einzelresultate auseinanderfiele. Der Gefahr, daß die Abgrenzung von Täterschaft und Teilnahme sich von objektiven Maßstäben löst und einer eklektischen Kasuistik anheimfällt, ist, wie mehrfach dargelegt wurde, das abstrahierende Vorgehen weit eher ausgesetzt, weil es keine Fühlung mit der Sache hat und deshalb alles der schwankenden „richterlichen Wertung des Einzelfalles" überlassen muß. Wenn man dagegen den Phänomenen beschreibend nachgeht, ergibt es sich ganz von selbst, daß die zwischen ihnen obwaltenden Zusammenhänge sich von Schritt zu Schritt immer deutlicher enthüllen und zum Schluß ein aus der Sache gewonnenes System erkennen lassen, das den Rechtsstoff als eine sinnvoll gegliederte Einheit begreift. Die Möglichkeit, die Ergebnisse unserer Arbeit in thesenartigen Leitsätzen und schematischen Übersichten zusammenzufassen, zeigt, daß ein auf diese Weise sich zusammenfügendes System klar, verständlich und praktisch anwendbar bleibt.

Es verdient freilich weiteres Nachdenken, warum das so ist. Wenn man gewohnt ist, eine Systematik durch deduktive begriffliche Verknüpfungen herzustellen, ist nicht sogleich verständlich, woher es kommt, daß auch die nicht in dieser Weise konstruktiv eingeengten Sachgehalte sich zu Synthesen zusammenschließen lassen und der Einheit nicht widerstreben. Könnte nicht, so mag man fragen, sich ebensogut ein aller Ordnung spottendes Chaos ergeben, das die ganze Methode ad absurdum führen würde? Man braucht jedoch nicht auf metaphysische Thesen von der Vernünftigkeit alles Wirklichen zurückzugreifen, um zu verstehen, warum auch bei einem induktiven, ohne vorgefaßtes System beginnenden, die Erscheinungen einzeln durchgehenden Verfahren am Ende ein sinnvoll gegliederter Zusammenhang entsteht.

Denn der „Gegenstand", an dem wir uns zu orientieren haben, ist ja nicht die nackte Faktizität, sondern ein rechtlich schon durchgeprägtes Material. Die Pflichtdelikte, die Nötigungsfälle, die eigenhändigen Verbrechen usw. tragen in sich schon Strukturen, die aus dem Ineinanderwirken vorgegebener sozialer Sinngehalte und gesetzgeberischer Zwecksetzungen entstanden sind. Dazu treten aus der Täterlehre selbst oberste Leitlinien, wie wir sie am Anfang als mehrfach geschichtete Synthese von Sinnerfassung und teleologischer Begriffsformung erarbeitet haben. Wenn man das bedenkt, so wird begreiflich, daß die Gesichtspunkte, unter denen man im Bereich der Täterlehre die Lebenserscheinungen vernünftigerweise betrachten kann, ebenso beschränkt sind wie die Differenzierungen, die der Rechtsstoff ohne Verzerrung zuläßt. Es ist hier so wie bei allen Rechtsmaterien, bei denen die Orientierung in der Vielfalt widersprechender Stimmen verloren zu gehen droht: In Wahrheit sind die Sachprobleme und die „Topoi", die zu ihrer Lösung herangezogen werden können, durchaus begrenzt. Eben deshalb ist es möglich, zu Ergebnissen zu kommen, die mit dem Anspruch der „Richtigkeit" auftreten können und denen eine gewisse, oben[20] näher erläuterte Überpositivität innewohnt. Sonst wäre ja auch die dogmatische Arbeit eine bloße Begriffsspielerei, und jede der beliebig zahlreichen Theorien müßte gleich richtig oder falsch sein.

3.) Wir haben demnach eine Methode vor uns, bei der die Errungenschaften des Problem- und des Systemdenkens gleichermaßen erhalten bleiben. Dabei ist das System der Täterlehre insofern „offen", als kein geschlossener Ableitungszusammenhang und kein logisch-begrifflicher numerus clausus die Verarbeitung neuer Erscheinungen hindern. Es handelt sich ja nur um eine den Strukturen der Materie nachgehende Phänomenologie der Täterschaftsformen, und es liegt in der Natur solcher Unternehmungen, daß bei allem Bemühen um eine vollständige Ausleuchtung des Rechtsstoffes diese oder jene Erscheinung sich dem Blick des Betrachters entzieht. So, wie wir etwa mit den Pflichtdelikten, den verschiedenen Stufen der Irrtumsherrschaft und der Organisationsherrschaft bislang unbeachtete Täterkriterien in das System einbezogen und andere präzisiert haben, muß es mit übersehenen und später noch aufzudeckenden Gegebenheiten auch geschehen; von der näheren Ausarbeitung und den

---

[20] Vgl. S. 447 ff.

unvermeidlichen Korrekturen in Detailfragen ganz abgesehen. Nur wenn sie sich diesen Möglichkeiten offenhält, kann eine Täterlehre die Elastizität bewahren, die sie mit der ständig fortschreitenden Entwicklung Schritt halten läßt und eine doktrinäre Erstarrung verhindert.

4.) Ob und inwieweit sich aus diesen Einsichten über den hier behandelten Teilabschnitt hinaus auch für die Systematik der Verbrechenslehre im ganzen Gewinn ziehen läßt, kann hier nicht weiter verfolgt werden. Immerhin läßt sich sagen, daß konkrete Begriffe der geschilderten Art überall dort Erfolge versprechen, wo es um Rechtsfiguren geht, die am gesamten Rechtsstoff auftreten können. Das gilt nicht nur für Täterschaft und Teilnahme, sondern auch etwa für den Handlungsbegriff, der sich auf diese Weise aus seinem unfruchtbaren Dasein als „blutleeres Gespenst" erlösen ließe. Oder, um ein praktisch noch wichtigeres Beispiel zu nennen: Man könnte durch ein solches Verfahren die Garantenposition bei den Unterlassungsdelikten, deren Erscheinungsformen in ihrer bisherigen Gestalt auf historischen Zufälligkeiten beruhen, sehr viel umfassender und folgerichtiger aus den auch hier aufweisbaren Strukturen der Regelungsmaterie entwickeln.

Genau fixierte Begriffe im Sinne der herkömmlichen Definitionstechnik sind dagegen immer dann am Platze, wenn begrenzte Wirklichkeitsausschnitte nach den Anforderungen des nulla-poena-Satzes umschrieben werden sollen. Was ein „Gebäude", ein „umschlossener Raum", eine „Urkunde" usw. sind, das ist durch deskriptive Formeln mit allenfalls auflockernden normativen Einschlägen subsumtionsgerecht zu kennzeichnen. Es ist aber auch ein fundamentaler Unterschied, ob es darum geht, etwa den Begriff des „Menschen" im Sinne des § 212 StGB oder den Begriff des für sämtliche Tatbestände und Verhaltensweisen maßgebenden Täters zu bestimmen. Wenn sich diese Erkenntnis durchsetzt, müßten die Suche nach einer glatten Täterformel und die Meinung, mit einem Terminus wie dem des „Täterwillens" eine Lösung gefunden zu haben, schon aus diesem Grunde aufgegeben werden.

§ 41. Zur Kodifikation der Täterlehre

I. Unser geltendes Strafgesetzbuch widmet der Täterschaft nur eine einzige Bestimmung, § 47, der die Mittäterschaft durch die Umschreibung kennzeichnet, daß „mehrere eine strafbare Handlung gemeinschaftlich ausführen". Über die Einzeltäterschaft und die mittelbare Täterschaft äußert sich das Gesetz nicht. Der Entwurf 1962, das bisher letzte Ergebnis der Reformbemühungen, enthält über die Täterschaft wiederum nur eine einzige Norm. Sie lautet:

§ 29. Täterschaft

I. Als Täter wird bestraft, wer die Straftat selbst oder durch einen anderen begeht.

II. Begehen mehrere die Tat gemeinschaftlich, so wird jeder als Täter bestraft (Mittäter).

Der Gesetzgeber begnügt sich also damit, die Rechtsfiguren der unmittelbaren, der mittelbaren und der Mit-Täterschaft als verschiedene Erscheinungen der Täterschaft anzuerkennen und durch einen Hinweis auf die Besonderheiten der Begehung (selbst, durch einen anderen, gemeinschaftlich) in andeutender Form zu charakterisieren. Von einer näheren Ausfüllung dieser Begriffe sieht der Entwurf dagegen ab. In der Begründung heißt es ausdrücklich, § 29 verzichte auf eine „in sich abgeschlossene und erschöpfende Begriffsbestimmung des Täters. Die Vorschrift ergibt erst im Verein mit den jeweiligen Tatbeständen des Besonderen Teils, wer Täter ist und sein kann"[1]. Warum der Gesetzgeber so verfahren will, wird nicht gesagt. Nur bei der mittelbaren Täterschaft heißt es, daß „verschiedene Fragen ... noch der Klärung durch die Wissenschaft bedürfen und der Rechtsentwicklung insoweit nicht vorgegriffen werden sollte."

II. Diese Zurückhaltung verdient Beifall. Wie gefährlich es ist, detailliertere Angaben über die einzelnen Formen der Täterschaft in das Gesetz aufnehmen zu wollen, zeigen mehrere in den letzten Jahren unternommene Versuche, den Bestand gesicherter Erkenntnisse kodifikatorisch einzufangen.

1.) So sagt z. B. § 28 Abs. 2 des Entwurfs 1958, der im wesentlichen den Vorschlägen von Gallas entspricht[2], über die mittelbare Täterschaft: „Als Täter wird auch bestraft, wer vorsätzlich die Straftat durch einen anderen ausführt, der ohne Vorsatz oder trotz Vorsatzes schuldlos handelt oder bei dem nicht die besonderen persönlichen Eigenschaften, Verhältnisse oder Umstände (besondere persönliche Merkmale) oder besondere Absichten vorliegen, welche die Strafbarkeit begründen."

Durch diese sprachlich recht umständliche Fassung sollen die Irrtums- und Nötigungssituationen sowie die Fälle des qualifikations- und absichtslosen dolosen „Werkzeuges" als die allein in Frage kommenden Formen mittelbarer Täterschaft erfaßt werden. Doch sind dagegen vielerlei Einwände zu erheben: Die Konstellationen, bei denen der Tatmittler vorsätzlich *und* schuldhaft handelt, also die Fälle der zweiten, dritten und vierten Tatherrschaftsstufe mit ihren besonderen Erscheinungsformen (error in persona, Risikoirrtum, schuldhafter Verbotsirrtum usw.), werden völlig übersehen; desgleichen die Organisationsherrschaft. Die besonderen Verhältnisse bei bewußt fahrlässigem Handeln des Ausführenden bleiben unbeachtet. Das Täterkriterium der Pflichtdelikte wird durch den Hinweis auf die „besonderen persönlichen Eigenschaften, Verhältnisse oder Umstände" nur sehr ungenau und eher verdunkelnd charakterisiert. Die Nennung der Absichtsdelikte, die keine eigene Form mittelbarer Täterschaft begründen, ist nicht gerechtfertigt. Außerdem wird dadurch wieder möglich gemacht, was gerade verhindert werden soll: die Annahme mittelbarer Täterschaft bei bloßem „Tatherrschaftswillen" des Hintermannes

---

[1] hier und im folgenden S. 149 der Begründung
[2] Vgl. Niederschriften, Bd. 2, Anhang Nr. 14, Umdruck R 29

trotz voller Verantwortlichkeit des Ausführenden. Denn wenn man schon einmal mit der augenblicklichen Rechtsprechung den „Willen, die Tat als eigene zu begehen", zum Täterschaftskriterium erhebt, liegt es sehr nahe, sein Fehlen beim unmittelbar Handelnden als täterschaftsausschließend und sein Vorhandensein beim Außenstehenden als eine in solchen Fällen strafbegründende „besondere Absicht" aufzufassen.

Man sieht, daß eine derartige Gesetzesformulierung der Entwicklung der Täterlehre nicht förderlich wäre: Soweit sie richtig ist, entspricht sie der allgemeinen Ansicht, die auch ohne eine solche Festlegung gelten würde; wo sie sich aber auf umstrittenes Terrain begibt, würde sie die Durchsetzung der zutreffenden Auffassung eher verhindern.

2.) Sax, der den Entwurf 1958 ebenfalls lebhaft kritisiert[3], setzt an die Stelle der dort aufgenommenen Fassung eigene Vorschläge, die folgendermaßen lauten[4]:

§ a. Täterschaft

„Als Täter wird bestraft, wer die Straftat ausführt".

§ b. Mittelbare Täterschaft

„Führt jemand seine Straftat durch einen anderen aus, dessen Handeln er bewußt beherrscht, so ist er mittelbarer Täter."

§ c. Mittäterschaft

„Führen mehrere ihre Straftat in arbeitsteiligem Zusammenwirken aus und beherrscht jeder das Handeln der anderen bewußt mit, so sind sie Mittäter."

Dabei soll § a als „umfassende Ausgangsbestimmung" alle Formen der Täterschaft umgreifen, während die §§ b und c die Kriterien angeben sollen, „die es beim mittelbaren Täter und Mittäter zu sagen gestatten, auch er habe die Straftat ausgeführt"[5]. In Kürze läßt sich dazu folgendes vorbringen:

Eine Formulierung, wie sie in § a gewählt wird, ist gewiß inhaltlich nicht anzufechten. Aber der Grund dafür liegt nur darin, daß sie eine Sachaussage nicht enthält. Denn „Ausführen" bedeutet hier ja nicht „Selbsttun", sondern „Täter sein". Auch bei einer nur „geistigen Unterstützung", die Sax für eine Mittäterschaft ausreichen lassen will[6], ist der äußerlich völlig inaktive Hintermann nach seiner Terminologie ein „Ausführender". Ob das ein glücklicher Sprachgebrauch ist, erscheint mir zweifelhaft, wenn man bedenkt, daß herkömmlicherweise gerade zwischen

[3] Vgl. ZStW, Bd. 69, 1957, S. 430 ff.
[4] a. a. O. S. 435/36
[5] a. a. O. S. 435
[6] a. a. O. S. 434/35

Vorbereitung und Ausführung unterschieden wird, so daß es zu Mißverständnissen führen kann, wenn man einen vorbereitenden Täter (der nach der hier vertretenen Meinung ohnehin nicht anzuerkennen ist) als „Ausführenden" bezeichnet.

Aber wie dem auch sei: Über die terminologische Bedeutung führt § a jedenfalls kaum hinaus, weil völlig offen bleibt, was unter dem „Ausführenden" zu verstehen ist. Dabei soll nicht verkannt werden, daß dieser Begriff im Sinne einer zutreffenden restriktiven Täterkonzeption ein tatbestandsspezifisches Verhalten als täterschaftsbegründend charakterisieren soll. Doch eine solche Erkenntnis gehört wohl eher in ein Lehrbuch, weil sie nur eine Methode zur Ermittlung der Täterschaft und keine praktischen Ergebnisse angibt.

§ b, der die mittelbare Täterschaft umschreibt, vermeidet zwar die Klippen einer erschöpfend exemplifizierenden Aufzählung; aber dafür bleibt er beim unbestimmten Begriff des „Beherrschens" stehen, den man mangels näherer Angaben mit ziemlich beliebigem Inhalt füllen kann. Da Sax auch bei der nur geistigen und vorbereitenden Mitwirkung an der Tat eines verantwortlich Handelnden generell eine „Beherrschung" für möglich hält, zeigt sich schon bei ihm, daß dieser Begriff seine Signifikanz verliert und nicht mehr besagt als etwa der „Täterwille". Hinzu kommt, daß Sax die Fälle des qualifikationslosen und des absichtslosen dolosen „Werkzeuges" ebenso als Situationen des Beherrschtwerdens ansieht und damit denselben Irrtümern verfällt, die dem Entwurf 1958 zugrundeliegen. Die Formulierung des Entwurfs 1962, der nur vom Begehen der Tat „durch einen anderen" spricht, enthält demgegenüber inhaltlich nicht weniger und ist sachlich richtiger.

§ c schließlich interpretiert die Mittäterschaft im Sinne einer oben abgelehnten Auffassung als „wechselseitige mittelbare Täterschaft"[7]. Auch wenn man sich dieser Ablehnung nicht anschließen und die weitgehende Gleichsetzung beider Täterschaftsformen für richtig halten wollte, muß man sich doch fragen, ob es Aufgabe des Gesetzgebers ist, eine solche, keineswegs herrschende Meinung zu kodifizieren; zumal da auch dieses Problem vorwiegend theoretischer Art ist und bei der Unbestimmtheit des hier verwendeten Herrschaftsbegriffes praktisch alle Ergebnisse offen bleiben. Der Hinweis auf das „arbeitsteilige Zusammenwirken" trifft zwar etwas Richtiges, aber im Rahmen des § c führt er zu Unklarheiten. Denn wenn Sax eine Arbeitsteilung auch in dem Fall annehmen will, daß „der eine die äußere Tathandlung allein ausführt und der Tatgenosse sie nur geistig unterstützt"[7], verflüchtigt sich dieser doch wohl auf den Handlungsablauf zu beziehende Begriff so weit, daß nicht mehr zu sehen ist, welche Mitwirkung denn eigentlich *keine* Arbeitsteilung bedeuten soll. Außerdem wird auch nicht recht plausibel, warum es auf diese „Arbeitsteilung" überhaupt noch ankommen soll, wenn der eine den anderen nach Art der mittelbaren Täterschaft beherrscht, was doch gemäß § b ohnehin schon zur Begründung der Täterschaft ausreichen müßte.

---

[7] a. a. O. S. 434

Aus all diesen Erwägungen glaube ich nicht, daß es empfehlenswert wäre, die Vorschläge von Sax zur Grundlage einer Kodifikation zu machen.

III. Auf weitere Beispiele und namentlich auf die Erörterung der zahlreichen früheren Entwürfe soll verzichtet werden, weil sich die Stellungnahme zu ihnen aus den Ergebnissen der Arbeit ablesen läßt. Die Konzeption der von uns entwickelten Täterlehre macht gleichzeitig erkennbar, warum es so schwierig ist, eine Gesetzesfassung zu finden, die den Gegebenheiten der Materie gerecht wird und dem Richter bei der Fall-Lösung helfen kann. Schwalm hat bei den Beratungen der Strafrechtskommission einmal ganz richtig gesagt[8], daß die „Grenzen gesetzgeberischer Verankerung im Wesen der Sache selbst liegen". Denn ein konkreter Begriff, wie er dem Rechtsstoff allein angemessen ist, läßt sich ohne Verkürzung seines Sachgehaltes schwer in Gesetzesparagraphen zwängen. Eine „in sich abgeschlossene und erschöpfende Begriffsbestimmung", von der auch die Entwurfsbegründung spricht, ist hier jedenfalls nicht möglich. Leicht zu handhabende definitorische Formeln, wie sie einem fixierten Täterbegriff entsprechen würden, oder eine Generalklausel, in die sich ein unbestimmter Täterbegriff einfangen ließe, kommen den gewohnten Methoden der Gesetzestechnik weit mehr entgegen. Ein Begriff dagegen, der ein ganzes, vielfältig gegliedertes System der Täterlehre in sich enthält, bedarf, wenn er auf Detailfragen antworten soll, einer beschreibenden Ausbreitung, die einem Lehrbuch besser zu Gesicht steht als einem Gesetz.

Angesichts dieser Problematik hat es einen guten Sinn, wenn man die Erscheinungsformen der Täterschaft andeutend kennzeichnet und im übrigen auf eine „Festlegung" des Täterbegriffs verzichtet, die seine an den Regelungsgegenständen orientierte Entfaltung durch Rechtsprechung und Wissenschaft nur behindern könnte. Der Entwurf 1962, der in dieser Weise verfährt, zeugt deshalb von einer bemerkenswerten Sacheinsicht. Der naheliegende Einwand, daß ein solches Vorgehen den gesetzlichen Bestimmtheitsanforderungen nicht entspreche, schlägt in diesem Falle nicht durch. Denn anders als bei einer Generalklausel, die alles weitere dem Richter überläßt, verweist der Entwurf, wenn man ihn richtig interpretiert, auf die jeweils einzelnen Formen der mittelbaren Täterschaft, der Mittäterschaft usw., ohne sagen zu wollen, daß sie der Präzisierung unzugänglich seien und ihre Ausfüllung einer individuellen Wertung anheimgegeben werden müsse.

Freilich hülfe das nicht viel weiter, sofern das Gesetz es bei diesen Andeutungen bewenden ließe. Aber so ist es, wenn man sich den hier vorgetragenen methodischen Prinzipien anschließt, in Wahrheit nicht. Denn die Merkmale der Täterschaft ergeben sich dann nicht aus dem für sie vorgesehenen § 28 allein, sondern erst aus dem Zusammenwirken dieser Norm mit den in den Tatbeständen des Besonderen Teils angelegten Strukturen, die Pflichtdelikte, Herrschaftsstraftaten, eigenhändige Verbrechen usw. deutlich genug hervortreten lassen und der eindringenden Betrachtung

---

[8] Niederschriften, Bd. 2, S. 92

durchaus präzise Ergebnisse vermitteln. Der Täterbegriff bleibt, wenn man ihn so versteht, also auch in seinen Einzelheiten nicht eigentlich unkodifiziert. Er widerstrebt nur der Abstraktion wie der einseitigen Festlegung – und das ist kein Mangel, sondern ein in der Natur der Sache begründeter Vorzug.

IV. Aus alledem darf man jedoch nicht folgern, daß es ausgeschlossen wäre, die Erscheinungsformen der Täterschaft auch im Allgemeinen Teil durch genauere Angaben zu umschreiben. Der geeignete Weg dafür ist der, daß man die Synthesen, zu denen sich die Ausgliederungen der Zentralgestalt zusammenschließen, in ihren für die Rechtsanwendung wesentlichsten Ergebnissen möglichst prägnant in Paragraphen formuliert. Freilich darf man, wenn man über unbestimmte Allgemeinheiten hinauskommen will, eine gewisse kodifikatorische Breite nicht scheuen. Dann ließe sich auf der Grundlage der hier entwickelten Lösungen etwa sagen:

§ a. Unmittelbare Täterschaft

Unmittelbarer Täter ist, wer die Tatbestandshandlung selbst ausführt.

§ b. Mittelbare Täterschaft

I. Mittelbarer Täter ist, wer die Tatbestandsverwirklichung beherrscht, indem er
1) den unmittelbar Handelnden in schuldausschließender Weise nötigt oder seine auf anderen Gründen beruhende Willensunfreiheit ausnutzt;
2) unter Erregung oder Ausnutzung eines Irrtums die Tatbestandshandlung über den Willen des unmittelbar Ausführenden hinweg sinngestaltend lenkt;
3) im Rahmen organisatorischer Machtapparate sich eines ihm unterstellten Organs zur Deliktsverwirklichung bedient.

II. Bei Straftaten, deren Täterschaft durch die Verletzung einer Sonderpflicht begründet wird (Pflichtdelikte), ist mittelbarer Täter, wer den tatbestandsmäßigen Erfolg durch die Person eines Nichtpflichtigen bewirkt.

§ c. Mittäterschaft

I. Mittäter ist, wer auf Grund arbeitsteiligen Zusammenwirkens im Ausführungsstadium einen nicht unwesentlichen Tatbeitrag leistet.

II. Bei Pflichtdelikten ist Mittäter, wer durch die gemeinsame Verletzung einer gemeinsamen Pflicht zur Tatbestandsverwirklichung beiträgt.

Man wird zugeben müssen, daß eine solche (in der Formulierung sicher noch verbesserungsfähige) gesetzliche Regelung dem Richter recht präzise Grundsätze für die Bestimmung der Täterschaft an die Hand geben würde. Gewiß bedürften auch die hier verwendeten Begriffe noch weiterer Entfaltung, aber diese Notwendigkeit läßt sich in keiner Weise umgehen. Es wäre auch – je nach den Plänen des Gesetzgebers – sehr wohl möglich, eine solche Umschreibung der Täterformen noch zu erweitern, indem man etwa die Wesensart der eigenhändigen Delikte im Allgemeinen Teil charakterisierte oder die einzelnen Stufen der Irrtumsherrschaft des näheren entwickelte. Andererseits könnte man ebenso den Umfang der oben versuchsweise vorgeschlagenen Kodifikation einschränken, indem man beispielsweise auf eine Darlegung der verschiedenen Formen der Willensherrschaft verzichtete.

Welche von diesen denkbaren Verfahrensweisen der Gesetzgeber wählen soll, steht in seinem Ermessen. Da die Ergebnisse unserer Arbeit nicht allgemein anerkannt sind, kann ihre ausdrückliche Aufnahme in ein Gesetz praktisch vorerst kaum in Frage kommen, so daß die Regelung des Entwurfs 1962, die für die weitere wissenschaftliche Entwicklung der Materie Raum läßt, jedenfalls in der gegenwärtigen Situation den Vorzug verdient. Aber auch wenn es anders wäre, könnte man Zweifel haben, ob detailliertere Kodifikationen in diesem Bereich zweckmäßig sind. Sie erleichtern dem Richter die Handhabung des Gesetzes, aber sie erschweren die Überwindung von Irrtümern und die Berücksichtigung neuer Erkenntnisse. Vieles spricht dafür, daß der Gesetzgeber dem Rechnung tragen sollte. Denn ein gutes Gesetz dauert in der Zeit. Die Wissenschaft aber schreitet fort, und ihre Arbeit wird nie zu Ende sein.

Zwölftes Kapitel

Schlußteil 2006
Zum neuesten Stand der Lehre
von Täterschaft und Teilnahme

§ 42. Die Entwicklung von Täterschaft
und Teilnahme in der Gesetzgebung

Der neue Allgemeine Teil des StGB, der am 1.1.1975 in Kraft getreten ist, hat auch der Lehre von Täterschaft und Teilnahme in den §§ 25–31 StGB eine neue gesetzliche Grundlage gegeben. Inhaltlich sind im Bereich der Abgrenzung von Täterschaft und Teilnahme nur zwei erheblichere – in ihrer Tragweite allerdings schon heute sehr umstrittene – Änderungen (oder genauer: Konkretisierungen) zu verzeichnen. Die erste stützt die in diesem Buch vertretene Tatherrschaftslehre, indem sie der subjektiven Teilnahmetheorie in einem entscheidenden Punkt die Grundlage entzieht; die zweite widerspricht der hier verfochtenen These, daß auch eine Teilnahme an unvorsätzlicher Tat möglich sei. Daraus ergibt sich im einzelnen Folgendes:

A. Die eigenhändige Tatbestandsverwirklichung

Der neue § 25 StGB lautet:
  (1) Als Täter wird bestraft, wer die Tat selbst oder durch einen anderen begeht.
  (2) Begehen mehrere die Tat gemeinschaftlich, so wird jeder als Täter bestraft (Mittäter).

Damit werden die drei Täterschaftsformen der Alleintäterschaft, der mittelbaren Täterschaft und der Mittäterschaft, wie sie auch dieser Darstellung zugrunde liegen, gesetzlich festgelegt; bisher war dies nur für die Mittäterschaft (§ 47 a. F.) geschehen. Die Fassung entspricht wörtlich dem Gesetzesvorschlag, den der E 1962 (§ 29) und der Alternativentwurf (§ 27) enthalten hatten und der schon in der Erst- und Zweitauflage dieser Monographie (vgl. dort S. 590 ff.) befürwortet worden war.

Dieser Gesetzestext ist, soweit er die mittelbare Täterschaft und die Mittäterschaft betrifft, mit allen Lehren zu vereinbaren, die diese beiden Formen der Täterschaft überhaupt anerkennen.[1] Dagegen wird unter dem neuen Gesetz stets als unmittelbarer Täter bestraft werden müssen, wer die Tat eigenhändig und schuldhaft ausführt, sie also im Sinne des Gesetzeswortlautes „selbst begeht". Einer der folgenschwersten Konsequenzen der subjektiven Teilnahmetheorie, die gerade in den Jahren vor 1975 die Rechtsprechung wieder in besonderem Maße beherrscht hat, daß nämlich der in eigener Person die Tat Ausführende bei fehlendem „Täterwillen" gleichwohl nur Gehilfe sei, ist danach vom Gesetzgeber eine endgültige Absage erteilt worden.

Auch die im Schrifttum ganz überwiegende Meinung geht heute davon aus, daß derjenige, der den Tatbestand eigenhändig verwirkliche, stets Täter sei.[2] Diese Meinung hat sich inzwischen auch in der Rechtsprechung durchgesetzt. Das OLG Stuttgart[3] hat schon 1978 ausgesprochen: „Wer alle objektiven und subjektiven Merkmale eines Tatbestandes in eigener Person verwirklicht, ist nicht Gehilfe, sondern Täter." Zahlreiche neuere Urteile haben diese Auffassung auch in der höchstrichterlichen Rechtsprechung zur Geltung gebracht.[4] Ob für „extreme Ausnahmefälle" etwas anderes gelten könnte, lassen die Entscheidungen dahinstehen. Da derartige Fälle bisher nicht vorgekommen und auch nicht recht vorstellbar sind, ändert der halbe Vorbehalt aber nichts am praktischen Ergebnis.

Demgegenüber ist in der Literatur die Täterschaft des den Tatbestand eigenhändig Verwirklichenden immer noch nicht völlig unumstritten. So

---

[1] Eine Auffassung, wie sie zuletzt noch Lampe (ZStW 77 (1965), 262 ff.) vertreten hat, derzufolge die mittelbare Täterschaft in der Anstiftung aufgehen soll, ist also nunmehr nicht länger vertretbar.

[2] Blei, AT[18], 1983, 251; Bloy, Zurechnungstypus, 1985, 96 f.; Bockelmann/Volk, AT[4], 1987, 175; Cramer, Bockelmann-Festschrift, 1979, 392; Ebert, AT[3], 2001, 189; Eser, StrafR II[3], 1980, Fall 37, Rn. 13; Freund, AT, 1998, § 10, Rn. 40; Gropp, AT[3], 2005, § 10, Rn. 32; Haft, AT[9], 2004, 200; Herzberg, Täterschaft und Teilnahme, 1977, 5 f.; ders., ZStW 99 (1987), 52 f.; Hoyer, SK[7], 2000, § 25, Rn. 7; Hünerfeld, ZStW 99 (1987), 233; Jakobs, AT[2], 1991, 21/36; Jescheck, SchwZSt 1975, 31; Jescheck/Weigend, AT[5], 1996, 652; Joecks, MK, 2003, § 25, Rn. 32; Kindhäuser, AT, 2005, § 38, Rn. 39 f.; Köhler, AT, 1997, 505; Krey, AT/2[2], 2005, § 27, Rn. 94 f.; Kühl, AT[5], 2005, § 20, Rn. 22 f.; Küpper, GA 1986, 444; Maiwald, ZStW 88 (1976), 729; Roxin, LK[11], 1993, § 25, Rn. 33, 47 ff.; Sch/Sch/Cramer/Heine[26], 2001, vor § 25, Rn. 75; Samson, StrafR I[7], 1988, Fall 39, 214; Stratenwerth/Kuhlen, AT[5], 2004, § 12, Rn. 14, 28; Tröndle/Fischer[53], 2006, vor § 25, Rn. 4; Wessels/Beulke, AT[35], 2005, § 13, Rn. 515.

[3] NJW 1978, 715.

[4] BGH NStZ 1987, 224 f.; BGHSt 38, 315; BGH NStZ 1993, 138. Näher zu diesen Entscheidungen unten Nr. 27, S. 600, Nr. 64.18, S. 636 f. und Nr. 64.20, S. 638. Zuletzt BGHR StGB § 25 I, Begehung, eigenhändige 3: „Wer aber, vorsätzlich handelnd, sämtliche Tatbestandsmerkmale einer Straftat in eigener Person erfüllt, ist Täter ... Er kann sich nicht auf fehlenden Täterwillen oder darauf berufen, daß er nur einem anderen behilflich sein sollte ... Ob in ‚extremen Ausnahmefällen' etwas anderes gilt ..., kann hier dahinstehen." Sodann BGHR BtMG § 29 I Nr. 1, Einfuhr 34: „... ist grundsätzlich Täter, wer den Tatbestand mit eigener Hand erfüllt, auch wenn er es unter dem Einfluß und in Gegenwart eines anderen nur in dessen Interesse tut ..." Ferner BGH wistra 1999, 24: „... wer selbst in vollem Umfang tatbestandsmäßig handelt, ist Täter ..., mag er auch ganz oder überwiegend im Interesse eines anderen handeln ..."; BGH NStZ-RR 2000, 22: „Wer Betäubungsmittel ... über die Grenze verbringt, ist, da er alle Tatbestandsmerkmale in seiner Person verwirklicht, grundsätzlich auch dann Täter der unerlaubten Einfuhr, wenn er nur unter dem Einfluß und in Gegenwart des Mittäters in dessen Interesse handelt. Nichts anderes gilt, wenn er dabei aus Gefälligkeit handelt."

548

halten Baumann/Weber/Mitsch[5] als die nahezu letzten wissenschaftlichen Vertreter der subjektiven Theorie[6] unerschüttert daran fest, daß „eine generelle Annahme von Täterschaft bei ‚voller eigenhändiger‘ Tatbestandserfüllung nicht erfolgen kann". Und Lackner[7] versuchte sogar aus den Gesetzesmaterialien die Ansicht abzuleiten, daß das Problem nach wie vor offen sei.[8] Es sei nämlich „in den Beratungen des Sonderausschusses ... die volle Gleichsetzung des Begriffs der Tatbegehung mit dem der Tatausführung in Frage gestellt und der Rspr. die Prüfung der Frage vorbehalten worden, ob nicht auch bei eigenhändiger Verwirklichung aller Tatbestandsmerkmale Extremfälle – z. B. Tötungen im Rahmen von Erschießungskommandos – denkbar sind, in denen die Annahme von Täterschaft der Rolle des Beteiligten nicht gerecht wird (vgl. Prot. V, 1825). Der Streit um die Abgrenzung von Täterschaft und Teilnahme ist deshalb auch durch den neuen Abs.1 nicht notwendig gegen die subjektive Lehre entschieden." Davon ist Kühl[9] jetzt deutlich abgerückt: „Gegenüber dieser klaren gesetzgeberischen Entscheidung" für die Täterschaft bei Selbstbegehung „fallen inhaltlich abweichende Beratungen des Sonderausschusses für die Strafrechtsreform nicht ins Gewicht."

Noch weitergehend als Lackner meint Schmidhäuser,[10] der „Natur der Sache" nach sei die Frage nicht durch das Gesetz zu regeln; die Annahme, aus der Wortfassung des Gesetzes („wer die Straftat selbst begeht") ergebe sich, daß beim eigenhändig die Tat Ausführenden die Bejahung einer bloßen Beihilfe unmöglich sei, bedeute einen „neuen Gesetzespositivismus". „Man würde alle Erfahrung mit der Auslegung von Gesetzen mißachten, wollte man die subjektive Theorie allein durch eine solche Gesetzesfassung als überholt bezeichnen."[11]

Später hat noch wieder Schild[12] den Gedanken entwickelt, daß eine sozial dienende Rolle des Ausführenden ihn zum Gehilfen machen könne. Der Kellner, der eine vom Koch vergiftete Mahlzeit serviert, obwohl er ihre Giftigkeit erkennt, soll nur Gehilfe sein. Täter sei er dagegen, wenn er das Gericht einer anderen als der vom Koch angegebenen Person serviere; denn

---

[5] AT[11], 2003, § 29, Rn. 43 bei und in Fn. 67; eine nähere Ausführung der Ansicht, daß das Gesetz die Frage offen gelassen habe, liefert Baumann, Jescheck-Festschrift, 1985, 108 ff.

[6] Mit dem Bemerken, daß meine aus der Neufassung des § 25 I gegen die subjektive Theorie hergeleiteten Argumente „nicht stichhaltig" seien; seit der 7. Aufl. wird noch zusätzlich vermerkt, daß auch aus dem Wörtchen „selbst" in § 25 I „keine Übernahme der objektiven Theorie hergeleitet werden" könne; vgl. dazu unten im Text.

[7] So noch Lackner/Kühl[23], 1999, § 25, Rn. 1; ähnlich Jähnke, LK[10], § 212, Rn. 6; Maurach/Gössel, AT/2[7], 1989, 47/64 und für „extreme Ausnahmefälle" auch Jescheck/Weigend, AT[5], 1996, 647.

[8] Obwohl er selbst Gegner der subjektiven Theorie war und der Tatherrschaftslehre „den Vorzug" gab (StGB[23], 1999, Rn. 6 vor § 25).

[9] Lackner/Kühl[25], 2004, § 25, Rn. 1.

[10] AT[2], 1975, 14/168, 581; auch er würde aber für die meisten Fälle eine „Abkehr" von der extrem-subjektiven Theorie begrüßen. In diesem Sinne wieder Schmidhäuser, Stree/Wessels-Festschrift, 1993, 345 bei Fn. 7.

[11] StuB[2], 1984, 328.

[12] Täterschaft als Tatherrschaft, 1994, 45 f.

damit überschreite er seine Funktion. Doch das leuchtet wenig ein.[13] Denn so oder so hat der Kellner es in der Hand, ob er jemanden zu Tode bringt und wer dies ggf. sein soll. Die Tötung eines Gastes liegt in jedem Falle weit außerhalb der sozialen Rolle eines Kellners.

Im übrigen wird man im Gegensatz zu Baumann, Lackner, Schmidhäuser und Schild die Täterschaft des Ausführenden als nunmehr gesetzlich entschieden ansehen müssen. Eindeutig ist zunächst der Wortlaut des § 25 Abs. 1. Wenn danach „als Täter ... bestraft" wird, „wer die Straftat selbst ... begeht", dann ist es mit dem Gesetz nicht zu vereinbaren, einen so Handelnden gleichwohl unter Umständen nur als Gehilfen zu bestrafen; der Wortsinn der Gesetzesfassung erlaubt nicht zu sagen, daß jemand, der vorsätzlich und eigenhändig alle Tatumstände verwirklicht, die Straftat nicht „selbst" begangen habe. Schmidhäusers Ansicht, daß die Wortfassung des Gesetzes eine andersartige Auslegung nie verhindern könne, teile ich nicht. Sie würde bedeuten, daß der Gesetzgeber nie imstande wäre, eine verbindliche Anweisung gegenüber den Umdeutungen der Interpreten durchzusetzen; das wäre mit dem Grundsatz nullum crimen sine lege nicht zu vereinbaren und würde den Vorrang des Gesetzes prinzipiell negieren.

Eindeutig im Sinne einer historischen Gesetzesauslegung ist weiter auch die Begründung des E 1962, dem die heutige Gesetzesfassung entstammt. Der Entwurf verstehe unter einem unmittelbaren Täter, heißt es dort,[14] „einen Täter, der die Straftat selbst begeht, d. h. alle Tatbestandsmerkmale in seiner Person verwirklicht ... Diese begriffliche Bestimmung macht deutlich, daß, wer die Tat selbst begeht, also z. B. in eigener Person tötet ..., stets Täter ist, und nicht etwa wegen fehlenden Täterwillens Teilnehmer sein kann, wie es in der Rechtsprechung früher bisweilen angenommen worden ist." Der schriftliche Bericht des Sonderausschusses für die Strafrechtsreform zum Entwurf des 2. StrRG,[15] das die Fassung des E 1962 übernimmt, hat (seinem sich auf die Änderungen des E 1962 beschränkenden Ergänzungscharakter entsprechend) die alte Begründung nicht wiederholt, ihr aber mit keinem Wort widersprochen, so daß sie auch für das nunmehr geltende Gesetz als gültig angesehen werden darf.

Wenn Lackner sich demgegenüber auf inhaltlich abweichende „Beratungen des Sonderausschusses" berief, so wird man sagen müssen, daß Diskussionen in einem Parlamentsausschuß, die ohne Folgen für Gesetzestext und -begründung geblieben sind, eine zweifelsfreie Entscheidung des Gesetzgebers nicht in Frage stellen können. Abgesehen davon ergeben die Protokolle der Ausschußberatungen aber auch keineswegs, daß die Täterschaft des Ausführenden nach Meinung dieses Gremiums einer „Prüfung" durch die Rechtsprechung „vorbehalten" bleiben sollte. Sturm, der in der 82. und 91. Sitzung des Sonderausschusses die Diskussion zum Thema „Täterschaft und Teilnahme" durch ein einleitendes Referat aus der Sicht des Bundesjustizministeriums

---

[13] Zu Schild kritisch Bloy, GA 1996, 243. Vgl. auch Renzikowski, Restriktiver Täterbegriff und fahrlässige Beteiligung, 1997, 23 f.
[14] Bundestagsdrucksache IV/650, 149.
[15] Bundestagsdrucksache V/4095.

eröffnete,[16] hat gerade das Problem der möglichen Gehilfenschaft des Ausführenden in den Mittelpunkt seiner Darlegungen gerückt. Das Ministerium hatte zwei Formulierungshilfen angeboten, deren erste eine Umschreibung des unmittelbaren Täters in der Formulierung des heutigen Gesetzeswortlautes („wer die Tat selbst begeht") enthielt, während die zweite auf eine Definition des unmittelbaren und des mittelbaren Täters verzichtete. Er gab dazu folgende Erläuterung:[17] „In der Tat wird man in der Definition des Täters im Entwurf 1962 und im Alternativ-Entwurf einen Hinweis des Gesetzgebers darauf sehen müssen, daß derjenige, welcher aus freien Stücken und ohne mehr als sozial üblich von einem anderen abhängig zu sein, alle Tatbestandsmerkmale selbst ausführt, Täter und nicht Teilnehmer ist. In Fällen wie dem „Badewannen-Fall" und dem „Staschynskij-Fall" wird es also bei der vorgesehenen Täterdefinition künftig wohl nicht mehr möglich sein, nur Beihilfe anzunehmen. Wer dieses Ergebnis wünscht, muß die Täterdefinition ins Gesetz aufnehmen. Wer aber, wie bisher, in diesem wichtigen Punkt der weiteren Entwicklung durch Lehre und Rechtsprechung Raum geben will, sollte auf eine Definition des Täters und des unmittelbaren Täters verzichten." Gegen Ende der Debatte bestätigte er dann noch einmal,[18] „die materielle Entscheidung, die hier zu treffen sei, beziehe sich darauf, ob der Ausschuß künftig Urteile wie im Falle Staschynskij verhindern wolle". Bei der unmittelbar anschließenden „Grundsatzabstimmung" entschied sich der Sonderausschuß dann gegen nur eine Stimme und bei der folgenden „Endabstimmung" sogar einstimmig für die Täterdefinition des geltenden Rechts, und zwar im Bewußtsein und mit dem Willen, auf diese Weise der extrem-subjektiven Teilnahmerechtsprechung künftig einen gesetzlichen Riegel vorzuschieben.

Allerdings hatte Sturm von vornherein im Gegensatz zur Begründung des E 1962 in seltenen Ausnahmesituationen (den bei Lackner erwähnten „Extremfällen") die Möglichkeit offenhalten wollen, den Ausführenden doch nur als Gehilfen zu strafen. Freilich sollten diese Fälle expressis verbis extremer liegen als selbst der „Staschynskij-Fall", so daß sie wohl kaum vorkommen werden; gleichwohl fragt man sich, wie derartige Ausnahmen begründet werden sollen. Der einzige Versuch dazu ist während der Ausschußberatungen von Dreher unternommen worden, dessen Ausführungen im Protokoll so wiedergegeben werden:[19] „Man habe mit Absicht gesagt: ,Wer die Straftat selbst begeht' und nicht: ,ausführt'. ,Begehen' sei ein normativer Begriff, der der Auslegung fähig sei. Man könne sich gewisse extreme Fälle vorstellen, wo jemand alle Tatbestandsmerkmale verwirkliche, aber doch nur Gehilfe sei. Als Beispiel erwähnt er ein Erschießungskommando, bei dem ein Vorgesetzter fünf Mann befehle, einen Menschen zu erschießen, was diese in der Zwangssituation auch täten. Die fünf Mann hätten nicht die volle Herrschaft über die

---

[16] 82. Sitzung vom 4. 10. 1967, Protokoll, 1647–1650, 91. Sitzung vom 14. 12. 1967, Protokoll, 1821–1824.
[17] A. a. O., 1823.
[18] A. a. O., 1826.
[19] A. a. O., 1825.

Tat und seien nicht die zentralen Figuren des Tathergangs; sie seien nur Werkzeuge. In einem solchen Fall ermögliche die vorgeschlagene Fassung, daß die fünf nur wegen Beihilfe bestraft werden könnten. Der Befehlende werde jedoch mindestens durch die Worte ‚oder durch einen anderen begeht' erfaßt."

Diese Deduktion ist es, die künftige Diskussionen über die Beurteilung von „Extremfällen" allein noch ermöglicht. Doch wird man der Argumentation Drehers nicht folgen können; auch der BGH ist ihr bei Beurteilung der „Mauerschützen", die trotz des Schießbefehls als Täter verurteilt worden sind, nicht gefolgt (vgl. unten S. 610 Nr. 38, S. 643, sub. 1). Richtig ist freilich, daß das Wort „begehen" insofern einen „normativen" Charakter aufweist, als es auch die nichteigenhändige Täterschaft umfaßt; andernfalls könnte es der Gesetzgeber nicht, wie er das in § 25 getan hat, ebenso zur Kennzeichnung der mittelbaren Täterschaft und der Mittäterschaft verwenden. In diesem Sinne hatte das Bundesjustizministerium schon bei seinem ersten Vorschlag aus dem Jahre 1955,[20] der dem heutigen Gesetzestext entspricht, seinen Sprachgebrauch erläutert: „Der Ausdruck ‚begehen' ist dem Ausdruck ‚ausführen' vorgezogen worden, weil dieser auf die Eigenhändigkeit hindeutet." Aber damit wird ersichtlich nur gesagt, daß das „Begehen" der Tat keine eigenhändige „Ausführung" sein muß, nicht aber, daß das „Ausführen" (also die eigenhändige Tatbestandsverwirklichung) keine täterschaftliche Begehung zu sein brauche. Daß mit demjenigen, der die Tat „selbst begeht" und nach § 25 Abs. 1 ausnahmslos Täter ist, der eigenhändig Ausführende gemeint ist, ergibt sich überhaupt nicht aus dem Begriff des „Begehens", sondern aus dem Wörtchen „selbst", das anders als im Sinne einer unmittelbar-persönlichen Tatverwirklichung nicht verstehbar ist.[21] Anders ist es auch, wie die Begründung des E 1962 zeigt, bei der Aufnahme in die Entwürfe nie verstanden worden. Da der Gesetzeswortlaut für die Annahme, daß im Falle der Selbstbegehung – sei es auch nur in Extremfällen – die Täterschaft verneint werden könnte, nicht den geringsten Spielraum läßt, ist mithin der Rechtsprechung die Möglichkeit einer solchen Interpretation verschlossen. Auch hat der Sonderausschuß nicht über eine solche Deutung, die in dieser Form allein von Dreher vorgetragen worden ist, sondern allein über die Täterdefinition des jetzt geltenden Rechtes abgestimmt, so daß eine artikulierte Meinung des Sonderausschusses zum Problem der Dreherschen „Extremfälle" nie hervorgetreten ist. Wenn Dreher[22] in seinen späteren Kommentierungen des § 25 mir darin beitritt, „daß derjenige, der sämtliche Tatbestandsmerkmale verwirklicht, stets Täter ist", so wird deutlich, daß auch er an seiner im Sonderausschuß geäußerten

---

[20] Vorschläge und Bemerkungen der Sachbearbeiter des Bundesjustizministeriums zum Thema „Täterschaft und Teilnahme", in: Niederschriften über die Sitzungen der Großen Strafrechtskommission Bd. 2, 1958, Anhang 38ff. (40); ebenso das BJM im Referat von Schwalm, Niederschriften, Bd. 2, 92.

[21] Auch Horstkotte betonte bei den Ausschußberatungen (a. a. O., 1826) „So gewinne der Ausdruck ‚selbst' ein besonderes Gewicht. Die Tragweite einer solchen Regelung ergebe sich daraus, daß hier Akzente gesetzt würden, die im Gegensatz zur derzeitigen Rspr. stünden."

[22] StGB, seit 35. Aufl. 1975, 1, A vor § 25; so auch Tröndle/Fischer[53], 2006, vor § 25, Rn. 4.

Meinung nicht mehr festhält. Um so weniger besteht Anlaß oder auch nur die Möglichkeit, sie in das Gesetz hineinzuinterpretieren.

Aber auch ein kriminalpolitisches Bedürfnis, den Ausführenden in „Extremfällen" nur wegen Beihilfe zu bestrafen, ist in Wahrheit nicht gegeben. Da auch im Sonderausschuß alle Redner darüber einig waren, daß bei Konstellationen wie dem „Badewannen-Fall"[23] oder dem „Staschynskij-Fall"[24] der unmittelbar Handelnde unter der neuen Gesetzesfassung als Täter beurteilt werden müsse, bleibt als einziger namhaft gemachter vermeintlicher Extremfall der Todesschütze des Erschießungskommandos übrig. Abgesehen davon, daß hier normalerweise nur ein (inzwischen ohnehin in fast allen Fällen verjährter) Totschlag mit dem ggf. relativ niedrigen Strafrahmen des § 213 vorliegen wird, bieten selbst bei Fehlen einer nach § 35 Abs. 1 entschuldigenden Zwangssituation die Vorschriften über den Verbotsirrtum (§ 17) und den Putativnotstand (§ 35 Abs. 2) so weitgehende Milderungsmöglichkeiten, daß daneben ein Bedürfnis nach Anwendung des herabgesetzten Beihilfestrafrahmens schlechterdings nicht besteht. Wenn aber ein Todesschütze die Rechtswidrigkeit seines Tuns erkannt und für den Fall einer Befehlsverweigerung nicht einmal subjektiv an eine Gefährdung auch nur seiner persönlichen Freiheit geglaubt hat (denn auch dieser Fall fällt unter den Wortlaut des neuen § 35), trifft ihn die Täterstrafe zu Recht. Von einer „Zwangssituation", auf die sich das Drehersche Beispiel beruft, kann dann nicht die Rede sein.

Das Ergebnis ist also: Wer die Tat eigenhändig ausführt, ist nach § 25 Abs. 1 StGB stets Täter; es besteht weder eine gesetzliche Möglichkeit noch ein kriminalpolitisches Bedürfnis, von diesem Grundsatz – sei es auch nur in „Extremfällen" – Ausnahmen anzuerkennen.

B. Teilnahme nur bei vorsätzlicher Tat

Die zweite ins Gewicht fallende Klarstellung des neuen Gesetzes besteht darin, daß §§ 26, 27 StGB Anstiftung und Beihilfe nunmehr expressis verbis nur noch bei „vorsätzlich begangener rechtswidriger Tat" zulassen. Damit hat der Gesetzgeber im Sinne der jüngeren Rechtsprechung[25] grundsätzlich dahin entschieden, daß eine Teilnahme an unvorsätzlicher Tat ausgeschlossen ist. Das widerspricht der in diesem Buch[26] und auch sonst vielfach in der Wissenschaft und in der älteren Rechtsprechung ebenso wie im Alternativentwurf vertretenen Meinung, die durch die Lösung der Teilnahme vom Erfordernis vorsätzlicher Haupttat vor allem bei Sonderdelikten eine Bestrafung des nichtqualifizierten Hintermanns ermöglicht, wenn dieser den unmittelbar

---

[23] Vgl. dazu die zahlreichen Nachweise im Register dieses Bandes.

[24] Vgl. dazu die Nachweise im Sachregister sowie die ausführliche Analyse des Falles unten Nr. 2, S. 563 ff.

[25] Seit BGHSt 9, 370 ff. Die gesetzgeberische Entscheidung ist jedoch gegen den Rat der Vertreter des Bundesjustizministeriums getroffen worden (Dreher, MDR 1976, 436).

[26] Vgl. die eingehenden Nachweise im Register unter dem Stichwort „Teilnahme an unvorsätzlicher Haupttat".

handelnden Intraneus durch eine dessen Vorsatz ausschließende Täuschung zur Herbeiführung des Tatbestandes veranlaßt hat. Die für diese Auffassung vorgetragenen Argumente sind heute so gültig wie ehedem. Auch die dogmatische und kriminalpolitische Problematik dieser umstrittensten Akzessorietätsfrage wird durch den Spruch des Gesetzgebers nicht berührt, weshalb ihre Erörterung in diesem Buche (schon im Hinblick auf weitere Reformdiskussionen) nach wie vor ihren Platz hat. Ebenso klar ist es freilich, daß wir uns der legislatorischen Entscheidung zu beugen haben, so daß nach geltendem Recht der Teilnehmer an unvorsätzlicher Tat nunmehr grundsätzlich straflos ausgeht.

Allerdings ist die neue Gesetzesfassung nicht so eindeutig, als daß ihre Auslegung nicht schon vor ihrem Inkrafttreten zu Meinungsverschiedenheiten geführt hätte.

a) Als einziger Autor vertrat Schmidhäuser[27] die Ansicht, daß die Neufassung des Gesetzes am bisherigen Rechtszustand nichts ändere, daß also nach wie vor die Strafbarkeit der Teilnahme an unvorsätzlicher Tat angenommen werden könne. Er begründet das mit der These, daß die Vorsätzlichkeit ein Schuldmoment sei, und daß nach dem in § 29 ausgesprochenen Grundsatz der limitierten Akzessorietät die Teilnahme von der Schuld des Täters (und somit auch von dessen Vorsatz) unabhängig sei. Diese Grundsatzentscheidung gehe „jeder abweichenden Einzelregelung", also auch den neuen §§ 26, 27 StGB, vor; die beiden Bestimmungen seien nicht im Sinne des Erfordernisses vorsätzlicher Haupttat, sondern „allenfalls so zu verstehen, daß als Haupttat ein gewolltes Tun vorausgesetzt wird".

Bei dieser Interpretation handelt es sich jedoch um eine Umdeutung des Gesetzes, der man nicht wird folgen können. In sämtlichen Kommissions- und Ausschußsitzungen, die seit den Zeiten der Großen Strafrechtskommission stattgefunden haben, drehte sich die Akzessorietätsdebatte so eindeutig um das Erfordernis vorsätzlicher Haupttat, daß für die Annahme, der Gesetzgeber könnte etwas anderes gemeint haben, als sich aus dem Wortsinn seiner Aussage ergibt, nicht der geringste Anhaltspunkt vorliegt. Auch der von Schmidhäuser behauptete systematische Widerspruch zwischen §§ 26, 27 und dem in § 29 ausgesprochenen Grundsatz der limitierten Akzessorietät besteht selbst dann nicht, wenn man mit Schmidhäuser den Vorsatz nicht zum Unrecht zählen, sondern als „Schuldmoment" betrachten wollte.[28] Denn wenn nach § 29 die Teilnahme von der Schuld des Täters unabhängig ist, schließt das keineswegs die Möglichkeit aus, sie von einem einzelnen Schuldmoment (der Vorsätzlichkeit der Haupttat nach §§ 26, 27) abhängig zu machen. Schmidhäusers Anregung, den Begriff der „vorsätzlichen Tat" im Sinne eines die Begehungshandlung kennzeichnenden „gewollten Tuns" zu

---

[27] AT[1], 1970, 14/87 f.; ebenso wieder in StuB[2], 1984, 10/22 ff.; in AT[2], 1975, 14/94, 97, 115, 134 hatte Schmidhäuser vorübergehend das von ihm als verfehlt angesehene Erfordernis einer vorsätzlichen Haupttat akzeptiert.

[28] Vgl. dazu schon meine Stellungnahme in ZStW 83 (1971), 398 ff.; im Sinne des Textes gegen Schmidhäuser auch Bockelmann, Gallas-Festschrift, 1973, 263, Anm. 3.

verstehen, subsumiert unter diese Bezeichnung gerade auch unvorsätzliche Taten. Das kann nicht mehr als eine mögliche Auslegung anerkannt werden.

b) Mit Recht umstreitbar ist jedoch die Frage, wie nach nunmehr geltendem Recht der Fall zu behandeln ist, daß ein Außenstehender den Sonderpflichtigen über die Voraussetzungen eines Rechtfertigungsgrundes täuscht. Als Paradebeispiel für diese Konstellation gilt der in der Rechtsprechung wiederholt behandelte Sachverhalt, daß einem Arzt durch die Vortäuschung, er sei von der Schweigepflicht entbunden, Informationen über die Krankheit eines Patienten entlockt werden.[29] Stellt man sich die Frage, ob der Hintermann wegen Anstiftung zur Geheimnisoffenbarung nach § 203 Abs. 1 Nr. 1 StGB zu bestrafen ist, wenn er einen Arzt durch die Vorspiegelung, der Patient habe zugestimmt, zur Preisgabe von Auskünften über dessen Krankheit veranlaßt, so kann man die Antwort freilich von materiellrechtlichen Entscheidungen außerhalb der Teilnahmelehre abhängig machen. Wenn man etwa die Entbindung von der Schweigepflicht (=Einwilligung in die Geheimnisoffenbarung) als tatbestandsausschließend betrachtet, ist es klar, daß eine Anstiftung ausscheidet; nimmt man andererseits einen Rechtfertigungsgrund an und vertritt gleichzeitig die strenge Schuldtheorie, für die ja auch das neue Recht noch Raum läßt,[30] so ist das Vorliegen einer Anstiftung wegen des danach eindeutig zu bejahenden Tätervorsatzes unproblematisch.

Die herrschende Meinung wird aber auch künftig in Situationen solcher Art dem Arzt einen nach der eingeschränkten Schuldtheorie die Vorsatzstrafe (und damit in der Regel die Strafbarkeit überhaupt) ausschließenden Irrtum zubilligen. Ob der Hintermann als Anstifter bestraft werden kann, entscheidet sich dann allein danach, ob der Vorsatz, den §§ 26, 27 StGB verlangen, sich auf den Tatbestandsvorsatz im engeren Sinne beschränkt oder ob er auch die Nichtannahme von Rechtfertigungsmerkmalen einschließt. Im ersten Falle ist trotz der Straflosigkeit des „Täters" eine Anstiftung möglich, im zweiten nicht. Die dadurch entstehende Problematik ist bisher vor allem von Dreher behandelt worden, der den in §§ 26, 27 StGB geforderten Vorsatz des Täters u. a. gerade deswegen im Sinne des Tatbestandsvorsatzes deutet, weil auf diese Weise eine Bestrafung des täuschenden Hintermannes als Teilnehmer ermöglicht wird.[31] Man muß dann im StGB mit einem doppelten Vorsatzbegriff arbeiten derart, daß die fälschliche Annahme von Rechtfertigungsvoraussetzungen zwar den Vorsatz im Sinne der Irrtumslehre (also nach § 16 StGB), nicht aber im Sinne der Teilnahmelehre (also nach § 26, 27 StGB) ausschließt. Da der Gesetzgeber den Vorsatz undefiniert gelassen hat, ist eine solche Auffassung gesetzlich nicht ausgeschlossen, und Dreher versteht denn auch den Irrtum über einen „Erlaubnistatbestand" so,[32] daß zwar der Vorsatz

---

[29] Vgl. BGHSt 4, 355ff.; OLG Köln, MDR 1962, 591 f.; dazu eingehend oben S. 367ff.

[30] Vgl. dazu nur meinen Beitrag in Roxin/Stree/Zipf/Jung, Einführung in das neue Strafrecht, 2. Aufl., 1975, 12ff.

[31] Vgl. nur Dreher, Heinitz-Festschrift, 1972, 222; auch im Kommentar von Dreher/Tröndle und in der heutigen Kommentierung von Tröndle/Fischer (53. Aufl., 2006, § 16, Rn. 20) ist diese Auffassung noch enthalten.

[32] So heute noch Tröndle/Fischer[53], 2006, § 16, Rn. 20.

als Tatbestandsvorsatz unberührt bleibt, der Vorsatz als Schuldform aber ausgeschlossen wird. Eine andere, aber äquivalente Konstruktion wählt Jescheck,[33] indem er beim Irrtum über Rechtfertigungsumstände grundsätzlich nicht den Vorsatz, sondern nur die Vorsatz*strafe* mit der Wirkung ausgeschlossen sieht, daß eine Teilnahme des arglistigen Hintermannes trotz der Straflosigkeit des sich gerechtfertigt glaubenden Sonderpflichtigen möglich bleibt.[34]

Beide Auffassungen kommen jedenfalls darin überein, daß die „vorsätzlich begangene rechtswidrige Tat" im Sinne der §§ 26, 27 StGB eine Handlung ist, bei der der Täter die Merkmale des objektiven Leitbildtatbestandes mit Wissen und Wollen verwirklicht; ein die Bestrafung aus dem Vorsatzdelikt hindernder Rechtfertigungsirrtum des Täters berührt also bei Pflichtdelikten die Möglichkeit einer Teilnahme des die Lage übersehenden Extraneus nicht. Dem ist trotz der konstruktiven Schwierigkeiten einer solchen Lösung aus den Gründen zuzustimmen, die schon oben[35] ausführlich vorgetragen worden sind und somit trotz des gesetzgeberischen Spruches auch für das neue Recht ihre Bedeutung behalten. Es ergibt sich also, daß bei Pflichtdelikten – bei Herrschaftsdelikten handelt es sich ohnehin um eine mittelbare Täterschaft – die Teilnahme an einer im Sinne der eingeschränkten Schuldtheorie unvorsätzlichen Tat im Bereiche der Rechtfertigungsirrtümer auch unter dem neuen Recht nach wie vor strafbar ist.

Allerdings hilft diese Notlösung gerade bei den Fällen nicht weiter, für die sie am ehesten praktische Bedeutung haben könnte: für den Fall, daß der Täter (vor allem ein über Krankheiten des Patienten sich äußernder Arzt) über die Einwilligung des Rechtsgutsträgers getäuscht wird. Denn die Einwilligung ist nach richtiger Auffassung kein Rechtfertigungs-, sondern ein Tatbestandsausschließungsgrund.[36] Der Arzt z. B., der von seiner Schweigepflicht entbunden zu sein glaubt, will keine Geheimnisse des Patienten verletzen. Ihm fehlt daher schon der auf eine tatbestandliche Rechtsgüterverletzung gerichtete Vorsatz, so daß insoweit eine Teilnahme auch dann nicht möglich ist, wenn man beim Täter nicht mehr als den Tatbestandsvorsatz verlangt. Die entscheidenden Strafbarkeitslücken bleiben also bestehen.[37]

---

[33] Vgl. nur AT[5], 1996, 464 f.; anders freilich AT[2], 1972, 348 ff.

[34] So ausdrücklich AT[5], 1996, 465.

[35] S. 367–379; zust. Rudolphi, SK[7], 2002, § 16, Rn. 13; Schmidhäuser, StuB[2], 1984, 10/22 ff.; Lackner/Kühl[25], 2004, Rn. 9 vor § 25; a. A. die h. L., vgl. etwa Hoyer, SK[7], 2000, vor § 26, Rn. 36 f.; Maurach/Gössel/Zipf, AT/2[7], 1989, 53/107 ff.; Sch/Sch/Cramer/Heine[26], 2001, Rn. 32 vor § 25; Samson, StrafR I[7], 1988, Fall 40, 220 f.; Otto, Grundkurs, AT[7], 2004, § 22, Rn. 29 ff.

[36] Näher Roxin, AT/1[4], 2006, § 13, Rn. 12 ff., 24; § 14, Rn. 76.

[37] Es wird daher auch heute noch vielfach zu Recht betont, daß das Vorsatzerfordernis in §§ 26, 27 ein rechtspolitischer Mißgriff sei; vgl. Sch/Sch/Cramer/Heine[26], 2001, vor § 25, Rn. 29; Jakobs, AT[2], 1991, 22/13 ff.

C. Die Beteiligung an vermeintlich vorsätzlicher Tat

Die dritte Konstellation, deren Behandlung durch das neue Gesetz vorgezeichnet ist, betrifft den ebensoviel erörterten wie praktisch wenig bedeutenden Fall der Beteiligung an einer nur vermeintlich vorsätzlichen Tat.[38] Es geht dabei um Fälle wie den, daß die Geliebte dem verheirateten Mann Gift zur Ermordung der Ehefrau besorgt und dabei davon ausgeht, daß der Mann ihre andeutenden Hinweise über die tödliche Wirkung der „Medizin" verstehen und die Ehefrau damit vorsätzlich umbringen werde. Der Mann hält das Gift aber wirklich für Medizin und gibt es seiner Frau ahnungslos, kann also höchstens wegen fahrlässiger Tötung zur Verantwortung gezogen werden. Die Geliebte kann bei dieser Sachlage nicht als mittelbare Täterin erfaßt werden, weil ihr das Bewußtsein, ein vorsatzloses Werkzeug zu steuern und damit die Tatherrschaft fehlt. Sie konnte aber nach früherem Recht wegen Anstiftung zum Mord bestraft werden, weil ihre Bewußtseinsverfassung die einer Teilnehmerin und das objektive Gewicht ihres Tatbeitrages wegen der Ahnungslosigkeit des Ausführenden sogar noch stärker war als geplant.[39]

Daß eine Bestrafung als Teilnehmer kriminalpolitisch wünschenswert ist, kann nicht ernstlich bezweifelt werden. Denn wenn der Hintermann objektiv die Verwirklichung des Tatbestandes herbeiführt und subjektiv alle Voraussetzungen der Anstiftung oder Beihilfe erfüllt, ist nicht einzusehen, warum er straflos bleiben (oder ggf. nur wegen versuchter Anstiftung zum Verbrechen bestraft werden) soll. Ob sich ein solches Ergebnis aber nach der Neufassung der §§ 26, 27 StGB noch vertreten läßt, ist schon heute sehr umstritten. Ich habe von Anfang an die These verfochten,[40] daß eine Bestrafung jetzt nicht mehr möglich sei; denn wenn die Teilnahme eine vorsätzliche Haupttat voraussetzt, kann die irrtümliche Annahme eines in Wahrheit nicht vorhandenen Vorsatzes dafür nicht ausreichen. Diese Meinung hat auch sonst im Schrifttum eine Reihe von Anhängern gewonnen.[41] Doch hat sich unter anfänglicher Anführung von Jescheck[42] eine Gegenauffassung herausgebildet,[43] die auch

---

[38] Darüber schon für das neue Recht umfassend Bockelmann, Gallas-Festschrift, 1973, 261 ff.

[39] Vgl. zu der sehr kontroversen Beurteilung dieser Situationen im Schrifttum und zur eigenen Meinung ausführlich oben § 26, S. 261 ff. („der Irrtum über Tätervoraussetzungen").

[40] Kriminalpolitik und Strafrechtssystem 1./2. Aufl. 1970/73, 20 f., Anm. 46; Einführung in das neue Strafrecht, 29.

[41] Grundlegend: Bockelmann, Zur Problematik der Beteiligung an vermeintlich vorsätzlichen Taten, Gallas-Festschrift, 1973, 261; ferner v. a. Bloy, Zurechnungstypus, 1985, 98; Cramer, Bockelmann-Festschrift, 1979, 399 f.; Gropp, AT³, 2005, § 10, Rn. 76; Herzberg, Täterschaft und Teilnahme, 1977, 46; Hoyer, SK⁷, 2000, § 25, Rn. 139 f.; vor § 26, Rn. 35; Jakobs, AT², 1991, 22/18; Joecks, MK, 2003, vor §§ 26, 27, Rn. 19; Kindhäuser, StGB², 2005, vor §§ 25–31, Rn. 65; ders.; AT, 2005, § 39, Rn. 65 f.; Köhler, AT, 1997, 529; Kretschmer, Jura 2003, 536; Krey, AT/2², 2005, § 31, Rn. 226 f.; Kühl, AT⁵, 2005, § 20, Rn. 88 f.; Lackner/Kühl²⁵, 2004, vor § 25, Rn. 10; Maiwald, ZStW 88 (1976), 731 f.; Maurach/Gössel/Zipf, AT/2⁷, 1989, § 48, Rn. 26 ff., § 53, Rn. 107 ff.; Otto, Grundkurs, AT⁷, 2004, § 22, Rn. 31; Samson, StrafR I⁷, 1988, Fall 40, 221 f.; Sch/Sch/Cramer/Heine²⁶, 2001, vor § 25, Rn. 30; Stratenwerth/Kuhlen, AT⁵, 2004, § 12, Rn. 142; Wessels/Beulke, AT³⁵, 2005, § 13, Rn. 554. Auch KG NJW 1977, 817, 819, m. Bespr. Schall, JuS 1979, 104, vertritt diese Auffassung.

[42] AT², 499; aufgegeben in SchwZSt., Bd. 90, 1975, 32; anders jetzt auch Jescheck/Weigend, AT⁵, 1996, 656.

nach geltendem Recht noch für eine Teilnahmebestrafung in solchen Fällen eintritt. Sie beruht darauf, daß der E 1962 eine Sondervorschrift enthalten hatte, derzufolge „wie ein Anstifter" bestraft werden sollte, „wer vorsätzlich einen anderen zu dessen rechtswidrig begangener Tat in der irrigen Annahme bestimmt hat, der Täter werde bei der Begehung vorsätzlich handeln". Die Bestimmung ist in den Beratungen des Sonderausschusses einstimmig gestrichen worden, nachdem Sturm für das Bundesjustizministerium dies angeregt und – laut Protokoll[44] – ausgeführt hatte: „Die Entscheidung solcher Fälle sei in der Lehre heftig umstritten. In der Praxis spielten sie aber nur eine sehr untergeordnete Rolle. Da der Entwurf 1962 mit § 32 doch wohl zu sehr ins Detail gegangen sei, werde die Streichung dieser Vorschrift empfohlen." Mit dem auf dieses Streichungsmotiv gestützten Hinweis, daß die Strafvorschrift „nur aus redaktionellen Gründen" nicht in das künftige Recht übernommen worden sei (Jescheck) und daß der Sonderausschuß damit nichts habe entscheiden wollen (Lackner), wird auch heute noch die Möglichkeit verteidigt, das Gesetz im Sinne des § 32 E 1962 auszulegen.

Diese Möglichkeit besteht jedoch nicht. Erstens steht es nicht in der Macht des Sonderausschusses, bestimmte Interpretationsmöglichkeiten gegen den eindeutigen Wortlaut des Gesetzes offenzuhalten. Zweitens aber hat der Ausschuß sich auch keineswegs in dem Sinne geäußert, daß die zu streichende Bestimmung überflüssig sei, weil man durch Auslegung der übrigen Gesetzesbestimmungen zu demselben Ergebnis kommen könne. Vielmehr ist die Streichung wegen des sehr speziellen Charakters und der geringen praktischen Bedeutung der Konstellation erfolgt. Es liegt also nahe, daß man um der Gesetzesvereinfachung willen auch diese geringe Lücke noch in Kauf nehmen wollte, nachdem man durch das Vorsatzerfordernis weit größere Strafbarkeitslücken mit vollem Bewußtsein aufgerissen hatte. Aber wie auch immer: Der Wortlaut der §§ 26, 27 StGB läßt jedenfalls für einen Verzicht auf das Erfordernis mindestens des Tatbestandsvorsatzes beim Haupttäter keinen Raum, und daran könnte auch eine etwa abweichende (und im übrigen nirgends ausgesprochene) Meinung von Ausschußmitgliedern nichts ändern. Der einzige interpretatorisch gangbare Weg zur Begründung einer Teilnahmestrafbarkeit in solchen Fällen läge in einer analogen Anwendung der §§ 26, 27 StGB. Eine solche Analogie wäre, da es sich um Fälle echter Teilnahme handelt,[45] aus den in diesem Buch genannten Gründen teleologisch geboten; und aus dieser Sacheinsicht zieht wohl auch die hier verworfene Gegenmeinung ihre Kraft. Da es sich jedoch bei der Teilnahme um tatbestandliche Strafausdehnungsgründe handelt, verschließt das Analogieverbot jede Möglichkeit einer Erstreckung der Strafbarkeit auf gesetzlich nicht

[43] Sie wird vor allem von Baumann/Weber/Mitsch, AT[11], 2003, § 30, Rn. 27f.; Tröndle/Fischer[49], 1999, vor § 25, Rn. 10 (anders und wie hier nunmehr Tröndle/Fischer[53], 2006, vor § 25, Rn. 9); Eser, StrafR II[3], 1980, Fall 41, Rn. 20, 22; Schöneborn, ZStW 87 (1975), 911, Anm. 38, vertreten.

[44] Protokolle des Sonderausschusses, S. 1829; ebenso der schriftliche Bericht des Ausschusses, Bundestagsdrucksache V/4095, 13.

[45] Vgl. oben S. 261 ff.

erfaßte Fälle.[46] Wir werden uns also mit dem unbefriedigenden Ergebnis abfinden müssen. Es hätte sich freilich wie bei der Fallgruppe b) durch einen Verzicht auf die unverbrüchliche Notwendigkeit vorsätzlicher Haupttat in §§ 26, 27 StGB leicht vermeiden lassen. Doch legitimiert das nur den Reformwunsch nach einem befreienden „Federstrich" des Gesetzgebers, entbindet uns aber nicht von der Pflicht zum Gehorsam gegenüber dem geltenden Gesetz. In der Literatur der letzten Jahre wird denn auch die früher verbreitete Gegenmeinung gegen die heute absolut herrschende Meinung allein noch von Baumann/Weber/Mitsch vertreten.

§ 43. Die Entwicklung der Lehre von Täterschaft und Teilnahme in der Rechtsprechung

A. Die Urteile der Jahre 1962–2005

Die Rechtsprechung ist seit dem Erscheinen der ersten Auflage dieses Buches zeitweilig wieder mehr auf die Linie der subjektiven Theorie eingeschwenkt. Man könnte sie also zum guten Teil als überholt ansehen und auf eine gründliche Analyse dieser Entwicklung verzichten, wenn die Judikatur sich nach dem neuen Gesetzesstand eindeutig zur Tatherrschaftslehre bekannt hätte. Doch ist eine solche grundsätzliche Wendung bisher ausgeblieben. Zwar hat dem Gesetzgeber bei der jetzt kodifizierten Regelung die Tatherrschaftslehre vorgeschwebt; aber er wollte sich doch nicht einseitig auf sie festlegen. Schon im Jahre 1955 bemerkten die Sachbearbeiter des Justizministeriums bei Einreichung der ersten dem heutigen Gesetzeswortlaut entsprechenden Entwürfe:[47] „Die vorgeschlagene Beteiligtenregelung ist auf dem Tatherrschaftsgedanken … aufgebaut, verzichtet aber auf eine nähere Ausgestaltung dieses Gedankens im Gesetz, da der Gesetzgeber sich bei der Stellungnahme zu solchen Fragen Zurückhaltung auferlegen und die weitere Klärung der Rechtslehre und Rechtsprechung überlassen muß." Dementsprechend heißt es noch in der Begründung des E 1962:[48] „Der Entwurf gibt dem … Gedanken der Tatherrschaft Raum. Er verzichtet jedoch darauf, ihn gesetzlich festzulegen."

Auch im Schrifttum wird durchweg eine Hinwendung der Rechtsprechung zur Tatherrschaftslehre für wünschenswert gehalten.[49] Das wird nicht nur durch die Aufgeschlossenheit des Gesetzgebers für diese Lehre, sondern auch

---

[46] So treffend Bockelmann, Gallas-Festschrift, 1973, 271.
[47] Niederschriften, Bd. 2, Anhang Nr. 16, Umdruck J 8, 41.
[48] 147/48.
[49] Roxin, in: Einführung in das neue Strafrecht, 2. Aufl. 1975, 29/30; Dreher bezeichnete es in der 91. Sitzung des Sonderausschusses (Protokolle, 1826) als „ein Unglück, wenn die Rechtsprechung weiter mit der subjektiven animus-Formel arbeitete"; in MDR 1976, 436, sieht er in dem vorliegenden Buch einen „Appell" an die Rechtsprechung: „weg von der subjektiven Teilnahmetheorie und mit dem neuen Gesetz hin zur Täterlehre Roxins!"; vgl. ferner Preisendanz, StGB[30], 1978, vor § 25, 2, b, cc und Schöneborn, ZStW 87 (1975), 911.

durch ihre beherrschende Stellung in der Wissenschaft und das gesetzliche Votum gegen die extrem subjektive Theorie im neuen § 25 (o. § 42, 1.) nahegelegt. Aber völlig unumstritten ist, wie wir schon sahen, für „Extremfälle" nicht einmal der Ausschluß einer Teilnehmerbestrafung des unmittelbar Handelnden. Aber auch wenn man diese Frage heute für praktisch entschieden hält, wird man einräumen müssen, daß die Rechtsprechung jedenfalls außerhalb der Situationen unmittelbar-eigenhändiger Tatbestandserfüllung noch mancherlei Auslegungsspielraum hat, zumal da auch die Tatherrschaftslehre in mehreren Varianten auftritt, die sich in ihren Ergebnissen teilweise nicht weit von der subjektiven Theorie entfernen und von der Rechtsprechung (besonders in der Abwandlung des Tatherrschaftswillens) auch schon mit ihr kombiniert worden sind.[50] Wenn also die Rechtsprechung, wie es zu hoffen ist, sich eines Tages der herrschenden Tatherrschaftslehre anschließen wird, so wird dies doch voraussichtlich nicht in der Form eines abrupten Bruches mit der bisherigen Judikatur geschehen; vielmehr ist zu erwarten, daß es unter Fortentwicklung der Ansätze zu einer materiell-objektiven Täterkonzeption vor sich gehen wird, die vom BGH schon früher entwickelt worden waren. Die Urteile der Vergangenheit werden also mindestens wichtige Bausteine für die Rechtsprechung der Zukunft liefern. Auch ist noch keine frühere Entscheidung des BGH zur Täterlehre von ihm ausdrücklich aufgegeben worden, und noch seine jüngsten Judikate zeigen wenigstens im Bereich der Mittäterschaft sehr starke Einflüsse der subjektiven Lehre in Gestalt der Interessentheorie.[51] Deshalb bedürfen die Entscheidungen der letzten dreiundvierzig Jahre auch heute noch einer ins einzelne gehenden Analyse, die überholte und vorwärtsweisende Gedankengänge voneinander zu trennen hat. Dabei wird die nachstehende Übersicht, die zeitlich an den Text der Erstauflage (oben S. 90–106) anschließt, in historischer Reihenfolge vorgehen.[52]

1. Eine Entscheidung des 4. Senats vom 15.6.1962[53] ist für die in den letzten 12 Jahren vor Inkrafttreten des neuen Allgemeinen Teils wieder fortschreitende, durch ein Urteil desselben Senats[54] ein Jahr zuvor eingeleitete Resubjektivierungstendenz besonders charakteristisch. Der (voll zurechnungsfähige) Angeklagte dieses Falles fuhr nach einem Tanzvergnügen, bei dem er und seine Freunde dem Alkohol reichlich zugesprochen hatten, mit vier weiteren Personen im Auto nach Hause; der Wagen wurde von seinem Arbeitskollegen K gesteuert. Dabei fuhr K in voller Fahrt auf einen Fußgänger M auf, der hochgeschleudert wurde und dann kopfüber nach unten stürzte, „wobei sich sein Fuß zwischen dem rechten Wagenvorderholm und dem vorderen oberen Rahmen der rechten Tür, die sich bei dem Zusammen-

---

[50] Vgl. die Übersicht oben S. 90ff.
[51] Vgl. dazu näher das Resümee B. unten S. 642ff.
[52] Eine kritische Gesamtübersicht und Würdigung der Abgrenzung von Täterschaft und Teilnahme in der höchstrichterlichen Rechtsprechung liefert Roxin, BGH-Festgabe, 2000, 177ff.
[53] VRS, Bd. 23, 207ff. = GA 1963, 187.
[54] BGHSt 16, 12ff., vgl. oben S. 104ff.

prall geöffnet hatte, verklemmte, während Oberkörper und Kopf des Verunglückten auf dem unteren Ende des rechten vorderen Kotflügels lagen".

Der Angeklagte und die übrigen Wageninsassen forderten, als sie den Fuß
sahen, den Fahrer K auf, anzuhalten. K lehnte jedoch mit dem Bemerken ab,
er wolle nichts mit der Polizei zu tun haben. Zum Angeklagten sagte K noch:
„Gerd, tu ihn raus!" womit er den Fuß des Verunglückten meinte. Unter Mithilfe eines anderen Wageninsassen gelang es dem Angeklagten auch, den Verunglückten auf die Straße zu werfen. Das Urteil fährt dann fort: „Bei seinem
Handeln war sich der Angeklagte bewußt, daß der Verunglückte durch das
Abwerfen vom fahrenden PKW getötet werden konnte; er billigte diese mögliche Folge. Nachdem der Körper des Verunglückten abgeworfen war, riefen
der Angeklagte und die übrigen Mitfahrer, K solle weiterfahren. Dieser war
dazu schon entschlossen, fühlte sich durch die Zurufe aber noch bestärkt und
fuhr mit erhöhter Geschwindigkeit davon."

Nach den weiteren Sachverhaltsfeststellungen der Entscheidung handelt es
sich hier um einen klassischen Fall der oben[55] entwickelten funktionellen Tatherrschaft. Der BGH stellt nämlich fest:[56] „Es kann davon ausgegangen werden, daß die Wageninsassen nicht annahmen, schon ein Herabfallen von dem
Kotflügel des stehenden Kraftwagens könne den Tod des Verunglückten herbeiführen, daß sie vielmehr diesen Erfolg nur für den Sturz aus dem mit
hoher Geschwindigkeit fahrenden Wagen erwarteten. Der Fahrer des Kraftwagens war aber K. Nur das Zusammenwirken des K und des Angeklagten
war also ... geeignet, M zu töten." Eine solche Arbeitsteilung im Ausführungsstadium, bei der nur beide zusammen den Erfolg herbeiführen können, ist vom hier vertretenen Standpunkt aus unter allen Umständen ein mittäterschaftsbegründendes „gemeinschaftliches Ausführen" i. S. des § 47 StGB
a. F. bzw. ein „gemeinschaftliches Begehen" nach dem geltenden § 25 Abs. 2
StGB, ohne daß es auf die „innere Einstellung" der Beteiligten noch irgend
ankäme. So hatte auch das Schwurgericht den Angeklagten allein deshalb als
Täter angesehen, „weil er alle Tatbestandsvoraussetzungen in eigener Person
erfüllt habe".

Der BGH erklärt das für fehlerhaft. Er will den Angeklagten als Gehilfen
betrachten und begründet das so: „Der Angeklagte hat seinen Tatbeitrag nicht
aus eigenem Entschluß geleistet, sondern er war von K dazu aufgefordert
worden. Allein in K's Interesse lag der Erfolg der Tat, da dieser es war, der
den Unfall schuldhaft verursacht hatte; der Angeklagte hatte von einer Aufklärung des Unfalls nichts zu befürchten. Mit der Erfüllung des Wunsches
von K, der unter allen Umständen fliehen wollte, hat sich der Angeklagte dessen Willen untergeordnet."

Auch wenn wir unsere Kritik zunächst auf den konkreten Fall beschränken, zeigt das Urteil die Unhaltbarkeit der subjektiven Theorie mit besonderer Deutlichkeit. Denn die angebliche „Willensunterordnung" des Angeklagten wird allein daraus hergeleitet, daß er von K zu seiner Tat aufgefordert

---

[55] S. 275 ff.
[56] A. a. O., 209.

worden war und ihm damit einen Wunsch erfüllte. Wäre diese Deduktion richtig, so müßte jeder, der zu seiner Tat angestiftet worden ist, schon allein deshalb Gehilfe sein; indem er der Aufforderung des anderen nachkommt, erfüllt er ja notwendig dessen Wunsch. Daß eine solche Interpretation mit Wortlaut und Sinn der §§ 25 Abs. 2, 26 StGB (§§ 47, 48 a. F.) schlechthin unvereinbar ist, liegt auf der Hand. Denn sie läßt, wenn man sie zu Ende denkt, für eine Anstifter-Täter-Beziehung, von der unser Gesetzgeber ausgeht, keinen Raum mehr. Die Wendung, der Angeklagte habe seinen Tatbeitrag „nicht aus eigenem Entschluß geleistet, sondern er war von K dazu aufgefordert worden", läßt diese Begriffsverwirrung unmißverständlich hervortreten. Diese Aufforderung, die nach der (sachlich auch allein vertretbaren) Ansicht des Gesetzgebers den Tatentschluß hervorruft und den Täter zu seiner Tat bestimmt, soll nach den Vorstellungen des Urteils einen selbständigen Tatentschluß eo ipso verhindern! Dabei war es doch so, daß nicht der vollkommen frei und ungenötigt handelnde Angeklagte von K abhängig war, sondern daß umgekehrt der K, wenn er sich der Strafverfolgung entziehen wollte, auf die Mordtat des Angeklagten und die Erfüllung seines Wunsches durch ihn angewiesen war.

Ist daher die „Willensunterordnung" hier keine andere als bei jedem auf Grund einer Anstiftung handelnden Täter, so bleibt als einziges sachliches Abgrenzungskriterium das Merkmal des Interesses, auf das der BGH denn auch wiederholt ausdrücklich abhebt: Der „Badewannen-Fall"[57] feiert seine Auferstehung! Selbst wenn nun eine so einseitig gehandhabte Interessenformel nicht schon auf Grund der positivgesetzlichen Regelung und zwingender dogmatischer Gründe generell unbrauchbar wäre,[58] müßte sie doch, wie gerade unser Fall zeigt, an ihrer praktischen Undurchführbarkeit scheitern. Denn irgendein Interesse hat ein freiwillig handelnder Mörder immer an seiner Tat. So ist in unserem Beispiel eigentlich nur dreierlei denkbar: Entweder glaubte der Angeklagte, auf Grund eines irregeleiteten Solidaritätsgefühls die Sache seines Zechkumpanen zu der seinen machen zu sollen. Dann wäre in seinem Verhalten jener „einverständliche Eifer" zum Ausdruck gekommen, den der BGH im gleich zu erörternden „Staschynskij-Fall" als das für die Täterschaft entscheidende Merkmal bezeichnet hat. Oder er beging die Mordtat, weil es ihm nützlich schien, sich die „Freundschaft" seines Arbeitskollegen K zu erwerben oder zu erhalten. Man wird schwerlich leugnen können, daß jemand ein nachhaltiges Interesse daran haben kann, sich einen anderen auf solche Weise zu verpflichten. Oder der Angeklagte handelte deshalb, weil er es selbst eilig hatte, nach Hause zu kommen – der Vorfall hatte sich um zwei Uhr nachts abgespielt – und weil er den Schereien, die sich auch für ihn aus einer Benachrichtigung der Polizei ergeben mußten, entgehen wollte. Auch das wäre sicher ein von hinreichendem Eigeninteresse geleitetes Motiv.

---

[57] RGSt 74, 85; vgl. dazu die Nachweise im Sachregister.
[58] Vgl. nur oben S. 56f. und Roxin, JZ 1966, 294f.

Welcher dieser drei Beweggründe den Angeklagten zu seinem Tun veranlaßt hat, läßt der BGH unerörtert; wahrscheinlich haben alle drei zusammengewirkt. Man darf annehmen, daß der BGH solche Interessen gegenüber dem
vorwiegenden Interesse des K für eine Begründung der Mittäterschaft von
vornherein nicht ausreichen lassen will. Das wird aber nicht gesagt; es ist auch
kaum je versucht worden,[59] Interessen, die den Täterwillen begründen können, von anderen abzugrenzen, denen diese Macht nicht zukommt. Ein solcher Versuch wäre zudem nicht aussichtsreich. Er würde zu scholastischen
Distinktionen führen, die im Gesetz keinen Anhalt finden und, da die Motiv-
verflechtungen in der Psyche des Täters nachträglich kaum rekonstruierbar
sind, die Feststellungsmöglichkeiten des Richters überfordern. Damit stehen
wir bei dem, was ich demonstrieren wollte: Die Ergebnisse, die sich mit Hilfe
der Interessenformel erzielen lassen, sind beliebig. Ob man ein Interesse
bejaht, auf das sich der psychisch nicht vorfindbare „Täterwille" gründen
läßt, ist Sache einer unüberprüfbaren Gefühlsentscheidung.[60] Das heißt: Die
subjektive Theorie bietet mit ihrem Rückgriff auf das „Interesse" keine
inhaltlichen Kriterien; sie liefert nur Etiketten für einen direktionslosen richterlichen Willensakt. Auf den methodologischen Aspekt dieses Befundes wird
noch zurückzukommen sein. Daß aber die Willkürlichkeit solcher Lösungen
zu rechtsstaatlichen Bedenken nötigt, dürfte auch so schon einleuchten.

Eine zusätzliche Überlegung möge die kritische Analyse unseres „Zech-
kumpanen-Falles" abschließen: Auch wenn man dem BGH alle seine Prämissen zugäbe und unbesehen annähme, daß der Angeklagte den M ohne jegliches persönliches Interesse allein dem K zuliebe ermordet hätte, ließe sich
kein Argument dafür finden, warum dieser Umstand zu einer Privilegierung
des Angeklagten führen sollte. Aus dem Gesetz, das nur ein „gemeinschaftliches Begehen" verlangt, ergibt sich dafür kein Anhaltspunkt. Läßt man aber,
wie es die Rechtsprechung weitgehend tut, den Täter nach Schuld- und Strafwürdigkeitsgesichtspunkten vom Richter „wertend ermitteln", so wäre auch
unter diesem Aspekt die umgekehrte, den Angeklagten zum Täter machende
„Wertung" weit einleuchtender. Denn der aus interesselosem Wohlgefallen
handelnde „Gefälligkeitsmörder", der nach den Grundsätzen unserer Entscheidung der Prototyp des milder zu bestrafenden Gehilfen sein soll, ist
sicher noch schlimmer und gefährlicher als der Autofahrer K, der sich aus
Angst vor der Polizei zu seiner Tat hinreißen läßt. Das leidenschaftsgetrie-
bene Interesse kann gewiß eine Tat nicht entschuldigen; die gefühlskalte Bru-

---

[59] Eine Ausnahme macht Baumann, NJW 1963, 561 ff. Seine auf die NS-Einsatzgruppen-
Morde zugeschnittenen Unterscheidungen geben aber für die Beurteilung unseres Falles
nichts her.

[60] In welchem Grade das der Fall ist, zeigt etwa ein Vergleich mit der Entscheidung desselben
(vierten) Senats vom 28.10.1954, MDR 1955, 244 (vgl. dazu oben S. 281): Hier soll im Falle
einer sexuellen Nötigung schon der anfeuernde Zuruf eines Außenstehenden, der zur Tatausführung keinen Beitrag leistet und keinerlei eigenen Vorteil davon hat, die Mittäterschaft
begründen. Nur wenn man weiß, daß mit dem „Täterwillen" entgegengesetzte Ergebnisse
gleich mühelos begründbar sind, wird man solche Divergenzen ohne Verwunderung zur
Kenntnis nehmen.

talität aber, mit welcher der Angeklagte unseres Falles (– wenn man ihm
schon einmal das Interesse abspricht –) „für nichts" das Leben eines verletzten Unfallopfers auslöscht, so wie man ein lästiges Ungeziefer aus dem
Wagen wirft, ist doch noch weit weniger ein Grund, ihn den Rechtsfolgen zu
entziehen, die das Gesetz nun einmal an die eigene und ungenötigte Tatbestandsverwirklichung knüpft.

2. Gut vier Monate später, am 19. 10. 1962, wurde der inzwischen berühmt
gewordene „Staschynskij-Fall"[61] vom 3. Senat des BGH mit dem Ergebnis
entschieden, daß der Angeklagte, der nach seiner unwiderlegten Einlassung
im Auftrage eines ausländischen Geheimdienstes zwei Exilpolitiker in der
Bundesrepublik eigenhändig und ungenötigt mit einer Giftpistole getötet
hatte, nur wegen Beihilfe zum Mord bestraft wurde.[62] Mit der im Leitsatz
ausgesprochenen Feststellung: „Wer eine Tötung eigenhändig begeht, ist im
Regelfalle Täter", mißt das Urteil grundsätzlich der selbständigen Tatausführung für die Begründung der Täterschaft größere Bedeutung bei, als es
der 4. Senat in seiner vorstehend erörterten Entscheidung tut; nur „unter
bestimmten, engen Umständen", heißt es hier, könne der eigenhändig Tötende „auch lediglich Gehilfe sein". In der Würdigung des konkreten Falles
jedoch zeigt das Urteil einen so weitgehenden Subjektivismus, daß es zum
leading-case einer Regel und Ausnahme verkehrenden Gerichtspraxis bei den
NS-Gewaltverbrecher-Prozessen hat werden können. Das Unterscheidungsmerkmal ist denn auch rein innerpsychischer Art: Täter soll „regelmäßig"
sein, wer „fremde verbrecherische Ziele zur Grundlage eigener Überzeugung
und eigenen Handelns macht ... oder wer ... anderweit einverständlichen
Eifer zeigt oder solchen staatlichen Mordterror für eigene Zwecke ausnutzt";
dagegen soll es für den Teilnehmerwillen eigenhändig Tötender sprechen, daß
sie den Verbrechensbefehl mißbilligen, aber „den Mut zum Widerstand oder
die Intelligenz zur wirksamen Ausflucht nicht aufbringen, sei es auch, daß sie
ihr Gewissen vorübergehend durch politische Parolen zu beschwichtigen und
sich vor sich selber zu rechtfertigen suchen"[63].

Das Urteil verdient schon deshalb keinen Beifall, weil es die Abgrenzung
von Täterschaft und Teilnahme in die Strafzumessungslehre verschiebt; auf
dieses Grundproblem wird noch zurückzukommen sein. Hier genüge der
Nachweis, daß die Kriterien, die es verwendet, bei aller scheinbaren Plausibilität praktisch unverwendbar sind. Hat nämlich der Handelnde für den Fall,
daß er die befohlene Tat nicht ausführt, eine Gefahr für Leib und Leben zu

---

[61] BGHSt 18, 87 ff. Dazu Baumann, NJW 1963, 561; Sax, JZ 1963, 329; vgl. auch meinen Kommentar zum Fall Nr. 76 in Roxin, HRR-AT, 1998.

[62] Das Urteil konnte oben nur noch im Hinblick auf die mittelbare Täterschaft der Hintermänner näher behandelt werden (S. 242 ff.); mit der Täterschaft des unmittelbar Handelnden, die im Text nur noch kurz gestreift werden konnte (S. 105, Anm. 52, S. 128/29),
beschäftigt sich ausführlich mein Aufsatz in GA 1963, 193 ff. („Straftaten im Rahmen organisatorischer Machtapparate"), auf den hier verwiesen sei. Zur neuesten Entwicklung der
Problematik in der Judikatur vgl. BGHSt 40, 218 (unten Nr. 38, S. 610 ff.); das Urteil bezeichnet einen entscheidenden Umschwung der Rechtsprechung.

[63] A. a. O., 94 f.

besorgen, so ist er ohnehin wegen Notstandes (§ 35 StGB) entschuldigt und straffrei. Besteht objektiv eine solche Gefahr nicht, glaubt er aber irrig, ihr ausgesetzt zu sein, so liegt ein Putativnotstand vor, der nach § 35 Abs. 2 zur Straflosigkeit oder mindestens zur Strafmilderung führt, jedenfalls aber einen Rückgriff auf den Beihilfestrafrahmen als überflüssig und fehlerhaft erscheinen läßt. Denn wenn der wirkliche Notstand nicht die Täterschaft, sondern nur die Schuld ausschließt,[64] kann es beim vermeintlichen Notstand nicht anders sein. Man muß also bei Konstellationen der vom BGH entschiedenen Art, wenn die Annahme einer Beihilfe überhaupt praktische Bedeutung haben soll, davon ausgehen, daß der mit eigener Hand Mordende sich nicht unmittelbar für gefährdet hält und weiß, daß er sich dem Befehl entziehen kann (im „Staschynskij-Fall" z. B. durch Mitteilung an die Polizei der Bundesrepublik). Dann aber sind einige der vom BGH angeführten Merkmale von vornherein unpassend: Wer den „Mut zum Widerstand" nicht aufbringt oder wegen mangelnder Intelligenz einen möglichen Ausweg nicht sieht, glaubt, bei Nichtbefolgung des Befehls einer Leibes- oder gar Lebensgefahr ausgesetzt zu sein. Für Strafausschluß oder Strafmilderung ist hier die Notstands- und nicht die Teilnahmelehre zuständig.

Als Abgrenzungskriterium bleibt für die praktisch in Betracht kommenden Fälle demnach nur die Unterscheidung übrig zwischen den „überzeugten, willigen" Befehlsempfängern, die in einverständlichem Eifer fremde Ziele zur Grundlage eigenen Handelns machen, und anderen, die „aus menschlicher Schwäche" mißbilligte Befehle dennoch ausführen. Das aber ist kein brauchbares Abschichtungsmerkmal. Denn wie sich Überzeugung und Mißbilligung, Einverständnis und Schwäche in der Seele des freiwillig Handelnden mischen, ist richterlicher Erforschung, die zudem meist erst lange nach der Tat einsetzen kann, unzugänglich. Von dieser praktischen Schwierigkeit abgesehen, ist die Differenzierung aber auch theoretisch kaum sinnvoll durchführbar. Handelt nämlich der den Mord oder Totschlag Ausführende nicht im Putativnotstand, so stellt sich die Frage, warum er die Tat, wenn er sie mißbilligte, überhaupt begangen hat. Der BGH versucht diesem Dilemma mit der Hilfskonstruktion der „zeitweiligen Überzeugung" zu entkommen. Wenn der Handelnde bei der Tatbegehung sein „Gewissen vorübergehend durch politische Parolen beschwichtigt" habe, soll darin noch kein hinreichender Täterwille liegen. Diese Lehre wird dann am Angeklagten des „Staschynskij-Falles" ausführlich demonstriert, wenn es im Urteil[65] heißt, es sei nicht St's „eigener politischer Eingebung" entsprungen, die beiden von ihm heimtückisch erschossenen Opfer als Feinde seines Landes anzusehen: „Solche Vorstellungen sind ihm, ohne daß sie ihm zur festen Maxime geworden wären und sein Gewissen betäubt hätten, von Jugend auf ohne wirklichen Erfolg indoktriniert worden. Er hat ihnen im Grunde nie geglaubt, sondern sich im Tatzeitpunkt damit nur zeitweilig zu beschwichtigen gesucht."

---

[64] Vgl. ausführlich oben S. 131 ff.
[65] A. a. O., 95.

Man wird zugeben müssen, daß eine Unterscheidung der Beteiligungsformen, die bei ideologischen Indoktrinationen zwischen deliktsmotivierenden, für die Täterschaft aber nicht ausreichenden und davon unabhängigen „wirklichen" Beeinflussungserfolgen differenziert, die ferner zwischen oberflächlicher Überzeugung und einem täterschaftsindizierenden Glauben „im Grunde" trennt, mit derartigen Distinktionen in den Bereich der reinen Spekulation entgleitet. Wie soll z. B. in unserem Fall ein Gericht über den Seelenzustand des angeklagten Ausländers in den Jahren vor der Tat Kunde erhalten? Es ist klar, daß es sich bei Feststellungen, wie sie das Urteil trifft, stets nur um intuitive Wesensdeutungen handeln kann, die je nach der Person des Beurteilers so oder anders ausfallen werden. Damit entscheidet über Täterschaft und Teilnahme auch hier ein irrationales richterliches Ermessen,[66] das zudem an dogmatisch durchaus ungeeigneten Gesichtspunkten orientiert ist. Denn daß der Charakter des Angeklagten, wie er sich seit frühester Jugend geformt hat, nach dem Willen des Gesetzgebers für die Abgrenzung von Täterschaft und Teilnahme maßgebend sein sollte, ist ernstlich nicht zu vertreten. Die Begründung des BGH-Urteils läßt auch erkennen, daß die günstige Persönlichkeitsbeurteilung, die das Gericht dem Angeklagten zuteil werden läßt, durch die nachträgliche Reue St's motiviert ist, der unter dem Einfluß seiner deutschen Frau sich später den Behörden der Bundesrepublik stellte. So sehr ein derartiges Verhalten den Angeklagten einer vorzeitigen Begnadigung hätte würdig erscheinen lassen, so befremdlich ist es doch, daß persönlichkeitsformende Ereignisse, die sich *nach* der Deliktsbegehung abgespielt haben, über die Beteiligungsform entscheiden sollen.

Wie austauschbar die Begründungen bei einer solchen Rechtsfindungsmethode werden, zeigt ein Vergleich mit dem Urteil des LG Stuttgart[67] im sog. „Hanke-Fall". Hier hatte ein Grenzpolizist der DDR auf den „dringlichen Befehl" eines Unterfeldwebels hin einen DDR-Flüchtling an der Zonengrenze mit bedingtem Vorsatz erschossen. Das Gericht stützt sich auf die Grundsätze des Staschynskij-Urteils, kommt hier aber zum entgegengesetzten Ergebnis einer Täterschaft des Angeklagten. Das wird mit den Worten begründet: „Der Auftrag, gegebenenfalls einen Flüchtling zu erschießen, war ihm zwar persönlich nach längerer Überlegung als eine unangenehme, notfalls aber bedingungslos zu erfüllende Pflicht erschienen, weil er aus Gedankenlosigkeit einfach hinnahm, daß der Staat von ihm mit Rücksicht auf die angeblich in die Zukunft weisende politische Zielrichtung Handlungen forderte, die ihm selbst noch als Unrecht erschienen"; auf diese Weise sei der Angeklagte „zum Prototyp des gedankenlosen, willigen Befehlsempfängers geworden"[68]. Aus dem „überzeugten" Befehlsempfänger des BGH wird hier also der „gedankenlos" Gehorchende, dem freilich im selben Satz „längere Überlegung" (!) zugebilligt wird. Während ihm sein Handeln einerseits „als Unrecht erschienen" sein soll, wird im nächsten Satz gesagt, daß er es „des

---

[66] Vgl. dazu auch meine Darlegungen in GA 1963, 194–197.
[67] JZ 1964, 101 ff.
[68] JZ 1964, 103.

staatlichen Interesses halber für gerechtfertigt" gehalten habe. Wenn das Urteil schließlich die Täterschaft bejaht, ist das, soweit man ein solches Verhalten überhaupt für strafbar hält,[69] im Ergebnis gewiß richtig. Daß aber bei einer so verquälten, durch und durch widersprüchlichen Begründung, wie sie hier unter dem Zwang der subjektiven Theorie zustande kam, die Bejahung einer Teilnahme genausogut möglich gewesen wäre, ist offensichtlich. Denn es hätte sich mit demselben Grade an Plausibilität dartun lassen, daß der Täter Hanke nur „aus menschlicher Schwäche" und innerlich widerstrebend den „dringlichen" Befehl ausgeführt habe. Wie schließlich die Entscheidung ausgefallen wäre, wenn das Gericht sich im Anschluß an den BGH auf die Frage eingelassen hätte, ob der Handelnde sein Gewissen zeitweilig oder endgültig beschwichtigt hatte und ob er „im Grunde" überzeugt war oder nicht, ist vollends unabsehbar.

Es ist keine polemische Übertreibung, sondern eine für den Strafrechtswissenschaftler ebenso schmerzliche wie unabweisbare Einsicht, daß die subjektive Theorie, wie diese Beispiele zeigen, an die Stelle wissenschaftlich begründeter Ergebnisse ein richterliches „hoc volo, sic iubeo, sit pro ratione voluntas" setzt. Daß dieses Resultat nicht zufällig ist, sondern daß in der Praxis durchgängig so verfahren wird, haben berufene Sachkenner seit Jahren betont.[70] Es kann auch im Grunde nicht anders sein: Denn die Anwendung der Interessenformel auf staatlich angeordnete Verbrechen, die den „Täterwillen" davon abhängig macht, ob der Handelnde durch die ihm indoktrinierten politischen Parolen überzeugt worden ist, leuchtet selbst unter Strafwürdigkeitsgesichtspunkten nicht ein. Wer die verbrecherischen Ziele der Staatsführung durchschaut und ihre Anordnungen dennoch ungenötigt ausführt, verdient keine mildere Beurteilung als ein überzeugter Parteigänger, der sogar umgekehrt seinen „Glauben" an die Staatsführung bisweilen als Milderungsgrund für sich geltend machen kann.

3. In auffallendem Gegensatz zu den beiden geschilderten Urteilen steht eine Entscheidung des 2. Senats vom 14. 8. 1963.[71] Das läßt schon der Leitsatz erkennen, wo es heißt: „Beim einseitig fehlgeschlagenen Doppelselbstmord ist der Überlebende nach § 216 StGB zu bestrafen, wenn er das zum Tode führende Geschehen beherrscht hat (Tatherrschaft)." Der Fall lag so, daß zwei Liebende, deren Zusammenkommen durch die Eltern verhindert wurde, sich (vornehmlich auf Betreiben des Mädchens) entschlossen hatten, in den Tod zu gehen. Nachdem die Einnahme von Tabletten erfolglos geblieben war, kamen sie auf den Gedanken, sich durch die Auspuffgase ihres Kraftfahrzeuges zu vergiften. Der Angeklagte schloß den Schlauch an das Auspuffrohr an, führte ihn durch das Fenster in das Innere des Wagens, drehte das Fenster so weit wie möglich zu und setzte sich auf den Fahrersitz. Nachdem seine Freundin Gisela neben ihm Platz genommen und die Tür von innen verriegelt

---

[69] Vgl. dazu Grünwald, JZ 1966, 633 ff.
[70] Vgl. oben S. 110 f., 118.
[71] BGHSt 19, 135 ff.

hatte, ließ der Angeklagte den Motor an und trat das Gaspedal durch, bis das einströmende Kohlenoxyd ihm die Besinnung raubte. Am folgenden Morgen wurden beide bewußtlos, aber noch lebend aufgefunden, doch konnte nur der Angeklagte gerettet werden.

Der BGH geht von der „gesicherten Rechtsprechung" aus, daß „der Tatbestand des § 216 StGB von der straflosen Beihilfe zur Selbsttötung nach den Grundsätzen der Teilnahmelehre abzugrenzen" sei. Doch sind diese Grundsätze für ihn nicht die der subjektiven Theorie. Die Bedenken, die gegen sie „in der allgemeinen Teilnahmelehre" geltend gemacht werden, will der BGH freilich unerörtert lassen. Denn nach seiner Meinung „sind jedenfalls für den Sonderfall der tatbestandlichen Abgrenzung des § 216 StGB gegenüber der straflosen Beihilfe zur Selbsttötung subjektiv bestimmte Kriterien, ob nämlich der Handelnde die Tat als eigene wollte, ob er den Täterwillen, den Willen zur Tatherrschaft oder ein eigenes Interesse an der Tat hatte, nicht geeignet, sinnvolle Ergebnisse zu gewährleisten"[72]. Statt dessen könne es nur darauf ankommen, „wer das zum Tode führende Geschehen tatsächlich beherrscht" habe.[73]

Seinem Wortlaut nach ist dieses Bekenntnis zur Tatherrschaftslehre also auf den Tatbestand des § 216 StGB beschränkt (sonst wäre eine Anrufung des Großen Senats unvermeidbar gewesen). Doch geht die Bedeutung des Urteils darüber hinaus.[74] Denn die Gründe, mit denen es die Unbrauchbarkeit der subjektiven Theorie überzeugend dartut, gelten, wie ein Vergleich mit den vorher analysierten Urteilen zeigt, ganz allgemein. Das „ausdrückliche und ernstliche Verlangen des Getöteten" nämlich, von dem § 216 spricht, ist nichts anderes als eine recht nachhaltige Aufforderung (= Anstiftung), so daß man nach den Grundsätzen des Staschynskij-Urteils nunmehr untersuchen müßte, ob der Angeklagte den Wunsch der Gisela zur Grundlage eigenen Handelns gemacht und einverständlichen Eifer gezeigt, oder ob er sich ihm nur widerstrebend gebeugt hat. Undenkbar wäre eine solche Differenzierung nicht, zumal da gerade beim Doppelselbstmord sich ein Interesse des Überlebenden am gemeinsamen Tode ebenfalls begründen ließe. Auch der BGH erwägt diese Möglichkeit und meint, daß dann die Entscheidung davon abhängen müsse, „mit welcher Intensität und Hartnäckigkeit der Lebensmüde oder der Partner des Überlebenden den Freitodentschluß verfolgt hat und in welchem Maße sich der Überlebende dem Willen des Partners gebeugt und untergeordnet hat"[75]. Das bemerkenswert Neue dieses Urteils besteht aber darin, daß der BGH den von ihm selbst aufgezeigten Weg bewußt nicht einschlägt, weil er ihn als ungangbar erkennt.

Er führt zutreffend aus, daß das Gesetz solche Unterscheidungen nicht gestatte, daß es „nicht erfindlich" sei, an welche Tatsachen die Annahme des

---

[72] A. a. O., 138.

[73] A. a. O., 139.

[74] Vgl. auch Dreher, MDR 1964, 337: „Dieser Ausweg, der in einem so grundlegenden Bereich der Teilnahmelehre je nach Paragraphen eine verschiedene Antwort bereithalten will, erscheint mir ... schlechterdings ungangbar."

[75] BGHSt 19, 139.

Täter- oder Teilnehmerwillens angesichts des gemeinsamen Entschlusses und der beiderseits geleisteten Tatbeiträge anknüpfen könnte, und daß das Ergebnis „notwendigerweise willkürlich und unkontrollierbar" sei.[76]

Das sind genau die Einsichten, zu denen man auch in anderen Fällen kommen muß, wenn man den Auswirkungen der subjektiven Theorie nachgeht. Ob man dem Urteil einen über den konkreten Fall hinausreichenden Aussagewillen unterlegen darf, stehe dahin; Dreher[77] deutet es allgemein im Sinne einer „fast schroffen Ablehnung der subjektiven Theorie", und auch Baumann/Weber/Mitsch[78] nennen es eine „aus dem Rahmen fallende Entscheidung". Fest steht jedenfalls, daß noch kein Spruch des Bundesgerichtshofs die praktischen Konsequenzen der subjektiven Lehre so schonungslos aufgedeckt hat. Wenn sich die Erkenntnis durchsetzt, daß hier – gewollt oder ungewollt – etwas generell Gültiges formuliert worden ist, könnte das Urteil, wie man es schon von der Entscheidung BGHSt 8, 393 ff. vergeblich gehofft hatte, für eine künftige Abkehr von der subjektiven Theorie den Anstoß geben.

Im Verhältnis zu der grundsätzlichen Bedeutung, die einer solch höchstrichterlichen Kritik des extremen Subjektivismus zukommt, ist es wissenschaftlich weniger belangvoll, ob die Entscheidung bei Anwendung der Tatherrschaftslehre im konkreten Fall zu einem dem §216 StGB gerecht werdenden Ergebnis kommt. Der BGH spricht nämlich dem Angeklagten die Tatherrschaft zu und bestraft ihn als Täter des §216 StGB. Jedoch sind die beiden Liebenden unseres Sachverhalts, selbst wenn man mit Dreher die für gemeinsame Straftaten geltenden Herrschaftskriterien ohne weiteres auf den Doppelselbstmord überträgt, im Hinblick auf den gemeinsam erstrebten Erfolg Quasi-Mittäter: Sie haben im Ausführungsstadium zur Erreichung ihres Zieles arbeitsteilig zusammengewirkt. Es spricht vieles dafür, daß eine solche Quasi-Mittäterschaft nach der teleologischen Struktur des §216 StGB den Angeklagten nicht zum Täter dieses Tatbestandes machen konnte. Denn die Gisela war ja als „Mittäterin" immerhin noch „Täterin" ihres eigenen Todes. Das heißt, es liegt ein Freitod vor, an dem der Angeklagte nur straflos mitwirken konnte.[79]

Die Annahme Drehers,[80] daß jedes Zusammenwirken zur Herbeiführung des gemeinsamen Todes den §216 StGB ausschließe, „und zwar nicht deshalb, weil der Tötende nicht mehr Täter ist, sondern weil das Opfer aufgehört

---

[76] BGHSt 19, 139.

[77] MDR 1964, 337.

[78] AT[11], 2003, § 29, Rn. 70; ähnlich Maurach/Gössel/Zipf, AT/2[7], 1989, 47/84, die das Urteil als eine „Kuriosität ... mitten in einer Periode extrem subjektiver Entscheidungen" bezeichnen.

[79] Ebenso im Ergebnis Dreher, MDR 1964, 337f.; Paehler, MDR 1964, 647ff.; Bottke, Suizid und Strafrecht, 1982, 239, Fn. 1196a. Die umfangreiche Kommentar- und Lehrbuchliteratur zur Abgrenzung von Tötung auf Verlangen von der Teilnahme am Suizid kann hier nicht im einzelnen angeführt werden, weil es sich zum guten Teil um ein Problem des § 216 handelt. Vgl. mit weiteren Nachweisen Sch/Sch/Cramer/Heine[26], 2001, § 216, Rn. 11, wo die hier befürwortete Lösung vertreten wird.

[80] MDR 1964, 338.

hat, bloßer Anstifter zu sein", ist aber auch noch zu undifferenziert. Sie berücksichtigt zu wenig, daß bei Konstellationen der gegebenen Art das Vorliegen oder Nichtvorliegen eines Selbstmordes über die Strafbarkeit des Außenstehenden entscheidet und daß die den § 216 StGB ausschließende Herrschaft über den eigenen Tod nicht ganz denselben Regeln folgt wie die Herrschaft über eine gemeinsame Deliktsausführung. Drehers Lösung führt zwar in dem vom BGH entschiedenen Fall, weil das Mädchen über die bloße Anstiftung hinaus durch das Verriegeln der Tür an der Herbeiführung des Erfolges aktiv mitgewirkt hat, zum richtigen Ergebnis. Aber verallgemeinern läßt sich das nicht. Denn die aktive Förderung, auf die Dreher abstellt, macht nicht unter allen Umständen das Opfer zum Selbstmörder. Wenn ein Lebensmüder seinem Freund eine geladene Pistole mit der Bitte in die Hand drückt, ihn zu erschießen, dann ist der Freund, sofern er diesem Wunsche entspricht, trotz der Förderung, die er durch den Getöteten erfahren hat, nach § 216 StGB strafbar. Ebenso schließt umgekehrt das Fehlen einer aktiven Mitwirkung den Selbstmord nicht notwendig aus. Wer einen anderen den Gashahn aufdrehen läßt, sich aber dem einströmenden Gase freiwillig bis zum Eintritt der Bewußtlosigkeit aussetzt, hat sich selbst getötet, und der Außenstehende hat daran nur straflos mitgewirkt. Zutreffend stellt auch der BGH fest: [81] „Soll ... der Beitrag eines Beteiligten ... nur die Ursachenreihe so in Gang setzen, daß nach seinem Vollzug dem anderen Beteiligten noch die volle Freiheit verbleibt, sich den Auswirkungen zu entziehen oder sie zu beenden, so liegt nur Beihilfe zur Selbsttötung vor ...“

Versucht man, aus diesen Beispielen einen juristisch allgemeingültigen, zur Abgrenzung gegenüber § 216 StGB geeigneten Freitod-Begriff zu gewinnen, so läßt sich sagen: Selbstmord begeht, wer im kritischen Augenblick, jenseits dessen ein Zurück nicht mehr möglich ist, die Entscheidung über sein Leben in eigener Hand hält; wer die Grenzlinie, die beim Eintritt der Handlungsunfähigkeit liegt, selbst überschreitet. Um einen Fall des § 216 StGB handelt es sich dagegen, wenn das Opfer einem anderen den Vollzug des letzten, irreversiblen Geschehensaktes anvertraut, wenn er sich über die zum Tode führende Schwelle von fremder Hand hinüberstoßen läßt. [82] Wer sich also in die Schlinge fallen läßt, wer ins Wasser springt, die Pistole auf sich abdrückt oder den Giftbecher leert, hat sich immer selbst getötet. Der Gehilfe ist straflos, auch wenn er eigens zu diesem Zweck die Schlinge geknüpft, das Bassin gefüllt, die Pistole geladen oder das Gift gemischt hat. Dagegen ist stets nach § 216 StGB zu bestrafen, wer einem anderen auf sein Verlangen die tödliche Spritze injiziert oder wer die erdrosselnde Schlinge zusammenzieht, mag auch das Opfer die Spritze selbst gefüllt oder sich die Schlinge eigenhändig um den Hals gelegt haben. So fein danach der über die Strafbarkeit bestimmende Unterschied anmutet, so sinnvoll ist er doch: Denn viele haben sich die Pistole schon an die Schläfe gesetzt, aber wenige haben den Mut gehabt abzu-

---

[81] A.a.O., 140.

[82] Im Ergebnis weitgehend übereinstimmend Paehler, MDR 1964, 648f; wie hier im Anschluß an den Text vor allem Krey, Samson, Schönke/Schröder/Eser. Eine Verteidigung meines Standpunktes gegen seine Kritiker liefert mein Aufsatz in: Wolter (Hrsg.), 1993, 177ff.

drücken. Wer – die Zurechnungsfähigkeit vorausgesetzt – diesen letzten Entschluß durchsteht, muß seinen Tod selbst verantworten. Wenn jedoch ein Außenstehender dem Lebensmüden die unwiderrufliche Entscheidung, vor deren Vollzug dieser vielleicht doch noch zurückgeschreckt wäre, abnimmt, trägt er die Verantwortung für den Tod des Opfers und macht sich nach § 216 strafbar.

Wendet man diese Gesichtspunkte auf unseren Fall an, so zeigt sich, daß ein Freitod des Mädchens vorliegt.[83] Denn sie konnte sich, wie auch der BGH einräumt, der Einwirkung des Gases bis zum Eintritt der Bewußtlosigkeit durch Verlassen des Wagens jederzeit entziehen. Indem sie, solange noch Gelegenheit zur Rettung war, das Gas weiter einatmete und diesen Entschluß bis zuletzt durchhielt, ist sie den Weg durch die Todespforte selbst gegangen.[84] Angesichts dieser eigenverantwortlichen, den § 216 ausschließenden Entscheidung ist es unerheblich, wer das Gas in den Wagen geleitet und die Türen verschlossen hat. Denn ob sie selbst oder ein anderer in diesem Zeitpunkt tätig wurde, ist für ihr Verhalten in der kritischen Situation irrelevant. Ebenso gleichgültig ist es, wer von den beiden zuerst das Bewußtsein verlor; auf das Vorliegen eines Selbstmordes hat diese Frage keinen Einfluß. Schließlich kann es aber auch auf den Umstand nicht ankommen, den der BGH zum Entscheidungskriterium erhebt: ob nämlich der Außenstehende die zum Tode führende Kausalreihe nur angestoßen und dann ihrer eigenen Entwicklung überlassen oder ob er „die auf den beiderseitigen Tod abzielende Ausführungshandlung bis zum Eintritt eigener Bewußtlosigkeit" fortgesetzt hat.[85] Wenn das Urteil im ersten Fall eine Beihilfe zum Selbstmord, im zweiten dagegen eine strafbare Tötung auf Verlangen annimmt und deren Vorliegen hier bejaht, weil der Angeklagte, bis er die Besinnung verlor, das Gaspedal durchgetreten hatte, so ist es unter teleologischen Gesichtspunkten nicht verständlich, warum diese Tatsache über die Strafbarkeit entscheiden soll. Der BGH müßte zum entgegengesetzten Ergebnis kommen, wenn der Angeklagte das Pedal mit der Wirkung weiteren Gaszustromes festgestellt hätte, anstatt

---

[83] Etwas anderes könnte nur dann gelten, wenn die 16jährige Gisela wegen ihrer Jugend einer selbstverantwortlichen Entscheidung überhaupt unfähig war. Das ist, wie bei der Deliktsfähigkeit Jugendlicher, eine Frage des Einzelfalles (vgl. oben S. 240ff.), die hier aber – offenbar auch nach Meinung des BGH – zu verneinen ist, weil das Mädchen nach den Feststellungen des Urteils „über sein Alter hinaus gereift" war.

[84] Eine andere Auffassung in diesem Punkt vertritt Blei, Prüfe dein Wissen, Strafrecht, Bes. Teil/I[10], 1996, Nr. 44, 35ff. Er meint: „‚Über' den entscheidenden Augenblick hat das Opfer keine Herrschaft, weil dafür *nach* Eintritt von Bewußtlosigkeit, Bewußtseinstrübung oder Bewegungsstörungen kein Raum mehr ist und *vorher* das Opfer nicht weiß, daß gerade jetzt der entscheidende Augenblick herannaht." Mir leuchtet das nicht recht ein, da ja die Bewußtlosigkeit beim Einatmen des Gases nicht wie ein Blitz aus heiterem Himmel, sondern über verschiedene Stadien beginnender Übelkeit und Bewußtseinstrübung eintritt, so daß dem Opfer an einem bestimmten Punkt der Gedanke durch den Kopf schießen wird: „In diesem Moment könntest Du noch die Türe öffnen oder die Scheibe herunterdrehen und Dein Leben retten; tust Du das nicht, so ist es aus." Immerhin bezeichnet der Standpunkt Bleis keine Meinungsverschiedenheit im Bereich der Teilnahmelehre, sondern nur eine unterschiedliche Interpretation der konkreten Entscheidungslage.

[85] A. a. O., 140.

es weiter durchzutreten;[86] denn dann hätte er den Kausalverlauf nur in Gang gesetzt, ohne seinen Tatbeitrag „willensgesteuert fortdauern" zu lassen. Mit einer solchen Differenzierung werden die „Zufälligkeiten des Geschehensablaufs", die das Urteil gerade ausschalten will, für die Strafbarkeit maßgebend. Denn für die an sich auch vom BGH in den Vordergrund gerückte Frage, ob dem anderen „noch die volle Freiheit verbleibt, sich den Auswirkungen zu entziehen oder sie zu beenden", sind die Modalitäten der Gaszuleitung gänzlich bedeutungslos.

Ob Beihilfe zum Selbstmord oder Tötung auf Verlangen vorliegt, hängt also von der Herrschaft über den todbringenden Moment ab. Die Tatherrschaft, für die sonst eine (Mit-)Herrschaft im Ausführungsstadium genügt, verengt sich somit beim Tatbestand des § 216 auf die Herrschaft über den entscheidenden Augenblick. Das muß wegen der den Freitod kennzeichnenden Identität von Täter und Opfer zwangsläufig so sein. Denn da der Getötete – anders als sonst – sein Leben bis zur kritischen Sekunde in der Hand behält, können alle vorangehenden Tätigkeitsakte dem Beteiligten die Herrschaft über Leben und Tod noch nicht verschaffen. Es ist daher nicht so, daß die Tatherrschaftslehre im Falle des § 216 keine befriedigende Abgrenzung böte; das Herrschaftskriterium stellt sich lediglich wegen der singulären Tatbestandsstruktur des § 216 (Zusammenwirken von Täter und Opfer) in einer von den übrigen Tötungsdelikten abweichenden Form dar. Daran ist nichts Sonderbares; es ist nur ein Beweis für die oben[87] geschilderte legitime Tatbestandsbezogenheit des Täterbegriffs, wonach dessen „Erscheinungsformen infolge der variierenden Tatbestandshandlungen ein immer anderes Gepräge erhalten"[88].

Eine abweichende Lösung im Sinne einer unmodifizierten Anwendung der Tatherrschaftslehre hat Herzberg[89] entwickelt. Er folgt ausdrücklich meiner These, daß der Angeklagte und das Mädchen „Mittäter" seien und daß das Opfer dementsprechend einen Selbstmord begangen habe. Doch rechtfertige

---

[86] Vgl. dazu auch Paehler, a. a. O., 648 unten, nach dessen Interpretation es für den BGH darauf ankommt, „ob der Täter den Motor vor oder nach dem Einsteigen der Getöteten angelassen hat".

[87] S. 442.

[88] In diesen Zusammenhang gehört auch ein Urteil des 1. Strafsenats vom 25. 11. 1986 (NStZ 1987, 365), das freilich die Annahme einer Täterschaft als selbstverständlich ansieht und gar nicht erst problematisiert. Hier hatte sich ein alter, aber voll verantwortungsfähiger Arzt mit der Absicht der Selbsttötung ein Narkoanalgetikum eingespritzt. Sein angeklagter Neffe, der den Onkel bewußtlos vorgefunden hatte, hatte ihm auf Grund einer früheren Bitte noch eine weitere Spritze gegeben, die – wie man zu seinen Gunsten annehmen muß – das ohnehin nicht mehr zu rettende Leben des Onkels um nur eine Stunde verkürzt hatte. Der BGH nimmt einen Fall des § 216 StGB an. Wenn man aber die nachhelfende Spritze nicht isoliert als selbständige Todesverursachung würdigt, sondern das gesamte zum Tode führende Geschehen als einheitlichen Vorgang beurteilt, liegt es nahe, eine in eigener Tatherrschaft des Onkels vollzogene Selbsttötung anzunehmen und die nachhelfende Unterstützung des Angeklagten nur als straflose Beihilfe anzusehen. Näher in diesem Sinne Roxin, NStZ 1987, 345ff. Erwartungsgemäß polemisiert gegen eine solche Beurteilung heftig Herzberg, JuS 1988, 771ff. Wichtig zur Gesamtproblematik auch Neumann, JA 1987, 244ff. Vgl. zum Fall BGH NStZ 1987, 365, auch Jakobs, Tötung auf Verlangen, 1998, 31f.

[89] JuS 1975, 38.

dies, meint er, keinen Schluß auf die Straflosigkeit des Angeklagten. „Es gibt keinen Rechtssatz des Inhalts, daß jede Art von Mitwirkung an einem Freitod straflos sei. Dies gilt nur für die Teilnahme i. e. S., d. h. Anstiftung und Beihilfe, weil sie als Bezugstat eine strafbedrohte Handlung voraussetzen. Tritt die Mitwirkung als Mittäterschaft auf, so gelten keine Akzessorietätsregeln. Die gemeinschaftliche Todesbewirkung ist für G Selbstmord, für A Tötung eines anderen Menschen und damit straftatbestandsmäßig."

Doch ist das schwerlich richtig. Denn aus der völlig unbestrittenen Straflosigkeit der aktiven Teilnahme am Selbstmord muß im Gegensatz zur Annahme Herzbergs gefolgert werden, daß man in zurechenbarer Weise jemanden nur töten kann, wenn er sich nicht selbst voll verantwortlich handelnd getötet hat.[90] Andernfalls müßte nicht nur bei Quasi-Mittäterschaft, sondern auch bei Anstiftung und Beihilfe eine Totschlagsbestrafung des Außenstehenden eintreten. Denn im technischen Sinn kann wegen der mangelnden Tatbestandsmäßigkeit des Freitodes von Mittäterschaft, Anstiftung und Beihilfe gleichermaßen nicht die Rede sein; dagegen liegt in allen drei Fällen eine Todesverursachung im Sinne der Äquivalenztheorie vor, die zu einer Bestrafung nach § 212 StGB führen könnte, wenn nicht der selbstverantwortliche Freitod des Betroffenen einen strafbaren Totschlag durch Mitverursacher ausschlösse.

4. Eine Entscheidung des 5. Strafsenats vom 5. 7. 1966[91] behandelt das schwierige Thema der Abgrenzung von Täterschaft und Teilnahme bei Unterlassungen. Die Angeklagte dieses Falles war Inhaberin einer Gastwirtschaft und duldete es, daß vier männliche Stammgäste in den Räumen der Wirtschaft einer jungen Frau, die sich geweigert hatte, mit einem von ihnen zum zweiten Male zu tanzen, gewaltsam das Haupthaar und einen Teil der Schamhaare abschnitten. Die Männer wurden wegen gefährlicher Körperverletzung, Nötigung und Beleidigung verurteilt, während die Angeklagte, die nach Meinung des BGH eine Erfolgsabwendungspflicht hatte, als Mittäterin durch Unterlassen in derselben Weise zur Verantwortung gezogen wurde.

---

[90] Herzberg bestreitet dies wohl vor allem deshalb, weil er die gesetzgeberische Enthaltsamkeit bei der Bestrafung von Selbstmordverursachungen nicht billigt. Denn er betont ausdrücklich, seine Lösung sei „auch rechtspolitisch und vom Rechtsgefühl her billigenswert. Wer auf den Tod eines unglücklich verliebten Mädchens hinwirkt, tut etwas zutiefst Verwerfliches und sollte durch Strafdrohungen davon abgeschreckt werden." Aber dabei wird unbeachtet gelassen, daß der Gesetzgeber dies, wie die Straflosigkeit der Anstiftung beweist, nun einmal nicht getan hat. Auch ist mir nicht zweifelhaft, daß der (zufällig) Überlebende eines Doppelselbstmordes (der zudem im vorliegenden Falle noch nicht einmal der treibende Teil gewesen war) weit weniger strafwürdig ist als ein durch die Tragik des Geschehens unberührter Anstifter, der trotzdem straflos bleibt. Gerade bei Doppelselbstmördern in Fällen der vorliegenden Art ist die präventive Wirkung einer Strafdrohung gleich Null, so daß schon aus diesem Grunde Herzbergs Argument ins Leere geht. In Täterschaft und Teilnahme, 1977, 76 ff., hat Herzberg in Auseinandersetzung mit meiner Kritik seine Argumentation teilweise modifiziert, hält aber in temperamentvollen Ausführungen an seinem die Strafbarkeit überdehnenden Standpunkt fest.

[91] NJW 1966, 1763.

An dieser Entscheidung ist besonders bemerkenswert, daß der BGH nicht der im Schrifttum überwiegenden Ansicht folgt, wonach die vorsätzliche Handlung eines Begehungstäters den Unterlassenden in allen Fällen nur als Gehilfen erscheinen läßt.[92] Er schließt sich vielmehr der vom selben Senat erlassenen Entscheidung BGHSt 8, 393–99[93] an, die bei äußerem Festhalten an der subjektiven Theorie einer mehr objektiven Abgrenzung zuneigte. Die Strafkammer mußte, wie der Senat meint, nicht „feststellen, daß die Angeklagte die Taten der Mitangeklagten als eigene bewirken wollte ... Die Willensrichtung, die den Mittäter vom Gehilfen unterscheidet, ist keine einfach innere Tatsache, die sich feststellen ließe. Was der Beteiligte wollte, ist vielmehr auf Grund aller Umstände, die von seiner Vorstellung umfaßt waren, vom Gericht wertend zu ermitteln." Von den hier maßgebenden Umständen werden unter Berufung auf BGHSt 2, 150ff.[94] „Willensrichtung, Tatherrschaft, Interesse am Taterfolg und Umfang der eigenen Tatbestandsverwirklichung" genannt.

Obwohl hier der Täterwille als „innere Tatsache" ausdrücklich verabschiedet wird, stützt dann aber der Senat die Mittäterschaft der Angeklagten verwunderlicherweise doch allein auf subjektive Kriterien: „Sie billigte das Treiben der vier männlichen Täter und identifizierte sich mit ihnen, wie sie durch ihre Belustigung über deren Handlungsweise zu erkennen gab." Dadurch bleibt das Ergebnis im Bereiche des Zufälligen und Unverbindlichen; denn es hätten sich gewiß auch andere Gesichtspunkte finden lassen, die ein entgegengesetztes Ergebnis gerechtfertigt hätten. Beispielsweise ist weder eine Tatherrschaft noch ein eigenes Interesse oder ein „besonderer Umfang einer Tatbestandsverwirklichung" erkennbar. Warum dies alles zugunsten der täterschaftsbegründenden „Belustigung" der Angeklagten unberücksichtigt bleiben soll, wird nicht gesagt. So trägt das Urteil also zu einer Klärung des verworrenen Standes der Täterlehre wenig bei.

Bemerkenswert bleibt aber immerhin, daß die Entscheidung im Ergebnis auf die oben[95] vertretene Lehre hinausläuft, daß die besondere Pflichtenstellung den Unterlassenden mindestens bei Verursachungstatbeständen schon ohne weiteres zum Täter macht. Diese Auffassung, die in Fällen der vorliegenden Art mit den Lehren von Armin Kaufmann und Grünwald übereinstimmt, denen zufolge bei Unterlassungen eine Differenzierung zwischen Täterschaft und Teilnahme überhaupt nicht möglich sein soll,[96] hat unter dem neuen Recht größere Durchsetzungschancen als bisher. Denn § 13 StGB, der erstmals die Unterlassungsstrafbarkeit gesetzlich regelt, hat auf die noch im E 1962 enthaltene Wendung, daß der Unterlassungsdelinquent „als Täter oder Teilnehmer" strafbar sei, nach der Begründung des Sonderausschusses[97] nur deshalb verzichtet, „um nicht in den dogmatischen Streit um die Frage einzu-

---

[92] Vgl. oben S. 496ff.
[93] Vgl. ausführlich oben S. 96ff.
[94] Oben S. 91f., 490.
[95] S. 458ff.; zur neueren wissenschaftlichen Entwicklung vgl. näher unten S. 750 ff.
[96] Vgl. oben S. 467ff.
[97] Bundestagsdrucksache V/4095, 8.

greifen, ob bei den Unterlassungsdelikten überhaupt eine Unterscheidung zwischen Täterschaft und Teilnahme möglich ist". Da der Gesetzgeber gleichzeitig in Abweichung vom E 1962 für die Unterlassungstäterschaft die schon oben[98] dringend geforderte fakultative Strafmilderung eingeführt hat (§ 13 Abs. 2 StGB), sind alle Schwierigkeiten, die dem im Text entwickelten Lösungsvorschlag vom positiven Gesetz her entgegenstanden, nunmehr ausgeräumt. Es wäre also denkbar, daß die Rechtsprechung bei Unterlassungen, für die das Tatherrschaftsprinzip schlechterdings nicht paßt, künftig zu einer völlig neuartigen Bestimmung des Täterbegriffs käme. Das wird abzuwarten sein. Vom Standpunkt der hier entwickelten Lehre aus wäre die Verurteilung der Gastwirtin als Unterlassungs*täterin* dann jedenfalls im Ergebnis zu Recht erfolgt, wenn ihr auch nunmehr – und mit Recht! – die Milderungsmöglichkeit des § 13 Abs. 2 StGB zugute kommen müßte.

5. Eine besondere Konstellation, die den BGH zu einer Abweichung von seiner sonst gehandhabten subjektiven Teilnahmelehre veranlaßte, lag auch einer Entscheidung des 5. Strafsenats vom 30. 4. 1968[99] zugrunde. Der Angeklagte war vom Schwurgericht wegen Beihilfe zum Mord verurteilt worden, weil er als berufsrichterlicher Beisitzer des Volksgerichtshofs in sieben Fällen der Todesstrafe zugestimmt hatte, die Freisler als Vorsitzender des Senats jeweils vorgeschlagen hatte. Der BGH nahm eine Täterschaft an und meinte, eine Gehilfenbestrafung werde der „rechtlichen Stellung eines Berufsrichters nicht gerecht. Diese folgt und folgte auch zur Tatzeit unmittelbar aus § 1 GVG. Sie kann und konnte nicht durch irgendwelche tatsächlichen Verhältnisse in dem Maße geändert werden, wie das SchwurG annimmt. Als Mitglied eines Kollegialgerichts war der Angeklagte bei der Abstimmung nach dem auch damals geltenden Recht unabhängig, gleichberechtigt, nur dem Gesetz unterworfen und seinem Gewissen verantwortlich.

Seine Pflicht forderte, allein der eigenen Rechtsüberzeugung zu folgen. Das konnte ihm kein anderer, auch kein Vorsitzender von der Art Freislers, abnehmen. Falls also der Angeklagte bewußt gegen seine richterliche Überzeugung von der Rechtslage für das Todesurteil stimmte, so leistete er einen höchstpersönlichen Beitrag und konnte, wenn das Urteil rechtswidrig war, nur Täter, nicht Gehilfe eines Tötungsverbrechens sein."

An dem Urteil fällt auf, in welchem Maße die Täterbeurteilung normativiert wird. Das Ergebnis ist sicher richtig, doch wird man bei der Begründung unterscheiden müssen. Soweit es um ein vorsätzliches Tötungsdelikt geht, haben die Richter, wenn man den „Urteilsspruch" als Mord oder Totschlag betrachtet, im Ausführungsstadium – denn die „Verurteilung" stellt sich als beendeter Versuch dar – einverständlich zusammengewirkt, indem jedes für den Tod stimmende Gerichtsmitglied einen Tatbeitrag leistete, deren Zusammenwirken den Erfolg herbeiführte. Es liegt also eine gemeinsame Tatherrschaft vor, die für jeden, der das Todesvotum mitträgt, die Täterschaft

---

[98] S. 501 ff.
[99] NJW 1968, 1339 f.

begründet, ohne daß seine „innere Einstellung" oder sein „Interesse" dabei irgendeine Rolle spielen können. Die Stellung des Richters nach dem GVG ist für dieses Ergebnis nur insoweit von Bedeutung, als sie dem einzelnen Richter die Funktion zuerteilt, deren Erfüllung ihn nach allgemeinen Grundsätzen der Tatherrschaftslehre zum Täter macht. Wenn der BGH von der Annahme einer Mittäterschaft absieht und die jeweiligen Richter zu Einzeltätern macht, so beruht das auf dem von der Rechtsprechung angenommenen Exklusivitätsverhältnis von Mord und Totschlag, das eine Mittäterschaft ausschließen soll. Nun liegen freilich auch von diesem – verfehlten – Ansatz her die Voraussetzungen vollendeter Täterschaft vor, wenn jeder Richter durch sein Votum den Tod (mit-)verursacht hat. Denkt man den Fall unter diesem Aspekt zu Ende, so entstehen aber schwierige Kausalprobleme, wenn man einmal annimmt, daß schon die übrigen Stimmen für ein Todesurteil ausreichten, die Ursächlichkeit des isoliert gesehenen Einzelvotums also nicht erweislich ist. Das Urteil des BGH hat sich gehütet, solche Erwägungen anzustellen, und auch hier besteht keine Veranlassung, ihnen weiter nachzugehen. Die angedeutete Aporie zeigt nur, daß es jedenfalls richtiger wäre, den Mord als qualifizierten Totschlag zu beurteilen und auf dieser Grundlage die Mittäterschaftskriterien der Tatherrschaftslehre heranzuziehen. Doch bleibt es bemerkenswert, daß der BGH diese Lösung wenigstens im Ergebnis ansteuert und die Unbrauchbarkeit der subjektiven Theorie erkannt hat.

Sieht man auf den Tatbestand der Rechtsbeugung, der freilich nicht Gegenstand des Urteils war, so bestätigen die Darlegungen des BGH über den „höchstpersönlichen" Charakter des rechtsbeugenden Richtervotums die oben[100] entwickelte Theorie, daß es sich hier um ein eigenhändiges Delikt handelt. Doch bedarf es in diesem Zusammenhang keiner näheren Analyse der damit verbundenen Fragen.

6. Die folgenden Urteile bewegen sich wieder ganz in den Bahnen der subjektiven Teilnahmelehre. Eine Entscheidung des 4. Senats vom 3.10.1972[101] beschäftigt sich mit den Voraussetzungen der Mittäterschaft bei der Vergewaltigung, verneint in Übereinstimmung mit der bisherigen Rechtsprechung[102] die Eigenhändigkeit dieses Delikts und folgert daraus für den Fall der Mitwirkung an der Nötigungshandlung: „Täter (Mittäter) der Notzucht kann daher auch sein, wer eine Frau dazu nötigt, den Beischlaf mit einem Dritten zu dulden. Wenn sich – wie im vorliegenden Fall bei B – der Tatbeitrag des Teilnehmers auf die Nötigungshandlung beschränkt, ist es aber geboten, die innere Tatseite sorgfältig zu prüfen ... Es muß geklärt werden, ob der Betreffende die Nötigungshandlung als eigene gewollt hat. In der Regel kann die Tatsache, daß ein Beteiligter selbst an dem Opfer geschlechtliche Befriedigung suchen möchte, als Anzeichen dafür gewertet werden, daß er durch seine Mitwirkung an der Tat sein eigenes Vorhaben fördern will ... Fehlt es aber

---

[100] S. 428 ff.
[101] Bei Dallinger, MDR 1973, 17.
[102] Vgl. dazu im einzelnen oben S. 416 ff.

an solchen Anzeichen, so bedarf es einer näheren Begründung, inwiefern sich aus dem Tatbeitrag der Täterwille und damit die Mittäterschaft ergibt. Im gegebenen Fall blieb die Möglichkeit offen, daß B nur seinem Bekannten A helfen wollte, ... zu dem Geschlechtsverkehr mit Frau C zu kommen. In diesem Fall hat B die Nötigung nicht in seinem Interesse als eigene Handlung gewollt; er kann nicht als Täter, sondern nur wegen Beihilfe zur ... Notzucht bestraft werden."

Diese Begründung verdiente schon nach der früheren Tatbestandsfassung des § 177 StGB keinen Beifall. Denn mit der Nötigungshandlung verwirklichte der B eigenhändig eine Tatbestandshandlung und erfüllte in „arbeits"-teiligem Zusammenwirken mit dem „Beischläfer" den Tatbestand des § 177 StGB in gemeinsamer Tatherrschaft. Damit liegt eine Mittäterschaft vor, ohne daß es auf irgendein Interesse oder einen „Täterwillen" noch ankäme. Die Beliebigkeit der vom BGH verwendeten subjektiven Formeln, die dem Gericht im konkreten Fall im Gegensatz zur hier vertretenen Meinung eine Beihilfe als näherliegend erscheinen lassen, zeigt ein Vergleich mit dem Urteil desselben Senats,[103] wo schon eine gänzlich tatbestandsirrelevante Begleithandlung (ein anfeuernder Zuruf) als für eine Mittäterschaft bei der sexuellen Nötigung (§ 177 n. F. StGB) ausreichend angesehen wurde. Hier hatte das Gericht einfach aus dem „anfeuernden Zuruf geschlossen", daß der Angeklagte „das unsittliche Verhalten der anderen ... als seine eigene Tat gewollt" habe. Es war also nicht die Rede davon gewesen, daß der fehlende Wunsch nach eigener sexueller Betätigung gegen einen Taterwillen spreche. Diese von jeder Tatherrschaft absehende Bejahung der Täterschaft war freilich genauso verfehlt, wie es im vorliegenden Fall die Annahme einer Beihilfe trotz eigenhändiger Nötigung wäre. Auf die Frage, ob der Handelnde persönlich sexuelle Befriedigung sucht oder nicht, kann es für die Abgrenzung von Täterschaft und Teilnahme schon deswegen nicht ankommen, weil für die Beeinträchtigung des durch § 177 StGB geschützten Rechtsgutes die Vornahme der Nötigung von durchaus gleichrangiger Bedeutung ist.

Den Folgerungen, die sich aus der hier vertretenen Auffassung für die Abgrenzung von Täterschaft und Teilnahme bei § 177 StGB schon nach bisherigem Recht ergaben, hat sich der Gesetzgeber jetzt bei der Neuformulierung des Tatbestandes offensichtlich angeschlossen. Wenn es nunmehr heißt: „Wer eine andere Person ... nötigt" (§ 177 Abs. 1 StGB), so wird ganz deutlich, daß der eigenhändig Nötigende den vollen Tatbestand auch dann erfüllt, wenn er nur den Beischlaf zugunsten eines Dritten erzwingen will. In einem Fall wie dem vorliegenden müßte deshalb nun schon auf Grund des § 25 Abs. 1 StGB („wer die Tat selbst begeht") ohne Rücksicht auf die „innere Tatbestandsseite" eine Täterschaft des B angenommen werden.

7. Um Probleme der Mittäterschaft ging es auch in einem Urteil des 2. Strafsenats vom 4. 4. 1973[104] zum Tatbestand der räuberischen Erpressung.

---

[103] Vgl. dazu näher oben S. 281.
[104] BGH bei Dallinger, MDR 1973, 729.

A hatte sich an einem Überfall auf die Zweigstelle einer Sparkasse beteiligt, in dessen Verlauf der Mittäter B durch Drohung mit einem geladenen Gewehr die Herausgabe von über 22 000 DM erzwang. A hatte bei der Vorbereitung der Tat intensiv mitgewirkt. „Bei der Ausführung der Tat gab er sich zwar nicht als Beteiligter zu erkennen, lieferte aber dadurch einen wichtigen Beitrag, daß er gemäß vorheriger Absprache durch sein Verhalten in der Schalterhalle dem Mittäter das Fehlen besonderer Hindernisse anzeigte."

Der BGH meint, A könne nur dann als Mittäter bestraft werden, wenn er den „Täterwillen" gehabt habe, der hier ganz mit dem „Interesse" gleichgesetzt wird. Dabei lag das Problem darin, daß A nichts von den 22 000 DM erhalten, sondern nur an einem Autoverleihunternehmen beteiligt werden sollte, das die beiden mit dem gestohlenen Geld des B und dem legal erworbenen Kapital des A kaufen wollten. Dazu heißt es im Urteil: „Der Annahme der Mittäterschaft steht nicht entgegen, daß die Beute der Tat selbst nur dem Mittäter zugute kommen sollte. Denn Erpressung kann auch begehen, wer in der Absicht handelt, einen Dritten zu Unrecht zu bereichern (§ 253 StGB). Daß der Dritte sich hier als Mittäter an der Tat beteiligte, ändert daran nichts. Entscheidend für die Frage der Mittäterschaft des A ist allein, daß dieser mittelbar auch ein eigenes Ziel verfolgte, nämlich den Erwerb des Autoverleihunternehmens."

Vom hier vertretenen Standpunkt aus war eine Mittäterschaft allein auf Grund des Umstandes anzunehmen, daß A und B im Ausführungsstadium arbeitsteilig zusammenwirkten, indem B das Geld an sich nahm und A diese Tathandlung von der Schalterhalle aus absicherte.[105] Denn schon dadurch begingen die beiden „die Straftat gemeinschaftlich" i. S. des § 25 Abs. 2 StGB, weil beide die Tatherrschaft innehatten. Dagegen kommt es weder auf die Tätigkeit des A im Vorbereitungsstadium noch darauf an, ob er mit der Tat – sei es auch nur mittelbar – „auch ein eigenes Ziel verfolgte". Es ist nicht einzusehen, wieso die Art der späteren Beuteverwertung die Rolle des A bei der Tatausführung beeinflussen sollte. Schon der Wortlaut des § 253 StGB („um ... einen Dritten zu Unrecht zu bereichern") zeigt doch deutlich genug, daß nach dem Willen des Gesetzgebers auch „altruistische" Handlungen den Tatbestand erfüllen und damit die Täterschaft begründen sollen. Es wird überhaupt schwerlich irgendeine Tatbeteiligung geben, bei der sich nicht nach Belieben ein „mittelbar eigenes" Ziel konstruieren ließe. Deshalb wäre es wünschenswert, wenn die Rechtsprechung sich in Zukunft von solchen vagen subjektivistischen Formeln lösen könnte. Im Ergebnis verdient das vorliegende Urteil aber immerhin Beifall.

8. Ein Urteil des 1. Senats vom 12. 3. 1974[106] macht sich noch einmal die extrem subjektive Theorie mit allen Konsequenzen zu eigen. Es ging um einen Fall der (sukzessiven) Mittäterschaft beim Mord. A und B hatten den X

---

[105] Zur Mittäterschaft als „funktioneller Tatherrschaft" vgl. im einzelnen oben S. 277 ff.
[106] Bei Dallinger, MDR 1974, 547; ausführliche Kritik bei Schöneborn, ZStW 87 (1975), 902 ff. (904 ff.).

mit Schlägen auf den Kopf, Messerstichen und Fußtritten mißhandelt, während der C, der Angeklagte des vorliegenden Falles, sich zunächst ferngehalten hatte. Erst als B dem C ein Messer mit den Worten in die Hand drückte „Sei kein Feigling, komm stich auch", stieß dieser dem bereits zu Boden gegangenen Opfer die Messerklinge in den Bauch und ließ sie dort stecken.

In der Frage der Mittäterschaft stellt der BGH in ganz konventioneller Weise auf die „innere Willensrichtung" ab und meint zunächst: „Ob ein Beteiligter dieses enge Verhältnis zur Tat wünscht, ist nach den gesamten Umständen zu beurteilen"; dabei werden auch „der Umfang der Tatbeteiligung und die Tatherrschaft" genannt. Doch soll es darauf nicht entscheidend ankommen: „Die eigenhändige Ausführung kann zwar für die Annahme einer Täterschaft oder Mittäterschaft sprechen. Doch gilt dies nicht schlechthin; denn wer selbst alle Tatbestandsmerkmale in seiner Person erfüllt, kann als bloßer Gehilfe angesehen werden, sofern sein Wille dahin ging, nur eine fremde Tat zu unterstützen … Das eigenhändige Zustechen in dem Bestreben, nicht als Feigling in den Augen der anderen zu erscheinen, spricht eher dafür, daß er sich deren Willen untergeordnet hat. Auch die Anwesenheit am Tatort und die bloße Kenntnis des Vorgehens der anderen, selbst die nachträgliche Billigung genügen nicht zur Annahme der Mittäterschaft."

Diese Thesen gehen in Wirklichkeit noch weit über das Staschynskij-Urteil hinaus. Denn während dort immerhin eine nötigungsähnliche Lage bestand, kann das hier vorliegende nichtige Motiv, in den Augen von Mördern nicht als „Feigling" zu erscheinen, kaum auch nur bei der Strafzumessung zugunsten des Handelnden ins Gewicht fallen. Nun aber soll es über die Annahme der Beihilfe zu obligatorischer Strafmilderung führen! Es ist klar, daß ein Urteil wie dieses nach dem neuen § 25 Abs. 1 StGB nicht mehr möglich sein kann.

9. Unter der Geltung des neuen § 25 StGB hat der 1. Senat in einem Urteil vom 17.3.1977[107] die Akzente etwas anders gesetzt. Es ging hier – der Sachverhalt wird nicht mitgeteilt – anscheinend um einen Raub, anläßlich dessen der BGH sich noch einmal grundsätzlich zur Abgrenzung von Mittäterschaft und Beihilfe äußert. Der Angeklagte hatte weder Gewalt angewendet noch die Beute selbst weggenommen. Er hatte aber „eine Reihe fördernder Beiträge erbracht, ohne welche die Tat nicht oder doch nicht so hätte begangen werden können. Er wirkte als Mittäter bei der Wegnahme des Fahrzeugs mit, mit dem der Komplize zum Tatort fuhr und in dem er sich nach dem Überfall aus der unmittelbaren Nähe des Tatortes entfernte; er stellte seinen PKW als Fluchtauto bereit und steuerte ihn; er erhöhte die Gefährlichkeit der Tatwaffe (einer Schrotflinte) durch Absägen des Laufes." Außerdem erhielt er abredegemäß einen Teil der Beute.

Die Strafkammer hatte den Angeklagten nur als Gehilfen verurteilt. Demgegenüber stellt der BGH in Übereinstimmung mit der bisherigen Rspr. noch einmal fest, objektive Voraussetzung der Mittäterschaft sei nicht eine Mitwir-

---

[107] GA 1977, 306.

kung im Ausführungsstadium, sondern „lediglich ein die Tatbestandsverwirklichung fördernder Beitrag, der sich auf eine Vorbereitungs- oder Unterstützungshandlung beschränken kann". Der Angeklagte sei daher auf Grund
seiner Tatbeiträge Mittäter, „wenn er die Tat als eigene wollte". Dieser Täterwille jedoch soll im Anschluß an eine ebenfalls schon gefestigte Rechtspre-
chungstradition „auf Grund aller Umstände ... in wertender Betrachtung"
ermittelt werden. Für die danach vorzunehmende Wertung besagten „die
Erklärungen des Angekl. über seine inneren Vorbehalte und Distanzierungen
kaum etwas". Maßgebend sei vielmehr das eigene „Interesse an der Tat"
sowie die „Mitbeherrschung des Ob und Wie des Geschehensablaufs".

Im Gegensatz zu der unter Nr. 8 behandelten Entscheidung werden hier
also „innere Vorbehalte und Distanzierungen" als (fast) belanglos beurteilt.
Als wirkliche Täterkriterien erscheinen das Interesse und die Teilhabe an der
Tatherrschaft. Da der BGH beide als gegeben ansieht, muß er ohne weiteres
zur Annahme der Mittäterschaft kommen. Dem kann man im Ergebnis auch
vom hier vertretenen Standpunkt aus zustimmen. Allerdings gründet sich
danach die Mittäterschaft allein auf die Ermöglichung der Flucht durch den
Angeklagten; dieser vor der Tat zugesagte und vor ihrer materiellen Beendi-
gung (also noch im Ausführungsstadium) geleistete Beitrag war für das
Gelingen des Verbrechens wesentlich und verschaffte dem Angekl. die funktionelle Tatherrschaft. Die Lieferung von Hilfsmitteln für die Ausführung
(Auto, Flinte) würde dagegen (entsprechend der Lieferung von Einbruchs-
werkzeugen) nur eine Beihilfe begründen. Auch das eigene Interesse des
Angekl. könnte daraus keine Mittäterschaft machen; daß Gehilfen mit einem
Beuteanteil bezahlt werden, ist üblich und kann die Beteiligungsverhältnisse
nicht beeinflussen.

10. Ein weiteres Urteil des 1. Strafsenats vom 7.6.1977[108] behandelt die
Mittäterschaft bei der Vergewaltigung und kommt dabei zu einer Lösung, die
von der extrem subjektiven Theorie, die derselbe Senat noch im Jahre 1974
vertreten hatte (oben Nr. 8, S. 577), radikal abweicht. Der Fall lag so, daß der
Angekl. bei einer Vergewaltigung „lediglich ein Bein des Opfers festhielt, um
dem Mitangeklagten den Geschlechtsverkehr zu ermöglichen", den er selbst
„weder vollzog noch vollziehen wollte". Der Senat nimmt ohne weiteres eine
Mittäterschaft an und stützt sich dabei auf den durch das 4. Strafrechtsreformgesetz geänderten Wortlaut des § 177 StGB (zum heutigen, schon wieder geänderten Wortlaut vgl. oben Nr. 6, S. 575), wonach den Tatbestand
erfüllt, „wer eine Frau zum außerehelichen Beischlaf mit ihm oder einem
Dritten nötigt". Der BGH folgert:[109] „Was aber für die Alleintäterschaft
genügt, reicht auch für die Mittäterschaft aus: Eine Vergewaltigung begeht
auch der Tatgenosse, dessen Tatbeitrag auf das Nötigen beschränkt sein soll
und beschränkt bleibt. Auf zusätzliche Erfordernisse (wie ein eigenes Tatinteresse oder das Wollen der Tat als eigene) kommt es ebensowenig wie beim
Alleintäter an."

---

[108] BGHSt 27, 205 ff.
[109] A. a. O., 206 f.

Das verdient im Ergebnis wie in der Begründung uneingeschränkten Beifall. Der Angekl. war Mitträger der Tatherrschaft, weil er durch das Festhalten des Opfers einen wesentlichen Beitrag im Ausführungsstadium geleistet hatte. Wenn der BGH meint, daß das eigene Interesse oder das Wollen der Tat als eigene irrelevant seien, so ist das eine völlig zutreffende Aussage. Sie basiert aber auf der Prämisse, daß derjenige, der eigenhändig den Tatbestand erfüllt, immer Täter sei! Diese Annahme ist richtig, aber sie steht in diametralem Widerspruch zu der Entscheidung desselben Senats vom 12. 3. 1974 (oben Nr. 8), wonach bei fehlendem Täterwillen auch der nur Gehilfe ist, der „selbst alle Tatbestandsmerkmale in seiner Person erfüllt". Ich habe oben (S. 578) vermerkt, daß eine solche Auffassung „nach dem neuen § 25 Abs. 1 StGB nicht mehr möglich" sei, und es ist denkbar, daß der Meinungsumschwung des 1. Senats tatsächlich auf dem Wortlaut des neuen § 25 Abs. 1 StGB beruht („Als Täter wird bestraft, wer die Straftat selbst ... begeht"). Dann hätten wir in diesem Urteil die Abkehr von der extrem-subjektiven Theorie, die in der Tat gesetzlich geboten ist (vgl. oben S. 546 ff.) und die inzwischen auch das OLG Stuttgart[110] und die spätere BGH-Rechtsprechung ausdrücklich vollzogen haben (vgl. die Nachweise oben S. 547). Ob der BGH schon im vorliegenden Urteil eine so grundsätzliche Entscheidung treffen wollte, ist jedoch zweifelhaft, weil die Gründe des Urteils auf den Vergewaltigungstatbestand zugeschnitten sind und den § 25 I StGB nicht einmal erwähnen. Es bleibt daher undeutlich, welche Tragweite der Entscheidung nach Meinung des BGH zukommen soll.

11. Ein Urteil des 1. Strafsenats vom 13. 3. 1979[111] betrifft einen Sachverhalt, in dem der Angekl. zusammen mit zwei Frauen einen Banküberfall verabredet und dabei eine wesentliche Funktion übernommen hatte: Er sollte sich das Geld in eine Plastiktüte füllen lassen, während die beiden Frauen mit ihrer Pistole das Personal und etwaige Kunden der Bank in Schach halten sollten. Außerdem hatte der Angekl. Tatbeiträge im Vorbereitungsstadium geleistet (psychische Unterstützung, Diebstahl eines zur Tat benutzten Fahrrades, Auskundschaften des Tatortes). Ferner hatte er Interesse an dem Geld, das er zur Tilgung von Schulden und zur Deckung seines Lebensbedarfes benötigte.

Wenn der Plan in der vorbereiteten Form zur Ausführung gekommen wäre, wäre der Angekl. unter jedem denkbaren Gesichtspunkt Mittäter gewesen. Die Besonderheit des Falles liegt aber darin, daß der Angekl. auf dem Wege zur Bank – also noch im Vorbereitungsstadium – Bedenken bekam. Er entfernte sich, während die beiden Frauen den Bankraub allein ausführten. Er erhielt an der Beute insofern einen Anteil, als eine der beiden Frauen mit ihm zusammenlebte, so daß das auf sie entfallende Geld auch zur Befriedigung seiner Bedürfnisse diente. Ein strafbefreiender Rücktritt des Angekl. kam bei dieser Sachlage nicht in Frage, weil seine im Vorbereitungsstadium geleisteten

---

[110] NJW 1978, 715.
[111] BGHSt 28, 346 ff. (348 f.).

Beiträge weiterwirkten und von ihm nicht rückgängig gemacht worden waren.

Bei der Frage, ob der Angekl. als Mittäter oder Gehilfe des vollendeten Raubes zu beurteilen sei, stand das Gericht vor dem Problem, daß ein Interesse des Angekl. zu bejahen, eine Tatherrschaft aber zu verneinen war: „Für die Beurteilung fallen ... einerseits das eigene, zur Tat drängende Interesse des Angeklagten (der Geld zur Schuldentilgung und zur Deckung des Lebensbedarfs benötigte) und andererseits der Umstand, daß der Angeklagte das Ob und Wie des eigentlichen Geschehensablaufs nicht mehr beherrschte, besonders ins Gewicht."[112] Bei der Abwägung der beiden widerstreitenden Gesichtspunkte neigt der BGH im vorliegenden Fall zur Annahme einer bloßen Beihilfe. Zwar könne die fehlende Tatherrschaft des Angekl. „nichts an der inneren Einstellung ändern, mit welcher er seine Tatbeiträge erbrachte. Da sie für die wertende Betrachtung aber nur ein Gesichtspunkt neben anderen ist ..., entscheidet sich die Frage, ob der Angeklagte Mittäter oder Gehilfe war, nicht schon und nicht allein auf Grund dieser, das Stadium der Vorbereitung nicht überdauernden Einstellung."

Das Urteil ist nach den Maßstäben der Tatherrschaftslehre im Ergebnis völlig zutreffend. Es bedeutet, wie später auch der Beschluß des 1. Senats vom 25.3.1982 (unten Nr. 64.5, S. 629), einen deutlichen Schritt auf die Tatherrschaftslehre zu. Zwar ist das „Interesse" als Täterkriterium nicht, wie es geboten wäre, verabschiedet worden. Aber es erfährt doch eine erhebliche Relativierung, indem es trotz vielfältiger Beiträge im Vorbereitungsstadium bei gänzlich fehlender Tatherrschaft als zur Begründung der Täterschaft nicht ausreichend angesehen wird.

12. Ein Urteil des 2. Strafsenats vom 4.3.1981[113] behandelt den Fall einer Körperverletzung in mittelbarer Täterschaft durch die Verursachung der Selbstschädigung eines Unzurechnungsfähigen. Der Angeklagte hatte einem anscheinend Geisteskranken ins Krankenhaus Schnapsflaschen mitgebracht und ihn dadurch mehrfach in Volltrunkenheit versetzt. „Wem ... im Hinblick auf Recht oder Unrecht das Hemmungsvermögen gänzlich fehlt, dem wird man es auch im Hinblick auf den Wert der Erhaltung der eigenen Gesundheit nicht zusprechen können", meint der BGH.[114] Das ist freilich nur eine Erfahrungsregel, die im konkreten Fall überprüft und bestätigt werden muß.[115] Abgesehen davon stimmt die von jeder Bezugnahme auf subjektive Kriterien freie Entscheidung mit der Konzeption der Tatherrschaftslehre durchaus überein. Im Bereich der mittelbaren Täterschaft dürfte die Tatherrschaft als entscheidendes Kriterium auch in der Rechtsprechung anerkannt sein.[116]

---

[112] Hier und im folgenden a. a. O., 349.
[113] BGH, bei Holtz, MDR 1981, 631 f.
[114] Unter wörtlicher Bezugnahme auf meine Darlegungen in LK[11], 1993, § 25, Rn. 127.
[115] Vgl. oben S. 236 f.
[116] Das wird von den nachfolgenden Urteilen (Nr. 16, S. 585 ff., Nr. 29, S. 602 ff.) eindeutig bestätigt.

13. Um die Abgrenzung zwischen Mittäterschaft und Beihilfe geht es schließlich wieder in einem Urteil des 5. Strafsenats vom 15.9.1981.[117] Der Angekl. hatte mit einer Gruppe von Glaubensgenossen zu den sog. Moschee-Leuten gehört und mit ihnen einen gewalttätigen Angriff auf die Leute vom Arbeiterverein ausgeführt. Es steht fest, daß er mit einem Messer bewaffnet auf die gegnerische Gruppe losgestürmt war; doch ließ sich nicht nachweisen, daß er wirklich zugestochen oder sonst mit eigener Hand Verletzungen zugefügt hatte. Freilich war er von vornherein als einer der Führer der Angreifer aufgetreten; er „erteilte den Moschee-Leuten noch gegen Ende der Zusammenstöße Befehle, die befolgt wurden". Der BGH verurteilt den Angeklagten als Mittäter: „Wegen gemeinschaftlicher Körperverletzung kann auch bestraft werden, wer die Verletzung nicht mit eigener Hand ausführt, jedoch auf Grund eines gemeinschaftlichen Tatentschlusses mit dem Willen zur Tatherrschaft zum Verletzungserfolg beiträgt." Diese Voraussetzungen täterschaftlicher Mitwirkung sieht der BGH hier als gegeben an.

Das Urteil verdient Zustimmung. Das Verhalten des Angeklagten ist ein geradezu klassischer Fall von Mittäterschaft; indem er am Tatort das Geschehen leitete, hatte er bei Ausführung der Körperverletzungen eine zentrale Funktion inne. Bemerkenswert ist, daß der BGH als Täterkriterium neben dem gemeinschaftlichen Tatentschluß allein den „Willen zur Tatherrschaft" nennt. Man darf annehmen, daß damit eine – hier ja auch vorliegende – reale Tatherrschaft gemeint ist und das Abstellen auf den „Willen zur Tatherrschaft" eine Konzession darstellt, die das Urteil in Übereinstimmung mit der subjektiven Teilnahmetheorie halten soll.

14. Das Urteil des 4. Strafsenats vom 26.1.1982[118] ist die erste von drei richtungweisenden Entscheidungen zur mittelbaren Täterschaft (neben unten Nr. 16, S. 585 ff., und Nr. 29, S. 602 ff.). Der Angeklagte hatte seinen Nebenbuhler töten wollen. Zu diesem Zweck überredete er G., C. und Ü. durch das Versprechen hoher Beute zu einem Raubüberfall auf das Opfer. Zur Durchführung der Tat gab er ihnen eine Plastikflasche mit, die angeblich ein dem Opfer einzuflößendes Schlafmittel, in Wirklichkeit aber tödlich wirkende Salzsäure enthielt. Die Mittelsmänner öffneten unterwegs aus Neugier die Flasche, stellten fest, daß sie eine gefährliche Säure enthielt und nahmen daraufhin von der Tat Abstand. Der Angeklagte versuchte nunmehr, die Tat auf anderem Wege durchzuführen. Er übergab A eine Flasche, die angeblich essigsaure Tonerde, in Wahrheit aber tödliches Gift enthielt. A sollte mit dieser Flüssigkeit das Opfer anspritzen und es so veranlassen, vorübergehend ein Krankenhaus aufzusuchen, damit der Angeklagte seine Wohnung ausrauben könne. A durchschaute den Plan jedoch und übergab die Flasche der Polizei.

Das für die Täterlehre interessante Problem liegt darin, ob in beiden Fällen ein Mord in mittelbarer Täterschaft vorliegen würde, wenn die Tat wie geplant zur Ausführung gekommen wäre. Ob bei Annahme einer mittelbaren

[117] NStZ 1982, 27.
[118] BGHSt 30, 363–366.

Täterschaft in der gegebenen Situation jeweils schon ein Versuch oder noch eine Vorbereitung vorlag, ist ein zweites, noch schwierigeres Problem, das aber in diesem Zusammenhang vernachlässigt werden kann.[119] Auch der unbestreitbare Umstand, daß bei durchgeführter Tat eine Anstiftung zum Raub (im ersten Fall) und zu einer Körperverletzung (in beiden Fällen) vorgelegen hätte, bedarf keiner näheren Erörterung.

Der BGH nimmt eine mittelbare Täterschaft an, die nach seiner Meinung u. a. dann vorliegt, „wenn der Tatmittler infolge eines vom mittelbaren Täter erregten oder ausgenutzten Irrtums nicht vorsätzlich handelt, aber auch, wenn der Tatmittler infolge des Irrtums glaubt, eine minder schwere Straftat zu begehen (vgl. Roxin in LK[10], 1978, § 25, Rn. 59, 78)"[120]. So liegt der Fall hier. „Der Angeklagte täuschte die von ihm ausgewählten Tatmittler zwar nicht darüber, daß sie eine strafbare Handlung begehen sollten. Er verheimlichte ihnen aber Tatumstände, die den Tatbestand einer schwereren Straftat begründeten, als die Tatmittler sie sich vorstellten."

Die Entscheidung verdient vom Standpunkt der Tatherrschaftslehre aus vollen Beifall. Denn im Hinblick auf die geplante Tötung des Opfers sollten alle vom Angeklagten aufgeforderten Mittler nur als vorsatzlose „Werkzeuge" eingesetzt werden. Daß sie hinsichtlich eines Raubes bzw. einer Körperverletzung vorsätzlich handeln sollten und insoweit nur angestiftet werden konnten, ändert nichts an der mittelbaren Täterschaft bei der Tötung. Denn die Tatherrschaft ist „Tatbestandsherrschaft" und damit tatbestandsbezogen: Die Irrtumsherrschaft des Hintermannes bezog sich nach dem Tatplan nur auf die Tötung, nicht auf die sonst zu begehenden Delikte, so daß auch nur insoweit eine mittelbare Täterschaft angenommen werden kann.

Trotz dieser ziemlich eindeutigen Rechtslage ist um das Urteil eine heftige Polemik entbrannt. Sippel[121] hat die Meinung vertreten, daß nur eine Strafbarkeit wegen versuchter Anstiftung zum Raub (§§ 249, 250, 30 Abs. 1 StGB) in Betracht komme und ist damit bei Spiegel[122] und Teubner[123] auf berechtigten und energischen Widerspruch gestoßen. Sippel lehnt eine Tatherrschaft des Hintermannes in beiden Fällen ab, weil die Aufgeforderten sich bewußt waren, eine schwere Straftat zu begehen. Sie konnten sich – um es am ersten Sachverhalt zu verdeutlichen[124] – „völlig frei zur Begehung des angesonnenen Raubes entschließen … Wenn auch … den ‚Tatmittlern' nicht bewußt gewesen ist, daß durch ihr Verhalten J. zu Tode kommen sollte, so mußten sie doch ihre Hemmungen überwinden, einen schweren Raub zu begehen."

Hier wird die Tatbestandsbezogenheit des Täterbegriffs verkannt:[125] Täterschaft ist immer Tatbestandsverwirklichung (vgl. S. 650ff.), so daß bei einer

---

[119] Wie der BGH für Versuch Roxin, HRR-AT, 1998, 187, zu Fall Nr. 52, sowie in Roxin, AT/2, 2003, § 29, Rn. 242ff.
[120] Hier und im folgenden a. a. O., 365.
[121] NJW 1983, 2226ff.; ders., NJW 1984, 1866; ders., JA 1984, 480f.
[122] NJW 1984, 110; ders., NJW 1984, 1867.
[123] JA 1984, 144f.
[124] NJW 1983, 2227f.
[125] Richtig Stein, Beteiligungsformenlehre, 1988, 291 bei und in Anm. 17.

Tötung eine mittelbare Täterschaft mit Hilfe eines unvorsätzlichen Tatmittlers nicht mit Erwägungen abgelehnt werden kann, die sich auf einen ganz
anderen Tatbestand beziehen. Doch ist Sippels Mißverständnis insofern
fruchtbar, als es die Gefährlichkeit zweier in der Literatur verbreiteter Thesen
zeigt: der grundsätzlichen Ablehnung des „Täters hinter dem Täter" und der
Übertragung des von mir nur für die Nötigungsfälle entwickelten Verantwortungsprinzips auf die Fälle der Willensherrschaft kraft Irrtums (näher dazu
unten S. 696 ff.). Denn wenn man die Tatsache allein, daß der Aufgeforderte
vorsätzlich-schuldhafter und damit verantwortlicher Täter einer Straftat ist,
der aus den ihm bekannten Umständen genügend Hemmungsmotive schöp-
fen könnte, zur Ablehnung einer mittelbaren Täterschaft genügen lassen
wollte, könnte man in der Tat zu einer bloßen Anstiftung kommen. Aber solche Konstruktionen widerlegen sich schon vom Ergebnis her. Man würde
unter dem Gesichtspunkt der Tötung immer dann straflos bleiben, wenn man
sich dazu eines im Hinblick auf die Tötung ahnungslosen Tatmittlers bedient,
dem man vorspiegelt, er solle ein anderes, noch so geringfügiges Delikt (z. B.
eine Sachbeschädigung) begehen. Das wäre kein diskutabler Lösungsansatz.

15. In einem Beschluß des 1. Strafsenats vom 19. 5. 1983 [126] ging es um die
Abgrenzung von Mittäterschaft und Beihilfe bei Diebstählen. Der Angeklagte
war für verschiedene Komplizen „als Fahrer zu umfangreichen Diebestouren
tätig. Es war eine Arbeitsteilung in der Weise vereinbart, daß der Angekl. als
Fahrer und als Transporteur der Diebesbeute tätig war", während seine Komplizen die Diebstähle ausübten und die Diebesbeute jeweils zum Fahrzeug
brachten. Der Angeklagte erhielt für jede Fahrt mindestens 100 DM und
anstatt Bargeld oft auch Ware aus der Diebesbeute. Dabei äußerte er häufig
vor Beginn der Diebestouren, welche Gegenstände er erhalten wolle.
Der BGH beurteilt das Verhalten des Angeklagten nur als Beihilfe und
stützt sich dabei auf seine normative Kombinationstheorie, die – bei unklarer
Gewichtung – auf das Eigeninteresse, den Umfang der Tatbeteiligung und die
Tatherrschaft abstellt. Dabei soll eine Beihilfe deshalb vorliegen, weil „das
Fixum von 100 DM … ohne Rücksicht auf den Erfolg der Diebestaten … ein
distanzierteres Verhältnis zu den Diebstählen erkennen" lasse, „als es üblicherweise der Täter solcher Straftaten hat". Auch vermißt der BGH Hinweise darauf, „welchen Einfluß der Angekl. auf die Planung, Vorbereitung
und Durchführung der Taten hatte".
Der Beschluß verdient keine Zustimmung. Denn der Angeklagte hat in
Arbeitsteilung mit seinen Komplizen im Ausführungsstadium einen wesentlichen Tatbeitrag geleistet und damit einen gleichwertigen Anteil an der Tatherrschaft gehabt. Wenn der BGH ein anderes Ergebnis aus der Zusage eines
Fixums herleiten will, so soll dies anscheinend ein fehlendes Interesse am
Gelingen der Diebstähle („ein distanzierteres Verhältnis zu den Diebstählen")
begründen. Aber abgesehen davon, daß ein fehlendes Interesse bei vorhande-
ner Mitherrschaft die Täterschaft nicht ausschließen kann, wird man ein prin-

---

[126] StrV 1983, 501; abweichend wird das Urteil bei Küpper, GA 1986, 440, interpretiert.

zipielles Interesse des Angeklagten am Gelingen der Diebstähle, von dem sein Erwerb abhing, nicht leugnen können, zumal er auch bestimmte Beutestücke verlangte (was der BGH ganz außer Betracht läßt). Überhaupt leuchtet es nicht ein, daß nicht der Anteil an der Tatherrschaft, sondern die Art und Weise der Belohnung über die Täterschaft entscheiden soll. Das weitere Monitum des BGH, daß Hinweise auf „Planung, Vorbereitung und Durchführung der Tat" im Hinblick auf den Angeklagten fehlten, kann dessen Mittäterschaft ebenfalls nicht in Frage stellen. Denn auf jeden Fall ist der Angeklagte in die Planung eingetreten, und das genügt für eine Mittäterschaft. Und sein maßgeblicher Anteil an der Durchführung der Taten liegt ebenfalls klar zutage, so daß es insoweit keiner weiteren Feststellungen bedarf.

16. Einen der seltsamsten Fälle der höchstrichterlichen Rechtsprechung hat der 1. Strafsenat in einem Urteil vom 5. 7. 1983[127] entschieden. In diesem sog. „Sirius-Fall" ging es um die Abgrenzung mittelbarer Tötungstäterschaft von der straflosen Selbsttötungsteilnahme. Der Angeklagte hatte einer jungen Frau vorgeschwindelt, er sei ein Bewohner des Sternes Sirius und könne ihr zu einem neuen und höheren Leben verhelfen, wenn sie sich von ihrem alten Körper trenne. Sie solle sich in eine Badewanne setzen und einen eingeschalteten Fön in das Badewasser fallen lassen. In einem roten Raum am Genfer See stehe für sie ein neuer Körper bereit; in diesem Körper werde sie nach ihrem scheinbaren Unfalltod erwachen. Allerdings brauche sie in ihrem neuen Leben Geld; daher solle sie eine Lebensversicherung abschließen, die bei Unfalltod 500000 DM zahle und ihn, den Angeklagten, als Bezugsberechtigten bestimme. Er werde ihr dann die Summe nach Genf bringen.

Die junge Frau glaubte dies alles. Sie ließ den Fön in der Hoffnung ins Wasser fallen, sofort in einem neuen Körper zu erwachen. Der Gedanke an einen „Selbstmord im eigentlichen Sinn", durch den „ihr Leben für immer beendet würde", kam ihr dabei nicht. Sie lehnte eine Selbsttötung ab. Der Mensch habe dazu kein Recht.

Der von dem Angeklagten eingefädelte Plan scheiterte schließlich, weil der Fön nicht richtig funktionierte. Der Angeklagte telefonierte bei der jungen Frau an und war erstaunt, daß sie noch lebte. Er gab ihr dann in etwa zehn Telefongesprächen Anweisungen zur Fortführung ihrer Selbsttötungsbemühungen, bevor er dies als aussichtslos aufgab.

Der BGH hält den Angeklagten eines versuchten Mordes in mittelbarer Täterschaft für schuldig. Es handele sich hier um einen Fall, in dem „derjenige, der unter dem Einfluß ... eines anderen Hand an sich legt, weder einen

---

[127] BGHSt 32, 38–43. Im wesentlichen zustimmend die Anmerkungen von Neumann, JuS 1985, 677, Roxin, NStZ 1984, 73, und Schmidhäuser, JZ 1984, 195. Die Anm. Sippel (NStZ 1984, 357) kommt zur mittelbaren Täterschaft durch eine dem Urteil widersprechende Annahme „partieller psychischer Störung des Werkzeuges", während Hassemer (JuS 1984, 148) und Geilen (JK, StGB § 25 I/1) keine klare eigene Stellungnahme erkennen lassen. Zu der Entscheidung vgl. außerdem meinen Kommentar in Roxin, HRR-AT, 1998, 205, zu Fall Nr. 80, sowie in Roxin, AT/2, 2003, § 25, Rn. 70. Klinger, Die Strafbarkeit der Beteiligung usw., 1995, 149 ff. (154), lehnt eine mittelbare Täterschaft oder eine sonstige Strafbarkeit des Hintermannes ab und spricht von einer „Strafbarkeitslücke".

der psychischen Zustände aufweist, die § 20 StGB nennt, noch sich in einer Notstandslage im Sinne von § 35 StGB befindet, sondern durch Täuschung zur Vornahme der Tötungshandlung bewogen wird …"[128]. Inwieweit eine durch Täuschung bewirkte Selbsttötung eine mittelbare Täterschaft begründe, hänge „von Art und Tragweite des Irrtums ab. Verschleiert er dem sich selbst ans Leben Gehenden die Tatsache, daß er eine Ursache für den eigenen Tod setzt, ist derjenige, der den Irrtum hervorgerufen und mit Hilfe des Irrtums das Geschehen, das zum Tod des Getäuschten führt oder führen soll, bewußt ausgelöst hat, Täter eines (versuchten oder vollendeten) Tötungsdelikts kraft überlegenen Wissens, durch das er den Irrenden lenkt, zum Werkzeug gegen sich selbst macht …" So liege es hier: „Was Frau T. nicht ahnte und wollte, erstrebte der Angeklagte: Der – von beiden als sicher erwartete – Stromstoß sollte dem Leben der Getäuschten ein Ende setzen und dem Angeklagten die Versicherungssumme verschaffen, von der sein Opfer annahm, sie sei die wirtschaftliche Grundlage des neuen Lebensabschnitts. Der Angeklagte, der auch das eigentliche Tatgeschehen durch stundenlang erteilte Anweisungen maßgeblich steuerte", sei infolgedessen mittelbarer Täter.

Dem ist zuzustimmen. Das Urteil gründet die mittelbare Täterschaft eindeutig auf die Tatherrschaft des Hintermannes, obwohl es diesen Begriff in den entscheidenden Passagen nicht ausdrücklich benutzt (und statt dessen von „lenken" und „steuern" spricht). Indem es die mittelbare Täterschaft bei der Selbstmordbewirkung auf eine entsprechende Anwendung der §§ 20, 35 und 16 StGB gründet, beruft es sich auf jene drei gesicherten Fälle, die auch in meiner Kommentierung im Leipziger Kommentar aufgeführt werden.[129] In der Tat ist eine Herrschaft des Hintermannes im vorliegenden Fall unbestreitbar, wenn dem Opfer verschleiert worden ist, daß es zu Tode kommen würde. Dies nimmt der BGH mit guten Gründen an, weil die Frau in der „Überzeugung, daß ihre physisch-psychische Identität und Individualität lediglich Modifikationen erfahre", zunächst auf dieser Erde (nämlich in Genf) weiterzuleben erwartete.[130]

Sehr viel schwieriger wird die Beurteilung des Falles, wenn man den Sachverhalt so deutet, daß die Frau geglaubt habe, sie würde in der Badewanne sterben und hinfort nur noch ein „höheres Leben" nach dem Tode führen. Obwohl eine solche Interpretation der festgestellten Tatsachen vom BGH verworfen wird, unterwirft er – hypothetisch – auch sie einer rechtlichen Beurteilung und kommt ebenfalls zur Bejahung einer mittelbaren Täterschaft.[131] Auch wenn Frau T. angenommen hätte, daß dem „Erwachen" in einem roten Raum am Genfer See ihr Tod vorausgehen müsse, daß sie in ein

---

[128] Hier und im folgenden a. a. O., 41 f.

[129] LK[11], 1993, § 25, Rn. 106; der BGH zitiert diese Stelle auch. Dagegen war ich mit der Annahme der mittelbaren Täterschaft im vorliegenden Buch (S. 225–230) weitergegangen. Darüber gleich unten im Text.

[130] Näher dazu Roxin und Schmidhäuser, wie Anm. 127. Eine abweichende Deutung liefert jetzt Merkel, JZ 1999, 503 ff.

[131] A. a. O., 43.

Leben *nach* dem Tode eintreten werde, das sie nicht in Fortsetzung ihrer (nur mehr oder weniger modifizierten) Individualität, sondern als ein anderes (höheres) Wesen zu führen habe, bestünde die Verurteilung zu Recht. Es ginge auch dann nicht darum, ob eine Täuschung über den „konkreten Handlungssinn" oder ein bloßer Motivirrtum vorliege und ob ein solcher Irrtum ausreiche, um eine „Tatherrschaft" des Angeklagten zu begründen. „Der Täuschung über den ‚konkreten Handlungssinn' wäre die Vorspiegelung immanent, daß der Tod nichts anderes als der Beginn neuen Lebens sei Der darauf beruhende Irrtum hätte das Gewicht des Irrtums über den Nichteintritt des Todes. Nicht weniger als dieser hätte jener das Opfer ausschlaggebend motiviert und dem Angeklagten Tatherrschaft kraft überlegenen Wissens eingeräumt."

Hier werden nun die Begriffe der Tatherrschaft und der Terminus des konkreten Handlungssinnes, der oben (S. 212–231) erstmals entwickelt worden ist, ausdrücklich aufgenommen. Während die Tatherrschaft eindeutig als maßgeblich erklärt wird, läßt der BGH die Frage, ob und wann eine Täuschung über den konkreten Handlungssinn eine mittelbare Täterschaft begründet, in der Schwebe. Tatsächlich wird damit einer der strittigsten Punkte der gegenwärtigen Diskussion angesprochen. Wenn man den in diesem Buch (S. 225–230)[132] vorgetragenen Argumenten folgt, wäre – im Ergebnis mit dem BGH – auch in dem hypothetisch zugrunde gelegten zweiten Sachverhalt eine mittelbare Täterschaft anzunehmen: Denn die Frau würde um den Sinn ihres Todes auch dann betrogen worden sein, wenn sie um eines jenseitigen Lebens willen in den Tod gegangen wäre. Allerdings neige ich inzwischen der Ansicht zu, daß sich mit Hilfe dieses nur subjektiv zu bestimmenden Sinn-Kriteriums keine klare Abgrenzung gegenüber bloßen Motivirrtümern des Suizidenten gewinnen läßt, die seine Selbstverantwortung und eigene Herrschaft über das Geschehen unangetastet lassen. Wer (um welcher Ziele willen auch immer) in verantwortungsfähigem Zustande freiwillig in den Tod geht, hat nach dieser neueren Auffassung[133] selbst die Herrschaft über das Geschehen, so daß ein Außenstehender lediglich Teilnehmer am Suizid sein kann.

Daran möchte ich auch hier festhalten. Um das Argument auf den konkreten Fall zuzuspitzen: Wenn das Opfer nicht über seinen irdischen Tod, sondern über sein Schicksal im Jenseits geirrt hätte, so wäre der Angeklagte nur ein strafloser Anstifter zum Selbstmord gewesen. Denn dieser Irrtum hätte sich nicht auf das Rechtsgut des irdischen Lebens bezogen, das allein in den §§ 211 ff. StGB geschützt wird, sondern auf Gegebenheiten, die außerhalb der Schutzinteressen des Strafrechts liegen. Das zeigt auch der Parallelfall der Veranlassung zu einer Straftat: Wird jemand zur Ermordung eines politischen Gegners durch die Vorspiegelung veranlaßt, er werde für diese „Heldentat" in den Himmel (oder auf den Stern Sirius) kommen, so hindert das nicht, daß er für den von ihm begangenen Mord voll verantwortlich und der Hintermann

---

[132] Dieser Auffassung steht sehr nahe M.-K. Meyer, Autonomie, 1984, 227 ff.
[133] Vgl. Roxin, LK[11], 1993, § 25, Rn. 106 ff., und NStZ 1984, 72.

nur Anstifter ist. Das kann beim Suizid nicht anders sein. Auf einem anderen Blatt steht die Strafwürdigkeit auch einer Anstiftung zum Selbstmord in solchen Fällen. Ihr könnte durch eine Vorschrift nach Art von Art. 115 des SchweizStGB Rechnung getragen werden, wo die Verleitung oder Beihilfe zum Selbstmord „aus selbstsüchtigen Beweggründen" unter Strafe gestellt wird.

17. Täterschaft und Teilnahme beim Tatbestand des Landfriedensbruchs (§ 125 StGB) haben den 3. Strafsenat des BGH in seinem Urteil vom 23. 11. 1983[134] beschäftigt. Der Angeklagte hatte zu einer Blockade des Frankfurter Flughafens aufgerufen; der BGH beurteilte ihn als Täter eines Landfriedensbruches, obwohl er sich persönlich an der Blockade nicht beteiligt hatte. Auch der ortsabwesende Befehlsgeber, Organisator oder geistige Anführer sei Täter, wenn, wie hier, „die aus der Menge verübten Gewalttätigkeiten oder Bedrohungen seinem Täterwillen entsprechen und unter seiner Tatherrschaft begangen werden, ihm also nach allgemeinen Grundsätzen als eigene Tat zuzurechnen" seien.

Das Urteil stützt sich auf „Täterwillen" und „Tatherrschaft" gleichermaßen, verlangt aber jedenfalls auch die Tatherrschaft. Es versteht aber den Begriff der Tatherrschaft anders, als es in diesem Buche geschieht, indem es den „geistigen Anführer" auch dann als mittelbaren Täter ansieht, wenn er seinen Willen weder durch Nötigung noch mit Hilfe eines organisatorischen Machtapparates durchgesetzt hat. Das ist mit Recht als eine etwas gewaltsame Anpassung der Tatherrschaftslehre an die subjektive Theorie kritisiert worden. Lenckner[135] meint, es sei „zu weitgehend und ein Rückfall in eine extrem subjektive Täterlehre ..., wenn schon die öffentliche Aufforderung, am folgenden Tage einem Flughafen ‚einen Besuch abzustatten' und ‚ihn dicht zu machen', Täterschaft für die dabei begangenen Gewalttaten begründen soll". Arzt, der als Vertreter der Baumann-Schule zu den wenigen verbliebenen Anhängern der subjektiven Theorie gehört,[136] begrüßt es „angesichts des Siegeszuges der Tatherrschaftstheorie im Schrifttum" ausdrücklich, daß das Urteil im Ergebnis auf eine „Bestätigung der subjektiven Theorie" hinauslaufe,[137] aber er interpretiert die Tatherrschaftslehre richtig, indem er sagt: „Wenn ‚Tatherrschaft' als ein Rechtssicherheit gewährleistendes Kriterium funktionieren soll, muß sie als Tatausführungsherrschaft verstanden werden ... Bejaht man bei einem bloß geistigen Anführer die Tatherrschaft, verwendet man das Etikett der materiell-objektiven Theorie als eine Art Trostpflaster." Der BGH übersieht hier, daß der Anstifter sehr oft der spiritus rector einer Deliktsbegehung ist, ohne doch deshalb Täter zu sein.

Voll verständlich wird das Urteil allerdings nur auf dem Hintergrund der besonderen Tatbestandsstruktur des § 125 StGB. Der Abs. 1 dieser Vorschrift stellt Täter und Teilnehmer gleich, scheint eine besondere Abgrenzung also

---

134 BGHSt 32, 165–183, m. Anm. Arzt, JZ 1984, 428–430.
135 Sch/Sch/Lenckner[26], 2001, § 125, Rn. 14.
136 Vgl. näher S. 655, Anm. 314 m. w. N.
137 Hier und im folgenden JZ 1984, 429.

überflüssig zu machen. Da der BGH jedoch anscheinend der Ansicht zuneigt, daß bei § 125 zwar eine Teilnahme, nicht aber eine Täterschaft die Anwesenheit am Tatort voraussetzt, ließ sich das vom Gericht bejahte Strafbedürfnis durch Annahme einer Täterschaft leichter befriedigen. Dagegen wird im Schrifttum vielfach angenommen, daß nur Mitglieder der Menge Täter nach § 125 Abs. 1 sein können, so daß dann die vom BGH gewählte Lösung schon aus diesem Grunde abgelehnt werden müßte.

18. Um die Abgrenzung von Mittäterschaft und Beihilfe beim Mord dreht sich ein Beschluß des 1. Senats vom 9.2.1984.[138] Die Vorinstanz hatte die beiden Angeklagten wegen mittäterschaftlichen Mordes an einer Frau S. verurteilt. Wer von beiden die tödlichen Schüsse abgegeben hatte, konnte ebensowenig wie das Motiv der Tat geklärt werden.

Der BGH stützt sich auf seine normative Kombinationstheorie, die die Frage nach der Täterschaft unter Berücksichtigung des Interesses, des Umfanges der Tatbeteiligung, der Tatherrschaft (oder des Willens dazu) „in wertender Betrachtung" ermittelt. Danach wurde der erste Angeklagte nur als Gehilfe beurteilt, weil ihm die Abgabe der tödlichen Schüsse nicht nachgewiesen werden konnte und der erwiesene Tatbeitrag „relativ gering" wog. Der zweite Angeklagte habe zwar „gewichtigere Tatbeiträge geleistet" und die Tat „auch wesentlich gesteuert". Da aber die Tat „nicht in Mittäterschaft begangen worden" sei, könne er nur als Täter verurteilt werden „wenn er selbst alle Tatbestandsmerkmale des § 211 StGB erfüllt, insbesondere also die tödlichen Schüsse abgegeben hätte"; da auch dies nicht nachweisbar sei, könne er ebenfalls nur als Gehilfe verurteilt werden.

Die Entscheidung ist wegen der unklaren Beweissituation wenig ergiebig; auch ist nicht recht ersichtlich, warum der zweite Angeklagte nicht sollte als Täter verurteilt werden können, wenn seine Tatherrschaft auch unabhängig von der Abgabe der tödlichen Schüsse nachweisbar wäre. Aber im Ergebnis vertritt die Entscheidung doch eine weitgehend der Tatherrschaftslehre entsprechende Abgrenzung. Denn in der Tat ist die Abgabe der tödlichen Schüsse vermutlich die einzige wesentliche Handlung im Ausführungsstadium gewesen; da keinem der beiden Angeklagten diese Handlung nachweisbar war, ist es richtig, daraus nach dem Grundsatz in dubio pro reo auf eine bloße Gehilfenschaft zu schließen und das Fehlen der Tatherrschaft nicht durch vorbereitende Aktivitäten und subjektive Kriterien zu überspielen.

19. Das Urteil des 3. Strafsenats vom 4.7.1984 in dem berühmt gewordenen Fall Wittig[139] betrifft die in der höchstrichterlichen Rechtsprechung schon öfters[140] behandelte Frage, ob die unterlassene Selbstmordhinderung durch eine prinzipiell garantenpflichtige Person als Suizidteilnahme straflos oder als Unterlassungstäterschaft strafbar ist. Die Entscheidung hat umfang-

---

[138] GA 1984, 287 f.
[139] BGHSt 32, 367–381.
[140] Vgl. oben zu BGHSt 2, 150 (S. 91 f.); BGHSt 13, 162 (S. 101 f.); MDR 1960, 939 f. (oben S. 103 f.).

reiche Stellungnahmen hervorgerufen[141] und reicht in ihrer Bedeutung über das Problem der Abgrenzung von Täterschaft und Teilnahme hinaus, vor allem in den Bereich der Unterlassungsdogmatik und der kriminalpolitischen Beurteilung der Suizidmitwirkung hinein. Hier ist eine verhältnismäßig knappe Stellungnahme möglich, weil die Entscheidung die erwartete Wendung in der Rechtsprechung nicht gebracht hat und zu einer Änderung der oben (S. 473–476) begründeten Auffassung keinen Anlaß gibt.[142]

Dem Angeklagten war eine Tötung auf Verlangen (§ 216 StGB) durch Unterlassen zur Last gelegt worden, weil er als Arzt den Selbstmord einer alten Frau nicht verhindert hatte. Die kranke und lebensmüde Frau hatte – in vollverantwortlichem Zustand – eine Überdosis von Medikamenten eingenommen, um ihrem Leben ein Ende zu setzen. Der Arzt, der sie in bewußtlosem Zustand angetroffen hatte, hatte sie nicht ins Krankenhaus eingewiesen, weil sie sich dies durch mündliche und schriftliche Erklärungen strikt verbeten hatte. Er blieb statt dessen in der Wohnung, bis er am nächsten Morgen den Tod der Frau feststellen konnte.

Da nach der hier vertretenen Lehre die Unterlassungsdelikte als Pflichtdelikte anzusehen sind (S. 459ff.), so daß im Regelfall die Garantenstellung allein die Unterlassungstäterschaft begründet, hängt die Entscheidung des Falles davon ab, ob den Arzt eine Erfolgsabwendungspflicht traf. Denn die aus der vertraglichen Beziehung zwischen Arzt und Patienten begründete Garantenstellung reicht nur so weit wie der Wille des Patienten, behandelt zu werden. Da die Frau sich ein ärztliches Eingreifen ausdrücklich verbeten hatte, war dies zu respektieren. Diese Meinung hatte in unserem Fall auch der Generalbundesanwalt vertreten (a. a. O., 377). Nicht so der BGH. Für ihn ist „das Arzt-Patienten-Verhältnis … keine nur rechtsgeschäftliche, ausschließlich von dem Willen der beiden Vertragsparteien bestimmte Beziehung" (a. a. O., 378). Daher sei es „grundsätzlich unzulässig", daß ein Arzt sich „dem Todeswunsch des Patienten beugen" dürfe (a. a. O., 380). Dem ist der völlig unbestrittene Grundsatz entgegenzuhalten, daß unsere Rechtsordnung kein Recht zur Zwangsbehandlung kennt. Die These, daß dieser Grundsatz für Selbstmörder nicht gelte, will auch der BGH nicht ausdrücklich vertreten (a. a. O., 378). Warum aber „jedenfalls" für den bewußtlosen Patienten etwas anderes gelten soll, ist nicht ersichtlich.

Der BGH ist im konkreten Fall gleichwohl zur Ablehnung einer Erfolgsabwendungspflicht gekommen, weil „es keine Rechtspflicht zur Erhaltung eines verlöschenden Lebens um jeden Preis" gebe (a. a. O., 379). Da bei der Patientin im Falle ihrer „Rettung" irreversible Gesundheitsschäden übrig-

---

[141] Die wichtigsten Beiträge liefern R. Schmitt, JZ 1984, 866–869; Eser, MedR 1985, 6–12; Gropp, NStZ 1985, 97–103; Sowada, Jura 1985, 75–88; Ranft, JZ 1987, 911–914; Herzberg, JA 1985, 131–138, 177–185, 265–272; JZ 1986, 1021–1028; 1988, 182–189; Neumann, JA 1987, 244–256; Verrel, JZ 1996, 224–231. Vgl. außerdem meinen Kommentar in Roxin, HRR-AT, 1998, 209 zu Fall Nr. 87, sowie in Roxin, AT/2, 2003, § 31, Rn. 130ff.

[142] Eine nähere Begründung der hier vertretenen Auffassung liefert auch mein Beitrag in der Dreher-Festschrift, 1977, 331–335, sowie die Habilitationsschrift meines Schülers Bottke, Suizid und Strafrecht, 1982.

geblieben wären, sei die Gewissensentscheidung, auf Grund deren der Arzt in dieser „Grenzsituation" untätig geblieben sei, „nicht von Rechts wegen … unvertretbar" (a. a. O., 380/81). Trotz dieses Einlenkens in seltenen Extremfällen ist das Urteil, weil es das Selbstbestimmungsrecht des voll verantwortlichen Sterbewilligen nicht anerkennt, durchweg mit Recht auf Ablehnung gestoßen.[143] Die Kritik hat ihren Eindruck auf den BGH anscheinend nicht verfehlt. Denn in einem Beschluß vom 8. 7. 1987[144] weist der 2. Strafsenat darauf hin, daß er „dazu neigt, einem ernsthaften, freiverantwortlich gefaßten Selbsttötungsentschluß eine stärkere rechtliche Bedeutung beizumessen, als dies in dem … Urteil des 3. Strafsenates (BGHSt 32, 367 ff.) geschehen ist". Das letzte Wort ist also auch für die Judikatur in dieser Frage noch nicht gesprochen.

Nach der hier vertretenen Auffassung ist bei einem Pflichtdelikt, wie es die Unterlassungsstraftat darstellt, die Tatherrschaft kein relevantes Abgrenzungskriterium (vgl. S. 462 ff.). Unbeschadet dessen verlangt der BGH bei Unterlassungsdelikten neben der Garantenstellung die Tatherrschaft bzw. den Täterwillen und bejaht diese auch beim Angeklagten unseres Falles. Denn der Selbstmörder habe die Tatherrschaft nur bis zum Eintritt der Bewußtlosigkeit. Danach „hat dann nicht mehr der Selbstmörder, sondern nur noch der Garant die Tatherrschaft und, wenn er die Abhängigkeit des weiteren Verlaufs von seiner Entscheidung in seine Vorstellung aufgenommen hat, auch den Täterwillen. Daß der Garant durch sein Verhalten den früher geäußerten Wunsch des Sterbenden erfüllen will, ändert daran nichts" (a. a. O., 374).

Richtigerweise sind aber weder Tatherrschaft noch Täterwille zu bejahen. Denn jemand, der sich völlig passiv verhält, hat nie die Tatherrschaft, die man nur durch aktives Handeln erlangen kann. Er hat lediglich eine Erfolgsabwendungsmöglichkeit, die aber eine begriffliche Voraussetzung des Unterlassens ist und schon deshalb nicht zur Abgrenzung von Täterschaft und Teilnahme beim Unterlassen dienen kann. Der BGH schiebt zur Stützung seiner Auffassung noch die kriminalpolitische Begründung nach, daß auch „ein ursprünglich durchaus ernsthafter Selbsttötungswille" nach Beendigung des Suizidversuchs häufig „verfalle", so daß der Suizident dann doch auf Rettung hoffe (a. a. O., 376). Aber erstens könnte ein solcher „Verfall" des Selbsttötungswillens keine Tatherrschaft, sondern nur ein Wiederaufleben der Erfolgsabwendungspflicht des Arztes begründen. Und zweitens beweist das Argument kriminalpolitisch nichts für einen Fall wie den vorliegenden, in dem mit Sicherheit vom Fortbestehen des Selbsttötungswillens ausgegangen werden konnte.

Nicht einmal ein Täterwille des Unterlassenden, der ohnehin ein ganz untaugliches Abgrenzungsmerkmal darstellen würde (S. 489 ff.), läßt sich in unserem Falle dartun. Denn wenn es überhaupt eine Tat gibt, die jemand nicht „als eigene", sondern „als fremde" wollen kann, dann ist es doch wohl

---

[143] Eine Ausnahme macht der Ansatz von Herzberg, wie Anm. 141, der die Strafbarkeit der Suizidmitwirkung hier, wie auch sonst (vgl. oben S. 571) wesentlich ausweiten möchte.
[144] NStZ 1988, 127.

der Selbstmord eines anderen, den man nur aus Respekt vor der verantwortlichen Entscheidung des Suizidenten geschehen läßt. Wie man mit dem BGH einen „Täterwillen" auch dort noch annehmen kann, wo jemand sich ohne jedes Eigeninteresse dem Sterbewillen des Suizidenten unterordnet, ist unverständlich.

20. Um die Voraussetzungen der sukzessiven Mittäterschaft geht es in einem Urteil des 1. Strafsenats vom 7. 8. 1984.[145] Zwei andere Täter hatten dem Opfer bereits die Verletzungen zugefügt, die später zu seinem Tode führten. Erst danach kam der Angeklagte hinzu und versetzte dem Opfer ebenfalls Schläge, die aber für dessen Tod nicht ursächlich waren.

Die Frage ging dahin, ob der Angeklagte außer wegen Nötigung und Körperverletzung auch wegen einer in sukzessiver Mittäterschaft begangenen Körperverletzung mit Todesfolge (§ 226 StGB a. F.) zu bestrafen sei. Das Problem konnte nur auftreten, weil der BGH die mittäterschaftliche Zurechnung bereits verwirklichter Erschwernisgründe für grundsätzlich möglich erklärt hat.[146] Die Gegenmeinung, die oben (S. 289–292) näher begründet worden ist und damals auch die fast einhellige Literaturmeinung gegen sich hatte, ist inzwischen zur herrschenden Ansicht aufgestiegen[147] und hat den BGH zwar nicht zu einer Aufgabe,[148] wohl aber zu einer einschränkenden Präzisierung seiner Auffassung veranlaßt.

Der Senat meint nun vorsichtig: „Ob Kenntnis und Billigung und mittäterschaftliches Eingreifen dazu führen, daß dem Eingreifenden auch bereits verwirklichte Tatumstände zuzurechnen sind, ist umstritten ... Eine solche Zurechnung ist jedenfalls nur dann möglich, wenn der Hinzutretende selbst einen für die Tatbestandsverwirklichung ursächlichen Beitrag ... leistet. Kann der Hinzutretende die weitere Tatausführung dagegen gar nicht mehr fördern, weil für die Herbeiführung des tatbestandsmäßigen Erfolges schon alles getan ist und weil das Tun des Eintretenden auf den weiteren Ablauf des tatbestandsmäßigen Geschehens ohne Einfluß bleibt, kommt mittäterschaftliche Mitwirkung trotz Kenntnis, Billigung und Ausnutzung der durch einen anderen geschaffenen Lage nicht in Betracht ..."[149]

Das ist ein Schritt in die richtige Richtung. Denn eine Mittäterschaft ohne jeden Tatbeitrag ist nicht denkbar; ihre Begründung durch einen nachträglichen „Täterwillen" liefe auf einen reinen dolus subsequens hinaus. Man wird freilich weitergehen und auch eine nachträgliche „Förderung" nicht genügen lassen dürfen. Wenn Mittäterschaft Mitherrschaft ist, muß der Mittäter die Herbeiführung eines erschwerenden Umstandes, der ihm zugerechnet werden soll, im Stadium seiner Verwirklichung mitbeherrscht haben.

---

[145] NStZ 1984, 548.
[146] BGHSt 2, 344 (oben S. 290); GA 1966, 210; MDR 1969, 533; JZ 1981, 596.
[147] Vgl. die Nachweise S. 737, Anm. 740.
[148] Dagegen hat das OLG Frankfurt, NJW 1969, 1915, sich der hier vertretenen Auffassung angeschlossen.
[149] Der letzte Satz findet sich fast wörtlich auch im Leitsatz eines Beschlusses des 4. Senats vom 8. 11. 1984, der in NStZ 1985, 215 ohne Begründung abgedruckt ist.

21. Die Problematik der sukzessiven Mittäterschaft bildet auch den Gegenstand eines Beschlusses, den der 4. Strafsenat am 2.10.1984 erlassen hat.[150] Hier hatten R. und F. eine Frau zweimal vergewaltigt. Als das Opfer daraufhin apathisch dalag, kam der Angeklagte in das Zimmer und führte mit der Frau ohne Anwendung von Gewalt, aber unter Ausnutzung ihres teilnahmslosen Zustandes, ebenfalls den Geschlechtsverkehr aus. Für den BGH stellte sich die Frage, ob dies eine Vergewaltigung in sukzessiver Mittäterschaft war.

Das wurde im Ergebnis zu Recht abgelehnt. Denn selbst wenn man – entgegen der hier vertretenen Meinung – eine Ausnutzung bereits vollzogener Gewalt für deren mittäterschaftliche Zurechnung genügen lassen wollte,[151] kann dies doch dann nicht mehr in Betracht kommen, wenn die Vergewaltigung schon abgeschlossen war, als der Angeklagte sich die Lage zunutze machte. Das sieht auch der BGH: „Ist der Eintritt des Angekl. erst nach Vollendung der Vergewaltigung durch die anderen Mitangekl. erfolgt, kommt eine mittäterschaftliche Mitwirkung trotz Kenntnis, Billigung und Ausnutzung der durch die anderen geschaffenen Lage nicht in Betracht." Dies soll freilich dann nicht gelten, wenn der Angeklagte die vorangegangene Vergewaltigung „als eigene gewollt und als Nötigungsmittel angesehen hat, das auch die von ihm beabsichtigte Ausführung des Beischlafs ermöglichen sollte". Aber dann hätte ein gemeinsamer Tatentschluß die verschiedenen Vergewaltigungen zu einem einheitlichen Tatgeschehen zusammenschließen müssen, an dem dann auch der Angeklagte im Ausführungsstadium wesentlichen Anteil gehabt hätte. Da der festgestellte Sachverhalt eine solche Interpretation wohl nicht ermöglicht, ist es richtig, wenn der BGH für die Strafbarkeit des Angeklagten auf § 179 StGB verweist. Nach der Neufassung des § 177 StGB durch das 33. StÄG würde heute freilich eine selbständige Täterschaft nach § 177 Abs. 1 Nr. 3 StGB in Betracht kommen.

22. Ein ähnlicher, aber im entscheidenden Punkt vielleicht anders gelagerter Fall liegt auch einem Urteil des 3. Senats vom 10.10.1984 zugrunde.[152] Hier hatte Y. eine Frau K. verprügelt, um sie zum Geschlechtsverkehr mit dem Angeklagten zu veranlassen. Unter dem Eindruck der vorangegangenen Gewalt hatte sich Frau K. dann auch dem Angeklagten nicht widersetzt, obwohl „ihr eigentlicher Wille einem Geschlechtsverkehr mit ihm nach wie vor entgegenstand". Unklar blieb, ob der Angeklagte sich bei Ausübung des Geschlechtsverkehrs bewußt war, daß Frau K. diesen nur unter dem Eindruck der vorangegangenen Gewalt duldete.

Der BGH will unter zwei Voraussetzungen eine mittäterschaftliche Vergewaltigung bejahen: „Hat der Angekl. T. entweder die von Y. ausgeübte Gewalt zumindest psychisch unterstützt oder hat er sie später im Bewußtsein ihrer Bedeutung für die Gewährung des Geschlechtsverkehrs durch Frau K.

[150] NStZ 1985, 70 m. Anm. Otto, JK, StGB § 25 II/2.
[151] Vgl. BGH, JZ 1981, 596, und den kritischen Aufsatz von Küper, JZ 1981, 568ff.
[152] NStZ 1985, 71 m. Anm. Otto, JK, StGB, § 25 II/2.

ausgenutzt, dann genügt die vorangegangene vom Angekl. Y. ausgeübte Gewalt zur Erfüllung des § 177 StGB auch durch ihn, da sie der Herbeiführung des Geschlechtsverkehrs dienen sollte und dann tatsächlich auch gedient hat …"

Richtigerweise wird man zwischen den beiden Fällen unterscheiden müssen. Wenn das Gesamtgeschehen zwischen dem Angeklagten und dem Y. von vornherein verabredet war (sei es selbst in Form eines stillschweigenden Einverständnisses über den Tatplan), so wären beide Mittäter. Es läge dann der klassische Fall einer Arbeitsteilung im Ausführungsstadium vor (der eine hätte die Gewalt, der andere den Beischlaf ausgeübt). Wenn dagegen der Angeklagte erst nach der Gewaltausübung durch Y die Situation erkannt und ausgenutzt hätte, so könnte – entgegen dem BGH – von einer mittäterschaftlichen Gewaltausübung nicht mehr die Rede sein; nach der neuesten Gesetzesfassung wäre freilich § 177 I Nr. 3 StGB in Betracht zu ziehen.

23. Ein Urteil des 1. Strafsenats vom 6. 11. 1984[153] behandelt die Abgrenzung von Mittäterschaft und Beihilfe beim Raub. Die grundsätzlichen Ausführungen des Urteils bringen nichts Neues. Es wird betont, daß auch „eine Vorbereitungs- oder Unterstützungshandlung" Mittäterschaft begründe, wenn der Handelnde „die Tat als eigene wollte". Dieser Täterwille soll „in wertender Betrachtung" unter Würdigung aller wesentlichen „Anhaltspunkte" (Interesse, Umfang der Tatbeteiligung, Tatherrschaft oder Tatherrschaftswille) ermittelt werden.

Auffallend ist aber das Ergebnis der „wertenden Betrachtung" im konkreten Fall. Der BGH bestätigt nämlich die Verurteilung des Angeklagten als eines bloßen Gehilfen, obwohl er im Ausführungsstadium sehr wesentliche Tatbeiträge erbracht hatte: „Er stellte sein Fahrzeug zur Verfügung und fungierte auch als Fahrer; er postierte sich am Tatort und übernahm dort die Aufgabe, am Pkw des Geldboten den Zündschlüssel abzuziehen und diesen einzustecken sowie dessen Begleiterin mit der Gaspistole in Schach zu halten; schließlich schoß er aus dieser Pistole eine Tränengaspatrone auf den Beraubten ab, um diesen von der weiteren Verfolgung abzuhalten." Auch wenn der Komplize noch bedeutendere Beiträge geleistet (nämlich dem Leiter des Supermarktes die Geldtasche weggenommen und auf ihn geschossen) hatte, leugnet der BGH nicht die Mitherrschaft des Angeklagten bei der Ausführung, indem er betont, daß ohne ihn „die Tat nicht oder doch nicht so hätte begangen werden können". Die Gehilfenschaft wird vielmehr darauf gestützt, daß der Angeklagte sich nur „auf nachhaltiges Drängen" seines Komplizen und ohne „starkes Interesse" zur Mitwirkung bereitgefunden habe.

Hier wird also – anders als in manchen anderen Urteilen – das „Interesse" als Kriterium zur Bestimmung der Täterschaft der „Tatherrschaft" deutlich vorgezogen. Daran zeigt sich erneut die Unbestimmtheit der normativen Kombinationstheorie, die es mehr oder weniger dem Richter überläßt, ob er

---

[153] NStZ 1985, 165.

durch Bevorzugung dieses oder jenes Kriteriums Täterschaft oder Teilnahme annehmen will. Das bestätigt der Schlußsatz des Urteils, in dem es lakonisch heißt: „Die Feststellungen der StrK ließen die Wertung zu, der Angekl. ... habe sich lediglich als Gehilfe beteiligt, mag auch eine andere tatrichterliche Beurteilung möglich gewesen sein." Die Abgrenzung von Täterschaft und Teilnahme wird hier also nicht als Rechtsfrage, sondern als richterliche Ermessungsentscheidung behandelt.

24. Die Abgrenzung von Täterschaft und Teilnahme durch Unterlassen war das Problem eines Urteils des 3. Strafsenats vom 23. 10. 1985.[154] Der Angeklagte hatte mit einem gewissen F. einen Rentner ohne Tötungsvorsatz schwer mißhandelt. Er hatte dann von dem Opfer abgelassen, während F. mit den Mißhandlungen fortfuhr. Der Angeklagte hatte dem „lachend" zugesehen, ihm schließlich aber zugerufen, „er solle aufhören". Gleichwohl hatte er dann „untätig" zugesehen, wie F. einen 9,3 kg schweren „Eisenpoller" auf den Kopf des Rentners fallen ließ, der dessen Tod herbeiführte. Er hatte den bedingten Tötungsvorsatz des F. erkannt und nichts unternommen, obwohl er wußte, daß es ihm möglich war, die Tat zu verhindern.

Der BGH leitet – was hier nicht problematisiert werden soll – eine „Garantenpflicht zur Erfolgsabwendung" beim Angeklagten aus „der gemeinsamen vorausgegangenen Mißhandlung" her. Zum ersten Mal seit 1966[155] wendet sich der BGH dann wieder der Problematik von Täterschaft und Teilnahme bei Unterlassungen zu. Die Chance einer vertieften Behandlung der sehr schwierigen und umstrittenen Frage[156] wird aber nicht genutzt. Vielmehr stellt der BGH ohne Auseinandersetzung mit dem kontroversen Meinungsstand allein darauf ab, „ob das Nichteinschreiten vom Gehilfen- oder Tätervorsatz getragen war ... Abgrenzungskriterium ist weder die Rechtspflichtverletzung zur Erfolgsabwendung noch die Billigung der durch den anderen vollzogenen Tötung; denn beides ist auch für die Annahme einer Beihilfe durch Unterlassen erforderlich ... Vielmehr entscheidet die innere Haltung des Unterlassenden zu der Begehungstat des anderen und zu dem Taterfolg darüber, ob das pflichtwidrige Untätigbleiben als Beihilfe oder Täterschaft zu werten ist (BGH NJW 1966, 1763 ...)." Ohne weitere Begründung schließt sich der BGH dann der „Bewertung" des LG an, es habe eine „Täterschaft durch Unterlassen" vorgelegen.

Das entspricht im Ergebnis der hier vertretenen Meinung, die die Unterlassungsdelikte als Pflichtdelikte ansieht und die Täterschaft beim Fehlen sonstiger Tatbestandsvoraussetzungen allein aus der Erfolgsabwendungspflicht herleitet (vgl. S. 499 ff. und zu BGH, NJW 1966, 1763, oben S. 572 ff.). Aber diese Auffassung lehnt der BGH gerade ab. Auch die sonst gern herangezogene „wertende" Kombination verschiedener Umstände hilft hier nicht

---

154 StrV 1986, 59 m. Anm. Arzt, StrV 1986, 337.
155 Oben Nr. 4, S. 572 ff.; die Entscheidung im Fall Wittig (oben Nr. 19., S. 589 ff.) kann für die Problematik nur bedingt in Anspruch genommen werden, weil dort die Sonderfragen der Suizidteilnahme und der Garantenpflicht im Vordergrund standen.
156 Vgl. ausführlich oben S. 458 ff., 489 ff. und unten S. 750 ff.

weiter, weil für deren objektive „Anhaltspunkte" wie „Tatherrschaft" und „Umfang der Tatbeteiligung" von vornherein kein Raum ist, wenn jemand in vollkommener Untätigkeit verharrt. So bleibt nur der Rückzug auf das radikal subjektive Kriterium der „inneren Haltung".

Aber daß dies keine Lösung ist, zeigt gerade auch unser Fall. Denn wie die täterschaftsbegründende „innere Haltung", für die eine Billigung noch nicht einmal genügen soll, beschaffen sein muß und festgestellt werden kann, bleibt völlig im dunkeln.[157] Eher verwundert es, daß die „innere Haltung" des Angeklagten im Sinne einer Täterschaft gewürdigt wird. Denn soweit sein „Lachen" eine Billigung des Verhaltens von F. darstellt, soll diese nach der ausdrücklichen Feststellung des BGH nicht ausreichen. Es könnte also nur ein im Lachen zum Ausdruck gekommener überschießender Gesinnungsunwert den Ausschlag gegeben haben. Aber das wäre äußerst bedenklich, weil die Täterschaft eine Frage des Tatbestandes, die Gesinnung aber gemäß § 46 Abs. 2 StGB nur ein strafzumessungsrelevanter Umstand ist. Außerdem bliebe dabei ganz unberücksichtigt, daß das „Lachen" sich nur auf die vorhergehende Körperverletzung, nicht auf die Tötungshandlung, bezog und daß dazwischen die Aufforderung des Angeklagten zum „Aufhören" lag. Die Anwendung der ohnehin verfehlten subjektiven Theorie auf Unterlassungen führt also zu Gefühlsentscheidungen, die nach objektiven Maßstäben nicht mehr überprüfbar sind. Wie gesagt: Nicht das Ergebnis ist verfehlt (im Gegenteil!), aber die Begründung trägt nicht. Es wäre an der Zeit, die subjektive Theorie gerade auch bei Unterlassungen zu verabschieden.

25. Einen vom Sachverhalt her hochinteressanten Fall eines vorgetäuschten Doppelselbstmordes behandelt ein Urteil des 5. Strafsenats vom 3.12.1985.[158] Die Angeklagte, die ein ehebrecherisches Verhältnis unterhielt, entledigte sich ihres Ehemannes, indem sie ein Gift mischte und ihm einen gemeinsamen Selbstmord vorschlug. Dabei war sie von vornherein entschlossen, von dem Gift nicht zu trinken. Der Ehemann stimmte dem Vorschlag des Doppelselbstmordes mit der Bemerkung zu, „dann bleiben wir für immer zusammen". Die Angeklagte fuhr ihren Mann dann abends gegen 22.00 Uhr nach einem menschenleeren Großparkplatz. Der Mann nahm einen kräftigen – bereits tödlichen – Schluck der giftigen Mischung. Als er daraufhin der Angeklagten die Flasche reichte, schüttelte sie heftig mit dem Kopf. Der Ehemann erkannte jetzt die Täuschung und nahm noch einen weiteren Schluck aus der Flasche. Er starb in derselben Nacht an dem Gift.

Der heftig umstrittenen Frage, ob die Vortäuschung eines Doppelselbstmordes eine mittelbare Täterschaft des Täuschenden begründet, ist der Senat leider ausgewichen. Er „läßt offen, ob eine derartige Irrtumserregung allein ausreicht, um die Täterschaft des arglistig Täuschenden zu begründen". Er

---

[157] Trotzdem meint Arzt, der zu den letzten Verteidigern der subjektiven Theorie gehört, unverdrossen, die subjektive Teilnahmetheorie könne „ohne weiteres auf die Unterlassungsdelikte übertragen werden" (StrV 1986, 338).

[158] GA 1986, 508f. Dazu Charalambakis, GA 1986, 485–507; Brandts/Schlehofer, JZ 1987, 442–448; Neumann, JA 1987, 244–256.

meint vielmehr, eine Täterschaft und damit die mittelbare Täterschaft der Angeklagten unabhängig von der Irrtumserregung daraus begründen zu können, daß sie „zugleich auch die Herrschaft über den von ihr geplanten Geschehensablauf fest in der Hand behalten wollte und behalten hat". Sie habe „den lang anhaltenden deprimierten Zustand ihres Ehemannes" ausgenutzt, das Gift gemischt, ihren Plan innerhalb weniger Stunden „zügig" durchgesetzt, ihn nicht mehr „zum ruhigen Überdenken ihres Vorschlages" kommen lassen, die Ausführung in allen Einzelheiten bestimmt und ihrem Mann auch noch „einen letzten Geschlechtsverkehr" versprochen.

Alle diese Umstände können aber eine Tatherrschaft der Angeklagten nicht begründen. Eine Tatherrschaft, die ohne weiteres eine Bestrafung wegen mittelbarer Täterschaft tragen würde, läge allerdings dann vor, wenn der Ehemann unter einer seine Verantwortlichkeit für den Suizid ausschließenden endogenen Depression gelitten hätte. Nach der Sachverhaltsschilderung liegt eine solche Möglichkeit nicht ganz fern; es ist daher ein wenig verwunderlich, daß diese Frage offenbar nicht tiefergehend untersucht worden ist. Nimmt man aber, wie es das Urteil ersichtlich tut, einmal an, daß der „deprimierte Zustand" des Ehemannes seine Verantwortlichkeit nicht aufhob, so reichen die übrigen Umstände dafür erst recht nicht aus. Mag die Angeklagte noch so energisch und „zügig" vorgegangen sein, können die von ihr eingesetzten Mittel doch nicht einmal eine schlichte Nötigung begründen, geschweige denn seine Verantwortlichkeit für seine Entschließungen aufheben.

Eine Tatherrschaft der Angeklagten könnte sich also nur aus ihrer Täuschung ergeben. Nach der in diesem Buch (oben S. 225–230) näher begründeten Auffassung liegt bei der Vorspiegelung eines Doppelselbstmordes eine Täuschung über den „konkreten Handlungssinn" („Tatherrschaft vierter Stufe") vor, die zur mittelbaren Täterschaft führt. Der Ehemann ist um den subjektiven Sinn seines Todes (das gemeinsame Sterben mit der Ehefrau) betrogen worden; es handelt sich beim Selbstmord um einen existentiellen Akt, der seinen Sinn allein aus der individuellen Motivation des Handelnden erhält. Was für Irrtümer bei Deliktsbegehungen gilt (daß sich nämlich der Tatmittler über deliktsrelevante Umstände geirrt haben muß), läßt sich nach dieser Lehre auf tatbestandslose Handlungen wie den Suizid nicht übertragen, so daß hier eine täuschungsbedingte mittelbare Täterschaft eher anzunehmen ist als bei der Verleitung zu Straftaten. Diese Konzeption ist später vor allem von Neumann[159] aufgenommen und weiterentwickelt worden, der ebenfalls die Täuschung über selbstmordrelevante Umstände den Wertungen „eines partiell eigenständigen Regelsystems" unterwerfen und „die Täterverantwortlichkeit des Hintermannes bei der Mitwirkung an einer Selbsttötung in weiterem Umfang" bejahen will „als bei der Mitwirkung an der Tötung eines Dritten"[160].

---

[159] Wie Anm. 158, S. 249 ff. (251, 253).

[160] Ähnlich auch M.-K. Meyer, Autonomie, 1984, 227 ff.; im Ergebnis auch Brandts/Schlehofer, wie Anm. 158; Herzberg, Täterschaft und Teilnahme, 1977, 40 f.

Von dieser weitgehenden Annahme mittelbarer Täterschaft bei täuschungs-
bedingtem Suizid bin ich inzwischen abgerückt.[161] Denn es ist auch beim
Selbstmord nicht angemessen, die Hervorrufung jeglichen motivationsrele-
vanten Irrtums als mittelbare Täterschaft zu beurteilen. Wenn jemand einen
anderen durch die erfundene Mitteilung über eine entscheidende Niederlage
seines Fußballclubs,[162] über eine angeblich ungünstige Entwicklung der wirtschaftlichen und politischen Verhältnisse o.ä. oder durch die Behauptung, daß
die Lebensversicherung auch in Suizid-Fällen ausgezahlt werde,[163] zu einem
Selbstmord veranlaßt, ändert ein solcher Irrtum nichts an der freien Entscheidung des Opfers für den Suizid, auf die es doch für die Tatherrschaft des Hintermannes allein ankommen kann. Es ist auch bisher kein überzeugendes
Kriterium gefunden worden, um in den Selbstmordfällen unbeachtliche
Motivirrtümer von den eine mittelbare Täterschaft des Hintermannes begründenden Irrtümern über den konkreten Handlungssinn abzugrenzen. So
muß z.B. auch Neumann[164] einräumen, daß die Entscheidung davon abhänge,
„welches Gewicht man den einzelnen Faktoren zuerkennt; allgemeingültige
Regeln dafür lassen sich ... nicht formulieren". Angesichts dieser Unklarheit
und Unabgrenzbarkeit neige ich heute mehr der Meinung zu, daß eine mittelbare Täterschaft erst dann vorliegt, wenn der Irrtum des Suizidenten sich auf
das Rechtsgut seines Lebens bezieht, wie es in der Sirius-Entscheidung (oben
Nr. 16, S. 585 ff.) der Fall war.[165] Diese Ansicht ist in Auseinandersetzung mit
dem vorliegenden Urteil von Charalambakis[166] näher entwickelt worden. Sie
führt im vorliegenden Fall zur Annahme einer bloßen Anstiftung und Beihilfe
zum Selbstmord.

Für diese Lösung spricht auch, daß in Fällen, wo der Irrtum des „Suizidenten" sich nicht auf seinen eigenen Tod (oder allenfalls noch auf seine krank-
heitsbedingte Todesnähe), sondern auf irgendwelche anderen Umstände
bezieht, oft schwer feststellbar ist, in welchem Maße die Täuschung überhaupt motivationsrelevant war. Das gilt gerade für den Doppelselbstmord. Im
berühmtesten Fall dieser Art, dem Selbstmord Kleists, war der Dichter
ohnehin aus Gründen zum Suizid entschlossen, die vom Tode seiner Partnerin unabhängig waren. Auch eine Täuschung durch sie hätte am Sinn seines
Selbstmordes nichts ändern können. Und auch in dem vom BGH entschiedenen Fall ist sehr fraglich, ob der Vorschlag der Frau nicht mehr der momen-
tane Anlaß als die eigentliche Ursache für den Selbstmord des Mannes war.
Der Umstand, daß die Frau sich einem anderen zugewandt hatte, war für den

---

[161] LK[11], 1993, § 25, Rn. 106; NStZ 1984, 73. Vgl. dazu auch schon meine entsprechenden Ausführungen zum „Sirius-Fall" (oben Nr. 16, S. 585 ff.).
[162] Beispiel von Charalambakis; wie Anm. 158, S. 502.
[163] Für mittelbare Täterschaft in diesem Fall M.-K. Meyer, Autonomie, 1984, 235.
[164] Wie Anm. 158, 254.
[165] Eine Rechtsgutsbezogenheit des Irrtums verlangen auch Brandts/Schlehofer, wie Anm. 158,
nehmen aber an, daß diese im Falle des vorgetäuschten Doppelselbstmordes gegeben sei,
weil das Opfer „unter sozialinadäquaten Entscheidungsdruck" gesetzt werde. Aber ein
bloßer Vorschlag begründet keinen besonderen „Entscheidungsdruck" und auch keine
Rechtsgutsbezogenheit des suizidauslösenden Irrtums.
[166] Wie Anm. 158.

Selbstmordentschluß des Mannes vermutlich wichtiger als der Tod seiner Frau. Dafür könnte auch sprechen, daß er nach der Entdeckung seines Irrtums nicht eine sofortige Einlieferung ins Krankenhaus verlangte, sondern einen zweiten Schluck zu sich nahm, der seinen Tod endgültig besiegeln sollte.

Es hat also einen guten Grund, wenn der BGH sich nicht ohne weiteres zu der Ansicht bekennen mochte, daß „eine derartige Irrtumserregung allein ausreicht, um die Täterschaft des arglistig Täuschenden zu begründen". Andererseits ist es auch verständlich, wenn der BGH auf andere – allerdings nicht überzeugende Weise – versucht hat, eine Täterschaft des Hintermannes zu begründen. Denn es läßt sich schwerlich bestreiten, daß das Verhalten der Frau Strafe verdient (und zwar nicht einmal nur wegen der besonders abscheulichen Begleitumstände der Tat). Nur die Schaffung eines Sondertatbestandes, der die Mitwirkung am Selbstmord aus selbstsüchtigen Beweggründen unter Strafe stellt (vgl. oben Nr. 16, S. 588), würde hier jedoch eine Lösung bieten, die dogmatisch und kriminalpolitisch gleichermaßen befriedigend wäre.

26. Die Abgrenzung von Mittäterschaft und Anstiftung beim Diebstahl behandelt ein Urteil des 1. Strafsenats vom 20. 5. 1986.[167] Der Angeklagte war Mitglied eines Münzvereins und wollte in den Besitz der Sammlung eines Kollegen kommen. Zu diesem Zweck veranlaßte er den Mitangeklagten (hier X genannt), beim Opfer einzubrechen; auch eine etwa notwendige Gewaltanwendung gegen dessen Ehefrau war in seinen Tatplan einbezogen. Er stellte dem X für die „Lieferung der Münzsammlung", die etwa 20000 DM wert war, eine Zahlung von 8000–10000 DM in Aussicht. Außerdem informierte er den X eingehend über die Räumlichkeiten im Hause des Opfers und über die Zeitpunkte, in denen der Eigentümer abwesend zu sein pflegte.

Der BGH lehnt eine Mittäterschaft des Angeklagten beim Raube ab. Dieser sei zwar „weit über die bloße Anstiftung hinausgegangen, indem er sich nachhaltig an der Planung des Einbruchs beteiligte. Es kann auch nicht übersehen werden, daß er ein erhebliches eigenes Interesse an der Tat hatte. Das allein macht ihn jedoch nicht zum Mittäter." Die Ablehnung der Mittäterschaft wird dann nicht auf die fehlende Tatherrschaft, sondern auf die fehlende Zueignungsabsicht des Angeklagten gestützt. „Mittäter beim Diebstahl oder Raub kann nur sein, wer die Sache sich zueignen will. Dabei genügt es zwar, daß der wirtschaftliche Wert der erlangten Beute auch ihm zufließen soll ..., die Vereinbarung, nach der Tat die Beute ankaufen ... zu wollen, reicht dagegen nicht aus ... Der Hehler unterscheidet sich vom Mittäter beim Diebstahl dadurch, daß er nicht unmittelbar am wirtschaftlichen Erfolg der Tat ... teilhat, sein Interesse vielmehr dahin geht, sich diesen Erfolg durch eine freiwillige Verfügung des Täters zu verschaffen ...."

Die Entscheidung verdient Beifall und entspricht der oben (S. 338–352) entwickelten Konzeption über die Täterschaftsproblematik bei Zueignungs-

---

[167] StrV 1986, 475f.

delikten. Im vorliegenden Fall lag die Tatherrschaft (nämlich die Ausführung) eindeutig bei X, mag auch der Angeklagte bei der Vorbereitung noch so intensiv mitgewirkt haben. Diese Tatherrschaft begründet nach der hier vertretenen Auffassung ohne weiteres die Zueignungsabsicht. Dem müßte auf der Grundlage des vorliegenden Urteils eigentlich auch der BGH zustimmen. Denn wenn jemand bei der Ausführung die Tatherrschaft innehat, ist die Weitergabe der Beute an einen Auftraggeber immer eine „freiwillige Verfügung" des Ausführenden, in der seine angemaßte Eigentümerstellung und damit seine Zueignungsabsicht manifest wird. Es liegt in der Konsequenz dieses Gedankenganges, daß dies auch dann gelten müßte, wenn der Ausführende ohne eigenes wirtschaftliches Interesse die Tat nur aus Gefälligkeit für einen Anstifter begine; denn eine „freiwillige Verfügung" bliebe die Weitergabe der Beute auch dann. Damit könnte die der Tatherrschaftslehre widerstreitende Figur des „absichtslosen dolosen Werkzeuges" verabschiedet werden.[168]

27. Ein Urteil des 3. Strafsenats vom 26. 11. 1986[169] beschäftigt sich seit längerer Zeit erstmals wieder mit der grundsätzlichen Frage, ob die eigenhändige Tatbestandserfüllung notwendig täterschaftsbegründend wirkt.[170] Die mit der Tatherrschaftslehre sympathisierende Entscheidung BGHSt 8, 393 hatte in diese Richtung gedeutet (vgl. oben S. 96–98). Das Urteil im „Staschynskij-Fall" (BGHSt 18, 87) war davon wieder abgerückt (oben S. 563 ff.), und nachfolgende Entscheidungen (vor allem das Urteil bei Dallinger, MDR 1974, 547, oben S. 577) hatten sich noch weitergehend in diesem Punkt wieder zur extrem-subjektiven Theorie im Sinne des „Badewannen-Falles" (RGSt 74, 85) bekannt. Demgegenüber schlägt der 3. Senat wieder eine wesentlich objektivere Linie ein. Es ging um einen Fall, in dem der Angeklagte „als Steuerschuldner und nach außen in Erscheinung tretender Firmeninhaber … die falschen Steuererklärungen und Arbeitnehmeranmeldungen selbst unterzeichnet und damit in eigener Person die Tatbestände der Steuerhinterziehung … und des (vollendeten oder versuchten) Betrugs … vollständig erfüllt hat". Die Vorinstanz hatte ihn trotzdem nur wegen Beihilfe bestraft.

Dagegen wendet sich der BGH. Er spricht von „einer im Schrifttum verbreiteten Auffassung", wonach die eigenhändige Tatbestandserfüllung immer die Täterschaft begründe. Der Senat lehnt diese Auffassung, obwohl der BGH sie „so bisher nicht vertreten" habe, nicht ab, sondern läßt sie dahingestellt. Denn auch wenn man „in extremen Ausnahmefällen" eine andere Beurteilung zulasse, sei doch ein solcher Fall hier nicht gegeben. Der Senat verweist dann auf BGHSt 8, 393, wo schon „vor der Einführung des § 25 I StGB 1969 entschieden" worden sei, „daß grundsätzlich Täter ist, wer mit eigener Hand einen Menschen tötet, selbst wenn er es unter dem Einfluß und in Gegenwart eines anderen nur in dessen Interesse tut …".

---

[168] Vgl. zum jüngsten Streitstand unten S. 718 f.
[169] NStZ 1987, 224 f.
[170] Vgl. dazu schon oben S. 546 ff.

Die Entscheidung ist als Absage an die extrem subjektive Theorie uneinge-schränkt zu begrüßen. Der Hinweis auf „extreme Ausnahmefälle", in denen es vielleicht anders liegen könne, ist kaum geeignet, die Eindeutigkeit zu rela-tivieren, mit der sich der BGH hier zur täterschaftsbegründenden Kraft der Eigenhändigkeit bekennt. Denn welche Fälle dies sein könnten, wird nicht gesagt. Indem das Urteil sich unmittelbar auf BGHSt 8, 393 bezieht und auf den „Staschynskij-Fall" wie die nachfolgende Entwicklung nicht Bezug nimmt, läßt es erkennen, daß es jedenfalls in BGHSt 18, 87; MDR 1974, 547 und ähnlichen Entscheidungen keine derartigen Ausnahmefälle sieht. Darin liegt eine wesentliche Einschränkung der Interessentheorie und ein wichtiger Schritt hin zur Tatherrschaftslehre.

28. Die Abgrenzung von Mittäterschaft und Beihilfe betrifft ein Urteil des 2. Strafsenats vom 6. 2. 1987.[171] Der Angeklagte und sein Komplize W. hatten „einen Raubüberfall auf die Sozialstation in Frankfurt" geplant und waren davon ausgegangen, daß die erwartete Beute von mindestens 30000 DM geteilt werden sollte. W. sollte unter Benutzung einer Waffe das Geld an sich bringen, während der Angeklagte mit hineingehen und W. absichern sollte. Wenige Meter vor dem Eingang verließ den Angeklagten jedoch der Mut, und er erklärte: „Ich kann nicht mit hoch, wir sollten es lassen." Daraufhin führte W. die Tat alleine durch. Nach gelungener Tat schloß sich der Angeklagte dem W. wieder an. Beide fuhren gemeinsam mit einer Straßenbahn in die Innen-stadt.

Der BGH sah den Tatbeitrag des Angeklagten nur als den eines Gehilfen an. Der Angeklagte habe „auf der Grundlage gemeinsamen Wollens und in der Erwartung, die Hälfte der Beute zu erhalten, vor Beginn des tatbestands-mäßigen Geschehens Tatbeiträge erbracht, die die Tatbestandsverwirklichung förderten, nicht zurückgenommen wurden und bei der Tatausübung fort-wirkten". Mit Recht habe aber die Vorinstanz „dem zur Tat drängenden Interesse des Angekl. an der Erlangung der Beute den Gesichtspunkt gegen-übergestellt, daß der Angekl. das Ob und Wie des tatbestandsmäßigen Geschehens weder beherrscht noch beeinflußt" habe. Wenn das Tatgericht „im Hinblick auf diesen sehr gewichtigen Umstand" bei seiner Abwägung zu dem Ergebnis gekommen sei, die Tatbeiträge des Angeklagten nur als die eines Gehilfen zu bewerten, so sei das nicht zu beanstanden.

Das Urteil ist ein begrüßenswerter Schritt hin zur Tatherrschaftslehre. Denn es stützt die Ablehnung der Mittäterschaft ausschließlich darauf, daß der Angeklagte im Ausführungsstadium keinen Tatbeitrag geleistet, die Aus-führung also nicht mitbeherrscht habe. Zwar fußt auch diese Entscheidung auf der normativen Kombinationstheorie, derzufolge die bekannten „An-haltspunkte" in „wertender Betrachtung" gegeneinander abzuwägen sind. Aber indem die Mitbeherrschung der Ausführung als „sehr gewichtiger Um-stand" bezeichnet und dem Interessenkriterium übergeordnet wird, gewinnt die Tatherrschaft doch ausschlaggebende Bedeutung.

---

[171] NStZ 1987, 364.

29. Der bedeutsame und wunderliche Fall, über den nachstehend zu berichten ist, wird als „Katzenkönigs-Fall" in die Rechtsgeschichte eingehen. Es handelt sich um ein Urteil des 4. Strafsenats vom 15.9.1988,[172] das einen singulären Sachverhalt behandelt und für die Abgrenzung von mittelbarer Täterschaft und Anstiftung als bahnbrechend bezeichnet werden muß.

Der Angeklagte R. lebte mit den Angeklagten H. und P. in einem von „Mystizismus, Scheinerkenntnis und Irrglauben" geprägten „neurotischen Beziehungsgeflecht" zusammen. Der H. gelang es im Zusammenwirken mit P., dem R. die Existenz des „Katzenkönigs" vorzuspiegeln, der „seit Jahrtausenden das Böse verkörpere und die Welt bedrohe". Die H. beschloß schließlich, die Frau (N.) ihres früheren Freundes aus Haß und Eifersucht umzubringen; zur Ausführung wollte sie sich des R. unter Ausnützung seines Aberglaubens bedienen. Sie spiegelte dem R. vor, der Katzenkönig verlange ein Menschenopfer in Gestalt der Frau N. Wenn er die Frau N. nicht binnen kurzem töte, würden Millionen von Menschen vom Katzenkönig vernichtet. Der R., der keinen Mord begehen wollte, suchte vergeblich nach einem Ausweg. H. und P. erklärten ihm, daß das Tötungsverbot für sie nicht gelte, „da es ein göttlicher Auftrag sei und sie die Menschheit zu retten hätten". Den R. plagten Gewissensbisse, er wog jedoch die „Gefahr für Millionen Menschen ab", die er „durch das Opfern von Frau N. retten könne" und entschloß sich zur Tat, die im Versuchsstadium scheiterte.

Der BGH nahm an, R. habe einen versuchten Mord begangen. Obwohl er in „Wahngewißheiten" gelebt habe, sei er nicht unzurechnungsfähig gewesen. Mit Recht habe das Tatgericht seine Wahnideen nur „durch Anwendung des § 21 StGB berücksichtigt". Auch ein Irrtum über die Voraussetzungen der Notwehr, des rechtfertigenden, des entschuldigenden Notstandes (§ 35 StGB) oder eines übergesetzlichen entschuldigenden Notstandes liege nicht vor. Vielmehr habe der R. in vermeidbarem Verbotsirrtum (§ 17 StGB) gehandelt, indem er den in seinen Augen bestehenden Interessenkonflikt „fehlerhaft abgewogen" habe und dadurch zu dem Ergebnis gekommen sei, eine Tötung der Frau N. sei gerechtfertigt. Diese Annahmen des BGH – die Strafbarkeit des R. wegen versuchten Mordes und sein Handeln in vermeidbarem Verbotsirrtum – seien im folgenden zugrunde gelegt; sie sind die Prämissen, auf denen die hier in erster Linie interessierenden Ausführungen des BGH über eine mittelbare Täterschaft von H. und P. aufbauen.

Der BGH stellt sofort die entscheidende Frage, „ob der Hintermann eines schuldhaft handelnden Täters mittelbarer Täter sein kann" (a. a. O., 351). Nach der Feststellung, daß diese Frage „höchstrichterlich noch nicht entschieden" sei, wird der wissenschaftliche Meinungsstand[173] sorgfältig dargestellt mit dem Ergebnis, daß es sich um ein „offenes Wertungsproblem" han-

---

[172] BGHSt 35, 347ff., vgl. dazu Schaffstein, NStZ 1989, 153–158; Küper, JZ 1989, 617–628, 935–949; Herzberg, Jura 1990, 16–26; Schumann, NStZ 1990, 32. Zu der Entscheidung vgl. außerdem meinen Kommentar in Roxin, HRR-AT, 1998, 205, zu Fall Nr. 81, sowie in Roxin, AT/2, 2003, § 25, Rn. 76ff.

[173] Vgl. oben S. 193–205, unten S. 697ff., sowie meinen Beitrag in der Lange-Festschrift, 1976, 178–183.

dele und daß weder der Gesetzeswortlaut noch die systematische Stellung der mittelbaren Täterschaft eine der konkurrierenden Lösungen zwingend gebiete (a. a. O., 353). Dann aber folgt die entscheidende Wendung, indem der BGH in Übereinstimmung mit der in diesem Buch vertretenen Lehre die Übertragung des von mir für die Nötigungsfälle entwickelten und dort inzwischen weitgehend anerkannten „Verantwortungsprinzips" (oben S. 147ff.) auf die Irrtumsfälle ablehnt: „§ 25 Abs. 1 StGB erfordert jedenfalls nicht ein derart enges Verständnis des Begriffs der mittelbaren Täterschaft, wie es aus dem Verantwortungsprinzip hergeleitet wird" (a. a. O., 353). Zur Unterstützung dieser Auffassung zieht der BGH den Parallelfall der mittelbaren Täterschaft kraft organisatorischer Machtapparate (dazu oben S. 242ff.) heran, der meist auch von denen anerkannt werde, die beim vermeidbaren Verbotsirrtum des Ausführenden die Möglichkeit einer mittelbaren Täterschaft unter Berufung auf das Verantwortungsprinzip ablehnten. „Daß mit Hilfe des Verantwortungsprinzips allein nicht stets eine scharfe Grenzziehung möglich ist, wird von Vertretern dieser Lehre selbst eingeräumt, indem sie für die Fälle des durch einen Machtapparat organisierten Verbrechens ohne Rücksicht auf die volle rechtliche Verantwortbarkeit des Handelnden eine ‚Täterschaft hinter dem Täter' anerkennen ..." (a. a. O., 353).

Der Auffassung, daß die Tatherrschaft ohne Rücksicht auf die realen Dominanzverhältnisse allein auf Grund der – verminderten – Verantwortlichkeit des Ausführenden abgelehnt werden könne, wird dann eine klare Absage erteilt: „Ein wertender Vergleich der Fälle des unvermeidbaren Verbotsirrtums – hier ist unbestritten mittelbare Täterschaft möglich – mit denen des vermeidbaren Verbotsirrtums zeigt, daß allein die Vermeidbarkeit des Irrtums kein taugliches Abgrenzungskriterium ist. Auch dem in einem solchen Irrtum handelnden Täter fehlt zur Tatzeit die Unrechtseinsicht. Daß er Kenntnisse hätte haben können, die er im konkreten Fall nicht hatte, braucht an der Tatherrschaft des die Erlaubtheit vorspiegelnden Hintermannes nichts zu ändern" (a. a. O., 353). Ein Vergleich dieses Zitates mit meinen eigenen Ausführungen[174] zeigt die völlige Übereinstimmung: „Der Bewußtseinszustand des Tatmittlers ist ceteris paribus bei vermeidbarem und unvermeidbarem Verbotsirrtum derselbe; infolgedessen ändert sich am Einfluß des Hintermannes (d. h. an seiner Herrschaftsausübung) nicht das geringste dadurch, daß der Ausführende Kenntnisse hätte haben können, die er actualiter nicht hatte."

Der Senat zieht – auch insoweit ganz ähnlich, wie es in diesem Buch geschieht – aus seinen Überlegungen nicht die Konsequenz, daß jeder Verbotsirrtum des Ausführenden eine mittelbare Täterschaft des Hintermannes begründe: „Die Abgrenzung hängt im Einzelfall von Art und Tragweite des Irrtums und der Intensität der Einwirkung des Hintermannes ab ... Mittelbarer Täter ... ist jedenfalls derjenige, der mit Hilfe des von ihm bewußt hervorgerufenen Irrtums das Geschehen gewollt auslöst und steuert, so daß der Irrende bei wertender Betrachtung als ein – wenn auch (noch) schuldhaft

---

[174] Lange-Festschrift, 1976, 179.

handelndes – Werkzeug anzusehen ist" (a. a. O., 354). Ein solcher Fall der mittelbaren Täterschaft liege hier vor. Wie nach der „Art und Tragweite des Irrtums" und der „Intensität der Einwirkung" in anderen Fällen differenziert werden könnte, führt der Senat nicht näher aus. Doch könnten die Andeutungen des BGH einen Anknüpfungspunkt für die in diesem Buch getroffene Unterscheidung bilden, wonach es darauf ankommt, ob der Ausführende über das materielle Unrecht seines Verhaltens (die Sozialschädlichkeit seines Tuns) oder nur über das formelle Verbot irrt. Kennt er das materielle Unrecht seines Handelns, so ist sein Irrtum nur von geringer „Tragweite" und wird aus diesem Grunde auch seine Schuld kaum mindern. Der Einfluß des Hintermannes ist in einem solchen Falle von weit schwächerer „Intensität", als wenn der Ausführende seine Tat für vollkommen angemessen oder gar verdienstvoll hält. Es liegt also nahe, hier eine mittelbare Täterschaft abzulehnen. Im Katzenkönigs-Fall dagegen glaubte der Ausführende – wenn auch auf Grund wahnhafter Vorstellungen – der Menschheit einen Dienst zu tun. Wenn der BGH die Herbeiführung eines solchen Irrtums für tatherrschaftsbegründend hält, verdient das uneingeschränkten Beifall.

Eine Auseinandersetzung mit den teilweise abweichenden Meinungen der Literatur soll an anderer Stelle (unten S. 697 ff.) erfolgen. Hier bleibt festzuhalten, daß das in seiner Bedeutung kaum zu überschätzende Urteil nicht nur der Tatherrschaftslehre im Bereiche der mittelbaren Täterschaft zur endgültigen Durchsetzung verholfen, sondern auch das Problem des „Täters hinter dem Täter", das selbst unter den Vertretern der Tatherrschaftslehre auf das heftigste umstritten ist, in wichtigen Teilbereichen einer dogmatisch fundierten Klärung zugeführt hat.

30. Ein Beschluß des 2. Strafsenats vom 16.6.1989[175] behandelt die Abgrenzung von Mittäterschaft und Beihilfe in einem Fall, in dem der Angeklagte als Buchhalter bei einer Kapitalanlagegesellschaft tätig war, deren gesamter Betrieb, wie er bald erkannte, auf den durch „Telefonverkäufe" bewirkten Betrug der Kunden abzielte. Der BGH beruft sich auf seine inzwischen in stehenden Wendungen ständig wiederholte normative Kombinationstheorie (vgl. zuletzt etwa Nr. 23, S.594, Nr. 28, S.601), betont, daß der Angeklagte an den betrügerisch erlangten Gewinnen nicht beteiligt werden, sondern lediglich seinen gering bezahlten Arbeitsplatz nicht verlieren wollte und kommt dann auf seine Tatbeiträge zu sprechen. „Zum tatbestandlichen Handeln der Telefonverkäufer hat er unmittelbar keinen Beitrag geleistet. Er hat deren Tätigkeit nur dadurch gefördert, daß er durch die Erfüllung seiner Aufgaben als Buchhalter zur Aufrechterhaltung des Geschäftsbetriebs der Firma … beitrug. Das vermag auch die Annahme von Tatherrschaft oder den Willen hierzu nicht zu begründen."

Das Ergebnis – bloße Beihilfe – ist sicher richtig. Es hätte sich leicht allein mit den Formeln der subjektiven Theorie (fehlendes Eigeninteresse, Willensunterordnung) begründen lassen; darauf spielen wohl auch die Hinweise auf

---

[175] wistra 1989, 346.

das geringe Gehalt und die fehlende Gewinnbeteiligung an. Aber bemerkenswert ist doch, daß der entscheidende Begründungsansatz auf den Mangel an Tatherrschaft abstellt, der wiederum daraus abgeleitet wird, daß der Angeklagte „zum tatbestandlichen Handeln ... unmittelbar keinen Beitrag geleistet" habe. Es wird also der Tatherrschaft zentrale Bedeutung beigemessen, und es wird in Abweichung von der sonstigen Linie der Rechtsprechung auch richtig gesehen, daß die Mitwirkung an Vorbereitungshandlungen keine Tatherrschaft begründet.

31. In einem Beschluß des 3. Strafsenats vom 6.10.1989[176] geht es um die Frage der Mittäterschaft bei Steuerhinterziehungen. Der Angeklagte hatte unzutreffende Umsatz- und Lohnsteuervoranmeldungen unterschrieben, die der Betriebsinhaber, wie er wußte, später dazu benutzte, in seinen Einkommensteuererklärungen seine Einkünfte aus Gewerbebetrieb zu niedrig anzusetzen. Die Vorinstanz hatte ihn als Mittäter einer Steuerhinterziehung verurteilt.

Der BGH betont, daß die Steuerhinterziehung kein Sonderdelikt, eine Mittäterschaft zwischen Steuerpflichtigen und nicht Pflichtigen daher möglich sei. Er führt weiter aus, daß die allgemeinen Regeln der Abgrenzung von Mittäterschaft und Beihilfe „auch für den Bereich der Steuerdelikte" gelten. Die von der Vorinstanz angenommene Mittäterschaft hält er für nicht ausreichend begründet. „Eine maßgebliche Einflußnahme des Angeklagten auf die ... einkommensteuerlichen Erklärungen des Steuerpflichtigen" ist ihm nicht ersichtlich. „Darüber hinausgehende Feststellungen, aus denen sich Rückschlüsse auf eine Tatherrschaft des Angeklagten ziehen lassen könnten, sind dem Urteil nicht zu entnehmen." Der BGH gibt dem Untergericht daher die Prüfung der Frage auf, ob nicht nur eine Beihilfe vorliegt.

Das alles ist zutreffend. Auffallend ist hierbei – wie bei der Entscheidung Nr. 30 –, daß die Begründung sich allein auf die fehlende Tatherrschaft des Angeklagten stützt. Das Interesse, das er daran hatte, sich das Wohlwollen des Betriebsinhabers und eine Einnahmequelle zu erhalten, wird nicht als ein für die Abgrenzung relevanter Gesichtspunkt angesehen. Die Entscheidung tendiert daher deutlich zur Tatherrschaftslehre.

32. Ein Urteil des Bundesfinanzhofs vom 13.12.1989[177] betrifft das Problem einer Steuerhinterziehung in mittelbarer Täterschaft bei indirekten Parteispenden. Die Quintessenz des gerade in strafrechtlicher Hinsicht ausführlich begründeten, Literatur und Gesetzesmaterialien sorgfältig auswertenden Urteils ist die, „daß die Verantwortlichen der Staatsbürgerlichen Vereinigung den weiteren Geschehensablauf nach Hingabe der Spendenbescheinigung und damit den Ablauf des Gesamtgeschehens nicht mehr im Sinne der Tatherrschaftstheorie zur mittelbaren Täterschaft beherrschen

---

[176] NStZ 1990, 80.
[177] NJW 1990, 1253; allgemein zur Steuerhinterziehung in mittelbarer Täterschaft in Parteispendenfällen Wüllenkämper, wistra 1989, 46.

konnten". Wenngleich am Anfang der theoretischen Darlegungen noch die formelhafte Wendung auftritt: „Der mittelbare Täter muß ... mit Täterwillen handeln, d. h. die Tat als seine eigene wollen", stützt sich die nachfolgende Begründung dann ausschließlich auf die Tatherrschaftslehre. Das bestätigt die auch sonst in der Rechtsprechung immer deutlicher hervortretende Tendenz, die mittelbare Täterschaft allein aus der Tatherrschaft abzuleiten.

33. Dagegen bedeutet ein Urteil des 5. Strafsenats vom 15. 1. 1991[178] in der Frage der Abgrenzung von Mittäterschaft und Beihilfe der Sache nach, wenn auch nicht terminologisch, eine weitgehende Rückkehr zur älteren subjektiven Theorie. Nach dem Sachverhalt war der aus der Strafhaft entwichene Angeklagte von dem aus dem gleichen Grunde von der Polizei gesuchten D aufgenommen sowie mit 20 000 DM und einem Revolver ausgestattet worden. Der D war entschlossen, im Falle einer drohenden Verhaftung sich die Flucht unter Inkaufnahme der Tötung von Polizeibeamten freizuschießen. Er ging, wie der Angeklagte wußte, davon aus, auch der Angeklagte werde ggf. mindestens mit bedingtem Vorsatz von der Waffe Gebrauch machen. Der BGH folgert aus den gegebenen Umständen – was nicht sehr einleuchtend ist, hier aber zugrunde gelegt sei –, daß zwischen D und dem Angeklagten eine stillschweigende („konkludente") Vereinbarung bestanden habe, sich bei einer Entdeckung durch die Polizei Schützenhilfe zu leisten. Tatsächlich wurden die beiden bald darauf von vier Polizeibeamten gestellt. D erschoß zwei von ihnen und gab auch auf die beiden überlebenden Polizisten mit direktem Tötungsvorsatz Schüsse ab, die aber nicht trafen. Der Angeklagte hatte von vornherein seine Waffe *nicht* gezogen. Statt dessen hatte er nach dem ersten Schuß des D „zum Zeichen der Aufgabe" die Arme gehoben und sich schließlich auf den Boden fallen lassen; nach der Erschießung des zweiten Polizisten war er weggelaufen. Der D hatte bis zum Schluß weder das Sich-Fallen-Lassen noch das Weglaufen des Angeklagten bemerkt.

Der BGH beurteilt den Angeklagten als Mittäter zweier vollendeter und zweier versuchter Morde. Zur Begründung zitiert er wieder die vier Elemente der normativen Kombinationstheorie, von denen später aber nur noch die „Tatherrschaft" und das „Interesse" als täterschaftsbegründend herangezogen werden.

Das Urteil beruft sich zunächst darauf, daß nach ständiger Rechtsprechung auch Vorbereitungshandlungen, „durch die der Mittäter den tatausführenden Genossen in dessen Tatentschluß bestärkt", für eine gemeinschaftliche Tatbegehung i. S. des § 25 II ausreichen könnten. Eine solche Bestärkung liege hier in „der konkludenten Verabredung des Waffengebrauchs zur Verhinderung drohender Festnahme ..." (S. 292). Das ist in mehrfacher Beziehung unrichtig. Denn auch wenn man davon absieht, daß nach der in diesem Buch (S. 292 ff.; 725 ff.) eingehend begründeten Lehre die Mitwirkung bei der Vorbereitung prinzipiell für eine Mittäterschaft nicht ausreicht, bildet doch auch nach der Gegenansicht eine Bestärkung des Tatentschlusses den typischen

---

[178] BGHSt 37, 289.

Fall einer psychischen Beihilfe, die selbst schon am Rande der Strafwürdigkeit liegt.[179] Wieso ein solcher Beitrag hier zur Mittäterschaft führen soll,
bleibt unbegründet. Man kann sogar mit Sicherheit sagen, daß eine „konkludente Verabredung" als solche keine Mittäterschaft begründen kann, auch
wenn man davon ausgeht, daß andere vorbereitende Akte dies können. Denn
eine derartige „Verabredung" ist nichts anderes als der „gemeinsame Tatentschluß", zu dem unbestrittenermaßen bei jeder Mittäterschaft eine „gemeinschaftliche Ausführung" hinzukommen muß. Wenn man, wie es das Urteil
tut, die „gemeinschaftliche Ausführung" schon in der „Verabredung" sieht,
bedeutet das in Wirklichkeit einen Verzicht auf die gemeinschaftliche Ausführung. Das ist eine unhaltbare Annahme.

Es ist deshalb verständlich, daß das Urteil im folgenden die Tatherrschaft
wie den Täterwillen des Angeklagten auch aus seinem Verhalten bei der Tat
herzuleiten versucht. Danach hatte der Angeklagte „die Tatherrschaft. Jedenfalls vor dem ersten tödlichen Schuß hat er … seine psychische Unterstützung durch seine Präsenz als solche und das ständige Tragen einer Schußwaffe nicht aufgegeben, obwohl er die Polizeibeamten … erkannt hatte und
D noch hätte auffordern können, entgegen der Abrede nicht zu schießen"
(S. 293). Diese Beiträge hätten „während des gesamten Tatgeschehens" fort-
gewirkt, so daß er bei allen vier von D abgegebenen Schüssen Mittäter sei.

Auf diese Weise läßt sich aber eine Tatherrschaft nicht begründen. Denn
die psychische Unterstützung hätte allenfalls die Annahme einer Beihilfe
rechtfertigen können; eine „Herrschaft" kann sich daraus selbstverständlich
nicht ergeben. Die Möglichkeit, den D zum „Nichtschießen" aufzufordern,
gestattet ebensowenig die Annahme einer Tatherrschaft. Denn da es bei D
gestanden hätte, einer solchen Aufforderung zu folgen oder nicht (er wäre ihr
sicher nicht gefolgt), lag die Herrschaft über das Geschehen allein bei ihm.
Selbst wenn aber der Angeklagte die Schüsse hätte verhindern können, würde
auch dies noch nicht die Annahme von Tatherrschaft gestatten. Denn die
Möglichkeit zur Tatverhinderung haben viele Gehilfen und selbst an der Tat
Unbeteiligte; nicht diese Möglichkeit, sondern die aktive Steuerung des
Geschehens bedeutet Tatherrschaft.[180]

Das Urteil schiebt in einem Satz noch eine „subjektive" Begründung nach:
„Dabei handelte er aus eigenem Interesse am Taterfolg, da er wie D auf der
Flucht und daran interessiert war, frei zu bleiben, um nicht eine empfindliche
Haftstrafe auf sich nehmen zu müssen." Das ist eine recht kühne Unterstel-
lung. Denn aus dem Umstand, daß der Angeklagte nicht schoß und nicht einmal seine Waffe zog, ist – in dubio pro reo – weit eher zu schließen, daß er an
einer Erschießung von Polizisten nicht interessiert war; sei es, daß er bei
einem Schußwechsel um sein eigenes Leben fürchtete (er hatte später dem D
von seiner „tierischen Angst" berichtet), sei es, daß er das Risiko einer lebens-
länglichen Strafe nicht eingehen wollte. Das täterschaftsbegründende Inter-

---

[179] Näher Roxin, LK[11], 1993, § 27, Rn. 41 ff.
[180] Der hier gerügte Denkfehler ist der Rechtsprechung auch sonst schon gelegentlich unter-
laufen; vgl. oben S. 311 f. zu BGHSt 11, 268.

esse wird also im Urteil nicht beweiskräftig festgestellt, sondern dem Angeklagten zugeschrieben. Daran zeigt sich einmal mehr, wie jede subjektive Theorie die Abgrenzung von Täterschaft und Teilnahme zum Gegenstand einer recht beliebigen richterlichen Wertung macht.

Aber auch das Kriterium der Tatherrschaft wird in der vorliegenden Entscheidung nur noch als Leerformel benutzt; keine ihrer Voraussetzungen ist auch nur annähernd erfüllt. Das Urteil hat daher in der Literatur einhellige Ablehnung gefunden.[181]

34. Ein Urteil des 3. Strafsenats vom 8. 1. 1992[182] betrifft die Mittäterschaft beim Betrug und bekräftigt die These der Rechtsprechung, daß auch die Mitwirkung bei der Vorbereitung eine Mittäterschaft begründen kann. Es ging um den betrügerischen Betrieb eines Scheinunternehmens. Der Angeklagte war „gleichgeordneter Mitträger des Tatplans", sollte „den gleichen Anteil am Gewinn" erhalten und leistete, vor allem durch die Beschaffung gefälschter Ausweispapiere, wichtige Beiträge im Vorbereitungsstadium. „Entsprechend groß war sein Interesse am möglichst erfolgreichen Gelingen der Tat."

Der BGH beruft sich auch hier auf seine normative Kombinationstheorie und erklärt die vom Landgericht vorgenommene „Bewertung, daß Ausgang und Durchführung der einzelnen Betrugshandlungen im Sinne von Mittäterschaft maßgeblich vom Willen des Angeklagten abhingen", für gerechtfertigt. Die mangelnde Beteiligung an den eigentlichen Betrugshandlungen trete „bei einer wertenden Gesamtbetrachtung der Rolle des Angeklagten in den Hintergrund" und schließe „die Annahme von Mittäterschaft nicht aus".

Das Urteil liegt auf der Linie der bisherigen Rechtsprechung, zeigt aber auch wieder die Abgrenzungsunsicherheit, zu der sie führt. Der Generalbundesanwalt hatte nur eine Beihilfe annehmen wollen; und auch der BGH bemerkt lediglich, daß das Tatgericht die Rolle des Angeklagten als die eines Mittäters beurteilen „durfte", hätte also eine entgegengesetzte Wertung wohl ebenfalls akzeptiert. Wenn es im Urteil heißt: „Bereits eine ... Beteiligung an Handlungen im Vorfeld der eigentlichen Tatbestandsverwirklichung kann ausreichen, um Mittäterschaft zu begründen, sofern sich diese Mitwirkung nach der Willensrichtung der sich Beteiligenden nicht als bloße Förderung fremden Tuns, sondern als Teil der Tätigkeit aller darstellt", zeigt sich in diesen Formeln deutlich, daß die Abgrenzung dem richterlichen Ermessen überantwortet wird. Denn die Frage, was eine „Förderung fremden Tuns" und was „ein Teil der Tätigkeit aller" ist, wird allein mit dem Hinweis auf die „Willensrichtung" der sich Beteiligenden beantwortet, die wiederum keine innere Tatsache sein, sondern sich nur wertender Betrachtung erschließen soll. Eine klare, rechtsstaatlich überzeugende Abgrenzung läßt sich auf diese Weise nicht erreichen.

---

[181] Roxin, JR 1991, 206; Puppe, NStZ 1991, 571; dies., AT/2, 2005, § 39, Rn. 10 ff.; Herzberg, JZ 1991, 856; Erb, JuS 1992, 197; Stein, StrV 1993, 411; Hauf, NStZ 1994, 263. Zu der Entscheidung vgl. außerdem meinen Kommentar in Roxin, HRR-AT, 1998, 204, zu Fall Nr. 79, sowie in Roxin, AT/2, 2003, § 25, Rn. 201 ff.
[182] wistra 1992, 181.

35. Ein Urteil des 2. Strafsenats vom 3.11.1993[183] behandelt die vorsätzliche fehlerhafte Genehmigung zur Umlagerung von Abfällen durch einen Amtsträger. Je nachdem, ob diejenigen, die die umweltgefährdende Abfallbeseitigung (§ 326 Abs. 1 StGB) daraufhin unmittelbar handelnd vornahmen, bös- oder gutgläubig waren, wird der Amtsträger als Mittäter oder mittelbarer Täter beurteilt.

Dabei wird die Mittäterschaft auf die stehenden Formeln der normativen Kombinationstheorie gegründet, die, wie eigens betont wird, auch Vorbereitungshandlungen genügen lasse. Der Sache nach stützt sich die Annahme der Mittäterschaft auf die „entscheidende Bedeutung" der die Tat erst ermöglichenden Genehmigung und auf das Interesse des Angeklagten, seinem Ruf als effizienter „Abfallmanager" gerecht zu werden. Vom hier vertretenen Standpunkt aus liegt eine Beihilfe vor, weil auch ein notwendiger Tatbeitrag im Vorbereitungsstadium und erst recht das Bestreben nach Aufrechterhaltung eines bestimmten Rufes noch keine Tatherrschaft begründen.

Interessant ist die Herleitung der mittelbaren Täterschaft. Sie wird damit begründet, daß der Amtsträger „vorsätzlich unter Verstoß gegen das Umweltrecht die Tatbestandsverwirklichung durch einen gutgläubigen Unternehmer ‚freigibt'. Denn dadurch stellt sich aus der Sicht des Amtsträgers und auch objektiv der in Gang gesetzte Umweltverstoß als ‚sein Werk' dar; er ist zwar nicht unbedingt die treibende Kraft, aber infolge seines tatsächlichen und rechtlichen Überblicks über das Geschehen dessen Zentralgestalt" (a. a. O., 389). Hier wird nicht nur der in diesem Buch geprägte Begriff der „Zentralgestalt" als des Oberbegriffs für alle Erscheinungsformen der Täterschaft aufgenommen. Es wird auch erkannt, daß der mittelbare Täter, der als einziger die Sach- und Rechtslage durchschaut, nicht notwendig den Anstoß geben, die „treibende Kraft" sein muß.

36. Ein Beschluß des 1. Strafsenats vom 23.11.1993[184] beschäftigt sich mit der Abgrenzung von Mittäterschaft und Beihilfe bei einer Brandstiftung. Der Angeklagte hatte sich darauf beschränkt, den Täter „auf dessen Verlangen ein Feuerzeug zu übergeben in Kenntnis, daß mit dessen Hilfe der Brand gelegt werden sollte". Auch hier zitiert der BGH zunächst in wörtlicher Übereinstimmung mit früheren Entscheidungen die Kriterien der normativen Kombinationstheorie. Seine Bedenken gegen die vom LG angenommene Mittäterschaft resultieren dann aber allein daraus, daß der Angeklagte „weder die Tatherrschaft besaß noch den Willen dazu hatte; seine Tatbeteiligung an der Brandstiftung war, wenn auch wichtig, so doch gering". Der BGH hat die Sache zurückverwiesen zur genaueren Prüfung, ob „Durchführung und Ausgang ... maßgeblich vom Willen des Angeklagten abhingen". Demgegenüber liegt vom Standpunkt der Tatherrschaftslehre aus ein eindeutiger Fall bloßer Beihilfe vor, zu der hier wohl auch der BGH tendiert.

---

[183] BGHSt 39, 381.
[184] StrV 1994, 241.

37. Ein Urteil des 1. Strafsenats vom 18. 1. 1994[185] betrifft wiederum die Abgrenzung von Mittäterschaft und Beihilfe, aber in dem Sonderfall einer bloßen Mitwirkung an der Planung. Vier Rechtsradikale hatten gemeinsam den Plan entwickelt, daß je zwei von ihnen ein Asylbewerberheim in Brand setzen und einen jüdischen Friedhof verwüsten sollten. Das Problem liegt darin, ob jeder Beteiligte nicht nur Mittäter seiner eigenen, sondern auch der Tat der beiden anderen ist. Der BGH hält das für möglich und beruft sich dafür auf BGHSt 37, 289 (oben Nr. 33, S. 609 ff.). Für die Mittäterschaft genüge es, daß ein Mittäter den anderen „in dessen Tatentschluß bestärkt". Diese Voraussetzung könne „auch eine Absprache über die Durchführung mehrerer Taten erfüllen. Ob darin Mittäterschaft oder Beihilfe liegt, hat der Tatrichter in wertender Betrachtung zu entscheiden".

Das Urteil setzt zwei sehr bedenkliche Tendenzen der neueren Rechtsprechung fort. Die eine liegt darin, schon die Beteiligung am bloßen Tatentschluß ohne jede weitere, sei es selbst vorbereitende, Mitwirkung für eine Mittäterschaft ausreichen zu lassen (zur Kritik vgl. näher oben Nr. 33, S. 606 f.). Die andere zeigt sich im Verweis auf die „wertende Betrachtung" des Tatrichters, die auf jede klare rechtliche Abgrenzung beider Beteiligungsformen verzichtet und sie zu einer Ermessensentscheidung des Tatrichters macht (vgl. dazu besonders noch Nr. 50, S. 619).

38. Ein Urteil des 5. Strafsenats vom 26. 7. 1994[186] hat, wie vorher nur der „Katzenkönigs-Fall" (oben Nr. 29, S. 602 ff.), in der Rechtsprechung zur mittelbaren Täterschaft bahnbrechend gewirkt, indem er die in diesem Buch (oben § 24, S. 242 ff.) erstmals entwickelte Rechtsfigur der „Willensherrschaft kraft organisatorischer Machtapparate" anerkannt hat. Die Mitglieder des „Nationalen Verteidigungsrates" der ehemaligen DDR, die die Schüsse der Grenzsoldaten an der Mauer und deren Verminung durch tödliche Explosivstoffe angeordnet hatten, beherrschten das Geschehen mittels des von ihnen gesteuerten Machtapparates, selbst wenn die unmittelbar Ausführenden an der Grenze ebenfalls als schuldhaft handelnde Täter verantwortlich waren. Sie wurden daher als mittelbare Täter hinter dem (verantwortlichen) Täter verurteilt.

Es heißt dazu oben (S. 245): „Eine solche Organisation nämlich entfaltet ein Leben, das vom wechselnden Bestande ihrer Mitglieder unabhängig ist. Sie funktioniert, ohne daß es auf die individuelle Person des Ausführenden ankommt, gleichsam ‚automatisch'." Diese Begründung für die Tatherrschaft des Hintermannes nimmt jetzt der BGH in den zentralen Formulierungen seines Urteils auf (BGHSt 40, 236): „Es gibt ... Fallgruppen, bei denen trotz eines uneingeschränkt verantwortlich handelnden Tatmittlers der Beitrag des Hintermannes nahezu automatisch zu der von diesem Hintermann erstrebten Tatbestandsverwirklichung führt. Solches kann vorliegen, wenn der Hintermann durch Organisationsstrukturen bestimmte Rahmenbedingungen aus-

---

[185] NStZ 1995, 122.
[186] BGHSt 40, 218.

nutzt, innerhalb derer sein Tatbeitrag regelhafte Abläufe auslöst." ... Er ist „Täter in der Form mittelbarer Täterschaft. Er besitzt die Tatherrschaft." Die große dogmatische Bedeutung des Urteils besteht darin, daß es die Tatherrschaftslehre im Bereich der mittelbaren Täterschaft endgültig durchsetzt, daß die Organisationsherrschaft neben der Nötigungs- und der Irrtumsherrschaft als dritte, selbständige Form der mittelbaren Täterschaft beurteilt und daß der Täter hinter dem Täter über den Fall der Ausnutzung eines Verbotsirrtums hinaus auch bei voll verantwortlichem Tatmittler als möglich anerkannt wird. Das alles entspricht der in diesem Buch entwickelten Konzeption und ist uneingeschränkt zu begrüßen.[187]

Freilich verdient die Begründung des Urteils nicht in allen Punkten Beifall. So will der BGH die mittelbare Täterschaft des Hintermannes auch darauf stützen, daß er „die unbedingte Bereitschaft des unmittelbar Handelnden, den Tatbestand zu erfüllen", ausnutze und „den Erfolg als Ergebnis seines eigenen Handelns" wolle (a. a. O., 236). Die Annahme, daß die unbedingte Tatbereitschaft des unmittelbar Handelnden eine Tatherrschaft begründen könne, stützt sich auf Fr.-Chr. Schroeder, der diese Theorie zuerst aufgestellt hat.[188] Sie ist aber schwerlich haltbar. Denn der klassische Fall einer Tatbereitschaft ist das Sich-Erbieten, von dem § 30 II StGB als einer Erscheinungsform der Bereiterklärung spricht. Es steht aber völlig außer Zweifel, daß die „Annahme eines Erbietens" eine Anstiftung und keine mittelbare Täterschaft ist. Auch hängt die durch die Strukturen der Organisation vermittelte Tatherrschaft des Hintermannes gerade nicht davon ab, daß der jeweils Ausführende „unbedingt tatbereit" ist. Denn auch wenn er es nicht ist und sich dem Befehl zu entziehen weiß, kann der Hintermann davon ausgehen, daß seine Anordnungen ausgeführt werden, weil sogleich ein anderer an die Stelle des Befehlsverweigerers oder Deserteurs tritt. Wenn der BGH die Bemerkung anschließt, daß der Hintermann „den Erfolg als Ergebnis seines eigenen Handelns wolle", so ist das eine Reminiszenz an die subjektive Theorie ohne eigene Aussagekraft; denn auch der Anstifter will natürlich den Erfolg als Ergebnis seines Handelns. Wenn man nicht die unmittelbar ausführende Einzelperson, sondern den „organisatorischen Machtapparat" als „Werkzeug" ansieht, läßt sich freilich der Gedanke der „unbedingten Tatbereitschaft" als Element der Tatherrschaft fruchtbar machen (näher dazu S. 706 f.).

Bedenklich scheint mir auch die Reichweite, die der BGH der Organisationsherrschaft geben will. Zustimmen kann man dem Urteil, wenn es sagt (a. a. O., 237): „Eine so verstandene mittelbare Täterschaft wird nicht nur beim Mißbrauch staatlicher Machtbefugnisse, sondern auch in Fällen mafiaähnlich organisierten Verbrechens in Betracht kommen ..." Dem entspricht es, wenn oben (S. 250) eine Organisationsherrschaft bei Taten angenommen wird, „die im Rahmen von Untergrundbewegungen, Geheimorganisationen,

---

[187] Vgl. zu dem Urteil näher Roxin, JZ 1995, 49 ff.; Grünwald-Festschrift, 1999, 549 ff.; ders., NJW-Sonderheft Schäfer, 2002, 52 ff.; ders., Festschrift für Fr.-Chr. Schroeder, 2006, 385 ff. Zur Aufnahme des Urteils in der Literatur vgl. unten S. 704 ff.

[188] In seinem Buch „Der Täter hinter dem Täter", 1965, 143 ff.; näher dazu Roxin, ZStW 78 (1966), 222 ff., 227 ff.

Verbrecherbanden und ähnlicher Zusammenschlüsse begangen werden". Zu weit geht es aber, wenn der BGH sagt (a. a. O., 237): „Auch das Problem der Verantwortlichkeit beim Betrieb wirtschaftlicher Unternehmen läßt sich so lösen." Denn Voraussetzung dafür, daß die Organisationsstrukturen „regelhafte Abläufe" auslösen und „nahezu automatisch" den Erfolg herbeiführen, ist der Umstand, daß der Machtapparat sich wenigstens für den konkreten Fall als ganzer vom Recht gelöst hat. Anderenfalls ist vom unmittelbar Handelnden zu erwarten, daß er die Ausführung einer rechtswidrigen Anordnung verweigert.[189] Wenn also z. B. ein Abteilungsleiter in einem in den Bahnen des Rechts arbeitenden Wirtschaftsunternehmen einen Angestellten zu einer Urkundenfälschung auffordert, ist er im Begehensfalle Anstifter und nicht mittelbarer Täter. Nicht die Hierarchie und die prinzipielle Weisungsbefugnis, sondern die Austauschbarkeit der Handlanger begründet die mittelbare Täterschaft. In diesem Punkt neigt der BGH, wie auch nachfolgende Entscheidungen zeigen (Nr. 39, S. 612, Nr. 48, S. 618, Nr. 49, S. 618 f.), zu einer Überdehnung der mittelbaren Täterschaft (vgl. dazu näher unten S. 715 ff.).

39. Der „Behandlungsabbruchsfall", ein Urteil des 1. Strafsenats vom 13. 9. 1994,[190] hat herausragende Bedeutung für die – hier nicht weiter interessierende – strafrechtliche Beurteilung der Sterbehilfe, setzt aber auch die durch BGHSt 40, 218 (oben Nr. 38, S. 610 ff.) eingeleitete Rechtsprechung zur mittelbaren Täterschaft fort. Es ging um eine alte Frau, die seit mehr als zwei Jahren „schwerst cerebralgeschädigt", ohne Bewußtsein, geh- und stehunfähig ohne Aussicht auf Besserung durch künstliche Ernährung am Leben erhalten wurde. Die beiden Angeklagten, ihr Arzt und ihr Sohn, gaben dem Pflegepersonal die Anweisung, die Ernährung auf Tee umzustellen und auf diese Weise den schmerzlosen Tod der Frau herbeizuführen. Sie gingen davon aus, daß dies rechtlich zulässig sei, während der BGH die Beteiligungsverhältnisse unter der Prämisse erörtert, daß die Befolgung der Anordnung sich als strafbarer Totschlag darstellt.

Der BGH will die beiden Angeklagten als mittelbare Täter beurteilen und greift zur Begründung zunächst auf die mittelbare Täterschaft durch Benutzung eines im Verbotsirrtum handelnden Werkzeugs zurück, wie sie zuerst im „Katzenkönigs-Fall" (BGHSt 35, 347 ff., oben Nr. 29, S. 602 ff.) angenommen worden war. Einer Übertragung dieser Rechtsprechung auf den vorliegenden Fall steht jedoch im Wege, daß die Angeklagten nicht einen Verbotsirrtum herbeiführen oder ausnutzen wollten, sondern sich selbst im Verbotsirrtum befanden. Da die mittelbare Täterschaft sich bei einem Verbotsirrtum des Ausführenden nur auf die Gestaltungsmacht stützen kann, die dem Hintermann aus seiner überlegenen Rechtskenntnis erwächst, muß eine derartige Begründung in unserem Fall von vornherein ausscheiden.

---

[189] Vgl. dazu näher Roxin, Grünwald-Festschrift, 1999, 556 ff. Entschieden gegen die Übertragung dieser Art von mittelbarer Täterschaft auf wirtschaftliche Organisationsstrukturen Rotsch, NStZ 1998, 491.
[190] BGHSt 40, 257; dazu Brammsen, NStZ 2000, 337 ff.

Der BGH sieht das Problem, meint aber (a.a.O., 267), es könne darauf „nicht entscheidend ankommen. Maßgebend bleibt vielmehr auch hier, ob die Angeklagten mit Täterwillen und Tatherrschaft handelten." Angesichts der von ihnen in Anspruch genommenen „Anordnungsbefugnis einerseits wie auch der untergeordneten, grundsätzlich weisungsgebundenen Rolle der eingeschalteten Hilfskräfte andererseits" könne „an dem subjektiven Kriterium des Täterwillens und der objektiven Voraussetzung der Tatherrschaft beider Angeklagter kein Zweifel bestehen" (a.a.O., 268).

Dem ist jedoch nicht zu folgen. Wir haben hier einen Fall der Überdehnung der mittelbaren Täterschaft vor uns, wie sie schon die Annahme von BGHSt 40, 218 (oben Nr. 38, S. 611 f.) kennzeichnet, das „Problem der Verantwortlichkeit beim Betrieb wirtschaftlicher Unternehmen" mit Hilfe der Konstruktion einer Organisationsherrschaft lösen zu können. Da ein Krankenhaus in den Bahnen des geltenden Rechts und mit dem Ziel der Lebenserhaltung arbeitet, der „Apparat" sich also keineswegs vom Recht gelöst hat, war eine auf Tötung zielende rechtswidrige Anweisung keineswegs geeignet, „regelhafte Abläufe" auszulösen und „nahezu automatisch" den erstrebten Todeserfolg herbeizuführen. Das zeigt schlagend gerade der vom BGH entschiedene Sachverhalt. Denn der Pflegedienstleiter hatte Bedenken gegen die Zulässigkeit der Anordnung, führte sie nicht aus und wandte sich an das Vormundschaftsgericht, das die Nahrungsumstellung untersagte. Deutlicher konnte nicht demonstriert werden, daß die Tatherrschaft gerade nicht bei den Hintermännern lag. Wenn der BGH sich für die gegenteilige Annahme auf die „grundsätzlich weisungsgebundene Rolle" der Hilfskräfte beruft, so ist das kein taugliches Argument, weil die Weisungsgebundenheit gerade nicht bei rechtswidrigen Anordnungen besteht. Der vom BGH daneben in Anspruch genommene „Täterwille", der eine Anleihe bei der subjektiven Theorie darstellt, ermöglicht beim Fehlen der Tatherrschaft keine Abgrenzung von Anstiftung und mittelbarer Täterschaft. Richtigerweise wäre im vorliegenden Fall also – unter der Prämisse, daß das Geplante als strafbare Tötung zu beurteilen war – eine versuchte Anstiftung der Hintermänner (§ 30 I StGB) anzunehmen gewesen.

40. Ein Urteil des 4. Strafsenats vom 25. 10. 1994[191] bestätigt die ständige Rechtsprechung, wonach Vorbereitungshandlungen für die Mittäterschaft ausreichen können, in einem Betrugsfall. Der Angeklagte hatte einen nach seiner Vorstellung fingierten Raubüberfall verübt, der die Voraussetzung für einen Betrug des vermeintlich Überfallenen gegenüber einer Versicherung bilden sollte. Der BGH sieht darin eine Mittäterschaft beim Betrug, obwohl der Angeklagte an diesem nicht interessiert, sondern für seinen Beitrag schon anderweitig entlohnt worden war (was sonst in der Rechtsprechung als mangelndes Eigeninteresse und damit als ein gegen Mittäterschaft sprechendes Indiz gedeutet wird, vgl. unten Nr. 50, S. 619 f.).

---

[191] BGHSt 40, 299.

Das Urteil überdehnt die Mittäterschaft zu Lasten der Beihilfe bei weitem. Denn es kann nicht einmal mit der normativen Kombinationstheorie begründet werden. Der Angeklagte war bei dem Betrug – wie er sich nach seiner Vorstellung abspielen sollte – nicht beteiligt, hatte also keinerlei Tatherrschaft. Da auch kein Eigeninteresse an der Betrugstat bestand, fehlen also die beiden zentralen Kriterien, von denen die Rechtsprechung sonst wenigstens eines für die Annahme von Mittäterschaft verlangt. Der BGH meint, auf das Interesse könne es beim Betrug nicht ankommen, da „der Tatbestand des Betruges auch bei fremdnützigem Handeln erfüllt" sei (a. a. O., 300).[192] Es fragt sich nur, woraus die Mittäterschaft überhaupt noch abgeleitet werden soll, wenn keiner der für sie wesentlichen „Anhaltspunkte" vorliegt. Daß der Raubüberfall eine unerläßliche Voraussetzung für den späteren Betrug war, kann dafür nicht ausreichen. Denn das Setzen einer notwendigen Bedingung, die früher sog. Hauptgehilfenschaft, wird heute nirgends mehr als ein für die Täterschaft entscheidendes Kriterium angesehen.

41. Mit der mittelbaren Täterschaft hat es auch ein Urteil des 3. Strafsenats vom 3.11.1994[193] zu tun, bei dem es um Wahlfälschungen im Auftrag der Parteiführung in der ehemaligen DDR ging. Der Angeklagte war 1. Sekretär der SED-Bezirksleitung Dresden gewesen. Er hatte im Auftrag der Parteiführung an Wahlfälschungen mitgewirkt. Der BGH erwägt, ob sein Tatbeitrag als „Organisationsherrschaft" im Sinne mittelbarer Täterschaft gewürdigt werden kann. Er wiederholt die in BGHSt 40, 218 (oben Nr. 38, S. 610 ff.) gewählten Formulierungen und kennzeichnet die Position des Angeklagten so, daß zwar „die eigentlichen Hintermänner in Berlin" gesessen hätten, daß er sich aber „voll in die Befehlshierarchie einbinden" ließ, „so daß er in der Weisungskette von Berlin zu den einzelnen Wahlkreiskommissionen als dem Politbüro nachgeordneter Befehlsgeber für den Bezirk angesehen werden könnte" (BGHSt 40, 317).

In der Tat könnte darin eine mittelbare Täterschaft erblickt werden. In diesem Buch wurde von Anfang an hervorgehoben, es sei für die Organisationsherrschaft „unerheblich", ob der Hintermann „auf eigene Initiative oder im Interesse oder Auftrag höherer Instanzen handelt"[194]. „Denn für seine Täterschaft entscheidend ist allein der Umstand, daß er den ihm unterstellten Teil der Organisation lenken kann ..." Ein Angeklagter kann also auch mittelbarer Täter im Rahmen organisatorischer Machtapparate sein, wenn er „weder am Beginn noch am Ende der Tat mitwirkt und seine Beteiligung sich auf das dazwischen liegende Stück beschränkt", so daß ggf. eine Kette von Tätern hinter dem Täter entstehen kann.

Es ist zu begrüßen, daß der BGH sich diesen Überlegungen aufgeschlossen zeigt. Er läßt aber schließlich dahingestellt, „ob die vom 5. Senat ... für Tötungsdelikte entwickelten Grundsätze über mittelbare Täterschaft trotz

---

[192] Das steht im Widerspruch zur Argumentation desselben Senats in seinem späteren Beschluß vom 9.1.1997 (unten Nr. 46, S. 617).
[193] BGHSt 40, 307.
[194] Hier und im folgenden oben S. 248.

uneingeschränkt verantwortlichem Tatmittler auf Wahlfälschungsdelikte ... übertragen werden können" (a. a. O., 317). Denn dem Angeklagten habe die nach dem StGB der DDR erforderliche täterschaftsbegründende Pflichtenstellung gefehlt, so daß er auch bei bestehender „Organisationsherrschaft" nur als Teilnehmer bestraft werden könne. Daran ist natürlich richtig, daß bei Pflichtdelikten die Täterschaft nicht nach der Tatherrschaft, sondern nach der Pflichtenstellung bestimmt werden muß (vgl. oben § 34, S. 352 ff.). Warum aber die grundsätzliche Übertragbarkeit der Rechtsfigur der Organisationsherrschaft auf Wahlfälschungsdelikte und andere Straftaten zweifelhaft sein sollte, ist nicht ersichtlich. Denn die Herrschaftsstruktur ist von der Art des Delikts unabhängig. Der BGH ist hier also unnötig zurückhaltend, so wie er umgekehrt mit der Anwendung der Organisationsherrschaft auf rechtskonform arbeitende Hierarchien in Wirtschaftsunternehmen (oben Nr. 38, S. 612) und Krankenhäusern (oben Nr. 39, S. 612) zu großzügig verfahren ist.

42. Ein Urteil des 2. Senats vom 15. 2. 1995[195] betrifft die Abgrenzung von Mittäterschaft und Beihilfe bei einem Mordversuch. Der BGH verurteilt die beiden Angeklagten als Mittäter, obwohl sie nicht selber von der Schußwaffe Gebrauch gemacht hatten und sich auch nicht unmittelbar am Tatort befanden. Die Mittäterschaft wurde auf die Mitwirkung bei der Planung und Aufforderungen zum Schießen gestützt und mit den Formeln der normativen Kombinationstheorie begründet. Dies entspricht der ständigen Rechtsprechung, die eine Mitwirkung im Vorbereitungsstadium für eine Mittäterschaft genügen läßt. Ungesagt bleibt freilich, welche der immer wieder genannten „Anhaltspunkte" für eine Mittäterschaft erfüllt sein sollen. Es kommt nur ein einseitiges Abstellen auf das Interesse in Frage. Denn eine Tatherrschaft kann weder durch eine Beteiligung an der Planung noch durch anstiftungsartige Aufforderungen begründet werden. Richtigerweise wäre daher eine Teilnahme anzunehmen gewesen.

43. Ein Urteil des 2. Strafsenats vom 19. 7. 1995[196] befaßt sich mit der Beteiligtenposition von Mitgliedern der Leitungsebene eines Unternehmens beim Vertrieb schadenstiftender Produkte. „Zurechnung zur Täterschaft erfordert nicht die eigenhändige Verwirklichung des Straftatbestandes. Mitglieder der Leitungsebene eines Unternehmens können für den Vertrieb eines schadenstiftenden Produktes auch dann strafrechtlich einzustehen haben, wenn sie das Produkt in Kenntnis des Mangels weiter vertreiben." Eigenartigerweise wird nicht gesagt, ob die – ihrerseits mittäterschaftlich handelnden – Personen der Leitungsebene im Verhältnis zu den ihnen nachgeordneten Vertreibern des gepantschten Weines mittelbare Täter oder Mittäter sein sollen. Da gegen sie der Vorwurf des Betruges erhoben wurde, käme sogar eine unmittelbare Täterschaft in Frage. Denn in falschen Erklärungen der Firmenleitung gegenüber den Kunden könnte eine direkte Täuschung

---

[195] NStZ 1995, 285.
[196] NJW 1995, 2933.

erblickt werden. Die kargen Ausführungen des Urteils lassen eine konkretere Würdigung nicht zu. Bemerkenswert ist aber, daß der Gedanke einer mittelbaren Täterschaft kraft Organisationsherrschaft, den der BGH sonst neuerdings für die Verantwortlichkeit in Wirtschaftsunternehmen fruchtbar zu machen versucht (vgl. oben Nr. 38, S. 612), hier noch keinen Widerhall gefunden hat.

44. Ein Urteil des 5. Strafsenats vom 4. 3. 1996[197] behandelt wiederum (wie schon Nr. 41, S. 614 f.) die mittelbare Täterschaft einzelner „Glieder" in der Weisungskette eines rechtsgelösten organisatorischen Machtapparates. Es ging hier um die Verantwortlichkeit eines Regimentskommandeurs für die von seinen Soldaten an der innerdeutschen Grenze abgefeuerten tödlichen Schüsse. Der BGH will es „offen lassen, ob der Angekl. bereits nach den Grundsätzen der Entscheidung BGHSt 40, 218 [oben Nr. 38, S. 610 ff.] als mittelbarer Täter angesehen werden müßte. Es liegt nahe, daß der Kommandeur eines Grenzregiments bei der Umsetzung des von der obersten militärischen Führung vorgegebenen Grenzregimes Zwischenglied einer Befehlshierarchie ist und dabei durch eigene Tatbeiträge unter Ausnutzung seiner Befehlsgewalt zur Tatbestandsverwirklichung führende regelhafte Abläufe auslöst." Jedenfalls habe der Kommandeur im konkreten Fall durch die Abgabe eigener gezielter Schüsse seinen Untergebenen einen „konkludenten" Schießbefehl erteilt, der für eine mittelbare Täterschaft ausreiche.

Dem ist zuzustimmen. Die Stellung als Kommandeur machte den Angeklagten zum mittelbaren Täter, wenn er selbst (sei es auch auf Weisung) sich des Apparates zur Tötung bediente. Das kann schon durch einen vom konkreten Fall gelösten Schießbefehl geschehen (worüber der BGH Feststellungen im Urteil vermißt). Ein solcher Einsatz des Apparates liegt aber jedenfalls in der unmittelbaren Aufforderung zum Schießen.

45. Ein knapper Beschluß des 4. Senats vom 4. 6. 1996[198] zeigt den BGH bei der Abgrenzung von Mittäterschaft und Beihilfe wieder überwiegend in den Spuren der subjektiven Theorie. Der Angeklagte wurde hier als Mittäter eines Diebstahls bestraft, weil er „zum einen das Diebstahlsobjekt ausgesucht und zum anderen die Einzelheiten der Wegnahme- und Verwertungshandlung geplant" hatte. Die Tatherrschaft verschafft ihm dies alles nicht. Der BGH erwähnt auch dieses Kriterium nicht, sondern begnügt sich mit der Feststellung, daß der Angeklagte „mit Täterwillen und um sich eine zusätzliche Einnahmequelle ... zu verschaffen handelte". Das sind die Merkmale der Dolus- und Interessentheorie, wie sie schon die Rspr. des RG bestimmt haben. Unter dem Gesichtspunkt der Tatherrschaftslehre liegt jedenfalls nur eine Teilnahme vor, wobei nach dem mitgeteilten Sachverhalt durchaus auch eine Anstiftung in Betracht kommt.

---

[197] StrV 1996, 479.
[198] StrV 1997, 247.

46. Ein Beschluß des 4. Strafsenats vom 9. 1. 1997[199] behandelt einen Fall, in dem der Angeklagte als Busfahrer einen fingierten Verkehrsunfall mit einem Pkw herbeiführte, um dessen Halter – ohne eigenes Bereicherungs- interesse – zu unberechtigten Versicherungsleistungen zu verhelfen. Hier lehnt der BGH die von der Vorinstanz angenommene Mittäterschaft beim Betrug ab. Zwar könnten Vorbereitungshandlungen des Betruges, wie die Herbeiführung des Unfalls, an sich eine Mittäterschaft begründen. Dies sei aber nicht der Fall, wenn der Angeklagte, wie hier, weder die Tatherrschaft beim Betrug noch ein eigenes Interesse daran gehabt habe. Der Beschluß bestätigt die aus der Entwicklung der Rechtsprechung ablesbare Erkenntnis, daß sich hinter der für die Abgrenzung von Mittäterschaft und Beihilfe ver- wendeten normativen Kombinationstheorie der Sache nach die beiden Krite- rien der Tatherrschaft und des Eigeninteresses verbergen und daß sie zu einer Ablehnung der Mittäterschaft führen, wenn sie beide nicht vorliegen. Vom Standpunkt der Tatherrschaftslehre aus muß allein das aus der nur vorberei- tenden Mitwirkung sich ergebende Fehlen der Tatherrschaft zur Annahme einer Beihilfe führen. Das Eigeninteresse sollte schon deshalb keine Rolle spielen, weil der Betrugstatbestand die Absicht der Drittbereicherung der- jenigen der Eigenbereicherung gleichstellt.

47. Ein Urteil des 2. Senats vom 19. 2. 1997[200] behandelt die Abgrenzung von Mittäterschaft und Beihilfe in einer Weise, die trotz einer Bezugnahme auf die Tatherrschaft der Sache nach einer sehr weit gefaßten subjektiven Theorie entspricht. Der Angeklagte hatte mit seinem Komplizen beschlossen, einen Kiosk auszurauben. Er gab ihm Tips, ließ sich die Hälfte der Beute ver- sprechen, beteiligte sich aber verabredungsgemäß an der Ausführung der Tat nicht. Mit dem Plan des Komplizen, den Kioskbesitzer bei dem Überfall zu erstechen, erklärte er sich nur widerstrebend einverstanden.

Der BGH nimmt eine Mittäterschaft des Angeklagten nicht nur beim Raub, sondern auch beim Mord an. Das wird zunächst mit den stereotypen Formeln der normativen Kombinationstheorie begründet, wobei das Eigen- interesse (wegen der Beteiligung an der Beute) im Vordergrund steht. Der BGH meint aber, der Angeklagte habe auch die Tatherrschaft oder „wenig- stens" den Willen zur Tatherrschaft gehabt. Das wird aus der gemeinsamen Planung abgeleitet. „Persönliche Anwesenheit bei der Tat" sei nicht erforder- lich; die Tat müsse auch nicht „in allen Einzelheiten abgesprochen sein". Maßgebend sei „der gemeinsame Wille, die gemeinsame Herrschaft über die Tat und irgendeine Förderung". Es dränge sich auf, daß der Angeklagte „die Tat als eigene wollte".

Hier wird unter Tatherrschaft nichts anderes als der „Täterwille" der ursprünglichen subjektiven Theorie verstanden. Die „Willensbestärkung" des unmittelbar Ausführenden und die Mitwirkung an der Planung, mit denen

---

[199] StrV 1997, 411.
[200] BGHR § 25 Abs. 2 Tatinteresse 5. Der Sachverhalt wird bei Puppe, AT/2, 2005, § 39, Rn. 5, mitgeteilt, die das Urteil einer berechtigt herben Kritik unterzieht.

der BGH die Tatherrschaft begründen will, sind typische Beihilfehandlungen. Die Entscheidung trägt also zu einer erheblichen begrifflichen Verunklarung der Rechtsprechung zur Täterlehre bei.

48. Ein Urteil des 2. Senats vom 6. 6. 1997[201] beschäftigt sich mit der Verantwortung von GmbH-Geschäftsführern für eine umweltgefährdende Abfallbeseitigung (§ 326 StGB). Sie waren dafür verantwortlich, daß die Abfälle an Abnehmer überlassen wurden, die nicht über die Möglichkeiten einer geordneten Abfallbeseitigung verfügten. Anders als noch im Urteil desselben Senats vom 3.11.1993 (oben Nr. 35, S. 609) wird jetzt bei eigener Strafbarkeit des unmittelbaren Täters nicht mehr Mittäterschaft, sondern unter Berufung auf BGHSt 40, 218; 35, 347 (oben Nr. 38, S. 610 und Nr. 29, S. 602 ff.) eine mittelbare Täterschaft angenommen. Entscheidend sei, ob der Hintermann „nicht nur Tatinteresse, sondern auch vom Täterwillen getragene Tatherrschaft hat". Das sei hier „nicht zweifelhaft". Denn die Angeklagten hätten „den Weg dahin eröffnet und vorgezeichnet, daß die Abfälle illegal entsorgt wurden".

Das Urteil zeigt, wie die Rechtsprechung bei der mittelbaren Täterschaft mehr und mehr auf die Tatherrschaft abstellt, aber auch, wie zunehmend sorglos und ungenau sie mit diesem Begriff umgeht. Denn die Voraussetzungen der in Bezug genommenen Präjudize lagen hier nicht vor, weil die zur Abfallbeseitigung herangezogenen Unternehmen nicht in die Organisationsstruktur der eigenen Firma eingebunden waren und sich auch nicht in einem Verbotsirrtum befanden. Wer, ohne bei der Tatbestandserfüllung selbst mitzuwirken, „den Weg dahin eröffnet und vorzeichnet", hat deshalb noch nicht die Tatherrschaft. Vielmehr handelt es sich um ein typisches Anstifterverhalten. Das Urteil zeigt die Gefahr, daß die Rechtsprechung nach der Anerkennung des Täters hinter dem Täter über die in den Leitentscheidungen (oben Nr. 38, S. 610; Nr. 29, S. 602) formulierten Einschränkungen hinweggehen und die Bestimmung zur Tat entgegen der eindeutigen Regelung des § 26 StGB mehr und mehr als mittelbare Täterschaft beurteilen könnte. Dem sollte Einhalt geboten werden.

49. Auch ein Urteil des 4. Senats vom 11. 12. 1997[202] schreitet auf der Bahn einer raschen Bejahung der mittelbaren Täterschaft fort. Die Angeklagten hatten als die faktischen Geschäftsführer einer GmbH den Betrieb trotz Zahlungsunfähigkeit weitergeführt und dadurch eine betrügerische Schädigung von Lieferanten bewirkt. Der BGH sieht das als eine mittelbare Täterschaft beim Betrug an. Dem ist ohne weiteres zuzustimmen, wenn die Angestellten, die die Warenbestellungen aufgaben, gutgläubig waren, also die Zahlungsunfähigkeit nicht kannten. Denn dann handelten die Geschäftsführer als mittelbare Täter durch vorsatzlose „Werkzeuge".

---

[201] NStZ 1997, 544.
[202] wistra 1998, 148.

Der BGH beschränkt aber die mittelbare Täterschaft nicht, wie es der 2. Senat noch vor einigen Jahren getan hatte (vgl. oben Nr. 35, S. 609), auf vorsatzlose Werkzeuge. Vielmehr nimmt er nun unter Berufung auf BGHSt 40, 218 (oben Nr. 38, S. 610 ff.) auch dann eine mittelbare Täterschaft an, wenn die Besteller der Waren selbst vollverantwortliche Täter eines Betruges waren. Sie soll vorliegen, obwohl „keine konkrete Einwirkung oder auch nur aktuelle Kenntnis der Angeklagten in bezug auf die einzelnen Warenbestellungen festgestellt" werden konnte (wistra 1998, 150). Sie hatten lediglich angenommen, daß Bestellungen im bisherigen Umfang getätigt werden würden. Wie bei dieser Sachlage, bei der schon eine „konkludente" Anstiftung nicht leicht zu begründen ist, eine Tatherrschaft bejaht werden kann, bleibt undeutlich. Der BGH weist lediglich darauf hin, daß nach BGHSt 40, 236 die Rechtsfigur der Organisationsherrschaft „auch für unternehmerische Betätigungen" gelte. Es hat danach beinahe den Anschein, als sollte der Unternehmer für alles, was in seinem Betrieb geschieht und von seinem Wissen und Wollen auch nur in sehr allgemeiner Form umfaßt ist, als mittelbarer Täter zur Verantwortung gezogen werden. Eine solche, die Beweisführung wesentlich vereinfachende Patentlösung läßt sich aber aus dem Tatherrschaftsprinzip nicht herleiten.

50. Ein Urteil des 5. Strafsenats vom 20.1.1998[203] betrifft einen Gehilfenbeitrag im Rahmen der weithin bekannt gewordenen Reemtsma-Entführung. Das LG hatte eine Mittäterschaft des Angeklagten abgelehnt, weil dieser „zu keinem Zeitpunkt das Ob und Wie des tatbestandsmäßigen Geschehens beherrscht" habe. Der BGH läßt die tatrichterliche Würdigung mit bemerkenswerter Begründung unbeanstandet. Er zitiert die immer wieder genannten „wesentlichen Anhaltspunkte" der normativen Kombinationstheorie und fährt dann fort: „In Grenzfällen hat der BGH dem Tatrichter für die ihm obliegende Wertung einen Beurteilungsspielraum eröffnet. Läßt das angefochtene Urteil erkennen, daß der Tatrichter die genannten Maßstäbe erkannt und den Sachverhalt vollständig gewürdigt hat, so kann das gefundene Ergebnis auch dann nicht als rechtsfehlerhaft beanstandet werden, wenn eine andere tatrichterliche Würdigung möglich gewesen wäre." Gegen eine Mittäterschaft spreche auch, daß der Angeklagte sich für seine Beiträge unabhängig vom Erfolg habe entlohnen lassen. „Wer einen Tatbeitrag ohne Rücksicht auf einen erfolgreichen Ausgang der Tat erbringt, hat regelmäßig kein primäres Interesse am Taterfolg …"
Das Urteil bestätigt die bedenkliche Tendenz der neueren Rechtsprechung, die Abgrenzung von Mittäterschaft und Beihilfe immer weiter von klaren begrifflichen Vorgaben zu lösen und sie einer unüberprüfbaren Beurteilung des Tatrichters zu überlassen. Es ist nicht zu verkennen, daß dies der Rechtssicherheit äußerst abträglich ist und die Beteiligungsformen entgegen dem Willen des Gesetzes bloßen Strafzumessungsregeln annähert. Bemerkenswert

---

[203] StrV 1998, 540.

ist, welches Gewicht der BGH bei der danach erforderlichen Abwägung auch hier wieder dem Kriterium des Interesses zumißt.

Weitere Entscheidungen der Jahre 1998 und 1999 setzen diese Rechtsprechung fort. Ein Beschluß des 4. Senats vom 15. 12. 1998[204] bestraft als Mittäter eines Betruges einen Angeklagten, der an den Verhandlungen mit der betrogenen Versicherungsgesellschaft nicht beteiligt war, durch einen vorgetäuschten Unfall aber eine Voraussetzung dafür geschaffen hatte. Zur Begründung wird das eigene Tatinteresse des Angeklagten angeführt. Ein Urteil des 5. Senats vom 21. 4. 1999[205] nimmt unter Berufung auf den oben geschilderten Entführungsfall eine Mittäterschaft am Mord an; diese erfordere „nicht zwingend eine Mitwirkung am Kerngeschehen". Ein weiteres Urteil desselben Senats vom 15. 7. 1999[206] betont, für eine Mittäterschaft reiche „ein auf der Grundlage gemeinsamen Wollens die Tatbestandsverwirklichung fördernder Beitrag aus, der sich auf eine Vorbereitungs- oder Unterstützungshandlung beschränken kann". In einem Urteil des 4. Senats vom 22. 7. 1999[207] werden die Angeklagten auf Grund der formelhaften Wendungen der normativen Kombinationstheorie als Mittäter einer Brandstiftung beurteilt, obwohl sie nicht an dieser selbst, sondern nur „an der Herstellung und dem Transport des Brandsatzes sowie an der Auswahl des Angriffsortes beteiligt" waren.

51. Ein Urteil des 5. Strafsenats vom 8. 11. 1999[208] bejaht im Anschluß an BGHSt 40, 218 (oben Nr. 38, S. 610 ff.) eine mittelbare Täterschaft von Mitgliedern des Politbüros der DDR für die vorsätzliche Tötung von Flüchtlingen durch Grenzsoldaten der DDR. Die Entscheidung folgt in den entscheidenden Punkten ihrer Vorgängerin fast wörtlich, bringt also nichts substantiell Neues. Insbesondere wiederholt sie auch die problematische These, daß die Rechtsfigur der Organisationsherrschaft auch bei „unternehmerischen oder geschäftsähnlichen Organisationsstrukturen" in Betracht komme (a. a. O., 296).

52. Ein Beschluß des 1. Senats vom 28. 3. 2000[209] läßt schon das bewußte „Bestärken des Tatwillens des die Tat ausführenden anderen" für eine Mittäterschaft beim Betrug genügen. Natürlich kann hier von Tatherrschaft, Tatherrschaftswillen oder auch nur einem nennenswerten Umfang der Tatbeteiligung nicht die Rede sein. Aber es war nicht einmal ein Eigeninteresse gegeben, weil beide „Mittäter" „zum Vorteil des gemeinsamen Arbeitgebers" handelten. Der für den BGH entscheidende Gesichtspunkt war anscheinend der, daß der Angeklagte der Vorgesetzte des unmittelbar Handelnden war. Dabei ist bemerkenswert, daß der BGH auf die mittelbare Täterschaft, die er bei hierarchischen Verhältnissen sonst seit BGHSt 40, 218 (Nr. 38, S. 610 ff.)

---

[204] StrV 1999, 317.
[205] NJW 1999, 2449.
[206] NStZ 1999, 609.
[207] NWJ 1999, 3131 (3132).
[208] BGHSt 45, 270 ff. (293 ff.).
[209] wistra 2000, 270 (272).

gern heranzieht, hier nicht zurückgreift. Deren Annahme wäre auch verfehlt gewesen. Aber eine Mittäterschaft läßt sich auch mit der normativen Kombinationstheorie des BGH nicht einmal begründen. So bestätigt der Beschluß einmal mehr das in der Rechtsprechung nicht selten anzutreffende Strafwürdigkeitsgefühl als Kriterium der Abgrenzung.

53. Ein Urteil des 1. Senats vom 13. 2. 2001[210] stützt eine Mittäterschaft des Angeklagten beim Betrug außer auf sein Interesse an der Tatverwirklichung auch auf das hier zutreffend interpretierte Kriterium der Tatherrschaft. Der Angeklagte hatte mit zwei Komplizen eine von vornherein auf Betrug angelegte GmbH betrieben und selbst auch betrügerische Handlungen vorgenommen. „Somit hatte er Tatherrschaft inne“, sagt der BGH mit Recht (a. a. O., 218). Daß ihm auch die Betrugshandlungen seiner Komplizen zugerechnet wurden, ergibt sich, wie der BGH zutreffend sieht, daraus, daß die „Mittäterschaft auf dem Prinzip des arbeitsteiligen Handelns beruht“, das eine wechselseitige Zurechnung der Tatbeiträge ermöglicht.

Auch zwei weitere Entscheidungen desselben Jahres befassen sich mit der Abgrenzung von Mittäterschaft und Teilnahme beim Betrug. Ein Beschluß des 1. Senats vom 7. 11. 2001[211] beurteilt Scheckfälscher nur als Gehilfen der von ihren Auftraggebern mit den gefälschten Schecks begangenen Betrügereien, weil sie auf die mit ihnen nicht im einzelnen abgesprochenen Betrugstaten keinen Einfluß hatten. Der BGH begründet das nicht mit der fehlenden Tatherrschaft der Scheckfälscher, sondern – was im Ergebnis auf dasselbe hinausläuft – auf ihre „untergeordnete Rolle“, betont aber gleichwohl, daß grundsätzlich auch eine Beteiligung an Vorbereitungshandlungen Mittäterschaft begründen könne. Auf derselben Linie liegt ein Beschluß des 3. Senats vom 14. 11. 2001.[212] Er wiederholt die stehenden Wendungen der normativen Kombinationstheorie, betont (wie BGH NJW 1999, 2449), daß „Mittäterschaft nicht zwingend auch eine Beteiligung am Kerngeschehen“ erfordere, will dann aber eine bloße Absatzzusage für ihre Annahme auch nicht ausreichen lassen. Beide Beschlüsse lassen – in dem durch die bisherige Rechtsprechung vorgegebenen Rahmen – bei der Bejahung von Mittäterschaft wieder eine etwas restriktivere Tendenz erkennen. Diese setzt sich fort in einem Beschluß des 3. Senats vom 3. 4. 2002,[213] wonach die Mitwirkung als „Telefonist“ in einer zu betrügerischen Zwecken eingerichteten Telefonstube für die Annahme von Mittäterschaft bei den Betrügereien nicht ausreichen soll.

54. Auch ein Urteil des 5. Senats vom 26. 6. 2001[214] stützt eine Mittäterschaft des Angeklagten beim versuchten Betrug vornehmlich auf die Tatherrschaft. Der Angeklagte hatte als Anwalt für den (unrechtmäßigen) Besitzer ein Steinmosaik aus dem „Bernsteinzimmer“ verkaufen sollen. Da er die Tat

---

[210] wistra 2001, 217 f.
[211] NStZ 2002, 145 f.
[212] NStZ 2002, 280 f.
[213] NStZ 2002, 482.
[214] wistra 2001, 420 (421).

„eigenhändig geplant, vorbereitet und ... konkret angebahnt" hatte, lag „die Tatherrschaft nahezu ausschließlich beim Angeklagten". Daneben komme dem eigenen Tatinteresse „allenfalls eine marginale indizielle Bedeutung zu". Das Urteil ist ein erfreuliches Beispiel für das Vordringen des Tatherrschaftsgedankens auch bei der Abgrenzung von Mittäterschaft und Beihilfe in der Rechtsprechung. Aber eine deutliche Tendenz läßt sich daraus nicht ableiten, solange in anderen Entscheidungen das Tatinteresse zum entscheidenden Mittäterschaftskriterium erhoben wird.

55. In einem Urteil des 2. Senats vom 31. 10. 2001[215] ging es um Mittäterschaft oder Beihilfe bei einem Banküberfall. Der BGH operiert mit den hergebrachten Formeln und der auch aus anderen Entscheidungen übernommenen These, daß eine „Mitwirkung am Kerngeschehen" für eine Mittäterschaft nicht zwingend erforderlich sei, läßt dann aber die Annahme des LG, es liege nur Beihilfe vor, unbeanstandet, weil der Angeklagte bei der geplanten Tat kein wesentliches Mitspracherecht gehabt habe. Bemerkenswert ist die hier wie schon in anderen neueren Urteilen hervortretende Tendenz, dem Tatrichter einen Beurteilungsspielraum bei der Abgrenzung von Täterschaft und Teilnahme einzuräumen. „Daß eine andere tatrichterliche Beurteilung möglich gewesen wäre, macht das gefundene Ergebnis nicht rechtsfehlerhaft."

56. Ein Beschluß des 1. Senats vom 26. 6. 2002[216] lehnt die Annahme einer Mittäterschaft bei einem räuberischen Angriff auf Kraftfahrer (§ 316 a) mit Recht ab. Der Angeklagte war bei der Tat anwesend und hatte sie gebilligt. Es ließ sich aber weder eine – sei es auch konkludente – Tatvereinbarung noch eine psychische Bestärkung des Täters durch den Angeklagten feststellen. Die Entscheidung ist richtig, trägt aber zur Abgrenzung von Mittäterschaft und Beihilfe nichts bei. Die Mittäterschaft scheitert am Fehlen eines gemeinsamen Tatentschlusses. Aber nicht einmal eine Beihilfe läßt sich begründen, wenn keine Bestärkung des Tatentschlusses durch den Angeklagten feststellbar ist.

57. Die Abgrenzung zwischen Anstiftung und Mittäterschaft erörtert ein Urteil des 3. Senats vom 17. 10. 2002.[217] Der Angeklagte wollte den „Hallenkomplex" eines ihm gehörenden Grundstücks zerstören und hatte für die dazu erforderlichen Taten (Sprengstoffexplosion und Brandstiftung) zwei Ukrainer angeworben. Die Vorinstanz hatte – zutreffend – eine Anstiftung angenommen und das damit begründet, daß der Angeklagte zwar ein überwiegendes Interesse an der Tat gehabt habe, an der Tatausführung aber nicht beteiligt gewesen und auf sie auch keinen ausschlaggebenden Einfluß ausgeübt habe.

Der BGH stützt demgegenüber die Annahme von Mittäterschaft auf seine normative Kombinationstheorie, bei deren Anwendung das Tatgericht den

[215] StrV 2002, 421 f.
[216] NStZ 2003, 85.
[217] NStZ 2003, 253 f.

ihm von der neueren Rechtsprechung zugebilligten Beurteilungsspielraum überschritten habe. Er begründet dann die Annahme der Mittäterschaft damit, daß der Angeklagte sich sehr um die Ukrainer gekümmert (Abholung, Bezahlung einer Unterkunft, Abschluß einer Krankenversicherung, Kauf eines Gebrauchtwagens) und auch einige Einzelheiten der Ausführung mit ihnen besprochen habe. Das alles hat aber mit einer gemeinschaftlichen Ausführung nichts zu tun. Tatsächlich ist wohl das besondere Eigeninteresse des Angeklagten für die Bejahung seiner Mittäterschaft ausschlaggebend gewesen. Der Fall zeigt, daß der BGH von einer Verabschiedung der Interessentheorie immer noch weit entfernt ist.

58. Ein Urteil des 5. Senats vom 24. 10. 2002[218] gründet die Mittäterschaft des Angeklagten bei einem von einer Organisation betriebenen Alkoholschmuggel unter Heranziehung der üblichen Formeln auf Interesse und Tatherrschaft gleichermaßen. Der Angeklagte habe, was sein „erhebliches Eigeninteresse" begründe, aus dem Schmuggel eine Einnahmequelle gemacht. Er habe aber auch „die Tatherrschaft ... über einen wichtigen Teil des Gesamtgeschehens" innegehabt. Schon der letztgenannte Umstand hätte zur Begründung seiner Täterschaft ausgereicht, weil der Angeklagte zur Ausführung der Schmuggelei wesentliche Beiträge geleistet hatte.

59. Ein Urteil des 5. Senats vom 6. 11. 2002[219] setzt die Rechtsprechung zur mittelbaren Täterschaft kraft Organisationsherrschaft fort (im Anschluß an BGHSt 40, 218 und BGHSt 45, 270, oben Nr. 38, 51). In dieser Entscheidung werden Mitglieder des Politbüros des Zentralkomitees der SED für die vorsätzliche Tötung von Flüchtlingen durch Grenzsoldaten der DDR als mittelbare Täter durch Unterlassen bestraft, weil sie gegen die Tötungen an der Mauer nicht eingeschritten waren.

Das Urteil wirft hinsichtlich der Kausalität und der Garantenstellung der Angeklagten schwierige Fragen auf, die aber außerhalb der hier allein zu behandelnden Probleme von Täterschaft und Teilnahme liegen. Geht man davon aus, daß die Angeklagten für die Nichtverhinderung der Tötungshandlungen kausal waren und für die Abwendung solcher Taten auch als Garanten einzustehen hatten, so waren sie allerdings Tötungstäter durch Unterlassen. Eine Tatherrschaft und eine mittelbare Täterschaft kann man ihnen aber im Gegensatz zur Auffassung des BGH nicht zusprechen. Denn durch Unterlassen kann man keine Kausalverläufe steuern und keine Tatausführungen beherrschen. Die Täterschaft der Angeklagten ergibt sich vielmehr daraus, daß Unterlassungstaten Pflichtdelikte sind, bei denen die Garantenstellung allein die Täterschaft begründet. Insoweit sei auf die eingehenden Darlegungen an anderer Stelle dieses Buches verwiesen (S. 458 ff., S. 750 ff.). Wenn aber die Täterschaft der Angeklagten auf ihrer Pflichtenstellung und nicht auf

---

[218] wistra 2003, 100 (102).
[219] BGHSt 48, 77; dazu Knauer, NJW 2003, 3101; Ranft, JZ 2003, 582; Otto, JK 9/03, StGB § 13/34.

einer vom BGH unterstellten Taterrschaft beruhte, lag eine unmittelbare Unterlassungstäterschaft und nicht eine mittelbare Täterschaft vor. Der BGH hat das Problem gesehen, sich aber nicht zu einer entschiedenen Stellungnahme herausgefordert gefühlt. Denn er sagt unter Bezugnahme auf die von mir vertretene Meinung nur (a. a. O., 98 f.): „Manche ... Autoren nehmen statt mittelbarer Täterschaft ‚unmittelbare Unterlassungstäterschaft' an ..., was für die Praxis auf ein gleichwertiges Ergebnis hinausläuft." Hier ist also vielleicht auch in der Rechtsprechung das letzte Wort noch nicht gesprochen.

60. Ein Urteil des 4. Senats vom 20. 3. 2003 [220] betrifft einen zwischen K und W verabredeten Raub. „Über Schläge hatten beide nicht gesprochen." K brachte dabei dem Opfer durch Schläge ins Gesicht und Fußtritte gegen den Körper eine gefährliche Körperverletzung bei (§ 224). Der W „stand in einer Entfernung von einigen Metern wie unbeteiligt dabei", weil er anscheinend meinte, daß K seine Unterstützung nicht brauche.

Der BGH will den W als Mittäter der gefährlichen Körperverletzung verurteilt sehen, weil er sich „von den tätlichen Angriffen des Mitangeklagten, die dem gemeinsamen Ziel der Beuteerlangung dienten, in keiner Weise distanziert hat". Das geht aber entschieden zu weit und steht auch in Widerspruch zu der ein Jahr zuvor ergangenen Entscheidung des 1. Senats (oben Nr. 56, S. 622), wonach die bloße Anwesenheit am Tatort und die Billigung der Tat für eine Mittäterschaft nicht ausreichen. Der BGH will den gemeinsamen Tatentschluß auf ein „stillschweigend vereinbartes" Einverständnis stützen; eine solche konkludente Vereinbarung ist aber ein „positives Tun", das nicht schon aus einem unbeteiligten Dabeistehen gefolgert werden kann. Erst recht fehlt es an jeglicher Mitwirkung bei der Ausführung, sei es auch nur im Stadium der Vorbereitung. Das Urteil vermeidet denn auch jede Berufung auf die sonst stets herbeizitierte normative Kombinationstheorie der Rechtsprechung, weil nicht einmal diese zur Begründung einer Mittäterschaft getaugt hätte.

61. Der verkappte Fall einer mittelbaren Täterschaft war Gegenstand eines Urteils des 5. Senats vom 20. 5. 2003. [221] In diesem Fall hatte ein Schwerstbehinderter, der seinen dringenden Suizidwunsch wegen völliger körperlicher Lähmung nicht mit eigener Hand verwirklichen konnte, einen Zivildienstleistenden (Z) veranlaßt, „ihn in Müllsäcke verpackt in einen Müllcontainer zu legen. Auf Nachfragen des Z versicherte er, dies schon öfter gemacht zu haben, und daß seine Bergung aus dem Container am Nachmittag sicher sei. Der Angeklagte erfüllte in dem Bestreben, dem ihm anvertrauten Schwerstbehinderten so gut wie möglich zu helfen, alle ... Anweisungen, ohne sie kritisch zu hinterfragen." Der Behinderte kam dabei durch Ersticken zu Tode, wie er es geplant hatte.

---

[220] NStZ 2003, 662 f.
[221] NStZ 2003, 537.

Der BGH will hier eine fahrlässige Tötung durch Z annehmen. Er prüft eine eventuelle Straflosigkeit unter dem Gesichtspunkt der Selbstgefährdung bzw. der einverständlichen Fremdgefährdung, lehnt dies aber ab, indem er dem Angeklagten die Tatherrschaft zuspricht. „Der Angekl. hat seine Gefährdungshandlungen bewußt vorgenommen und dabei in extremer Weise im Widerspruch zu jedem medizinischen Alltagswissen gehandelt ... Auch die Vorspiegelung des Lebensmüden, von einem (unbekannten) Dritten am Nachmittag gerettet zu werden, begründet keinen die Tatherrschaft des Angekl. in Frage stellenden Irrtum."

Das ist aber irrig. Denn da der BGH einen Tötungsvorsatz des Z nicht in Erwägung zieht, kann seine noch so erhebliche Fahrlässigkeit nichts daran ändern, daß das Opfer einen Suizid in mittelbarer Täterschaft begangen hat: Er hat vorsätzlich seinen Tod mit Hilfe eines unvorsätzlich handelnden Werkzeugs verwirklicht. Die fahrlässige Förderung eines Selbstmordes, wie sie danach allein übrigbleibt, ist aber straflos; das ist auch in der Rechtsprechung anerkannt (BGHSt 24, 342). Der BGH bestreitet zwar, daß „der Lebensmüde den Angekl. über das zum Tode führende Geschehen getäuscht und ihn mit Hilfe des hervorgerufenen Irrtums zum Werkzeug gegen sich selbst gemacht" hat. Das ist aber nach den Sachverhaltsfeststellungen unbestreitbar: Denn ein vorsätzlich Handelnder, der sich eines fahrlässigen unmittelbar Handelnden bedient, ist immer mittelbarer Täter.[222]

62. Die Abgrenzung von Anstiftung und Mittäterschaft beim Mord ist Gegenstand eines Urteils des 2. Senats vom 15.10.2003.[223] Die Angeklagte und ihr Liebhaber (K) beschlossen, den früheren Partner der Angeklagten (N) zu erschießen, weil dieser sie nicht freigeben wollte. Bei einer Aussprache der drei im Auto des N erschoß K den N. Die Angeklagte war daran nicht unmittelbar beteiligt.

Trotzdem beurteilt der BGH sie unter Heranziehung der normativen Kombinationstheorie als Mittäterin. Er stützt sich dabei einerseits auf ihr „eigenes starkes Interesse" („da sie sich durch N erheblich belästigt fühlte"). Danach sei die Annahme des LG, „die Angekl. ... habe die Tötung des N nicht als eigene gewollt, nicht nachzuvollziehen". Außerdem habe die Angeklagte auch insoweit Tatherrschaft gehabt, „als sie die Tötung durch ... K unschwer hätte verhindern können". Das ist jedoch ein fehlgehendes Argument. Denn die Möglichkeit der Tatverhinderung begründet keineswegs eine Tatherrschaft; auch ein Gehilfe und selbst ein überhaupt nicht beteiligter

---

[222] Vgl. in diesem Fall auch Roxin, AT/1⁴, 2006, § 11, Rn. 126ff. Einen ähnlichen Sachverhalt hat auch das OLG Nürnberg (JZ 2003, 745 m. abl. Anm. Engländer) entschieden: Hier hatte ein Mann sich in Selbsttötungsabsicht von seiner Frau erschießen lassen, indem er ihr vorgespiegelt hatte, die Pistole sei ungeladen. Auch dies war ein klarer Fall von Selbstmord in mittelbarer Täterschaft, an dem die Frau fahrlässig mitgewirkt hatte. Für den BGH und das OLG Nürnberg jedoch Herzberg, NStZ 2004, 1 (6); ders., Jura 2004, 670; dagegen Engländer, Jura 2004, 234 (237f.).

[223] NStZ-RR 2004, 40f.

Außenstehender kann sie haben.[224] So bleibt der vom BGH im Sinne der Interessentheorie interpretierte Wille, die Tat „als eigene" zu begehen, als entscheidendes Kriterium übrig (ähnlich wie in der in Nr. 57, S. 622 f., behandelten Entscheidung). Die dem BGH oft bescheinigte Annäherung an die Tatherrschaftslehre ist, wie dieser Fall wieder zeigt, gerade bei Bejahung der Mittäterschaft nicht substantieller, sondern nur formelhafter Art.

63. Zwei weitere Entscheidungen behandeln die Täterschaft bei der Untreue (§ 266), einem Delikt also, das in diesem Buch (S. 352 ff., 355 ff.) als eines der Hauptbeispiele für ein „Pflichtdelikt" angeführt wird, bei dem nach meiner Auffassung nicht die Tatherrschaft, sondern allein die Verletzung der tatbestandsspezifischen Sonderpflicht die Täterschaft begründet.

Ein Beschluß des 4. Senats vom 25. 11. 2003[225] hatte den Fall zu entscheiden, daß ein „Vertragsarzt der sozialen Krankenversicherung" einem Patienten „nicht notwendige Mengen eines Arzneimittels" verschrieben hatte, um dem Patienten eine „Verwertung der nicht benötigten Übermenge" zu ermöglichen. Der BGH will den Arzt als Täter einer Untreue bestraft sehen, lehnt aber eine Mittäterschaft des Patienten „mangels eigener Pflichtenstellung" ab. Achenbach sieht darin (a. a. O.) eine Anerkennung der Lehre von den Pflichtdelikten. Das ist im Hinblick auf das Ergebnis der vorliegenden Entscheidung sicher richtig. Inwieweit auch die Begründung dieser Lehre folgt, läßt sich den mitgeteilten Beschlußauszügen nicht entnehmen.

Nach einem Urteil des 5. Senats vom 13. 5. 2004[226] können die Vorstandsmitglieder einer Konzerngesellschaft der Untreue zum Nachteil abhängiger Tochtergesellschaften schuldig sein. Auf Grund ihrer „Leitungsmacht im Konzern" liege „die Annahme einer mittelbaren Täterschaft kraft Organisationsherrschaft nahe" (a. a. O., 163). Das Urteil reiht sich also in die Kette der Entscheidungen ein, die die Rechtsfigur der Organisationsherrschaft auf Wirtschaftsunternehmen übertragen (vgl. oben Nr. 48, S. 618; Nr. 49, S. 618) und ist den dagegen zu erhebenden Einwänden ausgesetzt (näher unten S. 715 ff.). Der richtige Begründungsansatz hätte auch hier (wie im Fall Nr. 59, S. 623 f.) in der Lehre von den Pflichtdelikten gelegen. Denn wenn die Angeklagten ihre Vermögensbetreuungspflicht verletzt haben, macht schon dieser Umstand allein sie zum Täter einer Untreue, ohne daß es auf ihre Tatherrschaft ankäme.

64. Eine Reihe von Entscheidungen, die wegen ihrer thematischen Zusammengehörigkeit hier geschlossen behandelt werden sollen, beschäftigt sich mit der Abgrenzung von Täterschaft und Teilnahme bei der Einfuhr von bzw. beim Handeltreiben mit Betäubungsmitteln (§ 29 Abs. 1 Nr. 1 BtMG). Die Rechtsprechung bevorzugt „eine weite Auslegung des Begriffs des Handeltreibens"; danach „versteht man unter Handeltreiben jede eigennützige, auf

---

[224] Schon BGHSt 11, 268 ff. (oben S. 100 f.) und BGHSt 37, 289 (oben Nr. 33, S. 606 ff.) waren diesem Irrtum erlegen; vgl. dazu näher oben S. 310 ff.
[225] Mitgeteilt von Achenbach, NStZ 2004, 551.
[226] BGHSt 49, 147 ff.

Umsatz gerichtete Tätigkeit, auch die nur gelegentliche oder einmalige, auch die bloß vermittelnde"[227]. Es treibt also auch derjenige Handel, der selbst keine Umsatzgeschäfte tätigen, sondern nur fremde Geschäfte fördern will; auch ist es nicht nötig, daß der erstrebte Umsatz tatsächlich erreicht wird. Das ist eine Auslegung, die bei eigennützigem Handeln jede noch so entfernte Mitwirkung als unmittelbar tatbestandserfüllend beurteilt und daher, wenn man die eigenhändige Tatbestandserfüllung als täterschaftsbegründend ansieht, praktisch zum Einheitstäterbegriff führen müßte. Um dies zu vermeiden, schränkt die Rechtsprechung die Täterschaft wieder ein, indem sie mit Hilfe der von ihr zur Täterschaftsermittlung auch sonst verwendeten subjektiven und objektiven Kriterien teils Täterschaft, teils Teilnahme bejaht. Das sieht wie eine Rückkehr zur extrem-subjektiven Theorie aus, indem es die Möglichkeit bloßer Beihilfe trotz eigenhändiger Tatbestandserfüllung impliziert. Doch geht es dabei wohl mehr um die Korrektur einer zu weiten Tatbestandsausdehnung. Wenn man das Handeltreiben als das Tätigen eigener Umsatzgeschäfte definieren würde, würden dieselben Täterkriterien die Ausdehnung der Mittäterschaft über die Fälle persönlicher Tatbestandserfüllung hinaus begründen können. Es werden daher im folgenden aus den Auslegungsschwierigkeiten, die § 29 Abs. 1 Nr. 1 BtMG der Rechtsprechung bereitet, keine Rückschlüsse auf das Eigenhändigkeitsproblem gezogen; auch die Rechtsprechung hat das nicht getan. Im übrigen ergibt sich das nachstehende Bild.

64.1. In einem Urteil des 3. Strafsenats vom 4. 10. 1978[228] ging es um die Tätigkeit eines Kuriers, der gegen Entgelt Rauschgift von Amsterdam nach Düsseldorf transportiert hatte. Ob er Täter oder Teilnehmer des „Handeltreibens" war, will der BGH nach den allgemeinen Abgrenzungskriterien entscheiden: „Wesentliche Anhaltspunkte können hierbei der Grad des eigenen Interesses am Erfolg, der Umfang der Tatbeteiligung und die Tatherrschaft des Beschuldigten sein." Wegen der selbständigen „Gestaltung des Transports" und der Belohnung, die dem Angekl. versprochen worden war, nimmt der BGH eine Täterschaft an. Dem wird man im Ergebnis zustimmen können. Denn auch wenn man als in eigener Person Handeltreibende nur die beiden Partner des Geschäftes ansieht, erfüllt der Angeklagte doch durch seine selbständige Kuriertätigkeit eine wesentliche Funktion beim Zustandekommen der Transaktion und war deshalb Mittäter.

64.2. Ein Beschluß des 2. Strafsenats vom 25. 3. 1981[229] bemängelt, daß das Instanzgericht bei den Einzelakten eines fortgesetzten „Handeltreibens" nicht jeweils genau untersucht habe, ob Mittäterschaft oder Beihilfe vorliege. Bei der Mittäterschaft müsse jeder „seinen Tatbeitrag als Teil der Tätigkeit des anderen und umgekehrt die Tätigkeit des anderen als Ergänzung seines eige-

---

[227] BGH NJW 1979, 1259.
[228] NJW 1979, 1259.
[229] StrV 1981, 275 f.

nen Tatanteils wollen". Ob jemand „dieses enge Verhältnis zur Tat haben"
wolle, sei „nach den gesamten Umständen ... in wertender Betrachtung zu
beurteilen". Wesentliche Anhaltspunkte für diese Wertung könnten gefunden
werden „im Grad des eigenen Interesses am Erfolg der Tat, im Umfang der
Tatbeteiligung und in der Tatherrschaft oder wenigstens im Willen zur Tatherrschaft, so daß Durchführung und Ausgang der Tat maßgeblich vom Willen des Angeklagten abhängen".

Dabei wird nicht ganz klar, wodurch sich der „Umfang der Tatbeteiligung", die „Tatherrschaft" und der „Wille zur Tatherrschaft" voneinander
unterscheiden sollen. Aus dem abschließenden Konsekutivsatz ist jedoch zu
entnehmen, daß alle drei Kriterien am Ende auf die Tatherrschaft hinauslaufen, so daß diese also – wie im Falle 64.1 – neben dem Eigeninteresse als das
Hauptmerkmal der Täterschaft erscheint. Die bei vielen Sachgestaltungen
entscheidende Frage, ob Täterschaft anzunehmen ist, wenn bei einem Beteiligten zwar ein Eigeninteresse, aber keine Tatherrschaft, oder die Tatherrschaft, aber kein Eigeninteresse vorliegt, bleibt offen.

64.3. Zu dieser Frage äußert sich der 1. Strafsenat in einem Beschluß vom
21.7.1981.[230] In diesem Fall gehörte der Angeklagte nicht selbst zu den Part-
nern des Heroingeschäftes, sondern war „zwischen dem sich im Hintergrund
haltenden Heroinbesitzer und dem in Aussicht genommenen Käufer" als
Überbringer von Heroinproben und Geldscheinen hin- und hergefahren.
Seine Tätigkeit war „für das angestrebte Geschäft unabdingbar", so daß er bei
dessen Zustandekommen als Mitträger der funktionellen Tatherrschaft in
Erscheinung trat; er hatte in „zähen, rund 5stündigen Verhandlungen"
wesentlichen Einfluß auf den Geschäftsabschluß genommen. Gleichwohl
meint der BGH, daß dies für eine Bejahung der Täterschaft noch nicht genüge. Vielmehr sei das von der Strafkammer nicht geprüfte „Interesse des
Angekl. am Abschluß des Geschäfts von wesentlicher Bedeutung". Das
erweckt den Anschein, als ob das Interesse ein gegenüber der Tatherrschaft
vorrangiges Kriterium der Täterschaft sein solle. Allerdings wird die Aussagekraft der Entscheidung dadurch gemindert, daß nicht deutlich wird, ob
mit dem geforderten Interesse ein generelles Täterschaftskriterium oder ein in
den Begriff des „Handeltreibens" hineininterpretiertes und auf § 29 Abs. 1
Nr. 1 BtMG beschränktes subjektives Tätermerkmal der „Eigennützigkeit"
gemeint ist.

64.4. Ein Beschluß des 2. Senats vom 18.9.1981[231] betont noch einmal die
Übereinstimmung mit dem Beschluß desselben Senats vom 25.3.1981 (oben
Nr. 64.2, S. 627), daß auch bei fortgesetztem Handeltreiben für jeden Einzel-
akt geprüft werden muß, ob Mittäterschaft oder Beihilfe vorliege. Dabei werden die in dem vorhergehenden Beschluß für die Abgrenzung beider Beteiligungsformen benutzten Wendungen wörtlich wiederholt.

---

[230] NStZ 1981, 394.
[231] StrV 1982, 17.

64.5. Dieselben Formeln (Interesse, Umfang der Tatbeteiligung, Tatherrschaft oder wenigstens Wille zur Tatherrschaft) werden auch vom 1. Strafsenat in einem Beschluß vom 25. 3. 1982[232] übernommen. Überraschend ist aber, daß die Entscheidung im Ergebnis eine andere Tendenz aufweist als der Beschluß desselben Senats vom 21. 7. 1981 (oben Nr. 64.3, S. 628). Der Angeklagte hatte auf Drängen anderer einen Rauschgifthändler „angerufen und ... gefragt, ob er Heroin bringen könne". Bei dem weiteren Geschehen war er zwar dabei, „schaltete sich jedoch nicht aktiv ein". Ihm war auch nicht nachzuweisen, daß er an dem Geschäft etwas verdient hatte. Er hatte aber insofern eigennützig gehandelt, als er erhebliche Schulden bei einem Mitangeklagten hatte; er konnte sie durch seine Vermittlung entweder abtragen oder doch erreichen, „daß sein Gläubiger mit der Darlehensrückzahlung nicht mehr drängen würde".

Der Angeklagte war von der Strafkammer allein wegen dieses Eigeninteresses als Mittäter verurteilt worden. Der BGH änderte den Schuldspruch und nahm nur eine Beihilfe an. Das Landgericht habe „allein auf mögliche finanzielle Vorteile des Angekl. ... abgestellt. Das genügt nicht." Hier soll also die Tatsache, daß der Angeklagte nur im Vorbereitungsstadium mitgewirkt hatte und beim Geschäftsabschluß selbst nicht beteiligt war, seine Täterschaft ausschließen. Der darin sichtbar werdende Grundsatz, daß die mangelnde Teilhabe an der Tatherrschaft – das Fehlen einer wesentlichen Funktion im Ausführungsstadium – eine Mittäterschaft auch bei vorhandenem Eigeninteresse ausschließt, ist vom hier vertretenen Standpunkt aus völlig zutreffend. Die Entscheidung steht aber in merkwürdigem Widerspruch zum Beschluß vom 21. 7. 1981, wonach gerade das Interesse des Angekl. am Abschluß des Geschäfts „wesentliche Bedeutung" für seine Täterschaft haben soll. Ermöglicht werden solche gegenläufigen Entscheidungen dadurch, daß die Rechtsprechung es vermeidet, für die wertende Gewichtung der verschiedenen Anhaltspunkte verbindliche Regeln aufzustellen.

64.6. Zu einer Ablehnung der Mittäterschaft führt auch eine Entscheidung des 3. Strafsenats vom 6. 7. 1983.[233] Der Angeklagte war an der Einfuhr von Haschisch weder persönlich noch wirtschaftlich interessiert und hatte sich auch geweigert, „selbst eine Haschischplatte über die Grenze zu tragen". Er hatte sich aber auf Bitten seiner Begleiter (u. a. seines Bruders) bereit erklärt, „die Grenze als Vorläufer zu überschreiten" und „ein Zeichen zu geben, falls die Gefahr der Entdeckung drohe".

Der BGH stützt seine Ablehnung einer Mittäterschaft auf die subjektive Theorie. Weil der Angeklagte kein Interesse an der Tat gehabt habe und zu seinem Beitrag erst habe überredet werden müssen, liege es nahe anzunehmen, daß er „mit seinem Tatbeitrag lediglich die Tat seiner Begleiter fördern wollte und ihn nicht als eigene, vom Täterwillen getragene Handlung ansah". Gegenüber diesen extrem subjektiven Formulierungen wäre vom Standpunkt

---

[232] NStZ 1982, 243.
[233] StrV 1983, 461.

der Tatherrschaftslehre darauf abzustellen, ob die Tätigkeit als „Vorläufer" beim unentdeckten Überschreiten der Grenze eine wesentliche Rolle spielte. Das ist Tatfrage, aber eher zu bejahen, so daß durchaus eine Mittäterschaft in Betracht kam. Der Umstand, daß der Angeklagte sich zum „Mitmachen" erst überreden lassen mußte, wäre dann bei der Strafzumessung zu berücksichtigen.

64.7. Um die Abgrenzung von Mittäterschaft und Beihilfe bei der unerlaubten Einfuhr von Betäubungsmitteln geht es auch in einem Beschluß des 2. Strafsenats vom 25. 1. 1984.[234] Hier hatten die beiden Angeklagten St. und H. in Amsterdam jeweils für ihren Eigenbedarf Heroin eingekauft, an ihrem Körper versteckt und in einem Auto über die Grenze gefahren, das dem H. gehörte und von St. gesteuert wurde. Die Vorinstanz hatte Mittäterschaft hinsichtlich der gesamten eingeschmuggelten Heroinmenge angenommen und sich dafür ganz auf die gemeinsame Tatherrschaft beider gestützt. Jeder der beiden Angeklagten habe gewollt, daß sein Tatbeitrag als Teil der Tätigkeit des anderen und die Tätigkeit des anderen als Ergänzung seines Tatanteils wirke; das Gelingen der Tat sei jeweils vom Tatbeitrag des anderen abhängig gewesen. Dies wird näher damit begründet, daß der eine sein Auto zur Verfügung gestellt und der andere es gesteuert habe und daß die falsche Beantwortung der Frage des Zollbeamten nach zollpflichtigen Waren für das Gelingen des Gesamtunternehmens wichtig gewesen ist.

Demgegenüber neigt der BGH hinsichtlich der Einfuhr des jeweils anderen mehr zur Annahme einer Beihilfe. Er begründet das damit, daß das Interesse „einen der wesentlichsten Gesichtspunkte" bei der Annahme der Mittäterschaft abgebe. Es sei nicht ersichtlich, inwiefern der eine Angeklagte „an der Menge des vom Mitangekl. erworbenen und in dessen alleinigem Besitz befindlichen Heroins interessiert gewesen sein soll". Dieser Rückfall in die Interessentheorie verdient keinen Beifall. Auch wer Heroin ausschließlich einem anderen zu Gefallen über die Grenze schmuggelt, ist Täter einer unerlaubten Betäubungsmitteleinfuhr. Dann kann es hier nicht anders sein, wo beide neben eigenen auch fremde Interessen verfolgten.

64.8. Ein Urteil des 1. Strafsenats vom 15. 5. 1984[235] beschäftigt sich wiederum mit der Abgrenzung von Mittäterschaft und Beihilfe beim Handeltreiben mit Betäubungsmitteln und bestätigt in einem „Grenzfall" die Annahme einer bloßen Beihilfe. Der Angeklagte hatte unter der Regie und in Begleitung des eigentlichen Initiators M. die Betäubungsmittel von Amsterdam nach Basel gefahren und damit „eine wesentliche Voraussetzung für den Weiterverkauf" in Basel geschaffen. Er war beim Weiterverkauf aber nicht beteiligt gewesen. M. „hielt den Angekl. von dem Kernbereich der Haschischgeschäfte bewußt fern".

---

[234] StrV 1984, 286.
[235] NStZ 1984, 413.

Der BGH geht von einem subjektiven Ausgangspunkt aus („so ist er als Mittäter anzusehen, wenn er die Tat als eigene wollte"), will diesen Täterwillen aber in „wertender Betrachtung" ermitteln, für die im wesentlichen die Kriterien des Interesses und der Tatherrschaft maßgeblich sein sollen. Insoweit bringt das Urteil nichts Neues. Es neigt sich aber eindeutig der Tatherrschaftslehre zu, indem es das erhebliche finanzielle Interesse des Angeklagten zur Bejahung der Mittäterschaft nicht ausreichen läßt, sondern statt dessen auf den Anteil an der Beherrschung des Geschehens abstellt. „Es kann als ein ausschlaggebender Umstand angesehen werden, daß der Angekl. auf die Abwicklung der Haschischgeschäfte selbst keinen Einfluß hatte …" Auch die Reduzierung der Täterschaft auf eine Tätigkeit im „Kernbereich der Haschischgeschäfte" trifft sich mit dem Kriterium der Tatherrschaftslehre, wonach der Täter die „Zentralgestalt" oder die „Schlüsselfigur" des Handlungsgeschehens ist. Wenn der BGH weiter meint, die Begleitung durch M. sei geeignet, „auch in der Transportphase die Tatherrschaft des Angekl. in Frage zu stellen", zeigt das deutlich die Neigung des Urteils zu einer materiell-objektiven Abgrenzung. Das gilt ebenso für die These „Mittäterschaft kommt vor allem in Betracht, wenn der Beteiligte in der Rolle eines gleichberechtigten Partners mitgewirkt hat".

64.9. Ein Beschluß des 1. Strafsenats vom 5.7.1984[236] wendet sich wiederum gegen die Annahme einer Mittäterschaft beim Handeltreiben mit Betäubungsmitteln. Der Angeklagte hatte sich erboten, eingeschmuggeltes Heroingemisch als Kurier zu übernehmen und einem anderen zu übergeben. Wegen des Eingreifens der Polizei kam es dazu nicht. Es ergab sich aber die Frage, ob nicht schon in der Zusage späterer Übernahme eine Mittäterschaft beim Handeltreiben lag. Der BGH lehnt eine solche Annahme ab, da nicht einmal nachgewiesen worden sei, daß der Angeklagte „wenigstens bei der Planung und Organisation" des Geschäfts beteiligt gewesen sei; der in der Zusage liegende Tatbeitrag des Angeklagten könne nur „als bloße Förderung fremden Tuns angesehen werden".

Dem ist im Ergebnis zuzustimmen. Nur eine Mitwirkung beim Geschäft selbst hätte den Angeklagten zum Mittäter machen können. Der BGH will sich zwar mit einer Beteiligung bei der vorbereitenden Planung begnügen, was vom hier vertretenen Standpunkt aus für eine Mitherrschaft nicht genügen würde (vgl. S. 292ff.). Doch enthält der Beschluß immerhin insofern eine Absage an einen zu weit getriebenen Subjektivismus, als er eine bloße Bestärkung des Tatentschlusses beim Ausführenden für eine Mittäterschaft nicht genügen läßt.

64.10. Um einen massiven Fall vorbereitender Mitwirkung bei der Einfuhr von Betäubungsmitteln ging es in einem Beschluß des 3. Strafsenats vom 26.10.1984.[237] Der Angeklagte hatte Heroin von Bangkok nach Brüssel trans-

---

[236] StrV 1985, 14.
[237] StrV 1985, 106 m. Anm. Roxin, StrV 1985, 278.

portiert. An der nachfolgenden Einfuhr des Stoffes in die Bundesrepublik war er persönlich nicht beteiligt. Sie war aber von vornherein beabsichtigt und ihm bekannt gewesen; er hatte sie durch die Überführung des Heroins nach Brüssel ermöglichen wollen und hat sie auch tatsächlich ermöglicht.

Die Entscheidung dreht sich um die Frage, ob das Verhalten des Angeklagten als Mittäterschaft oder als Beihilfe bei der Einfuhr von Betäubungsmitteln zu beurteilen sei. Der Senat betont zunächst in Übereinstimmung mit der bisherigen Rechtsprechung, Mittäter könne auch sein, wer lediglich im Vorbereitungsstadium „einen die Tatbestandsverwirklichung fördernden Beitrag leistet". Dann jedoch folgt eine überraschende Wendung: Notwendig sei „aber stets, daß dies auf der Grundlage gemeinsamen Wollens geschieht, daß also eine gemeinschaftlich begangene Tat vorliegt ... Es genügt dafür, daß der einzelne Mittäter bei der Ausführung in Übereinstimmung mit dem oder den anderen im Sinne eines Planes handelt und ihn dadurch zu einem gemeinsamen macht ..." An dieser Voraussetzung fehle es beim Angeklagten: „Er war lediglich mit dem Vorbereitungsakt des Transports des Rauschgifts nach Brüssel beauftragt. Das weitere Geschehen war seinem Einfluß entzogen." Daher sei der Angeklagte nur Gehilfe: „Dafür reicht es aus, daß er die Tathandlung der Einfuhr im Vorbereitungsstadium unterstützt hat."

Die Entscheidung verdient im Ergebnis vollen Beifall. Sie bedarf sogar besonderer Beachtung, weil es sich um den bisher einzigen Fall in der Rechtsprechung des BGH handelt, in dem die Mittäterschaft der Sache nach von einer Mitwirkung im Ausführungsstadium abhängig gemacht wird. Die Bejahung einer bloßen Beihilfe mit dem Satz: „Das weitere Geschehen war seinem Einfluß entzogen", liegt ganz auf der Linie der Tatherrschaftslehre. Die Bedeutung des Beschlusses wird allerdings dadurch verdunkelt, daß der Senat in Widerspruch zu seinen fallbezogenen Aussagen formal an der bisherigen Rechtsprechung festhält und das Zusammenwirken „bei der Ausführung" in schwer nachvollziehbarer Weise nicht zur Voraussetzung des mittäterschaftlichen Begehens, sondern des gemeinsamen Tatentschlusses macht.[238]

64.11. Ein Urteil des 2. Senats vom 29. 1. 1986[239] entscheidet denn auch in entgegengesetztem Sinne. Hier hatten die Angeklagten in Holland Haschisch gekauft. Weil sie aber „Angst davor hatten, das Rauschgift selbst über die Grenze zu bringen", vereinbarten sie mit dem Lieferanten, daß dieser gegen einen Aufpreis den Transport des Stoffes über die Grenze übernehme. Die Ware wurde dann auf einem Autobahnrastplatz in der Bundesrepublik übergeben.

Auch hier fehlt es an jeder Mitwirkung der Angeklagten bei der Einfuhr, so daß eine Mittäterschaft hätte abgelehnt werden müssen, wenn das Gericht mit dem 3. Strafsenat (oben Nr. 64.10, S. 631) ein Handeln „bei der Ausführung" verlangt hätte. Doch beruft sich der 2. Senat auf diese Entscheidung nur insoweit, als sie sich formal an die ältere Judikatur anschließt: „Als Täterbeitrag

---

[238] Näher dazu meine Anmerkung in StrV 1985, 278.
[239] StrV 1986, 384 m. abl. Anm. Roxin; ebenfalls abl. Otto, JK, StGB § 25 II/3.

genügt die psychische Beeinflussung eines der Tatgenossen, so daß den Tatbestand des § 30 BtMG auch derjenige erfüllen kann, der bewirkt, daß das Rauschgift durch einen anderen über die Grenze transportiert wird" (BGH StrV 1985, 106 f.). Die zusätzliche Bemerkung „Diese Tätigkeit lag auch im persönlichen Interesse des Angeklagten" bestätigt die vollumfängliche Rückkehr dieses Urteils zu einer alle Einflüsse der Tatherrschaftslehre abweisenden subjektiven Theorie älterer Prägung. Die Bejahung einer Mittäterschaft durch das Urteil steht in deutlichem Widerspruch zu der vorhergehenden Entscheidung BGH StrV 1985, S. 106.

64.12. Im Urteil des 5. Strafsenats vom 24. 6. 1986[240] ging es nicht um die Einfuhr von, sondern um das Handeltreiben mit Betäubungsmitteln. Der BGH betont (wie es schon oben S. 626/627, hervorgehoben worden war), daß die Abgrenzung von Täterschaft und Teilnahme beim Handeltreiben „mitunter schwierig sein" könne, weil dieser Begriff „weit ausgelegt wird und jede eigennützige, den Umsatz fördernde Tätigkeit erfaßt, selbst wenn es sich nur um eine gelegentliche, einmalige und vermittelnde Tätigkeit handelt". Der BGH versucht dann eine Einschränkung durch die bekannte Verbindung verschiedener Kriterien (Interesse; Umfang der Tatbeteiligung; Wille, Durchführung und Ausgang der Tat maßgeblich zu bestimmen) und nähert sich der Tatherrschaftslehre noch weiter durch die These: „Mittäterschaft kommt vor allem in Betracht, wenn der Beteiligte in der Rolle eines gleichberechtigten Partners mitgewirkt hat …" Doch tragen diese in die richtige Richtung zielenden Ausführungen das Urteil am Ende nicht, weil sich eine Mittäterschaft des Angeklagten schon durch Verneinung seiner Eigennützigkeit ablehnen ließ.

64.13. Ein Beschluß des 1. Strafsenats vom 22. 1. 1987[241] beschäftigt sich wieder mit der Einfuhr von Betäubungsmitteln und kehrt zu einer objektiveren Abgrenzung zurück. Der Angeklagte hatte Haschisch in den Niederlanden telefonisch bestellt. Der Verkäufer schickte dann die Ware durch einen Kurier in die Bundesrepublik, wo der Angeklagte sie auf einem Bahnhof in Empfang nahm.

Bei diesem Sachverhalt kommt der Senat zur Annahme einer bloßen Beihilfe. Er nennt als „wesentliche Anhaltspunkte" die übliche Kombination subjektiver und objektiver Merkmale (vgl. zuletzt oben Nr. 64.12, S. 633), beruft sich für die Ablehnung der Mittäterschaft schließlich aber allein auf den Mangel jeder Mitwirkung bei der Ausführung: „Er beschränkte sich auf die Bestellung und überließ es völlig dem Verkäufer und den von diesem beauftragten Kurieren, das Betäubungsmittel nach Deutschland zu bringen." Das bedeutende Eigeninteresse des Angeklagten bleibt außer Betracht.

Das entspricht der Tatherrschaftslehre und verdient im Ergebnis uneingeschränkte Zustimmung. Es ist aber mit der Entscheidung BGH StrV 1986, 384 (oben Nr. 64.11, S. 632) so wenig zu vereinbaren wie dieses Urteil mit

---

[240] BGHSt 34, 124–127.
[241] NStZ 1987, 233.

dem Beschluß BGH StrV 1985, 106 (oben Nr. 64.10, S. 631). Denn während im Fall 64.11 das Interesse die fehlende Mitwirkung ersetzen sollte, wird dies hier mit Recht gerade nicht für möglich gehalten. Auch der BGH sieht den Widerspruch und versucht ihm durch folgende Erwägung zu entgehen: „Für mittäterschaftliche Einfuhr hat die Rechtsprechung zwar schon ‚die psychische Beeinflussung eines Tatgenossen‘ genügen lassen (BGH, StrV 1986, 384), doch unterschied sich jener Fall von dem vorliegend zu beurteilenden jedenfalls dadurch, daß die Angekl. das Betäubungsmittel schon in den Niederlanden erworben und beim Erwerbsakt den – vom Verkäufer durchzuführenden – Transport nach Deutschland vereinbarten." Aber dieser Unterschied ändert nichts daran, daß auch dort von einer Mitwirkung bei der Einfuhr selbst nicht die Rede sein konnte und daß die Entscheidung über Mittäterschaft und Beihilfe vernünftigerweise nicht davon abhängen kann, ob die notwendigen Vereinbarungen telefonisch oder bei einem persönlichen Gespräch in Holland getroffen werden.

64.14. Ein Beschluß des 2. Strafsenats vom 1. 7. 1988[242] betrifft das Handeltreiben mit Betäubungsmitteln. Hier hatte der Angeklagte nur nebensächliche Handlungen (Mithilfe beim Ein- und Auspacken eines Heroinklumpens u. ä.) vorgenommen, und der BGH neigt dazu, dies nur als Beihilfe zu würdigen. Er nennt die stehenden Wendungen seiner normativen Kombinationstheorie, beruft sich vor allem aber auf zwei zusätzliche Gesichtspunkte, die eine weitere Annäherung an die Tatherrschaftslehre erkennen lassen. Erstens sei es für den Mittäter charakteristisch, meint der Senat, daß „sein Beitrag Teil einer gemeinschaftlichen Tätigkeit sein sollte, die eigenen Handlungen also als Teil der Tätigkeit des anderen und umgekehrt dessen Tun als Ergänzung des eigenen Tatbeitrags gedacht und gewollt waren". Das ist eine subjektive Umformulierung jenes „arbeitsteiligen Zusammenwirkens im Ausführungsstadium", auf das die hier vertretene Tatherrschaftslehre abstellt. Und wenn der BGH weiterhin betont, „daß eine ganz untergeordnete Tätigkeit in aller Regel nicht genügt", so entspricht das dem von der Tatherrschaftslehre aufgestellten Erfordernis, daß es sich um eine *wesentliche* Mitwirkung im Ausführungsstadium handeln muß.

64.15. Ein Urteil des 4. Strafsenats vom 16. 10. 1990[243] behandelt die Mittäterschaft bei der Einfuhr von Betäubungsmitteln (§ 30 I Nr. 4 BtMG). Der Angeklagte hatte mit verschiedenen Beteiligten, die kein Fahrzeug und keine zum Grenzübertritt erforderlichen Papiere besaßen, in Amsterdam Heroin eingekauft. Die Komplizen waren von ihm jeweils an die „grüne Grenze" gefahren worden, hatten diese zu Fuß überschritten – auf dem Rückweg unter Mitnahme des Heroins – und waren jenseits der Grenze im Wagen wieder aufgenommen worden. Der Erlös sollte unter allen Beteiligten gleichmäßig verteilt werden.

---

[242] NStZ 1988, 507.
[243] NStZ 1991, 91.

Der BGH nimmt in Anwendung der normativen Kombinationstheorie eine Mittäterschaft an, indem er „Sachherrschaft und Tatinteresse des Angeklagten" bejaht. Dem läßt sich vom Standpunkt der Tatherrschaftslehre aus auch unter Absehung vom „Interesse" zustimmen. Denn wenn man unter „Einfuhr" nicht nur den Moment des Grenzübertritts, sondern den Gesamtvorgang der Verbringung des Rauschgiftes von Holland in die Bundesrepublik versteht, lag ein klassischer Fall der Arbeitsteilung im Ausführungsstadium vor: Die Komplizen brachten das Rauschgift zu Fuß über die grüne Grenze, und der Angeklagte sorgte für den zügigen An- und Abtransport.

64.16. Ein Beschluß des 1. Strafsenats vom 11.7.1991[244] nimmt eine mittäterschaftliche Einfuhr nach § 30 I Nr. 4 BtMG in einem Fall an, in dem der Angeklagte in Tanger 15 kg Haschisch erworben und den Stoff dann einem Kurier übergeben hatte, der ihn „auf der Rückfahrt mit einem Reisebus in die Bundesrepublik verbringen sollte".[245] Die Mittäterschaft wird wieder mit der normativen Kombinationstheorie begründet, wobei der BGH auf die „wesentlichen Tatbeiträge" des Angeklagten und den von ihm erhofften „finanziellen Vorteil" abstellt. Mit der Tatherrschaftslehre, die der BGH auch bei seiner „wertenden Betrachtung" unerwähnt läßt, ist das nicht zu vereinbaren; denn an der Tatbestandshandlung, der Einfuhr, war der Angeklagte unbeteiligt. Er hätte wegen Anstiftung zur Einfuhr verurteilt werden müssen. Die Mittäterschaftskonstruktion des BGH ist nur auf der Grundlage der subjektiven Theorie möglich. Das zeigt wieder einmal, daß sich mit der „Kombinationstheorie" die Ergebnisse der Tatherrschaftslehre und der animus-Theorie gleichermaßen begründen lassen; es beweist aber auch, daß mit ihr eine befriedigende Abgrenzung von Täterschaft und Teilnahme noch nicht gefunden ist.

64.17. Demgegenüber beruft sich ein Beschluß des 4. Strafsenats vom 31.3.1992[246] für die Ablehnung mittäterschaftlicher Einfuhr gerade auf das Fehlen der Tatherrschaft beim Angeklagten: „Wer sich an einem Rauschgiftgeschäft lediglich in der Weise beteiligt, daß er für den Erwerb von Betäubungsmitteln im Ausland Geld zur Verfügung stellt und nur darauf wartet, daß ein anderer ihm eingeschmuggeltes Rauschgift bringt, sonst aber überhaupt keinen Einfluß auf den Einfuhrvorgang hat, ist grundsätzlich nicht Mittäter der Einfuhr." Obwohl der BGH auch hier die vier Kriterien der Kombinationstheorie anführt, läßt er das auch von ihm bejahte „besondere Interesse" des Angeklagten und den immerhin wichtigen Tatbeitrag, der in der Finanzierung sämtlicher Fahrten bestand, zur Begründung der Mittäterschaft nicht ausreichen.

Das ist vom Standpunkt der Tatherrschaftslehre auch völlig richtig. Doch ist nicht recht ersichtlich, ob und warum die normative Kombinationstheorie

---

[244] BGHSt 38, 32; dazu Eschenbach, Jura 1992, 637 ff.
[245] Die Kausalabweichungsprobleme, die sich daraus ergeben, daß das Haschisch dem Kurier gestohlen und vom Dieb nach Deutschland verbracht wurde, bleiben hier außer Betracht.
[246] StrV 1992, 579.

mit ihrer „wertenden Betrachtung" nicht auch zu einer Mittäterschaft hätte kommen können, wie sie die Vorinstanz angenommen hatte. Wie unsicher die Abgrenzung nach der Rechtsprechung ist, zeigt sich daran, daß der BGH eigens betont, der Angeklagte habe keinen Kontakt zu den Lieferanten gehabt, sei an der Anmietung der Transportfahrzeuge nicht beteiligt gewesen und habe auch auf die Transportwege keinen Einfluß genommen. Anscheinend soll schon das Vorliegen einer dieser zusätzlichen Voraussetzungen (oder deren mehrerer?) die Annahme einer Mittäterschaft ermöglichen. Doch hätten auch diese Umstände dem Angeklagten die Tatherrschaft nicht verschaffen können, so daß die wirklichen Abgrenzungsmaßstäbe weiterhin im dunkeln bleiben.

64.18. Ein Urteil des 3. Strafsenats vom 22. 7. 1992[247] beschäftigt sich zum ersten Mal in der Betäubungsmittel-Rechtsprechung mit der Frage, ob das eigenhändige Verbringen von Betäubungsmitteln über die Grenze auch dann eine täterschaftliche Einfuhr i. S. des § 30 I Nr. 4 BtMG ist, wenn der Angeklagte im übrigen, (hier: als Chauffeur) nur eine untergeordnete Tätigkeit ausübte. Diese Frage wird bejaht.

Der Fall lag so, daß der „Haupttäter" das Haschisch im Wagen des Angeklagten bei sich hatte, ohne daß dieser davon wußte. Erst kurz vor der Grenze erfuhr der Angeklagte davon. „Der Haupttäter forderte den Angeklagten auf, die Grenzstelle zu passieren, und bot ihm zusätzlich 400 DM als ‚Risikozuschlag' an. Angesichts des Zollgebäudes entschloß sich der Angeklagte aus Angst vor einem auffälligen Wendemanöver, ohne anzuhalten durchzufahren und nicht umzudrehen."

Der BGH stützt die Annahme der Täterschaft auf den Gesetzeswortlaut, auf die Materialien und auch auf die neuere Rechtsprechung. Wer „selbst alle Tatbestandsmerkmale rechtswidrig und schuldhaft verwirklicht", sei auch als Mittäter „unmittelbarer Täter im Sinn des § 25 Abs. 1 StGB" (S. 316). Außerdem sollte, wie ausdrücklich betont wird, nach den Materialien „ – mit denkbaren Abweichungen in extremen Ausnahmefällen[248] – durch die Fassung der Vorschrift des § 25 Abs. 1 StGB der Tendenz entgegengewirkt werden, eigenhändige Tatbestandsverwirklichungen unter Berufung lediglich auf den angeblich fehlenden Täterwillen zu bloßer Teilnahme abzuwerten". Schließlich bezieht sich das Urteil auf eine Entscheidung desselben Senats vom 26. 11. 1986 (NStZ 1987, S. 224f., oben Nr. 27, S. 600), die im Anschluß an BGHSt 8, 393 (oben S. 96–98) und unter Übergehung der vor allem durch das Staschynskij-Urteil (BGHSt 18, 87ff., oben Nr. 2, S. 563 ff.) eingeleiteten gegenläufigen Entwicklung sich wieder von der extrem-subjektiven Theorie gelöst und die täterschaftsbegründende Wirkung der eigenhändigen Tatbestandserfüllung klargestellt hatte.

Das Urteil verzichtet auf die sonst obligaten Formeln der Kombinationstheorie und stützt sich praktisch allein auf die Tatherrschaftslehre (S. 318):

---

[247] BGHSt 38, 315; dazu Wiegmann, JuS 1993, 1003 ff.
[248] Dazu ausführlich oben S. 547 ff.

Der Angeklagte habe „eigenhändig alle Tatbestandsmerkmale ... verwirklicht, indem er, wenn auch nach nur kurzer Überlegungsfrist und überrumpelt durch den Mittäter ... rechtswidrig und schuldhaft das in dem Wagen befindliche Kilogramm Haschisch über die Hoheitsgrenze fuhr. Entgegen den Ausführungen des Landgerichts hatte er die Tatherrschaft; auch in Sichtweite der Grenze hätte er umkehren können." Es folgt dann ein Satz, der wohl eine Konzession an die subjektive Theorie bedeuten soll, ohne daß seine Funktion weiter erläutert würde: „Er hatte auch den Willen, diese Tat so zu begehen, zumal er den ‚Risikozuschlag' von 400 DM verdienen konnte."

Abgesehen von dieser etwas dunklen, zur Begründung der Täterschaft nicht beitragenden Schlußwendung bedeutet das Urteil wohl den endgültigen Abschied von der Auffassung, daß trotz eigenhändig-schuldhafter Tatbestandsverwirklichung ggf. nur eine Beihilfe vorliegen könne. Ob der BGH auch nur für „extreme Ausnahmefälle" eine andere Lösung erwägen will, bleibt offen; denn er referiert nur eine Wendung aus den Materialien, ohne sie sich zu eigen zu machen. Die Frage ist auch ohne praktische Bedeutung, solange kein solcher „Ausnahmefall" bejaht wird. Es hat sich also im Bereich der Eigenhändigkeit nunmehr die Tatherrschaftslehre ohne die Unsicherheiten der zwischen verschiedenen Kriterien schwankenden Kombinationstheorie durchgesetzt.

64.19. Schon das nächste Urteil, eine Entscheidung des 1. Strafsenats vom 13. 10. 1992[249] läuft aber wieder in eine von der Tatherrschaftslehre wegführende Richtung, indem eine mittäterschaftliche Einfuhr von Betäubungsmitteln trotz fehlender Tatherrschaft bejaht wird. Die Angeklagten A und K waren zwar beim „Einfuhrvorgang" selbst nicht beteiligt gewesen, hatten aber auf die Planung und Durchführung des von ihnen finanzierten Transportes eingewirkt. Während also die bloße Finanzierung der Einfuhr für die Annahme einer Mittäterschaft nicht genügen soll (oben Nr. 64.17, S. 635), werden weitergehende Aktivitäten als dafür ausreichend angesehen.

Der BGH erklärt es für „fehlerhaft, nur auf die objektive Tatherrschaft bei dem Einfuhrvorgang selbst abzustellen. Die Planungen und Hilfeleistungen bei der Durchführung des Transports ... deuten auf Tatherrschaft, jedenfalls auf den Willen hierzu." Demgegenüber wird man sagen müssen, daß Planungen und Hilfeleistungen bei der Vorbereitung einer Einfuhr auch eine „subjektive" Tatherrschaft nicht begründen können. Denn wenn der Wille der Angeklagten nicht auf eine „objektive Tatherrschaft" gerichtet war, kann er nicht gut als „Wille zur Tatherrschaft" bezeichnet werden. Der BGH geht denn auch über diesen dunklen Punkt rasch hinweg und benennt das für ihn eigentlich entscheidende Kriterium: „Insbesondere hatte das LG in eine ‚wertende Betrachtung' einbeziehen müssen, daß die Angeklagten ... ein ganz erhebliches Eigeninteresse an der Einfuhr ... hatten." Hier hat sich also wieder die Interessentheorie durchgesetzt, während die Ausführungen zur Tatherrschaft formelhaftes und in der Sache nicht überzeugendes Beiwerk bleiben.

---

[249] NStZ 1993, 137.

64.20. Ein Urteil des 3. Strafsenats vom 14. 10. 1992[250] bekräftigt demgegenüber im Anschluß an BGHSt 38, 315 (oben Nr. 64.18, S. 636 f.) den täterschaftsbegründenden Charakter der eigenhändigen Einfuhr. Der Angeklagte hatte bei der Rückfahrt von Amsterdam nach Deutschland eine Frau aus Gefälligkeit im Auto mitgenommen. Während der Rückreise teilte sie ihm mit, daß sie Heroin und Kokain bei sich führte und bat ihn deshalb, die Grenze an einem „kleinen Grenzübergang" zu überqueren. Er entsprach diesem Wunsch aus Gefälligkeit.

Mit Recht nimmt der BGH eine täterschaftliche Einfuhr an und stützt sie, wie schon in BGHSt 38, 315, allein auf die Tatherrschaft des Angeklagten. „Der Angeklagte hat in seiner Person alle Tatbestandsmerkmale der unerlaubten Einfuhr von Betäubungsmitteln verwirklicht, indem er als Fahrer seines Pkw das Rauschgift über die deutsche Hoheitsgrenze in die Bundesrepublik ... verbracht hat. Zutreffend hat das LG ausgeführt, daß er Tatherrschaft hatte, weil es von ihm abhing, ob das Rauschgift mit seinem Pkw über die Grenze gebracht wurde oder nicht." Das Kriterium des Eigeninteresses wird souverän beiseite geschoben: „Das Merkmal der Eigennützigkeit gehört nicht zum Tatbestand der unerlaubten Einfuhr von Betäubungsmitteln." So richtig das ist, fragt man sich doch, warum es die Rechtsprechung dann in Fällen der Nichteigenhändigkeit immer noch so oft zur Begründung der (Mit-)Täterschaft und damit der Tatbestandserfüllung heranzieht. Denn Täterschaft ist nichts anderes als Tatbestandsverwirklichung.

64.21. Drei Entscheidungen des 4., des 1. und des 3. Strafsenats vom 18. 8. 1992, 25. 2. 1993 und 30. 3. 1994[251] betreffen die Abgrenzung von Mittäterschaft und Beihilfe bei der Einfuhr von Betäubungsmitteln. Alle drei bemühen sich um eine Einschränkung mittäterschaftlichen Handelns. Es sei zwar kein eigenhändiges Verbringen des Rauschgifts über die Grenze erforderlich. Aber die Veranlassung der Einfuhr genüge noch nicht; hinzukommen müsse außer einem Eigeninteresse eine Beteiligung an der Tatherrschaft oder wenigstens der „Wille zur Tatherrschaft" (so der 4. Senat). Auch das Wissen von der Tat oder ein Interesse daran genüge nicht, solange nicht ein „irgendwie gearteter Beitrag zur Förderung der Tat" hinzukomme; wer nur die eingeführte Ware in Deutschland verkaufen will, ist noch kein Mittäter bei der Einfuhr (so der 1. Senat). Wenn jemand seine Mitwirkung darauf beschränkt, einem Mitangeklagten „durch seine Begleitung das Gefühl der Sicherheit" zu vermitteln, so ist das, auch wenn „ein materieller Vorteil für die Begleitung versprochen war", noch kein mittäterschaftlicher Beitrag (so der 3. Senat).

Das entspricht den Vorgaben der normativen Kombinationstheorie mit der begrüßenswerten Variante, daß das Interesse allein überhaupt noch nicht als mittäterschaftsbegründend angesehen wird. Folgt man der hier vertretenen Tatherrschaftskonzeption, wird man freilich eine wesentliche Mitwirkung

---

[250] NStZ 1993, 138.
[251] Die ersten beiden in StrV 1994, 22; die dritte in StrV 1994, 422.

beim Verbringen über die Grenze verlangen müssen. Alles andere ist Anstiftung oder Beihilfe zur Einfuhr.

64.22. Eine ganze Reihe von Entscheidungen verweisen untergeordnete Tätigkeiten beim Handeltreiben mit Betäubungsmitteln in den Bereich der Beihilfe. Nach einem Beschluß des 4. Senats vom 4.3.1993[252] ist das bloße Transportieren des Rauschgifts, bei dem der „Kurier" mit dem An- und Verkauf nichts zu tun hat, ein bloßer Gehilfenbeitrag. In ähnlicher Weise läßt der 3. Senat in einem Beschluß vom 23.4.1993[253] ein „Transportieren" des Stoffes nicht für ein täterschaftliches Handeltreiben ausreichen, solange der Transporteur nicht, „wie etwa bei dem Einsammeln oder der Übermittlung des Geldbetrages für das Betäubungsmittel an den Lieferanten, unmittelbar in das Rauschgiftgeschäft eingebunden ist". Ein Beschluß des 2. Senats vom 21.7.1993[254] zieht Mittäterschaft vor allem in Betracht, wenn „der Beteiligte in der Rolle eines gleichberechtigten Partners mitgewirkt hat". Daran fehle es, wenn jemand nur die zur Rauschgiftherstellung nötigen Chemikalien liefere. Er sei dann an der Herstellung und Veräußerung der Drogen nicht beteiligt, habe „keinerlei Tatherrschaft" und sei „nicht in der Lage, wesentliche Aspekte des Tatgeschehens zu steuern oder darauf auch nur einzuwirken". Ein Beschluß des 4. Senats vom 29.11.1994[255] spricht aus, daß die Besorgung eines Aufbewahrungsortes für das Rauschgift, die Begleitung des Verkäufers beim Absatz und ein einmaliges Helfen beim Abwiegen auch dann noch kein täterschaftliches Handeltreiben ist, wenn der Mitwirkende sich dafür bezahlen läßt. Gegen die Täterschaft führt der Senat ins Feld, daß „der Angekl. darüber hinaus weder mit der Beschaffung des Heroins noch mit den Verkaufsgeschäften als solchen irgend etwas zu tun hatte". Auch eine bloße „Absicherung" des Verkaufsgeschäftes durch die Feststellung möglicher polizeilicher Observation und die Weiterleitung von Nachrichten durch einen Beteiligten, der nicht „Herr des Geschäfts" ist, wird in einem Beschluß des 1. Senats vom 15.12.1994[256] den „untergeordneten Hilfsdiensten" zugeordnet und als bloßer Gehilfenbeitrag beurteilt. Ein Urteil desselben (1.) Senats vom 4.7.1995[257] leitet Bedenken gegen eine Mittäterschaft beim Handeltreiben daraus her, daß der Angekl. „kaum gewichtige Tatbeiträge zu dem Rauschgifthandel erbrachte. So war er nicht damit befaßt, den Einkauf, den Transport oder den Absatz des Rauschgifts zu organisieren oder etwa für die Finanzen zu sorgen." Es fehle auch „ein arbeitsteiliges Zusammenwirken, wie es die Mittäterschaft kennzeichnet".

Alle genannten Entscheidungen – und das rechtfertigt ihre gemeinsame Behandlung – bemühen sich darum, die Mittäterschaft beim Tatbestand des Handeltreibens zugunsten der Beihilfe zurückzudrängen. Sie vertreten zwar

---

[252] StrV 1993, 474.
[253] NStZ 1993, 444.
[254] NStZ 1994, 92.
[255] StrV 1995, 197.
[256] StrV 1995, 198.
[257] StrV 1995, 624.

nicht die Tatherrschaftslehre, sondern fußen, soweit sie überhaupt grundsätzliche Ausführungen zur Abgrenzung enthalten, auf der von der Rechtsprechung inzwischen unisono vertretenen normativen Kombinationstheorie. Sie nähern sich der Tatherrschaftslehre aber immerhin an, indem sie ein bloßes Vorteilsinteresse für die Mittäterschaft nicht genügen lassen, sondern objektiv gewichtige Beiträge fordern und sich dabei nicht selten auch auf Gesichtspunkte wie „Tatherrschaft", „gleichberechtigte Partnerschaft" und „Arbeitsteilung" beziehen.

64.23. Seit der Vorauflage hat der BGH sich wiederholt mit der Frage zu befassen gehabt, ob das entgeltliche Aufbewahren von Rauschgift für einen Dritten mittäterschaftliches Handeltreiben sein kann. Nach einem Beschluß des 1. Senats vom 2.5.2000[258] reicht das Verbringen von zwei Päckchen Kokain in ein vom Angeklagten bewohntes Zimmer und ein Verbergen des Rauschgifts dort für eine Mittäterschaft nicht aus. Im selben Sinne entschied der 2. Senat in einem Beschluß vom 4.6.2003;[259] auch wenn der Angeklagte 100 Gramm Haschisch zur Belohnung erhalten habe, begründe das noch keine Mittäterschaft, wenn er sonst an den Drogengeschäften nicht beteiligt gewesen sei. Ein weiterer Beschluß desselben Senats vom 13.2.2004[260] bestätigt diese Rechtsprechung. Auch ein Entgelt von 100 Euro kann nach einem weiteren Beschluß des 2. Senats vom 15.7.2005[261] das Aufbewahren des Rauschgifts für einen Dritten noch nicht zu einem mittäterschaftlichen Handeltreiben machen. Die um eine Einschränkung der Mittäterschaft bemühten, auf die normative Kombinationstheorie der Rechtsprechung gestützten Entscheidungen verdienen auch vom Standpunkt der Tatherrschaftslehre aus Beifall.

64.24. Vier weitere Entscheidungen beschäftigen sich mit der Würdigung einer Kuriertätigkeit. Ein Beschluß des 4. Senats vom 27.4.1999[262] behandelt einen Sachverhalt, bei dem die Angeklagte „nur als Kurierin" tätig geworden war und sich zwar einen finanziellen Vorteil versprochen, sonst aber auf die Geschäfte keinen Einfluß gehabt hatte. Dies begründet nur eine Beihilfe, weil die Angeklagte keine „Partnerin" der „Hintermänner" gewesen sei. Ebenso äußert sich der 1. Senat in einem Beschluß vom 24.3.1999;[263] die mit 500 DM entlohnten Kurierdienste hätten sich in „untergeordneten Hilfsdiensten erschöpft". Nach einem Urteil des 3. Senats vom 26.4.2000[264] soll es jedoch anders liegen bei einem Beteiligten, der dem Drogenkurier übergeordnet ist, ihn anleitet, überwacht und den Transport aus dem Hintergrund lenkt. Eine gleichberechtigte Partnerschaft spreche zwar für Mittäterschaft, sei aber nicht

---

[258] NStZ-RR 2000, 312.
[259] NStZ-RR 2003, 309.
[260] StrV 2004, 604.
[261] StrV 2005, 555.
[262] NStZ 1999, 451.
[263] StrV 1999, 429.
[264] NStZ-RR 2000, 278f.

deren zwingende Voraussetzung. Derselbe Senat nimmt in einem Urteil vom 10. 5. 2000[265] auch bei schlichter Kuriertätigkeit eine Mittäterschaft an, weil die Rolle des Kuriers nicht nur ganz untergeordnet gewesen sei. Die verschiedenen „Kurier-Entscheidungen" stimmen zwar in der Abgrenzungsrichtlinie überein, setzen aber in der Beurteilung der Frage, was eine ganz untergeordnete Tätigkeit sei, manchmal unterschiedliche Akzente.

64.25. Zwei Entscheidungen behandeln die Frage, ob der Täter einer Einfuhr von Betäubungsmitteln bei einem späteren Handeltreiben damit eventuell nur Gehilfe sein kann. Der 1. Senat bejaht das in einem Beschluß vom 27. 8. 1998[266] im Anschluß an die vorhergehende Rechtsprechung, doch müsse seine Rolle dabei ganz untergeordnet sein, was im konkreten Fall verneint wurde. In einem Urteil desselben Senats vom 21. 11. 2000[267] wird diese Rechtsprechung bestätigt. Beide Entscheidungen betonen den tatrichterlichen Ermessensspielraum, der revisionsrechtlicher Kontrolle nur begrenzt zugänglich sei.

64.26. Die weiteren Entscheidungen der letzten Jahre, die sich der Abgrenzung von Mittäterschaft und Teilnahme beim Handeltreiben widmen, betreffen unterschiedliche Sachverhalte, arbeiten mit der auch im Betäubungsmittelrecht zur ständigen Rechtsprechung gewordenen normativen Kombinationstheorie und laufen in der Sache darauf hinaus, untergeordnete Tatbeiträge als Beihilfe, partnerschaftliche oder doch gewichtigere Mitwirkung dagegen als Mittäterschaft einzustufen.
Ein Beschluß des 1. Senats vom 29. 2. 2000[268] betont die Eigennützigkeit als Tätervoraussetzung unerlaubten Handeltreibens. Der Angeklagte hatte Heroin verkauft, den Erlös aber vollständig an seinen Auftraggeber weitergeleitet. Die Tatherrschaft beim Verkauf reicht zur Begründung von Täterschaft nicht aus, weil das Gewinnstreben eine notwendige Voraussetzung des Handeltreibens ist.
Nach einem Urteil des 1. Senats vom 9. 10. 2002[269] wird, wenn mehrere Personen ein größere Menge Betäubungsmittel gemeinsam erwerben, die gesamte Handelsmenge jedem Mittäter zugerechnet; daß der einzelne nur mit dem auf ihn entfallenden Anteil Handel treiben will, ändert daran nichts. Das ist auch vom Standpunkt der Tatherrschaftslehre aus richtig.
Eine bloße Beihilfe nimmt der 4. Senat in einem Beschluß vom 22. 6. 2004[270] an, weil der Angeklagte stets nur auf Weisung eines anderen „eng umgrenzte Aufgaben" zu erfüllen hatte und dabei an dessen Vorgaben gebunden war. Derselbe Senat beurteilt in einem Urteil vom 28. 10. 2004[271] auch das Anmieten eines Autos für den Drogentransport als bloße Beihilfe.

---

[265] NStZ 2000, 482f.
[266] NStZ-RR 1999, 24.
[267] NStZ-RR 2001, 148f.
[268] StrV 2000, 619.
[269] NStZ-RR 2003, 586.
[270] NStZ 2005, 228.
[271] NStZ 2005, 229f.

64.27. Vier weitere Entscheidungen bemühen sich um die Abgrenzung von Täterschaft und Teilnahme bei der Einfuhr von Betäubungsmitteln. Der 3. Senat hatte in einem Urteil vom 12. 8. 1998[272] den Fall zu beurteilen, daß jemand „aus Gefälligkeit und ohne Lohn" ein Paket Heroin über die Grenze gebracht hatte. Der Senat sieht das mit Recht als Täterschaft an, „weil er alle Tatbestandsmerkmale in seiner Person verwirklicht ... Denn er hatte die Tatherrschaft ... Unerheblich ist, daß der Angeklagte als Chauffeur bezogen auf die Heroineinfuhr nur eine untergeordnete Tätigkeit ausübte." Das Urteil bestätigt die auch sonst allgemein anerkannte und in der neueren Rechtsprechung durchgesetzte Auffassung, daß die eigenhändige Tatbestandserfüllung immer zur Täterschaft führt (vgl. dazu näher oben S. 546 ff.).

Ein Beschluß des 2. Senats vom 14. 8. 2002[273] erörtert Abgrenzungsfragen bei der Einfuhr gemeinsam erworbenen Rauschgifts. „Wurden die Gesamtmengen ... ungeteilt eingeführt, sind die Angeklagten Mittäter der Einfuhr der ... Gesamtmenge", auch wenn diese später aufgeteilt werden sollte. Erfolgte die Aufteilung dagegen schon vor der Einfuhr (im Ausland), ist jeder Täter der Einfuhr nur hinsichtlich der auf ihn entfallenden Teilmenge, während im übrigen nur Beihilfe in Betracht kommt.

Mittäter (und nicht nur Anstifter) bei der Einfuhr ist nach einem Beschluß des 3. Senats vom 22. 9. 2003[274] auch derjenige, der Betäubungsmittel von anderen Personen über die Grenze bringen läßt, wenn er den Einkauf finanziert, das Schmuggelfahrzeug zur Verfügung stellt und die Einfuhr in seinem Interesse erfolgt. Nach den Regeln der Tatherrschaftslehre würde dies alles freilich nur eine Anstiftung begründen.

Ein Beschluß des 2. Senats vom 1. 9. 2004[275] betrifft einen Fall, in dem der Angeklagte in Holland mit zwei Bekannten Drogen für den Eigenkonsum erworben hatte. Jeder hatte die von ihm erworbene Menge bei sich. Im Auto, das von einem der Bekannten gesteuert wurde, fuhren sie gemeinsam nach Deutschland zurück. Der BGH nimmt zutreffend an, daß der Angeklagte Täter der Einfuhr nur hinsichtlich der von ihm selbst erworbenen Drogen war. Selbst eine Beihilfe zur Einfuhr der anderen komme nur in Betracht, soweit er deren Tat gefördert habe (z. B. durch gemeinsames Zahlen der Benzinkosten).

B. Resümee

Die vorstehende Darstellung und Analyse aller einigermaßen aussagekräftigen Entscheidungen zur Abgrenzung von Täterschaft und Teilnahme, die der BGH seit dem Erscheinen der Erstausgabe dieses Buches, also seit 43 Jahren, erlassen hat, zeigt eine zunehmende Abwendung von einer rein subjektiven, allein auf den Täterwillen abstellenden Unterscheidung und ein allmähliches

---

[272] Mitgeteilt bei Winkler, NStZ 1999, 234; auch in BGHR BtMG § 29 I, 1, Einfuhr 36.
[273] NStZ 2003, 90 f.
[274] NStZ-RR 2004, 25 f.
[275] NStZ 2005, 229.

Einsickern der von der Tatherrschaftslehre entwickelten Kriterien in die Judikate des Bundesgerichtshofs.[276] Küpper meinte schon 1986,[277] in der Rechtsprechung seien nur noch Tatinteresse und Tatherrschaft als maßgebliche Wertungskriterien übrig geblieben. „Aber auch diese Elemente stehen nicht mehr gleichrangig nebeneinander, vielmehr weist die Entwicklung der Rechtsprechung einen zunehmenden Rückzug des Interesses nebst einem Vormarsch des Tatherrschaftsgedankens auf."[278] Im Hinblick darauf neigt er sogar der Meinung zu, daß man Abschied nehmen sollte von einem „überkommenen Theorienstreit"[279].

Aber dafür ist es noch zu früh. Die drei Formen der Täterschaft (unmittelbare Täterschaft, mittelbare Täterschaft und Mittäterschaft) haben in der Rechtsprechung eine jeweils selbständige Entwicklung genommen und sich dem Tatherrschaftsprinzip in unterschiedlichem Maße angenähert, so daß nur ein differenzierender Befund der Praxis gerecht werden kann.

1. Bei der Handlungsherrschaft läßt sich feststellen, daß der BGH inzwischen die Täterschaft dessen, der eigenhändig den Tatbestand erfüllt, ausnahmslos anerkennt und dies auch durchweg mit der Tatherrschaft des Ausführenden begründet (vgl. näher oben Nr. 27, S. 600, Nr. 64.18, S. 636, Nr. 64.20, S. 638). Zwar soll nach einigen älteren Judikaten dahingestellt bleiben, ob nicht in „extremen Ausnahmefällen" ein Ausführender auch nur Gehilfe sein könne. Aber ein solcher Fall ist nicht vorgekommen. Im Gegenteil ist die einzige bei den Beratungen des Sonderausschusses als möglicher Fall einer Beihilfe genannte Konstellation, die Tötung auf Befehl (vgl. oben S. 550 f.), vom BGH im Sinne einer Täterschaft der ausführenden „Mauerschützen" entschieden worden (vgl. oben Nr. 38, S. 610 ff., Nr. 44, S. 616), ohne daß die Möglichkeit einer Beihilfe auch nur in Erwägung gezogen worden wäre. Die Anerkennung der Organisationsherrschaft in der neueren Rechtsprechung beruht geradezu auf der Prämisse einer verantwortlichen Täterschaft des unmittelbar Handelnden. Insofern hat sich also die Tatherrschaftslehre praktisch ohne Einschränkungen durchgesetzt.

2. Ähnliches gilt für die mittelbare Täterschaft. Der BGH stützt sich bei seinen verhältnismäßig zahlreichen einschlägigen Entscheidungen[280] fast ausschließlich auf das Kriterium der Tatherrschaft. Die beiden grundlegenden Entscheidungen zum „Täter hinter dem Täter", der „Katzenkönigs-Fall" (oben Nr. 29, S. 602 ff.) und der Fall des „Nationalen Verteidigungsrates" (oben Nr. 38, S. 610 ff.), haben bahnbrechend gewirkt, indem sie zur Struktu-

---

[276] Auch Otto, Jura 1987, 249, stellt eine „deutlich erkennbare Gesamttendenz von der subjektiven Theorie zur Tatherrschaftslehre" fest.

[277] GA 1986, 437–449.

[278] GA 1986, 440.

[279] GA 1986, 449.

[280] Oben Nr. 14, S. 582; Nr. 16, S. 585; Nr. 17, S. 588; Nr. 25, S. 596; Nr. 29, S. 602; Nr. 35, S. 609; Nr. 38, S. 610; Nr. 39, S. 612; Nr. 41, S. 614; Nr. 44, S. 616; Nr. 48, S. 618; Nr. 49, S. 618; Nr. 51, S. 620; Nr. 59, S. 623; Nr. 61, S. 624.

rierung des Tatherrschaftsbegriffs im Bereich der mittelbaren Täterschaft entscheidend beigetragen haben; sie imponieren auch durch die Sorgfalt ihrer Auseinandersetzung mit der Literatur.

Andererseits ist nicht zu verkennen, daß manche Entscheidungen eine mittelbare Täterschaft des Hintermannes ohne ausreichende Begründung und auch im Ergebnis zu Unrecht bejahen.[281] Es scheint, daß BGHSt 40, 218 (oben Nr. 38, S. 610 ff.) eine Entwicklung eingeleitet hat, wonach „das Problem der Verantwortlichkeit beim Betrieb wirtschaftlicher Unternehmen" grundsätzlich im Sinne einer mittelbaren Täterschaft der „Leitungsebene" gelöst werden soll, so daß die höhere Position in einer Unternehmenshierarchie ohne weiteres mit „Tatherrschaft" gleichgesetzt wird. Das wäre ein Irrweg, der im Bereich der Unternehmenskriminalität weitgehend zur subjektiven Theorie zurückführt, indem die Weisung den Täterwillen und vermeintlich auch schon die Tatherrschaft begründet. So wird denn auch in einer einschlägigen Entscheidung (oben Nr. 48, S. 618) bei Begründung der mittelbaren Täterschaft neben der Tatherrschaft wieder auf den „Täterwillen" und das „Tatinteresse" Bezug genommen. Das droht die Abgrenzung von mittelbarer Täterschaft und Anstiftung zu verwischen. Es bleibt also zu wünschen, daß die nachfolgende Rechtsprechung den an sich so fruchtbaren Begriff der Organisationsherrschaft restriktiv handhabt.

3. Verhältnismäßig am wenigsten hat sich der Tatherrschaftsgedanke bisher bei der Abgrenzung von Mittäterschaft und Beihilfe durchgesetzt. Hier wird die inzwischen ständige Rechtsprechung, deren Konzeption ich mit einem sich allmählich einbürgernden Ausdruck als „normative Kombinationstheorie"[282] bezeichnet habe, von einer Auffassung beherrscht, die auf eine „wertende Gesamtbetrachtung" abstellt, bei der das Tatinteresse, der Umfang der Tatbeteiligung, die Tatherrschaft oder wenigstens der Wille zur Tatherrschaft als „wesentliche Anhaltspunkte" für die Abgrenzung angesehen werden. Da der „Wille zur Tatherrschaft" und der „Umfang der Tatbeteiligung" eigentlich nur Voraussetzungen der Tatherrschaft sind, bilden „Interesse" und „Tatherrschaft" die beiden zentralen Kriterien der heutigen Rechtsprechung.

Die große Schwäche dieser „Theorie" liegt nach wie vor darin, daß unklar bleibt, welches Merkmal den Ausschlag geben soll, wenn Interesse und Tatherrschaft auseinander fallen. Neben Entscheidungen, die mehr auf die Tatherrschaft[283] (vor allem das Ausmaß der Mitwirkung im Ausführungsstadium) abstellen,[284] stehen andere, bei denen das größere Gewicht auf das Eigeninter-

---

[281] Oben Nr. 17, S. 588; Nr. 25, S. 596; Nr. 39, S. 612; Nr. 48, S. 618; Nr. 49, S. 618; Nr. 59, S. 623; Nr. 61, S. 624 (hier wird das Vorliegen einer mittelbaren Täterschaft übersehen).

[282] Die normative Kombinationstheorie wird außer in den im Text analysierten Entscheidungen auch noch in anderen vertreten, denen wegen der immer gleichen Formulierungen hier keine eigene Besprechung gewidmet ist; ich weise nur auf BGHR StGB § 25 Abs. 2, Mittäter Nr. 16, 18, 19, 28 und Tatinteresse Nr. 5 hin.

[283] Oben Nr. 18, S. 589; Nr. 26, S. 599; Nr. 27, S. 600; Nr. 28, S. 601; Nr. 30, S. 604; Nr. 31, S. 605; Nr. 36, S. 609; Nr. 50, S. 619.

[284] Dazu gehört auch BGH, 4. Strafsenat, v. 29.3.1984, bei Holtz, MDR 1984, 626, wo es heißt: „Der Gehilfe unterstützt die Tat eines anderen, der die Tatherrschaft hat." Das Urteil

esse gelegt wird;[285] bei einer Unterlassungstat wird mit der „inneren Haltung" ein extrem subjektives Element als täterschaftsbegründend beurteilt (oben Nr. 24, S. 595).

Eine Tendenz zur Bevorzugung des einen oder des anderen Kriteriums läßt sich nicht ausmachen. Statt dessen scheint der BGH die Entscheidung zwischen Mittäterschaft und Beihilfe bis zu einem gewissen Grade einer revisionsrechtlich unüberprüfbaren tatrichterlichen Beurteilung überlassen zu wollen (besonders deutlich oben Nr. 50, S. 619; Nr. 55, S. 622; Nr. 57, S. 622; Nr. 64.25, S. 641). Das entfernt sich weit von den Maßstäben der Tatherrschaftslehre, die lange Zeit auch bei Bestimmung der Mittäterschaft im Vordringen zu sein schien. Eher hat die Bedeutung der Tatherrschaft für die Mittäterschaft in der Rechtsprechung der letzten Jahre sogar abgenommen. So liegt es wenigstens bei den Entscheidungen, die eine Mitwirkung bei der Planung allein für eine Mittäterschaft genügen lassen (vgl. oben Nr. 37, S. 610; Nr. 42, S. 615; Nr. 45, S. 616; Nr. 47, S. 617). Es zeigt sich tendenziell ebenso in der von fast allen Entscheidungen wiederholten Versicherung, daß auch Vorbereitungshandlungen eine Mittäterschaft begründen könnten. Denn auch wenn man für eine Mittäterschaft nicht, wie es in diesem Buche geschieht, ausschließlich wesentliche Tatbeiträge im Ausführungsstadium genügen läßt, würde eine zur Tatherrschaftslehre tendierende Interpretation doch weit mehr auf die täterschaftsbegründende Relevanz einer nachhaltigen Mitwirkung bei der Ausführung hinweisen, anstatt vorbereitende Beiträge quasi zum Prototyp der Mittäterschaft zu erheben. Auch wird das Kriterium der Tatherrschaft öfter in einem Sinne verwendet, der der Bedeutung dieses Begriffs nicht gerecht wird (vgl. zuletzt etwa Nr. 47, S. 617; Nr. 62, S. 625).

Eine eher gegenläufige Tendenz zeigt in den letzten Jahren allein die Rechtsprechung zum Betäubungsmittelrecht (oben Nr. 64, S. 626 ff.), indem sie für die Mittäterschaft zwar keine Tatherrschaft bei der Einfuhr oder beim Handeltreiben voraussetzt, ihr aber durch das Erfordernis umfang- und einflußreicherer Mitwirkungshandlungen doch einen erheblich größeren Stellenwert zuweist. Jedenfalls ergeben die vorstehenden Urteilsanalysen, daß der BGH der Neigung der Instanzgerichte entgegenzuwirken versucht, auch bei geringen Tatbeiträgen schon eine Mittäterschaft zu bejahen. Allerdings hat diese Sonderentwicklung ihre Ursache wohl nicht in einer abweichenden Auffassung über Täterschaft und Teilnahme, sondern in der außerordentlich weiten Ausdehnung, die der Tatbestand des „Handeltreibens" in der Rechtsprechung gefunden hat (vgl. oben Nr. 64, S. 627). Diese Ausdehnung fordert eine wenigstens die Täterschaft einschränkende Reaktion heraus, die sich dann auch beim Merkmal der Einfuhr auswirkt.

Das nach wie vor bestehende Nebeneinander von Tatherrschaft und Tatinteresse und die Konkurrenz beider Merkmale in der Rechtsprechung wird oft als eine Art Kompromiß zwischen den objektiven und subjektiven Ten-

---

ist in den vorstehenden Rechtsprechungsüberblick nicht aufgenommen worden, weil bei Holtz nur ein kurzer Auszug abgedruckt ist.

[285] Oben Nr. 15, S. 584; Nr. 17, S. 588; Nr. 23, S. 594; Nr. 24, S. 595; Nr. 37, S. 610; Nr. 42, S. 615; Nr. 45, S. 616; Nr. 47, S. 617; Nr. 50, S. 619; Nr. 60, S. 624; Nr. 62, S. 625.

denzen der Täterlehre empfunden. So meint Jescheck:[286] „Durch diese Annäherung dürfte im praktischen Ergebnis für die große Mehrzahl der Fälle Übereinstimmung erzielt sein." Lackner/Kühl[287] urteilen, es hätten „sich die Gegensätze infolge der Annäherung der Rechtsprechung an die Prinzipien der Tatherrschaftslehre erheblich verringert". Die nähere Analyse zeigt jedoch, daß dies wenigstens bei der Abgrenzung von Mittäterschaft und Beihilfe nicht ganz zutrifft. Die Abgrenzungsmaßstäbe sind uneinheitlich wie eh und je, und die Ergebnisse sind durch Einräumung eines richterlichen „Beurteilungsspielraums" ebenso unvorhersehbar wie zu den Zeiten, da Täter- und Teilnehmerwille das einzige Abgrenzungsmerkmal abgaben.

Man kann nur hoffen, daß die Rechtsprechung in Zukunft doch noch die Mittäterschaft stärker an die Tatbestandshandlung und damit an das Ausführungsstadium bindet. Sie würde dadurch auch in diesem Bereich engeren Anschluß an die Tatherrschaftslehre gewinnen. Das ist schon deshalb wünschenswert, weil sich im Bereich der unmittelbaren und der mittelbaren Täterschaft die Tatherrschaft als Abgrenzungskriterium eindeutig durchgesetzt hat. Angesichts dessen ist es widersprüchlich, sich bei der Mittäterschaft mit dem Formelkompromiß der normativen Kombinationstheorie zu begnügen, der jeden eindeutigen Maßstab preisgibt und unter dem Anschein einer Annäherung an die Tatherrschaftslehre fast alles beim alten läßt.

C. Rechtspolitische, systematische und dogmatische Hintergründe der neueren Rechtsprechung

1. Unser Überblick läßt erkennen, daß die widerstreitenden Positionen und die Unsicherheit, die unsere Teilnahmelehre in den letzten Jahrzehnten gekennzeichnet haben, durch strafrechtsdogmatische Differenzen allein nicht erklärbar sind. Vielmehr finden darin, wie die subjektive Theorie und die Tatherrschaftslehre lange Zeit einander gegenübergestanden haben, zwei grundsätzlich verschiedene Auffassungen über die Stellung des Richters zum Gesetz ihren Ausdruck: Die subjektive Theorie gibt die Abgrenzung der Beteiligungsformen fast ganz in das unüberprüfbare Ermessen des Richters, der seine Entscheidung nachträglich mit beliebig ausfüllbaren formelhaften Wendungen umkleidet; die Vertreter der Tatherrschaftslehre dagegen sind, wie auch das vorliegende Buch beweist, in zunehmendem Maße darum bemüht, durch eine möglichst präzise Umschreibung der Beteiligungsformen die „rechtsgefühlsgeleitete Entscheidungsfreiheit"[288] des Richters einzuengen. Dem entspricht es, daß in der Praxis – namentlich der Instanzgerichte – vorzugsweise mit dem fiktiven Täter- oder Teilnehmerwillen gearbeitet wird, während im wissenschaftlichen Schrifttum umgekehrt die Tatherrschaftslehre zur absolut herrschenden Auffassung geworden ist.

---

[286] Jescheck/Weigend, AT[5], 1996, 654.
[287] Lackner/Kühl[25], 2004, vor § 25, Rn. 6.
[288] Blei, NJW 1965, 1218.

Wenn man sich fragt, warum eine Lehre, die dem Richter bei Bestimmung der Beteiligungsformen weitgehend freie Hand läßt, in der Praxis gern und kritiklos aufgegriffen wurde, so stößt man auf rechtspolitische Gesichtspunkte, die ihre Wurzel außerhalb der Teilnahmelehre haben. Ein Schwerpunkt der Problematik lag lange – schon wegen der Vielzahl der gegen NS-Gewaltverbrecher schwebenden Prozesse – bei den Tötungsdelikten, und zwar vornehmlich beim Tatbestand des Mordes. Die absolute Strafdrohung des § 211 StGB aber sieht für den Täter als einzige Strafe lebenslange Freiheitsstrafe vor, eine Sanktion, die beim Vorliegen mildernder Umstände manchem Richter als zu hart erscheint. Das gilt bei einer Rechtsprechung, die mit der Verhängung von Freiheitsstrafen in allen Bereichen der Kriminaljustiz zunehmend milder verfährt, für Tötungsdelikte ganz allgemein;[289] es traf aber, wie jeder Sachkundige weiß, auf die Bestrafung der NS-Verbrechen in besonderem Maße zu. In einer solchen Situation lag es nahe, daß die Praxis die Milderung, die der Gesetzgeber bei der Gehilfenschaft vorgesehen hat, für eine generelle Relativierung der rigorosen Strafdrohung des § 211 StGB benutzte. Das heißt: Die Gehilfenschaft wurde als Ersatz für eine gesetzlich nicht vorgesehene Milderungsklausel verwendet. § 27 StGB (§ 49 a. F.) wurde – beispielsweise im Hinblick auf den Mordtatbestand – gelesen, wie wenn er als § 211 Abs. 3 StGB im Gesetz stünde und lautete: „Beim Vorliegen mildernder Umstände tritt Freiheitsstrafe nicht unter drei Jahren (§ 49 Abs. 1 Nr. 1 StGB) ein." Hanack hat diese Rechtsprechung zutreffend als eine vornehmlich auf die prozessuale „Bewältigung" der NS-Gewaltverbrechen zugeschnittene „Rechtsschöpfung" gekennzeichnet.[290] Es ist heute allgemein anerkannt, daß hier ein wesentlicher Grund für das zähe Festhalten der Nachkriegsrechtsprechung an der subjektiven Theorie gelegen hat.[291] Die Notwendigkeit, sich von dieser Lehre zu lösen, wird dadurch aber nur um so dringlicher.

Das Staschynskij-Urteil des BGH bietet für die geschilderte Umwandlung der Teilnahmeformen in Strafzumessungsgründe ein vortreffliches Beispiel. Denn wenn es dort heißt:[292] „Unter besonderen Umständen mögen staatliche Verbrechensbefehle allerdings Strafmilderungsgründe abgeben", und wenn im folgenden diese „besonderen Gründe" als Beihilfekriterien genannt werden, dann kann man die Einführung einer außergesetzlichen Strafrahmenreduktion kaum unverhüllter aussprechen. Überhaupt läßt sich die weitgehende

---

[289] So liegt es z. B. nahe, daß die oben unter Nr. 2, S. 563 f., erörterte Entscheidung in Wahrheit durch das Bestreben motiviert war, dem Täter die lebenslängliche Strafe zu ersparen, die dem Gericht bei der Einstellung, die den Angeklagten beherrschte, doch nicht ganz angemessen erschienen sein mag.

[290] Zur Problematik der gerechten Bestrafung nationalsozialistischer Gewaltverbrechen, 1967, 35.

[291] So objektive Beurteiler wie Jescheck/Weigend (AT⁵, 1996, 654) schreiben: „In der Rechtsprechung des BGH herrschte bisher die subjektive Theorie ... Für ihre weitere Anwendung ist nach dem zweiten Weltkrieg die Problematik der NS-Gewaltverbrechen von Einfluß gewesen. Bei der Aburteilung von befohlenen Mordtaten im Rahmen von Organisationen haben sich die Gerichte in der Regel gescheut, Täterschaft anzunehmen, wenn die Ausführenden im Machtbereich der Befehlsgeber lebten, und sind statt dessen im Wege der subjektiven Teilnahmetheorie auf Beihilfe ausgewichen."

[292] BGHSt 18, 94.

Berücksichtigung der vom Angeklagten durch sein Verhalten nach der Tat geleisteten „Sühne" nur unter dem Aspekt der Strafzumessung sinnvoll einordnen. Gleichzeitig wird von dieser „Umfunktionierung" der Teilnahmelehre her verständlich, daß sie dogmatisch auf eine „Theorie" angewiesen ist, die sich von allen objektiven Kriterien löst und dem richterlichen Ermessen bei Bestimmung der Rechtsfolgen einen fast unbegrenzten Spielraum läßt. Allein eine extrem subjektive Teilnahmelehre kann, wenn man sie so verwendet, wie es in den oben analysierten Urteilen geschehen ist, eine derartige Aufgabe erfüllen. Deshalb ist zu befürchten, daß sie, solange die geschilderte Strafzumessungspraxis geübt wird, aller Kritik und sogar des neuen § 25 Abs. 1 StGB ungeachtet, das Feld behaupten kann.[293]

Es liegt außerhalb des dieser Darstellung gesetzten Zieles, den Ursachen nachzuspüren, die – namentlich beim Mord – den Wunsch nach einer außergesetzlichen Strafmilderung so durchschlagskräftig gemacht haben. Nur eine die soziologischen Hintergründe aufhellende Studie könnte hier legitime und fragwürdige Argumente voneinander trennen.[294] In diesem Zusammenhang muß die ernstlich nicht bestreitbare Erkenntnis genügen, daß jedenfalls die Bemühungen, solche Wünsche durch eine Auflösung der Teilnahmelehre zu verwirklichen, mit dem Gesetz unvereinbar sind.[295] Denn der Gesetzgeber hätte auf die in zahlreichen Bestimmungen für den Fall mildernder Umstände ausdrücklich vorgesehene Herabsetzung der Mindeststrafe verzichten können und müssen, wenn diese Frage bereits durch die Rechtsfigur der Beihilfe ihre Lösung gefunden hätte. Außerdem läßt schon der eindeutig auf die Art der

---

[293] Es ist bemerkenswert, daß die oben (S. 549 ff.) berichtete Diskussion im Sonderausschuß über die Frage, ob nicht auch nach dem neuen § 25 Abs. 1 StGB in „Extremfällen" der eigenhändig Ausführende doch nur Gehilfe sein könne, sich ausschließlich um das Beispiel eines NS-Gewaltverbrechens (Erschießungskommando) drehte.

[294] Immerhin sei darauf hingewiesen, daß niedrige Strafen bei der Ahndung von NS-Gewaltverbrechen neben der Zustimmung einer breiten, aber meist anonymen Öffentlichkeit vielfach auch lebhafte Kritik gefunden haben (vgl. die Nachweise in dem wichtigen, von Henkys herausgegebenen Buch über „Die nationalsozialistischen Gewaltverbrechen"). In der schon vor Jahrzehnten (JZ 1966, 714 ff. = NJW 1966, 2049) veröffentlichten Entschließung einer von der Ständigen Deputation des Deutschen Juristentages einberufenen Sachverständigenkommission heißt es wörtlich: „Die Kommission hat mit Besorgnis von Urteilen Kenntnis genommen, in denen NS-Gewaltverbrechen … mit auffallend niedrigen Strafen geahndet worden sind. In einem wesentlichen Teil dieser Fälle beruht das darauf, daß Täter des Mordes als Gehilfen verurteilt worden sind." Eindrucksvolles dokumentarisches Material über die Teilnahmerechtsprechung bei NS-Gewaltverbrechen und über die Vorgeschichte jener „Sachverständigenkommission", der auch der Verfasser dieses Buches angehört hat, liefern die Staatsanwältin B. Just-Dahlmann und der Richter H. Just in ihrem Buch „Die Gehilfen", 1988.

[295] Im Ergebnis ebenso Hanack, a. a. O., 36 ff., mit der Wiedergabe auch unveröffentlichter Urteile 39 ff. Ferner heißt es in der oben in Anm. 294 zitierten Kommissionsentschließung: „Die Kommission hat nicht verkannt, daß in Fällen der Täterschaft, insbesondere bei Handeln auf Befehl in notstandsähnlicher Konfliktslage, die Strafe lebenslangen Zuchthauses als zu hart erscheinen kann. Ein Teil der Kommission hat die Meinung vertreten, daß für solche aus einer außergewöhnlichen Lage entsprungenen Fälle ausnahmsweise ein übergesetzlicher Strafmilderungsgrund in Betracht gezogen werden könnte; andere Mitglieder wollen die Lösung dem Gesetzgeber oder der Gnadeninstanz überlassen." Daraus ergibt sich deutlich, daß bei allen Divergenzen im übrigen vollkommene Übereinstimmung darin bestand, daß die Annahme einer Beihilfe kein gangbarer Weg zur Lösung dieser Probleme sei.

Beteiligung abstellende Gesetzeswortlaut eine derartige Interpretation als wissenschaftlich indiskutabel erscheinen.

Die Auffassung, daß „Beihilfe" ein Synonym für „mildernde Umstände" sei, ist denn auch in dem der subjektiven Theorie anhängenden wissenschaftlichen Schrifttum ebenso wie in der Rechtsprechung noch nie ausdrücklich vertreten worden. Wie wenig aber die subjektive Lehre sich angesichts der Ausweitung, die sie bisweilen erfahren hat, gegenüber solchen gesetzwidrigen Konsequenzen abgrenzen kann, zeigt die Stellungnahme eines um die Rechtsstaatlichkeit unseres Strafrechts so verdienten Autors wie Baumann, eines Hauptvertreters der subjektiven Theorie. Er schreibt:[296] „Die Teilnahmefrage muß für sich gelöst werden, und erst dann, wenn Beihilfe (und nicht Täterschaft mit der Folge der absoluten Strafdrohung der lebenslangen Zuchthausstrafe[297]) wirklich vorliegt, ist innerhalb des für die Beihilfe gegebenen Strafrahmens die gerechte Strafe zu finden. Insofern ist Roxin recht zu geben, daß nicht Strafzumessungserwägungen die Frage der Täterschaft oder Beihilfe bestimmen dürfen." Darauf folgt jedoch eine Anmerkung, in der es heißt: „Nicht recht zu geben ist ihm insoweit, als die Abgrenzung … nach der verbrecherischen Willensrichtung erfolgen muß, daß also auch die Stärke des verbrecherischen Willens … von Bedeutung sein muß, ja die Abgrenzung zwischen Mittäterschaft und Beihilfe überhaupt erst sinnvoll macht." Hier wird das im Vordersatz als richtig Erkannte in der Anmerkung wieder zurückgenommen. Denn die „Stärke des verbrecherischen Willens" bezeichnet keine meßbare Größe, sondern einen unbestimmten Würdigungsbegriff.[298] Will man mit ihm überhaupt einen greifbaren Sinn verbinden, so kann damit nichts anderes gemeint sein, als daß man beim Vorliegen mildernder Umstände einen weniger starken und bei ihrem Fehlen einen intensiveren verbrecherischen Willen annimmt. Damit aber strömen sämtliche Strafzumessungserwägungen, die auch Baumann aus der Teilnahmelehre verbannen will, ungehindert wieder in sie ein. Sie alle sollen ja das Ausmaß der Schuld und damit die Größe der verbrecherischen Energie bestimmen helfen.

Es ergibt sich also, daß die subjektive Theorie einer rechtspolitisch aus mancherlei Ursachen erklärbaren, mit dem Gesetz aber nicht zu vereinbarenden und auch von ihren eigenen Anhängern abgelehnten Tendenz zur Umdeutung der Teilnahmeformen in Strafzumessungsgründe Vorschub leistet. Es ist zu hoffen, daß die neue Gesetzeslage, wie sie oben (S. 546 ff.) interpretiert wurde und das durch den Zeitablauf vorgezeichnete Ende der Prozesse gegen Straftäter aus der NS-Zeit diesen Tendenzen im Laufe der Jahre ein Ende setzt. Schon die Rechtsprechung der letzten Jahre zeigt, daß der Bundesgerichtshof sich von einer subjektiven Theorie, wie sie etwa das Reichsgericht vertreten hatte, mehr und mehr distanziert. Aber die in der Judikatur heute vorherrschende „normative Kombinationstheorie" gibt dem

---

[296] Bei Henkys, Die nationalsozialistischen Gewaltverbrechen, ²1972, 317f., vor und in Anm. 162.

[297] Heute: Freiheitsstrafe.

[298] Über seine mangelnde Eignung für die Abgrenzung von Täterschaft und Teilnahme vgl. schon oben S. 30f. und passim.

Richter bei der „wertenden" Bestimmung von Täterschaft und Teilnahme doch immer noch einen strafzumessungsähnlichen Beurteilungsspielraum (vgl. oben S. 644f.). Ein endgültiger Umschwung ist daher nur dann zu erwarten, wenn sich auch in dogmatischer Hinsicht in der Rechtsprechung die Erkenntnis durchsetzt, die der materiell-objektiven Theorie das Fundament gibt: daß nämlich Täterschaft, Anstiftung und Beihilfe Erscheinungsformen tatbestandlichen Unrechts sind, auf die davon abgelöste Schuld- und Strafzumessungserwägungen keinen Einfluß haben.

Eine außerhalb der Teilnahmelehre liegende Entwicklung könnte es der Rechtsprechung künftig erleichtern, auf den außergesetzlichen Strafmilderungsgrund einer Umdeutung von Täterschaft in Beihilfe zu verzichten. BGHSt 30, 105 (119) hat im Anschluß an BVerfGE 45, 187 nunmehr anerkannt, daß es beim Tatbestand des Mordes Fälle geben kann, bei denen „die Verhängung lebenslanger Freiheitsstrafe trotz der Schwere des tatbestandsmäßigen Unrechts unverhältnismäßig wäre, so daß die Strafe nach § 49 Abs. 1 Nr. 1 gemildert werden muß". Damit ist beim Tatbestand des Mordes nun endlich im Wege verfassungskonformer richterlicher Rechtsschöpfung der „übergesetzliche Strafmilderungsgrund" geschaffen, wie er in der Diskussion um die Abgrenzung von Täterschaft und Beihilfe im Rahmen des § 211 StGB schon so oft gefordert worden war. Der jetzt vom BGH herangezogene Milderungsschlüssel des § 49 Abs. 1 ist bemerkenswerterweise genau derselbe, der sich nach § 27 Abs. 2 bei Anwendung des Beihilfestrafrahmens ergibt. Freilich hat der Große Senat für Strafsachen seine bahnbrechende Entscheidung bisher auf das Tatbestandsmerkmal der Heimtücke beschränkt; aber es liegt in der Natur der Sache, daß die Milderungsmöglichkeit für alle Fälle des Mordes gelten muß, in denen eine lebenslange Strafe nach den Maßstäben der Verfassung unverhältnismäßig wäre. Es besteht also auch unter dem Gesichtspunkt der Billigkeit und Verhältnismäßigkeit künftig keine Veranlassung mehr, das Maß der Schuld Einfluß auf die Abgrenzung von Täterschaft und Teilnahme gewinnen zu lassen.

Ebenso bedenklich wie die auch in der Rechtsprechung allmählich überwundene Umdeutung von unmittelbarer Täterschaft in Beihilfe ist die, wie obige Übersicht zeigt, auch heute noch vielfach anzutreffende Aufwertung einer bloßen Mitwirkung bei der Entschlußfassung und Tatplanung eines untätigen Dabeistehens oder geringfügiger Vorbereitungshandlungen zur Mittäterschaft. Denn das Eigeninteresse allein kann auch in einem materiellen Sinne keine Tatbestandsverwirklichung begründen, sondern ist ein ausschließlich schuldrelevanter Faktor.

2. Damit stehen wir vor dem Grundproblem der gesamten Teilnahmelehre, ihrer Zuordnung zum Tatbestand oder zur Schuld, einer Frage, die nur aus der dogmatischen Funktion dieser Systemkategorien beantwortet werden kann. Sie ist wissenschaftlich bisher nicht umfassend behandelt worden, weil man es im allgemeinen für eine banale Selbstverständlichkeit hielt, daß Täterschaft nichts anderes als Tatbestandsverwirklichung bedeute. Auf dieser Prämisse ruhte die bis zum Beginn der dreißiger Jahre im Schrifttum durchaus herrschende formal-objektive Theorie. Sie wird gegenwärtig auch von den Anhängern der materiell-objektiven Lehre meist ausdrücklich als Basis der

Täterlehre betrachtet. Sogar die mit einer subjektiven Auffassung sympathi-
sierenden Autoren tasten diesen Grundsatz in der Regel nicht an. Schon
v. Buri, auf den die Übernahme der subjektiven Theorie durch das RG
zurückgeht, hatte immer wieder ausdrücklich betont, daß eine eigenhändige
Tatbestandserfüllung in jedem Falle die Täterschaft begründe;[299] und der neue
§ 25 Abs. 1 StGB beruht nunmehr ausdrücklich auf dieser Grundlage. Dennoch bedarf diese scheinbare Banalität der Betonung, weil die subjektive
Theorie sich dogmatisch überhaupt nur dann begründen ließe, wenn man die
Abgrenzung von Täterschaft und Teilnahme als ein Schuldproblem betrachtete. Die Beihilfe wäre dann ein Schuldminderungsgrund, dessen Zubilligung
konsequenterweise von der inneren Einstellung des Handelnden abhängig
gemacht werden könnte. Hanack[300] hat mit Recht über das Staschynskij-
Urteil gesagt, hier werde sichtbar, daß der BGH „die Abgrenzung von Täterschaft und Teilnahme als eine Frage ... der gerechten Bewertung von *Schuld*
ansieht".

Eine solche theoretische Grundlage ist jedoch nicht tragfähig. Richtig ist
vielmehr allein die Zuordnung der Täterlehre zum Tatbestand (exakter: zum
tatbestandlichen Unrecht). Die durchaus objektive Formulierung des Gesetzes, der Schluß von der zweifelsfreien Täterschaft des den Tatbestand verwirklichenden einzelnen auf die generell täterschaftsbegründende Wirkung
der eigenhändigen Tatbestandserfüllung und die durch die Einführung der
limitierten Akzessorietät endgültig klargestellte Schuldindifferenz von Täterschaft und Teilnahme treten an Bedeutung für diese Konzeption sogar zurück
hinter dem rechtsstaatlichen Fundamentalsatz, daß wir ein Tat- und kein
Gesinnungsstrafrecht haben und daß demzufolge allein die Begehung der Tatbestandshandlung die Täterstrafe auslösen kann. Wer bei der Tat eines anderen zustimmend mit dem Kopfe nickt, wer einen Dietrich für den Einbruch
oder das Papier für die Urkundenfälschung zur Verfügung stellt, hat, mag
seine innere Einstellung noch so antisozial und unmoralisch sein, jedenfalls
den Tatbestand nicht erfüllt. Er kann daher – nulla poena sine lege – nur strafbar sein, soweit der Gesetzgeber das durch die Einführung besonderer Teilnahmeformen ausdrücklich anordnet. Umgekehrt ist, wer wissentlich und
willentlich den Tatbestand erfüllt, Täter und wird, wenn nicht seine Verantwortung aus anderen Gründen ausgeschlossen ist, als solcher bestraft; seine
etwa geringere Schuld wird im Rahmen der gesetzlichen Schuldminderungs-
gründe (§§ 17, 21 StGB) und bei der Strafzumessung berücksichtigt, ändert an
seiner Täterschaft aber nicht das geringste.

Der rechtsstaatliche Sinn dieser Regelung liegt darin, daß Gesinnung und
Gefährlichkeit des einzelnen staatliche Strafe nur insoweit auslösen sollen,
wie sie sich bei der Tatbestandserfüllung in äußeren Handlungen niedergeschlagen haben. Dieser Intention entspricht es, daß weniger intensive, außerhalb des Tatbestandes und damit außerhalb der deliktischen Kernzone liegende Mitwirkungen geringer bestraft werden, und zwar je nach dem Maße

---

[299] Darüber ausführlich Sax, JZ 1963, 332f.
[300] Wie Anm. 290, S. 34.

der abnehmenden Tatnähe. Der Gesetzgeber trägt dem im Falle der Beihilfe durch eine früher fakultative und heute nach § 27 Abs. 2 StGB sogar obligatorische Strafmilderung Rechnung. Für die Anstiftung ist zwar nach wie vor derselbe Strafrahmen wie für die Täterschaft vorgesehen (§ 26 StGB); das beruht aber nur auf der Annahme des Gesetzgebers, der geringeren Tatnähe des Anstifters könne, wo sie nicht durch den zusätzlichen Unwert der Korrumpierung des Aufgeforderten ausgeglichen werde, „bei der Zumessung der Strafe innerhalb des allgemeinen Strafrahmens genügend Rechnung getragen werden"[301]. Auch hier wird jedoch die Differenzierung nach der Tatnähe schon aus dem Gesetz deutlich, wenn man ins Versuchsstadium zurückgeht. Die versuchte Täterschaft wird auch bei einem Teil der Vergehen, die versuchte Anstiftung nur bei Verbrechen und die versuchte Beihilfe überhaupt nicht bestraft.[302]

Es ist für ein Tatstrafrecht im Grunde selbstverständlich, daß das Maß des vom einzelnen geleisteten Tatbeitrages in der geschilderten Form berücksichtigt werden muß und daß die „innere Einstellung" des Täters, seine Gesinnung, die in äußeren Handlungen nicht manifestierte Stärke seines verbrecherischen Willens usw. nur bei der Strafzumessung zur Geltung kommen können, soweit der nach objektiven Kriterien zu ermittelnde Täter-, Anstifter- und Gehilfenstrafrahmen das zuläßt. Die Schwierigkeit, an der die formal-objektive Theorie trotz ihres richtigen Ansatzes und trotz der imponierenden Zahl ihrer Anhänger schließlich gescheitert ist, hat ihren Grund allein in der Erkenntnis, daß man den Begriff der Tatbestandsverwirklichung nicht in allen Fällen auf die eigenhändige Erfüllung der Merkmale einer Strafvorschrift begrenzen kann, daß es vielmehr möglich ist, einen Tatbestand auch dadurch zu erfüllen, daß man sich eines menschlichen „Werkzeugs" bedient (mittelbare Täterschaft) oder sich in die Ausführung mit einem anderen teilt (Mittäterschaft). Die Notwendigkeit, auf diese Weise den formalen durch einen materiellen Tatbestands- und Täterbegriff zu erweitern, folgt jetzt schon positiv-rechtlich aus § 25 StGB, dessen „Begehens"-Kriterium auf einem solchen materiellen Begriff der Tatbestandserfüllung beruht.

Wie die Voraussetzungen der Täterschaft auf der Grundlage eines solchen materiellen Tatbestandsbegriffs zu bestimmen sind, habe ich im vorliegenden Buch dogmatisch und methodologisch eingehend zu begründen versucht. Gewiß werden manche Probleme noch weiterer Klärung bedürfen. Die Grundlage jedoch, auf der sich die Diskussion zu bewegen hat, sollte feststehen: Es kann allemal nur darum gehen, die personalen Kriterien des tatbestandlichen Unrechts festzustellen.

---

[301] So die Begründung des Sonderausschusses, Bundestagsdrucksache V/4095, 13. Zu den Gründen für eine fakultative Strafmilderung bei der Anstiftung vgl. im einzelnen Fr.-Chr. Schroeder, Der Täter hinter dem Täter, 1965, 202 ff.

[302] Das wäre ganz unverständlich, wenn es für die Abgrenzung auf die Stärke des verbrecherischen Willens oder die innere Einstellung ankäme. Denn auf die tatbestandsgelöste „Schuld" dessen, der einen anderen zu einem Vergehen auffordert, hat es keinen Einfluß, wenn die Tat später ohne sein Zutun unterbleibt. Auch die Straflosigkeit etwa der versuchten Beihilfe zum Mord ist nur aus der Tatbestandsferne dieses Verhaltens und nicht aus Schulderwägungen plausibel zu machen.

Die subjektive Theorie jedoch verkehrt, wenn man sie so handhabt, wie das teilweise in den oben analysierten Urteilen und auch sonst in der Praxis geschieht, diese einfache Erkenntnis in ihr Gegenteil. Sie ignoriert, indem sie die Art des äußeren Tatbeitrages als irrelevant ansieht, in unzulässiger Weise die Tatbestandsfrage und verschiebt die Differenzierung in den Schuld- und Strafzumessungsbereich, obwohl dieser durch Schuldausschließungs- und -minderungsgründe ebenso wie auch die gesetzliche Anführung mildernder Umstände, besonders leichte und schwere Fälle und ähnliche Richtlinien abschließend geregelt ist. Die Gesetzwidrigkeit dieser Umdeutung ist oben schon näher dargelegt worden. Sie bedarf aber von den dogmatischen Grundlagen unseres Strafrechts her insofern noch weiterer Betrachtung, als sie letzten Endes dazu führt, die Teilnahmeformen als selbständige rechtliche Kategorien aus der Verbrechenslehre überhaupt zu entfernen und sie in allgemeinen Strafwürdigkeitserwägungen untergehen zu lassen. Vom Bundesjustizministerium wurde schon im Jahre 1964 unsere Teilnahmerechtsprechung folgendermaßen charakterisiert:[303] „Bleibt somit für die Abgrenzung von Täterschaft und Teilnahme nach wie vor die innere Einstellung des Beschuldigten zur Tat maßgebend, so kommt es für die Abgrenzung im Einzelfall darauf an, aus welchen Indizien das Gericht den Schluß auf eigenen Täterwillen des Angeklagten zieht. Die entsprechenden Feststellungen müssen in jedem Fall unter Würdigung aller Besonderheiten der einzelnen Tat getroffen werden." Wie sich ein solches, alle für die „innere Einstellung" bedeutsamen Faktoren berücksichtigendes Verfahren von der gewöhnlichen Strafzumessung unterscheiden soll, ist nicht mehr ersichtlich. Wenn es nämlich dem Gericht überlassen bleibt, aus welchen Indizien es den Schluß auf den Täterwillen ziehen will und wenn alle rechtlichen Maßstäbe zugunsten der „Besonderheiten des Einzelfalles" beiseitegeschoben werden, so entscheidet über die Strafreduktion wegen Beihilfe ein tatrichterliches Ermessen, das konsequenterweise sogar der revisionsgerichtlichen Nachprüfung entzogen sein müßte (wie dies die jüngere Rechtsprechung des BGH denn auch tut, indem sie dem Tatrichter einen unüberprüfbaren „Beurteilungsspielraum" zubilligt). Denn „alle Besonderheiten der einzelnen Tat" sind dem höheren Gericht nicht zugänglich, zumal da auch die Relevanz der Indizien Sache des individuellen Falles sein soll. Dogmatisch würde diese Praxis auf die Etablierung des Einheitstäterbegriffs und die gleichzeitige Einführung einer allgemeinen Strafmilderungsmöglichkeit nach § 27 Abs. 2 StGB hinauslaufen. Eine solche Auffassung wäre kriminalpolitisch sinnvoll vom Standpunkt eines Täterstrafrechts aus, das jede beliebige, noch so flüchtig geartete Berührung mit dem Tatgeschehen – nach der (bisher jedenfalls nicht ausdrücklich aufgegebenen) Rechtsprechung genügt für die Bejahung der Täterschaft bekanntlich schon eine nicht einmal notwendig kausale „Bestärkung des Tatentschlusses" – nur als Anknüpfungspunkt für eine der Strafe zugrunde zu legende Persönlichkeitsbeurteilung wählen würde. Daß diese Kon-

---

[303] In der vom Ministerium herausgegebenen Broschüre „Die Verfolgung Nationalsozialistischer Straftaten im Gebiet der Bundesrepublik Deutschland", 1964.

zeption jedoch mit dem geltenden Recht völlig unvereinbar ist, liegt auf der Hand.

Die verbreitete Praxis ist in der Rechtsprechung auch nie wissenschaftlich begründet worden. Sie beruht dogmenhistorisch auf längst überholten Prämissen.[304] Die eine ihrer Wurzeln liegt in der gegen Ende des vergangenen Jahrhunderts unter dem Einfluß naturwissenschaftlicher Vorstellungen verbreiteten Ansicht, daß unter den äußeren Tatgegebenheiten allein die kausale Veränderung der Außenwelt Berücksichtigung verdiene, daß aber wegen der Gleichheit aller Erfolgsbedingungen Differenzierungen nach objektiven Gesichtspunkten unmöglich seien, so daß die vom Gesetz vorgeschriebene Unterscheidung der Teilnahmeformen nur auf der subjektiven Tatseite gesucht werden könne.[305] Die zweite Wurzel wächst aus der ersten hervor: Wenn die Abgrenzung zwischen Täterschaft und Teilnahme nur nach subjektiven Kriterien durchgeführt werden kann, und wenn ferner, wie man um die Jahrhundertwende annahm, alle subjektiven Merkmale einer Handlung der Schuld zuzurechnen sind, kann die Teilnahmelehre ebenfalls nur ein Schuldproblem sein: Täterschaft und Teilnahme werden zu lediglich quantitativ unterscheidbaren Schuldstufen.[306]

Beide Voraussetzungen sind heute hinfällig und werden auch in der Judikatur nicht mehr herangezogen, ohne daß freilich die subjektive Theorie je eine andere Begründung erfahren hätte. Sie ist in der Rechtsprechung jahrzehntelang ohne Auseinandersetzung mit der in der Wissenschaft stets überwiegenden Gegenmeinung einfach als feststehend tradiert worden. Der Zeitpunkt, sie auch in der Rechtsprechung endgültig zu verabschieden, ist spätestens seit dem Inkrafttreten des neuen „Allgemeinen Teils" überfällig geworden. Es ist anzuerkennen, daß die Judikatur wesentliche Schritte in dieser Richtung seit 1975 immerhin unternommen hat. Denn der formal festgehaltene Terminus des „Täterwillens" wird der Sache nach mehr und mehr durch das Kriterium der Tatherrschaft ausgefüllt, das sich bei der Bestimmung der unmittelbaren und der mittelbaren Täterschaft eindeutig durchgesetzt hat und nur bei der Abgrenzung von Mittäterschaft und Beihilfe durch das gleichrangig verwendete Interessenkriterium relativiert wird.[307] Nur in diesem – freilich zentralen – Bereich besteht heute noch jene richterliche Ermessensfreiheit, die früher die gesamte Abgrenzung von Täterschaft und Teilnahme gekennzeichnet hat. Sie hat hier sogar durch die Einräumung eines richterlichen „Beurteilungsspielraumes" bei der Abgrenzung neue Aktualität erlangt. Alles, was gegen die subjektive Theorie älterer Prägung zu sagen war, gilt also gegenüber der „wertenden Gesamtbetrachtung" der normativen Kombinationstheorie auch heute noch.

---

[304] Darüber eingehend und treffend Sax, JZ 1963, 329 ff.
[305] Das ist schon oben, S. 4–7, geschildert worden.
[306] Dazu besonders Sax, JZ 1963, 333–335, mit Nachweisen.
[307] Vgl. meine Analysen der Urteile seit 1975 S. 578 ff., und das Resümee (S. 642 ff.).

§ 44. Die Entwicklung der Lehre von Täterschaft
und Teilnahme in der Wissenschaft

A. Grundsätzliches zur neueren Entwicklung der Täterlehre

I. Die Tatherrschaftslehre heute

In der Wissenschaft hat sich seit dem ersten Erscheinen dieses Buches die Tatherrschaftslehre zunächst zur absolut herrschenden Meinung entwickelt, die sich in den letzten zehn Jahren allerdings öfters zwar nicht mit einer Rückkehr zur subjektiven Theorie, wohl aber mit den Versuchen einzelner Autoren konfrontiert sieht, anderen Ansätzen zur Geltung zu verhelfen.

Zunächst zur Tatherrschaftslehre. Auch Autoren, die früher – wie Bockelmann[308], Busch[309] oder Wessels[310] – der subjektiven Theorie Sympathien bezeigt haben, haben später die Tatherrschaft zum Kriterium der Abgrenzung gemacht.[311] Nachdem auch der Kommentar von Schönke/Schröder schon in der 25. Aufl. (1997) im wesentlichen zur Tatherrschaftslehre übergegangen war[312] und die Neubearbeitung von Heine in der 26. Aufl. (2001) bei den Herrschaftsdelikten endgültig die Tatherrschaft zugrunde legt,[313] dürfen heute Baumann und einige seiner Schüler[314] als alleinige und letzte Verfechter einer subjektiven Auffassung gelten.

Die wissenschaftliche Vormachtstellung der Tatherrschaftslehre wird auch darin deutlich, daß drei unserer vier Großkommentare die in diesem Buch entwickelte Konzeption vertreten und daß der vierte ihr ebenfalls breiten Raum gewährt. In der 10. und 11. Auflage des Leipziger Kommentars (1978, 1993) ist die Kommentierung der §§ 25 ff. von mir im Sinne der Tatherrschaftslehre völlig neugestaltet worden. Hoyer in der Neukommentierung des Systematischen Kommentars (2001)[315] und Joecks im Münchener Kommentar (2003)[316] folgen der Tatherrschaftslehre und entwickeln sie unter stän-

---

[308] Oben S. 83 f.

[309] Oben S. 80.

[310] AT[4], 1974, 89 (subjektive Abgrenzung auf objektiv-tatbestandlicher Grundlage).

[311] Bockelmann, AT[3], 1979, 177, ebenso Bockelmann/Volk, AT[4], 1987, 177; Busch, LK[9], 1970, Rn. 13 vor § 47; Wessels/Beulke AT[28], 1998, Rn. 517.

[312] Schönke/Schröder/Cramer, StGB[25], 1997, Rn. 62 ff. vor § 25; Cramer vertritt „die Notwendigkeit der Berücksichtigung subjektiver Momente innerhalb einer grundsätzlich am Tatherrschaftsgedanken orientierten Abgrenzungstheorie" (Rn. 80).

[313] Sch/Sch/Cramer/Heine, [26]2001, Rn. 71 vor § 25: „Anders als die 25. Aufl. wird ... der Akzent in prinzipieller Übereinstimmung mit der vorherrschenden Lehre stärker auf objektive bzw. objektivierbare Kriterien gelegt, welche die mit der Tatherrschaft verbundene gesteigerte Verantwortung für das tatbestandliche Geschehen begründen ... Die eigentliche Frage ist diejenige nach der Zurechnung auf der Grundlage des Leittopos Tatherrschaft."

[314] Baumann/Weber/Mitsch, AT[11], 2003, § 29, Rn. 59 ff. Auch Baumanns Schüler Weber (Der strafrechtliche Schutz des Urheberrechts, 1976, 296 ff., 327 ff.) und Arzt (JA 1980, 556 ff.; JZ 1981, 414) haben sich zur subjektiven Theorie bekannt, ohne freilich bisher mit gesonderten Abhandlungen zur Teilnahmelehre hervorgetreten zu sein.

[315] SK[7], 2000, vor § 25, § 25.

[316] Joecks, MK, 2003, § 25, Rn. 27 ff., ders., Studienkommentar, [5]2004, § 25, Rn. 6.

diger Auseinandersetzung mit der hier verfochtenen Meinung in konstruktiver Weise fort. Schild geht zwar im Nomos-Kommentar einen anderen Weg (vgl. dazu VII, S. 669 f.), räumt aber ein, daß der historische Gesetzgeber „in § 25 eindeutig die Tatherrschaftslehre legalisieren wollte"[317] und hat ihr mit allen ihren Varianten eine so gründliche Darstellung und Würdigung gewidmet, wie man sie sonst nirgends findet.[318]

Unter den neueren Lehrbüchern basieren die Werke von Jakobs[319], Kühl[320], Gropp[321], Stratenwerth/Kuhlen[322], Wessels/Beulke[323] und Krey[324] auf der Tatherrschaftslehre.[325] Jakobs stimmt in zentralen Fragen mit den in diesem Buch vertretenen Positionen überein.[326] Bei Kühl heißt es:[327] „Für ein Tatstrafrecht ist die objektive Tatbeherrschung das adäquate Kriterium zur Bestimmung der Täterschaft." Er übernimmt auch die in diesem Buch entwickelten Rechtsfiguren der Handlungsherrschaft, der Willensherrschaft und der funktionellen Tatherrschaft.[328] Das tun auch Gropp[329] und Krey[330]. Gropp führt auf diese Systematisierung sogar die „Attraktivität der Tatherrschaftslehre zurück". Krey beurteilt die Tatherrschaftslehre als „verfassungs-

---

[317] NK, 2003, Vorbemerkungen zu §§ 25 ff., Rn. 136.

[318] Sie war in den fast 300 Seiten umfassenden „Vorbemerkungen" enthalten und ist in NK[2], 2005, aus Raumgründen weggefallen, kann aber unter „www.jura.uni-bielefeld/de/Lehrstuehle/Schild" weiterhin nachgelesen werden.

[319] AT[2], 1991, 21/35 ff.

[320] AT[5], 2005, § 20, Rn. 29 und für die Täterschaftsformen Rn. 27 ff.

[321] AT[3], 2005, § 10, Rn. 34 ff.

[322] AT[5], 2004, § 12, Rn. 15 ff.

[323] AT[35], 2005, § 13, Rn. 518.

[324] AT/2[2], 2005, § 26, Rn. 86 ff.

[325] Auch im Ausland findet die Tatherrschaftslehre zunehmende Beachtung. Hingewiesen sei besonders auf die beiden umfangreichen Monographien von Diaz y Garcia, La autoria en Derecho penal, Barcelona, 1991, und Herlitz, Parties to a Crime and the Notion of a Complicity Object. A Comparative of the Alternatives provided by the Model penal Code, Swedish Law and Claus Roxin, 1992, die beide das vorliegende Buch umfassend referieren und diskutieren; Diaz y Garcia vertritt selbst die Tatherrschaftslehre (zu seiner Mittäterschaftskonzeption vgl. unten S. 721). Die Professoren Cuello Contreras und Serrano González de Murillo haben 1998 die 6. und 2000 die 7. Aufl. dieses Buches in die spanische Sprache übertragen (im Verlag Pons, Madrid). Zwölf in der internationalen Diskussion vertretene Regelungsmodelle der Beteiligung erörtert Vogel, ZStW 114 (2002), 403 ff. Einen umfassenden Vergleich der Beteiligungsmodelle in Deutschland, Dänemark, Schweden, Norwegen und Österreich unternimmt Hamdorf, Beteiligungsmodelle im Strafrecht, 2002; dabei bildet für die Darstellung der Tatherrschaftslehre „Grundlage ... einzig die auch im Ausland bekannte Version von Roxin" (a. a. O., 125). Zur Tatherrschaftslehre im französischen Recht Czepluch, 1994, 198. Viel internationales Material bringt auch der von Eser/Huber/Cornils herausgegebene Band über „Einzelverantwortung und Mitverantwortung im Strafrecht", 1998. Auch das Jugoslawien-Tribunal beschäftigt sich mit der Tatherrschaftslehre (näher Ambos, Internationales Strafrecht, 2006, § 7, Rn. 17).

[326] Zurückhaltender jetzt Jakobs, Lampe-Festschrift, 2003, 562, Fn. 8, aber nicht aus „Mißachtung" der „bisherigen Ertragskraft" des Tatherrschaftsbegriffes, sondern wegen seiner Offenheit für verschiedenartige Erscheinungsformen.

[327] AT[5], 2005, § 20, Rn. 29.

[328] AT[5], 2005, § 20, Rn. 27.

[329] AT[3], 2005, § 10, Rn. 38.

[330] AT/2[2], 2005, § 26, Rn. 86.

konforme Konkretisierung des § 25 StGB"[331]. Stratenwerth/Kuhlen[332] sehen den Gedanken, daß es für die Täterschaft darauf ankomme, wer den tatbestandsmäßigen Geschehensablauf in den Händen hält, als von der Sache her unmittelbar einleuchtend an.[333] Wessels/Beulke schließlich[334] verstehen die Täterschaft als „Synthese objektiver und subjektiver Kriterien" und halten „das Leitprinzip der Tatherrschaft" für „den besten und überzeugendsten Weg zur Bewältigung dieser Aufgabe".

Auf der Tatherrschaftslehre beruhen auch die Monographien von Herzberg[335], Bloy[336], Bottke[337], Murmann[338], Schild[339], Renzikowski[340] und Kutzner[341]. Auch Autoren, die, wie M.-K. Meyer[342], die „Autonomie" oder, wie Schumann[343], das „Prinzip der Selbstverantwortung" in das Zentrum der Abgrenzung rücken, stehen der Sache nach noch ganz eng bei der Tatherrschaftslehre, weil es gerade die Autonomie oder die Selbstverantwortung eines Ausführenden ist, die in der Regel andere Mitwirkende von der Tatherrschaft ausschließt. Renzikowski[344] will mit Hilfe des Autonomiegedankens und der diesem verwandten Lehre vom Regreßverbot geradezu zu einer „Reformulierung der Tatherrschaftslehre" kommen. Auch Heinrichs Versuch, die Täterschaft als „Entscheidungsträgerschaft" zu bestimmen,[345] ist der Tatherrschaftslehre eng verwandt. Bolowich[346] bemängelt zwar auf der Grundlage eines idealistischen Rechtsverständnisses an „der Roxinschen Tatherrschaftslehre", daß der einzelne „nur funktional erfaßt" werde und daß „sein reflexives Verständnis außer acht" bleibe (a. a. O., 184). Er sieht in ihr aber doch „wichtige Elemente zur sinnvollen Erfassung menschlicher Beteili-

---

[331] AT/2[2], 2005, § 26, Rn. 87.

[332] AT[5], 2004, § 12, Rn. 16.

[333] Eine eindeutige Stellungnahme vermeidet Puppe, AT/2, 2005, § 38, der es nicht darum geht, „den alten Streit der Täterlehren zu entscheiden oder gar eine neue zu entwickeln" (Rn. 15), die aber der Tatherrschaftslehre jedenfalls den Vorzug zuspricht, das zur Grundlage der Täterschaft zu machen, „was der Täter zur Tatbestandsverwirklichung wirklich beigetragen hat, ... nicht irgendeine Gesinnung oder ein von seiner Tat unabhängiger Täterwille" (Rn. 10). Sie stimmt auch sonst, wie noch zu zeigen sein wird, in einigen zentralen Punkten mit der hier vertretenen Konzeption überein. Kindhäuser, AT, 2005, § 38, Rn. 33 ff., schildert die verschiedenen Theorien ohne eigene Stellungnahme; ebenso ders., StGB (Kommentar), [2]2005, vor §§ 25–31, Rn. 20 ff.

[334] AT[35], 2005, § 13, Rn. 518.

[335] Täterschaft und Teilnahme, 1977.

[336] Die Beteiligungsform als Zurechnungstypus im Strafrecht, Habilitationsschrift, Göttingen 1985.

[337] Täterschaft und Gestaltungsherrschaft, 1992.

[338] Die Nebentäterschaft im Strafrecht. Ein Beitrag zu einer personalen Tatherrschaftslehre, 1993.

[339] Täterschaft als Tatherrschaft, 1994.

[340] Restriktiver Täterbegriff und fahrlässige Beteiligung, 1997.

[341] Rechtsfigur, 2004.

[342] Der Ausschluß der Autonomie durch Irrtum. Ein Beitrag zur mittelbaren Täterschaft und Einwilligung, 1984.

[343] Strafrechtliches Handlungsunrecht und das Prinzip der Selbstverantwortung der Anderen, 1986.

[344] Wie Anm. 339, 34, 77.

[345] Rechtsgutzugriff, 2002.

[346] Urheberschaft und reflexives Verständnis, 1995.

gungsstrukturen" (a. a. O., 195) und will den Tatherrschaftsgedanken als „Konkretisierungsparameter des eigenen Ansatzes" verwenden (a. a. O., 220).

In den Grundfragen der Abgrenzung herrscht also heute weit größere Klarheit als ehedem. Es ist nicht mehr zutreffend, daß die Teilnahmelehre „das dunkelste und verworrenste Kapitel der deutschen Strafrechtswissenschaft" ist, als das sie in der Einleitung dieses Buches[347] noch mit Recht apostrophiert werden durfte.[348] So betont Stein[349] – obwohl er meine Auffassung bekämpft –, daß sich die „Grundlinien" der von mir vertretenen Lehre „im Schrifttum weitgehend durchgesetzt haben". Auch Schöneborn[350] meint, es sei dem vorliegenden Werk „eine Präzisierung des Begriffs der Tatherrschaft gelungen …, die den Gerichten … handfeste Richtlinien für die Rechtsanwendung bieten könnte".

Freilich bedeutet dieser weitgehende Konsens über die Tatherrschaft als grundlegendes Kriterium der Täterschaft nicht auch Einigkeit in allen Einzelfragen. Aber die Diskussion bewegt sich im großen und ganzen in einem durch die Tatherrschaftslehre vorgegebenen Rahmen und füllt die Interpretationsräume aus, die dieser Rahmen läßt. Es sind vor allem zwei Divergenzen, aus denen sich unter den Autoren, die die Tatherrschaftslehre vertreten oder ihr nahestehen, ein Meinungsstreit grundsätzlicher Art speist. Zunächst stehen Vertreter eines normativ strukturierten Tatherrschaftsbegriffs anderen Anhängern dieser Lehre gegenüber, die mehr auf die tatsächlichen Herrschaftsverhältnisse abstellen. So sagt etwa Jakobs,[351] die Tatherrschaft werde „in der Literatur … insgesamt zu naturalistisch (Herrschaft als Faktum) und zu wenig normativ (Herrschaft als Grund für Zuständigkeit) bestimmt", während ihm Renzikowski[352] als Vertreter der Gegenposition entgegenhält: „Eine normative Strafrechtsdogmatik ohne Bezug auf Tatsachen hängt in der Luft."[353] Sodann besteht ein Gegensatz zwischen einer Meinungsgruppe, die mit Hilfe des Autonomiegedankens den Täter hinter dem Täter weitgehend ablehnt, weil hinter einem selbstverantwortlichen Täter kein anderer die Tatherrschaft haben könne, während eine andere Lehre, die in diesem Buch vertreten wird und die nunmehr auch die Rechtsprechung vertritt, verschiedene Erscheinungsformen der Tatherrschaft und die Möglichkeit ihres abgestuft gleichzeitigen Vorliegens anerkennt. Diese mehr prinzipiellen Probleme und

---

[347] Oben S. 1.

[348] Mir zustimmend Schild, Täterschaft, 1994, 5. Teilweise anders jetzt Schild, NK[2], 2005, Vorbemerkungen zu den §§ 25 ff., Rn. 1.

[349] Die strafrechtliche Beteiligungsformenlehre, 1988, 22; dort wird auch festgestellt, die in diesem Buch vertretene Auffassung habe „den weitaus größten Einfluß" und liege „zahlreichen Kommentierungen, Lehrdarstellungen und Abhandlungen zugrunde". Ähnlich Murmann, Nebentäterschaft, 1993, 88: „Mit dieser Arbeit hat sich die Tatherrschaftslehre in der Wissenschaft durchgesetzt."

[350] ZStW 87 (1975), 911.

[351] AT[2], 1991, 21/33. Eine kritische Auseinandersetzung mit Jakobs liefert Kutzner, Rechtsfigur, 2004, 82 ff.

[352] Restriktiver Täterbegriff, 1997, 80.

[353] Um eine kriminologische Fundierung der Abgrenzung von Täterschaft und Teilnahme unter besonderer Berücksichtigung des Tatherrschaftsprinzips bemüht sich Lüderssen, Der Beitrag der Kriminologie zur Strafrechtsdogmatik usw., 1992, 465 ff.

auch andere strittige Einzelfragen werden in der nachfolgenden Darstellung in den Zusammenhängen erörtert, in denen sie sich praktisch auswirken; das ist vor allem bei der mittelbaren Täterschaft der Fall.

Bevor jedoch die einzelnen Erscheinungsformen der Täterschaft nach dem neuesten Stande der Diskussion dargestellt werden, ist eine kurze Auseinandersetzung mit den Lehren notwendig, die eine Abgrenzung von Täterschaft und Teilnahme ohne den Leitgesichtspunkt der Tatherrschaft durchzuführen versuchen. Es sind dies die – auch untereinander völlig abweichenden – Konzeptionen von Schmidhäuser, Stein, Köhler/Klesczewski, Freund, Heinrich und Schild.

II. Schmidhäusers Ganzheitstheorie

Schmidhäuser[354] entwickelt eine „Ganzheitstheorie", bei der für die Täterschaft „nie ein einzelnes Moment allein, sondern ... jedes einzelne Moment nur innerhalb dieses ganzheitlichen Zusammenhangs den Ausschlag geben" soll. Er nennt in nicht abschließender Aufzählung 16 solcher Momente, wie etwa die Gegenwart am Tatort, das Maß der Beherrschung des Geschehens, die Intensität der Tatvorbereitung, das Interesse an der Tat usw. Für die Frage, ob Täterschaft, Anstiftung oder Beihilfe vorliegt, kann jedesmal „ein anderer Einzelzug des Geschehens den Ausschlag geben".

Dem wird man nicht folgen können.[355] Denn auf diese Weise verschwimmt die Abgrenzung von Täterschaft und Teilnahme in unkontrollierbarer Beliebigkeit, weil man nicht weiß, welcher „Einzelzug" im konkreten Fall „den Ausschlag geben soll". Wie entschieden werden soll, wenn einzelne dieser „Momente" gegeben sind, andere aber nicht, bleibt unklar. Das wird dem gesetzlichen Bestimmtheitsgrundsatz, der auch für die Beteiligungsformen Gültigkeit hat, nicht gerecht.

Der Autor hat später – vor allem auch in Auseinandersetzung mit der in diesem Buch vertretenen Auffassung – die These entwickelt, auch die Vertreter der Tatherrschaftslehre folgten entgegen ihrem Selbstverständnis der von Schmidhäuser entwickelten Methode, so daß „Tatherrschaft" nur ein „Deckname der ganzheitlichen Abgrenzung von Täterschaft und Teilnahme im Strafrecht" sei.[356] Das kann nicht akzeptiert werden. Denn zwar ist die Tatherrschaft kein abschließend definierbarer Begriff. Aber die hier verfolgte Methode, das Herrschaftsprinzip als leitenden Maßstab beim Durchgang durch den Rechtsstoff sich entfalten zu lassen,[357] läßt doch klare Strukturen,

---

[354] AT², 1975, 14/152ff. (156ff.); hieraus das Zitat; StuB², 1984, 10/163ff.

[355] Näher zur Kritik Roxin, ZStW 83 (1971), 394ff.; Antikritik bei Schmidhäuser, Stree/Wessels-Festschrift, 1993, 343ff. (349ff.). Nähere und ablehnende Stellungnahmen zu Schmidhäusers Lehre liefern auch Küpper, GA 1986, 443f.; Bloy, Zurechnungstypus, 1985, 307ff.; Stein, Beteiligungsformenlehre, 1988, 121ff.; Bottke, Gestaltungsherrschaft, 1992, 39f.; Kutzner, Rechtsfigur, 2004, 100ff.

[356] So der Titel seines Beitrages bei Stree/Wessels-Festschrift, 1993, 343ff.

[357] Zur hier angewandten Methode vgl. zusammenfassend und rechtstheoretisch konkretisierend oben S. 528ff. sowie unten S. 670ff.

wie die Begriffe der Handlungsherrschaft, der Willensherrschaft (mit der Untergliederung in Nötigungsherrschaft, Irrtumsherrschaft, Organisationsherrschaft) hervortreten, an denen es der „Ganzheitstheorie" gerade fehlt. Auch zieht Schmidhäuser mit dem „unmittelbaren oder mittelbaren Interesse an der Tat", der „Intensität der Tatvorbereitung" und ähnlichen Kriterien Gesichtspunkte heran, die nach der Tatherrschaftslehre für die Täterschaft von vornherein keine Rolle spielen dürfen.

Größere Ähnlichkeit hat Schmidhäusers Methode mit der normativen Kombinationstheorie der Rechtsprechung, auf die er sich denn auch am Ende seines Beitrages beruft.[358] Aber damit setzt er sich allen Einwendungen aus, die gegen dieses Verfahren einer „wertenden Betrachtung der gesamten Umstände" vorzubringen sind.[359] Entsprechendes gilt für die Autoren, die sich ohne selbständigen methodologischen Ansatz den Standpunkt der Rechtsprechung mehr oder weniger zu eigen machen.[360]

III. Steins Beteiligungsformenlehre

Eine völlig neuartige Konzeption entwickelt Stein in seiner gehaltvollen Schrift über „Die strafrechtliche Beteiligungsformenlehre" (1988). Er will die Beteiligungsformen auf die allgemeine Zurechnungslehre gründen und in ein funktionales Straftatsystem einfügen, wie es in der neueren Dogmatik vorherrscht. Den Anforderungen eines solchen teleologischen Systems genügt nach seiner Meinung die Tatherrschaftslehre nicht. Sie lebe „letztlich von ihrer im Vergleich zu den anderen Lehren *relativen* Stringenz und der Akzeptanz ihrer Ergebnisse"[361]. Zwar bringe sie insofern „einen großen Fortschritt", „als ihr stark ausdifferenziertes Gedankengebäude die Auslegungsergebnisse schon recht genau vorzeichnet". Es fehle ihr aber „eine hinreichende Fundierung im allgemeinen Verbrechensbegriff". „Erst diese normative Fundierung verspricht eine optimale, strafzweckorientierte Begründung der Einzelergebnisse."

Aber dem ist zu widersprechen. Die normative Fundierung sowohl des Leitprinzips der Zentralgestalt wie auch seiner Ausdifferenzierung in die Elemente der Tatherrschaft, der Pflichtverletzung und der Eigenhändigkeit liegt, wie oben (S. 650 ff. und passim) in Auseinandersetzung mit der Rechtsprechung und der subjektiven Teilnahmetheorie ausführlich dargelegt worden ist, in der Tatbestandslehre: Täter ist, wer tatbestandsmäßig handelt, wem die Tatbestandsverwirklichung allein oder mit anderen als sein Werk zugerechnet wird. Teilnehmer ist, wer einen akzessorischen Rechtsgutsangriff ausübt,

---

[358] Stree/Wessels-Festschrift, 1993, 362 f.
[359] Ausführlich dazu oben S. 644 ff.
[360] Etwa Geerds, Jura 1990, 173 ff. Für Geerds sind der „Beitrag zur Tatausführung", das „unmittelbare Interesse an der Tat oder ihrem Erfolg" und das „Verhältnis der an der Tat Beteiligten" (womit wesentliche Elemente der Tatherrschaft gemeint sind) die maßgebenden Kriterien für die Abgrenzung.
[361] Hier und im folgenden: Beteiligungsformenlehre, 1988, 22 f. Vgl. ferner 62 ff., 196 ff.

ohne den Tatbestand zu erfüllen. Der normativ-rechtspolitsche und verfassungsrechtliche Hintergrund der Unterscheidung liegt im Tat(bestands-)strafrecht als einer Auswirkung des Grundsatzes nullum crimen sine lege.

Demgegenüber will Stein auf der Grundlage einer allein am Handlungsunwert orientierten Unrechtslehre zwischen Täter-, Anstifter- und Gehilfenverhaltensnormen unterscheiden.[362] Diese Verhaltensnormen sollen von unterschiedlicher „Dringlichkeit" sein. Am dringlichsten sei die Täterverhaltensnorm, während bei der Teilnahme die dem Vordermann auferlegte Pflicht einen relativ stabilen „Schutzwall"[363] für das Rechtsgutsobjekt errichte, „so daß es sicher auch vertretbar wäre, die Teilnehmerverhaltensnormen generell mit einer geringeren Dringlichkeit auszustatten". Indessen habe der Gesetzgeber der Anstiftungsverhaltensnorm die gleiche Dringlichkeit verliehen, weil der Anstifter beim Vordermann die Motivationskraft zu pflichtmäßigem Verhalten beeinträchtige und dadurch den vor dem Rechtsgutsobjekt errichteten Schutzwall „durchlöchere"[364]. Dagegen habe die Gehilfenverhaltensnorm eine „geringere Dringlichkeit", woraus sich auch die hier angeordnete Strafrahmenreduzierung erkläre.

Es muß einer anderen Gelegenheit vorbehalten bleiben, diese verhaltensnormbestimmte Herleitung der Beteiligungsformen so gründlich zu diskutieren, wie sie es verdient. Sie weicht in den Ergebnissen nicht sehr weit von den in diesem Buch vertretenen Lösungen ab; darauf kann bei Erörterung der verschiedenen Täterschaftsformen eingegangen werden. Schon hier aber soll gesagt werden: Ich habe mich nicht davon überzeugen können, daß Stein ein besseres normatives Fundament der Beteiligungsformen gefunden hat.[365] Problematisch ist bereits die Abstufung von Verhaltenspflichten nach dem Maße ihrer Dringlichkeit. Denn unrechtmäßiges Verhalten ist nicht mehr oder weniger, sondern schlechthin verboten; nicht die Intensität des Verbots, sondern das Ausmaß der Sanktionierung ist unterschiedlich. Wenn man, wie es Stein im Anschluß an Günther[366] tut, quantifizierende Strafwürdigkeitserwägungen in die Unrechtslehre hineinnimmt, birgt das die Gefahr in sich, daß die Teilnahmeformen in allgemeine Strafzumessungserwägungen aufgelöst

[362] Beteiligungsformenlehre, 1988, 238ff.
[363] Beteiligungsformenlehre, 1988, 241.
[364] Beteiligungsformenlehre, 1988, 242f.
[365] Die bisher gründlichste Auseinandersetzung mit der Schrift von Stein liefert Küper, ZStW 105 (1993), 445ff. Er kommt – bei aller (berechtigten!) Anerkennung des Scharfsinns und Gedankenreichtums der Arbeit – zu einem ähnlichen Ergebnis (482): „Seinem ‚neuen Bild' der Lehre von Täterschaft und Teilnahme fehlt ... weithin die Überzeugungskraft, und das ‚neue System', das der Autor mit großer Eloquenz anbietet, leistet damit indirekt einen Beitrag zur Rehabilitierung des ‚alten'. Dieser Befund weckt auch erhebliche Zweifel daran, ob von der normtheoretischen Grundlage aus, auf der Stein seine Systematik aufbaut, das spezifische Unrecht der Teilnahme an fremder Tat – und der Beteiligung allgemein – angemessen erfaßt werden kann." Kritisch zur Beteiligungsformenlehre Steins auch Lesch, Das Problem der sukzessiven Beihilfe, 1992, 224ff., der jedoch von einem normentheoretischen Ausgangspunkt her (Strafunrecht als Normgeltungsschaden) der Tatherrschaft ebenfalls nur eine relative Bedeutung zuerkennt. Vgl. im übrigen Bottke, Gestaltungsherrschaft, 1992, 43, sowie Renzikowski, Restriktiver Täterbegriff, 1997, 25f. und Kutzner, Rechtsfigur, 2004, 91ff.
[366] Strafrechtswidrigkeit und Strafunrechtsausschluß, 1983.

werden. Dem ist entgegenzutreten (vgl. oben S. 646 ff.); daß Stein selbst bei der Durchführung seines Konzeptes dieser Gefahr im wesentlichen nicht erlegen ist, ändert nichts an der tendenziellen Bedenklichkeit des Ansatzes.

Auch kann die Abgrenzung von Täterschaft und Teilnahme nicht gut von der Dringlichkeit der Verhaltensnorm abhängen, wenn diese bei Täterschaft und Anstiftung von gleicher Dringlichkeit ist; vielmehr muß der Unterschied darin liegen, daß der Täter die Tat begeht, der Teilnehmer aber nicht. Stein, der sich diesen Einwand selbst entgegenhält,[367] entgegnet darauf, dieser Einwand beruhe auf der Denkweise des klassischen Unrechtsbegriffs, der der „Tat" und dem „Erfolg" wesentliche Bedeutung für das Unrecht beimesse, während er die „Verhaltenspflichtverletzung" in den Mittelpunkt stelle. Das mag sein; aber es widerlegt nicht die Einsicht, daß der Gesetzgeber der Abgrenzung von Täterschaft und Teilnahme ein anderes normatives Fundament gegeben hat, als es unserem Autor vorschwebt.

IV. Die idealistische Konzeption von Köhler und Klesczewski

Wiederum anders entwickelt Köhler[368] die Abgrenzung von Täterschaft und Teilnahme aus der seiner gesamten Strafrechtskonzeption zugrunde liegenden idealistischen Philosophie. Es gelte, „auf die Besonderheiten des Verhaltenszusammenhangs zwischen freien Subjekten Bedacht zu nehmen"[369]. Das führt ihn bei der unmittelbaren Täterschaft und der Mittäterschaft zu ganz ähnlichen Ergebnissen wie die Tatherrschaftslehre. Es sei nunmehr gesetzlich „klargestellt, daß die vollständige eigenhändige Begehung zwingend Täterschaft begründet. Die frühere gegensätzliche Judikatur des Reichsgerichts und des Bundesgerichtshofs sollte damit ausgeschlossen sein."[370] Dem kann man nur zustimmen.[371] Auch bei der Mittäterschaft kommt Köhler zu einer Lösung, die sich mit der Tatherrschaftslehre durchaus vereinbaren läßt, obwohl er ihr von seinem subjektsbestimmten Standpunkt aus eine „beschreibende Reduktion auf technisch-instrumentale Momente"[372] (also auf die Tatherrschaft) vorwirft: „Mittäter ist, wer die Tat mit einem anderen gemeinsam, in wechselseitiger Bestimmung durch gleichgewichtige Tatbeiträge ausführt."[373] Er will auch „am Tatausführungsbezug der Mittäterschaft"[374] festhalten, scheidet also alle Vorbereitungshandlungen aus dem Bereich der Mit-

---

[367] Beteiligungsformenlehre, 1988, 246f.
[368] Strafrecht, Allgemeiner Teil, 1997. In engem Anschluß an seinen Lehrer Köhler hat Klesczewski in seiner Monographie über „Selbständigkeit und Akzessorietät der Beteiligung" diese Konzeption vertieft Auf ähnlichen Grundlagen ruht auch die Dissertation von Noltenius, Kriterien der Abgrenzung von Anstiftung und mittelbarer Täterschaft, 2003. Kritisch Kutzner, Rechtsfigur, 2004, 108 ff.
[369] AT, 1997, 488.
[370] AT, 1997, 505.
[371] Vgl. oben S. 547.
[372] AT, 1997, 515.
[373] AT, 1997. 513.
[374] AT, 1997, 516.

täterschaft aus und kommt so einer richtig verstandenen Tatherrschaftslehre näher als manche ihrer Anhänger.

Er entwickelt aber eine ganz abweichende Vorstellung von mittelbarer Täterschaft, die er, Klesczewski und Noltenius[375] auf der Grundlage idealistischer Philosophie auf den Einsatz vorsatzloser und gerechtfertigter Tatmittler reduzieren: „Mittelbarer Täter ist, wer seine Unrechtstat durch einen anderen (Tat-‚mittler') so verwirklicht, daß er ihm eine Faktenlage zu dessen an sich normgemäßem Handeln schafft oder vorstellt." Die Nötigung nach § 35 StGB, die Benutzung eines zurechnungsunfähigen Menschen oder eines Kindes, die Tatverwirklichung durch Hervorrufung eines (selbst unvermeidbaren) Verbotsirrtums beim Ausführenden und erst recht die Fälle der Organisationsherrschaft gehören für ihn zur Anstiftung,[376] die ihrerseits im wesentlichen als Tatherrschaft, nämlich als „Hinwirken auf den ausgeführten Tatentschluß eines anderen durch maßgebende Macht über dessen außertatbestandliche Zweckverwirklichung" verstanden wird.[377]

Man wird schwerlich sagen können, daß solche Ergebnisse sich aus dem „Verhaltenszusammenhang zwischen freien Subjekten" ohne weiteres ableiten lassen. Denn dieser idealistische Ansatz führt doch nur auf das auch von anderen Autoren schon reichlich strapazierte Autonomieprinzip.[378] Dieses aber wird wenigstens bei Genötigten, Zurechnungsunfähigen, Kindern oder unvermeidbar Irrenden durchweg gerade zur Begründung einer mittelbaren Täterschaft wegen fehlender Autonomie des Tatmittlers benutzt. Köhler kommt zum entgegengesetzten Ergebnis, indem er sich mit einer potentiellen Autonomie des unmittelbar Handelnden als Grund für eine Ablehnung mittelbarer Täterschaft begnügt. Der Genötigte z. B. sei „in der tatbezogenen Rechtsregelanwendung ... an sich selbstbestimmt, mag er sich auch in einer relativen Autonomiedifferenz zum anderen befinden"[379]; daher werde der Gezwungene „nicht zum bloßen Mittel gesetzt"[380]. Auch die Hervorrufung eines unvermeidbaren Verbotsirrtums begründe keine mittelbare Täterschaft. „Denn der Handelnde geht, wenn auch unverschuldet, selbst zur Unrechtsmaxime über."[381] Auch wer sich eines kleinen Kindes bedient (etwa zu einer Brandlegung), bezieht sich, wie Köhler sagt, „auf ein überhaupt normreflektierendes Subjekt, er ist daher nicht mittelbarer Täter, sondern Anstifter". Man möge zwar in allen solchen Fällen in Analogie zu einem „gegenständ-

---

[375] Noltenius, Kriterien der Abgrenzung usw., 2003, schließt sich mit vergleichbarer Argumentation an Kant, Fichte und die Freiheitsphilosophie ihres Lehrers Zaczyk an: „Die bisher als typische Formen der mittelbaren Täterschaft behandelten Fälle, wie der Nötigungsnotstand, der Verbotsirrtum oder das Ausnutzen organisatorischer Machtapparate, sind solche der Anstiftung. Eine mittelbare Täterschaft kommt dagegen nur in Betracht, wenn der Vordermann sich in einem Tatumstands- oder Erlaubnistatumstandsirrtum befindet, sowie in den Fällen, in denen er aufgrund mangelnder Sachverhaltskenntnisse gerechtfertigt handelt" (a. a. O., 325).
[376] AT, 1997, 509–511.
[377] AT, 1997, 521.
[378] Dazu näher bei der mittelbaren Täterschaft, unten S. 678 ff.
[379] AT, 1997, 506.
[380] AT, 1997, 510.
[381] AT, 1997, 509; auf dieser Seite befindet sich auch das folgende Zitat.

lichem Verwirklichungsprozeß" von „Tatherrschaft" über ein „Werkzeug"
sprechen: „Aber dennoch ist der Tatmittler ein an sich freies Subjekt, das nur
in bestimmter Hinsicht seiner Regelkonzeption zum Mittel fremder Unrechtsmaxime werden kann."

Das überzeugt aber nicht. Es ist nicht einzusehen, daß jemand nur deshalb
nicht „zum bloßen Mittel gesetzt" werden kann, weil er ein „an sich freies
Subjekt" ist, dem aber in concreto wegen kindlichen Alters, Zurechnungsunfähigkeit oder unvermeidbaren Verbotsirrtums der Gebrauch seiner Freiheit
verwehrt ist. Auch müßte Köhler wohl konsequenterweise in Widerspruch
zum Gesetz zur gänzlichen Ablehnung der mittelbaren Täterschaft kommen.
Denn auch wer z.B. grob fahrlässig über Tatsachen irrt, bleibt doch ein
reflektierendes Subjekt und könnte sich der Degradierung „zum bloßen Mittel" (Werkzeug) durch etwas Nachdenken leicht entziehen, was den vorgenannten schuldlosen Werkzeugen versagt ist. Köhler selbst weist auf die
Möglichkeit hin, „daß der ‚Tatmittler' eines vorläufigen Tatirrtums innezu-
werden vermag"[382].

Gegen das Gesetz verstößt Köhlers Verständnis von mittelbarer Täterschaft aber auch dann, wenn man dieser den von ihm eingeräumten schmalen
Raum (beim Tatsachenirrtum des Mittlers) beläßt. Denn es steht außer Zweifel, daß der Gesetzgeber die Fälle des schuldlosen Tatmittlers als solche der
mittelbaren Täterschaft angesehen wissen wollte. In der Begründung des E
1962, auf den die heutige Gesetzesfassung zurückgeht, heißt es ausdrücklich:[383] „Wer sich in diebischer Absicht eine fremde Sache durch ein Kind
zutragen läßt, ist ebensogut ein Dieb, wie wenn er die Sache mit eigener
Hand weggenommen ... oder sie sich durch einen Hund hätte bringen lassen." Auch wird expressis verbis darauf hingewiesen, daß mittelbare Täterschaft vorliege, „wenn der Täter durch eine schuldunfähige ... oder durch
eine in einer entschuldigenden Notstandslage handelnde Person ... eine
Straftat begeht". Eine frühere Fassung,[384] in der die Schuldlosigkeit des Tatmittlers als Fall der mittelbaren Täterschaft genannt wurde, ist nur deshalb
nicht Gesetz geworden, weil der Gesetzgeber auch die Möglichkeit einer mittelbaren Täterschaft trotz „vollverantwortlichen Tatmittlers" offenhalten
wollte.[385] Man stellt die legislatorischen Intentionen auf den Kopf, wenn man
nun sogar zahlreiche vom Gesetzgeber zweifelsfrei der mittelbaren Täterschaft zugeordnete Fälle der Anstiftung zuschlägt. Daran zeigt sich aber auch,
daß allein die Tatherrschaftslehre dem gesetzlichen Regelungswillen gerecht
wird.

---

[382] AT, 1997, 507.
[383] Bundestags-Drucksache IV/650, 149.
[384] § 28 II des Entwurfs 1958; vgl. dazu oben S. 540 dieses Buches.
[385] Bundestags-Drucksache IV/650, 149.

V. Die Wiederbelebung der formal-objektiven Theorie durch Freund

Als Vertreter einer tatbestandsbezogenen Sondermeinung bedarf Freund[386] näherer Erörterung. Auch er greift – wie Köhler – auf einen sehr alten, wenngleich nicht philosophischen Ansatz zurück: die formal-objektive Theorie. Diese wurde „ganz zu Unrecht als überholt angesehen"[387], auch wenn sie „zu Schwierigkeiten vor allem bei der Erfassung der mittelbaren Täterschaft sowie gewisser Fälle des im Hintergrund bleibenden Bandenchefs" führe. Er will diese „Schwierigkeiten" durch eine „materiale Bestimmung des (täterschaftlichen) tatbestandsmäßigen Verhaltens"[388] überwinden.

Das verdient im Ansatz Zustimmung. Täterschaft ist Tatbestandserfüllung. Dazu ist aber, wie schon der Wortlaut des § 25 klarstellt, nicht notwendig Eigenhändigkeit erforderlich, sondern es genügt eine materiale Verwirklichung des Tatbestandes, die sich in der Regel in der „Tatherrschaft" ausdrückt. Den Tatbestand im materialen, substantiellen Sinne erfüllt auch der, der ihn nicht eigenhändig, sondern durch ein seiner Herrschaft unterliegendes Werkzeug beim Ausführungsgeschehen verwirklicht.

An diesem Punkt aber trennen sich die Wege. Freund meint,[389] bei „aller Beteuerung der Tatbestandsbezogenheit sei eine überzeugende Einordnung in den jeweiligen Deliktstatbestand … bisher nicht geglückt und wohl auch nicht möglich". Er will statt dessen auf das „je spezifische tatbestandsmäßige Verhalten"[390] abstellen. Das müßte konsequenterweise dazu führen, die Täterlehre aus dem Allgemeinen Teil zu verabschieden und als Problem einer Auslegung der einzelnen Tatbestände in den Besonderen Teil zu verlagern. Ganz so weit geht Freund aber nicht.

Bei der mittelbaren Täterschaft etwa warnt er zwar zunächst vor der Bildung von „Fallgruppen" (tatbestandslos, rechtmäßig, vorsatzlos, schuldlos handelnde Tatmittler),[391] bei denen stets eine mittelbare Täterschaft vorliegen solle. Er selbst nennt dann aber auch[392] das vorsatzlose Werkzeug, die Veranlassung von Schuldunfähigen (Kindern und Geisteskranken), den in unvermeidbarem Verbotsirrtum oder entschuldigendem Notstand handelnden Tatmittler, ebenso jedoch denjenigen, der in einem vermeidbaren Verbotsirrtum handelt. Das alles entspricht völlig den von der Tatherrschaftslehre entwickelten Ergebnissen, und man fragt sich vergeblich, was „das je spezifische tatbestandsmäßige Verhalten" zu diesen Lösungen beitragen soll.

Zur Widerlegung der Tatherrschaftslehre beruft er sich[393] auf den „E-605-Fall",[394] in dem der BGH ohne weiteres eine Tatherrschaft der den Ehemann zum Selbstmord veranlassenden Frau angenommen habe, obwohl diese sich

---

[386] Strafrecht, Allgemeiner Teil, 1998.
[387] AT, 1998, § 10, Rn. 35.
[388] AT, 1998, § 10, Rn. 36.
[389] AT, 1998, § 10, Rn. 45.
[390] AT, 1998, § 10, Rn. 51.
[391] AT, 1998, § 10, Rn. 55.
[392] AT, 1998, in der Reihenfolge der Aufzählung § 10, Rn. 57f., 77f., 79, 89.
[393] AT, 1998, § 10, Rn. 63–68.
[394] GA 1986, 508f.

allenfalls auf eine vom BGH nicht thematisierte fehlende Freiverantwortlichkeit des Mannes stützen lasse. Er übersieht dabei, daß, wie in diesem Buch ausführlich dargelegt wird (oben Nr. 25, S. 596 ff.), eine Tatherrschaft überhaupt nicht gegeben war und daß man eine Lehre nicht dadurch ad absurdum führen kann, daß man auf ihre im Einzelfall einmal vorgekommene unrichtige Handhabung durch die Judikatur hinweist. Entsprechendes gilt für Freunds Polemik gegen die Annahme einer „normativen" Tatherrschaft beim sog. absichtslosen dolosen und beim qualifikationslosen dolosen Werkzeug.[395] Daß in diesen Fällen eine mittelbare Täterschaft nicht mit der Tatherrschaft zu begründen ist, habe ich schon in der ersten Auflage dieses Buches eingehend nachgewiesen (oben S. 258 f., 338–347, 253 ff.).[396]

Dies ändert aber natürlich nichts an der Gültigkeit des Tatherrschaftskriteriums bei den Herrschaftsdelikten. Im Ergebnis richtig ist es auch, daß Freund[397] im Gegensatz zu dem bei den Anhängern des Autonomie-Gedankens vorherrschenden Trend (näher unten S. 678 ff., 709 ff.) „die absolute und durchgängige Geltung" eines „die (mittelbare) Täterschaft des Hintermannes sperrenden ‚Verantwortungsprinzips'" bestreitet. Aber eine solche Ablehnung jeglichen „Täters hinter dem (verantwortlichen) Täter" wird durch die Tatherrschaftslehre keineswegs gefordert, wie in diesem Buch ausführlich dargelegt und inzwischen auch vom BGH anerkannt wird.

Bei der Mittäterschaft versucht Freund, seinem bei der Auslegung des Einzeltatbestandes ansetzenden Verfahren etwas mehr gerecht zu werden, indem er die Abgrenzung in den Besonderen Teil abschiebt.[398] Im Allgemeinen Teil sei „eine abschließende Klärung des Problems mittätertatbestandsmäßigen Verhaltens nicht möglich. Insoweit handelt es sich um ein Problem, das gerade nicht mit einem von den Besonderheiten einzelner Tatbestände abstrahierenden allgemeinen (Mit-)Täterschaftskriterium sachgerecht zu bewältigen ist." Damit gibt man freilich dem Rechtsanwender und Leser Steine statt Brot. Denn da nicht einmal angedeutet wird, welche Ergebnisse aus der Auslegung der einzelnen Tatbestände für die Abgrenzung von Mittäterschaft und Beihilfe zu gewinnen sind, bleibt man ohne jede konkrete Rechtsauskunft. Ein solches Vorgehen ist auch methodologisch falsch. Denn wenn der Gesetzgeber die Mittäterschaft im Allgemeinen Teil (§ 25 Abs. 2 StGB) als gemeinschaftliche Begehung charakterisiert, kann die konkrete Ausgestaltung dieser Gemeinschaftlichkeit zwar nur aus der Struktur des jeweiligen Tatbestandes gewonnen werden. Was aber Gemeinschaftlichkeit „als solche" ist, kann nur, wie auch vom Gesetzgeber vorgesehen, im Rahmen der allgemeinen Lehren des Strafrechts entwickelt werden. Denn sonst würde jeder generalisierbare Maßstab für die Abgrenzung bei den Einzeltatbeständen fehlen; die Lösungen könnten nach den unterschiedlichsten Gesichtspunkten getroffen werden und müßten in der Beliebigkeit enden.

---

[395] AT, 1998, § 10, Rn. 69–74.
[396] Zum neuesten Stand der Problematik vgl. unten S. 718 ff., 746 ff.
[397] AT, 1998, § 10, Rn. 87.
[398] AT, 1998, § 10, Rn. 164.

Immerhin bildet aber Freund drei Fälle (er nennt sie „Fallgruppen"), bei denen er ohne Ansehung des Tatbestandes eine Mittäterschaft bejahen will. Die ersten beiden[399] behandeln die Konstellation, daß beim Raub „der eine das Opfer festhält und der andere das Geld wegnimmt" oder „daß jemand absprachegemäß das Opfer einer Körperverletzung festhält, während der andere zuschlägt". Diese beiden – strukturell identischen – Sachverhalte entsprechen völlig denen, anhand deren ich (oben S. 275) die Mittäterschaft als funktionelle Tatherrschaft eingehend erklärt habe: „Jemand hält das Opfer fest, während ein anderer ihm den tödlichen Stich versetzt; oder er bedroht die Hausbewohner mit der Pistole, solange sein Genosse die Schränke ausräumt." Freund übernimmt also die paradigmatischen Fälle und auch die Ergebnisse der Tatherrschaftslehre, wenn auch ohne jeden zitierenden Rückbezug. Da er sich jedoch auf die Mitherrschaft der jeweils Beteiligten als Kriterium der Gemeinschaftlichkeit nicht berufen mag, erklärt er nur, im ersten Fall sei eine Erfassung als Mittäterschaft „nach Wortlaut und Ratio angezeigt" und im zweiten verstoße auch der Festhaltende „in einer über die bloße Beihilfe hinausgehenden Form gegen das Körperverletzungsverbot". Das sind – im Ergebnis richtige – Dezisionen, die in Wirklichkeit den Verzicht auf eine Begründung darstellen. Der Sache nach stellen sie eine Übernahme der scheinbar abgelehnten Tatherrschaftskonstruktion dar.

Freund beschäftigt sich dann noch mit dem Fall des Schmierestehens und meint:[400] „Hat er (scil. der Wachehaltende) ... die ... Wegnahmeaktion des anderen durch sein Verhalten überhaupt erst ermöglicht und durch eine entsprechende Aufforderung im Vorfeld sogar noch veranlaßt, ist der erforderliche ‚qualitative Sprung' zur mittäterschaftlichen Verantwortlichkeit wohl geschafft. Jedenfalls wäre eine Bewertung ... als Anstiftung und Beihilfe ... keinesfalls günstiger." Aus dem schwankenden „wohl" und daraus, daß eine mögliche Bestrafung wegen Beihilfe und Anstiftung anscheinend als gleichwertig empfunden wird, läßt sich entnehmen, daß die Abgrenzung hier mehr nach dem Gefühl als nach angebbaren Gründen vorgenommen wird. Aber auch vom Ergebnis her ist es wenig einleuchtend, daß ausgerechnet eine hinzukommende Anstiftung („Aufforderung im Vorfeld"), also ein täterschaftsfremdes Kriterium, aus dem allein nur für eine Beihilfe ausreichenden „Schmierestehen" eine Mittäterschaft machen soll. Noch befremdlicher ist es, daß Freund daran festhält,[401] derartige Ergebnisse unmittelbar aus dem Wortsinn des Tatbestandes ableiten zu können. Nur wenn zum Schmierestehen die Aufforderung hinzukommt, soll „bei materialer Betrachtung" ein derartiges Verhalten als Wegnahme einer fremden beweglichen Sache in Zueignungsabsicht angesehen werden können. Da sich die für eine solche „materiale Betrachtung" maßgeblichen Kriterien aber weder aus der Sprache noch „aus einem exakt angebbaren Tatbestandssinn" gewinnen lassen, bleibt es bei einem Werturteil, das ebensogut auch anders hätte ausfallen können und dem

---

[399] AT, 1998, § 10, Rn. 166, 167.
[400] AT, 1998, § 10, Rn. 168.
[401] AT, 1998, § 10, Rn. 169.

Ergebnis, das sich aus der Tatherrschaftslehre ergibt, an Klarheit und Überzeugungskraft erheblich nachsteht. Wenn ein Diebstahl, wie es den Vorgaben
des Falles entspricht, durch das Schmierestehen „überhaupt erst ermöglicht"
wird, liegt schon darin allein die Ausübung einer wesentlichen Funktion im
Ausführungsstadium, die als arbeitsteilige Tatbestandsverwirklichung eine
Mitherrschaft über dieses und damit eine Mittäterschaft begründet.[402] Eine
etwa noch hinzutretende Anstiftung ist allein nach Konkurrenzgesichtspunk-
ten zu beurteilen.

Zusammenfassend läßt sich sagen: Die richtigen Ansätze und Ergebnisse,
die sich in der Beteiligungsformenlehre Freunds finden lassen, entsprechen
der Tatherrschaftslehre, sind aber ohne deren Kriterien nicht plausibel zu
begründen. Der Versuch, die Abgrenzung darüber hinaus in die Einzeltatbestände des Besonderen Teils zu verschieben, führt nicht weiter.

VI. Die Entscheidungsträgerschaft bei Heinrich

Heinrich[403] will den Begriff der Tatherrschaft durch den der „Entscheidungsträgerschaft" ersetzen. Er versteht diese Entscheidungsträgerschaft bei der
mittelbaren Täterschaft als „Entscheidungsübernahme"[404], bei der Mittäterschaft als „Entscheidungsverbund"[405], während die unmittelbare Täterschaft
als „originäre Entscheidungsträgerschaft"[406] charakterisiert wird. Das sind
plastische Kennzeichnungen, die aber ihre Nähe zu der von ihm bekämpften
Tatherrschaftslehre nicht verleugnen können.[407] Denn Entscheidungsträger
kann jemand nur durch die Tatherrschaft werden. Nur durch sie kann er bei
der mittelbaren Täterschaft die maßgebliche Entscheidung „übernehmen",
und nur die arbeitsteilige Ausführung schafft jenen „Verbund", auf den er die
Mittäterschaft zurückführt. Die Konzeption bleibt aber insofern hinter der
Tatherrschaftslehre zurück, als sie durch das Abstellen auf die „Entscheidung" den Akzent zu sehr auf den Tatentschluß legt und die noch wichtigere
Herrschaft über die Ausführung der Tat dabei vernachlässigt. Bei Erörterung
der einzelnen Täterschaftsformen wird dies näher darzulegen sein; dabei werden auch die Anstöße zu würdigen sein, die Heinrichs Konzeption der Tatherrschaftslehre vermittelt.

---

[402] Vgl. dazu oben S. 275 ff., 282 f.
[403] Rechtsgutszugriff und Entscheidungsträgerschaft, 2002.
[404] Rechtsgutszugriff, 2002, 202 ff.
[405] Rechtsgutszugriff, 2002, 285 ff.
[406] Rechtsgutszugriff, 2002, 199 ff.
[407] Schild, NK², 2005, § 25, Rn 59: „In der Konkretisierung folgt auch Heinrich dem System
Roxins."

VII. Das Täter-Teilnehmer-System bei Schild

Schild setzt der nach seiner Ansicht „die heutige Diskussion bestimmende(n) ‚Tatherrschaftslehre' von C. Roxin"[408] einen Tatherrschaftsbegriff entgegen, der sich auf eine Kombination von Vorsatz und objektiver Zurechnung gründet.[409] Tatherrschaft sei die Umsetzung eines zur Erfolgsherbeiführung geeigneten Handlungsprogramms. Er kommt auf diese Weise zu einem „sehr weiteren Täterbegriff"[410], der auch Anstiftung und Beihilfe umfaßt. Der Anstifter entwickele[411] „ebenfalls ein Handlungsprogramm zur Herbeiführung des tatbestandsmäßigen Erfolges, das die Tätigkeit eines anderen als Werkzeug einplant … Vergleichbares gilt für den ‚Gehilfen'. Vom materiellen Täterbegriff her gesehen sind auch die Teilnehmer Täter." „§§ 26, 27 laufen von daher leer, wenn man die Täterschaft aus § 25 selbst entwickelt."[412]

Dieser Täterbegriff führt zwar nicht gerade auf den überlieferten Einheitstäter zurück (weil er nicht auf der bloßen Kausalität basiert), ist aber, wie natürlich auch Schild erkennt,[413] mit der dem Gesetz zugrunde liegenden Abgrenzung der Beteiligungsformen nicht zu vereinbaren. „Es bleibt eigentlich kein Platz für eigene Teilnehmer, weil sie … Täter sind."

Er bildet deshalb neben dem von ihm entwickelten „materiellen" einen „formellen" Täterbegriff, den er auf die gesetzgeberische Entscheidung für die limitierte Akzessorietät gründet. „Näher bedeutet dies, daß die Einplanung bestimmter menschlicher Werkzeuge in das Handlungsprogramm nach der gesetzlichen Bestimmung … Teilnahme im Sinn der §§ 26, 27 begründen soll, die deshalb aus dem Anwendungsbereich der (gesetzlichen) Täterschaft herausgenommen werden sollen: nämlich wenn das Werkzeug vorsätzlich-rechtswidrig tätig wird (es sei denn als gleichrangig gemeinschaftlich Handelnder im Sinn des § 25 II)."[414] Praktisch besagt das, daß eine mittelbare Täterschaft nur noch bei unvorsätzlich und bei rechtmäßig handelnden Werkzeugen angenommen wird, während die Benutzung Schuldunfähiger und nach § 35 Entschuldigter nur als Teilnahme soll bestraft werden können.

Damit kommt Schild, wenn auch mit Hilfe eines vollkommen anderen Ansatzes, zu ähnlichen Ergebnissen wie Köhler und Kleszewski (oben IV). Anders als diese findet er aber das Ergebnis „materiell (und für das Rechtsgefühl vieler) unbefriedigend"[415] und „nicht stichhaltig" begründbar. „Auch die in diesem Ergebnis übereinstimmende Täterlehre Köhlers und Klescewskis kann für diese gesetzgeberische Entscheidung keine wirkliche Begründung geben."

Man wird dem Ungenügen Schilds an seiner Lösung zustimmen müssen, sie aber nicht auf ein Versagen des Gesetzgebers zurückführen können. Es ist

---

[408] NK², 2005, Vorbemerkungen zu den §§ 25ff., Rn. 1.
[409] NK², 2005, § 25, Rn. 4.
[410] NK², 2005, § 25, Rn. 17.
[411] NK², 2005, § 25, Rn. 21.
[412] NK², 2005, § 25, Rn. 22.
[413] NK², 2005, § 25, Rn. 22.
[414] NK², 2005, § 25, Rn. 23.
[415] NK², 2005, § 25, Rn. 61.

schon zu bezweifeln, ob sich eine vom Gesetzgeber unabhängige „materielle" Täterlehre bilden läßt. Die Rechtsvergleichung zeigt, daß der Gesetzgeber zwischen einer Vielzahl konkurrierender Beteiligungssysteme die Wahl hat; woraus sich ein „übergesetzlich" richtiges Modell ableiten lassen sollte, ist nicht recht ersichtlich. Was aber das gesetzliche Teilnahmesystem des StGB betrifft, so kann man ein auch für Schild so wenig überzeugendes Ergebnis wie die bloße Annahme einer Anstiftung bei der Benutzung eines schuldunfähigen Werkzeuges keineswegs als eine unumgehbare gesetzgeberische Entscheidung ansehen. Denn die Materialien zum neuen Allgemeinen Teil ergeben zweifelsfrei, daß der Gesetzgeber die Benutzung schuldloser oder entschuldigter Personen als mittelbare Täterschaft gewürdigt wissen wollte.[416] Schilds Täter-Teilnehmer-System kann also im ganzen nicht überzeugen, auch wenn er im einzelnen (in noch zu schildernder Weise) durchaus weiterführende Ideen entwickelt.

VIII. Bemerkungen zur Methode

Über die von mir bei der Systematisierung der Täterlehre verfolgte Methode habe ich in diesem Buch ausführliche Rechenschaft abgelegt. Sein erstes Kapitel ist den „Methodischen Anhaltspunkten" gewidmet (S. 4–32), und diese Grundlegung wird in § 40 des Werkes (S. 527–539) zusammengefaßt, präzisiert und vertieft. Eine weitergehende Darlegung dieser Verfahrensweise, an der nichts zu korrigieren ist und deren Ergebnisse sich weitgehend durchgesetzt haben, erübrigt sich daher. Doch soll wenigstens kurz auf zwei Fehldeutungen meiner Methode eingegangen werden, die an meinen Intentionen allzu weit vorbeigehen.

1. Renzikowski

Renzikowski meint,[417] mein Verfahren treffe sich „mit der sogenannten topischen Rechtsfindungsmethode". Es handele sich um ein „Denken, das auf den jeweiligen Einzelfall hin orientiert ist". Doch komme man „um eine Systembildung zur Vermeidung von Widersprüchen nicht herum". Die Ausführungen über „Problem und System in der Täterlehre" (oben S. 536–539), die meinen Standpunkt verdeutlichen, stützen aber Renzikowskis Annahmen nicht. Ich stelle keineswegs auf Einzelfallwertungen ab, wie sie beispielsweise die Rechtsprechung des BGH bei der Abgrenzung von Mittäterschaft und Beihilfe bevorzugt. Vielmehr habe ich diese Rechtsfindung aus der auf einer „Gesamtschau" aller Umstände beruhenden „Wertung des Einzelfalles" stets energisch kritisiert. Meine Methode ist demgegenüber ein dezidiert strukturbildendes Verfahren. Der notwendig abstrakte Oberbegriff der Zentralgestalt

---

[416] Vgl. oben IV (S. 662 ff.) die Ausführungen zur Täterlehre Köhlers und Klescewskis.
[417] Restriktiver Täterbegriff, 1997, 19.

wird durch die Anwendung auf verschiedene Deliktsformen (Herrschaftsdelikte, Pflichtdelikte, eigenhändige Delikte) entfaltet. Er „materialisiert" sich
dabei, d. h. er nimmt eine in zunehmendem Maße inhaltsbestimmte Gestalt
an, so daß Formen und Unterformen der Täterschaft in klar konturierter
Gestalt hervortreten. Sie fügen sich zu einem System zusammen, das sich in
einem Schaubild übersichtlich wiedergeben läßt (oben S. 528) und an Klarheit
und Bestimmtheit, aber auch an Detailreichtum alle bis dahin unternomme-
nen Versuche zur Systematisierung der Täterlehre übertrifft. Eben darauf
beruht die große Resonanz dieser Konzeption und der Einfluß, den sie ausübt. Es handelt sich dabei nicht um Topik, sondern nur um einen Anwen-
dungsfall des vom späten Radbruch entwickelten Gedankens von der „Stoffbestimmtheit der Idee".

Wenn Renzikowski demgegenüber auf einer Ableitung aller Formen der
Täterschaft aus einem anscheinend als exakt definiert vorgestellten Oberbegriff in „logisch-systematischer Folgerichtigkeit" beharrt, verlangt er Un-
mögliches. Ich habe den Irrweg, auf dem der Versuch einer solchen Deduktion aus abstrakten Oberbegriffen führt, schon oben aufgezeigt (S. 532 ff.)
und lege unten im einzelnen dar, wie wenig der von Renzikowski bevorzugte
Autonomiebegriff eine solche Rolle übernehmen kann (S. 678 ff.). Vielmehr
gilt auch für den Täterbegriff, was Arthur Kaufmann[418] aus Anlaß des Hand-
lungsbegriffs gesagt hat: „Bei den höchsten Gattungsbegriffen ist eine logische Begriffsdefinition überhaupt unmöglich ... Man ist darum von vornherein auf dem Holzweg, wenn man darauf aus ist, einen im strengen Sinne
‚definierten' (: mittels isolierender ‚Merkmale' begrenzten) Gattungs- oder
Klassenbegriff ... aufzustellen. In Betracht kommt also nur eine beschreibende (deskriptive) Sacherklärung, eine Phänomenologie des Wesens der
Handlung, d. h. ein Aufzeigen der für sie eigentümlichen Eigenschaften unter
Verzicht auf eine ‚abschließende' Definition."

Das alles gilt für die Täterschaft ebenso. Die unmittelbare Täterschaft, die
mittelbare Täterschaft und die Mittäterschaft lassen sich nicht auf identische
Begriffselemente zurückführen. Formen der Tatherrschaft sind sie aber trotzdem gleichermaßen. In dieser Einsicht liegt geradezu die Quintessenz der hier
entwickelten Täterlehre.

2. Klesczewski

Klesczewski[419] versteht das in diesem Buch gewählte Vorgehen als eine Verbindung von ontologischer (finalistischer) und neukantianischer (neoklassi-
scher, wertbeziehender) Betrachtungsweise und verwirft sie (ähnlich wie die
Ansätze von Gallas und Bloy) als „methodensynkretistisch". Daran ist richtig, daß leitende Wertungsgesichtspunkte (z. B. die Herrschaft als materiel-
les Kriterium der Tatbestandsverwirklichung) zu den realen Phänomenen

---

[418] H. Mayer-Festschrift, 1966, 87 f.
[419] Selbständigkeit, 1997, 154 ff.

(Selbstbegehung, Begehung durch einen anderen, gemeinschaftliche Begehung) in Beziehung gesetzt werden und auf diese Weise den zunächst abstrakten Begriff inhaltlich so konkretisieren, daß er klare und brauchbare Rechtsfiguren liefert. Richtig ist auch, daß schon der Neukantianismus und der Finalismus (und nicht erst sie) sich um das Verhältnis von Sein und Wert bemüht haben und daß meine Darstellung – im Anschluß an Gallas – manche hier vorfindbaren Ansätze zu einer Synthese bringt. Mein eigentlicher Gewährsmann aber ist Hegel gewesen, dessen Verfahren bei der Gewinnung „konkreter" Begriffe mir zum Vorbild gedient hat. In welcher Weise ich diesen Ansatz ausgewertet habe, ist im vorliegenden Buch (S. 528 ff.) ausführlich geschildert. Es ist schwer verständlich, daß ein dem Idealismus so verpflichteter Autor wie Kleszcweski das so gänzlich verkennen und eine höchst originäre, aus der Primärquelle geschöpfte Methode als „synkretistisch" ohne nähere Prüfung abtun kann. Dabei gesteht er mir selbst zu, „eine Vielzahl von durchaus konsensfähigen Lösungen erarbeitet" zu haben.[420] Er meint aber trotzdem, daß „diese Resultate sich mit der präferierten Methodenvermischung" nicht hätten „gewinnen lassen". Es müßte sich demnach also um Zufallsfunde handeln.

Auch das, was Kleszcewski über die Täterschaftstrias der Herrschaftsdelikte, der Pflichtdelikte und der eigenhändigen Delikte allzu knapp ausführt, ist von seltsamer Verständnislosigkeit. So bemängelt er beim Begriff der Tatherrschaft „das Moment der Lenkung des tatbestandlichen Verletzungsgeschehens, das sich Roxin ersichtlich vom finalistischen Konzept geliehen hat". Denn es komme „bei allseits vorsätzlichem Handeln diese angeblich täterschaftsbegründende Fähigkeit zu finaler Überdeterminierung allen Beteiligten zu"[421]. Die Annahme, ich setzte Tatherrschaft und Finalität gleich, ist aber durchaus irrig. Vielmehr habe ich schon in der Erstausgabe dieses Buches (oben S. 319) gesagt, es ließen sich „aus der Finalstruktur beim Zusammenwirken mehrerer final Handelnder für die Abgrenzung der Beteiligungsformen keine Anhaltspunkte gewinnen. Denn das spezifische Moment der Herrschaft ist durch das auch der Teilnahme zukommende Attribut der Finalität nicht zu erfassen." Kleszcewski unterstellt mir also das Gegenteil dessen, was ich gesagt habe und meint damit, den Begriff der Tatherrschaft ad absurdum führen zu können.

Ähnlich verfährt der Autor bei den Pflichtdelikten. Er sieht in der Herausarbeitung dieser Täterschaftskategorie zwar ein „besonderes Verdienst"[422], meint dann aber, diese „Täterschaftsdefinition" komme „dennoch nicht über die Tautologie hinaus, daß Täter sei, wer die dem Tatbestand vorausliegende Pflicht verletze". Was daran tautologisch sein soll, ist unverständlich. Denn eine verbreitete, wohl gar überwiegende Meinung sieht bei diesen Delikten die Pflichtverletzung als eine zwar notwendige, aber keineswegs hinreichende Bedingung der Täterschaft an, sondern verlangt daneben stets auch noch die

---

[420] Selbständigkeit, 1997, 161.
[421] Selbständigkeit, 1997, 157.
[422] Selbständigkeit, 1997, 158.

Tatherrschaft (vgl. unten S. 743 f.). Der Vorwurf der Tautologie geht an diesem zentralen Problem völlig vorbei. Zu meiner Eigenhändigkeitskonzeption, die gerade in der Gegenwart wieder im Mittelpunkt einer lebhaften Debatte (mit unterschiedlichen Folgerungen) steht (vgl. unten S. 757 ff.), sagt Klesczewski:[423] „Sollte es bei den eigenhändigen Delikten wirklich nur um betätigte Unmoral gehen, dann müßte Roxin das damit erfaßte Verhalten nach seinem eigenen, an der Rechtsgutsverletzung orientierten, materiellen Verbrechensbegriff folgerichtig für gänzlich straflos erklären." Der Autor übersieht dabei, daß es nicht in meiner Macht steht, vom Gesetzgeber unter Strafe gestellte Verhaltensweisen für straflos zu erklären, und er übersieht auch, daß ich die Unvereinbarkeit einer Bestrafung bloßer Moralverstöße mit dem Rechtsgüterschutzgedanken selbst betont und gerade daraus das Absterben dieser Form von Eigenhändigkeit hergeleitet habe (unten S. 757 f.).

B. Herrschaftsdelikte

I. Handlungsherrschaft

Die Täterschaft dessen, der die Tatbestandshandlung in eigener Person vorsätzlich und ungenötigt verwirklicht, ist heute allgemein anerkannt und seit dem 1.1.1975 sogar gesetzlich festgelegt (§ 25 Abs. 1 StGB).[424] Sie kann in der neueren Rspr. als gesichert gelten.[425] Auch der Begriff der „Handlungsherrschaft" hat in die Literatur Eingang gefunden.[426] Meine weitergehende These, daß der genötigt oder sonstwie entschuldigt Handelnde ebenso die Tatherrschaft innehabe,[427] hat sich gleichfalls überwiegend durchgesetzt.[428] So ist im Lehrbuch Welzels[429] die frühere Annahme, daß eine durch „schwere Drohungen" zur Abtreibung genötigte Frau „schuldlose Beihilfe" leiste,[430] später durch die Annahme schuldloser Täterschaft ersetzt worden.

Freilich muß es Autoren, deren Tatherrschaftsverständnis durch die subjektive Theorie beeinflußt ist, schwerer fallen, die Täterschaft eines Tatmittlers anzuerkennen, der in seinen Entschlüssen völlig vom Hintermann abhängig ist. So meint etwa Bockelmann,[431] der ursprünglich von der Dolustheorie herkommt[432], die Tat des Genötigten sei „nicht sein Werk" und könne „dar-

---

[423] Selbständigkeit, 1997, 160.
[424] Näher vgl. oben S. 546ff.
[425] Vgl. nur die Zusammenfassung oben S. 547.
[426] Vgl. u. a. Ebert, AT[3], 2001, 190; Gropp, AT[3], 2005, § 10, Rn. 38, 41; Herzberg, Täterschaft und Teilnahme, 1977, 14, 38, 44, 79; Hoyer, SK[7], 2000, § 25, Rn. 27, 29; Jakobs, AT[2], 1991, 21/35; Krey, AT/2[2], 2005, § 26, Rn. 86, 94; Kühl, AT[5], 2005, § 20, Rn. 27; Wessels/Beulke, AT[35], 2005, § 13, Rn. 512.
[427] Dazu ausführlich oben S. 131ff.
[428] Vgl. etwa Herzberg, Täterschaft und Teilnahme, 1977, 14; Cramer, Bockelmann-Festschrift, 1979, 393; Hoyer, SK[7], 2000, § 25, Rn. 29.
[429] Das Deutsche Strafrecht[11], 1969, 101.
[430] S. dazu oben S. 132.
[431] AT[3], 1979, 178; auch noch bei Bockelmann/Volk, AT[4], 1987, 178.
[432] Dazu oben S. 83.

um nicht als Zurechnungsbasis für Teilnahmeakte fungieren". Aber im übrigen will er dem schuldlos Handelnden doch eine „beschränkte Täterschaft" zusprechen, die auf einer „fragmentarischen Tatherrschaft" beruhe und gleichwohl die mittelbare Täterschaft eines Hintermannes ermögliche. Andererseits nennt er die Figur des „Täters hinter dem Täter", d. h. einer durch Tatherrschaft vermittelten Tatherrschaft, die diesem Zugeständnis zugrunde liegt, doch wieder eine „schwer nachzuvollziehende Vorstellung"[433]. Das ist sie allerdings, wenn man die Willensunterordnung als Teilnahmekriterium und die Willensüberlegenheit als allein entscheidendes Täterschaftsmerkmal ansieht. Aber so ist es nun einmal nicht: Der nicht durch menschlichen Druck, sondern durch andere Gefahren genötigte Notstandstäter bleibt selbstverständlich (entschuldigter) Täter einer Tatbestandsverwirklichung, die sein (ihm freilich durch die Notlage abgezwungenes) Werk ist. Das kann nicht anders werden, wenn die Nötigung von einem Menschen herrührt. Die durch die Tatherrschaft des Ausführenden vermittelte Tatherrschaft eines Hintermannes ist eine ganz einfache Vorstellung, wenn man davon ausgeht, daß die Willensdominanz nicht die Tatherrschaft schlechthin, sondern nur eine ihrer drei Erscheinungsformen, die mittelbare Täterschaft, kennzeichnet, während die Handlungsherrschaft auf der vorsätzlich unmittelbaren Verwirklichung des Tatbestandes beruht. Da die beiden Tatherrschaftsformen strukturell verschieden geartet sind, kann bei gleichzeitigem Vorliegen beider sehr wohl die Willensherrschaft die Handlungsherrschaft überlagern:[434] „Unmittelbar beherrscht der Nötigende allein den Genötigten. Nur weil der Genötigte seinerseits kraft seines Handelns den Geschehensablauf in der Hand hat, beherrscht der Hintermann mittelbar auch die Tat selbst."[435]

Die unmittelbare Täterschaft (= Handlungsherrschaft) setzt die Verwirklichung des gesamten Tatbestandes durch den Ausführenden voraus. Es genügt beispielsweise bei einem Raub (§ 249) nicht für eine unmittelbare Täterschaft, daß jemand das Opfer niederschlägt, während sein Komplize das Geld wegnimmt. Hier liegt eine Mittäterschaft, aber keine unmittelbare Täterschaft vor. Ich hatte an anderer Stelle[436] schon die Verwirklichung einer von mehreren Tatbestandshandlungen für die Handlungsherrschaft genügen lassen wollen. Aber das wird von Hoyer[437] mit Recht kritisiert. Denn der Gewaltausübende kann Täter eines Raubes nur sein, wenn sein Handeln auf einem gemeinsamen Tatentschluß mit dem Wegnehmenden beruht. Das ist dann aber eine Mittäterschaft und keine unmittelbare Täterschaft.

Die Handlungsherrschaft muß aber nicht nur von der funktionellen Tatherrschaft, der Mittäterschaft, sondern auch von der Willensherrschaft, der

---

[433] AT[3], 1979, 190; auch noch bei Bockelmann/Volk, AT[4], 1987, 192.

[434] Auch Wessels/Beulke AT[35], 2005, § 13, Rn. 538, sprechen davon, daß die „Handlungsherrschaft des unmittelbar Handelnden von der Willensherrschaft des Hintermannes überlagert wird". Fast wörtlich ebenso im Anschluß an den Text oben S. 131 ff., 143, Preisendanz, StGB[30], 1978, § 25 III, 3, c.

[435] Herzberg, Täterschaft und Teilnahme, 1977, 14, unter Anführung des wiedergegebenen Zitats aus S. 143 dieses Buches.

[436] LK[11], 1993, § 25, Rn. 52.

[437] SK[7], 2000, § 25, Rn. 32; ihm folgend Joecks, MK, 2003, § 25, Rn. 36.

mittelbaren Täterschaft, abgegrenzt werden. Die Annahme nämlich, daß nur die volle eigenhändige Tatbestandsverwirklichung unmittelbare Täterschaft begründen könne, ist zu eng. Man wird eine unmittelbare Täterschaft mindestens auch dann noch annehmen müssen, wenn man sich zur Tatausführung eines Menschen bedient, der nicht selber handelt, sondern nur als körperlicher Gegenstand benutzt wird. Wenn also A den B vom Balkon stürzt, so daß B unter Zertrümmerung eines unten gelegenen Glasdaches zu Boden stürzt, ist A unmittelbarer Täter sowohl einer Körperverletzung als auch einer Sachbeschädigung. Denn er ist der einzige, der überhaupt gehandelt hat, und damit Täter aller verwirklichten Tatbestände. B ist in den Kausalverlauf nicht als Tatmittler, sondern als bloßer körperlicher Gegenstand eingetreten, nicht anders, wie es gewesen wäre, wenn der Täter einen großen Stein auf das Glasdach geworfen hätte.

Aber auch die Handlung eines zwischen dem Erstverursacher und dem Erfolg stehenden anderen schließt eine unmittelbare Täterschaft des „Hintermannes" nicht allemal aus. Wenn z. B. A den B in Tötungsabsicht schwer verletzt und der Arzt C den Tod des B nur hinauszögern, aber letztlich nicht verhindern kann,[438] bleibt A unmittelbarer Täter eines vollendeten Tötungsdelikts, obwohl der Arzt C durch sein Handeln die letzte, verzögernde Todesursache gesetzt hat. Der Grund dafür liegt darin, daß C nicht für die Zwecke des A instrumentalisiert (d. h. als „Werkzeug" benutzt) wird, sondern daß er dem Plan des A gerade entgegenarbeitet.

Strittig ist, ob man noch weitergehen und jede Benutzung eines Mittelmannes als unmittelbare Täterschaft beurteilen soll, solange die Handlung eines zur Ausführung benutzten Mittlers diesem nicht als Erfüllung des objektiven Tatbestandes zugerechnet werden kann. Diesen Gedanken hat Jakobs[439] ins Gespräch gebracht: „Man kann … diejenigen Fälle eines objektiv zurechenbaren Verhaltens, in denen ein nachfolgendes Verhalten schon keine objektiv zurechenbare Tatbestandsverwirklichung mehr bewirkt, der unmittelbaren Täterschaft zuschlagen." Das ist von Hoyer[440] aufgenommen und weiter begründet worden: Da der Handlung des Mittlers der Erfolg gerade nicht objektiv zugerechnet werden könne, könne die Zurechnung seines Handelns zum Erstschädiger auch bei diesem nicht zu einer mittelbaren Erfolgszurechnung führen.

Praktisch leitet das zu folgender Unterscheidung: Wenn der Arzt Dr. Adams in dem bekannten Schulfall der Krankenschwester zur Injektion bei einer Patientin eine vergiftete Spritze hinlegt, um auf diese Weise rasch in den Genuß ihrer Erbschaft zu kommen, würde die Frage, ob er unmittelbarer oder mittelbarer Täter eines Mordes ist, davon abhängen, ob der Schwester ein Sorgfaltsverstoß zur Last fällt oder nicht, d. h. ob sie die Beschaffenheit der Spritze hätte bemerken können und müssen oder nicht. Im ersten Fall würde eine mittelbare Täterschaft vorliegen, im zweiten eine unmittelbare.

---

[438] Vgl. das Beispiel bei Hoyer, SK[7], 2000, § 25, Rn. 32.
[439] AT[2], 1991, 20/38, Fn. 91 a im Anschluß an die österreichische Literatur.
[440] SK[7], 2000, § 25, Rn. 33/35.

Diese Lösung überzeugt aber nicht.[441] Denn ob der Arzt mittelbarer oder unmittelbarer Täter ist, würde dann nicht von seinem Tatbeitrag, sondern vom Verhalten und den Erkenntnismöglichkeiten des unmittelbar Handelnden abhängen, das er in vielen Fällen nicht beurteilen und prognostizieren kann. Auch wird man bei einer den Wortlaut respektierenden Gesetzesauslegung sagen müssen, daß der Arzt so oder so die Straftat nicht „selbst", sondern „durch einen anderen begeht" (§ 25 I). Das Abstellen auf die Zurechenbarkeit zum Tatmittler bedeutet eine zu weit gehende Normativierung der unmittelbaren Täterschaft, zu der sich freilich Jakobs ausdrücklich bekennt, wenn er das Kriterium der Eigenhändigkeit als „naturalistisches Faktum" abtut.[442] Denn das überlegene Wissen des Hintermannes als Kriterium der mittelbaren Täterschaft wirkt sich bei beiden Fällen in gleicher Weise aus. Auch das Zurechnungsargument von Hoyer leuchtet nicht ein. Denn selbst wenn der Krankenschwester ggf. die Tötung der Patientin objektiv nicht zugerechnet werden kann, kann ihr Verhalten doch dem Arzt als dessen mittelbare Tötungshandlung zugerechnet werden. Auch läge es in der Konsequenz einer radikalen Normativierung, schon dann eine unmittelbare Täterschaft des Hintermannes anzunehmen, wenn beim unmittelbar Handelnden auch nur eine Zurechnung zum Unrecht ausgeschlossen wird; denn auch dann kann kein Unrecht des Ausführenden auf den Hintermann übergewälzt werden. Das aber würde bedeuten, daß der klassische Fall der mittelbaren Täterschaft durch ein rechtmäßig handelndes Werkzeug – etwa bei einer rechtmäßigen Festnahme auf Grund einer falschen Anschuldigung – in einem Fall der unmittelbaren Täterschaft umgewandelt würde. Das will auch Hoyer nicht[443] – mit Recht; aber diese Inkonsequenz wendet sich gegen den eigenen Ansatz.

Man mag die Meinung vertreten, daß es eine eher akademische Frage sei, ob man einen täterschaftlichen Tatbeitrag als unmittelbare oder mittelbare Täterschaft bezeichnet.[444] Aber erstens steckt dahinter ein Grundproblem der Täterlehre, das auch bei vielen anderen Fragen wichtig wird: die Frage nämlich, ob sie sich mehr an der Realität oder an normativen Kriterien orientieren soll. Und zweitens kann die Frage, ob jemand unmittelbarer oder mittelbarer Täter ist, auch praktische Bedeutung gewinnen, z.B. hinsichtlich des Versuchsbeginns oder bei einem Irrtum über die eigene Rolle.[445]

---

[441] Skeptisch auch Joecks, MK, 2003, § 25, Rn. 42.
[442] AT², 1991, 20/38. Zu den normativierenden Tendenzen in der Täterlehre von Jakobs vgl. schon oben S. 658.
[443] SK⁷, 2000, § 25, Rn. 35.
[444] Zur Charakterisierung der gesamten mittelbaren als unmittelbaren Täterschaft bei Schild vgl. B II, 1, ab S. 677.
[445] Vgl. dazu Joecks, MK, 2003, § 25, Rn. 42.

II. Willensherrschaft

1. Grundsätzliches zur Struktur der mittelbaren Täterschaft

Die mittelbare Täterschaft ist seit Inkrafttreten des neuen Allgemeinen Teils nicht nur Gegenstand wichtiger und zum Teil bahnbrechender Urteile geworden, sondern hat auch die Literatur zu vielfachen Stellungnahmen herausgefordert. Vor allem die Arbeit von Bloy[446] fußt auf der Tatherrschaftslehre, überträgt aber das Verantwortungsprinzip auf die Irrtumsfälle und kommt so zu weitgehender Ablehnung des „Täters hinter dem Täter" (näher unten S. 685 ff., 695 ff.).

a) Die Leugnung der mittelbaren Täterschaft bei Schild

Als einziger Autor hat Schild[447] in einer Vorform seiner späteren NK-Version der mittelbaren Täterschaft und damit auch dem Kriterium der Willensherrschaft ein selbständiges Existenzrecht bestritten. Für ihn hat auch der mittelbare Täter die Handlungsherrschaft, ist also eigentlich unmittelbarer Täter: „Deshalb ist die Regelung des § 25 Abs. 1 StGB der Sache nach überflüssig; in den Fällen, in denen jemand ein Werkzeug einsetzt, handelt er selbst i. S. des dann verwirklichten Tatbestandes."[448] Daran ist richtig, daß in einem normativen Sinne auch der mittelbare Täter den Tatbestand verwirklicht; wer die Tatherrschaft hat – sei es als unmittelbarer, sei es als mittelbarer Täter – erfüllt also in diesem Sinne den Tatbestand. Aber er tut dies, phänomenologisch gesehen, „durch einen anderen", und insofern mittelbar[449]. Es ist ein Unterschied, ob jemand selbst Hand anlegt oder ob er sich zu einer ihm zuzurechnenden Tatbestandsverwirklichung einer anderen, von ihm beherrschten Person bedient. Diesen Unterschied hat der Gesetzgeber im Auge, und er liegt auch der Differenzierung von Handlungs- und Willensherrschaft zugrunde. Eine solche Aufgliederung der normativen Einheit des Tatherrschaftsbegriffs ist auch notwendig; denn nur auf diese Weise treten die in diesem Buch entwickelten festen Strukturen der Täterlehre hervor, die den Tatherrschaftsbegriff vor dem Schicksal einer wertausfüllungsbedürftigen Generalklausel bewahren.

---

[446] Zurechnungstypus, 1985, 344 ff.

[447] Täterschaft, 1994, 12 f., 20, 24 f., 28 und passim. In NK², 2005, § 25, Rn. 60–62, erkennt er jetzt aber die Fälle mittelbarer Täterschaft an: durch Benutzung eines ohne Vorsatz oder im Erlaubnistatbestandsirrtum handelnden Mittlers und durch Einschaltung eines rechtmäßig handelnden Werkzeuges. Vgl. zu der neuen Konzeption Schilds oben A VII, S. 669 f.

[448] Täterschaft, 1994, 24; ganz ähnlich 28. Eine kritische Auseinandersetzung mit dieser These Schilds liefert Bloy in seiner Rezension, GA 1996, 239 ff. Kritisch zu Schild auch Kutzner, Rechtsfigur, 2004, 55 ff.

[449] Dies sieht auch Schild selbst, Täterschaft, 1994, 25, 28.

b) Die Leugnung der Tatherrschaft
als Kriterium mittelbarer Täterschaft bei Stein und Köhler

Ein völliger Verzicht auf die Tatherrschaft als Kriterium mittelbarer Täter-
schaft findet sich, wenn auch in völlig unterschiedlicher Form, bei Stein und
Köhler. Stein[450] unterscheidet auf der Basis seiner verhaltenspflichtbestimm-
ten Beteiligungsformenlehre (dazu oben S. 660 ff.) zwischen einer mittelbaren
Täterschaft auf Grund Pflichtmangels des Vordermannes (er kann z. B. nicht
erkennen, was der Hintermann sieht oder unterliegt wegen der Handlung des
Hintermannes einer weniger dringlichen Verhaltenspflicht) und einer auf
Grund mangelnder Pflichtbefolgungsfähigkeit des Vordermannes (wobei wiederum zwischen Vorsatzmangel, mangelnder Unrechtseinsicht und mangelnder Steuerungsfähigkeit differenziert wird). Trotz des andersartigen Ausgangspunktes läuft das im wesentlichen auf die Erscheinungsformen der
mittelbaren Täterschaft hinaus, die die Tatherrschaftslehre entwickelt hat.
Demgegenüber kommt Köhler auch zu erheblich anderen Ergebnissen,
indem er die Willensherrschaft als Anstiftung deutet und für die mittelbare
Täterschaft nur den Fall des Tatirrtums beim Vordermann übrig läßt. Dazu
ist, wie auch zu Steins Gesamtkonzeption, schon oben kritisch Stellung
genommen worden (S. 660 ff.); darauf sei hier verwiesen.

c) Das Prinzip der Autonomie bzw. der Selbstverantwortung des anderen
als Kriterium der Abgrenzung von mittelbarer Täterschaft und Anstiftung

Drei gewichtige Monographien – von M.-K. Meyer[451], Schumann[452] und
Renzikowski[453] – benutzen den Gedanken der Autonomie oder der Selbstverantwortung des anderen, um die mittelbare Täterschaft von der Anstiftung
abzugrenzen. Das ist ein der Tatherrschaftslehre nahestehendes Verfahren
und läßt sich, wie dies Renzikowski ausdrücklich tut, auch unmittelbar mit
ihr verknüpfen, weil die autonome und selbstbestimmte Entscheidung des
unmittelbar Handelnden den Hintermann in der Regel von der Tatherrschaft
ausschließt.[454] Insofern betonen diese Lehren nur die Kehrseite der Tatherrschaft, indem sie die Voraussetzungen namhaft machen, bei deren Gegeben-
sein sie nicht vorliegt. Aber der Autonomie- bzw. der Selbstverantwortungs-
gedanke führen nicht weiter als das Prinzip der Tatherrschaft. Im Gegenteil,
sie bleiben dahinter zurück, wie eine Auseinandersetzung mit den genannten
Büchern zeigen mag.

---

[450] Beteiligungsformenlehre, 1988, 283 ff.
[451] Ausschluß der Autonomie durch Irrtum, 1984.
[452] Strafrechtliches Handlungsunrecht und das Prinzip der Selbstverantwortung der Anderen,
1986.
[453] Restriktiver Täterbegriff und fahrlässige Beteiligung, 1997.
[454] Vgl. dazu schon oben S. 144 ff.

aa) M.-K. Meyer

M.-K. Meyer gründet die mittelbare Täterschaft des Hintermannes auf die Unfreiheit des unmittelbar Handelnden, auf die Beeinträchtigung seiner Autonomie. Sie schließt sich dabei, obwohl dies nach dem Dargelegten ohne weiteres möglich wäre, weniger an die Tatherrschaftslehre an als an die ältere Übergewichtstheorie Heglers (oben S. 61) und die „Ganzheitstheorie" ihres Lehrers Schmidhäuser.[455] Doch sind die Lösungen, die sie auf diese Weise erzielt, drei gewichtigen Einwänden ausgesetzt.

Erstens versagt ihre Begründung über den Autonomiegedanken in manchen Fällen des „Täters hinter dem Täter" völlig; bei der von der Autorin anerkannten mittelbaren Täterschaft kraft organisatorischer Machtapparate z. B. läßt sich beim besten Willen nicht dartun, daß die voll verantwortlichen Schergen des verbrecherischen Systems unfrei handeln.[456] Zweitens bleibt der Begriff der fehlenden „Autonomie" weit undeutlicher als das bis ins Detail ausgearbeitete Prinzip der Willensherrschaft. So soll z.B. die Veranlassung oder Ausnutzung eines error in persona ebenso wie jeder durch irgendeine Täuschung herbeigeführte Suizid mittelbare Täterschaft begründen,[457] auch wenn man rechtlich gesehen von der vollen Verantwortlichkeit des Ausführenden ausgehen muß, während in anderen Fällen für den Ausschluß der „Autonomie" gerade auf die mangelnde oder eingeschränkte rechtliche Verantwortlichkeit des Tatmittlers abgestellt wird. Neumann[458] beanstandet infolgedessen, der Begriff der Autonomie, „der die diskutierten Probleme strukturieren und ihre Lösung fundieren" solle, bleibe „in irritierender Weise unscharf", ihm hafte „ein Moment des Unverbindlichen, des Rhetorischen" an. Küper sagt:[459] „Der Begriff der ‚Autonomie' ... wechselt im jeweiligen Zusammenhang so ‚chamäleonhaft' seine Bedeutung, daß sein Inhalt geradezu beliebig wird." Drittens schließlich wird man sagen müssen, daß das Begehen der Tat durch einen anderen, auf das § 25 Abs. 1 StGB abstellt, überhaupt nicht in erster Linie von bestimmten Eigenschaften des Ausführenden als vielmehr von der Beziehung des Hintermannes zu ihm und zur Tat abhängt, wie es im Kriterium der Tatherrschaft zum Ausdruck kommt.[460] Unabhängig von diesen grundsätzlichen Bedenken ist aber zu betonen, daß Meyers Ausführungen zu den einzelnen Konstellationen der mittelbaren Täterschaft auch im Sinne der Tatherrschaftslehre förderliche und vielfach beifallswürdige Analysen enthalten.

---

[455] Dazu oben S. 659 f.
[456] So aber M.-K. Meyer, Autonomie, 1984, 102 f., mit einer Begründung, die nach Küper, JZ 1986, 222, „niemanden überzeugen" kann und die Neumann, GA 1985, 476, für „schlechterdings nicht haltbar" erklärt.
[457] Autonomie, 1984, 99 ff., 221 ff. (235).
[458] GA 1985, 476 f.
[459] JZ 1986, 219 ff. (229). Küpers eindringliche Rezensionsabhandlung ist die gründlichste Auseinandersetzung mit dem Buch von Meyer, die bisher vorliegt. Kritisch zu Meyer auch Kutzner, Rechtsfigur, 2004, 68 ff.
[460] Das hebt zutreffend Neumann, GA 1985, 477, hervor, der daran die Folgerung knüpft, gerade die Argumentation Meyers bestätige „die Richtigkeit der von ihr bekämpften Tatherrschaftslehre".

bb) Schumann

Schumanns Buch[461] knüpft an die Lehre von der objektiven Zurechnung und an die haftungsbegrenzende Wirkung des Prinzips der Selbstverantwortung an, wie sie sich besonders bei der Fahrlässigkeit zeigt. Er kommt dabei zu erheblich weiterführenden Einsichten und überträgt das Prinzip dann auf die Abgrenzung von mittelbarer Täterschaft und Anstiftung: Im Fall der „Selbstverantwortung" des Vordermanns soll nur Anstiftung, bei fehlender Selbstverantwortung mittelbare Täterschaft vorliegen. Schon die Übertragbarkeit dieses Prinzips auf Täterschaft und Teilnahme ist aber äußerst problematisch, weil die Teilnahme ein Bereich ist, in dem die Selbstverantwortung des Täters mit Sicherheit die Strafbarkeit des Außenstehenden nicht ausschließt. Mit Recht sagt Frisch:[462] „Die Diskussion der Kriterien der mittelbaren Täterschaft ... scheint mir eher etwas vom Ziel wegzuführen – denn für die Frage, inwieweit das Prinzip der Selbstverantwortung anderer der Statuierung von Verhaltensnormen Grenzen setzt ..., kommt es doch nur auf die Verbietbarkeit, nicht darauf an, im Rahmen welcher Bestrafungsfigur die Verhaltensnormverletzung bestraft werden kann."

Abgesehen davon führt der Ansatz zu einer Ablehnung des „Täters hinter dem Täter", wie man diese eigentlich schon von Meyers – insoweit ähnlichem – Autonomieprinzip hätte erwarten sollen. Aber auch Schumann hält seinen Gedanken nicht durch, wenn er die Willensherrschaft kraft organisatorischer Machtapparate (oben S. 242 ff.) anerkennt[463] und damit eine mittelbare Täterschaft trotz unbezweifelbarer Selbstverantwortung der ausführenden Schergen bejaht. Inkonsequent ist es auch, wenn er bei vermeidbarem Verbotsirrtum des unmittelbar Handelnden mittelbare Täterschaft bejaht.[464] Denn sein Hinweis darauf, daß es einen „qualitativen Unterschied" mache, ob jemand bewußt oder unbewußt gegen das Recht verstoße, ändert nichts daran, daß der Gesetzgeber den in vermeidbarem Verbotsirrtum Handelnden für sein Tun selbst verantwortlich macht. Im Ergebnis allerdings stimme ich Schumann weitgehend zu (vgl. unten S. 697 ff.). Aber das beweist nur, daß die Selbstverantwortung des anderen nicht notwendig eine mittelbare Täterschaft ausschließt.

Auch sonst muß Schumann – ähnlich wie Meyer beim Begriff der Autonomie – das Prinzip der Selbstverantwortung in recht schwankender Weise dehnen und deuten, um mit seiner Hilfe die gewünschten Ergebnisse erzielen zu können.[465] So vertritt er mit Nachdruck die – in diesem Buch (S. 173 ff.) be-

---

[461] „Strafrechtliches Handlungsunrecht und das Prinzip der Selbstverantwortung der Anderen", Tübinger Habilitationsschrift, 1986.

[462] In seiner Rezension des Buches von Schumann in JZ 1988, 655; vgl. ferner die Rezension von Meurer, NJW 1987, 2424 f., der sich nicht gegen die Ablehnung des Täters hinter dem Täter wendet, aber betont, daß dies jedenfalls mit dem „Prinzip der Selbstverantwortung der Anderen" nicht hinreichend begründet werden könne. Kritisch zu Schumann auch Kutzner, Rechtsfigur, 2004, 72 ff.

[463] Selbstverantwortung, 1986, 75 f.

[464] Selbstverantwortung, 1986, 78 f.

[465] Vgl. auch Frisch, JZ 1988, 655: „Der zentrale Begriff der Verantwortlichkeit wird zu wenig

strittene – These, daß mittelbare Täterschaft nicht schon bei der Ausnutzung eines Tatbestandsirrtums, sondern erst dann vorliegen könne, wenn der Hintermann in die Willensbildung des unmittelbar Handelnden eingegriffen und auf sie einen beherrschenden, lenkenden Einfluß ausgeübt habe.[466] In dem bekannten Beispiel, daß die Mutter, die ihrem Kind eine Medizin geben will, sich versieht und irrtümlich ein tödliches Gift ergreift, während ein Hintermann, der die Verwechselung bemerkt hat, ihr ein Glas Wasser reicht, um das Kind so rasch wie möglich zu Tode zu bringen (vgl. oben S. 175), lehnt Schumann daher eine mittelbare Täterschaft des Hintermannes ab.[467] Nun sollte man meinen, daß es hier gerade an der Selbstverantwortung der ahnungslosen Mutter fehlt, so daß unter diesem Gesichtspunkt eine mittelbare Täterschaft zu bejahen wäre. Schumann aber vertritt die Ansicht, eine mittelbare Täterschaft komme nur in Betracht, „wenn man entgegen der hier vertretenen Auffassung davon absieht, daß auch das Handeln des irrenden Vordermannes das eines verantwortungsfähigen Menschen ist, und es statt dessen … bloßer Naturkausalität gleichsetzt"[468].

Hier soll also sogar der fehlende Vorsatz die Selbstverantwortung nicht ausschließen, während der Verbotsirrtum dies tun soll. Ein so schwankendes Operieren mit dem Begriff der Selbstverantwortung scheint mir zu zeigen, daß dieses Prinzip zwar bei Bestimmung der Tatherrschaft des mittelbaren Täters ein in manchen Zusammenhängen (bei der Nötigung und der Schuldunfähigkeit) relevanter Faktor ist, zur Abgrenzung von mittelbarer Täterschaft und Anstiftung aber keineswegs ausreicht.

cc) Renzikowski

Die strikteste Verbindung des Tatherrschaftsprinzips mit dem Autonomiegedanken findet sich bei Renzikowski, der folgerichtig zu einer weitgehenden Ablehnung des Täters hinter dem Täter kommt.[469] Aber auch er kann den Schwierigkeiten und Widersprüchen nicht entgehen, die dem Autonomieprinzip inhärent sind. So hält er[470] beim Verbotsirrtum des Ausführenden – auch beim vermeidbaren – eine mittelbare Täterschaft des Hintermannes für möglich; denn wer „sein Verhalten nicht richtig anhand von Normen bewerten kann, handelt nicht autonom". Hier zeigt sich das Dilemma schon in der

---

thematisiert und ausgearbeitet." Eine eingehende Kritik an Schumann auch bei Stein, Beteiligungsformenlehre, 1988, 162ff., mit dem Fazit, daß sich „die Lehre Schumanns nicht als geeignet erweist, das geltende Recht zu erklären" (165).

[466] Selbstverantwortung, 1986, 75ff. (75).

[467] Da eine Anstiftung mangels Vorsatz ausscheidet, will Schumann den Hintermann nach § 323c StGB bestrafen (102f.). Das halte ich nicht für richtig; denn nicht bloß ein Unterlassen der Aufklärung, sondern vor allem sein unmittelbar zum Tode führendes positives Tun ist dem Hintermann vorzuwerfen.

[468] Selbstverantwortung, 1986, 101.

[469] Vgl. auch die kritische Auseinandersetzung mit Renzikowski bei Kutzner, Rechtsfigur, 2004, 77ff., der selbst die Möglichkeit eines Täters hinter dem volldeliktisch handelnden Täter gänzlich ablehnt.

[470] Restriktiver Täterbegriff, 1997, 81.

Formulierung. Denn der im vermeidbaren Verbotsirrtum Handelnde könnte ja sein Verhalten richtig bewerten und wird gerade deswegen als „autonomer" Vorsatztäter bestraft; er tut es nur irrtümlich nicht. Das Autonomieprinzip müßte also bei konsequenter Durchführung zur Ablehnung der mittelbaren Täterschaft führen. Andererseits lehnt Renzikowski[471] eine mittelbare Täterschaft „bei einem Irrtum über quantifizierbare Unrechtsmaße" ab. In dem bekannten Schulbeispiel,[472] daß A den B überredet, das wertlose „Geschmiere" des C zu verbrennen, soll also nur eine Anstiftung vorliegen, auch wenn B den Millionenwert des vernichteten Kunstwerks nicht kannte und einen wertlosen Gegenstand zu zerstören glaubte. Hinsichtlich des Ausmaßes der Rechtsgüterverletzung fehlt es aber dem Mittelsmann an jeglicher Autonomie: „Wer nicht weiß, was er tut, ... handelt nicht autonom", sagt auch Renzikowski[473] und könnte so zur mittelbaren Täterschaft kommen. Statt dessen bejaht er eine Autonomie des Getäuschten allein auf Grund des Umstandes, daß er sich bewußt war, eine – für bagatellarisch gehaltene – Sachbeschädigung zu begehen. Wenn aber hier die vorsätzliche Tatbestandsverwirklichung bei noch so großem Irrtum über das materielle Unrecht seines Tuns für ein autonomes Handeln des Mittlers und damit für die Ablehnung einer mittelbaren Täterschaft ausreichen soll, warum soll dann nicht für die Herbeiführung eines vermeidbaren Verbotsirrtums beim unmittelbar Handelnden dasselbe gelten, da auch dieser den Tatbestand vorsätzlich verwirklicht?

Wie schon bei Meyer und Schumann zeigt sich auch hier eine Beliebigkeit in der Verwendung des Autonomiebegriffs, die ihn an Leistungsfähigkeit hinter dem Kriterium der Tatherrschaft zurückstehen läßt. Sein Mangel liegt darin, daß es neben den Fällen uneingeschränkter und völlig ausgeschlossener Autonomie des unmittelbar Handelnden ein breites Spektrum teilweiser (größerer oder geringerer) Autonomie gibt, das über die mögliche mittelbare Täterschaft eines Hintermannes nichts Deutliches aussagt. Mit Hilfe des Kriteriums der Tatherrschaft kommt man hier zu wesentlich klareren Ergebnissen: Wenn der Hintermann dem Ausführenden die Sozialschädlichkeit und damit das Verbotensein seines Tuns verschleiert, so nimmt er ihm – Autonomie hin, Autonomie her – jegliches Hemmungsmotiv und erlangt dadurch die Tatherrschaft (wie beim Tatbestandsirrtum oder bei einer Nötigung des „Werkzeugs", wo das Hemmungsmotiv auf andere Weise ausgeschaltet wird). Und wer durch Täuschung bei einem anderen die Vorstellung hervorruft, einen Sachschaden in Höhe von 300 Euro anzurichten, hat, wenn das Gemälde 300 000 Euro wert ist, über eine Sachbeschädigung in Höhe von 299 700 Euro die alleinige Tatherrschaft. Er ist damit mittelbarer Täter, denn die marginale „Restherrschaft" über ein Tausendstel des angerichteten materiellen Unrechts, die beim unmittelbar Ausführenden verbleibt, kann die weitaus größere Tatherrschaft des Hintermannes nicht aus der Welt schaffen.

---

[471] Restriktiver Täterbegriff, 1997, 82.
[472] Vgl. dazu unten S. 703 f.
[473] Restriktiver Täterbegriff, 1997, 81.

Die Vagheit, die dem Autonomiegedanken auch bei Renzikowski noch anhaftet, zeigt sich ebenso bei seinen Ausführungen zur verminderten Zurechnungsfähigkeit (§ 21 StGB) des unmittelbar Ausführenden. Er beruft sich hier auf die „überlegene Stellung des Hintermanns" und meint:[474] „Vor diesem Hintergrund leuchtet es nicht ein, weshalb ... eine lediglich beschränkte Verantwortlichkeit nicht mittelbare Täterschaft soll begründen können." In Wirklichkeit versagt der Autonomiegedanke vor der verminderten Zurechnungsfähigkeit, weil die Autonomie des in diesem Zustand Handelnden weder fehlt noch in vollem Umfang vorhanden ist, sich aus dem Autonomieprinzip aber nicht ableiten läßt, welche Folgen es für die Abgrenzung von Täterschaft und Teilnahme beim Hintermann hat, daß der Ausführende im Zustande verminderter Autonomie handelt. Entgegen Renzikowski müßte die Ablehnung einer mittelbaren Täterschaft von seinem Ansatz aus näherliegen, weil auch eine reduzierte Autonomie noch Autonomie ist, die mittelbare Täterschaft also sperren müßte, wenn es dafür wirklich allein auf die fehlende Autonomie des unmittelbar Handelnden ankäme. Die Tatherrschaftslehre kann demgegenüber eine ganz präzise, geradezu zwingende Lösung anbieten, die Renzikowski auch zitiert:[475] „Eingeschränkte Unrechtseinsicht soll zur Tatherrschaft des Hintermannes führen, beschränktes Hemmungsvermögen dagegen nicht." In der Tat: Bei fehlender Unrechtseinsicht mangelt dem vermindert Zurechnungsfähigen das Hemmungsvermögen in demselben Maße wie einem aus sonstigen Gründen im Verbotsirrtum Handelnden. Hat der zur Tat Veranlaßte dagegen die volle Unrechtseinsicht und ist nur die Fähigkeit vermindert, nach dieser Einsicht zu handeln, so liegt nur eine Anstiftung vor, weil der Ausführende das einer Tatherrschaft des Hintermannes entgegenstehende Hemmungsvermögen – trotz erschwerter Ausübung – immer noch hat.

Liefert das Autonomieprinzip schon in diesem Bereich anders als die Tatherrschaftslehre keine klaren Ergebnisse, so versagt es gänzlich bei der Organisationsherrschaft.[476] Der an den Schalthebeln der Macht sitzende Schreibtischtäter ist mittelbarer Täter, obwohl auch die Ausführenden, seien es NS-Schergen oder die „Mauerschützen des DDR-Regimes", als verantwortlich handelnde unmittelbare Täter bestraft werden. Mit dem Autonomieprinzip läßt sich das nicht erklären, und so kommt denn auch Renzikowski – insoweit konsequenter als Meyer und Schumann – zur Ablehnung der mittelbaren Täterschaft und bestraft die Machthaber im Hintergrund nur als Anstifter.[477] Das ist aber kein befriedigendes Ergebnis, weil es die Hauptverantwortlichen aus dem Zentrum des Geschehens herausrückt und von der Täterschaft entlastet. Sie haben die Tatherrschaft, weil ihnen beliebig viele Handlanger zu Gebote stehen, so daß sie, um mit dem BGH (oben Nr. 38, S. 610 ff.) zu sprechen, „regelhafte Abläufe" auslösen und das Geschehen

---

[474] Restriktiver Täterbegriff, 1997, 87.
[475] Restriktiver Täterbegriff, 1997, 86.
[476] Vgl. dazu im Hinblick auf die Rspr. näher oben S. 602 ff., 610 ff., im Hinblick auf die Literatur unten S. 704 ff.
[477] Restriktiver Täterbegriff, 1997, 87 ff.

durch Einsatz des ihnen zu Gebote stehenden Apparates unbeschadet der Autonomie des zufällig Ausführenden beherrschend steuern. Der bei der Ausführung Tätige kann wegen seiner beliebigen Austauschbarkeit anders als jeder sonstige als Täter Vorgesehene der Tatbestandsverwirklichung nicht hindernd in den Weg treten. Die dadurch ermöglichte Herrschaft des Hintermannes über das Geschehen begründet seine mittelbare Täterschaft – ein sachgerechtes Ergebnis, das mit dem Autonomieprinzip nicht zu erzielen ist.

Letztlich krankt das Autonomieprinzip an einer falschen Blickrichtung. Es kommt bei der mittelbaren Täterschaft nicht entscheidend auf die äußere oder innere Verfassung des Mittelsmannes, sondern auf die Macht des Hintermannes über die Tatbestandsverwirklichung an. Diese kann bei einzelnen, genau angebbaren Fallkonstellationen trotz einer verantwortlichen Vorsatztat („Autonomie") des Tatmittlers gegeben sein.

d) Der Hemmschwellen-Gedanke bei Heinrich

Heinrich[478] vertritt also mit gutem Grund „die Irrelevanz des sog. ‚Autonomieprinzips'". Statt dessen propagiert er den „Hemmschwellen"-Gedanken zur Begründung der mittelbaren Täterschaft. Diese ergebe sich daraus, daß „der Hintermann durch Herbeiführung oder Ausnutzung einer Absenkung der vom jeweiligen Normappell vor dem Vordermann errichteten Hemmschwelle das damit bei diesem bestehende Entscheidungsdefizit instrumentalisiert, so daß seine eigene tatbestandsgerichtete Entscheidung – da defizitfrei – höherrangig ist"[479]. Auf diese Weise läßt sich die mittelbare Täterschaft beim vermeidbaren Verbotsirrtum, bei der Täuschung über die Unrechtshöhe und in anderen Fällen eingeschränkter Autonomie beim unmittelbar Handelnden mühelos begründen und im Ergebnis auch mit der Tatherrschaftslehre Übereinstimmung erzielen.

Der Hemmschwellen-Gedanke versagt aber z. B. bei der mittelbaren Täterschaft kraft organisatorischer Machtapparate und beim manipulierten error in persona, wo der Ausführende voll verantwortlich ist und der Hintermann nach der hier vertretenen Auffassung trotzdem die Tatherrschaft hat. Heinrich versucht zwar auch in solchen Fällen eine herabgesetzte Hemmschwelle zu begründen; aber das überzeugt nur hinsichtlich eines Teilaspektes der Organisationsherrschaft, wie in den jeweiligen Zusammenhängen noch darzulegen sein wird. Andererseits kann in Fällen einer beim „Vordermann" herabgesetzten Hemmschwelle – wenn er z. B. unter dem Druck einer Nötigung handelt, die aber nicht i. S. d. § 35 verantwortungsausschließend wirkt – sehr wohl nur Anstiftung vorliegen. Für die Tatherrschaftslehre, die in Nötigungsfällen die Herrschaftsbereiche mit Hilfe des Verantwortungsprinzips trennt, ist das leicht zu begründen. Nur durch eine Anleihe bei ihr kann man mit Hilfe des im Ansatz rein psychologisch konzipierten Hemmschwellen-

---

478 Rechtsgutszugriff, 2002, 232.
479 Rechtsgutszugriff, 2002, 354.

gedankens zu demselben Ergebnis kommen.[480] Der Hemmschwellen-Gedanke erklärt also eine Reihe von Fällen der Willensherrschaft, ist aber als
gegenüber der Tatherrschaft selbständiges Prinzip zur Erklärung der mittelbaren Täterschaft nicht tauglich.

Im Anschluß an diese grundsätzlichen Bemerkungen zu den neueren Ent-
wicklungen der Lehre von der mittelbaren Täterschaft sollen im folgenden
die einzelnen Erscheinungsformen der Willensherrschaft nach dem jüngsten
Stand der Diskussion näher behandelt werden.

2. Die Nötigungsherrschaft

a) Der Nötigungsnotstand und das Verantwortungsprinzip

Die Nötigungssituationen gehören seit eh und je zu den unumstrittenen Fällen mittelbarer Täterschaft.[481] Zweifelhaft kann nur sein, wie stark der Nötigungsdruck sein muß, damit man von einer Tatherrschaft des Hintermannes
sprechen kann. In dieser Frage kann heute als durchaus herrschend das
oben[482] entwickelte „Verantwortungsprinzip" angesehen werden, das dem
Hintermann erst dann die Willensherrschaft zuschreibt, wenn ein Fall des
§ 35 StGB vorliegt, wenn also der Gesetzgeber den unmittelbar Handelnden
wegen des vom Hintermann ausgeübten Zwanges von der Verantwortung für
sein Tun entlastet.[483]

Freilich hat Maurach[484] an seiner schon früher vertretenen Auffassung festgehalten, wonach eine Tatherrschaft des Hintermannes auch dann vorliegen
kann, wenn der unmittelbar Ausführende volldeliktisch handelt, weil der auf
ihn ausgeübte Druck das für eine Entschuldigung nach § 35 StGB erforder-

---

[480] Vgl. Heinrich, Rechtsgutszugriff, 2002, 247 ff.

[481] Zu den abweichenden Meinungen, die neuerdings Köhler und Klesczewski vertreten (nur
Anstiftung!), vgl. die Auseinandersetzung oben S. 662 ff. Zur Lehre von Schild, der in den
Fällen eines aus §§ 35, 33, 19, 20 StGB, 3 JGG resultierenden Defizits beim Vordermann
wegen des Grundsatzes der limitierten Akzessorietät keine mittelbare Täterschaft annehmen zu dürfen glaubt, vgl. schon oben S. 669 f.

[482] S. 144–148 und passim.

[483] Die meisten Vertreter des Verantwortungsprinzips beschränken es mit der in diesem Buch
vertretenen Auffassung auf die Fälle einer nach §§ 17, 19, 20, 33, 33 StGB, 3 JGG ausge-
schlossenen Verantwortlichkeit des Tatmittlers, unterwerfen die Irrtumsfälle also andersartigen, nicht mehr dem Verantwortungsprinzip folgenden Regeln („eingeschränkte Verantwortungstheorie" im Gegensatz zur „strengen Verantwortungstheorie", die auch die
Irrtumsherrschaft als Erscheinungsform des „Täters hinter dem Täter" ablehnt; die Charakterisierung als „eingeschränkt" und „streng" stammt von Hillenkamp, Probleme AT[11],
2003, 145, 147). Hier werden zunächst ohne Anspruch auf Vollständigkeit Vertreter beider
Verantwortungstheorien angeführt: Bloy, Zurechnungstypus, 1985, 345 ff.; Sch/Sch/Cra-
mer/Heine[26], 2001, § 25, Rn. 33, 35; Heinrich, Rechtsgutszugriff, 2002, 247; Herzberg,
Täterschaft und Teilnahme, 1977, 12 ff.; Hoyer, SK[7], 2000, § 25, Rn. 42 ff.; Jäger, AT, 2003,
§ 6, Rn. 241; Jakobs, AT[2], 1991, 21/91 ff.; Joecks, MK, 2003, § 25, Rn. 52; Krey, AT/2[2],
2005, Rn. 104; Kühl, AT[5], 2005, § 20, Rn. 63, Fn. 97; Küper, JZ 1989, 948 (mit Einschränkungen); Lackner/Kühl[25], 2004, § 25, Rn. 2; Otto, Grundkurs, AT[7], 2004, § 21, Rn. 71 f.;
Stratenwerth/Kuhlen, AT[5], 2004, § 12, Rn. 49, 52.

[484] AT[4], 1971, 632.

liche Maß nicht erreicht. Dem folgen seine Schüler Schroeder[485] und Gössel[486]. Ebenso meint Schild,[487] daß „auch z. B. schwerwiegende Bedrohung des Vermögens, der Ehre, des Hausrechts usw. ausreichenden Druck erzeugen könnten, wenn sie der Hintermann gezielt und erfolgreich zur Lenkung des Genötigten einsetzt". Bockelmann[488] will sogar neben „Druck oder Täuschung" auch „schlichtere Formen der Tatherrschaft" eines Hintermannes anerkennen. „Genügend ist schon, daß der Mittler sich der Weisung des Hintermannes tatsächlich fügt, gleichviel aus welchem Grunde, vorausgesetzt nur, daß die maßgebliche Entscheidung über das Ob der Ausführung bei diesem liegt. Wo es so steht, hat der Hintermann den Vordermann in der Hand." Herzberg[489] wollte zeitweilig unter Aufgabe des von ihm früher vertretenen Verantwortungsprinzips ein „Werkzeugprinzip" einführen, wonach eine mittelbare Täterschaft z. B. auch dann vorliegen kann, wenn der unter Nötigungsdruck stehende unmittelbare Täter infolge der Ausnahmeklausel des § 35 Abs. 1 S. 2 StGB nicht exkulpiert wird.[490] Aber solche Auffassungen verwischen den Unterschied von Anstiftung und mittelbarer Täterschaft, rücken die Abgrenzung in das Belieben richterlicher Interpretation und übersehen, daß der Gesetzgeber ja festgelegt hat, wie lange die „maßgebliche Entschließung" (noch) beim Ausführenden liegt – so lange nämlich, wie er volldeliktisch handelnd für sein Tun selbst zur Verantwortung gezogen wird.[491]

b) Andere Einwirkungen auf den Notstandstäter

Das Verantwortungsprinzip bei der Nötigung gilt unter seinen Befürwortern unumstritten, soweit der Hintermann den Ausführenden mit den Mitteln des § 35 zu seiner Tat nötigt, also in den Fällen des Nötigungsnotstandes. In

---

[485] Der Täter hinter dem Täter, 1965, 120 ff. (kritische Auseinandersetzung damit bei Roxin, ZStW 78 (1966), S. 222 ff., 230 ff.). Eine „gewisse Annäherung" an Schroeder findet sich bei Stein, Beteiligungsformenlehre, 1988, 298; Ablehnung findet Schroeder bei Hünerfeld, ZStW 99 (1987), 243 f.

[486] Maurach/Gössel/Zipf, AT/2[7], 1989, 48/86.

[487] Täterschaft, 1994, 16.

[488] AT[3], 1979, 182; aufgegeben bei Bockelmann/Volk, AT[4], 1987, 183.

[489] Jura 1990, 16 ff. (22 ff.). Herzberg, in: Amelung (Hrsg.), Individuelle Verantwortung, 2000, 33 ff., 55 ff., kehrt zum Verantwortungsprinzip zurück.

[490] Ähnlich Randt, Mittelbare Täterschaft usw., 1997, der immer dann eine Tatherrschaft des Hintermannes annehmen will, wenn dieser „eine gegenwärtige Gefahr für Leben, Leib oder Freiheit für den Tatmittler oder dessen Angehörigen schafft. Die Schaffung dieser Situation begründet die Tatherrschaft unabhängig von dem Umstand, ob auch die weiteren Voraussetzungen des § 35 StGB vorliegen oder die Rechtsfolge der Entschuldigung eintritt" (a. a. O., 114). Entsprechendes soll für gerechtfertigte „Werkzeuge" gelten: „Eine Beherrschung des Mittlers liegt auch hier nur dann vor, wenn die Beeinflussung die Intensität der in § 35 I S. 1 StGB beschriebenen Notstandslage aufweist."

[491] Eine Aufweichung des Verantwortungsprinzips in den Nötigungsfällen wird denn auch von der ganz h. M. abgelehnt; vgl. nur Sch/Sch/Cramer/Heine[26], 2001, § 25, Rn. 35 m. w. N.; Joecks, MK, 2003, § 25, Rn. 56; Heinrich, Rechtsgutszugriff, 2002, 247 ff. Außerdem müßte die Auffassung Bockelmanns außerdem auf eine globale Anerkennung des „Täters hinter dem Täter" hinauslaufen, die seiner sonst bekundeten Zurückhaltung gegenüber dieser Rechtsfigur (oben S. 674 bei Anm. 433) durchaus widerspräche.

anderen Situationen der Schaffung oder Ausnützung einer Notstandslage oder der Einwirkung auf sie ergibt sich unter Anhängern und Gegnern des Verantwortungsprinzips ein sehr gemischtes Bild. In diesem Buch wird die Meinung vertreten (S. 149–153), daß der Hintermann die Tatherrschaft hat und mittelbarer Täter ist, wenn er eine Notstandssituation schafft, damit der in Not Geratene eine nach § 35 entschuldigte Tat begehe und wenn er bei einer ohne sein Zutun entstandenen Notstandslage die Situation zugunsten des Notstandstäters umgestaltet. Der erste Fall liegt etwa vor, wenn A einen Brand entfacht, aus dem sich B, wie A dies geplant hatte, nur durch Tötung des C retten kann; der zweite, wenn A dem schiffbrüchigen B durch Hinreichen einer Pistole die Möglichkeit gibt, den C zu erschießen, um dadurch in den Besitz des Rettungsringes zu kommen, der nur eine Person tragen kann. Dagegen liegt nur eine Anstiftung vor, wenn jemand einen in einer Notsituation Befindlichen auffordert, sich auf Kosten eines anderen zu retten. Er hat nicht die Tatherrschaft, weil seine Einwirkung weder die Notstandssituation noch eine bisher fehlende Rettungsmöglichkeit schafft. Anders liegt es hier nur, wenn der Hintermann einen über die Willensbeeinflussung hinausgehenden Druck ausübt („ich rette Dich nur, wenn Du zuvor den X tötest"); das ist dann schon wieder eine über die Beeinflussung hinausgehende Umgestaltung der Situation.

In der Literatur wird das alles sehr kontrovers diskutiert. Schumann[492] will eine mittelbare Täterschaft nur beim Nötigungsnotstand bejahen. Es kann aber keinen Unterschied machen, ob der Hintermann den Ausführenden durch eine Drohung oder durch andere Mittel in eine dem § 35 unterfallende Situation bringt; der verantwortungsausschließende Nötigungsdruck ist in beiden Fällen derselbe. Joecks[493] will wenigstens die von mir unter dem Gesichtspunkt der Umgestaltung der Situation erörterten Sachverhalte nicht als Fälle mittelbarer Täterschaft, sondern als Anstiftung beurteilen: „Wer lediglich eine Situation ausnutzt, die er nicht selbst herbeigeführt hat, ist kein mittelbarer Täter." Das Argument, daß ohne den Tatbeitrag des Hintermannes die Tat nicht begangen werden müßte oder könnte, will er nicht gelten lassen. „Auch ohne den Anstifter würde die Haupttat nicht begangen." Damit wird aber verkannt, daß der Anstifter nur einen Willenseinfluß ausübt, während in den hier zur mittelbaren Täterschaft gerechneten Fällen die Notsituation zwar schon vor dem Eingreifen des Hintermannes bestand, die Möglichkeit, sich auf Kosten eines anderen zu retten, aber erst durch den Hintermann geschaffen wurde. In der Schaffung dieser Möglichkeit liegt derselbe psychische Druck wie in der Herstellung der Notstandslage als solcher.[494]

---

[492] Selbstverantwortung, 1986, 81 ff.

[493] MK, 2003, § 25, Rn. 55; ähnlich Sch/Sch/Cramer/Heine²⁶, 2001, wo eine mittelbare Täterschaft wenigstens in dem Fall für diskutabel erklärt wird, daß A die Rettung des B von einer vorherigen Tötung des C durch B abhängig macht (Joecks lehnt gerade auch hier eine mittelbare Täterschaft ab).

[494] Wie hier Jakobs, AT², 1991, 21/70: „Der Defekt ist zwar an sich eigene Angelegenheit des Ausführenden, aber der Hintermann organisiert die Verbindung von Defekt und Tat."

Heinrich[495] stimmt mit den vorstehend vertretenen Lösungen – weitgehend auch in der Begründung – überein, geht aber in der Annahme mittelbarer Täterschaft noch viel weiter. Er will auch eine bloße Aufforderung („jetzt stoß ihn schon runter, anders kommst du hier nie raus!") oder eine Rechtsauskunft („wenn du ihn runterstößt, kannst du nicht bestraft werden") schon für eine mittelbare Täterschaft genügen lassen.[496] Hier werde „das vorgegebene Entscheidungsdefizit des Vordermannes instrumentalisiert" und „die Hemmschwellenüberschreitung durch den Vordermann" initiiert. Dabei wird aber nicht beachtet, daß der bestehenden Notsituation nur anstiftungs- und keine herrschaftsbegründenden Fakten hinzugefügt werden. Hier zeigt sich eine Schwäche des Hemmschwellengedankens: Auch eine Anstiftung setzt die Hemmschwelle beim Ausführenden herab oder nutzt bei versuchungsanfälligen Personen deren schon bestehende Herabsetzung aus. Von Tatherrschaft beim Hintermann kann man aber erst sprechen, wenn dieser eine Situation schafft, die der dem § 35 entsprechenden Notlage auch einen daraus erwachsenden Druck zur Tatbegehung hinzufügt. Die bloße Mitteilung der Rechtslage wird man darüber hinaus sogar als straflos ansehen müssen.[497]

c) Die Nötigung zur Selbstverletzung und Selbstschädigung

Das Verantwortungsprinzip ist in der vorliegenden Darstellung[498] auf den Nötigungsnotstand zur Selbstverletzung (bzw. Selbstschädigung) in dem Sinne übertragen worden, daß mittelbare Täterschaft nur dann vorliegt, wenn der sich Schädigende in einer dem § 35 StGB entsprechenden Zwangslage handelt. Wer einen anderen durch die Drohung mit der Anzeige eines Deliktes zum Selbstmord veranlaßt, begeht danach zwar eine Nötigung, aber keinen Totschlag, weil die Anzeigedrohung auch bei einer unter ihrem Druck begangenen Tatbestandsverwirklichung die Verantwortung des Handelnden für sein Tun bestehen läßt. Das entspricht einer inzwischen weit verbreiteten Ansicht.[499] Doch hat vor allem Herzberg[500] eine originelle Gegenthese entwickelt, die inzwischen beinahe zur h.M. geworden ist.[501] Nach seiner Mei-

---

[495] Rechtsgutszugriff, 2002, 249 ff.

[496] Rechtsgutszugriff, 2002, 260.

[497] Näher Roxin, AT/1[4], 2006, § 22, Rn. 67.

[498] Oben S. 161 ff.

[499] Eingehende Begründung und Auseinandersetzung bei Roxin, Die Mitwirkung beim Suizid – ein Tötungsdelikt?, Dreher-Festschrift, 1977, 331 ff. Im wesentlichen wie hier Bottke, Suizid und Strafrecht, 1982, 247 ff.; ders., GA 1983, 30 ff.; Charalambakis, GA 1986, 498 ff.; Hirsch, JR 1979, 432; Hoyer, SK[7], 2000, § 25, Rn. 60; Jäger, AT, 2003, § 6, Rn. 247; Joecks, MK, 2003, § 25, Rn. 67; Stratenwerth/Kuhlen, AT[5], 2004, § 12, Rn. 70 ff. Für das Verantwortungsprinzip in Selbstschädigungsfällen auch BGHSt 32, 38 (= NStZ 1984, 70 m. Anm. Roxin, „Sirius-Fall"; vgl. oben Nr. 16, S. 585 ff.)

[500] JuS 1974, 378 f. (im Anschluß an Geilen, JZ 1974, 151 f.); JA 1985, 336 ff. und öfter; mit einer gegen mich gerichteten Antikritik: Täterschaft und Teilnahme, 1977, 35 ff.; zum Gefangenensuizid ZStW 91 (1979), 557 ff.

[501] Vgl. etwa Amelung, Coimbra-Symposium, 1995, 247 ff.; Freund, AT, 1998, § 10, Rn. 97; Gropp, AT[3], 2005, § 10, Rn. 74, Fn. 87; Kindhäuser, AT, 2005, § 39, Rn. 45; Krey, AT/2[2], 2005, § 28, Rn. 131–143; Kühl, AT[5], 2005, Rn. 50 f. (Orientierung an § 216 oder Einwilli-

nung versagt die Analogie zu den Fällen des § 35 StGB, „weil im Fall der Selbstschädigung die Appellwirkung des rechtlichen Verbotes entfällt"; es fehle „ein hemmendes Gegenmotiv", das in der Furcht vor Strafe gesehen wird. Statt dessen will Herzberg in den Selbstmordfällen darauf abstellen, ob bei einer Fremdtötung die Voraussetzungen des § 216 StGB vorliegen würden, während es in anderen Fällen (etwa bei der Veranlassung zu Selbstverletzungen oder zur Schädigung des eigenen Vermögens) darauf ankommen soll, ob unter der Voraussetzung einer Fremdschädigung eine Einwilligung rechtfertigende Kraft gehabt hätte. In dem von ihm gebildeten Beispiel, daß eine Frau eine andere durch die Drohung mit der Offenbarung eines Seitensprunges veranlaßt, sich selbst die Haare abzuschneiden und ihre Perücken zu verbrennen, will Herzberg also die Veranlasserin wegen Körperverletzung und Sachbeschädigung bestrafen.

Diese Konzeption verdient Beachtung, scheint mir aber doch letzten Endes gegenüber der hier vertretenen Meinung nicht durchzuschlagen. Gewiß fehlt bei der Selbstschädigung das Gegenmotiv der Furcht vor Strafe; da aber der Mensch immer noch lieber andere als sich selbst schädigt, hat die Furcht vor der Beeinträchtigung eigener Interessen eine hemmende Wirkung von mindestens gleicher Stärke, so daß es gerechtfertigt erscheint, den Rechtsgedanken des § 35 StGB heranzuziehen. Die Gleichsetzung der Selbstbeschädigung hingegen mit einer unter dem Druck von Drohungen geduldeten Fremdschädigung, wie Herzberg sie vornimmt, ist wesentlich problematischer. Denn der sich selbst Schädigende ist bis zuletzt Herr der Situation und hat die Entscheidung über das, was geschieht, in der Hand, während derjenige, dem eine Einwilligung abgenötigt wurde, meist keinen Einfluß mehr auf das weitere Geschehen hat und deshalb stärkeren Schutz verdient.[502] Auf die Begriffe der Teilnahmelehre gebracht, heißt das: Der sich selbst Schädigende hat die Tatherrschaft, der in eine Fremdschädigung nur widerwillig Einwilligende aber hat sie bei der Schadenszufügung nicht mehr, und deshalb ist die abweichende Behandlung unter dem Gesichtspunkt der hier in Rede stehenden Abgrenzung durchaus richtig. Ferner ist zu bedenken, daß ein unter Drohungen zustande gekommener Vertrag immerhin zivilrechtlich wirksam ist,[503] solange

---

[502] Zum Unterschied von Selbstgefährdung und einverständlicher Fremdgefährdung vgl. schon Roxin, Gallas-Festschrift, 1973, 243 ff., 249 ff. (250); zuletzt Roxin, AT/1⁴, 2006, § 11, Rn. 107 ff., 121 ff.

[503] Nur bei Hinzutreten besonderer Umstände, (z. B. Ausnutzen einer Zwangslage) geht § 138 BGB (Nichtigkeit) dem § 123 BGB vor (Palandt/Heinrichs, ⁶⁴2005, § 138, Rn. 15).

gungsregeln „immerhin möglich"); Lackner/Kühl²⁵, 2004, vor § 211, Rn. 13 a; Maurach/Gössel/Zipf, AT/2⁷, 1989, 48/93; Otto, Grundkurs, AT⁷, 2004, § 21, Rn. 100 ff.; ders., Jura 1987, 256 f.; Schild, NK², 2005, § 25, Rn. 48, hält die „Einwilligungslösung" für „zwingend"; Wessels/Beulke, AT³⁵, 2005, § 13, Rn. 539. Köhler, AT, 1997, 525, bevorzugt ebenfalls die Einwilligungsregeln, nimmt aber Anstiftung an. Heinrich, Rechtsgutszugriff, 2002, 341 ff., will auf den Maßstab des § 240 zurückgreifen, mittelbare Täterschaft also bei einer Nötigung zur Selbstschädigung annehmen. Das stimmt mit der Einwilligungslösung weitgehend überein (so auch Heinrich, 344), weil deren Vertreter bei einer Nötigung die Einwilligung durchweg für unwirksam halten. Zu welch untragbarer Ausdehnung der Täterschaft das führt, zeigt der nachfolgende Text (etwa am Beispiel der abgenötigten Frisurveränderung).

er nicht angefochten wird (§ 123 BGB), was strafrechtlich kaum ganz ohne Auswirkungen bleiben kann.[504] Auch kriminalpolitisch leuchtet die von Herzberg vorgenommene Strafausdehnung wenig ein.[505] Soll denn wirklich ein Ehemann, der seiner Frau androht, ihr untreu zu werden, falls sie nicht ihre nach seiner Meinung unmoderne Frisur durch Stutzung ihrer langen Haare seinem Geschmack anpasse, wegen Körperverletzung bestraft werden, wenn die Frau um des Ehefriedens willen dem Wunsche ihres Mannes nachkommt?

Bei Selbsttötungen schließlich müßte die Lehre Herzbergs praktisch darauf hinauslaufen, daß die Anstiftung zum Selbstmord weitgehend als Mord oder Totschlag bestraft würde; denn wenn die Initiative von einem Außenstehenden ausgeht, wird man die „Ernstlichkeit" des unter fremdem Einfluß gefaßten Selbstmordentschlusses meist bestreiten können und jedenfalls die Grenzlinie zwischen Straflosigkeit und lebenslanger Strafe völliger Rechtsunsicherheit ausliefern. Zwar kann man kriminalpolitisch durchaus darüber streiten, wie die Beteiligung an Selbsttötungen behandelt werden sollte;[506] doch scheint mir nach geltendem Recht klar zu sein, daß der Gesetzgeber eine (auch schon gemilderte) Strafbarkeit nur für den Grenzfall der Fremdtötung nach § 216 StGB eingeführt hat, so daß deren Übertragung auf andere Mitwirkungsformen gegen das Analogieverbot verstieße.[507] Es muß also wohl bei den in diesem Buch entwickelten Lösungen[508] bleiben.

Bemerkenswerterweise stößt die auf § 216 bzw. die Einwilligungslehre zurückgreifende und damit das Verantwortungsprinzip bei Selbstschädigungen aushebelnde Lehre in den letzten Jahren vermehrt auf Widerspruch, so daß sie den Zenith ihres Erfolges vielleicht schon überschritten hat. So sagt Hoyer nach gründlicher Erörterung des Für und Wider,[509] „überzeugende Alternativen zu dem von Roxin entwickelten Verantwortungsprinzip" stün-

---

[504] Auch nicht einmal auf die Wirksamkeit einer Einwilligung, deren Voraussetzungen strafgesetzlich nicht geregelt und unter dem Blickwinkel des Zivilrechts auch bisher kaum durchdacht worden sind, so daß Herzbergs Lehre insoweit auf durchaus schwankendem Grunde baut.

[505] Auch Jakobs, AT², 1991, 21/98, Anm. 177, nennt die Auffassung Herzbergs „uferlos ausweitend".

[506] Hier stehen in der Diskussion zur Zeit zwei Parteien schroff gegeneinander. Die eine verlangt unter dem Einfluß psychiatrischer Suizid-Forschungen eine weitgehende Pönalisierung jeglicher Mitwirkung, wie sie in den meisten Staaten auch gesetzlich vorgesehen ist (vgl. Simson/Geerds, Straftaten gegen die Person usw., 1969, 63 ff.), die andere fordert unter dem Einfluß der neueren Euthanasie-Diskussion sogar die ersatzlose Streichung des § 216 StGB. Für eine Pönalisierung der eigennützigen Beteiligung am Selbstmord Roxin, NStZ 1984, 72. Zur Problematik des § 216 StGB vgl. zuletzt Jakobs, Tötung auf Verlangen, 1998.

[507] Dies gilt auch gegenüber der neuerdings von Schmidhäuser (Welzel-Festschrift, 1974, 801 ff.) entwickelten These, derzufolge der Selbstmord nicht tatbestandslos, sondern nach § 212 StGB tatbestandsmäßig-rechtswidrig und lediglich entschuldigt sein soll, so daß der Anstifter ohne weiteres bestraft werden müßte. Eine ausführliche Auseinandersetzung mit Schmidhäuser liefert mein in Anm. 499 genannter Beitrag in der Dreher-Festschrift, 1977, 335 ff. Für eine mittelbare Täterschaft bei der Suizidveranlassung generell Schilling, JZ 1979, 159 ff., 163; Jakobs, AT², 1991, 21/57, Anm. 119, nennt das „verfehlt", weil es „an einer unterlegenen Entscheidung des Opfers" fehle.

[508] Vgl. oben S. 158 ff. und passim.

[509] SK⁷, 2000, § 25, Rn. 60.

den auch bei den Selbstschädigungsfällen noch aus. Joecks[510] hat dieses Diktum wörtlich übernommen, und auch Sch/Sch/Cramer/Heine[511] kritisieren, daß die Gegenmeinung die Verantwortlichkeit „in zu weitem Umfang auf den Hintermann" verlagere.

Neben den beiden geschilderten Hauptströmungen machen sich auch andere Stimmen geltend, die bei Selbstschädigungen vom Verantwortungsprinzip abweichen, sich aber auch nicht an den vagen Kriterien des § 216 und der Einwilligungslehre orientieren wollen. So geht Stein[512] davon aus, daß überall dort, wo keine durch Verhaltenspflichten gebundene Person als Täter in Frage komme – und so liegt es bei der Selbstschädigung –, der Hintermann mittelbarer Täter sei. Damit wird die Unbestimmtheit einer aus § 216 und den Einwilligungsregeln abgeleiteten Grenzziehung vermieden, aber um den Preis einer viel zu weiten Ausdehnung der mittelbaren Täterschaft. „Mittelbare Täterschaft ist ... keine Ausfallhaftung für entgangene Inanspruchnahme des unmittelbaren Täters."[513] Sie kann nicht nur aus dem Fehlen der Täterschaft eines anderen, sondern muß aus sich selbst heraus begründet werden. Dazu fehlt bei Stein jeder Ansatz: Die Mitwirkung an einer völlig freien Selbstschädigung muß selbstverständlich straflos sein.

Andere wollen eine Abwägung nach den Regeln des § 34 vornehmen, wobei sich die mittelbare Täterschaft des Hintermannes nach den gleichen Kriterien bemessen soll „wie eine dem Werkzeug abgenötigte Verletzung eines Dritten"[514]. Es käme dann also darauf an, ob die Selbstschädigung sehr viel geringer wiegt als der angedrohte Schaden, wobei Sch/Sch/Cramer/Heine auch schon „eine Gleichwertigkeit der beteiligten Güter für eine Verlagerung der Verantwortlichkeit ausreichen lassen" wollen. Wenn also A den B mit einer Sachbeschädigung für den Fall bedroht, daß dieser nicht selbst seine Sache beschädigt, soll das eine mittelbare Täterschaft begründen, wenn B entsprechend der Drohung handelt. Es ist aber nicht einzusehen, warum hier nicht eine Bestrafung des A nach § 240 genügen soll, da doch B für sein Tun voll verantwortlich ist und A bei einer Verwirklichung seiner Drohung auch noch nach § 303 strafbar wäre. Dem könnte man dadurch entgehen, daß man mit § 34 ein wesentliches Überwiegen des geschützten Interesses verlangt.[515] Aber vielfach entziehen sich die in Rede stehenden Interessen einer objektiven Abwägung. In dem schon oben verwendeten Beispielsfall, in dem ein Ehemann seine Frau mit Untreue bedroht, wenn sie sich nicht ihre langen Haare abschneide, läßt sich die Frage, welches Übel das größere sei, gerichtlich vernünftigerweise nicht beantworten. So bleiben die seltenen krassen Fälle: Jemand wird mit der Vernichtung seiner wirtschaftlichen Existenz be-

---

[510] MK, 2003, § 25, Rn. 67.
[511] 2001, § 25, Rn. 10.
[512] Beteiligungsformenlehre, 1988, 240, 285.
[513] Hoyer, SK[7], 2000, § 25, Rn. 58; dieser Kritik stimmt auch Joecks, MK, 2003, § 25, Rn. 66, zu.
[514] Sch/Sch/Cramer/Heine[26], 2001, § 25, Rn. 10; auch M.-K. Meyer, Autonomie, 1984, 158 ff.; Küper, JZ 1986, 225.
[515] Wie M.-K. Meyer, Autonomie, 1984, 160, es tut.

droht, wenn er nicht seine den Nachbarn ärgernde Hecke beschneidet. Hier wird man, obwohl auch das strittig ist,[516] wenn die Hecke eines Dritten betroffen wäre, tatsächlich eine Rechtfertigung nach § 34 annehmen können. Bei analoger Anwendung dieses Gedankens auf den Fall der Selbstschädigung kommt man dann in der Tat zu einer mittelbaren Täterschaft (durch ein quasi rechtmäßig handelndes Werkzeug). Damit wird aber der Maßstab des § 35 und mit ihm das Verantwortungsprinzip nicht ersetzt, sondern nur in einem schmalen Randbereich durch einen anderen Fall mittelbarer Täterschaft ergänzt.

Eine noch wieder andere Lösung wählt Puppe.[517] Ihr zufolge handelt der sich selbst Verletzende nur dann „frei verantwortlich, wenn seine Entscheidung Ausdruck seiner Willkür ist. Handelt er dagegen im Sinne seiner eigenen Rechtsgüterverwaltung vernünftig, indem er dem Druck des Nötigenden nachgibt, wählt er also aus seiner Perspektive vernünftigerweise das kleinere Übel, so handelt er im Rechtssinne nicht mehr frei und ist für seine Selbstschädigung von Rechts wegen nicht verantwortlich." Sie verdeutlicht das an der Entscheidung RGSt 26, 242, nach dessen Sachverhalt ein Fleischermeister seinem Lehrling befohlen hatte, ein nur unvollständig gereinigtes Stück Darm zu essen. Der Lehrling bekam davon körperliche Beschwerden. Puppe will den Meister freisprechen, wenn er den Lehrling zum Verspeisen des Darmstücks durch die Drohung gebracht hat, er werde ihn sonst als Feigling betrachten; denn dann sei der Gehorsam des Lehrlings unvernünftig gewesen. Habe der Meister dagegen mit Entlassung gedroht, so sei das Verhalten des Lehrlings das kleinere Übel und damit vernünftig gewesen. Es liege also eine mittelbare Täterschaft vor.

Gegen diese Lösung spricht zweierlei. Erstens ermöglichen Kriterien wie „vernünftig" und „unvernünftig" keine halbwegs sichere Abgrenzung. Warum soll es aus der Perspektive des Lehrlings, auf die Puppe abstellen will, „unvernünftig" sein, wenn er Bauchschmerzen in Kauf nimmt, um nicht die Achtung seines Meisters, von der für ihn viel abhängt, zu verlieren? Und warum soll es nicht unvernünftig sein, sich aus Furcht vor Entlassung körperlich zu schädigen, wenn jeder Vernünftige einen derartigen Meister aus eigenem Antrieb so schnell wie möglich verlassen würde? Die beiden Begriffe haben also bei Nötigungen keine rechte Abgrenzungskraft. Und damit stehen wir bei dem zweiten Gegengrund. Wer sich durch eine Drohung zu einer Selbstschädigung veranlassen läßt, wählt aus seiner Sicht immer das kleinere Übel, handelt also „vernünftig". Andernfalls würde er der Drohung nicht nachgeben. Eine Freiheit des Bedrohten im Sinne Puppes kann es also im Grunde nicht geben. Damit hebt die Unterscheidung sich selber auf.

---

[516] Vgl. Roxin, AT/1⁴, 2006, § 16, Rn. 67 ff.
[517] AT/2, 2005, § 40, Rn. 19.

3. Die Mitwirkung bei den Taten Schuldunfähiger, bei Kindern, Jugendlichen und vermindert Schuldfähigen

a) Schuldunfähige, Kinder und Jugendliche

Die Diskussion in diesem Bereich hat nicht alle oben im Text[518] behandelten Sachverhaltsvariationen aufgenommen, stimmt aber der großen Linie nach im Ergebnis (vor allem in der Heranziehung des Verantwortungsprinzips) durchaus mit den hier vertretenen Auffassungen überein.[519] Abweichende Meinungen vertreten in der neueren Lehrbuchliteratur neben Köhler[520] und Schild[521], die beide Anstiftung annehmen, vor allem Jakobs und Bockelmann. Jakobs[522] will bei ausgeschlossener Schuld des Werkzeugs nur denjenigen als mittelbaren Täter ansehen, der die Bedingungen hierfür nicht nur kennt, sondern dafür auch vorrangig zuständig ist; so etwa bei Ausnutzung der elterlichen Autorität gegenüber einem Kind (§ 19 StGB) oder einem nach § 3 JGG nicht reifen Jugendlichen. Doch soll Teilnahme oder Mittäterschaft vorliegen, wenn „das Kind entgegen der gesetzlichen Vermutung vorzeitig zur Normerkenntnis und -befolgung reif" ist. Dagegen will Bockelmann[523] in der Regel Anstiftung annehmen, und zwar auch bei Kindern oder dort, wo jemand einen „defektgeschädigten, schuldunfähigen" Paralytiker zur Tatausführung benutzt. „Denn einen immerhin noch zu Arbeiten, die eine bescheidene Selbständigkeit erfordern, befähigten Kranken hat man nicht wie ein Werkzeug in der Hand; die Entschließung zu der ihm angesonnenen Tat bleibt seine eigene Entscheidung." Etwas anderes soll nur ausnahmsweise gelten, z. B. wenn ein Kind „wie Wachs" in der Hand des Hintermannes war.

Solche Differenzierungen, die sich von der allein handhabbaren Leitlinie der rechtlichen Verantwortlichkeit entfernen, sind jedoch abzulehnen, weil dabei „die Täterbestimmung ins Willkürliche abgleiten muß"[524]. Für das, was eine „eigene Entscheidung" ist, und zur Bestimmung des Zeitpunkts, ab dem ein Kind „zur Normerkenntnis und -befolgung reif" ist, gibt es außerhalb des gesetzlichen Zurechnungsurteils kein Kriterium. Wollte man hier (aber nach welchen Maßstäben?) differenzieren, so müßte man bei der Nötigung nach § 35 StGB genauso verfahren, woran mit Recht noch niemand gedacht hat.[525]

---

[518] S. 233–242.

[519] Vgl. mit weiteren Literaturnachweisen Bottke, Gestaltungsherrschaft, 1992, 64 f.; Freund, AT, 1998, § 10, Rn. 77 f.; Herzberg, Täterschaft und Teilnahme, 1977, 29 ff.; Hoyer, SK⁷, 2000, § 25, Rn. 51; Joecks, MK, 2003, § 25, Rn. 52; Kühl, AT⁵, 2005, § 20, Rn. 66 f.; Sch/Sch/Cramer/Heine²⁶, 2001, § 25, Rn. 41.

[520] Dazu oben S. 662 ff.

[521] Dazu oben S. 669 f.

[522] Jakobs, AT², 1991, 21/96 im Anschluß an RGSt 61, 265 und Jescheck, AT⁴, 1988, 605; ähnlich Preisendanz, StGB³⁰, 1978, § 25 III, 3, c.

[523] AT³, 1979, 193, mit antikritischen Ausführungen zu meinen Darlegungen; ebenso Bockelmann/Volk, AT⁴, 1987, 194. Generell für Anstiftung Köhler, AT, 1997, 509 (näher dazu vgl. oben S. 663 f.).

[524] Herzberg, JuS 1974, 376. Im Ergebnis wie hier nunmehr auch Jescheck/Weigend, AT⁵, 1996, 668.

[525] Bockelmann (vgl. oben S. 686 bei Anm. 488, 491) will dort sogar bei volldeliktischem

Ich halte also an meiner These fest, daß bei der Mitwirkung an den Taten von Geisteskranken, nicht verantwortlichen Kindern und Jugendlichen eine Teilnahme nur in Betracht kommt, wenn die Unterstützung einen vom Ausführenden schon vorher gefaßten Tatentschluß lediglich fördert oder die konkrete Ausgestaltung der selbständig beschlossenen Tat nur modifiziert.[526]

b) Vermindert Schuldfähige

Der Fall, daß jemand sich eines im Sinne des § 21 StGB vermindert Schuldfähigen zur Begehung einer Straftat bedient, ist in diesem Buch (S. 237/238) erstmals behandelt und in differenzierender Weise gelöst worden: Wenn die Herabsetzung der Schuldfähigkeit auf fehlender Unrechtseinsicht beruht, wird mittelbare Täterschaft angenommen, wie dies auch beim „normalen" Verbotsirrtum des Ausführenden der Fall ist. Hat dagegen eine verminderte Steuerungsfähigkeit den Zustand des § 21 hervorgerufen, kann der Hintermann nur Anstifter sein, weil der Ausführende das Geschehen immerhin noch selbst beherrscht. Dieser Auffassung haben sich inzwischen verschiedene Autoren angeschlossen.[527] Demgegenüber will eine zweite Meinungsgruppe[528] in allen Fällen verminderter Schuldfähigkeit des Ausführenden eine mittelbare Täterschaft des Hintermannes annehmen, während eine dritte Ansicht[529] in allen Fällen eine Anstiftung für gegeben hält.

Für die Annahme, daß in allen Fällen eine mittelbare Täterschaft vorliegt, wird vor allem geltend gemacht, daß fehlende Einsichts- und Steuerungsfähigkeit schwer auseinanderzuhalten seien[530] und daß die Ausnutzung eines Steuerungsdefizits beim Ausführenden auch im Falle nur verminderter Schuldfähigkeit eine Tatherrschaft des Hintermannes begründe.[531] Beide Argumente schlagen aber nicht durch. Denn wenn die Unrechtseinsicht des unmittelbaren Täters zweifelhaft bleibt, ist zugunsten des Hintermannes deren Bestehen anzunehmen, also nur wegen Anstiftung zu bestrafen. Und ein Steuerungsdefizit beim Ausführenden kann, solange der unmittelbare Täter für sein Tun verantwortlich bleibt, auch nur eine Anstiftung begründen. Jede andere Lösung würde das Verantwortungsprinzip aushebeln, das doch

---

Handeln des Ausführenden eine mittelbare Täterschaft anerkennen, was mir mit deren Ablehnung bei der Benutzung von Kindern, Paralytikern und anderen Geisteskranken schwer verträglich zu sein scheint.

[526] Vgl. oben S. 236, 239.

[527] Heinrich, Rechtsgutszugriff, 2002, 256 ff.; Hoyer, SK[7], 2000, § 25, Rn. 51; Kühl, AT[5], 2005, § 20, Rn. 68; Lackner/Kühl[25], 2004, § 25, Rn. 4.

[528] Sch/Sch/Cramer/Heine[26], 2001, § 25, Rn. 41; Joecks, MK, 2003, § 25, Rn. 53; Renzikowski, Restriktiver Täterbegriff, 1997, 86 f. (vgl. dazu schon S. 683); Schaffstein, NStZ 1989, 156; Schroeder, Der Täter hinter dem Täter, 1965, 120 ff.

[529] Herzberg, Täterschaft und Teilnahme, 1977, 12 f.; Jakobs, AT[2], 1991, 21/94; Krey, AT/2[2], 2005, § 28, Rn. 153 m. Fn. 112; Schumann, Selbstverantwortung, 1986, 76; Stratenwerth/Kuhlen, AT[5], 2004, § 12, Rn. 52.

[530] Schaffstein, NStZ 1989, 157; Sch/Sch/Cramer/Heine[26], 2001, § 25, Rn. 41; Joecks, MK, 2003, § 25, Rn. 53.

[531] Schaffstein, NStZ 1989, 157.

für die Fälle der §§ 35, 20 fast unbestritten ist. Man würde damit zur Möglichkeit einer mittelbaren Täterschaft im Grenzbereich der Entschuldigungsgründe zurückkehren und könnte konsequenterweise nicht einmal bei § 21 stehenbleiben. Denn auch unterhalb der Schwelle zur erheblich verminderten Steuerungsfähigkeit gibt es mehr oder weniger große Steuerungsdefizite in der Person des Ausführenden, die ein Hintermann ausnutzen kann. Eine handhabbare Grenzziehung ist dann also überhaupt nicht mehr möglich.

Es in allen Fällen bei einer bloßen Anstiftung bewenden zu lassen, ist aber auch nicht angängig. Denn wenn ein Ausführender in erheblich verminderter Einsichtsfähigkeit handelt, entlastet ihn dies nur unter der Voraussetzung, daß er in concreto keine Unrechtseinsicht hatte.[532] Dann aber gelten die Regeln, die bei einem Verbotsirrtum des unmittelbar Handelnden eingreifen.[533] Nimmt man mit dem BGH sowie der herrschenden und auch hier befürworteten Ansicht eine mittelbare Täterschaft des Hintermannes an, kann man die mangelnde Unrechtseinsicht in den Fällen des § 21 nicht anders behandeln. Die hier vertretene differenzierende Lösung ist dann also zwingend.

4. Die Irrtumsherrschaft

a) Das vorsatzlos handelnde Werkzeug

Die Tatherrschaft dessen, der sich eines vorsatzlos handelnden Werkzeugs bedient, ist von alters her das gesichertste Beispiel mittelbarer Täterschaft. Zweifelhaft war hier allein der Fall, daß ein Hintermann den Irrenden nur unterstützt oder den Kausalverlauf nur unwesentlich beeinflußt. Soweit das Schrifttum sich mit dieser Frage befaßt, wird jetzt ganz überwiegend im Sinne des Textes[534] auch bei solchen Konstellationen[535] mittelbare Täterschaft angenommen. Mit Recht weisen Stratenwerth/Kuhlen[536] darauf hin, daß auch Täter sein könne, „wer bloße Naturereignisse ‚unterstützt': So begeht zweifellos Brandstiftung, wer bei einem durch Blitzschlag verursachten Schadenfeuer die Feuerwehrsirene außer Funktion setzt." Dem entspricht es, auch die Unterstützung eines unmittelbar Handelnden, dessen vorsatzausschließenden Irrtum der Hintermann erkennt, als mittelbare Täterschaft zu bestrafen.

---

[532] Näher dazu Roxin, AT/1[4], 2006, § 20, Rn. 35.

[533] Näher S. 697 ff.

[534] Oben S. 173 ff.; abw. jedoch Schmidhäuser, AT[2], 1975, 14/42, der die Annahme mittelbarer Täterschaft als einziger Autor „abwegig" findet (a.a.O., Anm. 34) und den Tatbeitrag des Hintermannes straflos lassen wollte. In StuB[2], 1984, 10/84, wird nun trotz fehlenden Vorsatzes beim Täter eine Beihilfe bejaht. Gegen mittelbare Täterschaft auch Schumann, Selbstverantwortung, 1986, 79 ff. (dazu oben S. 681); Hoyer, SK[7], 2000, § 25, Rn. 106.

[535] Vgl. Freund, AT, 1998, § 10, Rn. 58; Köhler, AT, 1997, 508; Krey, AT/2[2], 2005, § 28, Rn. 119; Kühl, AT[5], 2005, § 20, Rn. 52; Maurach/Gössel/Zipf, AT/2[7], 1989, 48/89; Sch/Sch/Cramer/Heine[26], 2001, § 25, Rn. 15; Stratenwerth/Kuhlen, AT[5], 2004, § 12, Rn. 36; im Ergebnis auch Schild, Tatherrschaft, 1994, 18 ff. (allerdings als Handlungsherrschaft; dazu vgl. oben S. 677).

[536] Wie in Anm. 535.

b) Zur abweichenden Struktur der Irrtumsherrschaft im Verhältnis zur Nötigungsherrschaft

Abgesehen von diesem Fall dreht sich die Debatte im Bereiche der Irrtumsherrschaft vor allem darum, ob eine mittelbare Täterschaft wie bei der Nötigung voraussetzt, daß der unmittelbar Handelnde infolge des Irrtums von der strafrechtlichen Verantwortung für sein Tun (mindestens aber vom Vorwurf vorsätzlicher Tat) entlastet wird, oder ob, wie ich das in diesem Buche[537] ausführlich zu begründen versucht habe, auch bei nur geminderter Vorsatzschuld oder sogar bei volldeliktischem Handeln des unmittelbar Ausführenden eine mittelbare Täterschaft des Hintermannes in Betracht kommt. Das Problem des „Täters hinter dem Täter" tritt hier also wieder in eine andere Perspektive.

Herzberg[538] will allerdings meine Konzeption schon im Ansatz widerlegen, indem er meine These, daß die Willensherrschaft kraft Irrtums eine durchaus andere Struktur aufweise als die Nötigungsherrschaft,[539] zugunsten der Annahme bestreitet, daß „beide Konstellationen ... im Grunde gleich" beschaffen seien; auch der Irrende befinde sich „in Handlungszwang". Diese Annahme ist jedoch phänomenologisch einfach nicht richtig: Der Genötigte handelt unter starkem, schwer widerstehlichem psychischen Druck, und deshalb wird er von der Verantwortung befreit; der Irrende fühlt sich nicht im geringsten „in Handlungszwang", aber er kennt die Sachgegebenheiten nicht oder nicht vollständig, und *deshalb* wird er in größerem oder geringerem Maße von der strafrechtlichen Verantwortung entlastet.

Läßt sich demnach die behauptete Strukturgleichheit der Irrtums- und der Nötigungsfälle nicht halten, so ist eine Übertragung des Verantwortungsprinzips auf die Irrtumsfälle jedenfalls nicht, wie Herzberg es dartun möchte, aus diesem Grunde geboten.

Das schließt freilich nicht aus, daß dieses Prinzip sich ungeachtet aller sonstigen Verschiedenheiten beider Arten der Willensherrschaft als normative Leitlinie zur Abgrenzung von Anstiftung und mittelbarer Täterschaft auch in den Irrtumsfällen eignen könnte, wie dies letzthin wieder Krey[540] mit besonderem Nachdruck vertritt. Darauf wird nachfolgend bei Behandlung der verschiedenen in Betracht kommenden Konstellationen einzugehen sein.[541]

---

[537] Oben S. 193–232.

[538] JuS 1974, 374; in Täterschaft und Teilnahme, 1977, 17 ff., verteidigt sich Herzberg ausführlich gegen meine Kritik, sieht sich aber doch zu einer „Präzisierung und Einschränkung" (20), teilweise auch einer „Korrektur" (23) seiner früheren Annahmen veranlaßt. Der Gedanke von der „Unfreiheit" des Irrenden liegt (bei zum Teil ganz abweichenden Ergebnissen) auch der Monographie von M.-K. Meyer, Autonomie, 1984, zugrunde; dazu oben S. 679 f.

[539] Darüber näher oben, S. 170–173, 232.

[540] AT/2², 2005, § 28 III, Rn. 147 ff.

[541] Der Gesetzgeber hat die Frage übrigens mit Vorbedacht offengelassen. In der Begründung des E 1962, 149, heißt es über die nun in § 25 Abs. 1 StGB Gesetz gewordene Fassung, daß „verschiedene Fragen, namentlich die rechtliche Beurteilung des vollverantwortlichen Tatmittlers, noch der Klärung durch die Wissenschaft bedürfen und der Rechtsentwicklung insoweit nicht vorgegriffen werden sollte". Dagegen hat der BGH sich im „Katzenkönigs-

c) *Die Benutzung eines im Verbotsirrtum handelnden Mittelsmannes*

Das zeigt sich zunächst bei der Benutzung eines im Verbotsirrtum handelnden Mittelsmannes. Hier wird teilweise angenommen, daß die Veranlassung oder Ausnutzung eines unvermeidbaren Verbotsirrtums den Hintermann zum mittelbaren Täter mache, daß bei vermeidbarem Verbotsirrtum jedoch nur eine Anstiftung in Betracht komme.[542] Vereinzelt findet sich aber auch die Ansicht, daß selbst die Veranlassung eines unvermeidbaren Verbotsirrtums stets[543] oder möglicherweise[544] nur Teilnahme begründe, wohingegen die überwiegende Meinung auch bei vermeidbarem Verbotsirrtum allemal eine mittelbare Täterschaft bejaht.[545]

Blei dagegen[546] plädiert für mittelbare Täterschaft, wenn der Hintermann den (vermeidbaren oder unvermeidbaren) Verbotsirrtum herbeigeführt hat, während bei bloßer Ausnutzung eines Verbotsirrtums in jedem Falle nur Teilnahme vorliegen soll. Noch wieder anders stellt Murmann[547] darauf ab, „inwieweit dem Hintermann zugunsten des Opfers eine Pflicht obliegt, die Hervorrufung oder Ausnutzung von Irrtümern über Rechtsfragen zu unterlassen". Eine solche Pflicht wird nur ausnahmsweise, vor allem bei staatlichen Stellen, angenommen. Der Kreis dieser Sonderpflichtigen deckt sich nach Murmann vielfach „mit dem Personenkreis, dessen Auskünfte nach der Rechtsprechung die Unvermeidbarkeit des Verbotsirrtums begründen", so daß praktisch meist nur bei Unvermeidbarkeit des Verbotsirrtums eine mittelbare Täterschaft angenommen wird.[548]

Fall" (BGHSt 35, 347 ff.) mit der hier vertretenen Lehre gegen die Übertragung des Verantwortungsprinzips auf die Irrtumsfälle ausgesprochen (vgl. oben Nr. 29, S. 602 ff.). Ebenso Schaffstein, NStZ 1989, 156.

[542] Bloy, Zurechnungstypus, 1985, 347 ff.; Herzberg, JuS 1974, 374; Jakobs, AT², 1991, 21/96; Jescheck/Weigend, AT⁵, 1996, 669; Krey, AT/2², 2005, § 28, Rn. 148 ff.; Kutzner, Die Rechtsfigur des Täters hinter dem Täter usw., 2004, 200; Maiwald, ZStW 88 (1976), 736; Spendel, Lüderssen-Festschrift, 2002, 608 ff.; Stratenwerth/Kuhlen, AT⁵, 2004, § 12, Rn. 55.

[543] So Welzel, Das Deutsche Strafrecht¹¹, 1969, 103; Köhler, AT, 1997, 509; Klesczewski, Selbständigkeit, 1997, 317.

[544] So Bockelmann, AT³, 1979, 180 f., gegen seine frühere Lehre (oben S. 194); ebenso noch Bockelmann/Volk, AT⁴, 1987, 181.

[545] Baumann/Weber/Mitsch, AT¹¹, 2003, § 29, Rn. 139; Freund, AT, 1998, § 10, Rn. 89; Gropp, AT³, 2005, § 10, Rn. 70, Fn. 81; Heinrich, Rechtsgutszugriff, 2002, 218 ff.; Herzberg, Täterschaft und Teilnahme, 1977, 23; ders., Jura 1990, 16 (22 ff.); Hoyer, SK⁷, 2000, § 25, Rn. 74; Ingelfinger, Anstiftervorsatz, 1992, 176; Jäger, AT, 2003, § 6, Rn. 241; Joecks, MK, 2003, § 25, Rn. 93 („zumindest" im „Katzenkönigs-Fall" mittelbare Täterschaft); Kindhäuser, Bemmann-Festschrift, 1997, 339, 343 f.; ders., AT, 2005, § 39, Rn. 33; Küper, JZ 1989, 935; Lackner/Kühl²⁵, 2004, § 25, Rn. 4; Preisendanz, StGB³⁰, 1978, § 25, III, 3, d; Puppe, AT/2, 2005, § 40, Rn. 21 ff.; Renzikowski, Restriktiver Täterbegriff, 1997, 81; Schaffstein, NStZ 1989, 153 ff.; Sch/Sch/Cramer/Heine²⁶, 2001, § 25, Rn. 38; Fr.-Chr. Schroeder, Der Täter hinter dem Täter, 1965, 126 ff.; Schumann, Selbstverantwortung, 1986, 79; ders., NStZ 1990, 32 ff.; Stein, Beteiligungsformenlehre, 1988, 296 ff.; Wessels/Beulke, AT³⁵, 2005, § 13, Rn. 542. Unentschieden Kühl, AT⁵, 2005, § 20, Rn. 81: „Eine Entscheidung … fällt schwer … Letztlich geht es darum, ob Tatherrschaft rein faktisch zu verstehen ist oder ob sie auch an normativen, gesetzlichen Vorgaben ausgerichtet werden muß."

[546] Blei, AT¹⁸, 1983, 259 f.; ähnlich Schaffstein, NStZ 1989, 157.

[547] Murmann, GA 1998, 78.

[548] Murmann, GA 1998, 83, 85.

698

Im Widerspruch zu all diesen Lehren wird oben im Text[549] die Ansicht vertreten, daß Teilnahme vorliegt, wenn der unmittelbar Ausführende die materielle Rechtswidrigkeit, d. h. die Sozialwidrigkeit seines Handelns, erfaßt hat (mag er auch über das formelle Verbot, die rechtlich zutreffende Subsumtion oder die Strafbarkeit irren); dagegen wird, wenn der Ausführende (verschuldet oder unverschuldet) das materiell Rechtswidrige seines Verhaltens nicht sieht, die mittelbare Täterschaft in allen Fällen bejaht.

Schon dieser vielfältig zersplitterte Meinungsstand zeigt, daß der Problemkreis noch weiterer Diskussion bedarf. Der beschränkte Raum verbietet eine eingehende Behandlung an dieser Stelle.[550] Doch sei hier wenigstens darauf hingewiesen, daß die Vorwerfbarkeit oder Unverschuldetheit eines Verbotsirrtums mir nach wie vor kein richtiges Kriterium zur Abgrenzung von Täterschaft und Teilnahme zu sein scheint. In den Nötigungsfällen gibt das Verantwortungsprinzip eine richtige Lösung, weil die Stärke des vom Hintermann ausgeübten Druckes mit der Freiheitsbeschränkung des Ausführenden unmittelbar korrespondiert und die Entschuldigungsgründe den Punkt angeben, an dem nach gesetzlicher Wertung der Willenseinfluß in Willensherrschaft umschlägt. In den Irrtumsfällen aber wirkt sich der Umstand, daß der über das materielle Unrecht seines Tuns getäuschte Ausführende[551] seinen Verbotsirrtum durch weitere Recherchen hätte vermeiden können, auf das Ausmaß der aktuellen Steuerung des Geschehens durch den Hintermann überhaupt nicht aus, und deshalb kann es für die Abschichtung von Täterschaft und Teilnahme darauf nicht ankommen.[552] Diese Einwände gelten auch gegenüber Murmann,[553] dessen Differenzierung sich vom Kriterium der Tatherrschaft genauso entfernt wie die Unterscheidung von vermeidbarem und unvermeidbarem Verbotsirrtum. Auch wird man eine jedermann treffende Pflicht, die Herbeiführung von Straftaten durch Hervorrufung oder Ausnutzung von Verbotsirrtümern zu unterlassen, für eine mittelbare Täterschaft genügen lassen müssen.

Es ist heute einer der häufigsten Fälle vermeidbaren Verbotsirrtums, daß ein Kaufmann im Bereiche des Wirtschaftsstrafrechts über die Erlaubtheit eines bestimmten Tuns keine ausreichenden Erkundigungen einzieht. Daß aber ein arglistiger Geschäftspartner deshalb, weil er dem gutgläubigen Tatmittler die absolute Korrektheit seines Verhaltens vorgespiegelt und ihn

---

[549] S. 193–205; zustimmend Hünerfeld, ZStW 99 (1987), 244; Otto, Jura 1987, 255; ders., Grundkurs AT[7], 2004, § 21, Rn. 84; ders., Roxin-Festschrift, 2001, 483.
[550] In meiner Abhandlung „Bemerkungen zum Täter hinter dem Täter" (Lange-Festschrift, 1976, 173 ff.) bin ich diesen Fragen weiter nachgegangen.
[551] Im umgekehrten Fall des bloßen Irrtums über die formelle Rechtswidrigkeit bei Kenntnis der Sozialwidrigkeit des eigenen Handelns ergibt sich freilich, wie Stratenwerth (AT[2], 1976, Rn. 781) mit Recht hervorhebt, kein Unterschied zwischen meiner Lehre und der Auffassung, die auch in den Irrtumsfällen auf das Verantwortlichkeitsprinzip abstellt: „Kennt der Tatmittler die materielle Rechtswidrigkeit der Tat, so wird sein Verbotsirrtum schwerlich unvermeidbar sein können, mittelbare Täterschaft also aus diesem Grund ausscheiden" (Stratenwerth, a.a.O.). Es gibt also auch nach meiner Auffassung eine Teilnahme bei vermeidbarem Verbotsirrtum, aber nur in einem geringeren Teil der Fälle.
[552] Zum Ganzen ausführlich Küper, JZ 1989, 935 ff.
[553] Murmann, GA 1998, 78.

dadurch von der an sich gebotenen Befragung eines Anwaltes abgehalten hat, zum Teilnehmer werden soll, obwohl er allein von vornherein die Fäden des Gaunerstücks in der Hand gehabt hat, wird niemanden überzeugen. Eine derart unbefriedigende Annahme ist nur eine Ableitung aus dem hier nicht passenden Verantwortungsprinzip, die an der Struktur der Willensherrschaft kraft Irrtums vorbeigeht.[554]

Das bedeutet nicht, daß die Ausnützung oder Herbeiführung *jedes* Verbotsirrtums den Hintermann zum mittelbaren Täter macht. Der Umstand, daß in § 17 eine nur fakultative Strafmilderung angeordnet ist, zeigt deutlich, daß der Gesetzgeber Fälle der Rechtsfeindschaft kennt, in denen der Irrende bei voller Kenntnis der materiellen Rechtswidrigkeit seines Tuns lediglich in intolerabler Weise falsch subsumiert. Hier handelt der Ausführende dann nicht nur vorsätzlich, sondern auch mit unverminderter Schuld. Er irrt (bei der gebotenen normativen Beurteilung) nicht einmal über den konkreten Handlungssinn, weil er bei einer Parallelbeurteilung im Laienbewußtsein das materielle Unrecht seines Verhaltens durchaus sieht. In solchen (allerdings seltenen) Fällen kann der Hintermann nur Anstifter oder Gehilfe sein. Auch die neuere Rechtsprechung des BGH geht in die Richtung einer solchen Unterscheidung.[555]

Die Kritik, die einige Autoren an der von mir vorgenommenen Differenzierung üben,[556] kann ich nicht teilen. Wenn Heinrich sagt,[557] auch wenn die Kenntnis der materiellen Rechtswidrigkeit eine Hemmschwelle aufrichte, aus deren Überwindung man dem unmittelbar Handelnden einen gesteigerten Vorwurf machen könne, so sei „diese jedenfalls niedriger, als hätte er obendrein auch noch die Kenntnis vom formellen Verbotensein", so läßt sich dem mit Otto[558] entgegenhalten: „Wer beleidigende Äußerungen über andere verbreitet, Wohnraum zu wucherischem Mietzins vermietet oder einen anderen

---

[554] Wie hier entgegen seiner ursprünglichen Auffassung auch Herzberg, Täterschaft und Teilnahme, 1977, 23; auf Grund seines jetzt „modifizierten" Verantwortungsprinzips läßt er es für die mittelbare Täterschaft ausreichen, daß die Verantwortung des Tatmittlers „insoweit eingeschränkt ist, als sich ihm gegenüber der Vorwurf eines bewußten Rechtsbruches verbietet". Dagegen wollen Maiwald (ZStW 88 [1976], 736 f.) und Bloy (Zurechnungstypus, 1985, 351) die von mir verworfene Parallele zu den Nötigungsfällen mit der Begründung aufrechterhalten, daß auch bei diesen nicht die Stärke des psychischen Druckes, sondern normative Maßstäbe über die mittelbare Täterschaft entschieden. Warum solle dann beim Verbotsirrtum „plötzlich die faktische Steuerung des Geschehens maßgebend sein"? Aber bei den Nötigungsfällen entscheidet eben doch prinzipiell der psychische Druck, dessen Ausmaß nur in Grenzbereichen normativ bestimmt wird. Die Irrtumsfälle dagegen beruhen auf dieser Steuerung durch überlegenes Wissen, und dieses ist grundsätzlich unabhängig davon, ob der Irrtum vermeidbar war. Wollte man anders entscheiden, so könnte man auch beim vermeidbaren Tatbestandsirrtum des unmittelbar Handelnden eine mittelbare Täterschaft des Hintermannes verneinen; das aber vertritt niemand.

[555] Oben Nr. 29, S. 602 ff. Ich habe das in LK[11], 1993, § 25, Rn. 84 ff., anhand einer Analyse des „Katzenkönigs-Falles" (BGHSt 35, 347) näher ausgeführt. Kritisch aber Bottke, Gestaltungsherrschaft, 1992, 70.

[556] Sch/Sch/Cramer/Heine[26], 2001, § 25, Rn. 38; Heinrich, Rechtsgutszugriff, 2002, 220 f.; Schumann, Selbstverantwortung, 1986, 79, Fn. 28; Stein, Beteiligungsformenlehre, 1988, 296.

[557] Rechtsgutszugriff, 2002, 221.

[558] Roxin-Festschrift, 2001, 490.

700

mißhandelt, kennt genau den Sachverhalt, den der Gesetzgeber als strafwürdig und strafbedürftig einschätzt und dementsprechend unter Strafe gestellt hat ... Durch die Kenntnis der formellen Rechtswidrigkeit des verwirklichten Sachverhalts wird auf seiten des Hintermannes kein rechtlich relevantes überlegenes Sachwissen begründet." Diese Annahme wird dadurch gestützt, daß beim Verbotsirrtum nur eine fakultative Strafmilderung vorgesehen ist. Gerade in Fällen der Rechtsfeindschaft, in denen der unmittelbare Täter das materiell Rechtswidrige seines Tuns erkennt, ohne daraus den Schluß auf dessen formelle Rechtswidrigkeit zu ziehen, hält der Gesetzgeber also das Wissensdefizit des Ausführenden für irrelevant. Puppe[559] begründet die mittelbare Täterschaft bei einem im Verbotsirrtum handelnden Tatmittler mit der These, daß dem im Verbotsirrtum Handelnden „der Zugang zur Vollform der Vorsatzschuld verschlossen" sei. In Fällen aber, in denen eine Strafmilderung unangebracht ist, ist nach den Maßstäben des Gesetzgebers die „Vollform der Vorsatzschuld" gegeben, so daß Puppes Gedanke – auch wenn sie diese Konsequenz nicht zieht – genau auf die hier vorgeschlagene Differenzierung hinleitet.

Sch/Sch/Cramer/Heine[560] lassen es ebenfalls für eine mittelbare Täterschaft des Hintermannes genügen, daß der Verbotsirrtum des Ausführenden „auf einem Subsumtionsirrtum ... beruht, da auch insoweit Wissensmacht auf seiten des Hintermannes besteht, was vor allem im Nebenstrafrecht Bedeutung erlangen kann". Was die in Anspruch genommene „Wissensmacht" anlangt, so wurde schon dargelegt, daß das Fehlen dieses Wissens bei voller Kenntnis der materiellen Rechtswidrigkeit des eigenen Verhaltens vom Gesetzgeber weder als Einsichts- noch als Schulddefizit beurteilt wird. Und der Hinweis auf das Nebenstrafrecht geht insofern fehl, als hier die Kenntnis der materiellen Rechtswidrigkeit häufig erst aus der Bekanntschaft des formellen Verbotes abgeleitet werden kann. In solchen Fällen führt dann selbstverständlich die Verschleierung des formellen Verbotes durch den Hintermann zur mittelbaren Täterschaft, weil der Irrtum über das formelle Verbot und über das materielle Unrecht beim unmittelbar Handelnden zusammenfallen. In der Regel wird deshalb die Benutzung eines im Verbotsirrtum Handelnden in diesen Fällen zur mittelbaren Täterschaft des Hintermannes führen.

d) Die Täuschung über den konkreten Handlungssinn

Noch schwieriger stellen sich die Probleme bei den Fällen, die ich oben[561] unter dem Gesichtspunkt des „Irrtums über den konkreten Handlungssinn" erörtert habe. Trotz ihrer begrenzten praktischen Bedeutung sind diese Konstellationen in den letzten Jahrzehnten besonders lebhaft erörtert worden, wobei der Fall des manipulierten error in persona[562] im Vordergrund stand.

---

[559] AT/2, 2005, § 40, Rn. 30.
[560] Sch/Sch/Cramer/Heine[26], 2001, § 25, Rn. 38.
[561] S. 212–220.
[562] Oben S. 213–216.

Die hier entwickelte Meinung, wonach in solchen Fällen eine mittelbare Täterschaft vorliegt, obwohl der Ausführende volldeliktisch handelt und nur über die Identität des Opfers (bzw. taterhebliche Handlungsvoraussetzungen oder Qualifikationsmerkmale) irrt, wird zwar auch sonst oft vertreten,[563] doch hat sich ebenso dezidierter Widerspruch erhoben. So meint Welzel,[564] wenn man den Hintermann in solchen Fällen sinngestaltender Überdetermination als Täter ansehe, so löse man damit „in Wahrheit die Funktion des Tatbestandes auf". Herzberg[565] hat diesen Einwand mit besonderer Klarheit formuliert: „Roxin läßt hier außer acht, was er sonst mit Recht betont: daß die Täterschaft gleichbedeutend ist mit der Tatbestandserfüllung. Ist im Gesetz das entscheidende Merkmal abstrakt gefaßt, so kann das überlegene Erkennen konkreter Umstände, die für den Unrechtstatbestand keine Rolle spielen, eine rechtserhebliche Tatherrschaft nicht begründen."

Diese Kritik ist überaus bemerkenswert.[566] Aber ihre Berechtigung erscheint doch zweifelhaft, wenn man sieht, daß die Kritiker im Ergebnis zu denselben oder ähnlichen Lösungen kommen, wie ich sie vorgeschlagen habe. So nimmt Welzel[567] bei der „Ausnützung fremden Verbrechensplans für eigene Zwecke" eine unmittelbare Nebentäterschaft des Manipulators an, und auch Stratenwerth[568] meinte ehedem, man könne bei der durch Täuschung herbeigeführten „Umlenkung" eines Verbrechensplans auf ein anderes Opfer den Hintermann als unmittelbaren Täter ansehen.[569] Damit wird aber doch eingeräumt, daß dem Hintermann in solchen Fällen die Tatbestandserfüllung als sein eigenes Werk zugerechnet werden kann, so daß die These, ich hätte „die Funktion des Tatbestandes" aufgelöst, in sich zusammenfällt. Ob man dabei von mittelbarer Täterschaft oder von einer Art fremdhändiger „Nebentäterschaft" spricht, ist dann mehr eine terminologische Frage, die an der Übereinstimmung in der Sache wenig ändert.[570] Im übrigen wird man

[563] Z. B. von Baumann/Weber/Mitsch, AT[11], 2003, § 29, Rn. 144; Blei, AT[18], 1983, 258; Haft/ Eisele, Keller-Gedächtnisschrift, 2003, 81 ff. (99); Heinrich, Rechtsgutzugriff, 2002, 230 ff.; Jäger, AT, 2003, § 6, Rn. 246; Köhler, AT, 1997, 508; Kühl, AT[5], 2005, § 20, Rn. 74; M.-K. Meyer, Autonomie, 1984, 99 ff.; Sax, ZStW 69 (1957), 434; Schild, Täterschaft, 1994, 20; Sch/Sch/Cramer/Heine[26], 2001, § 25, Rn. 23; Schroeder, Der Täter hinter dem Täter, 1965, 134 ff.; Schmidhäuser, AT[2], 1975, 14/49; ders., StuB[2], 1984, 10/85.
[564] Das Deutsche Strafrecht[11], 1969, 106.
[565] JuS 1974, 375 = Täterschaft und Teilnahme, 1977, 25.
[566] Gegen mich in ausführlicher Auseinandersetzung auch Stratenwerth, AT[1], 1971, Rn. 836– 844 (vgl. dazu meine Antikritik in ZStW 84 (1972), 1007 f.); Stratenwerth/Kuhlen, AT[5], 2004, § 12, Rn. 63, nehmen jetzt Anstiftung an. Ferner Bloy, Zurechnungstypus, 1985, 358 ff., der eine Anstiftung bejaht; Schumann, Selbstverantwortung, 1986, 76 f., der Beihilfe annimmt; Stein, Beteiligungsformenlehre, 1988, 295, der von einer „Teilnahme" ausgeht. Gegen mittelbare Täterschaft ferner: Gropp, AT[3], 2005, § 10, Rn. 53, 54, Hoyer, SK[7], 2000, § 25, Rn. 78 (Hintermann als „Teilnehmer"); Jescheck/Weigend, AT[5], 1996, § 62 II, 2 (Hintermann als Anstifter oder Nebentäter); Joecks, MK, 2003, § 25, Rn. 106 (Hintermann als Gehilfe); Krey, AT/2[2], 2005, § 28, Rn. 161 (Anstiftung); Otto, Grundkurs AT[7], 2004, § 21, Rn. 91 (Anstiftung).
[567] Das Deutsche Strafrecht[11], 1969, 111.
[568] AT[3], 1981, Rn. 784.
[569] Daneben stellt er freilich auch die Bejahung einer Anstiftung oder einer Beihilfe zur Wahl. Für Anstiftung auch Spendel, Lange-Festschrift, 1976, 169; Jakobs, AT[2], 1991, 21/102.
[570] Im übrigen wird die hier vertretene Ansicht sich erst dann vollständig durchsetzen können,

Joecks[571] darin zustimmen müssen, daß der Weg über die Nebentäterschaft „nicht gangbar" ist, „denn über § 25 hinaus sieht das StGB keine täterschaftliche Verhaltenszurechnung vor". Der Nebentäter wird als unmittelbarer Täter unabhängig von anderen Ausführenden tätig; gerade daran fehlt es hier.

Es ist auch unbestreitbar, daß der Hintermann über den Tod des konkreten Opfers die alleinige Herrschaft hat; insoweit handelt der Ausführende unwissend. Man kann daher eine mittelbare Täterschaft nur leugnen, wenn man für den Vorsatz der „Tötung durch einen anderen" die Beherrschung einer auf die Gattung gerichteten Verletzungshandlung – der Eigenschaft des Opfers als Mensch – verlangt. Das aber ist nicht angängig. Denn wenn als Anstifter einer Tötung zur Verantwortung gezogen wird, wer den tatentschlossenen A beredet, statt des B lieber den C zu töten, warum soll dann nicht mittelbarer Täter sein, wer eine solche Auswechselung des Opfers durch Täuschung erreicht? Die Parallele ist vollkommen: Wenn die durch „Umstiftung" erreichte Tötung eines anderen unstreitig eine Anstiftung ist,[572] muß die durch Täuschung bewirkte Tötung eines anderen mittelbare Täterschaft sein. Noch etwas abstrakter formuliert: Wo bei einem Ausführenden, der den Sachverhalt überschaut, Anstiftung gegeben ist, muß bei einem unmittelbar Handelnden, der den Sachverhalt nicht überschaut, mittelbare Täterschaft vorliegen.

Es kommt hinzu, daß eine Anstiftung, die die meisten Leugner einer mittelbaren Täterschaft annehmen wollen, nicht widerspruchsfrei begründbar ist. Denn wenn die alleinige Herrschaft über die Individualität des Opfers dem Hintermann keine mittelbare Täterschaft ermöglicht, kann sie eine Anstiftung erst recht nicht tragen. Wenn es sich nämlich trotz der Auswechselung des Opfers für den Hintermann um dieselbe Tat handelt – auf dieser hier bestrittenen These beruht die Ablehnung einer mittelbaren Täterschaft –, kann der unmittelbar Ausführende nicht mehr angestiftet werden, weil er zu dieser Tat schon entschlossen war. Und wenn man inkonsequenterweise die Anstiftung auf das konkrete Opfer beziehen wollte, würde sie daran scheitern, daß insoweit kein Tatentschluß erregt wird.

Auch die von einigen Autoren verfochtene Annahme einer Beihilfe ist nicht haltbar. Denn soweit man auf ein gattungsmäßig bestimmtes Tatobjekt (Beihilfe zur Tötung irgendeines Menschen) abstellt, fehlt es bei der Unterschiebung eines anderen Opfers an jeder chancenerhöhenden Kausalität. Hebt man aber auf die konkrete Individualität des Opfers ab, so hat der Hintermann dem Ausführenden nicht geholfen, sondern den von diesem geplanten Anschlag durch Umlenkung auf eine andere Person vereitelt.

---

wenn beweiskräftig dargetan wird, daß beim Rechtsgut des Lebens (und anderen höchstpersönlichen Rechtsgütern) zwar der error in persona des Ausführenden bei diesem die Vorsatzzurechnung nicht hindert, daß aber, soweit die Zurechnung zu einem Hintermann in Rede steht, die durch Täuschung bewirkte Umlenkung des Angriffs auf eine vorher nicht gefährdete Person (entsprechend der „Umstiftung") die Tat für diesen zu einer anderen macht. Ein solcher doppelter Zurechnungsmaßstab ist keineswegs ein Widerspruch, wie ich im Text deutlich gemacht zu haben glaube.

[571] MK, 2003, § 25, Rn. 106.
[572] Vgl. Roxin, AT/2, 2003, § 26, Rn. 97.

Eine zweite sehr umstrittene Fallgruppe aus dem Bereich der Täuschung über den konkreten Handlungssinn bildet die Täuschung über die Unrechtshöhe. Hier kann auch Herzberg seine prinzipielle Ablehnung des Täters hinter dem volldeliktischen Täter nicht durchhalten. Er bildet den Fall,[573] daß eine Nebenbuhlerin aus Rachsucht einer Ehefrau vorspiegelt, der kostbare „Kandinsky" ihres Mannes sei ein wertloses „Geschmiere". Ihr Mann werde sich „gewiß freuen", wenn sie das Bild vernichte und durch einen „Hirsch im Morgengrauen" ersetze. Hier will Herzberg – nach meiner Auffassung mit Recht! – die „Hinterfrau" als mittelbare Täterin einer Sachbeschädigung bestrafen, weil dem Tatmittler „Gewicht und Umfang des verwirklichten Unrechts verborgen" geblieben sei.[574] Wenn aber eine Täuschung über die Höhe des Unrechts (und konsequenterweise wohl auch der Schuld) zur Begründung der mittelbaren Täterschaft ausreicht, so bewegt sich Herzberg mit dieser Auffassung durchaus im Rahmen meiner Konzeption, verläßt aber seinen eigenen Standpunkt, wonach die Verantwortung des unmittelbar Handelnden für die erkannte Tatbestandsverwirklichung eine mittelbare Täterschaft ausschließen soll.[575]

In der Sache verdient Herzbergs Lösung aber Beifall. Eine mittelbare Täterschaft ist hier mit derselben Sicherheit, wenn auch mit anderer Begründung, darzutun wie beim manipulierten error in persona.[576] Wenn wir in dem von Herzberg gebildeten Fall annehmen, daß der echte „Kandinsky" tausendmal so viel wert ist, wie der unmittelbar Ausführende auf Grund der ihm suggerierten Vorstellung angenommen hatte, so hat der Hintermann die tatbestandsmäßige Rechtsgutverletzung in Höhe von neunhundertneunundneunzig Tausendstel, der unmittelbar Handelnde aber nur zu einem Tausendstel beherrscht. Es ist nicht einzusehen, warum derjenige von zwei Beteiligten, der den bei weitem größeren Anteil an der Tatherrschaft hat, nicht als Täter beurteilt werden soll, wenn sogar der tausendmal geringere Anteil des Ausführenden an der Tatherrschaft schon Täterschaft begründet.[577] Selbst

---

[573] Täterschaft und Teilnahme, 1977, 27 ff.; ihm folgend Bloy, Zurechnungstypus, 1985, 353 ff., obwohl auch er sonst den „Täter hinter dem voll verantwortlichen Täter" strikt ablehnt. Für mittelbare Täterschaft bei einer Täuschung über unrechts- und schuldrelevante Faktoren auch Sch/Sch/Cramer/Heine[26], 2001, § 25, Rn. 22; Ebert, AT[3], 2001, 197 f.; Heinrich, Rechtsgutszugriff, 2002, 224 ff.; Hoyer, SK[7], 2000, § 25, Rn. 76; Jäger, AT, 2003, § 6, Rn. 246; Kühl, AT[5], 2005, § 20, Rn. 75.

[574] Vgl. näher zu dieser Fallgruppe mein Beitrag in der Lange-Festschrift, 1976, 184 ff.; ferner Roxin, LK[11], 1993, § 25, Rn. 97 ff.; ders., AT/2, 2003, § 25, Rn. 96 ff.

[575] Diese Inkonsequenz wird ihm mit Recht von Schumann, Selbstverantwortung, 1986, 77, vorgehalten, der für eine Anstiftung eintritt. Für Anstiftung auch Bockelmann/Volk, AT[4], 1987, 182; Bottke, Gestaltungsherrschaft, 1992, 71; Gropp, AT[3], 2005, § 10, Rn. 53 f. (ohne ausdrückliche Erwähnung des Falles); Hünerfeld, ZStW 99 (1987), 242 f.; Jakobs, AT[2], 1991, 21/101, Jescheck/Weigend, AT[5], 1996, § 62 II, 2; Joecks, MK, 2003, § 25, Rn. 106 (etwas schwankend); Krey, AT/2[2], 2005, § 28, Rn. 162; Kutzner, Die Rechtsfigur des Täters hinter dem Täter usw., 2004, 205 ff.; Otto, Grundkurs AT[7], 2004, § 21, Rn. 88 ff.; Renzikowski; Restriktiver Täterbegriff, 1997, 82; Stratenwerth/Kuhlen, AT[5], 2004, § 12, Rn. 61.

[576] Vgl. zu dieser Fallgruppe auch Roxin, AT/2, 2003, § 25, Rn. 96 wo andere, aber ebenso stichhaltige Argumente zur Begründung der mittelbaren Täterschaft angeführt werden.

[577] Bemerkenswerterweise nimmt Hoyer, SK[7], 2000, § 25, Rn. 76, der beim manipulierten error in persona eine mittelbare Täterschaft des Hintermannes ablehnt, hier eine solche an:

eine „maßvolle" Täuschung, also ein geringerer Anteil des Hintermannes an der Tatherrschaft, muß für eine mittelbare Täterschaft noch ausreichen, da sie beim unmittelbar Ausführenden für die Zubilligung von Täterschaft auch genügt.[578]

Mit alledem soll keineswegs geleugnet werden, daß bei der Fallgruppe der Täuschung über den „konkreten Handlungssinn" vieles noch weiterer Klärung bedarf und daß namentlich die Abgrenzung täterschaftsbegründender Täuschungen von der Hervorrufung bloßer Motivirrtümer, die an der Teilnahme des Täuschenden nichts ändern, in der vorliegenden Monographie noch nicht mit hinreichender Überzeugungskraft durchgeführt ist. Ich habe mich an anderer Stelle bemüht, das nachzuholen.[579] Die Skizze des Problemstandes, die hier nur gegeben werden konnte, scheint mir aber immerhin klar zu machen, daß das Verantwortungsprinzip entgegen der Meinung seiner Befürworter auch bei diesen Konstellationen – anders als in den Fällen der Nötigung – keinen Schlüssel zur Lösung der offenen Fragen liefert. Die Anerkennung der Rechtsfigur des „Täters hinter dem Täter" wird nicht aufzuhalten sein.

5. Die Willensherrschaft kraft organisatorischer Machtapparate

a) Zur Begründung der mittelbaren Täterschaft

Die von mir erstmals als eine selbständige Form der mittelbaren Täterschaft entwickelte „Organisationsherrschaft"[580] hatte schon vor ihrer Anerkennung durch die Rechtsprechung in der Literatur weithin Zustimmung gefun-

---

„Den konkreten Handlungssinn, ein bedeutendes Kunstwerk zu zerstören, erfaßt allein der Hintermann, der deshalb sowohl als Anstifter (wegen des auch vom Vordermann erfaßten Wertanteils) wie als mittelbarer Täter (wegen des dem Vordermann verborgenen Wertanteils) belangt werden soll."

[578] Vgl. dazu mit demselben Ergebnis, aber abweichender Begründung, auch Heinrich, Rechtsgutszugriff, 2002, 234 ff.

[579] Bemerkungen zum Täter hinter dem Täter, Lange-Festschrift, 1976, 173 ff.; ferner LK[11], 1993, § 25, Rn. 96 ff. In der genannten Abhandlung versuche ich, die mittelbare Täterschaft bei Täuschungen über die Unrechtshöhe, über Qualifikationsumstände und über die Individualität des Opfers näher darzulegen und täterschaftsbegründende Täuschungen von der Hervorrufung bloßer Motivirrtümer genauer abzugrenzen. Zum Problem der Täuschung über die Unrechtshöhe vgl. meine Auseinandersetzung mit Renzikowski, oben S. 664 f. Dagegen wird die Rechtsfigur des „Täters hinter dem Täter" von Spendel völlig verworfen (Der „Täter hinter dem Täter" – eine notwendige Rechtsfigur?, Lange-Festschrift, 1976, 147 ff.). Die Veranlassung eines Suizids durch die Vortäuschung, mit dem Suizidenten gemeinsam in den Tod gehen zu wollen, wird man entgegen meiner oben (S. 225 ff.) geäußerten Auffassung als mittelbare Täterschaft beurteilen können. Näher dazu Roxin, AT/2, 2003, § 25, Rn. 71 ff. m.w.N., ferner oben S. 596 ff. Gegen mittelbare Täterschaft auch die Monographie von Klinger, Die Strafbarkeit der Beteiligung usw., 1995.

[580] Vgl. dazu oben S. 242–252 sowie meinen Aufsatz „Straftaten im Rahmen organisatorischer Machtapparate", in: GA 1963, 193–207; ferner meine Ausführungen in: Lange-Festschrift, 1976, 192 f.; LK[11], 1993, § 25, Rn. 128 ff.; Grünwald-Festschrift, 1999, 549 ff.; Amelung (Hrsg.), Individuelle Verantwortung, 2000, 55 f.; Roxin, NJW-Sonderheft Schäfer, 2002, 52 ff.

den.[581] Ja, sogar im Ausland war diese Rechtsfigur auf Resonanz gestoßen: Anklage und Urteil gegen die argentinische Generalsjunta stützen sich wesentlich auf die in diesem Buch vertretenen Thesen.[582] Die Rechtsprechung hatte schon im „Katzenkönigs-Fall" (BGHSt 35, 353) die Organisationsherrschaft als Argument für die Möglichkeit eines „Täters hinter dem Täter" verwendet. Im Urteil gegen die Mitglieder des Nationalen Verteidigungsrates der ehemaligen DDR (BGHSt 40, 218) ist diese Rechtsfigur dann von der Rechtsprechung übernommen und auch in mehreren nachfolgenden Entscheidungen verwendet worden. Ich habe diese Rechtsprechungsentwicklung oben im einzelnen dargestellt und analysiert (Nr. 38, S. 610; Nr. 41, S. 614; Nr. 43, S. 615; Nr. 44, S. 616; Nr. 48, S. 618; Nr. 49, S. 618; Nr. 51, S. 620; Nr. 59, S. 623); darauf sei hier verwiesen. In der Literatur haben Schroeder, Jung, Gropp, Murmann, Bloy, Küpper und Ambos dem für die Rechtsprechung grundlegenden Urteil BGHSt 40, 218 im Ergebnis zugestimmt,[583] wobei Jung, Gropp, Bloy, Küpper und Ambos auch in der Begründung mit mir auf einer Linie liegen. Auch in der neueren Lehrbuch- und Kommentarliteratur hat sich die Organisationsherrschaft weitgehend durchgesetzt.[584] So sagt Joecks

---

[581] Bottke, Gestaltungsherrschaft, 1992, 60 ff., 71 ff.; ders., Coimbra-Symposium, 1995, 243; Busch, LK[9], 1970, § 47, Rn. 48; Ebert, AT[2], 1993, 180; Eser, StrafR II[3], 1980, Fall 38, Rn. 25; Haft, AT[6], 1994, 194; Herzberg, Täterschaft und Teilnahme, 1977, 42 f.; ders., Jura 1990, 23 f.; Hirsch, Rechtsstaatliches Strafrecht und staatlich gesteuertes Unrecht, 1996, 22 f.; Hünerfeld, ZStW 99 (1987), 244; Ingelfinger, Anstiftervorsatz, 1992, 183 f.; Korn, NJW 1965, 1206 ff.; Kühl, AT, 1994, § 20, Rn. 73; Lackner/Kühl, StGB[23], 1999, § 25, Rn. 2; Lampe, ZStW 106 (1994), 743; Maurach/Gössel/Zipf, AT/2[7], 1989, 48/88; M.-K. Meyer, Autonomie, 1984, 101 ff.; Sch/Sch/Cramer[24], 1997, § 25, Rn. 25; Schild, Täterschaft, 1994, 10, 16, 19, 24 ff.; U. Schulz, JuS 1997, 111; Schumann, Selbstverantwortung, 1986, 75 f.; Stratenwerth, AT[3], 1981, Rn. 790 f.; ders., Schweizerisches Strafrecht, AT I[2], 1996, § 13, Rn. 34; Wessels/Beulke, AT[23], 1993, 161. Schmidhäuser, der früher (noch AT[2], 1975, 14/50) auf die „Benutzung eines Tatentschlossenen" abgestellt hatte (kritisch dazu Roxin, LK[10], 1978, § 25, Rn. 90), sprach später (StuB[2], 1984, 10/95) von mittelbarer Täterschaft „auf Grund vorgegebener Fungibilität des Tatmittlers" und dürfte mit der hier vertretenen Meinung übereinkommen.

[582] Anklage, Teil V, 8 ff.; Urteil, 73. Genaue Nachweise über die Rezeption meiner Lehre durch die argentinische Rechtsprechung liefert Ambos, GA 1998, 238 f. Eine erste amerikanische Auseinandersetzung mit der Organisationsherrschaft liefert Osiel, Columbia Law Review, Oktober 2005, 1751 ff. (1831 ff.).

[583] Schroeder, JR 1995, 177–180; Jung, JuS 1995, 173 f.; Gropp, JuS 1996, 13–18; Murmann, GA 1996, 269–281; Bloy, GA 1996, 425–442; Ambos, GA 1998, 226 f. sowie Küpper, GA 1998, 524; zust. auch meine Anm. in JZ 1995, 49 ff. Rotsch, NStZ 1998, 491, erkennt die Rechtsfigur der mittelbaren Täterschaft kraft organisatorischer Machtapparate und die von mir gegebene Begründung prinzipiell an, hat aber einige Bedenken dagegen, daß die danach erforderlichen Voraussetzungen der mittelbaren Täterschaft im konkreten Fall gegeben waren. In späteren Arbeiten (ZStW 112 [2000], 518; NStZ 2005, 13) hat er die Konstruktion dann als Ganze zugunsten einer Annahme von Anstiftung verworfen. Darauf wird im Text näher eingegangen.

[584] Sch/Sch/Cramer/Heine[26], 2001, § 25, Rn. 25a. Danach „dürfte, soweit es um organisierte Machtapparate geht, die sich als ganze von den Normen des Rechts gelöst haben, mittelbare Täterschaft als weithin gesichert gelten". Ebenso Ebert, AT[3], 2001, 198; Gropp, AT[3], 2005, § 10, Rn. 51; Haft, AT[9], 2004, 201; Jäger, AT, 2003, § 6, Rn. 249; Joecks, MK, 2003, § 25, Rn. 123 ff.; Kühl, AT[5], 2005, Rn. 73 ff.; Lackner/Kühl[25], 2004, § 25, Rn. 2, Stratenwerth/Kuhlen, AT[5], 2004, Rn. 65 f.; Tröndle/Fischer[53], 2006, § 25, Rn. 7; Wessels/Beulke, AT[35], 2005, § 13, Rn. 541. Schild, NK[2], 2005, § 25, Rn. 62, spricht von dem „faszinierenden Kon-

im Münchener Kommentar:[585] „Die Tatherrschaft kraft ‚organisatorischer Machtapparate‘ tritt … als dritte selbständige Form der mittelbaren Täterschaft auf. Sie ist der Prototyp für eine Konstellation des ‚Täters hinter dem Täter‘ und in Literatur und Rechtsprechung weitgehend anerkannt. Nur wenige Stimmen stehen der Konstruktion ablehnend gegenüber."

Inzwischen liegen auch drei Monographien über die Organisationsherrschaft vor, die Dissertationen von Langneff (2000), Schlösser (2004) und Urban (2004). Sie erkennen alle drei die Rechtsfigur der Organisationsherrschaft an und beurteilen sie in Übereinstimmung mit der hier vertretenen Auffassung als eine eigenständige Form der mittelbaren Täterschaft. Sie weichen aber in der Begründung in einigen Punkten untereinander und von der hier verfochtenen Ansicht ab.[586] Während Langneff das Schwergewicht auf ein sehr restriktiv verstandenes Kriterium der Fungibilität legt, beurteilen Schlösser und Urban dieses Kriterium kritisch, obwohl sie „das Erlebnis der eigenen Austauschbarkeit"[587] beim Ausführenden zur Begründung der Tatherrschaft in der Person des Hintermannes heranziehen. Schlösser[588] versteht die Organisationsherrschaft als „soziale Tatherrschaft", die er auf organisationstypische Kriterien wie ausdifferenzierte Arbeitsteilung, Kompetenzgefälle zwischen Leitungs- und Ausführungsorganen, Informationskanalisierung und das Erlebnis eigener Austauschbarkeit stützt. Urban[589] betrachtet die Rechtsgelöstheit des Apparates als unverzichtbare Voraussetzung der Organisationsherrschaft, die sie im übrigen auf „die Erzeugung innerorganisatorischen Handlungsdrucks" gründet.[590]

Ich gebe Schlösser und Urban insoweit recht, als es mir richtig erscheint, die Tatherrschaft der Hintermänner nicht allein auf die freilich nach wie vor entscheidend wichtigen Merkmale der Rechtsgelöstheit des Apparates und der Substituierbarkeit der Ausführenden, sondern daneben auch auf die wesentlich erhöhte Tatbereitschaft der Exekutoren zu stützen, die durch die Einbindung in die deliktische Organisation hervorgerufen wird. Es sind sehr verschiedenartige Umstände, die hier eine Rolle spielen. Zunächst ruft schon die Organisationszugehörigkeit als solche eine Anpassungstendenz hervor. Es wird erwartet, daß die einzelnen Mitglieder sich einfügen. Das kann zu einem gedankenlosen Mitmachen bei Handlungen führen, die einem auf sich selbst gestellten Täter nie in den Sinn kämen. Ein organisationstypisches Phänomen

---

zept" der Organisationsherrschaft, das er materiell für richtig hält, „weil das Handlungsprogramm die einzelnen Werkzeuge nicht zu individualisieren braucht, sondern sich auf deren allgemeines Zusammenwirken als ‚Apparat‘ beziehen und beschränken kann" (NK[2], 2005, § 25, Rn. 59). Er glaubt freilich auf Grund seiner speziellen Deutung der §§ 25 ff. (dazu oben A VII), daß der Organisationsherr „gesetzlich als Teilnehmer qualifiziert werden" müsse (NK[2], 2005, § 25, Rn. 62).

[585] MK, 2003, § 25, Rn. 123.

[586] Eine nähere Auseinandersetzung mit verschiedenen Thesen dieser Autoren findet sich in meinem Beitrag in der Fr.-Chr. Schroeder-Festschrift, 2006, 385 ff.

[587] Schlösser, Soziale Tatherrschaft, 2004, 333; ganz ähnlich – und unabhängig von ihm – Urban, Mittelbare Täterschaft kraft Organisationsherrschaft, 2004, 164, 187.

[588] Zusammenfassend Schlösser, Soziale Tatherrschaft, 2004, 333.

[589] Mittelbare Täterschaft kraft Organisationsherrschaft, 2004, 151.

[590] Mittelbare Täterschaft kraft Organisationsherrschaft, 2004, 159.

ist aber auch dienstwilliger Übereifer, sei es aus Karrierestreben, sei es aus Geltungsbedürfnis, aus ideologischer Verblendung oder auch auf Grund krimineller Impulse, denen das Mitglied einer rechtsgelöst arbeitenden Organisation ungestraft nachgeben zu können glaubt. Daneben gibt es eine Beteiligung auch innerlich eher widerstrebender Mitglieder infolge der resignierten Überlegung: „Wenn ich es nicht mache, tut es sowieso ein anderer." Schließlich gibt es auch Konstellationen, die zwar keine Nötigungs- oder Irrtumsherrschaft der Hintermänner begründen, die sich solchen Situationen aber ein Stück weit annähern: Der willige Vollstrecker fürchtet etwa im Weigerungsfall den Verlust seiner Stellung, die Mißachtung seiner Kollegen oder andere soziale Nachteile; oder er rechnet trotz schwerer Unrechtszweifel mit der Straflosigkeit seines „von oben" angeordneten Tuns.

Aber diese in wechselnden Mischungen auftretenden Faktoren, die Schuld und Verantwortlichkeit des unmittelbar Ausführenden nicht ausschließen, auch ihr Maß nur wenig vermindern und in einigen Ausprägungen sogar erhöhen, laufen doch in einem Punkte zusammen: Sie führen zu einer organisationsbedingten besonders erhöhten Tatbereitschaft der Mitglieder, die neben ihrer Auswechselbarkeit für die Hintermänner ein wesentliches Element der Sicherheit ist, mit der sie auf die Durchsetzung ihrer Anordnung vertrauen können.

In diesem Kontext gewinnen dann auch andere zur Begründung mittelbarer Täterschaft entwickelte Kriterien wie die von vornherein bestehende „Tatentschlossenheit" der Ausführenden bei Fr.-Chr. Schroeder[591] und die „organisationstypische Tatgeneigtheit"[592] bei M. Heinrich eine relative Berechtigung. Stellt man allein auf die Beherrschung des Letzthandelnden ab, können solche Umstände freilich keine mittelbare Täterschaft begründen. Denn sie schließen die Handlungsfreiheit des Exekutors nicht aus. Wenn man aber die Tatherrschaft durch die weit erhöhte, beinahe sichere Durchsetzungskraft erklärt, die Struktur und Wirkweise des Apparates den Hintermännern vermitteln, kann man solche Kriterien als Ergebnis organisationsbedingter Einflüsse verstehen, die neben anderen Umständen eine täterschaftsbegründende Erfolgssicherheit verbürgen. Solche Kriterien lassen sich also, wenn sie im Sinne des obigen Textes konkretisiert werden – was bei Schroeder und Heinrich kaum geschieht –, in das Konzept der Organisationsherrschaft als Teilelemente der Tatherrschaft integrieren.[593]

Einzelne Autoren bejahen zwar eine mittelbare Täterschaft der Hintermänner, stützen diese aber nicht auf die Organisationsherrschaft, sondern auf andere Gesichtspunkte. So meint Hoyer[594] – im Gegensatz zur hier vertretenen Meinung – Tatherrschaft sei „mehr als Erfolgsherrschaft. Da dem mittelbaren Täter das Verhalten des Tatmittlers zugerechnet wird, muß er zunächst

---

[591] Der Täter hinter dem Täter, 1965, 168.
[592] Rechtsgutszugriff, 2002, 273.
[593] Ich habe das in meinem Beitrag „Organisationsherrschaft und Tatentschlossenheit", Fr.-Chr. Schroeder-Festschrift, 2006, 385 ff., näher ausgeführt.
[594] SK[7], 2000, § 25, Rn. 91.

einmal dessen Verhalten beherrschen." Diese Beherrschung sieht er darin, daß „der Vordermann seine eigene Standhaftigkeit angesichts der Vielzahl verfügbarer Ersatzursachen für praktisch sinnlos erachten könnte. Der Vordermann wird sich subjektiv um so mehr von eigener Verantwortung für den Erfolgseintritt freizusprechen geneigt sein, je wahrscheinlicher der Eintritt desselben Erfolges auch ohne sein Handeln gewesen wäre." Nach Hoyer handelt es sich bei diesen Konstellationen nicht um „eine dritte Form der mittelbaren Täterschaft", sondern um einen Sonderfall der Willensherrschaft, der sich von ihren anderen Erscheinungsformen nur dadurch abhebt, daß hier das Verantwortungsprinzip keine Gültigkeit hat.[595] Es ist jedoch leicht zu sehen, daß Hoyer das Kriterium der Austauschbarkeit des unmittelbar Handelnden lediglich von einem objektiven Element der Geschehensbeherrschung in eine subjektive Gemütsbefindlichkeit des Ausführenden verschiebt. Das ergibt einen Unterschied in der Formulierung, aber nicht in der Sache. Freilich macht dieser Unterschied eine korrekte Begründung der Tatherrschaft des Hintermannes unmöglich. Denn wenn der Ausführende, wie auch Hoyer einräumt, für sein Tun als Vorsatztäter verantwortlich ist, kann er die Tatherrschaft nicht dadurch auf den Hintermann abwälzen, daß er sich subjektiv von eigener Verantwortung freispricht. Als eine von vielen Voraussetzungen erhöhter Tatbereitschaft kann eine solche Überlegung aber in eine Konzeption der Organisationsherrschaft einbezogen werden.

Ähnliches gilt für Heinrich,[596] der zur Begründung der mittelbaren Täterschaft nicht auf die von ihm abgelehnte Tatherrschaftslehre, sondern auf seinen schon oben (S. 684 f.) erörterten Gedanken einer Absenkung der Hemmschwelle beim Ausführenden zurückgreift. Heinrich glaubt, ein „mehr oder minder verborgenes ... hemmschwellenrelevantes Entscheidungsdefizit" beim Ausführenden entdecken zu können, das er in der bereits erwähnten „organisationstypischen Tatgeneigtheit" erblickt.[597] Der Hintermann bediene sich zur Deliktsbegehung „eines gerade auf Grund seiner Einbindung in die Organisation prinzipiell zur unreflektierten Ausführung derartiger Aufträge tendierenden Vordermannes", so daß von einem partiellen „Entscheidungsverzicht des Vordermannes gesprochen werden" könne.[598] Da ein Verzicht freiwillig erfolgt, läßt sich, wenn man nur auf den Letzthandelnden blickt, dessen Beherrschung durch den Hintermann mit einer solchen Überlegung nicht begründen. Stützt man die mittelbare Täterschaft aber auf die durch den Apparat gewährleistete Durchsetzungskraft des Hintermannes, wird auch hier, ähnlich wie bei Schroeder und Hoyer, ein für die Organisationsherrschaft relevanter Faktor richtig erfaßt.

Aber bei der Organisationsherrschaft ist nicht nur die Begründung der mittelbaren Täterschaft, wie sie vom BGH und in diesem Buch vertreten wird, bei einzelnen Autoren umstritten. Namhafte, wenn auch nicht sehr

---

[595] SK[7], 2000, § 25, Rn. 92.
[596] Rechtsgutszugriff, 2002, 271 ff.
[597] Rechtsgutszugriff, 2002, 273.
[598] Rechtsgutszugriff, 2002, 274 f.

zahlreiche Stimmen treten dafür ein, den Schreibtischtäter am Schalthebel des organisatorischen Machtapparates überhaupt nicht als mittelbaren Täter, sondern als Mittäter, als Nebentäter oder Anstifter zu bestrafen.

b) Die Mittäterschaftsthese

Jescheck[599] verfocht bis zur vierten Auflage die schon in den Vorauflagen vertretene Meinung, daß „der Mann in der Zentrale, gerade weil er die Organisation beherrscht, Mittäter" ist. Dieses Ausweichen auf die Figur der Mittäterschaft beruht auch hier auf der schon wiederholt erwähnten Annahme, daß ein „Täter hinter dem Täter" wenigstens insoweit nicht vorstellbar sei, als der Ausführende selbst wegen vorsätzlicher Tatbegehung verantwortlich gemacht werden könne.[600] Der Umstand jedoch, daß der „Mann in der Zentrale" die Ausführung gänzlich dem von ihm vielfach ohne persönliche Kenntnis „eingesetzten" Werkzeug überläßt, spricht gegen die Annahme einer Mittäterschaft, die auch für Jescheck grundsätzlich[601] in der Zusammenarbeit der Beteiligten, d. h. der Gemeinsamkeit des Tatentschlusses und der Ausführung, beruht; an beidem fehlt es hier. Jescheck[602] hatte dieser Kritik zunächst entgegengehalten, die Gemeinsamkeit des Tatentschlusses werde „durch die Zugehörigkeit zur Organisation hergestellt". Aber das bedeutet in Wahrheit den Verzicht auf einen gemeinsamen Tatentschluß, der weit mehr voraussetzt als eine gemeinsame Organisationszugehörigkeit. Daher schreibt Jescheck nun:[603] „Die Gemeinsamkeit des Tatentschlusses wird durch das Bewußtsein der Leitenden und Ausführenden hergestellt, daß eine bestimmte Tat oder mehrere Taten gleicher Art entsprechend den Weisungen der Leitung vorgenommen werden sollen." Aber „das Bewußtsein ..., daß ... Taten ... entsprechend den Weisungen der Leitung vorgenommen werden sollen", ist auch noch kein gemeinsamer Tatentschluß. Entsprechendes gilt für Ottos[604] These, der Ausführende mache sich „den verbrecherischen Plan konkludent zu eigen". Denn das Sich-Zu-Eigen-Machen ist ein einseitiges Handeln, das keine Gemeinsamkeit des Entschlusses begründet.

In der Erkenntnis, daß es „am gemeinschaftlichen Tatentschluß fehlt", lehnt denn auch Bockelmann eine Mittäterschaft ab. Weil er jedoch den „Täter hinter dem Täter" als eine „schwer nachzuvollziehende Vorstellung" nicht anerkennen mag, will er eine „Nebentäterschaft" annehmen. Dem steht jedoch entgegen, daß das Ineinandergreifen der einzelnen Handlungen innerhalb eines organisatorischen Machtapparates das unverbundene Nebenein-

---

[599] Jescheck, AT[4], 1988, 607; anders jetzt Jescheck/Weigend, AT[5], 1996, 670. Wie er Baumann/Weber/Mitsch, AT[11], 2003, § 29, Rn. 147; Jakobs, AT[2], 1991, 21/103 m. Fn. 190, 191; ders., NStZ 1995, 27; Otto, Grundkurs AT[7], 2004, § 21, Rn. 92; ders., Jura 2001, 758ff.

[600] Jescheck/Weigend, AT[5], 1996, 664.

[601] Jescheck/Weigend, AT[5], 1996, 673ff.

[602] AT[4], 1988, 607.

[603] Jescheck/Weigend, AT[5], 1996, 670.

[604] Grundkurs AT[7], 2004, § 21, Rn. 92.

ander-Herlaufen verschiedener Kausalreihen, wie es die Nebentäterschaft kennzeichnet, ausschließt.

Zu den Vertretern der Mittäterschaftsthese gehört auch Jakobs.[605] Er entzieht sich dem Einwand, daß ein gemeinsamer Tatentschluß fehlt, dadurch, daß er diesen nicht als Voraussetzung der Mittäterschaft ansieht. Damit setzt er sich freilich dem weiteren Einwand aus, auf die gesetzlich geforderte gemeinschaftliche Begehung überhaupt zu verzichten.[606]

Im übrigen beruht die Annahme von Mittäterschaft bei Jakobs auf einem mehr normativen Verständnis von Tatherrschaft, die er als rechtliche Verantwortlichkeit und nicht als reale Herrschaft versteht (vgl. dazu schon oben S. 658). Eine mittelbare Täterschaft setzt für ihn voraus, daß der Handelnde rechtlich unterlegen, d. h. rechtlich nicht oder nicht voll verantwortlich ist. Ist er aber voll verantwortlich, so kann er nach dieser Lehre kein Werkzeug sein. Jakobs leugnet nicht die Austauschbarkeit der unmittelbar Handelnden und die sich daraus ergebende „Automatik" der Befehlsausführung. Doch sei dies nur ein belangloses „naturalistisches Datum"[607]. Bei gleicher Verantwortung komme nur eine Gleichstellung im Wege der Mittäterschaft in Frage. Wir haben hier also wieder eine Spielart der Auffassung vor uns, die einen „Täter hinter dem verantwortlichen Täter" generell ablehnt.

Doch überzeugt das auch in diesem Fall nicht. Strafrechtliche Begriffe müssen an gesetzliche Leitbilder anknüpfen, die eine normative Überformung realer Geschehensstrukturen darstellen. Leitbild der Mittäterschaft ist aber nicht die Verantwortlichkeit der Beteiligten; denn gleichermaßen verantwortlich ist auch der Anstifter, der deshalb doch nicht Mittäter ist. Das gesetzliche Leitbild ist vielmehr, wie sich schon aus dem Wortlaut des § 25 Abs. 2 StGB ergibt, die Gemeinschaftlichkeit der Begehung. Gegen dieses Leitbild verstößt die Annahme von Mittäterschaft nicht nur durch das schon erörterte Fehlen des gemeinsamen Tatentschlusses, sondern auch noch aus zwei weiteren Gründen, die nicht nur Jakobs, sondern auch den übrigen Vertretern der Mittäterschaftsthese entgegenzuhalten sind.

Erstens nämlich fehlt neben dem gemeinsamen Tatentschluß auch eine gemeinsame Ausführung, die nach umstrittener, aber richtiger Auffassung ebenfalls ein konstitutives Element der Mittäterschaft ist. Der Schreibtischtäter führt selbst nicht aus, er „macht sich nicht die Hände schmutzig", sondern er bedient sich ausführender Organe. Es sprengt die Grenzen der Mittäterschaft und verwischt jede Abgrenzung gegenüber der mittelbaren Täterschaft und der Anstiftung, wenn man die Veranlassung einer Tat in die Mittäterschaft einbezieht.

Zweitens überspielt die Mittäterschaftsthese den entscheidenden Strukturunterschied zwischen mittelbarer Täterschaft und Mittäterschaft. Er besteht darin, daß die mittelbare Täterschaft vertikal (im Sinne eines Verlaufes von oben nach unten, vom Veranlasser zum Ausführenden), die Mittäterschaft

---

[605] AT², 1991, 21/103 mit Anm. 190, 191; ders., NStZ 1995, 26 f.
[606] Näher dazu unten S. 723 f.
[607] NStZ 1995, 27.

aber horizontal (im Sinne gleichgeordneter, gleichzeitiger, „gemeinschaftlich-
keitsbegründender" Tätigkeit) strukturiert ist. Mit Recht sagt Bloy:[608] „Wenn
man es – wie hier – mit eindeutig vertikal koordiniertem Verhalten zu tun hat,
bei dem die Rolle der Hintermänner von vornherein auf eine völlig fremdhändige Tatausführung festgelegt ist, so spricht das deutlich gegen Mittäterschaft und für mittelbare Täterschaft."

c) Die Annahme einer Anstiftung

Die Annahme, daß die Hintermänner, die ihre deliktischen Pläne mit Hilfe
eines von ihnen beherrschten Machtapparates durchsetzen, nicht mittelbare
Täter und auch nicht Mittäter, sondern Anstifter seien, hatte vor der Entscheidung BGHSt 40, 218, die die Annahme einer mittelbaren Täterschaft in
der Rechtsprechung durchgesetzt hat, keine Anhänger mehr. Seither hat sie
wieder einige Befürworter gefunden. So sagt Herzberg[609] jetzt im Gegensatz
zu der bisher von ihm vertretenen Auffassung:[610] „Hitler, Himmler und
Honecker haben die Tötungsdelikte, die sie befahlen, nicht als Täter begangen, sondern als Anstifter veranlaßt." Ähnlich sagt Köhler:[611] „In den Fällen
bestimmender ‚Organisationsherrschaft' kommt Anstiftung in Betracht."
Beide Autoren fußen wie Jakobs auf einer rein normativierenden Betrachtungsweise. Die wirkliche Herrschaft und Steuerungsmacht der Hintermänner wird von ihnen als „faktizistisch" oder „naturalistisch" und damit als
gleichgültig beiseite geschoben. Statt dessen soll die strafrechtliche Verantwortlichkeit des Ausführenden eine mittelbare Täterschaft von vornherein
ausschließen. Herzberg[612] spricht ganz offen von einer „krassen Unvereinbarkeit" der „faktizistischen" und der „normativen" Auffassung: „Der
Versuch, Täterschaft über die reale Steuerungsmacht zu bestimmen, muß
gänzlich aufgegeben werden." Wenn man in dieser Weise die „reale Steuerungsmacht" für nebensächlich erklärt, hat man das Prinzip der Tatherrschaft
in Wahrheit aufgegeben. Ähnlich wie Herzberg äußert sich auch Köhler:
„Soweit auf die Austauschbarkeit des einzelnen in der arbeitsteiligen Tatorga-
nisation abgestellt wird, ändert dies nichts an dessen konkreter Verantwortung, verschafft daher dem Hintermann keine täterschaftliche Stellung."
Grundlage dieser Konstruktion ist also auch hier das Autonomieprinzip und

---

[608] GA 1996, 440.

[609] Mittelbare Täterschaft und Anstiftung in formalen Organisationen, in: Amelung (Hrsg.),
2000, Individuelle Verantwortung, 33 (48). Dazu meine „Anmerkungen zum Vortrag von
Prof. Dr. Herzberg" und Herzbergs „Antwort auf die Anmerkungen" im selben Band,
55 f., 57 ff.

[610] Täterschaft und Teilnahme, 1977, 34 f.

[611] AT, 1997, 510. Da er eine mittelbare Täterschaft außerhalb der Fälle des Tatirrtums überhaupt ablehnt, ist das freilich im Kontext seiner Gesamtkonzeption selbstverständlich. Zur
Auseinandersetzung damit vgl. oben S. 662 ff. Entsprechendes gilt für die Auffassung von
Noltenius (vgl. oben S. 663, Anm. 375), die konsequenterweise ebenfalls zur Annahme
einer Anstiftung kommt.

[612] in: Amelung (Hrsg.), Individuelle Verantwortung, 2000, 48.

damit die prinzipielle Ablehnung des „Täters hinter dem Täter". Das gilt auch für Renzikowski,[613] der als weiterer Vertreter der Anstiftungslösung hervorgetreten ist. Er leugnet sowenig wie Köhler die Tatherrschaft des Befehlsgebers, erklärt sie aber für irrelevant:[614] „Der Hintermann besitzt zwar durch den Apparat garantierte Möglichkeiten, seine Pläne unabhängig von der Person des Ausführenden zu verwirklichen. Diese Chancen können jedoch die fehlende tatsächliche Beherrschung im Einzelfall nicht ersetzen, wenn man nicht das Fundament der Tatherrschaftslehre insgesamt sprengen will." Auch Kutzner[615] tritt für eine Anstiftung ein, weil er den „Täter hinter dem Täter" grundsätzlich ablehnt. Man dürfe diese Fälle nicht „rein faktisch"[616] als solche der mittelbaren Täterschaft beurteilen, weil das Gesetz für solche Fälle die Beteiligungsformen der Anstiftung oder Beihilfe vorsehe. Der Gesetzgeber hat aber gerade die Frage, ob es einen Täter hinter dem volldeliktischen Täter geben kann, nicht entscheiden, sondern der weiteren Klärung durch die Wissenschaft überlassen wollen.

In diesen Chor stimmt auch Rotsch[617] ein. Er bringt meine Konzeption auf die zutreffende Formel: „Organisationsherrschaft setzt keine Beherrschung der tatbestandsmäßigen Handlung mehr, sondern allein noch eine Beherrschung des tatbestandsmäßigen Erfolges voraus." Er räumt ein, daß gerade in dieser Besonderheit ein ausreichender Grund dafür liegen könne, die Organisationsherrschaft als eine eigenständige Form mittelbarer Täterschaft neben die Nötigungs- und die Irrtumsherrschaft zu stellen. Er plädiert dann aber doch für Anstiftung anstelle einer mittelbaren Täterschaft mit der Begründung, „daß mit einer allein auf den Erfolg bezogenen, von der Vornahme der tatbestandsmäßigen Handlung losgelösten Tatherrschaft von der mit rechtsstaatlichen Erwägungen begründeten Forderung Roxins, der Täter sei die Zentralgestalt bei der Verwirklichung der tatbestandsmäßigen Ausführungshandlung, nichts mehr übrig bleibt". Denn die Handlung des Hintermannes werde „vollständig von der eigentlichen Tatbestandsverwirklichung entkoppelt". Daß bei Massenvernichtungsaktionen der Anordnende als „Zentralgestalt" erscheint, entspricht jedoch dem phänomenologischen Befund vollkommen. Seine Tatbestandsverwirklichungshandlung ist die Betätigung des Vernichtungsapparates, die keineswegs als von ihren beabsichtigten Folgen „entkoppelt" erscheint. Daß daneben auf Grund einer anderen Erscheinungsform von Tatherrschaft auch der unmittelbar Handelnde in das Zentrum des Geschehens rückt, ist richtig, entspricht aber auch den Sachgegebenheiten. Denn jeder kriminelle Apparat ist auf Schreibtischtäter und Schergen gleichermaßen angewiesen.

Alle diese Lehren, die eine Erfolgsbeherrschung durch den Hintermann für eine mittelbare Täterschaft nicht ausreichen lassen wollen und statt dessen auf

---

[613] Restriktiver Täterbegriff, 1997, 87ff. Zur Auseinandersetzung mit ihm und dem Autonomieprinzip vgl. schon oben S. 681ff.

[614] Restriktiver Täterbegriff, 1997, 89.

[615] Rechtsfigur, 2004, 260f.

[616] Rechtsfigur, 2004, 264.

[617] NStZ 2005, 16.

eine Anstiftung ausweichen, beruhen letztlich auf einer durch ein verabsolutiertes Autonomieprinzip erzwungenen Verengung des Verständnisses von Tatherrschaft, die den realen Machtverhältnissen Gewalt antut. Köhler ist insofern konsequenter, als er die Tatherrschaft als Kriterium mittelbarer Täterschaft von vornherein nicht anerkennt.[618] Indem aber Renzikowski nur darauf abstellt, ob die – dem Hintermann gleichgültige und unbekannte – Person des zufällig Ausführenden beherrscht wird, blendet er die durch den Apparat gewährleistete Herrschaft (die von ihm selbst anerkannte „garantierte Möglichkeit" der Tatbestandsverwirklichung) aus dem Herrschaftsbegriff aus. Sein Einwand,[619] „hypothetische Handlungen Dritter" seien im Strafrecht nicht zu berücksichtigen, verkennt, daß das Funktionieren des Apparates eine Realität und keine Hypothese ist.[620] Wenn Hitler oder Stalin ihre Gegner umbringen ließen, dann war das ihr Werk (wenn auch nicht allein ihr Werk). Zu sagen, sie seien nicht die Täter ihrer Taten, sondern hätten sich auf die Anstiftung anderer beschränkt, widerspricht den sachgerechten Prinzipien sozialer, historischer und auch juristischer Täterzurechnung. Selbst Jakobs[621] ist bei allem Normativismus „naturalistisch" genug, um zu bekennen: „Das Vorliegen von Herrschaft", die er freilich als Mitherrschaft ansieht, „läßt sich in solchen Fällen nicht bezweifeln." Wer dennoch Anstiftung annehmen will, muß sich von der Tatherrschaftslehre verabschieden und Täterschaft und Teilnahme nach anderen Gesichtspunkten abgrenzen. Daß aber die Autonomie des Ausführenden als ausschließliches Abgrenzungskriterium ungeeignet ist, wurde schon gezeigt (oben S. 678 ff.).

Das Ergebnis wird durch einen Vergleich mit den Fällen wirklicher Anstiftung bestätigt. Der Anstifter muß sich einen Täter erst suchen, der Schreibtischtäter braucht nur den Befehl zu geben; der Anstifter muß mit dem potentiellen Täter Kontakt aufnehmen, ihn für seinen Plan gewinnen und ggf. seinen Widerstand überwinden; dem Befehlenden in der Hierarchie eines Machtapparates bleibt das erspart. Auch ist nicht zu verkennen, daß Hitler und vergleichbare Diktatoren mit Hilfe des ihnen zur Verfügung stehenden Apparates ein Zerstörungs- und Rechtsverletzungspotential entbinden konnten, das mit dem eines normalen Anstifters nicht entfernt vergleichbar ist. Wenn man ihre Herrschaftsgewalt mit dem Einfluß eines Anstifters auf eine Stufe stellt, werden gewaltige Sachunterschiede normativistisch simplifizierend eingeebnet. Das belegt schon der Sprachgebrauch: Er redet selbstverständlich vom „Schreibtischtäter" und nicht vom „Schreibtischanstifter".

Vereinzelt wird bestritten, daß die Möglichkeit, sich eines organisatorischen Machtapparates zu bedienen, dem Hintermann eine größere Erfolgsbeherrschung vermittle wie die schlichte Anstiftung.[622] Das widerspricht aller

---

[618] Zur Ablehnung seines Standpunktes vgl. näher oben S. 663 f.
[619] Restriktiver Täterbegriff, 1997, 89.
[620] Ganz abgesehen davon, daß hypothetische Verläufe zwar an der Kausalität nichts ändern, die Zurechnung aber sehr wohl beeinflussen können.
[621] NStZ 1995, 27.
[622] So vor allem Rotsch, NStZ 2005, 14, im Anschluß an Herzberg, in: Amelung (Hrsg.), Individuelle Verantwortung, 2000, 39.

historischen Erfahrung. Mit Recht betont Ambos[623] „die im tatsächlichen wurzelnde Unvergleichbarkeit des Verhaltens des Organisators und Befehlshabers von Massenverbrechen mit dem eines bloßen Anstifters zu bestimmten Taten". Rotsch[624] versucht, meine These durch ein konstruiertes Beispiel zu widerlegen: „Wenn der ... Politiker P bei einer Kundgebung vor 500 seiner – nicht in eine Organisation eingebundenen – fanatischen Anhänger diese dazu auffordert, den mißliebigen Konkurrenten X zu töten und dafür eine Belohnung von 1 Million US $ verspricht, kann er sich der Ausführung der Tat ebenso sicher sein wie derjenige, der zur Tatbegehung auf den ‚regelhaften Ablauf' eines organisierten Apparates vertraut." Abgesehen davon, daß das Beispiel nicht gerade einen typischen Anstiftungsfall darstellt (da die „fanatischen Anhänger" sich ihrem „Führer" offenbar so verpflichtet fühlen wie sonst nur die Mitglieder einer Organisation), ist der Sachverhalt wenig geeignet, eine der Organisationsherrschaft gleichende Erfolgssicherheit darzutun. Denn eine solche „Kundgebung" würde zur Verhaftung des Redners und zur polizeilichen Beschützung des potentiellen Opfers führen. Außerdem würde kein Politiker sich so verhalten, weil ihm bei einer Ausführung seiner Aufforderung eine lebenslängliche und selbst bei deren zu erwartendem Fehlschlag eine langjährige Freiheitsstrafe sicher wäre. Eine Gleichsetzung von Anstiftung und Organisationsherrschaft geht also an der Realität vorbei.

Richtig ist, daß nur eine Anstiftung vorliegt, wenn der Leiter einer Organisation sich eines Spezialisten bedient, der allein über das zur Ausführung der Tat erforderliche Know-how verfügt.[625] Aber das begrundet keinen Einwand gegen die Konstruktion der Organisationsherrschaft.[626] Denn ein solcher Spezialist gehört entweder der Organisation überhaupt nicht an, oder er ist unersetzbar. So oder so liegt hier also kein Fall von Organisationsherrschaft vor; zu einer mittelbaren Täterschaft kann dann nur eine Bedrohung mit den Mitteln des § 35 führen. Verfügt freilich eine Organisation über zahlreiche gleichermaßen geeignete „Spezialisten", ist der „regelhafte Ablauf" und damit die Tatherrschaft des Befehlsgebers wiederum gesichert.

Ein weiterer Einwand, der gegen die Geschehensbeherrschung durch den Hintermann und für die Anstiftung ins Feld geführt wird, geht dahin, daß der Ausführende die Tat sehr wohl verhindern könne. So sagt etwa Herzberg:[627] „Soweit sich der Ausführungsbeauftragte gegen das Verbrechen der Tötung eines Menschen entscheidet, hindert er den Veranlasser ... auf dessen Weg zum Verbrechensziel. Besonders anschaulich wird das beim Grenzsoldaten, der absichtlich danebenschießt und den Flüchtenden entkommen läßt." Dazu ist zu sagen, daß in den meisten Fällen der Organisationsherrschaft – man denke nur an die KZ-Morde, an ethnische „Säuberungen" und die Liquidation von Regimegegnern durch Einsatzkommandos – die Verhinderungs-

---

[623] Der allgemeine Teil des Völkerstrafrechts, ²2004, 593.
[624] NStZ 2005, 14.
[625] Schroeder, JR 1995, 178; Ambos, Der Allgemeine Teil des Völkerstrafrechts, ²2004, 598; Freund, AT, 1998, § 10, Rn. 92.
[626] Dazu auch Rotsch, NStZ 2005, 14f.
[627] in: Amelung (Hrsg.), Individuelle Verantwortung, 2000, 39.

macht des unmittelbar Ausführenden nicht lediglich „weniger anschaulich", sondern schlichtweg nicht vorhanden ist. Und auch beim Schießbefehl an der „Mauer" wird die Organisationsleitung die Grenzbewachung schwerlich so einrichten, daß ein einzelner Soldat Flüchtlinge unbemerkt entkommen lassen kann; vielmehr setzt ein funktionierender Apparat ein System wechselseitiger Überwachung voraus. Wenn es aber wirklich einmal so sein sollte, daß ein mit der unmittelbaren Ausführung Beauftragter die Möglichkeit hat, das Opfer entkommen zu lassen und von dieser Möglichkeit auch Gebrauch macht, so wird damit nicht mehr bewiesen, als daß eine mittelbare Täterschaft, wie bei ihren sonstigen Erscheinungsformen, so auch hier, im Versuch steckenbleiben kann. Zutreffend betont der BGH (BGHSt 40, 236): „... bei Einsatz irrender oder schuldunfähiger Werkzeuge sind Fallgestaltungen häufig, bei denen der mittelbare Täter den Erfolgseintritt weit weniger in der Hand hat als bei Fällen der beschriebenen Art". Mittelbare Täterschaft setzt nicht voraus, daß sie ausnahmslos erfolgreich ist.

d) Ausdehnung der „Organisationsherrschaft" auf Wirtschaftsunternehmen?

Ein durch die neuere Rechtsprechung aktuell gewordenes Sonderproblem liegt darin, ob die mittelbare Täterschaft kraft organisatorischer Machtapparate auch auf hierarchische Strukturen in Wirtschaftsunternehmen übertragen werden kann. Insoweit kann auf die Darstellung und Analyse der Judikatur im Rechtsprechungsteil (§ 43, S. 612 m.w.N.) verwiesen werden. In der Literatur hat diese Entwicklung bei einigen Autoren Zustimmung,[628] ganz überwiegend aber Ablehnung gefunden.[629] Und das mit Recht: Denn zwar lassen sich die von mir aus Anlaß der NS-Gewaltverbrechen mit ihren massenhaften Tötungen beschriebenen Kriterien der Organisationsherrschaft – die Rechtsgelöstheit des Apparates[630] und die Austauschbarkeit der unmittelbar Handelnden – auf manche Erscheinungsformen organisierter oder terroristischer

---

[628] Krekeler, Hanack-Festschrift, 1999, 651; Kuhlen, in: Amelung (Hrsg.), Individuelle Verantwortung, 2002, 71 (79ff.); ders., BGH-Festgabe, 2000, 671f.; Ransiek, Unternehmensstrafrecht, 1996, 46ff.; Schild, Täterschaft, 1994, 23.

[629] Ambos, GA 1998, 226, 239; Bosch, Organisationsverschulden in Unternehmen, 2002, 251ff.; Bottke, Gestaltungsherrschaft, 1992, 73; Sch/Sch/Cramer/Heine[26], 2001, § 25, Rn. 25a; Heine, Grenzüberschreitungen, 1995, 61ff.; Joecks, MK, 2003, § 25, Rn. 131f.; Kühl, AT[5], 2005, § 20, Rn. 73, b–d; Küpper, GA 1998, 525; Merkel, ZStW 107 (1995), 555; Murmann, GA 1996, 278ff.; Otto, Grundkurs AT[7], 2004, § 21, Rn. 92; ders., Jura 2001, 759; Renzikowski, Restriktiver Täterbegriff, 1997, 90ff.; Rotsch, NStZ 1998, 493ff.; ders., NStZ 2005, 16ff.; Roxin, AT/2, 2003, § 25, Rn. 129ff.; ders., BGH-Festgabe, 2000, 192ff.; Schulz, JuS 1997, 113; Schünemann, BGH-Festgabe, 2000, 631.

[630] Zum Kriterium der „Rechtsgelöstheit" vgl. die Auseinandersetzung zwischen Ambos, GA 1998, 243ff., und mir, Grünwald-Festschrift, 1999, 549ff. Gegen das Kriterium der Rechtsgelöstheit anschließend Rotsch, ZStW 112 (2000), 533ff.; eindringlich dafür Figueiredo Dias, Huelva-Sammelband, 1999, 99ff. Zusammenfassend wieder Ambos, Der Allgemeine Teil des Völkerstrafrechts, [2]2004, 606ff., wo auch noch weitere Anhänger der von mir vertretenen Auffassung angeführt werden. Für die weitreichende Rezeption des von mir entwickelten Kriteriums der Rechtsgelöstheit in den letzten Jahren vgl. auch die Belege oben im Text. Zur Verteidigung des Kriteriums der Rechtsgelöstheit gegen neuere Einwände Roxin, Fr.-Chr. Schroeder-Festschrift, 2006.

716

Kriminalität anwenden. Sie gelten aber nicht bei Wirtschaftsunternehmen und anderen Organisationen, die im Rahmen des geltenden Rechts agieren. Wenn z. B. in einem Betrieb ein Abteilungsleiter einen Angestellten zu einer Urkundenfälschung auffordert, ist er im Begehungsfall nur Anstifter der vom Angestellten täterschaftlich begangenen Tat. Denn bei einer auf der Basis des Rechts arbeitenden Organisation kann erwartet werden, daß rechtswidrige Anweisungen nicht befolgt werden, wie dies z. B. die Beamtengesetze ausdrücklich vorschreiben. Ein plastisches Beispiel für eine Überdehnung der mittelbaren Täterschaft bei der Anwendung auf hierarchisch gegliederte Beziehungen liefert die bekannte Behandlungsabbruch-Entscheidung BGHSt 40, 257, die oben (Nr. 39, S. 612 f.) näher behandelt worden ist.

Die hier gegebene Begründung für den Ausschluß von Organisationsherrschaft bei prinzipiell im Rahmen des geltenden Rechts arbeitenden Organisationen (Wirtschaftsbetriebe, Krankenhäuser, Behörden) ist in der Literatur auf breite Zustimmung gestoßen. So machen Sch/Sch/Cramer/Heine[631] sowohl die Rechtsgelöstheit wie das Fungibilitätskriterium zur Voraussetzung der Organisationsherrschaft. Joecks sagt:[632] „Roxin hat zu Recht darauf hingewiesen, daß Voraussetzung für die Organisationsherrschaft der Umstand ist, daß sich ein vom Hintermann betätigter Machtapparat als ganzer von den Normen des Rechts gelöst hat." Otto[633] konstatiert: „Wirtschaftsunternehmen sind keine ‚Machtapparate' …, in denen die Geltung des staatlichen Rechts außer Kraft gesetzt ist." Merkel betont:[634] „Diese Form mittelbarer Täterschaft wurde von ihrem ‚Entdecker' Roxin aus guten Gründen mit dem Etikett ‚kraft organisatorischer Machtapparate' versehen und für Fälle flächendeckenden staatlichen Terrors entwickelt." Sie tauge nicht „zur dogmatischen Bewältigungsinstanz für jedes Autoritätsgefälle zwischen den Beteiligten einer Straftat". Schünemann[635] sagt eher noch etwas weiter einengend: „Für die mittelbare Täterschaft durch Benutzung eines organisatorischen Machtapparates sollte man ein erhebliches Übergewicht des Hintermannes fordern und deshalb nicht nur mit Roxin eine Loslösung der Organisation vom Recht, sondern – was vielleicht im Begriff des Machtapparates schon mitgedacht ist – auch dessen Einbettung in ein System der Gewaltausübung verlangen." Bosch[636] resümiert: „Die Annahme mittelbarer Täterschaft bleibt … auf totalitäre Staaten, Verbrecherbanden und mafiaähnliche Strukturen beschränkt." Bei Hoyer[637] lesen wir: „Bei vollverantwortlichem Handeln des Weisungsempfängers erscheint … im privatwirtschaftlichen Bereich für den Weisungsgeber allein eine Strafbarkeit als Anstifter unproblematisch." Die Zitate ließen sich leicht vermehren und zeigen, daß die hier ver-

[631] Sch/Sch/Cramer/Heine[26], 2001, § 25, Rn. 25a.
[632] MK, 2003, § 25, Rn. 32.
[633] Grundkurs AT[7], 2004, § 21, Rn. 92.
[634] ZStW 107 (1995), 555/556.
[635] BGH-Festgabe, 2000, 630f. Ähnlich Bottke, JuS 2002, 323, der eine mittelbare Täterschaft kraft organisatorischer Machtapparate nur bei „Atrozität", d.h. „bei unrechtsstaatlich organisierten Menschenrechtsverletzungen gravierendster Art", gelten lassen will.
[636] Organisationsverschulden in Unternehmen, 2002, 234.
[637] Die strafrechtliche Verantwortlichkeit innerhalb von Weisungsverhältnissen, 1998, 29.

tretene restriktive Auslegung der mittelbaren Täterschaft durch organisatorische Machtapparate von der h. M. geteilt wird.

Gleichwohl bleibt die strafrechtliche Verantwortlichkeit von Leitungspersonen für Delikte, die in ihrem Verantwortungsbereich von Untergebenen begangen werden, ein Problem. Es läßt sich mit der Rechtsfigur der Anstiftung nicht befriedigend lösen, weil die Fälle unzureichender Aufsicht und des Geschehenlassens dadurch nur unzureichend erfaßbar sind. Schünemann[638] und Muñoz Conde[639] wollen deshalb eine auf Unternehmenskriminalität beschränkte Form der Mittäterschaft annehmen, die Schünemann aus der „doppelten Mitwirkung eines Garanten (zugleich als Unterlassungsbeteiligter und als aktiver Teilnehmer)" erklärt.

Aber das kann auch nicht befriedigen, weil ein Hintergrundsverhalten, das den Anforderungen der mittelbaren Täterschaft nicht genügt, deshalb nicht ohne weiteres zur Mittäterschaft aufgewertet werden darf, die richtigerweise auf Tatbeiträge im Ausführungsstadium zu beschränken ist (vgl. S. 725 ff.). Auch sind ein gemeinsamer Tatentschluß und eine gemeinsame Begehung in vielen einschlägigen Fällen nicht nachweisbar.

Wenn man den letztlich verantwortlichen Hintermann als Täter bestrafen will, ist das nur möglich, indem man ihm eine Garantenstellung zuschreibt, die ihn nach den Regeln der Pflichtdelikte (s. u. S. 739 ff.) zum Täter macht, einerlei, ob sein Tatbeitrag in einem Tun oder in einem bloßen Geschehenlassen besteht, für dessen Nichteintritt er einzustehen hat.[640] Das geltende StGB hat eine solche Regelung für Amtsträger bereit in § 357 vorgesehen. Man könnte sie auf weisungsberechtigte Vorgesetzte in einem Unternehmen oder Betrieb erstrecken. Bottke hat dazu einen Gesetzesvorschlag unterbreitet.[641] Oder man könnte sich dem Vorschlag von Tiedemann[642] anschließen, der für ein europäisches Modell-Strafgesetzbuch die eigene Täterschaftsform der „Verantwortlichkeit für fremdes Verhalten" entwickelt hat. Auch der Entwurf eines Corpus Juris zum Schutz der Finanzinteressen der EU enthält in Art. 13 schon eine derartige Regelung: „Wird eine Straftat für Rechnung eines Unternehmens von einer Person begangen, die der Autorität des Unternehmensleiters oder einer anderen mit Entscheidungs- oder Kontrollmacht im Unternehmen ausgestatteten Person untersteht, so ist auch der Unternehmensleiter oder der Entscheidungs- oder Kontrollträger strafrechtlich verantwortlich, wenn er von der Begehung der Straftat Kenntnis hatte, Anweisung zu ihrer Begehung gab, die Straftat geschehen ließ oder die erforderlichen Kontrollmaßnahmen unterließ." Alle diese Bemühungen zeigen, daß die Willensherrschaft kraft organisatorischer Machtapparate nicht die geeignete Rechtsfigur zur dogmatischen Bewältigung der hier liegenden Probleme ist.

---

[638] BGH-Festgabe, 2000, 632.
[639] Roxin-Festschrift, 2001, 623 f.
[640] Skeptisch gegenüber allen Versuchen dieser Art Wittek, Der Betreiber im Umweltstrafrecht, 2004, 245 ff., der für eine Verbandsstrafbarkeit eintritt.
[641] JuS, 2002, 324.
[642] Nishihara-Festschrift, 1998, 496 ff.

6. Das absichtslose dolose Werkzeug

Der Tatbestand der Zueignungsdelikte (§§ 242, 246 StGB) hatte bisher nur das Sich-Zueignen, aber keine Drittzueignung gekannt. Wenn also ein Hintermann einen anderen aufforderte, ihm eine fremde Sache zu stehlen und der Aufgeforderte diesem Wunsch aus Gefälligkeit nachkam, fehlte dem Wegnehmenden nach verbreiteter Ansicht die Absicht, die im Interesse eines anderen entwendete Sache sich zuzueignen, so daß er nicht als Täter eines Diebstahls bestraft werden konnte. Nach überlieferter Auffassung wurde deshalb der Hintermann als mittelbarer Täter eines Diebstahls und der Ausführende als Gehilfe in Gestalt eines absichtslosen dolosen Werkzeugs bestraft. Diese Konstruktion war im vorliegenden Buch schon immer als mit der Tatherrschaftslehre unvereinbar abgelehnt worden (vgl. oben S. 258 f., 338–347). Denn die Aufforderung des Hintermannes entspricht nur einer Anstiftung, weil die Entscheidung über die Begehung des Diebstahls und damit die Tatherrschaft allein beim Ausführenden liegt.

Ich hatte von jeher (oben S. 341 ff.) eine Anstiftung des Hintermannes angenommen mit der Begründung, daß auch die Drittzueignung ein „Sich-Zueignen" sei, weil der Ausführende durch die Weitergabe an den Auftraggeber wie ein Eigentümer über die Sache verfüge. Diese Auffassung hatte in der Literatur zwar zahlreiche Anhänger gewonnen (vgl. 6. Auflage, S. 655, Anm. 362), sich aber im Schrifttum und in der Rechtsprechung (BGHSt 41, 187 ff., Großer Senat) gleichwohl nicht vollständig durchsetzen können. Auch der Ausweg, den Hintermann wegen Unterschlagung und den Ausführenden als Gehilfen dieser Tat zu bestrafen,[643] war durchaus unbefriedigend, weil dabei das Wegnahmeunrecht der Tat völlig unerfaßt blieb.

Der Gesetzgeber des 6. Strafrechtsreformgesetzes vom 26. 1. 1998 hat nunmehr erfreulicherweise den Wortlaut der §§ 242, 246 StGB im Sinne der hier schon seit der ersten Auflage vertretenen Auffassung geändert, indem er es jeweils genügen läßt, daß der Täter die Sache „sich oder einem Dritten rechtswidrig zueignet". Vom hier vertretenen Standpunkt aus ist das keine materielle Änderung des Gesetzes, sondern nur eine Klarstellung des Inhalts, daß auch die Weitergabe der Sache an einen Dritten beim Vorliegen der Tatherrschaft eine täterschaftliche Zueignung ist.

Es stellt sich die Frage, ob nach der Gesetzesänderung ein absichtsloses doloses Werkzeug überhaupt noch möglich ist; im Verneinensfall hat sich das Problem einer etwaigen mittelbaren Täterschaft auch für die h. L. erledigt. Eine verbreitete Ansicht[644] hält trotz Drittzueignung das Fehlen einer darauf gerichteten „Absicht" für möglich und steht dann wieder vor der Frage, ob der Hintermann als mittelbarer Täter bestraft werden kann. Die nur mühsam zu konstruierenden Beispiele betreffen Fälle, in denen der Drittzueigner in erster Linie den Eigentümer schädigen oder sich Ärger mit seinem Auftraggeber ersparen will. Ob daran jedoch eine Drittzueignungsabsicht scheitern

---

[643] Vgl. dazu m. w. N. die 6. Auflage, S. 655, bei und in Anm. 363.

[644] Vgl. die Monographie von Noak, 1999, über „Drittzueignung und 6. Strafrechtsreformgesetz". Ferner etwa Kühl, AT[5], 2005, § 20, Rn. 56 a; Gropp, AT[3], 2005, § 10, Rn. 58 a.

kann, ist eine Frage der Auslegung des Absichtsbegriffes in § 242. Man wird diese Frage richtigerweise verneinen müssen. Denn wenn dem unmittelbar Handelnden die Drittzueignung als erwünschtes Mittel zur Erreichung eines weitergehenden Endzwecks ansieht, unterfällt auch dies noch dem Absichtsbegriff.[645] Man wird also sagen müssen, daß das Problem des absichtslosen dolosen Werkzeugs heute nicht mehr existiert. Selbst wenn man aber in diesem Punkt anderer Meinung sein sollte, würde diese Konstruktion in den verbleibenden Restfällen keine praktische Bedeutung mehr erlangen können.

Dagegen gibt es sehr wohl auch heute noch eine mittelbare Täterschaft durch Benutzung eines absichtslosen **undolosen** Werkzeugs. In diesen Fällen weiß der unmittelbar Handelnde nicht, daß er zur Begehung eines Diebstahls mißbraucht wird. So liegt es z. B., wenn jemand einen anderen verleitet, ihm durch Wegnahme eine fremde bewegliche Sache zu beschaffen, die er angeblich nur zu vorübergehendem Gebrauch, in Wahrheit aber in der Absicht rechtswidriger Zueignung an sich bringen will. Hier ist der Hintermann mittelbarer Täter. Denn ob der Ausführende schon den Vorsatz des Hintermannes (etwa bezüglich der Fremdheit der Sache) oder erst dessen Zueignungsabsicht verkennt, ist für die Irrtumsherrschaft des Verleitenden gleichgültig. So oder so weiß das Werkzeug nicht, daß es für einen Diebstahl benutzt wird.

Entsprechendes gilt, wenn der Hintermann dem Ausführenden vorspiegelt, er habe einen fälligen, nicht einredebehafteten Anspruch auf die Sache, die für den Hintermann wegzunehmen er ihn auffordert. Denn wenn man mit der herrschenden und zustimmungswürdigen Meinung beim Vorliegen eines solchen Anspruchs die Rechtswidrigkeit der Zueignung verneint, fehlt dem solchermaßen Getäuschten bei der von ihm vollzogenen Wegnahme die Absicht rechtswidriger Zueignung. Er erfüllt deshalb nicht den subjektiven Tatbestand, und der Hintermann ist als Inhaber der Irrtumsherrschaft mittelbarer Täter.[646]

III. Die funktionelle Tatherrschaft

1. Zur Grundkonzeption

Der Begriff der „funktionellen Tatherrschaft", durch den ich versucht habe,[647] die Mittäterschaft zu charakterisieren, ist in der Literatur vielfach übernommen worden.[648] Der Sache nach entspricht die Annahme, daß ein „arbeitsteili-

---

[645] Vgl. Roxin, AT/1[4], 2006, § 12, Rn. 10 ff.

[646] Vgl. zu dieser Konstellation auch Krüger, Jura 1998, 616, der aber zu Unrecht von einem absichtslosen „dolosen" Werkzeug spricht und die Konstruktion einer mittelbaren Täterschaft „sehr fragwürdig" nennt, was sie aber wegen des fehlenden Diebstahlsdolus beim Ausführenden nicht ist.

[647] Oben S. 275–305. Die dortigen Ausführungen habe ich fortgeführt in LK[11], 1993, § 25, Rn. 153 ff.; AT/2, 2003, § 25, Rn. 188 ff. sowie in meinem Aufsatz „Die Mittäterschaft im Strafrecht", JA 1979, 519.

[648] Eser, StrafR II[3], 1980, Fall 37, Rn. 24; Fall 39, Rn. 6; Gropp, AT[3], 2005, § 10, Rn. 38, 81; Hoyer, SK[7], 2000, § 25, Rn. 27, 108; Jescheck/Weigend, AT[5], 1996, 679; Krey, AT/2[2], 2005,

ges Zusammenwirken" die Mittäterschaft begründe, der heute allgemein herrschenden Ansicht.[649] Auch die anders ansetzende, auf die Dringlichkeit der Verhaltensnormen abstellende Lehre von Stein[650] sowie die idealistischen Konzeptionen von Köhler[651] und Klesczewski[652] kommen zu ganz ähnlichen Ergebnissen.

Jedoch halten einige Kritiker meinem Ansatz vor, daß er in einseitiger Weise nur auf die negative Hemmungsmacht des Mittäters abstelle (er kann bei einer Betrachtung ex ante durch Nichterbringung seines Beitrages das Delikt zum Scheitern bringen), anstatt das positive Element der Mittäterschaft herauszuarbeiten.[653]

---

§ 26, Rn. 86, 88, 165; Kühl, AT[5], 2005, § 20, Rn. 27; Lackner/Kühl[25], 2004, § 25, Rn. 11; Maurach/Gössel/Zipf, AT/2[7], 1989, 49/5; Rudolphi, Bockelmann-Festschrift, 1979, 369, 374; Seelmann, JuS 1980, 574; Stoffers, MDR 1989, 210; Stratenwerth/Kuhlen, AT[5], 2004, § 12, Rn. 93; Wessels/Beulke, AT[35], 2005, § 13, Rn. 512. Mit der noch zu nennenden Einschränkung auch Herzberg, Täterschaft und Teilnahme, 1977, 57 ff.; Jakobs spricht „in Anlehnung an die Differenzierung von Roxin" von „Entscheidungsherrschaft" (AT[2], 1991, 21/25, Anm. 86). Auch die Monographie von Bloy, Zurechnungstypus, 1985, 369 ff., folgt ganz der hier entwickelten Ansicht.

[649] Freilich will Schilling in seiner Schrift „Der Verbrechensversuch des Mittäters und des mittelbaren Täters", 1975, die Mittäterschaft „nur als eine Spielart mehrfacher Einzeltäterschaft" ansehen (74). Doch ist das, obwohl Schilling sich nicht auf eine bestimmte Täterlehre festlegen will, im Grunde nur mit einer rein kausalen Auffassung zu vereinbaren, die zum extensiven Täterbegriff und letzten Endes zur Einheitstäterschaft führen müßte, mit der Schilling denn auch am Ende seiner Arbeit (115 ff.) sichtbar liebäugelt. Demgegenüber ist im Sinne der oben gegebenen Strukturanalyse daran festzuhalten, daß die Mittäterschaft eine eigenständige Form der Tatherrschaft darstellt, bei der der einzelne nicht Alleintäter, aber auch nicht nur „Täter eines Teiles" ist, sondern durch seinen Tatanteil zusammen mit den anderen die Gesamttat in der Hand hat (vgl. oben S. 277 im Anschluß an Welzel). Die Kritik an Schilling wird umfassend ausgeführt bei Küper, Versuchsbeginn und Mittäterschaft, 1978. Eine andere Frage ist es, ob Schilling nicht insoweit recht zu geben ist, als er – entgegen der oben, S. 452 ff. vertretenen, heute durchaus herrschenden Meinung – auch beim Versuch nur den als Mittäter ansehen will, der selbst ins Versuchsstadium eingetreten ist. Eine eindringliche Untersuchung von Valdágua, ZStW 98 (1986), 839 ff., legt die Annahme nahe, daß es vom Standpunkt der Tatherrschaftslehre aus konsequenter ist, für die Mittäterschaft beim Versuch auch die Mitherrschaft im Versuchsstadium zu fordern. Für diese sog. Einzellösung tritt auch die Monographie von Bauer, Vorbereitung und Mittäterschaft (bei Herrschaftsdelikten), 1996, ein. Ebenso nunmehr Roxin, LK[11], 1993, § 25, Rn. 198 ff.; ders., AT/2, 2003, § 29, Rn. 295 ff. In diesem Sinne ebenfalls schon Rudolphi, Bockelmann-Festschrift, 1979, 383 ff.; Bloy, Zurechnungstypus, 1985, 265 f.; vgl. ferner Stein, Beteiligungsformenlehre, 1988, 318. Eindringlich im Sinne der Einzellösung nunmehr auch Puppe, AT/2, 2005, § 39, Rn. 12 ff., und schon in Spinellis-Festschrift, 2001, 932 f. Für die h. M. aber wieder Krack, ZStW 110 (1998), 611 (614 ff.); Stoffers, MDR 1989, 208 ff., 211 ff.; Joecks, MK, 2003, § 25, Rn. 226 f.; Krey, AT/2[2], 2005, § 43, Rn. 439.

[650] Beteiligungsformenlehre, 1988, 319 ff. Stein verlangt einen Tatbeitrag im Ausführungsstadium, lehnt jedoch das Erfordernis der „Wesentlichkeit" dieses Tatbeitrages sowie des gemeinsamen Tatentschlusses als nicht in sein System passend ab (326).

[651] Strafrecht, AT, 1997, 513 ff.; vgl. schon oben S. 662 f.

[652] Selbständigkeit, 1997, 318 ff. Mit der funktionellen Tatherrschaft seien „fraglos einige Züge der Mittäterschaft treffend beschrieben"; durch „die Beschränkung der Mittäterschaft auf ein Mitmachen während des Ausführungsstadiums" berühre sich sein Ansatz mit dem hier vertretenen. Zu der dennoch von ihm geübten Kritik sogleich im Text.

[653] Diaz y Garcia, La Autoria en Derecho Penal, 1991, 679 ff., 691 ff.; Klesczewski, Selbständigkeit, 1997, 318 f.

Insbesondere Diaz y Garcia hat eine neue Konzeption der Mittäterschaft vorgelegt, die auch in Deutschland Aufmerksamkeit verdient. Diaz hält der von mir entwickelten Konzeption der „funktionellen Tatherrschaft" entgegen, daß derjenige, der die Tatbestandshandlung nicht selbst ausführe, indem er z. B. das Opfer festhält, damit der andere es erstechen kann, nur eine „negative Tatherrschaft" ausübe. Er könne durch Untätigbleiben (also das Nichtfesthalten des Opfers) das Delikt zum Scheitern bringen, aber niemals den Tatbestand verwirklichen. Dies tue nur der, der den Stich ausführe und damit die „positive Tatherrschaft" ausübe. Er will die Mittäterschaft auf die positive Tatherrschaft beschränken, wie sie etwa vorliege, wenn drei Täter dem Opfer drei Dolchstiche versetzen, die erst zusammen dessen Tod bewirken. Mir scheint die Auffassung Diaz' die Mittäterschaft zu sehr einzuschränken, weil die „positive" Mitwirkung bei der Tatbestandshandlung, wie er sie versteht, meist selbst schon eine unmittelbare Täterschaft ist (wenn z. B. mehrere Leute nach einem gemeinsamen Plan Sachen in Diebstahlsabsicht wegnehmen), die praktisch bedeutsamsten Fälle also gerade die sind, die Diaz als Konstellationen negativer Tatherrschaft aus der Mittäterschaft ausgrenzen möchte.

Außerdem erfaßt die Unterscheidung von positiver und negativer Tatherrschaft, wie sie bei Diaz auftritt, die Struktur der funktionellen Tatherrschaft nicht ganz zutreffend. Denn – um beim Messerstecherbeispiel zu bleiben – der Festhaltende leistet durch die „Bereitstellung" des Opfers einen genauso „positiven" Beitrag zur Tatbestandsverwirklichung wie der Zustechende. Daß die Nichterbringung dieses Beitrages den Plan zum Scheitern bringen würde, ist nur die „negative" Kehrseite dieser positiven Mitherrschaft. Beim Zustechenden selbst ist die Mitherrschaft nicht anders strukturiert: Auch bei ihm ist die Kehrseite seines positiven Tatanteils, daß dessen Unterlassung den Plan vereiteln würde. Die behauptete Unterscheidung kann also einen Bewertungsunterschied der Tatanteile nicht begründen. Ob der Mittäter das Opfer zur Ermöglichung des tödlichen Stiches festhält oder selbst einen Stich führt, der zusammen mit anderen Stichen den Erfolg bewirkt: In beiden Fällen sind die Beteiligten wechselseitig voneinander abhängig und durch ihr „positives" Tun Mitbeherrscher des Geschehens.[654]

---

[654] Luzon Peña und Diaz y Garcia Conlledo haben sich in Roxin-Festschrift, 2001, 575 ff. (speziell 592–598), mit meinen Einwänden auseinandergesetzt und weisen darauf hin, daß das Opfer im Messerstecher-Fall nicht am Festhalten, sondern an den Messerstichen gestorben sei und daß dieser Umstand „sehr wohl einen Bewertungsunterschied" begründen könne (Roxin-Festschrift, 2001, 594, Fn. 66; ebenso Rodriguez Montañes, Roxin-Festschrift, 2001, 322; ihnen zustimmend Schild, NK^2, 2005, § 25, Rn. 93). Jedoch ist zu bedenken, daß der Messerstecher seine tödlichen Stiche nicht führen könnte, wenn sein Komplize das Opfer nicht festhielte, so daß also beide Handlungen gleichgewichtige „positive" Voraussetzungen der Tötung sind. Freilich läßt sich ein so enger Mittäterschaftsbegriff, wie ihn die beiden Autoren vertreten, nach spanischem Recht leichter verteidigen, weil dort der „Hauptgehilfe", der einen notwendigen Tatbeitrag leistet, wie ein Täter bestraft werden kann (Art. 28 II, b Código Penal). Jedoch wird die hier befürwortete Konzeption der funktionellen Tatherrschaft auch in der spanischen Literatur vertreten und ist sogar vom Obersten Gerichtshof (Tribunal Supremo) in mehreren Urteilen übernommen worden (näher dazu Cerezo Mir, Roxin-Festschrift, 2001, 552 ff., in Auseinandersetzung mit Diaz y Garcia Conlledo).

Eine andere Konzeption entwickelt auch Heinrich, indem er die Mittäterschaft als „Entscheidungsverbund" deutet, als dessen „unmittelbare Umsetzung das Geschehen anzusprechen ist"[655]. Die einzelnen Mittäter werden durch den „Entscheidungsverbund" zu einer „imaginären Gesamtperson" zusammengeschlossen, die als Täter beurteilt wird. Auf den Tatbeitrag des einzelnen kommt es dabei nicht an. Mittäter ist, sofern er nur dem „Verbund" angehört, dabei auch der, „der selbst nicht unmittelbar Hand anlegt, sondern beispielsweise nur zuschaut, weil er zu ungeschickt zur eigenhändigen Umsetzung des Tatentschlusses ist oder sich ‚die Hände nicht schmutzig machen' will"[656]. Immerhin verlangt Heinrich aber eine Anwesenheit bei der Tatausführung,[657] weil sonst der Entscheidungsverbund als „aufgehoben und damit nicht mehr gegenwärtig wirkend" betrachtet werden muß.

Diese Lehre krankt daran, daß sie dem äußeren Tatbeitrag des Mittäters keine Bedeutung beimißt. Der „Entscheidungsverbund" ist nicht mehr als der „gemeinsame Tatentschluß" der h.L. Wenn sich der an diesem Verbund Beteiligte aber im übrigen mit Zuschauen begnügt, fehlt ein gemeinschaftliches Begehen, das der Gesetzgeber verlangt und daß auch allein die Bestrafung als Täter tragen kann. Denn eine Willensübereinstimmung liegt auch zwischen Anstifter und Täter vor. Daß Heinrich immerhin eine Anwesenheit des Mittäters bei der Ausführung verlangt, ist wenig folgerichtig. Denn es ist nicht recht ersichtlich, warum dieses sehr äußerliche Faktum für die Aufrechterhaltung des Entscheidungsverbundes nötig sein soll. Auch ist es wenig plausibel, daß bei einem völlig untätig Gebliebenen die Abgrenzung von Mittäterschaft und Beihilfe davon abhängen soll, ob er bei der Ausführung zugeschaut hat oder nicht.

Kindhäuser[658] bezeichnet zwar die hier vertretene Konzeption der „funktionellen Tatherrschaft" als „grundlegend für die neue Doktrin", definiert aber selber die Mittäterschaft als „die Einbettung von Handlungen verschiedener Akteure in (gewollt) kongruente Deutungsschemata verbundener Organisationskreise".[659] Damit wird eine gemeinsame Risikoschaffung bezeichnet. „Das Verhalten jedes der Beteiligten muß mit Blick auf die Risikoschaffung und -erhöhung nach demselben Muster interpretiert werden und sich so als Arbeitsteilung darstellen."[660] Die Abgrenzung von der Beihilfe vollzieht sich dann so, daß bei dieser ein gemeinsames Deutungsschema fehlt. „Der Gehilfe ist nicht derjenige, der den Zweck setzt; vielmehr unterwirft er sich fremder Zwecksetzung."[661] Der Anstifter stellt dem Täter nur die „Idee" zur Verfügung, „überläßt ihm aber die Entscheidung zu deren Realisierung". Trotz der von Kindhäuser verwendeten neuartigen Begrifflichkeit ist unver-

---

[655] Rechtsgutzugriff, 2002, 285 ff. (287).
[656] Rechtsgutzugriff, 2002, 289.
[657] Rechtsgutzugriff, 2002, 293.
[658] Hollerbach-Festschrift, 2001, 627 ff.
[659] Hollerbach-Festschrift, 2001, 646.
[660] Hollerbach-Festschrift, 2001, 649.
[661] Hollerbach-Festschrift, 2001, 653.

kennbar, daß seine Lehre der Sache nach auf eine Wiederbelebung der alten Dolustheorie, einer Vorform der Tatherrschaftslehre, hinausläuft.[662] Etwas substantiell Neues wird damit also nicht gesagt.

2. Der gemeinsame Tatentschluß

Daß die Mittäterschaft zunächst einen gemeinsamen Tatentschluß der potentiellen Mittäter voraussetzt, entspricht der weitaus überwiegenden Meinung und ist auch in diesem Buch von Anfang an vertreten worden (vgl. S. 285 f.). Allerdings haben Derksen,[663] Lesch[664] und von Danwitz[665] unter dem Einfluß ihres Lehrers Jakobs[666] die Notwendigkeit eines gemeinsamen Tatentschlusses bei der Mittäterschaft bestritten. Sie wollen „einen Einpassungsentschluß genügen … lassen, mit dem der nicht unmittelbar ausführende, aber gestaltend mitwirkende Beteiligte seinen Beitrag mit dem Tun des Ausführenden verbindet"[667]. Sie nehmen bei einem Zusammenwirken mehrerer Tatanteile eine objektive Zurechnung vor, für die es auf subjektive Elemente wie den gemeinsamen Tatentschluß nicht ankommen soll.

Dem ist aber zu widersprechen. Denn das vom Gesetz verlangte „gemeinschaftliche Begehen" (§ 25 Abs. 2 StGB) setzt eine gemeinsame Tatherrschaft und damit eine beidseitig bewußte Arbeitsteilung voraus. Ein einseitiges „Zusammenwirken", das als solches nur einem „Mittäter" bekannt ist, auch dem anderen als „gemeinschaftliches Begehen" zuzurechnen, verstößt gegen den Wortlaut des Gesetzes und damit gegen das Analogieverbot.[668] Außerdem bringt die Anerkennung einer einseitigen Mittäterschaft die Gefahr einer viel zu weiten Ausdehnung dieser Rechtsfigur mit sich. Köhler[669] meint nicht ohne Grund, diese Lehre „fällt noch hinter den Stand des Finalismus zurück und verschiebt praktisch die Grenzen zur Beihilfe". Sie verschiebt auch die Grenze zur mittelbaren Täterschaft, wie sich bei der Organisationsherrschaft gezeigt hat (oben S. 710), wo Jakobs den Hintermann trotz fehlenden gemeinsamen Tatentschlusses als Mittäter ansieht. Mit Recht weist Hoyer[670]

---

[662] Vgl. dazu oben S. 52 ff.

[663] GA 1993, 163 ff.

[664] ZStW 105 (1993), 271 ff.

[665] Ist die Mittäterschaft abhängig von einem gemeinsamen Tatentschluß der Beteiligten?, 1994. Der Schlußsatz ihrer Dissertation lautet (a. a. O., 179): „Es gibt keinen Grund, Mittäterschaft (im Sinne des § 25 Abs. 2 StGB) von einem gemeinsamen Tatentschluß der Beteiligten abhängig zu machen."

[666] AT², 1991, 21/43.

[667] Jakobs, AT², 1991, 21/43.

[668] Zur Kritik an Lesch näher Küpper ZStW 105 (1993) 295 ff. Gegen die Auffassung Jakobs' und seiner Schüler nochmals Küpper, GA 1998, 526, sowie Ingelfinger, JZ 1995, 708; Renzikowski, Restriktiver Täterbegriff, 1997, 102. Aus der neuen Lehrbuch- und Kommentarliteratur vgl. nur die ablehnenden Stellungnahmen von Hoyer, SK⁷, 2000, § 25, Rn. 126 f.; Krey, AT/2², 2005, § 29, Rn. 169, Rn. 12; Kühl, AT⁵, 2005, § 20, Rn. 106. Auch sonst hat die These von Jakobs außerhalb seiner eigenen Schule keine Anhänger gefunden.

[669] Köhler, AT, 1997, 516, Anm. 71.

[670] SK⁷, 2000, § 25, Rn. 127.

darauf hin, daß es ein höheres Unrecht darstellt, „den Tatentschluß eines anderen hervorzurufen (Anstiftung) als ihm nur zur Verwirklichung eines bereits gefaßten Tatentschlusses zu verhelfen". Diese Unrechtsdifferenz müsse erst recht bei der Abgrenzung zwischen Mittäterschaft und Beihilfe berücksichtigt werden. Jede mittäterschaftliche Zurechnung eines Tatbeitrages setze deshalb voraus, „daß der Entschluß zu diesem Beitrag von der Aussicht auf die Unterstützungshandlung jedenfalls mit motiviert war". Ein weiteres durchschlagendes Argument bringt Puppe[671] bei: „Wer in der Erwartung, daß ein anderer ein Opfer im Schlaf erschlagen will, dessen Haustür öffnet, das Opfer mit einem Schlafmittel betäubt und dem Täter auch noch ein Schlagwerkzeug bereitlegt, das dieser dann auch prompt benutzt, ohne von all dem Beistand zu wissen, überläßt letztlich die Entscheidung über die Ausführung der Tat dem von ihm unbeeinflußten Willen des anderen. Deshalb kann ihm die Entscheidung und die Tatausführung des anderen nur in dem schwächeren Sinne zugerechnet werden, in dem dies bei der Gehilfenschaft geschieht."

Andererseits ist einzuräumen, daß ein „Einpassungsentschluß", wenn man ihn auf das Ausführungsstadium beschränkt, dem Gedanken der „Mitherrschaft" an sich nicht widerstreitet. Wer den herannahenden Polizisten, der den Täter einer Körperverletzung auf einen Telefonanruf hin in der Wohnung festnehmen will, im Treppenhaus festhält und niederschlägt, so daß der Schläger seine Körperverletzung ungestört vollenden kann, leistet auch dann einen mitherrschaftsbegründenden Beitrag im Ausführungsstadium, wenn der Prügler von diesem den Erfolg erst ermöglichenden Tatbeitrag nichts merkt und erfährt. Aber der Gesetzgeber hat nun einmal nur die gemeinschaftliche (und nicht die einseitige) Mitherrschaft als mittäterschaftsbegründend mit der vollen Täterstrafe bedroht; und diese restriktivere Lösung ist aus den vorgenannten Gründen auch rechtspolitisch billigenswert. Auch der BGH hat noch im Jahre 1997 wieder ausgesprochen:[672] „Mittäterschaft ist nicht schon im Falle des einseitigen Einverständnisses mit der Tat eines anderen und der Betätigung eines solchen Einverständnisses gegeben; notwendig ist vielmehr, daß ... alle im bewußten und gewollten Zusammenwirken handeln ..."

Eine Auffassung, die vom herkömmlichen Verständnis des gemeinsamen Tatentschlusses abweicht, vertritt auch Puppe,[673] indem sie den gemeinsamen Tatentschluß als „gegenseitige Anstiftung" deutet. Dies kann zwar so sein, wenn zwei Leute, die jeder für sich allein zur Tat nicht entschlossen sind, sich verbünden und dadurch erst den jeweils anderen zur Tatbegehung motivieren,[674] aber es muß nicht so sein. Wenn ein zur Tat fest Entschlossener einen Mittäter sucht, stiftet er diesen an, wird aber seinerseits nicht angestiftet. Puppe bestreitet das, weil die Figur des omnimodo facturus weder „mit dem

---

[671] Spinellis-Festschrift, 2001, 920f., unter Verwendung eines Beispiels von Jakobs, AT², 1991, 21/112.
[672] BGHR, StGB § 25, Abs. 2, Mittäter 29.
[673] Spinellis-Festschrift, 2001, 917ff. (917).
[674] Die Meinung, wonach Anstifter nur derjenige sein könne, der „die erste Anregung zur Tat gibt", wird von Puppe mit Recht abgelehnt (Spinellis-Festschrift, 2001, 917).

Freiheitspostulat ... noch mit unseren ... psychischen Erfahrungen" vereinbar sei.[675] Sie geht davon aus, daß der Tatentschluß sich „erst im Moment der
Tat konstituiert und zugleich realisiert"[676]. Die beidseitige Anstiftung liege in
der wechselseitigen Motivierung im Moment der Tatausübung.

Dem ist aber nicht zu folgen.[677] Denn „Freiheitspostulat" und „psychische
Erfahrungen" zeigen nur, daß man Entschlüsse oftmals nachträglich ändern
oder sogar wieder aufgeben kann, nicht aber, daß es Entschlüsse erst im
Augenblick ihrer Realisierung gibt. Erst recht ist Puppes These nicht mit der
sukzessiven Mittäterschaft zu vereinbaren, bei der ein Mittäter erst hinzutritt,
nachdem der andere schon mit der Ausführung begonnen hat, also doch wohl
dazu entschlossen gewesen sein muß. Dies ändert nichts daran, daß Puppes
Warnung vor einer zu weit gehenden Annahme „konkludenter Tatverabredung" in der Judikatur berechtigt ist.[678] Aber dem läßt sich auch dadurch
Rechnung tragen, daß man an konkludente Tatvereinbarungen strengere
Anforderungen stellt.

3. Die gemeinsame Tatausführung

Der entscheidende sachliche Differenzpunkt liegt zur Zeit in der Frage, ob –
wie es die Rechtsprechung im Banne der subjektiven Theorie immer angenommen hat – eine Beteiligung im Vorbereitungsstadium zur Begründung der
Mittäterschaft ausreicht, oder ob dafür eine den Tatbeitrag der anderen ergänzende Mitwirkung bei der Ausführung selbst erforderlich ist. Die zweite,
wesentlich engere Auffassung, die ich oben[679] ausführlich zu begründen versucht habe und die damals nur ganz vereinzelt vertreten wurde, hat inzwischen zahlreiche weitere Anhänger gefunden,[680] so daß sie sich bei einem Vordringen der Tatherrschaftslehre in der Rechtsprechung möglicherweise
durchsetzen wird.[681]

---

[675] Spinellis-Festschrift, 2001, 918.

[676] Spinellis-Festschrift, 2001, 919.

[677] Puppe verschweigt nicht (mit Nachweisen), daß ihre Lehre „in der deutschen Strafrechtsdogmatik auf wenig Akzeptanz gestoßen ist", Spinellis-Festschrift, 2001, 920. Zuletzt nennt
wieder Schild, NK², 2005, § 25, Rn. 87, die Kennzeichnung der Mittäterschaft als wechselseitige Anstiftung „mehr als mißverständlich".

[678] Spinellis-Festschrift, 2001, 925.

[679] S. 292–305; weiter ausgeführt in LK¹¹, 1993, § 25, Rn. 179ff.; JA 1979, 522f.; StrV 1985,
278; JR 1991, 206.

[680] Bloy, Zurechnungstypus, 1985, 197ff.; Bottke, Gestaltungsherrschaft, 1992, 88, 90; Eschenbach, Jura 1992, 644f.; Gallas, Materialien Bd. 1, 1954, 137; Gimbernat Ordeig, ZStW 80
(1968), 931ff.; Gropp, AT³, 2005, § 10, Rn. 85, 85a; Hardwig, JZ 1965, 667; Herzberg, JuS
1974, 722; 1975, 35f.; Täterschaft und Teilnahme, 1977, 64ff.; ZStW 99 (1987), 58ff; JZ
1991, 859ff.; H. Mayer, Strafrecht, Allgemeiner Teil, 1967, 161; Rudolphi, Bockelmann-
Festschrift, 1979, 372ff.; NStZ 1994, 436; Stein, Beteiligungsformenlehre, 1988, 319ff.; StrV
1993, 414; Samson, SK⁵, 1993, § 25, Rn. 122. Im Ergebnis auch Schmidhäuser, AT², 1975,
14/22; vorsichtiger StuB², 1984, 10/64.

[681] Auch Stein, Beteiligungsformenlehre, 1988, 319 verlangt mit Nachdruck eine Mitwirkung
im Ausführungsstadium. Er begründet das in recht komplizierter Weise mit der ungemin-
derten Dringlichkeit der den Mittäter treffenden Verhaltensnorm (322). Mittäterschaftlich

Gerade unter den jüngeren literarischen Stellungnahmen wird die Auffassung, daß die Mittäterschaft auf das Ausführungsstadium beschränkt sei, in verstärktem Maße vertreten. Köhler[682] und Klesczewski[683] halten „am Tatausführungsbezug der Mittäterschaft" fest. Dieselbe Auffassung vertritt auch Renzikowski,[684] der den oft überstrapazierten Autonomiegedanken hier mit vollem Recht zur Geltung bringt (wobei man sich fragen muß, warum so viele andere Vertreter des Autonomiegedankens das übersehen): „Wer lediglich im Vorbereitungsstadium mitwirkt, überläßt die eigentliche Tatbestandsverwirklichung der autonomen Entscheidung der anderen." Zieschang[685] hat noch einmal alle Argumente auf die Waagschale gelegt mit dem Ergebnis, daß es für die mittäterschaftsbegründende Wirkung von Vorbereitungshandlungen keinen einzigen plausiblen Grund gibt. Auch Puppe[686] fordert „eine Beteiligung des Mittäters an der Ausführung der tatbestandsmäßigen Handlung" und betont,[687] daß dadurch „im Vergleich zur subjektiven Täterlehre ein erheblicher Gewinn an Rechtssicherheit und im Hinblick auf das Tatschuldprinzip auch an Gerechtigkeit erzielt" werde. Der Standpunkt der Rechtsprechung, die jede beliebige Vorbereitungshandlung für eine Mittäterschaft ausreichen läßt, führe „nicht nur zu einem Mittäter ohne Tat, der danach beurteilt wird, welches Bild sich der Richter aus den Akten über seine Gesinnung und seinen Charakter gemacht hat, er führt am Ende auch zu einer Verflüchtigung jener subjektiven Täterkriterien, die das ‚enge Verhältnis des Täters zur Tat' begründen sollen". Ebenso hält Krey[688] selbst einen wesentlichen Tatbeitrag im Vorbereitungsstadium zur Begründung von funktioneller Tatherrschaft nicht für ausreichend. Er bezweifelt schon die Vereinbarkeit der Gegenmeinung mit dem Gesetzeswortlaut und resümiert: „Der Zugewinn an Gesetzestreue, Sachgerechtigkeit der Ergebnisse und Rechtssicherheit, den die Tatherrschaftslehre bewirkt" habe, werde „aufs Spiel gesetzt", wenn man Vorbereitungshandlungen zur Begründung von Tatherrschaft ausreichen lasse. Die Monographie von Claudia Bauer[689] kommt nach einer Analyse aller maßgeblichen Urteile des RG und des BGH sowie einer gründlichen Würdigung der unterschiedlichen Literaturmeinungen zu dem Ergebnis, daß Vorbereitungshandlungen zur Begründung von Mittäterschaft niemals ausreichen können.

---

sind für ihn „Verhaltensweisen, deren Gefährlichkeit durch das künftige Verhalten eines Vordermannes vermittelt ist, dem zwar eine vollwertige Verhaltenspflicht auferlegt ist und der die ungeschmälerte Pflichtbefolgungsfähigkeit besitzt, bei dem jedoch andererseits der Motivationsprozeß schon so weit in Richtung auf die Pflichtverletzung fortgeschritten ist und das geplante pflichtwidrige Verhalten schon so nahe bevorsteht, daß die Pflicht praktisch keine Chance mehr hat, ihre Bestimmungswirkung zu entfalten".

[682] AT, 1997, 516.
[683] Selbständigkeit, 1997, 318 und passim.
[684] Restriktiver Täterbegriff, 1997, 103.
[685] ZStW 107 (1995), 360 ff.
[686] AT/2, 2005, § 39, Rn. 22.
[687] AT/2, 2005, § 39, Rn. 29.
[688] AT/2², 2005, § 29, Rn. 199.
[689] Vorbereitung und Mittäterschaft (bei Herrschaftsdelikten), 1996.

Die drei großen Neukommentierungen, die seit der Vorauflage erschienen sind, weichen zwar in Einzelpunkten von der hier vertretenen Auffassung ab, stehen ihr aber doch sehr nahe. So meint Hoyer,[690] „entgegen der Rechtsprechung und in Übereinstimmung mit Roxin" müsse sich die Planung „auf einen wesentlichen Beitrag jedes Beteiligten im Ausführungsstadium der Tat beziehen". Es sei aber nicht nötig, „daß jeder Beteiligte den von ihm zugesagten Beitrag später auch tatsächlich erbringt". Wenn z.B. Ehemann und Ehefrau einen Gast dadurch umbringen wollten, daß der Mann das Gift in die erste, die Frau aber in die zweite dem Gast vorgesetzte Tasse Kaffee schütte, so sei die Frau Mittäterin des Mordes, wenn der Gast schon an der ersten Giftdosis stirbt. Das soll selbst dann gelten, wenn die Frau sich innerlich von der Verabredung losgesagt hat und ihren Beitrag keinesfalls mehr erbracht hätte. Das überzeugt aber nicht. Denn die Frau hat an der ausgeführten Tat weder die Mitherrschaft ausgeübt noch dazu irgendeinen auch nur vorbereitenden Tatbeitrag geleistet. Eine Strafbarkeit wegen Verabredung des Mordes nach § 30 II, von der sie auch bei einer inneren Lossagung nicht zurückgetreten ist, wird dem gegen sie zu erhebenden Vorwurf weit besser gerecht. Da freilich solche Konstellationen des Auseinanderfallens von Planung und Ausführung selten sind, wird Hoyer in den meisten Fällen mit der hier vertretenen Auffassung übereinstimmen.

Bei Schild[691] heißt es: „Zunächst ist ... der Auffassung recht zu geben, die vor allem ... Roxin entwickelt hat und die auf einen erheblichen Tatbeitrag im Ausführungsstadium abstellt, der die Stellung der funktionellen Tatherrschaft begründet." Er folgt dann aber der noch engeren Auffassung von Luzon Peña und Diaz y Garcia Conlledo, wonach von zwei zusammenarbeitenden Mördern nur der Zustechende, nicht aber auch derjenige Täter ist, der das Opfer nur festgehalten hat. Er begründet das mit der These, daß ein Mittäter „arbeitsteilig gleichrangig" tätig werden müsse. Daß jedoch eine solche arbeitsteilige Gleichrangigkeit bei allen wesentlichen Tatbeiträgen im Ausführungsstadium gewährleistet ist, habe ich schon oben (S. 721 mit Anm. 654) in Auseinandersetzung mit den beiden Inspiratoren der Auffassung Schilds darzutun versucht.

Joecks[692] vertritt in jeder Hinsicht die in diesem Buch entwickelte Konzeption von Mittäterschaft, wenn er sagt: „Wer bei der eigentlichen Tatbegehung anwesend ist, einen kausalen Beitrag leistet und überdies mit der Verweigerung dieses Beitrages die Vollendung der Haupttat unmöglich machen würde, ist Mittäter." Darüber hinaus will er[693] es aber auch als „Tatherrschaft im Sinne des § 25 Abs. 2" gelten lassen, wenn ein Anstifter „weitere Beihilfeleistungen", wie die Lieferung von Tatmitteln, erbringt. Das verdient aber keinen Beifall. Denn wenn, wie auch Joecks annimmt, Anstiftungs- und Beihilfehandlungen je für sich keine Tatherrschaft vermitteln, ist nicht ersichtlich, wie durch ihre Kumulierung Tatherrschaft entstehen soll. Der gewiß

---

690 SK[7], 2000, § 25, Rn. 119, 120.
691 NK[2], 2005, § 25, Rn. 93.
692 MK, 2003, § 24, Rn. 193.
693 MK, 2003, § 25, Rn. 194.

erhöhten „Gewichtigkeit" eines solchen Tatbeitrages läßt sich durch die Strafzumessung hinreichend Rechnung tragen.

Cramer[694] hat bei der Mittäterschaft eine Verbindung von Tatherrschaftslehre und subjektiver Theorie herzustellen versucht und dies auch jahrzehntelang im Kommentar von Schönke/Schröder[695] vertreten. Er meint,[696] hier ließe sich „lediglich mit Hilfe von Tatherrschaftskriterien eine sichere Abgrenzung von Täterschaft und Teilnahme nicht durchführen". Vielmehr sei „auch die innere Einstellung des Betreffenden zu seinem Tun in die Beurteilung einzubeziehen". Er verdeutlicht das an einem Beispiel: „Wer ... das Opfer festhält, damit ein anderer zustechen kann, muß nicht notwendigerweise Täter, sondern kann auch Gehilfe sein, sofern seinem Teilakt auf Grund seiner Einstellung lediglich untergeordnete Bedeutung gegenüber der Tätigkeit des anderen Beteiligten zuzumessen ist. Ist er jedoch in der Rolle des gleichberechtigten Partners zu sehen, so kommt Täterschaft in Betracht." Aber das verdient keinen Beifall. Cramer selbst erklärt, daß „die Formel von ‚animus auctoris' und ‚animus socii' unbrauchbar" sei. Doch bleibt es unklar, auf welche Weise er selbst die „innere Einstellung" ermitteln will. Andere Gesichtspunkte als die des „Interesses" und der „Willensunterordnung", die der Rechtsprechung zur Zuschreibung von Täter- und Teilnehmerwillen dienen, kommen kaum in Betracht. Diese aber sind, wie genugsam dargelegt worden ist, beliebig deutbar. Die Abgrenzungssicherheit wird entgegen der Annahme Cramers durch ihre Anwendung nicht vergrößert, sondern aufgelöst. Das zeigt auch Cramers Beispiel: Für die Tatherrschaftslehre ist zweifelsfrei Mittäter, wer das Opfer festhält, damit ein anderer zustechen kann; denn die Unentbehrlichkeit seiner Funktion macht ihn zum Mitbeherrscher des Geschehens. Warum das keine „sichere Abgrenzung" sein soll, ist mir nicht ersichtlich. Die Feststellung und Deutung der „inneren Einstellung" des Festhaltenden dagegen läßt vielen und schwankenden Interpretationen Raum. Es gilt daher, gerade auch in diesem Bereich, von der subjektiven Theorie Abschied zu nehmen,[697] wie dies denn auch Cramers Nachfolger Heine in der 26. Aufl. des Schönke/Schröder getan hat.[698]

Die in der Rechtsprechung heute noch vertretene Meinung, daß jede beliebige Vorbereitungshandlung ggf. zur Begründung von Mittäterschaft ausreichen könne, hat heute in der Literatur keine Anhänger mehr. Selbst im Lehr-

---

[694] Bockelmann-Festschrift, 1979, 400 ff. Prinzipielle Kritik an Cramer auch bei Bloy, Zurechnungstypus, 1985, 370 ff.

[695] Zuletzt in: Sch/Sch/Cramer[25], 1997, vor § 25, Rn. 80 ff.

[696] Die Zitate stammen aus: Bockelmann-Festschrift, 1979, 401–403.

[697] Demgegenüber kommt Küpper, GA 1986, 445 f. der subjektiven Theorie insofern entgegen, als er eine Mitwirkung im Vorbereitungsstadium für die Tatherrschaft genügen lassen will und u. a. gerade darauf seine These stützt, daß Tatherrschaftslehre und subjektive Theorie sich nicht mehr wesentlich unterschieden. Aber das ist ein falscher Kompromiß, weil gerade die Anerkennung mittäterschaftlicher Beiträge im Vorbereitungsstadium die Abgrenzung von Mittäterschaft und Beihilfe in jene Unsicherheit gestürzt hat, die ihr noch heute anhaftet. Eindringlich im Sinne der hier vertretenen Lehre Bloy, Zurechnungstypus, 1985, 196 ff.; Herzberg, JZ 1991, 856 ff. (862).

[698] Vgl. den Nachweis oben S. 655, Anm. 313.

buch von Baumann/Weber/Mitsch, das als einziges der subjektiven Theorie treu geblieben ist, heißt es,[699] Mittäterschaft komme bei Vorbereitungen nur dann in Frage, wenn diese „ein für die spätere Tatausführung entscheidendes Gewicht besitzen, ... den tatausführenden Mittäter in dessen Tatentschluß bestärken und ... während der späteren Tatausführung fortwirken". Das entspricht im wesentlichen schon einer in der Literatur verbreiteten „weicheren" Tatherrschaftslehre, die eine Mitherrschaft auch durch nur vorbereitende Beiträge für möglich hält, wenn diese in die Ausführung gestaltend hineinwirken.

Ein Protagonist dieser Auffassung ist Stratenwerth,[700] der zunächst in völliger Übereinstimmung mit der in diesem Buch vertretenen Lehre von einem mittäterschaftlichen Tatbeitrag verlangt, daß er „im Ausführungsstadium eine unerläßliche Voraussetzung für die Verwirklichung des angestrebten Erfolges bildet", also so wichtig ist, daß mit ihm „das ganze Unternehmen steht oder fällt"[701]. Der Unterschied gegenüber der von mir befürworteten Auffassung liegt darin, daß er bei der Frage, ob ein Beitrag im Ausführungsstadium wesentlich war, nicht auf den Zeitpunkt seiner Erbringung, sondern darauf abstellt, in welcher Weise ein Beitrag „bei der Ausführung weiterwirkte"[702].

So sollen z.B. „Planung und Organisation" auch dann Mittäterschaft begründen, wenn der „Organisator" bei der Ausführung nicht beteiligt ist. Denn der Plan zeichne die Rollen der Ausführenden vor und beteilige den Organisator deshalb an der Tatherrschaft. Dagegen sollen Ratschläge und die Lieferung von Waffen und Werkzeugen immer nur Beihilfe begründen. Denn darin liege „keine Vorentscheidung darüber, ob und wie das Delikt ausgeführt werden soll". Bei lediglich psychischen Beiträgen wird auf die „Solidarisierung" abgestellt: „Es bleibt bei Anstiftung oder Beihilfe, wenn der Freund die Ehefrau dazu veranlaßt oder in dem Entschluß bestärkt, ihren Ehemann aus dem Weg zu räumen, während Mittäterschaft gegeben ist, wenn die Frau – wie beide wissen – nur handelt, weil und solange sich der Freund mit ihr solidarisiert, mag auch die eigentliche Ausführung allein bei ihr liegen."[703]

Diese „weiche" Tatherrschaftslehre hat eine erhebliche Zahl von Anhängern gewonnen,[704] auch wenn in den letzten Jahren die überwiegende Meinung sich wieder mehr der in diesem Buch vertretenen „strengeren" Auffassung von Tatherrschaft zuneigt. Auch ich halte es – abgesehen von der mittelbaren Täterschaft – nach wie vor nicht für möglich, eine Tatherrschaft

---

[699] AT[11], 2003, § 29, Rn. 83.
[700] Ich zitiere nach der letzten Fassung seiner Konzeption in Stratenwerth/Kuhlen, AT[5], 2004, § 12, Rn. 90 ff.
[701] AT[5], 2004, § 12, Rn. 93 mit wörtlichem Zitat aus S. 280 dieses Buches.
[702] AT[5], 2004, § 12, Rn. 93.
[703] AT[5], 2004, § 12, Rn. 94.
[704] Beulke, JR 1980, 423, 424; Sch/Sch/Cramer/Heine[26], 2001, § 25, Rn. 66; Jescheck/Weigend, AT[5], 1996, § 63 III, 1; Kühl, AT[5], 2005, § 20, Rn. 110 f.; Küpper, GA 1986, 444 f., 446; Küpper/Mosbacher, JuS 1995, 489 f.; Maurach/Gössel/Zipf, AT/2[7], 1989, 49/30, 36; Otto, Grundkurs AT[7], 2004, § 21, Rn. 61; Seelmann, JuS 1980, 571, 573; Stoffers, MDR 1989, 208; Wessels/Beulke, AT[35], 2005, § 13, Rn. 528 ff. Für das Völkerstrafrecht Ambos, Der Allgemeine Teil des Völkerstrafrechts, [2]2004, 565 ff. Nachdrücklich gegen solche Ausweitungen der Tatherrschaft Herzberg, JZ 1991, 860.

auf Vorbereitungshandlungen zu gründen. Das Kriterium der „Fortwirkung" hilft nicht weiter, weil alle Teilnehmerbeiträge kausal sein müssen und deshalb notwendig fortwirken. Und wenn man auf die Gewichtigkeit oder entscheidende Bedeutung eines vorbereitenden Beitrages abstellt, ermöglicht auch das keine plausible Abgrenzung. Denn viele Beiträge im Vorbereitungsstadium (die Lieferung des Giftes, die Erteilung des todsicheren Tips, das Ausbaldowern der Gelegenheit) begründen durch ihre entscheidende Weiterwirkung die Tatausführung maßgeblich mit, ohne deshalb auch nur nach der Meinung Stratenwerths eine Mittäterschaft zu begründen. Deshalb ist nicht einzusehen, warum für „Planung und Organisation"[705] etwas anderes gelten soll, zumal da doch alle Planungen den Gegebenheiten vor Ort, der konkreten Tatsituation, angepaßt werden müssen, auf die ein im Ausführungsstadium nicht mehr Mitwirkender keinen Einfluß hat. Mit Recht meint daher Herzberg,[706] es verdiene auch hier die zur Ablehnung aller vorbereitenden Mittäterschaft führende „Konsequenz den Vorzug".

Auch der Gedanke der „Solidarisierung", durch den bei psychischen Beiträgen Mittäterschaft und Beihilfe abgegrenzt werden sollen, erscheint mir weder sachgerecht noch praktikabel.[707] Denn wenn ein Ausführender nur einem anderen zuliebe handelt, entscheidet doch er allein darüber, ob er sich von den Wünschen eines anderen abhängig macht. Die Tatherrschaft liegt also nur bei ihm. Sie dem nur psychisch Mitwirkenden zuzusprechen, ist auch deshalb bedenklich, weil dadurch, wie in manchen Entscheidungen der Rechtsprechung, auf jeden äußeren – sei es selbst geringfügigen – Tatbeitrag verzichtet wird. Abgesehen davon wäre die von Stratenwerth vorgeschlagene Lösung auch forensisch nicht umsetzbar. Denn der Hintermann kann in den meisten Fällen nicht wissen, ob und wie lange der Ausführende die Tat nur unter der Voraussetzung begeht, daß der psychisch Mitwirkende sich mit ihr „solidarisiert". Auch wären alle diese inneren Vorgänge in einem späteren Prozeß kaum beweisbar.

Eine „weiche" Tatherrschaftslehre vertritt auch Jakobs;[708] seine Begründung, die von derjenigen Stratenwerths abweicht, ist in der Literatur wiederholt aufgenommen worden. Für Jakobs kann eine mittäterschaftsbegründende „Entscheidungsherrschaft" auch durch Beiträge im Vorbereitungsstadium hergestellt werden. Freilich meint auch er:[709] „Daß der Ausführung vorhergehende Beiträge die Tat erst ermöglicht haben mögen, bringt keine Entscheidungsherrschaft. Das zeigt sich am Anstifter und am notwendigen Gehilfen, die beide die Tat ermöglichen und trotzdem Prototypen von Teilnehmern sind." Wenn aber ein Beteiligter „durch Versprechungen oder Repressalien

---

[705] Zu den hier gegebenen Möglichkeiten einer mittelbaren Täterschaft kraft Organisationsherrschaft s. o. S. 704 ff.

[706] Täterschaft und Teilnahme, 1977, 64 ff. (68).

[707] Dieser von Stratenwerth angeführte Gesichtspunkt ist sonst in der Literatur nicht aufgenommen worden.

[708] AT², 1991, 21/47 f.; ähnlich Otto, Jura 1987, 253; ders., Grundkurs AT⁷, 2004, § 21, Rn. 61.

[709] AT², 1991, 21/48 Ähnlich Kühl, AT⁵, 2005, § 20, Rn. 111, demzufolge nur „entscheidende Vorbereitungsakte" eine Mittäterschaft sollen begründen können.

o. ä. die Motivation des Ausführenden hin zur Ausführung lenkt, ohne daß die Beeinflussung das zur mittelbaren Täterschaft notwendige Maß erreicht", soll das „Minus" des Hintermannes bei der „Entscheidungsherrschaft" durch „ein Plus bei der materiellen Herrschaft in Form der Gestaltungsherrschaft, die bei der Vorbereitung ausgeübt wird, ausgeglichen werden. Selbst ohne jede Teilhabe an der Entscheidungsherrschaft ist Mittäterschaft durch Gestaltung oder zumindest Mitgestaltung möglich." Das halte ich nicht für richtig. Eine solche Auffassung rückt die Abgrenzung von Täterschaft und Teilnahme ähnlich ins Vage wie die subjektive Theorie; denn darüber, welches Plus an vorbereitender Einwirkung das Minus an Tatherrschaft bei der Ausführung ausgleicht, sind im konkreten Fall die verschiedensten Meinungen möglich.[710] Außerdem erscheint es mir als eine Umdeutung von Teilnahme in Täterschaft, wenn Tatbestimmungshandlungen, die für eine mittelbare Täterschaft nicht beherrschend genug sind und deshalb als Anstiftung qualifiziert werden müßten, auf dem Umweg über die Mittäterschaft doch zur Täterschaft hinaufgestuft werden.[711] Die Mittäterschaft wird, soweit sie auf nur vorbereitender Tätigkeit beruht, dadurch zu einer „mittelbaren Täterschaft zweiter Klasse", die sie prinzipiell auch für Jakobs[712] nicht ist.

Noch vager wird die Abgrenzung in einer späteren, dem Tatherrschaftsprinzip fernerstehenden Abhandlung von Jakobs,[713] wo es heißt: „Die Differenzierung zwischen Täterschaft und Beihilfe ist demnach eine solche nach Schweregraden bei der Strafzumessung, insbesondere gibt es keine sachliche Auszeichnung des Mittäters gegenüber dem Gehilfen und erst recht keinen Grund, Täterschaft an ein Mitwirken im Ausführungsstadium zu binden." Alles hänge „vom sozialen Gewicht des gestalteten Abschnitts" ab. Hier ist Jakobs fast schon wieder bei der älteren subjektiven Theorie der Rechtsprechung angelangt, die durch die Umwandlung der Teilnahmeformen in Strafzumessungsgründe die Tatbestandsbezogenheit des Täterbegriffs und damit seine rechtsstaatlichen Konturen preisgegeben hatte. Der Unterschied liegt nur darin, daß die Rechtsprechung dieses Ziel durch einen inhaltslosen und formelhaft verwendeten Begriff des „Täterwillens" erreicht hat, während Jakobs durch eine von aller „Faktenorientierung" gelöste „rein normative Begrifflichkeit" zum selben Ergebnis kommt.[714] Im Gegensatz zu diesem schon oben (S. 710) kritisierten empiriefreien Normativismus muß sich die Tatherrschaft an den tatsächlich herrschaftsbegründenden Faktoren orientieren, solange man die Beteiligungsfiguren als Erscheinungsformen des Unrechts begreift.

Das Paradebeispiel all derer, die eine Tatherrschaft auch bei nur vorbereitender Tätigkeit für möglich halten, ist der „Bandenchef" (siehe dazu schon oben S. 298 ff.). Um ihn als Mittäter bestrafen zu können, wird Planung und

---

[710] Jakobs selbst räumt ein (AT², 1991, 21/48, Anm. 105a), daß „Gestaltungsherrschaft" ein vager Begriff sei.
[711] Zust. Zieschang, ZStW 107 (1995), 370, Anm. 38.
[712] AT², 1991, 21/40.
[713] Lampe-Festschrift, 2003, 571, 573.
[714] Lampe-Festschrift, 2003, 575.

Organisation eine gewichtigere Rolle als anderen Vorbereitungshandlungen zugewiesen. Dadurch werden aber komplexe Sachverhalte in unzulässiger Weise simplifiziert. Der Bandenchef kann Mittäter sein, wenn er bei der Ausführung einen mitbeherrschenden Einfluß ausübt, indem er z. B. per Handy oder Funkspruch Anweisungen gibt oder Dispositionen trifft. Eine persönliche Anwesenheit am Tatort ist, wie ich immer betont habe (vgl. S. 280), für einen wesentlichen Beitrag im Ausführungsstadium nicht erforderlich. Bei der Entwicklung der modernen Kommunikationstechnologie ist dieser Fall der Mitherrschaft eines körperlich Abwesenden eine keinesfalls konstruierte Konstellation.

Der Bandenchef kann sodann in zweifach verschiedener Weise mittelbarer Täter sein. Die erste Form ist die der mittelbaren Täterschaft kraft Nötigung. Wenn der Bandenchef die Macht hat, einen die Ausführung verweigernden Ungehorsam mit den Mitteln des § 35 zu ahnden und dies auch praktiziert oder androht, ist das ein klarer Fall der Nötigungsherrschaft. Auch solche Sachverhalte werden nicht selten sein, weil sich eine kriminelle Bande durch gute Worte allein kaum wird dirigieren lassen. Die zweite Form möglicher mittelbarer Täterschaft des Bandenchefs ist die der oben ausführlich besprochenen Organisationsherrschaft, wie sie oft bei mafiösen und terroristischen Gruppen vorliegen wird, deren Chef seine Anweisungen unabhängig von der Individualität des Ausführenden durchsetzen kann.

Wenn aber keine diese drei (Mit-)Beherrschungsmöglichkeiten gegeben, der Chef also ganz auf den guten Willen der Ausführenden angewiesen ist und im Ausführungsstadium selbst keinerlei Einfluß mehr auf das Geschehen ausüben kann, dann wird er mit Recht „nur" als Anstifter bestraft. Das ist schon deshalb geboten, weil in einem großen Teil der Anstiftungsfälle der Plan vom Anstifter entwickelt wird; ohne Plan läßt sich ein Täter vielfach nicht gewinnen. Was an der Annahme einer Anstiftung in solchen Fällen unsachgemäß sein sollte, ist unerfindlich. Denn erstens wird der Anstifter „gleich einem Täter bestraft" (§ 26). Und zweitens wird das, was einen solchen „machtlosen" Bandenchef von sonstigen Anstiftern unterscheidet – seine Stellung in einer kriminellen Vereinigung –, seinem Unrechtsgehalt nach in § 129 noch gesondert erfaßt. Puppe erklärt denn auch mit gutem Grund,[715] der Bandenchef gelte „geradezu als Prototyp des Mittäters, er ist aber der Prototyp des Anstifters". Für die Fälle, in denen er an der Tatherrschaft keinen Anteil hat, trifft das zu. Auch Schild[716] schreibt: „... der ‚vielbesungene' Bandenchef ... kann nicht als Mittäter aufgefaßt werden, wenn er sich nicht an der tatbestandlichen Ausführungshandlung (sondern nur deren Planung und Organisation) beteiligt." Er sei „nicht ... Herr der Tatbestandshandlung ..., der diese durch die anderen als Täter ausführen läßt".

---

[715] AT/², 2005, § 38, Rn. 5.
[716] NK², 2005, § 25, Rn. 93.

4. Die Erheblichkeit des Tatbeitrages im Ausführungsstadium

Es ist in diesem Buch von Anfang an betont worden, daß für eine funktionelle Tatherrschaft, also eine Mitbeherrschung des Geschehens, nicht irgendeine geringfügige, sondern nur eine wesentliche Mitwirkung im Ausführungsstadium ausreicht. Das ist vom Standpunkt der Tatherrschaftslehre aus im Grunde selbstverständlich. Wer dem Einbrecher während der Tatausführung ein Erfrischungsgetränk oder dem Urkundenfälscher das Löschpapier reicht, nimmt auf den Gang der Dinge keinen erheblichen Einfluß und hat deshalb an der Herrschaft über das Geschehen keinen Anteil. Es bedarf aber doch der Erwähnung, weil die Rechtsprechung manchmal schon einen anfeuernden Zuruf (oben S. 281) oder gar die bloße Präsenz am Tatort (oben Nr. 33, S. 606 f.) für eine Mittäterschaft genügen läßt.

Auch finden sich abweichende Ansichten bei Autoren, die die Tatherrschaftslehre ablehnen, für die Mittäterschaft aber gleichwohl eine Anwesenheit bei der Ausführung verlangen. Das gilt zunächst für Stein,[717] der zwischen Täterschaft und Teilnahme nach der „Dringlichkeit der Verhaltensnorm" unterscheidet. Da wegen der unmittelbar bevorstehenden Ausführung eine Dringlichkeitsminderung der den anwesenden anderen Beteiligten treffenden Pflicht ausscheide, müsse er Mittäter sein. Das Erfordernis einer Wesentlichkeit des Tatbeitrages lasse sich „nur als Auswirkung des nicht hinreichend normativ fundierten Herrschaftsbegriffs plausibel ... machen. In das hier entwickelte Wertungssystem paßt ein solches Kriterium nicht." Doch wäre dies ein Anlaß, ein Wertungssystem zu hinterfragen, das völlig unbedeutende Mitwirkungen für eine Mittäterschaft ausreichen läßt. Mitträger der tatbestandsmäßigen Handlung und damit Zentralgestalt des Geschehens kann vernünftigerweise nicht sein, wer nur ganz am Rande beteiligt ist.

Eine andere Konzeption vertritt auch Heinrich, der für die Mittäterschaft einen „Entscheidungsverbund" fordert, der zwar die Anwesenheit bei der Ausführung, aber keinen weiteren Tatbeitrag voraussetzt. Dazu ist schon oben Stellung genommen worden (S. 722). Es bleibt nur hinzuzufügen, daß es auch bei diesem Autor nicht plausibel zu machen ist, wie durch bloßes Zuschauen[718] eine „Entscheidungsträgerschaft" begründet werden soll. Beteiligungssysteme, die periphere Tatbeiträge zur Täterschaft machen – und das gilt trotz völlig unterschiedlicher Ansätze für Stein und Heinrich gleichermaßen – verfehlen den Sinn der gesetzlichen Differenzierung von Täterschaft und Teilnahme.

5. Die additive Mittäterschaft

Herzberg, der sonst mit meiner Konzeption „sachlich weitgehend"[719] übereinstimmt, vertritt die Auffassung, daß eine bestimmte Fallgruppe, die er als „additive" Mittäterschaft bezeichnet, durch meinen Terminus des Funktionel-

---

[717] Beteiligungsformenlehre, 1988, 326.
[718] Rechtsgutszugriff, 2002, 289.
[719] Täterschaft und Teilnahme, 1977, 70; ihm folgend Seelmann, JuS 1980, 574.

734

len und überhaupt durch den Begriff der Tatherrschaft nicht erfaßbar sei.[720] Er bildet den Fall, daß bei einem Attentat zwanzig Verschwörer gleichzeitig auf das Opfer schießen, „um das Gelingen wahrscheinlicher zu machen". Der Plan ist auch erfolgreich, doch läßt sich, da einige Kugeln ihr Ziel verfehlt haben, nicht feststellen, von wem die tödlichen Kugeln stammen.[721] Herzberg will hier – mit Recht! – eine Mittäterschaft bejahen, da sonst jeder einzelne nach dem Grundsatz „in dubio pro reo" freigesprochen werden müsse. Er meint aber, eine jeweils funktionelle Mitherrschaft liege nicht vor, denn bei vielen Tätern komme es auf den Beitrag des einzelnen nicht an. „Es ist höchst wahrscheinlich (und müßte, wenn es darauf ankäme, zu seinen Gunsten unterstellt werden), daß die Kollektivtat nach Hergang und Auswirkung dieselbe geblieben wäre"[722], wenn ein bestimmter Beteiligter nicht mitgemacht hätte. Diese Erwägung führt ihn zu dem Ergebnis, „daß als Mittäter u. U. auch haftet, wer die Tatherrschaft nicht innehat"[723].

Das überzeugt jedoch nicht. Gerade weil die Verschwörer wußten, daß der Schuß des jeweils einzelnen fehlgehen könne, hatte jeder individuelle Schütze nach dem Tatplan eine wesentliche Funktion, denn von ihm konnte das Gelingen abhängen. Das ist geradezu ein klassischer Fall der funktionellen Tatherrschaft.[724] Ich habe von Anfang an[725] betont, daß es verfehlt wäre, „auf den kausalen Ansatz der ... Notwendigkeitstheorie zurückzugreifen" und ex post feststellen zu wollen, ob der einzelne bei der Ausführung eine ausschlaggebende Bedingung gesetzt hat; „vielmehr erfüllt er schon dann eine notwendige Funktion im Sinne unserer Lehre, wenn es auf ihn beim Eintritt entsprechender Umstände hätte ankommen können". Auch in Herzbergs weiterem Beispiel, daß „fünfzig Demonstranten so lange Steine werfen, bis alle Fenster eines Botschaftsgebäudes zerstört sind", haben die Würfe jedes einzelnen, wenn sie gemeinsamer Planung entspringen, eine mittäterschaftsbegründende Funktion, denn zur blitzartigen Zerstörung aller Fenster vor dem Eintreffen der Polizei braucht man eine so große Zahl Mitwirkender. Und auch wenn man sie ausnahmsweise einmal nicht gebraucht hätte, hat der einzelne doch die dem konkreten Plan entsprechende rollenbedingte Funktion ausgeübt; ohne die Vielzahl der Beteiligten wäre es eine „andere Tat" gewesen.[726] Herzberg nennt das „feinsinnige Tatherrschaftsnachweise"[727] und will offenbar den Feinsinn in der Jurisprudenz nicht zulassen; es sind aber doch nur nüchterne Strukturanalysen. Andererseits bleibt Herzberg die Erklärung dafür

---

Maurach/Gössel/Zipf, AT/2[7], 1989, 49/37f. dagegen nehmen in solchen Fällen Mittäterschaft wegen „Teilhabe an der kollektiven Tatherrschaft" an.
[721] Täterschaft und Teilnahme, 1977, 56.
[722] Täterschaft und Teilnahme, 1977, 58.
[723] JuS 1974, 720.
[724] Eingehend gegen Herzberg im Sinne der hier vertretenen Lehre Bloy, Zurechnungstypus, 1985, 372ff.
[725] Oben S. 283.
[726] Vgl. dazu schon oben, S. 283. Näher zum Ganzen Roxin, JA 1979, 524.
[727] JuS 1974, 720; in „Täterschaft und Teilnahme", 1977, 59, will Herzberg die Möglichkeit, den Begriff der „wesentlichen Funktion" so auszuweiten, nicht leugnen; nur sei damit nichts gewonnen.

schuldig, worauf er in solchen Fällen die Mittäterschaft begründen will. Er verweist denn auch nur auf den Wortlaut des § 25 Abs. 2 StGB.[728] Aber wenn dem einen die Tatanteile des anderen zugerechnet werden, setzt das mehr als ein Addieren nebeneinanderherlaufender gleichrangiger Einzelaktionen voraus. Dieses „Mehr" liegt in der Relevanz jedes Beitrages für den Gesamtplan.

Einige Autoren haben die Bedenken Herzbergs aufgegriffen und weitergehende Folgerungen daraus gezogen. Stein[729] will bei allen Beteiligten nur einen Versuch annehmen. Schmidhäuser[730] verweist auf die Möglichkeit der Beihilfe. Nach Jakobs[731] soll nur bei einer über den eigenen Beitrag hinausgehenden „Mitgestaltung" Mittäterschaft, andernfalls nur Versuch vorliegen. Doch scheint es mir sowohl dem Wortlaut wie dem Sinn des § 25 Abs. 2 zu widersprechen, daß das Einwerfen von Fensterscheiben durch eine nach gemeinsamem Plan handelnde geschlossene Gruppe von Leuten kein „gemeinschaftliches Begehen" sein soll.

Die Bedenken Herzbergs haben sich denn auch nicht durchgesetzt. In der neueren Literatur wird durchweg ohne weitere Problematisierung Mittäterschaft angenommen.[732]

6. Alternative Tatbeiträge

Ein weiteres Problem hat Rudolphi[733] aufgeworfen: das der alternativen Tatbeiträge. Er bildet den Fall, daß die Mörder A und B an verschiedenen Wegen auf das Opfer lauern, das auf einem der beiden Wege erscheinen kann. Es kommt schließlich auf dem Wege, an dem A steht und wird von diesem erschossen. Rudolphi meint, daß B nicht Mittäter sein könne, weil „die Mittäterschaft stets ein *kumulatives* Zusammenwirken bei der Verwirklichung des gesetzlichen Tatbestandes voraussetzt, ein bloß alternatives Zusammenwirken zur Erreichung eines bestimmten tatbestandlichen Unrechtserfolges dagegen zur Begründung einer Mittäterschaft noch nicht genügt". Aber auch hier wird der Begriff der funktionellen Tatherrschaft zu eng aufgefaßt. Denn A und B haben gemeinsam eine Todesfalle aufgebaut, in der sich das Opfer mit Sicherheit verfangen muß. Bei der gebotenen Betrachtung ex ante leistet jeder von beiden einen wesentlichen Beitrag zum Gelingen des Plans.[734]

---

[728] Täterschaft und Teilnahme, 1977, 60, Anm. 9.
[729] Beteiligungsformenlehre, 1988, 327f.
[730] StuB², 1984, 10/62.
[731] AT², 1991, 21/55.
[732] Bloy, Zurechnungstypus, 1985, 372ff.; Hoyer, SK⁷, 2000, § 25, Rn. 111, Joecks, MK, 2003, § 25, Rn. 196; Kamm, Die fahrlässige Mittäterschaft, 1999, 55ff.; Knauer, Kollegialentscheidung, 2001, 139ff., 157f.; Köhler, AT, 578; Krey, AT/2², 2005, § 26, Rn. 30; Kühl, AT⁵, 2005, § 20, Rn. 109; Puppe, Spinellis-Festschrift, 2001, 930; Rodriguez Montañes, Roxin-Festschrift, 2001, 321. Eine Ausnahme macht nur Schild, NK², 2005, § 25, Rn. 84, 93, der die Möglichkeit einer „additiven" Mittäterschaft ablehnt.
[733] Bockelmann-Festschrift, 1979, 379ff.; das wörtliche Zitat 380. Im Ergebnis ebenso Stein, Beteiligungsformenlehre, 1988, 328.
[734] Näher zum Ganzen Roxin, JA 1979, 524f. Die Literatur hält weitaus überwiegend eine Mittäterschaft auf Grund alternativer Tatbeiträge für möglich, wobei die im Text vorge-

Allerdings müssen die alternativen Beiträge, um eine Mittäterschaft zu begründen, ins Ausführungsstadium hineinreichen. Wenn in verschiedenen Weltstädten nach einem gemeinsamen Plan Attentäter auf einen hohen Politiker lauern, damit er erschossen werde, wohin er auch komme, ist nur der schließliche Todesschütze Täter eines Mordes. Die übrigen Komplottanten, die vergeblich bereitgestanden haben, sind nur nach § 30 Abs. 2 StGB (Sich-Bereit-Erklären) zu fassen.[735] Aber das ist keine Besonderheit alternativer Tatbeiträge, sondern nur eine Folge des Umstandes, daß Mittäter nur sein kann, wer im Ausführungsstadium einen erheblichen Beitrag leistet.

7. Error in persona und sukzessive Mittäterschaft

Der Raum gestattet es nicht, auf die vielen Einzelfragen der Mittäterschaft[736] hier näher einzugehen. Doch sei auf zwei Punkte wenigstens noch hingewiesen. Die von mir vertretene These, daß der error in persona eines Mittäters sich für die übrigen Beteiligten als Exzeß darstelle und ihnen deshalb nicht zuzurechnen sei,[737] hat zwar die herrschende Gegenmeinung nicht zur Aufgabe ihres Standpunktes bringen, aber doch manche Anhänger gewinnen können.[738] Die Diskussion muß hier also noch als offen bezeichnet werden. Ähnlich steht es mit dem Problem der sukzessiven Mittäterschaft, wo oben[739] entgegen der „nahezu einhelligen Lehre" versucht wurde, darzutun, daß dem erst später Eingreifenden die vor seinem Hinzutritt verwirklichten erschwerenden Tatumstände nicht zur Täterschaft zugerechnet werden können, weil

---

nommene Differenzierung meist vernachlässigt wird: Bloy, Zurechnungstypus, 1985, 372ff.; Hoyer, SK[7], 2000, § 25, Rn. 110; Joecks, MK, 2003, § 25, Rn. 197; Joerden, Strukturen des strafrechtlichen Verantwortlichkeitsbegriffs, 1988, 81f.; Kühl, AT[5], 2005, § 20, Rn. 109; Maurach/Gössel/Zipf, AT/2[7], 1989, 49/39ff.; Renzikowski, Restriktiver Täterbegriff, 1997, 287 bei und in Fn. 107; Seelmann, JuS 1980, 574. Die Möglichkeit einer Mittäterschaft in diesen Fällen ablehnend: Schild, NK[2], 2005, § 25, Rn. 84, 93.

[735] Gegen Mittäterschaft jedenfalls bei derartiger „örtlich/zeitlicher Alternativität" Köhler, AT, 1997, 518 bei und in Anm. 78. Auch in einem solchen Fall mit beachtenswerten Gründen für Mittäterschaft Maurach/Gössel/Zipf, AT/2[7], 1989, 49/42.

[736] Oben S. 285–292.

[737] Oben S. 100f., 286f., 311f.; ausführlicher zur Problematik vgl. meine Ausführungen m.w.N. in LK[11], 1993, § 25, Rn. 178; § 26, Rn. 91ff.; AT/1[4], 2006, § 12, Rn. 200, sowie AT/2, 2003, § 26, Rn. 116ff. (zur entspr. Problematik bei der Anstiftung).

[738] Bottke, Gestaltungsherrschaft, 1992, 89; Eser, StrafR II[3], 1980, Fall 39; Herzberg, Täterschaft und Teilnahme, 1977, 62ff.; Köhler, AT, 1997, 520; Krey, AT/2[2], 2005, § 29, Rn. 176; Rudolphi, Bockelmann-Festschrift, 1979, 426; Seelmann, JuS 1980, 572; Spendel, JuS 1969, 314ff. Im wesentlichen wie hier auch Hoyer, SK[7], 2000, § 25, Rn. 143, der zwischen Planungsfehlern und Ausführungsfehlern unterscheidet: „War allein die Tatplanung nachlässig, hat sich in der Kausalverlaufsabweichung auch deren „Exzeßrisiko" niedergeschlagen, d.h. die Abweichung bleibt auch für den Hintermann unbeachtlich (fahrlässigkeitsfreier Exzeß). War allein die Tatausführung nachlässig, so verhält es sich umgekehrt." Ähnlich differenziert auch Jakobs, AT[2], 1991, 21/45. Die h.M. nimmt Mittäterschaft an, rechnet also den fahrlässigen Exzeß allen Mittätern zu. Vgl. z.B. Sch/Sch/Cramer/Heine[26], 2001, § 25, Rn. 96; Freund, AT, 1998, § 10, Rn. 174ff.; Kühl, AT[5], 2005, § 20, Rn. 120ff.; Puppe, Spinellis-Festschrift, 2001, 937ff.

[739] S. 289–292.

ihre Verwirklichung von seiner Mitherrschaft nicht umfaßt war. Diese Meinung wird inzwischen im Schrifttum ganz überwiegend vertreten,[740] so daß man auch in der Rechtsprechung[741] noch auf einen Meinungsumschwung hoffen darf.[742]

8. Fahrlässige Mittäterschaft

Die Rechtsfigur der fahrlässigen Mittäterschaft, die früher nur vereinzelte Befürworter hatte,[743] hat vor allem in den letzten zehn Jahren einen anscheinend unaufhaltsamen Aufstieg genommen.[744] Der Grund dafür liegt vor allem

---

[740] Baumann/Weber/Mitsch, AT[11], 2003, § 29, Rn. 107; Bockelmann/Volk, AT[4], 1987, 190; Ebert, AT[3], 2001, 202; Eser, StrafR II[3], 1980, Fall 40, Rn. 16–19; Freund, AT, 1998, § 10, Rn. 160; Gössel, Jescheck-Festschrift, 1985, 537ff.; Heinrich, Rechtsgutszugriff, 2002, 303f.; Herzberg, Täterschaft und Teilnahme, 1977, 153; Hoyer, SK[7], 2000, § 25, Rn. 125; Jakobs, AT[2], 1991, 21/60; Jescheck/Weigend, AT[5], 1996, 679, Fn. 18; Joecks, MK, 2003, § 25, Rn. 182; Köhler, AT, 1997, 520; Krey, AT/2[2], 2005, § 29, Rn. 181; Kühl, AT[5], 2005, § 20, Rn. 129; Küper, JZ 1981, 570ff.; Lackner/Kühl[25], 2004, § 25, Rn. 12; Maurach/Gössel/Zipf, AT2[7], 1989, 49/68ff.; Otto, Grundkurs AT[7], 2004, § 21, Rn. 67; Rudolphi, Bockelmann-Festschrift, 1979, 377ff.; Schild, NK[2], 2005, § 25, Rn. 94; Schilling, Der Verbrechensversuch des Mittäters und des mittelbaren Täters, 1975, 105; Schmidhäuser, AT[2], 1975, 14/21; ders., StuB[2], 1984, 10/65; Sch/Sch/Cramer/Heine[26], 2001, § 25, Rn. 91; Seelmann, JuS 1980, 573; Stratenwerth/Kuhlen, AT[5], 2004, § 12, Rn. 88. Vgl. zum Ganzen auch Roxin, LK[11], 1993, § 25, Rn. 192ff.; ders., AT/2, 2003, § 25, Rn. 219ff.

[741] Über deren Entwicklung vgl. oben Nr. 20, S. 592, Nr. 21, S. 593 und Nr. 22, S. 593.

[742] Unter den Gegnern der BGH-Rechtsprechung ist weiter strittig, ob wenigstens eine Beihilfe hinsichtlich der schon verwirklichten Erschwerungsgründe angenommen werden kann. Ich habe das oben (S. 290f.) bejaht; zust. Baumann/Weber/Mitsch, AT[11], 2003, § 29, Rn 107; Stratenwerth/Kuhlen, AT[5], 2004, § 12, Rn. 89, 135. Auch insoweit ablehnend aber etwa Eser, StrafR II[3], 1980, Fall 40, Rn. 20; Herzberg, Täterschaft und Teilnahme, 1977, 153. Weitergehend dagegen neuerdings wieder Lesch, Das Problem der sukzessiven Beihilfe, 1992, 313ff. Er will kraft „kollektiver Organisationseinheit" je nach Gestaltungsanteil Beihilfe oder gar Mittäterschaft zulassen.

[743] Etwa Exner, Frank-Festschrift, Bd. 1, 1930, 572; Frank, StGB[18], 1931, vor § 47, Anm. IV. 2., § 47, Anm. III; Kohlrausch/Lange, StGB[43], 1961, § 47, Anm. III; Mezger, Strafrecht[3], 1949, 422; Zimmerl, Zur Lehre vom Tatbestand, 1928, 107f. In der Nachkriegszeit war Otto der wirkungsvollste Vorkämpfer fahrlässiger Mittäterschaft: Otto, Maurach-Festschrift, 1972, 91ff. (104); JuS 1974, 702ff.; Jura 1990, 47ff.; Spendel-Festschrift, 1992, 271ff.; Grundkurs Strafrecht, AT[7], 2004, § 21, Rn. 114ff. Auch ich hatte in den ersten beiden Auflagen dieses Buches in einem später weggefallenen Kapitel eine fahrlässige Mittäterschaft anerkannt (S. 531ff.), allerdings auf der Grundlage der irrigen Annahme, Fahrlässigkeitstaten seien Pflichtdelikte.

[744] Für die Möglichkeit fahrlässiger Mittäterschaft treten ein: Bindokat, JZ 1979, 434ff.; Brammsen, Jura 1991, 537f.; Brammsen/Kaiser, Jura 1992, 38f., 41; Dencker, Kausalität und Gesamttat, 1996, 177ff.; Eschenbach, Jura 1992, 643f.; Hilgendorf, Fallsammlung zum Strafrecht[4], 2003, 53; ders., NStZ 1994, 563; Hoyer, SK[7], 2000, § 25, Rn. 154; Joecks, MK, 2003, § 25, Rn. 243; Kamm, Die fahrlässige Mittäterschaft, 1999, 175ff.; Knauer, Kollegialentscheidung, 2001, 181ff.; Kuhlen, BGH-Festgabe, 2000, 669f.; Küpper, GA 1998, 526f.; Lesch, GA 1994, 119ff.; Otto (vgl. Anm. 743); Ransiek, Unternehmensstrafrecht, 1996, 73; Renzikowski, Restriktiver Täterbegriff, 1997, 261, 282ff.; Rodriguez Montañes, Roxin-Festschrift, 2001, 326; Schaal, Strafrechtliche Verantwortlichkeit usw., 2001, 88ff., 209ff.; Schmidhäuser, AT[2], 1975, 14/30, Anm. 24; ders., StuB[2], 1984, 10/68f., Anm. 34; Spendel, JuS 1974, 749ff.; Stratenwerth/Kuhlen, AT[5], 2004, § 16, Rn. 7; Weißer, Kausalitäts- und Täterschaftsprobleme usw., 1995, 146ff.; JZ 1998, 230ff.; Wessels/Beulke, AT[35], 2005, § 13,

in der aktuellen Problematik der Kollegialentscheidungen, die bei der Produkthaftung und auch bei Umweltdelikten eine Rolle spielen. Bei diesen Entscheidungen bereitet die Kausalität einzelner, für den Beschluß nicht entscheidender Stimmabgaben gewisse Probleme, wenn der Beschluß fahrlässige Tatbestandsverwirklichungen nach sich zieht. Sieht man dagegen alle Abstimmenden als fahrlässige Mittäter an, so wird jedem der Beitrag der anderen zugerechnet und die Kausalität des Gesamthandelns ist problemlos feststellbar. Entsprechendes gilt für den Fall, daß eine Gruppe durch gemeinsames sorgfaltswidriges Handeln einen Erfolg verursacht, ohne daß festgestellt werden kann, wer aus der Gruppe durch sein eigenes Verhalten den kausalen Beitrag gesetzt hat.

Da die fahrlässigen Delikte im Hauptteil dieses Buches nicht behandelt werden, eine vollständige Entwicklung der Problematik an dieser Stelle aber unmöglich ist, muß es hier mit wenigen Bemerkungen sein Bewenden haben. Die Konstruktion einer fahrlässigen Mittäterschaft ist grundsätzlich möglich.[745] Daß die Tatherrschaft den Vorsatz des Täters voraussetzt, steht dem nicht entgegen. Denn das Prinzip der Tatherrschaft gilt nur für Herrschaftsdelikte und findet schon bei vorsätzlichen Begehungsdelikten auf Pflichtdelikte und eigenhändige Straftaten keine Anwendung. Erst recht kann es bei Fahrlässigkeitsdelikten, bei denen die Einzeltäterschaft allein auf der objektiven Zurechnung beruht, nicht gelten. Man müßte demzufolge einen von der Mittäterschaft bei Herrschaftsdelikten abweichenden Begriff der „gemeinschaftlichen Begehung" bei Fahrlässigkeitstaten bilden. Solche Versuche können nur erfolgreich sein, wenn es gelingt, einen hinreichend präzisen Begriff fahrlässiger Gemeinschaftlichkeit zu bilden. Denn es geht natürlich nicht an, auf den Nachweis der Kausalität eines fahrlässigen Verhaltens nur deshalb zu verzichten, weil mehrere Personen sich fahrlässig benehmen. Insofern muß die scharfe Kritik, die vor allem Puppe[746] an der Rechtsfigur der fahrlässigen Mittäterschaft übt, sehr ernst genommen werden.

Immerhin hat die Figur der fahrlässigen Mittäterschaft in den Umschreibungsversuchen ihrer Befürworter schon recht konkrete Umrisse gewonnen. So verlangt Renzikowski[747] „zunächst ein gemeinsames Handlungsprojekt. Diese ‚Gesamttat' muß sich objektiv als Setzung einer rechtlich mißbilligten Gefahr darstellen. Die Mittäter müssen weiterhin ihre nach dem gemeinsamen Plan vorgesehenen Beiträge erbracht haben, wobei eine kausale Ver-

---

Rn. 507; § 15, Rn. 659; wohl auch: Beulke/Bachmann, JuS 1992, 747; Lampe, ZStW 106 (1994), 692 f.; Schumann, StrV 1994, 110.

[745] Das räumt selbst Puppe, die schärfste Gegnerin dieser Rechtsfigur, ein. Es sei „begrifflich möglich, auch eine fahrlässige Mittäterschaft zu definieren. Denn jede Fahrlässigkeit ist mit einem Handlungsprojekt verknüpft, bei dessen Ausführung den Täter die Sorgfaltspflicht trifft, die er dann verletzt. Wird dieses Handlungsprojekt von mehreren gemeinsam ausgeführt, so kann man eine fahrlässige Mittäterschaft konstruieren und diese von fahrlässiger Anstiftung, fahrlässiger mittelbarer Täterschaft und fahrlässiger Beihilfe begrifflich unterscheiden." (Spinellis-Festschrift, 2001, 922).

[746] Spinellis-Festschrift, 2001, 922 ff.; GA 2004, 129 ff.; AT/2, 2005, 120.

[747] Restriktiver Täterbegriff, 1997, 288 f. (unter Verwertung der Arbeiten von Ransiek, Dencker, Otto und Lampe, alle wie in Anm. 744).

knüpfung zwischen dem Erfolg und dem jeweiligen Tatbeitrag nicht erforderlich ist. Schließlich setzt die Zurechnung voraus, daß jeder Beteiligte die Gefährlichkeit des Gesamtprojektes erkennen konnte und mußte." In ähnlicher Weise verlangt Weißer[748] für die fahrlässige Mittäterschaft, daß die Beteiligten objektiv derselben Sorgfaltspflicht unterliegen, daß sie bei Vornahme der sorgfaltswidrigen Handlung oder Unterlassung willentlich zusammenwirken und daß dem einzelnen Mittäter bewußt sei, an die anderen würden dieselben Sorgfaltsanforderungen gestellt wie an ihn selbst. Knauer[749] nimmt fahrlässige Mittäterschaft an, wenn sich eine „durch mehrere gemeinschaftlich geschaffene unerlaubte Gefahr im Erfolg realisiert hat". Otto sagt:[750] „Wer ... im bewußten arbeitsteiligen Zusammenwirken mit anderen Gefahren begründet oder erhöht, die sich – vorhersehbar – im Erfolg realisieren, ist gemeinschaftlich für den Erfolg verantwortlich, also fahrlässiger Mittäter." Auf diesen Fundamenten läßt sich weiterbauen, auch wenn die Rechtsfigur der fahrlässigen Mittäterschaft noch nicht endgültig gesichert und auch in der Rechtsprechung bisher nicht anerkannt ist.

C. Pflichtdelikte

I. Allgemeines

Neben den Herrschaftsdelikten wird in diesem Buch die Kategorie der Pflichtdelikte[751] eingeführt, bei der nach der hier entwickelten Auffassung nicht die Tatherrschaft, sondern die Verletzung einer tatbestandsspezifischen Sonderpflicht die Täterschaft begründet. Diese Konzeption ist bisher kaum auf grundsätzliche Ablehnung gestoßen,[752] andererseits aber auch vielfach

---

[748] JZ 1998, 239.

[749] Kollegialentscheidung, 2001, 190 ff. (221.).

[750] Grundkurs AT[7], 2004, § 21, Rn. 117.

[751] Oben S. 352–399, 458 ff.

[752] Eine Ausnahme bildet die recht polemische Pauschalaburteilung durch Langer, Das Sonderverbrechen, 1972, 223–227, die aber auf die Diskussion um die eigentlich problematischen Sachfragen nicht eingeht. Langer erscheint meine „Begriffsbildung" von vornherein „als mit dem positiven Recht unvereinbar", weil sie nach seiner Meinung gegen §§ 28 Abs. 2 und 30 Abs. 1 StGB verstößt. § 28 Abs. 2 regele nämlich den Fall, „daß die Qualifikation nur beim Teilnehmer vorliegt", der somit nicht „entgegen der ausdrücklichen Anordnung des Gesetzes als Täter bestraft werden" dürfe (224). Aber das ist eine petitio principii. Denn § 28 Abs. 2 bestimmt nicht die Abgrenzung von Täterschaft und Teilnahme, sondern setzt sie voraus und behandelt auf der Grundlage einer nach allgemeinen Lehren bestehenden Täter-Teilnehmer-Beziehung die Akzessorietät bei besonderen persönlichen Merkmalen (vgl. oben S. 362). Ferner meint Langer: „Jede erfolglose Anstiftung zu einem Pflichtdelikt durch einen Intraneus enthält dessen Sonderpflichtverletzung und ist dabei folgerichtig als täterschaftlicher Deliktsversuch strafbar", was gegen § 30 Abs. 1 StGB verstoße (224). Doch das ist abwegig. Denn die Pflichtverletzung liefert ja nur ein Täterschaftskriterium, nicht den Strafgrund, der auch bei Pflichtdelikten in einer Rechtsgüterverletzung besteht; nur das unmittelbare Ansetzen zur tatbestandlichen Rechtsgüterverletzung begründet hier wie sonst den Versuch. Freund, AT, 1998, § 10, Rn. 49 m.w.N., meint, eine selbständige Kategorie der Pflichtdelikte erübrige sich „bei einem angemessenem Verständnis der Delikte". Gegen Freund zutreffend Wittek, Der Betreiber im Umweltstrafrecht, 2004, 141 f.

zögernd und nur punktuell rezipiert oder kritisiert worden, was angesichts ihrer Neuartigkeit und der vielen in diesem Bereich noch offenen Probleme auch nicht wundernehmen kann. Immerhin hat die Kategorie der Pflichtdelikte eine wachsende Zahl von Befürwortern[753] und jetzt auch erste (ausgezeichnete!) monographische Bearbeitungen von Sánchez-Vera[754] und Wittek[755] gefunden, die beide die in diesem Buch dargestellte und später vor allem von Jakobs aufgenommene und verbesserte Konzeption ihrerseits weiterentwickelt und in die einstweilen avancierteste Form gebracht haben. Wittek kommt nach eingehender Auseinandersetzung mit der kontroversen Literatur zu dem Ergebnis,[756] daß die „Existenzberechtigung" der Pflichtdelikte „als eigenständige Deliktsgruppe nicht länger bezweifelt werden kann". Daß bei den Pflichtdelikten die Abgrenzung von Täterschaft und Teilnahme nach anderen Kriterien als denen der Tatherrschaft erfolgen muß, kann als wohl schon herrschende Lehre bezeichnet werden,[757] auch wenn in diesem noch relativ wenig erforschten Bereich viele Einzelfragen weiterer Klärung harren.

---

[753] Seier, JA 1990, 383, bezieht sich auf „die von Roxin entwickelte und mittlerweile allgemein anerkannte Lehre von den Pflichtdelikten". Für diese Lehre: Blauth, „Handeln für einen anderen" nach geltendem und kommendem Recht, 1968, 76ff.; Blei, AT[18], 1983, 255; Cramer, Bockelmann-Festschrift, 1979, 395f.; Ebert, AT[3], 2001, 191; Gropp, AT[3], 2005, § 10, Rn. 39; Haft, AT[9], 2004, 196; Herzberg, Täterschaft und Teilnahme, 1977, 33 („im Grundsatz Zustimmung"); Jakobs, AT[2], 1991, 21/116ff.; Jordan, Jura 1999, 304ff. (306f.); Kindhäuser, Hollerbach Festschrift, 2001, 627ff. (649); Kühl, AT[5], 2005, § 20, Rn. 14; Lampe, ZStW 106 (1994), 683ff. (689 bei Fn. 18); Murmann, Nebentäterschaft, 1993, 181; Niedermayr, ZStW 107 (1995), 507ff. (540); Ranft, JZ 1995, 1186; Rudolphi, GA 1970, 353ff. (361ff.); Schild, NK[2], 2005, § 25, Rn. 15; Sch/Sch/Cramer/Heine[26], 2001, vor § 25, Rn. 84; Schünemann, GA 1986, 331ff.; Tiedemann, Tatbestandsfunktionen im Nebenstrafrecht, 1969; Volk, Roxin-Festschrift, 2001, 563ff. (569); Wessels/Beulke, AT[35], 2005, § 13, Rn. 522f. Kritisch weiterführend: Schünemann, LK[11], 1993, § 14, Rn. 17. Teils zustimmend, teils ablehnend Bloy, Zurechnungstypus, 1985, 229ff. (nach Tatbeständen differenzierend; näher zu Bloy Wittek, Der Betreiber im Umweltstrafrecht, 2004, 130ff.); Heinrich, Rechtsgutszugriff, 2002, folgt der Lehre von den Pflichtdelikten bei den „eigentlichen Pflichtdelikten" (wie etwa §§ 336, 348 oder den Unterlassungsdelikten), nicht aber bei den „bloßen Sonderdelikten", zu denen er § 340 zählt; Joecks, MK, 2003, § 25, Rn 43 (der auch den aktiv handelnden Pflichtigen als Unterlassungstäter ansieht); Stratenwerth/Kuhlen, AT[5], 2004, § 12, Rn. 40 (wo der Pflichtige im Falle des § 266 als unmittelbarer Täter aufgefaßt wird). Seier, JA 1990, 383 folgt der Pflichtdeliktslehre (im Anschluß an Stratenwerth) bei §§ 266, 170b.

[754] Pflichtdelikt und Beteiligung, 1999. Da das Buch, wie schon der Titel zeigt, aus der Pflichtdeliktslehre vor allem auch Konsequenzen für die Teilnahme zieht, können seine darauf bezüglichen Thesen in diesem auf die Täterlehre beschränkten Buch nicht wiedergegeben werden. Eine Auseinandersetzung mit der Kategorie der Pflichtdelikte auf der Basis des portugiesischen Rechts liefert Pizarro Beleza, Coimbra-Symposium, 1995, 267ff.

[755] Der Betreiber im Umweltstrafrecht. Zugleich ein Beitrag zur Lehre von den Pflichtdelikten, 2004. In dem Buch wird nicht nur meine Lehre (91ff.), sondern auch „die Aufnahme der Lehre von den Pflichtdelikten in der Wissenschaft" eingehend dargestellt (104ff.). Auch Chen, Das Garantensonderdelikt, 2003, 14ff., behandelt ausführlich die „für und gegen die Pflichtdeliktslehre vorgebrachten Argumente und deren Beurteilung".

[756] Der Betreiber im Umweltstrafrecht, 2004, 143.

[757] Stein, Beteiligungsformenlehre, 1988, meint von seinem verhaltensnormorientierten Ansatz aus, „den Intraneus treffe eine im Vergleich zum Extraneus dringlichere Pflicht" (214), sieht das aber mehr als eine „terminologische Umformung" der Pflichtdeliktslehre an, mit der er im Ergebnis übereinstimmt: „Soweit (objektive) besondere Tätermerkmale vorhanden sind, sind sie die alleinigen Tätermerkmale" (255).

Allerdings hält Sering[758] im Anschluß an die Rechtsprechung auch eine Tatherrschaft durch Unterlassen für möglich. Man könne sagen, „daß der Unterlassende jedenfalls in normativer Hinsicht den tatbestandlichen Verletzungsverlauf dadurch final gestaltet, daß er ihn sich voll und Schritt für Schritt entfalten läßt".[759] Das tun aber auch der Anstifter und der Gehilfe, ja selbst ein zufällig ortsanwesender Nichtgarant, so daß ein derart verstandener Tatherrschaftsbegriff jegliche Abgrenzungsfähigkeit einbüßt. Sering führt denn auch konkretisierende Kriterien ein, die mit Tatherrschaft wenig zu tun haben. Im Vordergrund steht für ihn, inwieweit ein Unterlassen geeignet ist, „die Motivationskausalität des Haupttäters zu beeinflussen"[760]. „Je mehr der Unterlassungsbeitrag des Garanten den aktiven Haupttäter ... psychisch stärkt", desto eher will er eine täterschaftliche Haftung annehmen. Aus diesem Umstand könnte sich aber doch allenfalls eine psychische Beihilfe ergeben. Statt dessen spricht Sering[761] von einer durch „das Maß der Determination der Motivationskausalität des Haupttäters" erreichten „Mitbeherrschung des Geschehens". Daneben will er das „Tatinteresse", den „Grad der vorhandenen Erfolgsabwendungsmöglichkeit" sowie „die soziale Intensität der Schutzbeziehung des Garanten" berücksichtigen.[762] Das alles läuft darauf hinaus, die Täterschaft mit Hilfe einer wertenden Gesamtschau nach dem Maß von Schuld und Strafbedürftigkeit zu beurteilen. Die Täterschaft ist aber, auch wenn die Rechtsprechung solchen Tendenzen gelegentlich Vorschub leistet, kein Strafzumessungsgrund, sondern sie bedeutet Tatbestandsverwirklichung durch eine bestimmte Art unrechtmäßigen Verhaltens.

Die Pflichtdelikte bleiben also auf der Tagesordnung. Freilich ist die Thematik so umfangreich, daß ich beim „ersten Zugriff" in der vorliegenden Darstellung die Analyse der jeweils täterschaftsbegründenden Sonderpflichten anhand der einzelnen Tatbestände etwas vernachlässigt[763] und dadurch Zahl und Reichweite der Pflichtdelikte überschätzt habe. Das gilt insbesondere für die fahrlässigen Straftaten,[764] die ich nach dem jetzigen Stande meiner Einsicht nicht mehr als Pflichtdelikte ansehen möchte, soweit die das Unrecht konstituierende Verletzung der allgemeinen Sorgfaltspflicht nur die jeden Staatsbürger treffende Vermeidepflicht bezeichnet, die auch den Vorsatztatbeständen zugrunde liegt. Vielmehr wird man bei Fahrlässigkeitstatbeständen wie überall sonst von Pflichtdelikten nur sprechen können, wo bestimmte Sonderpflichten zu speziellen, nicht jedermann zugänglichen Tätervoraussetzungen führen. Aus diesem Grunde habe ich seit der dritten Auflage des Buches das ursprüngliche elfte Kapitel über „Täterschaft und Teilnahme bei

---

[758] Beihilfe durch Unterlassen, 2000
[759] Beihilfe durch Unterlassen, 2000, 89.
[760] Beihilfe durch Unterlassen, 2000, 91.
[761] Beihilfe durch Unterlassen, 2000, 101.
[762] Beihilfe durch Unterlassen, 2000, 102.
[763] Darauf hatte ich selbst von vornherein (s. o. S. 384 ff.) hingewiesen.
[764] Vgl. dazu (teilweise im Anschluß an Einwände von Dreher, Stratenwerth und Jakobs) bereits meine Bemerkungen in „Kriminalpolitik und Strafrechtssystem", 2. Aufl., 1973, 22, Anm. 51; 49, Anm. 16; Gallas-Festschrift, 1973, 241, Anm. 3; ZStW 85 (1973), 103, Anm. 14.

fahrlässigen Delikten"[765] weggelassen. Die darin entwickelten Lösungen erscheinen mir zwar durchweg noch heute als zutreffend. Doch handelt es sich dabei vielfach um allgemeine Zurechnungsprobleme, wie ich sie inzwischen in anderem Zusammenhang systematisch ausgearbeitet habe.[766] Ferner spricht vieles dafür, die unechten Unterlassungstaten nicht samt und sonders als Pflichtdelikte anzusehen.[767] Auch ist mir zweifelhaft geworden, ob die strafbarkeitsbegründenden Sonderpflichten, wie ich ursprünglich annahm, alle außerstrafrechtlicher Art sind.[768] Die Behandlung dieser Frage wie auch die einer exakten Umgrenzung der den Kreis der Pflichtdelikte ausmachenden Einzeltatbestände muß ich einer Spezialarbeit vorbehalten, die auch die im folgenden Absatz skizzierte Problematik weiter ausführen wird.[769]

Neuere Bemühungen gehen dahin, die Herrschafts- und die Pflichtdelikte, die im vorliegenden Buch als selbständige und voneinander getrennte Erscheinungsformen der Täterschaft behandelt werden, zu einer Synthese zu bringen und einem gemeinsamen normativen Herrschaftsprinzip zu unterstellen. So deutet Schünemann die Position des Sonderpflichtigen als eine „Schutzherrschaft über das Rechtsgut"[770] oder, in jüngerer Formulierung,[771] als „Geschehensherrschaft i. S. der Kontrolle über einen sozialen Bereich", indem er z. B. die Vermögensfürsorgepflicht bei der Untreue an eine „Obhutsstellung und Näheposition zu einem fremden Vermögen" oder die Schweigepflicht in § 203 StGB an die „Einräumung einer Herrschaft" über die fremde Geheimsphäre anknüpft. In ähnlicher Weise spricht Bottke[772] von einer „Gestaltungsherrschaft", die auch die Pflichtdelikte umfassen soll, und Murmann[773] faßt die Pflichtenstellung als „Herrschaft über die Qualität des Verhältnisses" auf. Wenn man die Unterschiede zwischen einer Tatherrschaft im Sinne der Jedermann-Delikte und einer derartigen normativen „Schutz"-, „Geschehens"-, „Gestaltungs"- oder „Verhältnisherrschaft" nicht aus dem Auge verliert,[774] ist die sich in diesen Bemühungen aussprechende Suche nach

---

[765] S. 527–577 der ersten und zweiten Auflage.

[766] Gedanken zur Problematik der Zurechnung im Strafrecht, in: Honig-Festschrift, 1970, 133–151 (= Strafrechtliche Grundlagenprobleme, 1973, 123–146); Zum Schutzzweck der Norm bei fahrlässigen Delikten, in: Gallas-Festschrift, 1973, 241–259. Ausführlich und zusammenfassend Roxin, AT/1[4], 2006, § 11.

[767] Vgl. dazu die Darstellung der Konzeption von Jakobs (unten S. 752 ff.).

[768] Vgl. dazu Schünemann, LK[11], 1993, § 14, Rn. 17.

[769] Zur Abgrenzung von Pflicht- und Jedermanns-Delikten vgl. unter Darstellung des Streitstandes einstweilen meine Kommentierung in LK[11], 1994, § 28, Rn. 60ff.

[770] GA 1986, 331ff. Hier auch die weiteren Zitate (334, 333).

[771] LK[11], 1993, § 14, Rn. 17. Eine kritische Auseinandersetzung mit der Position Schünemanns liefert Wittek, Der Betreiber im Umweltstrafrecht, 2004, 136ff.

[772] Gestaltungsherrschaft, 1992, 17, 44ff., 60ff., 88ff., 100ff. Lebhafte Kritik findet die Konzeption von Bottke bei Lesch, GA 1994, 112ff., und Wittek, Der Betreiber im Umweltstrafrecht, 2004, 122ff.

[773] Die Nebentäterschaft im Strafrecht, 1993, 181f.

[774] Hier setzt die Kritik von Wittek, Der Betreiber im Umweltstrafrecht, 2004, 139, an Schünemann an. Es handele sich bei dessen Herrschaftsbegriff „nicht mehr um eine Form der Herrschaft, wie sie in traditionell-faktischer Hinsicht im Strafrecht verstanden wird, sondern um eine normative Wertung der Art, daß derjenige, der in einer besonderen Stellung

einem alle Täterschaftsformen verknüpfenden Band durchaus fruchtbar und widerspricht meiner Lehre nicht. Die Problematik bedarf noch weiterer Überlegung und Bearbeitung.

Schünemanns Schüler Chen[775] hat die Konzeption seines Lehrers im einzelnen ausgearbeitet mit dem Ergebnis, daß er den Begriff der Pflichtdelikte durch den der „Garantensonderdelikte" ersetzen und diese allein auf die Schutz- oder Kontrollherrschaft des Garanten stützen will. Es werde die „Pflicht durch ein strafrechtliches Herrschaftsverhältnis" ersetzt, „bei dem die Pflicht lediglich die Folge der Herrschaft ist" und „schlicht die aus dem Tatbestand folgende Rechtswidrigkeit wiedergibt".

Damit wird aber der Herrschaftsgedanke überstrapaziert. Denn zwar ist es eine weiterführende Einsicht, daß jede Pflichtenstellung einen Herrschaftsbereich umspannt, in dem sie wirksam werden soll. Aber die Pflicht folgt nicht eo ipso aus irgendwelchen empirischen Gegebenheiten, sondern aus einer normativen Zuweisung, wie etwa bei den Amtsdelikten besonders augenfällig wird. Das gilt auch für den Pflichtdeliktscharakter der Unterlassungsstraftaten. Ob jemand als Garant eine Gefahrenquelle zu überwachen hat, ergibt sich nicht schon aus der tatsächlichen Möglichkeit der Überwachung, sondern erst aus einer speziellen Zuständigkeit dafür (also aus der „Pflicht"). Und bei der Schutzgarantenstellung ist es nicht anders. Zwar ist die faktische Übernahme einer Schutzposition häufig mit der Zuweisung einer Garantenpflicht verbunden, aber sie ist nicht mit ihr identisch. Die Eltern sind Garanten für das Leben ihres Neugeborenen, auch wenn sie das Kind von vornherein nicht betreuen und schutzlos dem Tode überlassen. Und wer die Schutzbeziehung zu einer von ihm zu betreuenden Person realiter aufgibt, den Schützling also im Stich läßt, verliert damit nicht ohne weiteres seine Garantenstellung.

Die Unterscheidung von Herrschafts- und Pflichtdelikten sollte also erhalten bleiben. Gerade bei der Überwachung von Gefahrenquellen in Betrieben kommt der Zuständigkeit (im Sinne einer Pflichtzuweisung) durchweg größere Bedeutung zu als realen Herrschaftsbeziehungen. Die Übernahme eines Kontrollbereiches ist hier meist die Folge einer Pflichtübertragung; nicht etwa ist es umgekehrt so, wie es Chen vorschwebt, daß die Pflicht nur der Reflex einer schon vorher gegebenen Kontrollherrschaft ist.

Die Autoren, die nach wie vor die Pflichtdelikte verwerfen, leugnen natürlich nicht, daß die Täterschaft bei diesen Delikten die Verletzung der tatbestandsspezifischen Pflicht voraussetzt. Aber sie gehen davon aus, daß neben diese Pflichtverletzung beim Täter immer noch die Tatherrschaft treten

---

zu dem schützenswerten Rechtsgut steht, dieses auch umfassend beschützen muß. Diese verschiedenartige Interpretation des Begriffes der Herrschaft bei den unterschiedlichen Deliktsformen erscheint weniger als eine noch vom Wortlaut gedeckte Auslegung eines Begriffs, sondern vielmehr als eine über diesen hinausgehende Form der Analogie." Und, vielleicht schon etwas überspitzt: „Durch seine gleichzeitige Anwendung auf Herrschafts- und Pflichtdelikte wird der Herrschaftsbegriff eines aussagekräftigen, beide Deliktsformen überwölbenden Inhalts beraubt."

[775] Das Garantensonderdelikt, 2003.

müsse.[776] Doch das führt nicht nur beim qualifikationslosen dolosen Werkzeug in die Sackgasse, wenn der veranlassende Intraneus keinerlei Tatherrschaft hat (näher II), sondern auch beim Unterlassungsdelikt, wo es von vornherein keine Tatherrschaft gibt und auch alle sonstigen Differenzierungen versagen (näher III). Es überzeugt nicht einmal in dem Fall, in dem theoretisch ein Abstellen auf die Tatherrschaft möglich wäre und auf den sich denn auch Jescheck[777] beruft, wenn er sagt: „Stehen nämlich mehrere in der gleichen Pflicht, kommt es wiederum allein auf die Tatherrschaft an."

Wenn also bei gemeinsamer Dienstausübung ein Polizist einen anderen zu einer Körperverletzung im Amt auffordert, soll er mangels Tatherrschaft nur wegen Anstiftung zu § 340 StGB bestraft werden, während er nach der hier vertretenen Lehre genauso Täter ist wie der unmittelbar Handelnde. Da § 340 StGB jedoch ausdrücklich als Täter auch den nennt, der eine Körperverletzung „begehen läßt" (worunter sogar das bloße Unterlassen fällt), ist die Gegenmeinung schon mit dem Gesetzeswortlaut nicht zu vereinbaren. Freilich wird das „Begehenlassen" nicht bei allen Pflichtdelikten erwähnt; es fehlt z. B. – wohl nur aus stilistischen Gründen – im verwandten Tatbestand der Aussageerpressung (§ 343 StGB). Aber es gibt nicht den geringsten teleologischen Grund, etwa nur eine Anstiftung zu § 343 StGB anzunehmen, wenn ein Polizist im Rahmen seiner Amtstätigkeit einen Kollegen auffordert, einen Dritten zum Zwecke einer Aussageerpressung körperlich zu mißhandeln. Der Umkehrschluß, der mir oft entgegengehalten wird – gerade aus der Nichterwähnung des Begehenlassens in § 343 folge die Notwendigkeit der Tatherrschaft für die Täterschaft – führt sich durch sein ungereimtes Ergebnis ad absurdum.[778] „Welchen Sinn könnte es machen, eine im Amt begangene Körperverletzung in der Form des „begehen lassens" täterschaftlich zu bestrafen, hiervon aber sogleich abzugehen, wenn die so begangene Körperverletzung ein bestimmtes Ziel, nämlich die Erpressung einer Aussage, hat?"[779] Eine gründliche Widerlegung der hier bekämpften Meinung unter Aufnahme aller bisher vorgebrachten Argumente liefern jetzt Sánchez-Vera[780] und Wittek.[781]

Auch in der Rechtsprechung scheint die Lehre von den Pflichtdelikten allmählich Fuß zu fassen. Schon die bekannte Lederspray-Entscheidung (BGHSt 37, 106 ff.) wird in der Literatur[782] teilweise so gedeutet, daß der BGH die täterschaftliche Verantwortlichkeit der Leitungsorgane mit Hilfe

---

[776] In diesem Sinne am ausführlichsten Bottke, Gestaltungsherrschaft, 1992, 109 ff., in seiner Kritik meiner „Pflichtdeliktslehre"; ähnlich Pizarro Beleza, Coimbra-Symposium, 1995, 267 ff.

[777] Jescheck/Weigend, AT⁵, 1996, 663, Anm. 1; ähnlich Otto, Jura 1987, 257.

[778] Vgl. Roxin, AT/2, 2003, § 25, Rn. 281 ff. (285). Bei der Auseinandersetzung mit den Einwänden wird besonders auch auf die Kritik Bottkes eingegangen.

[779] Wittek, Der Betreiber im Umweltstrafrecht, 2004, 135, unter Berufung auf meine in Anm. 778 angeführte Stellungnahme.

[780] Pflichtdelikt, 1999, 137 ff. Anders aber zuvor Renzikowski, Restriktiver Täterbegriff, 1997, 27–29.

[781] Der Betreiber im Umweltstrafrecht, 2004, 127 ff.

[782] Rotsch, Individuelle Haftung in Großunternehmen, 1998, 173; Wittek, Der Betreiber im Umweltstrafrecht, 2004, 234.

der Pflichtdeliktslehre begründet habe. Dies gilt in verstärktem Maße für BGHSt 38, 325 ff. Das Urteil bestraft einen Bürgermeister, den die Entscheidung als Garanten für die Abwendung der von ortsansässigen Grundstückseigentümern ausgehenden Gewässerverunreinigungen ansieht, ohne weiteres als Unterlassungstäter, ohne die Möglichkeit einer bloßen Beihilfe auch nur in Erwägung zu ziehen:[783] „Demgemäß hat der Bürgermeister den Tatbestand der Gewässerverunreinigung (§ 324 Abs. 1 StGB) durch Unterlassen verwirklicht, soweit die pflichtwidrige Verabsäumung der von ihm zu ergreifenden Maßnahmen für den Eintritt des tatbestandsmäßigen Erfolgs ursächlich war" (a. a. O., 337). Nestler[784] zieht daraus mit Recht die Folgerung, die These, daß der BGH Täterschaft und Teilnahme bei Unterlassungen immer noch nach der subjektiven Theorie abgrenze, lasse sich „für den Bereich der Amtsträgergarantenstellung gem. § 324 StGB ... nicht mehr aufrechterhalten. Mit keinem Wort geht der BGH auf die Frage ein, ob Beihilfe des Bürgermeisters zu den Gewässerverunreinigungen der Einleiter in Frage kam, sondern bejaht mit der Feststellung der Garantenstellung gleichsam automatisch die Täterschaft des Bürgermeisters." Auch Entscheidungen zur Untreue lassen sich im Ergebnis für die Lehre von den Pflichtdelikten in Anspruch nehmen (vgl. Nr. 63 der Rechtsprechungsübersicht). Deren ausdrückliche Anerkennung durch die Rechtsprechung steht freilich noch aus.

Seit der Vorauflage hat sich besonders Hoyer[785] wieder um die Begründung der These bemüht, daß bei Pflichtdelikten die Verletzung der tatbestandsspezifischen Pflicht zur Begründung der Täterschaft noch nicht genüge, sondern daß die „allgemeinen Täterschaftsvoraussetzungen für Herrschaftsdelikte" immer noch hinzukommen müßten.[786] So setze die Untreue (§ 266) neben der Verletzung einer Vermögensfürsorgepflicht auch eine Schadenszufügung voraus. „Zentralgestalt der Pflichtverletzung kann selbstverständlich nur der Inhaber der Pflicht sein, Zentralgestalt der Nachteilszufügung aber durchaus eine andere Person, deren Handeln dann dem Sonderpflichtigen erst nach den Regeln über die Herrschaftsdelikte zugerechnet werden müßte."[787]

Die Notwendigkeit einer Rechtsgutsverletzung auch bei den Pflichtdelikten besagt aber nichts gegen die hier vertretene Auffassung. Denn die Pflichtverletzung begründet die Täterschaft, nicht auch schon die Tatbestandsverwirklichung. Einen Angriff auf das geschützte Rechtsgut unternehmen auch Anstifter und Gehilfen, aber die Täterschaft wird allein durch die Verletzung der tatbestandsspezifischen Sonderpflicht begründet. Wollte man mit Hoyer verlangen, daß der Täter sowohl „Zentralgestalt der Pflichtverletzung" als auch „Zentralgestalt der Nachteilszufügung" sei, so müßte man zum Frei-

---

[783] Die mangelnde Erörterung dieser Frage ist der Grund, warum die Entscheidung in der Rechtsprechungsübersicht nicht angeführt wird.
[784] GA 1994, 527.
[785] SK[7], 2000, § 25, Rn. 21 ff. Kritisch gegen Hoyer Wittek, Der Betreiber im Umweltstrafrecht, 2004, 127 ff.
[786] SK[7], 2000, § 25, Rn. 22, 25.
[787] SK[7], 2000, § 25, Rn. 22.

spruch aller Beteiligten kommen, wenn die beiden „Zentralgestalten" sich in verschiedenen Personen verkörpern; denn keine von beiden würde dann die Tätervoraussetzung (Pflichtverletzung + Tatherrschaft) erfüllen. Außerdem weist Joecks[788] mit Recht darauf hin, daß der Treupflichtige schon dann Täter einer Untreue (durch Unterlassen) ist, wenn er gegen die Vermögensschädigung durch andere nicht einschreitet. Genügt aber schon eine Treupflichtverletzung durch Unterlassen ohne jede Tatherrschaft zur Begründung einer täterschaftlichen Untreue, kann man nicht gut demjenigen die Täterschaft absprechen, der durch treupflichtwidrige Aktivitäten, wenn auch ohne Tatherrschaft, auf die Tatbestandsverwirklichung hinarbeitet.

Im folgenden sollen die beiden Fallgruppen, bei denen die Lehre von den Pflichtdelikten die größte praktische Bedeutung hat, noch etwas näher behandelt werden.

II. Das qualifikationslose dolose Werkzeug

Es gehört zu den wesentlichsten Auswirkungen der Lehre von den Pflichtdelikten, daß sie „das Problem des ‚qualifikationslosen Werkzeugs' weitgehend entschärft"[789]. Wenn ein Qualifizierter schon durch Verletzung der dem Tatbestand zugrunde liegenden außerstrafrechtlichen Sonderpflicht zur „Zentralgestalt" des Geschehens wird, bereitet die Begründung einer mittelbaren Täterschaft des sonderpflichtigen Hintermannes bei Einschaltung eines den äußeren Tathergang beherrschenden Extraneus keine Schwierigkeiten mehr. Die Einsicht jedenfalls, daß mit dem Tatherrschaftsprinzip bei dieser Fallgruppe nicht weiterzukommen ist, setzt sich in der wissenschaftlichen Diskussion immer mehr durch. Den ursprünglich von Gallas und Welzel entwickelten, später noch von Jescheck[790] wieder aufgenommenen Gedanken einer „sozialen" oder „normativen" Tatherrschaft, demzufolge der zwar nicht tatsächlich, aber „rechtlich beherrschende Einfluß des Hintermanns"[791] seine Tatherrschaft begründen soll, nennen Stratenwerth/Kuhlen[792] „eine Scheinlösung, die das Erfordernis der Sonderpflicht umdeutet in ein Moment der Herrschaft über das Tatgeschehen, auf die es doch allein für die Frage ankommen kann, wer das Delikt ausführt". In ähnlicher Weise hält Herzberg[793] die

---

[788] MK, 2003, § 25, Rn. 43.

[789] Herzberg, Täterschaft und Teilnahme, 1977, 33.

[790] Jescheck/Weigend, AT[5], 1996, 669f., wo jetzt von „normativ-psychologischer Tatherrschaft" gesprochen wird; zustimmend Lackner/Kühl[25], 2004, § 25 („aufgrund normativer Deutung des Tatherrschaftsbegriffs").

[791] Jescheck, AT[4], 1988, 607; zur kritischen Auseinandersetzung mit dieser Lehre vgl. meine Darlegungen in ZStW 85 (1973), 102f. In Jescheck/Weigend, AT[5], 1996, 670, heißt es jetzt etwas resignierend, man müsse „den rechtlich notwendigen Einfluß des Hintermannes als Tatherrschaft genügen lassen. Notwendig ist allerdings auch eine psychische Einflußnahme auf den Vordermann, die etwa das Gewicht einer Anstiftungshandlung hat (normativ-psychologische Tatherrschaft)." Darin steckt das Eingeständnis, daß es sich im Grunde nicht um Tatherrschaft handelt.

[792] AT[5], 2004, § 12, Rn. 40.

[793] Täterschaft und Teilnahme, 1977, 32; Jakobs, AT[2], 1991, 21/104: „ein Zirkel".

früher absolut herrschende Meinung durch die Darlegungen des Textes[794] für widerlegt: „Die Tatherrschaft herzuleiten aus der Macht des Intraneus, durch seine Tatveranlassung das Geschehen zur Straftat zu machen, ist also eine petitio principii: Es wird vorausgesetzt, was erst bewiesen werden müßte." Ebenso erklärt Wagner[795] in seiner den „Amtsverbrechen" gewidmeten Spezialuntersuchung den Tatherrschaftsgedanken bei diesen Konstellationen als zur Begründung der mittelbaren Täterschaft schlechthin „untauglich". An diesem Befund scheint mir auch der Versuch Bockelmanns,[796] mit Hilfe der Tatherrschaft eine mittelbare Täterschaft des lediglich tatveranlassenden Intraneus plausibel zu machen, nichts zu ändern. Wenn er zur Begründung anführt, der Hintermann habe die Tatherrschaft, wenn „dem im Vordergrund Handelnden, besonderer, seine eigene Verantwortlichkeit für die Tat ausschließender oder modifizierender, Umstände wegen die Qualität eines Werkzeuges zugeschrieben werden kann und … der Hintermann den Tatmittler in Kenntnis dieser Umstände … benutzt", so stützt das die Konzeption der Pflichtdelikte mehr als die der Tatherrschaft. Denn die „besonderen Umstände", die die Verantwortlichkeit des Vordermannes „modifizieren", liegen ausschließlich im Fehlen der Pflichtenstellung; an der Beherrschung des äußeren Tatvorganges durch den unmittelbar Handelnden besteht trotz dieser „Umstände" kein Zweifel.

Puppe[797] hat den Versuch, dem außenstehenden Intraneus die Tatherrschaft auch dann zuzusprechen, wenn die Ausführung allein beim Extraneus liegt, vor kurzem erneuert. Ihr zufolge ist „die Pflichtenstellung selbst eine Form von Tatherrschaft". Die Sonderstellung des Intraneus bestehe nicht nur in seiner spezifischen Pflicht (z. B. der Vermögensfürsorgepflicht in § 266), sondern auch „darin, daß er eine Zugriffsmöglichkeit auf das geschützte Rechtsgut hat", die dem Extraneus nicht zu Gebote stehe. Es gehe „um den Begriff der Tatherrschaft, den Roxin nur als Handlungsherrschaft verstehen" wolle, während sie ihn als „Herrschaft über den Rechtsgutsangriff" deutet.[798]

Aber auch diese verbesserte Fassung der ursprünglichen Lehren von Gallas und Welzel überzeugt nicht. Denn die rechtliche Möglichkeit, daß jemand kraft einer besonderen Pflichtenstellung Täter eines bestimmten Deliktes werden kann, verschafft ihm, wenn er dabei ganz von einem Extraneus abhängig ist, evidentermaßen nicht die Herrschaft über das tatsächliche Geschehen und auch nicht, um mit Puppe zu sprechen, die „Herrschaft über den Rechtsgutsangriff". Das geschützte Rechtsgut in § 266 ist das Vermögen, und dieses greift in beherrschender Position allein der Extraneus an, wenn der Sonderpflichtige sich auf die Veranlassung beschränkt.

---

[794] Oben S. 253–258.
[795] Amtsverbrechen, 1975, 380.
[796] AT³, 1979, 179; ebenso Bockelmann/Volk, AT⁴, 1987, 179.
[797] AT/2, 2005, § 39, Rn. 35.
[798] AT/2, 2005, § 39, Rn. 35, Fn. 242. Diese Auffassung hat einige Ähnlichkeit mit der oben behandelten Konzeption von Chen/Schünemann.

Inzwischen haben sich eine Reihe von Autoren[799] der hier vorgeschlagenen Lösung angeschlossen. Sehr nahe steht dieser Konzeption auch die Lehre von Schmidhäuser,[800] der eine Unterlassungstäterschaft des Sonderpflichtigen annimmt, weil dieser eine „Garantenstellung" innehabe, „kraft derer er zum Einschreiten verpflichtet ist, wenn ein anderer in seinem Amtsbereich störend tätig wird". Daran ist sicher richtig, daß auch schon das Untätigbleiben eine Sonderpflichtverletzung des Intraneus darstellen und eine Täterschaft durch Unterlassen begründen kann. „In den Fällen, in denen der Amtswalter einen Dritten zu einer Individualrechtsgutsverletzung veranlaßt, schafft er aber die Gefahrenlage durch aktives Tun", betont demgegenüber Wagner[801] mit Recht, und in diesen doch wohl häufigeren Fällen kommt man nicht umhin, die „Bewirkung durch Pflichtverletzung" als das die mittelbare Täterschaft begründende Kriterium anzuerkennen. Treffend fragte Stratenwerth:[802] „Muß nicht, wenn die Unterlassung des Sonderpflichtigen, einen Extraneus an der Tat zu hindern, der Verwirklichung des Tatbestandes durch ein Tun entsprechen soll (§ 13 StGB), schon die Veranlassung des Extraneus zu seiner Tat als Tun den Tatbestand erfüllen?" Sie muß es ganz gewiß, so daß auch diese Konstruktion die Lehre von der Pflichtdelikten nur bestätigt.

Zu welchen Schwierigkeiten ein Festhalten an der Tatherrschaftslehre bei den Pflichtdelikten führt, zeigen deutlich die Wandlungen in der Auffassung Stratenwerths. Er war zunächst davon ausgegangen,[803] daß der Intraneus, der einen Extraneus veranlasse, die Ausführungshandlung eines Sonderdelikts vorzunehmen, eine „Mischform" zwischen Anstiftung und Täterschaft verwirkliche. Deshalb sei es angemessen, „den Intraneus wie einen Anstifter zu bestrafen, nach den Regeln, die für die leichtere der in der Mischform enthaltenen Regeln gelten". Das war aber ein klarer Verstoß gegen das verfassungsrechtliche Analogieverbot.[804] Denn einen Anstifter ohne Täter kennt unser Recht nicht.[805]

Stratenwerth hat diesen Einwand akzeptiert[806] und daraufhin nur noch die Möglichkeit gesehen, „den Intraneus (und damit auch den Extraneus) grundsätzlich straflos zu lassen". Das kann aber nicht richtig sein, auch wenn

---

[799] Cramer, Bockelmann-Festschrift, 1979, 395f.; Ebert, AT³, 2001, 195f.; Gropp, AT³, 2005, § 10, Rn. 55; Herzberg, Täterschaft und Teilnahme, 1977, 33; Jakobs, AT², 1991, 21/104, 116ff.; Sánchez-Vera, Pflichtdelikt, 1999, 163f.; Sch/Sch/Cramer/Heine²⁶, 2001, § 25, Rn. 44; Wessels/Beulke, AT³⁵, 2005, § 13, Rn. 520; Wittek, Der Betreiber im Umweltstrafrecht, 2004, 112ff.; ähnlich Wagner, Amtsverbrechen, 1975, 378ff.

[800] AT², 1975, 14/51; StuB², 1984, 10/97; so auch MK-Joecks, 2003, § 25, Rn. 43.

[801] Amtsverbrechen, 1975, 380; auch ich hatte darauf in ZStW 85 (1973), 102 schon hingewiesen.

[802] AT³, 1981, Rn. 798.

[803] AT¹, 1971, Rn. 854, 855.

[804] Dazu und zu weiteren Argumenten vgl. meine Auseinandersetzung mit dieser Lehre in ZStW 84 (1972), 1008f.; mir zustimmend Herzberg, Täterschaft und Teilnahme, 1977, 34.

[805] Wenn der Sonderpflichtige sich im Sinne der Schmidhäuserschen Lehre auf Nichteingreifen beschränkt, wäre außerdem eine „Quasi-Anstiftung durch Unterlassen" doch wohl ein kaum mögliches Gebilde.

[806] AT³, 1981, Rn. 797. Bei Stratenwerth/Kuhlen, AT⁵, 2004, ist diese Aussage nicht im Wortlaut, wohl aber dem Sinn nach enthalten.

diese These einige Anhänger gewonnen hat.[807] Denn dann brauchte jeder Sonderpflichtige sich zur Ausführung der Tatbestandshandlung nur eines Extraneus zu bedienen, um straflos davonzukommen – ein kriminalpolitisch unerträgliches und vom Gesetzgeber zweifellos nicht gewolltes Ergebnis! Stratenwerth/Kuhlen[808] bekämpfen jetzt die hier vertretene Auffassung, daß die Pflichtenstellung des Hintermannes allein seine Täterschaft begründe, mit demselben Argument, das ich der ursprünglichen Konstruktion einer Quasi-Anstiftung entgegengehalten hatte. Es liege darin „ein klarer Verstoß gegen den Grundsatz ‚nullum crimen sine lege' ... Wer einen anderen bloß veranlaßt, eine Falschbeurkundung zu begehen (§ 348), beurkundet nichts."[809] Das ist aber eine fehlgehende These.[810] Denn bei der mittelbaren Täterschaft wird durchweg (z. B. bei der Nötigungs- und Irrtumsherrschaft) das Verhalten des „Werkzeuges" dem Hintermann zugerechnet. Tut man das auch hier, so verwirklicht der Hintermann die Tatbestandshandlung durch den ausführenden Extraneus. Daß die Zurechnung des Werkzeugverhaltens auf der Pflichtenstellung und nicht auf der Tatherrschaft des Hintermannes beruht, ist gerade die zentrale Aussage der Lehre von den Pflichtdelikten, die nicht durch das Beharren auf der Notwendigkeit einer Tatherrschaft widerlegt werden kann. Daß der Tatherrschaftsgedanke keine universale Geltung hat, räumen ja Stratenwerth/Kuhlen selbst ein (vgl. Anm. 809). Es bleibt also dabei, daß allein die Konzeption der Pflichtdelikte das Problem des qualifikationslosen dolosen Werkzeugs in dogmatisch widerspruchsfreier und kriminalpolitisch sachgerechter Weise lösen kann.

Man darf auch nicht etwa die Straflosigkeit von Extraneus und Intraneus, die sich ergibt, wenn man auch bei den Pflichtdelikten auf dem Tatherrschaftsprinzip beharrt, als hinnehmbar ansehen, weil es sich um seltene, praktisch kaum vorkommende Fälle handele. Gerade für Delikte in Unternehmen und Betrieben, bei denen den Vorgesetzten eine Sonderpflicht trifft, kann die mittelbare Täterschaft durch Inanspruchnahme eines qualifikationslosen dolosen Werkzeugs große Bedeutung erlangen. So wird man etwa in § 327

---

[807] Auch Bloy, Zurechnungstypus, 1985, 241, kommt zu dem Ergebnis, „daß bei Einschaltung eines qualifikationslosen dolosen Werkzeugs Intraneus und Extraneus straflos ausgehen". Ebenso Otto, Jura 1987, 256; ders., AT[7], 2004, § 21, Rn. 94, 96; Bottke, Gestaltungsherrschaft, 1992, 115, 112; für Straflosigkeit wohl auch Köhler, AT, 1997, 511f.

[808] AT[5], 2004, § 12, Rn. 40.

[809] Sie sagen freilich auch (AT[5], 2004, § 12, Rn. 40), daß bei Tatbeständen, die, wie der der Untreue (§ 266), *jede* Verletzung der Sonderpflicht mit Strafe bedrohen, auch der nur veranlassende oder helfende Intraneus den Tatbestand erfülle. Er sei dann aber unmittelbarer Täter. Damit relativieren die Autoren aber selbst die universale Gültigkeit des Tatherrschaftskriteriums. Im übrigen handelt es sich nur um eine terminologische Differenz (so auch Stratenwerth/Kuhlen, AT[5], 2004, § 12, Rn. 40, Rn. 51). Da sich die Pflichtverletzung jedenfalls in bestimmten schädigenden Erfolgen (bei § 266 StGB z. B. in einem Vermögensschaden) auswirken muß, scheint es mir aber notwendig, dessen Herbeiführung „durch einen anderen" als mittelbare Täterschaft anzusehen. Die Sonderpflichtverletzung allein macht ja nirgends den Tatbestand, sondern immer nur den Täter! Für unmittelbare Täterschaft aber auch Schild, NK[2], 2005, § 25, Rn. 56, und Sánchez-Vera, Pflichtdelikt, 1999, 161ff.

[810] Zur Kritik dieser Auffassung vgl. auch Wittek, Der Betreiber im Umweltstrafrecht, 2004, 116ff.

(unerlaubtes Betreiben von Anlagen) den „Betreiber" als Sonderpflichtigen ansehen müssen.[811] Er ist dann mittelbarer Täter, wenn er den Angestellten eines Chemiewerks, der selbst keine Betreiberpflicht hat, zu nicht genehmigten Luftverschmutzungen veranlaßt. Mit Recht sagt Wittek,[812] daß die Annahme einer Straflosigkeit der Beteiligten eine Kapitulation der Dogmatik vor „einer ihrer bedeutendsten Aufgaben der Gegenwart, der angemessenen Verteilung von Verantwortlichkeit für aus komplex organisierten Systemen heraus entstandenen Rechtsgutsverletzungen" bedeuten würde.

III. Täterschaft und Teilnahme durch Unterlassen

Eine weitere Fallgruppe von erheblicher Bedeutung betrifft die Abgrenzung von Täterschaft und Teilnahme bei Unterlassungen. Sieht man die Unterlassungsstraftaten als Pflichtdelikte an, so macht die Verletzung der spezifischen Garantenpflicht den Unterlassenden ohne weiteres zum Täter;[813] eine Teilnahme durch Unterlassen kommt dann im wesentlichen nur noch in Betracht, wo ein Tatbestand durch Unterlassen nicht erfüllbar ist (z. B. bei eigenhändigen Delikten und bei Delikten mit subjektiven, einem Außenstehenden nicht zugänglichen Tatbestandselementen). Diese oben[814] entwickelte Lehre, die in vieler Hinsicht an frühere Bemühungen durch Grünwald und Armin Kaufmann anknüpfen konnte, hat zwar bisher nicht die nach wie vor herrschende Meinung verdrängen können, derzufolge ein unterlassender Garant neben einem aktiven Begehungstäter stets nur Gehilfe sein kann.[815] Auch die Rechtsprechung verharrt weiterhin bei der subjektiven Theorie,[816] scheint aber beim Unterlassen von Amtsträgern der Lehre von den Pflichtdelikten zuzuneigen (vgl. oben I. am Ende, S. 744 f.). Die Ansicht, daß jedenfalls das Tatherrschaftsprinzip bei Unterlassungen keinen Raum hat, ist immerhin entschieden im Vordringen.[817]

---

[811] Wie Wittek, Der Betreiber im Umweltstrafrecht, 2004, 188 ff., im einzelnen herausgearbeitet hat.

[812] Der Betreiber im Umweltstrafrecht, 2004, 114. Von ihm stammt auch das im Text gewählte Beispiel.

[813] Und zwar zum unmittelbaren Täter; für die Möglichkeit mittelbarer Unterlassungstäterschaft ausführlich Brammsen, NStZ 2000, 337 ff.

[814] S. 458–509. Ich habe diese Konzeption im zweiten Band meines Lehrbuchs Strafrecht, Allgemeiner Teil, 2003, in § 31, Rn. 124–170, vertieft und gegen Einwendungen verteidigt. Darauf sei hier verwiesen.

[815] Ihr haben sich inzwischen auch Bockelmann, AT³, 1979, 201 f.; weniger eindeutig Bockelmann/Volk, AT⁴, 1987, 203; Jescheck/Weigend, AT⁵, 1996, 696; Kühl, AT⁵, 2005, Rn. 230; Lackner/Kühl²⁵, 1999, § 27, Rn. 5; Ranft, ZStW 94 (1982), 815 ff.; für „Obhutsgaranten" auch Schmidhäuser, AT², 1975, 17/12; ders., StuB², 1984, 13/13 (hier nunmehr auch für „Sicherungsgaranten aus sozialer Zuordnung eines Herrschaftsbereichs") zugesellt. Eine Übersicht über die verschiedenen Auffassungen gibt Sowada, Jura 1986, 401 ff. Umfassende Literaturnachweise liefern auch die Monographien von Schwab, 1996, und Sering, 2000.

[816] Vgl. BGH StrV 1986, 59, oben Nr. 24, S. 595 f. Ebenso noch BGHR StGB § 27 Abs. 1, Unterlassen 6, wo aber immerhin auf die Kritik des Schrifttums hingewiesen wird. Ganz im Sinne der subjektiven Theorie wieder BGHSt 43, 396.

[817] Bloy, Zurechnungstypus, 1985, 214 f.; ders., JA 1987, 490 ff.; Eser, StrafR II³, 1980, Fall 27, Rn. 18; Herzberg, Täterschaft und Teilnahme, 1977, 83; Rudolphi, SK⁷, 2000, vor § 13,

Eine mit meiner Konzeption in der Sache fast völlig übereinstimmende Auffassung vertreten Rudolphi[818] und Stratenwerth/Kuhlen.[819] Nach Stratenwerth/Kuhlen haben sich alle Bemühungen um eine Differenzierung zwischen Täterschaft und Teilnahme bei Unterlassungen „nicht als überzeugend erwiesen", so daß nur die Lösung bleibe, „prinzipiell stets Unterlassungstäterschaft anzunehmen, wenn ein Garant die täterschaftliche Herbeiführung eines tatbestandsmäßigen Erfolges durch einen anderen nicht hindert". Beihilfe lassen sie, wie es auch hier vertreten wird, nur zu, wo ein Tatbestand durch Unterlassen nicht erfüllbar ist. Die Autoren greifen nicht auf die von ihnen prinzipiell abgelehnte Lehre von den Pflichtdelikten zurück, obwohl sie sie der Sache nach auf die Unterlassungsdelikte anwenden.

An die Lehre von den Pflichtdelikten knüpft dagegen Herzberg[820] an, der dabei jedoch meiner Lösung nur teilweise folgt. Im Anschluß an Schröder[821] unterscheidet er[822] zwischen „Beschützergaranten" (die bestimmte Rechtsgüter „rundum" zu verteidigen haben) und „Überwachungsgaranten" (die nur bestimmte „Gefahrenquellen" kontrollieren müssen). Bei der ersten Gruppe soll das pflichtwidrige Unterlassen (vorbehaltlich spezieller tatbestandlicher Erfordernisse) stets Täterschaft, bei der zweiten stets nur Teilnahme begründen. Wenn also etwa Eltern ihr Kind vor einer Schädigung durch Dritte nicht bewahren, so sind sie – unter der Voraussetzung vorsätzlichen Handelns stets Unterlassungstäter; wenn aber jemand ein unsorgfältig aufbewahrtes Gift dem Zugriff eines Mörders nicht entzieht, so soll er im Verhältnis zu diesem, auch wenn er ihn leicht hindern könnte, stets nur Gehilfe sein. Diese differenzierende Lehre hängt mit Herzbergs besonderem Handlungsbegriff zusammen. Danach ist „auch die aktiv verübte Straftat ... im Kern pflichtwidrige Nichtüberwachung einer Gefahrenquelle, für die der Pflichtsäumige besonders verantwortlich ist. Gemeint ist der Gefahrenherd, den die eigene Person bildet."[823] Sieht man die Dinge so, dann wären die Überwachungsgaranten aus dem Bereich der Pflichtdelikte herauszunehmen, so daß Herzbergs Lösung sich durchaus konsequent im Rahmen des von mir entwickelten Ansatzes hielte. Diese Lehre ist gewiß erwägenswert, hat sich

---

Rn. 40; Sch/Sch/Cramer/Heine[26], 2001, vor § 25, Rn. 103; Stratenwerth/Kuhlen, AT[5], 2004, § 14, Rn. 8; Wagner, Amtsverbrechen, 1975, 256 ff. Für eine Anwendung des Tatherrschaftskriteriums auch jetzt noch: Joecks, MK, 2003, § 25, Rn. 236; Wessels/Beulke, AT[35], 2005, § 16, Rn. 734; Sering, oben S. 741. Erst recht besteht Einigkeit darüber, daß für eine Unterscheidung nach Täter- und Teilnehmerwillen bei Unterlassungsdelikten kein Raum ist (dafür jedoch Arzt, JA 1980, 666 ff.; StrV 1986, 337).

[818] Die Gleichstellungsproblematik der unechten Unterlassungsdelikte und der Gedanke der Ingerenz, 1966, 138–149; SK[7], 2000, vor § 13, Rn. 37–40; ihm folgend Blei, AT[18], 1983, 318 f. Meiner Auffassung folgt Mitsch, Jura 1989, 197.

[819] AT[5], 2004, § 14, Rn. 12, 13.

[820] Täterschaft und Teilnahme, 1977, 82 ff.

[821] Schönke/Schröder, StGB[17], 1974, vor § 47, Rn. 105–112 (ähnlich noch Sch/Sch/Cramer/Heine[26], 2001, vor § 25, Rn. 101–109 d); dem folgt auch Eser, StrafR II[3], 1980, Fall 27, Rn. 22 ff.

[822] Zuerst in: Die Unterlassung im Strafrecht und das Garantenprinzip, 1972, 257–273; sodann in JuS 1975, 171–174.

[823] Täterschaft und Teilnahme, 1977, 97.

aber bisher wohl zu Recht nicht durchsetzen können. Der wesentliche Grund dafür liegt darin, daß die Unterscheidung von „Beschützer-" und „Überwachungsgaranten" praktisch kaum durchführbar und schon deshalb nicht als Grundlage weitreichender Differenzierungen geeignet ist. Besonders eindrucksvoll betont Jakobs,[824] es ließen sich „keine systematischen Konsequenzen an einer Unterscheidung von Beschützergaranten und Überwachungsgaranten festmachen, da die identische Aufgabe regelmäßig als Beschützeraufgabe sowie als Überwachungsaufgabe formulierbar ist: Der Schutz für eine Person ist Überwachung der ihr drohenden Gefahren zu ihren Gunsten und die Überwachung einer Gefahrenquelle ist Schutz für die jeweils Gefährdeten. Beispielhaft: Ist der Bademeister Beschützer der Gäste vor den Gefahren des Wassers oder Überwacher dieser Gefahr?"[825]

Auch andere Gründe sprechen gegen eine Unterscheidung nach Beschützer- und Überwachungsgaranten. Bei der Überwachung nicht schuldfähiger Personen (z. B. Kinder, Geisteskranker, Volltrunkener), die einen Hauptteil der Personenüberwachungspflichten ausmachen, soll der Garant auch nach der Differenzierungslehre Täter sein, was auch im Hinblick auf die vergleichbare Konstellation bei Begehungsdelikten allein sachgemäß ist. Damit wird aber der differenzierende Ansatz in einem entscheidenden Punkt aufgegeben und eine Annäherung an den hier vertretenen Standpunkt vollzogen. Es kommt hinzu, daß der Überwachungsgarant gegenüber den Personen, die durch die Gefahrenquelle bedroht sind, ebenfalls eine Beschützerrolle hat. Der Unterschied liegt nur darin, daß die Schutzpflicht durch die Gefahrenquelle vermittelt wird. Das kann aber keine so weitreichenden Konsequenzen für Täterschaft und Teilnahme begründen. Dem Einwand schließlich, daß die aktive Unterstützung einer zu überwachenden menschlichen Gefahrenquelle ggf. nur Beihilfe sei, so daß eine unterlassene Hinderung nicht anders gewürdigt werden könne, läßt sich entgegenhalten, daß der geringeren Strafbedürftigkeit des Unterlassens durch § 13 II Rechnung getragen wird und daß diese Frage sich bei Beschützergaranten nicht anders stellt.

Eine aussichtsreichere Differenzierung hat Jakobs selbst vorgelegt.[826] Er folgt prinzipiell der in diesem Buch vertretenen Auffassung, daß bei Pflichtdelikten jeder unterlassende Garant Täter ist, soweit sich der Tatbestand überhaupt durch Unterlassen verwirklichen läßt. Aber er sieht nicht jedes unechte Unterlassen als Pflichtdelikt an, sondern überträgt die Unterschei-

---

[824] AT², 1991, 29/27.

[825] Schon vor ihm hatte Arzt (JA 1980, 559) eingewandt, es stehe „eine praktikable Trennung zwischen Beschützer- und Überwachungsgaranten aus"; auch habe sich „keine überzeugende Erklärung dafür finden lassen, daß dieser Unterschied auf Täterschaft bzw. Teilnahme durchschlagen soll". Vgl. auch die Kritik bei Rudolphi, SK⁷, 2000, vor § 13, Rn. 40/41; Roxin, LK¹¹, 1993, § 25, Rn. 212; Ranft, ZStW 94 (1982), 858 ff.; Bloy, Zurechnungstypus, 1985, 216 ff.; JA 1987, 491 f. Stratenwerth/Kuhlen, AT⁵, 2004, Rn. 11, weisen mit Recht darauf hin, daß die Unterscheidung von Schutz- und Überwachungsgaranten schon dort versage, „wo sich die Sicherungspflicht auf andere als menschliche Gefahrenquellen bezieht". Auch führe die Differenzierung zu ungerechten Haftungsunterschieden, „wo ein Schutz- und ein Sicherungsgarant denselben Deliktserfolg hätten verhindern sollen".

[826] AT², 1991, 28/14 ff.; 29/101 ff.

dung von Herrschafts- und Pflichtdelikten, die bei Begehungstaten entwickelt worden ist, auf Unterlassungsdelikte. Bei den von ihm sog. „Pflichten kraft Organisationszuständigkeit" (Verkehrssicherungspflichten, Ingerenz, Übernahme von Pflichten) gehe es um „Verantwortungsbereiche für Gefahren". Man müsse dafür sorgen, daß im eigenen „Organisationskreis" andere nicht zu Schaden kommen; ob dieser Schaden durch Begehen oder Unterlassen herbeigeführt werde, sei einerlei. Deshalb seien Mittäterschaft und Beihilfe hier wie bei Begehungsdelikten abzugrenzen: Es komme darauf an, in welchem Maße der Unterlassende die Tat mitgestalte.[827] Bei „Pflichten kraft institutioneller Zuständigkeit" dagegen (Eltern-Kind-Verhältnis, Ehe, Vertrauensbeziehungen, staatliche Gewaltverhältnisse, elementare Amtspflichten) beruhe die strafrechtliche Haftung des Unterlassenden auf „Pflichten zur Aufopferung, zur Garantie von Solidarität ... Die durch eine Verletzung solcher Pflichten gekennzeichneten Unterlassungsdelikte finden ihr Gegenstück bei der Handlung in den Pflichtdelikten"[828], so daß hier also prinzipiell Täterschaft anzunehmen ist.

Eine abschließende Stellungnahme zu dieser Konzeption ist beim augenblicklichen Diskussionsstand noch nicht möglich. Sie hängt vor allem davon ab, ob die von Jakobs vorgeschlagene, recht plausible Neugliederung der Garantenstellungen der Kritik standhält; im hier gesteckten Rahmen kann eine solche Überprüfung nicht geleistet werden.[829] Jedenfalls wird auch bei dieser neuen Garantentheorie für die Beurteilung viel darauf ankommen, ob sich „Organisationskreise" und „institutionelle Pflichten" deutlich genug voneinander abgrenzen lassen. Unbeschadet solcher offenen Fragen stimmt die Lehre von Jakobs, die in den bei weitem meisten Fällen zur Täterschaft des gegen Begehungstaten nicht einschreitenden Garanten führt, im Ansatz und in den Ergebnissen mit der hier vertretenen Position in erheblichem Maße überein. Sie ist im Rahmen ihrer Abweichung freilich ähnlichen Einwänden ausgesetzt, wie sie gegen die Differenzierung zwischen Beschützer- und Überwachungsgaranten zu erheben sind.

Bemerkenswert ist, daß Jakobs[830] den Kreis der Pflichtdelikte nicht nur enger, sondern in anderer Hinsicht auch weiter zieht, als es in diesem Buch geschieht. Er will nämlich auch Jedermann-Delikte, wie etwa Tötungsstraftaten, für Sonderpflichtige kraft institutioneller Zuständigkeit zu Pflichtdelikten machen mit der Wirkung, daß auch periphere Tatbeiträge des Schutzgaranten diesen zum Begehungstäter machen.[831] Wenn also ein Vater bei der Tötung seines Kindes im Vorbereitungsstadium – etwa durch Ratschläge –

---

[827] Vgl. dazu schon oben S. 740.

[828] AT², 1991, 28/15.

[829] Die Konzeption von Jakobs wird jetzt in eindrucksvoller Weise von Sánchez-Vera, Pflichtdelikt, 1999, weiter ausgearbeitet. Eine ausführliche, tendenziell positive Würdigung der Pflichtdeliktslehre von Jakobs liefert auch Wittek, Der Betreiber im Umweltstrafrecht, 2004, 163 ff.; ablehnend dagegen Chen, 2003, der im Anschluß an Schünemann vor allem die Unbestimmtheit des von Jakobs verwendeten Institutionenbegriffs bemängelt.

[830] AT², 1991, 21/116; auch Sánchez-Vera, Pflichtdelikt, 1999, 34 f., 163, 199.

[831] Zust. Wittek, Der Betreiber im Umweltstrafrecht, 2004, 153 ff.; abl. Chen, Das Garantensonderdelikt, 2003, 57 ff.

mitwirkt, würde er nicht, wie es der Tatherrschaftslehre entspricht, als bloßer Gehilfe, sondern als Begehungstäter eines Tötungsdelikts bestraft.

Das ist eine durchaus diskutable Konzeption, die weiterer Erwägung bedarf. Doch halte ich es bei dem augenblicklichen Stande meiner Einsicht für richtiger, Pflichtdelikte nur dort anzunehmen, wo eine Tat nicht zugleich als Herrschaftsdelikt begangen und beurteilt werden kann. Gewiß ist der Vater unseres Beispiels Unterlassungstäter, weil er den Tod seines Sohnes nicht verhindert hat. Aber das läßt ihm wenigstens noch die Milderungsmöglichkeit des § 13 II, die bei einer Bestrafung als Begehungstäter nicht mehr bestünde. Eine solche Milderungsmöglichkeit ist aber wünschenswert, weil eine eigenhändige Tötung doch schwerer wiegt als eine geringfügige Mitwirkung und weil Delikte innerhalb institutioneller Beziehungen nicht immer strafwürdiger sind als entsprechende andere Taten. Auch wird es den Anforderungen eines restriktiven Täterbegriffs schwerlich gerecht, wenn man die Begehungstäterschaft unter Rückgriff auf die Unterlassungsdelikte beträchtlich ausdehnt.

Speziell für den Bereich der Amtsdelikte ist Wagner der Frage einer Abgrenzung von Täterschaft und Teilnahme bei Unterlassungen nachgegangen. Er kommt dabei in grundsätzlicher Übereinstimmung mit dem hier vertretenen Standpunkt zu der Lösung,[832] daß „der Amtswalter, der es in einer dem Staat zuzurechnenden Weise unterläßt, Individualrechtsgutsverletzungen eines Dritten zu verhindern, Täter des betreffenden Staatszurechnungsdelikts" sei. „Die Gleichsetzung von positivem Tun und Unterlassen in einzelnen Tatbeständen des 28. Abschnitts" könne „nur als Ausdruck dieses allgemeinen Grundsatzes verstanden werden". Wagner will freilich „für zusammentreffende Amtswalterunterlassungen" in zwei Fällen eine andere Lösung bevorzugen. Wenn Vorgesetzter und Untergebener gemeinsam eine Deliktsverhinderung unterlassen, so soll der Vorgesetzte Täter des Unterlassungsdeliktes sein, der Untergebene aber nur wegen Beihilfe durch Unterlassen bestraft werden; ebenso soll, wenn von zwei gleichgeordneten Amtswaltern nur einer eine Pistole bei sich trägt, bei beiderseitigem Untätigbleiben der Bewaffnete Unterlassungstäter, der Unbewaffnete hingegen, der den anderen zum erfolgreichen Einschreiten hätte bewegen können und müssen, nur Unterlassungsgehilfe sein. Da jedoch ein pflichtwidrig die Erfolgsabwendung unterlassender Amtswalter nach der Lehre Wagners sogar Täter ist, wenn ein aktiv Handelnder zwischen ihm und dem Erfolg steht, ist nicht recht einzusehen, warum beim Hinzutreten eines weiteren Unterlassenden etwas anderes gelten soll.[833]

Einen großangelegten Versuch zur Rettung der These, daß der gegen einen Begehungstäter nicht einschreitende Garant stets nur Gehilfe sein könne, hat

---

[832] Amtsverbrechen, 1975, 256–263.
[833] Wagners Hinweis auf § 357 StGB überzeugt mich nicht. Wenn der Vorgesetzte, der pflichtwidrig Taten seiner Untergebenen geschehen läßt, danach als Täter bestraft wird, so bestätigt das nur den Täterbegriff der Pflichtdelikte, ergibt aber nichts für eine bloße Gehilfenschaft des Untergebenen, auch nicht des nur pflichtwidrig in Komplizenschaft mit ihm Unterlassenden.

Ranft unternommen.[834] Aber der von ihm angeführte „Hauptgrund"[835] überzeugt nicht. Er meint, das garantenpflichtwidrige Unterlassen einer Deliktshinderung müsse im Verhältnis zum Tun des Begehungstäters akzessorisch behandelt werden und könne deshalb nur Beihilfe sein. Zum Beweise dafür macht er geltend, daß die Garantenstellung vom *Vorsatz* des Begehungstäters abhänge: „Ob die Mutter, die sich ihrem Kind mit einem Schal nähert, das Kind wärmen oder erdrosseln will – davon hängt die Eingriffspflicht des Vaters des Kindes ab."[836] Aber in diesem Fall und in den anderen von Ranft angeführten Beispielen geht es nicht um Akzessorietät, sondern lediglich darum, daß eine Gefahr für das tatbestandlich geschützte Rechtsgut vorliegen muß. Für das Vorliegen einer solchen Gefahr kann natürlich die Zielsetzung dessen, gegen den ggf. eingeschritten werden muß, wichtig sein. Aber sie muß es keineswegs: Auch eine fahrlässige Tötung durch die Mutter muß der Vater selbstverständlich verhindern. Wenn er sie sehenden Auges geschehen läßt, ist er Täter eines Totschlages durch Unterlassen.[837] Die Garantenpflicht ist also gerade nicht akzessorisch und dieser Umstand liefert ein Argument *gegen* die Beihilfelösung!

Einen zweiten Grund für die Akzessorietät des garantenpflichtwidrigen Unterlassens sieht Ranft in dessen Abhängigkeit vom *Unrecht* der Haupttat. Wenn der A vom 14jährigen Sohn des B angegriffen werde, dürfe Vater B nicht zugunsten seines Sohnes eingreifen und den A an der Ausübung seiner rechtmäßigen Verteidigungshandlung hindern.[838] Die „objektive Pflichtwidrigkeit" seiner Unterlassung soll durch die „Erstreckung" der Notwehr von A auf B ausgeschlossen werden; es soll also anscheinend eine straflose Beihilfe zu gerechtfertigter Körperverletzung vorliegen. Eine solche Erstreckung von Rechtfertigungsgründen entspreche nur der Beihilfe und nicht einer Nebentäterschaft. Das Ergebnis von Ranft verdient sicher Beifall. Aber der umwegigen „akzessorischen" Konstruktion, wonach der Vater, der sich aus dem Streit völlig herausgehalten hat, dem A eine kraft „Erstreckung" straflose Beihilfe geleistet haben soll, bedarf es nicht. Vielmehr ist es so, daß die Pflicht des Garanten sich von vornherein nicht darauf erstreckt, von seinem Schützling Gefahren abzuwehren, die dieser von Rechts wegen hinnehmen muß; jede andere Annahme würde einen logisch und teleologisch unerträglichen Widerspruch ergeben. Es liegt also überhaupt keine „objektive Pflichtwidrigkeit" vor, die erst eine Rechtfertigung benötigte. Mit einer Akzessorietät des garantenpflichtwidrigen Unterlassens hat die Fallkonstellation nichts zu tun.[839]

Im übrigen haben die wesentlichen Gründe, die oben (S. 496–506) gegen die Annahme einer Beihilfe des Unterlassenden im Verhältnis zur Begehungs-

---

[834] ZStW 94 (1982), 815 ff.

[835] ZStW 94 (1982), 823.

[836] ZStW 94 (1982), 833.

[837] ZStW 94 (1982), 838, macht Ranft sich selbst diesen Einwand. Wie er ihn entkräften will, ist mir nicht recht verständlich geworden.

[838] ZStW 94 (1982), S 839 f.

[839] Gegen Ranft auch Bloy, JA 1987, 492 f.; Rudolphi, SK[7], 2000, vor § 13, Rn. 39.

täterschaft eines unmittelbar Handelnden angeführt worden sind, auch in der
heutigen Diskussion noch unverminderte Gültigkeit: Es macht für die Strafbedürftigkeit des Unterlassenden keinen Unterschied, ob er gegen Menschen
oder gegen Naturgewalten nicht einschreitet. Die Rettung vor Naturgefahren
ist in der Regel keineswegs einfacher als die Verhinderung menschlicher
Straftaten, für die oft schon die Drohung mit Strafanzeige genügt. Eine bloße
Beihilfe kann also nicht aus der größeren Schwierigkeit des Eingreifens
gegenüber einem Begehungstäter abgeleitet werden. Auch ist es nicht plausibel, daß Beihilfe nur bis zum beendeten Versuch des Begehungstäters
vorliegen, sich danach aber, solange noch eine – vielleicht schwer zu verwirklichende – Rettungsmöglichkeit besteht, eo ipso in eine Unterlassungstäterschaft umwandeln soll. Ferner ist nicht einzusehen, warum es nur eine
straflose versuchte Beihilfe sein soll, wenn ein Garant gegen einen irrtümlich
angenommenen Mordversuch nicht einschreitet, während er wegen eines Versuchs nach §§ 212, 211 bestraft werden muß, wenn er bei einem vermeintlich
lebensgefährlichen Unfall keine Anstalten zur Rettung trifft.

Schließlich ist zu bedenken, daß es eine genuine Beihilfe durch Unterlassen
überhaupt nicht geben kann, weil die Beteiligungsform der Beihilfe für
vorsätzliche Begehungsdelikte entwickelt worden ist:[840] Beihilfe ist ein
akzessorischer Rechtsgutsangriff, d. h. ein aktives Hinarbeiten auf die Tatbestandsverwirklichung über die Person des Täters. Daran fehlt es beim
unterlassenden Garanten, dessen Strafbarkeit sich allein aus seiner Untätigkeit begründet: „Wer den Mörder an seiner Tat nicht hindert, ‚hilft‘ ihm
nicht, sondern unterläßt die Abwendung des Deliktserfolges …“[841] Das gilt
auch gegenüber der Lehre, die zwischen täterbegründenden Schutzpflichten
und lediglich teilnahmebegründenden Überwachungspflichten unterscheiden
will.

Eine neuartige Lösung hat Schwab[842] versucht, der zwischen Täterschaft
und Teilnahme durch Unterlassen danach unterscheiden will, ob das Unterlassen einer Begehungstäterschaft oder einer Begehungsbeihilfe „entspricht“.
Dieser Rückgriff auf die Entsprechungsklausel des § 13 scheitert aber daran,
daß sie dem Gesetzgeber zur Bestimmung der Strafbarkeit des Unterlassens
schlechthin und nicht zur Abgrenzung von Täterschaft und Teilnahme beim
Unterlassen dient (zu deren Möglichkeit der Gesetzgeber nicht Stellung nehmen wollte). Außerdem kann das Garantenunterlassen, wie vorstehend dargelegt wurde, strukturell einer Beihilfe niemals entsprechen; einer etwaigen
Entsprechung im Ausmaß der Strafbedürftigkeit aber trägt, wie ebenfalls
schon hervorgehoben, § 13 II Rechnung.

Abgesehen davon ist das Entsprechungskriterium auch viel zu vage, um
eine halbwegs trennscharfe Abgrenzung zu ermöglichen. Um dieser Unsicherheit zu entgehen, will Schwab „in der Regel“ nur eine Beihilfe des neben
einem Begehungstäter unterlassenden Garanten annehmen.[843] Damit setzt er

---

[840] Vgl. dazu Bloy, JA 1987, 490 ff. (492).
[841] Sch/Sch/Cramer/Heine[26], vor §§ 25 ff., Rn. 102.
[842] Täterschaft und Teilnahme bei Unterlassungen, 1996, 189.
[843] Täterschaft und Teilnahme bei Unterlassungen, 1996, 227.

sich allen Einwänden aus, die gegen die Beihilfelösungen anderer Abgrenzungstheorien zu erheben waren.

Die hier vertretene „Pflichtdeliktstheorie" ist demnach die einzige konsequente, die Ungereimtheiten der unterschiedlichen Differenzierungen vermeidende Lösung. Das Gegenargument, daß ein Garantenunterlassen häufig keine höhere Strafe verdiene als eine aktive Beihilfe, erledigt sich durch § 13 II. Es bleibt daher nur noch ein ernst zu nehmender Einwand gegen den täterschaftlichen Charakter tatbestandserfüllenden Garantenunterlassens: daß die versuchte Unterlassungstäterschaft ggf. strafbar sei, die versuchte Begehungsbeihilfe aber nicht. Ungerecht wäre dies freilich nur dann, wenn es sich um die Begehungsbeihilfe eines Garanten handelt. In diesem Fall steht aber hinter der Begehungsbeihilfe immer auch ein täterschaftlicher Unterlassungsversuch, der als solcher bestraft werden kann. Der vermeintliche Wertungswiderspruch ist also nur scheinbar.

Resümierend läßt sich sagen, daß die Abgrenzung von Täterschaft und Teilnahme bei Unterlassungen das heute wohl noch ungeklärteste Gebiet der Teilnahmelehre darstellt, daß jedoch die herrschende Lehre, die bei gleichzeitiger Begehungstäterschaft stets nur Beihilfe des pflichtwidrig Unterlassenden annehmen will, trotz mancher Stützungsversuche mehr und mehr ins Wanken gerät. Der neue § 13 StGB gibt dem Täterbegriff der Pflichtdelikte in diesem Bereiche Raum,[844] und viele neue Untersuchungen erkennen die Unterlassungstäterschaft bei gleichzeitiger Begehungstäterschaft eines anderen grundsätzlich an. Da außerdem der Gesetzgeber in § 13 Abs. 2 StGB der hier von Anfang an[845] mit Nachdruck erhobenen Forderung einer fakultativen Strafmilderung für Unterlassungstaten nachgekommen ist, sind auch die Strafmaßüberlegungen, die bisher für eine bloße Gehilfenschaft des unterlassenden Garanten geltend gemacht wurden, nunmehr entfallen, so daß die Gesamtentwicklung sich in der Richtung der hier vertretenen Auffassung bewegt. Freilich finden sich in der jüngsten wissenschaftlichen Diskussion noch viele Meinungsverschiedenheiten, die nicht in der Teilnahmelehre, sondern in den ungeklärten Grundfragen der Unterlassungsdogmatik wurzeln. Hier wird vor einer endgültigen Lösung der Unterlassungsprobleme im Teilnahmebereich noch weitergearbeitet werden müssen.

D. Eigenhändige Delikte

Die eigenhändigen Delikte sind immer ein Stiefkind der Teilnahmelehre gewesen. Sie sind es heute um so mehr, als die von mir dieser Kategorie hauptsächlich zugeordneten Fälle, in denen der Gesetzgeber ohne Rücksicht auf mögliche Rechtsgüterverletzungen bestimmte Formen ihm als besonders verwerflich erscheinender Unmoral pönalisierte,[846] inzwischen überwiegend

---

[844] Vgl. dazu oben Nr. 4, S. 572 ff.
[845] Oben S. 501 ff.
[846] Vgl. oben S. 412 ff. Auch die Rechtsprechung hat sich dieser Auffassung angenähert: „Die Rechtsprechung stellt bei der Annahme solcher Delikte darauf ab, ob das maßgebliche

von Strafe freigestellt worden sind. Dies gilt vor allem für die einfache Homosexualität, die Sodomie und den Ehebruch, die früher Paradebeispiele eigenhändiger Delikte waren, so daß heute im wesentlichen nur noch der „Verwandtenbeischlaf" (§ 173 StGB, die ehemalige „Blutschande") die eigenhändigen Straftaten im Bereiche dieser Deliktsgruppe repräsentiert.

Ungeachtet der allgemeinen Entwicklung, die meine Diagnose der Eigenhändigkeit[847] bestätigt und sich auch im erlahmenden Interesse der Kommentar- und Lehrbuchliteratur an dieser Thematik widerspiegelt,[848] hat eine Abhandlung von Herzberg über „Eigenhändige Delikte"[849] im Jahre 1970 eine gründliche Analyse dieser Deliktsgruppe geliefert. Herzbergs Versuch ist vor allem eine kritische Auseinandersetzung mit der Eigenhändigkeitskonzeption dieses Buches, die nach seiner Meinung „die Diskussion einen großen Schritt vorwärts gebracht hat" und „methodische Ansätze" enthält, „die für alle zukünftige Forschung grundlegend bleiben müssen", die aber andererseits nach seinem Urteil „das letzte oder auch nur das entscheidende Wort" zu dieser Frage noch nicht darstellt.[850] Demzufolge baut er „auf den Grundgedanken"[851] meines Versuches auf, geht aber im übrigen eigene Wege. Er verfährt dabei so, daß er die von mir sog. „unechten eigenhändigen Delikte"[852] (wie z. B. die Aussagestraftaten oder die Fahnenflucht), die ich als verkappte Pflichtdelikte diagnostiziert und von den eigenhändigen Delikten im engeren Sinne getrennt habe, mit diesen wieder zusammenfaßt und das so gewonnene vergrößerte Gesamtmaterial in drei Gruppen unterteilt. Die erste und bei weitem größte bilden die „täterbezogenen Delikte"[853], bei denen ein auf den eigenen Körper des Täters bezogenes Verhalten im Vordergrund steht; dahin gehören die meisten der von mir sogenannten verhaltensgebundenen Delikte ohne Rechtsgüterverletzung und ebenso auch die täterstrafrechtlichen Delikte. Die zweite Gruppe[854] enthält „Tatbestände, bei denen die mögliche Vollendung durch Dritte die Rechtsverletzung nicht verkörpern kann"; hierher zählt er die Rechtsbeugung,[855] bei der die Tat erst mit der Verkündung des falschen Urteils durch den Vorsitzenden zur Vollendung

---

Unrecht weniger in der Gefährdung des Rechtsguts als in eigenem verwerflichen Tun liegt" (Großer Senat, BGHSt 48, 193 unter Hinweis auf BGHSt 6, 226, 227; 41, 242, 243).

[847] Oben S. 399–432.

[848] Es werden meist ohne eigene Systematisierungsbemühungen nur die Fälle aufgezählt, die zu dieser Deliktsgruppe gerechnet werden. Vgl. nur etwa aus der neuesten Literatur: Gropp, AT[3], 2005, § 5, Rn. 4; Kindhäuser, AT, 2005, § 8, Rn. 23; Krey, AT/2[2], 2005, § 26, Rn. 89; Kühl, AT[5], 2005, § 20, Rn. 16; Otto, AT[7], 2004, § 4, Rn. 21; Wessels/Beulke, AT[35], 2005, § 1, Rn. 40.

[849] ZStW 82 (1970), 896–947; ihm folgen Jescheck/Weigend, AT[5], 1996, 266 f.

[850] ZStW 82 (1970), 913.

[851] ZStW 82 (1970), 914.

[852] S. dazu oben S. 392 ff.

[853] ZStW 82 (1970), 921–937. Dies ist auch das wesentliche Kriterium der Dissertation von Auerbach, Die eigenhändigen Delikte, 1978: „wenn die Tat nur dadurch begangen werden kann, daß der Täter seinen eigenen Körper als Mittel der Tat benutzt" (143). Zu Auerbach vgl. die Rezension von Maiwald, ZStW 93 (1981), 871 ff.

[854] ZStW 82 (1970), 939–943.

[855] Vgl. oben S. 428 f.; dazu auch Rudolphi, ZStW 82 (1970), 628 f.

kommt, sowie die Beleidigung,[856] bei der auch die etwaige Überbringung durch einen Boten an der täterschaftsbegründenden Wirkung der Kundgabe *eigener* Mißachtung nichts ändert. Die dritte Gruppe schließlich umfaßt die „verfahrensrechtsabhängige Eigenhändigkeit"[857] und beschränkt sich auf die §§ 153, 154, 156 StGB, die bei mir[858] als unechte eigenhändige Pflichtdelikte eingeordnet werden.

Da die eigenhändigen Delikte sich in der Tat nicht auf einen einheitlichen Gesichtspunkt zurückführen lassen, kann man das Material natürlich unter verschiedenen Gesichtspunkten aufgliedern, ohne daß eine der beiden Gruppierungen „falsch" genannt werden dürfte; in den Ergebnissen sind wir ja weitgehend einig.[859] Eine Abweichung in der Sache tritt vor allem beim Tatbestand des Hausfriedensbruches auf, den Herzberg im Gegensatz zu meinen Ausführungen[860] als eigenhändiges, tätergebundenes Delikt ansieht. Er meint:[861] „Dem Hausfriedensbruch ist ein Beleidigungsmoment immanent. Nicht das äußerliche Eindringen eines raumverdrängenden Körpers macht den Erfolg aus, sondern die darin steckende, nur dem geistigen Verstehen zugängliche, höchst persönliche Mißachtung des Rechts auf Selbstbestimmung in der eigenen Wohnsphäre. Es ist eine unzulässige Vereinfachung zu sagen, dem Hausrechtsinhaber sei es gleichgültig, wer sein Haus ohne seinen Willen betrete." Das ist aber wohl zu feinsinnig gedacht. Natürlich mag dem Hausrechtsinhaber ein Eindringling noch lästiger sein als der andere. Aber dem Gesetz muß es doch primär auf den Rechtsgüterschutz, d. h. darauf ankommen, unerbetene Gäste schlechthin von der Hausrechtssphäre fernzuhalten. Nach Herzberg soll es straflos[862] möglich sein, einen anderen dadurch in seinen eigenen vier Wänden zu terrorisieren, daß man ihm ständig Volltrunkene, Geisteskranke und Kinder in die Wohnung schickt. Das kann schwerlich einleuchten, ganz abgesehen davon, daß die von ihm geforderte „höchstpersönliche Mißachtung des Rechts auf Selbstbestimmung" ähnlich wie bei der von ihm selbst gezogenen Parallele der Beleidigung auch in diesem Falle in der Person des absendenden Hintermannes sehr wohl gegeben ist.

Was im übrigen meine Einteilung in höchstpersönliche (unecht eigenhändige) Pflichtdelikte, verhaltensgebundene Delikte ohne Rechtsgüterverletzung[863] und täterstrafrechtliche Delikte betrifft, so scheint sie mir nach wie

---

[856] Vgl. oben S. 388–392; Herzberg folgt in der Sache ganz der dort gegebenen Analyse.

[857] ZStW 82 (1970), 943–946.

[858] Oben S. 394 f.

[859] In Täterschaft und Teilnahme, 1977, 10 ff., ist Herzberg auf seinen Aufsatz in ZStW 82 (1970) und die dort gegebene Systematisierung nicht zurückgekommen. Es ist also offen, ob er daran noch festhält. Zur Kritik an Herzberg vgl. Wohlers, SchwZStr 116 (1998), 102 ff.

[860] Oben S. 407.

[861] ZStW 82 (1970), 928.

[862] So muß man seine Ausführungen, ZStW 82 (1970), 928 wohl verstehen; theoretisch könnte man, sofern wenigstens Vorsatz vorliegt, auf eine Anstiftung ausweichen, was aber der Eigenart dieser Deliktsgruppe nicht gerecht würde und offenbar auch von Herzberg nicht angenommen wird.

[863] Schall, JuS 1979, 107 f., kritisiert meine Kategorie der Delikte ohne Rechtsgüterverletzung, indem er vom Standpunkt eines anderen Rechtsgutsbegriffes aus – Rechtsgut sei jeder vom

vor die wesentlichen normativ-systematischen Gesichtspunkte zu treffen.[864]
Das Verdienst der Arbeiten von Herzberg und Haft[865] sehe ich vor allem in
dem Nachweis, daß es unterschiedliche Gründe sind, die den Gesetzgeber zur
Schaffung höchstpersönlicher Pflichtdelikte bewogen haben und daß sich
diese Gründe wieder zu Untergruppierungen zusammenfassen lassen. Bisweilen liegt der Anlaß zur Schaffung eines höchstpersönlichen Pflichtdelikts, wie
vor allem Haft dargetan hat, allein in dem Bestreben, eine andernfalls weite
und vage Tatbestandsbeschreibung aus rechtsstaatlichen Gründen zu kontu-
rieren, wobei dann die Straflosigkeit der seltenen Fälle nichteigenhändiger
Rechtsgutverletzung in Kauf genommen wird. Auch hat Herzberg sicher
recht, wenn er sagt, daß die Eigenhändigkeit der §§ 153, 154, 156 StGB „ver-
fahrensrechtsabhängig" ist; natürlich ließen sich bei anderen prozeßrecht-
lichen Regeln auch Aussagedelikte in mittelbarer Täterschaft denken. Aber
dadurch wird nicht die Zuordnung dieser Tatbestände zu den höchstpersönlichen Pflichtdelikten in Frage gestellt, sondern es wird erklärt, warum diese
Bestimmungen als höchstpersönliche Pflichtdelikte gelten müssen. In dem
praktisch besonders wichtigen Falle der Rauschtat (§ 323 a StGB) habe ich
deren Charakter als höchstpersönliches Pflichtdelikt oben[866] zwar behauptet,
aber nicht eigentlich begründet, was Herzberg[867] zu insoweit berechtigter
Kritik und Haft[868] auch hier zur Herbeiziehung des Gedankens der Tatbe-
standskonturierung bewogen hat. Die wohl richtige Erklärung hat Jakobs[869]
gefunden: Strafgrund des § 323 a StGB sei nicht die Gefährlichkeit der Ent-
hemmung, „sondern die Preisgabe der Möglichkeit, den Konflikt, den die Tat
im Rausch darstellt, durch Zurechnung zu erledigen. Die Pflicht, die Zurechenbarkeit nicht zu vernichten, trifft nur den jeweiligen Adressaten der
Zurechnung und ist somit eine Sonderpflicht." Mit ähnlicher Begründung

---

Gesetzgeber positiv bewertete Gegenstand oder Zustand – Delikte ohne Rechtsgüterverletzung für „nicht denkbar" erklärt. Aber solche Meinungsverschiedenheiten über den
Rechtsgutsbegriff ändern nichts an dem von mir aufgewiesenen Phänomen. In der Terminologie von Schall müßte man von „Delikten ohne Sozialschaden" sprechen. Diese aber
sind aus den von mir genannten Gründen eigenhändig und nur darauf – und nicht auf die
Terminologie – kommt es an. Gegen Schall auch Wohlers, SchwZStr 116 (1998), 104.

[864] Meiner Konzeption folgte Samson in SK[5], 1993, § 25, Rn. 68 ff. Die Neukommentierung
von Hoyer in SK[7], 2000, nimmt die Unterscheidung von unechten eigenhändigen Delikten
(verkappten Pflichtdelikten) und Delikten ohne Rechtsgüterverletzung auf (§ 25, Rn. 17 ff.),
hält die Strafbarkeit von Delikten der letztgenannten Art aber für verfassungsrechtlich
unzulässig und deutet deshalb z. B. § 173 als „ein abstrakt für den Rechtsfrieden gefähr-
liches Verhalten" (Rn. 20), das er dann konsequenterweise auch für in mittelbarer Täterschaft begehbar hält. Joecks, MK, 2003, § 25, Rn. 44–46, folgt im wesentlichen der in diesem Buch vorgenommenen Deutung und betont mit Recht (Rn. 45), „daß sehr viele
Tatbestände, die eine persönliche Realisierung erfordern, in Wahrheit höchstpersönliche
Pflichtdelikte sind und somit unechte eigenhändige Straftaten". Wie hier mit weiterführenden Erwägungen auch Jakobs, AT[2], 1991, 21/19 ff., und Wohlers, SchwZStr 116 (1998),
103 ff.

[865] Eigenhändige Delikte, JA 1979, 651 ff. Haft versteht seine Arbeit als Weiterentwicklung der
in diesem Buch dargelegten Konzeption.

[866] S. 430 ff.

[867] ZStW 82 (1970), 909 f.

[868] JA 1979, 656 f.

[869] AT, 1983, 21/23; anders jetzt AT[2], 1991, 21/23.

kann man auch die Trunkenheitsdelikte im Verkehr als eigenhändig beurteilen. Wenn §§ 315 c, 316 StGB den bestrafen, der „infolge des Genusses alkoholischer Getränke … nicht in der Lage ist, das Fahrzeug sicher zu führen", so wird „die Täterverantwortlichkeit an das kumulative Zusammentreffen von Fahrereigenschaft und Fahruntauglichkeit gebunden"[870]. Der Gesetzgeber hat hier also höchstpersönliche Pflichtdelikte geschaffen. Wohlers[871] spricht dabei von „positiv-eigenhändigen Delikten" und meint,[872] daß mit Hilfe dieser Erklärung die von mir „vertretene Differenzierung zwischen eigenhändigen Trunkenheitsdelikten und nicht eigenhändigen sonstigen Verkehrsdelikten in sich konsistent" bejaht werden könne.

Die sehr förderliche Dissertation von Langrock[873] nennt die hier entwickelte Eigenhändigkeitskonzeption eine „dogmatische Pionierarbeit"[874]. Er knüpft mit seinen Thesen, die er nicht als „eigene Lösung"[875], sondern als Weiterführung des bisher erreichten Diskussionsstandes verstanden wissen will, vornehmlich an die nach seiner Ansicht „bahnbrechenden Arbeiten von Roxin und Herzberg"[876] an. Das Verdienst der in diesem Buch vertretenen Auffassung sieht er hauptsächlich in der Einbringung des Pflichtmoments (also in der Entdeckung des hier sogenannten unechten eigenhändigen Delikts)[877] und im Aufweis einer „Konnexität von Eigenhändigkeit und problematischer Rechtsgutsbestimmung" (d. h. in der Charakterisierung von Delikten ohne Rechtsgutsverletzung als eigenhändig).[878]

Langrock möchte statt von „Eigenhändigkeit" lieber von „verhaltensabhängiger Täterschaftskonkretisierung" sprechen[879] und fügt dieser Deliktsgruppe vor allem die „Implikationsdelikte" hinzu, bei denen die Täterbeschreibung schon alle gesetzlichen Täterschaftsformen einschließt.[880] So kann man den Tatbestand der Unfallflucht (§ 142) nicht in mittelbarer Täterschaft begehen. Wenn jemand z. B. seinen Beifahrer mit vorgehaltener Pistole zwingt, ihn vom Unfallort wegzufahren, ist er immer noch unmittelbarer Täter des § 142, weil er sich auch in dieser Form „vom Unfallort entfernt" hat. Das ist gewiß richtig, auch wenn man hier nur in einem weiteren Sinne von Eigenhändigkeit sprechen kann. Jedenfalls ist die Sonderstellung dieser Tatbestandsgruppe richtig erkannt.

Auch die Kontroverse zwischen Schubarth und Stratenwerth um die eigenhändigen Delikte bewegt sich in dem hier geschaffenen Bezugsrahmen.[881]

---

[870] So Wohlers, SchwZStr 116 (1998), 110.
[871] SchwZStr 116 (1998), 109 f.
[872] SchwZStr 116 (1998), 110, Anm. 70.
[873] Das eigenhändige Delikt, 2001.
[874] Das eigenhändige Delikt, 2001, 48.
[875] Das eigenhändige Delikt, 2001, 71.
[876] Das eigenhändige Delikt, 2001, 66.
[877] Das eigenhändige Delikt, 2001, oben S. 392 ff.
[878] Das eigenhändige Delikt, 2001, 67.
[879] Das eigenhändige Delikt, 2001, 72, 96.
[880] Das eigenhändige Delikt, 2001, 87 ff.
[881] Freilich unter dem speziellen Gesichtspunkt des schweizerischen Rechtes. Aber das bestätigt nur den international-dogmatischen Charakter auch dieses Problems.

Schubarth[882] hatte die eigenhändigen Delikte schlechthin als „Phantome" bezeichnet und ihre Existenz geleugnet, weil es im Strafrecht immer um Rechtsgüterverletzungen gehe, die notwendigerweise auch in mittelbarer Täterschaft bzw. in Mittäterschaft verwirklicht werden könnten. Das entspricht der in diesem Buch entwickelten These, daß die Beschränkung des Strafrechts auf Rechtsgüterverletzungen die eigenhändigen Delikte, bei denen es um „verhaltensgebundene Delikte ohne Rechtsgüterverletzung" (oben S. 412ff.) gehe, allmählich zum Verschwinden bringe, soweit es sich nicht, wie bei den Aussagedelikten, um höchstpersönliche Pflichtdelikte (Sonderdelikte im herkömmlichen Sprachgebrauch) handele. Im geltenden deutschen Recht sei im wesentlichen nur noch der Inzest als strafbares Verhalten ohne Rechtsgüterverletzung übrig geblieben (vgl. den Anfang dieses Abschnitts oben S. 758).

Demgegenüber tritt Stratenwerth[883] für eine fortdauernde Bedeutung der eigenhändigen Delikte ein. Dabei befindet er sich völlig im Einklang mit den hier entwickelten Prämissen, meint aber, daß die Annahme einer Rechtsgutsverletzung in vielen Tatbeständen nur eine „Hilfskonstruktion"[884] sei. In Wahrheit bestehe „die strafrechtlich geschützte Ordnung … zu einem nicht geringen Teil in rollengebundenen Verhaltensnormen, bei denen es zwar immer um ein schützenswertes Interesse gehen sollte, die sich aber keineswegs immer auf konkrete Rechtsgüter beziehen müssen"[885]. Das steht völlig im Einklang mit der hier entwickelten Konzeption, wonach die eigenhändigen Straftaten „verhaltensgebundene Delikte ohne Rechtsgüterverletzung" sind. Gegen Stratenwerth wendet sich wiederum Schubarth,[886] indem er sich unter Berufung auf dieses Buch gegen die Eigenhändigkeit von Verkehrsdelikten wendet, aber auch die Eigenhändigkeit des Inzestes bestreitet, weil die dagegen gerichtete Strafdrohung eugenischen Schäden vorbeuge und deshalb dem Rechtsgüterschutz diene. Da diese Auseinandersetzung nicht das von mir aufgestellte Prinzip – Delikte ohne Rechtsgüterverletzung sind eigenhändig – sondern die Analyse des Strafzwecks und der Struktur einzelner Tatbestände betrifft, soll sie hier nicht weiter verfolgt werden. Doch wird auf der Basis dieser Fragestellung weiter zu diskutieren sein.

Jedenfalls bestätigt sich, daß die eigenhändigen Delikte keineswegs, wie immer noch vielfach angenommen wird, dogmatisch unerklärbare Zufallsprodukte darstellen,[887] sondern daß sie differenzierender systematischer Erschließung, mit der dieses Buch einen Anfang zu machen versucht hat, durchaus zugänglich sind.

---

[882] SchwZStr 114 (1996), 325 ff.

[883] SchwZStr 115 (1997), 86 ff.

[884] SchwZStr 115 (1997), 93, Anm. 34.

[885] SchwZStr 115 (1997), 91.

[886] ZStW 116 (1998), 827 (840 ff.).

[887] So Schall, JuS 1979, 108. Gegen Schall auch Langrock, Das eigenhändige Delikt, 2001, 58 ff. Langrock schildert und würdigt auch alle sonstigen zur Eigenhändigkeit vertretenen Lehren (a. a. O., 33 ff.). Auch die Monographie von Fuhrmann, 2004, die auf die „Wortlauttheorie" (oben S. 402–405) zurückgreift, kann hierher gerechnet werden. Der Autor interessiert sich nicht dafür, was der Gesetzgeber schützen wollte „oder ob er überhaupt ein Rechtsgut ins Auge gefaßt hatte; allein entscheidend ist, daß er die in Frage stehenden Tatbestände so und nicht anders ausgestaltet hat".

Literaturverzeichnis bis 1963

Bähr, Restriktiver und extensiver Täterbegriff, 1934

v. Bar, Die Lehre vom Causalzusammenhang, 1871

v. Bar, Gesetz und Schuld im Strafrecht, Bd. II: Die Schuld nach dem Strafgesetz, 1907

Baumann, Strafrecht, Allgemeiner Teil, 2. Aufl., 1961

Baumann, Mittelbare Täterschaft oder Anstiftung bei Fehlvorstellungen über den Tatmittler? in: JZ 1958, S. 230–235

Baumann, Die Tatherrschaft in der Rechtsprechung des BGH, in: NJW 1962, S. 374–377

Baumgarten, Bemerkungen zu Bindings Normen, in: ZStW, Bd. 37, 1916, S. 517–537

Beling, Die Lehre vom Verbrechen, 1906

Beling, Methodik der Gesetzgebung, 1922

Beling, Grundzüge des Strafrechts, 10. Aufl., 1928

Beling, Zur Lehre von der „Ausführung" strafbarer Handlungen, in: ZStW, Bd. 28, 1908, S. 589–611

Beling, Der gegenwärtige Stand der strafrechtlichen Verursachungslehre, in: GS, Bd. 101, 1932, S. 1–13

Bemmann, Zum Fall Rose-Rosahl, in: MDR 1958, S. 817–822

Benakis, Täterschaft und Teilnahme im deutschen und griechischen Strafrecht, 1961

Berner, Lehrbuch des Deutschen Strafrechts, 17. Aufl., 1895

Bertschi-Riemer, Die Anstiftung gemäß Art. 24 StGB, 1961

Bezirksgericht Jerusalem, Urteil gegen Adolf Eichmann vom 11./15.Dezember 1961, Strafakt 40/61. Inoffizielle Übersetzung

Binding, Grundriß Zur Vorlesung über Gemeines Deutsches Strafrecht, 8. Aufl., 1913

Binding, Die Normen und ihre Übertretung. Eine Untersuchung über die rechtmäßige Handlung und die Arten des Delikts, 3. Band: Der Irrtum, 1918

Binding, Die drei Subjekte strafrechtlicher Verantwortlichkeit: der Täter, der Verursacher („Urheber") und der Gehilfe, in: GS, Bd. 71, 1908, S. 1–21

Binding, Die drei Grundformen des verbrecherischen Subjekts: der Täter, der Verursacher (Urheber), der Gehilfe, in: Strafrechtliche und strafprozessuale Abhandlungen, Bd. 1, 1915, S. 251–401

Birkmeyer, Über Ursachenbegriff und Kausalzusammenhang im Strafrecht, 1885

Birkmeyer, Die Lehre von der Teilnahme und die Rechtsprechung des Deutschen Reichsgerichts, 1890

Birkmeyer, Teilnahme am Verbrechen, in: Vergleichende Darstellungen des deutschen und ausländischen Strafrechts, Allgemeiner Teil, II. Band, 1908

Bloch, Subjekt-Objekt. Erläuterungen zu Hegel. Erweiterte Ausgabe, 1962

Bockelmann, Studien zum Täterstrafrecht, Teil I und II, 1939/40

Bockelmann, Strafrechtliche Untersuchungen, 1957

Bockelmann, Über das Verhältnis von Täterschaft und Teilnahme, 1949; jetzt in: Strafrechtliche Untersuchungen, 1957, S. 31–87

Bockelmann, Nochmals über das Verhältnis von Täterschaft und Teilnahme, in: GA 1954, S. 193ff.; jetzt in: Strafrechtliche Untersuchungen, 1957, S. 88–108

Bockelmann, Die moderne Entwicklung der Begriffe Täterschaft und Teilnahme, in: Deutsche Beiträge zum VII. Internationalen Strafrechtskongreß in Athen vom 26. 9.–2. 10. 1957, Sonderheft der ZStW, Bd. 69, S. 167 ff; jetzt in: Strafrechtliche Untersuchungen, 1957, S. 109–125

Bockelmann, Anmerkung zu BGHSt 16, S. 120–122, in: NJW 1961, S. 1934–35

Böhm, Methodische Probleme der Gleichstellung des Unterlassens mit der Begehung, in: JuS 1961, S. 177–181

Bollinger, Eigenhändige Straftaten, ungedr. Hamburger Diss., 1958

Bollnow, Maß und Vermessenheit des Menschen, 1962

Börker, Zur Abhängigkeit der Teilnahme von der Haupttat, in: JR 1953, S. 166–168

Brauneck, Der strafrechtliche Schuldbegriff, in: GA 1959, S. 261–272

Bruns, Kritik der Lehre vom Tatbestand, 1932

v. Buri, Zur Lehre von der Teilnahme an dem Verbrechen und der Begünstigung, 1860

v. Buri, Über Kausalität und deren Verantwortung, 1873

v. Buri, Urheberschaft und Beihülfe, in: GA, Bd. 17, 1869, S. 233–241, 305–314

Busch, Moderne Wandlungen der Verbrechenslehre, 1949

van Calker, Strafrecht, 4. Aufl., 1933

Class, Generalklauseln im Strafrecht, in: Festschrift für Eb. Schmidt, 1961, S. 122–138

Cramer, Teilnahmeprobleme im Rahmen des § 330a StGB in: GA, 1961, S. 97–108

Cross-Jones, An Introduction to criminal Law, 2nd ed., 1949

Dahm, Täterschaft und Teilnahme, 1926

Dahm, Die Zunahme der Richtermacht im modernen Strafrecht, 1931

Dahm und Schaffstein, Grundfragen der neuen Rechtswissenschaft, 1935

Dahm und Schaffstein, Methode und System des neuen Strafrechts, 1938 (= ZStW, Bd. 57, S. 225 ff.)

Dahm, Der Tätertyp im Strafrecht, 1940

Dahm, Über das Verhältnis von Täterschaft und Teilnahme, in: NJW 1949, S. 809–812

Dahm, Anmerkung zur Entscheidung des OLG Stuttgart vom 6. 3. 1959 zu § 142 StGB, in: MDR 1959, S. 508–510

Dietz, Täterschaft und Teilnahme im ausländischen Strafrecht, 1957

Dohna, Graf zu, Der Aufbau der Verbrechenslehre, 4. Aufl., 1950

Dreher-Maaßen, Strafgesetzbuch, 3. Aufl., 1959

Dreher, Bericht, Die fünfte Arbeitstagung der Großen Strafrechtskommission, in: ZStW, Bd. 67, 1955, S. 572–578

Dreher, Anmerkung zur Entscheidung des BGH vom 27. 1. 1956 (2 StR 432/55), in: MDR 1956, S. 499–501

Dreher, Verbotsirrtum und § 51 StGB, in: GA 1957, S. 97–100

Dreher, Anmerkung zu einer Entsch. des OLG Köln v. 19. 10. 1961, in: MDR, 1962, S. 592–593

Drost, Das Problem einer Individualisierung im Strafrecht, 1930

End, Existenzielle Handlungen im Strafrecht, 1959

Engelmann, Der geistige Urheber des Verbrechens nach dem italienischen Recht des Mittelalters, in: Festschrift für Binding, Band II, 1911, S. 387–610

Engelsing, Eigenhändige Delikte, 1926, Strafrechtliche Abhandlungen, Heft 212

Engisch, Die Kausalität als Merkmal der strafrechtlichen Tatbestände, 1931

Engisch, Der finale Handlungsbegriff, in: Probleme der Strafrechtserneuerung, Festschrift für Kohlrausch, 1944, S. 141–179

Engisch, Die normativen Tatbestandselemente im Strafrecht, in: Festschrift für Mezger, 1954, S. 127–163

Engisch, Bietet die Entwicklung der dogmatischen Strafrechtswissenschaft seit 1930 Veranlassung, in der Reform des Allgemeinen Teils des Strafrechts neue Wege zu gehen? in: ZStW, Bd. 66, 1954, S. 339–389

Engisch, Bemerkungen zu Theodor Rittlers Kritik der Lehre von den subjektiven Tat-
bestands- und Unrechtselementen, in: Festschrift für Rittler, 1957, S. 165–183

Engisch, Zur „Natur der Sache" im Strafrecht, in: Festschrift für Eb. Schmidt, 1961,
S. 90–121

Engisch, Besprechung von Kaufmann, Die Dogmatik der Unterlassungsdelikte, in: JZ
1962, S. 189–192

Entwurf des Allgemeinen Teils eines Strafgesetzbuchs mit Begründung, 1958

Entwurf eines Strafgesetzbuches (E 1960) mit Begründung

Entwurf eines Strafgesetzbuches (E 1962) mit Begründung

Evers, Existenzphilosophie und rechtliche Pflichtenkollision, in: JR 1960, S. 369–372

Exner, Fahrlässiges Zusammenwirken, in: Festgabe für Frank, Band I, 1930, S. 569–597

Feld, Die Anstiftung und Beihilfe zum Selbstmord, Diss. 1909

Feuerbach, Revision der Grundsätze und Grundbegriffe des positiven peinlichen Rechts,
zweiter Teil, 1806

Feuerbach, Lehrbuch des gemeinen in Deutschland gültigen peinlichen Rechts, 14. Aufl.,
1847

Finger, Strafrecht, 1932

Flegenheimer, Das Problem des „dolosen Werkzeugs", 1913, Strafrechtliche Abhandlungen, Heft 164

Frank, Das Strafgesetzbuch für das deutsche Reich, 18. Aufl., 1931

Franzheim, Die Teilnahme an unvorsätzlicher Haupttat, 1961

Frühauf, Eigenhändige Delikte, Frankfurter Diss. 1959

Fuchs, Kritische Erörterung von Entscheidungen des Reichsgerichts in Strafsachen, in:
GA, 29. Bd., 1881, S. 170–178 (Abschnitt: Mittäterschaft und Beihilfe)

Furtner, Zur Frage der Anrechnung erschwerender Umstände bei nachfolgender Beihilfe
und nachfolgender Mittäterschaft, in: JR 1960, S. 367–369

Gallas, Täterschaft und Teilnahme, Materialien zur Strafrechtsreform, 1. Bd., Gutachten
der Strafrechtslehrer, 1954, S. 121–153

Gallas, Zur Kritik der Lehre vom Verbrechen als Rechtsgutsverletzung, in: Gegenwarts-
fragen der Strafrechtswissenschaft, Festschrift für Gleispach, 1936, S. 50–69

Gallas, Anmerkung zu einer Entscheidung des OGHBZ vom 15. 3. 1949, in: DRZ 1950,
S. 67–68

Gallas, Anmerkung zu BGHSt 2, 150, in: JZ 1952, S. 371–373

Gallas, Zum gegenwärtigen Stand der Lehre vom Verbrechen, 1955 (= ZStW, Bd. 67,
S. 1–47)

Gallas, Die moderne Entwicklung der Begriffe Täterschaft und Teilnahme im Strafrecht,
in: Deutsche Beiträge zum VII. Internationalen Strafrechtskongreß in Athen vom
26. Sept.–2. Okt. 1957, Sonderheft der ZStW, 1957, Bd. 69, S. 3–45

Gallas, Strafbares Unterlassen im Fall einer Selbsttötung, in: JZ 1960, S. 649–655 und
686–692

Geib, Lehrbuch des Strafrechts, II. Bd., Allgemeine Lehren, 1862

Geppert, Der strafrechtliche Parteiverrat, 1961

Gerland, Deutsches Reichsstrafrecht, 2. Aufl., 1932

Goetz, Grenzziehung zwischen Mittäterschaft und Beihülfe, 1910

Goetzeler, Der Ideengehalt des extensiven (intellektuellen) Täterbegriffs und seine Auswirkungen, SJZ 1949, Spalte 837–846

Goldschmidt, Normativer Schuldbegriff, in: Frank-Festgabe, Bd. I, 1930, S. 429–442

Grassberger, Zur Strafwürdigkeit der Sittlichkeitsdelikte, in: Festschrift für Eb. Schmidt,
1961, S. 333–342

Grünhut, Begriffsbildung und Rechtsanwendung im Strafrecht, 1926

Grünhut, Methodische Grundlagen der heutigen Strafrechtswissenschaft, in: Festgabe für
Frank, Bd. I, 1930, S. 1–32

Grünhut, Grenzen strafbarer Täterschaft und Teilnahme, in: JW 1932, S. 366–367

Grünwald, Das unechte Unterlassungsdelikt, 1956 (ungedruckte Göttinger Diss.)

Grünwald, Zur gesetzlichen Regelung der unechten Unterlassungsdelikte, in: ZStW Bd. 70, 1958, S. 412–432

Grünwald, Die Beteiligung durch Unterlassen, in: GA 1959, S. 111–123

Hälschner, Das gemeine deutsche Strafrecht systematisch dargestellt, I. Band: Die allgemeinen strafrechtlichen Lehren, 1881

Hardwig, Die Zurechnung, Ein Zentralproblem des Strafrechts, 1957

Hardwig, Zur Systematik der Tötungsdelikte, in: GA 1954, S. 257–262

Hardwig, Zur Abgrenzung von Mittäterschaft und Beihilfe, in: GA 1954, S. 353–358

Hardwig, Die Gesinnungsmerkmale im Strafrecht, in: ZStW, Bd. 68, 1956, S. 14–40

Hardwig, Studien zum Vollrauschtatbestand, in: Festschrift für Eb. Schmidt, 1961, S. 459–487

Hardwig, Vorsatz bei Unterlassungsdelikten, in: ZStW, Bd. 74, 1962, S. 27–47

Hartmann, Die Philosophie des deutschen Idealismus, 2. Aufl., 1960

Haupt, Beiträge zur Lehre von der Teilnahme, in: ZStW, Bd. 15, 1895, S. 202–214

Hedemann, Die Flucht in die Generalklauseln, 1933

Hegel, Phänomenologie des Geistes, Philosophische Bibliothek (Felix-Meiner-Verlag) 6. Aufl., 1952

Hegel, Enzyklopädie der philosophischen Wissenschaften im Grundrisse (1830), Philosophische Bibliothek (Felix-Meiner-Verlag), 6. Aufl. 1959

Hegler, Die Merkmale des Verbrechens, in: ZStW, Bd. 36, 1915, S. 19–44, 184–232

Hegler, Zum Wesen der mittelbaren Täterschaft, in: Die Reichsgerichtspraxis im deutschen Rechtsleben, 5. Bd., Strafrecht und Strafprozeß, 1929, S. 305–321

Hegler, Mittelbare Täterschaft bei nicht rechtswidrigem Handeln der Mittelsperson, in: Festgabe für Richard Schmidt, 1932, S. 51–78

Heimberger, Bericht über die Behandlung der Teilnahme am Verbrechen, in: Mitteilungen der Internationalen Kriminalistischen Vereinigung, 11. Bd., 1904, S. 534–540

Heinitz, Teilnahme und unterlassene Hilfeleistung beim Selbstmord, in: JR 1954, S. 403–406

Heinitz, Anmerkung zur Entscheidung BGH 1 StR 325/54 vom 2.9.54, in: JR 1955, S. 105

Heinitz, Gedanken über Täter- und Teilnehmerschuld im Deutschen und Italienischen Strafrecht, in: Festschrift der Juristischen Fakultät der Freien Universität Berlin zum 41. Deutschen Juristentag in Berlin, 1955, S. 93–118

Heinitz, Anmerkung zu einer Entscheidung des BGH vom 24.5.59 (BGHSt 13, S. 13–15), in: JR 1959, S. 386–388

Henke, Handbuch des Criminalrechts und der Criminalpolitik, Erster Theil, 1823

Henkel, Recht und Individualität, 1958

Henkel, Anmerkung zu einer Entscheidung des RG vom 1.7.35, in: Deutsche Justiz, 1935, S. 1737–1738

Henkel, Zumutbarkeit und Unzumutbarkeit als regulatives Rechtsprinzip, in: Mezger-Festschrift, 1954, S. 249–309

Henkel, Die „praesumtio doli" im Strafrecht, in: Festschrift für Eb. Schmidt, 1961, S. 459–487

Henkel, Das Methodenproblem bei den unechten Unterlassungsdelikten, in: Festschrift für Tesar, Monatsschrift für Kriminologie u. Strafrechtsreform, 1961, S. 178–193

Hergt, Die Lehre von der Teilnahme am Verbrechen, gekrönte Münchener Preisschrift, 1909

v. Hippel, Lehrbuch des Strafrechts, 1932

v. Hippel, Deutsches Strafrecht, 2. Band, 1930

Hirsch, Die Lehre von den negativen Tatbestandsmerkmalen, 1960

Hoffmann, Zur Teilnahmelehre, in: NJW 1952, S. 963–964

Hoffmeister, Wörterbuch der Philosophischen Begriffe, 2. Aufl., 1955

Honig, Die Einwilligung des Verletzten, 1919

Höpfner, Zur Lehre von der mittelbaren Täterschaft in: ZStW, Bd. 22, 1902, S. 205–217

Horn, Causalitäts- und Wirkensbegriff, GS, Bd. 54, 1897, S. 321–385

Isay, Rechtsnorm und Entscheidung, 1929

Jäger, Strafgesetzgebung und Rechtsgüterschutz bei Sittlichkeitsdelikten, 1957

Jäger, Betrachtungen zum Eichmann-Prozeß, in: MSchrKrim 1962, S. 73–83

Janka, Osterreichisches Strafrecht, 2. Aufl., 1890

Jescheck, Anstiftung, Gehilfenschaft und Mittäterschaft im deutschen Strafrecht, in: Schweiz. Zeitschrift für Strafrecht, 71. Jahrgang, 1956, S. 225–243

Jescheck, Aufbau und Stellung des bedingten Vorsatzes im Verbrechensbegriff, in: Festschrift für Erik Wolf, 1962, S. 473–488

Johannes, Mittelbare Täterschaft bei rechtmäßigem Handeln des Werkzeuges. Ein Scheinproblem, 1963

Kalthoener, Die Abgrenzung von Täterschaft und Teilnahme in der Rechtsprechung des Bundesgerichtshofs, in: NJW 1956, S. 1662–1665

Kant, Kritik der praktischen Vernunft, 1. Aufl., 1788, zitiert nach der Kant-Ausgabe der Wissenschaftlichen Buchgesellschaft, Bd. IV, 1956

Kantorowicz, Der Strafgesetzentwurf und die Wissenschaft, in: Monatsschrift für Kriminologie und Strafrechtsreform., 7. Jahrgang, April 1910–März 1911, S. 257–344

Kaufmann, Armin, Lebendiges und Totes in Bindings Normentheorie, 1954

Kaufmann, Armin, Die Dogmatik der Unterlassungsdelikte, 1959

Kaufmann, Armin, Der dolus eventualis im Deliktsaufbau, in: ZStW, Bd. 70, 1958, S. 64–86

Kaufmann, Armin, Methodische Probleme der Gleichstellung des Unterlassens mit der Begehung, in: JuS 1961, S. 173–177

Kaufmann, Arthur, Das Schuldprinzip, 1961

Kaufmann, Arthur, Die Bedeutung hypothetischer Erfolgsursachen im Strafrecht, in: Festschrift für Eb. Schmidt, 1961, S. 200–231

Kaufmann, Arthur, Besprechung von Franzheim: Die Teilnahme an unvorsätzlicher Haupttat, in: JZ 1962, S. 782–783

Kaun, Die Beteiligung am Selbstmord als strafrechtliches Problem, 1960 (ungedruckte Hamburger Diss.)

Kern, Die Außerungsdelikte, 1919

Kielwein, Unterlassung und Teilnahme, in: GA 1955, S. 225–232

Kohler, Studien aus dem Strafrecht, Bd. I, 1896

Kohlhaas, Anmerkung zu BGHSt 15, S. 132–134, in: LM Nr. 4 zu § 176 Abs. 1 Ziff. 2

Kohlrausch-Lange, Strafgesetzbuch, 42. Aufl., 1959, 43. Aufl., 1961

Kohlrausch, Das kommende deutsche Strafrecht, in: ZStW, Bd. 55, 1936, S. 384–398

Kohlrausch, Täterschuld und Teilnehmerschuld, in: Festschrift für Erwin Bumke zum 65. Geburtstag, 1939, S. 39–51

Kunert, Die normativen Merkmale der strafrechtlichen Tatbestände, 1958

Lampe, Täterschaft bei fahrlässiger Straftat, in: ZStW, Bd. 71, 1959, S. 579–616

Lange, Der moderne Täterbegriff und der deutsche Strafgesetzentwurf, 1935

Lange, Die notwendige Teilnahme, 1940

Lange, Besprechung des Buches von Bockelmann „Über das Verhältnis von Täterschaft und Teilnahme", in: ZStW, Bd. 63, 1951, S. 499–504

Lange, Zur Teilnahme an unvorsätzlicher Haupttat, in: JZ 1959, S. 560–564

Lang-Hinrichsen, Die kriminalpolitischen Aufgaben der Strafrechtsreform, Gutachten für den 43. Deutschen Juristentag, 1960

Larenz, Juristische Methodenlehre, 1960

Lask, Rechtsphilosophie, 1905

Lauenstein, Verbrechensversuch des untauglichen Täters – ein Problem der strafrechtlichen Pflichtlehre, ungedruckte Hamburger Diss., 1960

Leipziger Kommentar zum Strafgesetzbuch (zit. LK), Erster Band, Einleitung und §§ 1–152, 7. Aufl., 1954, 8. Aufl., 1957, Zweiter Band, §§ 153–370 und Einführungsgesetz, 7. Aufl., 1954, 8. Aufl., 1958

Less, Gibt es strafbare mittelbare Täterschaft, wenn der Tatmittler rechtmäßig handelt? in: JZ 1951, S. 550–552

Liepmann, Einleitung in das Strafrecht, 1900

v. Liszt, Lehrbuch des Deutschen Strafrechts, 21./22. Aufl., 1919

v. Liszt, Strafrechtsfälle zum akademischen Gebrauch, 14. Aufl., 1929

v. Liszt-Schmidt, Lehrbuch des deutschen Strafrechts, Erster Band, Einleitung und Allgemeiner Teil, 26. Aufl., 1932

Lobe, Einführung in den allgemeinen Teil des Strafgesetzbuches, 1933

Loening, Grundriß zu Vorlesungen über deutsches Strafrecht, 1885

Lony, Extensiver oder restriktiver Täterbegriff?, 1934

Maier, Heinrich, Psychologie des emotionalen Denkens, 1908

Maihofer, Der Handlungsbegriff im Verbrechenssystem, 1953

Martin, Zur Frage der Zurechnung bei sukzessiver Mittäterschaft, in: NJW 1953, S. 288–290

Maurach, Deutsches Strafrecht, Allgemeiner Teil, Ein Lehrbuch, 2. Aufl., 1958, 1. Aufl., 1954 (Abkürzung: A. T.)

Maurach, Deutsches Strafrecht, Besonderer Teil, Ein Lehrbuch, 3. Aufl., 1959 (Abkürzung: B. T.)

Maurach, Deliktscharakter und Auslegung der Notzuchtsbestimmung des § 177 StGB, in: NJW 1961, S. 1050–1053

Mayer, Hellmuth, Strafrecht, Allgemeiner Teil, Ein Lehrbuch, 1953

Mayer, Hellmuth, Täterschaft, Teilnahme, Urheberschaft, in: Festschrift für Rittler, 1957, S. 243–274

Mayer, Max Ernst, Der allgemeine Teil des deutschen Strafrechts, 1915 = 2. Aufl., 1923

Meister, Zur Abgrenzung der Beteiligung am Selbstmord vom strafbaren Tötungsdelikt, in: GA 1953, S. 166–173

Merkel, Paul, Zur Abgrenzung von Täterschaft und Beihilfe, 1925

Merkel, Paul, Grundriß des Strafrechts, Teil I. Allgemeiner Teil, 1927

Merkel, Paul, Anstiftung und Beihilfe, in: Frank-Festgabe, Band II, 1930, S. 134–160

Metzke, Handlexikon der Philosophie, 1949

Meyer-Allfeld, Lehrbuch des Deutschen Strafrechts, Allgemeiner Teil, 9. Aufl., 1934

Mezger, Strafrecht, Ein Lehrbuch, 2. Aufl., 1933 = 3. Aufl., 1949

Mezger, Moderne Wege der Strafrechtsdogmatik. Eine ergänzende Betrachtung zum Lehrbuch des Strafrechts in seiner 3. Aufl. (1949), 1950

Mezger, Strafrecht, Studienbuch, I. Allgemeiner Teil, 9. Aufl., 1960, II. Besonderer Teil, 7. Aufl., 1960

Mezger, Die Teilnahmeregelung des Strafgesetzentwurfs von 1919, in: Deutsche Strafrechtszeitung, 8. Jahrg., 1921, S. 206–207

Mezger, Mittelbare Täterschaft und rechtswidriges Handeln, in: ZStW, Bd. 52, 1932, S. 529–545

Mittasch, Die Auswirkungen des wertbeziehenden Denkens in der Strafrechtssystematik, 1939

Müller, Eigenhändige Verbrechen, 1928

Nagler, Die Teilnahme am Sonderverbrechen, 1903

Niederschriften über die Sitzungen der Großen Strafrechtskommission, 2. Band, Allgemeiner Teil, 14.–25. Sitzung, Bonn 1958

Niese, Anmerkung zu BGHSt 2, 344ff., in: NJW 1952, S. 1146–1147

Niese, Die finale Handlungslehre und ihre praktische Bedeutung, in: DRiZ 1952, S. 21–24

Niese, Die Rechtsprechung des BGH in Strafsachen, in: JZ 1953, S. 173–178

Noll, Übergesetzliche Rechtfertigungsgründe, im besonderen die Einwilligung des Verletzten, 1955

Nowakowski, Das österreichische Strafrecht in seinen Grundzügen, 1955

Nowakowski, Rechtsfeindlichkeit, Schuld, Vorsatz, in: ZStW, Bd. 65, 1953, S. 370–402

Nowakowski, Tatherrschaft und Täterwille, in: JZ 1956, S. 545–550

Nowakowski, Zu Welzels Lehre von der Fahrlässigkeit, in: JZ 1958, S. 335–341; 388–394

Oehler, Die mit Strafe bedrohte tatvorsätzliche Handlung im Rahmen der Teilnahme, in: Festschrift der Juristischen Fakultät der Freien Universität Berlin zum 41. Deutschen Juristentag, 1955, S. 255–283

Perten, Die Beihilfe zum Verbrechen, Strafrechtliche Abhandlungen, Heft 198, 1918

Piotet, Systematik der Verbrechenselemente und Teilnahmelehre, in: ZStW, Bd. 69, 1957, S. 14–42

Post, Der Anwendungsbereich des Unterschlagungstatbestandes (§ 246 StGB), 1956

Radbruch, Rechtsphilosophie, 5. Aufl., 1956

Radbruch, Die Natur der Sache, in: Festschrift für Sauer, 1949, S. 157–176

Radbruch, Rechtsidee und Rechtsstoff, in: Archiv für Rechts- und Wirtschaftsphilosophie, Bd. 17, 1923/23, S. 343–350

Roeder, Exklusiver Täterbegriff und Mitwirkung am Sonderdelikt, in: ZStW, Bd. 69, 1957, S. 223–268

Rosenfeld, Mittäterschaft und Beihilfe bei subjektiv gefärbter Ausführungshandlung, in: Frank-Festgabe, Band II, 1930, S. 161–187

Roxin, Offene Tatbestände und Rechtspflichtmerkmale, 1959

Roxin, Die Irrtumsregelung des Entwurfs 1960 und die strenge Schuldtheorie, in: Monatsschrift für Kriminologie und Strafrechtsreform, 1961 (Tesar-Festschrift), S. 211–221

Roxin, Pflichtwidrigkeit und Erfolg bei fahrlässigen Delikten, in: ZStW, Bd. 74, 1962, S. 411–444

Roxin, Zur Kritik der finalen Handlungslehre, in: ZStW, Bd. 74, 1962, S. 515–561

Sauer, Allgemeine Strafrechtslehre, 3. Aufl., 1955

Sauer, Das Unterlassungsdelikt. Seine Stellung im Gefährdungs- und im Willensstrafrecht, in: GS, Bd. 114, 1940, S. 279–321

Sax, Der Begriff der „strafbaren Handlung" im Hehlereitatbestand (§ 259 StGB), in: MDR 1954, S. 65–71

Sax, Dogmatische Streifzüge durch den Entwurf des Allgemeinen Teils eines Strafgesetzbuches nach den Beschlüssen der Großen Strafrechtskommission, in: ZStW, Bd. 69, 1957, S. 412–440

Sax, Über Rechtsbegriffe, in: Festschrift für Hermann Nottarp, 1961, S. 133–148

Schaffstein, Besprechung strafrechtlicher Monographien über die Teilnahmelehre, in: ZStW, Bd. 56, 1937, S. 147–152

Schmidhäuser, Gesinnungsmerkmale im Strafrecht, 1958

Schmidhäuser, Willkürlichkeit und Finalität als Unrechtsmerkmal im Strafrechtssystem, in: ZStW, Bd. 66, 1954, S. 27–40

Schmidhäuser, Zum Begriff der bewußten Fahrlässigkeit, in: GA, 1957, S. 305–314

Schmidhäuser, Zum Begriff des bedingten Vorsatzes in der neuesten Rechtsprechung des BGH und in § 16 Komm. Entwurf StGB, Allgemeiner Teil, 1958, in: GA 1958, S. 161–181

Schmidhäuser, Aussagepflicht und Aussagedelikt, in: Göttinger Festschrift für das OLG Celle, 1961, S. 207–237

Schmidt, Eb., Die militärische Straftat und ihr Täter, 1936

Schmidt, Militärstrafrecht, 1936

Schmidt, Eb., Die Mittelbare Täterschaft, in: Frank-Festgabe, Band II, 1930, S. 106–133

Schmidt, Richard, Grundriß des Deutschen Strafrechts, 2. Aufl., 1931

Schmitt, Carl, Über die drei Arten des rechtswissenschaftlichen Denkens, 1934

Schönke, Strafgesetzbuch, Kommentar, 6. Aufl., 1952

Schönke-Schröder, Strafgesetzbuch, Kommentar, 9. Aufl., 1959, 10. Aufl., 1961

Schröder, Der Täterbegriff als „technisches" Problem, in: ZStW, Bd. 57, 1938, S. 459–489

Schröder, Aufbau und Grenzen des Vorsatzbegriffs, in: Festschrift für Sauer, 1949, S. 207–248

Schröder, Anmerkung zu BGHSt 11, S. 268–272, in: JR 1958, S. 427–428

Schröder, Anmerkung zu einer Entscheidung des BGH vom 10.11.59 zu § 266 StGB, in: JR 1960, S. 105–106

Schröder, Anmerkung zur Entsch. des 4. Senats des BGH v. 12.1.1962, BGHSt 17, 87–94, in: JR 1962, S. 347–348

Schwartz, Das Strafgesetzbuch für das Deutsche Reich, Kommentar, 1914

Schwarz-Dreher, Strafgesetzbuch, 23. Aufl., 1961

Schwinge, Teleologische Begriffsbildung im Strafrecht, 1930

Schwinge-Zimmerl, Wesensschau und konkretes Ordnungsdenken im Strafrecht, 1937

Schwinge, Irrationalismus und Ganzheitsbetrachtung in der deutschen Rechtswissenschaft, 1938

Schwinge, Militärstrafgesetzbuch, 6. Aufl., 1944

Servatius, Verteidigung Adolf Eichmann, Plädoyer, 1961

Spendel, Die Kausalitätsformel der Bedingungstheorie für die Handlungsdelikte, 1948

Stratenwerth, Das rechtstheoretische Problem der „Natur der Sache", 1957

Stratenwerth, Verantwortung und Gehorsam, 1958

Stratenwerth, Dolus eventualis und bewußte Fahrlässigkeit, in: ZStW, Bd. 71, 1959, S. 51–71

Stratenwerth, Entwicklungstendenzen der neueren deutschen Strafrechtsdogmatik, in: Juristen-Jahrbuch, 2. Bd., 1961/62, S. 195–211

Stratenwerth, Arbeitsteilung und ärztliche Sorgfaltspflicht, in: Festschrift für Eb. Schmidt, 1961, S. 383–400

Straub, Täterschaft und Teilnahme im englischen Recht, 1952

Stübel, Über den Tatbestand der Verbrechen, die Urheber derselben und die zu einem verdammenden Endurteile erforderliche Gewißheit des erstern, besonders in Rücksicht der Tödtung, nach gemeinen in Deutschland geltenden und Chursächsischen Rechten, 1805

Stübel, Über die Teilnahme mehrerer Personen an einem Verbrechen, 1828

Tjaben, Die Unterscheidung zwischen Urheberschaft und Beihilfe, in: GA, 42. Jahrg., 1894, S. 218–229

Tröndle, Zur Frage der Teilnahme an unvorsätzlicher Haupttat, in: GA 1956, S. 122–154

v. Uthmann, Objektive und subjektive Tatherrschaft, in: NJW 1961, S. 1908–1909

Wächter, Lehrbuch des Römisch-Teutschen Strafrechts, Teil I, 1825–1826

v. Weber, Zum Aufbau des Strafrechtssystems, 1935

v. Weber, Grundriß des Deutschen Strafrechts, 2. Aufl., 1948

v. Weber, Teilnahme an Mord und Totschlag, in: MDR 1952, S. 265–266

Wegner, Strafrecht, Allgemeiner Teil, 1951

Wegner, Teilnahme, in: Aschrott-Kohlrausch, Reform des Strafrechts, 1926, S. 102–119

Welzel, Naturalismus und Wertphilosophie im Strafrecht, 1935

Welzel, Um die finale Handlungslehre, 1949

Welzel, Aktuelle Strafrechtsprobleme im Rahmen der finalen Handlungslehre, 1953

Welzel, Das deutsche Strafrecht, 3. Aufl., 1954, 5. Aufl., 1956, 6. Aufl., 1958, 7. Aufl., 1960

Welzel, Das neue Bild des Strafrechtssystems, 4. Aufl., 1961

Welzel, Kausalität und Handlung, in: ZStW, Bd. 51, 1931, S. 703–720

Welzel, Über Wertungen im Strafrecht, in: GS, Bd. 103, 1933, S. 340–347

Welzel, Studien zum System des Strafrechts, in: ZStW, Bd. 58, 1939, S. 491–566

Welzel, Zur Kritik der subjektiven Teilnahmelehre, in: SJZ 1947, Spalte 645–650

Welzel, Anmerkung zu einer Entscheidung des OGH vom 5.3.49, in: MDR 1949, S. 373–376

Welzel, Anmerkung zu einer Entscheidung des OLG Bamberg v. 27.7.1949, in: DRZ 1950, S. 303–304

Welzel, Anmerkung zu BGHSt 4, S. 355–360, in: JZ 1953, S. 763–764

Welzel, Anmerkung zur Entscheidung des BGH vom 22.10.53 (BGHSt 5, S. 47–52) in: JZ 1954, S. 128–130

Wieners, Veranlassung und Unterstützung zum Selbstmord, 1958

Wiethölter, Der Rechtfertigungsgrund des verkehrsrichtigen Verhaltens, 1960

Wolf, Betrachtungen über die mittelbare Täterschaft, 1927, Strafrechtliche Abhandlungen, Heft 225

Wuttig, Fahrlässige Teilnahme am Verbrechen, 1902

Zimmerl, Grundsätzliches zur Teilnahmelehre, in: ZStW, Bd. 49, 1929, S. 39–54

Zimmermann, Zur Problematik der unechten Unterlassungsdelikte, in: NJW 1952, S. 1321–1322

Literaturverzeichnis 1963–2006

Achenbach, Aus der 2003/2004 veröffentlichten Rechtsprechung zum Wirtschaftsstrafrecht, NStZ 2004, 549–553

Alwart (Hrsg.), Verantwortung und Steuerung von Unternehmen in der Marktwirtschaft, 1998

Ambos, Tatherrschaft durch Willensherrschaft kraft organisatorischer Machtapparate, GA 1998, 226–245

Ambos, Der Allgemeine Teil des Völkerstrafrechts, 2. Aufl., 2004

Ambos, Internationales Strafrecht, 2006

Amelung, Zum Verantwortungsmaßstab bei der mittelbaren Täterschaft durch Beherrschung eines nicht verantwortlichen Selbstschädigers, in: Schünemann (Hrsg.), Coimbra-Symposium, 1995, 247–257

Amelung (Hrsg.), Individuelle Verantwortung und Beteiligungsverhältnisse bei Straftaten in bürokratischen Organisationen des Staates, der Wirtschaft und der Gesellschaft (zit.: Individuelle Verantwortung), 2000

Arzt, Zur Garantenstellung beim unechten Unterlassungsdelikt, JA 1980, 553–561

Arzt, Rezension des Leipziger Kommentars (10. Aufl.), JZ 1981, 412–414

Arzt, Anmerkung zu BGHSt 32, 165 f., JZ 1984, 428–430

Arzt, Anmerkung zum Urteil des BGH v. 23. 10. 1985, StrV 1986, 337–338

Arzt/Weber, Strafrecht, Besonderer Teil, LH 1, 3. Aufl., 1988

Auerbach, Die eigenhändigen Delikte, Diss., 1978

Bauer, Vorbereitung und Mittäterschaft (bei Herrschaftsdelikten), 1996

Baumann, Beihilfe bei eigener voller Tatbestandsverwirklichung, NJW 1963, 561–565

Baumann, Dogmatik und Gesetzgeber. Vier Beispiele, Jescheck-Festschrift, Bd. 1, 1985, 105–119

Baumann/Weber, Strafrecht, Allgemeiner Teil, 9. Aufl., 1985

Baumann/Weber/Mitsch, Strafrecht, Allgemeiner Teil, 11. Aufl., 2003

Beckemper, Steuerhinterziehung in mittelbarer Täterschaft durch Täuschung des Steuerpflichtigen, wistra 2002, 401–405

Beulke, Anmerkung zum Urteil des OLG Köln v. 5. 9. 1978, JR 1980, 423–425

Beulke/Bachmann, Die „Lederspray-Entscheidung" – BGHSt 37, 106, JuS 1992, 737–744

Bindokat, Fahrlässige Mittäterschaft im Strafrecht, JZ 1979, 434–437

Blauth, „Handeln für einen anderen" nach geltendem und kommendem Recht, 1968

Blei, Besprechung von Roxin, Täterschaft und Tatherrschaft, NJW 1965, 1218

Blei, Strafrecht, Allgemeiner Teil, Bd. 1, 18. Aufl., 1983

Blei, Strafrecht, Besonderer Teil, 12. Aufl., 1983

Blei, Prüfe dein Wissen, Strafrecht, Besonderer Teil/1, 10. Aufl., 1996

Bloy, Die Beteiligungsform als Zurechnungstypus im Strafrecht, 1985 (zit.: Zurechnungstypus)

Bloy, Anstiftung durch Unterlassen?, JA 1987, 490–497

Bloy, Besprechung von Schild, Täterschaft als Tatherrschaft, GA 1996, 239–243

Bloy, Grenzen der Täterschaft bei fremdhändiger Tatausführung, GA 1996, 425–442

Bockelmann, Zur Problematik der Beteiligung an vermeintlich vorsätzlich rechtswidrigen Taten, Gallas-Festschrift, 1973, 261–272

Bockelmann, Strafrecht, Besonderer Teil, Bd. 2, 1977

Bockelmann, Strafrecht, Allgemeiner Teil, Grundriß, 3. Aufl., 1979

Bockelmann/Volk, Strafrecht, Allgemeiner Teil, Grundriß, 4. Aufl., 1987

Bolowich, Urheberschaft und reflexives Verständnis. Untersuchungen zur Grundlage einer strafrechtlichen Beteiligungslehre, 1995

Bosch, Organisationsverschulden in Unternehmen, 2002

Bottke, Suizid und Strafrecht, 1982

Bottke, Probleme der Suizidbeteiligung, GA 1983, 22–37

Bottke, Täterschaft und Gestaltungsherrschaft, 1992 (zit.: Gestaltungsherrschaft)

Bottke, Die Struktur von Täterschaft bei aktiver Begehung und Unterlassung als Baustein eines gemeineuropäischen Strafgesetzbuches, in: Schünemann (Hrsg.), Coimbra-Symposium, 1995, 235–246

Bottke, Täterschaft und Teilnahme im deutschen Wirtschaftskriminalrecht – de lege lata und de lege ferenda, JuS 2002, 320–324

Bottke, Straftäterschaftliche Beteiligung Übergeordneter an von Untergeordneten begangenen Straftaten im Rahmen Organisierter Kriminalität, Gössel-Festschrift, 2002, 235–260

Brammsen, Kausalitäts- und Täterschaftsfragen bei Produktfehlern, Jura 1991, 533–538

Brammsen, Bemerkungen zur mittelbaren Unterlassungstäterschaft, NStZ 2000, 337–344

Brammsen-Kaiser, Übungs-Hausarbeit Strafrecht, Heiße Nacht in der Chemiefabrik, Jura 1992, 38–45

Brandts/Schlehofer, Die täuschungsbedingte Selbsttötung im Lichte der Einwilligungslehre, JZ 1987, 442–448

Bundesjustizministerium (Hrsg.), Die Verfolgung nationalsozialistischer Straftaten im Gebiet der Bundesrepublik Deutschland, 1964

Cerezo Mir, Täterschaft und Teilnahme im neuen spanischen Strafgesetzbuch von 1995, Roxin-Festschrift, 2001, 549–561

Charalambakis, Selbsttötung aufgrund Irrtums und mittelbare Täterschaft, GA 1986, 485–507

Chen, Das Garantensonderdelikt, Diss. München, 2003

Cramer, Gedanken zur Abgrenzung von Täterschaft und Teilnahme, Bockelmann-Festschrift, 1979, 389–403

Czepluch, Täterschaft und Teilnahme im französischen Strafrecht, 1994

Dallinger, Aus der Rechtsprechung des Bundesgerichtshofes in Strafsachen, MDR 1973, 16–20

Dallinger, Aus der Rechtsprechung des Bundesgerichtshofes in Strafsachen, MDR 1974, 544–548

von Danwitz, H. C., Ist die Mittäterschaft abhängig von einem gemeinsamen Tatentschluß der Beteiligten?, 1994

Dencker, Kausalität und Gesamttat, 1996

Dencker, Mittäterschaft in Gremien, in: Amelung (Hrsg.), Individuelle Verantwortung, 2000, 63–70

Dencker, Beteiligung ohne Täter, Lüderssen-Festschrift, 2002, 525–537

Derksen, Heimliche Unterstützung fremder Tatbegehung als Mittäterschaft, GA 1993, 163–176

Diaz y Garcia, La Autoria en Derecho Penal, 1991

Donna, Roxins Konzept der Täterschaft und die Theorie der Machtapparate, Gössel-Festschrift, 2002, 261–285

Dreher, Anmerkung zu BGHSt 19, 135 ff., MDR 1964, 337–38

Dreher, Der Irrtum über Rechtfertigungsgründe, Heinitz-Festschrift, 1972, 207–228

Dreher, Strafgesetzbuch, 35. Aufl., 1975

Dreher, Besprechung von Roxin, Täterschaft und Tatherrschaft (3. Aufl.), MDR 1976, 435–436

Dreher/Tröndle, Strafgesetzbuch, 46. Aufl., 1993

Ebert, Strafrechtliche Bewältigung des SED-Unrechts zwischen Politik, Strafrecht und Verfassungsrecht, Hanack-Festschrift, 1999, 501–538

Ebert, Strafrecht, Allgemeiner Teil, 3. Aufl., 2001

Engländer, Selbsttötung in mittelbarer Täterschaft, Jura 2004, 234–238

Erb, Mord in Mittäterschaft – BGH, NJW 1991, 1068, JuS 1992, 197–201

Eschenbach, Zurechnungsnormen im Strafrecht, Jura 1992, 637–645

Eser, Strafrecht, Bd. 2, 3. Aufl., 1980

Eser, Sterbewille und ärztliche Verantwortung, MedR 1985, 6–17

Eser/Huber/Cornils (Hrsg.), Einzelverantwortung und Mitverantwortung im Strafrecht, 1998

Exner, Fahrlässiges Zusammenwirken, Frank-Festschrift, Bd. 1, 1930, 569–597

Ferré Olivé/Anarte Borrallo (Hrsg.), Delincuencia organizada, Aspectos penales, procesales y criminológicos (zit.: Huelva-Sammelband), 1999

Ferré Olivé, „Blanqueo" de capitales y criminalidad organizada, in: Ferré Olivé/Anarte Borrallo (Hrsg.), Huelva-Sammelband, 1999, 85–98

Figueiredo Dias, Autoría y participación en el dominio de la criminalidad organizada: El „dominio de la organización", in: Ferré Olivé/Anarte Borallo (Hrsg.), Huelva-Sammelband, 1999, 99–107

Frank, Strafgesetzbuch für das Deutsche Reich, 18. Aufl., 1931

Freund, Strafrecht Allgemeiner Teil. Personale Straftatlehre, 1998

Frisch, Besprechung von H. Schumann, Strafrechtliches Handlungsunrecht und das Prinzip der Selbstverantwortung der Anderen, JZ 1988, 655

Fuhrmann, Das Begehen der Straftat gem. § 25 Abs. 1 StGB, 2004

Gallas, Täterschaft und Teilnahme, Materialien zur Strafrechtsreform, Bd. 1, 1954, 121–153

Geerds, Täterschaft und Teilnahme, Jura 1990, 173–180

Geilen, Suizid und Mitverantwortung, JZ 1974, 145–154

Gimbernat Ordeig, Gedanken zum Täterbegriff und zur Teilnahmelehre, ZStW 80 (1968), 915–943

Gössel, Sukzessive Mittäterschaft und Täterschaftstheorien, Jescheck-Festschrift, Bd. 1, 1985, 537–557

Graul, Zur Haftung eines (potentiellen) Mittäters für die Vollendung bei Lossagung von der Tat im Vorbereitungsstadium, Meurer-Gedächtnisschrift, 2002, 89–102

Gropp, Suizidbeteiligung und Sterbehilfe in der Rechtsprechung, NStZ 1985, 97–103

Gropp, Die Mitglieder des Nationalen Verteidigungsrates als „Mittelbare Mit-Täter hinter den Tätern"?, JuS 1996, 13–18

Gropp, Strafrecht, Allgemeiner Teil, 3. Aufl., 2005

Grünwald, Ist der Schußwaffengebrauch an der Zonengrenze strafbar?, JZ 1966, 633–638

Günther, Strafrechtswidrigkeit und Strafunrechtsausschluß, 1983

Haft, Eigenhändige Delikte, JA 1979, 651–658

Haft, Strafrecht, Allgemeiner Teil, 9. Aufl., 2004

Haft/Eisele, Wie wirkt sich ein error in persona des Haupttäters auf den Gehilfen aus?, Keller-Gedächtnisschrift, 2003, 81–101

Hamdorf, Beteiligungsmodelle im Strafrecht. Ein Vergleich von Teilnahme- und Einheitstätersystemen in Skandinavien, Österreich und Deutschland, 2002

Hanack, Zur Problematik der gerechten Bestrafung nationalsozialistischer Gewaltverbrechen, 1967

Hardwig, Über den Begriff der Täterschaft, JZ 1965, 667–671

Hassemer, Anmerkung zu BGHSt 32, 38 f., JuS 1984, 148

Hauf, Neuere Entscheidungen zur Mittäterschaft unter besonderer Berücksichtigung der Problematik der Aufgabe der Mitwirkung eines Beteiligten während der Tatausführung bzw. vor Eintritt in das Versuchsstadium, NStZ 1994, 263–266

Heger, Anmerkung zum Urteil des BGH v. 31. 10. 2001 (= NStZ-RR 2002, 74), JA 2002, 628–631

Heine, Von individueller zu kollektiver Verantwortlichkeit, in: Arnold/Burkhardt/Gropp/Koch (Hrsg.), Grenzüberschreitungen. Beiträge zum 60. Geburtstag von Albin Eser, 1995, 51–76

Heine, Täterschaft und Teilnahme in staatlichen Machtapparaten, JZ 2000, 920–926

Heinrich, Rechtsgutzugriff und Entscheidungsträgerschaft (zit.: Rechtsgutzugriff), 2002

Henkys (Hrsg.), Die nationalsozialistischen Gewaltverbrechen, 2. Aufl., 1972

Herlitz, Parties to a Crime and the Notion of a Complicity Object. A Comparative Study of the Alternatives Provided by the Model Penal Code, Swedish Law and Claus Roxin, 1992

Herzberg, Eigenhändige Delikte, ZStW 82 (1970), 896–947

Herzberg, Die Unterlassung im Strafrecht und das Garantenprinzip, 1972

Herzberg, Grundfälle zur Tatherrschaftslehre, JuS 1974, 374–379, 719–722; JuS 1975, 35–38, 171–175.

Herzberg, Täterschaft und Teilnahme, 1977

Herzberg, Zur Strafbarkeit der Beteiligung am frei gewählten Selbstmord, dargestellt am Beispiel des Gefangenensuizids und der strafrechtlichen Verantwortung der Vollzugsbediensteten, ZStW 91 (1979), 557–589

Herzberg, Beteiligung an einer Selbsttötung oder tödlichen Selbstgefährdung als Tötungsdelikt, JA 1985, 131–138, 177–185, 265–272, 336–345

Herzberg, Zum strafrechtlichen Schutz des Selbstmordgefährdeten, JZ 1986, 1021–1028

Herzberg, Täterschaft, Mittäterschaft und Akzessorietät der Teilnahme, ZStW 99 (1987), 49–81

Herzberg, Straffreie Beteiligung an Suizid und gerechtfertigte Tötung auf Verlangen, JZ 1988, 182–189

Herzberg, Die Quasi-Mittäterschaft bei § 216 StGB: Straftat oder straffreie Suizidbeteiligung, JuS 1988, 771–776

Herzberg, Abergläubische Gefahrabwendung und mittelbare Täterschaft durch Ausnutzung eines Verbotsirrtums, Jura 1990, 16–26

Herzberg, Mittäterschaft durch Mitvorbereitung: eine actio communis in causa? JZ 1991, 856–862

Herzberg, Mittelbare Täterschaft und Anstiftung in formalen Organisationen, in: Amelung (Hrsg.), Individuelle Verantwortung, 2000, 33–53 (m. Anm. Roxin, daselbst, 55–56, und Antwort Herzberg, daselbst, 57–61)

Herzberg, Vorsätzliche und fahrlässige Tötung bei ernstlichem Sterbebegehren des Opfers, NStZ 2004, 1–9

Herzberg, Eigenverantwortliche Selbsttötung und strafbare Mitverursachung, Jura 2004, 670–672

Hilgendorf, Fragen der Kausalität bei Gremienentscheidungen am Beispiel des Lederspray-Urteils, NStZ 1994, 561–566

Hilgendorf, Fallsammlung zum Strafrecht, Allgemeiner und Besonderer Teil, 4. Aufl., 2003

Hillenkamp, 32 Probleme aus dem Strafrecht, Allgemeiner Teil, 11. Aufl., 2003

Hirsch, Anmerkung zum Urteil des BGH v. 18. 7. 1978, JR 1979, 429–433

Hirsch, Rechtsstaatliches Strafrecht und staatlich gesteuertes Unrecht, 1996

Holtz, Aus der Rechtsprechung des Bundesgerichtshofs in Strafsachen, MDR 1981, 629–632

Holtz, Aus der Rechtsprechung des Bundesgerichtshofs in Strafsachen, MDR 1984, 625–628

Hoyer, Die strafrechtliche Verantwortlichkeit innerhalb von Weisungsverhältnissen. Sonderregeln für Amts- und Wehrdelikte und ihre Übertragbarkeit auf privatrechtliche Organisationen, 1998. Auch in: Amelung (Hrsg.), Individuelle Verantwortung, 2000, 183–208

Hünerfeld, Mittelbare Täterschaft und Anstiftung im Kriminalstrafrecht der Bundesrepublik Deutschland, ZStW 99 (1987), 228–250

Ingelfinger, Anstiftervorsatz und Tatbestandsbestimmtheit, 1992 (zit.: Anstiftervorsatz)

Ingelfinger, „Schein"-Mittäter und Versuchsbeginn, JZ 1995, 704–714

Jäger, Examens-Repetitorium Strafrecht Allgemeiner Teil, 2003

Jakobs, Strafrecht, Allgemeiner Teil, Die Grundlagen und die Zurechnungslehre, 2. Aufl., 1991

Jakobs, Anmerkung zum Urteil d. BGH v. 26.7.1994 (= BGHSt 40, 218), NStZ 1995, 26–27

Jakobs, Objektive Zurechnung bei mittelbarer Täterschaft durch ein vorsatzloses Werkzeug, GA 1997, 553–572

Jakobs, Tötung auf Verlangen, Euthanasie und Strafrechtssystem, 1998 (zit.: Tötung auf Verlangen)

Jakobs, Beteiligung, Lampe-Festschrift, 2003, 561–575

Jescheck, Strafrechtsreform in Deutschland, Allgemeiner Teil, SchwZSt 1975, 1–44

Jescheck, Strafrecht, Allgemeiner Teil, 4. Aufl., 1988

Jescheck/Weigend, Strafrecht, Allgemeiner Teil, 5. Aufl., 1996

Joecks, Strafgesetzbuch, Studienkommentar, 5. Aufl., 2004

Joerden, Strukturen des strafrechtlichen Verantwortlichkeitsbegriffs, 1988

Jordan, Übungshausarbeit Strafrecht: Eine günstige Gelegenheit, Jura 1999, 304–312

Jung, Anmerkung zum Urteil d. BGH v. 26.7.1994 (= BGHSt 40, 218), JuS 1995, 173–174

Just-Dahlmann/H. Just, Die Gehilfen, 1988

Kamm, Die fahrlässige Mittäterschaft, 1999

Kaufmann, Arthur, Die ontologische Struktur der Handlung, H. Mayer-Festschrift, 1966, 79–117

Kindhäuser, Betrug als vertypte mittelbare Täterschaft, Bemmann-Festschrift, 1997, 339–361

Kindhäuser, Handlungs- und normtheoretische Grundfragen der Mittäterschaft, Hollerbach-Festschrift, 2001, 627–653

Kindhäuser, Strafgesetzbuch, Lehr- und Praxiskommentar, 2. Aufl., 2005

Kindhäuser, Strafrecht Allgemeiner Teil, 2005

Klesczewski, Selbständigkeit und Akzessorietät der Beteiligung, Typoskript, 1997 (zit.: Selbständigkeit)

Klinger, Die Strafbarkeit der Beteiligung an einer durch Täuschung herbeigeführten Selbsttäuschung, 1995

Knauer, Die Kollegialentscheidung im Strafrecht, 2001 (zit.: Kollegialentscheidung)

Knauer, Totschlag durch Unterlassen bei Nichtherbeiführung eines Beschlusses des SED-Politbüros, NJW 2003, 3101–3103

Köhler, Strafrecht, Allgemeiner Teil, 1997

Köhler, Beteiligung und Unterlassen beim erfolgsqualifizierten Delikt am Beispiel der Körperverletzung mit Todesfolge (§ 227 I StGB), 2000 (zugleich Diss. Potsdam, 1998/1999)

Kohlrausch/Lange, StGB mit Erläuterungen und Nebengesetzen, 43. Aufl., 1961

Korn, Täterschaft oder Teilnahme bei staatlich organisierten Verbrechen, NJW 1965, 1206–1210

Krack, Der Versuchsbeginn bei Mittäterschaft und mittelbarer Täterschaft, ZStW 110 (1999), 611–639

Krekeler, Brauchen wir ein Unternehmensstrafrecht?, Hanack-Festschrift, 1999, 639–663

Kretschmer, Mittelbare Täterschaft – Irrtümer über die tatherrschaftsbegründende Situation, Jura 2003, 535–540

Krey, Strafrecht, Besonderer Teil, Bd. 1, 11. Aufl., 1998

Krey, Deutsches Strafrecht, Allgemeiner Teil. Studienbuch in systematisch-induktiver Darstellung, Bd. 2: Täterschaft und Teilnahme, Unterlassungsdelikte, Versuch und Rücktritt, Fahrlässigkeitsdelikte, 2. Aufl., 2005

Krüger, Matthias, Ein Klassiker bleibt ein Klassiker!, Jura 1998, 616

Krüger, Sven, Der Versuchsbeginn bei mittelbarer Täterschaft, 1994

Kühl, Strafrecht, Allgemeiner Teil, 5. Aufl., 2005

Kuhlen, Die Abgrenzung von Täterschaft und Teilnahme, insbes. bei den sog. Betriebsbeauftragten, in: Amelung (Hrsg.), Individuelle Verantwortung, 2000, 71–94

Kuhlen, Strafrechtliche Produkthaftung, in: Roxin/Widmaier (Hrsg.), BGH-Festgabe, 2000, 647–673

Küper, Versuchsbeginn und Mittäterschaft, 1978

Küper, Zur Problematik der sukzessiven Mittäterschaft, JZ 1981, 568–574

Küper, „Autonomie", Irrtum und Zwang bei mittelbarer Täterschaft und Einwilligung, JZ 1986, 219–229

Küper, Mittelbare Täterschaft, Verbotsirrtum des Tatmittlers und das Verantwortungsprinzip, JZ 1989, 935–949

Küper, Die dämonische Macht des Katzenkönigs, JZ 1989, 617–628

Küper, Ein „neues Bild" der Lehre von Täterschaft und Teilnahme. Die strafrechtliche Beteiligungsformenlehre Ulrich Steins, ZStW 105 (1993), 445–482

Küpper, Anspruch und wirkliche Bedeutung des Theorienstreits über die Abgrenzung von Täterschaft und Teilnahme, GA 1986, 437–449

Küpper, Der gemeinsame Tatentschluß als unverzichtbares Moment der Mittäterschaft, ZStW 105 (1993), 295–305

Küpper, Zur Abgrenzung der Täterschaftsformen, GA 1998, 519–529

Kutzner, Die Rechtsfigur des Täters hinter dem Täter und der Typus der mittelbaren Täterschaft, 2004 (zit.: Rechtsfigur)

Lackner, Strafgesetzbuch, 20. Aufl., 1993

Lackner/Kühl, Strafgesetzbuch mit Erläuterungen, 25. Aufl., 2004

Lampe, Über den Begriff und die Formen der Teilnahme am Verbrechen, ZStW 77 (1965), 262–311

Lampe, Systemunrecht und Unrechtssysteme, ZStW 106 (1994), 683–745

Langer, Das Sonderverbrechen, 1972

Langneff, Die Beteiligtenstrafbarkeit von Hintermännern innerhalb von Organisationsstrukturen bei vollverantwortlich handelndem Werkzeug, 2000

Langrock, Das eigenhändige Delikt, 2001

Leipziger Kommentar, Strafgesetzbuch, 9. Aufl., 1970, 10. Aufl., 1978, 11. Aufl., 1993 (zit.: LK)

Lesch, Das Problem der sukzessiven Beihilfe, 1992

Lesch, Die Begründung mittäterschaftlicher Haftung als Moment der objektiven Zurechnung, ZStW 105 (1993), 271–294

Lesch, Täterschaft und Gestaltungsherrschaft – Überlegungen zu der gleichnamigen Monographie von Wilfried Bottke –, GA 1994, 112–127

Lüderssen, Der Beitrag der Kriminologie zur Strafrechtsdogmatik – Eine Konkretisierung mit Blick auf die Probleme von Täterschaft und Teilnahme, in: Lahti/Nuotio (Hrsg.), Strafrechtstheorie im Umbruch, 1992, 465–474

Lüderssen, Der Typus des Teilnehmertatbestandes, Miyazawa-Festschrift, 1995, 449–464

Luzón Peña und Díaz y García Conlledo, Objektive positive Tatbestimmung und Tatbestandsverwirklichung als Täterschaftsmerkmale, Roxin-Festschrift, 2001, 575–608

Maiwald, Literaturbericht, Strafrecht, Allgemeiner Teil (Teilnahmelehre), ZStW 88 (1976), 712–751

Maiwald, Literaturbericht, Strafrecht, Allgemeiner und Besonderer Teil, ZStW 93 (1981), 864–901

Maurach, Deutsches Strafrecht, Allgemeiner Teil, 4. Aufl., 1971

Maurach/Gössel/Zipf, Strafrecht, Allgemeiner Teil, Bd. 2, 7. Aufl., 1989

Maurach/Schroeder/Maiwald, Strafrecht, Besonderer Teil, Bd. 1, 8. Aufl., 1995

Mayer, H., Strafrecht, Allgemeiner Teil, 1967

Merkel, Personale Identität und die Grenzen strafrechtlicher Zurechnung, JZ 1999, 502–511

Merkel, Tödlicher Behandlungsabbruch und mutmaßliche Einwilligung bei Patienten im apallischen Syndrom, ZStW 107 (1995), 545–575

Merkel, Personale Identität und die Grenzen strafrechtlicher Zurechnung, JZ 1999, 502–511

Meurer, Besprechung von Schumann, Strafrechtliches Handlungsunrecht und das Prinzip der Selbstverantwortung der Anderen, NJW 1987, 2424–2425

Meyer, M.-K., Der Ausschluß der Autonomie durch Irrtum. Ein Beitrag zu mittelbarer Täterschaft und Einwilligung, 1984 (zit.: Autonomie)

Mezger, Strafrecht, 3. Aufl., 1949

Mitsch, Mitwirkung am versuchten Schwangerschaftsabbruch (an) einer Nichtschwangeren im Ausland, Jura 1989, 193–199

Münchener Kommentar zum Strafgesetzbuch (zit.: MK). Darin: Joecks, Vorbemerkung zu § 25, § 25; 2003

Muñoz Conde, Problemas de autoría y participación en el derecho penal económico, o ¿como imputar a título de autores a las personas que sin realizar acciones ejecutivas, deciden la realización un delito en el ámbito de la delincuencia económica empresarial?, Revista Penal, 2002, 59–97

Muñoz Conde, Problemas de autoría y participación en la criminalidad organizada, in: Ferré Olivé/Anarte Borallo (Hrsg.), Huelva-Sammelband, 1999, 191–198

Muñoz Conde, Willensherrschaft kraft organisatorischer Machtapparate im Rahmen „nichtrechtsgelöster" Organisationen?, Roxin-Festschrift, 2001, 609–624

Murmann, Die Nebentäterschaft im Strafrecht. Ein Beitrag zu einer personalen Tatherrschaftslehre, 1993 (zit.: Nebentäterschaft)

Murmann, Tatherrschaft durch Weisungsmacht, GA 1996, 269–281

Murmann, Zur mittelbaren Täterschaft bei Verbotsirrtum des Vordermannes, GA 1998, 78–88

Nestler, Die strafrechtliche Verantwortlichkeit eines Bürgermeisters für Gewässerverunreinigungen der Bürger, GA 1994, 514–530

Nestler, (Mit-)Täterschaft beim bewaffneten Betäubungsmittelhandel, StrV 2002, 504–510

Neudecker, Die strafrechtliche Verantwortlichkeit der Mitglieder von Kollegialorganen, 1995

Neumann, Abgrenzung von Teilnahme am Selbstmord und Tötung in mittelbarer Täterschaft – BGHSt 32, 38, JuS 1985, 677–682

Neumann, Die Strafbarkeit der Suizidbeteiligung als Problem der Eigenverantwortlichkeit des „Opfers", JA 1987, 244–256

Niedermayr, Straflose Beihilfe durch neutrale Handlungen, ZStW 107 (1995), 507–546

Noak, Drittzueignung und 6. Strafrechtsreformgesetz, 1999

Noltenius, Kriterien der Abgrenzung von Anstiftung und mittelbarer Täterschaft, 2003

Nomos Kommentar zum Strafgesetzbuch, 2. Aufl., 2005 (zit.: NK[2]). Darin: Schild, Vorbemerkungen zu den §§ 25 ff., § 25

Otto, Kausaldiagnose und Erfolgszurechnung im Strafrecht, Maurach-Festschrift, 1972, 91–105

Otto, Grenzen der Fahrlässigkeitshaftung im Strafrecht – OLG Hamm NJW 1973, 1422, JuS 1974, 702–710

Otto, Anmerkung zum Urteil d. BGH v. 2.10.1984, (= NStZ 1985, 70), JK, StGB § 25 II/2

Otto, Anmerkung zum Urteil d. BGH v. 29.1.1986 (= StrV 1986, 384), JK, StGB § 25 II/3

Otto, Täterschaft, Mittäterschaft, mittelbare Täterschaft, Jura 1987, 246–258

Otto, Mittäterschaft beim Fahrlässigkeitsdelikt, Jura 1990, 47–50

Otto, Täterschaft und Teilnahme im Fahrlässigkeitsbereich, Spendel-Festschrift, 1992, 271–288

Otto, Grundkurs Strafrecht AT, Allgemeine Strafrechtslehre, 7. Aufl., 2004

Otto, Grundkurs Strafrecht BT, 5. Aufl., 1998

Otto, Mittelbare Täterschaft und Verbotsirrtum, Roxin-Festschrift, 2001, 483–501

Otto, Täterschaft kraft organisatorischen Machtapparates, Jura 2001, 753–759

Paehler, Die Abgrenzung von Beihilfe zum Selbstmord und Tötung auf Verlangen, MDR 1964, 647–649

Palandt, Bürgerliches Gesetzbuch, 64. Aufl., 2005

Pizarro Beleza, Die Täterschaftsstruktur bei Pflichtdelikten – Pflichtträgerschaft versus Tatherrschaft?, in: Schünemann (Hrsg.), Coimbra-Symposium, 1995, 267–279

Preisendanz, Strafgesetzbuch, 30. Aufl., 1978

Puppe, Wie wird man Mittäter durch konkludentes Verhalten?, NStZ 1991, 571–574

Puppe, Der gemeinsame Tatplan der Mittäter, Spinellis-Festschrift, 2001 (Bd. 2), 915–944

Puppe, Wider die fahrlässige Mittäterschaft, GA 2004, 129–146

Puppe, Strafrecht Allgemeiner Teil im Spiegel der Rechtsprechung, Band 2, 2005

Randt, Mittelbare Täterschaft durch Schaffung von Rechtfertigungslagen, 1997

Ranft, Garantiepflichtwidriges Unterlassen der Deliktshinderung, ZStW 94 (1982), 815–863

Ranft, Rechtsprechungsbericht zu den Unterlassungsdelikten, JZ 1987, 908–918

Ransiek, Unternehmensstrafrecht, 1996

Renzikowski, Restriktiver Täterbegriff und fahrlässige Beteiligung, 1997 (zit.: Restriktiver Täterbegriff)

Rodriguez Montañes, Einige Bemerkungen über das Kausalitätsproblem und die Täterschaft im Falle rechtswidriger Kollegialentscheidungen, Roxin-Festschrift, 2001, 307–330

Rogall, Bewältigung von Systemkriminalität, in: Roxin/Widmaier (Hrsg.), BGH-Festgabe, 2000, 383–438

Roso Cañadillas, Autoría y participación imprudente, 2002

Rotsch, Individuelle Haftung in Großunternehmen, 1998

Rotsch, Die Rechtsfigur des Täters hinter dem Täter bei der Begehung von Straftaten im Rahmen organisatorischer Machtapparate und ihre Übertragbarkeit auf wirtschaftliche Organisationsstrukturen, NStZ 1998, 491–495

Rotsch, Unternehmen, Umwelt und Strafrecht – Ätiologie einer Misere (Teil 1), wistra 1999, 321–327

Rotsch, Tatherrschaft kraft Organisationsherrschaft, ZStW 112 (2000), 518–562

Rotsch, Neues zur Organisationsherrschaft, NStZ 2005, 13–18

Roxin, Straftaten im Rahmen organisatorischer Machtapparate, GA 1963, 193–207

Roxin, Zur Dogmatik der Teilnahmelehre im Strafrecht, JZ 1966, 293–299

Roxin, Besprechung von Fr.-Chr. Schroeder, Der Täter hinter dem Täter, ZStW 78 (1966), 222–234

Roxin, Gedanken zur Problematik der Zurechnung im Strafrecht, Honig-Festschrift, 1970, 133–151

Roxin, Ein „neues Bild" des Strafrechtssystems, ZStW 83 (1971), 369–404

Roxin, Buchbesprechung, Stratenwerth: Strafrecht, AT I. Die Straftat, ZStW 84 (1972), 993–1014

Roxin, Zum Schutzzweck der Norm bei fahrlässigen Delikten, Gallas-Festschrift, 1973, 241–259

Roxin, Kriminalpolitik und Strafrechtssystem, 2. Aufl., 1973

Roxin, Literaturbericht, Strafrecht Allgemeiner Teil, ZStW 85 (1973), 76–103

Roxin, Strafrechtliche Grundlagenprobleme, 1973

Roxin/Stree/Zipf/Jung, Einführung in das neue Strafrecht, 2. Aufl., 1975

Roxin, Bemerkungen zum Täter hinter dem Täter, Lange-Festschrift, 1976, 173–195

Roxin, Die Mitwirkung beim Suizid – ein Tötungsdelikt? Dreher-Festschrift, 1977, 331–355

Roxin, Die Mittäterschaft im Strafrecht, JA 1979, 519–526

Roxin, Anmerkung zu BGHSt 32, 38 f., NStZ 1984, 71–73

Roxin, Anmerkung zum Urteil des BGH v. 26. 10. 84, StrV 1985, 278–279

Roxin, Anmerkung zum Urteil des BGH v. 29. 1. 86, StrV 1986, 384–385

Roxin, Die Sterbehilfe im Spannungsfeld von Suizidteilnahme, erlaubtem Behandlungsabbruch und Tötung auf Verlangen, NStZ 1987, 345–350

Roxin, Anmerkung zum Urteil des BGH v. 15. 1. 1991, JR 1991, 206–208

Roxin, Die Abgrenzung von strafloser Suizidteilnahme, strafbarem Tötungsdelikt und gerechtfertigter Euthanasie, in: Wolter (Hrsg.), 140 Jahre Goltdammer's Archiv für Strafrecht, 1993, 177–190

Roxin, Anmerkung zum Urteil d. BGH v. 26. 7. 1994 (= BGHSt 40, 218), JZ 1995, 49–52

Roxin, Höchstrichterliche Rechtsprechung zum Allgemeinen Teil des Strafrechts, 1998 (zit.: HRR-AT)

Roxin, Probleme von Täterschaft und Teilnahme bei der organisierten Kriminalität, Grünwald-Festschrift, 1999, 549–561

Roxin, Anmerkungen zum Vortrag von Prof. Herzberg, in: Amelung (Hrsg.), Individuelle Verantwortung, 2000, 55–56

Roxin/Widmaier (Hrsg.), 50 Jahre Bundesgerichtshof. Festgabe aus der Wissenschaft. Bd. IV. Strafrecht, Strafprozeßrecht (zit.: BGH-Festgabe), 2000

Roxin, Die Abgrenzung von Täterschaft und Teilnahme in der höchstrichterlichen Rechtsprechung, in: Roxin/Widmaier (Hrsg.), BGH-Festgabe, 2000, 177–198

Roxin, Mittelbare Täterschaft kraft Organisationsherrschaft, NJW-Sonderheft Schäfer, 2002, 52–57

Roxin, Strafrecht, Allgemeiner Teil, Band II, Besondere Erscheinungsformen der Straftat, 2003 (zit.: AT/2, 2003)

Roxin, Strafrecht, Allgemeiner Teil, Bd. 1, 4. Aufl., 2006 (zit.: AT/1[4], 2006)

Roxin, Organisationsherrschaft und Tatentschlossenheit, Fr.-Chr. Schroeder-Festschrift, 2006, 385–398.

Rudolphi, Die Gleichstellungsproblematik der unechten Unterlassungsdelikte und der Gedanke der Ingerenz, 1966

Rudolphi, Strafbarkeit der Beteiligung an den Trunkenheitsdelikten im Straßenverkehr, GA 1970, 353–367

Rudolphi, Zum Wesen der Rechtsbeugung, ZStW 82 (1970), 610–632

Rudolphi, Zur Tatbestandsbezogenheit des Taterrschaftsbegriffs bei der Mittäterschaft, Bockelmann-Festschrift, 1979, 369–387

Rudolphi, Anmerkung zum Urteil des BGH v. 3. 11. 1993, NStZ 1994, 433–436

Samson, Strafrecht I, 7. Aufl., 1988

Sánchez-Vera, Pflichtdelikt und Beteiligung, 1999 (zit.: Pflichtdelikt)

Sax, Dogmatische Streifzüge durch den Entwurf des Allgemeinen Teils eines Strafgesetzbuches nach den Beschlüssen der Großen Strafrechtskommission, ZStW 69 (1957), 412–440

Sax, Der Bundesgerichtshof und die Täterlehre, JZ 1963, 329–338

Schaal, Strafrechtliche Verantwortlichkeit bei Gremienentscheidungen in Unternehmen, 2001

Schaffstein, Der Täter hinter dem Täter bei vermeidbarem Verbotsirrtum und verminderter Schuldfähigkeit des Tatmittlers, NStZ 1989, 153–158

Schall, Auslegungsfragen des §179 StGB und das Problem der eigenhändigen Delikte, JuS 1979, 104–110

Schild, Täterschaft als Tatherrschaft, 1994 (zit.: Täterschaft)

Schilling, Der Verbrechensversuch des Mittäters und des mittelbaren Täters, 1975

Schilling, Abschied vom Teilnahmeargument bei der Mitwirkung zur Selbsttötung, JZ 1979, 159–167

Schlösser, Soziale Tatherrschaft, 2004

Schmidhäuser, Selbstmord und Beteiligung am Selbstmord in strafrechtlicher Sicht, Welzel-Festschrift, 1974, 801–822

Schmidhäuser, Strafrecht, Allgemeiner Teil, 2. Aufl., 1975

Schmidhäuser, Strafrecht, Allgemeiner Teil, Studienbuch, 2. Aufl., 1984 (zit.: StuB)

Schmidhäuser, Anmerkung zu BGHSt 32, 38 f., JZ 1984, 195–196

Schmidhäuser, „Tatherrschaft" als Deckname der ganzheitlichen Abgrenzung von Täterschaft und Teilnahme im Strafrecht, Stree/Wessels-Festschrift, 1993, 343–363

Schmitt, R., Der Arzt und sein lebensmüder Patient, JZ 1984, 866–869

Schmitz, Unrecht und Zeit, 2001

Schöneborn, Kombiniertes Teilnahme- und Einheitstätersystem für das Strafrecht, ZStW 87 (1975), 902–924

Schönke/Schröder, Kommentar zum Strafgesetzbuch. Darin: Cramer/Heine, Vorbemerkungen zu den §§ 25 ff., 25; 26. Aufl., 2001 (zit.: Sch/Sch/Cramer/Heine[26])

Schroeder, Fr.-Chr., Der Täter hinter dem Täter. Ein Beitrag zur Lehre von der mittelbaren Täterschaft, 1965

Schroeder, Fr.-Chr., Der Sprung des Täters hinter den Täter aus der Theorie in die Praxis, JR 1995, 177–180

Schroth, Anmerkung zum Urteil des BGH v. 3. 9. 2002, JZ 2003, 215–216

Schubarth, Eigenhändiges Delikt und mittelbare Täterschaft, SchwZSt 114 (1996), 325–337

Schubarth, Binnenstrafrechtsdogmatik und ihre Grenzen, ZStW 116 (1998), 827–847

Schulz, Die mittelbare Täterschaft kraft Organisationsherrschaft – eine notwendige Rechtsfortbildung?, JuS 1997, 109–113

Schumann, Strafrechtliches Handlungsunrecht und das Prinzip der Selbstverantwortung der Anderen, 1986 (zit.: Selbstverantwortung)

Schumann, Rezension des Buches „Produkthaftung, Band I: Strafrecht, 1988, von Schmid/Salzer", StrV 1994, 106–111

Schünemann, Unternehmenskriminalität und Strafrecht, 1979

Schünemann, Die deutschsprachige Strafrechtswissenschaft nach der Strafrechtsreform im Spiegel des Leipziger Kommentars und des Wiener Kommentars, GA 1986, 293–352

Schünemann (Hrsg.), Bausteine des europäischen Strafrechts, Coimbra Symposium für Roxin (zit.: Coimbra-Symposium), 1995

Schünemann, Unternehmenskriminalität, in: Roxin/Widmaier (Hrsg.), BGH-Festgabe, 2000, 621–646

Schwab, Täterschaft und Teilnahme bei Unterlassungen, 1996

Seelmann, Mittäterschaft im Strafrecht, JuS 1980, 571–574

Seier, Der Einheitstäter im Strafrecht und im Gesetz über Ordnungswidrigkeiten, Teil 1, JA 1990, 342–346; Teil 2, JA 1990, 382–385

Sering, Beihilfe durch Unterlassen, 2000
Simson/Geerds, Straftaten gegen die Person und Sittlichkeitsdelikte, 1969
Sippel, Mittelbare Täterschaft bei deliktisch handelndem Werkzeug, NJW 1983, 2226–2229
Sippel, Anmerkung zu BGHSt 32, 38 f., NStZ 1984, 357–358
Sippel, Nochmals: Mittelbare Täterschaft bei deliktisch handelndem Werkzeug, NJW 1984, 1866
Sippel, Nochmals: Mittelbare Täterschaft bei deliktisch handelndem Werkzeug, JA 1984, 480–481
Sofos, Mehrfachkausalität beim Tun und Unterlassen, 1999
Sowada, Strafbares Unterlassen des behandelnden Arztes, der seinen Patienten nach einem Selbstmordversuch bewußtlos auffindet?, Jura 1985, 75–88
Sowada, Täterschaft und Teilnahme beim Unterlassungsdelikt, Jura 1986, 399–410
Spendel, Zur Kritik an der subjektiven Versuchs- und Teilnahmetheorie, JuS 1969, 314–318
Spendel, Fahrlässige Teilnahme an Selbst- und Fremdtötung, JuS 1974, 749–756
Spendel, Der „Täter hinter dem Täter" – eine notwendige Rechtsfigur?, Lange-Festschrift, 1976, 147–171
Spendel, Zum Begriff der Täterschaft, Lüderssen-Festschrift, 2002, 605–611
Spiegel, Nochmals: Mittelbare Täterschaft bei deliktisch handelndem Werkzeug, NJW 1984, 110–111
Spiegel, Nochmals: Mittelbare Täterschaft bei deliktisch handelndem Werkzeug, NJW 1984, 1867
Stein, Die strafrechtliche Beteiligungsformenlehre, 1988 (zit.: Beteiligungsformenlehre)
Stein, Anmerkung zum Urteil des BGH v. 15. 1. 1991, StrV 1993, 411–414
Stoffers, Mittäterschaft und Versuchsbeginn, MDR 1989, 208–213
Stratenwerth, Strafrecht, Allgemeiner Teil I, Die Straftat, 1. Aufl., 1971, 3. Aufl., 1981
Stratenwerth, Schweizerisches Strafrecht AT I, Die Straftat, 2. Aufl., 1996
Stratenwerth, Gibt es eigenhändige Delikte?, SchwZSt 115 (1997), 86–93
Stratenwerth/Kuhlen, Strafrecht, Allgemeiner Teil I, Die Straftat, 5. Aufl., 2004
Systematischer Kommentar zum Strafgesetzbuch, Hrsg. Rudolphi/Horn/Samson/Günther/Hoyer/Wolters (zit.: SK). Darin: Hoyer, Vorbemerkungen vor § 25, § 25, vor § 26; 7. Aufl., 2000; Rudolphi, vor § 13, 2000; § 16, 2002
Teubner, Mittelbare Täterschaft bei deliktisch handelndem Werkzeug, JA 1984, 144–145
Tiedemann, Tatbestandsfunktionen im Nebenstrafrecht, 1969
Tiedemann, Die Regelung von Täterschaft und Teilnahme im europäischen Strafrecht – Stand, Harmonisierungstendenzen und Modellvorschläge, Nishihara-Festschrift, 1998, 496–512
Tröndle/Fischer, Strafgesetzbuch und Nebengesetze, 53. Aufl., 2006
Urban, Mittelbare Täterschaft kraft Organisationsherrschaft, 2004
Valdágua, Versuchsbeginn des Mittäters bei den Herrschaftsdelikten, ZStW 98 (1986), 839–873
Verrel, Selbstbestimmungsrecht contra Lebensschutz, JZ 1996, 224–231
Vest, Humanitätsverbrechen – Herausforderung für das Individualstrafrecht?, ZStW 113 (2001), 457–498
Vogel, Individuelle Verantwortung im Völkerstrafrecht. Zugleich ein Beitrag zu den Regelungsmodellen der Beteiligung, ZStW 114 (2002), 403–436
Volk, Tendenzen zur Einheitstäterschaft. Die verborgene Macht des Einheitstäterbegriffs, Roxin-Festschrift, 2001, 563–573
Wagner, Amtsverbrechen, 1975
Weber, Der strafrechtliche Schutz des Urheberrechts, 1976
Weidemann, Zollhinterziehung in mittelbarer Täterschaft?, wistra 2003, 241–244

Weißer, Kausalitäts- und Täterschaftsprobleme bei der strafrechtlichen Würdigung pflichtwidriger Kollegialentscheidungen, 1995

Weißer, Gibt es eine fahrlässige Mittäterschaft?, JZ 1998, 230–239

Welzel, Das deutsche Strafrecht, 11. Aufl., 1969

Wessels, Strafrecht, Allgemeiner Teil, 4. Aufl., 1974

Wessels/Beulke, Strafrecht, Allgemeiner Teil, Die Straftat und ihr Aufbau, 35. Aufl., 2005

Wessels/Hettinger, Strafrecht, Besonderer Teil/1, Straftaten gegen Persönlichkeits- und Gemeinschaftswerte, 22. Aufl., 1999

Wiegmann, Abgrenzung von (Mit-)Täterschaft und Beihilfe – BGHSt 38, 315, JuS 1993, 1003–1006

Winkler, Verbrechen und Vergehen gegen das Betäubungsmittelgesetz, NStZ 1999, 232–235

Wittek, Der Betreiber im Umweltstrafrecht. Zugleich ein Beitrag zur Lehre von den Pflichtdelikten, 2004

Woelk, Täterschaft bei zweiaktigen Delikten – Am Beispiel des § 307 Nr. 3 StGB, 1994

Wohlers, Trunkenheitsfahrten als eigenhändige Delikte, SchwZSt 116 (1998), 95–111

Wüllenkemper, Probleme der Steuerhinterziehung in mittelbarer Täterschaft in Partei-spendenfällen, wistra 1989, 46–52

Zieschang, Mittäterschaft bei bloßer Mitwirkung im Vorbereitungsstadium?, ZStW 107 (1995), 361–381

Zimmerl, Zur Lehre vom Tatbestand, 1928

Paragraphenverzeichnis

Die Zahlen beziehen sich auf die Seiten, hochgestellte Zahlen auf die Fußnoten. Hauptfundstellen sind durch kursiven Druck hervorgehoben. Der Zusatz „a. F." deutet an, daß der genannte Paragraph wesentlich geändert oder aufgehoben wurde; der Zusatz „n. F." besagt, daß der angegebene Paragraph in der neuesten Fassung zitiert ist.

A. Paragraphen des Strafgesetzbuches

B. Paragraphen anderer Gesetze

Verzeichnis höchstrichterlicher Entscheidungen

In das Verzeichnis sind nur solche Entscheidungen aufgenommen, die nach 1945 ergangen und im Text näher erörtert worden sind.

A. Bundesgerichtshof

Sachverzeichnis zum Hauptteil

Die Zahlen beziehen sich auf die Seiten, hochgestellte Zahlen auf die Fußnoten. Bei häufig vorkommenden Stichworten sind nur die wichtigeren Fundstellen angegeben. Die Hauptfundstellen sind zudem durch kursiven Druck hervorgehoben.

798

800

804

810

812

Sachverzeichnis zum Schlußteil 2006

Die Zahlen beziehen sich auf die Seiten, hochgestellte Zahlen auf die Fußnoten. Bei häufig vorkommenden Stichworten sind nur die wichtigeren Fundstellen angegeben. Die Hauptfundstellen sind zudem durch kursiven Druck hervorgehoben.

Verzeichnis der Rezensionen

Zur 1. Auflage 1963

Aeppli	SchweizJZ 1965, S. 67
Blei	NJW 1965, S. 1218
Geerds	GA 1965, S. 216–219
Gimbernat-Ordeig	Anuario de Derecho Penal y Ciencias Penales, Bd. 17, 1964, S. 548–553
Hardwig	JZ 1965, S. 667–671
Honig	MSchrKrim, Bd. 49, 1966, S. 41–44
Kunst	ÖJZ 1966, S. 559–560
Lange	ZStW 77 (1965), S. 312–321
Naka	Universität Kansai, Studiensammlung, Bd. 15, 1965, S. 172–192 und S. 273–297
Schultz	SchweizZSt, Bd. 82, 1966, S. 83–85

Zur 2. Auflage 1967

Blau	GA 1968, S. 128
Dreher	MDR 1968, S. 91–92
Kunst	ÖJZ 1968, S. 503–504
Schroeder	Recht in Ost und West 1968, S. 267–268
Schultz	SchweizZSt, Bd. 85, 1969, S. 207–208

Zur 3. Auflage 1975

Blei	JA 1976, S. 87
Dreher	MDR 1976, S. 435–436
Geerds	Archiv für Kriminologie, Bd. 158, 1976, S. 190
Gössel	GA 1977, S. 60–61
Kienapfel	JR 1977, S. 130
Kunst	ÖJZ 1977, S. 112
A. M.	Revue de Droit Penal et de Criminologie, 1976, S. 205–206
Maiwald	ZStW 88 (1976), S. 727–740
H. Mü.	Landeskriminalblatt Niedersachsen, 1976, Nr. 15
Roth	Die Justiz, 1976, Nr. 9
H. S.	DRiZ 1976, S. 256
Schultz	SchweizZSt, Bd. 93, 1977, S. 407–408
Schwenck	Neue Zeitschrift für Wehrrecht, 1976, S. 118–119
Tschulik	Österreichische Richterzeitung 1977, S. 87–88
Wasek	Panstwo i Prawo (Staat und Recht; Polen) 1977 S. 143–146
Weber	Landeskriminalblatt Rheinland-Pfalz, 1976, Nr. 4

Zur 4. Auflage 1984

Kohl	Revue de Droit Penal et de Criminologie 1986, Nr. 4
Kunst	ÖJZ 1984, S. 616
Otto	Jura 1985, S. 112
Schroeder	GA 1985, S. 335–336
Schumann	German Studies, 1988, S. 22–26
Schultz	SchweizZSt, Bd. 103, 1986, S. 116–117
W.	Die neue Polizei 1986, Nr. 2
Zipf	Zeitschrift für Rechtsvergleichung 1985, Nr. 4

Zur 5. Auflage 1990

Geerds	Archiv für Kriminologie 1990, S. 189
Gössel	GA 1990, S. 570–571
Meurer	NJW 1990, S. 2540
Müller-Dietz	ZfStrVO 1990, S. 380
Schroeder	JZ 1991, S. 455
Schultz	SchweizZSt, Bd. 108, 1991, S. 470

Zur 6. Auflage 1994

Graul	JR 1997, S. 260
Schmitt	Archiv für Kriminologie 1995, S. 127
Schroeder	GA 1996, S. 233